Informatik – Fachberichte

Band 195: I. S. Bátori, U. Hahn, M. Pinkal, W. Wahlster (Hrsg.), Computerlinguistik und ihre theoretischen Grundlagen. Proceedings. IX, 218 Seiten. 1988.

Band 197: M. Leszak, H. Eggert, Petri-Netz-Methoden und -Werkzeuge. XII, 254 Seiten. 1989.

Band 198: U. Reimer, FRM: Ein Frame-Repräsentationsmodell und seine formale Semantik. VIII, 161 Seiten. 1988.

Band 199: C. Beckstein, Zur Logik der Logik-Programmierung. IX, 246 Seiten. 1988.

Band 200: A. Reinefeld, Spielbaum-Suchverfahren. IX, 191 Seiten. 1989.

Band 201: A. M. Kotz, Triggermechanismen in Datenbanksystemen. VIII, 187 Seiten. 1989.

Band 202: Th. Christaller (Hrsg.), Künstliche Intelligenz. 5. Frühjahrsschule, KIFS-87, Günne, März/April 1987. Proceedings. VII, 403 Seiten, 1989.

Band 203: K. v. Luck (Hrsg.), Künstliche Intelligenz. 7. Frühjahrsschule, KIFS-89, Günne, März 1989. Proceedings. VII, 302 Seiten. 1989.

Band 204: T. Härder (Hrsg.), Datenbanksysteme in Büro, Technik und Wissenschaft. GI/SI-Fachtagung, Zürich, März 1989. Proceedings. XII, 427 Seiten. 1989.

Band 205: P. J. Kühn (Hrsg.), Kommunikation in verteilten Systemen. ITG/GI-Fachtagung, Stuttgart, Februar 1989. Proceedings. XII, 907 Seiten. 1989.

Band 206: P. Horster, H. Isselhorst, Approximative Public-Key-Kryptosysteme. VII, 174 Seiten. 1989.

Band 207: J. Knop (Hrsg.), Organisation der Datenverarbeitung an der Schwelle der 90er Jahre. 8. GI-Fachgespräch, Düsseldorf, März 1989. Proceedings. IX, 276 Seiten. 1989.

Band 208: J. Retti, K. Leidlmair (Hrsg.), 5. Österreichische Artificial-Intelligence-Tagung, Igls/Tirol, März 1989. Proceedings. XI, 452 Seiten. 1989.

Band 209: U. W. Lipeck, Dynamische Integrität von Datenbanken. VIII, 140 Seiten. 1989.

Band 210: K. Drosten, Termersetzungssysteme. IX, 152 Seiten. 1989.

Band 211: H. W. Meuer (Hrsg.), SUPERCOMPUTER '89. Mannheim, Juni 1989. Proceedings, 1989. VIII, 171 Seiten. 1989.

Band 212: W.-M. Lippe (Hrsg.), Software-Entwicklung. Fachtagung, Marburg, Juni 1989. Proceedings. IX, 290 Seiten. 1989.

Band 213: I. Walter, Datenbankgestützte Repräsentation und Extraktion von Episodenbeschreibungen aus Bildfolgen. VIII, 243 Seiten. 1989.

Band 214: W. Görke, H. Sörensen (Hrsg.), Fehlertolerierende Rechensysteme / Fault-Tolerant Computing Systems. 4. Internationale GI/ITG/GMA-Fachtagung, Baden-Baden, September 1989. Proceedings. XI, 390 Seiten. 1989.

Band 215: M. Bidjan-Irani, Qualität und Testbarkeit hochintegrierter Schaltungen. IX, 169 Seiten. 1989.

Band 216: D. Metzing (Hrsg.), GWAI-89. 13th German Workshop on Artificial Intelligence. Eringerfeld, September 1989. Proceedings. XII, 485 Seiten. 1989.

Band 217: M. Zieher, Kopplung von Rechnernetzen. XII, 218 Seiten. 1989.

Band 218: G. Stiege, J. S. Lie (Hrsg.), Messung, Modellierung und Bewertung von Rechensystemen und Netzen. 5. GI/ITG-Fachtagung, Braunschweig, September 1989. Proceedings. IX, 342 Seiten. 1989.

Band 219: H. Burkhardt, K. H. Höhne, B. Neumann (Hrsg.), Mustererkennung 1989. 11. DAGM-Symposium, Hamburg, Oktober 1989. Proceedings. XIX, 575 Seiten. 1989

Band 220: F. Stetter, W. Brauer (Hrsg.), Informatik und Schule 1989: Zukunftsperspektiven der Informatik für Schule und Ausbildung. GI-Fachtagung, München, November 1989. Proceedings. XI, 359 Seiten. 1989.

Band 221: H. Schelhowe (Hrsg.), Frauenwelt – Computerräume. GI-Fachtagung, Bremen, September 1989. Proceedings. XV, 284 Seiten. 1989.

Band 222: M. Paul (Hrsg.), GI – 19. Jahrestagung I. München, Oktober 1989. Proceedings. XVI, 717 Seiten. 1989.

Band 223: M. Paul (Hrsg.), GI – 19. Jahrestagung II. München, Oktober 1989. Proceedings. XVI, 719 Seiten. 1989.

Band 224: U. Voges, Software-Diversität und ihre Modellierung. VIII, 211 Seiten. 1989

Band 225: W. Stoll, Test von OSI-Protokollen. IX, 205 Seiten. 1989.

Band 226: F. Mattern, Verteilte Basisalgorithmen. IX, 285 Seiten. 1989.

Band 227: W. Brauer, C. Freksa (Hrsg.), Wissensbasierte Systeme. 3. Internationaler GI-Kongreß, München, Oktober 1989. Proceedings. X, 544 Seiten. 1989.

Band 228: A. Jaeschke, W. Geiger, B. Page (Hrsg.), Informatik im Umweltschutz. 4. Symposium, Karlsruhe, November 1989. Proceedings. XII, 452 Seiten. 1989.

Band 229: W. Coy, L. Bonsiepen, Erfahrung und Berechnung. Kritik der Expertensystemtechnik. VII, 209 Seiten. 1989.

Band 230: A. Bode, R. Dierstein, M. Göbel, A. Jaeschke (Hrsg.), Visualisierung von Umweltdaten in Supercomputersystemen. Karlsruhe, November 1989. Proceedings. XII, 116 Seiten. 1990.

Band 231: R. Henn, K. Stieger (Hrsg.), PEARL 89 – Workshop über Realzeitsysteme. 10. Fachtagung, Boppard, Dezember 1989. Proceedings. X, 243 Seiten. 1989.

Band 232: R. Loogen, Parallele Implementierung funktionaler Programmiersprachen. IX, 385 Seiten. 1990.

Band 233: S. Jablonski, Datenverwaltung in verteilten Systemen. XIII, 336 Seiten. 1990.

Band 234: A. Pfitzmann, Diensteintegrierende Kommunikationsnetze mit teilnehmerüberprüfbarem Datenschutz. XII, 343 Seiten. 1990.

Band 235: C. Feder, Ausnahmebehandlung in objektorientierten Programmiersprachen. IX, 250 Seiten. 1990.

Band 236: J. Stoll, Fehlertoleranz in verteilten Realzeitsystemen. IX, 200 Seiten. 1990.

Band 237: R. Grebe (Hrsg.), Parallele Datenverarbeitung mit dem Transputer. Aachen, September 1989. Proceedings. VIII, 241 Seiten. 1990.

Band 238: B. Endres-Niggemeyer, T. Hermann, A. Kobsa, D. Rösner (Hrsg.), Interaktion und Kommunikation mit dem Computer. Ulm, März 1989. Proceedings. VIII, 175 Seiten. 1990.

Band 239: K. Kansy, P. Wißkirchen (Hrsg.), Graphik und KI. Königswinter, April 1990. Proceedings. VII, 125 Seiten. 1990.

Band 240: D. Tavangarian, Flagorientierte Assoziativspeicher und -prozessoren. XII. 193 Seiten. 1990.

Band 241: A. Schill, Migrationssteuerung und Konfigurationsverwaltung für verteilte objektorientierte Anwendungen. IX, 174 Seiten. 1990.

Band 242: D. Wybranietz, Multicast-Kommunikation in verteilten Systemen. VIII, 191 Seiten. 1990.

Band 243: U. Hahn, Lexikalisch verteiltes Text-Parsing. X, 263 Seiten. 1990.

Band 244: B. R. Kämmerer, Sprecherunabhängigkeit und Sprecheradaption. VIII, 110 Seiten. 1990.

Band 245: C. Freksa, C. Habel (Hrsg.), Repräsentation und Verarbeitung räumlichen Wissens. VIII, 353 Seiten. 1990.

Informatik-Fachberichte 290

Herausgeber: W. Brauer
im Auftrag der Gesellschaft für Informatik (GI)

Bernd Radig (Hrsg.)

Mustererkennung 1991

13. DAGM-Symposium
München, 9.-11. Oktober 1991

Proceedings

Unter Mitarbeit von Karlhorst Klotz

Springer-Verlag Berlin Heidelberg GmbH

Herausgeber

Bernd Radig
Bayerisches Forschungszentrum
für Wissensbasierte Systeme
Orleansstr. 14, W-8000 München 80

CR Subject Classification (1991): I.5, I.4, J.3, I.2

ISBN 978-3-540-54597-2   ISBN 978-3-662-08896-8 (eBook)
DOI 10.1007/978-3-662-08896-8

Satz: Reproduktionsfertige Vorlage vom Autor

33/3140-543210 – Gedruckt auf säurefreiem Papier

Veranstalter:

DAGM: Deutsche Arbeitsgemeinschaft für Mustererkennung

Ehrentagungsleitung:

Prof. Dr.-Ing. H. Marko
Technische Universität München
Institut für Informationstechnik

Tagungsleitung:

Prof. Dr. B. Radig
Bayerisches Forschungszentrum
für Wissensbasierte Systeme

Programmkomitée:

R. Albrecht, Innsbruck
H. Bunke, Bern
R. Großkopf, Oberkochen
G. Hartmann, Paderborn
G. Hauske, München
A. Korn, Karlsruhe
H. Niemann, Erlangen
S.J. Pöppl, Lübeck
D.P. Pretschner, Hildesheim
G. Sommer, Jena

DAGM   **Deutsche Arbeitsgemeinschaft
für Mustererkennung**

Die **Deutsche Arbeitsgemeinschaft für Mustererkennung** veranstaltet
seit 1978 jährlich an verschiedenen Orten ein wissenschaftliches Symposium mit dem Ziel, Aufgabenstellungen, Denkweisen und Forschungsergeb-
nisse aus den Gebieten der Mustererkennung vorzustellen, den Erfahrungs-
und Ideenaustausch zwischen den Fachleuten anzuregen und den Nach-
wuchs zu fördern.Die **DAGM** wird durch folgende wissenschaftliche Träger-
gesellschaften gebildet:

DGaO   Deutsche Gesellschaft für angewandte Optik

GMDS   Deutsche Gesellschaft für medizinische
Dokumentation, Informatik und Statistik

GI   Gesellschaft für Informatik

ITG   Informationstechnische Gesellschaft

DGNM   Deutsche Gesellschaft für Nuklearmedizin

IEEE   The Institute of Electrical and Electronic
Engineers, Deutsche Sektion

DGPF   Deutsche Gesellschaft für
Photogrammetrie und Fernerkundung

Die **DAGM** ist Mitglied der International Association for Pattern Recognition
(**IAPR**).

Zum Geleit

Die Deutsche Arbeitsgemeinschaft für Mustererkennung veranstaltet nunmehr das 13.
DAGM-Symposium Mustererkennung.
Die Zahl 13 war sicherlich nicht der Anlaß, dieses Symposium an denselben Tagungsort
zu verlegen, an dem bereits das erste DAGM-Symposium stattgefunden hat.

Die Trägerversammlung DAGM wurde in ihrer Vorbereitungssitzung im September 1990
von zwei Gedanken geleitet:
- Ehrung und Anerkennung der Verdienste von Herrn Prof. Dr.-Ing. H. Marko als
Gründungsvorsitzender der DAGM
- Themenschwerpunkt Erkennungsleistungen Neuronaler Netze und Wissensbasierte
Systeme im Vergleich

Die Tatsache, daß Herr Kollege Radig nicht nur als Sprecher des Bayerischen
Forschungszentrums für Wissensbasierte Systeme als Tagungsleiter gewonnen werden
konnte, sondern darüber hinaus bereits während seiner beruflichen Jahre an der
Universität Hamburg ein DAGM-Symposium erfolgreich ausgerichtet hat, bildet die erste
wesentliche Grundlage für das Gelingen dieser Tagung.
Eine zweite, wesentliche Grundlage für ein gutes Gelingen der Veranstaltung bildet die
Tatsache, daß Herr Kollege Marko dieses DAGM-Symposium als Ehrentagungsleiter
unterstützt.
Meine Erfahrungen in der langjährigen Zusammenarbeit mit den Kollegen Marko und
Radig vermitteln mir als derzeitigem Vorsitzenden der DAGM das selten beruhigende
Gefühl, das aufkommt, wenn die Tagungsleitung in guten und erfahrenen Händen liegt.

Mein besonderer Dank gilt daher den Herren Kollegen Prof.Dr.-Ing. H. Marko und
Prof.Dr.rer.nat. B. Radig für ihre Kooperationsbereitschaft und den Einsatz bei der
Vorbereitung und der Durchführung dieses Symposiums.
In diesen Dank möchte ich insbesondere die Mitarbeiter des Bayerischen
Forschungszentrums für Wissensbasierte Systeme in München mit einschließen. Die
Zusammenarbeit mit ihnen war angenehm und erfolgreich.

Ich freue mich sehr, an dieser Stelle alle Kolleginnen und Kollegen aus den fünf neuen
Bundesländern zu begrüßen. Vor dem Hintergrund der Erfahrungen der vergangenen
Jahre ist die Tatsache ihrer ungehinderten Teilnahme uns allen eine besondere Freude.

Herrn Markos große Verdienste um die Gründung der DAGM und ihre Anerkennung in
der IAPR fachgerecht zu würdigen fehlt hier ganz einfach der Platz. Ich erinnere mich
sehr gerne an die äußerst angenehme Zusammenarbeit mit ihm in der Gründungsphase
der DAGM. Als sein damaliger Stellvertreter konnte ich reichlich von seinem Wissen und
von seinen Erfahrungen lernen.

Ich darf die Verdienste von Herrn Kollegen Marko ganz einfach zusammenfassen:

Herr Prof.Dr.-Ing. H. Marko hat sich um die DAGM verdient gemacht.

Ich wünsche allen Teilnehmern einen angenehmen Aufenthalt und fruchtbaren,
wissenschaftlichen Erfahrungsaustausch beim 13. DAGM-Symposium in München.

Lübeck, im Juli 1991

Prof.Dr.-Ing.Dr. S.J. Pöppl
Vorsitzender der DAGM

Der mit 5000 DM dotierte

DAGM-Preis 1990

wurden

Reimar Lenz und Udo Lenz

Technische Universität München und CCD-Videometrie

Unterschleißheim

für den folgenden Beitrag verliehen

Messung und Übertragungseigenschaften einer hochauflösenden Farbkamera mit CCD-Flächensensor

Vorwort

Als die Trägerversammlung der DAGM mir zum zweiten Mal – diesmal allerdings in meiner Funktion als Sprecher des Bayerischen Forschungszentrums für Wissensbasierte Systeme – die Ausrichtung des DAGM-Symposiums übertragen hat, war das für mich ein Ansporn, es nun nicht schlechter zu machen als beim ersten Mal. Ich schöpfe die Hoffnung auf ein gutes Gelingen der Veranstaltung auch daraus, daß Herr Kollege Marko dieses Vorhaben als Ehrentagungsleiter unterstützt. Meine Bekanntschaft mit ihm dauert schon so lange wie die DAGM existiert. Herrn Markos Verdienste um ihre Gründung und ihre Anerkennung in der IAPR hat der damalige DAGM-Vorsitzende, H.-H. Nagel, schon in seinem Geleitwort zum Tagungsband des 10. Symposiums gewürdigt.

Weniger bekannt ist wahrscheinlich, daß Herr Marko mit seinem Beitrag zur Theorie der homogenen Schichten schon 1968 ein Analysehilfsmittel für die Modellierung neuronaler Verarbeitungsprozesse geschaffen hat. Ein Beispiel für eine erfolgreiche Anwendung der Theorie ist das von seinen Mitarbeitern G. Färber und H. Giebel vor 20 Jahren realisierte System zur Erkennung handgeschriebener Blockschrift. Sogar im Vergleich mit drei kommerziellen Systemen (Stichprobe über 100.000 Zeichen) schnitt es sehr gut ab.

Dem Vergleich der Erkennungsleistung Neuronaler Netze und Wissensbasierter Systeme ist diese Tagung gewidmet. Von den über 100 eingereichten Beiträgen konnten 47 als Vorträge und 31 als Plakatbeiträge angenommen werden. Von diesen 78 widmet sich ein Viertel dem Thema Neuronale Netze, ein Zehntel ist mehr den Wissensbasierten Systemen zuzurechnen. Ich hoffe, daß durch die Präsentation beider Ansätze in derselben Tagung Verständnis und Diskussion angeregt werden.

Ich danke den Autoren dieses Bandes für ihr Verständnis für die enge Terminsetzung und die Platzvorgaben bei den Manuskripten. Meine Mitarbeiter haben wesentlich an der Vorbereitung mitgewirkt – Herr W. Meixner bei der Gesamtorganisation, Herr U. Meyer-Gruhl bei der Ausstellung, Frau G. Löwe als Tagungssekretärin und Herr K. Klotz bei der Herausgabe des Tagungsbandes. Sie alle freuen sich mit mir, wenn Sie das 13. DAGM-Symposium zufriedenstellt.

München, im Juli 1991

Bernd Radig

Mit 1000 DM dotierte Preise für das Jahr 1990 wurden verliehen an

K. Rohr

Fakultät für Informatik
der Universität Karlsruhe

Über die Modellierung und Identifikation
charakteristischer Grauwertverläufe in
Realweltbildern

G. Thorwirth

Jenoptik Jena GmbH, Jena

Optische Fouriertransformation
zur Mustererkennung

**U. Kreßel, J. Francke,
J. Schürmann**

Daimler-Benz
Forschungsinstitut Ulm

Polynomklassifikator versus
Multilayer-Perzeptron

**E. Herre, R. Massen
F. Hallmann**

Transfer Centre Constance
for Image Processing Constance

Symbolic Contour-based Image
Processing with a Real-time Polygon
Extraction Processor

**R.W. Hartenstein, A.G. Hirschbiel
M. Riedmüller, K. Schmidt
M. Weber**

Universität Kaiserslautern

Automatic Synthesis of Cheap
Hardware Accelerators for Signal
Processing and Image Processing

Inhaltsverzeichnis

Wissensrepräsentation für Sprach- und Bildverstehen

Grundlagen der Mustererkennung: Bildstrukturen

Grundlagen der Mustererkennung: Statistische Verfahren, Filter

Erkennung gesprochener Sprache

Mustererkennung durch Neuronale Netze

Plakate

Bildfolgen

3D-Verarbeitung

Vortrag und Diskussion

Autorenindex

Neuronale Netze für die Musterklassifikation

U. Kreßel   J. Schürmann   J. Franke

Institut für Informationstechnik, Daimler–Benz AG
Forschungszentrum Ulm, Wilhelm–Runge–Str. 11, 7900 Ulm/Donau

In diesem Beitrag wird die Anwendung von konnektionistischen Konzepten auf Problemstellungen aus dem Bereich Musterklassifikation mit Lehrer (supervised learning) untersucht. Zu diesem Zweck wurden die beiden wichtigsten neuronalen Modelle — Multilayer–Perzeptron und Radial–Basis–Funktionen — ausgewählt. Diese Ansätze werden mathematisch beschrieben und einheitlich dargestellt, wobei eine möglichst vollständige Auflistung des in der Fachliteratur bekannten Wissens angestrebt wird. Mit Hilfe des entscheidungstheoretischen Lösungsansatzes (Bayes–Klassifikator) gelingt es, die beiden Konzepte in das Arsenal klassischer Verfahren der Mustererkennung einzuordnen und ihre Eigenschaften zu bewerten. Zum Abschluß werden kurz Vergleichsergebnisse für die Klassifikation von handgeschriebenen Ziffern angegeben.

1 Einleitung

Die Renaissance neuronaler Konzepte hat in den letzten Jahren im Gebiet der Mustererkennung ein erhebliches Aufsehen erregt und Anstoß zu einer Vielzahl von Aktivitäten gegeben. Angesichts der Leichtigkeit, mit der der Mensch die klassischen Aufgabenstellungen der Mustererkennung, wie Sprach- und Schrifterkennung oder auch Szenenanalyse, bewältigt, erschien es verlockend, die Grenzen der klassischen Informationstechnik, die man oft mit dem von–Neumann–Modell assoziiert, mit ganz neuen neuronalen Ansätzen zu überwinden. Eine realitätsnahe Modellierung des menschlichen Gehirns aber, oder auch nur von Teilbereichen davon, war viel zu komplex, so daß man sich schnell mit äußerst einfachen Modellen (*artificial neural networks*) begnügen mußte. In der Informationstechnik werden nun diese einfachen Modelle — gewöhnlich losgelöst von der biologischen Motivation und den entsprechenden Grundlagen — intensiv untersucht und unter anderem für die klassischen Aufgaben der Mustererkennung eingesetzt. Damit entstand ein neuer Forschungsschwerpunkt, der eher zutreffend mit dem Begriff *Konnektionismus* bezeichnet wird als mit dem meist dafür verwendeten Schlagwort 'Neuronale Netze', das leicht zuviele nicht einlösbare Erwartungen im Hinblick auf die biologische Relevanz weckt.

Im folgenden Aufsatz unternehmen wir den Versuch, diese Forschungsaktivitäten im Bereich der Mustererkennung in die klassische Begriffswelt einzuordnen und erhalten damit gewissermaßen auch eine Bewertung der neuen Konzepte. Wir tun das, indem wir die konnektionistischen Konzepte in der Sprache der Mathematik formulieren. Die Trennung von Implementierungsgesichtspunkten — parallel oder sequentiell, analog oder digital — erlaubt, die Diskussion auf die wesentlichen Funktionen zu konzentrieren. Die exakte Beschreibung der betrachteten Modelle erlaubt Einsichten über Eigenschaften und Wirkungsweise, die sich durch empirische Untersuchungen weder an den meist dafür verwendeten Spielbeispielen noch an ernsthaften realitätsnahen Anwendungsaufgaben gewinnen lassen. In Anbetracht der Vielfalt der konnektionistischen Ansätze ist jedoch eine Einschränkung auf wenige Modelle erforderlich. Wir haben hier einerseits das *Multilayer–Perzeptron* und andererseits mehrere ähnliche Ansätze, die am besten durch den Begriff *Radial–Basis–Funktionen* kategorisiert werden, ausgewählt, da die Mehrheit der Veröffentlichungen auf dem Gebiet der neuronalen Netze diese Modelle betrifft. Mit dieser Auswahl ist gleichzeitig eine Einschränkung auf ein spezielles Gebiet der Mustererkennung, nämlich der Klassifikation mit Lehrer (*supervised learning*) erfolgt. Andere Modelle, wie Kohonen–Feature–Map und Learning–Vector–Quantization, die vorwiegend zu Clusteraufgaben (*unsupervised learning*) eingesetzt werden, müssen hier aus der Betrachtung ausgeschlossen werden [11].

Der Aufsatz gliedert sich wie folgt: Zunächst werden die Grundlagen der künstlichen neuronalen Netze erläutert und der prinzipielle Lösungsweg für die Klassifikation mit Hilfe des entscheidungstheoretischen Lösungsansatzes aufgezeigt. Den Hauptteil bilden die beiden Kapitel über das Multilayer-Perzeptron und die Radial–Basis–Funktionen. Ein wichtiges Anliegen ist dabei, das in der Literatur bekannte Wissen über diese Modelle möglichst vollständig zu sammeln und einheitlich darzustellen. Ein kurzer Vergleich insbesondere auch mit den bekannten klassischen Ansätzen erfolgt dann in der Zusammenfassung.

2 Grundlagen

2.1 Modellneuronen

Ursprung der neuronalen Konzepte ist die Idee, Neuronen, d.h. Gehirnzellen, zu modellieren. Wie erwähnt, führte dies im Bereich Konnektionismus auf äußerst einfache mathematische Modelle, wie sie beispielsweise im Bild 1 zu sehen sind.

Beim Modell *dot–product unit*, auf dem zum Beispiel das Multilayer-Perzeptron aufgebaut ist, werden die mit den Faktoren w_i gewichteten Eingangswerte x_i aufsummiert. Die jeweilige Summe entspricht der Aktivierung des Neurons. Abhängig von dem Aktivierungszustand wird der Ausgabewert o des Neurons durch eine im allgemeinen nichtlineare Funktion σ (oft Sigmoidfunktion) festgelegt.

Das Modell *distance unit* berechnet zunächst den euklidischen Abstand zwischen dem Eingangsvektor **x** und einem Referenzvektor **w**. Der Ausgabewert o des Neurons wird durch eine monoton abnehmende Funktion ϱ (Radial–Basis–Funktion) bestimmt. Die enge Beziehung zwischen den beiden Modellen wird sofort deutlich, wenn man den euklidischen Abstand ausmultipliziert: $\sum_i [x_i - w_i]^2 = \sum_i x_i^2 + \sum_i w_i^2 - 2\sum_i x_i w_i$. Man sieht, daß der euklidische Abstand zweier Vektoren **x** und

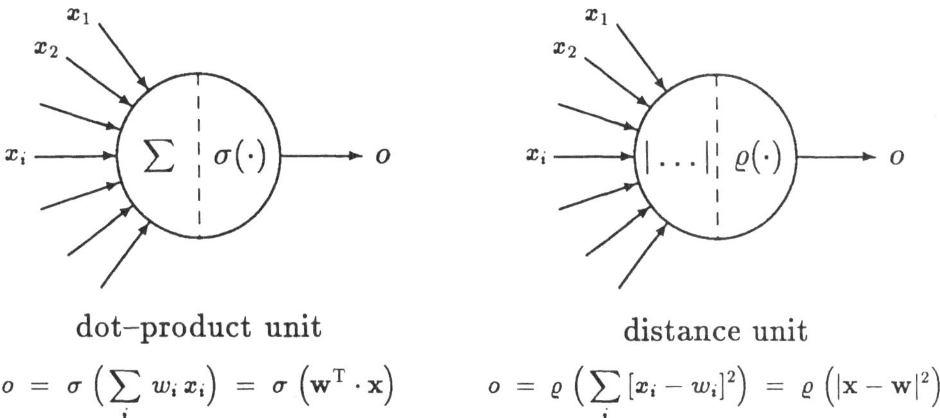

$$o = \sigma\left(\sum_i w_i x_i\right) = \sigma\left(\mathbf{w}^{\mathrm{T}} \cdot \mathbf{x}\right) \qquad o = \varrho\left(\sum_i [x_i - w_i]^2\right) = \varrho\left(|\mathbf{x} - \mathbf{w}|^2\right)$$

Bild 1: Modellneuronen — Skalarprodukt und Abstandsmessung

$\mathbf{w}$ maßgeblich vom Skalarprodukt $\mathbf{w}^{\mathrm{T}} \cdot \mathbf{x}$ abhängt, insbesondere dann, wenn die Länge der Eingangsvektoren $\mathbf{x}$ und der Referenzvektoren $\mathbf{w}$ normiert ist ($\sum_i x_i^2 = 1$; $\sum_i w_i^2 = 1$). Die 'distance unit' läßt sich daher sehr einfach aus einer 'dot–product unit' und wenigen elementaren Ergänzungen aufbauen.

Neben der Definition der Modellneuronen spielt die Vernetzung der Verarbeitungseinheiten die Hauptrolle für den Konnektionismus. Betrachtet man die Vernetzungsarten unter der Voraussetzung einer geschichteten Anordnung der Neuronen, so ergeben sich folgende unterschiedliche Typen (Bild 2). Im folgenden betrachten wir fast nur 'feed forward'-Netzwerke.

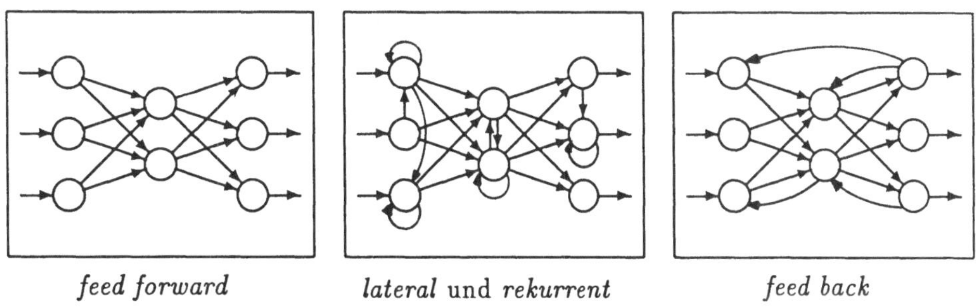

Bild 2: Vernetzungsarten für neuronale Netze unter der Voraussetzung einer geschichteten Anordnung

2.2 Musterklassifikation

Umgangssprachlich versteht man unter *Mustererkennung* meist sowohl die Klassifikation von Mustern — zum Beispiel die Zuordnung zwischen geschriebenen Buchstaben und ihren Bedeutungen — als auch die komplexere Aufgabe der modellbasierten Analyse beispielsweise bei der Bildbeschreibung. Wir bezeichnen die zuerst genannte Aufgabe als die Mustererkennung im engeren Sinne. Sie behandelt Objekte als Entitäten, die durch Merkmale (Attribute) beschrieben werden, und ordnet sie als Ganzes den Elementen einer diskreten Menge möglicher Klassen zu. Die Mustererkennung im engeren Sinne und die modellbasierte Analyse sind keine konkurrierenden, sondern einander ergänzende Konzepte. Alle praktisch relevanten Aufgaben erfordern das Zusammenspiel beider Konzepte. Erst müssen Objekte sinnvoll abgegrenzt und zutreffend klassifiziert werden, bevor eine Modellwelt von Begriffen und Relationen errichtet werden kann. Aus diesen Überlegungen ergibt sich die mathematische Formulierung der Klassikation als die Abbildung von gemessenen Merkmalen in die möglichen Klassen (siehe Bild 3):

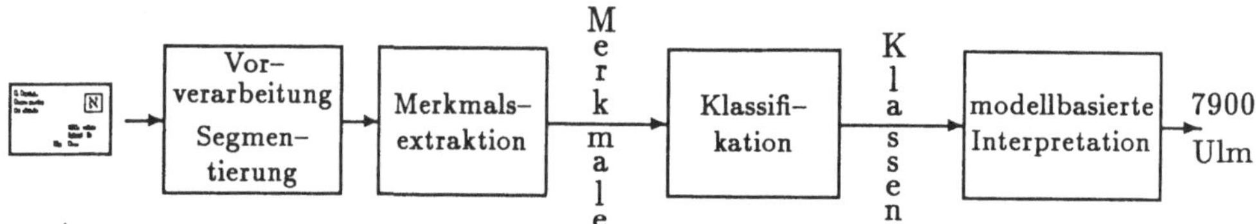

Bild 3: Begriffserläuterung *Klassifikation*

Die *Musterklassifikation* entspricht somit einer Transformation f eines N–dimensionalen Merkmalsraumes $\mathcal{X}$ in einen K–dimensionalen Entscheidungsraum $\mathcal{D}$:

$$f: \quad \mathcal{X} \to \mathcal{D} \qquad \mathcal{X} = I\!R^N, \ \mathcal{D} = I\!R^K . \tag{1}$$

Die Aufgabe, einen Klassifikator zu konstruieren, wird identisch mit dem Ansatz, die beste Abbildung f bezüglich eines geeigneten Optimalitätskriteriums zu finden. Meist wird als Kriterium ein Quadratmittelansatz gewählt:

$$\mathrm{E}\left\{|\mathbf{y} - \mathbf{d}|^2\right\} \overset{!}{=} \min_f \ , \tag{2}$$

wobei $\mathrm{E}\{...\}$ der Erwartungswertbildung entspricht, $\mathbf{d} \in I\!R^K$ das Ergebnis der Klassifikationsfunktion und $\mathbf{y} \in I\!R^K$ der vorgegebene Sollwert ist. Bei diesem Optimierungsansatz wird deutlich, daß die Klassifikationsaufgabe mit Lehrer erfolgt, d.h. daß Sollwerte vorgegeben werden. Für die Klassifikation hat es sich weiterhin als günstig erwiesen — um unerwünschte Nachbarschaftseffekte auszuschließen —, als Sollwerte für die einzelnen Klassen Einheitsvektoren $\mathbf{y}^\mathrm{T} = (0\ldots 0\,1\,0\ldots 0)$ zu verwenden, die als Zielvektoren bezeichnet werden [25].

Läßt man aber die Einschränkung auf Einheitsvektoren fallen und beliebige Werte zu, so kommt man zu der allgemeinen Aufgabe einer *mehrdimensionalen Funktionenapproximation*. Die einzelnen Muster entsprechen dann Abtastwerten, mit deren Hilfe man eine Funktion approximieren kann, d.h. einerseits die Stützstellen möglichst genau reproduzieren und andererseits zwischen den Stützstellen möglichst gut interpolieren. In der Statistik findet man diese Aufgabenstellung unter dem Stichwort Regressionsanalyse. Durch diese Verallgemeinerung des Klassifikationsansatzes werden mit den konnektionistischen Ansätzen auch Problemstellungen wie Prädiktion, d.h. Vorhersage von Zeitreihen, oder Regelung und Steuerung von Prozessen lösbar.

2.3 Bayes–Klassifikator

Die Mustererkennung ist eine Aufgabe aus dem Themenbereich der Statistik. Die zu erkennenden Muster variieren zufällig, aber nicht regellos. Es ist zweckmäßig, die Mustergenerierung als einen stochastischen Prozeß zu modellieren. Der optimale Klassifikator kann so mit Hilfe eines entscheidungstheoretischen Lösungsansatzes gefunden werden. Der obige Quadratmittelansatz (Gleichung 2) entspricht der Minimierung des Gesamtrisikos unter der Voraussetzung, daß Fehlklassifikationen gleiche Kosten verursachen und richtige Entscheidungen kostenfrei sind. Mit Hilfe der Variationsrechnung kann man zeigen, daß gilt:

$$ \boldsymbol{f}: \quad \mathbf{d}_{opt}(\mathbf{x}) \;=\; \mathrm{E}\left\{\mathbf{y}|\mathbf{x}\right\} \;=\; \sum_{\mathbf{y}} \mathbf{y}\cdot P(\mathbf{y}|\mathbf{x}) \;=\; \begin{pmatrix} P(\omega_1|\mathbf{x}) \\ \vdots \\ P(\omega_K|\mathbf{x}) \end{pmatrix}, \qquad (3) $$

wobei die letzte Umwandlung Einheitsvektoren als Zielvektoren voraussetzt. Die optimalen Entscheidungsfunktionen sind die Rückschlußwahrscheinlichkeiten $P(\omega_k|\mathbf{x})$ für die einzelnen Klassen ω_k. Diese Lösung ist in der Literatur als *Bayes–Klassifikator* bekannt.

Für praktische Aufgabenstellungen sind die Rückschlußwahrscheinlichkeiten gewöhnlich nicht bekannt — für Handschriften z.B. müssen sowohl individuelle Schreibstile als auch Fehlerquellen beim Schreib- und beim Abtastvorgang berücksichtigt werden. Als Ausweg bleibt, die Entscheidungsfunktionen mit Hilfe hinreichend vieler Beispiele (*Lernset*) aus dem gegebenen stochastischen Prozess zu approximieren. In den folgenden beiden Abschnitten wollen wir konnektionistische Ansätze — Multilayer–Perzeptron und Radial-Basis-Funktionen — vorstellen, um die Entscheidungsfunktion $\boldsymbol{f}$ zu approximieren.

3 Multilayer–Perzeptron

3.1 Struktur

Das Multilayer–Perzeptron entsteht aus einer schichtorientierten, vorwärtsgerichteten (feed forward) Verschaltung von 'dot-product'-Modellneuronen nach Bild 1 (siehe Bild 4). Die mathematische Beschreibung erfolgt stufenweise, ausgehend vom Modellneuron, über schichtweise Definition bis zum gesamten Multilayer–Perzeptron:

$$ o_j \;=\; \sigma\left(w_{0j}\cdot 1 + \sum_{i=1}^{I} w_{ij}\cdot e_i \right) \;=\; \sigma\left(\mathbf{w}_j^{\mathrm{T}}\cdot \begin{pmatrix} 1 \\ \mathbf{e} \end{pmatrix} \right) \;=\; \sigma\left(\mathbf{w}_j^{\mathrm{T}}\cdot \tilde{\mathbf{e}} \right), \quad (4) $$

$$ \mathbf{o} \;=\; \sigma\left(\mathbf{W}^{\mathrm{T}}\cdot \tilde{\mathbf{e}} \right), \qquad (5) $$

$$ \mathbf{d} \;=\; \sigma\left(\mathbf{W}_{\langle 2\rangle}^{\mathrm{T}}\cdot \tilde{\sigma}\left(\mathbf{W}_{\langle 1\rangle}^{\mathrm{T}}\cdot \tilde{\mathbf{x}} \right) \right). \qquad (6) $$

Ein möglicher Schwellwert des Neurons wird durch den konstanten Term w_{0j} berücksichtigt. Die Zusammenfassung zu Schichten wird durch die vektorielle Schreibweise erreicht, die auch die Aktivierungsfunktion σ einschließt. Die Tilde verdeutlicht jeweils die Berücksichtigung des konstanten Terms, z.B. $\tilde{\mathbf{e}}^T = \left(1\ \mathbf{e}^T\right)$. Die Gewichtsmatrizen $\mathbf{W}_{<\cdot>}$ werden schichtweise durchnumeriert.

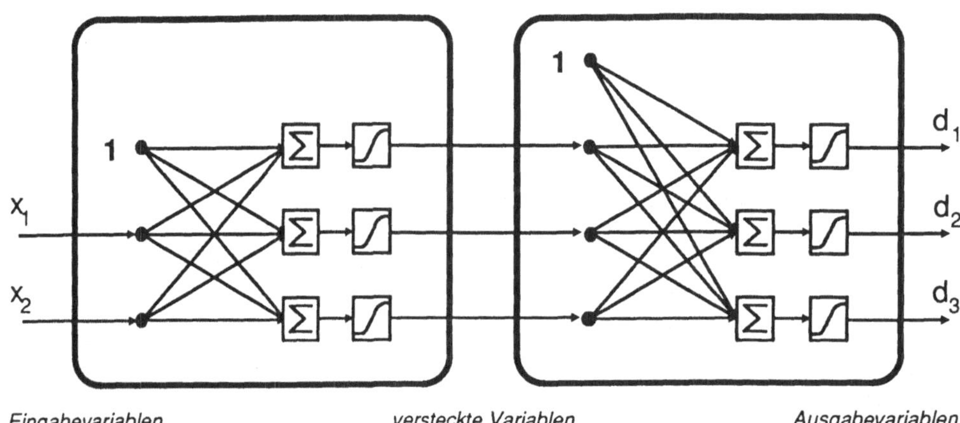

Struktur (wählbar): Anzahl der Schichten und Neuronen

Optimierung (Adaption): Gewichte w_{ij}

Bild 4: Beispiel eines Multilayer–Perzeptrons

Bezüglich der Nomenklatur des Multilayer–Perzeptrons wird meist die ursprüngliche Bezeichnung nach [24] verwendet. Das Multilayer–Perzeptron von Bild 4 hat demnach 3 Schichten von Variablen (Eingabeschicht, verborgene Schicht und Ausgabeschicht). Sinnvoller wäre eine Bezeichnung entsprechend der Anzahl der Gewichtsmatrizen (hier also 2 Schichten). Oft wird diese Unklarheit umgangen, indem nur die Schichtanzahl der verborgenen Variablen angegeben wird — in Bild 4 demnach eine versteckte Schicht.

Als Aktivierungsfunktion σ für die einzelnen Neuronen des Multilayer–Perzeptrons wird gewöhnlich die Sigmoidfunktion $\mathcal{S}_c(x)$ verwendet. Wie man im Bild 5 sieht, bildet die Sigmoidfunktion alle reellen Zahlen x auf den Bereich zwischen 0 und 1 ab (*smashing function*). Der Parameter c bestimmt dabei die Steilheit der Kurve — beim Multilayer–Perzeptron kann $c = 1$ gesetzt werden, da c ebenso gut als Skalierungsfaktor für die Gewichte angesehen werden kann. Wichtig für die Lernregel des Multilayer–Perzeptrons ist, daß die Funktion $\mathcal{S}_c(x)$ stetig differenzierbar ist:

$$\frac{d\mathcal{S}_c(x)}{dx} = c \cdot \mathcal{S}_c(x) \cdot \left(1 - \mathcal{S}_c(x)\right) . \tag{7}$$

Neben der Sigmoidfunktion können auch andere monotone Funktionen verwendet werden. Um aber Verwirrung zu vermeiden, erscheint uns die Kategorisierung als

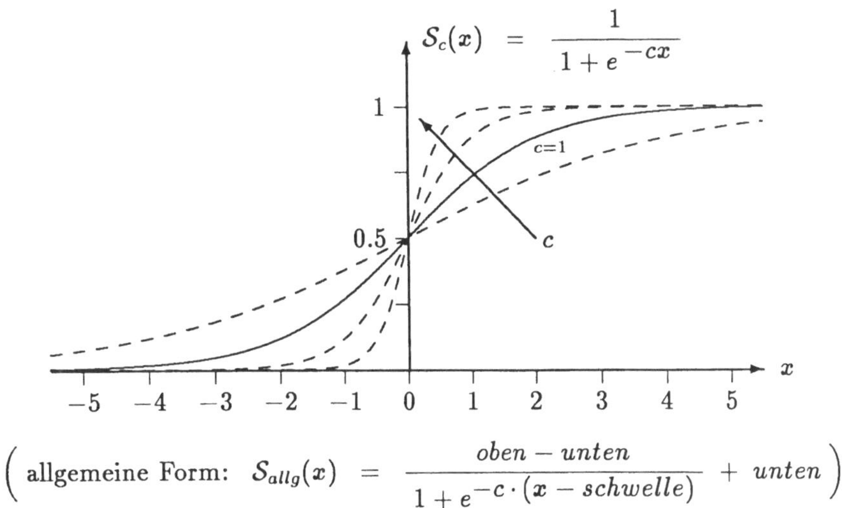

$$\left(\text{allgemeine Form:} \quad \mathcal{S}_{allg}(x) \;=\; \frac{oben - unten}{1 + e^{-c \cdot (x - schwelle)}} \;+\; unten \right)$$

Bild 5: Sigmoidfunktion $\mathcal{S}_c(x)$

Multilayer–Perzeptron nur angebracht, wenn auch 'Error Backpropagation' als Lernregel angewandt werden kann — wie z.B. beim $\tanh(x)$, nicht aber bei der nicht
stetigen Treppenfunktion und bei den nicht stetig differenzierbaren Begrenzerfunk-
tionen.

Aufgrund der Nichtlinearitäten ist es nicht einfach, das Multilayer–Perzeptron analytisch zu untersuchen und Eigenschaften aufzuzeigen. Trotzdem konnte gezeigt
werden [9, 10, 31], daß bereits eine Schicht von verborgenen Variablen genügt (wie in
Bild 4), um stetige Funktionen beliebig genau zu approximieren, sofern nur genügend
verborgene Variablen gewählt werden. Diese Eigenschaft der universellen Appro-
ximationsfähigkeit (*universal approximator*) kann durch einen Existenzbeweis mit
Hilfe des Approximationssatzes von Weierstraß nachgewiesen werden. Neben diesem allgemeinen Ansatz gibt es noch konstruktive Überlegungen [14], jedoch auf der
Grundlage der Treppenfunktion anstelle der Sigmoidfunktion. Es zeigt sich dort, daß
mit zwei Schichten von versteckten Variablen beliebige, nichtzusammenhängende
Gebiete klassifiziert werden können. Es muß darauf hingewiesen werden, daß eine
ungenaue Zitierung dieses konstruktiven Ansatzes schon häufig zu falschen Aussagen
geführt hat. Die ingenieurmäßige Fragestellung, ob eine Aufteilung der Neuronen
auf mehrere versteckte Schichten (bei gleicher Anzahl von Gewichten oder von Neuronen) zu besseren Approximationen führt, ist unbeantwortet.

3.2 Lernregel

Neben der Strukturwahl ist das Einstellen der Gewichte die wichtigste Aufgabe zur
Anpassung des Multilayer–Perzeptrons an eine gegebene Problemstellung. Da es
sich gewöhnlich um eine sehr große Zahl von Koeffizienten handelt, ist eine au-

tomatisierte Lernregel notwendig. Verwenden wir als Optimierungskriterium den Quadratmittelansatz wie in Abschnitt 2, so erhält man als Lösung Approximationen für die Rückschlußwahrscheinlichkeiten. Die Güte der Approximation ist dann abhängig einerseits von der Mächtigkeit der gewählten Funktionenklasse (hier z.B. Anzahl der Schichten und Anzahl der Neuronen bzw. Gewichte) und andererseits von den zur Verfügung stehenden Beispielen (Lernset) — und auch vom Abbruchkriterium des Lernprozesses.

Leider ist aufgrund der Nichtlinearitäten keine analytische Lösung zur Gewichtseinstellung bekannt. Es bleibt nur die Möglichkeit, die einzelnen Gewichte mit Hilfe des Fehlergradienten sukzessive einzustellen, bis bezüglich des Optimierungskriteriums ein Minimum gefunden ist. Diese Vorgehensweise wurde für das Multilayer-Perzeptron in [24] vorgeschlagen, wobei insbesondere die Anwendung auf versteckte Gewichte mit Hilfe der Kettenregel neu war. (Nachträglich wurde bekannt, daß sehr ähnliche Ansätze unter anderen schon in [30] zu finden sind — für genaueren historischen Überblick siehe zum Beispiel [8]). Diese Eigenschaft, daß der Fehler von der Ausgabeschicht zu den versteckten Schichten sukzessive zurückgerechnet wird, führte auch zum Namen *Error Backpropagation*. Gleichzeitig wird so eine effiziente Realisierung für die Berechnung der partiellen Fehlergradienten ermöglicht, da ähnlich wie bei der Fast–Fourier–Transformation Zwischenergebnisse mehrfach verwendet werden.

Die mathematische Herleitung startet mit dem Optimierungskriterium, wobei der Erwartungswert durch den arithmetischen Mittelwert über die Lernstichprobe L ersetzt wird:

$$\mathrm{E}\left\{\left|\mathbf{y}-\mathbf{d}\right|^2\right\} \;=\; \frac{1}{L}\sum_{\lambda=1}^{L}\left|\mathbf{y}^{(\lambda)}-\mathbf{d}^{(\lambda)}\right|^2 \;=\; \frac{1}{L}\sum_{\lambda=1}^{L}\left(\sum_{\kappa=1}^{K}\left(y_\kappa^{(\lambda)}-d_\kappa^{(\lambda)}\right)^2\right)$$
$$=\; \frac{1}{L}\sum_{\lambda=1}^{L}F^{(\lambda)}\,. \tag{8}$$

Zunächst wird der Fehlergradient für ein Stichprobenelement λ bestimmt. Da die Ausgabe o_j eines Neurons nur von der Aktivierung a_j abhängt und diese wiederum nur von dem untersuchten Gewicht w_{ij}, kann die Kettenregel wie folgt angewendet werden:

$$\frac{\partial F^{(\lambda)}}{\partial w_{ij}^{<h>}} \;=\; \frac{\partial F^{(\lambda)}}{\partial o_j^{<h>}}\cdot\frac{\partial o_j^{<h>}}{\partial a_j^{<h>}}\cdot\frac{\partial a_j^{<h>}}{\partial w_{ij}^{<h>}}\,. \tag{9}$$

Wegen $a_j^{<h>} = \sum_i w_{ij}^{<h>}\cdot e_i^{<h>} = \sum_i w_{ij}^{<h>}\cdot o_i^{<h-1>}$ folgt sofort:

$$\frac{\partial a_j^{<h>}}{\partial w_{ij}^{<h>}} \;=\; o_i^{<h-1>}\,. \tag{10}$$

Die Ableitung der Aktivierungsfunktion ist ebenfalls einfach. Speziell für die Sigmoidfunktion $\mathcal{S}_c(x)$ gilt — mit $o_j^{<h>} = \mathcal{S}_c(a_j^{<h>})$:

$$\frac{\partial o_j^{<h>}}{\partial a_j^{<h>}} \;=\; c\cdot o_j^{<h>}\cdot\left(1-o_j^{<h>}\right)\,. \tag{11}$$

Für den verbleibenden Fehlergradienten $\partial F^{(\lambda)} / \partial o_j^{<h>}$ muß zwischen der Ausgabeschicht und den versteckten Variablen unterschieden werden. Für die Ausgabeschicht gilt mit $o_j^{<h>} = d_j$:

$$\frac{\partial F^{(\lambda)}}{\partial o_j^{<h>}} = \frac{\partial F^{(\lambda)}}{\partial d_j} = -2 \cdot \left(y_j - d_j \right) . \tag{12}$$

Für die versteckten Schichten kann der Fehlergradient durch die Fehlergradienten der darauffolgenden Schicht (Richtung Ausgabe; Summierung indiziert durch m) beschrieben werden:

$$\frac{\partial F^{(\lambda)}}{\partial o_j^{<h>}} = \sum_m \frac{\partial F^{(\lambda)}}{\partial o_m^{<h+1>}} \cdot \frac{\partial o_m^{<h+1>}}{\partial a_m^{<h+1>}} \cdot \frac{\partial a_m^{<h+1>}}{\partial o_j^{<h>}}$$

$$= \sum_m \frac{\partial F^{(\lambda)}}{\partial o_m^{<h+1>}} \cdot c \cdot o_m^{<h+1>} \cdot \left(1 - o_m^{<h+1>} \right) \cdot w_{jm}^{<h+1>} . \tag{13}$$

Dies ermöglicht eine rekursive Vorgehensweise, bis die Ausgabeschicht erreicht ist und dann Gleichung 12 gilt. Für die Realisierung jedoch wird die Rekursion in eine Iteration aufgelöst, d.h. die Fehler werden sukzessive vom Ausgang zum Eingang zurückgerechnet, woher auch der Name *Error Backpropagation* stammt.

Nachdem nun die partiellen Fehlergradienten bestimmt sind, können sie verwendet werden, um alle Gewichte — gewöhnlich gleichzeitig — mit Hilfe der Lernregel einzustellen. Man unterscheidet dabei zwischen dem Einstellen nach jedem Stichprobenelement (*singulärer Ansatz*):

$$w_{ij}(t+1) = w_{ij}(t) + \alpha \cdot \left(-\frac{\partial F^{(\lambda)}}{\partial w_{ij}^{<h>}} \right) \tag{14}$$

und nach der gesamten Stichprobe (*kumulativer Ansatz*):

$$w_{ij}(t+1) = w_{ij}(t) + \alpha \cdot \left(-\frac{1}{L} \sum_{\lambda=1}^{L} \frac{\partial F^{(\lambda)}}{\partial w_{ij}^{<h>}} \right) . \tag{15}$$

In der Praxis wird gewöhnlich der erste Ansatz verwendet, da die ständig wechselnde Fehlerfunktion als Rauschen interpretiert werden kann und dadurch lokale Minima leichter vermieden werden (*stochastische Approximation*). Jedoch sind uns zu dieser Feststellung keine analytischen Beweise bekannt.

Insgesamt ist die Frage nach lokalen und globalen Minima, die für Gradientenverfahren stets zu beachten ist, Gegenstand intensiver Untersuchungen — aber noch größtenteils unbeantwortet. Aufgrund von Symmetrieeigenschaften existieren stets viele globale Minima (und entsprechend wahrscheinlich umso mehr lokale Minima). Wichtig ist weiterhin der Lernfaktor α, dessen Wahl (gewöhnlich zwischen 0 und 1, manchmal aber auch größer) das Ergebnis beeinflußt. Neben dem Lernfaktor wurde in [24] auch ein Momentumterm μ vorgeschlagen, dessen Vorteile in letzter Zeit angezweifelt werden [6]:

$$w_{ij}(t+1) = w_{ij}(t) + \alpha \cdot \left(-\frac{\partial F^{(\lambda)}}{\partial w_{ij}^{<h>}} \right) + \mu \cdot \left(w_{ij}(t) - w_{ij}(t-1) \right) . \tag{16}$$

Zur Initialisierung der Gewichte ist zu bemerken, daß die Gewichte in den versteckten Schichten nicht symmetrisch (oder identisch) vorbelegt werden dürfen, da ansonsten durch die Lernregel diese Symmetrie beibehalten wird. Gewöhnlich werden die Gewichte mit Zufallszahlen (oft zwischen -1 und $+1$) initialisiert.

Vom mathematischen Standpunkt ist klar, daß Error Backpropagation ein Gradientenverfahren mit den bekannten Nachteilen (lokale Minima, Abhängigkeit von den Startwerten, Konvergenzgeschwindigkeit) ist. Für den ingenieurmäßigen Einsatz existieren verschiedene Heuristiken, um speziell beim Multilayer–Perzeptron diese Nachteile zu vermeiden. Einige Erläuterungen dazu finden sich im nächsten Abschnitt.

3.3 Modifikationen

Neben der bisher besprochenen 'klassischen' Form des Multilayer–Perzeptrons nach Bild 4 gibt es eine Vielzahl von Modifikationen sowohl bezüglich der Struktur (Vernetzung und Verarbeitungseinheiten) als auch bezüglich der Lernregeln. Hier sollen nur wenige Ansätze kurz besprochen werden — insbesondere solche, die in der Praxis erfolgreich waren.

Eine häufige Modifikation ist, von der vollständigen Vernetzung zwischen den Verarbeitungsschichten abzuweichen. Die Grundidee bei einer systematischen Vorgehensweise ist meist, daß ein Neuron der folgenden Schicht nur mit einem begrenzten Ausschnitt (*receptive field*) von Neuronen der vorhergehenden Schicht kommuniziert bzw. deren Verhalten interpretiert. Diese systematische Vorgehensweise bei der unvollständigen Vernetzung kann auch über mehrere Schichten ausgedehnt werden, wobei quasi pyramidenähnlich von Schicht zu Schicht aussagekräftigere Zwischenergebnisse entstehen, die erst in der Ausgabeschicht zur Gesamtentscheidung verknüpft werden [4, 28].

Eng verbunden mit der unvollständigen Vernetzung ist das Prinzip des '*weight sharing*' bzw. '*restricted weights*'. Die Idee dabei ist, nicht alle Gewichte voneinander unabhängig einzustellen, sondern zu Beginn mehreren Gewichten systematisch den gleichen Wert zuzuordnen, die auch während der Lernphase dann identisch verändert werden. Die Begründung für diese Vorgehensweise zum Beispiel bei der Schrifterkennung liegt darin, daß die Neuronen der versteckten Schichten, die nur begrenzte Ausschnitte der vorhergehenden Schicht und insbesondere des Originalbildes 'sehen', alle nach den gleichen Prinzipien arbeiten bzw. gleiche Merkmale erkennen sollen.

Ein weiterer Schwerpunkt ist das dynamische Erzeugen und Entfernen von Neuronen und Gewichten während der Lernphase. Neben den zahlreichen heuristischen Ansätzen ist der Versuch von [29] zu erwähnen, der informationstheoretische Aspekte in das Optimierungskriterium miteinfließen läßt. Die Idee dabei ist, daß ein Modell einerseits nach der Approximationsgenauigkeit (Abweichen von den Sollwerten) und andererseits nach der Anzahl der einstellbaren Parameter (*minimum description length*) bewertet werden muß. Durch einen zusätzlichen Term im Optimierungsansatz wird erreicht, daß überflüssige Gewichte Null werden.

Ein weites Feld von Modifikationen ergibt sich durch die Einführung von rückwärts-gerichteten Verbindungen (*feed back*). Da die Rückkopplung ein dynamisches Verhalten des Netzes hervorruft und damit eine erweiterte Definition der Verarbeitungs-einheiten und geänderte Lernregeln erfordert, soll hier nur kurz ein Beispiel genannt werden. Durch Rückkopplung des Ausganges auf den Eingang ist es möglich, das Netz mit einem Kurzzeitgedächtnis auszustatten und damit die Klassifikation von zeitlich aufeinanderfolgenden und abhängigen Mustern zu verbessern [1].

Neben den Strukturänderungen gibt es viele Modifikationen, um das Lernverhalten zu beschleunigen oder zu verbessern. Häufig wird sowohl für die Eingabecodierung als auch für die Sigmoidfunktion eine symmetrische Funktion (z.B. zwischen -1 und $+1$) gewählt, um Gewichte, deren Eingangswert Null gewesen wäre (siehe Gleichung 10), mitlernen zu können. Weiterhin versucht man die flachen Bereiche der Sigmoidfunktion (für große negative oder positive x–Werte) zu vermeiden, weil in diesen Bereichen der Fehlergradient sehr klein wird, indem man entweder die Soll-werte verkleinert (z.B. 0.9 und 0.1 bzw. -0.9) oder aber die Sigmoidfunktion größer wählt. Ein Vorschlag ist, die Sollwerte ($+1$ und -1) in die Punkte der Sigmoid-funktion mit der stärksten Krümmungsänderung (dritte Ableitung gleich Null) zu legen. Fordert man weiterhin, daß der Wert $x = 1$ auf den y–Wert ebenfalls gleich 1 abgebildet wird, erhält man folgende Sigmoidfunktion für die Eingabecodierung $+1$ und -1 mit $c = \ln\left[2 + \sqrt{3}\right]$:

$$S_{opt}(x) \;=\; \sqrt{3} \cdot \left(\frac{2}{1 + e^{-c \cdot x}} - 1 \right) \;=\; \sqrt{3} \cdot \tanh\left(\frac{c}{2} \cdot x \right) . \qquad (17)$$

Der Versuch, das einfache Gradientenverfahren Error Backpropagation zu beschleunigen, hat eine Vielzahl von Ideen hervorgebracht, die meist auf (klassischen) '*second order*'–Ansätzen beruhen. Aus der Vielzahl der Vorschläge seien hier nur Quickprop, Conjugate Gradient, Newton, Quasi–Newton und Levenberg–Marquardt genannt [2, 7, 23]. Leider ist momentan noch schwer abzuschätzen, welche Verfahren bei welchen Problemstellungen wie große Vorteile bringen. Beim Vergleich mit der gewöhnlichen Error Backpropagation sollte berücksichtigt werden, daß die '*second order*'–Ansätze meist den kumulativen Fehlergradienten (nach Gleichung 15) beschleunigen, der aber seinerseits meist deutlich langsamer ist als der singuläre Fehlergradient (nach Gleichung 14) — insbesondere bei Problemstellungen mit großen Lernsets.

Die Vermeidung von lokalen Minima ist ein weiterer Schwerpunkt für Modifikationen der Lernregel. Häufig werden stochastische Ansätze ähnlich dem '*simulated annealing*' vorgeschlagen. Ein interessanter Ansatzpunkt zum Beispiel ist, die einzelnen Gewichte nicht als deterministische Größen zu betrachten, sondern als stochastische Variablen mit Mittelwert entsprechend dem deterministischen Ansatz. Die Varianz der Gewichte wird dann während des Lernprozesses langsam verringert — abhängig von der Änderung des Mittelwertes. Der Vorteil dieses Ansatzes ist, daß quasi eine Vielzahl von Multilayer-Perzeptrons adaptiert wird, bis sich eine möglichst gute — hoffentlich optimale — Lösung herauskristallisiert.

4 Radial–Basis–Funktionen

4.1 Struktur

Die Idee der Stützwertapproximation ist, ausgehend von den durch eine Lernstichprobe gegebenen Stützstellen einer im übrigen unbekannten Funktion, die Zwi-
schenräume durch Interpolation aufzufüllen. Beim Ansatz der Radial–Basis–Funktionen werden zur Approximation lokale, mit dem Abstand abklingende Interpo-
lationsfunktionen verwendet. Als Beispiel ist im Bild 6 die Approximation einer
Funktion als die (gewichtete) Summe von vier Gaußfunktionen zu sehen. Die Stützwertapproximation hat eine lange Tradition in der Musterklassifikation (Nächste-
Nachbarn–Techniken [5], Parzen Window [19]) und viele Ausprägungen bei den
konnektionistischen Ansätzen (Radial–Basis–Funktionen [3, 17, 22], Hyper–Basis–
Funktionen [21], Restricted–Coulomb–Energy [18], Probabilistic Neural Network [27],
Resource–Allocating Network [20] und Neural–Gas [16]).

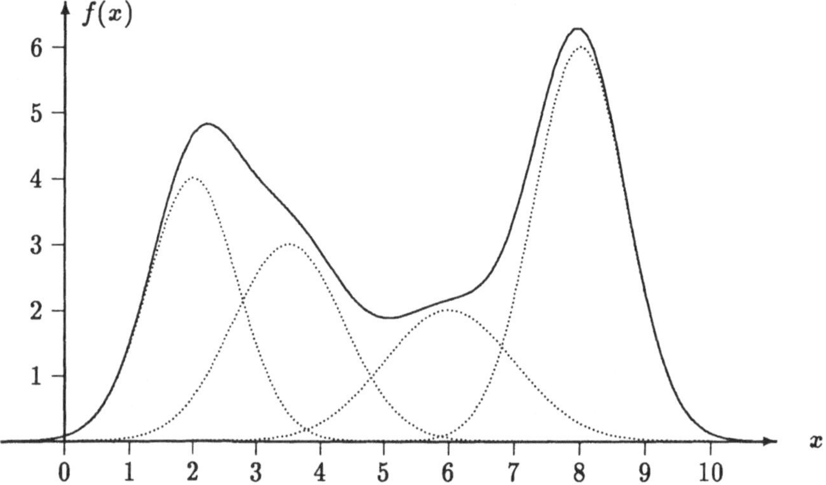

Bild 6: Approximation einer Funktion $f(x)$ durch mehrere Gaußfunktionen

Die mathematische Definition des Radial–Basis–Funktionen Ansatzes ist wie folgt:

$$d\left(\mathbf{x}\right) = \sum_i a_i \cdot \varrho_i\left(\left|\mathbf{x} - \mathbf{w}_i\right|^2\right) + a_0 , \tag{18}$$

wobei sowohl die Referenzvektoren $\mathbf{w}_i$ und die Basisfunktionen ϱ_i als auch die gewichtete Superposition a_i einschließlich des konstanten Terms a_0 frei wählbare Parameter darstellen. Als Basisfunktion ϱ_i wird meist eine exponentiell abklingende
Funktion, ähnlich der Gaußfunktion, verwendet:

$$\varrho_i(z) = e^{-c_i \cdot z} \qquad \text{mit} \qquad z = \left|\mathbf{x} - \mathbf{w}_i\right|^2 . \tag{19}$$

Als Struktur ergibt sich somit ein zweischichtiges Netzwerk, dessen erste Schicht aus
'distance units' (siehe Bild 1) besteht, die in der zweiten Schicht linear verknüpft
werden. Diese Struktur ist in Bild 7 dargestellt.

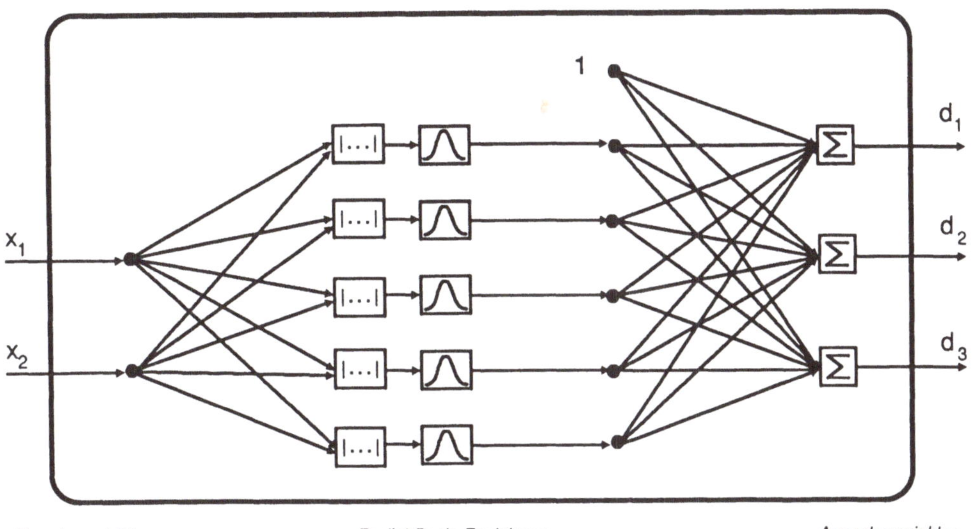

Bild 7: Struktur des Radial–Basis–Funktionen Ansatzes

Ähnlich wie beim Multilayer–Perzeptron kann gezeigt werden, daß die Radial–Basis–Funktionen einen universellen Approximator darstellen [21], vorausgesetzt die Anzahl der Basisfunktionen ist hinreichend groß. Der extra Term a_0 kann als Stabilisator interpretiert werden [21], der abhängig von der vermuteten Form (Glattheit) der zu approximierenden Funktion erforderlich wird. Häufig wird nur ein konstanter Wert (wie in Gleichung 18) verwendet. Manchmal verbessern lineare Terme und Polynome in $\mathbf{x}$ für $a_0(\mathbf{x})$ die Interpolationseigenschaften. Als wichtiger Unterschied zwischen Radial–Basis–Funktionen und Multilayer–Perzeptron ist zu erwähnen, daß Radial–Basis–Funktionen (für $a_0 = 0$) nur in den Umgebungsbereichen der Stützwerte im Lernset von Null verschiedene Werte besitzen. Die für die Musterklassifikation sinnvolle Rückweisung von nicht in den Problemkomplex gehörenden 'falschen' Mustern ist somit einfacher als beim Multilayer–Perzeptron, das im sogenannten Außenbereich beliebige Werte annehmen kann.

4.2 Lernregeln

Für die verschiedenen Parameter des Radial–Basis–Funktionen Ansatzes — Referenzvektoren $\mathbf{w}_i$, Radial–Basis–Funktionen ϱ_i (bzw. c_i) und Superpositionsgewichte a_{ik} — existiert in der Literatur eine Vielzahl von Einstellregeln. Wir können hier nur die grundlegenden Ideen und Prinzipien aufzeigen.

Für die **Referenzvektoren** $\mathbf{w}_i$ gibt es drei unterschiedliche Vorgehensweisen. Die einfachste, aber auch aufwendigste Regel ist, jedes Muster aus der Lernstichprobe als eigenen Referenzvektor anzulegen. Beim zweiten Ansatz wird eine feste Anzahl I von Referenzvektoren kleiner als die Anzahl L der Stichprobenelemente vorgegeben. Die optimale Lage (gewöhnlich bezüglich des euklidischen Abstandsmaßes) der I Referenzvektoren wird dann entweder (*off–line*) durch das 'k–means'-

Clusterverfahren [15] (oder ähnliche Ansätze, z.B. Vektorquantisierung) bestimmt oder ausgehend von einer Startlösung durch ein iteratives Vorgehen (meist Gradientenverfahren) berechnet (*on-line*). Der Fehlergradient bezüglich der j-ten Komponente des Referenzvektors $\mathbf{w}_i$ lautet — für nur eine Unterscheidungsfunktion $d_k(\mathbf{x})$:

$$\frac{\partial \left(y_k - d_k(\mathbf{x}) \right)^2}{\partial w_{ij}} = 4 \cdot \left(y_k - d_k(\mathbf{x}) \right) \cdot \left(-a_{ik} \right) \cdot \varrho_i(\mathbf{x}) \cdot c_i \cdot \left(x_j - w_{ij} \right), \quad (20)$$

mit dem Superpositionsfaktor a_{ik} und einer exponentiell abklingenden Basisfunktion $\varrho_i(\mathbf{x})$ nach Gleichung 19. Als weitere Möglichkeit bleibt, die Anzahl der Referenzvektoren bei der Abarbeitung der Lernstichprobe nach Bedarf mitwachsen zu lassen [20], d.h. je nach Abstand des momentan untersuchten Musters $\mathbf{x}_\lambda$ werden entweder die vorhandenen Referenzvektoren $\mathbf{w}_i$ entsprechend angepaßt (mit Gradientenverfahren) oder — bei großem Abstand, entspricht hohem *novelty*-Faktor — wird ein neuer Referenzvektor $\mathbf{w}_{i+1}$ erzeugt. Das Ergebnis ist offensichtlich nie besser als beim 'k-means'-Clusterverfahren, jedoch wird eine problemangepaßte Anzahl I von Referenzvektoren automatisch gefunden. Es bleibt noch zu erwähnen, daß die Referenzvektoren klassenspezifisch (supervised learning) oder aber für alle Klassen gemeinsam (unsupervised learning) angelegt werden können.

Bei den **Radial-Basis-Funktionen** $\varrho_i(\mathbf{x})$ werden meist einheitliche, exponentiell abklingende Funktionen gewählt, bei denen nur die Abklingkonstante c_i individuell eingestellt wird. Die Wahl der c_i kann entweder durch eine Heuristik erfolgen (z.B. c_i lokal abhängig vom nächsten Referenzvektor oder aber alle c_i gleich und abhängig vom mittleren, kleinsten Abstand zwischen den entsprechenden Referenzvektoren) oder aber wieder durch den Gradientenansatz:

$$\frac{\partial \left(y_k - d_k(\mathbf{x}) \right)^2}{\partial c_i} = 2 \cdot \left(y_k - d_k(\mathbf{x}) \right) \cdot a_{ik} \cdot \varrho_i(\mathbf{x}) \cdot \sum_j \left(x_j - w_{ij} \right)^2. \quad (21)$$

Für die **Superpositionsgewichte** a_{ik} (einschließlich a_{0k}) gibt es zwei grundsätzliche Einstellmöglichkeiten. Beim einfachen Ansatz werden alle $a_{ik} = 1$ gewählt, falls der Referenzvektor $\mathbf{w}_i$ zur Klasse k gehört und Null sonst (Voraussetzung hier: klassenspezifische Referenzvektoren). Sinnvoller aber ist es, für die a_{ik} beliebige Werte zuzulassen. Die Einstellung könnte wieder mit dem Gradientenverfahren erfolgen:

$$\frac{\partial \left(y_k - d_k(\mathbf{x}) \right)^2}{\partial a_{ik}} = 2 \cdot \left(y_k - d_k(\mathbf{x}) \right) \cdot \left(-\varrho_i(\mathbf{x}) \right). \quad (22)$$

Da die Superposition aber eine Linearkombination der Basisfunktionen $\varrho_i(\mathbf{x})$ darstellt, ist es möglich, die Koeffizienten mit Hilfe der *Pseudoinversen* analytisch zu berechnen. Mit $\mathbf{d}(\mathbf{x}) = \mathbf{A}^{\mathrm{T}} \cdot \boldsymbol{\varrho}(\mathbf{x})$ ergibt sich sofort die Bestimmungsgleichung für die Koeffizientenmatrix $\mathbf{A}$:

$$\mathrm{E}\left\{ \boldsymbol{\varrho} \cdot \boldsymbol{\varrho}^{\mathrm{T}} \right\} \cdot \mathbf{A} = \mathrm{E}\left\{ \boldsymbol{\varrho} \cdot \mathbf{y}^{\mathrm{T}} \right\}. \quad (23)$$

Da gewöhnlich nur die Stichprobe gegeben ist, wird der Erwartungswert $\mathrm{E}\{\ldots\}$ durch den arithmetischen Mittelwert ersetzt.

Für die **Gesamteinstellung** des Radial–Basis–Funktionen Ansatzes ergeben sich aus den obigen Lernregeln viele Kombinationsmöglichkeiten. Am günstigsten erscheint uns, die Referenzvektoren durch Clusterverfahren auszuwählen, die Exponentialfunktion mit Hilfe des jeweils nächsten Referenzvektors auf eine sinnvolle Überlappung einzustellen und dann die optimale Linearkombination zu bestimmen. Dieser Ansatz kann dann bei Bedarf mit dem Gradientenverfahren bezüglich der Kombination aller Variablen noch verbessert werden.

4.3 Modifikationen

Schon die verschiedenen Bezeichnungen und die unterschiedlichen Lernregeln deuten auf eine Vielzahl von Modifikationsmöglichkeiten hin. Trotzdem wollen wir uns hier auf einen Punkt beschränken — nämlich auf die Abhängigkeit des oben erläuterten Ansatzes von dem euklidischen Abstandsmaß. Abhilfe hierfür schafft eine Erweiterung des Abstandsbegriffes:

$$\left\| \mathbf{x} - \mathbf{w} \right\|_{\mathbf{G}}^{2} \;=\; (\mathbf{x} - \mathbf{w})^{\mathrm{T}} \cdot \mathbf{G}^{\mathrm{T}} \cdot \mathbf{G} \cdot (\mathbf{x} - \mathbf{w}) \;=\; \left| \mathbf{G} \cdot (\mathbf{x} - \mathbf{w}) \right|^{2} . \tag{24}$$

Wie man sieht, werden die Vektoren $\mathbf{x}$ und $\mathbf{w}$ zunächst linear transformiert (mit der Matrix $\mathbf{G}$), bevor der Abstand berechnet wird. Als ideal — sowohl zur Dekorrelation als auch zur Dimensionsminderung — hat sich die Karhunen–Loève–Transformation (Hauptachsentransformation) erwiesen [25], wobei als Transformationsvektoren die Eigenvektoren von der Momentenmatrix $\mathrm{E}\left\{\mathbf{x} \cdot \mathbf{x}^{\mathrm{T}}\right\}$, sortiert nach der Größe der Eigenwerte, verwendet werden. Bei der Klassifikation von handgeschriebenen Ziffern (siehe nächster Abschnitt) zum Beispiel liefert der Nächste–Nachbar–Ansatz bei einer Reduktion mit der Hauptachsentransformation von 256 auf 40 Dimensionen leicht bessere Klassifikationsergebnisse als derselbe Ansatz direkt mit euklidischem Abstand. Es wird weiter vorgeschlagen [21], auch diese Transformation in die Gesamtoptimierung mittels Gradientenverfahren einzubeziehen.

5 Vergleich und Zusammenfassung

Bevor wir die Erkenntnisse aus den beiden letzten Kapiteln gegenüberstellen, soll noch kurz ein empirischer Vergleich bezüglich der Erkennung von handgeschriebenen Ziffern (siehe Bild 8) erfolgen.

Als Klassifikator wurde einerseits ein Multilayer–Perzeptron mit 256 Eingabe–, 40 versteckten und 10 Ausgabevariablen (insgesamt 10690 Gewichte) ausgewählt. Andererseits wurde als Vertreter für die Stützwertapproximation der Nächste–Nachbar–Klassifikator (Anzahl der Parameter: Lernsetgröße×256) untersucht, der, obwohl er die einfachste Form der Stützwertapproximation darstellt, bei vollständiger Abspeicherung der Lernstichprobe als Richtschnur für die verschiedenen Radial–Basis–Funktionen Ansätze dienen kann. Als traditionelles Verfahren wurde ein Polynomklassifikator [12, 25] mit unvollständigem quadratischen Ansatz (insgesamt 10750

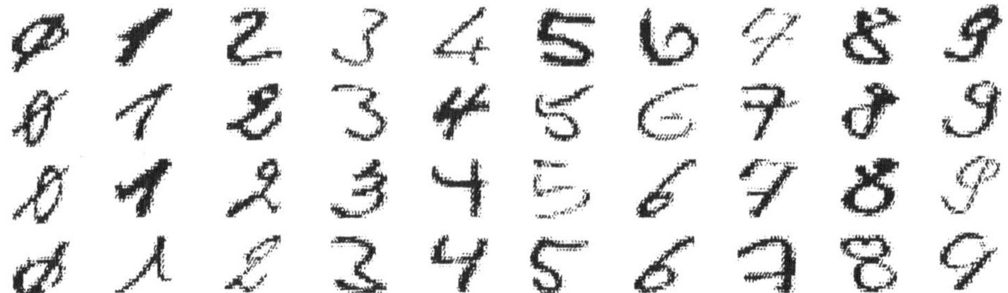

Bild 8:   Beispiele handgeschriebener Ziffern

- Lern- und Testset: (maximal) jeweils 1000 Muster pro Klasse
- Ziffern normiert nach Höhe und Breite
- Auflösung 16×16 Matrix mit 8 Bit Quantisierung

Koeffizienten) ausgewählt. Bei der Untersuchung interessierte hauptsächlich das Generalisierungsverhalten in Abhängigkeit von einer wachsenden Lernstichprobe. Bild 9 zeigt, daß sowohl für das Multilayer-Perzeptron als auch für den Nächsten-Nachbar-Klassifikator die Fehlerrate auf dem Testset (jeweils 1000 Muster pro Klasse) mit wachsendem Lernset stetig abnimmt (fast linear bei dem gewählten doppelt-logarithmischen Maßstab). Für den Polynomklassifikator hingegen wird deutlich, daß die Fehlerrate erst ab einem gewissen Punkt (Gesamtanzahl der Koeffizienten = Anzahl der Lernmuster×Klassenanzahl) deutlich sinkt, dann aber die besten Ergebnisse zeigt. Während eine ausführliche Diskussion in [13] zu finden ist, kann hier festgestellt werden, daß mit allen drei Verfahren für dieses realitätsnahe Beispiel grundsätzlich gute Klassifikationsleistungen erreicht werden.

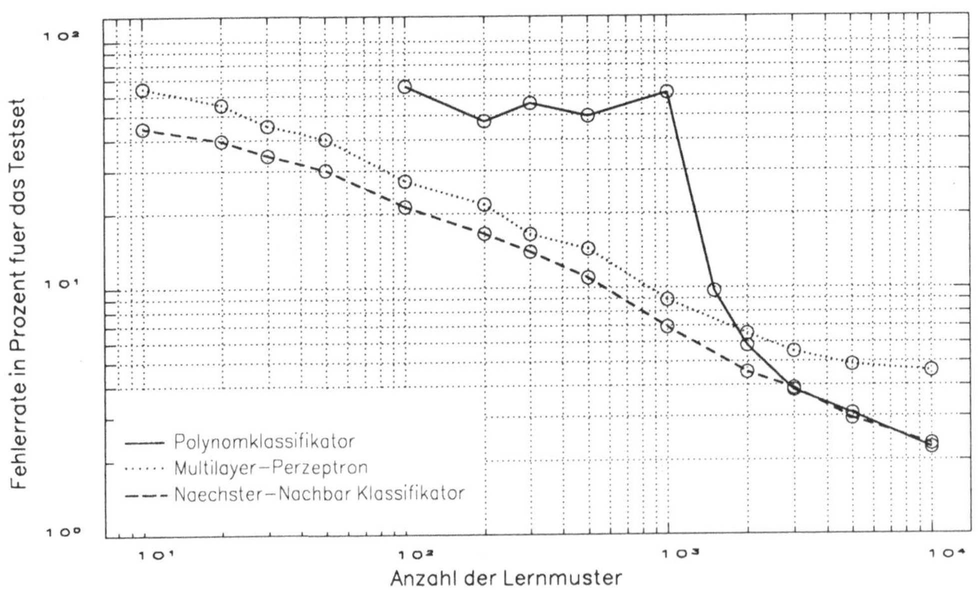

Bild 9: Vergleich verschiedener Verfahren für die Ziffernklassifikation

Dieses Ergebnis war auch theoretisch zu erwarten, da sowohl die beiden konnektionistischen Ansätze (Multilayer–Perzeptron und Radial–Basis–Funktionen) als auch der Polynomklassifikator [12] universelle Approximatoren darstellen. Die Herleitung von dem Multilayer–Perzeptron und den Radial–Basis–Funktionen hat weiterhin gezeigt, daß die mathematische Optimierung von einer sehr großen — meist unüberschaubar großen — Anzahl von freien Parametern in beiden Konzepten eine außerordentlich wichtige Rolle spielt. Das Lernen oder Einstellen der Parameter — gleichgültig wie es motiviert wird — ist stets eine Umsetzung von gespeicherten Beobachtungen in eine funktionale Form. Damit stehen die konnektionistischen Ansätze auf dem gleichen Fundament wie die bekannten klassischen Verfahren und können als prinzipiell gleichwertig in das Arsenal der Musterklassifikationsverfahren eingeordnet werden. Zweifellos haben die konnektionistischen Konzepte eine Vielzahl neuer Aspekte eingebracht und neue Verbindungen zu anderen Wissenschaftsbereichen aufgebaut. Wir können aber nichts Grundsätzliches erkennen, was die Hoffnung rechtfertigen würde, mit neuronalen Ansätzen seien Aufgaben lösbar geworden, die sich klassischen Verfahren notwendig entzogen hätten [26]. Auch der Vorteil der Parallelisierbarkeit läßt sich leicht auf die meisten klassischen Verfahren übertragen.

Ein abschließendes Urteil abzugeben, für welche Anwendungsfälle das Multilayer–Perzeptron, die Radial–Basis–Funktionen oder auch der Polynomklassifikator besser geeignet sind, fällt schwer. Selbstverständlich unterscheiden sich die Verfahren in den Funktionstypen, die sie zum Aufbau der Schätzfunktionen verwenden, und haben deshalb unterschiedliche Eigenschaften. Alle Verfahren enthalten aber neben den Optimierungsparametern eine Reihe von Entwurfsgrößen, mit denen man sie billig und wenig leistungsfähig, aber auch aufwendiger und leistungsfähiger machen kann. Sie überdecken damit einen weiten Bereich auf der Skala der Anwendungsmöglichkeiten. Die Auswahl eines bestimmten Verfahrens muß daher weitere Gesichtspunkte wie Geschwindigkeit der Adaption, die Durchsichtigkeit des Verfahrens, Implementierungsüberlegungen, Verfügbarkeit u.a. miteinbeziehen.

Literatur

[1] H.-U. Bauer: *Nichtlineare Dynamik rückgekoppelter neuronaler Netze.* Reihe Physik, Band 5, Verlag Harri Deutsch, Frankfurt, 1991.

[2] S. Becker und Y. le Cun: *Improving the convergence of back–propagation learning with second order methods.* Connectionist Models Summer School, S. 29–37, 1988.

[3] D.S. Broomhead und D. Lowe: *Multivariable functional interpolation and adaptive networks.* Complex Systems, Vol. 2, S. 321–355, 1988.

[4] Y. le Cun et al.: *Backpropagation applied to handwritten zip code recognition.* Neural Computation, Vol. 1–4, S. 541–551, 1989.

[5] B.V. Dasarathy (Herausgeber): *Nearest neighbor pattern classification techniques.* IEEE Computer Society Press, 1990.

[6] F. Fogelman-Soulie: *Neural network architectures and algorithms: a perspective.* S. 605–615 in [11].

[7] P.E. Gill, W. Murray und M.H. Wright: *Practical optimization.* Academic Press, 1981.

[8] R. Hecht-Nielsen: *Neurocomputing.* Addison-Wesley, 1989.

[9] K. Hornik, M. Stinchcombe und H. White: *Multilayer feedforward networks are universal approximators*. Neural Networks, Vol. 2-5, S. 359–366, 1989.

[10] K. Hornik, M. Stinchcombe und H. White: *Universal approximation of an unknown mapping and its derivatives using multilayer feedforward networks*. Neural Networks, Vol. 3-5, S. 551–560, 1990.

[11] T. Kohonen et al. (Herausgeber): *Artificial neural networks*. Volume 1&2, North-Holland, 1991.

[12] U. Kreßel, J. Franke und J. Schürmann: *Polynomklassifikator versus Multilayer-Perzeptron*. Mustererkennung 1990, 12. DAGM-Symposium, Oberkochen–Aalen, Informatik–Fachberichte 254, Springer–Verlag, S. 75–81, September 1990.

[13] U. Kreßel: *The impact of the learning-set size in handwritten-digit recognition*. S. 1685–1689 in [11].

[14] R.P. Lippmann: *An introduction to computing with neural nets*. IEEE ASSP Magazine, Vol. 4-2, S. 4–22, April 1987.

[15] S.P. Lloyd: *Least squares quantization in PCM*. IEEE Transactions on Information Theory, Vol. 28-2, S. 129–137, 1982.

[16] T. Martinetz und K. Schulten: *A 'neural-gas' network learns topologies*. S. 397–402 in [11].

[17] J. Moody und C.J. Darken: *Fast learning in networks of locally-tuned processing units*. Neural Computation, Vol. 1-2, S. 281–294, 1989.

[18] Nestor Inc.: *An introduction to Nestor*. Nestor Inc., Providence RI, 1987.

[19] E. Parzen: *On estimation of a probability density function and mode*. The Annals of Mathematical Statistics, Vol. 33, S. 1065–1076, 1962.

[20] J. Platt: *A resource-allocating network for function interpolation*. Neural Computation, Vol. 3-2, 1991 (Vorabdruck).

[21] T. Poggio und F. Girosi: *Networks for approximation and learning*. Proceedings of the IEEE, Vol. 78-9, S. 1481–1497, September 1990.

[22] M.J.D. Powell: *Radial basis functions for multivariable interpolation: a review*. In J.C. Mason und M.G. Cox (Herausgeber): *Algorithms for approximation*. Clarendon Press, Oxford, 1987.

[23] W.H. Press et al.: *Numerical recipes in Pascal*. Cambridge University Press, 1989.

[24] D.E. Rumelhart und J.L. McClelland: *Parallel distributed processing*. Volume 1&2, MIT Press, 1986.

[25] J. Schürmann: *Polynomklassifikatoren für die Zeichenerkennung*. Oldenbourg, 1977.

[26] J. Schürmann: *Neuronale Netze und die klassischen Methoden der Mustererkennung*. IITB Kuratoriumssitzung, Karlsruhe, April 1991 (wird veröffentlicht).

[27] D.F. Specht: *Probabilistic neural networks and the polynomial adaline as complementary techniques for classification*. IEEE Transactions on Neural Networks, Vol. 1-1, S. 111–121, März 1990.

[28] A. Waibel: *Consonant recognition by modular construction of large phonemic time-delay neural networks*. In D.S. Touretzky (Herausgeber): *Advances in neural information processing systems 1*. Morgan Kaufmann, 1989.

[29] A.S. Weigend: *Connectionist architectures for time series prediction*. PhD–Thesis, Stanford University, 1991.

[30] P.J. Werbos: *Beyond regression: New tools for prediction and analysis in the behavioral sciences*. PhD–Thesis, Harvard University, November 1974.

[31] H. White: *Connectionist nonparametric regression: multilayer feedforward networks can learn arbitrary mappings*. Neural Networks, Vol. 3-5, S. 535–550, 1990.

Frühe Bildverarbeitung in neuronaler Architektur[1]

Hanspeter A. Mallot

Institut für Neuroinformatik, Ruhr–Universität–Bochum
Universitätsstr. 150, W–4630 Bochum 1

Als Beispiele für verschiedene Forschungsansätze in der Neuroinformatik diskuiert der Aufsatz drei Fragenkomplexe: Neuronale Netzwerke: *Erregungsdynamik eines orts–kontinuierlichen Cortexmodells und mögliche Anwendungen bei der Verarbeitung dynamischer Reize;* Computational Theory: *Welche Informationen werden von menschlichen Versuchspersonen bei der Tiefenwahrnehmung verwendet und wie interagieren die verschiedenen Tiefenhinweise dabei?* Anwendung: *Für welche Bildverarbeitungsprobleme kann man ortsvariante Bildrepräsentationen, wie sie im visuellen Cortex gefunden werden, einsetzen.*

1 Neuroinformatik als empirische Wissenschaft der Informationsverarbeitung

1.1 Forschungsgegenstand

Informationsverarbeitung versetzt biologische wie technische Systeme in die Lage, in sinnvoller Weise auf aktuelle Umweltsituationen zu reagieren oder, allgemeiner, sich in einer komplexen Umwelt adäquat zu verhalten. *Information* kann daher nicht im Sinne bloßer *Daten* in einem Nachrichtenkanal verstanden werden, sondern muß stets von der Leistung des Gesamtsystems, d.h. dem Verhalten in der Umwelt her interpretiert werden. Es ist reizvoll, biologische Informationsverarbeitung in der Form eines „Informationswechsels" zu diskutieren, der sozusagen Sinnesreize in Reaktionenen oder Verhaltensweisen „umwandelt" (Abb. 1).

Interpretiert man neuronale Informationsverarbeitung als Teil eines solchen Informationswechsels, der als ganzer der Optimierung in der Evolution der Organismen unterliegt, so hat das weitreichende Konsequenzen für eine Theorie informationsgesteuerten Verhaltens: Evolution führt zu einer gegenseitigen Anpassung von Sinnesorganen, Gehirnen und Verhaltensweisen und konserviert dabei die Entstehungsgeschichte in der Organisation des informationsverarbeitenden Apparates. Die durch diese Entstehungsgeschichte gegebene Abfolge oder Hierarchie von Verhaltensleistungen bietet somit einen systematischen Zugang zur Anlyse komplexer Leistungen biologischer Informationsverarbeitung. Lösungen, die zunächst für einfache Probleme gefunden wurden, können als *Präadaptationen* fungieren, auf denen aufbauend weitergehende Leistungen bewerkstelligt werden können.

[1]Unterstützt durch die Deutsche Forschungsgemeinschaft (Ma1038 3-1) und das Ministerium für Wissenschaft und Forschung des Landes Nordrhein–Westfalen (IV A 6 - 102 412 89)

Diese Betrachtungsweise, bei der Informationsverarbeitung als evoluiertes Teilsystem eines auf adäquates Verhalten optimierten Systems gesehen wird, ist von technischer Datenverarbeitung und der Berechnung von Funktionen recht weit entfernt. Offensichtlich sind Gehirne keine Computer im gängigen Sinn; sie sind nicht auf Universalität angelegt und gewinnen ihre Flexibilität nicht durch freie Programmierbarkeit sondern durch Strukturveränderungen in jeweils problemangepaßter Weise. Auf der anderen Seite zeigt ein Blick auf Abb. 1, daß die Probleme, zu denen man sich von der Neuroinformatik einen Beitrag erwarten kann (Sehen, Sprache, Manipulation, Lernen), große Bedeutung auch für die technische Informationsverarbeitung haben.

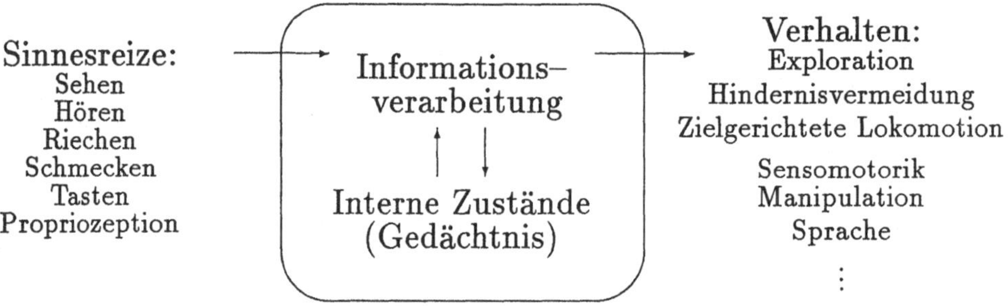

Abbildung 1: Bedeutung der Informationsverarbeitung in biologischen Systemen. Rückkopplungen des Verhaltens auf die wahrnehmbaren Sinnesreize sind der Einfachheit halber weggelassen.

1.2 Erklärungsmodelle und empirische Zugänge

Das gegenwärtige starke Interesse an *künstlichen neuronalen Netzen* verdeckt die Tatsache, daß zum Verständnis biologischer Informationsverarbeitung noch andere Erklärungsmodelle notwendig und sinnvoll sind. Insgesamt erscheinen drei Denkansätze wesentlich:

- **Kybernetik und neuronale Netze**

Bei der Untersuchung von Netzen einfacher Strukturelemente handelt es sich um den klassischen Schluß von der Struktur auf die Funktion. Ein solcher Schluß wäre bei der Analyse eines universellen Rechners kaum möglich, da dieser ja alle Leistungen mit der gleichen *Hardware* erbringt. In biologischen Systemen dagegen ist der Zusammenhang durch die evolutionäre Anpassung der Struktur an ihre Funktion gegeben. Wählt man bei der Modellbildung solche Strukturelemente aus, die aufgrund vergleichend biologischer Untersuchungen als Anpassungen gelten können, so kann man zu erfolgreichen „*bottom–up*" Erklärungen gelangen. Einige anatomische und physiologische Prinzipen, die wir für solche Anpassungen halten, sind (vgl. [19]):

- 2D Schichten mit ± uniformer lateraler Connectivität

- Topographische Repräsentation ($\rightarrow$ Ortscodierung)
- Ortsvariante Verschaltung und Repräsentation

Die Informationsverarbeitungsaufgaben dieser Anpassungen sind von vornherein nicht offensichtlich. Es liegt jedoch nahe, einfache, d.h. evolutionär „alte" Leistungen zu betrachten, für die schon früh ein Anpassungsdruck bestand. Solche einfachen visuellen Verhaltensweisen sind z.B.

- Ungerichtete Lokomotion
- Zielgerichtete Lokomotion
- Hindernisvermeidung
- Manipulation

• Berechnungstheorie

Ein mehr der klassischen Informatik und dem technischen Ansatz verwandtes Erklärungsmodell der Neuroinformatik ist die Analyse der für eine bestimmte Leistung prinzipiell notwendigen Berechnungen (*computational theory*, [22]). Während man früher vielfach davon ausging, daß für ein gegebenes Problem (z.B. Stereosehen) eine eindeutige Berechnungstheorie existiere, auf deren Grundlage dann eine Optimallösung implementiert werden könne, stellt sich zunehmend heraus, daß dies nicht der Fall ist. Empirische Untersuchungen zur Berechnungstheorie, wie sie die Psychophysik zuläßt [4], bieten hier einen möglichen Ausweg (vgl. Abschnitt 3).

• Synthese informationsverarbeitender Systeme

Der Nachbau informationsverarbeitender Systeme ist vom Standpunkt der Neuroinformatik aus nicht nur in direkten Anwendungen von Bedeutung, sondern erlaubt es u.U. auch, vermutete Funktionsweisen biologischer Informationsverarbeitung durch die Synthese zu „beweisen". In diesem Zusammenhang ergeben sich interessante Parallelen zwischen so weit auseinanderliegenden Gebieten wie Neuroethologie und Robotik [3].

Abschnitt 2 diskutiert corticale Netzwerke und die aufgrund der Cortexanatomie möglichen Rückschlüsse auf ihre Funktion. Als Beispiel für den berechnungstheoretischen Ansatz werden in Abschnitt 3 einige Untersuchungen zur Tiefenwahrnehmung dargestellt. Mögliche technische Anwendungen schließlich behandelt Abschnitt 4.

2 Corticale Netzwerke

In diesem Kapitel sollen einige Modellbildungen dargestellt werden, die versuchen, aus allgemeinen Strukturprinzipien corticaler Netzwerke Rückschlüsse auf die Funktion dieser Struktur zu ziehen.

2.1 Strukturanpassungen des Neocortex

Grob vereinfachend kann man einige wichtige Prinzipien der corticalen Organisation folgendermaßen zusammenfassen (vgl. [1, 2]):

1. *Anzahl der Neurone:* Ca. 10^{11}. In Area 17 gibt es etwa 10^3 pro Inputfaser.

2. *Netzwerk-Topologie:* Flächig mit ca. 2 mm Dicke. Vertikal geschichtet, horizontal „uniform". Die Kopplung ist überwiegend lokal und enthält Rückkopplungen.

3. *Zelltypen:* 70 % Pyramidenzellen (erregend, überwiegend vertikale Connectivität). 20 % Sternzellen (hemmend, $\pm$ kugelige Koppelbereiche).

4. *Connectivität:* etwa 10^4 Synapsen pro Pyramidenzelle. Im Bereich des Dendriten einer Zelle liegen etwa 4000 andere Zellen.

5. *Retinotopie:* Benachbarte Punkte der Retina oder anderer Cortexareale werden auf benachbarte Punkte abgebildet.

6. *Ortscodierung:* Physiologische Eigenschaften rezeptiver Felder variieren stetig über dem Ort. Die Spezifitäten dieser Felder sind also gewissermaßen in einem örtlichen Code repräsentiert.

Wie kann man nun diese Prinzipien in einem künstlichen neuronalen Netzwerk modellieren? Wir beschränken uns hier auf eine reine *Erregungsdynamik*, d.h. auf konstante Übertragungsgewichte. Man hat dann zwei wichtige Randbedingungen:

1. *Die Aktivierungsfunktion muß explizit die Zeit enthalten.* Dies ist notwendig, da durch die intrinsische Rückkopplung sowie Laufzeiten und synaptische Verzögerungen eine komplexe Orts–Zeit–Dynamik zu erwarten ist, die sich in dem Netzwerk abbilden muß.

2. *Die Aktivierungsfunktion muß explizit den Ort enthalten.* Die corticale Verschaltung ist zum großen Teil lokal, so daß es sinnvoll ist, den Nervenzellen einen expliziten Ort zuzuschreiben. Darüberhinaus ist es anders kaum möglich, Retinotopie und Ortscodierung adäquat zu beschreiben. Wir wählen eine ortskontinuierliche Beschreibung, die gleichzeitig den großen Zellzahlen Rechnung trägt.

Aufgrund dieser Überlegungen erhält man folgende Modifikation der einfachen linearen Aktivierungsfunktion:

$$\tau \frac{\partial e}{\partial t}(\mathbf{x}; t) = -e(\mathbf{x}; t) + \phi \left(\int W(\mathbf{x}, \mathbf{x}') s(\mathbf{x}'; t - T) d\mathbf{x}' \right) \tag{1}$$

Dabei sind $e(\mathbf{x}; t)$ und $s(\mathbf{x}; t)$ die orts–zeitlichen Verteilungen von $\underline{E}$rregung und $\underline{R}$eiz ($\underline{s}$timulus). τ ist die Zerfallszeit des postsynaptischen Potentials und T die synaptische Verzögerung. Der Kern $W(\mathbf{x}, \mathbf{x}')$ beschreibt die synaptischen Übertragungsgewichte von einer Zelle an der Stelle $\mathbf{x}'$ zu einer Zelle an der Stelle $\mathbf{x}$. Im Fall ortsinvarianter Kopplung geht $W(\mathbf{x}; \mathbf{x}')$ in einen Faltungskern $w(\mathbf{x} - \mathbf{x}')$ über. Betrachtet man zusätzlich retinotopische Karten als Koordinatentransformationen $\mathcal{R} : \mathbf{u} \mapsto \mathbf{x}$, so erhält W die Form [20]:

$$W(\mathbf{x}; \mathbf{u}) = w(\mathbf{x} - \mathcal{R}(\mathbf{u})) |\det J_{\mathcal{R}}(\mathbf{u})|. \tag{2}$$

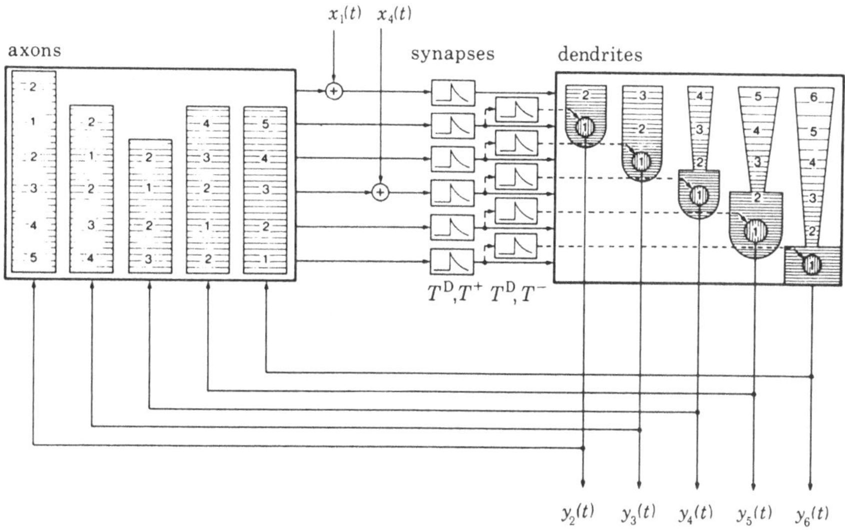

Abbildung 2: Koppelschema des Cortexmodells. Erklärung siehe Text. Aus [16].

2.2 Erregungsdynamik des Cortexmodells

Wir besprechen hier nur die lineare Variante des Cortexmodells [16]; für die Erweiterung auf den nichtlinearen Fall vgl. [9].

Das Modell enthält sechs kontinuierliche Schichten, die jeweils eine Inputverteilung $s_i(\mathbf{x}; t)$, $i = 1, \ldots, 6$ erhalten (Abb. 2). Während die oberste Schicht keine Zellkörper enthält, produzieren die fünf übrigen Schichten Outputverteilungen $e_i(\mathbf{x}; t)$, $i = 2, \ldots, 6$. Die Vorwärtskopplung wird durch axonale und dendritische Faltungskerne $a_{i \to l}(\mathbf{x}, t)$, $d_{l \to j}(\mathbf{x}, t)$ beschrieben. Diese Kerne modellieren gleichzeitig die hemmende Zellpopulation. Die Indices $i \to l$ sind dabei stets so gemeint, daß die Erregung von Schicht i nach Schicht l fließt. Bezeichnet man mit $*$ die orts–zeitliche Faltung, so erhält man als Netzwerkgleichung

$$e_j = \sum_{l=1}^{6} d_{l \to j} * \underbrace{\left(\sum_{i=2}^{6} a_{i \to l} * e_i + s_l \right)}_{(*)} \tag{3}$$

Dabei bezeichnet $(*)$ die gesamte präsynaptische Erregung in Schicht l. Löst man diese Rückkopplungsgleichung (numerisch) auf, so kann man für jede Kombination einer Inputschicht i und einer Outputschicht j einen resultierenden Faltungskern $k_{i \to j}(\mathbf{x}; t)$ berechnen, der nicht nur alle vorwärts gekoppelten Pfade der Form $i \to l \to j; l = 1, ..., 6$, sondern auch die Rückkopplungen im Netzwerk enthält.

$$e_j(\mathbf{x}; t) = \sum_{i=1}^{6} \int_{\mathbf{R}^2} \int_{\infty}^{t} k_{i \to j}(\mathbf{x} - \mathbf{x}', t - t') s(\mathbf{x}'; t') dt' d\mathbf{x}' \tag{4}$$

Obwohl für die Vorwärtskopplung orts-zeitlich separierbare Faltungskerne angenommen wurden, ist die resultierende Operation k nicht separierbar.

2.3 Ortszeitliche Rezeptive Felder und Bildmerkmale

Die resultierenden Kerne $k_{i\rightarrow j}$ können als orts–zeitliche Impulsantworten (*„point images"*) interpretiert werden; die entsprechenden Kerne des adjungierten Operators modellieren demensprechend rezeptive Felder. Wegen der Nichtseparierbarkeit hängt dabei die „optimal" erregende Ortsstruktur eines Reizes von seiner Zeitstruktur ab und umgekehrt [16]. Faßt man daher solche orts–zeitlichen rezeptiven Felder als *feature*–Detektoren auf, so muß der *feature*–Begriff auf dynamische Bildelemente erweitert werden. Daß dies in der neuronalen Bildverarbeitung tatsächlich der Fall zu sein scheint, zeigen elektrophysiologische Untersuchungen von Dinse et al. [8]. So entwickelt sich z.B. bei manchen der in Area 17 der Katze untersuchten Zellen die Orientierungsselektivität erst nach einer anfänglichen unspezifischen Reaktion auf orientierte Reize; bei anderen ändert sich die Vorzugsorientierung mit der Zeit. Obwohl eine quantitative Absicherung dieser Effekte noch aussteht, deuten sie darauf hin, daß die frühe Bildverarbeitung im visuellen System von vorneherein von orts–zeitlichen Bildelementen ausgeht.

Durch das Einfügen einer (stationären) Nichtlinearität [9] erhält das Netzwerk weitere Freiheitsgrade. Je nach Parameterbereich treten dabei z.B. mehrere stabile Fixpunkte auf, zwischen denen durch starke Reize oder die Verstellung globaler Netzwerkparameter „umgeschaltet" werden kann (Hysterese). Das „Kleinsignalverhalten" in der Nähe der Fixpunkte entspricht dabei wieder orts–zeitlichen Filtern, die jetzt aber je nach Vorgeschichte unterschiedlich sein können.

2.4 Netzwerke aus Cortexarealen

Eine weitere wichtige Eigenschaft corticaler Netzwerke ist die retinotopische Organisation der Projektionen von der Retina zu den visuellen Arealen sowie der Projektionen zwischen den Arealen (vgl. Abschnitt 2.1). Wie in Gl. 2 bereits angegeben, ist die Connectivität in diesem Fall nicht mehr translationsinvariant; die Eigenschaften derartiger Operatoren diskutiert [20].

Für ein Modell, das die Vernetzung mehrer Cortexareale beschreibt, gelten folgenden Randbedingungen:

1. Es gibt etwa 15 topographisch organisierte visuelle Areale mit einem komplexen Verbindungsmuster. Verbindungen sind in der Regel symmetrisch (reziprok), aber nicht vollständig. Anders als zwischen den Zellen innerhalb eines Areals spiegeln sie nicht räumliche Nähe, sondern funktionelle Zusammenhänge wider.

2. Die Projektionen zwischen der Arealen sind ebenfalls topographisch organisiert; sie können durch Koordinatentransformationen $\mathcal{R}_{ij}(\mathbf{x})$ modelliert werden. In Abb. 3 sind sie als Operatorgleichungen formuliert; da die Dimension der Erregungsgrößen immer Spikes/Fläche ist, muß dabei das Flächenelement der Kartierung eingehen.

3. Die intrinsische Operation ist lokal und kann durch das Cortexmodell [16] repräsentiert werden. Darüberhinaus treten auch systematisch ortsvariante Operationen auf, wie z.B. Orientierungskolumnen [13].

4. Inputs von verschiedenen Arealen können mit ortsvarianter Gewichtung c_{ki} summiert werden *(input segregation)*. Auffälligstes Beispiel ist die Kombination der Inputs aus den ipsi– und contralateralen LGN–Schichten in Okularitätsstreifen der Area 17.

5. Output in verschiedene Areale können ebenfalls mit ortsvarianter Gewichtung p_{ij} erfolgen *(output segregation)* [29].

6. Eine wichtige Bilanzierungsbedingung für Kartierung, Input– und Outputsegregation ist die Konstanz der zellulären Vergrößerung [25]. Für die Projektion $i \to j$ sollte gelten:

$$p_{ij}(\mathbf{x}) \propto c_{ij}(\mathcal{R}_{ij}(\mathbf{x}))|\det J_{\mathcal{R}_{ij}}(\mathbf{x})|. \tag{5}$$

Abb. 3 faßt die Modellbildung zusammen.

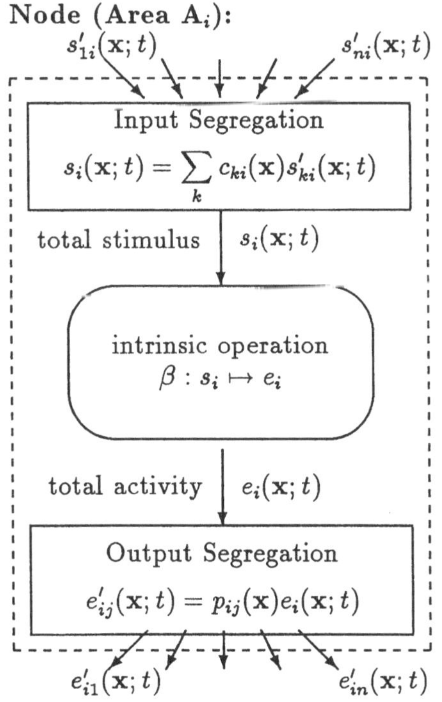

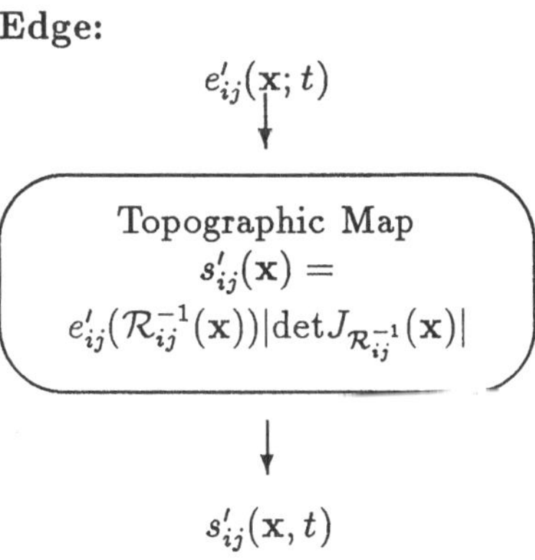

Abbildung 3: Knoten und Kante des *Cortical Area Networks*, CAN

3 Informatische Psychophysik

Die Rekonstruktion räumlicher Tiefe aus ebenen Helligkeitsverteilungen ist ein klassisches Problem der visuellen Informationsverarbeitung. Tabelle 1 nennt einige Informationsquellen und, soweit vorhanden, die zugehörigen *Computer Vision* Verfahren. Bei der menschlichen Wahrnehmung werden alle diese Tiefenhinweise ausgenutzt.

Während nun die Berechnungstheorie der einzelnen *Shape–from–X*–Module zum Teil schon gut untersucht ist, ist die Frage der Integration von Tiefenhinweisen noch

Tabelle 1: Tiefenhinweise in Bildern und zugehörige Berechnungstheorie

in einem Bild	Schattierungen & Schatten	*Shape–from–Shading*
	Texturgradienten & Perspektive	*Shape–from–Texture*
	Verdeckung	
	Größe bekannter Objekte	
in zwei Bildern: Stereo	Querdisparität	Stereo–Korrespondenz
	Orientierungsdisparität	
	Grauwertdisparität	
in Bildfolgen: Bewegung	Bewegungsparallaxe (Bewegung des Beobachters)	Optischer Fluß
	Kinetischer Tiefeneffekt (Bewegung eines Objektes)	*Structure–from–Motion*

weitgehend offen. Abb. 4 zeigt ein einfaches Schema der Integration, bei dem die einzelnen Hinweise getrennt ausgewertet werden und dann in einer gemeinsamen Tiefenrepräsentation interagieren. Bülthoff & Yuille [6] grenzen dies als „schwache Kopplung" von der Interaktion auf der Modul–Ebene („starke Kopplung") ab. Möglichkeiten der Interaktion zwischen Tiefenschätzungen aus verschiedenen Modulen diskutieren etwa [5, 21].

Im folgenden werden zwei Erweiterungen des Schemas der Abb. 4 diskutiert: (i) Am Beispiel der Interaktion von Schattierungs– und Stereoinformation zeigt sich, daß die Module nicht unabhängig von einander sind (Abbschnitt 3.1). (ii) Experimente mit verschiedenen Meßvorschriften für wahrgenommene Tiefe weisen darauf hin, daß die Annahme einer gemeinsamen Tiefenrepräsentation, in der die (schwache) Interaktion stattfindet, nicht ausreichend ist.

3.1 Starke Kopplung von Stereo– und Schattierungsinformation

Aufbauend auf den psychophysischen Arbeiten von Julesz [15] gehen die meisten Stereoverfahren davon aus, daß in beiden Halbbildern eines Stereogramms zunächst lokalisierbare *features* extrahiert werden. Das eigentliche Problem ist dann die Zuordnung (Korrespondenz) der Abbilder desselben 3D–Objektes im rechten und linken Halbbild. Sind die Korrespondenzen bekannt, bestimmt man die zugehörige Querdisparität aus der entsprechenden Positionsdifferenz [23, 7]. Man kann nun zeigen [4, 17], daß Stereoinformation auch bei solchen Bildern (und in solchen Bildbereichen) zur Verbesserung der Tiefenwahrnehmung führt, die keine Kantenelemente als lokalisierbare *features* enthalten. Zur Erklärung dieser „Intensitätsbasierten Stereopsis" gibt es folgende Möglichkeiten:

1. Die Bilder enthalten andere *features*, z.B. Extrema des Grauwertverlaufs oder Centroide, die von den Versuchspersonen als *„matching primitives"* verwendet werden (vgl. [24]).

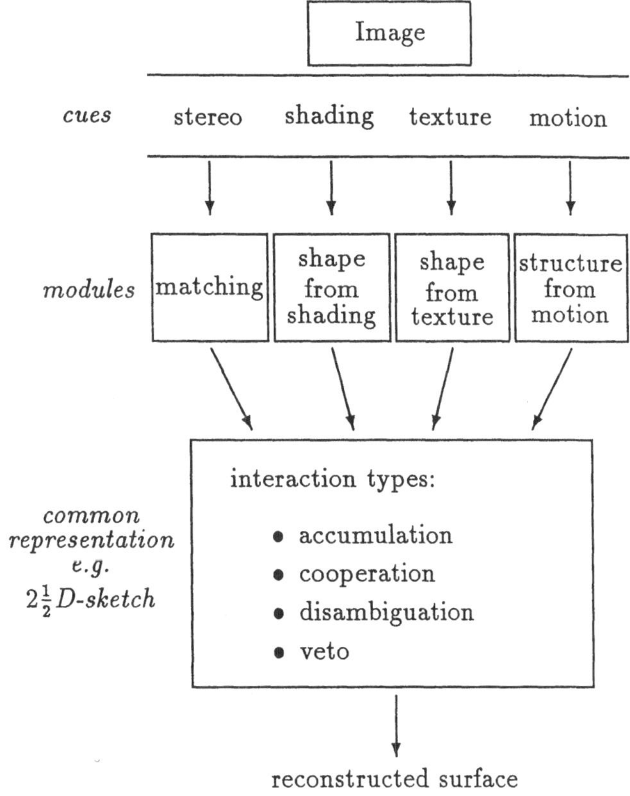

Abbildung 4: Einfaches Schema der Integration von Tiefenhinweisen, bei dem die Informationen zunächst unabhängig ausgewertet und dann als fertige Tiefenschätzungen kombiniert werden. Ein ähnliches Schema für die Integration verschiedener Diskontinuitäten zu einer gemeinsamen Bildsegmentierung diskutieren Poggio et al. [26].

2. Disparitätsmessungen, die nicht an lokalisierbare Features gebunden sind, könnten Korrelationen oder lokale Phasenverschiebungen der Grauwertverläufe ausnutzen [14].

3. Beide Halbbilder fließen in einen binokularen *Shape–from–Shading*–Mechanismus ein. Als entsprechende Erweiterung des monokularen Verfahrens [11] könnte z.B. eine möglichst glatte Oberfläche rekonstruiert werden, die mit den Bilddaten von *beiden* Augen konsistent ist.

Zur Überprüfung dieser Möglichkeiten wurden die stereoskopische Tiefenwahrnehmung mit 1D Grauwertverteilungen (in vertikaler Richtung konstant) getestet. In einem Experiment wurden jeweils zwei Halbbilder I_a und I_b verwendet, die zu den Stereogrammen S_{ab} (linkes Halbbild I_a, rechtes Halbbild I_b) und S_{ba} kombiniert wurden. Die Versuchsperson betrachtet nun zwei solche Stereogramme gleichzeitig und muß in einem *forced–choice* Paradigma entscheiden, ob diese Stereogramme gleich oder verschieden aussehen. Das Experiment testet also, ob die Versuchsperson die Vertauschung der beiden Halbbilder wahrnimmt. Wenn dies in unseren Experimenten der Fall war, wurde der Unterschied stets als räumliche Tiefe gesehen. Abb. 5 zeigt die verwendeten Grauwertverläufe. In Experiment 1 (Abb. 5a) wurden parabolische Funktionen der Form

$$I_{a,b}(x) := -I_0(x \pm (x_0 + d))(x \mp x_0) \tag{6}$$

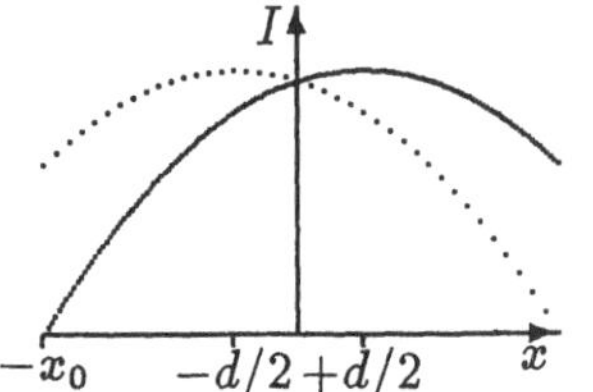 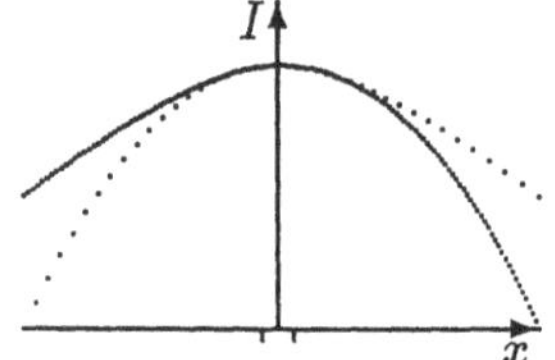 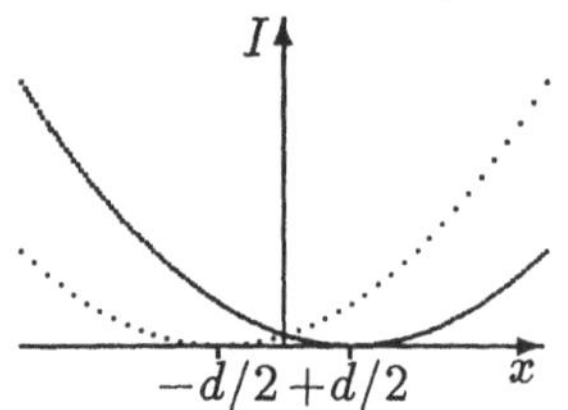

a. Parabolischer Verlauf   **b.** Cubischer Verlauf   **c.** Kontrastinversion

Abbildung 5: Grauwertverläufe der Testreize $I_{a,b}$ für die intensitätsbasierte Stereopsis. **a**: Parabolischer Verlauf ohne Kanten aber mit disparaten Extrema. **b**: Cubischer Verlauf ohne Kanten und disparate Extrema. **c**: wie **a**, jedoch Kontrast invertiert.

		gezeigt				gezeigt				gezeigt	
		$=$	$\neq$			$=$	$\neq$			$=$	$\neq$
ge-	$=$	56	4	ge-	$=$	54	7	ge-	$=$	60	0
sehen	$\neq$	4	56	sehen	$\neq$	6	53	sehen	$\neq$	0	60

a. Ohne Zerocrossings   **b.** Ohne ZC und Peak   **c.** Kontrastinversion

Tabelle 2: Kummulierte Ergebnisse der *forced–choice*-Experimente von drei Versuchspersonen. Testreize vgl. Abb. 5. Die Versuchperson betrachtet jeweils zwei Stereogramme, die gleich („$=$": (S_{ab}, S_{ab}) oder (S_{ba}, S_{ba})) oder verschieden („$\neq$": (S_{ab}, S_{ba}) oder (S_{ab}, S_{ba})) sein können. In allen Fällen kann klar zwischen ortho– und pseudoskopischen Stereogrammen unterschieden werden.

gewählt, deren zweite Ableitungen konstant sind. Die kummulierten Ergebnisse von drei Versuchspersonen zeigt Tabelle 2a. Die Stereogramme S_{ab} und S_{ba} können klar unterschieden werden. Dasselbe gilt für die invertierten Grauwertverläufe

$$I_{a,b}(x) := I_0(x \pm \frac{d}{2})^2 \tag{7}$$

(Abb. 5c und Tabelle 2c). Hier berichteten die Versuchspersonen jedoch, daß die Form der wahrgenommenen Oberfläche in beiden Fällen (Abb. 5a,c) unterschiedlich sei. Dieser Effekt, der mit einem disparitätsbasierten Mechanismus unvereinbar ist, wurde bisher noch nicht quantifiziert.

Zur Überprüfung der Möglichkeit des *„peak–matchings"* [24] dient der Reiz in Abb. 5b:

$$I_{a,b}(x) := -I_0(x \pm 2x_0)^2(x \mp x_0) \tag{8}$$

I_a und I_b gehen durch Spiegelung, nicht jedoch durch Verschiebung ineinander über; der Intensitätspeak an der Stelle $x = 0$ ist nicht disparat und enthält somit keine Stereoinformation. Trotzdem ist auch hier die Unterscheidung möglich (Tabelle 2b).

Welche der drei o.a. Hypothesen sind mit diesen Ergebnissen vereinbar? Die hier dargestellten Daten zeigen zunächst, daß Kantenelemente oder Extrema als

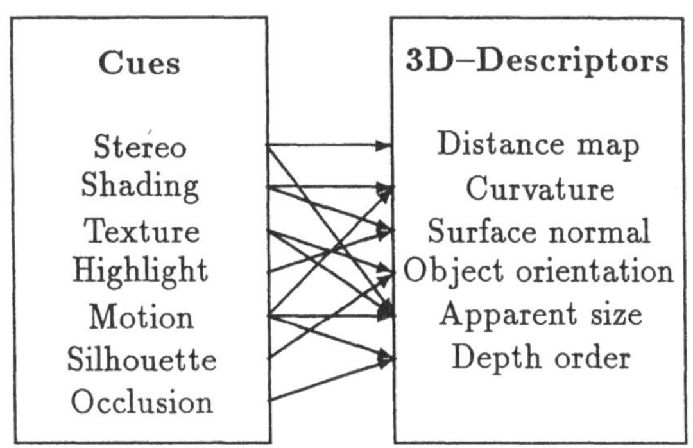

Abbildung 6: Tiefenhinweise und 3D-Descriptoren. Die 3D–Descriptoren entsprechen verschiedenen Experimenten für die Messung wahrgenommener Tiefe.

lokalisierte *features* keine absolute Voraussetzung für die Stereopsis sind. Korrespondenz der Centroide sowie Korrelation könnten die Ergebnisse jedoch genauso gut erklären, wie die Annahme eines binokularen Mechanismus der Schattierungsanalyse. Einen weiteren Hinweis gibt jedoch die Beobachtung, daß Kontrastinversion zu einer veränderten Wahrnehmung führt: Disparitäten bleiben in diesem Fall unverändert, lediglich *shape–from–shading* könnte hier betroffen sein. Zu dieser Frage werden zur Zeit weitere Untersuchungen durchgeführt.

3.2 Gemeinsame Tiefenrepräsentation und schwache Kopplung von Tiefenhinweisen

Maloney & Landy [21] präsentieren ein lineares Modell für die Integration der (unabhängig berechneten) Tiefenschätzungen verschiedener Module in einer gemeinsamen Repräsentation. Eine Möglichkeit, die Annahme einer gemeinsamen Repräsentation zu überprüfen, ergibt sich durch die Verwendung verschiedener Meßvorschriften für wahrgenomme Tiefe, die verschiedenen Aspekten oder „Decriptoren" räumlicher Struktur entsprechen. Abb. 6 gibt einen Überblick über Tiefenhinweise, Tiefendescriptoren und mögliche Zusammenhänge.

Wenn nun eine gemeinsame Tiefenrepräsentation existiert, in der einerseits die Ergebnisse der *shape–from–X*-Module akkumuliert werden und aus der andererseits alle 3D-Descriptoren ihre Informationen beziehen, sollten die in den einzelnen Descriptoren vorhandenen Informationen proportional zueinander variieren. Abb. 7 zeigt experimentelle Ergebnisse für die drei Descriptoren Form, Abstand und Orientierung und die Tiefenhinweise Stereo, Textur, Schattierung und Glanzlicht in insgesamt acht Kombinationen (aus [5]). Für jede der acht Reizsituationen wurde die Güte der wahrgenommenen Form, des Abstandes und der Orientierung bestimmt. Als nächstes wurden für jeden der drei Descriptoren die Reizsituationen nach ihrem Informationsgehalt angeordnet. Die dabei auftretenden Ränge bilden nun für jede Reizkombination einen 3D-Vektor, der die relativen Beiträge für die verschiedenen Descriptoren wiedergibt. Abb. 7 zeigt die Projektion dieser Vektoren auf eine geeignete Ebene. Man erkennt, daß Stereo (gemeint ist kantenbasiertes Stereo) für alle Descriptoren zuverlässige Informationen liefert, während z.B. Schattierungen mit Glanzanteil *(„highlight")* überwiegend Forminformation enthält.

Die Daten der Abb. 7 sind mit der Annahme einer einheitlichen Tiefenrepräsen-

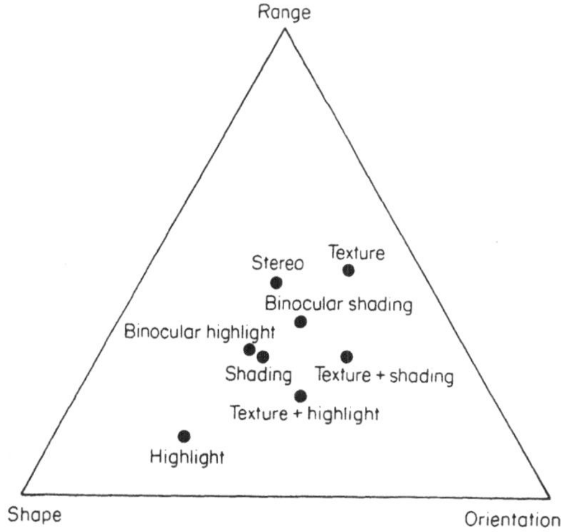

Abbildung 7: Beiträge verschiedener Informations- quellen zur Wahrnehmung verschiedener Aspekte von räumlicher Tiefe. Erklärung im Text. (Aus [5]).

tation nur schwer vereinbar. Die skizzierte Methode sollte jedoch geeignet sein, um die Frage der Raumrepräsentation empirisch zu untersuchen.

4 Anwendung: Ortsvariante Bildverarbeitung

Auf früheren DAGM–Konferenzen ist bereits mehrfach über technische Anwendungen wie Hindernisvermeidung [30, 28], Objekterkennung [13], Kameratracking [31] und Bildrepräsentation [10] aus der Bochumer Arbeitsgruppe berichtet worden. Hier seien nur noch einmal einige Anwendungen topographischer Kartierungen auf die ortsvariante Bildverarbeitung zusammengestellt, sowie ein Beispiel aus dem Bereich der „active vision" kurz besprochen.

4.1 Ortsvarianzen in Bildern

Ortsvariante Bildverarbeitung erlaubt es, ein Bild in verschiedenen Bereichen mit verschiedenen Operationen zu bearbeiten. Das ist immer dann sinnvoll, wenn die zu erwartende Bildklasse systematische Ortsvarianzen aufweist. Ein Beispiel ist die ortsvariante Filterung zur Entfernung von durch Drehungen hervorgerufener Bewegungsunschärfe für die Sawchuk [27] eine komplex logarithmische Karte verwendet. Quellen systematischer Ortsvarianzen in Bildern sind z.B.:

1. *Einfache Umwelt*
   Bewegt man sich z.B. stets auf ebenen Flächen, so sollte der Horizont besser aufgelöst werden als die Bildbereiche darunter und darüber. Neurophysiologisch entspricht dies einem *visual streak*, wie ihn viele Steppentiere aufweisen. Eine optimale Karte für Hindernisvermeidung in ebener Umgebung kompensiert die Perspektive für diese Ebene und findet Hindernisse als Abweichungen von der dann erwarteten Ortsinvarianz [18, 28, 30].

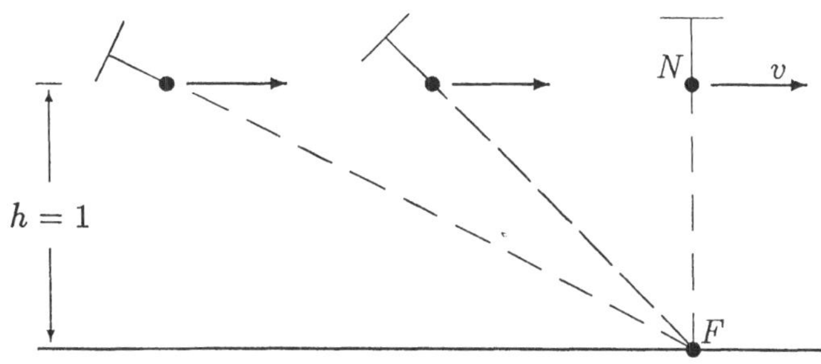

Abbildung 8: Augen– und Eigenbewegung während der langsamen Nystagmusphase

2. *Gleichförmige Eigenbewegung*
   Gleichförmige Eigenbewegungen erzeugen stationäre optische Flußfelder, deren Ortsvarianzen ebenfalls mit topographischen Karten behandelt werden können [12, 18].

3. *Augenfolgebewegung*
   Durch Folgebewegungen erzeugt man systematische Ortsvarianzen, bei denen der zentrale Bildteil ruht und scharf abgebildet wird während die Peripherie bewegt und eher unscharf erscheint. Die Ausbildung einer Fovea scheint, so betrachtet, eher Konsequenz als Ursache der Fähigkeit zu sein, bewegte Objekte durch Augenbewegungen zu verfolgen.

4.2 Ortsvarianz durch *Active Vision:* Nystagmische Augenbewegungen

Ein Beispiel für die durch Augen– und Eigenbewegungen induzierten systematischen Ortsvarianzen in Bildern ist die langsame Phase der nystagmischen Augenbewegung (Abb. 8). Ein Beobachter mit Kamera–Knotenpunkt N bewege sich mit der Geschwindigkeit v und konstantem Abstand h über eine Ebene hinweg. In der Ebene gebe es einen Fixierpunkt F, auf den die optische Achse während der ganzen Zeit ausgerichtet bleibt. Der Einfachheit halber befinde sich der Beobachter zur Zeit $t = 0$ senkrecht über F. Der Ursprung des Weltkoordinatensystems sei in F, seine $\mathbf{z}$–Achse sei die Bewegungsrichtung des Beobachters und seine $\mathbf{y}$–Achse die Ebenennormale. Bezeichnet man mit $\mathbf{u}, \mathbf{v}, \mathbf{w}$ die Achsen des zeitvarianten Kamerakoordinatensystems, so hat man:

$$N = (0, h, vt)^{\mathsf{T}}$$

$$\mathbf{u} = \begin{pmatrix} 1 \\ 0 \\ 0 \end{pmatrix} ; \quad \mathbf{v} = \frac{1}{\sqrt{h^2 + (vt)^2}} \begin{pmatrix} 0 \\ vt \\ -h \end{pmatrix} ; \quad \mathbf{w} = \frac{1}{\sqrt{h^2 + (vt)^2}} \begin{pmatrix} 0 \\ -h \\ -vt \end{pmatrix} ; (9)$$

Ist nun $(p, 0, q)^{\mathsf{T}}$ ein Punkt auf der Ebene, so beschreibt sein Bild $(p', q')^{\mathsf{T}}$ eine Kurve auf der Bildebene, die durch die Gl.:

$$\begin{pmatrix} p'(t) \\ q'(t) \end{pmatrix} = \frac{h}{h^2 + (vt)^2 - qvt} \begin{pmatrix} p\sqrt{h^2 + (vt)^2} \\ -qh \end{pmatrix} \tag{10}$$

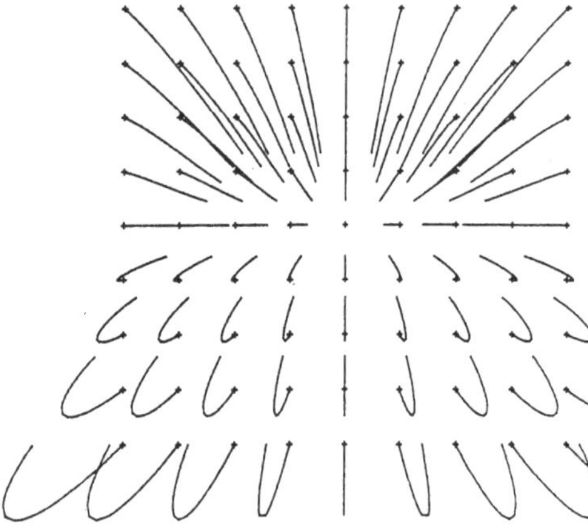

Abbildung 9: Nicht–stationäres Geschwindigkeitsfeld (projiziertes 3D–Vektorfeld) für die langsame Nystagmusphase (Gl. 10). Gezeigt sind die Bahnkurven einiger Punkte der fixierten Ebene auf der Bildebene für den Zeitraum $t < 0$ (d.h. während der Annäherung an F). Setzt man die Trajektorien für $t > 0$ fort, so erhält man ein spiegelsymmetrisches Bild.

gegeben ist.

Abb. 9 zeigt das projizierte Bewegungsfeld für diesen Fall. Anders als die durch gleichförmige Translations– oder Rotationsbewegungen des Beobachters hervorgerufen Felder ändert sich dieses Feld während des Anflugs. In Abb. 9 werden z.B. an Punkten in der Bildebene, wo sich die Trajektorien schneiden, zu verschiedenen Zeiten unterschiedliche Bewegungsrichtungen auftreten. Das Flußfeld der Abb. 9 ist überdies in komplizierter Weise ortsvariant. Auf der anderen Seite ist der Nystagmus die normale Augenbewegungsform bei Eigenbewegungen. Es ist daher davon auszugehen, daß das visuelle System des Menschen diese Art des optischen Flusses auswerten und Aussagen etwa über die Bewegung des fixierten Punktes oder die Oberflächenform in seiner Umgebung gewinnen kann.

5 Neuroinformatik und Künstliche Intelligenz

In den vorhergehenden Abschnitten wurde versucht, anhand einiger Beispiele den Forschungsansatz der Neuroinformatik zu erläutern. Die Vorteile dieser Verbindung von empirischer und angewandter Forschung für beide Seiten seien hier noch einmal zusammengestellt.

Für die *empirische Forschung* versucht die Neuroinformatik, Methoden der Informatik bei für die Untersuchung des Gehirns als des Organs der Informationsverarbeitung nutzbar zu machen. Spezifisch informatische Ansätze, die über die Biokybernetik und andere theoretische Ansätze hinausgehen, sind dabei:

- Die Berechnungstheorie (*computational theory*), die die tatsächliche erbrachte oder erforderliche Informationsverarbeitung beschreibt.
- Der Nachbau eines informationsverarbeitenden Systems, der die vermuteten Prinzipien durch Synthese „beweist".

Auf der anderen Seite können *Anwendungen*, die darauf angelegt sind, von der natürlichen Intelligenz zu lernen, nur dann funktionieren, wenn die Arbeitsweise dieser natürlichen Intelligenz hinreichend gut verstanden ist. Es genügt sicher nicht, isolierte Ergebnisse der Neurowissenschaften oder Introspektionen in eklektischer Weise herauszugreifen und in eine Anwendung zu integrieren. Funktionierende Anwendungen setzten die empirische Erforschung der biologischen Informationsverarbeitung voraus.

Literatur

[1] M. Abeles. *Corticonics*. Oxford University Press, Oxford, 1991.

[2] V. Braitenberg and A. Schüz. *Anatomy of the Cortex. Statistics and Geometry.* Springer Verlag, Berlin, 1991.

[3] R. Brooks. Autonomous mobile robots. In W. E. L. Grimson and R. S. Patil, editors, *AI in the 1980s and beyond.*, The MIT Press, Cambridge, Ma., 1987.

[4] H. H. Bülthoff and H. A. Mallot. Integration of depth modules: stereo and shading. *J. Opt. Soc. Am. A*, 5:1749 – 1758, 1988.

[5] H. H. Bülthoff and H. A. Mallot. Integration of stereo, shading and texture. In A. Blake and T. Troscianko, editors, *AI and the Eye*, pages 119 – 146, John Wiley & Sons, Chichester etc., 1990.

[6] H. H. Bülthoff and A. L. Yuille. Integration of stereo, shading, and texture. In *Proc. SPIE (Boston)*, 1990.

[7] U. R. Dhond and J. K. Aggarwal. Structure from stereo – a review. *IEEE Trans. Systems, Man, and Cybernetics*, 19:1489 – 1510, 1989.

[8] H. R. O. Dinse, K. Krüger, H. A. Mallot, and J. Best. Temporal structure of cortical information processing. In J. Krüger, editor, *Neuronal Cooperativity*, pages 68 – 104, Springer Verlag, Berlin, 1991.

[9] F. Giannakopoulos. *Nichtlineare Systeme zur Beschreibung geschichteter neuronaler Strukturen.* Dissertation, Fb. Mathematik, Univ. Mainz, 1989.

[10] G.-J. Giefing and H. A. Mallot. Ortsvariante Sensoradaptation durch Kohonen–Mapping. In R. E. Großkopf, editor, *Mustererkennung 1990*, pages 340 – 347, 12. DAGM–Symposium, Springer-Verlag, Berlin, 1990.

[11] K. Ikeuchi and B. K. P. Horn. Numerical shape from shading and occluding boundaries. *Artifical Intelligence*, 17:141 – 184, 1981.

[12] R. Jain, S. L. Barlett, and N. O'Brien. Motion stereo using ego-motion complex logarithmic mapping. *IEEE Trans. PAMI*, 9:356 – 369, 1987.

[13] H. Janßen, J. Kopecz, and H. A. Mallot. Erkennung natürlicher Bilder mit Hilfe diskreter parametrischer Repräsentationen und Assoziativspeichern. In R. E. Großkopf, editor, *Mustererkennung 1990*, pages 232 – 239, 12. DAGM–Symposium, Springer-Verlag, Berlin, 1990.

[14] M. R. M. Jenkin, A. D. Jepson, and J. K. Tsotsos. Techniques for disparity measurement. *CVGIP: Image Understanding*, 53:14 – 30, 1991.

[15] B. Julesz. *Foundations of Cyclopean Perception*. Chicago University Press, Chicago and London, 1971.

[16] G. Krone, H. A. Mallot, G. Palm, and A. Schüz. The spatio-temporal receptive field: a dynamical model derived from cortical architectonics. *Proc. Roy. Soc. London B*, 226:421 – 444, 1986.

[17] H. A. Mallot, P. A. Arndt, and H. H. Bülthoff. An intensity based mechanism in human stereopsis. In N. Elsner and H. Penzlin, editors, *Synapse – Transmission – Modulation (Proc. 19th Göttingen Neurobiol. Conf.)*, page 556, G. Thieme Verlag, Stuttgart, 1991.

[18] H. A. Mallot, H. H. Bülthoff, J. J. Little, and S. Bohrer. Inverse perspective mapping simplifies optical flow computation and obstacle detection. *Biological Cybernetics*, 64:177 – 185, 1991.

[19] H. A. Mallot and W. von Seelen. Why cortices? Neural networks for visual information processing. In J.-P. Ewert and Michael A. Arbib, editors, *Visuomotor integration: Amphibians, comparisons, models, and robots.*, pages 357 – 382, Plenum Press, New York, 1989.

[20] H. A. Mallot, W. von Seelen, and F. Giannakopoulos. Neural mapping and space–variant image processing. *Neural Networks*, 3:245 – 263, 1990.

[21] L. T. Maloney and M. S. Landy. A statistical framework for robust fusion of depth information. In *Proceedings of the SPIE: Visual Communications and Image Processing, Part 2*, pages 1154 – 1163, 1989.

[22] D. Marr. *Vision*. W. H. Freeman, San Francisco, 1982.

[23] D. Marr and T. Poggio. A computational theory of human stereo vision. *Proc. Royal Society London, B*, 204:301 – 328, 1979.

[24] J. E. W. Mayhew and J. P. Frisby. Psychophysical and computational studies towards a theory of human stereopsis. *Artif. Intell.*, 17:349 – 385, 1981.

[25] J. Myerson, P. B. Manis, F. M. Mieyin, and J. M. Allman. Magnification in striate cortex and retinal ganglion cell layer of owl monkey: a quantitative comparison. *Science*, 198:855 – 857, 1977.

[26] T. Poggio, E. B. Gamble, and J. J. Little. Parallel integration of vision modules. *Science*, 242:436 – 440, 1988.

[27] A. A. Sawchuk. Space–variant image restoration by coordinate transformations. *J. Opt. Soc. Am.*, 64:138 – 144, 1974.

[28] E. R. Schulze, S. Bohrer, M. Dose, and S. Fuhrmann. An active vision system for task–specific information processing. In R. E. Großkopf, editor, *Mustererkennung 1990*, pages 67 – 74, 12. DAGM–Symposium, Springer-Verlag, 1990.

[29] S. Shipp and S. Zeki. The organization of connections between areas V5 and V1 in Macaque monkey visual cortex. *The European Journal of Neuroscience*, 1:309 – 332, 1989.

[30] K. Storjohann, E. Schulze, and W. von Seelen. Segmentierung dreidimensionaler Szenen mittels perspektiver Kartierungen. In H. Bunke, O. Kübler, and P. Stucki, editors, *Mustererkennung 1988*, 10. DAGM-Symposium, Springer-Verlag, 1988.

[31] S. Tölg and H. A. Mallot. Tracking: ein Verfahren zur Stabilisierung bewegter Objekte mit einer aktiven Kamera. In R. E. Großkopf, editor, *Mustererkennung 1990*, pages 642 – 649, 12. DAGM–Symposium, Springer-Verlag, 1990.

Erkennen von Geräuschmustern
mittels Neuronaler Netze

Hans-Joachim Kolb

Firma MEDAV Digitale Signalverarbeitung GmbH, W-8525 Uttenreuth

Die subjektive, akustische Qualitätskontrolle ist eine Methode zur Prüfung der Funktionalität von Produkten, wenn andere objektive Meßverfahren zu aufwendig oder unbekannt sind. Darüberhinaus wird der im zunehmenden Umfang vom Kunden geforderten Sound-Style geprüft, der als zusätzliches Qualitätsmerkmal eine wichtige Rolle spielen kann.

Steigende Qualitätsanforderungen und das Bestreben zur Objektivierung der Meßmethoden fordern von Technikern und Ingenieuren neue Verfahren und Vorgehensweisen. Übliche Vorgehensweisen in der Qualitätssicherung können nicht unmittelbar übernommen werden. Die Subjektivität des Prüfers kann nicht oder nur schwierig quantisiert werden. Der Wunsch nach Automatisierbarkeit und Objektivierung der Prüfprozedur besteht seit langem.

Im folgenden Beitrag wird eine Lösung für einen trainierbaren Klassifikator auf der Basis neuronaler Netze vorgestellt. Ergebnisse und Vorgehensweisen im praktischen Einsatz werden angegeben.

1   Die Bedeutung der akustischen Qualitätskontrolle

1.1   Feststellung von Funktionsfehlern

Akustische Prüftechniken sind in der Qualitätskontrolle von Motoren, Getrieben, Porzellan und Keramiken weit verbreitet. Geräuschemissionen im Betrieb oder nach Anregung innerhalb des Prüfvorganges werden direkt von der Struktur des Prüflings bestimmt. Eine Auswertung und Beurteilung dieser Geräusche gestattet damit Rückschlüsse auf dessen Struktur und somit auch auf möglicherweise vorhandene Mängel.

Das **stationäre Geräuschsignal** eines laufenden Elektromotors enthält Informationen über Lagerprobleme, Fremdkörper, Unregelmäßigkeiten in den Bürstenoberflächen und viele andere bauartbedingte Störungsquellen. Laufgeräusche von Getrieben weisen unter anderem z.B. auch auf mangelhafte Verzahnungen hin.

Transiente Signale, die z.B. nach gezielter Anregung von Keramiken emittiert werden, geben Aufschluß über bestehende Risse und Strukturveränderungen. Jeder kennt den Prüfvorgang beim Kauf von Gläsern und Porzellan, wo z.B. das Abhören des Klanges eines angeklopften Tellers von Käufer und Verkäufer als iO-Merkmal akzeptiert sind.

1.2 Feststellung von subjektiv empfundenen Qualitätsmängeln

Die subjektive Beurteilung der Geräuschemission eines Produktes wird vom Kunden und Produktanwender als zusätzliches Qualitätsmerkmal empfunden. Mittels Sound-Styling wird daher stellenweise sogar versucht, z.B. das Geräusch einer zuschlagenden Autotür in einer gewünschten Weise zu beeinflussen.

Ein Motor oder Getriebe kann mechanisch gesund sein und trotzdem vom Kunden aufgrund seines störenden Geräusches reklamiert werden.

Qualitätsbewußte Hersteller unterziehen deswegen ihre Produkte einer akustischen Kontrolle. Diese Kontrolle wird im allgemeinen von dafür ausgebildeten Testern an speziellen Prüfständen durchgeführt.

1.3 Das Hörvermögen des Menschen

Ein kleines Kind kann mühelos ein Flugzeug, ein Auto und eine Eisenbahn an dem jeweiligen Fahrgeräusch identifizieren. Auch lernt der Blinde, sich durch die Geräusche seiner Umgebung zu orientieren.

Aus diesen Beispielen kennen wir die besonderen kognitiven Fähigkeiten des Menschen bei der Zuordnung und Beurteilung komplexer Geräuschmuster, die bislang von Rechnern auch nicht näherungsweise nachempfunden werden können.

Sensor ist hier das Ohr, dessen Struktur und Aufbau einigermaßen bekannt ist. Die eigentliche Bewertung findet im Gehirn mit seinen mehr als 10 Milliarden Nervenzellen (Neuronen) statt. Jedes Neuron hat mehr als 1000 Verbindungen zu anderen Neuronen.

Wenn man nun Lösungsansätze verfolgt, die den Menschen unterstützen und möglicherweise ersetzen sollen, muß man sich immer des anzulegenden Maßstabes bewußt sein.

1.4 Die Schwächen der subjektiven akustischen Prüfung

Die akustische Kontrolle wird in der Regel von einem ausgebildeten Tester vorgenommen. Versuche der Automatisierung scheiterten in der Vergangenheit in vielen Fällen an der Unzulänglichkeit der Klassifikationsverfahren.

Der Prüfer übernimmt damit die alleinige Verantwortung für seine Qualitätsbeurteilung. Objektive Meßhilfsmittel und Meßmethoden stehen nicht zur Verfügung. Es resultieren besondere Probleme, die einer Lösung bedürfen.

Menschliche Tester erlernen ihre Fähigkeiten von einem erfahrenen Tester im wesentlichen durch Zuhören und Zuschauen. Ein ausgebildeter Tester kann seine Prüfkriterien nur sehr vage beschreiben. Die **Ausbildung** und die **Verfügbarkeit** einer ausreichenden Menge von Testern muß gewährleistet sein.

Der **Kostenaufwand** für eine derartige Prüfung ist wegen des großen erforderlichen Personaleinsatzes hoch.

Die **Konsistenz** der Entscheidungen zwischen verschiedenen Testern ist erfahrungsgemäß nicht perfekt.

Die **Gleichförmigkeit** des Arbeitsvorganges führt zur Ermüdung und erzeugt ebenso wie Stimmungsschwankungen eine nicht zu vernachlässigbare Streubreite der Prüfergebnisse. Versuche bestätigen diese unbefriedigende Situation.

Der Mensch verfügt in der Regel ohne weitere Meßwerkzeuge nicht über die Fähigkeit, eine **Absolutbewertung** durchzuführen. Seine Bewertung ist immer abhängig vom aktuellen Mittelwert der beurteilten Stichproben. Die sehr wichtige Aufgabe der fortlaufenden Beobachtung der **Stabilität des Fertigungsprozesses** kann nicht wahrgenommen werden.

Subjektiv festgestellte Qualitätsmerkmale können im Qualitätssicherungsverfahren sehr schnell zu Problemen und Unstimmigkeiten führen. Die Beurteilung des Kunden kann sich von der des Herstellers unterscheiden. Eine unstrittige Spezifikation im Sinne eines Qualitätsmaßes für die Produkteigenschaften ist unmöglich.

2 Der objektive Bewertungsmaßstab

Unabhängig von der Vorgehensweise bei der akustischen Prüfung besteht der Wunsch, die Prüfung zu objektivieren. Die Einführung eines zweckmäßigen Bewertungsmaßstabes ist erforderliche Voraussetzung. Unterschiedliche Bewertungsmaßstäbe sind möglich. Die Festlegung des Verfahrens wird in der Regel von den für den Tester möglichen Aussagemöglichkeiten bestimmt.

Gut-Schlecht-Beurteilung

> Möglich sind reine Gut-Schlecht-Systeme. Die Bewertungsprozedur entspricht damit der Zuordnung des Geräuschmusters zu einer der beiden Klassen.

Benotungssysteme

> Falls möglich, ist die Einordnung des Geräuschmusters in ein Benotungssystem mit einer festgelegten Anzahl von Noten der reinen Gut-Schlecht-Beurteilung vorzuziehen. Die iO-Grenze wird hier durch eine festgesetzte Notengrenze bestimmt.

Fehlerklassifikation

> Falls der Tester in der Lage ist, Fehlertypen zu unterscheiden, sollte der Bewertungsmaßstab dies berücksichtigen. Für die trennbaren Fehlertypen werden eigene Klassen vorgesehen.

Allen Systemen ist gemeinsam, daß jedes Geräuschmuster als ein Ganzes betrachtet, bewertet und unabhängig von anderen Mustern, dann genau einer der vorgesehenen Klassen zugeordnet wird.

3   Die elektronische Verarbeitung akustischer Signale

Jede technische Unterstützung des Bewertungsprozesses erfordert eine elektronische Signalverarbeitung.

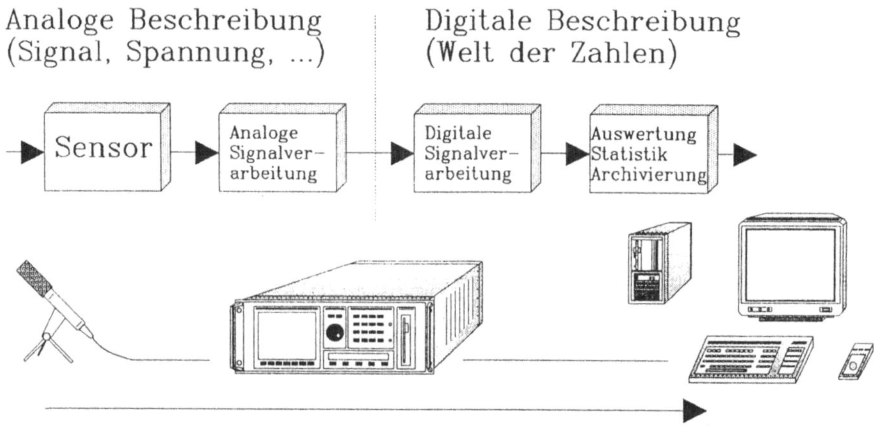

Der Signalfluß beginnt mit dem **Sensor**. Hier erfolgt die Umwandlung der Meßgröße in eine elektrisch weiterverarbeitbare Größe. Bei der akustischen Prüfung kommen Luftschallmikrofone und Körperschallaufnehmer in Frage.

Nach erfolgter Digitalisierung der analogen Meßgröße werden mittels digitaler Methoden geeignete **Signalmerkmale** bestimmt. Dies erfolgt durch geeignete Verfahren der digitalen Signalverarbeitung, wie z.B. Fouriertransformation, digitale Filterung und viele andere mehr.

Die Merkmalsbestimmung mittels komplexer Signalverarbeitungsalgorithmen ist notwendig, weil das Qualitäts-Kriterium aus der Meßgröße nicht unmittelbar ablesbar ist. Die Verwendung des Zeitsignalmusters als direkte Eingangsgröße für den Klassifikator scheidet wegen der großen Datenmenge in der Regel aus.

Ein automatisierter akustischer Qualitätsprüfstand erfordert im folgenden Schritt den **Signalklassifikator**. Ziel der automatischen Klassifikation ist die objektive und kostengünstige Realisierung von hochwertigen Systemen, die z.B. im vorliegenden Fall die subjektive Bewertung ersetzen sollen.

Die Güte von Klassifikationssystemen wird maßgeblich von der Relevanz der ausgewerteten Merkmale bestimmt. Die Aufbereitung der Eingangssignale zu Merkmalsvektoren ist daher unbedingt notwendig. Die hierbei zur Anwendung kommenden Verfahren der Signalverarbeitung und -analyse bestimmen wesentlich die Güte des Klassifikators.

Die digitale Signalverarbeitung bietet eine Vielzahl unterschiedlicher Verfahren zur Bestimmung geeigneter Merkmalsvektoren. Mittels dem Signalanalysator SPEKTRO-3000 werden diese im vorliegenden Fall beurteilt und ausgewählt.

4   NEUROKLA - ein lernfähiger Klassifikator

Bei der Realisierung von Klassifikatoren mittels algorithmischer Methoden bereitet die mathematisch exakt formulierte Beschreibung der Klassen im Merkmalsraum meist große Probleme. Der Aufwand zur Analyse der physikalischen Hintergründe überschreitet häufig den zulässigen Aufwand. Die Versuche zur Realisierung solcher automatischer Klassifikatoren scheiterten daher in der Vergangenheit entweder am zu großen Aufwand oder an zu sehr vereinfachten Modellen.

Neue Lösungsansätze mit lernfähigen Systemen sind vielversprechend. Hier wird die algorithmische Realisierung durch einen Trainingsvorgang ersetzt.

Die Klassentrennfunktionen werden durch Trainieren selbständig vom Gerät ermittelt. Dadurch ist der Klassifikator universell einsetzbar. Eine Änderung oder Erweiterung der zu unterscheidenden Signalklassen erfordert nur ein erneutes Trainieren des Klassifikators.

Es resultieren die folgenden Vorteile:

- verringerte Entwicklungskosten
- hohe Klassifikationssicherheit
- Fehlertoleranz in der Lernphase
- einfache Wissens-Akquisition
- schnelle Einführung in den Produktionsprozeß
- Kostenreduktion im Einsatz
- einfache Erweiterbarkeit.

Im Hause MEDAV wurde ein trainierfähiger, universeller Klassifikator NEUROKLA entwickelt, der die gestellten Forderungen erfüllt. Zur Klassifikation werden geschichtete Netzwerke eingesetzt. Verarbeitet werden Sensorsignale bis zu einer maximalen Bandbreite von 8 MHz. Die Länge des Geräuschmusters beträgt maximal 65536 Abtastwerte. Hieraus werden bis zu 512 selektierbare Merkmale bestimmt, die in den Klassifikationsalgorithmus eingespeist werden. Maximal sind zehn Klassen definierbar.

Das Trainieren und der Einsatz des Gerätes erfolgt in Einzelschritten, die im folgenden kurz beschrieben werden. Maßnahmen, die im praktischen Einsatz zu berücksichtigen sind, werden vermerkt.

Die Wissensakquisition

Neuronale Netze werden nicht programmiert, sondern trainiert. Der Lernvorgang basiert auf Stichproben, die vom erfahrenen Tester vorab klassifiziert wurden. Die Stichproben bestehen aus dem eigentlichen Geräuschmuster festgelegter Länge und der zugehörigen Beurteilung durch den Tester.

Signalstichproben

Das Geräuschmuster wird am Prüfstand mit der eingeführten Vorgehensweise erfaßt. Es ist notwendig, vorab meßtechnisch zu klären, welcher Sensor unter den besonderen Umgebungsbedingungen geeignet ist. Die Gesamtstichprobe wird in eine Lern- und eine Teststichprobe unterteilt.

Klassenzuordnung

Jede Stichprobe wird durch den Tester einer Klasse zugeordnet. Diese Klassenzuordnung ist wesentliche Eingangsgröße im Lernprozeß. Die Korrektheit der Zuordnung muß gewährleistet und nachvollziehbar sein.

Es ist zweckmäßig, die Entscheidung des Experten durch Signalanalyse zu bestätigen und zu begründen, um damit Fehler in der Lernstichprobe möglichst zu vermeiden.

Die Klassenzuordnung kann sich an den im Betrieb bisher praktizierten Vorgehensweisen orientieren. Reine Gut-Schlecht-Beurteilungen oder Benotungsschemata sind möglich.

Archivierung der Stichproben

Die erfaßten Signalstichproben sind Basis für den im Lernvorgang konstruierten Signalklassifikator. Eine Archivierung der Geräuschmuster mit sämtlichen Zusatzinformationen ist daher unbedingt erforderlich. Sinnvoll ist die gleichzeitige Speicherung von Signaldaten, Klasse und gegebenenfalls zusätzlicher Zustandsgrößen.

Merkmalsauswahl

Eingangsgröße für NEUROKLA ist ein Zeitsignalmuster mit einer maximalen Länge von 65536 Abtastwerten. Aus diesem Zeitsignal werden mittels digitaler Signalverarbeitung Merkmale bestimmt. Merkmale aus dem Zeit- und dem Frequenzbereich können selektiert werden. Die Merkmalsauswahl erfolgt sinnvollerweise durch einen erfahrenen Meßtechniker. Der Experte für die Prüfaufgabe kann hier in der Regel nicht helfen.

Lernstichprobe

Die Lernstichprobe dient zum Trainieren des Netzes. Ziel ist es, die Entscheidung des Testers automatisch nachzuempfinden. Ideal ist es, wenn der automatische Klassifikator dieselben Entscheidungen wie der menschliche Experte trifft. Die Generalisierungseigenschaften des Klassifikators sind wesentlich.

Teststichprobe

Der wichtigste Test erfolgt mit der Teststichprobe. Der trainierte Klassifikator wird hier mit Signalen überprüft, die der menschliche Experte klassifiziert hat, die aber nicht als Trainingsbeispiele herangezogen wurden. Erst wenn der Klassifikator sich auch hier bewährt hat, ist sein Einsatz in der Praxis zulässig.

Überprüft werden hiermit die Generalisierungseigenschaften des Klassifikationssystems. Das heißt, wie verhält sich das Klassifikationssystem, wenn ein neues Geräusch auftritt, das nicht Bestandteil der Lernstichprobe war.

Die Vertauschungsmatrix

Es ist von größter Bedeutung, die Güte des Klassifikationssystems festzustellen. Die Güte des Klassifikators wird hier mittels der Vertauschungsmatrix beurteilt. Nachfolgendes Bild zeigt ein Beispiel.

Ist	Soll				
	1	2	3	4	5
1	90%	10%	0%	0%	0%
2	6%	92%	2%	0%	0%
3	0%	4%	94%	2%	0%
4	0%	3%	4%	93%	0%
5	0%	0%	1%	4%	95%

In der Senkrechten wird die Klasse in Spalten markiert, die vom Tester als korrekt zugeordnet wurde. In der Waagrechten werden nun die Ergebnisse des automatischen Klassifikators als Häufigkeiten eingetragen. Idealerweise ist nur die Hauptdiagonale dieser Vertauschungsmatrix mit 100% besetzt. In praktischen Anwendungsfällen wird es Abweichungen von diesem theoretischen Grenzfall geben. Abweichungen entsprechen hier einer unterschiedlichen Klassifikation von Tester und Automaten, die unerwünscht, in Grenzen aber zulässig sind. Gravierende Abweichungen sind Hinweise auf systematische Fehler oder aber ein Hinweis auf ein unzulängliches Klassifikationsverfahren.

5 Praktische Erfahrungen

Der Erfolg automatischer Klassifikationssysteme wird nicht nur von der Güte des Klassifikationsalgorithmus bestimmt. In der Praxis sind weitere Kriterien zu berücksichtigen, die hier besondere Bedeutung haben.

Insbesondere sind die Anforderungen von Qualitätssicherungssystemen gemäß der verschiedenen ISO-Normungen zu berücksichtigen, denen im Rahmen der europaweit zu erwartenden Forderungen besondere Bedeutung zukommt.

Freigabe des automatischen Klassifikators

Die Freigabe des Klassifikationsverfahrens erfolgt durch das QS-Wesen in den Betrieben und nicht durch die, an der Entwicklung Beteiligten.

Die Entscheidungsträger zur Freigabe des automatischen Verfahrens erhalten die Ergebnisse sinnvollerweise in Form der Vertauschungsmatrix. Hier ist eine anschauliche Beurteilung des Klassifikators möglich. Ein Vergleich Mensch - Automat kann erfolgen.

Dokumentation

Die Prüfprozedur kann einfach dokumentiert und nachgewiesen werden. Dieser Vorgang geht hin zur Speicherung der Geräuschstichproben. Die Übernahme der Ergebnisse in Datenbanken zur Archivierung und Rückverfolgung ist möglich.

Literatur

C.Kemke, Universität Saarbrücken: Der Neuere Konnektionismus, Informatik Spektrum, 1988 Heft 11

H.Werntges, R.Eckmiller: Neuronale Computer - Grundlagen, Stand der Forschung und erste Ergebnisse, c't 1988, Heft 10.

H. Schramm, H.-J. Kolb: Acoustic Quality Control Using a Multilayer Neural Net, 22nd International Symposium on Automotive Technology & Automation, Florenz May 1990.

J.Kuhn: Entwurf und Implementierung eines Signalklassifikators unter Einsatz eines neuronalen Netzes, Diplomarbeit im Fach Informatik an der FAU Erlangen-Nürnberg, Erlangen Juni 1989.

R.Lippmann: An Introduction to Computing with Neural Nets, IEEE ASSP Magazine, April 1987.

B.Widrow, R.Winter,R.Baxter: Layered Neural Nets for Pattern Recognition, IEEE Transaction on Acoustics, Speech, and Signal Processing, July 1988.

Ein System zur automatischen Kennzeichenerkennung aus Videobildern mit Hilfe neuronaler Verfahren

Michael Raus, Lothar Kreft, Walter Ameling

RWTH Aachen, Rogowski-Institut für Elektrotechnik, Schinkelstr. 2, 5100 Aachen

Neuronale Netze eignen sich für eine Klasse von Aufgaben, die bislang, wenn überhaupt, nur mit größtem Aufwand lösbar waren: Klassifizierungsaufgaben, bei denen das Regelwerk für die Unterscheidungsvorschriften entweder zu umfangreich oder aber nur mit großen Schwierigkeiten aufzustellen ist. In diesem Artikel wird ein neuronales System beschrieben, mit dem Kraftfahrzeugkennzeichen in Videobildern lokalisiert und die einzelnen Regionen des Kennzeichens erkannt werden. Ein Vergleich mit einem parallel entwickelten nichtneuronalen System, bei dem konventionelle Bildverarbeitungsalgorithmen eingesetzt werden, zeigt zum einen, daß das neuronale System deutlich leistungsfähiger ist. Darüberhinaus führt das „Programmieren" des Netzes in einer Trainingsphase durch das Präsentieren beispielhafter Muster in kürzerer Zeit zu einem funktionsfähigen System als die herkömmliche Entwicklungsweise.

1 Motivation und Zielsetzung

Seit einigen Jahren beschäftigen sich Mitarbeiter des Rogowski-Institutes an der RWTH Aachen mit den theoretischen Grundlagen neuronaler Netze und deren praktischen Anwendungen im Bereich der digitalen Bildverarbeitung. Insbesondere steht dabei das „Back-Propagation"-Modell, das 1986 von Rumelhart in [4] vorgestellt wurde, im Mittelpunkt des Interesses. Ein zentrales Projekt, das in diesem Zusammenhang verfolgt wird, stellt die Entwicklung eines Systems zur automatischen Kennzeichenerkennung dar. Dieses System wurde zunächst mit konventionellen Bildverarbeitungsverfahren aufgebaut, die nun sukzessive durch neuronale Verfahren ersetzt werden. Als Entwicklungsziel wird eine deutliche Verbesserung der Erkennungsraten sowie der Verarbeitungszeiten gegenüber dem konventionellen System angestrebt.

2   Aufbau des Systems

Das konventionelle und das neuronale System haben den gleichen Grundaufbau, d.h. beide lassen sich in zwei Teilsysteme unterteilen: die „Vorverarbeitung" und die „Klassifizierung". Dabei umfaßt die Vorverarbeitung die Phasen der Bilderzeugung, Kennzeichensuche, Regionenseparierung sowie entsprechende Bilddatenaufbereitungen wie Binarisierung, Filterung und Konturenglättung.

Das konventionelle Klassifizierungssystem besteht im wesentlichen aus einem Bayes-Klassifizierer, der die Zeichen nach Merkmalen unterscheidet, die durch Verwendung eines Skelettierungsverfahrens gewonnen werden. Dieses Verfahren zerlegt jedes Zeichen in eine Folge von Geradenstücken, die dann parametriert und der weiteren Aufbereitung zugeführt werden.

Die neuronale Klassifizierung wird durch die Verwendung eines trainierten Back-Propagation-Netzes vorgenommen. Abbildung 1 stellt den Ablauf der Kennzeichenverarbeitung im neuronalen System vor.

3   Vorverarbeitung

Die zu verarbeitenden Bilder der Kraftfahrzeuge liegen in Form von Videoaufnahmen vor, aus denen im ersten Vorverarbeitungsschritt mit einem speziellen Programm einzelne Grauwertbilder erzeugt werden. Ein typisches Beispiel für ein derartiges Grauwertbild der Größe 512 × 512 Bildpunkte zeigt Abbildung 2a, in der im wesentlichen die Frontpartie des aufgenommenen Kraftfahrzeuges enthalten ist. Das Kennzeichen selbst belegt davon typischerweise einen Bereich von 280 × 80 Bildpunkten, was ca. 8 % der Bildfläche entspricht.

In der nächsten Phase der Vorverarbeitung wird dieser Bereich des Kennzeichens lokalisiert und in Form eines Teilbildes der weiteren Verarbeitung zur Verfügung gestellt. Das konventionelle Verfahren bestimmt diesen Bereich, indem das gesamte Bild nach dem Grauwertprofil eines schwarzen Balkens abgesucht und die Häufigkeitsverteilung ermittelt wird.

Für das neuronale System konnten Back-Propagation-Netze in zahlreichen Versuchsreihen, in denen sowohl Bildauflösung und Bildaufbereitungsverfahren als auch Netzwerkparameter (Anzahl und Größe verborgener Schichten, Lern- und Trägheitsraten, Anzahl der Lernzyklen, etc.) variiert wurden, erfolgreich auf die Lösung des Lokalisierungsproblems trainiert werden. Die besten Lokalisierungserfolge wurden dabei mit dreischichtigen Netzen der folgenden Struktur erzielt:

Output-Schicht:	1024	Neuronen
Verborgene Schicht:	40	Neuronen
Input-Schicht:	1024	Neuronen

Es wurde hierfür die Auflösung der verwendeten Grauwertbilder bewußt von 512 × 512 auf 32 × 32 Bildpunkte (also um den Faktor 16) reduziert (siehe Abbildung

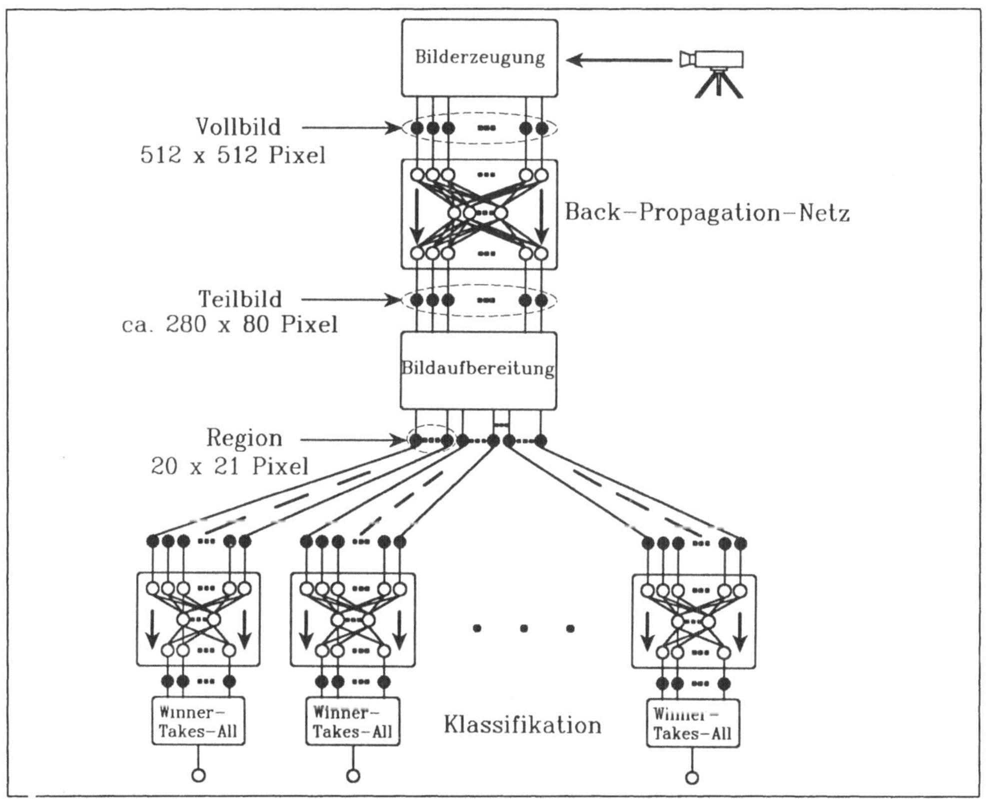

Abbildung 1: Ablauf des Gesamtsystems

2b), um einerseits der Forderung nach hohen Bilddurchsatzraten entgegenzukommen und andererseits die Leistungsfähigkeit des Ansatzes zu untersuchen. Diese datenreduzierten Grauwertbilder wurden dem Netzwerk als Inputdaten zugeführt.

Back-Propagation-Netze werden grundsätzlich mit Lehrer trainiert („supervised learning"), d.h. in einer Lernphase werden dem Netzwerk Beispielmuster der verschiedenen Klassen zusammen mit den jeweils gewünschten Output-Vektoren („Desired Output") präsentiert. In der Lernphase wurde dem Netz mehrfach ein Lerndatensatz von insgesamt 90 datenreduzierten Bildern präsentiert. Als „Desired Output" wurde jeweils ein Bild gleicher Größe verwendet, dessen Bildpunkte im Bereich des Kennzeichens den Wert „1.0" und die Punkte des Hintergrundes den Wert „0.0" erhielten (siehe Abbildung 2c). Nach etwa 4000 Durchgängen des Lerndatensatzes, also nach ca. 360 000 präsentierten Mustern war das Netz in nahezu 98 % aller Fälle in der Lage, auch in unbekannten Bildern die Position des Kennzeichens mit ausreichender Genauigkeit zu ermitteln.

Als Beispiel ist in Abbildung 2d der Netz-Output nach der Präsentation eines unbekannten Bildes (Abb. 2) dargestellt. Es sind sämtliche vergröberten Bildpunkte mit

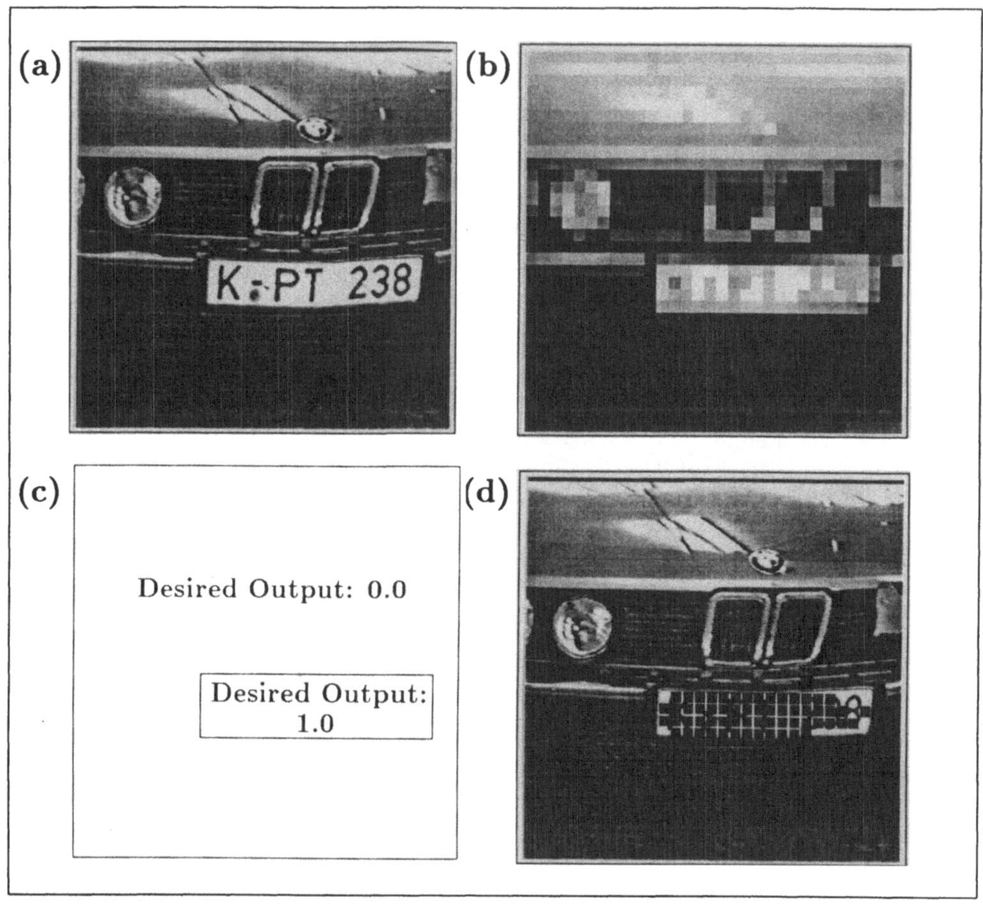

Abbildung 2: (a) Typisches Grauwertbild (512 × 512 Pixel)
(b) Grauwertbild mit herabgesetzter Auflösung (32 × 32 Pixel)
(c) Schematische Darstellung des „Desired Outputs"
(d) Darstellung des Netz-Outputs im Originalbild (Schwelle: 0.7)

schwarzen Quadraten markiert, deren korrespondierende Outputneuronen mit einer Stärke oberhalb einer festgelegten Schwelle (hier: 0.7) feuern. Die Übertragung auf das Originalbild zeigt, wie genau das Kennzeichen im Bild lokalisiert werden kann.

Das beschriebene neuronale Verfahren zeichnet sich gegenüber dem konventionellen Verfahren unter anderem durch seine generelle Einsetzbarkeit aus, d.h. es läßt sich an veränderte Umweltbedingungen einfach durch erneutes Trainieren anpassen. Eine neue Lernphase ist zwar je nach verfügbarer Hardware mehr oder weniger zeitaufwendig (bis zu einigen Stunden), benötigt aber als Ausgangsmaterial nur Aufnahmen aus der neuen Umgebung und läßt sich fast vollständig automatisieren. Im Gegensatz dazu ist das konventionelle System nur bei sorgfältig abgestimmten Parametern funktionstüchtig (siehe hierzu auch [1]). Während mit einigen dieser Parameter das System an die vorherrschenden Kontrast- und Lichtverhältnisse sowie an die Kamerakennlinie angepaßt wird, sind andere so einzustellen, daß die typischen Kennzeichenproportionen (einschl. Strichbreiten und typischen Kennzeichenabmessungen) erfaßt werden. Diese Parameter des konventionellen Systems neu anzupassen, ist nicht trivial und bringt einen erheblichen Arbeitsaufwand durch die Aufnahme und Auswertung umfangreicher Versuchsreihen mit sich.

Unabhängig von der Art des gewählten Verfahrens liefert die Kennzeichenlokalisierung ein Teilbild von etwa 8 % der Größe des Gesamtbildes. Dieses Teilbild wird verschiedenen Verarbeitungsprozessen unterzogen, bis schließlich das Kennzeichen in binarisierter Form vorliegt. Im letzten Schritt der Vorverarbeitung werden die einzelnen zusammenhängenden Regionen separiert. Hierbei werden sowohl zu kleine Regionen ausgesondert als auch übergroße Regionen geeigneten Trennungsverfahren unterzogen, so daß am Ende der Vorverarbeitung die einzelnen Zeichen des Kennzeichens in binarisierter Form vorliegen.

4 Klassifizierung

Der auf der Grundlage des Skelettierungsverfahrens implementierte konventionelle Klassifizierer erzielte eine durchschnittliche Erfolgsrate bei der Erkennung einzelner Zeichen von etwa 94.5 %. Eine typische Fehlerverteilung zeigt Abbildung 3, in der für jede Musterklasse die Fehlerrate aufgetragen ist, die sich bei der Überprüfung des Bayes-Klassifizierers mit den Zeichen von etwa 450 Kennzeichen ergab.

Der neuronale Klassifizierer besteht im wesentlichen aus einem Back-Propagation-Netz, dessen Konfiguration in zahlreichen Versuchen ermittelt wurde. Die besten Ergebnisse bei gleichzeitig minimalen Lernzeiten konnten mit einem derartigen dreischichtigen Netz erzielt werden:

Output-Schicht:	38	Neuronen
Verborgene Schicht:	26	Neuronen
Input-Schicht:	420	Neuronen

Als Input werden die binären Bildpunktwerte einer separierten Region verwendet, die auf die einheitliche Bereichsgröße von 20×21 Bildpunkten abgebildet wurde. Die Anzahl der Neuronen in der verborgenen Schicht wurde im wesentlichen empirisch ermittelt, während die Anzahl der Output-Neuronen durch die Klassenzahl (10 Ziffern $0 \ldots 9$ + 25 Buchstaben A $\ldots$ Z ohne Q + TÜV-Plakette + 2 unterschiedliche Randmuster) festgelegt ist.

Die Trainingsmuster werden in einem sogenannten „Lernfile" zusammengestellt, was durch spezielle Editorprogramme unterstützt wird, die verschiedene Algorithmen für das Variieren von Anzahl und Anordnungsreihenfolge (sequentiell, gleichverteilt zufällig, in Gruppen zufällig) der Trainingsmuster beinhalten. Erst durch diese zusätzlichen Hilfsmittel war es möglich, die Lerndaten immer wieder neu zusammenzustellen und so die Abhängigkeit des Lernerfolgs von der Lerndatenfolge näher zu untersuchen. Als Ausgangsmaterial für die Lernfiles waren Mustersammlungen für alle Klassen notwendig, die durch die manuelle Zuweisung der separierten Regionen einer ausreichenden Anzahl von Kennzeichen (bislang etwa 300) in die verschiedenen Klassen erzeugt wurden.

Die auf diese Weise zusammengestellten Lerndaten wurden in der Trainingsphase dem Back-Propagation-Netz zugeführt (bis zu 50 000 Wiederholungen). In der Recallphase wurden die binären Bildpunktwerte bislang nicht gelernter Muster dem Netz als Input zugeführt. Es wurde für jedes Muster eine „Winner-Takes-All"-Entscheidung vorgenommen, d.h. das Output-Neuron mit dem größten Ausgangswert bezeichnet die erkannte Klasse.

5 Realisierung

Die Entwicklungs- und Testumgebung zum Trainieren von Back-Propagation-Netzen sind wie das Vorverarbeitungssystem in *C* unter dem Betriebssystem *Helios* realisiert und laufen auf einem *Intel T800*-Transputersystem. Besonders leistungsfähig wurde das System durch die Einbindung von *UTOPIA*-Bildverarbeitungsroutinen. *UTOPIA* (**U**nix-Oriented **T**ools for **P**icture Processing **A**pplications) ist eine umfangreiche Bildverarbeitungsumgebung für Transputer-Netzwerke unter dem Betriebssystem *Helios*, die am Rogowski-Institut entwickelt wurde.

6 Ergebnisse

Im Verlauf der Versuchsreihen wurden verschiedene Back-Propagation-Netze trainiert, die sich in Struktur und Trainingsdaten unterschieden. So wurden u.a. umfangreiche Versuche mit drei- und vierschichtigen Netzen unternommen, bei denen darüberhinaus die Zahl der verborgenen Neuronen variiert wurde. Diese Netze wurden mit verschiedenen Lerndatenzusammenstellungen trainiert, die jeweils aus 2, 4 oder 8 auf verschiedene Weise zusammengestellten Mustern jeder Klasse gebildet wurden. Es zeigte sich, daß sich die leistungsfähigsten Versionen durch das Trainieren mit 8 Mustern pro Klasse bei möglichst zufälliger Anordnung ergaben. Mit zunehmender Musterzahl erhöht sich zwar die Anzahl der notwendigen Lernzyklen für das einwandfreie Wiedererkennen aller Lerndaten, aber gleichzeitig verbessert sich das Verhalten beim Erkennen unbekannter Muster in der Recallphase.

Im Rahmen dieser Versuchsreihen konnte das Auftreten eines Phänomenes bestätigt werden , das bereits vereinzelt dokumentiert ist und im allgemeinen als „Overlearning"-Effekt bezeichnet wird. Das untrainierte Netzwerk beginnt zunächst, sich in Übereinstimmung mit den statistischen Grundtendenzen der Trainingsdaten zu konfigurieren, geht dann aber dazu über, auch die spezifischen Details der einzelnen Muster zu lernen. Hierdurch wird das Abstraktionsvermögen des Netzes geschwächt und es gibt offensichtlich einen Zeitpunkt in der Lernphase eines Netzwerkes, ab dem sich die Klassifizierung nicht gelernter Testdaten verschlechtert, während die Leistungsfähigkeit des Klassifizierers bezüglich des Trainingsdatensatzes weiter solange zunimmt, bis das Netz im Idealfall die korrekten Antworten auf alle Trainingsmuster gelernt hat. Dieser Effekt wirkt sich dahingehend auf die Gestaltung

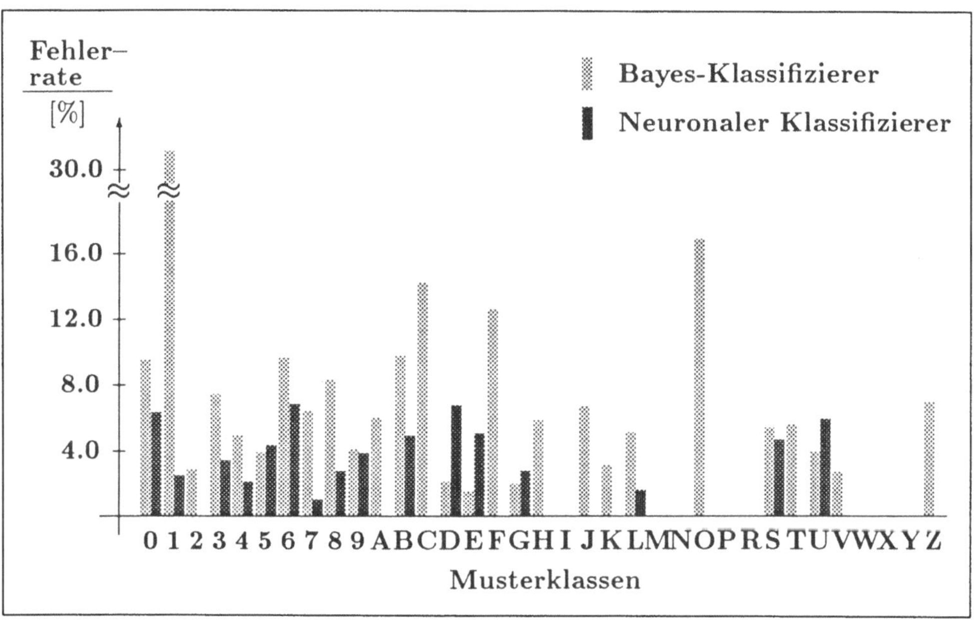

Abbildung 3: Fehlerraten bei der Regionenklassifizierung in Kraftfahrzeug-kennzeichen

der Trainingsphase aus, daß für die Optimierung der Erkennungsraten dieser Zeitpunkt im Einzelfall durch ständiges Überprüfen der Recallfähigkeit so genau wie möglich zu ermitteln ist. In der Endphase des Netzwerk-Trainings wandelt sich daher das Verfahren von einem vollständig automatisierbaren hin zu einem iterativen Ablauf, bei dem sich Trainieren und Bestimmung der Erkennungsraten bei unbekannten Mustern abwechseln.

Das Netzwerk mit der höchsten durchschnittlichen Erkennungsrate wurde während der Lernphase mit verschiedenen Lernfiles trainiert, mit denen jeweils gezielt auf Erkennungsschwächen reagiert werden konnte. Es wurden schon in der Trainingsphase Recalltests durchgeführt und nicht nur in Bezug auf den Overlearning-Effekt sondern auch dahingehend ausgewertet, daß Muster aus besonders kritischen Klassen zu kleinen Lerndatengruppen zusammengestellt und bei Bedarf in den normalen Trainingsablauf (Lernfile mit 8 Mustern aus jeder Klasse, gruppenweise zufällig angeordnet) eingebaut wurden. Insgesamt wurde dem Netzwerk in der Lernphase 58 mal eines dieser Files präsentiert, was insgesamt 5425 Musterpräsentationen entspricht.

Die Fehlerraten, die mit diesem trainierten Netz erzielt werden konnten, sind in Abbildung 3 aufgetragen. Die durchschnittliche Erkennungsrate beträgt beim neuronalen System 98,2 %.

Neben dieser Erhöhung der Zuverlässigkeit des Systems durch die Einführung des neuronalen Klassifizierers, hat sich im praktischen Umgang mit dem neuronalen System gezeigt, daß sich Fehler aus anderen Verarbeitungsphasen durch geeignetes Trainieren des Netzes ausgleichen lassen. So werden beispielsweise bei der Regionenseparierung gelegentlich senkrechte Stücke der Kennzeichenberandung separiert, die dann anschließend vom neuronalen Netz als „I" oder „1" klassifiziert werden. Dieser Defekt konnte dadurch eliminiert werden, daß das Netzwerk zusätzlich speziell auf das Erkennen von Randregionen trainiert wurde. Ebenso konnte das Erkennen von optisch „zusammengewachsenen" TÜV-Plakette/Bindestrich/ASU-Plakette-Bereichen durch den Klassifizierer erfolgreich implementiert werden.

7 Zusammenfassung und Ausblicke

Wie die Ergebnisse zeigen, resultierte die Einführung des neuronalen Klassifizierers in einer deutlichen Leistungssteigerung. Während dies für sich alleine betrachtet den Einsatz neuronaler Netze schon sinnvoll erscheinen läßt, ist darüberhinaus die Art der Problemlösung beachtenswert, denn das neuronale Netz wird einfach durch das Trainieren mit Beispielmustern „programmiert" und macht viele Problemlösungsschritte, die dem konventionellen System noch vorausgehen mußten, überflüssig.

Da auch die Leistungsfähigkeit des neuronalen Systems noch nicht ausreichend ist, wird mittlerweile an Verbesserungen gearbeitet, die zum einen den neuronalen Klassifizierer selbst, und zum anderen die Anwendung neuronaler Verfahren auch in den restlichen noch konventionell realisierten Vorverarbeitungsschritten betreffen. Das vorläufige Entwicklungsziel besteht in einer Kaskade von neuronalen Netzen, die unterschiedliche Teilaufgaben innerhalb des Gesamtsystems „Kennzeichenerkennung" übernehmen und durch die gute Parallelisierbarkeit der implementierten neuronalen Netzwerksalgorithmen eine hohe Verarbeitungsgeschwindigkeit erlauben. Schließlich soll dann ein optisches System zur Verfügung stehen, das sich selbständig in einer neuen Umgebung zurechtfinden und in Echtzeit fehlertolerant bekannte Muster finden und klassifizieren kann.

Literatur

[1] Burkhard Bladt. *Erkennung von deutschen Kraftfahrzeugkennzeichen mit Hilfe einer Videokamera und Bildverarbeitung.* Diplomarbeit, Rogowski-Institut an der Rheinisch-Westfälischen Technischen Hochschule Aachen, 1990.

[2] Volker Merx. *Anwendung neuronaler Prinzipien zur Lokalisierung von amtlichen Kraftfahrzeugkennzeichen in Videobildern.* Diplomarbeit, Rogowski-Institut an der Rheinisch-Westfälischen Technischen Hochschule Aachen, 1991.

[3] Michael Raus. *Automatisches Lesen amtlicher Kraftfahrzeugkennzeichen aus Videoaufnahmen mit Hilfe neuronaler Prinzipien.* Diplomarbeit, Rogowski-Institut an der Rheinisch-Westfälischen Technischen Hochschule Aachen, 1990.

[4] David E. Rumelhart, Geoffrey E. Hinton und Ronald J.Williams. Learning internal representations by error propagation. In David E. Rumelhart und James L. McClelland (Hrsg.), *Parallel Distributed Processing: Explorations in the Microstructure of Cognition*, S. 318-362, MIT Press, Cambridge, MA, 1986.

Translations- und rotationsinvariante Erkennung von Werkstücken mit neuronalen Netzwerken

Peter Zimmerer[1], Andreas Zell

Universität Stuttgart, Institut für Parallele und Verteilte Höchstleistungsrechner (IPVR),
Breitwiesenstraße 20–22, 7000 Stuttgart 80
[1]seit 01.10.91 Siemens AG, Zentralabteilung Forschung und Entwicklung (ZFE),
Otto-Hahn-Ring 6, 8000 München 83

Zusammenfassung

In diesem Artikel werden zwei Verfahren zur translations- und rotationsinvarianten Erkennung von Objekten und zweidimensionalen Bildern mit neuronalen feedforward Netzen vorgestellt: ein Verfahren mit invarianten Momenten und ein neues Verfahren mit neuronalen Netzen zweiter Ordnung. Beide Verfahren wurden mit einem Netzwerksimulator (Stuttgarter Neuronale Netze Simulator, SNNS) realisiert und an drei verschiedenen Anwendungsbeispielen getestet. Es werden jeweils spezielle Merkmalvektoren mit einem einfachen und schnellen Vorverarbeitungsalgorithmus berechnet, die dann von einem zweistufigen neuronalen feedforward Netz klassifiziert werden. Beide Verfahren sind für die Erkennung beliebiger zweidimensionaler, auch nicht zusammenhängender Objekte oder Bilder geeignet. Sie sind unabhängig von den jeweils zu erkennenden Objekten und auch für größere Anwendungen allgemein verwendbar. Im Gegensatz zu vielen in der Literatur beschriebenen Methoden mit neuronalen Netzwerken ermöglichen beide Verfahren problemlos Eingabebilder mit Bildschirmauflösung.

1 Einleitung

Die visuelle Erkennung von Objekten und zweidimensionalen Bildern, unabhängig von ihrer Position und Orientierung im Eingaberaum, ist das Ziel vieler Forschungsaktivitäten. Ein *Bild* wird allgemein als eine zweidimensionale Verteilung von Helligkeits- und Farbwerten definiert. In diesem Artikel werden stationäre, einfarbige Bilder verwendet. Sie werden von einer Grauwertfunktion $f(x, y)$ als zweidimensionales Feld von $(m \times n)$ Grauwerten beschrieben und kurz als *Grauwertbilder* bezeichnet. Die Erkennung von Bildern durch ein Bildverarbeitungssystem ist ein mehrstufiger, komplizierter Prozeß. Die wichtigsten Teilprozesse sind die Bildwandlung, die Bildverbesserung, die Bildsegmentierung, die Bildtransformation und Bildcodierung sowie die Bilderkennung. Dieser letzte Teilprozeß besteht im Prinzip aus einer geeigneten Merkmalauswahl (*feature extraction*) und einer anschließenden Klassifikationsphase (*classification*).

Der Einsatz von neuronalen Netzen ist in vielen dieser Teilprozesse denkbar. In diesem Artikel wird die Bilderkennung mit neuronalen Netzen, d.h. die in bezug auf Translations- und Rotationsinvarianz geeignete Merkmalauswahl und Klassifikation behandelt. Der Ausgangspunkt ist also ein, von einer zweidimensionalen Grauwertfunktion $f(x, y)$ beschriebenes Grauwertbild, das in einer „qualitativ guten" Form vorliegt. Für entsprechende Algorithmen und Standardverfahren, etwa zur Bildverbesserung und ähnlichem, siehe [Dud73], [Gon87], [Ull73] und [Zam89].

Es gibt meistens keine systematische Methode für die günstige Wahl oder für die geeignete Definition der Merkmale, um ein gegebenes Erkennungsproblem optimal zu lösen. In der Merkmalauswahl steckt vielmehr immer eine gute Portion Heuristik und empirische Kenntnisse. Die Klassifikation kann von einem zweistufigen neuronalen feedforward Netz durchgeführt werden, das mit einem Backpropagation ähnlichen Verfahren trainiert wird.

In Abschnitt 2 und 3 geht es nun zunächst um die Auswahl translations- und rotationsinvarianter Merkmale. In Abschnitt 4 wird auf die verwendete Simulationsumgebung eingegangen, und in Abschnitt 5 werden die Testergebnisse dokumentiert.

2 Invariante Momente

Es gibt eine Anzahl an *invarianten Momenten*, die für eine gegebene zweidimensionale Grauwertverteilung $f(x,y)$ berechnet werden können. Als Merkmalvektor für die Grauwertverteilung $f(x,y)$ werden oft die in [Hu62] angegebenen 7 Invarianten φ_i verwendet:

$$\varphi_1 = \eta_{20} + \eta_{02} \tag{1}$$

$$\varphi_2 = (\eta_{20} - \eta_{02})^2 + 4\eta_{11}^2$$

$$\varphi_3 = (\eta_{30} - 3\eta_{12})^2 + (3\eta_{21} - \eta_{03})^2$$

$$\varphi_4 = (\eta_{30} + \eta_{12})^2 + (\eta_{21} + \eta_{03})^2$$

$$\varphi_5 = (\eta_{30} - 3\eta_{12})(\eta_{30} + \eta_{12})\big((\eta_{30} + \eta_{12})^2 - 3(\eta_{21} + \eta_{03})^2\big)$$
$$+ (3\eta_{21} - \eta_{03})(\eta_{21} + \eta_{03})\big(3(\eta_{30} + \eta_{12})^2 - (\eta_{21} + \eta_{03})^2\big)$$

$$\varphi_6 = (\eta_{20} - \eta_{02})\big((\eta_{30} + \eta_{12})^2 - (\eta_{21} + \eta_{03})^2\big) + 4\eta_{11}(\eta_{30} + \eta_{12})(\eta_{21} + \eta_{03})$$

$$\varphi_7 = (3\eta_{21} - \eta_{03})(\eta_{30} + \eta_{12})\big((\eta_{30} + \eta_{12})^2 - 3(\eta_{21} + \eta_{03})^2\big)$$
$$+ (3\eta_{12} - \eta_{03})(\eta_{21} + \eta_{03})\big(3(\eta_{30} + \eta_{12})^2 - (\eta_{21} + \eta_{03})^2\big)$$

Sie sind invariant in bezug auf Translation, Rotation und (bis auf einen Vorzeichenwechsel bei φ_7) Spiegelung. Die einzelnen η_{pq} sind aus den Zentralmomenten μ_{pq} der Ordnung $(p+q)$ abgeleitet:

$$\mu_{pq} = \sum_x \sum_y (x - \overline{x})^p (y - \overline{y})^q f(x,y),$$

wobei

$$\overline{x} = \frac{\sum_x \sum_y x f(x,y)}{\sum_x \sum_y f(x,y)} \quad \text{und} \quad \overline{y} = \frac{\sum_x \sum_y y f(x,y)}{\sum_x \sum_y f(x,y)}$$

die Schwerpunktkoordinaten des durch $f(x,y)$ beschriebenen Objektes sind. μ_{00} ist die Summe der Grauwertverteilung $f(x,y)$ über dem Eingabebereich der xy-Ebene. μ_{10} bzw. μ_{01} sind die statischen Momente und μ_{20} bzw. μ_{02} die Trägheitsmomente, jeweils bzgl. der Parallelen zur y- bzw. x-Achse durch den Schwerpunkt $(\overline{x}, \overline{y})$. Die einzelnen η_{pq} ergeben sich entweder direkt aus

$$\eta_{pq} = \mu_{pq}, \text{ für } p + q = 2, 3, \ldots$$

oder aus

$$\eta_{pq} = \frac{\mu_{pq}}{\mu_{00}^\gamma} \quad \text{mit } \gamma = \frac{p+q}{2} + 1, \text{ für } p + q = 2, 3, \ldots \tag{2}$$

Bei Verwendung der durch (2) definierten η_{pq} werden die Invarianten φ_i in (1) zusätzlich invariant gegenüber Skalenänderung.

Für den Einsatz mit neuronalen Netzen sollten diese Invarianten von gleicher Größenordnung sein. Unter der Annahme, daß die Zentralmomente μ_{pq} zweiter und dritter Ordnung von gleicher Größenordnung sind, lassen sich die Größenordnungen der Invarianten als Potenzen der Zentralmomente abschätzen. Man führt somit folgende Wurzeltransformation (siehe [Har89]) durch:

$$\phi_i = \sqrt[n_i]{|\varphi_i|} \quad \text{mit } n_i = 1, 2, 2, 2, 4, 3, 4. \tag{3}$$

Diese 7 Invarianten ϕ_i (ihre Werte liegen bei Verwendung von (2) im allgemeinen $\in [0.0, 2.0]$) werden dann als Eingabewerte für ein zweistufiges neuronales Netz mit 7 Eingabeelementen verwendet. Nach der Berechnung der 7 Invarianten ϕ_i für die Trainingsmenge wird das neuronale Netz mit einem Backpropagation ähnlichen Verfahren, in unserem Fall mit Quickprop nach [Fah88], auf diese Objekte trainiert. Natürlich ist auch eine „feste" Implementierung der Momentenberechnung mit neuronalen Netzen möglich.

3 Invarianz mit neuronalen Netzen zweiter Ordnung

Die Erkennung von Objekten erfordert im Prinzip die Berechnung nichtlinearer Diskriminanzgrenzen im Eingaberaum. Dies kann entweder durch mehrstufige neuronale Netze erster Ordnung oder durch einstufige Netze höherer Ordnung (*higher-order neural networks, HONN*) geschehen (oder natürlich, wie weiter unten, durch Überlagerung von beiden). Mehrstufige neuronale Netze erster Ordnung erfordern, insbesondere bei vielen internen Ebenen, sehr lange Lernzeiten und sind für eine Merkmalauswahl in bezug auf Invarianzen kaum geeignet. Eventuell vorhandene Relationen zwischen Eingabeelementen des neuronalen Netzes werden hier nicht berücksichtigt, sie müssen alle erst mühsam gelernt werden.

Die Aktivierung für ein Ausgabelement y_i in einem allgemeinen einstufigen neuronalen Netz höherer Ordnung ergibt sich zu

$$y_i = f\Big(\sum_j w_{ij} x_j + \sum_j \sum_{k>j} w_{ijk} x_j x_k + \sum_j \sum_{k>j} \sum_{l>k} w_{ijkl} x_j x_k x_l + \ldots\Big). \tag{4}$$

Dabei ist f eine nichtlineare Aktivierungsfunktion, die x_i sind die Eingabewerte, und die $w_{i\ldots}$ sind die Elemente der Konnektionsmatrix. Wie man sieht, wird die Anzahl der in (4) zu berechnenden Terme für effiziente Anwendungen sehr schnell zu groß (exponentielles Wachstum). Die Idee besteht nun darin, Invarianzen, in unserem Fall in bezug auf Translation und Rotation, direkt in die Netzarchitektur einzubauen, indem man die topologischen Eigenschaften und die gegenseitigen Beziehungen der Eingabeelemente untereinander berücksichtigt. Im folgenden wird ein neuer Ansatz zur Translations- und Rotationsinvarianz vorgestellt, bei dem neuronale Netze zweiter Ordnung genügen bzw. bei dem die entsprechenden Merkmale durch einen vorgeschalteten Algorithmus einfach und effizient berechnet werden können.

Gegeben sei die Euklidsche Metrik $D_{eukl}\colon \mathcal{N}^2 \times \mathcal{N}^2 \to \mathcal{R}_0^+$ mit

$$D_{eukl}(x, y) = D_{eukl}\left(\begin{pmatrix} x_1 \\ x_2 \end{pmatrix}, \begin{pmatrix} y_1 \\ y_2 \end{pmatrix}\right) := \sqrt{(x_1 - y_1)^2 + (x_2 - y_2)^2}.$$

Die „gerundete" Euklidsche Metrik $D\colon \mathcal{N}^2 \times \mathcal{N}^2 \to \mathcal{N}_0$ wird durch

$$D(x, y) := \lfloor D_{eukl}(x, y) + 0.5 \rfloor \tag{5}$$

definiert. Sie berechnet den auf die nächste ganze Zahl gerundeten Abstand in der Euklidschen Metrik zwischen zwei Punkten x und y. Die Idee bei diesem Verfahren ist nun, *alle $x_i x_j$-Eingabepaare mit dem gleichen Abstand $D(x_i, x_j)$ zum selben Gewicht $w_{...}$ hin zu verbinden.* Formal ergibt dies die Invarianzbedingung

$$w_{ij} := w_i \quad \text{und} \quad w_{ijk} := w_{iD(x_j, x_k)}. \tag{6}$$

Jedes Objekt wird also durch die Menge aller gerundeten Abstände seiner Pixel-Punktpaare $x_i x_j$ beschrieben, was die Invarianz bezüglich Translation und Rotation ergibt (die Spiegelung eines Objekts wird hingegen nicht erkannt). Die Aktivierung für ein Ausgabelement y_i in einem einstufigen neuronalen Netz zweiter Ordnung wird durch

$$y_i = f\Big(w_i \sum_j x_j + \sum_{j=1}^{D_{max}} w_{ij} \sum_{\substack{k \geq 1, l > k, \\ D(x_k, x_l) = j}} x_k x_l \Big) \tag{7}$$

angegeben. In einem $(m \times n)$ Eingabefeld gibt es dann pro Ausgabeelement nur $D_{max} + 1 = \lfloor \sqrt{(m-1)^2 + (n-1)^2} + 0.5 \rfloor + 1$ verschiedene Gewichte, die mit einem Lernverfahren zu bestimmen sind. Es hat sich gezeigt, daß im allgemeinen ein größter berücksichtigter gerundeter Abstand von $D_{max} = \lfloor \frac{1}{2} \max(m, n) \rfloor$ völlig ausreicht.

Beim Trainieren des neuronalen Netzes mit einem Backpropagation ähnlichen Verfahren müssen die charakteristischen Merkmale, d.h. die erste und letzte Summe in (7), für jedes Eingabeobjekt in jeder Epoche erneut ausgerechnet werden. Außerdem ist die erforderliche Anzahl an Verbindungen im Netzwerk doch recht groß (pro Ausgabeelement $> 2 \cdot \binom{36^2}{2} = 1\,678\,320$ bei einem Eingabefeld der Größe (36×36)). Deshalb ist es bei der Verwendung eines sequentiell arbeitenden Netzwerk-Simulators (siehe Abschnitt 4) sinnvoller, die erforderlichen Merkmale, die sogenannten *Muster zweiter Ordnung* x^{second}, für jedes Eingabeobjekt einmal explizit zu berechnen, abzuspeichern und anschließend mit einem gewöhnlichen neuronalen Netz erster Ordnung weiterzuverarbeiten. Der zugehörige Algorithmus lautet für jedes Eingabeobjekt:

$$x_0^{second} = \sum_i x_i \quad \text{und für alle } j \in \{1, 2, \ldots, D_{max}\} : \quad x_j^{second} = \sum_{\substack{k \geq 1, l > k, \\ D(x_k, x_l) = j}} x_k x_l, \tag{8}$$

und die Aktivierung für ein Ausgabeelement y_i in einem einstufigen neuronalen Netz erster Ordnung berechnet sich dann aus

$$y_i = f\Big(w_i x_0^{second} + \sum_{j=1}^{D_{max}} w_{ij} x_j^{second} \Big). \tag{9}$$

In unseren Anwendungsbeispielen haben wir ein Eingabefeld der Größe (36×36) verwendet und $D_{max} = 18$ gesetzt. Die Muster zweiter Ordnung x^{second} werden als Eingabewerte für ein zweistufiges neuronales Netz erster Ordnung mit 19 Eingabeelementen benutzt. Um für die Muster zweiter Ordnung, d.h. als Eingabewerte für das neuronale Netz erster Ordnung zum Beispiel Werte $\in [0.0, 2.0]$ zu erhalten, sind die beiden in (8) berechneten Summen noch mit einem Skalierungswert *Scale* (z.B. 1\,000) zu versehen. Er ist abhängig von der Größe (Auflösung) des Eingabebildes.

4 Simulationsumgebung

Die Implementierung der Erkennungsmodelle erfolgte mit dem *Stuttgarter Neuronale Netze Simulator* (kurz *SNNS*) in der Programmiersprache C unter dem Betriebssystem Unix für SUN-Workstations. SNNS ist ein Simulator für neuronale Netze, der am Institut für Parallele und Verteilte Höchstleistungsrechner (IPVR) der Universität Stuttgart seit Ende 1989 entwickelt wurde und noch weiterentwickelt wird. Der Simulator besteht aus drei Komponenten: dem Simulator-Kern, der graphischen Benutzeroberfläche XGUI (X Graphical User Interface) und dem Nessus-Compiler (Netzwerk-Spezifikations-Sprache der Universität Stuttgart). Implementiert wurde SNNS komplett in C. Nähere Informationen zu SNNS finden sich in [Ze91a] und [Ze91b].

Abbildung 1 zeigt die Benutzeroberfläche des SNNS mit einem zweistufigen neuronalen Netz zur Erkennung von 24 technischen Objekten beim Verfahren mit den invarianten Momenten.

5 Test

Wir haben beide Verfahren an mehreren Anwendungen getestet. Dazu wurden verschiedene Objekte (Photographien) eingescannt und die so erhaltenen Binärbilder (in unserem Fall (576×576) Pixel mittels Durchschnittsbildung mit einem (16×16)-Fenster und Normalisierung auf Grauwertbilder der Größe (36×36) reduziert (normalisierte Werte $\in [0.0, 1.0]$). Es hat sich gezeigt, daß eine höhere Auflösung (zum Beispiel (72×72) oder (144×144)) für unsere Anwendungen keine Vorteile erbringt. Anschließend wurden die erforderlichen Merkmale (7-komponentige Momentenvektoren ϕ nach (2) und (3) bzw. 19-komponentige Muster zweiter Ordnung x^{second} nach (8)) berechnet und das zweistufige neuronale Netz mit dem Quickprop-Verfahren (siehe [Fah88]) trainiert. Als Aktivierungsfunktion wurde die asymmetrische, sigmoide, logistische Funktion verwendet.

In drei verschiedenen Anwendungsbeispielen benutzten wir 24 technische Objekte (Hinterachslenker, Zündkerze, Zangen, Sägen, Hammer etc.), 27 verschiedene Schrauben und 32 Skat-Karten. Als Klassifikator wurde bei allen drei Anwendungen ein zweistufiges feedforward Netzwerk verwendet. Umfangreiche Versuche mit anderen Topologien und mit anderen logistischen Aktivierungsfunktionen ergaben keine besseren Testergebnisse, im Gegenteil! Das Hauptproblem, insbesondere bei den größeren Anwendungsbeispielen, war, das neuronale Netz zuerst einmal korrekt zu trainieren und die dazu geeignete Anzahl an internen Elementen, auch in bezug auf die Generalisierungsfähigkeit, empirisch zu bestimmen. Die erforderliche Anzahl an Epochen lag zwischen 10 000 (technische Objekte) und 100 000 (Skat-Karten). Jedoch konnte der quadratische Fehler für die Trainingsmenge zum Beispiel bei den invarianten Momenten und den Skat-Karten nicht unter ≈ 0.75 gedrückt werden.

In der Testphase wurden von jedem zu erkennenden Objekt eine beliebig verschobene und verdrehte Version eingescannt. Bei dem Verfahren mit neuronalen Netzen zweiter Ordnung bzw. mit den Mustern zweiter Ordnung wurden die Testobjekte in allen drei Anwendungen korrekt klassifiziert. Beim Verfahren mit den invarianten Momenten war dies nur bei den ersten beiden Anwendungen (technische Objekte und Schrauben) der Fall. Bei den Skat-Karten traten viele Fehlklassifikationen und „Verwechslungen" auf, zum Beispiel Herz-As mit Pik-As etc.. Dies lag zum einen daran, daß es sehr aufwendig bzw. in diesem einen Fall unmöglich war, das neuronale Netz korrekt zu trainieren (siehe oben: quadratischer Fehler der Trainingsmenge $> \approx 0.75$). Andererseits ergab auch die Untersuchung der berechneten Merkmalvektoren bei beliebig verschobenen und verdrehten Skat-Karten mit dem bekannten nearest-neighbor Algorithmus (der Standardrepräsentant mit dem ge-

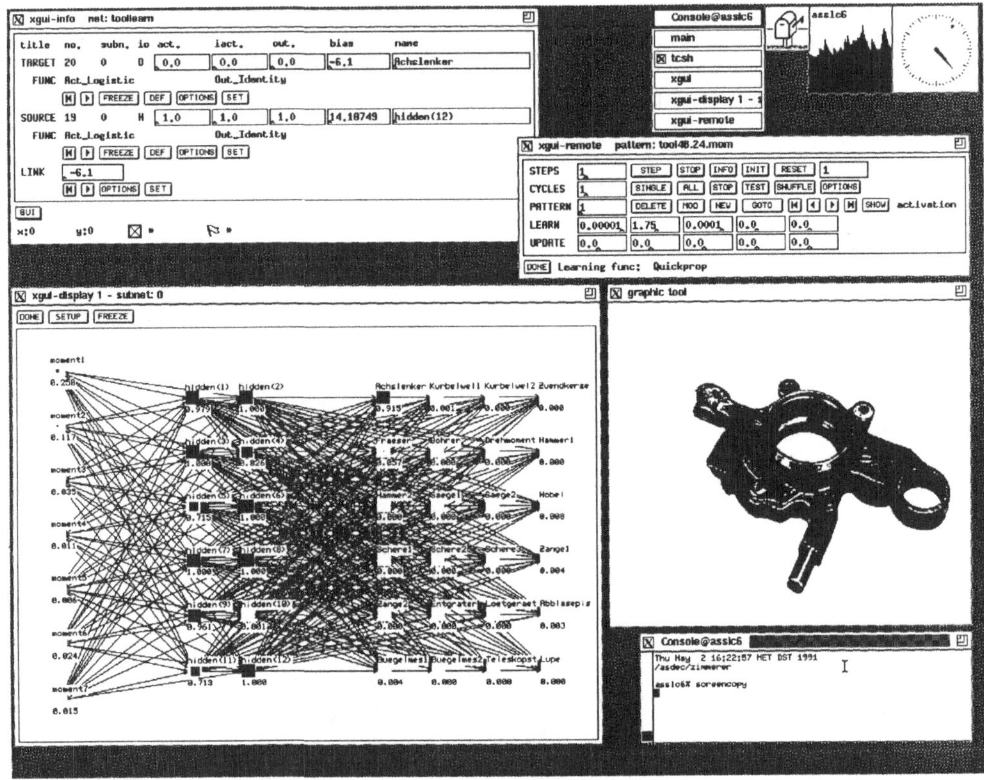

Abbildung 1: Die Benutzeroberfläche von SNNS (Stuttgarter Neuronale Netze Simulator) am Beispiel der Erkennung von 24 technischen Objekten mit invarianten Momenten. Zusätzlich ist ein zu erkennendes Objekt (Hinterachslenker) dargestellt. Im *info-panel* werden die Attribute zweier Units sowie Daten der Verbindungen (link, site) zwischen ihnen angegeben. Alle Attribute können in diesem Panel auch verändert werden. In den *display windows* (es können mehrere gleichzeitig vorhanden sein) wird jeweils ein Ausschnitt des Netzes gezeigt. Über diese Fenster ist auch der Netzwerk-Editor über die Tastatur erreichbar. Mit dem *remote-panel* werden die eigentlichen Simulator-Operationen (Initialisierung, Lernen, Testen etc.) wie mit einer Fernbedienung gesteuert. Zusätzlich (hier nicht dargestellt) existiert noch ein *file-panel* für die Load/Save-Operationen für Netzwerke, Patterns etc. und ein Hilfesystem.

ringsten Abstand gibt die Klasse an) eine sehr hohe Fehlklassifikationsrate von ca. 35%! Die invarianten Momente eigneten sich also nicht als invariante Merkmale für die Skat-Karten. Die Ursache dafür war, neben den vorhandenen Verfahrens- und Rundungsfehlern, die für dieses Anwendungsbeispiel zu geringe Dimension des Merkmalvektors. Das heißt, die Anzahl der berechneten Merkmale war für die Skat-Karten zu klein, um – trotz der auftretenden Verfahrens- und Rundungsfehler (siehe Kapitel 2) – eine korrekte und deutliche Separierung der Skat-Karten in die verschiedenen Klassen zu erreichen. Man berechnete ja für jede Karte nur 7 Merkmale (features), aus denen dann die richtige Klasse „gefunden" werden sollte. Als Verbesserung ist es möglich, den Merkmalvektor auf 14 Komponenten zu erweitern, indem man zusätzlich die invarianten Momente zum Beispiel für das zugehörige Gradientenbild berechnet (siehe [Red81]).

6 Schlußfolgerung

Wir haben zwei verschiedene Verfahren zur translations- und rotationsinvarianten Erkennung von Objekten bzw. von zweidimensionalen Bildern mit neuronalen Netzen behandelt. Die verwendeten zweistufigen, nichtrekurrenten feedforward Netzwerke wurden mit dem Quickprop-Verfahren trainiert.

Die beiden Erkennungsmodelle wurden an drei verschiedenen Anwendungsbeispielen (technische Objekte, Schrauben, Skat-Karten) erfolgreich getestet. Es zeigte sich, daß (nur) die invarianten Momente bei den Skat-Karten nicht die gewünschten Invarianzeigenschaften besitzen. Ansonsten sind beide Verfahren, vor allem aber das Verfahren mit den Mustern zweiter Ordnung, für die Erkennung beliebiger zweidimensionaler, auch nicht zusammenhängender Objekte oder Bilder gut geeignet. Sie sind unabhängig von den jeweils zu erkennenden Objekten und auch für größere Anwendungen allgemein verwendbar. Die Anzahl an verschiedenen zu erkennenden Objekten (Bildern) sollte nicht zu groß sein, um ein korrektes und effizientes Training der neuronalen Netze zu ermöglichen. Dies gilt insbesondere für das Verfahren mit den invarianten Momenten.

Literatur

[Dud73]   R. O. Duda, P. E. Hart: Pattern classification and scene analysis. Wiley 1973.

[Dud77]   S. A. Dudani, K. J. Breeding: Aircraft Identification by Moment Invariants. IEEE Transactions on Computers, Vol. C-26, No. 1, 39–45, January 1977.

[Fah88]   S. E. Fahlman: Faster-Learning Variations on Back-Propagation: An Empirical Study. In [Tou88] Part 1, 38–51, 1988.

[Gil87]   G. L. Giles, T. Maxwell: Learning, invariance, and generalization in high-order neural networks. Applied Optics 26–23, 4972–4978, 1 December 1987.

[Gil88]   G. L. Giles, R. D. Griffin, T. Maxwell: Encoding geometric invariances in higher-order neural networks. Neural Information Processing Systems. American Institute of Physics Conference Proceedings, 301–309, 1988.

[Gon87]   R. C. Gonzalez, P. Wintz: Digital image processing. Addison-Wesley 1987.

[Gos85]   A. Goshtasby: Template Matching in Rotated Images. IEEE Transactions on Pattern Analysis and Machine Intelligence, Vol. PAMI-7, No. 3, 338–344, May 1985.

[Har89]   N. Harendt, W. Döler, A. Jäger: Erkennung von Bildmustern mit Hilfe von invarianten Momenten. In Mustererkennung 1989: Proceedings, Hamburg, 2.–4. Oktober 1989. H. Burkhardt (Hrsg.), Informatik-Fachberichte 219, Springer Verlag 1989.

[Hsi81]   T. C. Hsia: A Note on Invariant Moments in Image Processing. IEEE Transactions on Systems, Man, and Cybernetics, Vol. SMC-11, No. 12, 831–834, December 1981.

[Hu62]   M.-K. Hu: Visual Pattern Recognition by Moment Invariants. IRE Transactions on Information Theory, IT-8, 179–187, February 1962.

[IJC89]   International Joint Conference on Neural Networks, Washington D.C., June 18–22, 1989, Volume I. Lawrence Erlbaum Associates 1989.

[Max86]   T. Maxwell, G. L. Giles, Y. C. Lee, H. H. Chen: Transformation invariance using high order correlations in neural net architectures. IEEE International Congress on Systems, Man, and Cybernetics, Vol. ICSMC-1, 627–632, 1986.

[Pao89]   Y. H. Pao: Adaptive Pattern Recognition and Neural Networks. Addison-Wesley 1989.

[Red81]   S. S. Reddi: Radial and Angular Moment Invariants for Image Identification. IEEE Transactions on Pattern Analysis and Machine Intelligence, Vol. PAMI-3, No. 2, 240–242, March 1981.

[Re89a]   M. B. Reid, L. Spirkovska, E. Ochoa: Simultaneous position, scale, and rotation invariant pattern classification using third-order neural networks. Neural Networks, 1:154–159, 1989.

[Re89b]   M. B. Reid, L. Spirkovska, E. Ochoa: Rapid Training of Higher-Order Neural Networks for Invariant Pattern Recognition. In [IJC89], 689–692, 1989.

[Tou88]   D. S. Touretzky, G. Hinton, T. Sejnowski (Eds.): Proceedings of the 1988 Connectionist Models Summer School. Morgan Kaufmann, San Mateo 1988.

[Ull73]   J. R. Ullman: Pattern recognition techniques. Butterworth, London 1973.

[Zam89]   P. Zamperoni: Methoden der digitalen Bildsignalverarbeitung. Friedrich Vieweg & Sohn 1989.

[Ze91a]   A. Zell, T. Korb, N. Mache, T. Sommer: SNNS (Stuttgarter Neuronale Netze Simulator) Benutzerhandbuch. Bericht Nr. 1/91. Institut für Parallele und Verteilte Höchstleistungsrechner (IPVR), Universität Stuttgart, 1991.

[Ze91b]   A. Zell, T. Korb, N. Mache, T. Sommer: SNNS (Stuttgarter Neuronale Netze Simulator) Nessus-Handbuch. Bericht Nr. 3/91. Institut für Parallele und Verteilte Höchstleistungsrechner (IPVR), Universität Stuttgart, 1991.

[Zim90]   P. Zimmerer: Vergleich verschiedener Lernverfahren für neuronale Netze. Studienarbeit Nr. 896, Institut für Parallele und Verteilte Höchstleistungsrechner (IPVR), Fakultät Informatik, Universität Stuttgart, Dezember 1990.

Erkennung lage-, größen- und drehvarianter Schlagziffern mittels eines neuronalen Netzes

Klaus Tappe

Deutsche System-Technik GmbH, Hans-Bredow-Str. 20, 2800 Bremen 44

Es wird ein Erkennungssystem vorgestellt, das einzelne Schlagziffern in metallischen Oberflächen klassifiziert. Das Verfahren verwendet die Gradientenrichtungen der Konturpunkte als Primärmerkmale. Damit ergibt sich eine Möglichkeit, in nichtbinären Bildern die relevanten Forminformationen über die zum Konturverlauf orthogonalen Richtungen zu erfassen. Die Gradientenrichtungen werden unter Berücksichtigung ihres Ortes in ein 2-dimensionales Histogramm übertragen, das das nachfolgende neuronale Netz, eine selbstorganisierende Merkmalskarte, auswertet. Die Klassifikation basiert auf einer Kreuzdifferenzbetragskorrelation, wodurch eine Identifikation gedrehter Zeichen möglich ist.

1 Einführung

Ein Metallstück mit Schlagziffern weist je nach Material, Oberflächengüte und erzeugendem Prägevorgang Reflexe und Schatten auf, deren Art und Lage von den Beleuchtungsverhältnissen abhängen. Trotz optimal gewählter Beleuchtung weichen die Grauwertbilder erheblich vom Idealmodell eines Zweipegelbildes ab (Abb. 1). Teilweise nehmen sogar Bereiche des Objekts den gleichen Grauwertbereich wie der Hintergrund ein. Eine Segmentierung der Objektbereiche durch Binarisierung des Grauwertbildes erweist sich als äußerst schwierig.

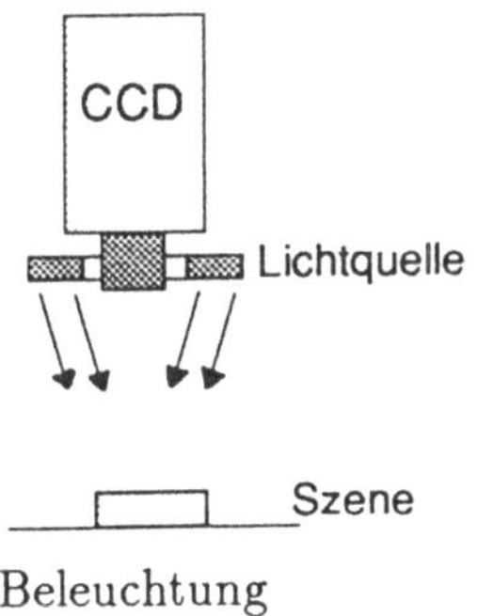

Beleuchtung

Abb. 1

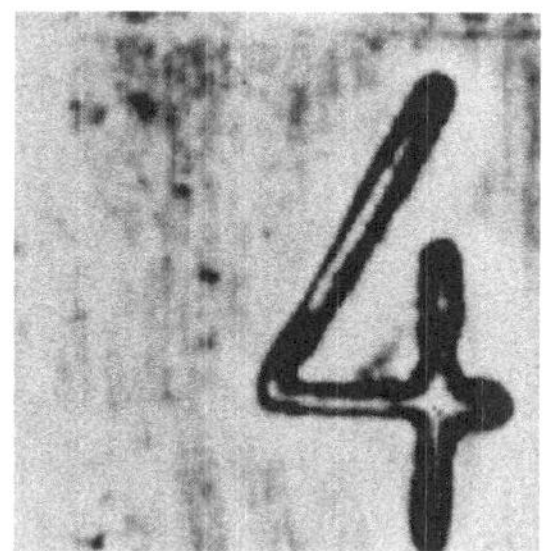

Typisches Grauwertbild

Deshalb wurde ein Merkmalextraktionsverfahren entwickelt, welches in nichtbinären Bildern die relevanten Forminformationen der Zeichen über den Grauwertgradienten erfaßt. Die Richtungen der Grauwertgradienten, deren Gradientenbeträge hinreichend groß sind, werden als zum Konturverlauf orthogonale Richtungen interpretiert.

Der Merkmalextraktion vorangestellt ist eine Bildvorverarbeitung mit morphologischen Operatoren ('Closing'). Zusammen mit der Klassifikation ergibt sich das in Abb. 2 dargestellte Konzept des Erkennungssystems.

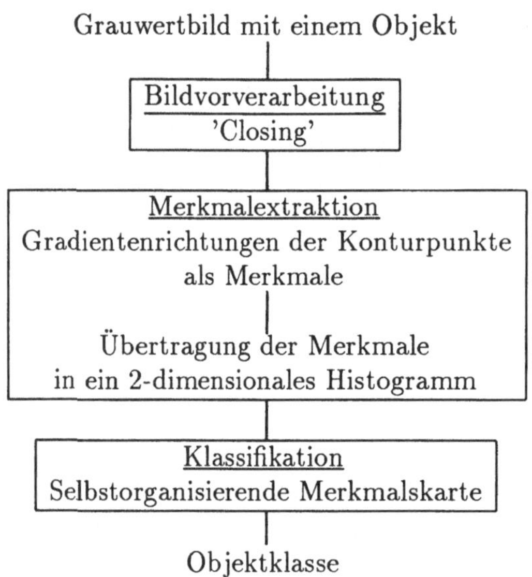

Konzept des Erkennungssystems
Abb. 2

2 Bildvorverarbeitung

Die Eigenschaften der Grauwertbilder und die Tatsache, daß das Merkmalextraktionsverfahren Bildpunkte mit hinreichend großen Gradientenbeträgen als Konturpunkte interpretiert, haben zu einer Bildvorverarbeitung geführt, die eine kantenerhaltende Glättung der Grauwertfunktion vornimmt und Grauwertsprünge in der Mitte der Zeichen verringert.

Die o.g. Anforderungen erfüllt ein spezieller Closing-Algorithmus, der aus folgenden, sog. morphologischen Operationen besteht:

1. Dilatation der Objektbereiche mit einem 'Min'-Filter: $Q = R_K$
2. Erosion der Objektbereiche mit einem 'Max'-Filter: $Q = R_{N-K}$

Q: Ergebnisgrauwert (zentraler Punkt im Operatorfenster)
$R_1, R_2, ... R_N$: nach Rang geordnete Grauwerte des Operatorfensters
N: Anzahl der Bildpunkte
K: Rang des Filters, $K < N/2$

Diese Form des Closing hat den Effekt, daß Risse und Lücken in den Objekten mit der Objektluminanz aufgefüllt und Störanteile in Form einzelner Bildpunkte oder linienhafter Störungen entfernt werden (Abb. 3).

Die Parameter der Filter werden vom Bediener empirisch ermittelt. Dabei ist zu beachten, daß die Fensterbreite W ($W^2 = N$) durch die Breite der Risse und Lücken, die noch geschlossen werden sollen, bestimmt wird, während der Rang K die maximale Größe linienhafter Störungen, die vom Filter entfernt werden, festlegt.

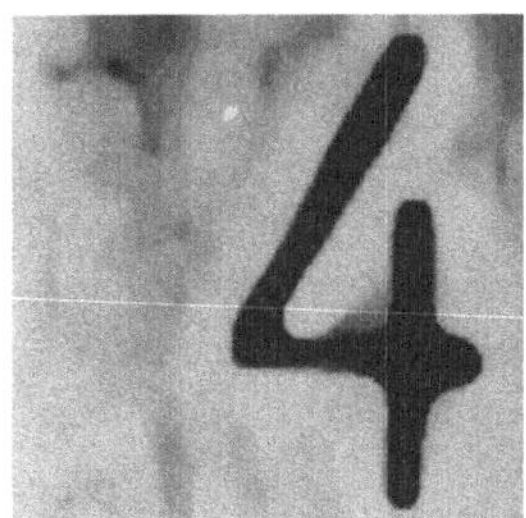

Filterung des Grauwertbildes aus Abb. 1 (Kenndaten des Filters: $N = 7 * 7$, $K = 7$)

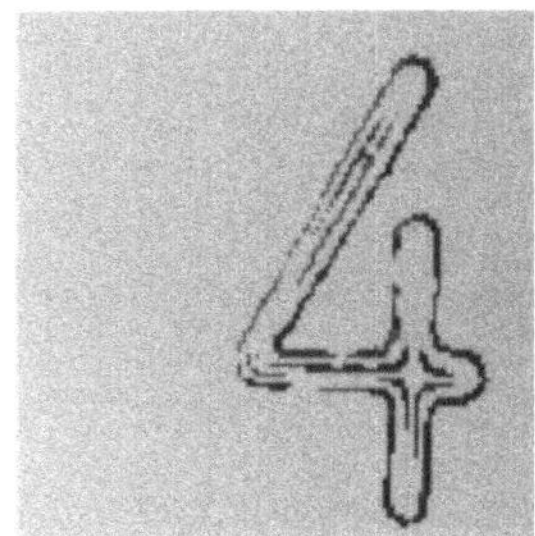

Konturbild des Originals

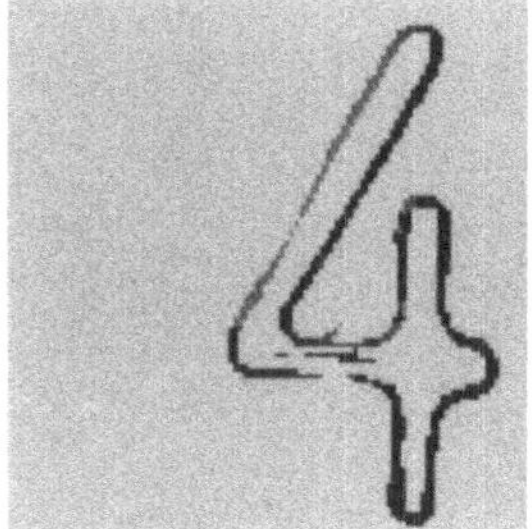

Konturbild des gefilterten Bildes

Die Bildvorverarbeitung führt zu einer qualitativen Verbesserung der Konturbilder (s. Kap. 3).
<u>Abb. 3</u>

3   Merkmalextraktion

Das Verfahren zur Merkmalextraktion generiert zunächst in jedem Bildpunkt den Grauwertgradienten, z.B. mit Hilfe des Sobeloperators.

Die Bildpunkte, deren Gradientenbeträge über einem Schwellwert S liegen, werden als Konturpunkte interpretiert. Um eine Unabhängigkeit der Ergebnisse vom Kontrast der gefilterten Grauwertbilder zu erhalten, bietet sich an, die Schwelle S so zu legen, daß sich eine bestimmte Konturpunktanzahl ergibt. Voraussetzung für die Anwendung dieses Verfahrens ist A-Priori Wissen über die Größenordnung der zu analysierenden Schlagziffern.

Die Gradientenrichtungen der Konturpunkte werden nun in ein 2-dimensionales Histogramm übertragen, das invariant gegenüber Translation und Zifferngröße ist.

Eine Dimension des Histogramms stellt die Gradientenrichtung dar. Der gesamte Winkelbereich wird auf das Intervall [0,15] abgebildet, was einer Winkelauflösung von 22.5° entspricht (0(0°), 1(22.5°), ...15(337.5°)). Die Winkelkonvention geht aus Abb. 4 hervor.

Die zweite Dimension berücksichtigt den Ort der extrahierten Gradientenrichtungen. Dazu wird der Schwerpunkt (xs,ys) des Objekts mit Hilfe des Konturbildes berechnet. Um diesen Schwerpunkt werden 16 Sektoren gelegt, die mit 0, 1, 2,...15 kodiert werden (Abb. 5).

Die Größeninvarianz ergibt sich durch Normierung des Histogramms auf die Gesamtzahl der Konturpunkte, die Lageinvarianz aus der Vorschrift zur Berechnung der Sektornummern.

Abb. 6 illustriert am Beispiel einer '0' die Ergebnisse der Merkmalextraktion.

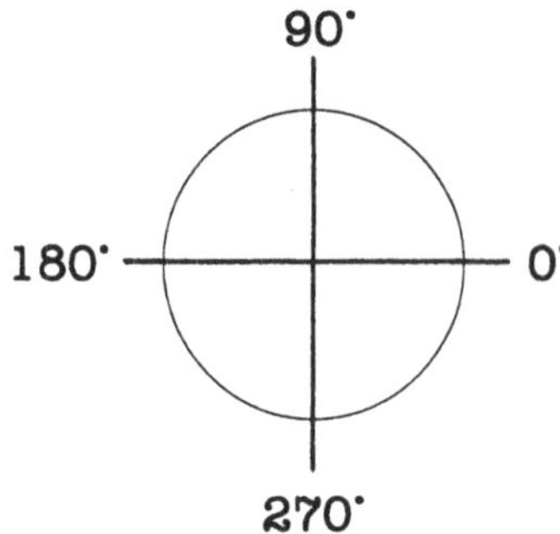

Winkelkonvention
Abb. 4

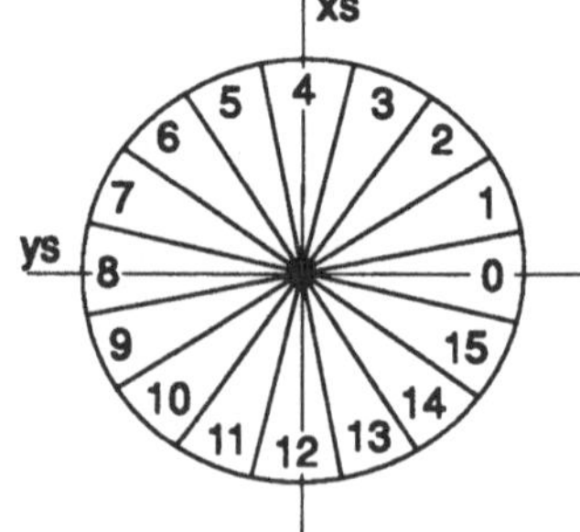

Sektorenkonvention
Abb. 5

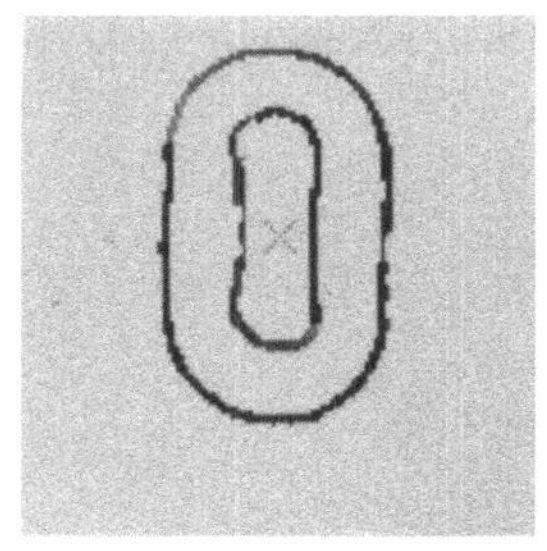

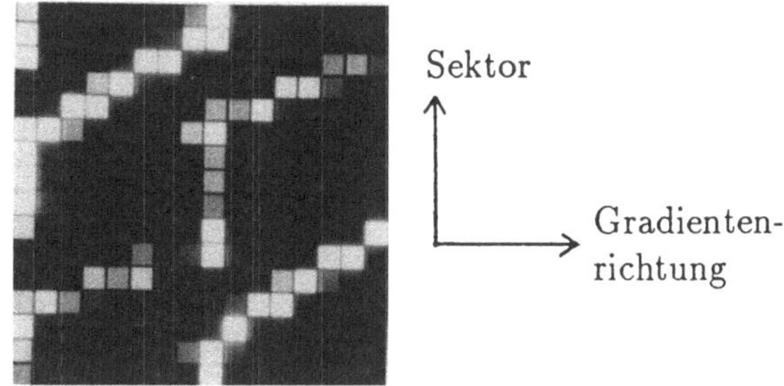

Gradientenrichtungsbild
der Konturpunkte mit
Schwerpunkt (x)
(helligkeitskodiert)
Abb. 6

2D-Histogramm
(helligkeitskodiert)

4 Klassifikation

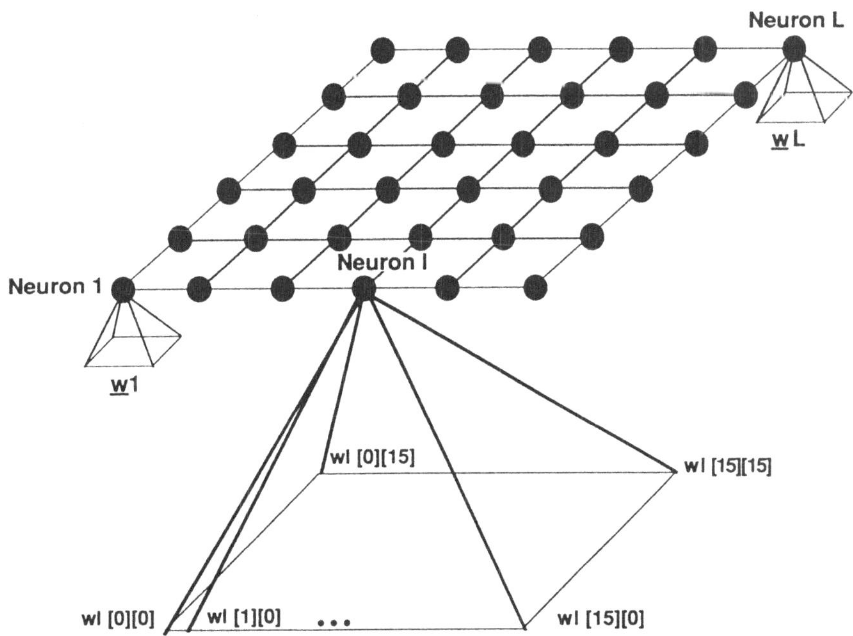

Selbstorganisierende Merkmalskarte
Abb. 7

Die selbstorganisierende Merkmalskarte (Abb. 7) verwendet als Distanzmaß des Histogramms $\underline{v}$ eines Objekts von einem Referenzhistogramm $\underline{wl}$ den Manhattan-Abstand $z = \sum_{i=0}^{15} \sum_{j=0}^{15} |v[i][j] - wl[i][j]|$.

Eine mögliche Drehung des Vergleichs- gegen ein Referenzobjekt läßt sich durch eine Kreuzdifferenzbetragskorrelation berücksichtigen:

$$z(\underline{w}l, \theta) = \sum_{i=0}^{15} \sum_{j=0}^{15} \mid v[(i + \theta) \bmod 16][(j + \theta) \bmod 16] - wl[i][j] \mid$$

$\underline{v}$: aktuelles Histogramm
$\underline{w}l$: Referenzhistogramm des Neurons l
θ: Drehwinkel ($0(0°), 1(22.5°), ...15(337.5°)$)

Der Korrelation liegt zugrunde, daß Konturpunkte mit der Gradientenrichtung i im Sektor j nach einer Drehung des Objekts um den Winkel θ (Winkelkonvention: s. Abb. 4) im Sektor $j + \theta$ mit der Richtung $i + \theta$ erscheinen.

Durch die Suche nach dem Minimum des Distanzmaßes $z(\underline{w}k, \alpha) = \min z(\underline{w}l, \theta)$ erhält man ein Neuron k, das die vorliegende Objektklasse repräsentiert, und den Drehwinkel α der Schlagziffer.

Die folgende Vorgehensweise spezifiziert die Initialisierung und Generierung der Referenzhistogramme:

1. Initialisierung der Referenzhistogramme $\underline{w}l$
$wl[i][j] \in [0, 0.01]$ mit $i, j = 0, 1, 2, ...15$

2. Stimuluswahl
Biete allen Neuronen ein neues Objekt, sprich $\underline{v}_{\alpha=0}$, an

3. Antwort
Bestimme das Neuron k, dessen Referenzhistogramm $\underline{w}k$ den kleinsten Abstand $z(\underline{w}k, \theta = 0)$ zum Histogramm $\underline{v}_{\alpha=0}$ aufweist

4. Adaptionsschritt
Aktualisiere die Referenzhistogramme des in Punkt 3 bestimmten Neurons k und seiner Neuronen in der Nachbarschaft:

$$\underline{w}l\_neu = \underline{w}l\_alt + h(t) * (\underline{v}_{\alpha=0} - \underline{w}l\_alt)$$

d: euklidischer Abstand des Neurons l vom Neuron k

Erregungsantwort $h(t)$:

$$h(a(t), \sigma(t), d) = a * e^{-d^2/(2*\sigma^2)} \text{ (Phase 1)}$$

$$h(a(t)) = a(t); \text{ am Lernprozeß nimmt nur das Neuron } k \text{ teil (Phase 2)}$$

Die Abnahme der Lernschrittweite a und des Radius σ mit der Anzahl der Lernschritte t zeigt Abb. 8. Phase 1 erzeugt die Grobstruktur, Phase 2 die lokale Feinstruktur der Merkmalskarte.

5. Wiederhole den Algorithmus ab Punkt 2

Die durch den Selbstorganisationsprozeß entstehende Karte des neuronalen Netzes setzt die Ähnlichkeitsrelationen zwischen den Objektklassen in Lagerelationen der jeweils ansprechenden Neuronen um (z.B. '5' und '6', '3' und '8', Abb. 9).

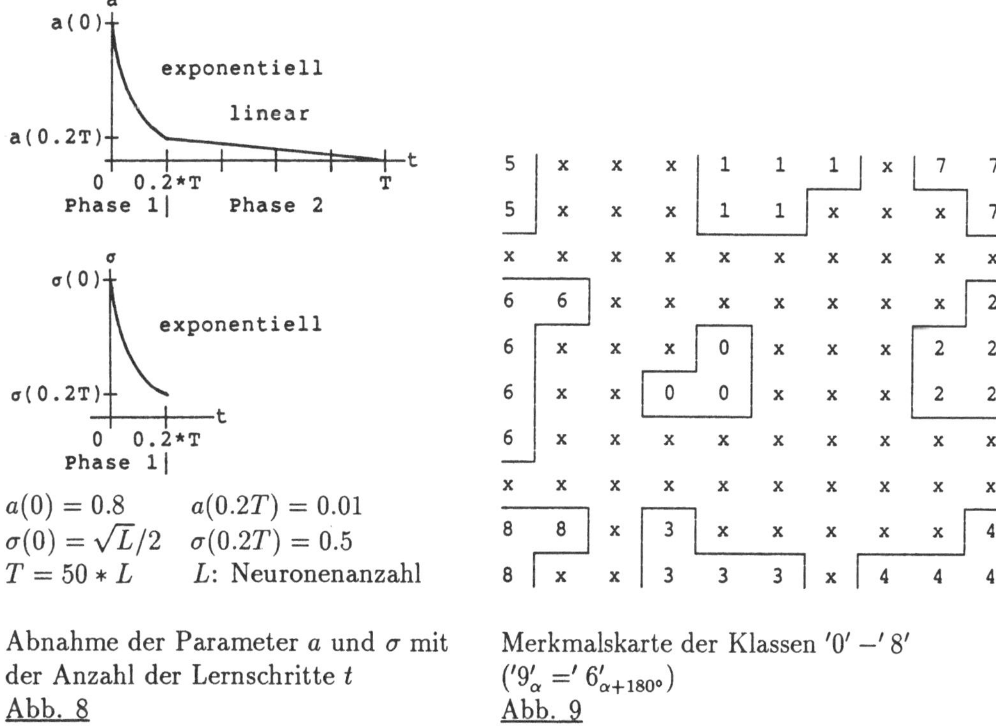

$a(0) = 0.8 \qquad a(0.2T) = 0.01$
$\sigma(0) = \sqrt{L}/2 \qquad \sigma(0.2T) = 0.5$
$T = 50 * L \qquad L:$ Neuronenanzahl

Abnahme der Parameter a und σ mit der Anzahl der Lernschritte t
Abb. 8

Merkmalskarte der Klassen $'0' - '8'$
$('9'_\alpha =' 6'_{\alpha+180°})$
Abb. 9

Soll das neuronale Netz Merkmalsänderungen der Objektklassen, z.B. bedingt durch die Abnutzung der Prägestempel, berücksichtigen, so müssen auch nach der Lernphase die Referenzhistogramme dem Trend angepaßt werden. Am Lernprozeß nimmt nur das Referenzhistogramm $\underline{w}k$ des angesprochenen Neurons k teil:

$$wk\_neu[i][j] = wk\_alt[i][j] + a * (v_\alpha[(i + \alpha) \bmod 16][(j + \alpha) \bmod 16] - wk\_alt[i][j])$$

$\underline{v}_\alpha$: Histogramm des klassifizierten Objekts mit dem Winkel α
a: Lernschrittweite, z.B. $a = 0.01$
$i, j = 0, 1, 2, \dots 15$

5 Zusammenfassung

Mit dem beschriebenen Konzept des Erkennungssystems steht ein Verfahren zur Verfügung, das die relevanten Forminformationen der Schlagziffern über den Grauwertgradienten erfaßt und auswertet.

Die eingesetzte Methode zur Merkmalextraktion interpretiert die Richtungen der Grauwertgradienten, deren Gradientenbeträge hinreichend groß sind, als zum Konturverlauf orthogonale Richtungen und überträgt sie unter Berücksichtigung ihres Ortes in ein 2-dimensionales Histogramm.

Die Klassifikation basiert auf einer Korrelation eines Vergleichs- mit einem Referenzhistogramm, wodurch sich eine mögliche Drehung der Schlagziffer erfassen läßt. Die Größeninvarianz ergibt sich durch Normierung der Histogramme auf die Gesamtzahl der Konturpunkte.

Die unüberwachte Klassifizierungsstrategie der Merkmalskarte ermöglicht eine sichere Erkennung auch stark gestörter Objekte, vorausgesetzt die Lernstichprobe war annähernd repräsentativ.

In weiteren Untersuchungen stehen folgende Fragen im Mittelpunkt:

Welcher Algorithmus eignet sich zur Objekttrennung?

Welchen Einfluß hat die Quantisierung (Winkelauflösung: 22.5°) auf das Korrelationsergebnis bzw. auf die Erkennungssicherheit?
Läßt sich durch eine Glättung der Histogramme eine höhere Erkennungsrate erzielen?

Alle Verarbeitungsschritte wurden in Form von Software erstellt.

6 Literatur

P. Zamperoni, Methoden der digitalen Bildsignalverarbeitung, Vieweg 1989

A. Korn, Zur Erkennung von Bildstrukturen durch Analyse der Richtungen des Grauwertgradienten, DAGM Hamburg, Springer 1989

H. Ritter, T. Martinetz, K. Schulten, Neuronale Netze, Addison-Wesley 1991

T. Kohonen, The Self-Organizing Feature Map, Proceedings of the IEEE, 9/1990

Anwendung neuronaler Netze zur Zellbildklassifikation

Oliver Grau, Thomas Gahm

Universität Hannover, Institut für Theoretische Nachrichtentechnik und Informationsverarbeitung, Appelstr. 9A, W–3000 Hannover 1

Der vorliegende Artikel beschreibt und diskutiert die Anwendung neuronaler Netze zur Klassifikation von Zellbildern. Anhand digitalisierter Bilder von Fischleberzellen aus Zellkulturen wurde die direkte Bilderkennung durch Anwendung eines Back–Propagation–Netzes auf die Grauwertbilder im Vergleich zur Klassifikation über Merkmalsvektoren mit Hilfe numerischer Klassifikatoren einerseits und Back–Propagation–Netzen andererseits untersucht. Die Probleme beim Anlernen der Netze sowie vergleichende Ergebnisse werden aufgezeigt.

1. Einleitung

Die automatische Klassifikation von Zellbildern stellt eine wichtige Anwendung der Zytometrie zur Unterstützung der Diagnose in vielen Bereichen der Medizin und der Biologie dar. Die vorliegende Problemstellung stammt aus einer Anwendung als Bioindikator zur Wasserqualitätskontrolle. Dazu werden Zellkulturen von Fischleberzellen unterschiedlich stark mit Testsubstanzen verunreinigtem Wasser ausgesetzt. Als Folge der Einwirkung dieser Schadstoffe verändern sich die Zellen pathologisch. Je nach vorhandener Schadstoffkonzentration sind diese Veränderungen mehr oder weniger deutlich. Abb.1a zeigt Zellen einer Zellkultur nach 24 stündiger Einwirkung einer $CdCl_2$–Lösung (Konzentration 0,125 µg/ml), Abb.1b zeigt die unbehandelten Referenzzellen. Aufgrund der verwendeten Feulgenfärbung sind nur die Zellkerne sichtbar. Mit Hilfe eines digitalen Bildverarbeitungssystems sollen schon geringfügige Zellveränderungen erkannt und richtig klassifiziert werden.

Die herkömmliche Vorgehensweise besteht darin, als erstes eine Segmentierung durchzuführen und so die Zellkerne vom Hintergrund zu trennen. Verschiedene Prozeduren vermessen bzw. extrahieren aus dem segmentierten Bild verschiedene Merkmale, die zu einem Merkmalsvektor zusammengefaßt werden. Abschließend weist ein numerischer Klassifikator den Merkmalsvektoren eine Bedeutung zu.

Dieses Vorgehen birgt einige Probleme in sich. Zum einen müssen vor der numerischen Klassifikation die signifikanten Merkmale ausgewählt werden. Dieser Vorgang läßt sich kaum optimieren. Zum anderen stellt die Segmentierung bereits eine

Klassifikation auf Pixel–Ebene dar: Jedes Pixel bekommt als Attribut zugeordnet, ob es zur Zelle oder zum Hintergrund gehört. Diese Unterscheidung ist nicht immer mit einfachen Mitteln möglich.

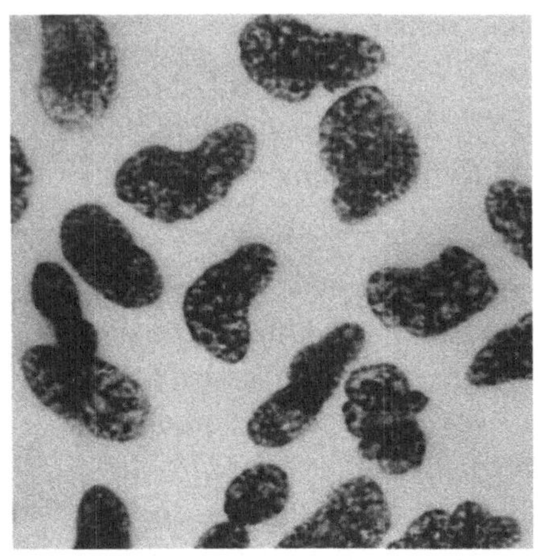 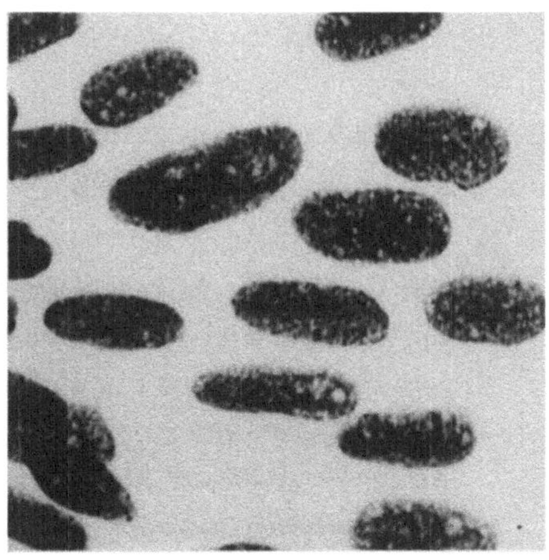

a) nach 24–stündiger Einwirkung einer   b) Referenzzellen
    CdCl$_2$–Lösung (Konzentration
    0,125 μg/ml);

Bild 1 Fischleberzellkultur; Feulgenfärbung; Vergr. 63 x 1,6, num. Apertur 1,4

So wird in Abschnitt 3 ein neuronales Netz vorgestellt, das die Zellen ohne Segmentierung direkt aus den Grauwertbildern klassifiziert.
Parallel dazu wurden die Zellpräparate mit einem Mustererkennungssystem untersucht. Dazu werden charakteristische Merkmale extrahiert und mit verschiedenen numerischen Klassifikatoren und einem neuronalen Netz klassifiziert (siehe Abschnitt 4).
Da für die Trainingsmuster bekannt ist, zu welcher Klasse sie gehören, kann ein "Überwachtes Lernen" angewendet werden. Als Netzwerkmodell dient ein Backpropagation-Netz (im folgenden mit BP abgekürzt). Eine Zusammenfassung der mathematischen Beschreibung des BP-Modells enthält der folgende Abschnitt.

2. Das Back-Propagation Modell

BP–Netze sind feed–forward–vernetzt und in Schichten organisiert. Im folgenden sind die Gleichungen zur Berechnung der Netzreaktion und der Fehlerberechnung zwischen Netzreaktion und Trainingsmuster angegeben. Als Lernregel findet die unmodifizierte BP-Lernregel wie in [1] und [2] beschrieben Anwendung.

$$net_j \quad = \quad \sum_i w_{ji}\, o_i + \Theta_i \tag{1}$$

$$o_j = f(net_j) \tag{2}$$

$$f(net_j) = 1\,/\,(1 + \exp(\,-net_j)) \tag{3}$$

$$E_p = 0.5\,(\mathbf{t_p} - \mathbf{o_p})(\mathbf{t_p} - \mathbf{o_p}) \tag{4}$$

$$E_{p\_norm} = E_p\,/\,N \tag{5}$$

$$E_{ges} \quad = \quad \sum_p E_p \tag{6}$$

$$E_{norm} \quad = \quad E_{ges}\,/\,(N\ P) \tag{7}$$

Dabei sind:

net_j Erregung des Neurons j, $\quad$ w_{ji} Gewicht zwischen den Neuronen i und j,

o_i Ausgangsgröße Neuron i, $\quad$ Θ_i Schwellwert des Neuron i,

$f(net)$ verwendete Ausgangsfunktion (Sigmoidfunktion),

E_p Fehler für ein Trainingsmuster, $\mathbf{t_p}$ Zielvektor, $\mathbf{o_p}$ vektorielle Netzreaktion,

E_{p_norm}, E_{ges}, E_{norm} normierter Einzel–, Gesamt– und normierter Gesamtfehler,

N Anzahl der Netzausgangsknoten, P Anzahl der Trainingsmuster.

3. Klassifikation von Grauwertbildern mit BP-Netzen

Die Probleme der Segmentierung und der Merkmalsauswahl lassen sich vermeiden, indem ein neuronales Netz direkt mit den Grauwertbildern arbeitet. Ein Hauptproblem in der Anwendung liegt darin, daß der Lernalgorithmus oft versagt und das eingesetzte Netz sich nicht anlernen läßt.

Das Versagen des Lernalgorithmus hat zwei Gründe: Zum einen spielt der Wertebereich, in dem die Eingangsgrößen skaliert sind – in diesem Fall die einzelnen Pixel des Bildes – eine Rolle.

Ein weiterer Grund besteht darin, daß die Bilder der Objekte – hier die Zellkerne – beliebige Ausrichtungen im Bild besitzen. Diese Tatsache läßt sich ausgleichen, indem das Netz entspechend dimensioniert, d.h. mit mehr Hidden Units ausgestattet wird. Gleichzeitig muß die Anzahl der Trainingsmuster vergrößert werden. Beide Maßnahmen führen zu einer drastischen Verlängerung der Lerndauer und sind auf herkömmlichen Universalrechnern nicht mehr sinnvoll durchzuführen. Daher wurde ein Verfahren zur Lagenormierung der Trainingsmuster entworfen, das im folgenden vorgestellt wird.

3.1 Lagenormierung

Zur Lagenormierung werden vereinzelte Zellkerne als Trainingsmuster in die Mitte eines quadratischen Meßfensters (76 x 76 Pixel) positioniert.

Die Zellkerne sind weitgehend elliptisch, d.h. sie weisen eine Achse in der größten Ausdehnung auf (siehe Abb. 1a + b). Diese Achse ist durch eine lineare Regression zu berechnen. Dreht man die Zellkerne um den Winkel, den die Regressionsgerade mit der Abszisse eines in die Ausschnittsmitte gelegten Koordinatensystems bildet, so liegen anschließend die Zellkerne in einer einheitlichen Darstellung vor.

3.2 Wertebereichsskalierung

Die Lerngeschwindigkeit in der Lernphase hängt unter anderem von dem Wertebereich der Eingangsgrößen ab. Um eine optimale Lerngeschwindigkeit zu erreichen, müssen die Eingangsdaten geeignet skaliert werden.

Bei einem **Grauwertbild** $G = [g(i,j)]$ bestimmt man den maximalen ($Max(G)$) und den minimalen ($Min(G)$) Grauwert aller Pixel über alle Trainingsmuster.

Die Skalierungvorschrift lautet dann:

$$g'(i,j) = (g(i,j) - Min(G)) / (Max(G) - Min(G)) \qquad (8)$$

Der Wertebereich von G' liegt im Intervall $[0; 1]$ und entspricht dem Wertebereichsintervall der Sigmoidfunktion (3).

Ein neuronales Netz läßt sich mit den so skalierten Bildern anlernen. Die dabei erzielten Resultate sind in Abschnitt 5 angegeben.

Merkmalsvektoren $x = (x_1, x_2, .., x_N)^T$ müssen vor der Verarbeitung mit einem BP-Netz ebenfalls skaliert werden. Die einzelnen Merkmale können dabei völlig verschiedene Wertebereiche haben, so daß jede Merkmalskomponente einzeln skaliert wird:

$$x_i' \quad = (x_i - Min(x_i)) / (Max(x_i) - Min(x_i)) \qquad (9)$$

Grundsätzlich ist das verwendete BP-Netz in der Lage, die Eingangsgrößen völlig unskaliert zu verarbeiten, aber die Lernphase ist dann im allgemeinen uneffektiv. Der zusätzliche Rechenaufwand für die Wertebereichsskalierung läßt sich zumindest für die Anwendungsphase des Netzes einsparen. Die Skalierung übernimmt die erste aktive Netzschicht, also der Hidden Layer. Angelernt wird das Netz zunächst mit einem skalierten Mustersatz. Für die Skalierungsvorschrift gilt:

$$x_k' \quad = b_k \, x_k + c_k \qquad (10)$$

Gesucht ist nun eine Transformationsvorschrift für den Hidden Layer, so daß das Netz mit den unskalierten Eingangsgrößen arbeiten kann. Dazu dient folgender Ansatz:

$$
\begin{aligned}
net_i' \quad &= \Sigma \, x_k' \, w_{ik}' + \Theta_i' \\
&= \Sigma \, (b_k \, x_k + c_k) \, w_{ik}' + \Theta_i' \\
&= \Sigma \, b_k w_{ik}' x_k + \Sigma \, c_k w_{ik}' + \Theta_i' \qquad (11)
\end{aligned}
$$

Durch Koeffizientenvergleich folgt:

$$w_{ik}' \quad = w_{ik} / b_k \qquad (12)$$

$$\Theta_i' = \Theta_i - \Sigma\,(c_k/b_k \ w_{ik}) \tag{13}$$

Mit net_i', x_k', w_{ik}', Θ_i', den Größen des gesuchten Netzes, das die unskalierten Eingangsgrößen verarbeitet und x_k, w_{ik}, Θ_i den Größen des ursprünglichen Netzes. Die Transformation läßt sich sowohl für Merkmalsvektoren, als auch für Grauwertbilder als Eingangsdaten anwenden.

Eine Unterabtastung brachte die lagenormierten und skalierten Zellbilder auf eine Größe von 38 x 38 Pixel. Von einer Stichprobe von 58 Referenzzellen und 109 der $CdCl_2$-Lösung ausgesetzten Zellen wurden jeweils 10 bzw. 20 Zellen als Teststichprobe zurückbehalten, der Rest diente als Trainingssatz für das BP-Netz. Untersucht wurden Netze mit einem Hidden Layer und einer unterschiedlichen Anzahl von Hidden Units. Ab ungefähr 15 Hidden Units konvergierte das Netz, d.h. der Fehler für alle Muster unterschritt das geforderte Minimum (0,1 % nach Gl.5).

Ein Netz mit mehr Hidden Units lernt jedoch mit weniger Iterationen, so daß im weiteren ein Netz mit 30 Hidden Units verwendet wurde.

4. Klassifikation von Merkmalsvektoren

Um die Ergebnisse der Klassifikation mit neuronalem Netz aus den Grauwertbildern einordnen zu können, wurden die gleichen Zellpräparate mit einem konventionellen Mustererkennungssystem klassifiziert. Aus einer Stichprobe von ca. 300 Referenzzellen und ca. 400 der $CdCl_2$-Lösung ausgesetzten Zellen extrahierte das in [3] beschriebene Mustererkennungssystem 60 Merkmale, die geometrische, densitometrische und texturelle Eigenschaften erfassen. Nach einer anschließenden Karhunen-Loeve-Transformation wurden 15 signifikante, transformierte Merkmale ausgewählt. Als Klassifikatoren dienten sechs verschiedene numerische Klassifikatoren. Zusätzlich wurde ein BP-Netz mit einem Hidden Layer und 50 Hidden Units auf alle 60 Merkmale antrainiert.

Während dieser Trainingsphase wählt das Netz "von sich aus" einen geeigneten Merkmalssatz aus der Vielfalt der angebotenen Merkmale aus. Dieser auf wenige Merkmale reduzierte Satz wird von dem Netz tatsächlich zur Klassifikation herangezogen.

Um die Merkmalsauswahl durch das BP-Netz nachvollziehbar zu gestalten und somit eine Möglichkeit der automatischen Merkmalsselektion auch für numerische Klassifikatoren zu schaffen, wurde der folgende Signifikanztest durchgeführt:
Grundlage des Testes bildet der normierte Gesamtfehler E_{norm} nach Gl.7. Ein BP-Netz besitzt nach dem Training immer einen 'Restfehler' für den Trainingssatz. Führt man der Reihe nach jedem Eingangsknoten des Netzes statt der Merkmalsgröße einen konstanten Wert zu, so steigt der Fehler E_{norm} über die Trainingsmuster. Dieser Zuwachs des Fehlers stellt ein quantitatives Maß für die Signifikanz des entsprechenden Merkmals dar. Der Signifikanztest ist somit ein Hilfsmittel zur Merkmalsaus-

wahl. Die Anwendung wurde untersucht und mit einem Rankingverfahren verglichen. Die Ergebnisse sind im folgenden Absatz zusammengestellt.

5. Ergebnisse

Die Ergebnisse der Klassifikation sind in den nachfolgenden Bildern dargestellt. Die Erkennungsrate r ist dabei das Verhältnis der richtig eingeordneten Muster $N_{korrekt}$ zur Stichprobengröße N:

$$r = N_{korrekt} / N \tag{14}$$

Für jedes Verfahren sind die Erkenungsraten getrennt für jede Klasse – die pathologischen und die normalen Zellen – angegeben.

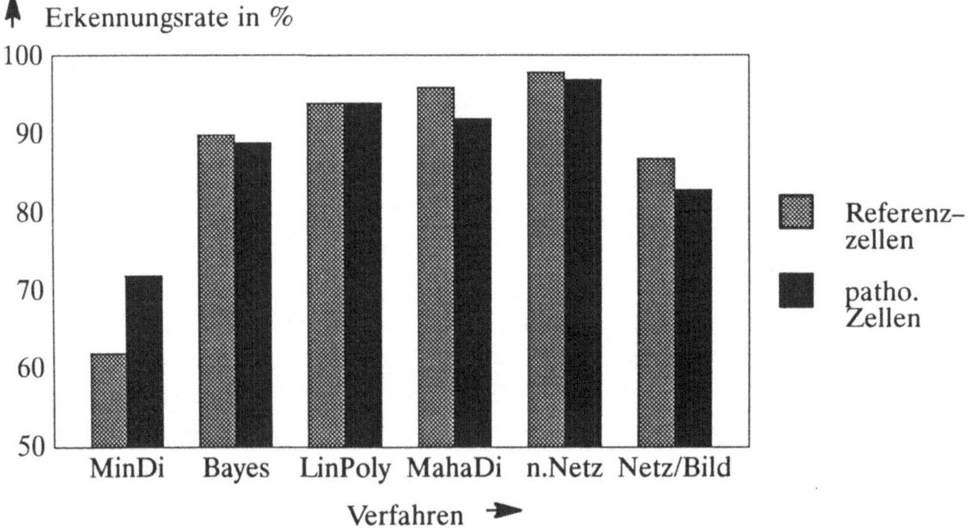

Bild 3 Klassifikationsergebnisse

In Abbildung 3 sind vergleichend die Klassifikationsergebnisse auf Grundlage der extrahierten Merkmale (Balkenpaare 1–5), sowie die Ergebnisse der direkten Grauwertbildklassifikation mit Hilfe des BP–Netzes (Balkenpaar 6) aufgeführt. Im einzelnen wurden verwendet: Der Minimum Distance Klassifikator, der Bayes Klassifikator, der Lineare Polynom Klassifikator, der Mahalanobis Distance Klassifikator und ein BP–Netz mit 50 Hidden Units. Die Stichprobe der Merkmalsklassifikation wurde im Verhältnis 2:1 Lern– zu Teststichprobe aufgeteilt.
Die Klassifikation aus den Grauwertbildern wurde wegen der relativ kleinen Stichprobe im Jack–Knife–Test bestimmt. Verwendet wurde ein Netz mit 1444 Eingangsknoten, 30 Hidden Units und einem Ausgangsknoten. Die Simulation wurde auf ei-

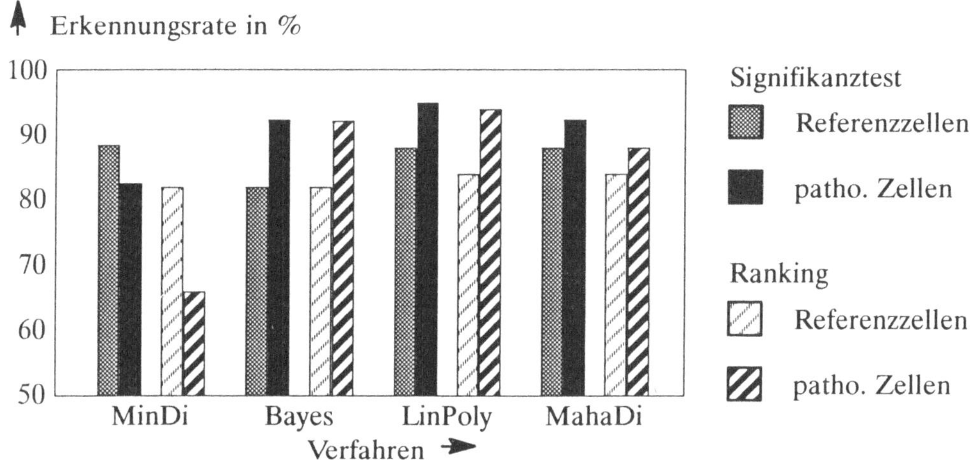

Bild 4 Klassifikationsergebnisse nach Merkmalsauswahl

ner SUN–Sparc–Station 1 durchgeführt und dauerte in der Lernphase für ca.600 Iterationen 10h. In der Anwendungsphase dauert die Berechnung der Netzreaktion und damit die vollständige Klassifikation, jedoch nur 180 ms.
Bild 4 zeigt die Klassifikationsergebnisse nach Merkmalsauswahl für verschiedene numerische Klassifikatoren. Die ersten beiden Balken einer Gruppe geben das Ergebnis nach Auswahl der 12 signifikanten Merkmale durch den in Abschnitt 5 vorgestellten Signifikanztest an und die letzten beiden das Ergebnis nach Ranking.
Als Ranking wurde das in [4] beschriebene Verfahren benutzt, das auf dem Verhältnis des quadratischen Abstandes der Mittelwerte zur Summe der Varianzen der einzelen Merkmale im Merkmalsraum beruht.
Von den ausgewählten Merkmalen stimmten nur zwei für die unterschiedlichen Auswahlverfahren überein, alle anderen waren verschieden.

6. Diskussion

Die Ergebnisse in Bild 3 zeigen, daß für die Klassifikation über den extrahierten Merkmalen das BP–Netz die höchste Erkennungsrate liefert. BP–Netze können die Verteilung der Musterpopulationen im Merkmalsraum beliebig genau approximieren, es muß nur die Anzahl der Hidden Units entsprechend dimensioniert sein. Die Separierungsfunktionen der numerischen Klassifikatoren sind durch starre mathematische Ansätze beschränkt, so daß sie die Verteilung nicht ohne weiteres optimal annähern können wie cin entsprechend dimensioniertes BP–Netz. Dies erklärt auch die unterschiedlichen Erkennungraten für die verschiedenen numerischen Klassifikationsansätze.
Die Erkennungsrate für die Klassifikation aus den Grauwertbildern ist um ca. 10 %

niedriger als die besten numerischen Klassifikatoren. Dies hat verschiedene Ursachen. Zum einen war die Auflösung der Grauwertbilder durch Unterabtastung deutlich geringer als es bei der Extraktion der Merkmale mit dem konventionellen System der Fall war. Die Beschränkung auf 38 x 38 Pixel Auflösung ist ein Zugeständnis an die Rechenzeit während des Einlernens und ist durch die derzeitigen technischen Möglichkeiten bedingt. Mit einer schnelleren Hardware ließe sich auch die volle Auflösung ausnutzen.

Ebenfalls zur Einsparung von Rechenzeit wurde die Lernstichprobe möglichst klein gehalten und im Jack–Knife–Verfahren getestet, das auch als pessimistischer Test gilt.

Wie die Ergebnisse zeigen, ist der vorgestellte Signifikanztest zur Merkmalsauswahl geeignet. Bei der Verwendung der Karhunen–Loeve–Transformation ergibt sich der Nachteil, daß für die Anwendung des Klassifikators vorher alle Merkmale extrahiert werden müssen, bei geeigneter Merkmalsvorauswahl (z.B. durch den Signifikanztest) brauchen die nichtsignifikanten Merkmale nicht erfaßt zu werden. Dies kann zu einer bedeutenden Einsparung an Meßaufwand führen.

Ein möglicher Einsatzbereich für die vorgestellte Klassifikation direkt aus dem Grauwertbild wären z.B. schnelle Preview–Anwendungen, wobei durch das neuronale Netz interessante Gebiete bzw. Objekte vorklassifiziert und dann mit höherer Auflösung genauer untersucht werden.

Literatur

[1]   Rumelhart; Hinton; Williams: Learning internal representations by error propagationIn parallel distributed processing: Explorations in the microstructure of cognition. Vol.:1 Foundations MIT Press 1986

[2]   Yoh–Han Pao: Adaptive pattern recognition and neural networks Addison–Wesley 1989

[3]   T. Gahm, B. Aeikens: CESAR: A computer supported measurement system for the enhancement of diagnostics and quality in cytology. Micron and Microscopia Acta, Vol.21, No. 1/2, pp. 29–55, 1990

[4]   H. Kirndorfer: IPACS Refernce Manual. Kontron 1987

Automated Human Face Recognition
Using an Artificial Neural Network

Abdelhakim Ghezal

University of Zürich
Department of Computer Science
Multimedia Laboratory
8057 Zürich-Irchel, Switzerland

Abstract

An artificial neural network recognition method for human faces has been developed. The method utilizes a connectionistic approach of a multi-layered artificial neural network, based on the supervised back-propagation learning algorithm. After an introduction into the general field of computer-based recognition of human faces, related problems and the requirements needed for implementation are discussed. After a brief description of the back-propagation algorithm, the development and implementation of the proposed method will be presented and experimental results related to human face identification reported.

1. Introduction

Nowadays, image analysis, recognition or computer vision is used in a wide range of applications such as character recognition, signature recognition, postal code reading, automated cartography, banking, reading devices for the blind, etc. Most of them are in commercial use today. However, automated human face recognition by computer was and is still a challenge for many researchers in the field of computer-based vision. One can recognize people according to their faces, voices, physical sizes, shapes, orientations, familiar dressings, signatures, finger-, retina- and genetic-prints. Obviously, an individual can be recognized by several identification keys that provide an important deal of information. However, a face is still one of the most reliable keys to identify persons, and the human visual recognition system can be considered as one of the most amazing capability of the human brain because of its tremendous information processing power of its biological neural networks. On one hand, the face recognition task is done easily by humans and on the other hand, it is very difficult for computers to imitate the human abilities for solving this task.

Automatic computer systems for human face recognition have a large variety of applications in the general field of security such as searching criminals, terrorists and missing children, in customs and security offices at airports before boarding aeroplanes, and in office automation where porters and receptionists are expected to recognize personnel. If the face of a firm's staff could be automatically recognized as they enter work each day, this would remove the need for them to carry badges, passes and identification keys. In all the previous situations, it could be advantageous to have computers to do this kind of jobs [1].

Over the last two decades, many attempts concerning human face recognition by computer have been made. Previous related works can be classified in two fundamentally different categories which are derived from different sources. First, the conventional face recognition, derived from image processing or computer vision, using pattern matching and static feature extraction techniques [2], [3], [4], [5] and second, face recognition based on artificial neural networks approaches derived from connectionistic models [6], [1], [7].

The recently renewed interest in artificial neural networks has a significant impact on the field of computer vision. Attention has been focused on connectionist models because classification and identification tasks of complex input data using conventional signal and image processing algorithms did not lead to optimal and satisfactory results. Connectionist models, which is commonly paraphrased by neural networks, is a computation model which simulates the mechanism of human brains. Its main advantages as compared with conventional computing techniques are its parallel distributed processing and learning abilities. These properties of learning by example can be used to perform difficult recognition tasks. This is achieved by using teaching algorithms that iteratively modify the network´s weights until the network responds to a set of given input patterns in an optimum fashion. The above described process is called supervised learning und the most robust and popular learning algorithm for multi-layered artificial neural networks is called the back-propagation algorithm originally derived by Rumelhart in 1986 [8].

In the early eighties, Hopfield has discovered that the recognition capability of a multi–layered neural network with hidden units shows a higher performance than the one achieved with a single layer perceptron [9]. The objective of the present work is to develop and implement a human face recognition method based on a connectionist approach of a multi-layered artificial neural network using the mentioned supervised back-propagation learning algorithm. Figure 1a shows a digital representation of a video-frame-grabbed image of a human face.

2. Problems in automated human face recognition

The recognition of human faces that is done so easily by the human visual system represents a fantastic challenge to automata. For example, a human can acquire information such as ideas, emotions, moods, sex, age and expressions from faces easily and it is and remains very difficult for any programmed computer to simulate such human abilities. In the following, several reasons are given that make the analysis and the recognition of human faces so difficult [10].

A human face is not *artificial* and therefore not as simple as characters or basic geometric forms. It includes many component sub-structures such as eyes, eyebrows, nose, mouth, lips, chin, ears, hair and so on, which can be recognized as such only in the proper context of the face. Lines in the face are very difficult to define, difficult to extract and they are generally not straight. In addition, one does not deal with a pre-defined invariable number of faces, but there exist a variety of faces theoretically as large as the entire population of human beings [Kanade77]. Moreover, the following face properties may aggravate their analysis using conventional image processing techniques: 1) Human faces are considered as complex and non-rigid patterns; 2) When taking video-shoots of human faces, they are usually turned to the side with a certain inclination angle; 3) They include changing lighting, brightness and/or shadows conditions; 4) Deformation and distortion due to smiling, laughing, speech, angry look, etc. may exist; 5) The face data mostly includes noise, background, hair-style, missing parts; 6) Last but not least, human faces may be shielded with pair of glasses, beards and/or mustaches.

Most previous human face recognition systems are algorithmic in nature. The development of robust and adaptive algorithms that overcome all the previously stated problems is still far from being a trivial process, and very often human intervention is still required to build *semi-automatic* face recognition systems for application in practice. The set of faces shown in Figure 1b illustrates some of the above described problems in human face recognition.

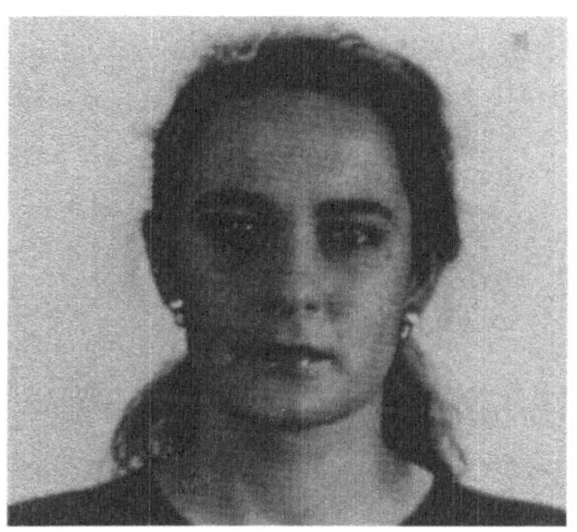 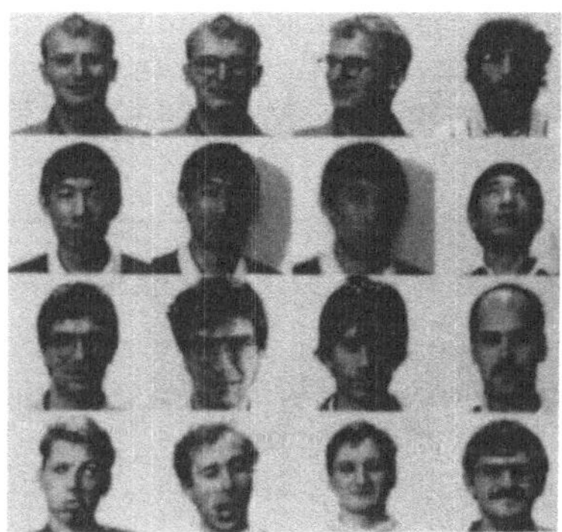

Figure 1:   a)   Digital representation of a human face.
               b)   Set of faces that illustrate typical problems in face recognition.

3. Basic Requirements

A method for automatic human face recognition must be robust against inclination, shadows, distortion, noise, or missing parts. It also must be invariant to geometric transformations like translation, scaling and rotation. Moreover, it should have the ability to learn and perform feature extraction processes automatically. All the above requirements can hardly be fulfilled using conventional programming methods and therefore, approaches based on learning behavior such as used by artificial neural network could represent a solution for this difficult task.

4. Human Face Recognition Using Artificial Neural Networks

The complexity of the task of human face recognition is such, that the existing shortcomings inherent in conventional techniques, in particular the missing adaptivity and robustness, need to be overcome. The objective of the present work is then to design and implement adaptive and robust human face recognition mechanisms that are based on artificial neural nets without use of constraints. In the following, the implemented concept, which utilizes a connectionistic approach of a multi-layered artificial neural network based on the supervised back-propagation learning rule will be described.

The formulas described below define the general case of a multi-layered network using the back-propagation algorithm [Rumelhart et al.86]. First of all, weights are set in the network at random. The output unit is computed using a linear combination of the input units X_{pi} , where i is associated to the i-th input unit, j to the j-th output unit, p to the p-th layer and W_{ji} are the activation values. The corresponding formula is as follows:

$$O_{pj} = f\left(\sum_i W_{ji} X_{pi} + \theta_j\right) = f(net_{pj})$$

where θ is a bias similar to a function of a threshold and f is a differentiable and non-decreasing activation function. In the presented simulation, a flexible sigmoidal function was used. The latter is described by the following equation:

$$f(net_{pj}) = \frac{1}{1 + e^{-\left(\sum_i W_{ji} X_{pi} + \theta_j\right)/T}}.$$

The output function g is usually set to the identity function. The structure of an artificial neuron is shown in Figure 2.

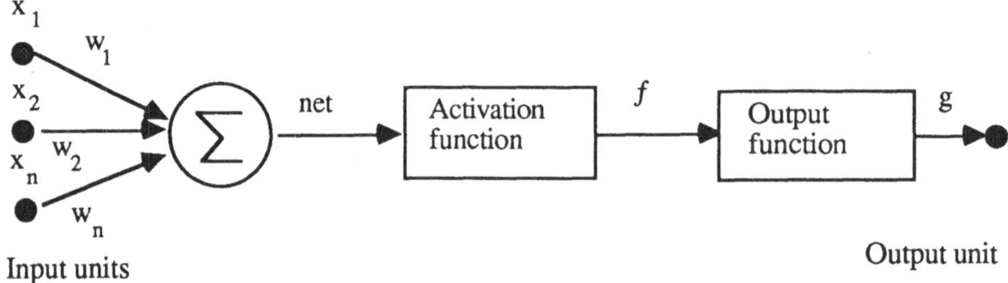

Figure 2: Functional diagram of an artificial neuron.

The algorithm first uses the input vector which represents the image of the human face to produce its own output vector and then compares this intermediate result with the desired output, or the so-called target vector. If there is no difference, no learning takes place. Otherwise, the weights are changed to reduce the difference. The rule for changing weights is given by the error signal δ_{pj} as expressed through the following equations:

$$\delta_{pj} = (targ_{pj} - O_{pj})\, O_{pj}\ (1 - O_{pj})$$

for an output unit and

$$\delta_{pj} = O_{pj}\ (1 - O_{pj}) \sum_k \delta_{pk}\, w_{kj}$$

for a hidden unit. The back-propagation learning rule is given by the following formula:

$$\Delta w_{ji}\ (n + 1) = \eta\ (\delta_{pj}\, O_{pi}) + \alpha\, \Delta_{ji}\ (n)$$

where n is the actual state, η is the learning rate, and the second term is called the momentum .

5. Experimental results

For experimentation purposes, several different views of a large number of human faces have been captured by video camera using an image frame-grabber. The images of interest have a spatial resolution of 512 by 512 pixel and a color resolution of 24 bit. They represent faces of old and young humans, males, females, people with glasses, mustache, or beard. From each subject, several pictures have been taken such as frontal and turned views for example.

In order to reduce the amount of data, the gray-level facial-images have been size-reduced from 512 by 512 pixel fields to 32 by 32 pixel fields i.e. 1024, 8 bit input units [11]. With such a data reduction, the size of the network becomes tractable. The number of hidden units is set to the constant value 100 and the learning rate is set to 0.2. The duration, expressed in the number of iterations per second, of the learning phase was then examined. In addition, some experiments are conducted to illustrate the learning rate as a function of the number of iterations compared to the number of already known number of faces in the network (5, 10, 20, 30, 40 and 50). For a number of human faces less than 50, the recognition network described successfully learnes to classify the entire set of already familiar presented original human faces, e.g. it reaches an ideal classification-rate of 100% accuracy. For more than 50 and less than 54 faces, The classification rate of the presented original facial-images falls to 94%. It is postulated that in this case, a 100% accuracy cannot be reached due to the existence of a local minimum. In order to improve the yield, known systematic variations of the parameters such as the learning rate, the momentum or the number of hidden units needs to be performed. Figure 3 shows the recognition rate of a) a subjects learned original face, b) the same subjects face recorded under different conditions at a later point in time, c) the same subjects face but with an another hair-style, and d) the same subjects face recorded under a projection angle of 30 degree.

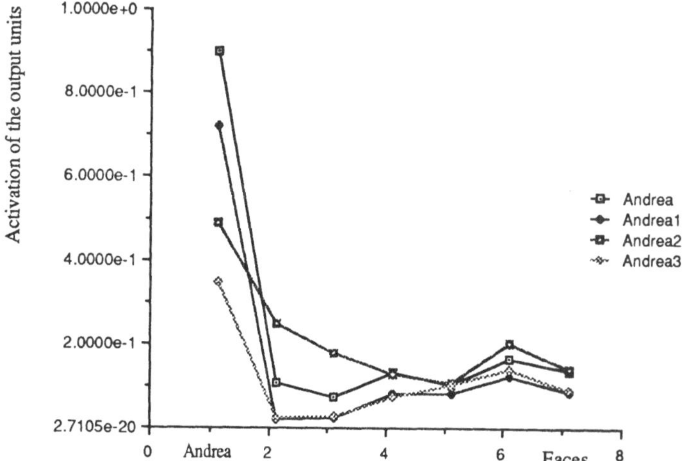

Figure 3:   Plots of the corresponding output units of the
same individual under different conditions.

For experimental purposes, 14 new and untrained faces belonging to 7 individuals are recorded under very different conditions. They are characterized by changes in the hair style, the wearing of glasses, the including of shadows and small horizontal and vertical displacement of the recording camera position. Presenting these new and unknown facial-images to the network, the recognition rate falls to 71%. This appears reasonable, given the wide differences of the trained und non-trained subset of faces. Figure 4 shows the 100% recognition rate of the 7 individuals and Figure 5 shows the recognition rate of the untrained faces.

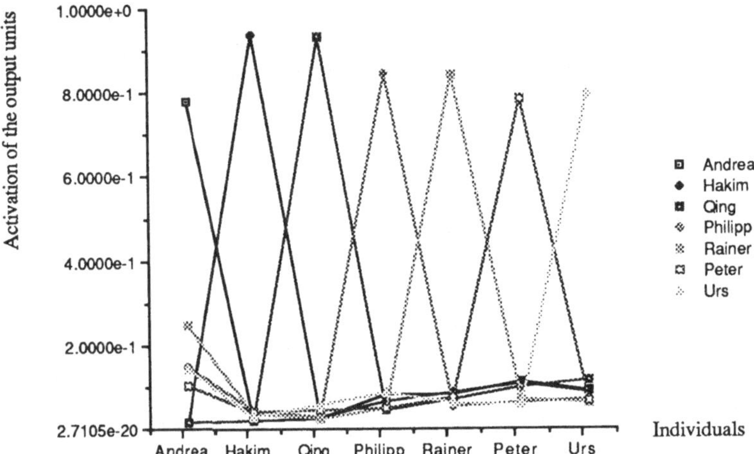

Figure 4:   A plot of the recognition rate of the trained faces.

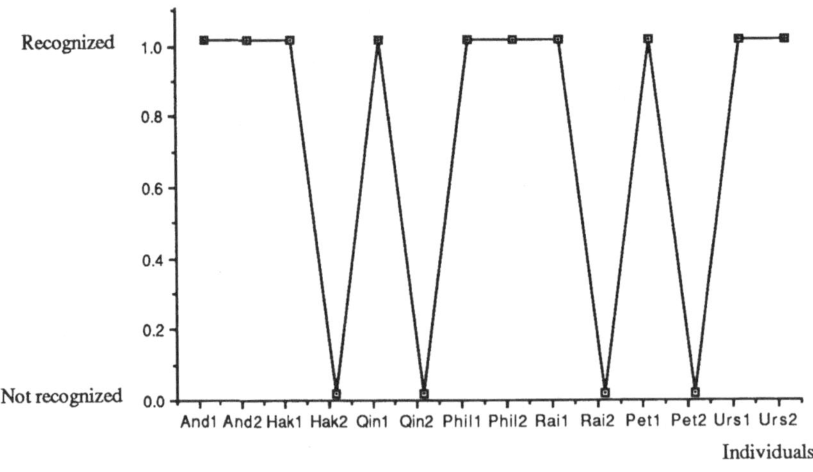

Figure 5:   A plot of the recognition rate of the untrained faces.

After the training process, the recognition time of a newly presented face is less than 0.5s. The recognition software is written in C and the programs are executed on a Silicon Graphics VGX230 graphics Super-Workstation. With this given hardware platform, the intercon-nection speed reaches approximately 10^6 interconnections per second.

6. Conclusions

An automated human face recognition method, based on a multi-layered artificial neural network using the back-propagation learning rule has been presented and discussed. Applying the method to several individuals, it has been shown that an artificial neural network can achieve perfect recognition rates for familiar faces and a high recognition rate for completely new and untrained faces. Moreover, the recognition rate depends strongly from the number of subjects trained and from the amount of change in newly presented faces.

Acknowledgments

The author wishes to thank Prof. P. Stucki and Dr. Z. Schreter, for the useful discussions and suggestions. In addition, the author would like to extend his thanks to all those individuals, who have granted him the right to use and experiment with their faces. This research is partially supported be the Swiss Commission for the Promotion of Scientific Research and Orell-Füssli Graphic Arts Ltd. Zurich.

References

[1] A. Young and H. Ellis. Handbook of research of Face Processing. Amsterdam, North Holland, 1989.

[2] T. Kanade. Computer recognition of human faces. Interdisciplinary Systems Research ISR 47, Birkhäuser Verlag, Basel und Stuttgart, 1977.

[3] R. J. Baron. Mechanism of human facial recognition. International Journal of Man-Machine Studies, Volume 15 Number 1, July 1981, Academic Press 1981.

[4] K. H. Wong, H.M. Law and P. W. M. Tzang. A system for recognising human faces. ICASSP89. Volume 3, 23-26 May 1989.

[5] M. Bichsel and P. Seitz. Der elektronische Pförtner: Automatisches Erkennen und Identifizieren von menschlichen Gesichtern. Mustererkennung 1990, 12. DAGM-Symposium, Oberkochen-Aalen, September 1990, Proceedings, Springer-Verlag 1990.

[6] T. Kohonen, P. Lehtio, E. Oja, A. Kortekangas, K. Makisara. Demostration of pattern processing properties of the optimal associative mappings. In Proc. Intl. Conf. on Cybernetics and Society, Wash., D.C. 1977.

[7] M. A. Kerin and T. J. Stonham. Face recognition using a digital neural network with self-organising capabilities. Proceedings 10th International Conference on Pattern Recognition, 16-21 June 1990, Atlantic City, New Jersey, USA, Volume I, pp. 738-741. IEEE Computer Society Press, Las Alamitos, California, Washington, Brussels, Tokyo, 1990.

[8] Rumelhart, McClelland and the PDP Research Group. Parallel Distributed Processing -Volume 1: Foundations. MIT Press, 1986.

[9] J. J. Hopfield. and D. W. Tank. Neural computation of decisions in optimization problems. Biol. Cybern., 1985.

[10] V. Bruce. Recognising Faces. Essays in Cognitive Psychology; Lawrence Erlbaum Associates, Publishers, Hove and London (UK), Hillsdate (USA), 1988.

[11] P. Stucki. Advances in Digital Image Processing: Theory, Applications and Implementations. Plenum Press, New York and London 1979.

Neuronale Netze spielen Tischtennis

Tim Lüth, Joachim Wietzke, Rüdiger Bien

TH Darmstadt, Institut für Datentechnik, Merckstr. 25, 6100 Darmstadt

In diesem Bericht wird ein Vergleich zwischen klassischen Lernsystemen und neuronalen Netzen bei einer komplexen Erkennungs- und Steuerungsaufgabe vorgestellt. Es handelt sich dabei um die Ansteuerung eines Spezialroboters zum Tischtennisspielen. Der Roboter wurde aufgrund eines internationalen Wettbewerbs konstruiert und gebaut. Er besteht aus einer visuellen Sensorik, einer 4-achsigen Mechanik und einem Mikroprozessorsystem. Zur Lösung der Aufgabenstellung wurden zwei Ansätze verfolgt. Der erste Ansatz schätzt die Parameter eines vereinfachten Flugbahnmodells ab. Im zweiten Ansatz wurde ein neuronales Netz (Multi-Layer Perceptron) direkt, ohne ein zugrundeliegendes Flugbahnmodell, zur Ansteuerung der Schlaghand eingesetzt.

Einleitung

Es ist häufig schwierig, die Leistung neuronaler Netzen im Vergleich zu klassischen Verfahren zu bewerten, zumal es in vielen Bereichen wie bei der Mustererkennung bereits erprobte und gutfunktionierende Algorithmen gibt. Neuronale Netze besitzen dann Vorteile, wenn es wegen einer unmöglichen oder nur unvollkommenen Modellbildung schwierig ist, einen Algorithmus abzuleiten. Ein Beispiel hierfür ist die Ansteuerung eines tischtennispielenden Roboters, der in sehr kurzer Zeit, mit nur geringer zur Verfügung stehender Rechenleistung eine Objektverfolgung und eine Flugbahnapproximation bewältigen muß. Die Genauigkeit der Bewegung ist im Gegensatz zur Zeit, wegen der Schlägergröße nur von untergeordneter Bedeutung. In einem derartigen Umfeld kann die Leistungsfähigkeit der neuronalen Systeme am leichtesten zur Geltung kommen.

Der mechanische Aufbau des Roboters

An der TH Darmstadt wurde am Institut für Datentechnik in Zusammenarbeit mit dem Institut für elektromechanische Konstruktionen, die Mechanik für einen tischtennisspielenden Roboter gebaut. Auslöser hierfür war die Ausschreibung eines internationalen Wettbewerbs [1] der Zeitschrift *Practical Robotics*, bei dem es das Ziel war, einen Roboter dazu zu bringen, gegen einen zweiten gegnerischen Roboter unter festgelegten Randbedingungen mehrere Ballwechsel zu spielen und zu gewinnen.
Die Regeln lauten in einer Kurzfassung: Gespielt wird auf einer Platte in einer Höhe von 750 mm mit den Maßen 2000 mm * 500 mm.

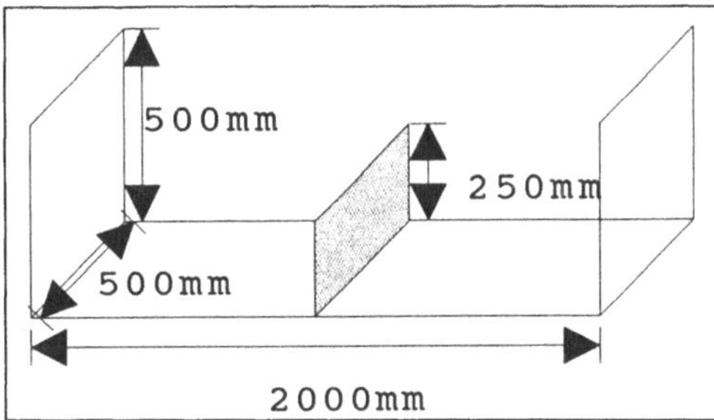

Abb. 1: Abmaß der Spielplatte

Das Netz in der Mitte hat eine Höhe von 250 mm. Die Bälle müssen an der hinteren Kante durch einen Rahmen mit den Maßen 500 mm * 500 mm fliegen. Die Bälle dürfen beim Überfliegen des Netzes nicht höher als 750 mm über der Platte sein. Die Platte muß völlig schwarz sein und steht in einem abgedunkelten Raum mit vorgeschriebener Beleuchtung.

Passend zu diesen Spielregeln wurde ein Spieltisch und ein Roboter gebaut. Die hier vorgestellte Maschine besteht aus einem quadratischen Stahlrahmen, der an der hinteren Spielfeldkante aufgestellt ist. Zwei Schlitten, die auf den horizontalen Kanten des Rahmens fahren können, bewegen eine Aluminiumleiste, auf der wiederum ein dritter Schlitten mit der Schlaghandmechanik vertikal bewegt werden kann. Die Schlitten werden über Schrittmotoren verstellt. Die Schlaghand besteht aus einem Planarlautsprecher und kann mit Hilfe zweier Servomotoren in zwei Achsen gekippt werden. Der Aufbau ist in Abb. 2 schematisch wiedergegeben.

Mit Hilfe eines kleinen Vorrechners ist es möglich, die Schlaghandmechanik sehr einfach durch Angabe der gewünschten Position über eine serielle Schnittstelle an die entsprechende Stelle zu bewegen.

In dem Stahlrahmen befinden sich 92 Lichtschranken (Laserdioden und lichtempfindliche Transistoren) um die Position eines Balles, der durch den Rahmen fliegt, zu bestimmen. Diese

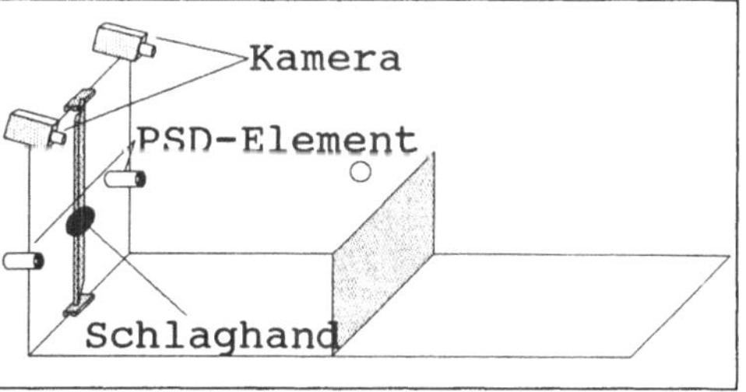

Abb. 2: Schlägermechanik

Lichtschranken (Abb. 3) werden zum Erlernen der Auftreffpunkte benötigt.

Als visuelle Sensoren wurden bisher digitale Grauwert-Kameras (CCD) und lichtempfindliche Halbleiter, sogenannte PSD-Elemente (Position Sensitive Detector) verwendet. Die CCD-Kameras liefern 25 Bilder pro Sekunde mit jeweils 512 * 512 Pixel, die 256 unterschiedliche Grauwerte besitzen können. Aufgrund der hohen Datenrate vom 12.5 MByte/s kann keine symbolische Bildanalyse zur Bestimmung der Ballposition innerhalb des Kamerabildes durchgeführt werden. Um die Position des Balles zu bestimmen wird ein rückgekoppelter Speicher (endlicher Automat) eingesetzt. Ein Problem liegt darin, daß sich ein schneller Ball während der Aufnahme eines Kamerabildes über ein Drittel des Bildes bewegt und als Streifen erscheint. Daher wurde ein zweiter Weg mit den PSD-Elementen verfolgt. Dies sind lichtempfindliche Halbleiterflächen, deren Durchgangswiderstand sich durch die

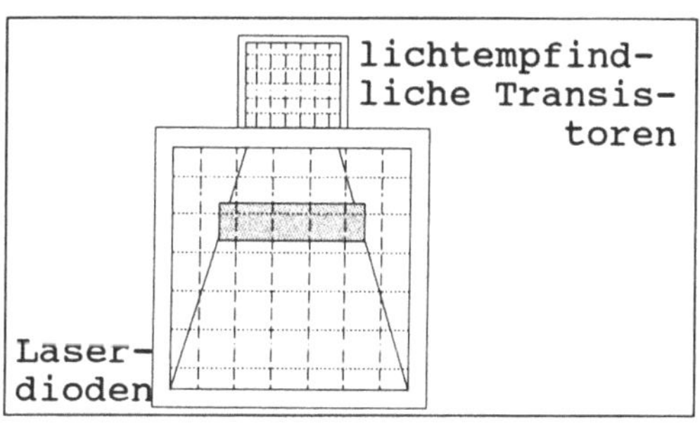

Abb. 3: Lichtschranken zur Detektion

Lage eines Lichtpunktes auf der Fläche verändert. Mit einem Lochblendenvorsatz und etwas elektronischem Aufwand erhält man einen Sensor, der die Lage des Balles in der Blickebene der Lochkamera mit fast beliebig hoher Abtastrate bereitstellt. Leider ergeben sich bei diesen PSD-Elementen Kissenverzerrungen und daher nur eine sehr geringe Tiefenschärfe. Ein dritter Lösungsweg wird momentan getestet. Hierbei kommen sogenannte Shutter-Kameras zum Einsatz. Das maschinelle Lernen wurde bisher nur auf die PSD-Elemente angewendet. Die Komponente, die Sensoren und Aktoren bedient, ist ein 68020 Mikroprozessorsystem.

Ein mathematisches Modell für die Flugbahn

Ein vollständiges physikalisches Modell der Dynamik eines Tischtennisballes während des Spiels ist zu aufwendig, um es in Echtzeit mit dem gegeben Mikroprozessorsystems zu berechnen. Daher wurde ein stark vereinfachtes Modell gewählt, bei dem der Ball ein Massepunkt ist, der ohne Luftwiderstand nach dem Abschlag eine einfache ballistische Bahn verfolgt. Trifft er auf die Platte auf, so gilt das Gesetz "Einfallswinkel gleich Ausfallswinkel". Er verliert durch die Reibung etwas an Energie, was sich in der maximal zu erreichenden Flughöhe niederschlägt. Im weiteren wird angenommen, daß sich der Ursprung des verwendeten Koordinatensystem an der vorderen Ecke der linken Plattenkante befindet, und die Flugbahn beginnt immer mit eine x-Koordinate $x=0$.
Ziel des Mikrorechners ist es, die Koordinaten des Auftreffpunktes aus der Beobachtung einiger Flugbahnpunkte zu approximieren. Die Flugbahnpunkte bestehen aus Quadruppeln $P(t)=(t,x(t),y(t),z(t))$, die einen Punkt des Balles im Raum zu einem festen Zeitpunkt t angeben. Eine Flugbahn mit den Startkoordinaten $(x=0,y=y_0,z=z_0)$, den Abfluggeschwindigkeiten $(v_x,v_y=0,v_{z_0})$ erreicht die gegnerische Plattenkante innerhalb des Spielrahmens in der Höhe

$$z(t_e)=v_{z_0}\frac{l_x}{v_x} - \frac{g}{2}\left[\frac{l_x}{v_x}\right]^2 + (1+e)\left[\left[\frac{v_{z_0}}{g}\right]^2 + 2\frac{z_0}{g}\right]^{\frac{1}{2}}\left[g\frac{l_x}{v_x} - v_{z_0}\right] - z_0(1+2e) - \frac{v_{z_0}^2}{g}(1+e)$$

wobei l_x die Länge der Platte, t_e der Zeitpunkt des Auftreffens, e der Elastizitätsmodul des Balles und g die Erdbeschleunigung ist. Gelingt es, zwei Koordinatenbestimmungen $P_a(t_a)$, $P_b(t_b)$ des fliegenden Balles in hinreichend kurzer Zeit durchzuführen, dann lassen sich v_x, v_{z_0}, z_0 und t_e bestimmen:

$$v_x = \frac{x(t_b)-x(t_a)}{t_b-t_a} \qquad v_{z_0} = \frac{z(t_a)-z(t_b)+\frac{1}{2}g(t_a-t_b)^2}{t_a-t_b} \qquad z_0 = z(t_a)-\frac{1}{2}gt_a^2-v_{z_0}t_a \qquad t_e = l_x\frac{t_b}{x(t_b)-x(t_a)}$$

Die Optik der Lochkameras

Die beiden PSD-Elemente, die als visuelle Sensoren eingesetzt werden, liefern zu jedem Abtastzeitpunkt je drei Spannungswerte ab, aus denen sich die Raumkoordinate des Balles bestimmen läßt.

Die Winkel α, β, und γ lassen sich aus den sechs Meßwerten der PSD-Elemente mit folgenden Formeln berechnen:

$$\alpha = \arctan\left[\dfrac{\dfrac{U_1-U_2}{U_1+U_2} * \dfrac{l_P}{2}}{l_B}\right] + \alpha_0 \qquad \beta = -\arctan\left[\dfrac{\dfrac{U_5-U_6}{U_5+U_6} * \dfrac{l_P}{2}}{l_B}\right] + \beta_0 \qquad \gamma = \arctan\left[\dfrac{\dfrac{U_3-U_4}{U_3+U_4} * \dfrac{l_P}{2}}{l_B}\right]$$

wobei l_P die Kantenlänge des PSD-Halbleiters und l_B der Abstand des PSD-Elementes zur Lochblende ist. Aus diesen Winkeln läßt sich die Position des Balles im Raum bestimmen:

$$x = \frac{\alpha}{\tan \alpha + \tan \beta} \qquad\qquad y = x \tan \alpha - b \qquad\qquad z = c - x \tan \gamma$$

Das Erlernen der Flugbahnen

Der Ansatz "maschinelles Lernen" zur Ansteuerung des Roboters wurde deshalb gewählt, weil es nur mit komplexen physikalischen Berechnungen möglich ist, die Flugbahn eines Tischtennisballes aus zwei Kamerabildern korrekt zu ermitteln. Die einfache Flugbahnmodellbildung, der empfindliche Sensoraufbau und die nichtlinearen Zusammenhänge zwischen Meßwerten und Raumkoordinaten

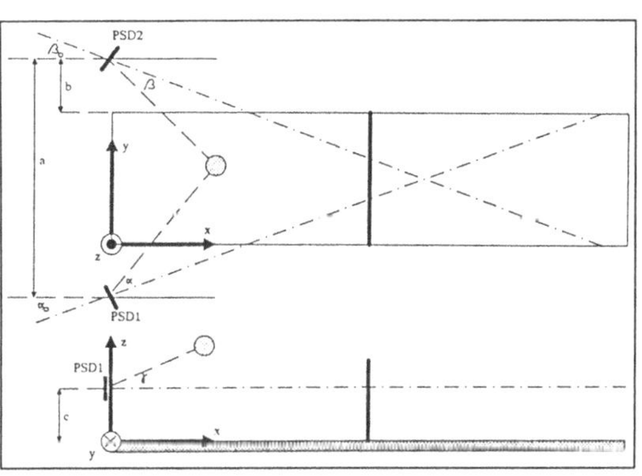

Abb. 4: Geometrie der PSD-Kameraoptik.

führen zu systematischen Fehlern. Schon bei der Eichung der PSD-Elemente können Fehler entstehen, die einen Positionsfehler von 5 cm des Balles erreichen. Bedenkt man, daß der Tischtennisschläger im ungünstigsten Fall auf 2 cm genau positioniert werden sollte, und das System auch mit einer gewissen Zuverlässigkeit arbeiten muß, liegt es nahe ein System zur Ansteuerung einzusetzen, das sich jeweils an die augenblickliche Lage anpaßt und noch während des Spiels seine Parameter optimiert.

Das Reagieren auf einen vom gegnerischen Roboter abgeschlagen Ball läßt sich in mehrere Phasen gliedern: Bestimmung der Raumkoordinaten des Balls aus den Sensorwerten, Verfolgen des Balles über einen festen Zeitraum, Abschätzung des Auftreffpunktes, Planung eines Abschlagstrategie, Bestimmung des Rückschlagwinkels, Positionierung des Schlägers und Einstellung des Schlägerwinkels.

Für die Abschätzung des Auftreffpunkts auf der eigenen Schlagebene ist die Aufnahme von mindestens drei Flugbahnpunkten (Parabel) notwendig. Diese drei Punktkoordinaten sind gewissermaßen das Eingangsmuster für die Lernalgorithmen während die Koordinaten des Auftreffpunktes auf der eigenen Schlagebene das gewünschte Ausgangsmuster bilden. Erlernt -- und während des Spiels immer weiter verbessert -- werden soll der Zusammenhang zwischen dem Ein- und dem Ausgangsmuster. Ein kritischer Faktor bei der Berechnung bzw. Abschätzung des Auftreffpunktes ist die Rechenzeit. Wenn ein schneller Ball geschlagen wird, dann bleiben nur knapp zwei Zehntelsekunden zur Aufnahme der Ballpositionen, Berechnung des Auftreffpunktes und Positionierung der Schlaghand. Die minimale Zeit für die Aufnahme von 3 Bildern beträgt 3 * 20 = 60 ms. Die Positionierzeit des Schlägers beträgt bei dem vorhandenen Roboter mindestens 100 ms. So bleiben für die Berechnung der Position noch ca. 40 ms.

Für das Training und eine erste Einstellung der Parameter wurde ein Simulationsprogramm erstellt, das es erlaubt beliebige Flugbahnfolgen zu simulieren.

Im weiteren werden zwei Ansätze vorgestellt, mit denen der Roboter aus den Flugbahnen den Auftreffpunkt vorrausberechnen kann. Der erste Ansatz verwendet das oben vorgestellte Flugbahnmodell und die Berechnungsformel der Punktkoordinaten aus den PSD-Meßwerten. Der zweite Ansatz ist der Versuch direkt aus den PSD-Meßwerten den Auftreffpunkt mit Hilfe eines mehrlagigen neuronalen Netzes zu bestimmen.

Parameterschätzung des Flugbahn-Modells

Grundlage für dieses Verfahren bildet ein Polynomklassifikator[2], bei dem der eigentliche Klassifikationsschritt weggelassen wurde. Mit Hilfe der Gleichungen (4) wird für jeden aufgenommenen Flugbahnpunkt die Position bestimmt (x, y, z). Jeweils drei solcher Koordinaten plus einem konstanten Wert bilden den Eingangsvektor des Polynomklassifikators. Das Polynom des Ansatzes entspricht der Gleichung (1), wobei Gewichtungsparameter der

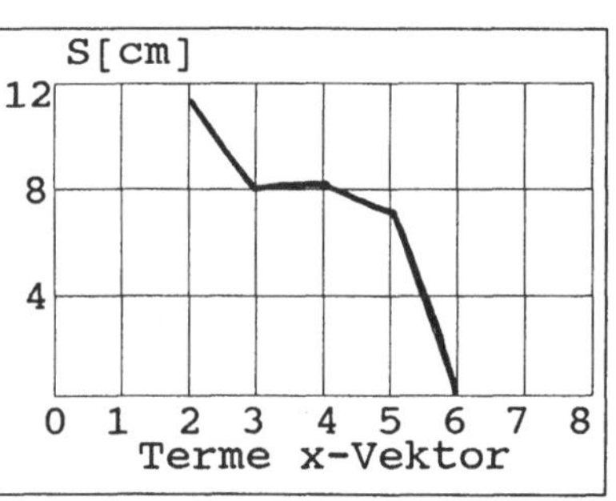

Abb. 5: Positionierfehler, abhängig von der Ansatzlänge

einzelnen Summanden in Gleichung (1) automatische angepaßt wurden.

Die Analyse, der Ansatzlängen-Reduktion zur Verringerung der Rechenzeit zeigten, daß nur bei voller Ansatzlänge der Positionierfehler der Schlaghand auf einen sinnvollen Wert gebracht werden kann.

Ein Lernverfahren bei einem vollständigen Ansatz zu verwenden, mag auf den ersten Blick unsinnig erscheinen. Es hat jedoch den Vorteil, die Differenz zwischen dem idealisierten Modell und der tatsächlichen Flugbahn von Bällen ausgleichen zu können, und auch Fehler aus der Optik in gewissen Bereichen aufzufangen. Zeitlich gesehen ist es möglich, alle notwendigen Operationen innerhalb der geforderten Maximalzeit 200 ms durchzuführen.

Der Nachteil dieses Verfahrens liegt jedoch darin, daß Fehler, die bei der Umrechnung der PSD-Werte in Raumkoordinaten entstanden sind, nicht mehr aufzuheben sind und die Berechnung einer sinnvollen Schlaghandposition unmöglich machen können.

Direkter Ansatz mit Backpropagation-Netzwerken

Bei diesem Ansatz wurde versucht, direkt aus den Meßwerten der PSD-Elemente, die Auftreffposition des Balles zu bestimmen. Dafür wurde ein dreilagiges Perceptron gewählt, das durch die Rechenzeitbegrenzung und der vorhandenen Rechnerkonfiguration maximal 80 Knoten besitzen kann. Der Eingangsvektor setzte sich aus drei Bahnpunkten zusammen, wobei nicht die Raumkoordinaten sondern die Werte der PSD-Elemente die Komponenten des Eingangsvektors bildeten.

Der Einsatz des Perceptrons zeigte, daß sich das neuronale Netz nach einer längeren Trainingszeit für die Positionierung der Schlaghand gut eignet. Die dennoch vorhandene Ungenauigkeit der Abschlagposition ist auf die mangelnde Tiefenschärfe der PSD-Elemente zurückzuführen und wird sich beim Einsatz der neuen Optik stark verringern.

Diskussion

Bei den beiden verwendeten Ansätzen zur Ansteuerung der Robotermechanik hat sich gezeigt, daß das Perceptronmodell auch ohne jegliche Modellbildung die Steuerungsaufgabe lösen kann. Diese Flexibilität muß jedoch mit einer hohen Anzahl von Trainingsläufen erkauft werden, die nur mit Hilfe eines

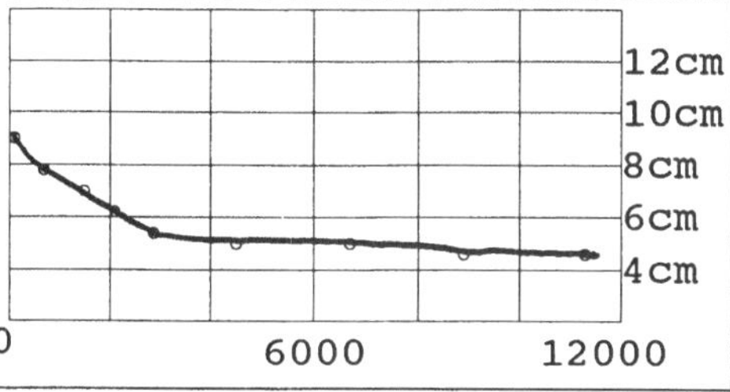

Abb. 6: Positionierfehler in Abhängigkeit von den Trainingszeiten

Simulationsprogrammes zum Vortraining des Roboters möglich sind. Die Koeffizientenoptimierung beim Polynomansatz ermöglicht zwar eine höhere Genauigkeit und einen schnelleren Trainingslauf, kann sich jedoch nicht in der gleichen Weise an veränderte Umweltbedingungen anpassen. Die Positioniergenauigkeit ist immer von der Qualität der Modellbildung abhängig. In Zukunft werden daher weiterhin beide Ansätze zum Training des Roboters verwendet und untersucht.
Die Autoren möchten sich an dieser Stelle bei Prof. Dr.-Ing. W. Hilberg für die Unterstützung bedanken und bei allen Studenten, die an diesem Tischtennis-Roboter mitgearbeitet haben.

Literatur

[1]   Billingsley, J.; Machineroe joins new title fight; Practical Robotics May/June 1984

[2]   Schürmann, J., Polynomklassifikatoren für die Zeichenerkennung, Oldenbourg Verlag München Wien 1977

[3]   Woll, G., Tischtennisspielender Roboter, TH Darmstadt, FG Elektromechanische Konstruktionen, Diplomarbeit EMK 748, 1987

[4]   Bormuth, H.-D.; Siedenburg, J., Flugbahnerfassung von schnellbewegten Objekten mittels eines zu entwicklenden 68020-Prozessorsystems und optischen PositionsdetektorenTH Darmstadt, FG Digitaltechnik, Studienarbeit DT 345, 1988

[5]   Hasenstab, J.; Albrecht, V., Aufbau eines optischen Ballerkennungssystem mit PSD-Elementen und Adaption an ein 68020-System eines Tischtennis-Roboters, TH Darmstadt, FG Digitaltechnik, Studienarbeit DT 376, 1990

[6]   Albrecht, V., Simulation neuronaler Netze und Vergleich mit klassischen Mustererkennungsverfahren, TH Darmstadt, FG Digitaltechnik, Diplomarbeit DT 417, 1990

[7]   Bien, R., Portierung eines Lernsystems zur Steuerung eines Tischtennis-Roboters auf einen 68020 Rechner, TH Darmstadt, FG Digitaltechnik, Diplomarbeit DT 422, 1990

Multispektralklassifikation von Fernerkundungsdaten mittels neuronaler Netze

Markus Groß, Frank Seibert

Zentrum für Graphische Datenverarbeitung (ZGDV)
Wilhelminenstraße 7
6100 Darmstadt

Der folgende Beitrag beschreibt neue Ansätze zur Klassifikation sowie zur Clusteranalyse multispektraler Landsat TM Daten mittels neuronaler Netze. Dabei werden die Vorteile neuronaler Netze bei nicht gaußverteilten Stichproben im Merkmalraum erläutert. Weiterhin werden die untersuchten Netztopologien und –modelle vorgestellt, wobei für die Klassifikation überwacht trainierte dreistufige Backpropagation Netze auf Pixel– und Texturebene zugrunde gelegt wurden. Zur Clusteranalyse wurde eine verallgemeinerte selbstorganisierende Kohonen Map gewählt, deren Ergebnisse durch direkte Abbildung der Netztopologie im Ausgangslayer auf den RGB–Farbwürfel visualisiert werden können. Aufgrund der dort gültigen topologischen Nachbarschaftsbeziehungen kennzeichnet die Ähnlichkeit von Pixelfarben im Ergebnisbild Klassenverwandschaften im Merkmalraum. Die Arbeitsweise der vorgestellten Techniken wird anhand von Beispielklassifikationen erläutert.

1 Einleitung

Die rechnergestützte Klassifikation von Bildern ist in vielen Anwendungen von großer Bedeutung. Insbesondere multispektrale Signaturen der Geländeoberfläche, welche durch Fernerkundungssatelliten aufgenommen werden, können beispielsweise im Umweltschutz dazu beitragen, Waldschädigungen zu überwachen und auszuwerten. Dazu müssen jedoch die vorliegenden Bilddaten nach entsprechendem Preprocessing mittels geeigneter Verfahren der optischen Mustererkennung klassifiziert werden.

Klassische Verfahren verwenden dazu üblicherweise eine Bayes–Klassifikation verbunden mit einer Maximum–Likelihood–Schätzung (Duda 73), oder Regressionsmethoden, welche zuvor mittels ausgewählter Trainingsgebiete parametriert werden. Wie in Bild 1 dargestellt kann die Analyse der Situation im Merkmalraum sowie die Evaluierung von Trainingsgebieten durch Methoden der Clusteranalyse, d.h. durch nicht überwachte Verfahren erfolgen.

Vorhandene Restriktionen der Verfahren hinsichtlich der Morphologie einzelner zu separierender Cluster im Merkmalraum ergeben insbesondere bei nicht gaußverteilten Stichproben nur zum Teil befriedigende Ergebnisse. Deshalb werden oftmals neben den reinen Pixelwerten für die einzelnen Spektralkanäle zusätzlich auch Texturinformationen mit in den Merkmalvektor übernommen.

Andererseits hat die Forschung auf dem Gebiet der neuronalen Netze und des Konnektionismus in den letzten Jahren erhebliche Fortschritte gemacht. Neben Netzmodellen, die überwacht mittels Stichproben trainiert werden, gibt es auch selbstorganisierende Systeme, wie z. B. die Kohonen Feature Map (Kohonen 84), welche aufgrund ihrer topologischen Organisationseigenschaften in vielen Anwendungen eingesetzt werden kann und sich zur Clusteranalyse bzw. zur nicht überwachten Klassifikation eignet.

vb

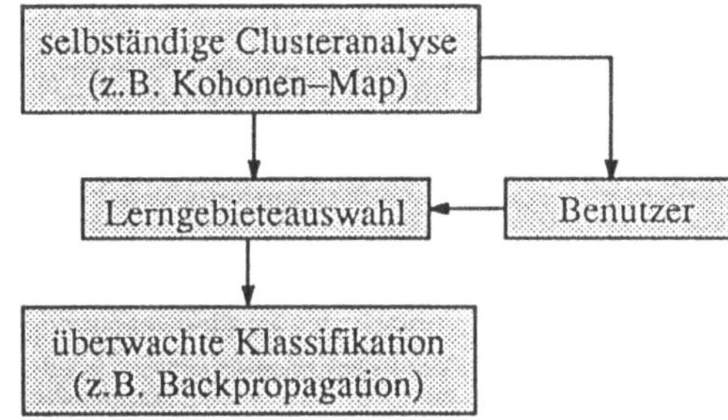

Bild 1: Clusteranalyse als Preprocessing zur Festlegung der Lerngebiete

Die Vorteile des Einsatzes neuronaler Netze bei der Bildklassifikation liegen neben der nicht mehr vorausgesetzten Gaußverteilung der Merkmalvektoren auch in der guten Parallelisierbarkeit dieser Paradigmen. Aus diesen Gründen wurden von uns zwei Netztypen hinsichtlich ihrer Eignung zur Klassifikation multispektraler Satellitenbilder untersucht (auch Groß 91) und die Ergebnisse anhand erster Beispielrechnungen dokumentiert.

Verschiedentlich wurden Backpropagation–Netze auch bereits anderweitig zur Klassifikation von Satellitenbildern eingesetzt (Kanellopoulos 91, Key 89, Hepner 90). Diese ergaben im Vergleich mit dem Maximum–Likelihood–Verfahren meistens bessere Ergebnisse.

2 Grundlagen eingesetzter Netztypen

2 .1 Backpropagation

Die Entwicklung des Backpropagation–Netzes (Rumelhart 86) geht auf das klassische Perceptron von Rosenblatt zurück. Die Neuronen sind in einzelnen hintereinander geordneten Schichten (Layer) zusammengefaßt. Die Verbindungen im Netz sind unidirektional und nur zwischen Neuronen aufeinanderfolgender Schichten vorhanden. Neuronen benachbarter Schichten sind üblicherweise vollständig verbunden, d. h. jede Zelle einer Schicht ist mit allen Zellen der nächsten Schicht verbunden.

Insbesondere zur Erzeugung von Invarianzen gegen Rotation oder Translation bei Bildanalyseanwendungen können auch sogenannte rezeptive Felder in Anlehnung an biologische Systeme eingeführt werden. Dabei sind die Neuronen eines Layers nur mit einem räumlich zusammenhängenden Teilgebiet der Vorgängerschicht verbunden. Diese Teilgebiete überlappen im allgemeinen, wie in Bild 2 am Beispiel eines 2 x 2 Feldes dargestellt. Insbesondere in diesem Beispiel wird deutlich, daß die 3 x 3 Neuronen der Eingabeschicht, welche z.B. als Rezeptoren auf eine Bildbeschreibung angewandt werden, unterschiedlich oft in die Verarbeitung eingehen. Somit ist die Bedeutung des Zentralneurons höher als die von Randneuronen.

Der Vorteil des überwacht trainierten Multilayer Perceptrons bei der Klassifikation von Mustern liegt in der Eigenschaft des Netzes begründet, auch komplexe Verteilungen im Merkmalraum separieren zu können. Dies ist in Bild 3 zur Übersicht dargestellt, wobei das klassische XOR–Problem mit einbezogen ist. Die klassische und oft verwendete Maximum–Likelihood–Methode setzt hingegen typischerweise gaußverteilte Stichproben voraus, was bei multispektralen Satellitenbilddaten keineswegs gegeben ist.

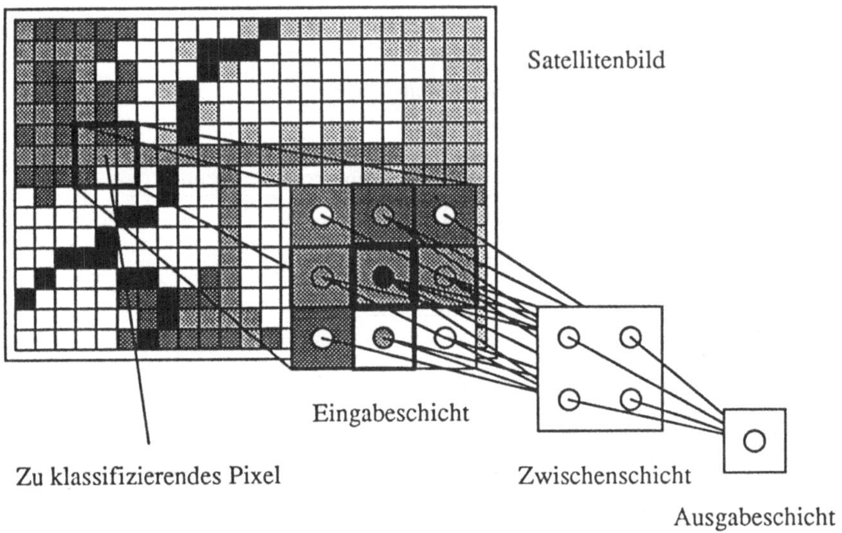

Bild 2: Rezeptive Felder der Größe 2 x 2

Schichten	Trenngebiete	XOR-Problem	ineinandergreifende Klassen	allgemein
eine	Halb-ebene			
zwei	offene oder geschlossene konvexe Gebiete			
drei	beliebig, Komplexität abh. von Neuronenanzahl			

Bild 3: Trennung von Eingabeklassen bei verschiedenen Topologien (Lippmann 87)

2.2 Kohonen Map

Im Gegensatz zur Backpropagation ist die Kohonen Map (Kohonen 84) ein selbstorganisierendes zweistufiges Netz, welches unüberwacht trainiert wird. Dabei dient die erste Schicht als Eingabe. Diese ist vollständig mit der zweiten, möglicherweise mehrdimensionalen Schicht, einem competitive layer verbunden. Bild 4 zeigt den verwendeten Aufbau. Bei Präsentation eines Eingabemusters kann immer nur ein Neuron der Ausgabeschicht aktiv sein. Bedingt durch die Trainingsregel des Netzes ist die räumliche Distanz zweier auf verschiedene Eingabemuster reagierender Neuronen ein Maß für die Ähnlichkeit der beiden Muster.

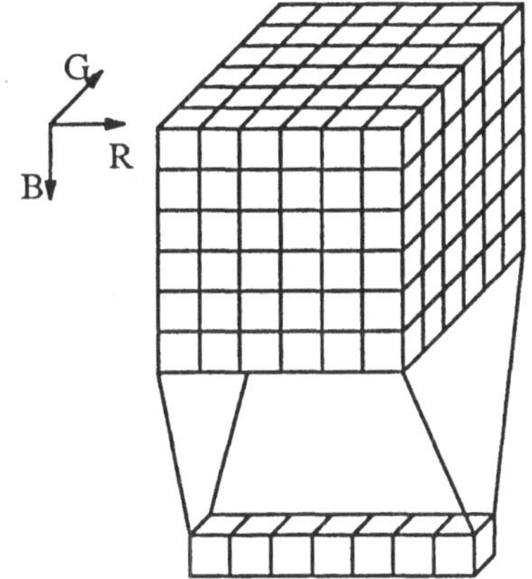

Bild 4: Aufbau der 3D Kohonen Feature Map

Bei der dreidimensionalen Anordnung kann die Visualisierung des Ergebnisses durch die Umsetzung der Position des aktiven Neurons in RGB–Farbwerte erfolgen. Damit kann aus der Ähnlichkeit der Pixelfarben im Ergebnisbild auf eine Verwandschaft der Pixelklassen geschlossen werden. Durch die beschriebenen Eigenschaften eignet sich die Kohonen Map zur nicht überwachten Clusteranalyse multispektraler Signaturen, welche zur Selektion von Trainingsgebieten als Preprocessing herangezogen werden kann.

3 Netztopologien zur Multispektralanalyse

3.1 Pixelorientierte Klassifikation

Bei der pixelorientierten Klassifikation wurden zunächst alle Spektralkanäle für den Merkmalvektor verwendet. Eingehende Untersuchungen haben jedoch bewiesen, daß hierzu nicht unbedingt alle Spektralkanäle geeignet sind und daß einige, je nach Problemstellung, das Klassifikationsergebnis negativ beeinflußen können.

Die Zahl der Neuronen der Eingabeschicht wurde gleich der Dimension des Merkmalsvektors gewählt (bei Landsat–TM: 7 Kanäle), die Neuronenzahl der Ausgangsschicht gleich der Anzahl der zu unterscheidenden Klassen. Nachdem das Netz mittels geeigneter Lerngebiete trainiert wurde, reagieren die Neuronen der Ausgabeschicht auf die ihnen jeweils zugeordnete Musterklasse, wobei die endgültige Klassenzuordnung durch Maximumentscheid erfolgt.

3.2 Texturorientierte Klassifikation

Ein weiterer Fortschritt gegenüber der klassischen pixelorientierten Vorgehensweise liegt in der Einbeziehung von Texturparametern des Pixelumfeldes in den Merkmalvektor. Dies können Merkmale wie Richtungsgradienten oder auch statistische Momente sein. Dazu bedarf es jedoch während des Trainings und auch im Klassifikationseinsatz eines zusätzlichen Berechnungsaufwandes für jedes Pixel. Von wesentlicher Bedeutung ist auch die mitunter schwierige Auswahl der geeigneten Parameter.

Einen anderen Ansatz stellt die Präsentation eines vollständigen Bildausschnittes an die Eingangsschicht eines neuronalen Netzes dar. Der Einfluß des Zentralpixels auf das Klassifikationsergebnis unterscheidet sich dabei jedoch nicht von dem benachbarter Pixel. Durch die zusätzliche Verwendung rezeptiver Felder, wie in Bild 2 beschrieben, ist jedoch indirekt eine unterschiedliche Gewichtung der Pixel möglich.

3.3 Pixelorientierte Clusteranalyse

Die pixelorientierte Clusteranalyse wurde in der Untersuchung zur Optimierung der Wahl von Trainingsgebieten eingesetzt. Dabei legten wir eine Kohonen Map zugrunde, deren zweite Netzstufe (Competitive Layer) auf drei Dimensionen erweitert war. Werden bei der Klassifikation die Pixel gemäß der den reagierenden Neuronen zugeordneten Farbvalenz eingefärbt, so gibt der visuelle Eindruck direkt Aufschluß über die Situation im gegebenenfalls 7–dimensionalen Merkmalraum, welcher ansonsten nur schwer darzustellen ist.

4 Beispiele

Die folgenden Bilder zeigen erste Ergebnisse der überwachten Klassifikation eines Landsat 5 TM–Bildes von Darmstadt und Umgebung und einer Clusteranalyse im Bereich brennender Ölquellen in Kuweit.

4.1 Überwachte Klassifikation mit Backpropagation

Für die Klassifikation wurde ein vollständig verbundenes 3–stufiges Netz mit 7 Neuronen in der Eingangsschicht, 40 Neuronen in der ersten, 20 Neuronen in der zweiten Schicht und 8 Ausgangsneuronen gewählt. Ausgehend von den Ergebnissen einer vorgesetzten Clusteranalyse wurden die Trainingsgebiete für die Backpropagation festgelegt. Es wurden folgende 8 Klassen unterschieden: Wohngebiet (hellrot), Industriegebiet (dunkelrot), Wiese (hellgelb), Feld (dunkles gelb), Wasser (blau), Asphalt (grau), Laubwald (hellgrün), Nadelwald (dunkelgrün). Insbesondere wurde die Mischklasse Feld gewählt, um eine komplexe Morphologie des dazugehörigen Clusters im Merkmalraum zu gewährleisten. Im Bild 5 sind deutlich die Startbahn West (oben), Darmstadt (Bildmitte) sowie das Naturschutzgebiet Kühkopf (links unten) zu erkennen. Ein Teil des Kühkopfes ist zur Verdeutlichung auch in der simulierten Lupe im rechten Bildteil dargestellt. Insbesondere Bebauung und Waldtypen werden gut unterschieden, Fehlklassifikationen ergeben sich bei der Mischklasse Feld aufgrund der beschriebenen Inhomogenitäten.

4.2 Selbstorganisation mit der Kohonen–Feature–Map

Verwendet wurde ein Kohonen–Feature–Map mit einem dreidimensionalen Ausgangslayer von 4 x 4 x 4 Neuronen. Dieses Netz wurde dazu verwendet, brennende Ölquellen in Kuweit zu untersuchen. Bild 6 zeigt die geclusterte Satellitenaufnahme. Die relativ geringe Anzahl der Neuronen in der Ausgangsschicht bewirkt einerseits eine bessere Unterscheidbarkeit der einzelnen Cluster durch verschiedenere Farben; andererseits ist die Trennung aber auch zu grob, um das Meer und Teile der Rauchwolken unterscheiden zu können, da die Signaturen beider Gebiete einander sehr ähnlich sind. (*Anmerkung: Quelle: EOSAT, Darmstadt courtesy DLR, Kuwait courtesy GAF*).

5 Literatur

[1] Benediktsson, J.A.; Ersoy, O.K.; Swain, P.H.: A consensual neural network, IGARSS, Purdue University, USA (1991)

[2] Duda, R., Hart, P: Pattern Classification and Scene Analysis. New York: John Wiley and Sons, 1973

[3] Groß, M.: Physiological Aspects of Human Vision and Computer Graphics. Tutorial for Eurographics '91, to be published, 1991

[4] Hepner, G.F.; Logan, T.; Ritter, N.; Bryant, N.: Artificial neural network classification using a minimal training set: comparison to conventional supervised classification

[5] Kohonen, T.: Self–Organization and Associative Memory. Berlin – Heidelberg – New York: Springer, 1984

[6] Key, J.; Maslanik, A.; Schweiger, A.J.: Classification of Merged AVHRR and SMMR Arctic Data with Neural Networks, Photogrammetric Engineering and Remote Sensing Vol. 55, No. 9 (1989)

[7] Lippmann, R.: An Introduction to Computing with Neural Nets. IEEE ASSP Magazine, Vol. 3 (1987), No. 4, S. 4 – 22
[8]   Rumelhart, D., Hinton, E., Williams, R.: Learning internal Representations by Error Propagation. Parallel Distributed Processing: Explorations in the Microstructures of Cognition, Vol. 1, Cambridge, MA: MIT Press, 1986, S. 318 – 362

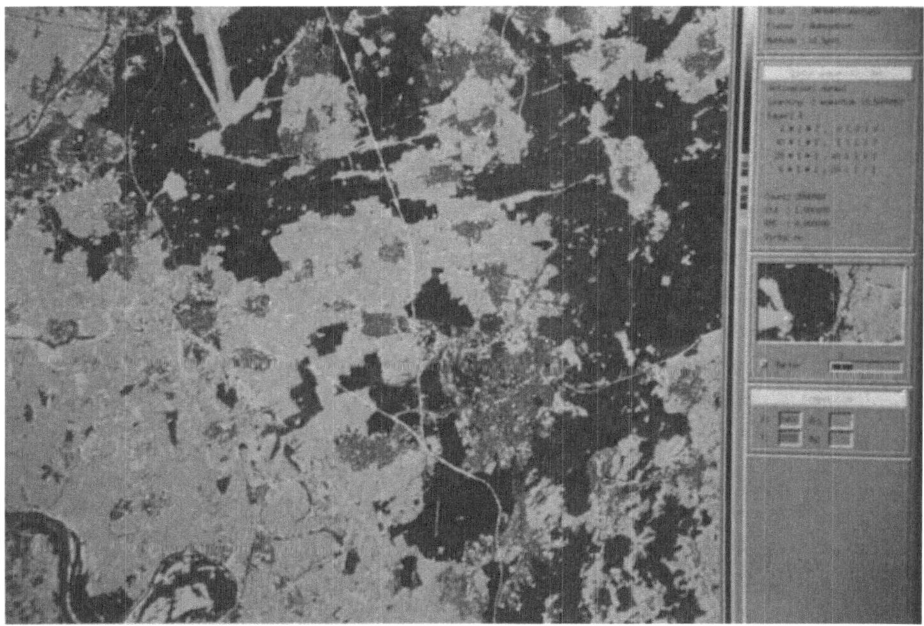

Bild 5: Überwachte Klassifikation mit Backpropagation

Bild 6: Clusteranalyse der Ölbrände in Kuweit

Ein Lösungsansatz zur kombinierten wissens- und datenbasierten Steuerung der Bildanalyse natürlicher Szenen

Mauer E., Ebert A.

Forschungsinstitut für Informationsverarbeitung
und Mustererkennung (FIM/FGAN)
Eisenstockstr. 12, 7505 Ettlingen 6

In diesem Beitrag wird ein Lösungsansatz zur automatischen Bildanalyse natürlicher Szenen vorgestellt, welcher eine datenabhängige Signalanalyse und eine aufgabenspezifische Symbolanalyse mittels einer wissenbasierten Analysesteuerung durch Kombination numerischer und logischer Analysetechniken zusammenführt.

Schlüsselwörter:
Adaptive Signalanalyse, Klassendiskriminierung, unscharfe Wissensrepräsentation, automatisches Folgern, maschineller Wissenserwerb

Einleitung und Motivation

Die Vorgehensweise bei der automatischen Bildauswertung hängt entscheidend davon ab, in welchem Umfang a priori Wissen vorliegt, von welcher Qualität diese Informationen sind und welchen Abstraktionsgrad die Informationsträger haben. So läßt sich grob zwischen Industrieszenen, bei welchen genaue und vollständige Kenntnisse über die Aufnahmebedingungen und den Bildinhalt vorliegen, und natürlichen Szenen, bei welchen in der Regel nur vage und unvollständige Informationen vorliegen, unterscheiden.

Zwei sich gegenseitig beeinflussende Anforderungen sind bei der automatischen Bildanalyse natürlicher Szenen zu erfüllen. Einerseits müssen bei der Umwandlung der ikonischen Bildvorlage in eine "sinnvolle" symbolische Bildbeschreibung die natürlichen, vielfältigen Erscheinungsvariationen berücksichtigt werden andererseits muß bei der Zuordnung "sinnvoller" Symbole die Semantikprüfung eine Vielzahl alternativer Bildinhalte berücksichtigen können.

Bei dem hier vorgeschlagenen Lösungsansatz liegt der Schwerpunkt auf einer zentralen Bildanalysesteuerung sowohl des "low-level" als auch des "high-level" Analyseteils mit dem Ziel, aufgabenspezifische Lösungswege automatisch zu ermitteln und dadurch zu gewährleisten, daß jeder Verarbeitungsschritt unter den aktuell bekannten Voraussetzungen auch tatsächlich Sinn macht.

Dies setzt voraus, daß Informationen über das Analysesystem selbst vorliegen und daß jeweils eine geeignete Lösungsstrategie bekannt ist. Beide Voraussetzungen sind nur teilweise erfüllt und es ist absehbar, daß im Laufe der Zeit neue Erkenntnisse gewonnen werden. Zudem ist auch mit neuen Bildanalyseverfahren und weiteren zu untersuchenden Bildinhalten zu rechnen. Ein offenes Analysesystem ist deshalb unumgänglich.

Struktur des Lösungsansatzes

Einen derartigen wissens- und datenbasierten Ansatz zur Analyse natürlicher Szenen zeigt Abb. 1 (s.a. math. Formulierung in [10]). Er gliedert sich in:
- eine wissensbasierte Planung von (Teil)-Aufgaben
- eine datenabhängige Generierung von (Zwischen)-Lösungen
- eine Steuereinheit für Planung und Generierung

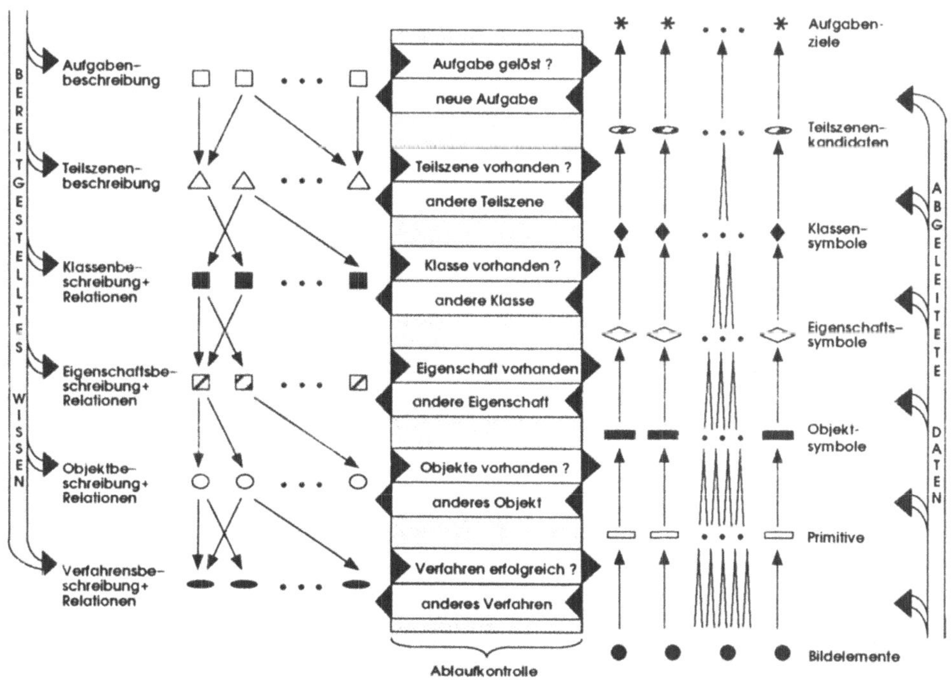

<u>Abb. 1:</u> Ebenenkonzept zur wissens- und datenbasierten Bildanalyse

Die wissensbasierte Planung ermittelt "top-down" als (Teil)-Aufgaben:
- die interne Aufgabenstellung
- die zu betrachtenden Teilszenen
- die daraus resultierenden Klassen
- die zur Unterscheidung dieser Klassen notwendigen Eigenschaften
- die diesen Eigenschaften zugrundeliegenden Bildobjekte
- die zur Ermittlung dieser Bildobjekte erforderlichen Signalanalyseverfahren

Die datenabhänge Generierung erzeugt "bottom-up" als (Zwischen)-Lösungen:
- die Primitiven aus den Bildelementen anhand einer Transformationsvorschrift
- die Bildobjekte durch Zusammenfassung von ausgewählten Primitiven
- die den Bildobjekten zuordenbaren Eigenschaften
- die Klassensymbole der Bildobjekte anhand der zugeordneten Eigenschaften

- die Teilszenen anhand der ermittelten Klassensymbole
- die Lösungen der externen Aufgabenstellung anhand der Teilszenen

Die Steuerung erfolgt in jeder Hierarchie-Ebene mittels:
- Ergebniskontrolle anhand der Planungsvorgaben für die Hierarchie-Ebene
- Fortführung des Planes bei einem zufriedenstellenden Kontrollergebnis
- Modifikation des Planes bei einem nicht befriedigenden Kontrollergebnis
- Hierarchiewechsel anhand der Strategie-Vorgabe

Aufgrund dieser Steuerung läßt sich nicht nur eine "top-down"- und eine "bottom-up"-Bildanalyse aktivieren, sondern es wird eine dem "Jo-Jo"-Prinzip entsprechende Bildanalyse ermöglicht.

Flexible aufgabenunabhängige Wissensrepräsentation

Voraussetzung für die Anwendbarkeit dieses hierarchischen Ansatzes ist die Verfügbarkeit von explizitem Wissen über die logischen Zusammenhänge zwischen den einzelnen Hierarchie-Ebenen. Eine geeignete Wissensrepräsentation ist das in Abb. 2 dargestellte "Übergangsnetz".

Es enthält die zur Planung benötigten Zusammenhänge als Relationen. Eine Berücksichtigung neuer, bisher unbekannter Zusammenhänge ist damit durch eine Eintragung der entsprechenden Relationen in das Übergangsnetz (in Abb. 2 durch Sterne angedeutet) leicht möglich. Weiter können neue Datentypen (z.B. neue Eigenschaften, neue Klassen) durch das Hinzufügen entsprechender Spalten bzw. Zeilen (in Abb. 2 durch Doppelstriche gekennzeichnet) berücksichtigt werden. Dabei vereinfacht die strenge Ordnung des Übergangsnetzes die Konsistenzprüfung dieser neuen Eintragungen.

Für die Erstellung eines effizienten Analyseplans sind jedoch auch Kenntnisse der logischen Beziehungen innerhalb der Hierarchie-Ebenen erforderlich. Zu ihrer expliziten Repräsentation wurde das Übergangsnetz entsprechend Abb. 3 auf jeder Hierarchie-Ebene durch ein "Beziehungsnetz" ergänzt. Dieses enthält weitere Relationen (in Abb. 3 durch "○, <, =, −" gekennzeichnet), welche jedoch entsprechend der Wissensrepräsentation bei den Übergangsnetzen implementiert sind.

Die interne Aufgabenstellung

Das oben vorgestellte aufgabenunabhängige Übergangsnetz enthält alle bekannten logischen Beziehungen, welche generelle Gültigkeit besitzen. Die Bedeutung der einzelnen Informationsträger ist a priori gleichwertig. Es hängt wesentlich von der Aufgabenstellung ab, inwiefern abgespeichertes Wissen überhaupt berücksichtigt wird und ob es zur Problemlösung einen geringen oder einen entscheidenden Beitrag liefert. Erst nach Vorgabe der Aufgabenstellung sind problembezogen aufgrund der gegenseitigen Beziehungen und der Menge der betroffenen Informationsträger Unterschiede in der Bedeutung des abgespeicherten Wissens feststellbar. Anhand der (externen) Aufgabenstellung muß da-

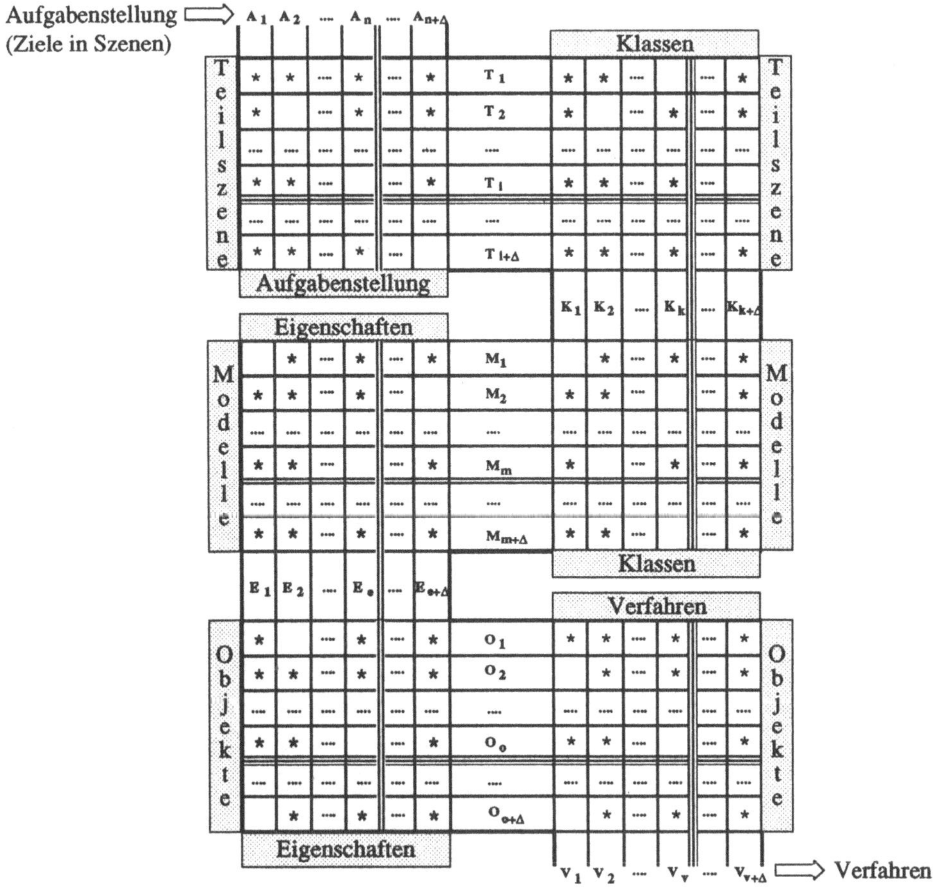

Abb. 2: Flexible Wissensrepräsentation mit Übergangsnetzen

her ersichtlich sein, welche Bildinhalte interessieren und welche bekannten Szenen bzw. bekannten Bildinhalte berücksichtigt werden sollen. Hierdurch ergibt sich anhand der (externen) Aufgabenstellung eine interne Aufteilung aller dem System bekannten Bildinhalte in interessierende (Zielmenge), mögliche (Hintergrundmenge) und aktuell nicht auftretende Bildinhalte (Restmenge):

$$Bekannter\ Bildinhalt = Zielmenge + Hintergrundmenge + Restmenge$$

Bei beliebiger Aufteilung der drei obigen Teilmengen ist somit intern für eine gegebene externe Aufgabenstellung jeweils das Problem zu lösen, wie sich die Ziel- und die Hintergrundmenge signifikant voneinander trennen lassen, wobei die Restmenge unberücksichtigt bleibt. Dadurch basiert die gesamte Vorgehensweise nicht auf einer absoluten Bestimmung von Bildinhalten, sondern einer relativen Diskriminierung von interessierenden und nicht interessierenden Bildinhalten. Je nachdem, welche Bildinhalte bei bekannten Szenen überhaupt interessieren, wird also jeweils eine ganz spezielle interne Aufgabenstellung definiert.

Aufgabenspezifische Wissensrepräsentation

Die interne Aufgabenstellung wird in jeder Hierarchie-Ebene durch Streichen von nicht betroffenen Zeilen und Spalten (Restmenge) und durch Kennzeichnung der interessierenden (Zielmenge) und der möglicherweise vorhandenen Bildinhalte (Hintergrundmenge) in das Übergangsnetz eingetragen.

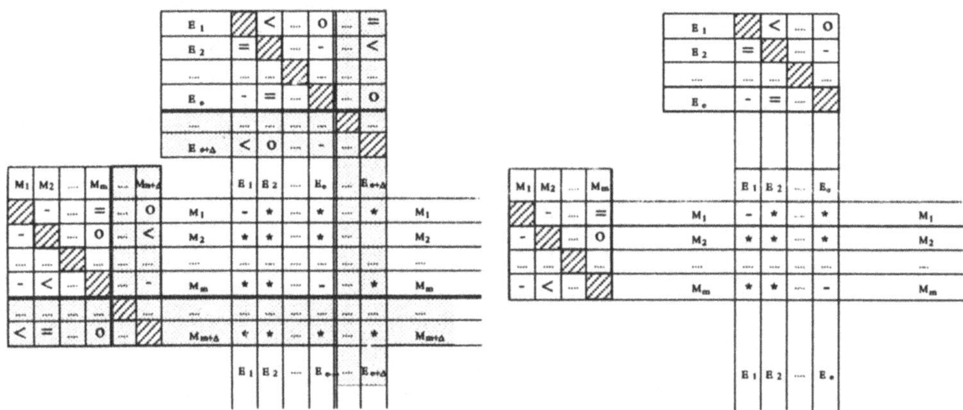

<u>Abb. 3</u>: Problemabhängige Reduktion des Übergangs- und Beziehungsnetzes

Die implementierte Vorgehensweise ist in Abb. 3 beispielhaft veranschaulicht. Hierbei werden die im problemunabhängigen Übergangsnetz in der linken Bildhälfte grau unterlegten Eigenschaften und Modelle zur Lösung der aktuellen internen Aufgabenstellung nicht benötigt. Durch ihre Löschung entsteht das in der rechten Bildhälfte dargestellte aufgabenspezifische Übergangsnetz. Auf eine besondere Kennzeichnung der Ziel- und der Hintergrundmenge wurde hierbei aus Übersichtsgründen verzichtet.

Wissensbasierte Analyseplanung

Nach Festlegung der internen Aufgabenstellung und deren Repräsentation in den problembezogenen Übergangsnetzen kann die aufgabenspezifische Analyseplanung erfolgen. Diese setzt sich aus einem logischen und einem numerischen Planungsteil zusammen.

Die im **logischen Planungsteil** zu lösende Aufgabenstellung besteht darin, geeignete Eigenschaften zu ermitteln, welche sowohl eine Trennung zwischen Ziel- und Hintergrundmenge als auch eine Unterscheidung der Elemente innerhalb der Zielmenge ermöglichen. Ein derartiges Planungsverfahren wurde in [9] entwickelt. Es wählt die trennenden Eigenschaften anhand der im aufgabenspezifischen Übergangsnetz enthaltenen abstrakten Beziehungen durch einen (parallelen) Suchvorgang aus. Typischerweise umfaßt die Zielmenge nur einen geringeren Teil der bekannten Bildinhalte. Dadurch und durch die Zusammenfassung der Hintergrundmenge in eine einzige Klasse ergeben sich zumeist mehrere alternative Lösungen, die in der Regel aus einer geringeren Anzahl von Eigenschaften bestehen.

Aus diesen verschiedenen Alternativen kann anschließend die (voraussichtlich) kostengünstigste ausgewählt werden. Hinweise über die zu erwartenden Kosten ergeben sich dabei einerseits aus früheren Bildanalysen und andererseits aus den zu analysierenden Bilddaten. Da beide Hinweise nur unvollständig und unscharf sind, erfordert die Nutzung dieser Wissensquellen entsprechende Verfahren. Untersuchungen für die dynamische Kostenermittlung aus diesen unterschiedlichen Kostenhinweisen wurden in [11, 9] durchgeführt.

Die im **numerischen Planungsteil** zu lösende Aufgabenstellung besteht darin, anhand der ausgewählten Eigenschaften die geeignete Parametereinstellung für das betroffene Analyseverfahren zu bestimmen. Entsprechende rein datenbezogene Adaptionstechniken wurden schon in [7, 8, 10] untersucht. Dabei können die bei früheren Bildanalysen erworbenen Erfahrungen nur implizit durch eine Veränderung der Einstellkriterien berücksichtigt werden.

Eine explizite Einflußnahme, welche sowohl die problemabhängigen als auch die datenbezogenen Erfahrungen berücksichtigt, erfordert eine Zusammenführung der in Form von wissens- und datenbasierten Diskriminierungsfunktionen vorliegenden allgemeinen und speziellen Einstellhinweise.

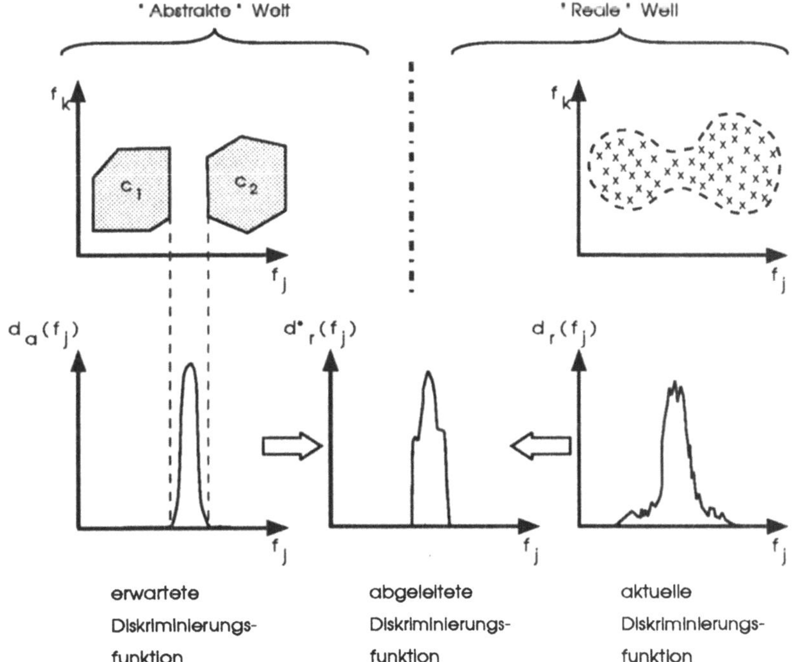

Abb. 4: Kombination unscharfer Diskriminierungshinweise

Die prinzipielle Vorgehensweise bei der Zusammenführung unterschiedlicher Diskriminierungshinweise wird in Abb. 4 anhand der Trennung zweier Klassenmodelle c_1 und c_2 dargestellt. Zuerst wird wissensbasiert unter Nutzung der abgespeicherten Klassenmodelle die "erwartete" Diskriminierungsfunktion $d_a(f_j)$ für ein die Trenneigenschaft erfassendes Merkmal f_j bestimmt. Anschließend wird datenbasiert anhand der in der Bildvorlage auftretenden Werteverteilung desselben Merkmals f_j die "aktuelle" Diskriminierungsfunktion $d_r(f_j)$ ermittelt. Zur Einstellung der Verfahrensparameter wird zuerst durch Inferenz (s. [11]) aus der daten- und der wissensbasierten Diskriminierungsfunktion die "abgeleitete" Diskriminierungsfunktion $d_r^\star(f_j)$ berechnet und dann daraus die endgültige Trennvorschrift ermittelt. Hierbei wird durch die Wahl der Inferenzmethode der Einfluß der unterschiedlichen Hinweise festgelegt. Dabei ermöglichen die bei den Inferenztechniken anfallenden normierten Bewertungen zusätzlich eine Kontrolle der Trennqualität.

Beispiel einer kombinierten daten- und wissensbasierten Steuerung der Bildanalyse

Im Beispiel in Abb. 5 sind am oberen rechten Bildteil in der Legende die wesentlichen Schritte einer wissens- und datenbasierten Eigenschaftsanalyse dargestellt. In bezug auf das gesamte Lösungskonzept in Abb. 1 besteht hierbei der Planungsteil nur aus der Eigenschaftsauswahl und der Verfahrensbestimmung. Der Generierungsteil ist hier nicht in unterschiedlichen Abstraktionsebenen aufgegliedert, sondern repräsentiert eine beliebig komplexe Verfahrensanwendung. Durch das Fehlen von Abstraktionsebenen im Generierungsteil entfällt entsprechend bei der Analysekontrolle der Ebenenwechsel.

Die Planung des auszuführenden Verfahrens erfolgt dabei einerseits durch Berücksichtigung der abgespeicherten "Erfahrung" wissensbasiert und andererseits durch eine a priori Bewertung (Adaption) der Bilddaten mittels Adaptionsmechanismen [8] auch datenbasiert. Nach einer Anwendung des Verfahrens erfolgt anhand des von der Kontrolleinheit bewerteten Ergebnisses abschließend eine Modifikation des Wissens. Die Darstellung des Zusammenspiels dieser einzelnen Analyseschritte ist in Abb. 5 entsprechend der Legende in vier Quadranten aufgegliedert.

Bei der *Eigenschaftsauswahl* (rechter, oberer Bildteil) werden zuerst mittels des Übergangsnetzes die zur Unterscheidung der betroffenen Klassen benötigten Eigenschaften bestimmt. Danach wird anhand der Histogramme "dritter" Ordnung das am besten geeignete Merkmal f_i ausgewählt, welches eine wissensbasierte Diskriminierungsfunktion (Histogramm "dritter" Ordnung) festlegt.

Bei der *Verfahrensbestimmung* erfolgt dann eine Berücksichtigung der aktuellen Bilddaten (linker, oberer Bildteil). Dazu wird durch Stichprobenbildung aus dem Histogramm "erster" Ordnung, welches die aktuelle Werteverteilung des ausgewählten Merkmals f_i enthält, die datenbasierte Diskriminierungsfunktion (Histogramm "zweiter" Ordnung) bestimmt ([7]). Die endgültige Verfahrensdefinition erfolgt dann anhand der aus den daten- und der wissensbasierten Diskriminie-

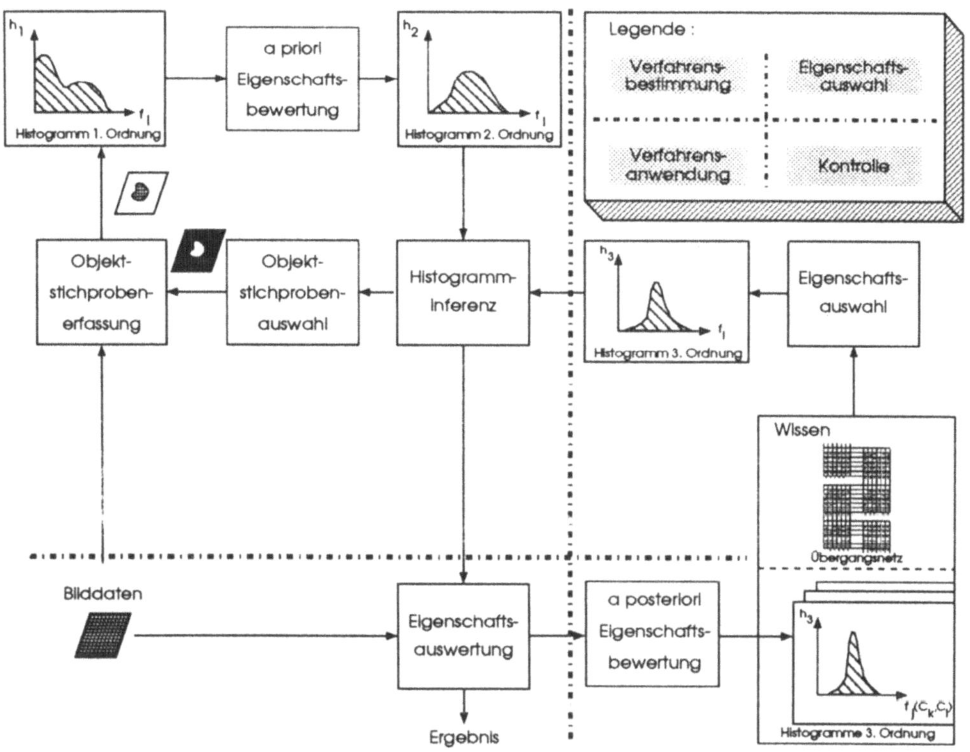

Abb. 5: Kombinierte wissens- und datenbasierte Eigenschaftsanalyse

rungsfunktionen (das Histogramm "zweiter bzw. dritter" Ordnung) abgeleiteten Diskriminierungsfunktion.

Nach Beendigung der *Generierungsphase*, d.h. einer Eigenschaftszuordnung anhand des ausgewählten Merkmals f_i (linker, unterer Bildteil), erfolgt in einer *Kontrollphase* (rechter, unterer Bildteil) eine a posteriori Eigenschaftsbewertung. In Abhängigkeit von den hierbei erzielten Resultaten wird die angewendete Trennvorschrift in das entsprechende Histogramm "dritter" Ordnung (die wissensbasierte Diskriminierungsfunktion) eingetragen, und dadurch werden die gemachten Erfahrungen in den Wissensspeicher übernommen.

In folgenden Planungs- und Generierungsphasen wird der modifizierte Wissensspeicher berücksichtigt, so daß gegebenenfalls eine veränderte Bildanalyse erfolgt. Es hängt vom "Erfahrungs"-Zustand des Wissensspeichers ab, ob die in der Regel geringen Modifikationen der Histogramme "dritter" Ordnung eine signifikante Änderung der Ablaufsteuerung bewirken können. Zudem läßt sich durch Wahl einer bestimmten Inferenzmethode ein "konservatives" Langzeitverhalten erzwingen und dadurch die Adaption gegenüber der Erfahrung in den Vordergrund stellen.

Zusammenfassung

Ein Lösungsansatz für die Analyse natürlicher Szenen wurde vorgestellt, welcher eine Verbindung zwischen datenabhängiger Signalanalyse und aufgabenspezifischer Symbolanalyse herstellt. Kernpunkt dieses Ansatzes ist eine auf der entwickelten Wissensstruktur basierende Planung, welche für eine vorgebbare Aufgabenstellung eine geeignete Lösung ableitet. Hierbei steht bei allen Aufgabenstellungen intern immer dasselbe Problem zur Lösung an, nämlich die bestmöglichen *relativen* Klassenunterscheidungen zwischen interessierenden Zielklassen und möglichen Hintergrundklassen zu ermitteln. Die explizite Trennung zwischen "Interessierendem" und "Möglichem" läßt auch eine Unterscheidung von allgemeinem und aufgabenspezifischem Wissen zu, wodurch sich entscheidende Vorteile für die Festlegung von internen Bewertungskriterien und für die Erweiterbarkeit ergeben.

Literaturverzeichnis

[1] H. Niemann, H. Bunke: *Künstliche Intelligenz in der Bild- und Sprachanalyse"*; Teubner Verlag, Stuttgart, 1987, ISBN 3-519-02261-3

[2] H. Bunke, F. Grimm: *"An Expert System for Software Configuration and Its Application to Computer Vision"*; in M. M. Trivedi: Applications of Artificial Intelligence VII, März 1989, S. 172 - 183

[3] H. Niemann, H. Brüning, R. Salzbrunn, S. Schröder: *"A Knowledge-Based Vision System for Industrial Applications"*; Machine Vision and Application Vol. 3, 1990, S. 201 - 229

[4] T. Matsuyama: *"Expert Systems for Image Processing: Knowledge-Based Composition of Image Analysis Processes"*; CVGIP48, 1989, S. 22 - 49

[5] C.-E. Liedtke, M. Ender: *" Wissensbasierte Bildverarbeitung"*; Nachrichtentechnik Bd. 19, Springer-Verlag, Berlin, Heidelberg, New York, 1989

[6] W.-F. Rieckert et al.: *"The Design of RESEDA: A Knowledge-Based Advisory System for Remote Sensing"*; FAW-TR-91003, März 1991, Forschungsinstitut für anwendungsorientierte Wissensverarbeitung

[7] E. Mauer: *"Adaptive kontextbezogene Signalanalyse zur Ermittlung von auffälligen Bildbereichen für die initiale Bildanalyse"*; DAGM-Symposium für Mustererkennung, Proceedings, Informatik-Fachbericht Nr. 149, Springer-Verlag, Okt. 1987

[8] E. Mauer: *"Aspects of automation in a system for remote sensing data analysis by feature combination"*; ERIM-Proceedings, Okt. 1984

[9] R. Koringer: *"Analyseplanung anhand von Übergangsnetzen"*; Interner Bericht, Forschungsinstitut für Informationsverarbeitung und Mustererkennung, Ettlingen, 1991

[10] K. Behrens, A. Ebert, E. Mauer, D. Menges, A. Schmied: *"Automatische Zieldeckung und Zielklassifikation in Mehrfach-Radarabbildungen der Luftaufklärung"*; FIM-Bericht Nr. 222, Forschungsinstitut für Informationsverarbeitung und Mustererkennung, Ettlingen, 1991

[11] M. Döbele, A. Ebert: *"Erprobung von bekannten Inferenzverfahren zur Kombination unscharfer Aussagen"*; FIM-Bericht Nr. 207, Forschungsinstitut für Informationsverarbeitung und Mustererkennung, Ettlingen, 1991

Integrierte daten- und erwartungsgesteuerte Analyse gesprochener Sprache

F. Kummert, G. Sagerer

Univ. Bielefeld, AG Angewandte Informatik, Postfach 8640, 4800 Bielefeld 1

1 Einleitung

Für einen zufriedenstellenden Verlauf eines Auskunftsdialogs ist es nicht notwendig, jedes gesprochene Wort zu erkennen, sondern es genügt, die Benutzerintention zu erfassen, um so eine gewünschte Aktion anstoßen oder eine sinnvolle Antwort generieren zu können. Deshalb ist es ausreichend, die bedeutungstragenden Teile einer Äußerung zu erkennen und richtig zu interpretieren. Die Entscheidung, welche Teile einer Äußerung für das Verständnis relevant sind, kann jedoch nur im Kontext des Anwendungsbereichs getroffen werden. Aus diesem Grund ist es sinnvoll, die strukturellen und inhaltlichen Beziehungen des Diskurs bereichs frühzeitig in die Analyse mit einzubeziehen. Wegen der unsicheren Worterkennung müssen während des Analyseprozesses konkurrierende Worthypothesen verarbeitet werden. Um eine zielgerichtete Analyse zu garantieren, muß zu jedem Zeitpunkt die erfolgverspre- chendste Hypothese für die weitere Verarbeitung ausgewählt werden. Dazu wird jedoch ein Bewertungsmaß benötigt, das für Hypothesen unterschiedlicher Verarbeitungstiefe aussa- gekräftig und vergleichbar ist. Wie in Abschnitt 3.1 beschrieben, geschieht dies über einen Bewertungsvektor, dessen Komponenten die strukturelle Zulässigkeit, die Übereinstimmung mit dem Sprachsignal, die Sicherheit für das Vorhandensein einer richtigen Hypothese und die Dringlichkeit der weiteren Verarbeitung einer Hypothese widerspiegeln.

2 Die linguistische Wissensbasis

Zur Repräsentation des linguistischen und anwendungsabhängigen Wissens dient eine ho- mogene Wissensbasis, die als semantisches Netz realisiert ist [SK88]. Hierbei sind drei Knotentypen (Konzept, Instanz, modifiziertes Konzept) und drei Kantentypen (Speziali- sierung, Bestandteil, Konkretisierung) fest definiert. Ein **Konzept** dient der Modellierung eines Begriffs, einer Objektklasse oder einer Klasse von Ereignissen. In der hier beschrie- benen Anwendung sind dies beispielsweise Begriffe wie Nomen, Präpositionalgruppe, Tie- fenkasus, Verbrahmen usw. Um das Sprachsignal mit den Begriffen des Problemkreises interpretieren zu können, werden Signalausschnitte mit Konzepten und damit mit deren Bedeutung verbunden. Eine solche Verbindung wird über eine **Instanz** etabliert, wobei eine Instanz immer genau *einem* Konzept zugeordnet ist. Diese Zuordnung führt in vie- len Fällen zu Einschränkungen für die Interpretation des restlichen Signals. Um diese Restriktionen darstellen zu können, wurde das **modifiziertes Konzept** eingeführt. Es repräsentiert somit Wissen, das an eine konkrete Analysesituation adaptiert wurde. Durch den Kantentyp **Spezialisierung** werden Konzepte als Ober- und Unterbegriffe miteinander verbunden, z.B. Wortart $\overset{spez}{\to}$ Nomen. Die Beziehung, daß ein Konzept Teil eines anderen ist, wird durch den Kantentyp **Bestandteil** ausgedrückt, z.B. Nominalgruppe $\overset{bst}{\to}$ Nomen. Diese reine Bestandteilbeziehung gilt jedoch nicht überall. So ist zwar ein bestimmter Tiefenkasus Bestandteil eines Verbrahmens, aber die Konstituente "der Zug" kann nur als Tiefenkasus *Instrument* interpretiert werden, falls sie im Kontext eines bestimmten Verbrahmens (z.B.

"abfahren") auftritt. Im Satz "Hat der Zug einen Speisewagen" besitzt die Konstituente "der Zug" den Tiefenkasus *Object*. Deshalb ist *Instrument* ein kontextabhängiges Bestandteil des Verbrahmens "abfahren" (S_VR_ABFAHREN $\stackrel{kbst}{\rightarrow}$ S_INSTRUMENT). Konzepte, die Begriffe aus unterschiedlichen Abstraktionsebenen darstellen, werden über den Kantentyp **Konkretisierung** in Beziehung gesetzt, z.B. Tiefenkasus $\stackrel{kon}{\rightarrow}$ Nominalgruppe.

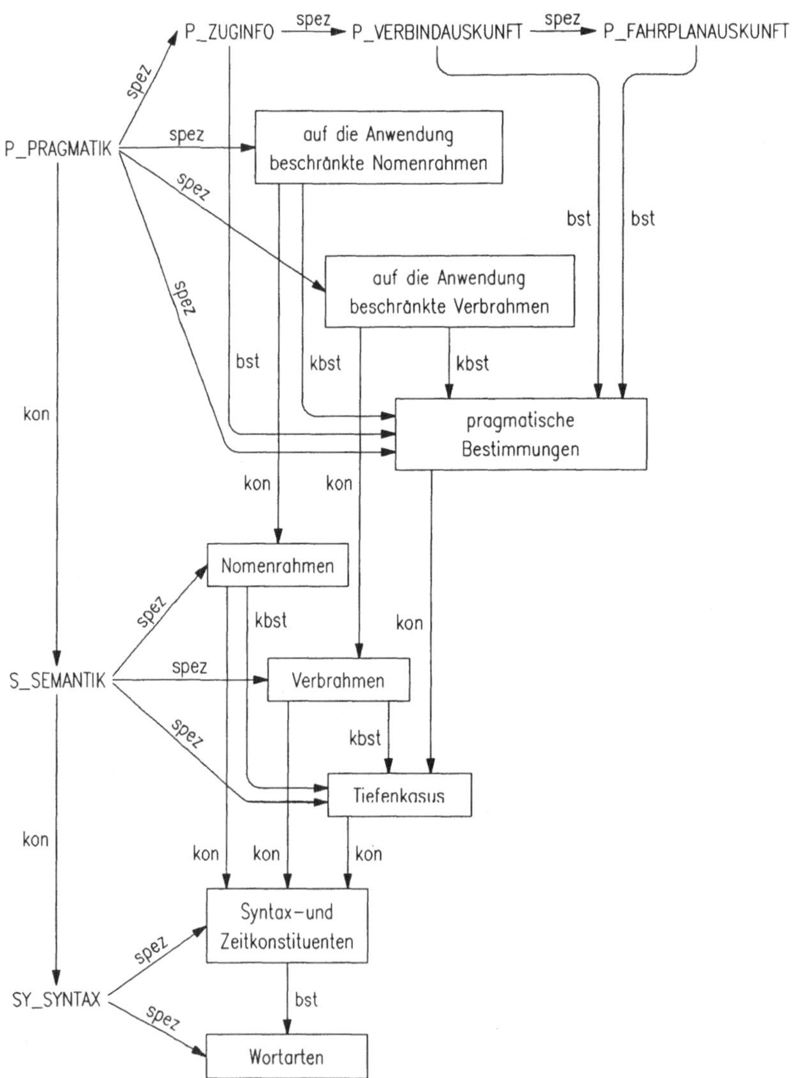

Bild 1: Netzwerkübersicht der linguistischen Wissensbasis

Das semantische Netz, das das Wissen für das Erkennen und Verstehen einer Äußerung beinhaltet, umfaßt drei Abstraktionsebenen. Die *Syntaxebene* enthält Konzepte, die zum einen syntaktische Konstituenten wie Verbalgruppe oder Präpositionalgruppe und zum anderen spezielle Zeitangaben wie Datum oder Uhrzeit modellieren. Die *Semantikebene* beruht auf Fillmore's Tiefenkasus Theorie [Fil68]. Hierbei wird angenommen, daß ein Verb für eine gewisse Bedeutung Leerstellen eröffnet, denen eine funktionale Rolle (Tiefenkasus) zugeordnet wird. Diese Theorie kann auch auf Nomina übertragen werden, so daß in dieser Ebene Konzepte für die Bedeutung von Verben und Nomina und für deren funktionale Rollen existieren. Die Konzepte der *Pragmatikebene* repräsentieren zulässige Benutzeranfragen wie Fahrplanauskunft und anwendungsabhängige Begriffe wie Abfahrtsort (pragmatische Bestimmung) oder "mit einem Zug fahren". In Bild 1 ist das Netzwerk übersichtsartig dargestellt. Da die gesamte Wissensbasis wegen ihrer Größe graphisch nicht darstellbar ist, werden bestimmte Konzepte mit all ihren Spezialisierungen jeweils zu einer Klasse zusammengefaßt. Derartige Konzeptklassen sind in Bild 1 durch eine Umrahmung kenntlich gemacht.

3 Linguistische Analyse

Um die Vorerwartungen der linguistischen Wissensbasis möglichst umfassend zu nutzen, wird eine Hypothese nicht aufgrund einer sequentiellen Abarbeitung des Sprachsignals (Links-Rechts-Analyse, Inselstrategien) erweitert, sondern aufgrund von strukturellen Beziehungen. Dies bedeutet, daß für die Erweiterung einer Hypothese nicht die aktuelle Überdeckung des Sprachsignals mit Worthypothesen entscheidend ist, sondern die Analyse durch Vorerwartungen, die im semantischen Netz modelliert sind, gesteuert wird. Dadurch wird eine Worthypothese in jedem noch nicht überdeckten Abschnitt des Sprachsignals akzeptiert, sobald sie den Anforderungen der Wissensbasis genügt. Darüber hinaus werden zeitlich benachbarte Worthypothesen zu einer Wortkette zusammengefaßt. Betrachtet man einzelne Worthypothesen als triviale Wortketten der Länge 1, so besteht eine Hypothese H während der Analyse aus einer Menge von diskontinuierlichen Wortketten $K_i, 1 \leq i \leq N$, die eine linguistische Interpretation besitzen.

3.1 Bewertungen

Für eine zielgerichtete Analyse sollte eine aussagekräftige Bewertung für eine Hypothese H die Begriffe *Zulässigkeit* (widerspricht eine Hypothese gegebenen Gesetzmäßigkeiten?), *Qualität* (wie gut spiegelt eine Hypothese die Übereinstimmung Signal/Modell wider?), *Sicherheit* (mit welcher Sicherheit liegt eine richtige Hypothese vor?) und *Relevanz* (wie dringend steht eine Hypothese zur weiteren Verarbeitung an?) widerspiegeln.

Die Zulässigkeit einer Hypothese ist durch die strukturellen Beziehungen der zugeordneten Interpretation gegeben. Sie ist ein binäres Maß und überprüft, ob die linguistischen Restriktionen, wie zum Beispiel Kongruenz von Kasus, Numerus und Genus innerhalb einer Nominalgruppe, erfüllt sind. Es gilt also:

$$z(H) = \begin{cases} 1, & \text{falls für } H \text{ alle Restriktionen erfüllt sind} \\ 0, & \text{sonst} \end{cases} \tag{1}$$

Da hier nur grundlegende Beziehungen getestet werden, die selbst bei spontan gesprochener Sprache zutreffen, wird eine Hypothese bei Verletzung dieser Restriktionen verworfen.

Die Qualität einer Hypothese ist durch die akustische Ähnlichkeit zwischen den zugrunde liegenden Wortketten und dem Sprachsignal definiert. Sie ergibt sich aus dem negativen Logarithmus der Emissionswahrscheinlichkeiten eines Hidden-Markov-Modells mit kontinuierlicher Dichte [Rei90]. Da sich die Ähnlichkeit einer Wortkette als Summe lokaler segmentaler Ähnlichkeiten berechnet, lassen sich die Qualitäten von Ketten unterschiedlicher Länge nicht miteinander vergleichen. Es wird daher eine Restabschätzung durchgeführt, die auf statistischen Annahmen über die Verteilung der Qualität korrekter Hypothesen basiert. Wie in [ST87] empirisch verifiziert wurde, ist die Qualität korrekter Hypothesen q_k, die L Längeneinheiten umfassen, folgendermaßen normalverteilt:

$$\mu_k(L) = \mathcal{E}(q_k|L, \text{korrekt}) = \mu_k L \qquad \sigma_k^2(L) = \mathcal{E}((\mu_k(L) - q_k)^2|L, \text{korrekt}) = \sigma_k^2 L \qquad (2)$$

Damit ergibt sich folgende Restschätzung für die Qualität eines nicht überdeckten Signalbereichs der Länge L:

$$\tilde{q}(L) = \mu_k L - C\sigma_k\sqrt{L} \qquad (3)$$

Über die Konstante C wird die Wahrscheinlichkeit eingestellt, mit der die Restschätzung einen optimistischen Wert liefert. Mit $C = 1.29$ ist $\tilde{q}$ für 90% der korrekten Hypothesen ein optimistischer Schätzwert, für $C = 2$ für 97%.

Da das für die akustische Qualität verwendete Bewertungsmaß additiv ist, ergibt sich für eine Hypothese H, die aus N Wortketten $K_i, 1 \leq i \leq N$ besteht, die Qualitätsbewertung:

$$q(H) = \sum_{i=1}^{N} q(K_i) \qquad (4)$$

Wie oben erwähnt, ist dieses Maß längenabhängig, so daß keine vergleichbare Bewertung vorliegt. Mit der in Gleichung (3) angegebenen Restschätzung kann man jedoch die akustische Qualität einer Hypothese auf den gesamten Signalbereich erweitern, so daß mit $\hat{q}(H) = q(H) + \tilde{q}(L)$ ein komparatives Maß für die akustische Qualität einer Hypothese H zur Verfügung steht, wobei L Längeneinheiten nicht von H überdeckt werden.

Die Sicherheit einer Hypothese orientiert sich an der Tatsache, daß längere Worthypothesen mit größerer Sicherheit korrekte Hypothesen darstellen [ST87]. Wie oben bereits erwähnt, werden zeitlich benachbarte Worthypothesen zu einer Wortkette K_i zusammengefaßt. Zusätzlich wird eine solche Kette als Einheit verifiziert, das heißt es wird für K_i auf der Grundlage des Sprachsignals die akustische Qualität $q(K_i)$ bestimmt. Demzufolge läßt sich $s(H)$ als ein Maß für die Sicherheit einer Hypothese wie folgt definieren: $s(H) = \max_{1 \leq i \leq N}\{L(K_i)\}, \quad L(K_i) := \text{Länge der Kette } K_i$

Als Maß für die Relevanz einer Hypothese bietet sich der Aufwand an, der benötigt wird, um eine vollständige Interpretation zu erreichen. Somit werden Hypothesen, die bereits einen Großteil des Sprachsignals überdecken, für die weitere Analyse bevorzugt. Damit gilt als Maß für die Relevanz einer Hypothese $r(H) = $ Anzahl der von H überdeckten Einheiten.

Zu einem Vektor zusammengefaßt läßt sich die Bewertung $b(H)$ einer Hypothese wie folgt darstellen $b(H) = (z(H), \hat{q}(H), s(H), r(H))$. Da der Bewertungsvektor monoton in jeder Komponente ist, ist das Bewertungsschema für den A*-Algorithmus zulässig, d.h. es wird die im obigen Sinne bestbewertete Äußerung gefunden. Die Vergleichbarkeit zwischen zwei Bewertungsvektoren wird durch einen komponentenweisen Vergleich erreicht:

$$(x_1, ..., x_k) < (y_1, ..., y_k) \Leftrightarrow \exists x_i[x_i < y_i], 1 \leq i \leq k \wedge \forall x_l[x_l = y_l], l < i$$

Das bedeutet, daß bei struktureller Konsistenz die akustische Qualität einer Hypothese für die weitere Verarbeitung maßgebend ist. Nur bei gleicher Qualität werden die Hypothesen bevorzugt verarbeitet, die die größte Sicherheit und die höchste Relevanz besitzen.

Ein sinnvoller Test auf Gleichheit der akustischen Qualität zweier Hypothesen ist über die zugehörigen reellwertigen Zahlen jedoch nicht möglich. Deshalb werden für die Qualität Intervalle gebildet, innerhalb derer man Gleichheit annimmt. Dazu legt man den aktuell besten Wert $\hat{q}_{max}(H)$ als obere Grenze des ersten Intervalls fest. Davon ausgehend werden die weiteren Intervallgrenzen bestimmt, so daß innerhalb eines Intervalls x% der Werte (z.B. x=5, 10) gemäß der Verteilung von $\hat{q}(H)$ enthalten sind. Da $\hat{q}(H)$ die akustische Qualität bezüglich des gesamten Sprachsignals der Länge L_g widerspiegelt, ergibt sich mit den Gleichungen aus (2) die Verteilung $\mathcal{N}(\mu_k L_g, \sigma_k^2 L_g)$.

Für die akustische Analyse wird das Sprachsignal in 12.8ms große Zeitscheiben zerlegt, so daß bei einer Äußerungsdauer von 3s die Länge des Signals mehr als 200 Einheiten beträgt. In diesem Größenbereich bietet der Vergleich natürlicher Zahlen keine genügende Trennschärfe für die Sicherheit zweier Hypothesen, so daß für das Sicherheitsmaß $s(H)$ ebenfalls Intervalle für den Gleichheitstest verwendet werden.

3.2 Kontrollstrategie

Ziel der linguistischen Analyse ist die Instantiierung eines Konzepts, das eine zulässige Benutzeranfrage repräsentiert (siehe Bild 1). Wegen der unsicheren Worterkennung und wegen der vielfältigen Ausdrucksmöglichkeiten von Sprache erscheint weder ein reiner datengetriebener Ansatz noch eine rein erwartungsgesteuerte Analyse allzu erfolgversprechend. Deshalb verfolgen wir eine Strategie, die sowohl die akustischen Daten als auch die Vorerwartungen des linguistischen Modells berücksichtigt [Kum91].

Initialisierung

Wörter, die für den Anwendungsbereich bedeutungsvoll sind, werden nach [Nöt90] besonders betont und sind daher von der Hypothesengenerierung besser detektierbar. Auf dieser Tatsache baut die Kontrolle auf, indem sie die n bestbewerteten pragmatisch relevanten Worthypothesen (z.B. München, Freitag) als Startpunkte für die weitere Analyse verwendet. Für jede dieser konkurrierenden Hypothesen wird jeweils eine Instanz zur zugehörigen Wortart gebildet (z.B. "Freitag" I(SY_NOMEN)) und in einem Suchbaumknoten abgelegt. Die Bewertung dieser Knoten erfolgt über die zugehörige Instanz und über die zugrunde liegende Worthypothese (siehe Abschnitt 3.1).

Schätzung von pragmatischen Bestimmungen

Um die restriktiven Vorhersagen aus der Pragmatikebene zu nutzen, werden die Instanzen aus der Initialisierung passenden pragmatischen Bestimmungen zugeordnet. So kann die Worthypothese "München" sowohl als Abfahrtsort als auch als Ankunftsort, aber nicht als Abfahrtszeit interpretiert werden wie dies für "Freitag" sinnvoll wäre. Eine korrekte Zuordnung geschieht über pragmatische Klassen, die für alle bedeutungstragenden Wörter im Lexikon eingetragen ist. Für Abfahrts- bzw. Ankunftsort ist nur die Klasse "Stadt-mit-IC-Bahnhof" zulässig, die das Wort "München" im Gegensatz zu "Freitag" besitzt. Demgemäß wird eine Verbindung im Netzwerk aufgebaut, die die initiale Instanz mit einer passenden pragmatischen Bestimmung verbindet. Da für die Präpositionalgruppe (SY_PNG) wegen der fehlenden Präposition keine Instanz etabliert werden kann, wird unter Einbeziehung von I(SY_NG) ein modifiziertes Konzept Q(SY_PNG) erzeugt. Bild 2 zeigt den Inhalt zweier konkurrierender Suchbaumknoten, die sich aus der Hypothese "München" ergeben.

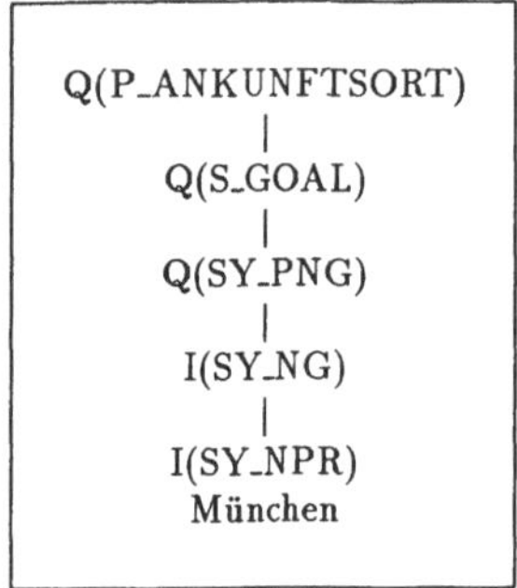

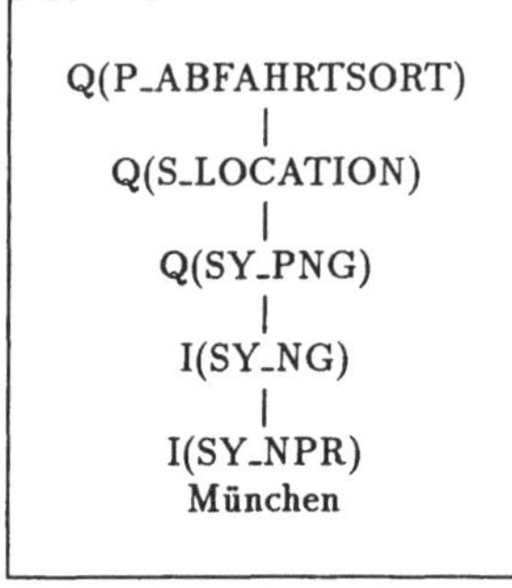

Bild 2: Inhalt zweier Suchbaumknoten nach der Schätzung pragmatischer Bestimmungen

Verifikation pragmatischer Bestimmungen auf der Syntaxebene

In diesem Schritt wird die syntaktische Konstituente gemäß den Vorerwartungen der pragmatischen Bestimmung vervollständigt. In unserem Beispiel beschränkt das Konzept P_ANKUNFTSORT die zulässigen Präpositionen auf "in" und "nach". Zusätzlich wird durch das Wissen in SY_PNG die Position der gesuchten Präposition auf den Zeitbereich direkt vor der Hypothese "München" festgelegt. Durch diese modellgesteuerten Restriktionen kann die Hypothesengenerierung stark begrenzt werden.

Verifikation eines Kontextes

Da die pragmatischen Bestimmungen kontextabhängig von Verb- oder Nomenrahmen sind, wird für die Instantiierung zuerst ein passender Kontext benötigt. Diese sind in den pragmatischen Bestimmungen vermerkt und erlauben so eine erwartungsgesteuerte Anforderung eines Verb- oder Nomenrahmens. Bild 3 zeigt den Inhalt eines Suchbaumknotens nach der Hypothetisierung einer Verbalgruppe zum Verbrahmen "fahren".

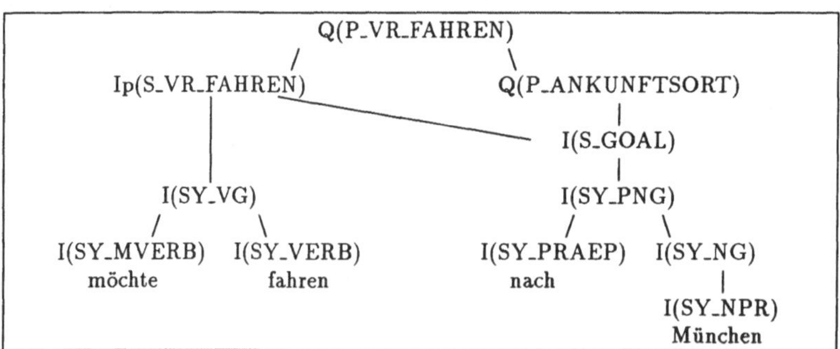

Bild 3: Inhalt eines Suchbaumknotens nach der Verifikation eines Kontextes

Schätzung eines Auskunftskonzepts

Nachdem ein Kontext etabliert ist, wird ein passendes Auskunftskonzept geschätzt. Für das Konzept P_ANKUNFTSORT sind die Konzepte P_VERBINDAUSKUNFT und P_FAHRPLANAUSKUNFT zulässig, wodurch zwei konkurrierende Suchbaumknoten erzeugt würden. Da P_FAHRPLANAUSKUNFT eine Spezialisierung von P_VERBINDAUSKUNFT ist, kann die gesamte Information von P_VERBINDAUSKUNFT für P_FAHR-

PLANAUSKUNFT verwendet werden. Deshalb wird nur das allgemeinste passende Auskunftskonzept geschätzt. Falls eine Instanz zu P_VERBINDAUSKUNFT nicht das gesamte Sprachsignal interpretiert, so werden die bis dahin erzeugten Instanzen verwendet, um P_FAHRPLANAUSKUNFT zu instantiieren. Ansonsten würden diese Instanzen zweimal auf konkurrierenden Pfaden generiert.

Verifikation des Auskunftskonzepts

Nach der Festlegung eines Auskunftskonzepts wird versucht, die fehlenden obligatorischen Bestandteile der Teilinterpretation im Sprachsignal zu detektieren. Für die um das Auskunftskonzept P_VERBINDAUSKUNFT erweiterte Hypothese aus Bild 3 bedeutet dies, daß gemäß dem Verbrahmen P_VR_FAHREN das Subjekt des Satzes, nämlich P_REISENDER, erwartungsgesteuert instantiiert wird. Bild 4 zeigt den Inhalt eines Suchbaumknotens nach Abschluß dieses Prozesses. Ist hierauf das Sprachsignal ausreichend mit Hypothesen überdeckt, so terminiert die Analyse und die Äußerung wird als allgemeiner Verbindungswunsch von Bielefeld (Default) nach München interpretiert. Anderenfalls wird versucht die Äußerung als Fahrplanauskunft zu interpretieren, wozu die Angabe einer gewünschten Abfahrtszeit gehört. Diese wird dann wiederum erwartungsgesteuert instantiiert. Während der ersten drei Phasen der Analyse wird der Suchbaum vollständig

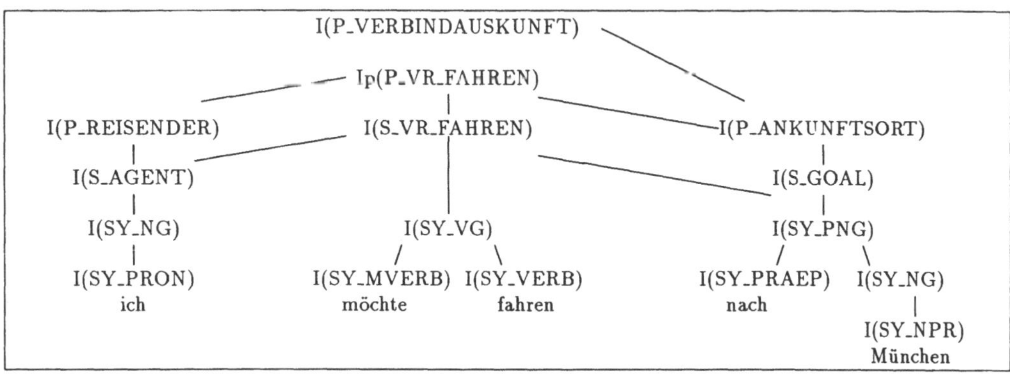

Bild 4: Inhalt eines Suchbaumknotens nach der Verifikation eines Auskunftskonzepts

expandiert, um linguistisch und akustisch gut fundierte Hypothesen für die weitere Verarbeitung zu garantieren. Danach wird die Analyse über den A*-Algorithmus mittels der Bewertungen aus Abschnitt 3.1 gesteuert.

4 Ergebnisse

Mit der oben erläuterten Vorgehensweise wurden Versuche an 81 gesprochenen Sätzen durchgeführt. Die Worthypothetisierung erfolgte sprecherunabhängig auf einem Lexikon mit 1071 Einträgen. Als Hardware wurde eine DEC-Risc-Station 5000 mit 24 MByte Arbeitsspeicher verwendet. Um das Laufzeitverhalten des Systems in Abhängigkeit von der Leistungsfähigkeit der akustischen Verarbeitung zu ermitteln, wurden vier unterschiedliche Testvarianten durchgeführt. Bei den *Typ0*-Tests wurden nur die Worthypothesen zu den gesprochenen Wörtern betrachtet, während bei den *Typ1 (Typ2, Typ3)*-Tests die 50 (100,

200) bestbewerteten Worthypothesen um die noch fehlenden Hypothesen zu den gesprochenen Wörtern ergänzt wurden Dabei wurden die nachgezogenen Hypothesen jedoch nicht in ihrer Bewertung angehoben, sondern es wurde deren tatsächliche akustische Qualität für den A^*-Algorithmus verwendet, was tendenziell zu einer verstärkten Breitensuche führt. Zusätzlich gilt es zu bedenken, daß innerhalb der akustisch optimalen Wortkette deutlich weniger als 50% der richtigen Wörter detektiert wurden. Unter diesen Rahmenbedingungen wurden bei der *Typ0*-Analyse 60 Sätze vollständig korrekt analysiert, während bei 21 Sätzen die Äußerung unvollständig interpretiert wurde (z.B. "am elften Januar" anstatt "am elften Januar nachmittags"). Die Ursache hierfür liegt am Abbruchkriterium, nämlich 80% Überdeckung des Sprachsignals mit Worthypothesen. Im Durchschnitt wurden 472 Suchbaumknoten, 522 Instanzen und 546 modifizierte Konzepte erzeugt. Die durchschnittliche Rechenzeit betrug 37 CPU-Sekunden. Bei den *(Typ1, Typ2, Typ3)*-Analysen wurden (56, 43, 15) Sätze vollständig korrekt analysiert, während bei (15, 14, 10) Sätzen die Äußerung unvollständig interpretiert wurde. Bei (5, 15, 29) Sätzen wurde ein Äußerungsteil falsch interpretiert und bei den restlichen (5, 9, 27) Sätzen brach die Analyse ohne Ergebnis ab. Bei einer durchschnittlichen Rechenzeit von (68, 133, 205) CPU-Sekunden wurden im Durchschnitt (949, 1690, 2528) Suchbaumknoten, (1049, 1690, 2672) Instanzen und (1096, 1923, 3023) modifizierte Konzepte erzeugt. Damit wird gegenüber der akustischen Erkennung eine erhebliche Verbesserung der richtigen bzw. sinnvollen Interpretation einer Äußerung erzielt. Darüber hinaus läßt sich die vorgestellte Strategie problemlos an eine verbesserte Hypothesengenerierung adaptieren, wodurch die Erkennungsleistung der linguistischen Analyse weiter ansteigt.

Literatur

[Fil68]   Ch. Fillmore. A case for case. In E. Bach and R. T. Harms (Hrsg.): *Universals in Linguistic Theory*, S. 1–88. Holt, Rinehart and Winston, New York, 1968.

[Kum91]   F. Kummert. *Flexible Steuerung eines sprachverstehenden Systems mit homogener Wissensbasis*. Dissertation, Technische Fakultät der Universität Erlangen-Nürnberg, 1991.

[Nöt90]   E. Nöth. *Prosodische Information in der automatischen Spracherkennung Berechnung und Anwendung*. Dissertation, Technische Fakultät der Universität Erlangen-Nürnberg, 1990.

[Rei90]   A. Reinhart. Automatisches Lernen der statistischen Parameter eines akustisch-phonetischen Netzwerks mit diskreten HMM-Emissionsdichten. Diplomarbeit, Lehrstuhl für Informatik 5 (Mustererkennung), Universität Erlangen-Nürnberg, 1990.

[SK88]   G. Sagerer and F. Kummert. Knowledge Based Systems for Speech Understanding. In H. Niemann, M. Lang, and G. Sagerer (Hrsg.): *Recent Advances in Speech Understanding and Dialog Systems*, S. 421–458. NATO ASI Series F, Vol. 46, Springer-Verlag, Berlin, 1988.

[ST87]   E. G. Schukat-Talamazzini. *Generierung von Worthypothesen in kontinuierlicher Sprache*, Vol. 141 von *Informatik-Fachberichte*. Springer-Verlag, Berlin, 1987.

Eine Inferenzkomponente für die Bildsequenzanalyse

C. Weighardt, H. Niemann

Bayerisches Forschungszentrum für Wissensbasierte Systeme (FORWISS)
Forschungsgruppe Wissensverarbeitung
Am Weichselgarten 7
8520 Erlangen-Tennenlohe

Übersicht

Zur Echtzeitanalyse von Bildfolgen müssen zwei Voraussetzungen gegeben sein:
eine *schritthaltende* Algorithmik sowie Spezialhardware, die eine genügend schnelle
Berechnung ermöglicht. *Schritthaltend* heißt, daß synchron und fortlaufend zu den
Eingangssignalen Analyseergebnisse erzeugt werden. Dieser Beitrag beschäftigt sich
mit der *algorithmischen* Grundlage für die Echtzeitverarbeitung.
Zur Motivation werden Charakteristika von Bildfolgen im allgemeinen und Aspekte
der Interpretation von Bildfolgen zur Steuerung mobiler Systeme erörtert. Daraus
werden Anforderungen für die Inferenzkomponente eines wissensbasierten Systems
abgeleitet. Die Beschreibung der Konzeption und einer ersten Realisierung einer
Schritthaltenden Kontrolle für ein auf semantischen Netzen basierendes Bildanalysesystem bildet den Hauptteil.

1 Einführung

1.1 Dynamisches Sehen

Dynamisches (maschinelles) Sehen ist mehr als schnelle Verarbeitung statischer (Einzel-)
Bilder ([Dic88]), die zu Beginn der Analyse als Eingabedatum vorliegen. Ein wichtiger
und offensichtlicher Unterschied ist die

zeitliche Kontinuität : Bilder, die in einem Abstand von wenigen Millisekunden nacheinander in derselben Umgebung aufgenommen werden, sind *sehr* ähnlich zueinander. Die Gesamtaufgabe des dynamischen Sehens ist demnach einfacher zu lösen,
wenn die Algorithmik (signalnah *und* symbolisch) diese Randbedingung ausnutzt,
weil so die Zeit, die für die Verarbeitung jedes einzelnen Bildes benötigt wird, verringert werden kann.

Darüberhinaus gibt es eine ganze Reihe weiterer Aspekte, die die Verarbeitung bzw. Interpretation dynamischer Szenen charakterisieren; sie werden im folgenden kurz umrissen.
Aufgrund der *hohen Abtastrate* ($\geq$25 Bilder/s) ergeben sich mehrere Fakten, die die Randbedingungen für eine Analyse vereinfachen können: *geringe Geschwindigkeitsänderung,
geringe Formänderung* und *gleichförmige Bewegung* der Objekte wie im Ansatz von
[Pen88] für die Schätzung von Bewegungsinformation ausgenutzt. Für die Objektverfolgung über die Zeitachse wird von [Jai88] das *Prinzip der Pfadkohärenz* vorgestellt, dem,

Abb. 1: Bild30 und Bild60 einer Sequenz, zeitl. Abstand 1200ms, 25 Bilder/s

ebenfalls basierend auf der hohen Abtastrate, die Annahme der Kontinuität der Bewegung zugrundeliegt. Änderungen, die dieses Prinzip verletzen, entsprechen Bewegungsdiskontinuitäten. Sie werden als *Ereignis* bezeichnet und können zeitgleich mit der Bewegung detektiert werden.

1.2 Dynamisches Sehen für mobile Systeme

Speziell für die Bildsequenzanalyse, die *autonomen mobilen Systemen* das "Sehen" und das Erkennen ihrer Umgebung ermöglicht, lassen sich einige zusätzliche Anforderungen festhalten:

- *Ausgabe des Systems* : Ziel der Interpretation eines Sehsystems für ein autonomes Fahrzeug kann ein Verhalten (Aktion, Reaktion) o.ä. sein, das das gesteuerte System zeigen soll, keinesfalls jedoch eine verbale Beschreibung des *gesamten* Inhaltes des analysierten Bildes.

- *Aufmerksamkeitssteuerung:* bestimmte Bildbereiche sind für die Einschätzung der Fahrsituation von größerer Bedeutung als andere; durch geeignete Verfahren kann eine Fokussierung, wie beispielsweise bei [Bur88], in Verbindung mit genauerer "Betrachtung"/Analyse vorgenommen werden.

- *modellbasierte Interpretation* : Modelle, die eine natürliche Umgebung beschreiben, erfordern einen hohen Grad an Granularität und sollten insbesondere die explizite Repräsentation von Unsicherheiten erlauben ([Law87]).

- *Interpretationssteuerung* : eine Möglichkeit der Steuerung des Analyseprozesses ergibt sich durch die Zuordnung von Eigenschaften wie "Erwartung" (Wahrscheinlichkeitsmaß) und "Nützlichkeit" (Kostenfunktion) zu den Objektbeschreibungen ([Joh86]). Je nach aktueller Analysesituation können so Objekte gemäß der berechneten Relevanz detailliert oder grob betrachtet werden.

Die Aufgabe des Sehsystems ist *zielgerichtet* :
Detektion, Klassifikation und Interpretation von Merkmalen, die auf *fahrsituationsrelevante* Objekte/Ereignisse hinweisen – in Präsenz und Position.

Hierzu ist zunächst eine leistungsfähige Segmentierung nötig, die die gewünschten, als relevant eingestuften Merkmale zuverlässig und "bewertbar" liefert.
Darauf aufbauend, auch interagierend, kann eine wissensbasierte Verarbeitungseinheit die vielfältigen Schritte bis zur Interpretation übernehmen: die Gruppierung von Objektprimitiva, Objektklassifikation, Analyse der Beziehungen der Objekte, Generierung von Erwartungen über Objektform und -geschwindigkeit, etc. Neben der geeigneten Modellierung ist die Effizienz der Inferenzkomponente ein entscheidender Faktor, um das Ziel Echtzeitverarbeitung zu erreichen. In diesem Kontext ist das Thema "Schritthaltende Kontrolle" angesiedelt. Durch die Integration der Prinzipien der Dynamik in die Kontrollkomponente eines Bildanalysesystems, das auf semantischen Netzen basiert, soll die algorithmische Grundlage für die Echzeitimplementierung geschaffen werden. Das Werkzeug für diese Arbeit ist die Systemschale ERNEST, die in [Nie90] ausführlich für eine Anwendung in der Bildanalyse beschrieben wurde.

2 Schritthaltende Kontrolle

2.1 Ziele

Die Kontrollkomponente des ERNEST-Systems ([Sag90], [Kum91]) ermöglicht es, Segmentierungsergebnisse als Eingabedaten zu Beginn einer Analyse in ein ERNEST-Netzwerk aufzunehmen und dann die Analyse bis zur Instantiierung eines Zielkonzeptes zu steuern. Dabei wird der bestmögliche Abgleich zwischen dem Modell und den Daten bestimmt. Als Hypothesen sind in jeder Analysesituation verschiedene Teilnetzwerke möglich, die sich zum einen aufgrund der alternativen Modellierung ergeben, zum anderen durch konkurrierende Signal-Modell-Zuordnungen. Erweiterungsmöglichkeiten eines Interpretationsergebnisses sind durch die Modellstruktur vorgegeben. Für jedes Bild einer dynamischen Bildsequenz würde als Hypothese für den Abgleich das vollständige Modell zugelassen, ohne Berücksichtigung der Ergebnisse aus den vorhergehenden Bildern.
Bei Vergegenwärtigung der Fakten und Annahmen zur Bildsequenzanalyse aus Abs. 1 wird eine solche Vorgehensweise ineffizient und kaum effektiv erscheinen. Eine Erweiterung der Kontrollkomponente soll Unterstützung bieten: das allgemeine Ziel bei der Entwicklung der Schritthaltenden Kontrolle ist es, die Verarbeitungsprinzipien, die sich

aus der Dynamik der Bildsequenzen ergeben, in die bestehende Kontrollstrategie zu integrieren (Abs. 1). So soll nicht nur auf Segmentierungsebene, sondern auch bei der wissensbasierten Verarbeitung eine Adaption an die analysierte Szene möglich sein, in dem Sinn, daß Ergebnisse aus vorhergehenden Bildern der Sequenz als Ausgangspunkt genutzt werden, um so eine Effizienz zu erreichen, die in Zeit- und Speicherbedarf eine Grundlage für die Echtzeitverarbeitung bildet. Dabei sollen mehrere Einzelziele zu einem Kontrollparadigma vereint werden: *Aufmerksamkeitssteuerung* der Interpretation auf interessante Bildbereiche, mit dem Ziel auch den Fokus der Segmentierungsalgorithmen über geeignete Rückkopplungsmechanismen zu lenken, Nutzung der zeitlichen Entwicklung, um so einerseits ein *Gedächtnis* aufzubauen, das als Basis für die Erkennung von Vorgängen dient, und, um andrerseits *Erwartungen* über die zukünftige Entwicklung abzuleiten.
Wie diese allgemeinen Prinzipien in einen Kontrollalgorithmus eingebettet werden können, wird in den nächsten Abschnitten gezeigt.

2.2 Erweiterung der Kontrollstrategie

Zur Einführung einige Begriffskonventionen, Details sind beipielsweise in [Sag90] ausführlich beschrieben. Ein Konzept beschreibt in der ERNEST-Netzwerksprache Begriffe, Objekte oder auch Ereignisse. Eine Instanz bildet die konkrete Ausprägung eines Konzepts in den vorliegenden Sensordaten, als modifizierte Konzepte werden Konzepte bezeichnet, die aufgrund von Zwischenergebnissen während der Analyse an die Sensordaten adaptiert wurden.
Das folgende Struktogramm zeigt eine grobe Übersicht über die Konzeption des Kontrollalgorithmus' für die schritthaltende Verarbeitung. Die grundlegende Neuerung ist die Auffassung einer Bildfolge als *ein* Signal, dessen Einzelabschnitte in diskreten Zeitabständen neu anliegen und fortlaufend unter Berücksichtigung der Zwischenergebnisse interpretiert werden. Der Suchraum wird dabei, falls nötig, sukzessive in drei Stufen erweitert: in *Teil 1* werden zunächst dieselben Objekte mit etwas veränderten Attributen erwartet, ist die Signalüberdeckung nicht gewährleistet, werden in *Teil 2* neue Objekte gleichen Typs erwartet, genügt dies nicht für eine überdeckende Signalinterpretation, wird die gesamte Wissensbasis als Hypothese für die nichtinterpretierten Segmente zugelassen, d.h. neue Objekte neuen Typs werden erzeugt.
Die Erweiterung der bestehenden Kontrolle ([Kum91]) zur Schritthaltenden Kontrolle kann in zwei Aufgabenbereiche aufgeteilt werden, die zu behandeln sind.

- die Rolle der Kontrolle bei der Auswahl und Bestimmung der (Zwischen-)ergebnisse für die weitere Verarbeitung – **Operationen im Suchraum.**

- Ermittlung und Umsetzung der Möglichkeiten der Kontrolle, den Abgleich zwischen Segmentierungsdaten und Zwischenergebnis bzw. Modell zu vereinfachen – **Adaption von Teilinterpretationen.**

Die beiden folgenden Abschnitte diskutieren erste Realisierungen zu diesen Teilaufgaben. Abschließend wird kurz auf weitere geplante Arbeiten verwiesen.

<table>
<tr><td colspan="3">

Gegeben :

Modell (*Wissensbasis*) $\mathcal{M}$,

Sequenz initialer Beschreibungen (*Segmentierungsergebnisse*) $\mathcal{A}_\tau, \tau = 0, \ldots$

</td></tr>
<tr><td colspan="3">

Initialisierung :

Berechne Beschreibung (*Abgleichergebnis Segmentierung-Modell*) $\mathcal{B}_0$ aus $\mathcal{A}_0$

Erzeuge korrespondierende modifizierte Konzepte zu allen Instanzen in $\mathcal{B}_0$,

die Menge dieser modifizierten Konzepte ist $\mathcal{Q}_0(\mathcal{M})$ (*bereits adaptierte Konzepte, die wie ein Gedächtnis wirken*)

</td></tr>
<tr><td colspan="3">

Fortlaufende Auffrischung:

Teil 1: neue Interpretation nur mit Instanzen aus vorhergehendem Schritt ermitteln

zur Zeit $t = \tau \Delta t + t_0$ frische die Instanzen in $\mathcal{B}_{\tau-1}$ mit $\mathcal{A}_\tau$ auf, um $\mathcal{B}_\tau$ zu erhalten

Bereinigung des Suchraums

Instanzen von Objekten, die die Bildfläche verlassen haben, werden nach Zeitverzögerung δ_1 gelöscht ; modifizierte Konzepte, die zu den gelöschten Instanzen gehören, werden nach einer Zeitverzögerung $\delta_2 > \delta_1$ aus $\mathcal{Q}_{\tau-1}(\mathcal{M})$ gelöscht

</td></tr>
<tr><td>IF</td><td colspan="2">Beschreibung $\mathcal{B}_\tau$ weniger als $p\%$ von $\mathcal{A}_\tau$ überdeckt</td></tr>
<tr><td>THEN</td><td colspan="2">

Teil 2: Nutzung der adaptierten Konzepte, generierte Erwartungen einsetzen

versuche durch Nutzung von $\mathcal{Q}_{\tau-1}(\mathcal{M})$ Instanzen für die nicht interpretierten Elemente in $\mathcal{A}_\tau$ zu berechnen; füge die Instanzen zu $\mathcal{B}_\tau$ an; berechne korrespondierende modifizierte Konzepte zu diesen Instanzen

</td></tr>
<tr><td>IF</td><td colspan="2">Beschreibung $\mathcal{B}_\tau$ weniger als $p\%$ von $\mathcal{A}_\tau$ überdeckt</td></tr>
<tr><td>THEN</td><td colspan="2">

Teil 3: Nutzung des gesamten Modells (aller möglichen Konzepte)

Berechne Instanzen für die nicht interpretierten Elemente von $\mathcal{A}_\tau$ unter Nutzung des gesamten Modells $\mathcal{M}$; füge die Instanzen zu $\mathcal{B}_\tau$ an; berechne korrespondierende modifizierte Konzepte zu diesen Instanzen

</td></tr>
<tr><td colspan="3">

Aktualisieren des Gedächtnisses

Frische $\mathcal{Q}_{\tau-1}$ durch Neuberechnung der Attribut- und Relationseinschränkungen und Hinzufügen der neuen modifizierten Konzepte auf, um $\mathcal{Q}_\tau$ zu erhalten

</td></tr>
<tr><td colspan="3">UNTIL Ende der Bildsequenz</td></tr>
</table>

2.3 Operationen im Suchraum

2.3.1 Kontrolle in ERNEST

Um das Verständnis der weiteren Abschnitte zu erleichtern, soll hier in sehr knapper Form ein Überblick über die ERNEST-Kontrolle gegeben werden.

Eine Kombination aus 6 anwendungs*un*abhängigen Inferenzregeln mit dem A^*-Algorithmus ([Nil82]) bildet die Basiskontrolle in ERNEST. Durch die rekursive Anwendung der Regeln wird ein Suchbaum aufgespannt, dessen Blattknoten konkurrierende bzw. partielle Interpretationen der Eingabedaten repräsentieren. Diese Knoten sind Elemente der OFFEN-Liste des Kontrollalgorithmus' auf der Basis von A^*. Mit Hilfe von weitgehend durch den Anwender frei wählbaren Funktionen wird jedem Suchbaumknoten eine Bewertung/Güte zugeordnet. Zur weiteren Verarbeitung wird der jeweils bestbewertete Knoten aus der OFFEN-Liste bestimmt. Bei der Bearbeitung der Knoten wird alternierend eine Expan-

sionsphase und eine Instantiierungsphase angestoßen, und so neue Knoten erzeugt. Das
Beispiel in Abb. 2 zeigt ein sehr einfaches Modell einer "Verkehrsszene".

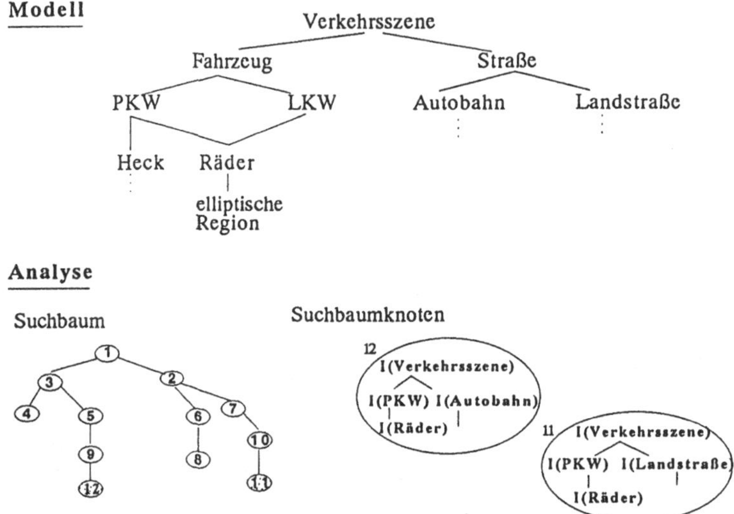

Abb. 2: Aufbau und Inhalt von Suchbaumknoten

In einer ERNEST-Wissensbasis können Konzepte durch drei Arten von Kanten miteinander verbunden sein: Bestandteilkanten beschreiben eine Teilbeziehung, während Konkretisierungskanten Verbindungen zu (begrifflich) anderen Abstraktionsebenen modellieren, die Spezialisierungskante ist als Inverse zur in semantischen Netzwerken typischen Generalisierungsbeziehung eingeführt. Das Modell (Abb. 2) sieht als Bestandteile der "Verkehrsszene" die Konzepte "Straße" und "Fahrzeug" vor. "Straße" wird spezialisiert durch "Autobahn" oder "Landstraße"; "Fahrzeug" wird spezialisiert durch "PKW" oder "LKW". Als Bestandteile von "Fahrzeug" sind entweder "Heck" oder "Räder" vorhanden. Das Schnittstellenkonzept "elliptische Region" auf der untersten Konkretisierungsebene stellt die Verbindung zwischen "Räder" und den Segmentierungsdaten her. Die Segmentierung ist nicht Gegenstand dieser Arbeit, sondern wird als gegeben betrachtet.
Während der Analyse mit dem Zielkonzept "Verkehrsszene" werden Segmentierungsdaten gegen die Konzepte des Modells abgeglichen. Diese Vorgabe des Zielkonzepts kann auch so formuliert werden:"Finde heraus, welche Objekte sich in der Verkehrsszene befinden". Die möglichen Strukturierungen für "Verkehrsszene" gibt das Modell an. Um diesen Abgleich durchzuführen, werden vom Kontrollalgorithmus die Inferenzregeln angestoßen. Der aufgespannte Suchbaum zeigt (vereinfacht) das Ergebnis des Abgleichs. Jede Verzweigung des Suchbaums repräsentiert konkurrierende Interpretationen bzw. konkurrierende Versuche, die Daten mit dem angegebenen Modell zu interpretieren.
Jeder *Suchbaumknoten* enthält die vollständige Information über den Ablauf der Analyse auf dem Pfad vom Wurzelknoten bis zu seiner Erzeugung. Er enthält also alle auf diesem

Weg erzeugten modifizierten Konzepte und Instanzen, sowie die dabei über das prozedurale Wissen aus den Ausgangsdaten ermittelten und eingetragenen Werte. Die in einem Suchbaumknoten enthaltenen Netzwerkobjekte sind analog zu den Netzwerkobjekten in der Wissensbasis miteinander verbunden, sie bilden je nach Fortschritt der Analyse einen mehr oder weniger großen Teil dieses Netzwerks aus Konzepten durch ein Netzwerk aus modifizierten Konzepten und Instanzen nach (Abb. 2: Knoten11). Jedem Knoten ist eine Bewertung zugeordnet, die sich in der Regel aus den Bewertungen der darin enthaltenen Instanzen und modifizierten Konzepte zusammensetzt. Die Bewertung der Knoten gibt somit an, wie gut die Daten zu dem Modellausschnitt "passen", mit dem sie abgeglichen wurden.

2.3.2 Propagierung von Strukturen

Aus dem obigen Suchbaumausschnitt ist erkennbar, daß jeder Knoten den gesamten Interpretationszustand bis zu seiner Erzeugung repräsentiert. Dieser Interpretationszustand beschreibt die Struktur der analysierten Daten, z.B. die vorkommenden Objekte, die Beziehungen der Objekte, daraus abgeleitete Relationen etc. Die Blattknoten geben konkurrierende Interpretationen an, und ihre Bewertung läßt auf die Güte des Abgleichsergebnis' schließen.

Aufbauend darauf ist für die Schritthaltende Kontrolle zunächst ein Ansatz realisiert worden, der als "Strukturpropagierung" bezeichnet werden kann. Die bestbewerteten Elemente aus der OFFEN-Liste (Blattknoten des Suchbaums) des vorherigen Zeitpunktes ($\mathcal{B}_{\tau-1}$) werden, in der Reihenfolge ihrer Güte geordnet, als Startknoten für die Interpretation des aktuellen Zeitpunktes ($\mathcal{B}_\tau$) ausgewählt. Die Instanzen des ausgewählten Knotens werden mit den Daten des neuen Zeitpunktes abgeglichen bzw. aufgefrischt.

Das Zielkonzept des gewählten Knotens wird als Zielkonzept für den Abgleich mit den aktuellen Daten vorgegeben. Die Instanzen des Knotens werden wie eine bereits rekursiv expandierte Prämisse des Zielkonzeptes bezüglich der Instantiierungsregeln ([Kum91]) behandelt. Die Abarbeitungsreihenfolge entspricht im wesentlichen einer bottom-up-Behandlung. Begonnen wird mit den Instanzen zu Konzepten der untersten Konkretisierungsebene, die auch als *Schnittstellenkonzepte* (zu den Segmentierungsdaten) bezeichnet werden. Sukzessive werden anschließend die Bestandteile und Konkretisierungen der höheren Abstraktionsebenen bearbeitet. Die Bearbeitung einer Instanz bedeutet hier, genauso wie beim Erzeugen einer Instanz, das Anstoßen des referierten prozeduralen Wissens: Kantenbewertung, Attributberechnung, Attributbewertung, Relationsbewertung, Bewertung. Die aus den aktuellen Daten ermittelten Werte repräsentieren den Abgleich zum neuen Signalausschnitt ($\mathcal{B}_\tau$). Diese Vorgehensweise kann als hypothesengetriebener Ansatz angesehen werden, der als Hypothese vorgibt:

> Die Struktur der Interpretation, die durch den gewählten Suchbaumknoten ($\mathcal{B}_{\tau-1}$) aus der OFFEN-Liste repräsentiert wird, gleicht auch die Daten des neuen Signalabschnitts ($\mathcal{A}_\tau$) "gut" ab.

Bei Bildsequenzen mit hoher Aufnahmefrequenz (Abb. 1) ist diese Hypothese häufig über viele Bilder hinweg erfüllt. Die Struktur der Bildinhalte ändert sich kaum, nur einzelne Attribute, z.B. Position, von Objekten müssen angepaßt werden.

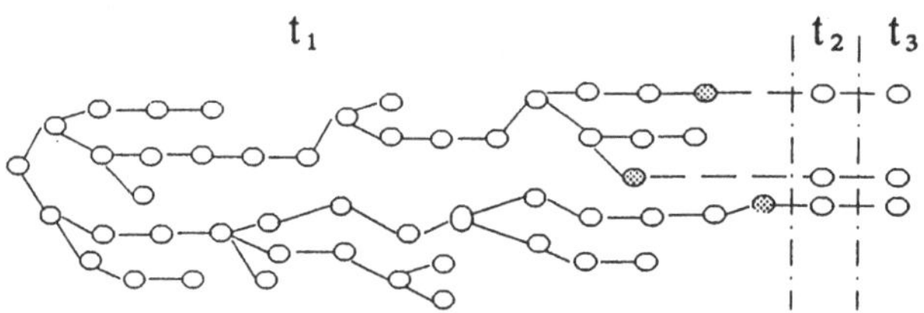

Abb. 3: Suchbaumentwicklung bei der Bildfolgenanalyse

Die Effizienz des Ansatzes wird deutlich, wenn in Betracht gezogen wird, daß für die anfängliche Interpretation, bei der möglicherweise das gesamte Modell nach geeigneten Abgleichkandidaten für die Daten abgesucht wird, häufig mehrere hunderte Suchbaumknoten erzeugt werden. Bei der fortlaufenden Analyse werden nur wenige, gut passende Knoten für die Folgebilder (Abb. 3: Zeitpunkte t_2, t_3) betrachtet.

Die Anzahl der auszuwählenden besten Knoten des vorherigen Zeitpunktes ist abhängig von der Zeit, die die Bearbeitung eines Knotens (maximal) benötigt und von der Zeit, die pro Analysezyklus zur Verfügung steht. Die Synchronitätsforderung stellt dabei eine wesentliche und sehr restriktive Bedingung dar, die u.U. die Frage nach der Güte der Überdeckung des Signals durch die Interpretation stark beeinflußt. Zu Beginn der Experimente wird daher der Synchronisierungsfaktor zwischen den Verarbeitungsebenen so hoch wie nötig gesetzt, mit dem Ziel ihn sukzessive zu verkleinern:

Takteinheit auf symbolischer Ebene := k (Takteinheit auf subsymbolischer Ebene) mit k ≥ 1.

2.4 Adaption von Teilinterpretationen

Wie bei der Auswahl der Suchbaumknoten, die eine Propagierung der gesamten Bildstruktur über die Zeit vornimmt, wird auch bei der Bildung der Teilinterpretationen zum aktuellen Zeitpunkt (B_τ) die zeitliche Geschichte der zugehörigen Teilinterpretation des vorherigen Zeitpunktes ($B_{\tau-1}$) zur Verfügung gestellt, um den aktuell anstehenden Abgleich zu vereinfachen. Für den Fall, daß ein Abgleich für einen Teil der Interpretation fehlschlägt, z.B. aufgrund von Segmentierungsfehlern, können so auch "Ersatzwerte" ermittelt werden.

Konzepten, die Objekte modellieren, werden Berechnungsfunktionen zugeordnet, die ein Modell über die zeitliche Entwicklung des Objektes beinhalten. Diese Funktionen werden an Attribute von Konzepten gebunden. Attribute repräsentieren in der ERNEST-Netzwerksprache Eigenschaften von Konzepten in Form von numerischen und symbolischen Merkmalen. Sie bilden den Kern der intensionalen Beschreibung eines Konzepts,

d.h. sie allein beschreiben die physikalischen Eigenschaften eines Konzepts, z.B. Grauwert, Position. Konzepte, die keine Konkretisierungen und Bestandteile besitzen, werden auch initialisierende Konzepte genannt, da ihre Prämisse bezüglich der Instantiierungsregeln leer ist. Alle Verbindungen, die zwischen einem Signalausschnitt und einem initialisierenden Konzept in Form einer Instanz etabliert werden, sind durch die ermittelten Attributwerte beschrieben. Als Konsequenz daraus ergibt sich, daß die Auffrischung von Instanzen über die Bildfolge hinweg hauptsächlich durch die Auffrischung der Attributwerte bestimmt ist. Die Unterstützung bei der Auffrischung der Attributwerte ist so gegeben, daß mehrere solcher "Extrapolationsfunktionen" zur Verfügung gestellt werden, die der Anwender in seiner Attributbeschreibung angibt bzw. für den konkreten Fall modifiziert. Die Integration in die Kontrollkomponente ist durch eine Namenskonvention bezüglich der Berechnungsfunktionen, die die Fortschreibung vornimmt, geregelt.
Geeignete Verfahren für diese Anwendung sind Kalman-Filter ([Chu87], [And79]). Für die Theorie sei auf die zahlreiche Literatur verwiesen. Die Eigenschaft der Adaption dieser Filter wird in unserem Fall ausgenutzt, um einen Vorhersagewert aus den bisher vorliegenden Ergebnissen ($\mathcal{B}_{\tau-1}$) zu berechnen, mit diesem kann der Abgleich mit den neuen Segmentierungsdaten ($\mathcal{A}_\tau$) fokussiert werden; falls kein Wert aus den Daten bestimmt werden kann, wird der Vorhersagewert als neuer Wert angenommen. Mit dem neuen Wert wird der Filter anschließend adaptiert ([Chu87], [Näg91]). Zur Unterstützung der Modellierung werden Filter für charakteristische Signalmodelle bereitgestellt, die beispielsweise *bewegte Objekte*, *statische Objekte* beschreiben. Im konkreten Fall müssen die Filterparameter an die gewünschte Beschreibung angepaßt werden ([Näg91]). Sowohl "LKW" als auch "Fußgänger" sind dem Signalmodell *bewegtes Objekt* zuzuordnen, aber die dynamischen Eigenschaften unterscheiden sich, ganz offensichtlich, z.B. in der "Beschleunigung". Der beschriebene Ansatz ist in den Kontrollalgorithmus integriert worden, erste Tests an einem einfachen Modell haben begonnen.

2.5 Weiterentwicklung

Die derzeitige Realisierung der Schritthaltenden Kontrolle läßt noch einige Aufgaben ungelöst, die in der vorgestellten Grobkonzeption angesprochen wurden. Insbesondere gehören dazu die Explosion des Suchraums bei fortlaufender Analyse, die durch verschiedene Pruningtechniken begrenzt werden soll, und die Generierung von Erwartungen, in stärkerem Maß als durch den Kalman-Filter-Ansatz bereits möglich. Arbeiten in dieser Richtung sind geplant.

3 Zusammenfassung

Als ein Hauptcharakteristikum von Bildfolgen wurde in den vorhergehenden Abschnitten die starke Korrelation der aufeinanderfolgenden Bilder ausgemacht. Für die wissensbasierte Analyse solcher Bildsequenzen wurde die Konzeption einer Inferenzkomponente vorgestellt, die die Dynamik integriert, so daß die Analyseergebnisse aus den vorhergehenden Bildern als "Startpunkt" für die Analyse der neuen Daten verwendet werden. Die beschriebenen Verfahren sind implementiert und in die Systemschale ERNEST integriert worden. Derzeit beginnen erste Tests für eine prototypische Szene (Abb. 1).

Die Autorin dankt der BMW AG München für die Beispielsequenzen, an denen die Praxistauglichkeit der Algorithmen im Rahmen des Kooperationsprojektes MOVIE getestet wird.

Literatur

[And79] B. Anderson, J. Moore: *Optimal Filtering*. Information and System Sciences, Prentice Hall, INC., Englewood Cliffs, New Jersey, 1979.

[Bra75] K. Brammer, G. Siffling: *Kalman-Bucy-Filter*. R.Oldenbourg-Verlag, München, 1975.

[Bur88] P. Burt: *Attention Mechanisms for Vision in a Dynamic World*. In *Int. Conference on Pattern Recognition*, S. 977 – 987, Rome, 1988.

[Chu87] C. Chui, G. Chen: *Kalman Filtering*. Springer Verlag, Berlin, 1987.

[Dic88] E. Dickmanns, V. Graefe: *Dynamic Monocular Vision*. Machine Vision and Applications, 1(4): S. 223 – 240, 1988.

[Jai88] R. Jain: *Dynamic Vision*. In *Int. Conference on Pattern Recognition*, S. 226 – 235, Rome, 1988.

[Joh86] V. Johnston, P. Lopez, D. Partridge, C. Burleson: *Attentional Algorithms for Rapid Scene Analysis*. In *Conference on Intelligent Autonomous Systems*, S. 290 – 293, Amsterdam, 1986.

[Kum91] F. Kummert: *Flexible Steuerung eines sprachverstehenden Systems mit homogener Wissensbasis*. Dissertation, Universität Erlangen-Nürnberg, 1991.

[Law87] D. Lawton, T. Levitt, C. McConnell, P. Nelson, J. Glicksman: *Environmental Modeling And Recognition For An Autonomous Land Vehicle*. In *Image Understanding Workshop*, S. 107 – 121, Los Angeles, 1987.

[Näg91] H. Nägel: *Schritthaltende Instantiierung*. Studienarbeit, in Vorbereitung. Bayerisches Forschungszentrum für Wissensbasierte Systeme, Forschungsgruppe Wissensverarbeitung, 1991.

[Nie90] H. Niemann, G. Sagerer, S. Schröder, F. Kummert: ERNEST*: A Semantic Network System for Pattern Analysis*. IEEE Trans. Pattern Analysis and Machine Intelligence, 9: S. 883–905, 1990.

[Nil82] N. Nilsson: *Principles of Artificial Intelligence*. Springer Verlag, Berlin, 1982.

[Pen88] S. Peng, G. Medioni: *Spatio-Temporal Analysis for Velocity Estimation of Contours in an Image Sequence with Occlusion*. In *Int. Conference on Pattern Recognition*, S. 236 – 241, Rome, 1988.

[Sag90] G. Sagerer: *Automatisches Verstehen gesprochener Sprache*. Vol. 74 von Reihe Informatik, BI Wissenschaftsverlag, Mannheim, 1990.

Repräsentation und Nutzung unterschiedlicher Wissens-quellen in einem Dokumentanalysesystem

Thomas Bayer

Daimler-Benz Forschungsinstitut Ulm, Wilhelm-Runge-Str. 11, 7900 Ulm

Der vorliegende Beitrag beschreibt die Repräsentation und Nutzung unterschiedlicher Wissensquellen in einem Analysesystem für strukturierte Dokumente. Das Wissen über Dokumente ist in einem dafür entworfenen Frame-Formalismus repräsentiert. Er ermöglicht die Modellierung unterschiedlicher strukturierter Dokumente und besitzt einen domänenunabhängigen Inferenzmechanismus. Da Wissen über den Einsatz von Analysealgorithmen integriert ist, wird die Vorverarbeitung in den wissensverarbeitenden Prozeß eingebunden. Gesteuert wird der Analyseprozeß mit einer opportunistischen Suchstrategie.

1 Einleitung

Die Dokumentanalyse stellt sich die Aufgabe, die bildhafte Information eines Dokuments in eine symbolische Beschreibung überzuführen, die die bedeutungstragenden Dokumentobjekte enthält. In diesem Sinne kann die Dokumentanalyse als die "inverse Funktion" zu *desktop publishing – dtp –* aufgefaßt werden. Eine vollständige und umfassende Realisierung des "invers" Operators ist allerdings eine viel zu umfangreiche Aufgabe und formuliert vielmehr das noch ferne endgültige Ziel. Die Wandlung bildhafter Daten in eine symbolische Repräsentation bringt viele Vorteile mit sich. Die berechnete Beschreibung ermöglicht einen Zugriff auf Dokumentbestandteile, wie beispielsweise Adresse, Datum oder Titel, die man nutzen kann, um Dokumente automatisch zu archivieren, unter bestimmten Schlüsseln abzulegen und wieder hervorzuholen.

Im vorgestellten System werden ausschließlich *strukturierte Dokumente* betrachtet, die aus weiteren strukturierten Objekten bestehen. Zwei Beispiele für strukturierte Dokumente sind ausschnittswesie in Abb. 1 zu sehen, die als komplexe Bestandteile u.a. einen Empfänger, einen Absender, einen Autor und einen Titel besitzen. Eine weitere große Klasse strukturierter Dokumente bilden die Formulare, die eine sehr streng definierte Struktur für zu füllende Textbereiche besitzen.

Zwei unterschiedliche Sichtweisen sind für strukturierte Dokumente definiert (vgl. ODA [Horak85]): die *Layout*-Sicht, die die Objekte eines Dokuments ausschließlich mit geometrischen Begriffen beschreibt, und die *Logik*-Sicht, die die inhaltlichen Eigenschaften eines Objekts definiert. Ziel der Dokumentanalyse ist es, die logischen Objekte zu ermitteln. Zu berücksichtigen ist dabei, wie fein diese logischen Objekte aufgelöst werden. Vier Stufen lassen sich definieren. Die erste Ebene – und damit schwächste Form einer Interpretation – *klassifiziert* ein Dokument zu einer bestimmten Dokumentklasse, ohne die Bestandteile zu analysieren. In der nächsten Stufe werden (Layout-)Bestandteilen des Dokuments aufgrund ihrer *geometrischen* Eigenschaften logische Kennungen zugeordnet (*logical labeling*). Der Inhalt wird auf dieser Stufe noch nicht bestimmt. In der dritten Stufe wird eine Sequenz von Zeichenbedeutungen ermittelt, die angereichert ist mit Information über Wortgrenzen. Diese Ebene wird von den kommerziellen OCR-Produkten erreicht. Die vierte Stufe schließlich bezieht sich auf Textverstehen und kann in zwei fließend ineinanderübergehende Zwischenstufen unterteilt werden: die erste, schwache Form versucht, den Inhalt einfach aufgebauter Dokumente, wie beispielsweise der strukturierten Dokumente in Abb. 1, zu verstehen. Die zweite Stufe zielt auf eine vollständige inhaltliche Erschließung allgemeiner Texte. Wenn man allgemeine Textabschnitte verstünde, wäre tatsächlich der oben erwähnte inverse dtp-Operator realisiert. Das Analysesystem, das in groben Zügen im folgenden vorgestellt wird, versucht, die schwache Form des Textverstehens durchzuführen: die inhaltliche Erschließung deutlich eingeschränkter Diskursbereiche strukturierter Dokumente.

2 Übersicht über das Analysesystem

Das Analysesystem (Abb. 2) umfaßt Wissen über Dokumente, Wissen über die Verwendung von Algorithmen für die Analyse, einen Inferenzmechanismus, der beide Wissensquellen für die Analyse nutzt, und einen Steueralgorithmus, der den entstehenden Hypothesenraum (Suchraum) schrittweise expandiert und verwaltet.

Bei der Modellierung von Wissen über Dokumente müssen beide Sichten eines Dokuments berücksichtigt werden, die Layout-Sicht und die Logik-Sicht. Wissen über Layouteigenschaften ist für ein Dokumentanalysesystem unerläßlich, denn der Zugang zu den logischen Objekten wird nur durch die Layoutstruktur eines Dokuments ermöglicht. Modelliert man allerdings ausschließlich geometrische Eigenschaften, befindet man sich auf der Stufe des Block-Labelings (vgl. [Kreich89], [Yashiro89]), die noch nicht den Inhalt der einzelnen Bestandteile einschließt. Für die Ebene des Textverstehens muß inhaltliches Wissen einbezogen werden. Um beispielsweise den Namen des Empfängers in einem als Empfängerblock hypothetisierten Textblocks zu ermitteln, müssen Zeichen- und Wortbedeutungen ermittelt werden. Ohne dieses Wissen können die Mehrdeutigkeiten der Hypothesen nicht aufgelöst werden.

Wie aus Abb. 2 ersichtlich ist, schließt das Analysesystem neben dem expliziten Wissen über Dokumente auch Wissen über Algorithmen ein (s. [Bayer91]). Die Integration dieser Algorithmen bietet für die Analyse zwei Vorteile. Im allgemeinen arbeiten syntaktische Verfahren mit einer problemunabhängigen Vorverarbeitung, die eine Menge von primitiven Symbolen liefert, die mit einer Wissensstruktur verarbeitet wird. In der Dokumentanalyse sind diese Primitive in der Layoutstruktur oft gestört - beispielsweise zerfallene oder verklebte Zeichen. Solche Fehler können korrigiert werden, indem gezielt die Menge der symbolischen Primitive mit leistungsfähigeren Algorithmen neu aufbereitet werden. Die Grenze zwischen der Vorverarbeitung und symbolischen Verarbeitung wird damit geöffnet und durchlässig. Der zweite Vorteil der Integration der Algorithmen liegt darin, daß abhängig von der gerade betrachteten Dokumentstruktur die Ebene der symbolischen Primitive eingestellt werden kann. Nicht in jedem Fall will man auf Wortbasis arbeiten – für den Adreßblock ist diese Ebene vernünftig – für das Datum allerdings nicht mehr, da hier Schriftzeichen als Basis adäquat sind.

3 Wissensrepräsentation in Fresco

Für die Repräsentation von Wissen über Dokumente ist ein eigener Formalismus, Fresco – **F**rame **R**epresentation Language for **S**tructured Documents –, entworfen worden, der sich an Frames und Semantische Netze (s. [Minsky75], [Findler79]) anlehnt. In diesem Formalismus lassen sich Layoutwissen und inhaltliches Wissen formulieren. Die Syntax basiert auf vier generischen Sprachelementen: *Konzepte, Attribute, Teile, Einschränkungen (Constraints). Instanzen* bilden ein weiteres Sprachelement. Eine detaillierte Beschreibung findet man in [Bayer90].

Ein Konzept beschreibt Layoutobjekte und Logikobjekte durch eine Menge von Attributen, eine Menge von Teilen und eine Menge von Constraints. Ein Attribut besitzt selbst eine komplexe Struktur und definiert die geometrischen und inhaltlichen Eigenschaften eines Konzepts. Aus welchen Teilen ein Dokumentobjekt besteht, wird in der Teilebeschreibung definiert, in der angegeben werden kann, wie oft ein Teil für ein Konzept vorhanden sein muß. Constraints drücken aus, welche Beziehungen zwischen Teilen eines Konzepts und Attributen bestehen. Zu jedem Element der drei beschreibenden Eigenschaften kann definiert werden, wie wichtig dieses Konstrukt für das Konzept ist. Instanzen schließlich dienen nicht zur Modellierung, sondern werden während der Analyse gemäß der Konzeptbeschreibung erzeugt und enthalten anstelle der Beschreibung die konkreten Werte eines Attributs und eines Teiles.

Zwischen Konzepten existiert eine Spezialisierungsrelation *is-a*, entlang der alle Attribute, Teile und Constraints eines allgemeinen Konzepts vererbt werden. Die daraus resultierende konzeptuelle Hierachie ist auszugsweise in Abb. 3 dargestellt: die gestrichelte Linie bezeichnet die Klassenbeziehungen, die durchgezogenen die Teilebeziehung.

Um die Definition von geometrischen und inhaltlichen Eigenschaften eines Objekts zu erleichtern und ein höheres Sprachniveau zu schaffen, sind in Fresco eine Reihe von Sprachprimitiven vordefiniert. Eine Gruppe bezieht sich auf absolute *Lageangaben* auf einem Dokument. Die Lageangaben umfassen momentan die Elemente *top, middle, bottom, left, right.* Soll beispielsweise angegeben werden, daß sich der Empfänger in einem Geschäftsbrief "oben links" befindet, enthält die Teilebeschreibung den Ausdruck (AND top left). Was das in Pixelkoordinaten bei der Analyse eines konkreten Geschäftbriefs bedeutet, wird in den Inferenzmechanismus verlagert. Neben der einfachen und eleganten Art, eine solche Lagebeschreibung zu formulieren, ist man damit unabhängig von der aktuellen Scanner-Auflösung.

Weitere wichtige geometrische Beziehungen müssen zwischen Teilen definiert werden können – *Lagebeziehungen* – die beispielsweise ausdrücken, daß logische Objekte in einem gewissen Kontext unterhalb, über, links-von, etc. einem bestimmten Objekt stehen. Diese grundlegenden Beziehungen sind in Fresco ebenfalls als Sprachprimitive vordefiniert. Diese Beziehungen werden in dem Sprachelement Constraint aufgelistet, beispielsweise (OR (right-of datum absender) (below datum empfänger)). Allein mit den gerade beschriebenen Möglichkeiten, Aussagen über Lagebeziehungen zu formulieren, lassen sich logische Objekte recht gut modellieren. Für die Erschließung inhaltlicher Eigenschaften ist jedoch inhaltliches Wissen nötig.

Inhaltliches Wissen wird mit einer Menge von Wörterbüchern (nicht annotiert, Vollformen) repräsentiert. Soll ausgedrückt werden, daß der Wortinhalt eines logischen Objekts aus einem gewissen Wortschatz ist, wird an dessen Attribut ein spezielles Wörterbuch geheftet und damit der mögliche Wertebereich dieses Attributs eingeschränkt. Ebenso wie bei der Layoutmodellierung ist es auch bei der Modellierung des Inhalts nötig, nicht nur lokale Wertebereichseinschränkungen zu formulieren, sondern auch *inhaltliche Beziehungen* anzugeben. Beispielsweise müssen in einer Adresse Stadt und Postleitzahl zueinander passen, ausgedrückt durch das Constraint-Sprachprimitiv zip2city(postleitzahl, stadt).

Eine weitere wichtige Wissensquelle für den Aufbau eines Konzepts sind kontextfreie Grammatiken, die komplexere Zusammenhänge zwischen den Teilen definieren. Aus einer reinen Mengenaufzählung, die zunächst durch die Teileliste gegeben ist, wird eine Reihenfolge für Teile vorgeschrieben. Z.B. baut sich eine Datumsangabe aus den Teilen Tages-, MonatZahl- oder MonatString- und Jahresbezeichnung auf. Die zu dieser Teiledefinition gehörige Grammatikangabe lautet (vereinfacht) (OR (tag monatzahl jahr) (tag monatstring jahr)).

4 Inferenzmechanismus und Steuerung

Das Ziel des Inferenzmechanismus ist es, Instanzen zu Konzepten der Modellbeschreibung zu erzeugen, indem die Werte zu den Attributen berechnet werden, die enstandene Instanz mit ihren Teilinstanzen verbunden wird und die Constraints ausgewertet werden. Diese Vorgehensweise ist unabhängig vom Inhalt der einzelnen Konzepte und orientiert sich nur an der Syntax von Fresco.

Die Analyse eines Dokuments erfolgt top-down zu einem Dokumentkonzept. Abb. 4 skizziert den Analyseablauf am Beispiel des Geschäftsbriefs. Die Analyse besteht aus drei sich wiederholenden Abschnitten: der top-down Expandierung eines Dokumentkonzepts, der Berechnung der Primitve und der symbolischen Verarbeitung. Im ersten Teil eines solchen Abschnittes (a und b) bauen die Analysealgorithmen - automatisch konfiguriert anhand ihrer Beschreibung – die Layoutstruktur eines Dokumentbereichs auf. In diesem Abschnitt wird bereits intensiv Wissen aus der Modellbeschreibung genutzt. Beispielsweise wird bei der Suche nach einem Empfängerblock nur der obere linke Teil des Dokuments analysiert (Lageangabe (AND (top left)); weiterhin werden die Steuerparameter für jeden aufgerufenen Algorithmus aus den vorliegenden Eingangsgrößen bestimmt. In diesem Abschnitt wird jedoch noch keine Interpretation bezüglich logischer Konzepte durchgeführt.

Diese Interpretation erfolgt im dritten Abschnitt der Analysephase, wenn die erforderlichen Primitive berechnet sind (Abb. 4c). Für den Empfängerblock ist das der Fall, wenn Worte erzeugt worden sind. Aus der Menge der Wortinstanzen wird versucht, die Empfängeradresse nach der Modellbeschreibung aufzubauen. Da Mehrdeutigkeiten auftreten, wird ein Suchraum aufgespannt, der im wesentlichen eine bewertete Hypothese enthält, z.B., daß es sich bei dieser Zeile um die Namenszeile handelt. Die Bewertungen resultieren aus der Auswertung der Attributwerte, der Teilebeschreibung und der Constraints. Sämtliche Bewertungen werden nach der Theorie der Fuzzy Sets gebildet und kombiniert. Ist der Empfänger verifiziert, wird der Absender gesucht, wozu nicht noch einmal die Analysealgorithmen konfiguriert werden müssen, da für den Lageabschnitt "oben links" die symbolischen Primitive bereits ermittelt sind, so daß sofort (c in Abb. 4) damit begonnen werden kann, diesen logischen Block zusammenzubauen.

Der schrittweise aufgebaute Abarbeitungsgraph (Suchraum) wird nach einer opportunistischen best-first Suchstrategie verarbeitet (A* Algorithmus, [Pearl84]). Bei der Konfiguration der Algorithmen wird zunächst im Konfliktfall, wenn mehrere Algorithmen ausführbar sind, der ausgewählt, der die wenigsten Kosten verursacht und die höchste Relevanz besitzt. In der Interpretationsphase wird der Zustand ausgewählt, der die höchste Bewertung besitzt. Der Analyseprozeß ist beendet, wenn das Zielkonzept mit all seinen wichtigen Teilen instantiiert ist.

5 Stand der Arbeit und erste Ergebnisse

Die wesentlichen Teile des vorgestellten Analysesystems sind auf einer Symbolics in CommonLisp und KEE implementiert, die Algorithmen für die Dokumentanalyse auf einer VAX. Beide Rechner kommunizieren auf Prozeßebene über DecNet. Die Modellierung der unterschiedlichen strukturierten Dokumente ist abgeschlossen, die Implementierung des Inferenzmechanismus und der Kontrollstrategie nahezu beendet. Auf beiden Rechnerseiten fehlen noch einige Kommunikationsprotokolle, so daß die ersten Experimente auf einige wichtige Algorithmen, z.B. auf den Erkennungsalgorithmus, ohne den eine inhaltliche Interpretation nicht möglich ist, verzichten mußten.

Als erstes Beispiel wurden ein Geschäftsbrief und dessen Teile Empfänger, Absender und Datum analysiert. In Abb. 5 sind Teile der Ergebnisse veranschaulicht. Die Algorithmen der Toolbox ermittelten die Layoutstruktur des oberen linken Dokumentabschnitts und des oberen rechten Dokumentabschnitts, um die drei logischen Dokumentobjekte zu analysieren. Als symbolische Primitive wurden die Zeilenobjekte verwendet. Anhand der Beschreibung des Geschäftsbriefs wurden der Empfänger, der Absender und das Datum gefunden.

[Bayer90]   Bayer, T.A.: Interpretation of Structured Documents in a Frame System, in: Baird, H.S. (ed.): Proceedings of the 4th Workshop on Syntactic and Structural Pattern Recognition, Compton Press, Murray Hill (NJ), 1990

[Bayer91]   Bayer, T.A., Franke, J., Kreßel, U., Mandler, E., Oberländer, M.F., Schürmann, J.: Towards the Understanding of Printed Documents, in: Baird, H.S., Bunke, H., Yamamoto, K. (eds.): Structured Document Image Analysis, Springer Verlag, New-York, 1991

[Erman80]   Erman, L.D., Hayes-Roth, F., Lesser, V.R,, Reddy, D.R.: The Hearsay II Speech Understanding System: Integrating Knowledge to Resolve Uncertainty, Computing Surveys, Vol.12, 1980

[Findler79]   Findler, N.V. (ed.): Associative Networks, AP, New York, 1979

[Horak85]   Horak, W.: Office Document Architecture and Office Document Interchange Format: Current Status of International Standardisation, IEEE Computer, Oktober 1985

[Kreich89]   Kreich, J.: Modellgestütztes Bildverstehen von Dokumenten, in: Metzing D. (ed): GWAI 1989, Springer V., 1989

[Minsky75]   Minsky, M.: A Framework for Representing Knowledge, in: Winston (ed.): Psychology of Computer-Vision, McGraw-Hill, New York, 1975

[Niemann81]   Niemann, H.: Pattern Analysis, Springer Verlag, Berlin, 1981

[Pearl84]   Pearl, J.: Heuristics, Addison-Wesley, London, 1984

[Yashiro89]   Yashiro, H., Murakami, T., Shima, Y., Nakano, Y, Fujisawa, H.: A New Method of Document Structure Extraction Using Generic Layout Knowledge, Proceedings of the International Workshop of Industrial Applications of Machine Intelligence and Vision, Tokyo, 1989

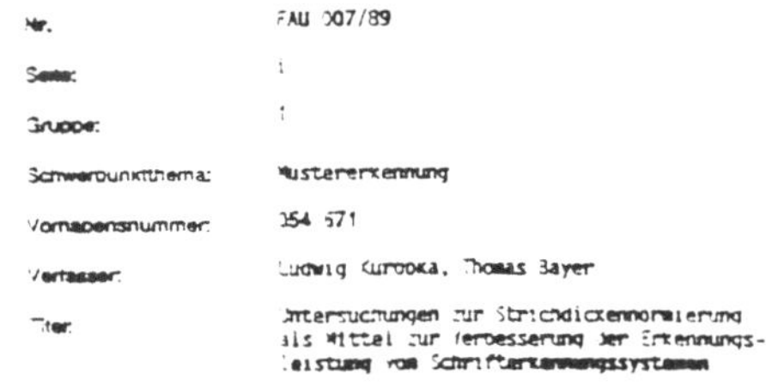

Abb. 1: Ausschnitt eines Geschäftsbriefs und einer Titelseite eines Technischen Berichts

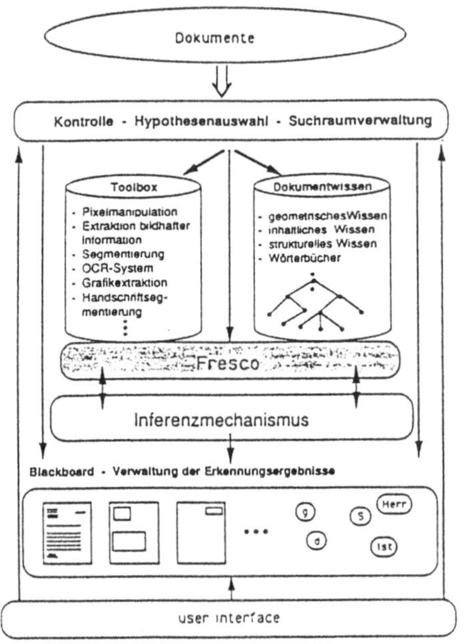

Abb. 2: Schematische Darstellung des Analysesystems

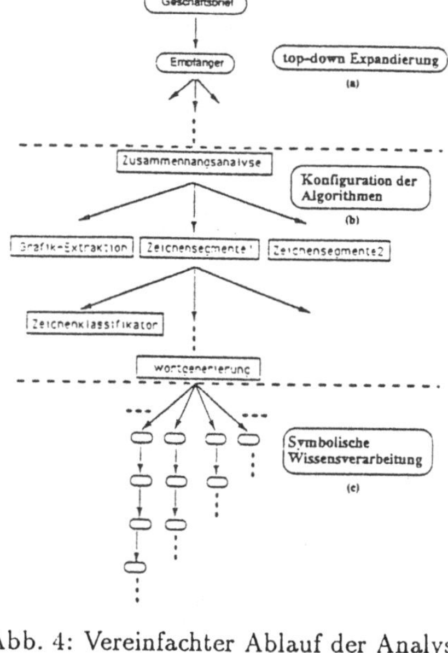

Abb. 4: Vereinfachter Ablauf der Analyse
am Beispiel eines Geschäftbriefes

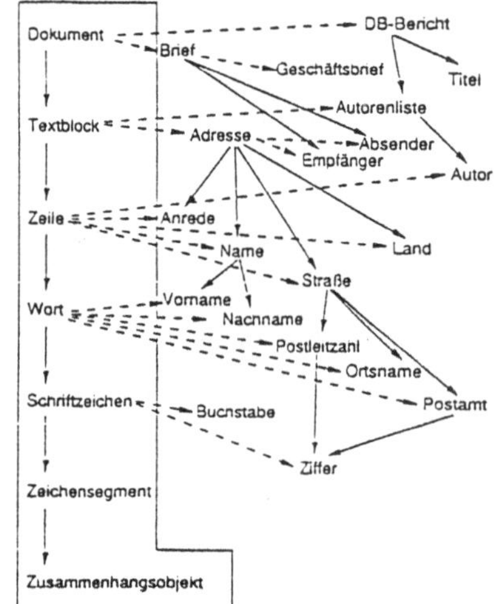

Abb. 3: Ein Ausschnitt aus der konzept-
uellen Hierarchie der Dokument-
klassen

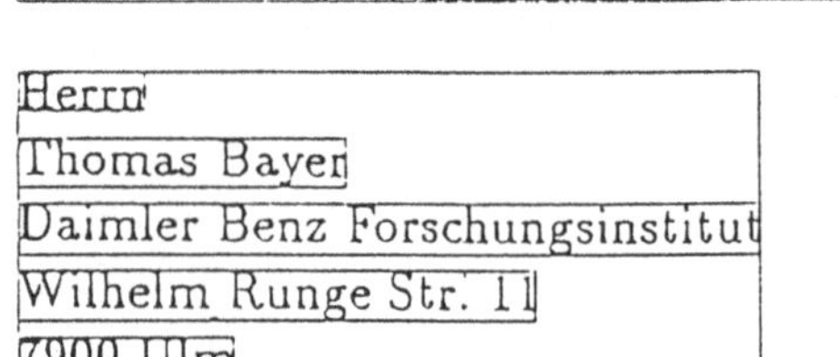

Abb. 5: Basierend auf Zeileninstanzen
wird der Empfänger erkannt

Strukturelle Mustererkennung basierend auf der topologischen Bildcodierung

W. A. Kovalevski

Technische Fachhochschule Berlin
Luxemburger Str. 10, 1000 Berlin 65

Vorgestellt wird eine neue Datenstruktur, die auf der Topologie der Zellenkomplexe basiert. Sie beschreibt ein segmentiertes Bild als eine Menge von Gebieten, Begrenzungslinien und Verzweigungspunkten mit der sogenannten Berandungsrelation. Linien werden durch Polygonzüge mit angegebenen Koordinaten ihrer Eckpunkte dargestellt. Diese Art der Bildcodierung ermöglicht eine einfache Auswertung von topologischen und geometrischen Relationen zwischen den Bildteilen und führt zu effizienten Mustererkennungsalgorithmen.

1   Einleitung

Der strukturellen Mustererkennung liegt die Auswertung verschiedener räumlicher Relationen einzelner Bildteile zu Grunde. Diese Relationen sind sowohl geometrischer als auch topologischer Natur. Deswegen ist es notwendig, die Grundkenntnisse der Topologie in die Bildanalyse zu implementieren.
Die moderne topologische Literatur ist zum größten Teil den unendlichen Mengen gewidmet. Digitalisierte Bilder sind aber auf endlichen Mengen definiert. Eine direkte Übertragung der Kenntnisse aus der Topologie der unendlichen Mengen auf endliche Mengen ist auf keinen Fall trivial. Manche Grundideen sind auf endliche Mengen einfach nicht anwendbar, wie z.B. die Vorstellung, daß für jede Umgebung U eines Punktes p eine andere Umgebung von p existiert, die eine eigene Teilmenge von U ist.
Rosenfeld hat 1970 vorgeschlagen, die topologischen Eigenschaften von Bildern mit Hilfe der sogenannten Nachbarschaftsgraphen zu beschreiben. Diese Konzeption hat zu einem wesentlichen Progress geführt, ist aber auf bestimmte Schwierigkeiten in der Definition des Zusammenhanges und der Begrenzungen von Teilmengen gestoßen [2,4].
Zur Überwindung dieser Probleme wurde von verschiedenen Autoren der Begriff eines "crack" (zu Deutsch "Riß") eingeführt. Ein Riß ist eine kurze Strecke, die zwei

benachbarte Pixel voneinander trennt, wobei die Pixel selbst nicht als Punkte, sondern als Elementarflächen, z.B. Rechtecke, betrachtet werden. Dieser intuitiv eingeführte Begriff widerspiegelt sich in der Topologie der Zellenkomplexe als eindimensionale Zelle eines zweidimensionales Komplexes . So erlebt die seit mehr als 50 Jahren existierende endliche Topologie ihre Renaissance in den Anwendungen zur Bildverarbeitung und Computer Grafik.

2   Endliche Topologie

In den letzten Jahren ist das Interesse an den Anwendungen der endlichen Topologie zur Bildverarbeitung und Computer Graphik stark gestiegen. Es wurden verschiedene Konzeptionen einer für die Bildanalyse anwendbaren endlichen Topologie untersucht. Ein Überblick ist z. B. in [1] zu finden. Es ist andererseits bekannt, daß verschiedene Konzeptionen eines endlichen topologischen Raumes im bestimmten Sinne zueinander äquivalent sind. Aus diesem Grunde wird hier nur eine dieser Konzeptionen dargestellt, und zwar diejenige, die uns am meisten anschaulich und illustrativ erscheint: die Topologie der Zellenkomplexe.
Als Beispiel eines zweidimensionalen Zellenkomplexes betrachte man die Oberfläche eines Polyeders (Abb. 1). Sie besteht aus drei Arten von Raumelementen: Flächen, Kanten und Eckpunkten. Eine Kante l (vgl. Abb. 1) berandet zwei Flächen f' und f'' und wird von zwei Eckpunkten V' und V'' berandet. Man sagt, daß diese zwei Eckpunkte auch die Flächen f' und f'' beranden.

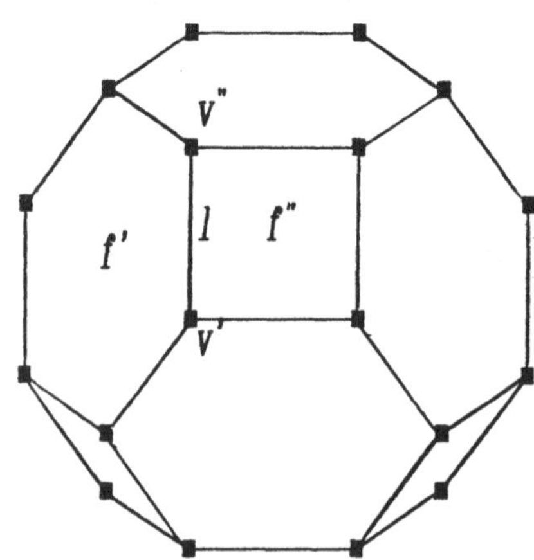

Abb. 1. Oberfläche eines Polyeders als Zellenkomplex
betrachtet

Den Raumelementen werden Zahlen zugeordnet, so daß Elemente mit kleineren Zahlen die mit größeren beranden. Diese Zahlen werden *Dimensionen* genannt. So bekommen die Eckpunkte, die von keinen Elementen berandet werden, die kleinste Dimension 0; die Kanten erhalten die Dimension 1 und die Flächen die Dimension 2. Strukturen dieser Art werden abstrakte Zellenkomplexe genannt.

Definition 1: Ein *abstrakter Zellenkomplex C=(E,B,dim)* ist eine Menge E abstrakter Elemente (Zellen), mit einer antisymmetrischen, irreflexiven und transitiven *Berandungsrelation* $B \subset ExE$ und mit einer solchen *Dimensionsfunktion* $dim: E \to I$ von E in die Menge I der nichtnegativen ganzen Zahlen, daß *dim(e')* < *dim(e")* für alle Paare *(e',e")* $\in$ B.

Ein Zellenkomplex heißt *n-dimensional*, wenn alle seine Zellen Dimensionen $\leq n$ haben.

Ein Zellenkomplex C kann immer als ein topologischer Raum betrachtet werden: dazu müssen bestimmte Teilmengen von C als offen erklärt werden.

Definition 2: Eine Teilmenge S des Komplexes C heißt *offen in C*, wenn für jede Zelle e aus S, alle Zellen aus C, die von e berandet werden, sich auch in S befinden.

Man überzeugt sich leicht, daß die so definierten offenen Teilmengen den Axiomen der Topologie genügen. Das wird dadurch erreicht, daß ein Zellenkomplex aus Elementen unterschiedlicher Natur besteht. Für endliche homogene Strukturen, wie Punktgitter oder Nachbarschaftsgraphen, gelingt es nicht, eine axiomatisch richtige Topologie aufzubauen [2].
Für die praktische Bildanalyse bedeutet es, daß die digitale Ebene, die als Bildträger dient, als ein zweidimensionaler Zellenkomplex betrachtet werden soll, der nicht nur die Pixel, sondern auch ihre Kanten und Eckpunkte als Raumelemente enthält. Die 2-Zellen dieses Komplexes sind dann die Pixel; die 1-Zellen sind die bereits aus der Literatur bekannten "cracks"; die 0-Zellen sind die Eckpunkte der Pixel.
Basierend auf dieser Konzeption gelingt es, die für die Anwendung wichtigen Begriffe des Zusammenhangs und der Begrenzung topologisch korrekt und im Einklang mit unseren intuitiven Vorstellungen zu definieren [2,4].

3   Datenstruktur "Zellenliste"

Die Bildanalyse beginnt meistens mit der Segmentierung. Dabei wird ein Bild in zusammenhängende Teilmengen von Pixel, sogenannte Gebiete zerlegt, so daß die Pixel in jedem Gebiet eine für die Bildanalyse wichtige gemeinsame Eigenschaft haben. Solche Gebiete werden vom Standpunkt der Topologie als *2-dimensionale Blöcke* oder *2-Blöcke* bezeichnet. Die Begrenzung eines Gebietes ist ein 1-dimensionaler Teilkomplex, welcher Verzweigungspunkte an den Stellen haben kann, wo drei oder mehr Gebiete aufeinander treffen. Verzweigungspunkte sind *0-dimensionale Blöcke (0-Blöcke)*. Teile der Begrenzungen, die voneinander durch Verzweigungspunkte getrennt sind, sind *1-dimensionale Blöcke (1-Blöcke)*. Wenn die Begrenzung eines Gebietes keine Verzweigungspunkte hat, dann ist jede Komponente der Begrenzung ein 1-dimensionaler Block.

Es gibt die Berandungsrelation auf der Menge der Blöcke: 1-Blöcke können von den 0-Blöcken berandet werden, 2-Blöcke werden von den 1-Blöcken und manchmal von den 0-Blöcken berandet. Also kann die Menge der Blöcke mit der Berandungsrelation als ein neuer Zellenkomplex betrachtet werden, deren Zellen die Blöcke sind. Dieser Zellenkomplex heißt *Blockkomplex*.

Ein Blockkomplex läßt sich durch eine Liste der Blöcke mit der Angabe der Berandungsrelation vollständig beschreiben. Die entsprechende Datenstruktur heißt *Zellenliste*. Im Falle eines 2-dimensionalen Bildes besteht sie aus folgenden Teillisten:

a) Liste der Verzweigungspunkte (0-Blöcke),
b) Liste der Linien (1-Blöcke),
c) Liste der metrischen Daten der Linien,
d) Liste der Gebiete (2-Blöcke).

Jeder Block wird in der entsprechenden Teilliste durch einen Satz aus Worten beschrieben. Die Worte enthalten bestimmte Merkmale der Blöcke, Koordinatenwerte oder Zeiger auf andere Blöcke. So z. B. zeigt ein Verzweigungspunkt auf alle von ihm berandete Linien. Die Linien, welche die Gebietsbegrenzungen darstellen, werden durch digitale Polygonzüge approximiert. Koordinaten der Eckpunkte dieser Polygone bilden den Inhalt der metrischen Teilliste.

Die beschriebene Datenstruktur ist der in der Computergraphik oft benutzten Vektorstruktur ähnlich: die

Linien sind als Listen von Vektoren dargestellt, welche den
Polygonkanten entsprechen. Noch mehr Ähnlichkeit gibt es zu
der in [5] vorgeschlagenen symbolischen Bildbeschreibung.
Die Vorteile der Zellenliste sind dadurch bedingt, daß eine
solche Struktur das Bild als eine Menge von relativ wenigen
und großen Blöcken darstellt und jeder Block durch relativ
wenige Parameter (Koordinaten der Eckpunkte) angegeben ist.
Die Anzahl dieser Parameter ist meistens wesentlich kleiner
als die Anzahl der Pixel. Bei der Bildanalyse sollen mit
diesen Parametern nur relativ einfache Berechnungen nach den
bekannten Formeln der analytischen Geometrie durchgeführt
werden. Diese beiden Faktoren bestimmen die hohe
Geschwindigkeit und Genauigkeit der Analyse.
Es ist uns auch gelungen, Algorithmen zur automatischen
Umwandlung segmentierter Rasterbilder in Zellenlisten
("automatischen Vektorisierung") zu entwickeln und zu
implementieren. Einzelheiten sind in [2,4] zu finden.

4   Isomorphismus von Teilgraphen und Teilkomplexen

Ein bekanntes Werkzeug der Bildanalyse ist die Methode des
Teilgraphenisomorphismus. Nach dieser Methode wird ein zu
analysierendes Bild segmentiert und durch den sogenannten
Gebietsnachbarschaftsgraphen beschrieben. In diesem Graphen
werden Gebiete durch Knoten dargestellt. Jeweils zwei
benachbarte Gebiete werden durch eine Kante im Graphen
miteinander verbunden. Der Prototyp des zu erkennenden
Objektes wird auch durch einen kleinen Graphen beschrieben.
Die Aufgabe besteht darin, im Bildgraphen alle Teilgraphen
zu finden, die mit dem Prototypgraphen isomorph sind.
Die Lösung dieses Problems kann im allgemeinen Fall sehr
zeitaufwendig werden. Außerdem führt sie oft zu einem
"blinden Alarm", da ein Teilgraph des Bildgraphen auch
zufällig mit dem Prototypgraphen isomorph sein kann. Diese
beiden Nachteile lassen sich beseitigen oder reduzieren,
wenn man nicht nur die Gebiete, sondern auch die
Begrenzungslinien und die Verzweigungspunkte auswertet.
Dieses bedeutet, daß der Gebietsnachbarschaftsgraph durch
den Blockkomplex ersetzt wird. Außerdem sollen den Blöcken
im Bild und im Prototyp bestimmte Merkmale, wie Größe, Form,
Farbe usw. zugewiesen werden. Die Merkmale werden als Marken
der Blöcke betrachtet. Bei der Suche nach einem
Isomorphismus werden nur Blöcke mit passenden Marken
aufeinander abgebildet. So wird der Isomorphismus von
Teilgraphen zum *Isomorphismus von markierten Teilkomplexen*.
Das zu analysierende segmentierte Bild wird dann als ein

Blockkomplex betrachtet und durch eine Zellenliste beschrieben. Den Prototyp könnte man auch durch eine Liste beschreiben, aber die Praxis zeigt, daß die zu erkennende Objektklassen meistens sehr variabel sind. Dementsprechend kann die Beschreibung einer Objektklasse mehrere "und", "oder" und "nicht" enthalten, wie z. B.: "Ein Haus ist ein Rechteck R, dessen obere Kante mit einem Vieleck V_1 inzident ist, wobei V_1 ein Trapez oder ein Dreieck ist; oder eine der senkrechten Kanten des Rechtecks R ist mit einem Parallelogramm inzident und die obere Kante des Parallelogramms ist mit einem Vieleck V_2 inzident , wobei V_2 ein Trapez oder ein Dreieck ist". Solche Beschreibungen lassen sich in Form von Prädikaten ausdrücken, wobei die einzelnen Aussagen des Prädikats sich auf den Inhalt der das Bild beschreibender Zellenliste beziehen.

Am besten lassen sich solche Prädikate im Rechner mit Hilfe eines Entscheidungsbaumes auswerten: eine im Prädikat vorhandene Aussage wird an der Liste geprüft; abhängig davon, ob sie wahr oder falsch ist, wird entschieden, welche Aussage als nächste geprüft werden soll. Dieser Vorgang wird solange wiederholt, bis man zu einer endgültigen Entscheidung kommt: entweder hat man ein dem Prototyp entsprechendes Objekt in der Liste gefunden, oder man hat festgestellt, daß kein solches Objekt vorhanden ist.

Die Beschreibung eines Entscheidungsbaumes kann außerhalb des Erkennungsprogramms, in einer editierbaren Plattendatei untergebracht werden. Bei einer Veränderung oder Erweiterung der Aufgabenstellung wird nicht das Programm, sondern lediglich die Beschreibung des Baumes geändert. Ein spezieller, in das Erkennungsprogramm eingebauter Compiler übersetzt die veränderte Baumbeschreibung und das Programm ist bereit eine neue Aufgabe zu lösen. Diese Methode wurde erfolgreich für verschiedene Anwendungen benutzt.

5 Anwendungen

5.1. Handgezeichnete Block-Schemata

Als eine Anwendung des oben beschriebenen Verfahrens wurde ein Programm zur automatischen Digitalisierung handgezeichneter Block-Schemata entwickelt. Das hand-gezeichnete Bild (Abb. 2a) wird abgetastet, binarisiert und in eine Zellenliste umgewandelt. In der Liste werden automatisch Blöcke, Knoten und Verbindungslinien erkannt und in Listen eingetragen. Für jeden Block werden alle seine Knoten angegeben; für jeden Knoten - der Block, zu welchem er gehört und alle Knoten, mit denen er verbunden ist. Aus dem Inhalt der Listen kann eine idealisierte Zeichnung des Block-Schemas erzeugt werden, wo Blöcke, Knoten und Verbindungslinien mit verschiedenen Linienarten dargestellt sind. Alle Linien werden dabei begradigt und sind entweder genau waagerecht oder genau senkrecht (Abb. 2b).

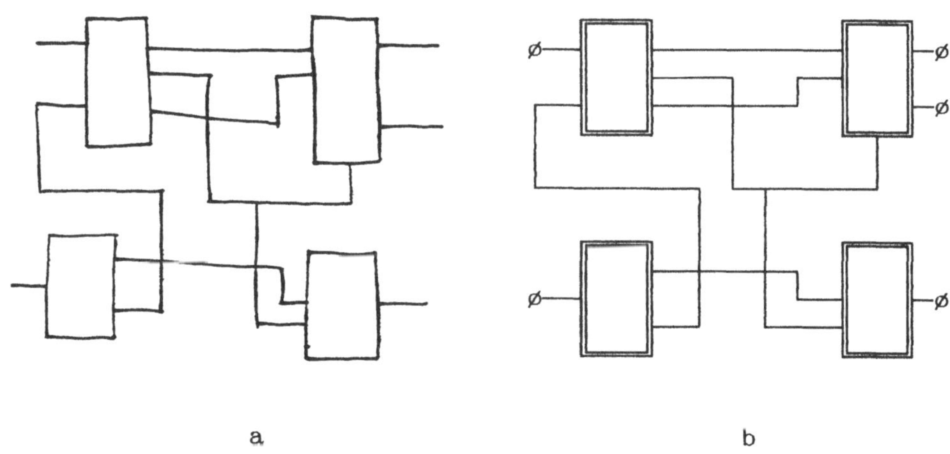

a   b

Abb. 2. Ein handgezeichnetes Block-Schema (a) und das Ergebnis seiner automatischen Digitalisierung (b)

5.2. Kartographie

Das Ziel der durchgeführten Experimente [3] war Erkennung kartographischer Punktobjekte in einem Fragment einer topographischen Karte. Von den Kartographen wurde eine Testkarte mit allen in Frage kommenden Punktobjekten angefertigt. Die Karte wurde abgetastet, binarisiert und in eine Zellenliste umgewandelt. Die Beschreibung der zu erkennenden Objektklassen wurde als eine editierbare Datei bereitgestellt. Das Erkennungsprogramm las diese Datei und übersetzte sie zu einer Steuertabelle, welche die Arbeit mit dem Entscheidungsbaum gesteuert hat. Die Zellenliste wurde gelesen und in ihr wurden Gebiete gesucht, die den Beschreibungen der Objektklassen entsprachen. In dem Testbild befanden sich ca. 100 Objekte. Zwei davon wurden als "unbekannt" zurückgewiesen, alle anderen wurden richtig erkannt. Außerdem wurde ein Kartenfragment mit Siedlung automatisch digitalisiert. In dem Fragment befanden sich mehrere Straßenränder, Häuser, alleinstehende Bäume (als Ringe dargestellt) und eine Kirche (als ein Kreuz dargestellt). Die meisten Objekte wurden richtig erkannt und in eine Objektliste eingetragen. Jedes Objekt wurde in der Liste durch seinen Typ und Koordinaten des Mittelpunktes oder, bei Strecken der Straßenränder, durch die Koordinaten der Endpunkte codiert. Aus dieser Liste konnte man bei Bedarf eine idealisierte Karte rekonstruieren. Einzelheiten sind in [3] zu finden.

5.3. Erfassung technischer Zeichnungen

Eine auf Papier vorliegende Zeichnung wird abgetastet, binarisiert und in eine Zellenliste umgewandelt. In der Liste werden Schriftzeichen, Schnittpunkte von Linien und Maßpfeile gesucht und identifiziert. Eine Linie sieht im Rasterbild wie ein schwarzer Streifen aus. Er wird in der Liste zuerst durch seine zwei Begrenzungen dargestellt. Im Laufe der Verarbeitung wird die Liste so modifiziert, daß die zwei Begrenzungen durch eine Mittellinie ersetzt werden. Dabei wird die Linienstärke ermittelt und als Merkmal der Linie gespeichert. Für eine gestrichelte und Strich-Punkt-Linie werden ihre Endpunkte bestimmt, die Einzelteile aus der Liste entfernt und durch eine durchgehende Linie des entsprechendes Typs ersetzt. Die Erkennung der Maßpfeile und der Schriftzeichen der Bemaßung macht die Erkennung der Maßlinien und Maßhilfslinien möglich. Experimente mit echten kleinen Zeichnungen sind erfolgreich verlaufen. Eine wesentliche Vervollkommnung steht aber noch bevor. Einzelheiten sind in [4] zu finden.

Literatur

[1] T.Y. Kong und A. Rosenfeld. Digital topology: a comparison of the graph-based and topological approach. Proceedings of the AMS conference on topology, Louisville, January 1990 (erscheint).

[2] V.A. Kovalevsky. Finite topology as applied to image analysis. **Computer Vision, Graphics and Image Processing 46,** 141-161, 1989.

[3] W.A. Kovalevski. Zellenkomplexe in der Kartografie. **Bild und Ton,** Nr. 9, 278-280 und 10, 312-314, 1989.

[4] V.A. Kovalevsky. Finite topology and image analysis. Advances in Electronics and Electron Physics, P. Hawkes ed., Academic Press, 1991 (erscheint).

[5] B. Radig, Symbolische Beschreibung von Bildfolgen. Bericht Nr. 90 der Universität Hamburg, 1982.

Estimation of Discontinuous Displacement Vector Fields with the Minimum Description Length Criterion

Joachim Dengler

Deutsches Krebsforschungszentrum, Institut für Radiologie
Im Neuenheimer Feld 280, 6900 Heidelberg

A new noniterative approach to determine displacement vector fields with discontinuities is described.

In order to overcome the limitations of current methods, the problem is regarded as a general modelling problem. From this point of view the imaging field consists of a set of regions with common properties and their boundaries.

The strategy proposed is an analysis of consistency of the displacement estimators between different levels of regularization. This gives local but noisy evidence of possible model boundaries at multiple scales.

With the two constraints of continous lines of discontinuities and the spatial coincidence assumption consistent boundary evidence is found. Based on this combined evidence the model is updated, now describing homogeneous regions with sharp discontinuities.

1 Introduction

The problem of determining discontinuities in displacement vector fields arises in both Binocular Stereo and Motion analysis. It has received much attention in computer vision research. A number of approaches have been applied to solve the problem of finding displacement vector fields and its the discontinuities. Some basic strategies can be found in [10, 4, 9, 6]. A detailled discussion of these approaches and their limitations can be found in [2].

1.1 A new scheme

At the beginning of the process a family of regularized displacement vector fields is determined. According to [11] it is not critical which particular regularization method is applied. Therefore a computationally cheap noniterative approach of locally weighted least squares estimates is followed.

With this approach the calculation of a family of regularized vector field can be decomposed into the construction of a kind of Gaussian pyramid of moments and a pointwise calculation at each node of this pyramid. Each level of this pyramid represents one level of regularization, with the measured data at the bottom, and the global average displacement at the top.

The key idea to find discontinuities is to measure the compatibility of the vector fields between different levels of regularization. Within a homogeneous region they should be compatible, whereas at occlusion boundaries significant incompatibilities can be expected.

The most critical part of the procedure is to calculate these compatibilites. For comparing regression coefficients as in the case of displacement information euclidian distances are not suitable, because they don't take into account the inherent uncertainties of the estimates [2].

It turned out that the criterion of minimal description length (MDL) is optimal as a compatibility measure to compare displacement models at different levels of the pyramid [2].

The noisy evidence of each individual scale leads to the problem of combining evidence from multiple locations and scales. Due to the weak contrast of local measurements of displacement discontinuities, the "continuity of discontinuities" and the "spatial coincidence assumption" [5] serve as guiding principles.

A pyramidal structure with the local links between its levels opens the possibility of constructing a model that makes use of these constraints.

2 Minimum Description Length

The extension of the widely applied maximum likelihood principle is motivated by the question what an overall best model for a given set of data is. In order to have a clear definition of what a "best" model is, not only the goodness of fit of a model, but also the complexity of the model itself have to be considered. In this sense, the "best" model is the simplest that can explain a given set of data.

One key question to make the concept of minimum description length feasible is, how to encode and therefore how to optimally truncate the—typically real-valued— parameters. The answer was found by two researchers independently. The parameters are truncated in such a way, that the truncation error equals the statistical estimation error of the model (see e.g. [7, 12]).

2.1 MDL for vector field models

The MDL-criterion for the regression problem has been independently derived by C.S. Wallace [12] and J. Rissanen [8]. Let the general linear model of multiple regression be of the form

$$\mu = G \cdot \theta \tag{1}$$

where G represents the set of regressor variables and θ is the parameter vector to be determined. The n elements of the measurement vector x are assumed to be independent samples from a normal distribution. The optimized sum of squared deviations S^* is

$$S^* = x^T x - \theta^{*T} G^T G \theta^* \tag{2}$$

According to [8] the description length then becomes approximately

$$L(x) = \frac{n}{2} \log_2 2\pi e + \frac{n}{2} \log_2 \frac{S^*}{n} + \frac{1}{2} \log_2 |G^T G| \tag{3}$$

The first two terms are the negative log of the probability at the maximum likelihood estimate. The last term, the log of the determinant of the curvature of the log-likelihood function at its maximum, represents the complexity of the parameters. The interpretation in terms of description length is, that the curvature of the negative log-likelihood function provides a yardstick by which the precision of the parameters is determined. The parameters are considered to be of optimal precision, when the error caused by truncation of the parameters is the same as the statistical error of the measurement.

2.2   Homogenity criterion

The model is a regionally constant displacement u_k and the images are locally approximated with first order polynomials. The intuitive understanding of this model is that the intensity differences between the two images are "explained" by the displacement, when a locally planar image model is assumed. The expression to be minimized with respect to u_k is [2]

$$S_k = \sum_{i \epsilon R_k} w_i (h_i - u_k \cdot g_i)^2 \tag{4}$$

with h_i the regularized intensity difference at location i and g_i the regularized estimate of the local gradient of the average of both images at location i. The w_i are the weights of the different locations within the support R_k. The least squares estimate for u_k is

$$u_k^* = \frac{\sum_{i \epsilon R_k} w_i h_i g_i}{\sum_{i \epsilon R_k} w_i g_i^2} \tag{5}$$

and the sum of squared deviations of region k at the optimal estimate u_k^* becomes

$$S_k^* = \sum_{i \epsilon R_k} w_i h_i^2 - \frac{(\sum_{i \epsilon R_k} w_i h_i g_i)^2}{\sum_{i \epsilon R_k} w_i g_i^2} \tag{6}$$

The part of the description length of a region that is not related to the geometry, is essentially (see equation 3)

$$DL_k = \frac{n_k}{2} \cdot \log_2 \left(\frac{S_k^*}{n_k} \right) + \frac{1}{2} \cdot \log_2 | \sum_{i \in R_k} w_i g_i^2 | \tag{7}$$

The actual compatibility calculation is very simple. When an item or a region R_j that is not part of R_k is combined with R_k, then the statistical part of the description length changes by the amount

$$D(k, j) = DL_{k \cup j} - (DL_k + DL_j) \tag{8}$$

3 Multigrid assignment

A key to make the concept practical is a pyramidal architecture, which can represent both a family of regularized model estimates as well as a partition of the image with piecewise homogeneous regions and sharp discontinuities between them. This architecture has first been used for gray value segmentation and the applied algorithm has become known as pyramidal linking [1]. Although the pyramidal linking algorithm has proven to be inadequate for displacement vector field segmentation, the underlying multigrid architecture will be used to develop the new scheme.

The architecture of this pyramid can best be explained in one dimension. The extension to two (or more) dimensions can be done in a straightforward way by applying the 1D concept in each dimension. The key property of this pyramid is that each node of a lower level (= son node) is connected to two nodes (4 in 2D) at the next higher level (= father nodes), except at the image boundary, where each son node is connected to only one father node. Each father node has links to 4 son nodes (16 in 2D), which define the maximal support for any estimation at the father node. The links are represented by weight factors $w(i,j)$ between 0 and 1, linking son node i to father node j. The details of the propagation through the links are described in [2].

3.1 Initialization

The procedure is demonstrated with the simple model of locally constant 1D displacements. As with any least squares model, the estimator as well as the minimal sum of squared deviations can be calculated by summing the required moments over the region of interest and performing a few scalar operations. Given the set of moments at each pixel any degree of regularization can be achieved by smoothing all the moments before calculating the desired properties with scalar operations at each level of smoothness. Therefore by creating the Gaussian pyramid described above with all the moments a family of increasingly regularized vector fields is available.

Taking the local model of constant 1D flow in an image with size $n^{(0)}$ pixels (for convenience linear indices are used here) from equations 5 and 6 follows that for the determination of u_k^* and S_k^* the following four moments are required:

$$(\sum_{i \in R_k} w_i), (\sum_{i \in R_k} w_i h_i^2), (\sum_{i \in R_k} w_i h_i g_i), (\sum_{i \in R_k} w_i g_i^2)$$

This means that the quadruples

$$P_i^{(0)} = \{1, h_i^2, h_i g_i, g_i^2\} \quad (i = 1 \ldots n^{(0)}) \tag{9}$$

are the elements of the bottom level of the pyramid.

At the initialization stage a family of fully regularized solutions to the displacement estimation problem is created. This means that the moments of the successive levels of the pyramid are formed by bottom-up propagation of the moments of their 16 son nodes at the level below. These are the 4 closest nodes in each dimension. The weights $w(i, j)$ define the support over which the least squares model is estimated at level j. The weighting factors are such that each son node distributes its information among its 4 father nodes. The initial weights of the 16 son nodes are binomially distributed in each dimension, which is the optimal 4×4-pixel approximation to a 2D Gaussian distribution. This optimizes the localization of the model properties at the coarser levels of the pyramid.

3.2 Measurement of compatibility

The compatibility $D(i,j)$ betweeen a node i and its father node j is measured by the difference of description length between node j with the content of i included and node j with the content of node i removed. Assuming that i contributes with the weight $w(i,j)$ to j before the measurement, then in analogy to equation 8 $D(i,j)$ is given by

$$D(i,j) = DL\left(P_j^{(m+1)} + (1 - w(i,j))P_i^{(m)}\right) - DL\left(P_j^{(m+1)} - w(i,j)P_i^{(m)}\right) \quad (10)$$

The contribution $DL(P_i^{(m)})$ is omitted here because it is constant for all possible assignments and will therefore cancel at the next step. $D(i,j)$ is converted to a normalized assignment probability

$$Q(i,j) - \frac{2^{-\beta D(i,j)}}{\sum_{j'=\text{father}(i)} 2^{-\beta D(i,j')}} \quad (11)$$

The choice for β is motivated by the criterion to have a similar sensitivity for discontinuities at each level. This leads to the choice for $\beta = 2^{-m}$, where m is the pyramid level (The bottom level of the pyramid is 0) [3].

3.3 Smoothing the boundary evidence

After the measurement of compatibilities between the pyramid levels at each node a set of 4 probabilities is given, measuring the local preference of each node towards one of the 4 directions NW,NE,SW,SE. They weigh the directional preference of each node in the pyramid. This quadruple of directional preference is now transformed into a vector field. Associating the S-N direction with the y-axis, and the W-E direction with the x-axis, the vector field components (F_x, F_y) for directional preference are determined by

$$\begin{aligned} F_x &= (Q_{NE} + Q_{SE}) - (Q_{NW} + Q_{SW}) \\ F_y &= (Q_{NE} + Q_{NW}) - (Q_{SE} + Q_{SW}) \end{aligned} \quad (12)$$

The discontinuities appear as sinks in this vector field. Therefore the lines of discontinuity are to be found where the negative valleys of the divergence of the directional preference field F are. The negative part of the divergence of the field at all levels will be used to indicate the measured boundary evidence.

At the lower levels of the pyramid the assignment probability vector field is very distorted. By sufficiently smoothing the vector field, however, the errors are averaged out, but the field preserves its qualitative essential properties. The different levels of the pyramid are smoothed differently. Obviously the lowest level has to be smoothed with the largest filter mask. The sizes of these masks have been determined heuristically.

Smoothing of the probability quadruples has the same effect. While the local directional contrast decreases the vector field becomes more coherent. The location of the sinks is also preserved, unless there is another sink nearby. In that case the two sinks will be attracted and with more smoothing they will merge into one.

This means that by smoothing the probability field, smooth and stable boundary evidence can be found. A boundary's location will be correct, if there is no other boundary close by. In other words, the maximal smoothing area should be smaller than the smallest expected distance to another boundary.

3.4 The spatial coincidence constraint

An actual discontinuity should show up at the same location at multiple scales. This essentially is the spatial coincidence assumption formulated by David Marr [5].

This constrains the possible discontinuities to those that coincide at multiple scales. In the proposed approach the spatial coincidence constraint is used to combine the evidence of several levels of the pyramid.

By summing over the probabilities of several pyramid levels, the fluctuations at locations of no discontinuity can be expected to average out. Where there are discontinuities, however, the probabilities will reinforce each other in their directional preference.

In order to relate the probabilities of different levels, the coarse level probability quadruples must be projected down one or more pyramid levels according to the formula

$$Q^{(m)}(i,j) = \sum_{l \in \text{father}(i)} w(i,l) Q^{(m+1)}(l,j) \quad \forall i,j \tag{13}$$

This is optimally done with the binomially distributed weights $w(i,j)$ that were used to create the initial pyramid.

3.5 Constructing the final model

As the probability quadruples express a directional preference, the coherent probability field determined by the regularization step and the spatial coincidence constraint can now serve as a new set of new weights that define the properties of each nodes father nodes.

With these weights a new pyramid is created according to the bottom-up propagation scheme, up to the pre-chosen top level of the pyramid. The moments of this level are then again propagated down to the bottom level.

As a well-defined example a random dot stereogram with a displaced center square is used to test the algorithm. Fig. 1 shows on the left the downprojected divergence of the smoothed assignment field from the second level. On the right the final displacement estimate of the random dot example is shown. Although this is not

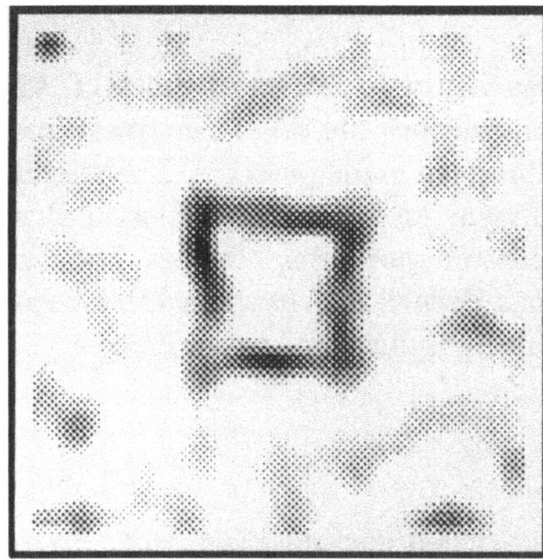

Figure 1: Boundary evidence and estimated field

yet a segmentation in the strict sense, it is obvious, that the displacements have a clear discontinuity around the black square.

4 Conclusions and Discussion

A new approach has been presented for the fast determination of discontinuos displacement vector fields, which is closely related to the problem of finding a segmentation of the vector field.

The approach is based on regional models of the vector field, and it uses gray level data as primary input, either the original gray value images or appropriately filtered images.

The boundaries and the discontinous displacement vector field can be found within a single step, no iterations of any procedure are required. The elegance of the scheme is that boundaries are found instantaneously by demanding consistency of local model compatibility measures within a neighborhood and at multiple scales. In that way the "continuity of discontinuities" and the "spatial coincidence constraint" are made practical.

The current constraint on the boundary is simply its smoothness, This is similar to the chain-code boundary model as it is common in Markov Random Field models based on the Ising model.

At this point only very simple displacement models have actually been tried. Although the description length criterion allows the comparison of different models, the current implementation will need to be extended to allow this comparison. In particular the planar and the second order models will have to be tested with real stereo and motion data.

The fact that the information about discontinuities is represented as a probability field allows a relatively easy integration of different vision modules. The same way as the probabilities from different scales, those from different vision modules can be integrated.

Acknowledgements

This research was done while the author was visiting scientist at the MIT AI-Lab, Cambridge, USA. The author gratefully acknowledges the fellowship grant from the Max-Kade Foundation, by which this work has been made possible. The stimulating discussions with Eric Grimson, Shimon Ullman, and in particular with Berthold Horn were very helpful in clarifying the relevant questions. Robert Thao helped a great deal in reviewing the paper. Thomas Breuel and Joachim Heel helped by providing the programs for the visualization of graphics and raster images.

References

[1] P. Burt. The pyramid as a structure for efficient computation. In A. Rosenfeld, editor, *Multiresolution Image Processing and Analysis*. Springer, Berlin, 1984.

[2] J. Dengler. Estimation of discontinous displacement vector fields with the minimum description length criterion. MIT AI-Memo 1265, MIT, 1990.

[3] J. Dengler. Grundlagen optimaler Modellbildung in der digitalen Bildanalyse, 1991. Habilitationsschrift, Universität Heidelberg.

[4] C. Koch, J. Marroquin, and A. Yuille. Analog 'neuronal' networks in early vision. *Proc. of the Natl. Acad. of Sc.*, 83:4263–4267, 1986.

[5] D. Marr. *Vision: A Computational Investigation into the Human Representation and Processing of Visual Information*. W.H. Freeman and Company, San Francisco, 1982.

[6] R.C. Nelson and J. Aloimonos. Using flow field divergence for obstacle avoidance: Towards qualitative vision. Proc. ICCV, pages 188–196, 1988.

[7] J. Rissanen. A universal prior for integers and estimation by minimum description length. *Ann. Stat.*, 11:416–431, 1983.

[8] J. Rissanen. Stochastic complexity. *J. Roy. Stat. Soc. B*, 49(3):223–239 and 252–265, 1987.

[9] A. Spoerri and S. Ullman. The early detection of motion boundaries. A.I. Memo No. 935, MIT, 1987.

[10] W.B. Thompson, K.M. Mutch, and V.A. Berzin. Dynamic occlusion analysis in optical fields. PAMI-7(4):374–383, 1985.

[11] A. Verri and T. Poggio. Against quantitative optical flow. Proc. ICCV, pp. 171–180, 1987

[12] C.S. Wallace and P.R. Freeman. Estimation and inference by compact coding. *J. Roy. Stat. Soc. B*, 49(3):240–265, 1987.

Ein konturbasierter Ansatz zur Berechnung von Momenten

X. Y. Jiang, H. Bunke
Institut für Informatik und angewandte Mathematik
Universität Bern, Länggass-Strasse 51, 3012 Bern, Schweiz

Zusammenfassung

In binären Bildern reicht die Kontur aus, um eine Region darzustellen. Da diese eine wesentlich geringere Datenmenge aufweist als die Region selbst, sind konturbasierte Ansätze zur Berechnung von Momenten den herkömmlichen regionenbasierten Methoden überlegen. In dieser Arbeit entwickeln wir solch einen konturbasierten Algorithmus. Außer den häufig verwendeten geometrischen Momenten kann der angegebene Algorithmus auch zur Berechnung von Legendre, Zernike oder komplexen Momenten verwendet werden.

1 Einführung

Eine wichtige Aufgabe der Mustererkennung stellt die Erkennung von Objekten unabhängig von deren Position, Größe und Orientierung dar. In den letzten Jahren wurde eine Reihe von Techniken zur Extraktion von Bildmerkmalen entwickelt, welche gegenüber Translation, Skalierung sowie Rotation invariant sind. Hierbei spielen Momentinvarianten eine wichtige Rolle [5, 7, 9, 12, 13, 16].

1.1 Momentinvarianten

Für eine gegebene Intensitätsfunktion $f(x,y)$ und einen Bereich A sind die zweidimensionalen Momente der Ordnung $(p+q)$ als

$$m_{pq} \;=\; \iint_A x^p y^q f(x,y)dxdy \tag{1}$$

definiert, wobei $p, q \in \{0, 1, 2, \cdots\}$. Die zentralen Momente werden wie folgt definiert

$$\mu_{pq} \;=\; \iint_A (x - \overline{x})^p (y - \overline{y})^q f(x,y)dxdy \tag{2}$$

wobei $\overline{x} = m_{10}/m_{00}, \overline{y} = m_{01}/m_{00}$. Diese Momente μ_{pq} lassen sich als Funktion der Momente m_{pq} ausdrücken [7, 16].

Ein Satz [7] besagt, daß Momente m_{pq} beliebiger Ordnung existieren, wenn $f(x,y)$ stückweise stetig ist und nur in einem endlichen Bereich der $x - y$ Ebene Werte ungleich Null annimmt. Außerdem wird die Reihe der Momente (m_{pq}) eindeutig von der Funktion $f(x,y)$ bestimmt, und umgekehrt die Funktion $f(x,y)$ eindeutig von der Reihe (m_{pq}). Dieser Satz bildet eine wichtige theoretische Grundlage für die Verwendung von Momenten in der Mustererkennung. Aus praktischen Gründen versucht man in vielen Anwendungen, die Ordnung der Momente so niedrig wie möglich zu halten.

In [7] wurden sieben Momentinvarianten ausgearbeitet, welche gegenüber den drei Transformationen Translation, Skalierung sowie Rotation invariant sind. Diese Invarianten sind Funktionen von zentralen Momenten zweiter und dritter Ordnung. Da die zentralen Momente ihrerseits mit den Momenten m_{pq} ausgedrückt werden können, lassen sich Momentinvarianten ebenfalls aus m_{pq} berechnen. Aufgrund dieser Tatsache gehen wir im folgenden nur darauf ein, die Momente m_{pq} effizient zu berechnen.

1.2 Regionenbasierte Ansätze

Eine mögliche Darstellung einer Region A eines digitalen Bildes besteht darin, alle in A enthaltenen Pixel sowie ihre Intensität anzugeben. In dieser Darstellungsweise läßt sich das Doppelintegral in (1) wie folgt approximieren

$$m_{pq} = \sum_{(i,j)\in A} i^p j^q f(i,j). \tag{3}$$

Eine direkte Berechnung gemäß (3) fordert offensichtlich eine große Anzahl von Additionen und Multiplikationen. Da in vielen Fällen, z.B. in industriellen Anwendungen, die Geschwindigkeit jedoch von entscheidender Bedeutung ist, wurden effizientere Methoden entwickelt [6, 17]. Ferner sind auch parallele Algorithmen bekannt [4, 10, 11].

1.3 Konturbasierte Ansätze

In einer ganzen Reihe von industriellen Anwendungen spielt lediglich die Größe sowie die Kontur eines Objektes eine Rolle, aber nicht die Farbe oder die Intensität. Darum werden oft binäre Bilder verwendet, in denen die Intensität $f(x,y)$ entweder den Wert 0 oder 1 annimmt. In diesem Fall wird ein digitaler Bereich A vollständig von dessen Kontur bestimmt. Somit läßt sich eine Funktion von A, wie z.B. die Momente m_{pq}, als eine Funktion der Kontur ausdrücken. Da die Konturdarstellung von A eine wesentlich geringere Datenmenge aufweist als die Regionendarstellung, kann erwartet werden, daß konturbasierte Verfahren schneller sind als regionenbasierte Methoden.

Die Kontur einer beliebigen Region A läßt sich mit geraden Liniensegmenten approximieren und als ein Polygon darstellen. In [14] wurde eine Methode zur Berechnung der Momente m_{pq} eines Polygons angegeben. Bei dieser Methode setzt sich ein Moment m_{pq} aus den Beiträgen aller Polygonkanten zusammen. Je nach der Steigung der Polygonkante werden sieben Fälle unterschieden. Für jedes Moment m_{pq} muß eine eigene Formel angewendet werden. Ein großer Nachteil dieser Methode ist die ungenügende Flexibilität. Wenn beispielsweise Momente höherer Ordnung erforderlich sind, müssen neue Formeln ausgearbeitet und programmiert werden.

In [2] wurde eine einheitliche Berechnungsformel angegeben, welche für eine beliebige Ordnung und Steigung einer Polygonkante Gültigkeit hat. Diese Formel beinhaltet jedoch eine große Anzahl von Termen. Wie dieser Ansatz effektiv implementiert werden kann, wurde nicht diskutiert.

In dieser Arbeit zeigen wir, daß sich Momente höherer Ordnung aus Momenten niedrigerer Ordnung berechnen lassen. Weder in [2] noch in [14] wurde diese Beziehung diskutiert. Wir werden die Abhängigkeit der Momente unterschiedlicher Ordnung untersuchen und daraus einen effizienten iterativen Algorithmus entwickeln.

2 Effiziente Berechnung von Momenten

Da ein Polygon von dessen Ecken vollständig bestimmt wird, können die Momente m_{pq} auch als eine Funktion der Polygonecken ausgedrückt werden. Mithilfe des Satzes von Green [8] wurde in [2] das Doppelintegral in (1) in ein Integral entlang der Kontur des Polygons umgewandelt, welches seinerseits aus den Polygonecken berechnet werden kann. In diesem Abschnitt zeigen wir zuerst die mathematische Ableitung dafür, wie Momente aus der Kontur eines Polygons berechnet werden können. Dann gehen wir über zur Untersuchung der Beziehungen zwischen Momenten verschiedener Ordnung. Aufgrund dieser Beziehung wird ein iterativer Algorithmus entwickelt. Am Schluß dieses Abschnitts beschreiben wir die Ergebnisse einer Simulation, die zum Vergleich unseres Algorithmus mit einem direkten Verfahren durchgeführt wurde.

2.1 Konturbasierte Berechnung von Momenten

Der Satz von Green besagt, daß unter der Voraussetzung, daß eine Funktion $g(x,y)$ als Summe der partiellen Ableitungen zweier Funktionen dargestellt werden kann, d.h.

$$g(x,y) \;=\; \frac{\partial N(x,y)}{\partial x} - \frac{\partial M(x,y)}{\partial y}, \tag{4}$$

die Beziehung

$$\iint_A g(x,y)dxdy \;=\; \int_C [M(x,y)dx + N(x,y)dy] \tag{5}$$

gilt, wobei C die geschlossene Kontur von A im Gegenuhrzeigersinn ist. Im Fall der Momente gilt $g(x,y) = x^p y^q$. A stellt den vom Polygon C umgebenen Bereich dar. Um die beiden Funktionen N und M zu finden, setzen wir

$$\frac{\partial N}{\partial x} - \frac{\partial M}{\partial y} \;=\; x^p y^q. \tag{6}$$

Eine einfache Lösung von (6) ist

$$N = \frac{x^{p+1}}{p+1} y^q, \quad M = 0. \tag{7}$$

Somit erhalten wir

$$m_{pq} = \iint_A x^p y^q dxdy = \int_C \frac{x^{p+1}}{p+1} y^q dy. \tag{8}$$

Seien $(x_i, y_i), i = 1, 2, \cdots, n$, die Ecken des Polygons C. Dann besteht die Kontur von C aus n geraden Liniensegmenten

$$c_i : \; y = a_i x + y_i - a_i x_i, \; x_i \leq x \leq x_{i+1}, \; i = 1, 2, \cdots, n \tag{9}$$

wobei $a_i = (y_{i+1} - y_i)/(x_{i+1} - x_i)$ die Steigung des Segmentes c_i darstellt. Einfachheitshalber nehmen wir ferner an, daß $(x_{n+1}, y_{n+1}) = (x_1, y_1)$ gilt. Wir verwenden hier eine andere Parametrisierung von c_i als in [2], welche zu einer Vereinfachung der Herleitung führt. Sei D_i der Beitrag von c_i zum Integral in (8), d.h.

$$m_{pq} \;=\; \sum_{i=1}^{n} D_i. \tag{10}$$

Durch Einsetzen der Gleichung von c_i in (8) erhalten wir

$$\begin{aligned}
D_i &= \int_{c_i} \frac{x^{p+1}}{p+1} y^q dy \\
&= \int_{x_i}^{x_{i+1}} \frac{x^{p+1}}{p+1} (a_i x + y_i - a_i x_i)^q a_i dx \\
&= \frac{a_i}{p+1} \int_{x_i}^{x_{i+1}} x^{p+1} (a_i x + y_i - a_i x_i)^q dx \\
&= \frac{a_i}{p+1} \left[\sum_{k=0}^{q} \{ C_q^k a_i^k (y_i - a_i x_i)^{q-k} \frac{x_{i+1}^{p+k+2} - x_i^{p+k+2}}{p+k+2} \} \right]
\end{aligned} \tag{11}$$

wobei C_q^k die Binomialkoeffizienten sind. Ist c_i vertikal, dann ist dessen Steigung a_i undefiniert. In diesem Fall verwenden wir die folgende Parametrisierung von c_i

$$c_i : \; x = x_i, \quad y_i \leq y \leq y_{i+1}. \tag{12}$$

Dies führt zu

$$D_i = \int_{c_i} \frac{x^{p+1}}{p+1} y^q dy = \int_{y_i}^{y_{i+1}} \frac{x_i^{p+1}}{p+1} y^q dy = \frac{x_i^{p+1}(y_{i+1}^{q+1} - y_i^{q+1})}{(p+1)(q+1)}. \tag{13}$$

```
forall (pq) do m_pq := 0;
for i := 1 to n do begin
    if vertical(c_i) then
        forall (pq) do m_pq := m_pq + D_i (* D_i by (13) *)
    else
        forall (pq) do m_pq := m_pq + D_i (* D_i by (11) *)
end;
```

Abbildung 1: Ein direkter Algorithmus.

2.2 Ein direkter Algorithmus

Obwohl die Formeln (11) und (13) bereits in [2] ausgearbeitet wurden, haben die Autoren die konkrete Realisierung nicht diskutiert. In Abb. 1 ist ein direkter Algorithmus angegeben. In diesem Verfahren wird jedes Moment m_{pq} unabhängig von allen anderen berechnet, indem die Beiträge aller Polygonkanten aufsummiert werden. Hier wird keinerlei Beziehung zwischen den Momenten verschiedener Ordnung in Betracht gezogen.

2.3 Ein iterativer Algorithmus

Ziel dieses Abschnitts besteht darin, gegenseitige Beziehungen der Momente zu untersuchen und aufgrund dieser Beziehungen ein iteratives Verfahren zu entwickeln. Für diesen Zweck definieren wir

$$A_i(p,q) = \int_{x_i}^{x_{i+1}} x^{p+1}(a_i x + y_i - a_i x_i)^q dx \tag{14}$$

(siehe auch (11)). Für $q \geq 1$, gilt

$$\begin{aligned}
A_i(p,q) &= \int_{x_i}^{x_{i+1}} x^{p+1}(a_i x + y_i - a_i x_i)^{q-1}(a_i x + y_i - a_i x_i)dx \\
&= a_i \int_{x_i}^{x_{i+1}} x^{p+2}(a_i x + y_i - a_i x_i)^{q-1}dx + \\
&\quad (y_i - a_i x_i)\int_{x_i}^{x_{i+1}} x^{p+1}(a_i x + y_i - a_i x_i)^{q-1}dx \\
&= a_i A_i(p+1,q-1) + (y_i - a_i x_i)A_i(p,q-1).
\end{aligned} \tag{15}$$

Deshalb kann $A_i(p,q)$ rekursiv berechnet werden. Am Ende der Rekursion muß

$$A_i(p,0) = \int_{x_i}^{x_{i+1}} x^{p+1}dx = \frac{x_{i+1}^{p+2} - x_i^{p+2}}{p+2} \tag{16}$$

explizit bestimmt werden. In Abb. 2a) ist diese rekursive Beziehung graphisch dargestellt wobei $(p_1,q_1) \leftarrow (p_2,q_2)$ bedeutet, daß die Berechnung von $A_i(p_2,q_2)$ die Verfügbarkeit von $A_i(p_1,q_1)$ voraussetzt. Eine direkte Implementation des rekursiven Schemas in Abb. 2a) würde eine gewisse Ineffizienz mit sich bringen. Z.B. müßte für $A_i(0,4)$ det Wert von $A_i(1,2)$ zweimal berechnet werden. Der Einfachheit der Darstellung halber berücksichtigen wir im folgenden nur Momente der Ordnung ≤ 4. (Die abgeleiteten Formeln sind jedoch für Momente beliebiger Ordnung anwendbar.)

In vielen Fällen ist mithilfe von Iteration eine effizientere Realisierung rekursiver Beziehungen möglich als durch direkte Rekursion. In unserem Fall beginnt eine iterative Berechnung von $A_i(0,4)$ mit $A_i(0,0)$ und geht entlang dem in Abb. 2b) gezeichneten Pfad bis $A_i(0,4)$ erreicht wird. An jedem Punkt (p,q) kann $A_i(p,q)$ entweder direkt aus (16), d.h. $q = 0$, oder aus (15) berechnet werden, da zum diesem Zeitpunkt $A_i(p+1,q-1)$ und $A_i(p,q-1)$ bereits zur Verfügung stehen. Ist $A_i(p,q)$ bekannt, kann der Beitrag der Polygonkante c_i zu m_{pq}

$$D_i = \frac{a_i}{p+1}A_i(p,q) \tag{17}$$

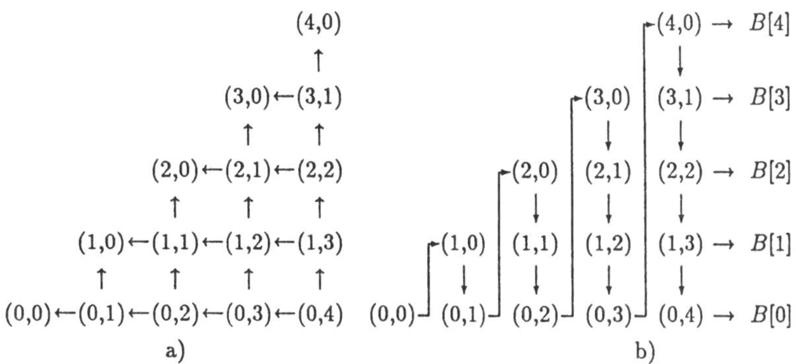

Abbildung 2: a) Die rekursive Beziehung $A_i(p, q)$. b) Die Reihenfolge der Berechnung.

```
for order := 0 to max_order do begin
    B[order] := A_i(order, 0); (* by (16) *)
    m_order,0 := m_order,0 + a_i * B[order]/(order + 1);
    for p := order - 1 downto 0 do begin
        q := order - p;
        B[p] := a_i * B[p + 1] + (y_i - a_i * x_i) * B[p]; (* (15) *)
        m_pq := m_pq + a_i * B[p]/(p + 1);
    end;
end;
```

Abbildung 3: Ein iterativer Algorthmus zur Berechnung der $A_i(p, q)$'s und D_i's.

berechnet und zu m_{pq} aufsummiert werden. Sobald wir $A_i(0, 4)$ erreichen, werden die Beiträge von c_i zu allen m_{pq}'s der Ordnung ≤ 4 berücksichtigt. Eine zusätzliche Schleife über allen Polygonkanten $c_1, c_2, \cdots, c_n$ liefert uns schließlich die Momente m_{pq}'s der Ordnung ≤ 4.

Als eine wichtige Beobachtung stellen wir fest, daß es nicht nötig ist, alle $A_i(p, q)$'s auf dem Pfad von $A_i(0, 0)$ zu $A_i(0, 4)$ abzuspeichern. Angenommen, wir haben ein Array mit fünf Elementen $B[0..4]$. Nachdem $A_i(p, q)$ berechnet wurde, speichern wir es wie in Abb. 2b) dargestellt in $B[p]$ ab. Die folgenden Überlegungen sollen zeigen, daß diese Strategie tatsächlich funktioniert. An der Stelle $(p, 0)$ im Iterationsschema von Abb. 2b) wird $A_i(p, 0)$ aus (16) berechnet und in $B[p]$ abgespeichert. Dies ist möglich, da $B[p]$ noch unbenutzt ist. Wird die Position (p, q) $(q \neq 0)$ erreicht, so sind in $B[p+1]$ und $B[p]$ jeweils $A_i(p+1, q-1)$ und $A_i(p, q-1)$ gespeichert. Darum kann $A_i(p, q)$ aus (15) mit $B[p+1]$ und $B[p]$ berechnet werden. Da ab diesem Zeitpunkt $A_i(p, q-1)$ nicht mehr gebraucht wird, darf $B[p]$ ohne weiteres von $A_i(p, q)$ überschrieben werden.

Aufgrund der obigen Diskussion geben wir in Abb. 3 einen iterativen Algorithmus zur Berechnung von $A_i(p, q)$ sowie den Beiträgen der Polygonkante c_i zu allen m_{pq}'s der Ordnung $\leq max\_order$ an. Wird die Zeile 6 der direkten Berechnungsmethode in Abb. 1 durch den Algorithmus in Abb. 3 ersetzt, erhalten wir einen iterativen Algorithmus zur Berechnung von allen m_{pq}'s der Ordnung $\leq max\_order$.

2.4 Berechnung von Momenten auf der Basis des Kettencodes

Eine häufig verwendete Methode zur Repräsentation einer Kontur ist der Kettencode. Der einfache Kettencode einer Kontur kann als Spezialfall $l_1 = l_2 = \cdots = l_n = 1$ der Lauflängen-Kettencodierung

$$(\text{Anfangspixel}) \; (d_1, l_1) \; (d_2, l_2) \; \cdots \; (d_n, l_n) \tag{18}$$

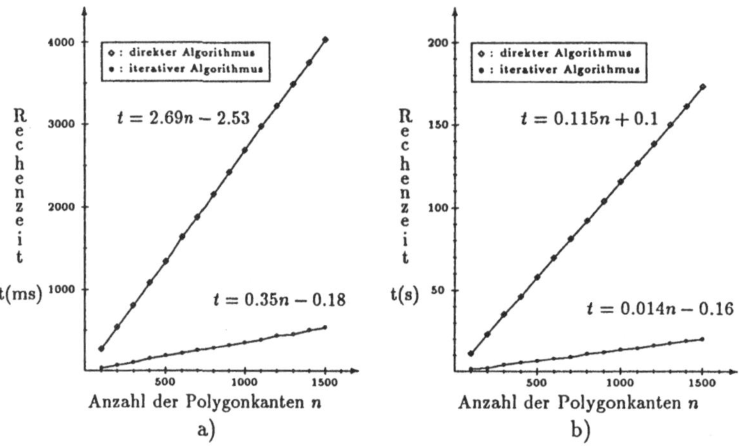

Abbildung 4: Rechenzeit für Momente der Ordnung ≤ 4 auf: a) Sun Sparcstation 1; b) IBM AT.

angesehen werden, in der l_i Nachbarpixel gleicher Richtung d_i zu (d_i, l_i) zusammengefasst werden. Im folgenden nehmen wir an, daß ein vierfach zusammenhängender Lauflängencode vorliegt. Eine derartig codierte Kontur kann als ein Polygon betrachtet werden, dessen Kanten $c_1, c_2, \cdots, c_n$ (n ist garantiert gerade) abwechslungsweise vertikal oder horizontal verlaufen. Die Endpunkte der Kanten $(x_i, y_i), i = 1, 2, \cdots, n$, lassen sich problemlos aus (18) berechnen. Ohne Beschränkung der Allgemeinheit nehmen wir an, daß c_1 vertikal ist. Da die Steigung a_i einer horizontalen Kante $c_i, i = 2, 4, \cdots, n$, gleich Null ist, leistet sie keinen Beitrag zu den Momenten. Hingegen läßt sich der Beitrag einer vertikalen Kante $c_i, i = 1, 3, \cdots, n - 1$, aus (13) bestimmen. Somit können die Momente wie folgt berechnet werden

$$m_{pq} = \sum_{i=1}^{n/2} \frac{x_{2i-1}^{p+1}(y_{2i}^{q+1} - y_{2i-1}^{q+1})}{(p+1)(q+1)}. \tag{19}$$

2.5 Simulationsergebnisse

Um den direkten Algorithmus nach Abschnitt 2.2 und den iterativen Algorithmus nach Abschnitt 2.3 zu vergleichen, wurde eine Simulation auf einer Sun Sparcstation 1 sowie einem IBM AT durchgeführt. Wir generierten eine Reihe von Polygonen mit einer steigenden Zahl von Kanten und berechneten alle Momente m_{pq}'s der Ordnung ≤ 4. Die Rechenzeit ist in Abb. 4 gezeigt, wo die Gleichung der Regressionsgeraden der jeweiligen Kurve ebenfalls angegeben ist. Auf der Sun Sparcstation 1 beträgt die Rechenzeit $t = 2.69n - 2.53$ für den direkten Algorithmus und $t = 0.35n - 0.18$ für den iterativen Algorithmus, wobei n die Anzahl der Kanten der generierten Polygone darstellt. Somit wurde eine achtfache Steigerung der Rechengeschwindigkeit erzielt. Das gleiche Resultat konnte auch auf dem IBM AT beobachtet werden.

3 Berechnung von zentralen Momenten aus m_{pq}

Im letzten Abschnitt haben wir einen effizienten iterativen Algorithmus zur Berechnung von Momenten m_{pq} entwickelt. Da die Momentinvarianten jedoch Funktionen von zentralen Momenten μ_{pq} sind, geben wir im folgenden ein allgemeines Schema für die Berechnung von zentralen Momenten μ_{pq} aus m_{pq}.

$$
\begin{aligned}
\mu_{pq} &= \iint_A (x - \overline{x})^p (y - \overline{y})^q f(x,y)\,dx\,dy \\
&= \iint_A \sum_{k=0}^{p}(-1)^{p-k}C_p^k x^k \overline{x}^{p-k} \sum_{l=0}^{q}(-1)^{q-l}C_q^l y^l \overline{y}^{q-l} f(x,y)\,dx\,dy \\
&= \iint_A \sum_{k=0}^{p}\sum_{l=0}^{q}(-1)^{p+q-k-l}C_p^k C_q^l x^k \overline{x}^{p-k} y^l \overline{y}^{q-l} f(x,y)\,dx\,dy \\
&= \sum_{k=0}^{p}\sum_{l=0}^{q}(-1)^{p+q-k-l}C_p^k C_q^l \overline{x}^{p-k} \overline{y}^{q-l} \iint_A x^p y^q f(x,y)\,dx\,dy \\
&= \sum_{k=0}^{p}\sum_{l=0}^{q}(-1)^{p+q-k-l}C_p^k C_q^l \overline{x}^{p-k} \overline{y}^{q-l} m_{pq}
\end{aligned}
\tag{20}
$$

4 Diskussion

Da die Konturdarstellung einer Region eines digitalen Bildes eine wesentlich geringere Datenmenge aufweist als die Regionendarstellung, sind konturbasierte Ansätze zur Berechnung von Momenten vorteilhaft. Solch einen Algorithmus haben wir in dieser Arbeit entwickelt. Unser iterativer Algorithmus beruht auf der Beobachtung, daß sich Momente höherer Ordnung aus Momenten niedrigerer Ordnung berechnen lassen. Während der direkte Algorithmus die Momente völlig unabhängig voneinander berechnet, werden im iterativen Algorithmus zuerst Momente niedrigerer Ordnung berechnet und anschließend zu Momenten höherer Ordnung kombiniert. Bedingt durch diese Kombination müssen wir für die Berechnung von m_{04} beispielsweise alle Momente der Ordnung < 4 sowie alle anderen Momente der Ordnung 4 berechnen. Dies ist jedoch kein Nachteil. In den sieben Momentinvarianten aus [7] werden alle Momente der Ordnung ≤ 3 benötigt. In [2] werden andere Momentinvarianten verwendet, bei denen alle Momente der Ordnung ≤ 4 involviert sind. In praktischen Anwendungen müssen wir also ohnehin alle Momente der Ordnung $\leq k$ berechnen.

Der angegebene iterative Algorithmus ist sehr einfach. In der Tat läßt sich das Programmstück in Abb. 3, welche die Zeile 6 des Programms in Abb. 1 ersetzt, noch einfacher codieren als die ursprüngliche Zeile, da diese doch recht viele Terme beinhaltet. Der iterative Algorithmus ist auch schnell. Simulationsergebnisse zeigen, daß gegenüber dem direkten Algorithmus eine achtfache Steigerung der Rechenzeit erzielt werden kann. Der iterative Algorithmus benötigt gegenüber dem direkten Algorithmus kaum zusätzlichen Speicher.

Eine Spezialversion unseres Algorithmus ergibt sich durch die Verwendung einer Lauflängen-Kettencodierung der Kontur auf der Basis der 4-Nachbarschaft. Diese Version zeichnet sich durch besondere Speichereffizienz aus. Sie kann auch dann eingesetzt werden, wenn eine Approximation der Kontur durch gerade Liniensegmente nicht vorliegt.

Die in dieser Arbeit behandelten Momente werden als geometrische Momente bezeichnet. In den letzten Jahren wurde eine Reihe von anderen Momenten entwickelt, u.a. Legendre Momente [15], Zernike Momente [15], Rotationsmomente [3], und komplexe Momente [1]. Diese Momente unterscheiden sich in einigen wichtigen Eigenschaften, wie z.B. Rauschsensibilität, Informationsredundanz und Diskriminierungsfähigkeit. In bezug auf Informationsredundanz sind orthogonale Momente, d.h. Legendre Momente und Zernike Momente, besser als die anderen Momente [15]. Gesamthaft gesehen sind Zernike Momente den anderen Momenten überlegen. Interessant dabei ist die Tatsache, daß alle diese neu entwickelten Momente aus den einfachen geometrischen Momenten berechnet werden können. Somit kann der in dieser Arbeit angegebene effiziente konturbasierte Algorithmus selbst dann Anwendung finden, wenn andere Momente benötigt werden.

Danksagung

Der erste Autor wird vom Schweizerischen Nationalfonds im Rahmen des NFP-23 Forschungsprogramms, Gesuch 4023-027026, gefördert. Herrn T. Glauser danken wir für hilfreiche Diskussionen. Der IBM AT wurde uns freundlicherweise von der Firma IBM Schweiz zur Verfügung gestellt, wofür wir uns bedanken möchten.

Literaturverzeichnis

[1] Y. S. Abu-Mostafa, D. Psaltis, Image normalization by complex moments, IEEE Trans. Pattern Anal. Mach. Intell., Vol. 7, 46–53, 1985.

[2] B. Bamieh, R. J. P. De Figueiredo, A general moment-invariants/attributed-graph method for three-dimensional object recognition from a single image, IEEE Journal on Robotics and Automation, Vol. 2, No. 1, 31–41, 1986.

[3] J. F. Boyce, W. J. Hossack, Moment invariants for pattern recognition, Pattern Recognition Lett. Vol. 1, No. 5-6, 451–456, 1983.

[4] K. Chen, Efficient parallel algorithms for the computation of two-dimensional image moments, Pattern Recognition, Vol. 23, No. 1/2, 109–119, 1990.

[5] S. A. Dudani, K. J. Kenneth, R. B. McGhee, Aircraft identification by moment invariants, IEEE Trans. Comput., Vol. 26, 39–46, 1977.

[6] M. A. Hatamian, A real time two dimensional moment generating algorithm and its single chip implementation, IEEE Trans. Acoust. Speed Signal Process., Vol. 34, 546–553, 1986.

[7] M. K. Hu, Visual pattern recognition by moment invariants, IRE Trans. Inf. Theory, Vol. 8, 179–187, 1962.

[8] E. Kreyszig, Advanced engineering mathematics, John Wiley & Sons, Inc., p. 340, 1962.

[9] S. S. Reddi, Radial and angular moment invariants for image identification, IEEE Trans. Pattern Anal. Mach. Intell., Vol. 3, No. 2, 240–242, 1981.

[10] A. P. Reeves, A parallel mesh moment computer, Proc. 6th Int. Conf. Pattern Recognition, 465–467, 1982.

[11] A. P. Reeves, Parallel algorithms for real-time image processing, in Multicomputers and image processing, algorithm and program, Academic Press, New York, 7–18, 1982.

[12] F. A. Sadjadi, E. L. Hall, Three-dimensional moment invariants, IEEE Trans. Pattern Anal. Mach. Intell., Vol. 2, No. 2, 127–136, 1980.

[13] F. W. Smith, M. H. Wright, Automatic ship photo interpretation by the method of moments, IEEE Trans. Comput., Vol. 20, 1089–1094, 1971.

[14] N. J. C. Strachan, P. Nesvadba, A. R. Allen, A method for working out the moments of a polygon using an integration technique, Pattern Recognition Letters, Vol. 11, 351–354, 1990.

[15] C. H. Teh, R. T. Chin, On image analysis by the methods of moments, IEEE Trans. Pattern Anal. Mach. Intell., Vol. 10, 496–513, 1988.

[16] R. Y. Wong, E. L. Hall, Scene matching with invariant moments, Comput. Graphics Image Process., Vol. 8, 16–24, 1978.

[17] M. F. Zakaria, L. J. Vroomen, P. J. A. Zsombor-Murray, J. M. H. M. Van Kessel, Fast algorithm for the computation of moment invariants, Pattern Recognition, Vol. 20, No. 6, 639–643, 1987.

Eine Modifikation des Deriche-Verfahrens zur Kantendetektion

Stefan Lanser, Wolfgang Eckstein

Technische Universität München
Institut für Informatik, Lehrstuhl Prof. Radig

Canny stellte 1983 Gütekriterien für Kantendetektoren vor, durch deren Optimierung er einen optimalen eindimensionalen FIR-Filter für Stufenkanten gewann. Vier Jahre später präsentierte Deriche ein Verfahren zur Kantendetektion, das unmittelbar auf Cannys Ansatz aufbaut, jedoch IIR-Filter verwendet, die sich sehr effizient rekursiv implementieren lassen. Allerdings werden bei Verwendung der Deriche-Filter die Kantenamplituden in Abhängigkeit von den Kantenrichtungen systematisch verzerrt. Im folgenden wird gezeigt, daß es sich dabei um einen systematischen Amplitudenfehler handelt, der sich durch eine einfache Modifikation des Verfahrens beseitigen läßt. Aufgrund seiner offensichtlichen "Verwandschaft" mit den Deriche-Filtern wird auch der Shen-Filter in die Untersuchungen mitaufgenommen.

Das Deriche-Verfahren zur Detektion von Stufenkanten

Das Deriche-Verfahren zur Detektion von Stufenkanten ([Deriche 87a, 87b, 90]) knüpft unmittelbar an Cannys Arbeiten an ([Canny 83, 86]. Canny hatte durch Optimierung bestimmter Gütekriterien für Kantendetektoren unter anderem auch einen optimalen eindimensionalen *Finite Impulse Response* Filter für Stufenkanten entwickelt. Deriche verwendete denselben Ansatz, vollzog jedoch den Übergang zu einem *Infinite Impulse Response* Kantenfilter. Sein Detektionsverfahren umfaßt die folgenden drei Schritte:

(i) Bestimmung von $E_x(x,y)$ durch Faltung des Bildes mit dem separierbaren 2D-Filter f(x)g(y).

(ii) Bestimmung von $E_y(x,y)$ durch Faltung des Bildes mit dem separierbaren 2D-Filter g(x)f(y).

(iii) Bestimmung von Kantenamplitude und -richtung als Betrag und Orientierung des Vektors $[E_x(x,y),E_y(x,y)]^T$.

Dabei bezeichnet f(z) einen eindimensionalen IIR-Kantenfilter und g(z) den daraus durch Integration entstandenen eindimensionalen IIR-Glättungsfilter. Es läßt sich zeigen, daß $[E_x(x,y),E_y(x,y)]^T$ nichts anderes ist als der Gradient des mit dem 2D-Glättungsfilter G(x,y) = g(x)g(y) gefalteten Bildes ([Lanser 91]). Es handelt sich beim Deriche-Ansatz also um ein Gradientenverfahren. Deriches optimaler 1D-Kantenfilter f(z) hat folgende Impulsantwort:

$$f(z) = K\, e^{-\alpha|z|} \sin(\omega z), \quad \alpha, \omega > 0.$$

Konkret untersucht wurden in der vorliegenden Arbeit die zwei interessantesten Ausprägungen $f_{D1}(z)$ und $f_{D2}(z)$ dieses Filters:

$$f_{D1}(z) = K_{D1}\, z\, e^{-\alpha_{D1}|z|} \quad (\omega \ll \alpha),$$

$$f_{D2}(z) = K_{D2}\, \sin(\alpha_{D2} z)\, e^{-\alpha_{D2}|z|} \quad (\omega = \alpha),$$

$f_{D1}(z)$ ist optimal bezüglich der Canny Gütekriterien und wurde auch von Deriche selbst in späteren Arbeiten weiter verwendet ([Deriche 90]). Der Filter $f_{D2}(z)$ ähnelt Cannys Kantenfilter bezüglich der erreichten Werte der Gütemaße. Sein Einsatz führt im Zweidimensionalen zu weit geringeren Amplitudenverzerrungen, wie später gezeigt wird. Setzt man $f_{D1}(z)$ und $f_{D2}(z)$ in obiges Verfahrensschema ein, erhält man die 2D-Kantenoperatoren D1 und D2. Die Normierungsfaktoren K_{D1} und K_{D2} haben dabei folgende Werte:

$$K_{D1} = -\alpha_{D1}^{2} \quad \text{(kontinuierlich)} \quad \text{bzw.} \quad K_{D1} = -\frac{\left(1 - e^{-\alpha_{D1}}\right)^2}{e^{-\alpha_{D1}}} \quad \text{(diskret)},$$

$$K_{D2} = -2\,\alpha_{D2} \quad \text{(kontinuierlich)} \quad \text{bzw.} \quad K_{D2} = -\frac{1 - 2\, e^{-\alpha_{D2}} \cos(\alpha_{D2}) + e^{-2\alpha_{D2}}}{e^{-\alpha_{D2}} \sin(\alpha_{D2})} \quad \text{(diskret)}.$$

Ebenfalls untersucht wurde der eindimensionale IIR-Kantenfilter von Shen ([Castan et al. 90]):

$$f_S(z) = \begin{cases} K_S\, e^{-\alpha_S z}, & z > 0 \\ 0, & z = 0 \\ -K_S\, e^{\alpha_S z}, & z < 0 \end{cases} \quad \text{mit} \quad K_S = -\alpha_S \;\text{(kont.)} \quad \text{bzw.} \quad K_S = -\frac{1 - e^{-\alpha_S}}{e^{-\alpha_S}} \;\text{(diskret)}.$$

Dieser ist ebenfalls aus den Canny Gütekriterien herleitbar, wenn man die Nebenbedingung unberücksichtigt läßt, die die Wahrscheinlichkeit von "Mehrfachantworten" des Filters auf nur eine Kante verringert. Eingebettet in den Deriche-Ansatz liefert der Shen-Filter den S-Operator.

Bei allen untersuchten Kantenfiltern verbreitern sich die "Kernzonen" der Filter, in denen sich deren Impulsantworten deutlich von Null unterscheiden, mit abnehmendem α. Damit erhöht sich die glättende Wirkung der Filter, also auch ihre Rauschinvarianz. Andererseits nimmt natürlich ihr Auflösungsvermögen für Bilddetails ab.

Die zugehörigen 1D-Glättungsfilter $g_{D1}(z)$, $g_{D2}(z)$ und $g_S(z)$ erhält man aus $f_{D1}(z)$, $f_{D2}(z)$ und $f_S(z)$ im wesentlichen durch Integration. Für Details der Herleitung all dieser Filter sei auf [Lanser 91] verwiesen.

Die diskreten Formen der verwendeten eindimensionalen IIR-Filter lassen sich sehr effizient rekursiv implementieren. Sei $x(n)$ das eindimensionale zu filternde Bildsignal. Dann erhält man das zugehörige Filterergebnis $y(n)$ vermöge folgendem rekursiven Berechnungsschemas:

$$y^+(n) = \sum_{k=0}^{K^+} a_k^+ \, x(n-k) - \sum_{k=1}^{L} b_k \, y^+(n-k), \quad y^-(n) = \sum_{k=0}^{K^-} a_k^- \, x(n+k) - \sum_{k=1}^{L} b_k \, y^-(n+k),$$

$$y(n) = C \left[y^+(n) + y^-(n) \right].$$

Für die untersuchten Filter sind dabei konkret folgende Werte einzusetzten (vgl. [Deriche 90]):

f_{D1}: $K^+ = K^- = 1$, $a_k^- = a_k^+$, $a_0^+ = 0$, $a_1^+ = 1$, $L = 2$, $b_1 = -2\,e^{-\alpha_{D1}}$, $b_2 = e^{-2\alpha_{D1}}$,

$\qquad C = -\left(1 - e^{-\alpha_{D1}}\right)^2$,

g_{D1}: $K^+ = 1$, $a_0^+ = 1$, $a_1^+ = (\alpha_{D1} - 1)\,e^{-\alpha_{D1}}$, $K^- = 2$, $a_0^- = 0$, $a_1^- = (\alpha_{D1} + 1)\,e^{-\alpha_{D1}}$,

$\qquad a_2^- = -\,e^{-2\alpha_{D1}}$, $L = 2$, $b_1 = -2\,e^{-\alpha_{D1}}$, $b_2 = -a_2^-$, $C = \dfrac{\left(1 - e^{-\alpha_{D1}}\right)^2}{1 + 2\,\alpha_{D1}\,e^{-\alpha_{D1}} - e^{-2\alpha_{D1}}}$,

f_{D2}: $K^+ = K^- = 1$, $a_k^- = a_k^+$, $a_0^+ = 0$, $a_1^+ = 1$, $L = 2$, $b_1 = -2\cos(\alpha_{D2})\,e^{-\alpha_{D2}}$, $b_2 = e^{-2\alpha_{D2}}$,

$\qquad C = -\left(1 - 2\cos(\alpha_{D2})\,e^{-\alpha_{D2}} + e^{-2\alpha_{D2}}\right)$,

g_{D2}: $K^+ = 1$, $a_0^+ = 1$, $a_1^+ = \left[\sin(\alpha_{D2}) - \cos(\alpha_{D2})\right]e^{-\alpha_{D2}}$, $K^- = 2$, $a_0^- = 0$,

$\qquad a_1^- = \left[\sin(\alpha_{D2}) + \cos(\alpha_{D2})\right]e^{-\alpha_{D2}}$, $a_2^- = -\,e^{-2\alpha_{D2}}$, $L = 2$, $b_1 = -2\cos(\alpha_{D2})\,e^{-\alpha_{D2}}$,

$\qquad b_2 = -a_2^-$, $C = \dfrac{1 - 2\cos(\alpha_{D2})\,e^{-\alpha_{D2}} + e^{-2\alpha_{D2}}}{1 + 2\sin(\alpha_{D2})\,e^{-\alpha_{D2}} - e^{-2\alpha_{D2}}}$,

f_S: $\quad K^+ = K^- = 1$, $a_0^+ = a_0^- = 0$, $a_1^+ = 1$, $a_1^- = -1$, $L = 1$, $b_1 = -e^{-\alpha_S}$, $C = -\left(1 - e^{-\alpha_S}\right)$,

g_S: $\quad K^+ = 0$, $a_0^+ = 1$, $K^- = 1$, $a_0^- = 0$, $a_1^- = e^{-\alpha_S}$, $L = 1$, $b_1 = -a_1^-$, $C = \dfrac{1 - e^{-\alpha_S}}{1 + e^{-\alpha_S}}$.

Hauptvorteil einer rekursiven Implementierung gegenüber einer konventionellen Berechnung des Filterergebnisses y(n) mittels Filtermasken ist die Entkoppelung von "Filterbreite" (und damit Einzugsgebiet des Filters) und Berechnungsaufwand. Letzterer bleibt für beliebige Werte der Filterparameter α_{D1}, α_{D2} und α_S jeweils konstant (mit deutlichen Laufzeitvorteilen für die Shen-Filter f_S und g_S). Das Einzugsgebiet der Filter läßt sich ohne Berechnungs- oder Programmiermehraufwand vergrößern, indem lediglich der Wert der Filterparameter entsprechend verändert wird. Der daraus resultierende Laufzeitvorteil gegenüber der erwähnten Implementierung über Filtermasken nimmt naturgemäß mit wachsendem Einzugsgebiet der Filter zu.

Die Amplitudenfehler der 2D-Operatoren D1, D2 und S

Wie bereits erwähnt, bestimmen alle drei Operatoren den Gradienten des operatorspezifisch geglätteten Eingangsbildes. Die aus den Deriche-Kantenfiltern abgeleiteten 2D-Glättungsfilter $G_{D1}(x,y) = g_{D1}(x)g_{D1}(y)$ bzw. $G_{D2}(x,y) = g_{D2}(x)g_{D2}(y)$ und der aus

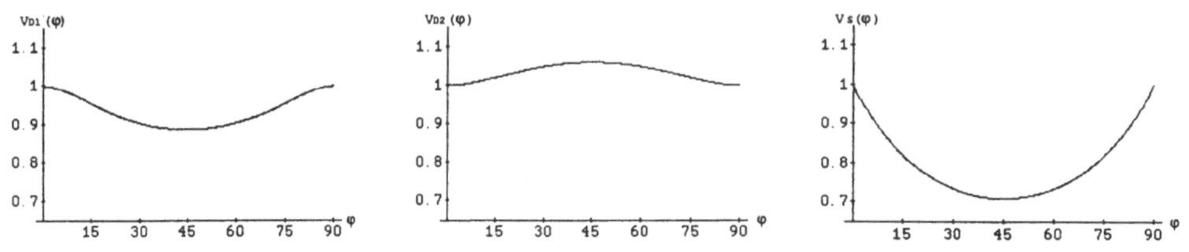

Abbildung 1. Die Amplitudenverzerrungen der Operatoren D1 (links), D2 (Mitte) und S (rechts) für Kantenorientierungen zwischen 0° und 90° (bzw. 90° und 90°).

dem Shen-Kantenfilter abgeleitete 2D-Glättungsfilter $G_S(x,y) = g_S(x)g_S(y)$ sind jedoch anisotrop (G_{D1} und G_S deutlich, G_{D2} nicht allzu stark). Daraus resultieren, wie bei vielen Gradientenverfahren zur Kantendetektion, systematische Verzerrungen der von den Operatoren D1, D2 und S ermittelten Kantenamplituden (abhängig von den Kantenrichtungen). Die Untersuchung dieser Fehler im Kontinuierlichen ist der Ausgangspunkt für eine Modifikation der Operatoren, die die Verzerrungen beseitigt. Dazu werden die genannten Operatoren in ihrer kontinuierlichen Form auf eine ideale, unendlich ausgedehnte Stufenkante $K^\varphi(x,y)$,

$$K^\varphi(x,y) = \begin{cases} A, & x\tan\varphi \le y \\ 0, & \text{sonst} \end{cases},$$

mit Amplitude A und Orientierung φ angewandt. Sie liefern Amplituden A´, mit A´ = $V(\varphi)$ A. Die orientierungsabhängigen Amplitudenverzerrungen $V(\varphi)$ ergeben sich dabei zu:

$$V_{D1}(\varphi) = \sqrt{\left[1 - \frac{1}{(1+\tan\varphi)^2} - \frac{\tan\varphi}{(1+\tan\varphi)^3}\right]^2 + \left[1 - \frac{1}{(1+\cot\varphi)^2} - \frac{\cot\varphi}{(1+\cot\varphi)^3}\right]^2},$$

$$V_{D2}(\varphi) = \sqrt{\left[1 - \frac{1}{2(1+\tan\varphi)} - \frac{1-\tan\varphi}{2(1+\tan^2\varphi)}\right]^2 + \left[1 - \frac{1}{2(1+\cot\varphi)} - \frac{1-\cot\varphi}{2(1+\cot^2\varphi)}\right]^2},$$

$$V_S(\varphi) = \sqrt{\left[1 - \frac{1}{1+\tan\varphi}\right]^2 + \left[1 - \frac{1}{1+\cot\varphi}\right]^2},$$

für $\varphi \in [0,\pi/2]$ bzw. $V(\varphi) = V(\varphi - \pi/2)$ für $\varphi \in \,]\pi/2,\pi]$. Die drei Funktionen sind in **Abbildung 1** für Winkel zwischen 0 und $\pi/2$ dargestellt (der Übersichtlichkeit halber werden die Winkel dabei in Grad angegeben). Der D1-Operator dämpft die Kantenamplituden um bis zu 11.6% (bei Kantenorientierung $\pi/4$ bzw. $3\pi/4$). Der D2-Operator verstärkt die Amplituden um maximal 6.1%. Der S-Operator schließlich dämpft die Amplituden um bis zu 29.3%! Die Amplitudenverzerrung des D2-Operators sind wahrscheinlich in vielen praktischen Anwendungen tolerierbar. Die vom D1- vor allem aber dem S-Operator produzierten Fehler sind hingegen schwerwiegender.
Die Kantenorientierungen φ wird von allen drei Operatoren korrekt ermittelt. Tabelliert man $V(\varphi)$ für diskrete Winkel φ, lassen sich damit die angesprochenen Amplitudenverzerrungen durch eine einzige Division der ermittelten Amplituden durch $V(\varphi)$

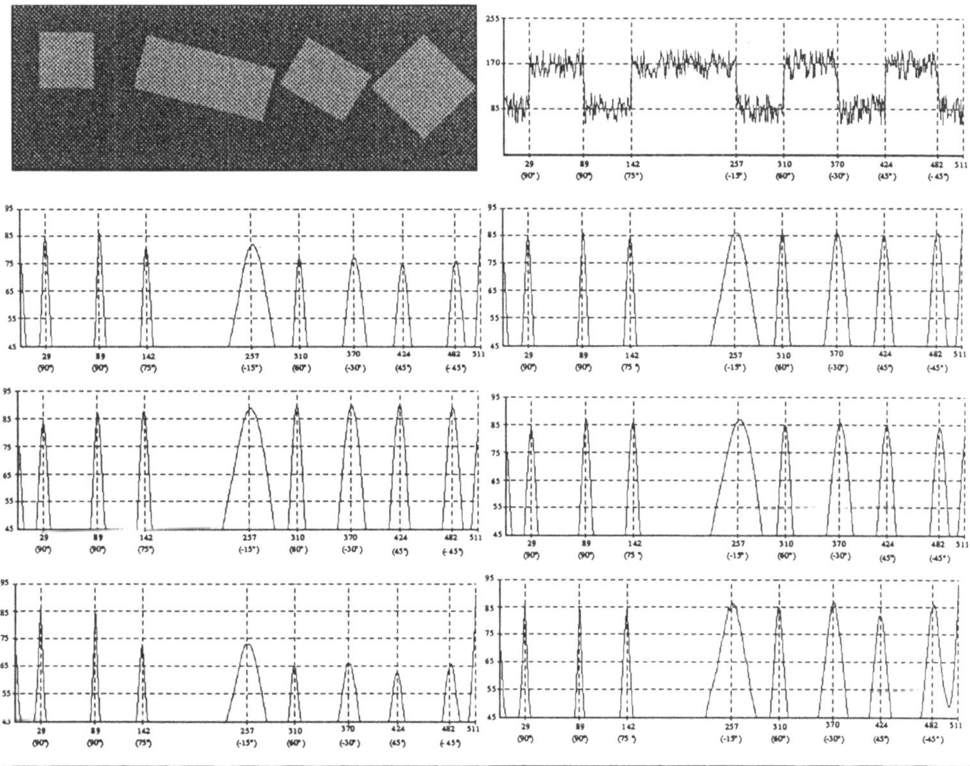

Abbildung 2. Synthetische Stufenkanten mit Signal/Rausch-Verhältnis 5 (*links oben*) und der Schnitt durch die eingezeichnete Zeile des Testbildes (*rechts oben*) sowie die Operatorantworten von D1 und MD1 mit $\alpha_{D1} = 0.25$ (*zweite Zeile*), D2 und MD2 mit $\alpha_{D2} = 0.125$ (*dritte Zeile*) bzw. S und MS mit $\alpha_S = 0.125$ (*ganz unten*).

kompensieren. Diese einfache Modifikation der Operatoren D1, D2 und S liefert die neuen 2D-Kantenoperatoren MD1, MD2 und MS. Deren diskrete Formen wurden im praktischen Teil der Untersuchungen auf synthetische, verrauschte Stufenkanten unterschiedlicher Orientierung angewandt. **Abbildung 2** zeigt ganz oben den Schnitt durch eine Zeile eines entsprechenden Testbildes. Darunter sind die Operatorantworten der ursprünglichen und der modifizierten Operatoren dargestellt. Wie man sieht, zeigen sich die theoretisch vorhergesagten Amplitudenverzerrungen der Operatoren D1, D2 und S auch in der Praxis sehr deutlich. Die neuen Operatoren MD1, MD2 und MS produzieren hingegen keine systematischen Amplitudenfehler mehr. Dabei wurden im Falle des D1- und D2-Operators unmittelbar die im Kontinuierlichen ermittelten Verzerrungsfunktionen $V_{D1}(\varphi)$ und $V_{D2}(\varphi)$ eingesetzt. **Tabelle 1** belegt die Übereinstimmung zwischen theoretisch vorhergesagten und tatsächlich gemessenen Amplitudenfehlern. Der Tabelle liegen dabei Messungen in 20 verrauschten Testbildern zugrunde. Die vom S-Operator produzierten Amplitudenfehler erwiesen sich jedoch als nicht ganz so stark wie befürchtet, was zunächst zu einer Überkompensation der Fehler führte. Diese Abweichung zwischen kontinuierlicher Vorhersage und diskreter Praxis ist auf Diskretisierungsfehler zurückzuführen: Die Diskretisierung des Shen-Kantenfilters $f_S(z)$ ist aufgrund seiner Unstetigkeit im Ursprung kritischer als die der

φ	a)	b)	c)	d)	e)	f)	g)	h)	i)
15°	−4.5%	−4.7%	−0.1%	+2.2%	+2.1%	−0.1%	−17.2%	−14.4%	+1.2%
30°	−9.2%	−9.8%	−0.2%	+5.8%	+4.9%	−0.2%	−19.5%	−22.9%	+1.1%
45°	−11.1%	−11.6%	+0.6%	+4.8%	+6.1%	+0.6%	−23.8%	−24.4%	−0.1%
60°	−10.4%	−10.4	+0.6%	+4.6%	+4.9%	+0.6%	−19.7%	−22.9%	−0.8%
75°	−4.8%	−4.7%	−0.4%	+3.1%	+2.1%	−0.4%	−14.6%	−14.4%	−0.8%
90°	0%	0%	0%	−0.4%	0%	−0.4%	−0.9%	0%	−0.6%

Tabelle 1. Die von den 2D-Kantenoperatoren produzierten (mittleren) Amplitudenfehler bei Kanten-orientierung φ.

a) D1-Operator	**b)** theoretische Vorhersage des Fehlers von D1	**c)** MD1-Operator
d) D2-Operator	**e)** theoretische Vorhersage des Fehlers von D2	**f)** MD2-Operator
g) S-Operator	**h)** theoretische Vorhersage des Fehlers von S	**i)** MS-Operator

Deriche-Filter. $V_S(\varphi)$ wurde daraufhin mit Hilfe von Messungen im unverrauschten Testbild leicht modifiziert (vgl. [Lanser 91]). Die endgültige Form des MS-Operators konnte dann qualitativ durchaus mit den Operatoren MD1 und MD2 mithalten (**Tabelle 1**). Allerdings zeigten sich in anderen Experimenten eine etwas höhere Rauschempfindlichkeit des MS- (bzw. des zugrundeliegenden S-) Operators und (erwartungsgemäß) seine Tendenz zu "Mehrfachantworten" und damit zur Detektion von Scheinkanten.

Schließlich werden noch die Ergebnisse eines Vergleichs der Operatoren MD1, MD2 und MS mit dem DG-Operator (*Derivative of Gaussian*) präsentiert. Letzteren erhält man, wenn man die erste Ableitung der Gaußfunktion in Deriches Verfahren als Kantenfilter f(z) einbringt. Diesen Filter verwendete auch Canny als Näherung an seinen optimalen Operator. Bei relativ großem Einzugsgebiet der verwendeten Filter erwiesen sich die Operatoren MD1, MD2 und DG dabei qualitativ als gleichwertig, nur der MS-Operator fiel, wie erwartet, etwas ab. Bei kleineren Einzugsgebieten (11 x 11 Bildpunkte oder weniger) verschwammen jedoch die Unterschiede in den Detektionsergebnissen mehr und mehr, da sich die *diskreten* Impulsantworten der Filter dann kaum mehr unterscheiden (zuwenig relevante Abtastwerte). Auch die Laufzeitvorteile der rekursiv implementierten Operatoren MD1, MD2 und MS gegenüber dem konventionell mittels Filtermasken realisierten DG-Operator nehmen naturgemäß mit kleiner werdendem Einzugsgebiet der Filter ab.

Abschließend zeigt **Abbildung 3** noch die Ergebnisse der Kantendetektion mittels des modifizierten MD2-Kantenoperators in einem Realbild (512 x 512 Bildpunkte, 256 Graustufen). Es entstand durch Überlagerung zweier Video Halbbilder. Bei einem Einzugsgebiet der eingesetzten Filter von etwa 11 x 11 Bildpunkten sind jedoch noch keine dadurch bedingten Artefakte zu beobachten (sie machen sich erst bei schmäleren Filtern bemerkbar). Im Anschluß an die rekursive Filterung des Eingangsbildes wurden noch eine streng lokale Non-Maximum Suppression (i.e. Kantenverdünnung) und eine Hysterese-Schwellwertoperation durchgeführt (vgl. [Canny 83]). Die Gesamtlaufzeit der Kantendetektion betrug dabei auf einer SUN SPARCstation 1 rund 18 CPU Sekunden.

Abbildung 3. Der MD2-Operator angewandt auf ein Realbild ($\alpha_{D2} = 0.5$):

Oben: Eine Straßenszene,(rechts ein Bildausschnitt).

2. Zeile: Die entsprechenden Filterantworten.

Unten: Die endgültigen Kantenbilder (Nach Non-Maximum Suppression und Hysterese-Schwellwertbildung).

Resümee

Das Deriche-Verfahren ist ein Gradienten-Verfahren zur effizienten Kantendetektion mittels rekursiver Filter. Es produziert in seiner ursprünglichen Form (sowohl für die Deriche-Kantenfilter als auch den Shen-Kantenfilter eingebettet in den Deriche-Ansatz) systematische Verzerrungen der ermittelten Kantenamplituden in Abhängigkeit von den Kantenorientierungen. Diese lassen sich jedoch mittels der vorgestellten einfachen Modifikation des Verfahrens beseitigen.

Danksagung

Bedanken möchten wir uns bei der Firma BMW und dem Bayerischen Forschungszentrum für Wissensbasierte Systeme (FORWISS) für das zur Verfügung gestellte Bildmaterial (Abbildung 3).

Literatur

[Canny 83]　　J. Canny, "Finding Edges and Lines in Images"; Report, AI-TR-720, *M.I.T. Artificial Intelligence Lab.*, Cambridge, 1983.

[Canny 86]　　J. Canny, "A Computational Approach to Edge Detection"; in *IEEE Transactions on Pattern Analysis and Machine Intelligence*, vol. PAMI-8, vol. 6, 1986.

[Castan et al. 90]　S. Castan, J. Zhao und J. Shen, "Optimal Filter for Edge Detection Methods and Results"; in: Proceedings of the *First European Conf. on Computer Vision, Antibes*, Lecture Notes on Computer Science, no. 427, pp. 12-17, Springer-Verlag, 1990.

[Deriche 87a]　R. Deriche, "Using Canny´s Criteria to Derive a Recursively Implemented Optimal Edge Detector"; in: *International Journal of Computer Vision*, vol.1, no. 2, pp. 167-187, 1987.

[Deriche 87b]　R. Deriche, "Optimal Edge Detection Using Recursive Filtering"; in: Proceedings of the *First International Conf. on Computer Vision, London*, pp. 501-505, 1987.

[Deriche 90]　R. Deriche, "Fast Algorithms for Low-Level Vision"; in: *IEEE Transactions on Pattern Analysis and Machine Intelligence*, vol. PAMI-12, no. 1, pp. 78-87, 1990.

[Lanser 91]　　S. Lanser, "Detektion von Stufenkanten mittels rekursiver Filter nach Deriche"; *Diplomarbeit*, Technische Universität München, Institut für Informatik, Lehrstuhl Prof. Radig, 1991.

Anisotroper lokaler Operator zur Erfassung von Konturen

Burkhard Katzenbach, Songyan Sun

TU Clausthal, Institut für elektrische Informationstechnik, Leibnizstr. 28, 3392 Clausthal-Zellerfeld

Vorgestellt wird ein anisotroper Kantenoperator, der Vorwissen kontinuierlich nutzen kann. Er ist robust gegenüber Störungen und ermittelt Ort und Richtung von Konturen. Durch die Abbildung des 2-dim Bildausschnittes auf eine 1-dim Funktion läßt sich eine Filterbank realisieren, bei der optimale Maskenparameter und Schwellen in einem Lernvorgang szenenspezifisch ermittelt werden.

Einleitung

In der industriellen Bildverarbeitung ist fast immer mit Störungen in Form von geringem Kontrast sowie Rost, Schmutz und Kratzern zu rechnen. Gesucht wurde ein Operator, der Konturen mit beliebiger Orientierung detektiert und Ort und Richtung vermißt. Bedingung war Robustheit gegenüber lokalen Störungen, z.B. Wandlerrauschen oder Inhomogenitäten der zu untersuchenden Kante.
Klassische lokale Operatoren sind als N*N Operator ausgeführt, die, häufig per Hardware, auf das ganze Bild angewendet werden. Anschließend wird das Ergebnis mit einem globalen oder lokalen, d.h. adaptiven Auffälligkeitsmaß (Schwellwert) verglichen. Jähne /1/ und andere beschreiben Verfahren zur Bestimmung lokaler Orientierung mit Hilfe von 4 Richtungsfiltern bzw. einem Geradenfit im Fourierraum. Jeweils vorhandenes a-priori-Wissen über die zu untersuchende Szene wird dabei nicht oder nur wenig genutzt. Im folgenden wird a-priori-Wissen über Ort, Richtung und Krümmung der Kontur genutzt, um den Operator selektierend nur dort einzusetzen, wo eine Kontur erwartet wird; dieser wird an die erwartete Kontur adaptiert. Daher kann dieser Operator aufwendig sein, um die geforderte Störreduktion zu erzielen.

Sternoperator

Sind die Richtungen der zu untersuchenden Konturen statistisch gleichverteilt, kommt ein rotationssymmetrischer Operator zum Tragen. Zur Störsignalunterdrückung wird in radialer Richtung der Mittelwert über n Pixel gebildet. Wenn die Grauwerte der abgetasteten Pixel unkorreliert sind, d.h. die Wellenlänge des Rauschens ist kleiner als der Pixelabstand, steigt das Signal / Rauschverhältnis mit $n^{0.5}$. Das Abtastmuster hat damit die Form einer Rosette oder eines Sternes.

Um eine Kontur zu detektieren, muß ein Ableitungsfilter in tangentialer Richtung auf die Mittelwerte der Abtaststrahlen des Sternes angewendet werden. Da diese Hochpaßfilterung nur für ein eindimensionales Signal durchgeführt werden muß, kann ein vergleichsweise aufwendiges Filter realisiert werden. Diesen Operator kann auch als Korrelation des Bildauschnittes mit einer Musterkante betrachten werden, bei der vor der Faltung mit dem Grauwertprofil der Kante der Bildinhalt in ein (r,phi) Koordinatensystem transformiert wurde. Konturen innerhalb des Einzugbereiches des Sternes können detektiert werden.

Die Vermessung von Ort und Richtung der Kontur erfolgt anhand der Lage der Extrema im gefilterten Signal. Wegen der radialen Integration und der tangentialen Hochpaßfilterung sprechen wir von einem anisotropen Operator.

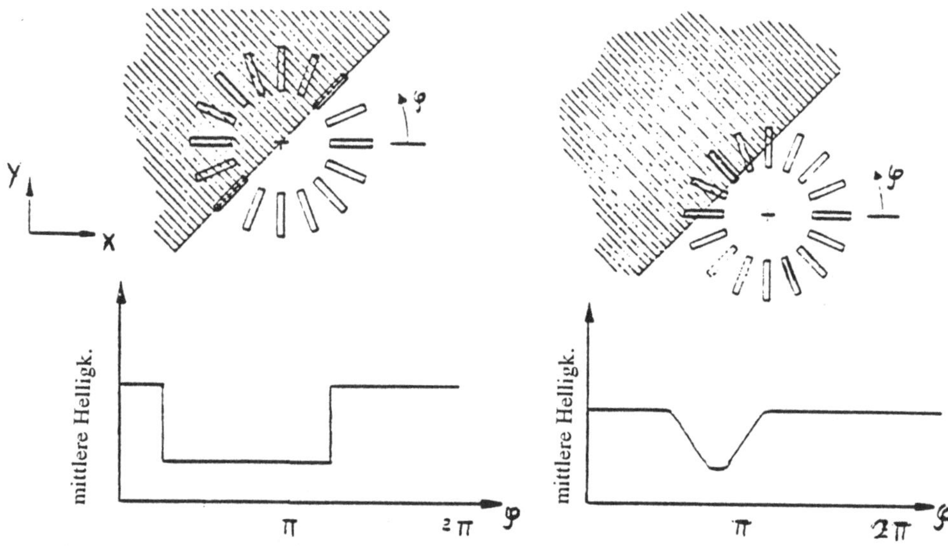

über Kontur zentrierter Abtaststern und Funktion des mittleren Grauwertes über dem Winkel	nicht zentrierter Abtaststern und Funktion des mittleren Grauwertes über dem Winkel

Ist, z.B. im Rahmen einer Konturverfolgung, der erwartete Winkel Phi der Kontur bekannt, läßt sich dieses a-priori-Wissen nutzen. Die Verteilungsfunktion des Winkels Phi ist dann nicht mehr gleichverteilt, sondern hat ein mehr oder weniger ausgeprägtes Maximum; daher braucht der Operator nicht mehr rotationssymmetrisch zu sein. Man kann die Verteilungsfunktion des (erwarteten) Winkels dazu nutzen, die geometrische Form des Operators zur Abtastellipse zu verallgemeinern. Die Orientierung einer der beiden Halbachsen ist dann der Erwartungswert des prädizierten Winkels, die Exzentrizität ist eine Funktion der Varianz oder anders ausgedrückt: eine Funktion des Vertrauens in den prädizierten Winkel. Gefordert wird, daß der Operator bei fehlerhaften Annahmen über den Winkel Phi noch robust arbeitet: liegt die Ellipse falsch, werden die Ergebnisse ungenauer, aber die Tendenz, insbesondere die Aussage Kontur vorhanden / nicht vorhanden, bleibt erwartungstreu. Die Beschreibung der Form des Abtastoperators als Ellipse ermöglicht eine kontinuierliche Nutzung des Wissen über den erwarteten Winkel, eine Entscheidung, statt des Sternes einen einfacheren Operator zu verwenden, ist nicht notwendig. Die Implementierung unterscheidet sich vom Sternoperator: bei diesem können alle Größen zur Laufzeit berechnet werden (lediglich die trigonometrischen Funktionen sind tabelliert). Digitale Filter fordern eine konstante Abtastfrequenz (hier: die Bogenlänge), die Anfangspunke für die Integrationslinien müssen daher über das elliptische Integral berechnet werden.

Numerisch werden dann diejenigen Pixel (in Polarkoordinaten) bestimmt, die auf der Ellipse liegen und einen konstanten Bogenabstand aufweisen. Diese werden tabelliert, so daß die Exzentrizität der Ellipse nur diskrete Werte (z.Zt. 4) aufweisen können.

Neben der geringeren Laufzeit weist die Ellipse noch den Vorteil auf, mehr störende Konturen auszublenden, da sie bei gleicher Auflösung eine kleinere Fläche als der Kreis hat.

Die Güte des Detektionsergebnisses als Funktion der geometrischen Parameter ist zunächst einmal nur vage und verbal beschreibbar, insbesondere auch deshalb, da jede Anwendung der Ellipse (z.B. Konturfolge, stoch. Suchen einer unbekannten oder Vermessen / Detektieren einer bekannten Kontur etc) andere Schwerpunkte setzt.

Die Einführung eines Kostenfaktors (Laufzeit des Operators), führt zwar u. U. zu suboptimalen Detektionsergebnissen, ermöglicht auf der anderen Seite aber erst eine praktische Realisierung. Eine Berücksichtigung des Vorwissens führt ebenso wie eine Beschränkung der geforderten Detektionsgüte zu einer erheblichen Aufwandsreduktion. Es ergeben sich daher 2 Konsequenzen:

1. Die Komponenten der Detektionsgüte werden aufgabenspezifisch definiert.
    Die (zu wichtenden) Komponenten sind i.W.:
    - Richtungsgenauigkeit
    - Lagegenauigkeit (Abstand senkrecht zur Konturrichtung)
    - Detektionswahrscheinlichkeit (a-posteriori Vertrauensbereich, abhängig
      von Lage und Höhe der Maxima, Integrationslänge)
    - Kostenfaktor (d.h. Zeitvorgabe)
    Die Komponenten des Eingangsvektors sind die normierten Wichtungen
    dieser Komponenten

2. Szenenspezifische (Zustands-)Parameter sind:
    - Signal / Rauschabstand (hochfrequentes Rauschen, durch Integration zu
      eliminieren)
    - Maß für die Häufigkeit von Störkonturen
    - a-priori Mittelwert und Streuung des Winkels
    - a-priori Mittelwert und Streuung des Abstandes zur Kontur (Mittelwert
      meist = 0)
    - a-priori Mittelwert und Streuung der Krümmung der Kontur

Mit Hilfe eines Regelkreises werden diese Parameter offline (d.h. in einem überwachten Lernvorgang) ermittelt. Als Regler werden dabei verschiedene Optimierungsverfahren eingesetzt, die noch Gegenstand weiterer Untersuchungen sind.

Interpolation

Die Sternabtastung stellt eine Abtastung im gerasterten Raum dar, wobei die Koordinatensysteme nicht deckungsgleich sind. Daher muß das othogonale Raster, das die Kamera bzw. der Bildwiederholspeicher darstellt (deckungsgleich sind die beiden letzteren nur, wenn Sensor und A/D-Wandler auf Pixeltaktebene synchronisiert sind) durch si-Interpolation analogisiert werden (sog. Whittacker-Rekonstruktion /2/). Nach der Interpolation lassen sich in einem anderen Raster die Pixel für den Stern gewinnen. Die si-Interpolation ist sehr aufwendig, daher werden einfachere Verfahren verwendet (der Interpolationsfehler ist in /3/ quantifiziert). Bereits durch eine bilineare Interpolation ist ein erheblicher Gewinn gegenüber der Interpolation 0. Ordnung zu erzielen. Bei erhöhten Anforderungen an die Genauigkeit wird daher jedes Pixel durch die gewichtete Summe seiner Nachbarpixel beschrieben.

Filterung
Obwohl viele verschiedene Entwurfsverfahren für Filter zur Konturdetektion in den letzten Jahren entwickelt wurden /4,5,6,7/, ist das Problem der Konturdetektion immer noch nicht befriedigend gelöst. Bei den klassischen Verfahren der Konturdetektion mit 2-dimensionalen Masken liegt die Schwierigkeit darin, ein optimales Filter für die zu detektierende Kontur zu entwerfen bzw. eine optimale Detektionsschwelle zu gewinnen. Die Konturen in der realen Welt sind wegen der Profil-, Beleuchtungs- und Störungsvarianzen sehr vielfältig. Um eine optimale Konturdetektion zu erreichen, müssen die Filter den Varianzen der realen Welt angepaßt werden.

Mathematisch kann die Konturdetektion als Binärentscheidungsprozess wie folgt beschrieben werden:

Φ sei die Ereignismenge des Entscheidungsprozesses

$$\Phi \in R$$
$$\Omega_K \in \Phi \qquad k=1 \text{ oder } 0$$

Kontur vorhanden: $\qquad \Omega_1 = \{\, ^1 f_i \,\}$
Keine Kontur vorh.: $\qquad \Omega_0 = \{\, ^0 f_i \,\} \quad i=1 \,..M$
(i=Index des Stichprobenelementes, M ist die Anzahl der Mustervektoren)

Wenn mehrere Konturformen berücksichtigen werden, kann Ω wie folgt beschrieben werden:

$$\Omega_k = \{\, ^k f_i \,\} \qquad\qquad k=1 \,.. N$$
$$\Omega_0 = \{\, ^0 f_i \,\}$$

Es ist deutlich, daß das Kollektiv Ω_1 in N Subkollektive aufgeteilt wird. Das entspricht einem Clusterungsvorgang in der Mustererkennung, d.h. die Konturen werden durch k=1..N Typen beschrieben; k=0 steht für "keine Kontur".

Damit ist das Konturdetektionsproblem als (N+1) Klassifikation beschreibbar. Theoretisch ist der Klassifikator im Sinne der Mustererkennungstheorie optimal, wenn er die a-posteriori-Wahrscheinlichkeit maximiert, d.h.

$$\text{Max}_k \{\, p(\Omega_k | f) \,\} = \text{Max}_k \left\{\, \frac{p(\Omega_k)\ w(f|\Omega_k)}{w(f)} \,\right\}$$

mit:

$p(\Omega_k)$ a-priori Wahrscheinlichkeit für Klasse k
$p(\Omega_k \mid f)$ a-posteriori Wahrscheinlichkeit für Klasse k
$w(f \mid \Omega_k)$ Bedingte Wahrscheinlichkeitsdichte für Klasse k
$w(f)$ Wahrscheinlichkeitsdichte des Gesamtkollektivs
f   Mustervektor

Wenn die Störungen normalverteilt sind, kann die Prüfgröße parametrisch beschrieben werden.

$$p(\Omega_k \mid f) \; = \; \frac{1}{(2\pi)n/2 \; |{}^kC|} \; \exp[-0.5 \; (f-{}^km)^T \; {}^kC^{-1} \; (f-{}^km)]$$

Dabei stellen ${}^km$ den Mittelwertsvektor, ${}^kC$ die Kovarianzmatrix der Merkmale und $|{}^kC|$ die zugehörige Determinante für die Klasse k dar.

Wenn die Kovarianzmatrix klassenunspezifisch ist, d.h. die Störungen sind für alle Konturtypen gleich, gilt:

$$P_k \; = \; fK^{-1}km^T + {}^kS$$

wobei ${}^kS \; = \; \ln p(\Omega_k) - 1/2 \; {}^km \, C^{-1} \, km^T$

Um festzustellen, ob eine Kontur vorhanden ist, braucht man nur die Prüfgrößen der Klassen k mit denen der Klasse 0 (= "keine Kontur") zu untersuchen:

$$P_k \; > \; P_0 \qquad k=1 \; .. \; \text{Zahl(Konturen)}$$

Wenn die Kovarianzmatrizen K^{-1} Hochpaßeigenschaft hat, dann gilt

$$P_0 \; = \; 0$$

d.h. die Prüfgröße für Klasse 0 (= "keine Kontur") ist immer 0. Daher gilt für die Detektion:

$$P_k \; > \; 0 \quad k=1.. \; N \; (= \text{Zahl(Konturen)})$$
bzw.

$$f \, C^{-1} \, km^T \qquad - \qquad 1/2 \; {}^km \, C^{-1} \, km^T$$
$$(\text{Anpassung}) \qquad - \qquad (\text{Entscheidung})$$

Wählt man 1 als Maskenlänge der Filter, dann stellen

$${}^kZ = [z_1,...z_1] \; = \; C^{-1} \, km^T \; \text{die Filterkoeffizienten und}$$

$${}^kS = 1/2 \; {}^km \, C^{-1} \, km^T \; \text{die Detektionsschwellen dar.}$$

Wenn die Kovarianzmatrix = I (Einheitsmatrix) ist, d.h. die Störungen sind nur weißes Rauschen, dann hat sie keine Wirkung und die Filterkoeffizienten sind nur die Mittelwerte der (abgetasteten) Konturen. I.A. sind die Störungen aber nicht weiß.

Damit stellt der optimale Klassifikator das Analogon zum Matched-Filter der Nachrichtentechnik dar.

Die so definierte Filterbank kann auch graphisch dargestellt werden:

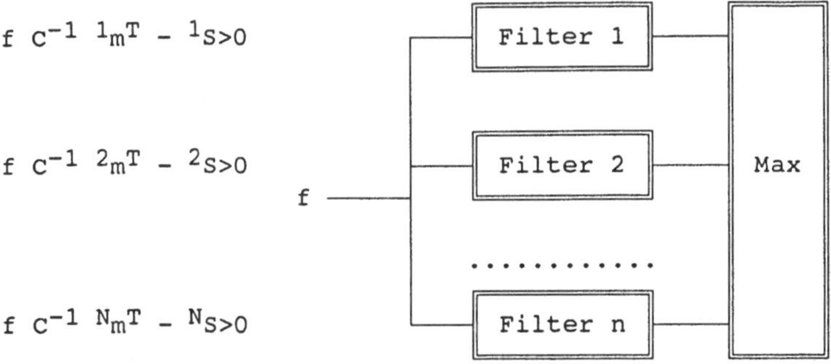

Filterbank

Häufig ist es unerheblich, welche Kontur zu welchem Konturtyp gehört. Daher wird $k > 1$ nur deshalb gewählt, um eine gute Anpassung des Filters an die zu untersuchende Kontur zu erhalten. Man kann aber auch die Form der Kontur zur Beschreibung und Indentifikation des jeweiligen Objektes heranziehen, z.Zt. wird diese Option nicht genutzt.

Zur Realisierung der Filterbank gibt es zwei Alternativen.
- Die Filter der Filterbank werden parallel aufgerufen. Eine Kontur ist detektiert, wenn mindestens eine der Prüfgrößen größer als Null ist; diese Vorgehensweise ist bei parallel arbeitenden Prozessoren optimal.
- Die Filter der Filterbank werden sequentiell aufgerufen. Wenn keine Kontur detektiert wurde, wird das nächste Filter aufgerufen; bei diesem Verfahren läßt sich Vorwissen nutzen: die bisher am häufigsten aufgetretenen Konturtypen werden zuerst untersucht; außerdem kann im Lernvorgang eine Häufigkeitsverteilung der Konturformen durchgeführt werden.

Vorerst wird die Zahl der Konturtypen auf vier begrenzt.

Der Abtaststern wird durch geometrische Parameter charakterisiert (Radius, Linienzahl und Integrationslänge), die zu einer variablen Abtastortsfrequenz führen. Daher erhält man unterschiedliche Kontursignale für gleiche Konturprofile, wenn man die Abtastprimitive mit unterschiedlichen Parametern aufruft.

Für einen gegebenen Konturtyp werden daher mehrere Filter in Abhängigkeit der Abtastparameter vorgehalten, um die Filterung optimal an das Mustersignal anpassen zu können. Im Folgenden wird der Filtertyp, der einer bestimmten Konturform angepaßt ist, "OBERTYP" gennant. Zur vollständigen Charakterisierung des Filters muß zusätzlich zum OBERTYP noch ein sog. UNTERTYP festgelegt werden; dieser stellt die Anpassung des Filters an das durch unterschiedliche Abtastortsfrequenzen erzeugte Mustersignal dar. Es hat sich herausgestellt, daß mit vier verschiedenen Abtastortsfrequenzen eine hinreichend gute Anpassung erreicht werden kann. Daher werden pro OBERTYP vier Filter (als UNTERTYPEN) definiert und durch den Abtastabstand (d.h. den Kehrwert der Abtastortsfrequenz) indiziert. Der Abtastabstand wird wie folgt definiert:

$$A_{Stern} = 2\pi\, R_m\, /\, N$$

$$= 0.5,\ 1.0,\ 1.5,\ 2.0\ \ (\text{ Einheit in Pixeln })$$

Wobei:

R_m = Radius - Integrat.-länge/2 (mittl. Sternrad.)

N = Abtastlinienzahl des Sternes

Die Filter der Filterbank werden damit durch OBERTYP (1..4) und UNTERTYP (1..4) angesprochen.

Ermittlung der Koeffizienten der Filterbank (Lernvorgang)
Die Parameter des Filters werden in einem Lernvorgang ermittelt. Die Kovarianzmatrix und die Mittelwertsvektoren der einzelnen Klassen (-> Obertypen) werden unter der Annahme gewonnen, daß die Störungen normalverteilt und klassenunabhängig sind. Daraus werden die Filterkoeffizienten und Schwellenwerte berechnet. Die Kovarianzmatrix ist von den Störungen und die Mittelwertsvektoren vom OBERTYP bzw. UNTERTYP abhängig. Die Filterbank stellt damit einen linearen Klassifikator dar.
Die Musterkollektive können manuell durch explizites "Zeigen" der Konturen oder automatisch durch eine Konturverfolgung gewonnen werden. Dabei wird von einem Standardfilter ausgegangen, das dann an die jeweilige Kontur angepaßt wird. Dadurch wird eine Filterbank für eine Szene oder Anwendungsumgebung erstellt. Hierbei werden nicht nur angepaßte Filtermasken, sondern auch die zugehörige Detektionsschwelle gewonnen.

Ergebnisse

Das nebenstehende Diagramm zeigt die Varianz des Winkels über den Sternradius für verschiedene Linienzahlen an einer Geraden (jeweils mit/ohne Interpolation)

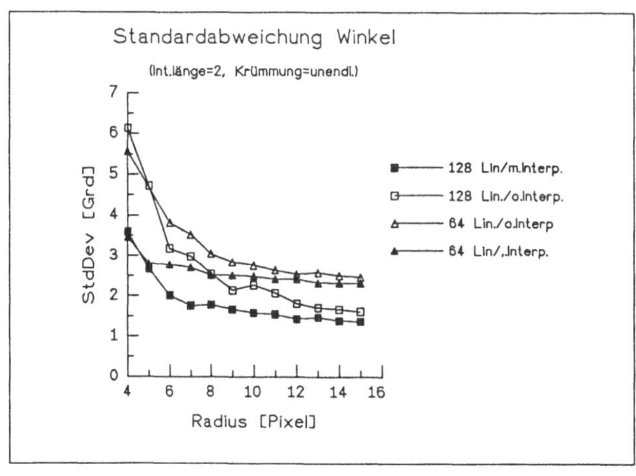

Die Abbildung zeigt ein verrauschtes Grauwertbild mit schwachen Kontrasten. Auf eine Kante des Werkstückes wurde ein Stern aufgesetzt. Das oberste Diagramm zeigt das Ergebnis als Funktion vom Winkel (Normierung $2\pi=64$). Darunter zwei Filterungen, einmal mit einem angepaßten sowie mit einem nicht angepaßten Filter. Die waagerechten Linien stellen die jeweilige Schwelle dar.

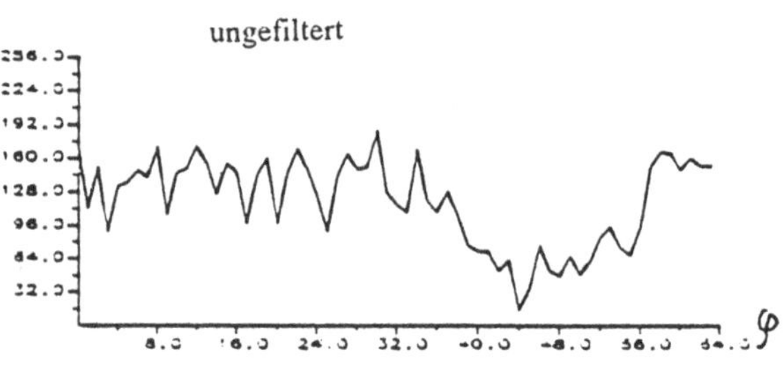

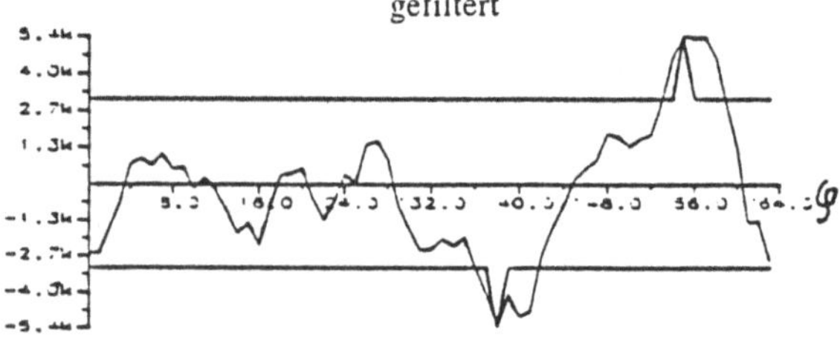

Literatur

/1/ Jähne, B.: Digitale Bildverarbeitung, Berlin Heidelberg New-York Tokio: Springer 1989

/2/ Stearns, S.: Digitale Verarbeitung analoger Signale, R. Oldenburg Verlag München Wien 1987

/3/ Pratt, W.: Digital Image Processing, A Wiley-Interscience Publication 1978

/4/ Marr, D.; Hildreth: The Edge Detection, Proc. Roy. Soc. London B, Vol.207, pp 187-217

/5/ Canny, J.: A Computational Approach to Edge Detection, IEEE Trans. Vol. PAMI-8, No.6, pp 679-698, 1986

/6/ Nolwa, V.S.; Binford, T.O.: On Detecting Edges, IEEE Trans. Vol. PAMI-8, No.6, pp 699-714, 1986

/7/ Korn, A.F.: Toward a Symbolic Representation of Intensity Changes in Images, IEEE Trans. Vol. PAMI-10, No.5, Sept. 1988

Segmentierung von Konturen auf der Basis von Krümmungsberechnungen

Monika Lange

Friedrich-Schiller-Universität Jena, Mathematische Fakultät, Lehrstuhl Digitale Bildverarbeitung, Leutragraben 1, 6900 Jena

Auf der Basis von Krümmungsberechnungen erfolgt die Segmentierung von Konturen. Den Ausgangspunkt bildet die regionen- oder kantenorientierte Segmentierung des Bildes und eine einheitliche Darstellung der Segmentierungsergebnisse durch eine linienorientierte Repräsentation. Auf den in Form des Freeman'schen Kettencodes vorliegenden digitalen Konturen werden Ecken über Methoden der diskreten Krümmungswertberechnung extrahiert. Diese Eckpunkte werden als Stützpunkte für die Zerlegung der digitalen Linien verwendet, wobei die Linienstücke durch Strecken und Kreisbogensegmente approximiert werden. Als Ergebnis der Kontursegmentierung erhält man eine analytische Beschreibung der digitalen Kontur.

1 Einleitung

Bei vielen Anwendungen der Bildanalyse genügt die Untersuchung der Konturen von Objekten, da häufig die interessierenden Merkmale bereits in diesen enthalten sind. In diesem Beitrag sollen Untersuchungen zur Segmentierung digitaler Konturen vorgestellt werden. Digitale Bilder können regionen- oder kantenbasiert segmentiert werden. Um eine einheitliche Darstellung der Segmentierungsergebnisse zu gewährleisten, wird in [1] eine linienorientierte Repräsentation vorgeschlagen. Nach einer erfolgten Segmentierung werden die digitalen Kurven einer nochmaligen Verarbeitung unterzogen, indem auf den vorliegenden Konturlinien Ecken über Methoden der diskreten Krümmungswertberechnung extrahiert werden. Diese Eckpunkte werden als Stützpunkte für die Zerlegung der Linien verwendet, wobei die Linienstücke durch Strecken und Kreisbogensegmente approximiert werden.

2 Die Bestimmung von Eckpunkten mittels Krümmungsberechnung

Um eine Segmentierung der digitalen Linien zu erreichen, werden Eckpunkte mit Hilfe von Krümmungsberechnungen detektiert. Bei den hier vorgelegten Untersuchungen wird davon ausgegangen, daß die Konturen der Objekte aus Strecken und Kreisbogensegmenten bestehen, womit der Begriff der Ecke in einem allgemeineren Sinn aufgefaßt wird. Als Ecken werden sowohl "normale" Ecken als auch tangentiale Übergänge bezeichnet, dabei versteht man unter tangentialen Übergängen die Punkte der digitalen Kontur, in denen Strecken in Kreise bzw. Kreise in Kreise übergehen. Die Detektion von Ecken auf digitalen Linien erfolgt durch die Berechnung der Krümmung über Konturbereiche der Ausdehnung k. Von den aus der Literatur bekannten Verfahren zur Bestimmung diskreter Krümmungswerte sollen im folgenden fünf vorgestellt, auf ihre Eignung getestet und miteinander verglichen werden. Als Kriterium für das Finden von Ecken wurde eine auf Hysterese beruhende Schwellwertoperation durchgeführt.

<u>Verfahren 1</u>: Die k-Krümmung
Eine Möglichkeit zur Berechnung der diskreten Krümmung ist die sogenannte k-Krümmung [2]. Dabei werden durch die Punkte P_i und P_{i-k} sowie durch P_i und P_{i+k} je eine Gerade gelegt. Die Gerade, die durch P_{i-k} und P_i geht, wird mit G_i bezeichnet, analog dazu ist G_{i+k} die Gerade zwischen P_i und P_{i+k}. Der Winkel, den die Gerade G_i mit der x-Achse einschließt, ist die Steigung Ψ_i im Punkt P_i. Die k-Krümmung K(i) im Punkt P_i ergibt sich als Betrag der Differenz der k-Steigungen in den Punkten P_i und P_{i+k} (Abb. 2.1):

$$K(i) = | \Psi_i - \Psi_{i+k} | \quad .$$

<u>Verfahren 2</u>: Krümmungsberechnung durch Kreisanpassung
In [5] wird vorgeschlagen, die mittlere Krümmung digitaler Linien mit Hilfe eines Kreises durch drei Punkte P_{i-k}, P_i und P_{i+k} auf dieser Linie zu definieren. Der Radius R(i) des in diesen Punkten angepaßten Kreises ergibt sich als Lösung der Gleichungen

$$(x_j - x_0)^2 + (y_j - y_0)^2 - R^2 = 0 \quad für \ j = i-k, i, i+k \ .$$

Den Wert der diskreten Krümmung K(i) im Punkt P_i erhält man als reziproken Wert des Radius R(i) (Abb. 2.2):
<u>Verfahren 3</u>: Methode der rekursiven Bestimmung der digitalen mittleren Krümmung
Die oben beschriebene Idee der Krümmungsberechnung mit Hilfe eines Kreises wird durch das in [4] beschriebene Verfahren aufgegriffen. Den Ausgangspunkt des Verfahrens bildet ein Schätzwert für die Krümmung, der sich gemäß

$$W(P_i, k) = k * c(P_i) + \sum_{j=2}^{k} (k-j+1) * \{ c(P_{i-(j-1)}) + c(P_{i+(j-1)}) \}$$

berechnet. Dabei ist c(P_i) der Differenzkettencode und k die bereits definierte Anzahl von Nachbarschaftselementen. W(P_i,k) wird durch die Rekursionsvorschrift

$$W(P_i, 1) = k * c(P_i)$$

$$W(P_i, j) = W(P_i, j-1) + (k-j+1) * \{ c(P_{i+(j-1)}) + (P_{i-(j-1)}) \} \quad für \ 1 < j \leq k$$

bestimmt. Den Wert der diskreten Krümmung K(i) erhält man aus

$$K(i) = \frac{\pi}{4} \; \frac{W(P_i, k)}{[(2k+1)/2]^2}$$

wobei die Faktoren lediglich Normierungsgrößen darstellen (Abb. 2.3).

<u>Verfahren 4</u>: Die Fläche als Krümmungsmaß

Als Krümmungsmaß im i-ten Punkt einer digitalen Linie wird oft die Fläche F_i des durch die Punkte P_{i-k}, P_i und P_{i+k} aufgespannten Dreiecks verwendet [7] (Abb. 2.4):

$$K(i) = F_i = \frac{1}{2} \; (x_{i-k}(y_i - y_{i+k}) + x_i(y_{i+k} - y_{i-k}) + x_{i+k}(y_{i-k} - y_i)) \; .$$

<u>Verfahren 5</u>: Der k-Kosinus

Neben dem Flächenmaß zur Definition der diskreten Krümmung wird als zweite charakteristische Größe der Kosinus des Winkels zwischen den drei Punkten P_{i-k}, P_i und P_{i+k} verwendet [3] (Abb. 2.5), dieser so erklärte k-Kosinus ist definiert durch :

$$K(i) = \cos_{i,k} = \frac{(x_i - x_{i+k})(x_i - x_{i-k}) + (y_i - y_{i+k})(y_i - y_{i-k})}{\sqrt{(x_i - x_{i+k})^2 + (y_i - y_{i+k})^2} \; \sqrt{(x_i - x_{i-k})^2 + (y_i - y_{i-k})^2}} \; .$$

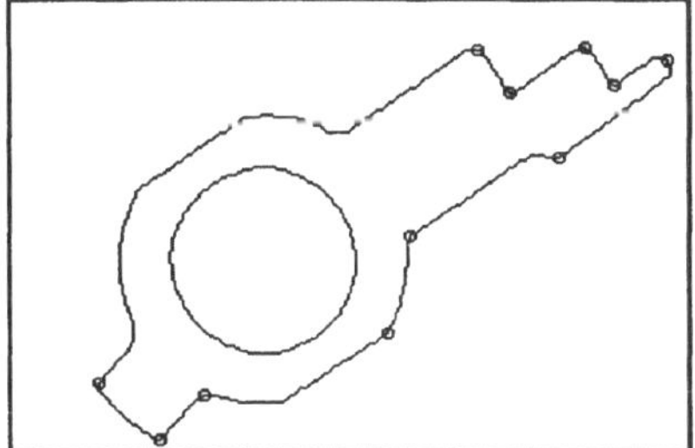

Abb. 2.1: Eckendetektion durch die Berechnung der k-Krümmung

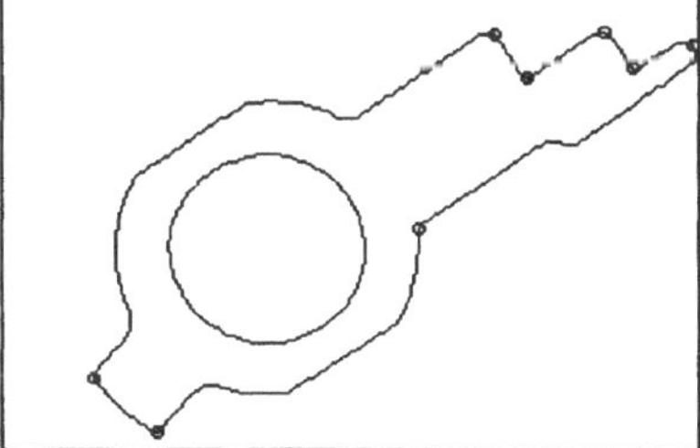

Abb. 2.2: Eckendetektion durch die Berechnung der Krümmung mittels Kreisanpassung

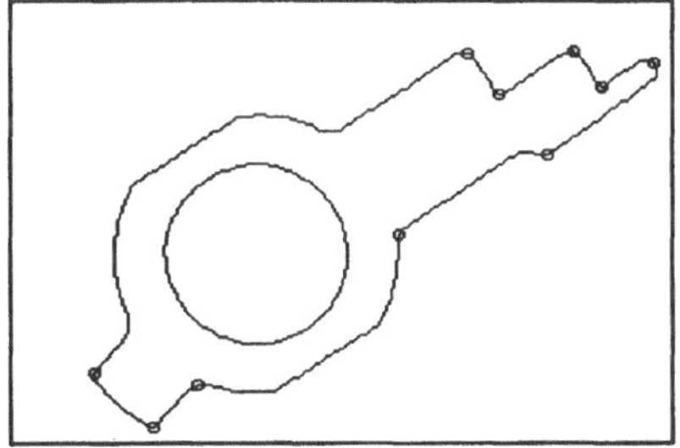

Abb. 2.3: Eckendetektion durch die rekursive Berechnung der Krümmung

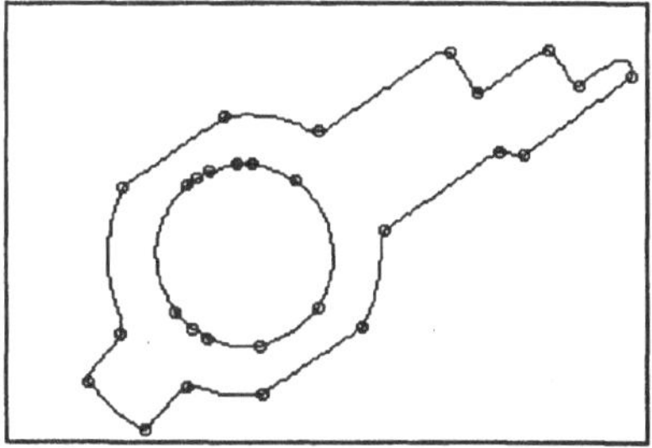

Abb. 2.4: Eckendetektion durch Verwendung der Dreiecksfläche als Krümmungsmaß

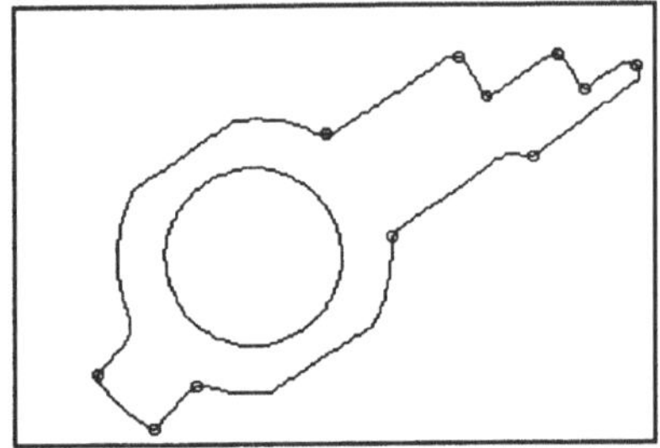

Abb. 2.5: Eckendetektion
durch die Berechnung des
k-Kosinus

3 Bewertung der Algorithmen

Um vergleichende Aussagen über die verwendeten Algorithmen zur Kontursegmentierung treffen zu können, wird das Gütemaß FOM (figure of merit) eingeführt, welches durch

$$FOM = \frac{AEr - AEf}{AEg}$$

mit AEr: Anzahl der richtig detektierten Ecken
AEf: Anzahl der falsch detektierten Ecken
AEg: Gesamtanzahl der Ecken
definiert ist. Die Gesamtanzahl der Ecken wird hierbei vom Betrachter subjektiv festgelegt. Die oben aufgeführten Varianten zur Krümmungsberechnung wurden an einer Reihe von Bildern getestet und das Gütemaß FOM berechnet (Abb. 3.1). Es wurde festgestellt, daß zwischen den einzelnen Verfahren keine signifikanten

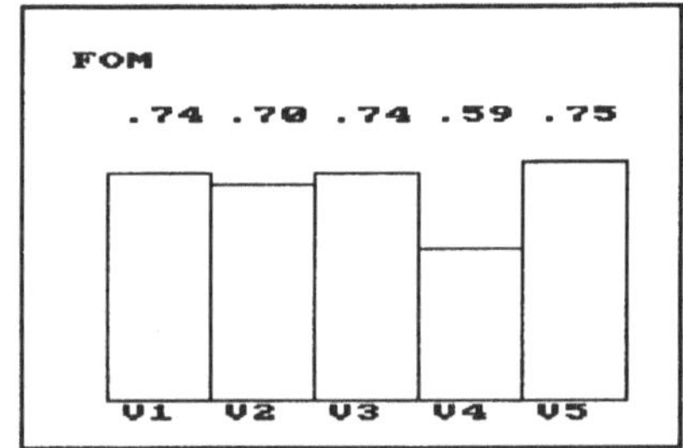

Abb. 3.1: Vergleich von verschiedenen Verfahren zur Krümmungswertberechnung durch die Bestimmung des Gütemaßes FOM

Unterschiede bestehen, im Durchschnitt wurden ca 70% der Ecken detektiert. Bei einer weitergehenden Analyse der Eignung der aufgeführten Möglichkeiten zur Berechnung der diskreten Krümmungswerte lassen sich folgende Aussagen formulieren:

A1. Bei Konturlinien, die nur aus Strecken bestehen, erwies sich Verfahren 4 am robustesten.

A2. Bei Konturlinien, die nur aus Kreisbogensegmenten zusammengesetzt sind, liefert die Krümmungswertberechnung nach Verfahren 2 die besten Ergebnisse.

A3. Bei aus Strecken und Kreisbogensegmenten zusammengesetzten Linien läßt sich die Eckendetektion durch eine Kombination der Verfahren 2 (oder 3) und 4 enorm verbessern [6] (Abb. 3.2).

Ein Problem, zu dem keine Lösungsvorschläge aus der Literatur bekannt sind, stellt die Erkennung tangentialer Übergänge dar. Ein Ansatz zur Erkennung von Ecken sowohl im bekannten Sinne als auch tangentialer Übergänge soll im folgenden kurz algorithmisch dargestellt werden [6]. Diese Vorgehensweise wurde in Analogie zur

Detektion von Kanten in Grauwertbildern erarbeitet, d.h. es wird eine Glättung der Funktion durchgeführt und die Ableitung der Funktion zur Erkennung von Diskontinuitäten im Funktionsverlauf berechnet:

1. Bestimmung der Ecken der Kontur nach Verfahren 4
2. Festlegung einer Testumgebung in Abhängigkeit der vorliegenden Konturlängen der zu analysierenden Teile
3. Glättung der Krümmungsfunktion
4. Berechnung des Gradienten der Krümmungsfunktion
5. Bestimmung der Maxima und Festlegung derjenigen Punkte als tangentiale Übergänge, die in ihrer festgelegten Testumgebung keine bereits durch Punkt 1 detektierten Krümmungsmaxima aufweisen (Abb. 3.3).

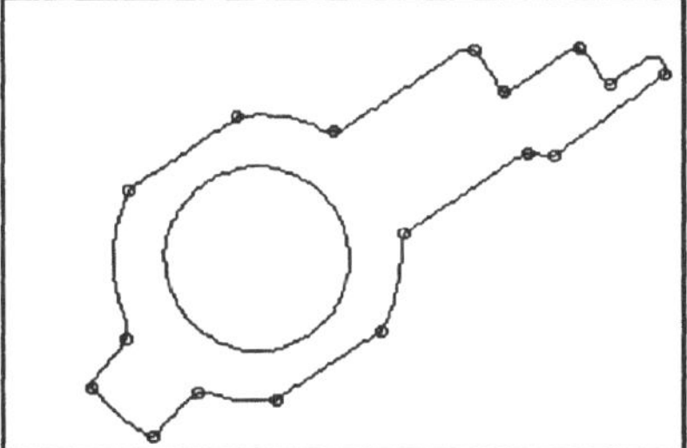

Abb. 3.2: Eckendetektion durch die Kombination der Verfahren 3 und 4

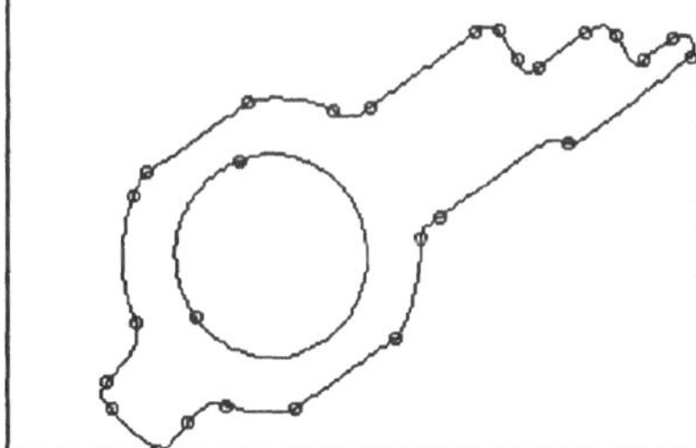

Abb. 3.3: Vertexdetektion durch Glättung und Ableitung der Krümmungsfunktion

4 Approximation der Linien durch Strecken und Kreisbogensegmente

Im Anschluß an eine Zerlegung der Konturlinie erfolgt die Erkennung der Art des Segmentes, wobei man sich auf Kreisbogensegmente und Strecken beschränkt. Als Ergebnis dieser Segmentierung erhält man eine analytische Beschreibung der digitalen Kontur, welche zur weiterführenden Bildanalyse geeignet ist. Zur Bestimmung der Segmentart wird zwischen je zwei im Konturverlauf benachbarte Eckpunkte eine Gerade gelegt und die Parameter werden aus der Hesseschen Normalform $x*\cos\varphi + y*\sin\varphi = p$ und der maximale Abstand h_{max} der Punkte zur Geraden bestimmt. Dieser Wert dient zur Entscheidung, ob die Approximation durch eine Strecke oder einen Kreisbogen erfolgt. Je nach Art der Approximation werden dann über alle Pixel des Segmentes die Parameter des jeweiligen geometrischen Objektes über Methoden der Ausgleichsrechnung bestimmt und als Attribute zur Weiterverarbeitung mitgegeben.

4.1 Approximation durch eine Strecke (Geradensegment)

Es seien N, N$\geq$2, Punkte $P_i \sim (x_i, y_i)$ vorgegeben, die näherungsweise durch eine Gerade beschrieben werden sollen. Die am häufigsten verwendete Methode der kleinsten Quadrate bestimmt die Geradenparameter a und b aus der zu minimierenden Funktion

$$S(a,b) \;=\; \sum_{i=1}^{N} (y_i - ax_i - b)^2 \qquad .$$

Dabei wird, bedingt durch die Annahme y=f(x)=a*x+b, stets der Ordinatenabstand der Punkte zur Geraden minimiert. Die Wahl dieses Abweichungsmaßes ist jedoch nicht gerechtfertigt, da zur Ausgleichung Punkte vorliegen, für die keine Abhängigkeit der Form y=f(x) gegeben ist. Somit sollte die bei der Methode der kleinsten Quadrate gemachte Annahme y=f(x) nicht getroffen werden. Andererseits spricht für die Wahl eines anderen Abweichungsmaßes, daß sich bei der Verwendung des Ordinatenabstandes eine Abhängigkeit der Fehlerquadratsumme von der Lage der Geraden im Gitter bei gleichbleibendem Abstand der Punkte zur Geraden ergibt. Daher wird vorgeschlagen, anstelle des Ordinatenabstandes den Abstand der Punkte zur Geraden zu minimieren.

4.2 Minimierung des mittleren quadratischen Abstandes der Punkte zur Geraden

$P_i \sim (x_i, y_i)$; $i=1,\dots,N$; seien die Punkte des Segmentes, die durch eine Gerade approximiert werden sollen. Den Ausgangspunkt bildet die Gleichung der Geraden in der Hesseschen Normalform, aus der man die zu minimierende Funktion

$$S(\varphi,p) \;=\; \sum_{i=1}^{N} (x_i * \cos\varphi + y_i * \sin\varphi - p)^2$$

erhält. Analog zur Methode der kleinsten Quadrate werden die partiellen Ableitungen von $S(\varphi,p)$ berechnet, die gesuchten Parameter ergeben sich als Lösung der beiden Gleichungen

$$A * \cos 2\varphi + B * \sin 2\varphi \;=\; 0$$

$$p \;=\; \frac{1}{N} \sum_{i=1}^{N} (x_i * \cos\varphi + y_i * \sin\varphi)$$

$$mit \quad A \;=\; N \sum_{i=1}^{N} x_i y_i - \sum_{i=1}^{N} x_i \sum_{i=1}^{N} y_i$$

$$und \quad B \;=\; \frac{N}{2} \sum_{i=1}^{N} y_i^2 - \frac{N}{2} \sum_{i=1}^{N} x_i^2 + \frac{1}{2} \left(\sum_{i=1}^{N} x_i \right)^2 - \frac{1}{2} \left(\sum_{i=1}^{N} y_i \right)^2 \qquad .$$

4.3 Approximation durch Kreissegmente

Es sei eine Menge von N; $N \geq 3$; Punkten $P_i \sim (x_i, y_i)$ gegeben, die näherungsweise durch einen Kreis beschrieben werden soll. Den Ausgangspunkt bildet die Kreisgleichung $(x-x_0)^2 + (y-y_0)^2 = R^2$ mit (x_0, y_0): Mittelpunkt und R: Radius des Kreises, aus der man die zu minimierende Funktion

$$S(A, B, C) = \sum_{i=1}^{N} (x_i^2 + y_i^2 + Ax_i + By_i + C)^2$$

mit $A = -2x_0$, $B = -2y_0$ und $C = x_0^2 + y_0^2 - R^2$ bestimmt. Analog zu den obigen Ausführungen werden die partiellen Ableitungen berechnet und gleich 0 gesetzt, womit man ein lineares Gleichungssystem für die Werte A, B und C erhält. Die gesuchten Kreisparameter x_0, y_0 und R berechnen sich schließlich aus den drei Gleichungen

$$x_0 = -\frac{A}{2}, \qquad y_0 = -\frac{B}{2}, \qquad R = \sqrt{x_0^2 + y_0^2 - C} \quad .$$

Literaturverzeichnis:

[1] Brünig, H.: Konzeption und Realisierung einer flexiblen Bildsegmentierung für ein wissenbasiertes Bildanalysesystem. In: Arbeitsberichte des Institutes für Mathematische Maschinen und Datenverarbeitung Erlangen, Dissertation, Band 23

[2] Darwish, A.; Jain, A.: Midline model-based segmentation. In: Proc. Conf. on Computer Vision and Pattern Recognition, S. 614-618, 1986

[3] Rosenfeld, A.; Weszka, J.S.: An improved method of angle detection on digital curves. In: IEEE Trans. Comput., vol. c-24, pp. 940-941, 1975

[4] Saedler, J.:Parallele Ableitung und Verarbeitung von Linienstrukturen (II). In: Bild und Ton - Leipzig (1989)4. - S. 101-109

[5] Saedler, J.; Wilhelmi, W.; Kovalewski, V.; Eichhorn, N.: Implementierte Algorithmen auf dem Displayprozessor K2027. In: Bild und Ton - Leipzig 39 (1986)5. - S. 140-145 und 6. S. 165-173

[6] Sauer, H.: Segmentierung von Konturen. Diplomarbeit, Technikwissenschaftliche Fakultät der FSU Jena, Lehrstuhl Digitale Bildverarbeitung, 1991

[7] Wolf, G.; Voß, K.: Trennung von Konglomeraten konvexer Objekte. In: Bild und Ton 40 (1987)6.- S. 175-180

[8] Voß, K.; Süße, H.: Praktische Bildverarbeitung. Carl Hanser Verlag München 1991

Die Stützfunktion und konvexe Formmerkmale

Dietwald Schuster
KONTRON Elektronik GmbH
Breslauerstr. 2, D-8057 Eching b. München

1. Einleitung

Die Stützfunktion einer beschränkten Menge der Ebene $\mathbf{R}^2$ beschreibt zu jedem Winkel die Lage der Geraden, die diese Menge einschließen. Sie charakterisiert die konvexe Hülle und geht auf H. Minkowski (1903) zurück. Im Rahmen der Integralgeometrie diente die Stützfunktion zum Beweis von Eigenschaften konvexer Körper, wie etwa bei Blaschke [1], 1914. Ebenfalls im Zusammenhang mit Eigenschaften konvexer Mengen wird der Begriff in der mathematischen Morphologie (Serra [8], E.1) erwähnt.

Wir zeigen, daß die Stützfunktion für binäre ebene Objekte leicht und effizient numerisch berechnet werden kann. Sie ermöglicht die Berechnung von Parametern und Merkmalen der konvexen Hülle, ohne daß diese explizit erzeugt werden muß (z.B. konvexer Umfang, konvexe Fläche). Als periodische Funktion des Winkels kann man die Stützfunktion in eine Fourier-Reihe entwickeln und aus den Koeffizienten invariante Deskriptoren ableiten. Diese können stabil berechnet und mit Erfolg zur Klassifikation nach der Form eingesetzt werden.

2. Definition und einfache Eigenschaften der Stützfunktion

Es sei $K \subset \mathbf{R}^2$ eine beschränkte, topologisch abgeschlossene Menge. Wenn mit ∂K der Rand von K bezeichnet wird, so ist die Stützfunktion von K definiert für jeden Winkel $\varphi \in [0, 2\pi)$ durch

$$
\begin{aligned}
h_K(\varphi) &= \sup\{x\cos\varphi + y\sin\varphi \mid \ (x,y) \in K\} & (1) \\
&= \max\{x\cos\varphi + y\sin\varphi \mid \ (x,y) \in \partial K\} & (2)
\end{aligned}
$$

Sei $u = u(\varphi) = (\cos\varphi, \sin\varphi)^T$ der Einheitsvektor zum Winkel φ, so ist der Wert der Stützfunktion in φ genau der Abstand der Stützlinie $L(\varphi)$ vom Ursprung. Dabei ist die Stützlinie $L(\varphi)$ eine gerichtete Gerade senkrecht zu $u(\varphi)$, die K berührt, jedoch nicht zerschneidet (d.h. K liegt vollkommen in einer der beiden durch $L(\varphi)$ erzeugten Halbebenen). Die Eigenschaften der Stützfunktion wurden in der mathematischen Literatur ausführlich behandelt (Bonnesen, Fenchel [2], §4). Die Funktion h_K ist stetig, 2π−periodisch und jeder konvexe Bereich ist durch seine Stützfunktion eindeutig bestimmt.

Es sei $con(K)$ die konvexe Hülle von K, d.h. der Durchschnitt aller konvexer Mengen, die K enthalten. Aus der Definition der Stützfunktion ergibt sich: $h_{con(K)} = h_K$. Liegt der Ursprung O innerhalb von $con(K)$, so ist h_K nicht negativ. Translation von K um einen Vektor $t = (t_1, t_2)^T$ bewirkt:

$$
h_{K+t}(\varphi) = h_K(\varphi) + t_1 \cos\varphi + t_2 \sin\varphi.
$$

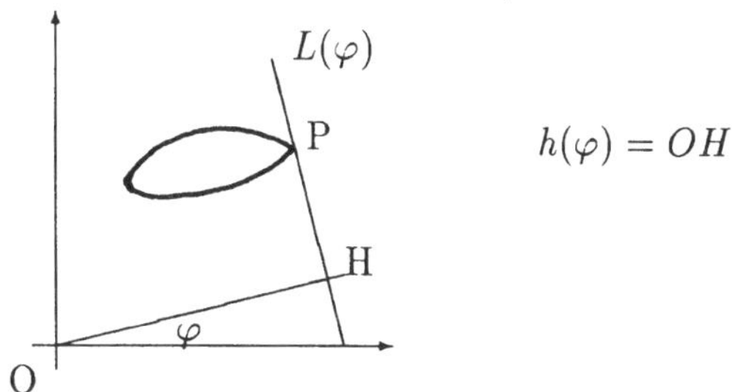

Abbildung 1: Definition der Stützfunktion

Beispiele:
a) Ein Kreis um O mit Radius R hat die Stützfunktion $h(\varphi) = R$ für alle $\varphi \in [0, 2\pi)$.
b) Für ein Rechteck mit Seitenlängen $2a$ und $2b$ gilt:

$$h(\varphi) = \begin{cases} a\cos\varphi + b\sin\varphi, & \varphi \in [0, \pi/2) \\ -a\cos\varphi + b\sin\varphi, & \varphi \in [\pi/2, \pi) \\ -a\cos\varphi - b\sin\varphi, & \varphi \in [\pi, 3\pi/2) \\ a\cos\varphi - b\sin\varphi, & \varphi \in [3\pi/2, 2\pi). \end{cases}$$

3. Effiziente Berechnung der Stützfunktion

Die Definitionsgleichung (2) erlaubt die praktische Berechnung der Stützfunktion einer kompakten Menge. Es werden lediglich die Randpunkte benötigt, wobei diese in beliebiger Reihenfolge verarbeitet werden können. Falls der Rand speziell als Kettencode (Freeman-Code oder crack code) vorliegt, kann sehr effizient inkrementell gerechnet werden. Es sei

$$p_i(\varphi) := x_i \cos\varphi + y_i \sin\varphi, \quad \Delta x_i := x_{i+1} - x_i, \quad \Delta y_i := y_{i+1} - y_i,$$

dann folgt

$$p_{i+1}(\varphi) = x_{i+1}\cos\varphi + y_{i+1}\sin\varphi = p_i(\varphi) + \Delta x_i \cos\varphi + \Delta y_i \sin\varphi.$$

Beim Kettencode gilt Δx_i, $\Delta y_i \in \{0, \pm 1\}$, wodurch sich der Ausdruck für $p_{i+1}(\varphi)$ stark vereinfacht, da die Multiplikationen wegfallen. Man erhält $h(\varphi) = \max_i p_i(\varphi)$. Die Stützfunktion kann man auch für nicht zusammenhängende Mengen (z.B. "Punktwolken") berechnen, wenn diese identifiziert sind; es ergibt sich die Stützfunktion der konvexen Hülle.

4. Konvexe Parameter

Wir bezeichnen den Umfang bzw. den Flächeninhalt der konvexen Hülle einer kompakten Menge $K \in \mathbf{R}^2$ als "konvexen Umfang" bzw. "konvexe Fläche". Diese konvexen Parameter von K können mit Hilfe der Stützfunktion berechnet werden, ohne daß die konvexe Hülle $con(K)$ explizit erzeugt werden muß.

Es sei $h : [0, 2\pi] \to \mathbf{R}$ die Stützfunktion der kompakten Menge $K \subset \mathbf{R}^2$. Dann gilt nach Groemer [5], (5), bzw. Santalo [7] ,1.12 für den konvexen Umfang

$$S = S(K) = \int_0^{2\pi} h(\varphi)\, d\varphi.$$

Die Formel entspricht dem Projektionstheorem von Cauchy (Dougherty [3], 3.6). Der Hausdorff-Abstand zweier konvexer Bereiche K, L ist

$$d(K, L) = \max_{\varphi \in [0, 2\pi)} |h_K(\varphi) - h_L(\varphi)|.$$

Damit folgt die Abschätzung

$$|S(K) - S(L)| \leq 2\pi d(K, L),$$

also ist der konvexe Umfang stetig bzgl. des Hausdorff-Abstandes. Es ist bekannt, daß der Umfang i.allg. (für nicht notwendig konvexe Mengen) nicht stetig ist (Serra [8], V, A.1), dies wirkt sich durch große Ungenauigkeit und Instabilität der Umfangsberechnung bei diskreten Binärobjekten aus. Der konvexe Umfang bietet für konvexe Objekte eine gute Alternative.

Nach Blaschke [1], §9 existieren in jedem $\varphi \in [0, 2\pi]$ die seitlichen Ableitungen von h. Es gilt für den Flächeninhalt von $con(K)$:

$$F = \frac{1}{2} \int_0^{2\pi} \left(h^2(\varphi) - h'^2(\varphi) \right) d\varphi.$$

Approximation des Integrals mit Hilfe der Sehnentrapezregel liefert:

$$\tilde{F} = \frac{1}{2} \frac{2\pi}{n} \sum_{i=0}^{n-1} \left(h^2(\varphi_i) - h'^2(\varphi_i) \right).$$

Für stückweise differenzierbares h (z.B. Polygone) hat sich für $h'(\varphi_i)$ die Näherung $(h(\varphi_{i+1}) - h(\varphi_i))/(\varphi_{i+1} - \varphi_i)$ bewährt.

5. Fourier-Deskriptoren und Formmerkmale

Die Stützfunktion h eines konvexen Bereichs ist 2π−perodisch, stetig und es existieren in jedem Punkt die seitlichen Ableitungen. Die Fourier-Entwicklung von h

$$a_0 + \sum_{n=1}^{\infty} \left(a_n \cos n\varphi + b_n \sin n\varphi \right)$$

konvergiert im quadratischen Mittel und punktweise. Die Koeffizienten können nährungsweise mit Hilfe der FFT effizient berechnet werden (Niederdrenk [6], 1.18). Aus den Fourier-Koeffizienten der Stützfunktion kann man translations-, rotations- und skalierungsinvariante Merkmale ableiten, die zur Klassifikation nach der Form der konvexen Hülle der Objekte gut geeignet sind.

a) *Skalierungsinvarianz*

Sei K ein konvexer Bereich mit Stützfunktion h_K, $\lambda > 0$ ein Skalierungsfaktor, dann gilt nach Abschnitt 2, (1): $h_{\lambda K} = \lambda h_K$. Für die entsprechenden Fourier-Koeffizienten erhält man $a_n(\lambda K) = \lambda a_n(K)$, ebenso für $b_n(K)$. Die Merkmale

$$a'_n := a_n(K)/a_0(K) \text{ und } b'_n := b_n(K)/a_0(K)$$

sind skalierungsinvariant.

b) *Rotationsinvarianz*

Rotation des Objekts bewirkt eine Verschiebung der Stützfunktion. Dies ergibt eine Phasenverschiebung bei den Fourier-Koeffizienten. Die Werte $a_n^2 + b_n^2$ sind rotationsinvariante Merkmale.

c) *Translationsinvarianz*

Sei $t = (t_1, t_2)^T \in \mathbf{R}^2$ und $n \geq 2$. Dann folgt aus den Orthogonalitätseigenschaften von sin und cos:

$$a_n(K + t) = a_n(K), \quad b_n(K + t) = b_n(K).$$

Das zeigt, daß die Fourier-Koeffizienten für $n > 1$ translationsinvariant sind, ebenso a_0; es sind also nur a_1, b_1 lageabhängig. Umgekehrt gilt: Falls für konvexe Bereiche K, L alle Fourier-Koeffizienten außer a_1, b_1 gleich sind, so unterscheiden sich K und L nur durch eine Translation (vgl. Blaschke [1],§10). Also ist in a_1, b_1 nur Lageinformation enthalten, ihr Weglassen führt auf lageunabhängige Merkmalsvektoren.

In [4] betrachten Dougherty und Loce die aus der Stützfunktion abgeleitete *Projektionsfunktion* $p(\varphi) = h(\varphi) + h(\varphi + \pi)$ und entwickeln diese π-periodische Funktion in eine Fourier-Reihe. Die Funktion p bestimmt im Gegensatz zu h nicht mehr eindeutig die konvexe Hülle eines Objekts, es kommt also zu einem Informationsverlust. So z.B. haben ein Kreis und ein Reuleaux-Polygon mit gleichem Durchmesser die gleiche (konstante) Projektionsfunktion, jedoch unterschiedliche Form und unterschiedliche Stützfunktionen. Nach [4] können aus den Fourier-Koeffizienten der Projektionsfunktion invariante Deskriptoren abgeleitet werden. Diese sind stetig im Sinne des Hausdorff-Abstandes kompakter Mengen, was nach Dougherty wesentlich ist für das Zusammenspiel mit morphologischen Filtern. Für die klassischen Fourier-Deskriptoren hat man diese Eigenschaft i.allg. nicht, außerdem sind besonders die Winkel-Deskriptoren rauschempfindlich.

Es gilt die stetige Abhängigkeit der Fourier-Koeffizienten der Stützfunktion im Sinne des Hausdorff-Abstandes (Abschnitt 4). Seien K, L konvexe Bereiche. Man zeigt leicht die Abschätzungen

$$|a_n(K) - a_n(L)| \leq m_1\, d(K, L), \quad |b_n(K) - b_n(L)| \leq m_2\, d(K, L)$$

mit geeigneten von K, L unabhängigen Konstanten m_1, m_2. Entsprechende Abschätzungen gelten für die skalierungsinvarianten Merkmale a'_n, b'_n, wenn nur Objekte betrachtet werden, deren konvexer Umfang größer als eine feste Schranke ist.

6. Klassifikationsbeispiel

Wir stellen ein einfaches Beispiel zur Klassifikation vor. Für die Referenzmuster wurden die in Abschnitt 5 eingeführten Formmerkmale aus der Stützfunktion bestimmt und abgespeichert. Anschließend wurden die Objekte segmentiert, die Konturen als Freeman-Code (Richtungsketten) bestimmt und daraus nach Abschnitt 3 die Stützfunktionen berechnet. Daraus bestimmt man die invarianten Formparameter aus den Fourier-Deskriptoren der Stützfunktion und klassifiziert mit dem Minimum-Distance-Verfahren. Die Stützfunktion wurde mit 64 Richtungen diskretisiert, zur Klassifikation wurden 6 Fourier-Deskriptoren verwendet. Alle Muster wurden korrekt erkannt.

1. Kreisförmige Dichtungen

2. quadratische Blechplatte

3. Metallstift

4. Dübel

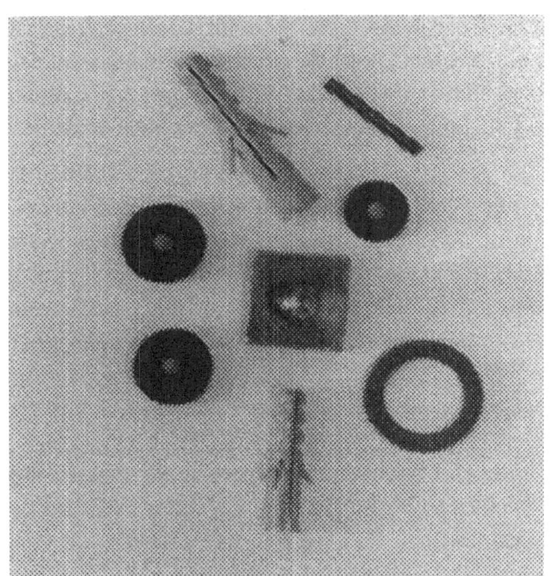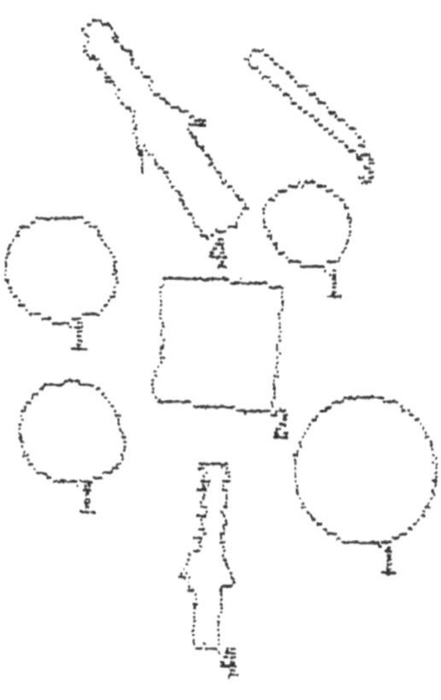

Abbildung 2: Klassifikation von Objekten

Danksagung

Herrn Manfred Burow danke ich herzlich für die freundliche Unterstützung bei der Entstehung dieser Arbeit.

Literatur

1. Blaschke, W.:
   Beweise zu den Sätzen von Brunn und Minkowski über die Minimaleigenschaft des Kreises
   Jahresbericht d. Dt. Math.-Verein. 23, 210-234, 1914

2. Bonnesen, T.; Fenchel, W.:
   Theorie der konvexen Körper
   Chelsea Publ. Comp. 1948

3. Dougherty, F. R.; Giardina, C. R. :
   Image Processing – Continuous to Discrete, Vol. 1
   Prentice Hall, 1987

4. Dougherty, E. R.; Loce, R.P.:
   Robust Morphologically Continuous Fourier Descriptors Generated by Geometric Projections
   Morphological Imaging Laboratory, Center for Imaging Science
   Rochester Institute of Technology, May, 1990

5. Groemer, H.:
   Stability Properties of Geometric Inequalities
   Amer. Math. Monthly 97, No. 5, 382-394, 1990

6. Niederdrenk, K.:
   Die endliche Fourier- und Walsh-Transformation mit einer Einführung in die digitale Bildverarbeitung
   Vieweg, 1982

7. Santalo, L.A.:
   Integral Geometry and Geometric Probability
   Addison-Wesley, 1976

8. Serra, J.:
   Image Analysis and Mathematical Morphology (Vol. 1)
   Academic Press, 1982

Ein Satz von merkmalbestimmenden Basisoperationen zur Auswertung von Bildpyramiden

Bärbel Mertsching, Stephan Zimmermann, Ulrich Büker
Fachbereich Elektrotechnik, Universität - GH - Paderborn
Pohlweg 47-49, 4790 Paderborn

Es werden Erweiterungen der Bildtransformation "Hierarchische Strukturcodierung" und Methoden zur Extraktion von lage- und größeninvarianten Merkmalen aus Bildpyramiden vorgestellt. Diese Methoden sind kontextunabhängig und basieren auf dem Hierarchischen Strukturcode (HSC). Die symbolischen Ergebnisse der Operationen stellen Bildprimitive dar und werden zu Vergleichen mit Modellen von Objekten und Szenen eingesetzt. Durch Erweiterungen der zugrunde liegenden Datenstrukturen und den Einsatz von Transputern konnten die bereits existierenden Operationen stark vereinfacht und wesentlich beschleunigt werden.[1]

Bildsegmentation durch hierarchische Strukturcodierung

Der in unserer Arbeitsgruppe seit mehreren Jahren entwickelte Ansatz, Bilder hierarchisch zu codieren und aus dem Hierarchischen Strukturcode (HSC) Objekte zu erkennen, hat sich in den von uns untersuchten Anwendungsbereichen voll bewährt. Die Erzeugung des HSC konnte durch selbstgebaute Spezialprozessoren und durch Einsatz von Transputern ganz erheblich beschleunigt werden. Während die HSC-Generierung bereits echtzeitnahe erfolgt, bildet nun die Auswertung im wissensbasierten System den Engpaß. Durch Änderungen der HSC-Datenstruktur und die dadurch bedingten Vereinfachungen der merkmalsbestimmenden Operationen konnte inszwischen auch die Geschwindigkeit bei der Bildanalyse wesentlich erhöht werden. Zur Einführung soll nun zunächst das hierarchische Segmentationsverfahren (vgl. [1]) kurz zusammengefaßt vorgestellt werden.

Die grundlegende Idee bei der Hierarchischen Strukturcodierung ist die Extraktion von Strukturinformationen aus einem Grauwertbild. Kontinuierliche Strukturen (Linien, Kanten, Flächen) werden dazu durch sich überlappende Inseln in Abschnitte ("Strukturelemente") zerlegt. Innerhalb einer Insel sind dabei beliebige Verläufe möglich. Unterscheiden kann man zwischen Kontur- und Flächenelementen, die zum einen durch die Zerlegung von Linien und Kanten und zum anderen aus der Zerlegung von Flächen entstehen. Im Rechner werden diese Strukturelemente durch Codeelemente repräsentiert. Hierzu wird nach Vorverarbeitungsschritten eine Grauwertpyramide mit den Auflösungsebenen k erzeugt. Im nächsten Schritt wird eine Klassifikation der Bildpunkte durchgeführt, als deren Ergebnis man eine Eintei-

---

1.Die vorgestellten Arbeiten wurden zum Teil von der DFG unter dem Zeichen HA 1314/6 gefördert.

lung in Linien-, Kanten- und Flächenpunkte erhält. Im Anschluß hieran wird an jedem zweiten Bildpunkt eine Siebenerinsel von klassifizierten Bildpunkten untersucht und rechnerintern repräsentiert (vgl. [2]). Dieser Vorgang wird als Detektion bezeichnet. Die in einer solchen Insel vorhandenen Kombinationen von Linien-, Kanten- und Flächenpunkten ergeben zusammen mit der Koordinateninformation ein "Codeelement" $<t;m;\varphi|k;n;z;s>$ mit dem Strukturtyp t, der Form m, der Orientierung φ, der Auflösungsebene oder Detektorebene k, der Verknüpfungsebene n, der Zeile z und der Spalte s. Dabei wird $<t;m;\varphi|$ als "Codeeintrag", z;s als "Koordinate" und $|k;n;z;s>$ als "Hierarchiekoordinate" bezeichnet. Die Detektion erfolgt für alle Auflösungsebenen k.

Bei der Verknüpfung werden die von der Detektion generierten Codeelemente weiterverarbeitet. Für die Verknüpfung werden sieben Inseln $I|k;n>$ zu einer großen Insel $I|k;n+1>$ zusammengefaßt. Hierbei wird in einem ersten Schritt geprüft, ob die durch die Codeelemente repräsentierten Formelemente in einer Siebenergruppe benachbarter Inseln $I|k;n=0>$ zusammenhängende Strukturen bilden, also Kontinuität aufweisen. Bilden im zweiten Schritt Formelemente der Inseln $I|k;n>$ in der Insel $I|k;n+1>$ eine Sequenz oder Gruppe, wird ein Formelement $A<t;m;\varphi|k;n+1>$ gesucht, das die Sequenz oder Gruppe einhüllt (Verallgemeinerung). Das gefundene Formelement $A<t;m;\varphi|k;n+1>$ wird durch das Codeelement $<t;m;\varphi|k;n+1>$ codiert. Dieser Vorgang kann mit den so erzeugten Elementen erneut ausgeführt werden. Mit einem einzigen Formelement $A<t;m;\varphi|k;n>$ wird dann nach der n-ten Kontinuitätsprüfung und Verallgemeinerung eine kontinuierliche Struktur beschrieben, die durch ein einzelnes Codeelement $<t;m;\varphi|k;n;z;s>$ im HSC ("Wurzelknoten") dargestellt wird. Durch die Verknüpfung entsteht eine hierarchische Datenstruktur, die als "Codebaum" T(t,k) bezeichnet wird.

Die HSC-Datenstruktur

Die Einführung neuer Rechnertypen ermöglichte die Entwicklung einer Datenstruktur für den HSC, die 32-Bit-Datenwörter verwendet. Dadurch werden wesentlich effizientere Zugriffe auf die Bilddaten erreicht. Zum Speichern der Codeelemente dienen die Felder "Schlüsselarray" und "Datenarray". Im Schlüsselarray existiert für jede Ebene $|k;n>$ ein Abschnitt, in dem für jede Koordinate (z;s) dieser Ebene ein Eintrag reserviert ist. Dieser Eintrag enthält den Zeiger auf den ersten Eintrag dieser Koordinate im Datenarray. Er wird durch einen Wert ergänzt, der für diese Koordinate die Anzahl der Einträge im Datenarray angibt. Die Codeeinträge $<t;m;\varphi|$ selbst werden im Datenarray gespeichert. Es enthält somit alle Codeeinträge eines codierten und verknüpften Bildes, einschließlich der Zeiger, die beim verknüpften Bild die Codebäume im HSC bilden. Die HSC-Elemente und die Zeiger werden beim Generieren sequentiell und ohne Zwischenräume in das Datenarray eingetragen. Der Codeeintrag und die dazugehörigen Zeiger werden als "Codebaumknoten" bezeichnet (vgl. Abb. 1a, Datenstruktur siehe Abb. 2).

Der Zugriff auf ein Codeelement eines bestimmten Strukturtyps und einer vorgegebenen Hierarchiekoordinate erfolgt in drei Schritten. Zuerst wird der Zeiger ermittelt, der im Schlüsselarray den zur Hierarchiekoordinate gehörenden Eintrag lokalisiert. Dieser Eintrag enthält einen Zeiger, der auf den ersten Codeeintrag an der Koordinate im Datenarray weist. Ist ein gesuchtes Codeelement in der Ebene $|k;n>$ gefunden, so ist ein Zugriff auf die Codeelemente der Ebene $|k;n-1>$, aus denen das Codeelement gebildet wurde, mit Hilfe von Subcode-Zeigern direkt möglich. Bei Konturen erfolgt der Eintrag der Subcode-Zeiger in der Reihenfolge der Formelemente. Konnte das gesuchte Codeelement noch weiter verknüpft werden, so kann nun auf das durch die Verknüpfung entstandene Codeelement auf der Ebene $|k;n+1>$ durch die Supercode-Zeiger direkt zugegriffen werden. Die Erweiterung des Datenarrays um die Supercode-Zeiger erlaubt also bottom-up und top-down effizientes Navigieren durch die Codebäume (vgl. Abb. 1b).

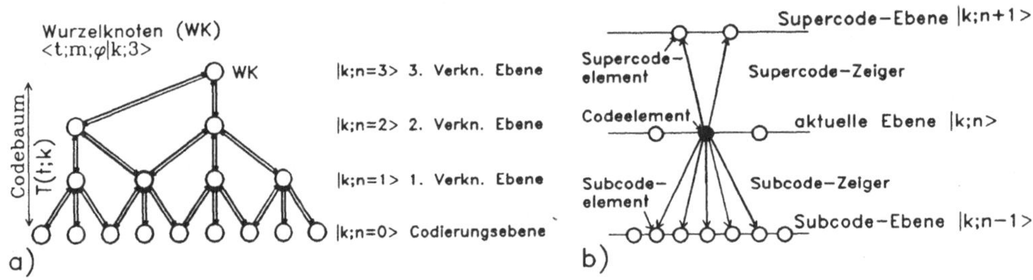

Abb. 1: a) Verzeigerung innerhalb eines Codebaumes

      b) Lokale Betrachtung eines Codeelements im Codebaum (Ausschnitt aus Abb. 1.a): in Bezug auf ein Codeelement können die Begriffe "Supercode" und "Subcode" eingeführt werden.

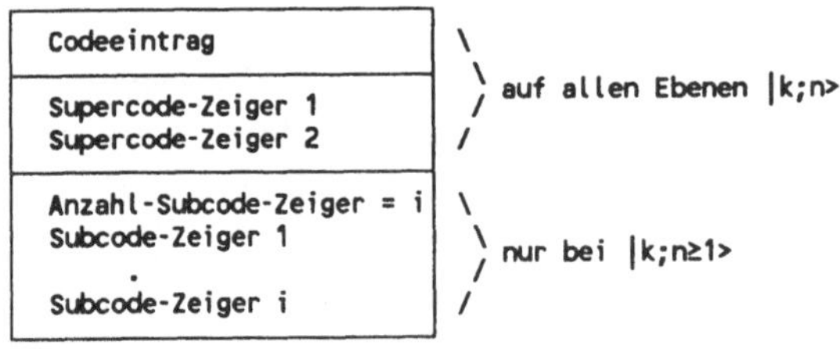

Abb. 2: Struktur eines Codebaumknotens

Um einen schnellen Zugriff zu gewährleisten, wurde die Länge eines Datenwortes im Datenarray von 16 auf 32 Bit heraufgesetzt. Damit ist es nun möglich, die Adressen von Codeelementen, auf die über Sub- bzw. Supercode-Zeiger verwiesen wird, absolut im Datenarray einzutragen (22 Bit). In den Supercode-Datenwörtern werden zusätzlich die absoluten Zeilen- und Spaltenwerte (10 Bit) eines Codeelements eingetragen. Diese Struktur hat große Auswirkungen auf die HSC-Operationen. Es kann eine ganze Ebene $|k;n>$ mit nur zwei Zugriffen auf das Schlüsselarray (erste und letzte Koordinate einer Ebene) ausgewertet werden. Alle anderen Koordinaten können durch die direkte Adressierung innerhalb des Datenarrays erreicht werden. Im Datenwort 'Codeeintrag' (vgl. Abb. 3) werden Strukturtyp, Form und Orientierung eines Codeelements eingetragen. Handelt es sich um einen Wurzelknoten, so wird diese Information in einem Bit gespeichert. Bei Linien- und Kanten werden zusätzlich Anschluß- (AP) und End- (EP) punkte vermerkt. Um Mehrfachbetrachtungen von Bildstrukturen zu vermeiden, wurden bereits ausgewertete Codeelemente bisher in eine zunächst leere Datenbasis kopiert und dann markiert. Durch die Verdopplung der Wortbreite im Datenarray können diese Markierungen jetzt direkt in den freien Bits im Codeeintrag durchgeführt werden. Der benötigte Speicherplatzbedarf reduziert sich dadurch und durch andere Maßnahmen auf ein Viertel der ursprünglichen Größe.

31	27	23		19		16	9		4	0
W K	Struktur typ	AP1	E P	AP2	E P	frei	Form und Orientierung	frei		Mark.

Abb. 3: Datenwort 'Codeeintrag' für Linien und Kanten

Methoden zur Merkmalsextraktion

Nach den oben beschriebenen Bearbeitungsstufen steht die HSC-Datenbasis zur Extraktion von Merkmalen zur Verfügung. Als Merkmale eines Objekts werden die Eigenschaften bezeichnet, die dieses eindeutig charakterisieren, so daß es von anderen Objekten unterschieden werden kann. Sie werden derart gewählt, daß sie ein Objekt unabhängig von seiner Lage oder Größe im Bild beschreiben. Weiterhin müssen sie mittels einfacher Methoden zuverlässig aus einem Bild extrahiert werden können. Die Summe aller Merkmale zur Beschreibung eines Objekts wird in einem Objektmodell in einer Wissensbasis abgelegt. Bei der Erkennung werden die Modelleigenschaften mit den aus dem aktuellen Bild extrahierten Merkmalen verglichen. Die Codebäume eines Objekts sind als Merkmale nicht geeignet, da schon eine geringe Translation oder Rotation des Objekts im Bild alle Knoten im Codebaum verändern kann. Unverändert bleiben aber struktur- und formbeschreibende, topologische und geometrische Merkmale, die durch geeignete Methoden - die HSC-Operationen - aus den Codebäumen abgeleitet werden können (vgl. [3]). Die bisher implementierten HSC-Operationen lassen sich grob in vier Kategorien unterteilen: strukturbeschreibende, formbeschreibende, topologische und geometrische Operationen.

Die strukturbeschreibenden Operationen lassen sich weiter gliedern in die Strukturtyp-Operationen (ROOT, PART, ALLROOT) und in Strukturgrößen-Operationen (SEQU, AREA). Die Strukturtyp-Operationen ermitteln die Typen von Strukturen anhand von gefundenen Wurzelknoten. SEQU bzw. AREA entwickeln Kontursequenzen bzw. Codeelement-Gruppen, die Aussagen über die Proportionen von Strukturen zulassen.

Mit SHAPE existiert eine formbeschreibende Operation mit der Fähigkeit, den Verlauf von Kontursequenzen komplett oder abschnittweise zu untersuchen.

Die topologischen Operationen analysieren die Lage und Anordnung von Strukturen im Bild. Als Operanden erhalten sie formale Ergebnisse von vorangegangenen

Operationen; auch sie greifen direkt auf eine HSC-Datenbasis zu. Eine Untergruppe bilden die Nachbarschaftsuntersuchungen. Hierbei wird zwischen direkter und indirekter Nachbarschaft unterschieden: Zwei Strukturen sind direkt benachbart, wenn sie an mindestens einer Koordinate direkt aneinanderstoßen; zwei Strukturen sind indirekt benachbart, wenn sie zu einer gemeinsamen Gesamtstruktur gehören, aber nicht direkt benachbart sind (CONNECT). Unabhängig gefundene Bildstrukturen können mit CONNECT daraufhin geprüft werden, ob sie ein gemeinsames Objekt bilden. Einen Spezialfall der Operation bildet die Operation DNEIGHBOR: sie analysiert zwei Strukturen auf direkte Nachbarschaft. Die Operation NEIGHBOR sucht ausgehend von einer Struktur eine bestimmte Anzahl von direkten *oder* indirekten Nachbarstrukturen eines vorzugebenden Strukturtyps.

Die vierte Hauptkategorie bilden die geometrischen Operationen. Während die Größenrelationsoperationen die relative Größe von Strukturen zueinander untersuchen, dienen die Vermessungsoperationen nicht mehr der eigentlichen Erkennung, sondern z. B. der Vorbereitung von Handhabungsvorgängen durch Bestimmung von Informationen wie absoluter Größe, Lage, Orientierung und Abstand von Objekten.

Neben diesem Satz von Basisoperationen, die kontextfrei eingesetzt werden, existieren noch weitere spezielle Operationen, die je nach Diskursbereich eingesetzt werden. Alle Operationen mit direktem Zugriff auf die HSC-Datenbasis werden durch die Erweiterung der Datenstruktur vereinfacht und beschleunigt. Dies wird beispielhaft an den Operationen ROOT und SEQU im nächsten Kapitel erläutert. Die Merkmale der drei Operationen ROOT, SEQU, SHAPE liefern Bildprimitive auf einer niedrigen Abstraktionsebene. So werden einer von ROOT gelieferten Struktur zwei Attribute zugeordnet, nämlich die von SEQU gelieferte Elementzahl und die von SHAPE gebildete Formbeschreibung.

Die Operation ROOT

Die Operation ROOT dient zur Suche der Wurzelknoten von ausgedehnten Strukturen. Anhand der Wurzelknoten lassen sich bereits erste Aussagen über die im Bild vorhandenen Strukturen treffen: Die Strukturtypen der die Wurzelknoten beschreibenden Codeelemente geben Auskunft über die Art der Strukturen. Die Koordinaten der Codeelemente bestimmen die ungefähre Lage der Strukturen im Bild. Für weitere Operationen kann so das Operationsgebiet eingeschränkt werden.

ROOT beginnt die Suche mit den Codeelementen der größten Formelementgröße $f=k+n$. Kann in diesen Ebenen kein Wurzelknoten gefunden werden, so wird die Formelementgröße dekrementiert und die Suche in den Ebenen mit kleinerem f fortgesetzt. Dieser Vorgang wird wiederholt, bis einer der folgenden Fälle eintritt: Entweder werden alle Ebenen abgesucht und keine Wurzelknoten gefunden oder mindestens ein Wurzelknoten kann gefunden werden. In diesem Fall werden noch die restlichen Ebenen gleicher Formelementgröße abgesucht, ehe der Algorithmus terminiert. Die Ebenen gleicher Formelementgröße werden in der Reihenfolge abnehmender Verknüpfung n durchsucht. Als Operand der Operation ROOT wird in der Regel der gesamte HSC zugelassen. Die zu untersuchenden Ebenen können durch ein Operationsgebiet eingeschränkt werden: Die Ebenen, in denen das Objekt erwartet wird, können absolut oder relativ zu einer Bezugsebene (Level-of-Interest) angegeben werden. Weiterhin kann das Suchgebiet auf ein Fenster um eine Startkoordinate eingeschränkt werden. Auch der Strukturtyp kann im Operationsgebiet festgelegt werden.

Für jede abzuarbeitende Ebenen wird die erste und die letzte Datenadresse bestimmt. Dazu werden über Tabellen zwei Positionen im Statistikteil des Schlüsselarrays gelesen. Die erste Datenadresse ist der Index des ersten zu überprüfenden Codeeintrages. Wenn es sich um einen Wurzelknoten handelt, ist das MSB auf "1" gesetzt und die Integerzahl, die dieses Codeelement repräsentiert, ist kleiner als Null. Durch Überspringen der Supercode-Zeiger und des Subcodes erhält man den jeweils nächsten Codeeintrag, bis die letzte Datenadresse dieser Ebene erreicht ist.

Wenn ein Wurzelknoten vorliegt, wird überprüft, ob der Strukturtyp des Codeelements und die Koordinaten im Wertebereich liegen. In diesem Fall werden jeweils der Index der Codeeinträge im Datenarray, der Codeeintrag und die Ebene $|k;n>$ in einem Ergebnisarray eingetragen. Der Strukturtyp der gefundenen Wurzelknoten wird als lage- und größeninvariantes Merkmal ausgewertet.

Die Operation SEQU

Ein Wurzelknoten gibt nur einen groben Hinweis auf die Struktur, aus der er durch Verallgemeinerung entstanden ist. Durch die Operationen SEQU und AREA ist nun eine genauere Analyse der Struktur möglich. Ausgehend von einem Wurzelknoten wird top-down durch den zugehörigen Codebaum bis zu den Blättern herabgestiegen und die Kontursequenz oder Flächengruppe auf Detektorebene $|k;n=0>$ entwickelt. Die Operationen SEQU und AREA stellen damit eine Umkehrung des bottom-up verlaufenden Verknüpfungsprozesses dar. Im folgenden wird nur die Operation SEQU vorgestellt: Sie erlaubt es, aus Wurzelknoten vom Strukturtyp 'Linie' bzw. 'Kante' Linien- bzw. Kantensequenzen zu entwickeln. Ist der übergebene Wurzelknoten vom Typ 'Fleck' oder 'Vertex', so wird mit SEQU die die Fläche berandende Kantensequenz bestimmt. Soll eine Sequenz auf Detektorebene entwickelt werden, so wird vom Wurzelknoten aus über die Subcodezeiger zu einem Codeelement auf der Ebene $|k;n+1>$ hinabgestiegen (Abb. 6). Über eine Schleife werden dann die zu diesem Codeelement gehörenden Subcodezeiger vom Endpunkt aus in das Ergebnisarray eingetragen. Über das Datenarray kann dann mit Hilfe dieser Zeiger auf alle notwendigen Informationen zugegriffen werden. Nach dem Eintrag des Subcodes ist das nächste Codeelement der Ebene $|k;n+1>$ zu bestimmen. Dazu werden die beiden Supercodezeiger des zuletzt eingetragenen Subcodeelements ausgewertet. Einer der beiden Zeiger weist auf das zuletzt abgearbeitete Codeelement der Ebene $|k;n+1>$. Der andere zeigt auf das nächste Codeelement der Ebene $|k;n+1>$, dessen Subcode ins Ergebnisarray eingetragen werden muß. Entweder das erste oder das letzte Element dieses Subcodes ist mit dem letzten Eintrag im Ergebnisarray identisch, was beim Eintrag zu beachten ist. Die Sequenzbildung ist beendet, wenn das letzte eingetragene Subcodeelement eine Endpunktmarkierung besitzt. Die Entwicklung zyklischer Konturen terminiert, wenn das aktuell eingetragene Sequenzelement identisch mit dem ersten Element ist. Das entstandene Ergebnisarray dient als Operand der formbeschreibenden Operation SHAPE. Als Merkmal liefert SEQU die Anzahl der an der Sequenz beteiligten Codeelemente. Innerhalb gewisser Grenzen ist dieses Merkmal lage- und skaleninvariant und erlaubt eine Aussage über die Proportionen der Struktur. Durch die Operation kann sie einer bestimmten Elementzahl-Klasse und - da Liniensequenzen maximal zwei Bildpunkte breit sein dürfen - auch einer bestimmten Längen/Breiten-Klasse zugeordnet werden. Soll nur ein Ausschnitt einer Sequenz analysiert werden, so kann ein lokales Fenster im Operationsgebiet angegeben werden.

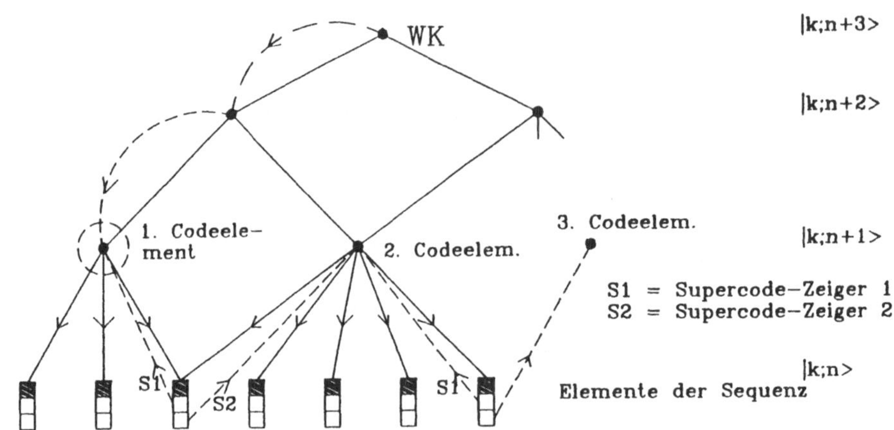

Abb. 4: Schematische Darstellung der Entwicklung einer Kontursequenz.

Ergebnisse und Ausblick

Implementiert wurden die Operationen auf einem 20 MHz Transputer (T800). Für die Suche der Wurzelknoten auf vier Ebenen ($f=5$ bis $f=8$) ergab sich (bei 14 WK) eine Laufzeit von nur noch 1.3 ms. Die Laufzeit für eine typische Sequenz mit 48 Elementen liegt bei 6 ms für die Sequenzbildung und 7 ms für die Formbeschreibung. Auf einer VAX 730 lagen die Zeiten bislang u. a. wegen der Algorithmen ohne Supercode-Zeiger, aufgrund der Plattenzugriffe und durch das Kopieren von großen Datenmengen um einen Faktor 1000 höher. Die in diesem Bericht beschriebene neue Datenstruktur des HSC führt zu einer großen Speicherplatzeinsparung. Durch die Einführung zusätzlicher Supercode-Zeiger konnten zudem wesentlich effizientere Algorithmen für die Operationen zur Auswertung des HSC entwickelt werden. Für die Zukunft ist eine Parallelisierung der Methodenbasis geplant. Von der Nutzung der speziellen Kommunikationseigenschaften des Transputers versprechen wir uns eine weitere bedeutende Beschleunigung des Erkennungsvorganges.

Literatur

[1] G. Hartmann: Recognition of Hierarchically Encoded Images by Technical and Biological Systems. Biological Cybernetics 57, 1987, 73-84
[2] Westfechtel, August: Entwurf und Realisierung eines Prozessors zur hierarchischen Codierung von Flächen, Kanten und Linien. Fortschr.-Ber. VDI Reihe 10 Nr. 138. Düsseldorf (VDI Verlag) 1990
[3] Mertsching, Bärbel: Lernfähiges wissensbasiertes Erkennungssystem auf der Grundlage des Hierarchischen Strukturcodes. Dissertation. Paderborn 1990

Line Identification by Hough Transform with Image Subdivision

Thomas Risse

Wilhelm Schickard Institute, University of Tübingen
Auf der Morgenstelle 10, C9, D-7400 Tübingen

To cope with memory and time requirements of the Hough transform when identifying lines here, a line parametrisation is investigated which allows a relatively small and compact accumulator, a fast algorithm to fill the accumulator and its implementation in parallel hardware is developed and finally, an algorithm to combine the lines identified in subimages is described: by this image subdivision Hough transform and cluster detection can be applied to proportionally smaller accumulators in parallel.

1   Introduction: The Hough transform

Originally, the Hough transform was invented [H62] as a means to identify straight lines in edge enhanced images. Generalized, the Hough transform is a method for multidimensional pattern extraction, suited for the processing of noisy images. It can be implemented in hardware. See [R88] for references.

In order to identify e.g. straight lines in an edge enhanced image the Hough transform accumulates evidence by incrementing counters, the accumulator cells, associated to the parameters of each line passing through each set pixel. Lines – not line segments – are identified by e.g. simple thresholding.

Different attempts to cope with the considerable memory and time requirements (cp. [R89a]) have been tried as discussed in [R88]. As prominent examples, the fast Hough transform (FHT) [L*85] and the adaptive Hough transform (AHT) [IK87] divide the parameter space recursively in order to reduce time and space requirements. However, the estimation of the complexity of the AHT in [IK87] is misleading insofar as treatment of an image with only one line is considered. Actually, the complexity of FHT and AHT is proportional to the number of detected lines whereas the classical Hough transform identifies all lines 'simultaneously' in one pass. Generally, both FHT and AHT – essentially trading time for space – have to be considered extremal: they identify a line at a time whereas the classical Hough transform identifies all lines 'at once'. The method presented here represents an efficient compromise.

2   Parametrization

Let images be represented by $\{0..N\} \times \{0..N\}$ bit arrays. Let the set $\mathcal{R}$ of realizable lines in an image be the set of lines through two points in $\{0..N\} \times \{0..N\}$. Let $g =$

$g(p_1, p_2)$ be the line parametrized by line parameters p_1 and p_2. In the literature different line parametrisations have been investigated (cp. [R89a]).

In contrast to a parametrisation with real parameters s_1 and s_2 (cp. [W85]), consider the i_1, i_2-parametrisation where i_1 and i_2 denote the **integer** distances of the intersections of a line with the image edge, measured along the image edge starting at the origin, with $i_1 < i_2$. Let $g = g(i_1, i_2)$ be the line parametrized by i_1 and i_2. Then the set $\mathcal{ER}$ of edge-realizable lines

$$\mathcal{ER} := \{ g(i_1, i_2) : 0 \leq i_1 < i_2 \leq 4\,N \}$$

obviously is a proper subset of $\mathcal{R}$. By a number theoretical argument

$$\lim_{N \to \infty} \frac{|\mathcal{ER}|}{|\mathcal{R}|} = 0\,.$$

is shown in [R88], so that $\mathcal{ER}$ is small enough for the parametrisation to be efficient. As each $g \in \mathcal{R}$ lies in a 1-pixel neighbourhood of some $g' \in \mathcal{ER}$, i.e. as for each point in $g \cap [0, N] \times [0, N]$ there is a point in $g' \cap [0, N] \times [0, N]$ with Euclidean distance less than 1, $\mathcal{ER}$ also is large enough to offer sufficient resolution in parameter space compared to the precision of line drawing algorithms like Bresenham's or DDA. Additionally, by a coordinate transform the parameter space can be compacted thereby reducing memory requirements by one third. Accumulator cells are then indexed by (i_1, i_2) where $0 \leq i_1 \leq 2N$ and $N \leq i_2 \leq 4N$.

3 How to fill the accumulator

Hough transforming an image consists of incrementing the accumulator cells along the locus of the parameter curve corresponding to the line bundle through each set pixel. Not only a small parameter space but also the ease to fill the accumulator makes a parametrisation suitable for the Hough transform.

Assume that pixel (x_0, y_0) is set. The locus of s_1, s_2-parameters of the lines through (x_0, y_0) is a piecewise rational function. But when using the i_1, i_2-parametrisation, to increment all accumulator cells with index (i_1, i_2) so that $g(i_1, i_2)$ passes through (x_0, y_0) here, an edge realizable line is rotated until it passes through (x_0, y_0). Let $g = g(i_1, i_2)$ intersect the image edge in (x_1, y_1) and (x_2, y_2). Whether or not g passes through (x_0, y_0) when varying (x_1, y_1) or (x_2, y_2) can be determined by the distance of (x_0, y_0) to g. The distance d is given by

$$d = -sign(c)\,\frac{x_0(y_2 - y_1) - y_0(x_2 - x_1) + c}{\sqrt{(x_2 - x_1)^2 + (y_2 - y_1)^2}}$$

where $c = y_1(x_2 - x_1) - x_1(y_2 - y_1)$. The location of (x_0, y_0) with respect to g is determined by the sign of the numerator: the denominator can be ignored. In addition, the numerator can be updated incrementally. In [R89b] the following all integer arithmetic algorithm without multiplications and divisions has been developed stepwise. The procedure `fill` is called for each set pixel (x0,y0).

```
PROCEDURE fill;
(* fills accu cells corresponding to lines through (x0,y0) *)
VAR i1,i2, x1,y1,x2,y2, drw: INTEGER;
  PROCEDURE incrementI1;
    BEGIN
      CASE i1 DIV N OF
        0: BEGIN c:=c-y2; drw:=drw+y0-y2; x1:=x1+1 END;
        1: BEGIN c:=c+x2; drw:=drw+x2-x0; y1:=y1+1 END;
        2: BEGIN c:=c+y2; drw:=drw+y2-y0; x1:=x1-1 END
      END; i1:=i1+1; if c>0 then d:=-drw else d:=drw;
    END;
  PROCEDURE incrementI2;
    BEGIN
      CASE i2 DIV N OF
        2: BEGIN c:=c-y1; drw:=drw+y0-y1; x2:=x2-1 END;
        3: BEGIN c:=c+x1; drw:=drw+x1-x0; y2:=y2-1 END;
      END; i2:=i2+1; if c>0 then d:=-drw else d:=drw;
    END;
  PROCEDURE decrementI1;
    BEGIN
      CASE i1 DIV N OF
        0: BEGIN c:=c+y2; drw:=drw-y0+y2; x1:=x1-1 END;
        1: BEGIN c:=c-x2; drw:=drw-x2+x0; y1:=y1-1 END;
      END; i1:=i1-1; if c>0 then d:=-drw else d:=drw;
    END;
  PROCEDURE decrementI2;
    BEGIN
      CASE i2 DIV N OF
        1: BEGIN c:=c+x1; drw:=drw+x1-x0; y2:=y2-1 END;
        2: BEGIN c:=c+y1; drw:=drw-y0+y1; x2:=x2+1 END;
      END; i2:=i2-1; if c>0 then d:=-drw else d:=drw;
    END;
  BEGIN
    i1:=x0; x1:=x0; y1:=0; i2:=N3-x0; x2:=x0; y2:=N; c:=-N*x1; drw:=0;
    REPEAT
      incrementAccu(i1,i2); incrementI1;
      WHILE (drw<>0) and (i2<N4) DO
        BEGIN
          IF (drw>0) and (i2<N4) THEN incrementI1;
          IF (drw<0) and (i2<N4) THEN incrementI2;
        END
    UNTIL (i2>=N4);
    i1:=x0; x1:=x0; y1:=0; i2:=N3-x0; x2:=x0; y2:=N; c:=-N*x1; drw:=0;
```

```
REPEAT
  decrementI1;
  WHILE (drw<>0) and (i1>=0) DO
    BEGIN
      IF (drw>0) and (i1>=0) THEN decrementI2;
      IF (drw<0) and (i1>=0) THEN decrementI1;
    END; if (d=0) and (i1>=0) THEN incrementAccu(i1,i2)
  UNTIL (i1<0);
END;
```

The following scheme shows a hardware implementation of the most critical
WHILE-part of this algorithm (thick and thin lines represent data and control paths,
respectively and ovals represent registers for local variables as indicated):

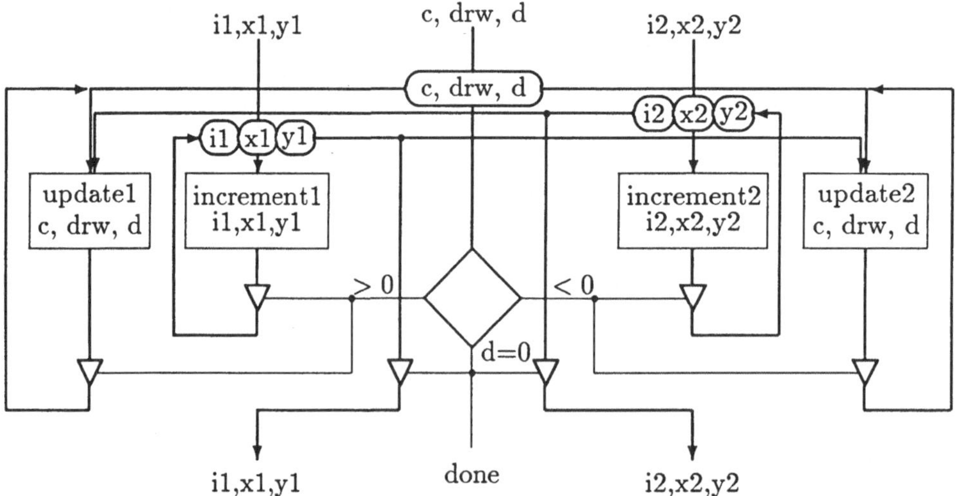

In each pass of the WHILE-loop the results for both cases (variable $d > 0$ and
variable $d < 0$) are computed in parallel and only those results corresponding to
the actual status, i.e. the sign of d are propagated. Using the same technique
within the modules to update c, drw and d and to increment i1, x1, y1 and
i2, x2, y2 respectively shows the integer additions to update c, drw and the one
coordinate as well as the one parameter and d to be the two limiting operations.
Therefore, execution of a single pass of the WHILE-loop takes about the time of
two integer additions.

Multi-processor implementations of the algorithm as formulated above are near
at hand.

4 How to combine lines identified in subimages

The complexity of filling the accumulator and of performing e.g. simple thresholding is proportional to the accumulator size (cp. [R89a]), and thus to image size.

Hence, processing subimages separately (and maybe in parallel) is efficient. Of course, this reduction in time and space requirements goes along with a reduced resolution in parameter space which can hopefully be made up by appropriately combining lines identified in subimages.

Assume that lines $g_j^{(\nu,\mu)}, j = 1..n^{(\nu,\mu)}$ have been identified in the (ν, μ)-th subimage and let $D = (d(g_i, g_j))_{i,j}$ be the $n \times n$-matrix of the distances of these line segments where $n := \sum_{\nu,\mu} n^{(\nu,\mu)}$. Construct an undirected graph whose nodes correspond to these line segments: two nodes are connected iff the distance of the corresponding lines does not exceed some threshold. The connected components of this graph correspond to the sets of lines to be lumped by their regression line.

The threshold is chosen so that the endpoints, i.e. the intersections with subimage edges of the two lines are in a one-pixel-neighbourhood of the regression line g which minimizes the sum of square errors. If it 'approximates' the points (x_i, y_i) for $i = 1..n$ and some n then its slope m and ordinate intercept c are given by

$$
m := \frac{n \sum_{i=1}^n x_i y_i - \sum_{i=1}^n x_i \sum_{i=1}^n y_i}{n \sum_{i=1}^n x_i^2 - \left(\sum_{i=1}^n x_i\right)^2} \quad \text{and} \quad c := \frac{1}{n} \left(\sum_{i=1}^n y_i - m \sum_{i=1}^n x_i\right),
$$

respectively. In case the denominator $n \sum_{i=1}^n x_i^2 - \left(\sum_{i=1}^n x_i\right)^2$ vanishes the regression line is vertical with abszissa $\frac{1}{n} \sum_{i=1}^n x_i$.

Lines can be weighted by their subimage length, i.e. the distance of their intersection with the subimage edges in order for the least square error line to take into account all points in between by considering only the endpoints.

Here, in contrast to [R88], a quadtree approach is proposed. Then, only few lines have to be checked for lumping so that generation of the distance matrix now represents a feasible alternative. Given, lines $g_j^{(\nu,\mu)}, j = 1,\ldots,n^{(\nu,\mu)}$ have been identified by Hough transforming the (ν, μ)-th subimage. From their i_1, i_2-parametrisation these lines are represented by their two points of interception with the (ν, μ)-th image edge. This is the situation in stage zero. Now, lines identified in four neighbouring subimages, according to the quadtree, and belonging to the same connected component are recursively lumped by computing regression lines represented by their two points of intersection with the edges of the new subimage.

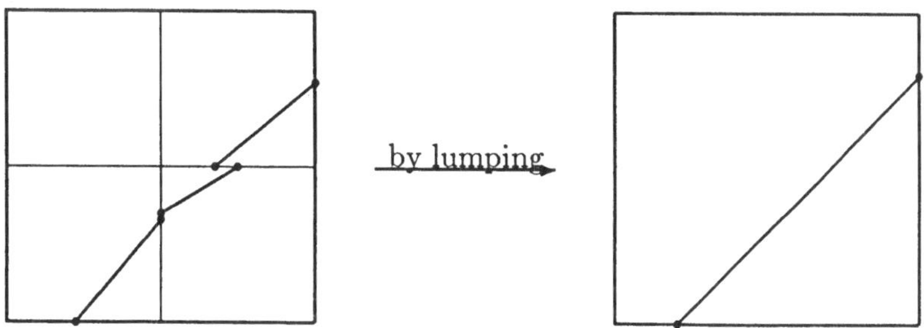

In each stage, some processors combine the lines identified in each of four neighbouring subimages.

5 Conclusion

The i_1, i_2-parametrisation turned out to be advantageous because it represents only relatively few lines and results at the same time in a sufficient resolution in parameter space compared to the precision of e.g. Bresenham's line drawing algorithm. The Hough transform then works in a compact and relatively small accumulator and generates sharp peaks. An algorithm to fill the accumulator is presented, the speed of an implementation in parallel hardware is determined, and finally, an image partition strategy is developed designed to relief the severe memory requirements inherent in the Hough transform.

Different implementation alternatives and improvements have been discussed in [R89b]. Line segments can be identified in the form of lines confined to certain subimages. First results by a software emulation of the algorithm are promising.

Using the i_1, i_2-parametrisation together with this partitioning strategy means adopting an efficient middle course between classical and fast/adaptive Hough transform.

References

[H62]   P.V.C. Hough: Methods and Means for Recognizing Complex Patterns. U.S. Patent 3069654, 1962.

[IK87] J. Illingworth and J. Kittler: The Adaptive Hough Transform. IEEE Transactions on Pattern Analysis and Machine Intelligence, PAMI-9(5):691–698, September 1987.

[L*85] Hungwen Li et al.: Fast Hough Transform. Research Report RC 11080 (#49754), IBM T. J. Watson Research Center, P.O. Box 218, Yorktown Heights, NY 10598, March 1985.

[R88]   Thomas Risse: Yet Another Line Parametrization for Hough Transform. In H. Bunke et al., editors, *Proceedings of the 10th DAGM Symposium on pattern recognition, Zürich, September 1988, Informatik Fachberichte 180*, pages 142–150, DAGM, GI and SI, Springer-Verlag, 1988.

[R89a] Thomas Risse: Hough Transform for Line Recognition: Complexity of Evidence Accumulation and Cluster Detection. Computer Vision, Graphics and Image Processing, 46():327–345, 1989.

[R89b] Thomas Risse: A Line Parametrization for Hough Transform with Quadtree Image Subdivision. Technical Report, Wilhelm Schickard Institute, University of Tübingen, 1989.

[W85]   Richard S. Wallace: A modified Hough Transform for Lines. In *Proceedings of the Computer Vision and Pattern Recognition Conference 1985*, pages 665–667, IEEE Computer Society Press/North Holland, June 1985.

Informationserhaltende Filterung digitaler Bilder und ihre Bewertung

Uwe Weidner

Photogrammetrisches Institut der Universität Bonn, Nußallee 15, 5300 Bonn

Im vorliegenden Beitrag wird ein Verfahren zur informationserhaltenden Filterung digitaler Bilder vorgestellt und mit einer Auswahl von in der Literatur bekannten Filtern verglichen. Das Filter ist ein adaptives Wiener-Filter, das sich auf die lokale Struktur des Bildinhaltes einstellt. Für den Vergleich werden Bewertungsmaße herangezogen, die den Grad der Rauschunterdrückung und der Kantenerhaltung angeben.

1   Einleitung

Bei der Aufnahme digitaler Bilder treten systematische und zufällige Fehler auf. Diese Fehler erschweren und beeinträchtigen die Gewinnung von Information aus den Bildern, sowie die Qualität und Aussagekraft dieser Information. Ihre Einflüsse sind daher möglichst zu eliminieren. Systematische Fehler können im allgemeinen durch Funktionen korrigiert werden, deren Parameter durch Kalibrierung zu bestimmen sind. Der Einfluß zufälliger Fehler muß durch Prädiktion des wahren Signals aus dem beobachteten Signal vermindert werden.

Kanten tragen wichtige Bildinformation. Sie bilden als Primitive die Ausgangsdaten für Zuordnungsverfahren und Bildinterpretationsalgorithmen, z. B. zur Objekterkennung. Filter sollten daher gleichzeitig das Rauschen unterdrücken und die Kanteninformation erhalten.

Einfache Glättungsfilter, wie z. B. das Binomialfilter, führen zur Verwaschung und Abschwächung der Kanten. Das Medianfilter erhält Kanten, führt jedoch zur Abrundung von Ecken. Feinstrukturen, die kleiner als die Filtermaske sind, werden eliminiert. Andere kantenerhaltende Filter sind nicht leistungsfähig genug und/oder enthalten ein zu einfaches Kantenmodell. Für eine Reihe von Anwendungsbereichen, wie z. B. die Photogrammetrie, sollte die Bildinformation vollständig erhalten bleiben, also auch an Ecken, an Feinstrukturen und in texturierten Gebieten. Hieraus kann die Notwendigkeit der Entwicklung eines Filters abgeleitet werden, das die in den Bildern enthaltene Information möglichst erhält.

2   Grundzüge adaptiver Filter

Die Schwächen einfacher Glättungsfilter liegen darin begründet, daß sie sich nicht auf Änderungen lokaler Strukturen innerhalb des Bildes einstellen können. Beim Binomialfilter folgt dies aus den festen Gewichtskoeffizienten zur Mittelung der Grauwerte innerhalb eines m×m Fensters, beim Medianfilter aus der Tatsache, daß das Median aus dem gesamten m×m Fenster bestimmt wird, unabhängig davon, ob einzelne Pixel dieses Fensters verschiedenen Bildbereichen angehören. Eine Verbesserung der Filtereigenschaften erscheint daher nur möglich, wenn Strukturen in der lokalen Umgebung eines Pixels erkannt werden und das Filter an diese Strukturen angepaßt wird. Die Art der Anpassung hängt vom angenommenen Bildmodell ab und sollte - aus Gründen des Aufwands - lokal berechenbar sein. Die als Vorinformation angenommenen Bildmodelle basieren im allgemeinen auf den ersten und zweiten Ableitungen der Grauwerte. Hierbei wird unterstellt, daß das Bild aus Bereichen mit konstanten Grauwerten bzw. aus Bereichen glatter Grauwertflächen besteht und somit der Erwartungswert der Gradienten bzw. Krümmungen gleich Null ist. Das Auftreten großer Gradienten bzw. Krümmungen weist bei den getroffenen Vorannahmen auf eine Kante hin, über die hinweg nicht geglättet werden sollte.

Auf der Grundlage dieser Überlegungen wurde ein adaptives Filter entwickelt (vgl. WEIDNER 1990). Es handelt sich hierbei um ein Wiener-Filter, das sich sowohl auf das Rauschen als auch auf die lokale Bildstruktur einstellt. Dieses Verfahren soll im nächsten Abschnitt vorgestellt und die erzielten Ergebnisse mit den Filterungsergebnisses einer Auswahl anderer Verfahren anschließend verglichen werden. Zu dieser Auswahl gehören das Verfahren k-Nearest-Neighbor nach DAVID/ROSENFELD 1988, das Verfahren Gradient Inverse Weighted Smoothing nach WANG/VAGNUCCI 1981, das Sigma-Filter nach LEE 1983 und das Glättungsverfahren nach PERONA/MALIK 1990. Diese Verfahren sollen im folgenden kurz beschrieben werden. Diese Beschreibungen gehen auf die jeweiligen Steuerparameter ein, wenn diese für die Interpretation der im Kapitel 4 dargestellten Ergebnisse von Bedeutung sind.

Das Verfahren k-Nearest-Neighbor nach DAVIS/ROSENFELD 1978 basiert auf der Modellannahme, daß das Bild aus Bereichen mit konstanten Grauwerten besteht, die durch ideale Kanten begrenzt sind. Die Grauwertdifferenzen zwischen Pixeln eines Gebietes sind somit auf den Einfluß zufälliger Fehler zurückzuführen und nur gering. Gehören zwei benachbarte Pixel unterschiedlichen Bildbereichen an, so daß die Kante zwischen ihnen verläuft, wird die Grauwertdifferenz größer sein. Aus diesem Grund wird in einem m x m Fenster der Grauwert des mittleren Pixels durch das Mittel der Grauwerte derjenigen k Nachbarpixel ersetzt, die die k kleinsten Differenzbeträge zum mittleren Pixel aufweisen. Der Steuerparameter k bestimmt das Maß der Glättung. Ein großer Wert für k führt zu einer starken Glättung, aber auch zu einem Informationsverlust. Wird für k ein kleiner Wert gewählt, bleiben die Kanten bei einer jedoch geringeren Glättung innerhalb der konstanten Bereiche erhalten.

Das Verfahren Gradient Inverse Weighted Smoothing nach WANG/VAGNUCCI 1981 beruht auf einer gewichteten Mittelbildung. Anstelle fester Gewichtskoeffizienten, wie beim Binomialfilter, werden die Gewichte der einzelnen Grauwerte aus der Umgebung des zu bearbeitenden Pixels bestimmt. Als Bildmodell werden konstante Bildbereiche unterstellt. Die Gewichte werden aus den Kehrwerten der Gradientendifferenzen bezüglich des mittleren Pixels des m×m Fensters bestimmt und normiert, so daß deren Summe gleich 0.5 ist. Das Gewicht des Grauwertes des mittleren Pixels wird gleich 0.5 gesetzt. Pixel, die dem Bildbereich des mittleren Pixels angehören, erhalten somit ein hohes Gewicht für die Mittelung. Gehört ein Nachbarpixel nicht demselben Bildbereich an, erhält dessen Grauwert ein geringeres Gewicht.

Das Sigma-Filter nach LEE 1983 wird aus den Eigenschaften der Normalverteilung abgeleitet. Die Grundidee besteht darin, nicht das Mittel der Grauwerte des gesamten m×m Fensters zu bilden, sondern nur die jeweiligen Pixel zu berücksichtigen, deren absolute Grauwertdifferenzen zum mittleren Pixel kleiner als die zweifache Streuung sind. Als Nebenbedingung wird eine Mindestanzahl k von Pixeln gefordert, die diese Bedingung erfüllen. Diese Nebenbedingung wird eingeführt, um durch die Bildsensoren hervorgerufene Flecken eliminieren zu können. Gibt es weniger als k Pixel, deren Grauwerte um die zweifache Streuung vom mittleren abweichen, wird das Mittel der Grauwerte des gesamten $m \times m$ Fensters gebildet, so daß für größere Werte k Feinstrukturen abgeschwächt werden.

Dem Verfahren zur Glättung nach PERONA/MALIK 1990 liegt die Lösung der Wärmeleitungsfunktion zugrunde. Das Bildmodell basiert auf den ersten Ableitungen mit Erwartungswert Null. Der Algorithmus führt eine gewichtete Mittelbildung der Grauwertdifferenzen zwischen dem zu bearbeitenden Pixel und den Pixeln der Vierer-Nachbarschaft durch. Das hieraus erhaltene Mittel wird zum Grauwert des mittleren Pixels addiert. Für die in Kapitel 4 dargestellten Untersuchungen wurde die von PERONA/MALIK 1990 vorgeschlagene exponentielle Gewichtsfunktion angewendet.

3 Das Verfahren der informationserhaltenden Filterung

Auf der Grundlage der zu Beginn des vorigen Abschnittes dargelegten Überlegungen wurde ein informationserhaltendes Filter entwickelt. Dieses Filter stellt sich auf lokale Änderungen der Strukturen ein, indem Richtung und Stärke der Glättung in Abhängigkeit der Ausprägung der Kante aus einer Umgebung des Pixels bestimmt werden, so daß eine stärkere Glättung entlang und eine schwächere Glättung quer zur Kante erfolgt. Eine zusammenhängende Darstellung der mathematischen Grundlagen kann SNYDER 1989 entnommen werden. Nagel verfolgt bei der Schätzung des optischen Flusses mit der "gerichteten Glattheitsforderung" (vgl. z. B. NAGEL/ENKELMANN 1984) ein ähnliches Ziel. Im Gegensatz zu diesen Arbeiten wird im vorliegenden Ansatz das Bild, insbesondere seine statistischen Eigenschaften, explizit modelliert und in einem Gesamtprozeß prädiziert, der auch die Varianz des Rauschens und die Varianz der lokalen Krümmungseigenschaften einschließt. Das Verfahren zeichnet sich daher dadurch aus, daß alle erforderlichen Parameter aus dem Bild geschätzt werden. Die zur Ableitung der Kriterien zur Anpassung des Filters eingeführte Vorinformation, sowie das verwendete Schätzverfahren sollen kurz erläutert werden. Die beobachteten Intensitätswerte d_i, die in einem Vektor $\mathbf{d}$ zusammengefaßt werden, setzen sich aus dem wahren Bild $\mathbf{u}$ und einem stochastischen Anteil $\mathbf{n}$ zusammen. Für den stochastischen Prozeß $\mathbf{n}$ wird additives weißes, normalverteiltes Rauschen mit Erwartungswert Null angenommen, so daß das gesamte Modell lautet:

$$\mathbf{d} = \mathbf{u} + \mathbf{n}, \qquad E(\mathbf{d}) = \mathbf{u} \quad \text{und} \quad D(\mathbf{d}) = Diag(\sigma_n^2) \tag{1}$$

Weiterhin wird unterstellt, daß die unbekannten Parameter $\mathbf{u}$ zu einem Markoff-Zufallsfeld gehören und somit die Wahrscheinlichkeit des Zustandes an einer Stelle nur durch die Wahrscheinlichkeiten der Zustände der Nachbarn bestimmt ist. Als Vorinformation, im Sinne von BAYES werden glatte Grauwertbereiche angenommen, d. h. Erwartungswert der Krümmungen gleich Null.

$$E(\mathbf{k_1}(\mathbf{u})) = 0 \quad \text{und} \quad D(\mathbf{k_1}) = Diag(\sigma_{k_{1_i}}^2)$$
$$E(\mathbf{k_2}(\mathbf{u})) = 0 \quad \text{und} \quad D(\mathbf{k_2}) = Diag(\sigma_{k_{2_i}}^2) \tag{2}$$

Die Schätzung der unbekannten Parameter $\mathbf{u}$ basiert auf dem linearen Gauß-Markoff-Modell. Die Vorinformation wird hierbei, um zu einer rotationsinvarianten Lösung zu gelangen (vgl. SNYDER 1989), durch die Einführung der Hauptkrümmungsbeobachtungen k_i, $i = 1, 2$ mit Erwartungswert Null berücksichtigt. Für das Gauß-Markoff-Modell

$$E(\mathbf{y}) = \mathbf{X}\mathbf{u} \quad \text{mit} \quad D(\mathbf{y}) = \sigma^2 \mathbf{P}^{-1} \tag{3}$$

ergeben sich somit der Zufallsvektor der Beobachtungen

$$y = [d'\ k_1'\ k_2']',\qquad(4)$$

die Koeffizientenmatrix

$$X = [X_d'\ X_{k_1}'\ X_{k_2}']',\qquad(5)$$

die Gewichtsmatrix

$$P = Diag(P_d, P_{k_1}, P_{k_2})\qquad(6)$$

und der Vektor der gesuchten Parameter u. Die Schätzung im Gauß- Markoff-Modell entspricht der Minimierung der Funktion

$$F(u, \sigma_n, \sigma_{k_1}, \sigma_{k_2}) = \sum_{i \in B}(\frac{d - u}{\sigma_n})_i^2 + \sum_{i \in B}(\frac{k_1(u)}{\sigma_{k_1}})_i^2 + \sum_{i \in B}(\frac{k_2(u)}{\sigma_{k_2}})_i^2,\qquad(7)$$

wobei $B = $ Bild ohne Randbereich.

Die Koeffizientenmatrix X in (5) beschreibt den linearen funktionalen Zusammenhang zwischen den Beobachtungen und den gesuchten Parametern. Die Matrix X_d ist eine Einheitsmatrix, die Zeilen der Matrizen X_{k_1} und X_{k_2} enthalten die Koeffizienten zur Berechnung der Hauptkrümmungen. In sie fließt die aus dem Bild ableitbare Information über die Glättungsrichtung ein. Durch die Gewichtsmatrix P wird die Stärke der Glättung bestimmt. Die Bestimmung der Richtung und der Stärke erfolgt auf der Grundlage der zweiten Ableitungen der Grauwerte. Hierzu werden die zweiten Ableitungen im Bildkoordinatensystem (r,c) für jede Bildposition bestimmt und in der Hesse-Matrix H zusammengefaßt. Diese Matrizen werden quadriert und über einen Nachbarbereich gemittelt, so daß die gemittelte quadrierte Hesse-Matrix H_m^2 erhalten wird. Der Übergang zu den aus dem Bild abgeleiteten Hauptkrümmungen erfolgt anschließend durch Hauptachsentransformation dieser Matrix. Hierdurch werden die Eigenwerte und der zum größten Eigenvektor zugehörige Winkel ϕ bestimmt. Die Eigenwerte entsprechen den Mitteln über die Quadrate der Hauptkrümmungen. Unter der Berücksichtigung der Modellannahme deutet eine große Hauptkrümmung auf eine Kante hin. Der zugehörige Eigenvektor steht senkrecht auf der Kante, so daß die Kantenrichtung aus $\theta = \phi + \frac{\pi}{2}$ berechnet werden kann und die Glättungsrichtung dadurch bestimmt ist. Aus den Eigenwerten können daher die Hauptkrümmungsvarianzen des wahren Signals abgeleitet werden. Da u und n als unabhängige Prozesse angenommen werden, kann die Hesse-Matrix des beobachteten Signals $H(d)$ zerlegt werden.

$$H(d) = H(u) + \sigma_{n''}^2 I\qquad(8)$$

Durch Umformung erhält man die Eigenwerte der Matrix $H(u)$ und daraus eine Schätzung der lokalen Hauptkrümmungsvarianzen $\sigma_{k_i}^2$ des wahren Signals u analog zu FÖRSTNER 1988

$$\hat{\sigma}_{k_i}^2(u) = \left[\begin{array}{ll} \hat{\sigma}_{k_i}^2(d) - \hat{\sigma}_{n''}^2 & \text{,falls} \quad \hat{\sigma}_{k_i}^2(d) \geq \hat{\sigma}_{n''}^2 \\ 0 & \text{,sonst} \end{array} \right.\qquad(9)$$

Der Rauschanteil $\sigma_{n''}$ wird über die bei ROUSSEEUW/LEROY 1987 angegebene robuste Schätzung aus den Krümmungen im Bildsystem (r,c) ermittelt: $\hat{\sigma}_{n''} = 1.4826 * med(|k(r,c)|)$. Unter Berücksichtigung der Fehlerfortpflanzung kann hieraus eine Schätzung der Rauschvarianz σ_n^2 angegeben werden, die weitgehend von Kanten unbeeinflußt ist, so daß die in die Ausgleichung einzuführenden Gewichte und die der Anpassung des Filters zugrundeliegende Orientierung aus dem zu filternden Bild bestimmt werden und keine a priori Annahmen notwendig sind. Auf ähnliche Weise kann eine in Wirklichkeit signalabhängige Rauschvarianz geschätzt und in das Verfahren integriert werden (vgl. BRÜGELMANN 1991). Das lineare Normalgleichungssystem zur Schätzung der unbekannten Parameter wird mittels SOR-Verfahren gelöst. Der Vorteil dieser Vorgehensweise besteht zum einen darin, daß für die Berechnung der k-ten Komponente des Parametervektors nur die k-te Zeile der Normalgleichungsmatrix ($\mathbf{X'PX}$) benötigt wird, die für jeden Iterationsdurchgang neu berechnet werden kann. Wird die Normalgleichungsmatrix zwecks iterativer Lösung abgespeichert, so erfordert dies weniger Speicherplatz als bei einer Invertierung. Weiterhin sind zur iterativen Lösung weniger Rechenoperationen als zur Invertierung notwendig. Die Konvergenz der iterativen Lösung mittels SOR-Verfahren ist sichergestellt, da es sich bei der Normalgleichungsmatrix um eine symmetrisch-definite Matrix handelt. Der Rechenaufwand ist im Vergleich mit den anderen Verfahren hoch, jedoch ist, wie ein Vergleich zeigte, dieses strenge Verfahren bei nicht zu starkem Rauschen durch das Näherungsverfahren von FÖRSTNER 1988 gut approximierbar.

4 Vergleich der Verfahren

Die mit den in den vorherigen Abschnitten beschriebenen Filtern erzielten Ergebnisse sollen miteinander verglichen werden. Dieser Vergleich umfaßt neben dem subjektiv visuellen Vergleich einen Vergleich auf der Basis von aus dem Bild abgeleiteten Kenngrößen. Ein visueller Vergleich kann im allgemeinen mit jedem Bild durchgeführt werden, wohingegen ein Vergleich über abgeleitete Kenngrößen Informationen über das wahre Bild erfordert. Die Untersuchungen wurden aus diesem Grund auf der Grundlage eines in Anlehnung an BESL/BIRCH/WATSON 1988 generierten und mittels Box-Muller-Transformation verrauschten Bildes ($\sigma=2$ Grauwerte bei einem Grauwertumfang von 70 Grauwerten, Abb. 1.A) durchgeführt.

4.1 Qualitativer Vergleich

Die mittels der angegebenen Verfahren erzielten Ergebnisbilder sind in den Abb. 2. A - 8. A dargestellt. Binomial- und Medianfilter weisen die in der Einführung bereits diskutierten typischen Eigenschaften auf. Das Verfahren k-Nearest-Neighbor erhält die Kanten und Ecken, jedoch nicht den Peak. Die Glättung ist nicht ausgeprägt. Diese Effekte sind darauf zurückzuführen, daß $k = 3$ Pixel zur Glättung herangezogen wurden, um eine Abrundung von Ecken zu vermeiden. Das Verfahren der inversen Gradientengewichtung erhält die Kanteninformation bei gleichzeitig guten Glättungseigenschaften. Ecken, sowie Grate und Kehlen werden abgerundet, der Peak eliminiert. Das Sigma-Filter besitzt gute Glättungseigenschaften innerhalb konstanter Bereiche bei im allgemeinen guter Kantenerhaltung. Probleme treten in geneigten und gekrümmten Bereichen auf, in denen aufgrund der Modellannahme nicht zwischen Rauschen und Signal unterschieden werden kann. Das Verfahren zur Glättung nach PERONA/MALIK 1990 besitzt sehr gute Glättungs- und kantenerhaltende Eigenschaften. Der Peak wird nicht eliminiert, jedoch treten aufgrund der Modellannahme Abrundungen im Bereich der Grate und Kehlen, sowie Brechungen bei der gekrümmten Fläche auf. Das informationserhaltende Filter erhält die Kanten, den Peak, sowie die Grate und Kehlen. Die Glättungseigenschaften werden

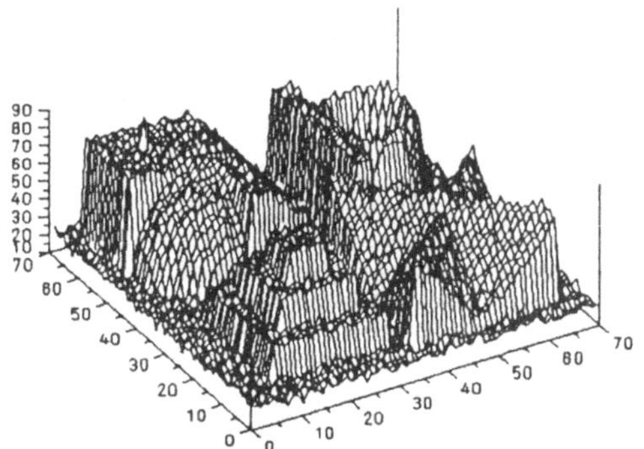

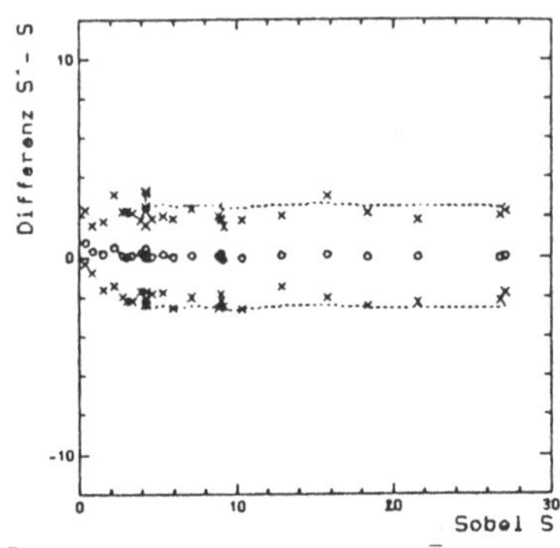

Abb. 1.A: verrauschtes Testbild

Abb. 1.B

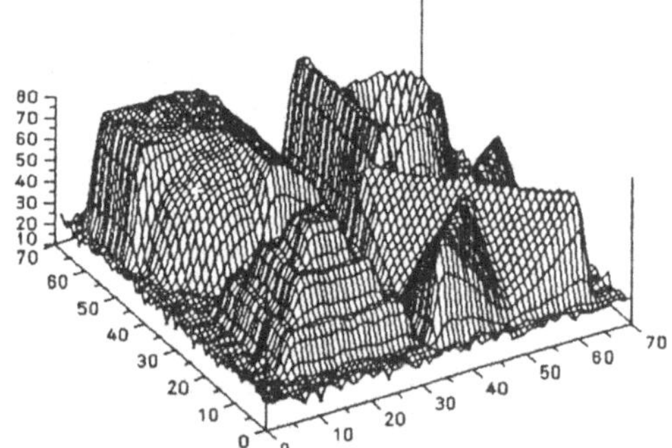

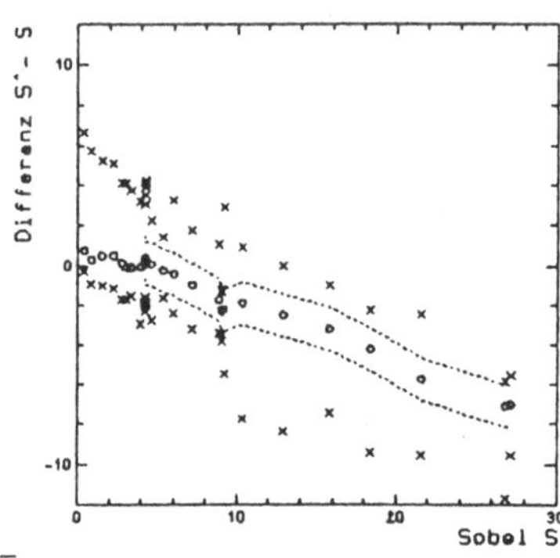

Abb. 2.A: Binomialfilter

Abb. 2.B

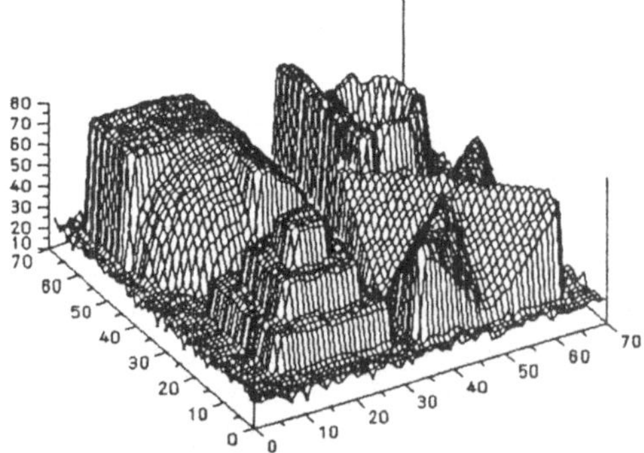

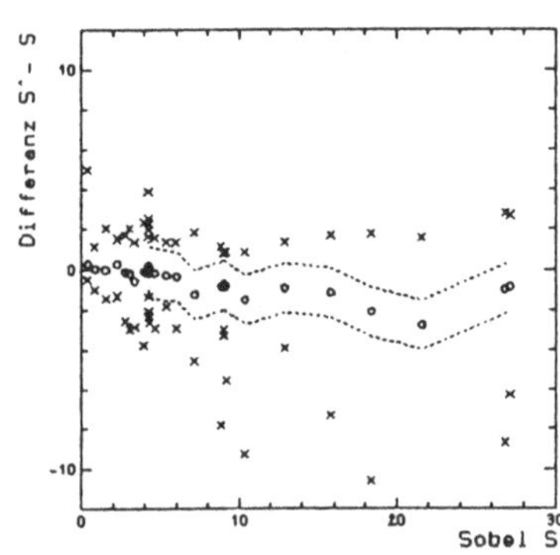

Abb. 3.A: Medianfilter

Abb. 3.B

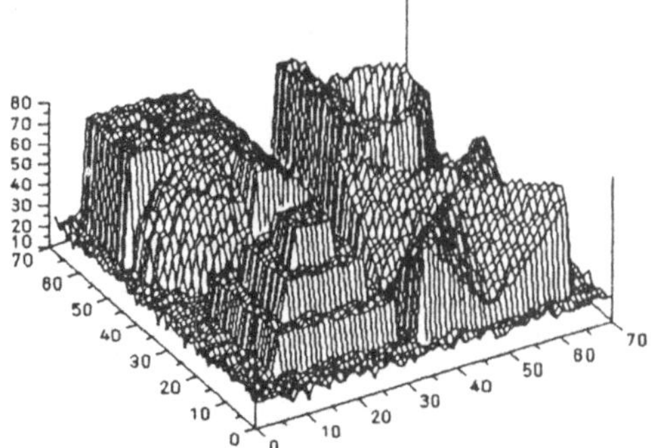

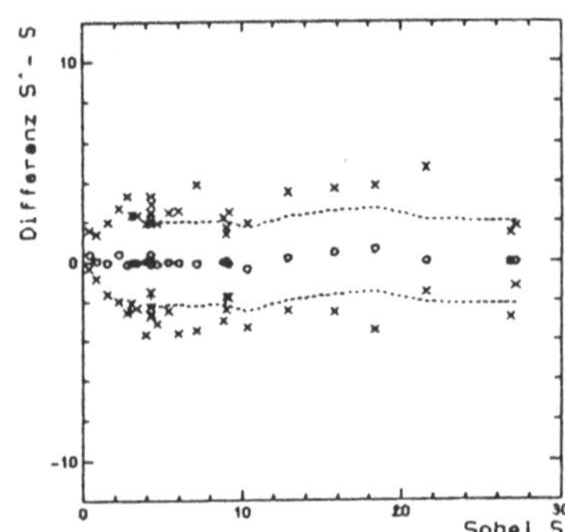

Abb. 4.A: k-Nearest-Neighbor

Abb. 4.B

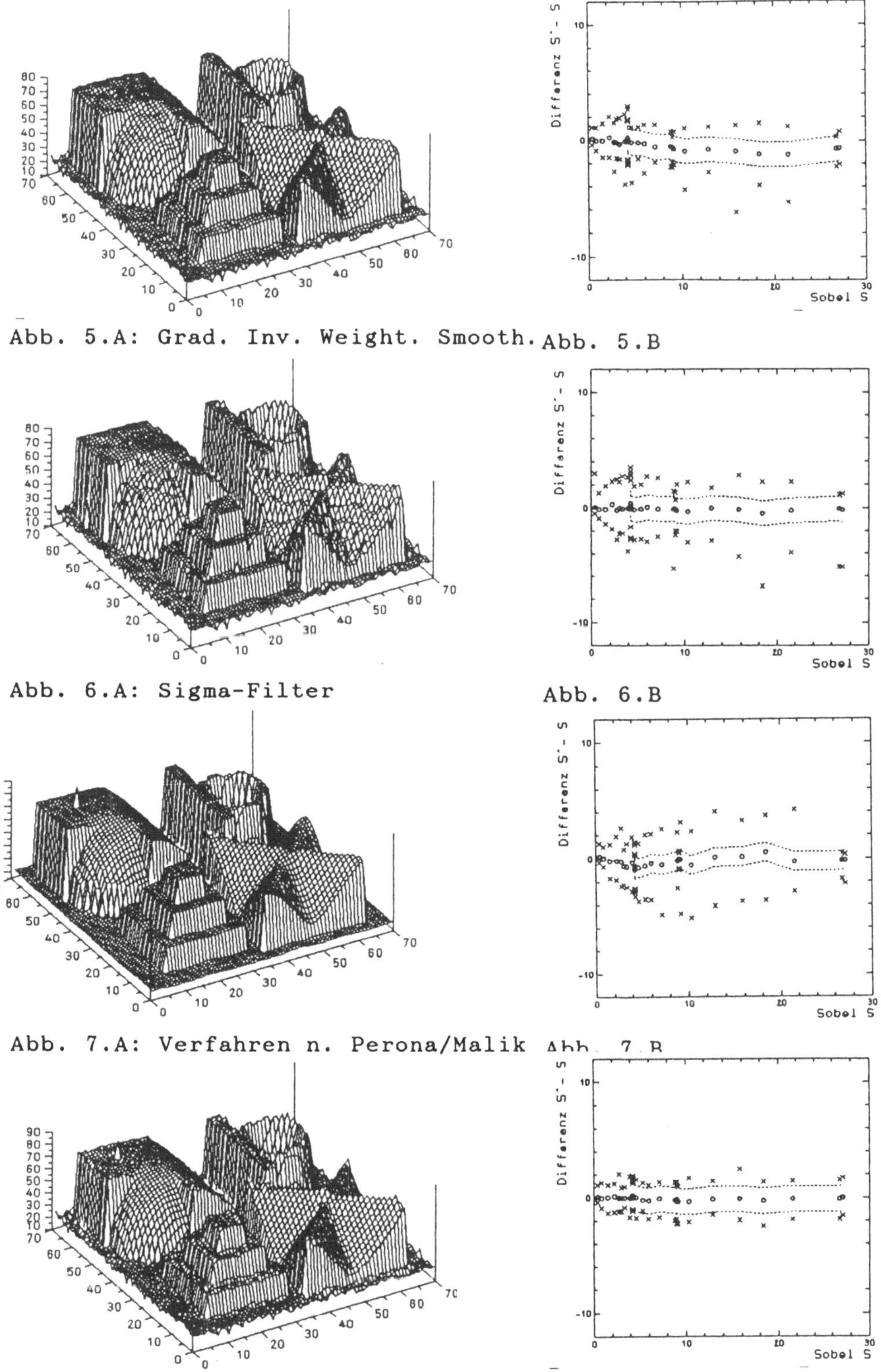

Abb. 5.A: Grad. Inv. Weight. Smooth.   Abb. 5.B

Abb. 6.A: Sigma-Filter   Abb. 6.B

Abb. 7.A: Verfahren n. Perona/Malik   Abb. 7.B

Abb. 8.A: adaptives Filter   Abb. 8.B

durch die getroffene Modellannahme bestimmt, d. h. geneigte Flächen und gekrümmte Bereiche werden besser rekonstruiert als konstante Bereiche. Die Glättung ist insgesamt als gut zu bezeichnen.

4.2 Quantitativer Vergleich

Zur quantitativen Beurteilung der Glättungseigenschaften wurde das Bild in zwei Bereiche aufgeteilt. Der erste Bereich B_K umfaßt die Kantenbereiche innerhalb des Bildes, der zweite die Gebiete homogener Grauwertflächen, d. h. $B_G = B \setminus B_K$. Innerhalb dieser kantenfreien Gebiete wurde die Streuung der geglätteten Bilder mittels robuster Schätzung bestimmt: $\hat{\sigma}_n = 1.4826 * med_{i \in B_G}(|\hat{g}_i - g_i|)$. Die Ergebnisse sind in der Tabelle 1 zusammengestellt. Zur Beurteilung der Informationserhaltung wurde die Kenngröße

$$K = \frac{1}{n} \sum_{i \in B} |\hat{S}_i - S_i| \tag{10}$$

zugrundegelegt, wobei n die Anzahl der Pixel und $\hat{S}_i$ bzw. S_i den mittels Sobeloperator berechneten Wert

$$S_i = \sqrt{(g_r^2 + g_c^2)_i} \tag{11}$$

des i. Pixels des geglätteten bzw. des wahren Bildes bedeuten. Bei Informationserhaltung sollte die Differenz gleich Null sein, so daß $E(\hat{S}_i - S_i) = 0$ und folglich ein kleiner Wert für K auf Informationserhaltung hindeutet. Die berechneten Werte sind ebenfalls in der Tabelle 1 zusammengefaßt. Neben dieser Kenngröße können die in den Abb. 2.B - 8.B dargestellten Diagramme zur Beurteilung herangezogen werden. Dort sind die Mittelwerte der Differenzen $\hat{S}_i - S_i$ (Kreise), die Extremwerte (Kreuze) und das Toleranzband $\pm 3\hat{\sigma}_S$ der mittels Fehlerfortpflanzungsgesetz berechneten Streuung σ_S gegen die S_i des Sollbildes aufgetragen. Zur besseren Beurteilung wurden Klassen von jeweils 100 Werten gebildet. Die Plausibilität der in den Graphiken Fig. 1.B - 8.B dargestellten Werte wird durch Vergleich mit den dargestellten Glättungsergebnissen deutlich. Aus den Ergebnissen wird die Beeinflussung der Kanteninformation durch das Binomial-, aber auch durch das Medianfilter deutlich. Die anderen Filter sind im wesentlichen kantenerhaltend, wobei beim Verfahren der inversen Gradientengewichtung eine leichte Abschwächung über den gesamten Bereich erfolgt. Das Verfahren zur Glättung nach PERONA/MALIK 1990 weist für kleine Gradienten gemäß dem zugrundliegenden Modell und der durchgeführten Gewichtung eine Abschwächung auf. Das Verfahren der informationserhaltenden Filterung zeichnet sich dadurch aus, daß über den gesamten Bereich die Differenz zwischen den berechneten Sobelwerten im Mittel Null ist. Außerdem sind die maximalen Abweichungen geringer als bei den anderen Verfahren. Dies zeigt die gute informationserhaltende Eigenschaft des Filters bei einer mit den anderen Verfahren vergleichbaren Glättung (um $\hat{\sigma}_n = 0.85$).

Zusammenfassung

Das Verfahren der informationserhaltenden Filterung wurde anhand erzielter Filterungsergebnisse mit einer Auswahl in der Literatur bekannter Filter verglichen. Dieser Vergleich enthält eine qualitative Beurteilung aufgrund visuellen Vergleiches und eine quantitative Beurteilung, die auf aus dem Bild abgeleiteten Kenngrößen basiert. Die Untersuchungen belegten die Abhängigkeit zwischen der dem jeweiligen Verfahren zugrun-

Tabelle 1: Grad der Rauschunterdrückung und der Kantenerhaltung ($\sigma_n = 2$)

Verfahren	σ_n	K
Binomialfilter	0.83	1.85
Medianfilter	0.94	0.94
k-Nearest-Neighbor	1.62	0.77
Gradient Inverse Weighted Smoothing	0.83	0.70
Sigma-Filter	0.83	0.74
Verfahren nach Perona/Malik	0.63	0.74
informationserhaltendes Filter	0.86	0.45

deliegenden Modellannahme und den Glättungsergebnissen. Das vorgeschlagene Filter zeichnet sich durch gute Glättungs- und informationserhaltende Eigenschaften aus. Es benötigt keine a priori Werte über Rauschen oder Signal und keine Schwellwerte. Im einzelnen muß allerdings der Anwender seine Anforderungen formulieren und auf dieser Basis die Entscheidung über ein für ihn optimales Filter fällen.

Literatur

BESL P., BIRCH J., WATSON L. (1988): Robust Window Operators, 2nd International Conference on Computer Vision, Florida, pp. 591 - 600, 1988

BRÜGELMANN R. (1991): Kantenextraktion in Farbbildern, Diplomarbeit am Institut für Photogrammetrie der Universität Bonn, 1991

DAVIS L. S., ROSENFELD A. (1978): Noise Cleaning by Iterated Local Averaging, IEEE Trans. Syst. Man Cbern. SMC-8, pp. 435 - 441, 1978

FÖRSTNER W. (1991): Statistische Verfahren für die automatische Bildanalyse und ihre Bewertung bei der Objekterkennung und -vermessung, DGK Reihe C 370, München 1991

LEE J. -S. (1983): Digital Image Smoothing and the Sigma Filter, Computer Vision, Graphics, and Image Processing, 24, pp. 255 - 269, 1983

NAGEL H. -H., ENKELMANN W. (1984): Berechnung von Verschiebungsvektorfeldern in Bildbereichen mit linienhaften oder partiell homogenen Grauwertverteilungen, Mustererkennung, Informatik–Fachberichte, Springer, 1984

PERONA P., MALIK J. (1990): Scale-Space and Edge Detection Using Anisotrophic Diffusion, IEEE Transactions on Pattern Analysis and Machine Intelligence Vol. 12, pp. 629 - 689, 1990

ROUSSEEUW P. J., LEROY A. M. (1987): Robust Regression and Outlier Detection, Wiley, New York, 1987

SNYDER M. A. (1989): On the Mathematical Foundations of Smoothness Constraints for the Determination of Optical Flow und for Surface Reconstruction, Computer and Information Science Department University of Massachusetts, Technical Report 89-5, 1989

WANG D. C. C., VAGNUCCI A. H. (1981): Gradient Inverse Weighted Smoothing Scheme and the Evaluation of ist Performance, Computer Graphics and Image Processing, pp. 167 -181, 1981

WEIDNER U. (1990): Entwicklung eines Verfahrens zur informationserhaltenden Filtcrung digitaler Bilder, Diplomarbeit am Institut für Photogrammetrie der Universität Bonn, 1990

Global Shift Analysis of Dynamic Density Functions by Structured $\Sigma\Pi$-Networks

Helmut Glünder

Institut für Medizinische Psychologie, Ludwig-Maximilians-Universität
Gœthestraße 31, D-8000 München 2, Germany

A theorem is proven which serves as the mathematical basis for the proposed global shift-vector extraction. This theorem states the identity of the difference vector between the centers of gravity (centroids) of two arbitrary nD density functions, with the centroid vector of their cross-correlation function. Consequently, the centroid of the cross-correlation function of consecutive manifestations of an arbitrarily transforming density function indicates its incremental shift vector. Advantages of this approach for implementations in massively parallel computing structures as well as applications, such as visual velocity estimation of nonrigid objects, are discussed.

Introduction

The extraction of spatially global and temporally incremental changes from variations of a nonrigid density function or activity distribution is requisite for the visual analysis of object motion in 3D space and, more generally, for the evaluation of distributed dynamic data representations that serve for fault-tolerant computing, etc. The sometimes rather difficult task of analysing well-defined geometric transformations of spatial density functions is essentially complicated by the demand for treating arbitrary changes. The here considered global analysis of the purely translatory portion of such general transformations of a density function must be based on characteristic points, most naturally the center of gravity (centroid). As it is known, the centroid location of a density function (non-negative!) is determined according to Eq.(2a) below. (The centroid of a real-valued function exists if its integral value is different from zero.) Obviously, the desired global shift vector which relates the centroid positions $\vec{R}_{t-\tau_0}$ and $\vec{R}_t$ of successive (time interval τ_0) manifestations $a_{t-\tau_0}(\vec{r}, t-\tau_0)$ and $a_t(\vec{r}, t)$ of a changing density function is given by the difference vector

$$\Delta\vec{R}_t = \vec{R}_t - \vec{R}_{t-\tau_0}.\tag{1}$$

In contrast to this straightforward solution, a method for the extraction of the global shift vector $\Delta\vec{R}_t$ is proposed for which the centroid locations of the two temporally separated functions $a_{t-\tau_0}(\vec{r}, t-\tau_0)$ and $a_t(\vec{r}, t)$ are not required. This approach is based on the cross-correlation function of these two functions and the method is especially advantageous if massively parallel computing structures are considered and if the shift increments and the spatial extent of the density function are both small compared to the space to which the function's position is confined.

The following section presents the mathematical core of the method. Next, an appropriate two-stage computing structure is introduced, and finally applications are discussed.

The Theorem

The ith component X_{ai} of the centroid vector $\vec{R}_a = (X_{a1}...X_{ai}...X_{an})^{\text{T}}$ of a real-valued nD function $a(\vec{r})$ with $\vec{r} = (x_1...x_i...x_n)^{\text{T}}$ is defined by the nD integral

$$X_{ai} = 1/A \int a(\vec{r})\, x_i\, \mathrm{d}\vec{r} \qquad \text{with} \qquad A = \int a(\vec{r})\, \mathrm{d}\vec{r} \tag{2a}$$

or, using the projection of $a(\vec{r})$ along all $(n-1)$ coordinates $x_j \neq x_i$

$$a_i(x_i) = \int a(\vec{r})\, \mathrm{d}\vec{r} \qquad \text{with} \qquad \mathrm{d}\vec{r} = (\mathrm{d}x_1...\mathrm{d}x_i{=}0...\mathrm{d}x_n)^{\text{T}}, \tag{3}$$

by the 1D integral

$$X_{ai} = 1/A \int a_i(x_i)\, x_i\, \mathrm{d}x_i\,. \tag{2b}$$

By analogy, the ith component Ξ_{ki} of the centroid vector of the cross-correlation function

$$k_{ba}(\vec{\rho}) = \int b(\vec{r})\, a(\vec{r} - \vec{\rho})\, \mathrm{d}\vec{r} \qquad \text{with} \qquad \vec{\rho} = (\xi_1...\xi_i...\xi_n)^{\text{T}} \tag{4}$$

of the functions $b(\vec{r})$ and $a(\vec{r})$ is given by

$$\Xi_{ki} = 1/K \int k_{bai}(\xi_i)\, \xi_i\, \mathrm{d}\xi_i \qquad \text{with} \qquad K = B \cdot A \tag{5a}$$

or, in a detailed and more convenient form:

$$\Xi_{ki} = 1/B \int b_i(x_i)\, 1/A \int a_i(x_i{-}\xi_i)\, \xi_i\, \mathrm{d}\xi_i\, \mathrm{d}x_i\,. \tag{5b}$$

The inner integral of Eq.(5b) represents the ith component

$$\Xi_{ai}(x_i) = 1/A \int a_i(x_i{-}\xi_i)\, \xi_i\, \mathrm{d}\xi_i = x_i - X_{ai} \tag{6}$$

of the centroid vector of function $a_i(x_i{-}\xi_i)$ or, in other words, of the centroid vector of function $a_i(-\xi_i)$ shifted according to x_i. Inserting the rightmost expression of Eq.(6) into Eq.(5b) yields

$$\Xi_{ki} = 1/B \int b_i(x_i)\, x_i\, \mathrm{d}x_i - X_{ai}/B \int b_i(x_i)\, \mathrm{d}x_i = X_{bi} - X_{ai} = \Delta X_{bai}\,, \tag{5c}$$

and reveals the claimed identity of the components Ξ_{ki} of the centroid vector of the cross-correlation function $k_{ba}(\vec{\rho})$ computed from the two functions $b(\vec{r})$ and $a(\vec{r})$, with the differences ΔX_{bai} of the corresponding components X_{bi} and X_{ai} of the centroid vectors of these two functions (cf. Eq.(1)). Another proof can be based on the convolution-theorem used in statistics which deals with means of probability densities (see [1], p.266).

Network Structure

According to the initial problem, the first processing stage must compute the time-dependent cross-correlation function

$$k_t(\vec{p}, t) = \int a_t(\vec{r}, t)\, a_{t-\tau_0}(\vec{r} - \vec{p}, t-\tau_0)\, d\vec{r}. \tag{7}$$

It was shown in previous articles [2] and [3], how this can be achieved by a structured $\Sigma\Pi$-network [4] of polynomial order 2, with constant delays τ_0 applied to every second input. Such a network consists of many multiplying subunits of the basic Hassenstein/ Reichardt-type [5] sketched in Fig.1, each receiving its input signals from one pair of points in the considered input space. The output signals of all possible subunits are separately summed – according to the difference vectors $\vec{p}$ of the points – by so-called $\Sigma\Pi$-units. At every time t, the resulting ensemble of sums represents the desired correlation function of two successive manifestations of whatever dynamic event in the input space.

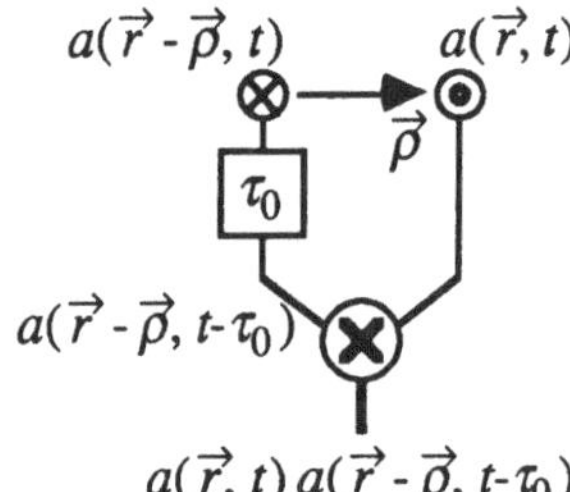

Figure 1. Subunit for the detection of spatio-temporal signal relations

For realistic problems, the number of $\Sigma\Pi$-units will be prohibitively large, at least for technical implementations. However, if the individual shifts of all points of the density function are confined to a reasonably low value $\vec{p}_{max}$, e.g. by choosing a sufficiently short temporal interval τ_0, then, the number of $\Sigma\Pi$-units is dramatically reduced. Under such realistic restrictions, the resulting correlation function will have an enormously lesser extent than the input space. Furthermore, a modular network design (local correlations) is possible if the following minimum conditions are met. In order to permit the calculation of correct global correlation coefficients by simple summation of the local results, the smallest spatial module must have an extent of $2|\vec{p}|$ and neighbouring modules must overlap at least by $|\vec{p}|$, [6].

In a second stage the centroid location of the correlation function can be computed by feeding its values via appropriately weighted interconnections to summation nodes. The values at these nodes, divided by the spatial integral value of the correlation function, are the desired coordinates of the centroid (cf. Eq.(2a)).

The described two-stage network delivers the continuous time-course of the incremental (τ_0) global shift vector of an arbitrary dynamic density function in the input space. At the output of the first stage the shift vector is represented as an activity distribution (population coding). This representation is uniquely related to the origin of the coordinate system. In a second stage, the numerical value of the components of the shift vector can be computed by noise-insensitive integral operations, namely by the centroid extraction of this origin-related activity distribution. The computational accuracy is expected to be higher than for the straightforward method, because subtractions of large (coordinate) values do not occur. Besides the extraction of the global shift, local correlation can serve for other purposes as well, e.g. for the estimation of local deformations of the density function.

Applications

Surely the most prominent application of the described method is in the field of visual motion analysis, especially for tracking tasks, where real-time operation is of utmost importance. Obviously, the shift vector – after its division by the time delay τ_0 – turns into an estimate of the true instantaneous velocity vector. It was shown elsewhere [2] that, in the case of centroid-based evaluations of the cross-correlation function $k_t(\vec{\rho}, t)$, comparable estimates can be achieved by applying realizable low-pass filters (impulse response $h(t)$) instead of idealized delay-filters to the subunits. In these cases, the estimated time-course of the velocity is a low-pass filtered (impulse response $g(t)$) version of the time-course of the true velocity, with

$$g(t) = 1/\tau_h [1|_{t\geq0} - 1/H \int_0^t h(t)\, dt], \quad \tau_h = 1/H \int h(t)\, t\, dt \quad \text{and} \quad H = \int h(t)\, dt. \quad (8)$$

Although these properties were originally derived for rigid objects that translate in the analyser plane, they still hold true for the here discussed general case. In short, it is possible to estimate – with known accuracy – the time-course of the centroid velocity of the 2D central projection of an (nonrigid) object that arbitrarily moves in 3D space in front of an unstructured background. More elaboration – especially of the local analyser concept – is needed in order to be able to deal with structured backgrounds and with several independently moving objects.

A more general application, not restricted to the analysis of shifts in two dimensions, is the evaluation of the dynamics of distributed data representations in network structures. Although networks are confined to three dimensions, higher-dimensional data can be represented in 3D or even 2D networks. Shifts of activity in such data-spaces, as Abeles ([7], p.74) conjectures them to occur in cortical circuits, can also be analysed by the computational means described in the previous section, provided the adequate interconnection structure is implemented. Advantages of such highly redundant representations are their fault-tolerance as well as low demands concerning range and resolution of the values in the representation. There is good evidence that such principles are used by biological neural systems (see Abeles [7] and, for a review, Sejnowski [8]). Whether these ideas will be converted into technical applications is up to the future.

Acknowledgements

The author is supported by the "Volkswagen-Stiftung" under the grant I/65 914; he is grateful to E. Pöppel for encouragement as well as to R. Bamler for an essential hint.

References

[1]   A. Papoulis. Probability, Random Variables, and Stochastic Processes. McGraw-Hill, New York/NY, 1965.

[2]   H. Glünder. Correlative velocity estimation: visual motion analysis, independent of object form, in arrays of velocity-tuned bilocal detectors. J. Opt. Soc. Am. A 7: 255-263, 1990.

[3]   H. Glünder. $\Sigma\Pi$-networks for motion and invariant form analyses. In: R. Eckmiller, G. Hartmann and G. Hauske (ed.) Parallel Processing in Neural Systems and Computers. Elsevier, Amsterdam, pp. 357-360, 1990.

[4]   D.E. Rumelhart, G.E. Hinton and J.L. McClelland. A general framework for parallel distributed processing. In: D.E.Rumelhart and J.L. McClelland (ed.) Parallel Distributed Processing 1. The MIT Press, Cambridge/MA, pp. 45-76, 1986.

[5]   B. Hassenstein and W. Reichardt. Systemtheoretische Analyse der Zeit-, Reihenfolgen- und Vorzeichenauswertung bei der Bewegungsperzeption des Rüsselkäfers Chlorophanus. Z. Naturforschg. **11b**: 513-524, 1956.

[6]   H. Glünder. A dualistic view of motion and invariant shape analysis. In: J.C. Simon (ed.) From Pixels to Features. Elsevier, Amsterdam, pp. 323-332, 1989.

[7]   M. Abeles. Local Cortical Circuits. Springer, Berlin, 1982.

[8]   T.J. Sejnowski. Neural populations revealed. *Nature* **332**: 308, 1988.

Die Transformation experimenteller Verteilungen durch eine Self-Organizing Feature Map

Alfred Ultsch[1], Günter Halmans[1], Kira Schulz[2]

[1]Universität Dortmund, Abteilung Informatik, Postfach 500 500, 4600 Dortmund 50
[2]Gabelsbergerstr. 60, 8000 München 2

In vielen Fällen entspricht die Verteilung von empirisch erhobenen Daten nicht einer Normalverteilung. Um eine vergleichbare Skalierung der Daten zu erreichen, ist eine Transformation in eine Normalverteilung oder zumindest in eine symmetrische Verteilung notwendig. Desweiteren basieren viele statistische Verfahren auf der Annahme einer Normalverteilung. Die Bestimmung einer geeigneten Transformation beinhaltet typischerweise einen "trial and error" Prozeß oder benötigt die Erfahrung eines Experten. In diesem Bericht wird eine Methode beschrieben, mit der es möglich ist, durch den Einsatz einer Self-Organizing Feature Map den Auswahlprozeß zu automatisieren. Zur Prädiktion einer Transformation wurde der Lernalgorithmus der Feature Map modifiziert. Erste Ergebnisse haben gezeigt, daß die Feature Map in der Lage ist, die Verteilungen des Trainingsdatensatzes in eine Normalverteilung zu transformieren. Auch für neue Verteilungen, die das System nicht gelernt hat, prädiziert das Modell geeignete Transformationsparameter, wodurch seine Fähigkeit zur Generalisierung deutlich wird.

1.   Einleitung

Die Verarbeitung von empirisch erhobenen Daten beinhaltet oftmals das Problem, daß diese Daten üblicherweise nicht einer statistischen Normalverteilung entsprechen. Dadurch sind sie nur schwer vergleichbar und darüberhinaus für parametrische Tests ungeeignet. In vielen Fällen ist es möglich, die Beobachtungen durch eine geeignete Transformation in eine Normalverteilung oder zumindest in eine symmetrische Verteilung zu überführen.

Die Statistik kennt eine Reihe solcher Transformationen [1]. Bei einer besonders ausgeprägten Schiefe findet die inverse Transformation ihre Anwendung. Ähneln die Daten einer Poissonverteilung, so kann diese durch die Wurzeltransformation in eine Normalverteilung überführt werden. Beobachtungen z.B. aus der Bevölkerungsstatistik werden oft mit der Funktion ln() transformiert. Daneben kennt die Statistik u.a. noch die

Box-Cox-Transformation, die Arcus-Sinus oder die Fishersche z-Transformation, die besonders in der Korrelationsrechnung ihre Anwendung findet [1].

Viele der in der Explorativen Datenanalyse angewandten Transformationen sind von der Form x^p und werden durch die sogenannte "ladder of power" charakterisiert [1]. Die Wahl eines geeigneten Exponenten ist dabei nicht trivial, vielmehr unterliegt sie dem "trial and error" Verfahren [5] oder der Erfahrung eines Experten. Es stellt sich daher die Aufgabe, die Wahl dieses Exponenten zu automatisieren.

Dieser Bericht zeigt eine Möglichkeit, wie durch den Einsatz einer Self-Organizing Feature Map [2] eine solche Transformation gefunden werden kann. Im folgenden wird davon ausgegangen, daß das Modell der Self-Organizing Feature Map in seinen Grundzügen bekannt ist und es werden nur eventuelle Abweichungen von diesem Modell erläutert (siehe Kapitel 3).

2. Datentransformation in der Explorativen Statistik

Um vorliegende Beobachtungen und deren Verteilung beurteilen und eine eventuelle Transformation bestimmen zu können, bedarf es Parameter zur Beschreibung dieser Verteilung. Empirische wie theoretische Verteilungen werden u.a. durch Parameter wie die Lage, die Streuung, die Quartile, die Perzentile, die Schiefe, den Exzeß oder den Variationskoeffizienten charakterisiert. Bei einer Normalverteilung sind beispielsweise die drei Lageparameter Median, arithmetischer Mittelwert wie auch der Modus aufgrund der Symmetrieeigenschaft identisch. Die Symmetrie um den Mittelwert impliziert auch, daß keine rechts- oder linksschiefe Verteilung vorliegt [1].

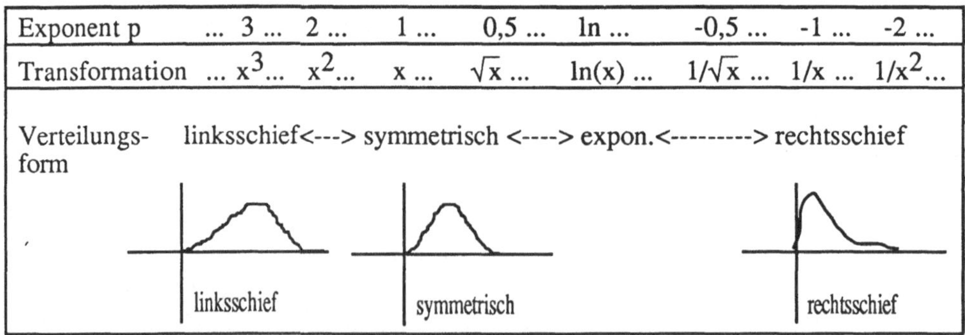

Abbildung 1: Die "ladder of power"

Die Transformation zur Überführung eines Datensatzes in eine Normalverteilung ist vielfach von der Form x^p. Die sogenannte "ladder of power" kennzeichnet die Eigenschaften der Transformationen [1]. Abbildung 1 zeigt, welche Potenztransformationen auf die verschiedenen Formen der Verteilungen angewandt werden. Bei einer rechtsschiefen Verteilung muß der Exponent $p < 1$ sein, bei einer linksschiefen Verteilung sollte $p > 1$ gewählt werden. Die ln-Transformation kann in die Reihe der Transformationen an der

Stelle p = 0 eingefügt werden. Für negative Exponenten p wird die Ordnung der Daten umgekehrt, daher wird in diesem Falle oft die Transformation $-(x+c)^p$ gewählt. Die Schwierigkeit, negative Werte zu transformieren, wird durch Addition einer Konstanten umgangen.

Aus der "ladder of power" ist zwar ablesbar, welcher Exponent zu welcher Schiefe paßt, jedoch gibt sie keine Transformation für eine vorliegende Beobachtungsreihe direkt an. Die Auswahl eines geeigneten Exponenten ist ein "trial and error" Verfahren [5]. Oft ermöglicht erst die Erfahrung von vielen Verteilungen mit verschiedenen Formen und den dazugehörigen notwendigen Exponenten eine geeignete Auswahl.

Ein Schnellverfahren zur Suche der Transformation benutzt einen p-Quantilskoeffizienten der Schiefe [5]:

$$g_q^{(p)} = \frac{(x_{1-q}^p - \tilde{x}^p) - (\tilde{x}^p - x_q^p)}{x_{1-q}^p - x_q^p} \qquad \text{p: Transformation} \qquad \text{q : Quantile} \qquad \tilde{x}\text{ : Median}$$

Bei symmetrischen Verteilungen nehmen die Quantilskoeffizienten den Wert Null an. Bei rechtsschiefen Verteilungen sind sie größer, bei linksschiefen Verteilungen kleiner als Null.

Bei einer gegebenen Verteilung wird der p-Quantilskoeffizient für verschiedene Exponenten berechnet. Ist er gleich Null, so ist der optimale Exponent gefunden. Eine Überprüfung der Verteilung der transformierten Werte kann durch die Analyse der Q/Q-Plots erfolgen [1]. Obwohl der Rechenaufwand für die Berechnung des p-Quantilskoeffizienten gering ist, bedeutet er vor allem bei der Betrachtung vieler verschiedener Verteilungen einen erheblichen Zeitverlust.

3. Das modifizierte Modell der Self-Organizing Feature Map

Durch den Einsatz eines konnektionistischen Modells, der Self-Organizing Feature Map [2], haben wir versucht, eine Automatisierung zur Bestimmung eines geeigneten Exponenten zu erreichen. Konnektionistische Modelle wie die Self-Organizing Feature Map zeichnen sich durch ihre Generalisierungsfähigkeit sowie durch ihre Fähigkeit zur "graceful degradation" aus, d.h. sie sind in der Lage, auch mit unvollständigen Daten umzugehen und die passendste Ausgabe zu einer Eingabe zu generieren [4][7][3]. Vor allem letztere Eigenschaft macht sich die hier vorgestellte Methode zunutze. Bei den in diesem Bericht vorgestellten Experimenten haben wir eine zweidimensionale Feature Map mit einer Größe von 32 x 32 Units verwandt. Die Eingabevektoren waren 13-dimensional: Die 9 Perzentile einer Verteilung sowie die Schiefe, der Exzeß, der Variationskoeffizient sowie der für die Transformation notwendige Exponent (siehe Abbildung 2).

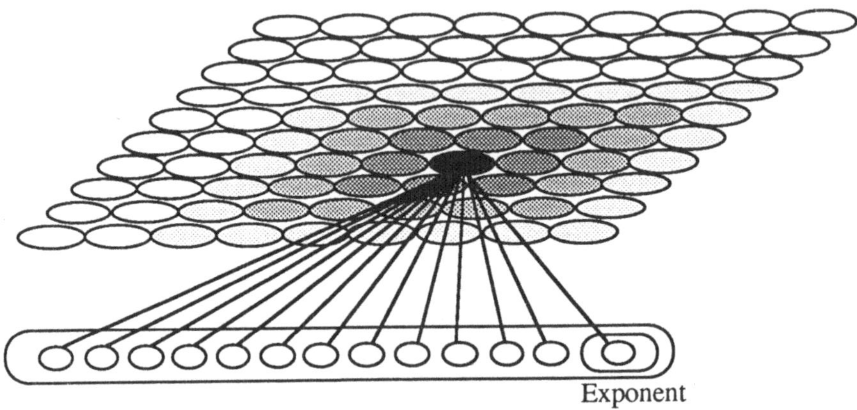

Abbildung 2: Das modifizierte Kohonen Modell

Die Lernphase des hier angewendeten Modells differiert von Kohonens Modell der Self-Organizing Feature Map [2]. In dem hier vorgestellten Modell wird für den Ordnungsprozeß der Feature Map die letzte Komponente ausgespart. D.h. zur Bestimmung der Unit, deren Gewichtsvektor dem Eingabevektor am ähnlichsten ist, werden nur die ersten zwölf Komponenten zur Berechnung der Euklidischen Distanz herangezogen. Damit erfolgt die Ordnung der Map ausschließlich nach den Charakteristika der Verteilungen. In der Adaptionsphase werden alle Komponenten der Gewichtsvektoren - einschließlich des Exponenten - in der Nachbarschaft der Gewinner-Unit dem Eingabevektor angepaßt. Mit dieser Modifikation wird ein überwachtes Lernen der Feature Map ermöglicht.

In der Arbeitsphase wird eine Verteilung, beschrieben durch die 9 Perzentile, der Schiefe, den Exzeß und den Variationskoeffizienten angelegt. Das Netz ermittelt aufgrund der zwölf Komponenten die Unit mit dem im Sinne des Euklidischen Abstands nächsten Gewichtsvektor. Ist diese Unit gefunden, kann das Netz die dreizehnte Komponente vervollständigen und somit eine plausible Aussage über den für diese Verteilung notwendigen Exponenten machen. Aufgrund der Eigenschaft zur Generalisierung ist das Netz in der Lage, Eingabevektoren mit der Beschreibung einer Verteilung, die sich nicht im Trainingsdatensatz befinden, zu klassifizieren und zu vervollständigen.

4. Die Trainingsdaten

Um ein überwachtes Lernen durchführen zu können, ist es notwendig, eine Menge von "Trainingsverteilungen" zu generieren, bei denen der für eine Transformation in eine Normalverteilung notwendige Exponent bekannt ist. Mit Hilfe der Approximationsfunktion von Hastings [1] wurde eine möglichst optimale Normalverteilung bestehend aus 100 Werten als Basis für die Trainingsverteilungen generiert. Die Verteilungen wurden durch Potenzieren mit 42 Exponenten, deren reziproken Werte im Bereich von 0.1 bis 14.5 lagen, gemäß der "ladder of power" erzielt. So entstand ein Trainingsset mit 42 verschiedenen Verteilungen unterschiedlicher Schiefe auf der Basis einer Normalverteilung.

Zur Beschreibung der Verteilungen wurden die Werte derselben zunächst z-transformiert. Infolgedessen erhalten alle Verteilungen eine Standardabweichung von 1 und den Mittelwert 0. Die Verteilungen wurden durch 13 Komponenten beschrieben. Die ersten neun Komponenten repräsentieren die Perzentile; die zehnte, elfte und zwölfte Komponente beschreiben die Schiefe, den Exzeß und den Variationskoeffizienten. Die dreizehnte Komponente wiederum beinhaltet den Exponenten.

5. Ergebnisse

Das beschriebene Modell wurde auf einem Transputersystem implementiert [8]. Die Self-Organizing Feature Map wurde in 300000 Lernschritten mit den 42 Trainingsverteilungen angelernt.

Zur Verifikation der Methode haben wir drei Testdatensätze unterschiedlicher Güte generiert. Der erste Testsatz (A) ist identisch mit dem Trainingsdatensatz. Mit der Überprüfung der Prädiktion dieses Datensatzes konnte kontrolliert werden, wie gut das Netz gelernt hatte. Der zweite Testdatensatz (B) besteht aus 30 neuen Verteilungen, die ebenfalls auf der N(0,1) Verteilung aus dem Trainingssatz basieren. Jedoch wurden diese Verteilungen durch die Verwendung nicht trainierter Exponenten generiert. Testsatz (C) schließlich beinhaltet 50 verschiedene Verteilungen, die auf Normalverteilungen basieren, welche mit Hilfe eines Pseudozufallszahlen-Generators erstellt wurden. Diese wurden mit verschiedenen Exponenten transformiert, um unterschiedliche Schiefen und Exzesse zu erhalten. Testsatz (B) und besonders Testsatz (C) überprüfen die Fähigkeit des Netzes zur Generalisierung.

Die transformierten Verteilungen wurden mit den 100 Quantilen der mit der Approximationsfunktion von Hastings generierten Standardnormalverteilung verglichen. Der Wert '100' repräsentiert den Vergleich dieser Verteilung mit sich selbst und stellt damit die maximal erreichbare Ähnlichkeit dar. Die Werte "z" wurden durch die folgenden Gleichungen berechnet:

$$z = \overline{a_k} \; ; \qquad a_k = \left(1 - \frac{x_k - nv_{min}}{\overline{utr} - nv_{min}} \right) * 100 \; ; \qquad x_k = \frac{\Sigma \, | \, diff_i \, |}{90} \; ;$$

$i = 1,...,100 , \quad k = 1,...,n , \quad n = $ Anzahl der Verteilungen,

$\overline{a_k}$ = Mittelwert der a_k aus einem Datensatz,

nv_{min} = Minimum der x_k der 50 Normalverteilungen des Pseudozufallszahlen-Generators,

$\overline{utr}$ = Mittelwert der x_k der untransformierten Verteilungen,

$diff_i$ = Differenz der Quantile der Hastings Normalverteilung und der betrachteten, z-transformierten Verteilung.

Die durchgezogene Linie in Abbildung 3 gibt den Grad der Ähnlichkeit eines Datensatzes von 50 verschiedenen, mit der Hilfe eines Pseudozufallszahlen-Generators erstellten Normalverteilungen an. Eine Genauigkeit im Vergleich zu der Hastings Verteilung von ca. 60% darf somit als gut angesehen werden. Die gestrichelte Linie zeigt die Ähnlichkeit der untransformierten 50 Verteilungen aus dem Testdatensatz (C) und weist aufgrund der starken Schiefe einiger dieser Verteilungen natürlich einen schlechten Wert auf.

Zum Vergleich der von der Feature Map gelieferten Ergebnisse wurden die Verteilungen der drei Testsätze unter Verwendung des p-Quantilskoeffizienten (siehe Kapitel 2) transformiert. Abbildung 3 macht deutlich, daß diese Transformationen entweder besser oder im Bereich der durch den Zufallszahlen Generator generierten Normalverteilungen liegen.

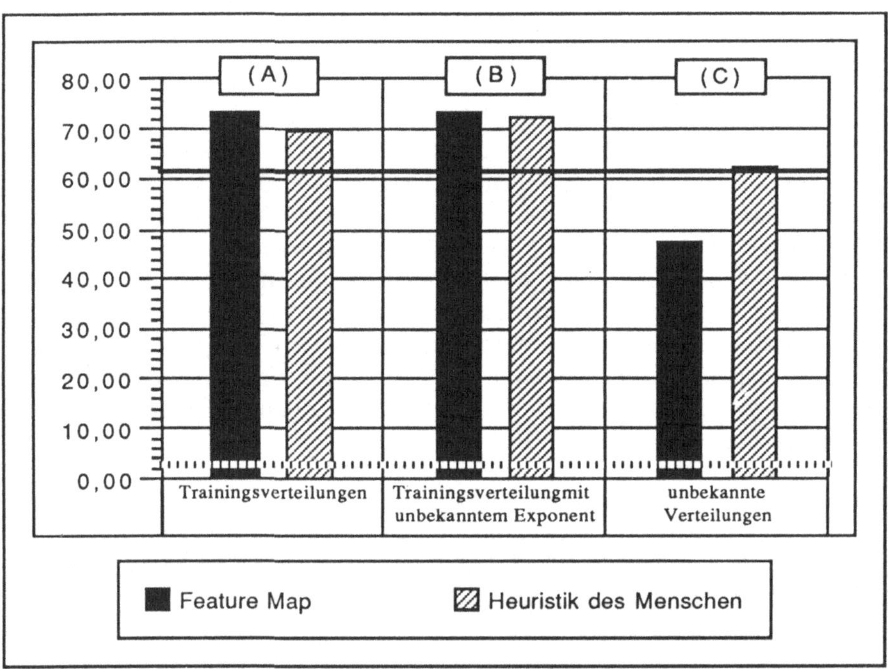

Abbildung 3: Die Self-Organizing Feature Map im Vergleich zu einer Heuristik

Testsatz (A) und Testsatz (B) zeigen, daß die erreichte Ähnlichkeit durch eine von der Feature Map vorgeschlagenen Transformation bei diesen Testverteilungen im Durchschnitt etwas besser als die der p-Quantilskoeffizienten ist. Zudem liegen die Werte oberhalb der von den Normalverteilungen erreichten Ähnlichkeit. Testsatz (B) macht die exzellente Fähigkeit der Feature Map zur Generalisierung deutlich, wenn die zu transformierenden Verteilungen auf die Standardnormalverteilung von Hastings basieren. Bei dem dritten Testdatensatz (C) erreicht auch die Methode des p-Quantilskoeffizenten keine bessere Ähnlichkeit als sie von den Normalverteilungen des Zufallszahlen-Generators vorgegeben wird. Das deutet darauf hin, daß hier nur sehr schwer eine genauere Anpassung an die Hastings Standardnormalverteilung erreicht werden kann. In diesem Zusammenhang ist der Wert der Feature Map von 47.3 als ein gutes Ergebnis zu bewerten. Die Kontrolle mit Hilfe der Q/Q-Plots unterstützt diese Annahme.

6. Abschließender Überblick

In diesem Bericht wird die prinzipielle Möglichkeit aufgezeigt, wie durch den Einsatz einer Self-Organizing Feature Map der "trial and error" Prozeß zur Bestimmung einer geeigneten Datentransformation ersetzt werden kann. Dazu wurden verschiedene Verteilungen unterschiedlichster Formen generiert. Ein gegenüber Kohonens Self-Organizing Feature Map modifiziertes Netz wurde mit diesen durch eine geeignete Beschreibung charakterisierten Verteilungen angelernt.

Die in Kapitel 5 beschriebenen Experimente zeigen, daß die Präzision der Anpassung an eine Normalverteilung, die durch den Einsatz der Feature Map erreicht wird, ähnlich gut oder besser als die des p-Quantilskoeffizienten ist. Diese traditionelle Methode unterliegt jedoch einem "trial and error" Prozeß und erfordert einigen Zeitaufwand oder die Erfahrung eines Statistik Experten. Die in diesem Bericht beschriebene Methode macht sich die Eigenschaften der Self-Organizing Feature Maps zunutze. Neue Verteilungen werden nicht nur mit den gelernten Vertcilungen, sondern auch mit ihren Generalisierungen verglichen. So wird eine ähnlichste Verteilung gefunden und der zu dieser generalisierten Verteilung gehörende Exponent ausgegeben.

Erste Ergebnisse haben gezeigt, daß die Feature Map in der Lage ist, die notwendigen Exponenten für die Trainingsverteilungen exakt wiederzugeben. Experimente mit unbekannten Verteilungen machen deutlich, daß das Modell die Fähigkeit zur Generalisierung besitzt und Exponenten mit einer vielversprechenden Präzision schätzen kann. Der Vergleich mit einer vom Menschen eingesetzten Heuristik zeigt, daß die durch die Feature Map erreichte Güte der Anpassung an eine Normalverteilung in etwa 80% der durch die Heuristik gewonnenen Anpassung beträgt.

Acknowledgement

Diese Arbeit ist in Teilen durch Mittel des Landes Nordrhein-Westfalen im Rahmen des Benningsen-Foerder Forschungsprogrammes gefördert worden.

Literatur

[1] Hartung, J. Statistik. Lehr- und Handbuch der angewandten Statistik. 7. Auflage, Oldenbourg, München 1989

[2] Kohonen, T. Self-Organisation and Associative Memory. Springer Verlag, Berlin 1984

[3] Fanihagh, F.; Lütgendorf, A.; Mempel, M.; Rossbach, P.; Schneider, B.; Wegmann, F. Wissensakquisition für wissensbasierte Systeme mit konnektionistischen Modellen, in [6]

[4]   Rumelhardt, D.E.; McClelland J.L. Parallel Distributed Processing: Exploration in the Microstructure of Cognition, Volume 1: Foundations, MIT Press, Cambridge (Massachusetts) 1986

[5]   Schlittgen, R. Einführung in die Statistik, 2. Auflage, Oldenbourg, München 1990

[6]   Ultsch, A. (Ed.) Kopplung deklarativer und konnektionistischer Wissensrepräsentation. Endbericht der Projektgruppe PANDA, Berichtnummer: 352, Universität Dortmund 1990

[7]   Ultsch, A., Halmans, G., Mantyk, R. CONKAT: A Connectionist Knowledge Acquisition Tool. in: Proceedings of the Twenty-Fourth Annual Hawaii International Conference on System Sciences, IEEE Computer Society Press, Los Alamitos, California 1991

[8]   Ultsch, A., Siemon, H.P. Kohonen Networks on Transputers: Implementation and Animation, in: Proceedings of the International Neural Network Conference (INNC), Volume 2, Paris 1990

Fitting Quadrics to Noisy Range Data

Haibin Liu, Heinrich Niemann

Bayerisches Forschungszentrum für Wissensbasierte Systeme (FORWISS)
Forschungsgruppe Wissensverarbeitung
Am Weichselgarten 7, 8520 Erlangen-Tennenlohe

This paper presents a geometrical interpretation of the function $q(\mathbf{x}) = \sum_{i,j=1}^{n} a_{ij} x_i x_j + 2 \sum_{i=1}^{n} a_i x_i + a_0$, whose zeros define a quadratic geometrical object Q ($n = 2$: conic, $n = 3$: quadric, $n > 3$: hypersurface) and whose square is minimized in most applications of conic or quadric fitting. This interpretation is, compared with the one given by Bookstein, general and precise, and leads to a more robust linear approach to conic, quadric or n-dimensional quadratic fitting.

1   Introduction

A quadric Q is a second order implicit algebraic surface satisfying the equation:

$$q(x, y, z) = ax^2 + by^2 + cz^2 + fxy + gyz + hzx + px + qy + rz + d = 0.$$

In range image processing, quadrics have been used to approximate surface patches of objects. Compared with other methods using explicit primitives of the form $z = f(x, y)$, quadrics have their advantages [4]. First, some very common shapes (for example, a sphere or a cylinder) can be simply and exactly described by quadrics. Second, the canonical form of a quadric is invariant under translation and rotation. This means that the quadric description of object surfaces is viewpoint-independent, which is a very desirable feature for later recognition processing. In order to fit a quadric to range values z_i defined at $(x_i, y_i), i = 1, \ldots, n$, a number of researchers [2,3,5,7] minimize the evaluation or error function

$$E = \sum_{i=1}^{N} q^2(x_i, y_i, z_i), \tag{1}$$

although they used different constraints and solution methods. These fittings concern only noniterative computation and are therefore straightforward and computationally efficient. However, they are very sensitive to noise. Understanding the geometrical nature of q can help us to cope with this problem. Bookstein [1] gave us a rough geometrical interpretation of q for the special case of 2 dimensions, i.e. conic sections. He proved that $q(x, y)$ is proportional to $1 - k^2$ where k is the ratio of the distances point-to-conic and center-to-conic along the ray from the center of a conic to (x, y), as shown in Fig.1. $1 - k^2$ is different from the perpendicular distance point-to-conic and only this difference has been used to explain the sensitivity to noise of linear fitting approaches [6]. It appears to the authors that little work

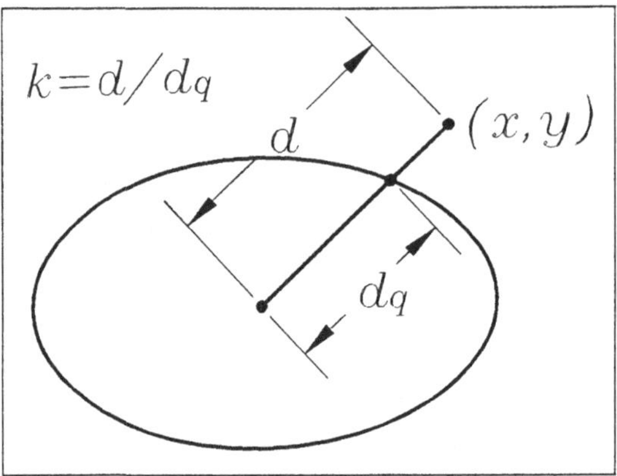

Figure 1: Bookstein's interpretation: $q(x,y) \propto 1 - k^2$.

has been done in the literature to find a better interpretation of q and study other factors which may influence quadric fitting. This paper makes its contribution to this subject.

In Sect. 2, a precise geometrical interpretation of q for the general n-dimensional case is presented. Section 3 shows a way to improve the eigenvector fitting by using the interpretation and Sect. 4 provides some experimental results. The conclusion is given in Sect. 5.

2 Geometrical Interpretation of q

For generality and conciseness, we discuss the function q in n dimensions and use homogeneous coordinates, i.e. a n dimensional *point* $\mathbf{x}$ is described by a $n + 1$ dimensional vector

$$\mathbf{x} = (x_1, \ldots, x_n, 1)^T. \tag{2}$$

Then q can be formulated in matrix form

$$q(\mathbf{x}) = \mathbf{x}^T \mathbf{A} \mathbf{x} \tag{3}$$

where

$$\mathbf{A} = \begin{pmatrix} a_{11} & \cdots & a_{1n} & a_1 \\ \vdots & & \vdots & \vdots \\ a_{n1} & \cdots & a_{nn} & a_n \\ a_1 & \cdots & a_n & a_0 \end{pmatrix}.$$

Let Q be the set of the points defined by $q(\mathbf{x}) = 0$. The linear equation system

$$\begin{pmatrix} a_{11} & \cdots & a_{1n} & a_1 \\ \vdots & & \vdots & \vdots \\ a_{n1} & \cdots & a_{nn} & a_n \end{pmatrix} \cdot \begin{pmatrix} x_1 \\ \vdots \\ x_n \\ x_{n+1} \end{pmatrix} = \mathbf{0} \tag{4}$$

determines the quadric class Q belongs to.

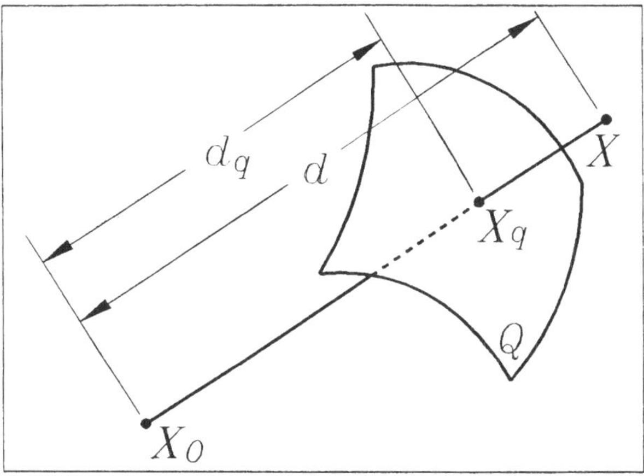

Figure 2: Central quadric($n = 3$)

2.1 Central Quadric

If a point $\mathbf{x}_0 = (x_{01},\ldots,x_{0n},1)^T$ *not* on Q satisfies (4), Q is central and $\mathbf{x}_0$ is the center of Q. $\mathbf{x}_0$ is not unique when the matrix $(a_{ij})_{i,j=1,\ldots,n}$ is singular. It is obvious from (4) that

$$\mathbf{x}_0^T \mathbf{A} = (\mathbf{A}\mathbf{x}_0)^T = (0,\ldots,0,\mathbf{a}\cdot\mathbf{x}_0) \tag{5}$$

where $\mathbf{a} = (a_1,\ldots,a_n,a_0)^T$. Let $\mathbf{x}_q$ be the intersection of Q and the ray from $\mathbf{x}_0$ to $\mathbf{x}$; d be the distance between $\mathbf{x}_0$ and $\mathbf{x}$; and d_q be the distance between $\mathbf{x}_0$ and $\mathbf{x}_q$ as shown for $n = 3$ in Fig.2. Then we have

$$\frac{x_i - x_{0i}}{x_{qi} - x_{0i}} = \frac{d}{d_q} = k, \quad i = 1,\ldots,n$$

and

$$\mathbf{x} = \begin{pmatrix} x_1 \\ \vdots \\ x_n \\ 1 \end{pmatrix} = \begin{pmatrix} kx_{q1} & + & (1-k)x_{01} \\ \vdots & \vdots & \vdots \\ kx_{qn} & + & (1-k)x_{0n} \\ k & + & (1-k) \end{pmatrix} \tag{6}$$
$$= k\mathbf{x}_q + (1-k)\mathbf{x}_0.$$

Substituting (5) and (6) into (3) and noticing the fact $\mathbf{x}_q^T \mathbf{A}\mathbf{x}_q = 0$ yields

$$q(\mathbf{x}) = \mathbf{a}\cdot\mathbf{x}_0(1 - k^2). \tag{7}$$

If the point $\mathbf{x}$ is not far from Q, i.e. $\left|\frac{d_q-d}{d_q}\right|$ is small, we have an approximation of $1 - k^2$

$$1 - k^2 = 1 - \left(\frac{d}{d_q}\right)^2 \approx 2\delta d$$

where $\delta d = \frac{d_q-d}{d_q}$ is the signed relative distance from $\mathbf{x}_q$ to $\mathbf{x}$. Then (7) can be approximately expressed by

$$q(\mathbf{x}) \approx 2\mathbf{a}\cdot\mathbf{x}_0\delta d. \tag{8}$$

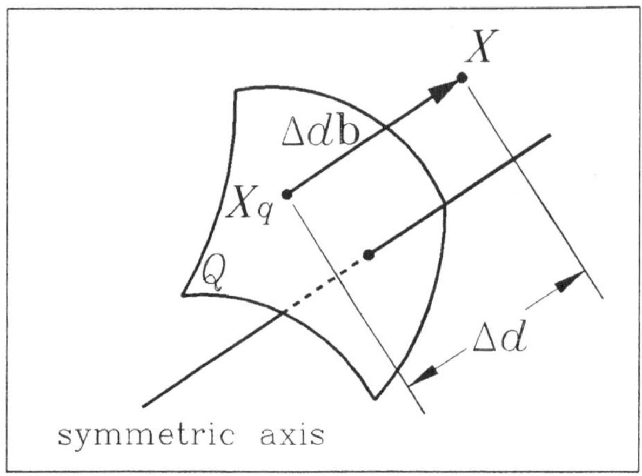

Figure 3: Noncentral quadric($n = 3$)

2.2 Noncentral Quadric

If (4) has no solution of the form $(x_1, x_2, \ldots, x_n, 1)$, Q is noncentral. For example Q can be an elliptical paraboloid, a hyperbolic paraboloid or a parabolic cylinder in the case of $n = 3$. Then (4) has infinitely many solutions of the form $(y_1, y_2, \ldots, y_n, 0)$. They do not represent an n-dimensional point according to the definition (2) but a *direction vector* of the symmetric axis of Q. A noncentral Q has at least one symmetric axis and any line parallel to the axis meets Q at only one point. Let

$$\mathbf{b} = (b_1, b_2, \ldots, b_n, 0)^T$$

represent the unit direction vector of the symmetric axis, that is, $\mathbf{b}$ satisfies (4) and $\sum_{i=1}^{n} b_i^2 = 1$, and a relation similar to (5) holds:

$$\mathbf{b}^T \mathbf{A} = (\mathbf{A}\mathbf{b})^T = (0, \ldots, 0, \mathbf{a} \cdot \mathbf{b}). \tag{9}$$

Let $\mathbf{x}_q$ be the intersection of Q and the ray through $\mathbf{x}$ and parallel to the axis, and Δd be the distance between $\mathbf{x}$ and $\mathbf{x}_q$ as in Fig.3. Then $\mathbf{x}$ can be written as

$$\mathbf{x} = \mathbf{x}_q + \Delta d\mathbf{b}. \tag{10}$$

From (3),(9) and (10) we get

$$q(\mathbf{x}) = 2\mathbf{a} \cdot \mathbf{b}\Delta d. \tag{11}$$

Combining (7),(8) and (11) together provides the main result in Sect. 2

$$q(\mathbf{x}) = \begin{cases} \mathbf{a} \cdot \mathbf{x}_0(1 - k^2) \approx 2\mathbf{a} \cdot \mathbf{x}_0 \delta d, & \text{if } Q \text{ is central} \\ 2\mathbf{a} \cdot \mathbf{b}\Delta d, & \text{if } Q \text{ is noncentral.} \end{cases} \tag{12}$$

2.3 Cone

Q is a cone if there *on* Q is a point x_0 satisfying (4). A cone can be called a singularity in our interpretation because (7) becomes meaningless in this case where k is infinite for any point not on the cone and on the other hand $\mathbf{a} \cdot \mathbf{x}_0$ is always zero. Up to now we have not found for a cone any better interpretations than considering it a limiting case of central quadrics.

3 Improving Linear Quadric Fitting

One can see from (12) that a poor fit that has large $1 - k^2$ or Δd can minimize E if it happens to have a vanishing $\mathbf{a} \cdot \mathbf{x}_0$ or $\mathbf{a} \cdot \mathbf{b}$. Unfortunately, linear techniques minimizing E for noisy data often yield such fits, as our experimental results have shown. We'll use the new interpretation to tackle this problem in this section. To begin with, we sketch two common linear approaches for quadric fitting. In fact they are merely the same linear least squares method with two different types of constraints. Equation (1) can be rewritten as

$$E = \mathbf{X}^T \mathbf{S} \mathbf{X} \tag{13}$$

where

$$\mathbf{X} = (a, b, c, f, g, h, p, q, r, d)^T$$
$$\mathbf{S} = (s_{ij})_{i,j=1,\ldots,10} = \sum_{i=1}^{N} \mathbf{V}_i \mathbf{V}_i^T$$
$$\mathbf{V}_i = (x_i^2, y_i^2, z_i^2, x_i y_i, y_i z_i, z_i x_i, x_i, y_i, z_i, 1)^T.$$

If we set $d = -1$, as Hall *et al.* [2] did, then the other coefficients of the fitting quadric can be obtained by solving the normal equation system

$$\mathbf{S}_1 \mathbf{X}_1 = \mathbf{B}$$

where

$$\mathbf{S}_1 = (s_{ij})_{i,j=1,\ldots,9}$$
$$\mathbf{X}_1 = (a, b, c, f, g, h, p, q, r)^T$$
$$\mathbf{B} = (1, 1, \ldots, 1)^T.$$

Imposing another constraint $|\mathbf{X}| = 1$, the solution vector $\mathbf{X}$ will be the eigenvector corresponding to the smallest eigenvalue $\lambda_{\min}$ of $\mathbf{S}$ and $\lambda_{\min}$ itself is equal to the minimum of E. This eigenvector method is the same as the one used by Faugeras [3] except that he applied a different constraint $a^2 + b^2 + c^2 + \frac{1}{2}(f^2 + g^2 + h^2) = 1$.

As mentioned in the previous section, to minimize the function E doesn't guarantee to give a good fit if the data is noisy. However, a good fit should make E quite small, if not the smallest. The method solving normal equations gives only one solution. If it fails to be a good one, we could hardly go further any more. On the other hand, the eigenvector method provides several possible solutions corresponding to small eigenvalues of $\mathbf{S}$, if a proper method, for example the well-known QR method, is used. But which eigenvector is the best fit? Applying (12), we divide the eigenvalues of $\mathbf{S}$ with $(\mathbf{a} \cdot \mathbf{x}_0)^2$ or $(\mathbf{a} \cdot \mathbf{b})^2$, according to weather the corresponding

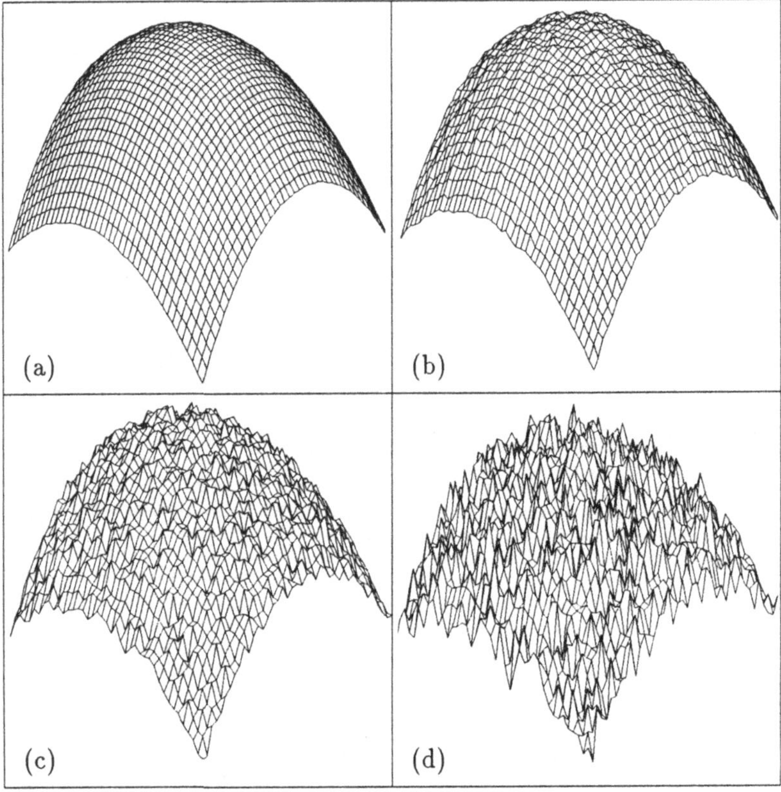

Figure 4: Synthetic range images with different noise variances. (a) $\sigma^2 = 1.56 \cdot 10^{-4}$ (b) $\sigma^2 = 1.56 \cdot 10^{-3}$ (c) $\sigma^2 = 1.56 \cdot 10^{-2}$ (d) $\sigma^2 = 1.56 \cdot 10^{-1}$

eigenvector describes a central quadric or not, to remove the two undesirable factors in E. The eigenvector corresponding to the smallest *modified* eigenvalue will be taken as the best fit. In other words, we use a new evaluation function

$$E_1 = \begin{cases} \sum_{i=1}^{N}(1 - k_i^2)^2 \approx \sum_{i=1}^{N}(2\delta d_i)^2, & \text{if } Q \text{ is central} \\ \sum_{i=1}^{N}(2\Delta d_i)^2, & \text{if } Q \text{ is noncentral.} \end{cases} \tag{14}$$

to choose the best in several possible solutions. Usually E_1 is a much better function except that it has cones as singularities.

4   Experimental Results

The above theoretical analysis has been proved by our experiments. In one of them we used a synthetic range image of a part of an ellipsoid the canonical equation of which is $3x^2 + 2y^2 + z^2 = 1$. We added pseudo-Gaussian noise with different variances to it and produced 4 differently noisy test range images shown in Fig.4. The results are listed in Table 1. There $\mathbf{X}_1$ is the eigenvector corresponding to the smallest eigenvalue of $\mathbf{S}$, $\mathbf{X}_2$ corresponds to the second smallest eigenvalue and so

		E	E_1	Canonical form	Type
image (a)	X_1	$3.96 \cdot 10^{-5}$	**$6.00 \cdot 10^{-4}$**	**$3.07x^2 + 2.04y^2 + 1.04z^2 = 1$**	Ellipsoid
	X_2	$1.22 \cdot 10^{-4}$	$5.37 \cdot 10^3$	$0.05x^2 + 0.03y^2 = z^2$	Cone
	X_3	$5.92 \cdot 10^{-3}$	$1.06 \cdot 10^7$	$x^2 - z^2 = 0$	Plane pair
	X_4	$6.50 \cdot 10^{-3}$	$5.57 \cdot 10^5$	$0.01x^2 + y^2 = z^2$	Cone
image (b)	X_1	$1.22 \cdot 10^{-4}$	$2.27 \cdot 10^3$	$z^2 = 0$	Plane pair
	X_2	$3.96 \cdot 10^{-3}$	**$5.80 \cdot 10^{-3}$**	**$2.97x^2 + 1.97y^2 + 0.98z^2 = 1$**	Ellipsoid
	X_3	$5.94 \cdot 10^{-3}$	$7.17 \cdot 10^5$	$0.004x^2 + 1.01y^2 = z^2$	Cone
	X_4	$6.52 \cdot 10^{-3}$	$5.35 \cdot 10^4$	$0.03x^2 + 1.03y^2 = z^2$	Cone
image (c)	X_1	$1.27 \cdot 10^{-4}$	$6.04 \cdot 10^4$	$0.02x^2 + 0.01y^2 = z^2$	Cone
	X_2	$3.89 \cdot 10^{-3}$	**$6.00 \cdot 10^{-2}$**	**$3.05x^2 + 2.02y^2 + 0.98z^2 = 1$**	Ellipsoid
	X_3	$6.07 \cdot 10^{-3}$	$6.49 \cdot 10^3$	$18.8x^2 + 395y^2 - 355z^2 = 1$	SSH*
	X_4	$6.69 \cdot 10^{-3}$	$1.67 \cdot 10^3$	$35.9x^2 + 198y^2 - 163z^2 = 1$	SSH*
image (d)	X_1	$1.85 \cdot 10^{-4}$	$8.93 \cdot 10^4$	$0.03x^2 + 0.01y^2 = z^2$	Cone
	X_2	$7.15 \cdot 10^{-3}$	$3.99 \cdot 10^4$	$0.03x^2 + 1.04y^2 = z^2$	Cone
	X_3	$7.80 \cdot 10^{-3}$	$6.61 \cdot 10^4$	$0.03x^2 + 1.04y^2 = z^2$	Cone
	X_4	$3.47 \cdot 10^{-2}$	**$6.77 \cdot 10^{-1}$**	**$3.53x^2 + 2.24y^2 + 1.01z^2 = 1$**	Ellipsoid

Table 1: Results from the test images in Fig.3. The usual eigenvector fitting chooses X_1 as the best fit. The best fits chosen by our approach are shown in the boldface. The canonical form of the noiseless ellipsoid is $3x^2 + 2y^2 + z^2 = 1$.
*SSH = Single Sheet Hyperboloid

on, and the eigenvectors $X_5, \ldots, X_{10}$ of the larger eigenvalues are omitted to save space. For each X_i in Table 1, E is equal to the eigenvalue corresponding to it and E_1 is equal to the modified eigenvalue. The canonical form and the type of the quadric represented by X_i is given, too.

The quality of image (a) is quite good, so it is no surprise that X_1 makes the best fit. At noise levels like this usual linear fitting methods would work well. Image (b) is probably as noisy as data produced by an actual range sensor and X_1 is no longer the best fit. It represents a pair of planes, a degenerate cone. X_2, which has a minimal value of E_1, provides a good estimate. Although image (c) has a poor quality, we can still get a good fit choosing X_2. Image (d) is very noisy, but X_4, the choice made according to E_1, is really better than one could expect. There are several points to notice:

- X_1 is usually not the best fit when noise level is not very low. This is why conventional linear methods for quadric fitting is sensitive to noise.

- Most eigenvectors of smallest eigenvalues tend to give cones whatever the noisy data really describes.

- A good fit differs greatly from poor ones in the evaluation of E_1, although all of them can have small values of E.

- The smallest E_1 is approximately proportional to the noise variance.

5   Conclusions

The function $q(\mathbf{x})$ is used in many applications. We have found a way to interpret it geometrically. Using this interpretation we can explain why linear quadric fittings tend to produce poor fits and therefore improve their performance. It is the two factors $\mathbf{a}\cdot\mathbf{x}_0$ and $\mathbf{a}\cdot\mathbf{b}$ in E that often depress the differences between good and poor fits and result in the sensitivity to noise. Our approach is to remove the two undesirable scaling factors and use a better evaluation function E_1 after having finished eigenanalysis using E. It is more robust for the most quadric types and at the same time computationally almost as fast as the eigenvector fitting.

References

[1] F.L. Bookstein. Fitting conic sections to scattered data. *Computer Graphics and Image Processing*, 9:59–71, 1979.

[2] C.A. McPherson E.L. Hall, J.B.K. Tio and F.A. Sadjadi. Measuring curved surfaces for robot vision. *IEEE Computer Magazine*, 47–54, Dec. 1982.

[3] O.D. Faugeras. New steps toward a flexible 3-d vision system for robotics. In *Proceedings of 7th International on Conference Pattern Recognition*, pages 796–805, Montreal,Canada, July 30-Aug.2 1984.

[4] M. Levine G. Roth. Segmentation of geometric signals using robust fitting. In *Proceedings of 10th International Conference on Pattern Recognition*, pages 826–831, Atlantic City, New Jersey, June 16-21 1990.

[5] V. Pratt. Direct least-squares fitting of algebraic surfaces. *Computer Graphics*, 21(4):145–152, 1987.

[6] P.D. Sampson. Fitting conic sections to "very scattered" data. *Computer Vision,Graphics and Image Processing*, 18:97–108, 1982.

[7] Y. Shirai. *Tree-dimensional Computer Vision*. Springer-Verlag, Berlin, 1987.

Bildfolgenanalyse im Orts-Wellenzahl-Raum

K. Riemer[1], T. Scholz[1] und B. Jähne[2]

[1] Institut für Umweltphysik der Universität Heidelberg
Im Neuenheimer Feld 366, 6900 Heidelberg

[2] Scripps Institution of Oceanography, Phys. Ocean. Div.
University of California, San Diego, CA 92093-0230 USA
und
Interdisziplinäres Zentrum für wissenschaftliches Rechnen
Universität Heidelberg, INF 368, 6900 Heidelberg

Zusammenfassung

Die Darstellung eines Bildes im Orts-Wellenzahl-Raum ist eine Zerlegung nach verschiedenen Wellenlängenbereichen und wird durch einen Satz von Bandpaßfiltern erreicht. Mit dieser Darstellung ist es möglich die Bewegung der verschiedenen Wellenlängen zu separieren, was z. B. für die hier vorgestellte Bildfolgenanalyse von Wasseroberflächenwellen eine wichtige Voraussetzung ist.

1   Einleitung

Die Darstellung eines Bildes, d.h. einer Grauwertmatrix im Ortsraum zeigt zwar die Grauwerte in hoher örtlicher Auflösung, gibt aber keine Möglichkeit die Grauwertstrukturen, z. B. die typische örtliche Skala der Grauwertänderungen, zu erkennen. Umgekehrt bietet die Fouriertransformation eine Zerlegung des Bildinhaltes in periodische Strukturen. Diese erstrecken sich aber global über das ganze Bild und ermöglichen daher keinerlei Ortsauflösung.

Die Charakterisierung von lokal begrenzten Strukturen durch *lokale Wellenzahlen* ist in einer Orts-Wellenzahl-Darstellung (OWD) möglich. Bekannte Beispiele für eine OWD sind die Laplace-Pyramide [Burt and Adelson, 1983] und die sog. *Wavelet-Darstellungen* [Mallat, 1989b]. Im vorliegenden Beitrag wird ein neues Verfahren zur OWD mit komplexen Gaborfiltern vorgestellt und diskutiert. Es wird eingesetzt zur Bildfolgenanalyse von Wasseroberflächenwellen. Diese Bildfolgen sind dadurch charakterisiert, daß sich die Bewegung von Wellen unterschiedlicher Wellenlänge und Richtung überlagert und die Wellenzüge dabei miteinander in Wechselwirkung treten. Näheres zum Hintergrund dieser Untersuchungen ist in [Jähne, 1986] und [Jähne, 1987] ausgeführt.

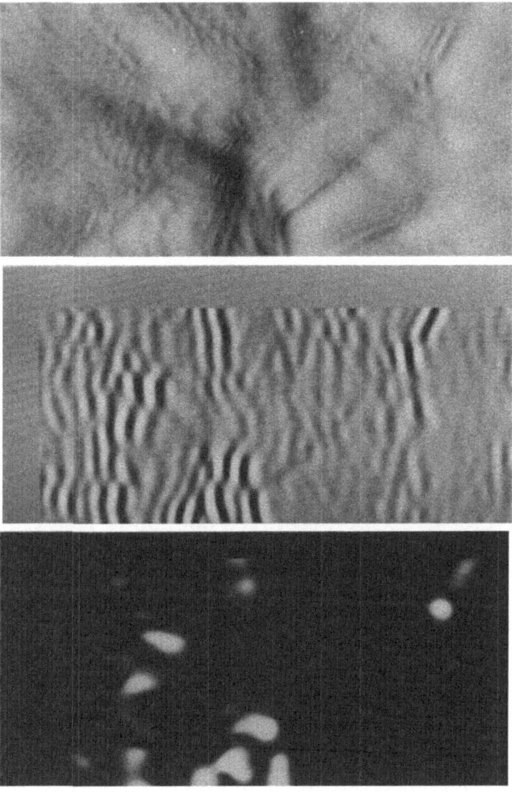

Abbildung 1: a) Ein typisches, mit dem in [Jähne, 1986] beschriebenen Aufnahmeverfahren erhaltenes digitales Bild mit 512 x 256 Bildpunkten (Halbbild) und 256 Grauwerten. Die Ortsauflösung beträgt etwa 1 mm. b) Realteil und c) Betragsquadrat der komplexen Filterantwort des Bildes in (a), erzeugt mit einem Gaborfilter der Schwerpunktwellenlänge 12 mm und der Halbwertsbreite 6,6 mm .

2 Bildmaterial und physikalische Interpretation

2.1 Bildaufnahme

Die Wasseroberflächenwellen werden mit einem von *Jähne* [1986] entwickelten Visualisierungssystem aufgenommen. Dabei wird mit Hilfe einer speziellen Beleuchtungstechnik die Neigung an einem Punkt der Wasseroberfläche als Helligkeitswert am entsprechenden Bildpunkt gemessen. Mit einer zeitlichen Folge solcher zweidimensionaler Wellenbilder wird die örtliche und zeitliche Entwicklung der Wellenneigung erfaßt, woraus als wichtige physikalische Eigenschaften der Wasseroberflächenwellen die Phasengeschwindigkeit, die Gruppengeschwindigkeit und die lokale Energie der Wellen bestimmt werden können [Riemer, 1991]. Die Wasseroberfläche ist eine zweidimensionale Fläche im Raum. Daher ist in einem Bildpunkt nicht die Information aus mehreren Tiefenebenen überlagert. Abbildung 1a zeigt ein typisches mit dieser Technik aufgenommenes Bild, woraus deutlich wird, daß sich auf der Wasseroberfläche Wellen verschiedener Wellenlänge und Richtung ausbreiten. Die großskaligen Wellen werden dabei von kleinskaligen Wellen überlagert. Die zeitliche Entwicklung der Wellen hängt von ihrer Wellenlänge ab. Da sich die Wellen verschiedener Wellenlänge örtlich überlagern, treten am gleichen Ort verschiedene Geschwindigkeiten auf. Zur Analyse der zeitlichen Entwicklung der Wellen, z. B. ihrer Phasengeschwindigkeit, ist daher eine Unterscheidung der verschiedenen Wellenlängen an *einem* Ort notwendig, was durch die Betrachtung der Wellen im OWR möglich ist.

2.2 Bildfolgenanalyse von Wasseroberflächenwellen

Das Ziel der Bildfolgenanalyse ist die Beschreibung der zeitlichen Entwicklung der Wasseroberflächenwellen mit den physikalischen Größen Phasengeschwindigkeit, Gruppengeschwindigkeit und lokale Energieverteilung. Die Bestimmung dieser Größen erfordert von einer OWD nachfolgend erläuterte Eigenschaften:

Linearität. Das beobachtete Wellenfeld ist eine Überlagerung von verschiedenen Komponenten. Um eine Aussage über die einzelnen Komponenten des Wellenfeldes (z. B. ein Wellenpaket) zu erhalten, darf sich bei der Änderung *einer* Komponente im Bild in einer geeigneten OWD nur diese Komponente ändern.

Homogenität. Die Bestimmung der Phasengeschwindigkeit aus einer OWD setzt voraus, daß die Phasenlage bei der Transformation unverändert bleibt: Die Verschiebung einer Welle im Eingangsbild muß eine entsprechende Verschiebung in der OWD ergeben.

Orts- und Wellenzahlauflösung. Aufgrund der nichtlinearen Eigenschaften der Wellen ist eine Einteilung der Wellenzahlen in Oktavschritte sinnvoll, um die Grund- und Oberschwingungen der Wellen getrennt beobachten zu können. Die Oktaveinteilung impliziert, daß die Breite des Bandpaßfilters und damit die Wellenzahlauflösung proportional zu seiner Schwerpunktswellenzahl ist.

Energiebestimmung. Zur Bestimmung der Gruppengeschwindigkeit und der Lebensdauer ist es Voraussetzung, die Energie der Wellen im Ortsraum zu berechnen. Analog zur Bestimmung der Energie einer monochromatischen Welle durch globale Fouriertransformation, kann die lokale Energie einer Welle durch die lokale Fouriertransformation bestimmt werden.

Vollständigkeit. Mit einer geeigneten OWD sollen alle Komponenten des Wellenfeldes erfaßt werden. Das ist sicher erfüllt, wenn aus der OWD die Rekonstruktion des Originalbildes mit einem relativ kleinem Fehler möglich ist.

3 Der Orts-Wellenzahl-Raum

Zur Vereinfachung beschreiben wir den Orts-Wellenzahl-Raum (OWR) für eine 1D Funktion. Dieser wird durch eine Orts- und eine Wellenzahlachse aufgespannt.

3.1 Definition

Die Transformation eines Bildes in den OWR erfolgt mit Hilfe der lokalen Fourier-transformation. Dabei wird durch Multiplikation mit einer geeigneten Fensterfunktion nur eine kleine lokale Umgebung um einen Punkt betrachtet. Eine geeignete Fensterfunktion ist dabei eine normierbare Funktion $w(x)$ mit einem Maxima bei $x = 0$, deren Funktionswerte für große x gegen Null gehen. Diese lokale Fouriertransformation führt man für jeden Punkt des Bildes durch. Bezeichnet man die Fensterfunktion als $w(x)$, so wird die lokale Fouriertransformation an einem Punkt x_0 einer Funktion $f(x)$ beschrieben durch

$$F(x_0, k_0) = \int_{-\infty}^{\infty} f(x)w(x - x_0)\exp[-ik_0x]\,\mathrm{d}x. \tag{1}$$

Da die Funktion $F(x_0, k_0)$ vom Ort und der Wellenzahl abhängt wird sie als OWD bezeichnet, deren Funktionswerte $F(x_0, k_0)$ die lokalen Fourierkoeffizienten oder lokalen Wellenzahlen sind. Mit Hilfe der am Ursprung gespiegelten Fensterfunktion $\tilde{w}(x) = w(-x)$ erhält man aus (1) durch einfache Umformung

$$F(x_0, k_0) \;=\; \exp[-ik_0x_0]\{f(x) * (\tilde{w}(x_0 - x)\exp[ik_0x])\}. \tag{2}$$

Die lokale Fouriertransformation einer Funktion $f(x)$ unterscheidet sich daher von der Faltung mit den Funktionen $\tilde{w}(x)\exp[ik_0x]$ durch den Phasenfaktor $\exp[-ik_0x_0]$. Die Transferfunktion der Filter $\tilde{w}(x)\exp[ik_0x]$ ergibt sich mit Hilfe der Fouriertrans-fomation, die mit $\mathcal{F}\{\}$ bezeichnet wird, zu

$$\mathcal{F}\{\tilde{w}(x)\exp[ik_0x]\} = \tilde{w}(k + k_0). \tag{3}$$

Ist die Funktion $\tilde{w}(k)$ auf ein Intervall von Wellenzahlen k um k_0 begrenzt, so ist die Faltung in (2) mit $\tilde{w}(x)\exp[ik_0x]$ eine Bandpaßfilterung, wobei durch die Verschiebung x_0 die Lage der Fensterfunktion und damit der Ort der lokalen Fouriertrans-formation festgelegt wird, während die Wellenzahl k_0 den Wellenzahlbereich angibt, der mit dem Filter selektiert wird. Die Zerlegung einer Funktion mit Bandpaßfiltern, wie es z. B. die Laplace-Pyramide darstellt, kann daher als eine OWD der Funktion aufgefaßt werden. Die (komplexwertigen) lokalen Wellenzahlen können jedoch nur dann aus der OWD bestimmt werden, wenn sich die jeweiligen Impulsantworten der Bandpaßfilter als Produkt $\tilde{w}(x)\exp[ik_0x]$ schreiben lassen.

3.2 Unschärferelation

Für eine OWD, die gleichzeitig den Ort und die Wellenzahl erfaßt, gilt die klassische Unschärferelation: Ort und Wellenzahl lassen sich nicht gleichzeitig beliebig genau angeben. Bestimmt man den Ort auf σ_x genau, so resultiert aus der Unschärferelation [Gabor, 1946]

$$\sigma_x\sigma_k \geq 1, \tag{4}$$

daß die Wellenzahl nur mit einer Genauigkeit von σ_k bestimmt werden kann. Die minimale Unschärfe und damit die optimale Auflösung im OWR erreicht die OWD nach (1) mit einer Gauß'schen Fensterfunktion, siehe z. B. [Gabor, 1946]:

$$w(x) = g_\sigma(x) = \exp\left\{-\frac{x^2}{2\sigma^2}\right\}. \tag{5}$$

3.3 Diskrete Orts-Wellenzahl-Darstellungen

Mit der Unschärferelation wird eine endliche Auflösung im OWR festgelegt. Diese endliche Auflösung impliziert, daß die OWD $F(x_0, k_0)$ an diskreten Punkten (x_m, k_n) für die vollständige Darstellung einer Funktion im OWR ausreicht. Dieser Zusammenhang wurde erstmals von *Gabor* [1946] für eine Gauß'sche Fensterfunktion vermutet. *Bastiaans* [1981] hat diese Vermutung für beliebige, normierbare Fensterfunktionen $w(x)$ bewiesen. Die Orts- und Wellenzahlauflösung wird mit der Breite der Fensterfunktion $w(x)$ festgelegt. Aufgrund der Unschärferelation bedeutet eine hohe Ortsauflösung eine schlechte Wellenzahlauflösung und umgekehrt. Je nach Wahl der Fensterfunktion und der Abtastabstände werden daher verschiedene Orts-Wellenzahl-Darstellungen definiert.

4 Analyse der Wasseroberflächenwellen

Aufgrund der endlichen Auflösung im OWR kann eine annähernd vollständige OWD mit einem diskreten Satz von Bandpaßfiltern erreicht werden. In diesem Abschnitt wird eine OWD mit einem Satz von Gaborfiltern beschrieben, der die in Abschnitt 2 angegebenen Forderungen erfüllt. Ein Gaborfilter ist das Produkt aus einer Gauß'schen Fensterfunktion und den komplexen harmonischen Schwingungen $\exp[-ikx]$, das die optimale Auflösung im OWR erreicht.

Die Transformation in den OWR wird dabei als Faltung (vgl. (2)) durchgeführt. Da die Faltung eine lineare und homogene Operation ist, werden dabei die Bedingungen der **Linearität** und der **Homogenität** erfüllt.

4.1 Der Satz von Gaborfiltern zur Analyse der Wellen

Abtastung der Wellenzahlachsen. Für Bilder ist die „Wellenzahl" ein Vektor mit zwei Komponenten, der OWR hat daher zwei Wellenzahl- und zwei Ortsachsen. Die zwei Wellenzahlachsen werden hier als Betrag und Richtung dargestellt. Zur diskreten Abtastung des Betrags der Wellenzahl wird die oben beschriebene Oktaveinteilung gewählt. Die Schwerpunktwellenzahlen k_n der Filter ergeben sich damit zu $k_n = 2^{-n}\Delta k$, wobei Δk die Wellenzahlauflösung der jeweiligen Originalbilder ist. Für die Richtungsdiskretisierung werden 30°Schritte gewählt.

Breite der Gaußfunktion. Die Breite der Gaußfunktion im Wellenzahl-Raum, σ_k, nimmt nach den Bedingungen in Abschnitt 2 mit der Wellenzahl zu, das bedeutet $\sigma_k = \gamma k_n$. Die Konstante γ wird zu $\gamma \approx 0,283$ bestimmt, was eine möglichst gleichmäßige Überlappung benachbarter Gaußfunktionen ergibt [Riemer, 1991]. Damit können die Gaborfilter verschiedener Schwerpunktwellenzahlen k_n, ähnlich zu einer *Wavelet-Darstellung* durch Skalierung auseinander erzeugt werden.

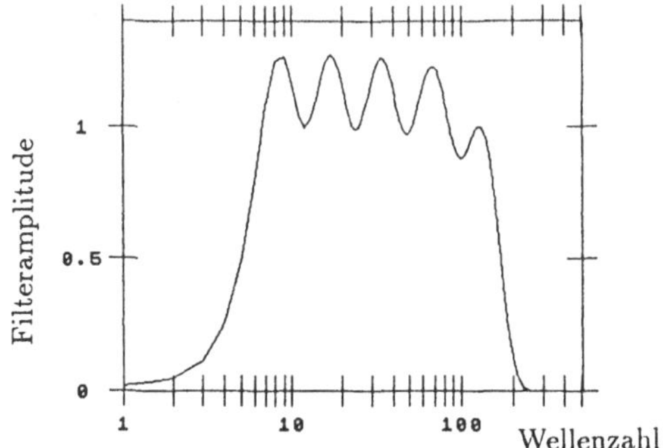

Abbildung 2: Summe der 1D Transferfunktionen von 5 Gaborfilter im Oktavabstand.

Abtastung der Ortsachse. Bei der Bestimmung der OWD als diskrete Faltung ist die Homogenität erfüllt, wenn für die Abstände im Orts-Raum das Abtasttheorem gilt [Oppenheim and Schafer, 1975]. Damit ergibt sich für die diskreten Orte $x_m = m\Delta x_n$ mit $\Delta x_n = \pi/k_n^{max}$, wobei k_n^{max} die maximale Wellenzahl des Wellenzahlbereiches n ist. Da die Gaußfunktion bei der 3 1/2 -fachen Standardabweichung etwa 0,2% des Maximalwertes beträgt, ist in guter Näherung die maximale Wellenzahl für den Wellenzahlbereich n durch $k_n^{max} = k_n + 3,5\sigma_{k_n}$ gegeben.

Rekonstruktion. Zur Rekonstruktion des Originalbildes aus seiner OWD wird hier die Addition, der vorher auf gleiche Größe interpolierten Filterantworten vorgeschlagen. Aus der Summe von fünf 1D Transferfunktionen, die in Abbildung 2 dargestellt ist, sieht man, daß mit der OWD nur sehr kleine und sehr große Wellenzahlen nicht erfaßt werden. Die Hinzunahme weiterer Filter ist prinzipiell möglich und verbessert die Rekonstruktion [Riemer, 1991]. Der mittlere quadratische Fehler der Rekonstruktion aus einer 2D OWD mit einem Satz von 30 Gaborfiltern (5 Oktaven, 6 Richtungen) beträgt etwa 5% [Riemer, 1991].

4.2 Implementierung

Die Faltung der jeweiligen Bilder mit dem Satz von Gaborfiltern wird als Multiplikation im Fourierraum durchgeführt (FFT-Methode). Dabei wird für jedes Bild die Fouriertransformation berechnet. Die Filterantwort für ein Gaborfilter ergibt sich daraus durch Multiplikation mit der Transferfunktion des Filters und inverser Fouriertransformation. Die FFT-Methode ist für die Berechnung der OWD eines Bildes mit einem Satz von Filtern gegenüber der direkten Berechnung der Faltung im Ortsraum nach *Heeger* [1988] von Vorteil, da die Fouriertransformation für jedes Bild nur einmal berechnet werden muß. Da nach der Multiplikation mit der Transferfunktion in guter Näherung nur ein Bereich von Wellenzahlen verschieden von Null ist, braucht bei der inversen Fouriertransformation nur dieser Teil des Wellenzahlbereiches bearbeitet zu werden. Daraus resultiert eine enorme Reduktion des Rechenaufwandes und eine Verringerung der Bildgröße um jeweils ein Viertel pro Oktavschritt, woraus sich für die Darstellung eine Pyramidenstruktur ergibt.

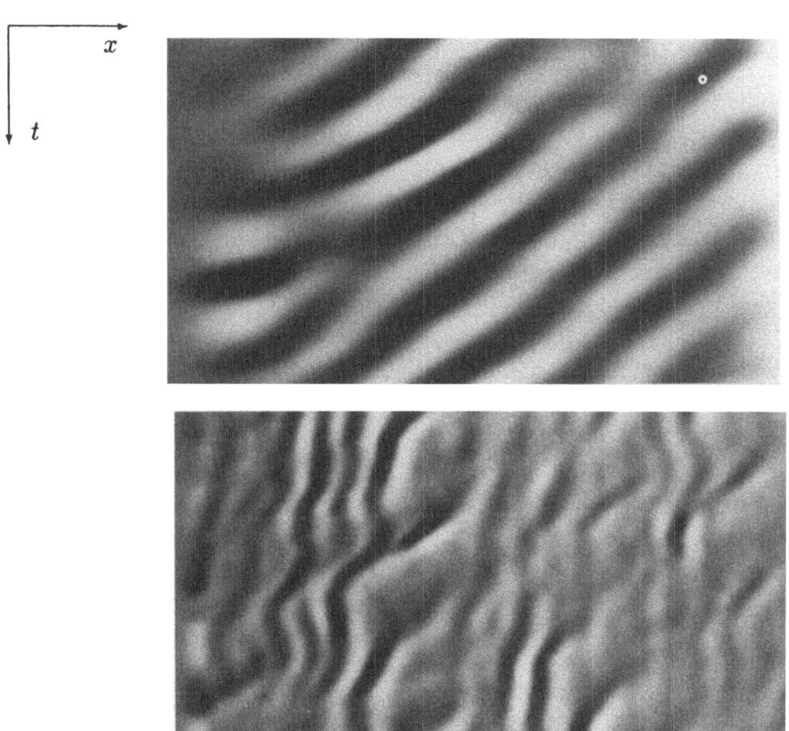

Abbildung 3: xt-Bilder der Realteile der komplexen Filterantworten, erzeugt mit Gaborfiltern a) der Schwerpunktwellenlänge 48 mm, b) der Schwerpunktwellenlänge 12 mm. Die Zeitachse überstreicht einen Bereich von etwa 5 Sekunden.

5 Ergebnisse und physikalische Interpretation

Mit dem hier vorgestellten Satz von Gaborfiltern wurden verschiedene Bildfolgen von Wasseroberflächenwellen in eine OWD transformiert. Die Abbildung 1b und 1c zeigt exemplarisch den Realteil und das Betragsquadrat der komplexen Filterantworten für ein Filter mit der Schwerpunktwellenlänge von 12 mm.

Physikalisch sehr interessant ist die zeitliche Entwicklung der Wellen verschiedener Wellenlänge, die mit dieser Darstellung erstmals beobachtet werden kann. Zur Veranschaulichung der zeitlichen Entwicklung der Wellen, sind in der Abbildung 3a und 3b sog. Orts-Zeit-Bilder (xt-Bilder) für die Wellenlängenbereiche 48 mm und 12 mm dargestellt, die durch untereinandersetzen der zeitlich aufeinanderfolgenden Zeilen der entsprechend gleichen örtlichen Position entstehen. Dabei gibt die Neigung der Linien konstanter Helligkeit die Phasengeschwindigkeit der Wellen an. Die Wellen mit Wellenlängen um 48 mm (3a) zeigen eine sehr gleichmäßige Bewegung, während die Wellen mit Wellenlängen um 12 mm (3b) deutliche Modulationen der Phasengeschwindigkeiten aufweisen. Der Vergleich der beiden Wellenlängenbereiche zeigt, daß diese Modulationen mit der Phasenlage der Wellen mit 48 mm Wellenlänge korreliert sind.

6 Ausblick

Mit der Analyse der Wasseroberflächenwellen im OWR kann erstmals die gegenseitige Beeinflussung der Wellen verschiedener Wellenlängen untersucht werden. Um eine systematische Untersuchung vieler Bildfolgen mit diesem Verfahren zu ermöglichen, wurde die Berechnung der OWD auf dem Transputercluster des Interdisziplinären Zentrums für wissenschaftliches Rechnen in Heidelberg (IWR) implementiert [Scholz, 1991]. Dabei wird die OWD für mehrere Bilder einer Bildfolge durch Parallelisierung des Verfahren mit einer Transputer-Farm-Topologie gleichzeitig berechnet. Der nächste Schritt ist die Bestimmung der Phasen- und Gruppengeschwindigkeit jedes Wellenlängenbereiches mit einem geeigneten Algorithmus.

Danksagung

Die Autoren danken Herrn Professor Dr. H.-H. Nagel und Herrn Dr. G. Zimmermann vom Fraunhofer Institut für Informations- und Datenverarbeitung (IITB) in Karlsruhe für die fruchtbare Zusammenarbeit, die die Entwicklung des Verfahrens im IITB ermöglichte.

Literaturverzeichnis

Bastiaans, M. J., 1981. A sampling theorem for the complex spectrcgram, and Gabor's expansion of a signal in Gaussian elementary signals. *Opt. Eng.*, *20* (**4**) 594–598.

Burt, P. J., Adelson, E. H., 1983. The laplacian pyramid as a compact image code. *IEEE Trans. Communication COM*, *31* 532–540.

Gabor, D., 1946. Theory of communication. *J. Inst. Elec. Eng.*, *93* 429–457.

Heeger, D. J., 1988. Optical flow using spatiotemporal filters. *Int. J. C. Vis.*, *1* 279–302.

Jähne, B., 1986. Bildfolgenanalyse in der Umweltphysik: Wasseroberflächenwellen und Gasaustausch zwischen Atmosphäre und Gewässern. In *Proc. 8. DAGM-Symposium 1986, Informatik Fachberichte 125*, 201–205. Springer, Berlin.

Jähne, B., 1987. Image sequence analysis of complex physical objects: nonlinear small scale water surface waves. In *Proc. 1st Int. Conference Computer Vision, London 1987*, 191–200. IEEE Computer Society Press, Washington.

Mallat, S. G., 1989b. Multifrequency channel decomposition of images and wavelet models. *IEEE ASSP*, *37* (**12**) 2091–2110.

Oppenheim, A. V., and Schafer, R. W. *Digital Signal Processing*. Prentice-Hall, Englewood Cliffs, NJ, 1975.

Riemer, K., 1991. *Analyse von Wasseroberflächenwellen im Orts-Wellenzahl-Raum*. Dissertation, Universität Heidelberg, Institut für Umweltphysik.

Scholz, T., 1991. *Analyse der zeitlichen Entwicklung von Wasseroberflächenwellen im Orts-Wellenzahl-Raum*. Diplomarbeit, Universität Heidelberg. In Vorbereitung.

Texturanalyse mit dem autoreggressiven Modell

Michael Schubert

Friedrich-Schiller-Universität Jena
Mathematische Fakultät, Lehrstuhl für Digitale Bildverarbeitung
Leutragraben 1, 6900 Jena

Ziel der vorliegenden Arbeit ist die Segmentierung von Texturbildern. Ausgehend von einer signaltheoretischen Betrachtung wird ein autoregressives Modell vorgestellt, das zur Analyse und zur Synthese von Texturen angewendet wird. Dabei wird die Textur als Ergebnis der Filterung eines 2D-Rauschsignals mit einem rekursiven linearen Filter betrachtet. Die Parameter des Modells werden als Texturmerkmale für die Bildsegmentierung verwendet.

1   Einleitung

Der Begriff Textur spielt in der Bildverarbeitung immer dann eine Rolle, wenn der Grauwert allein zur Beschreibung oder Segmentierung eines Bildes nicht ausreicht, sondern die Grauwertfunktion durch gegenseitige Abhängigkeiten der Pixel innerhalb einer bestimmten Bildregion gekennzeichnet ist.

Eine klare und umfassende Definition des Begriffs Textur ist in der Literatur zur Bildverarbeitung nicht zu finden. Eine häufig verwendete Definition (z.B. van Gool [1], Zamperoni [3]) lautet:

> Textur ist eine Grauwertfunktion, die aus einer großen Zahl kleiner und einander ähnlicher Grundmuster besteht, die räumlich nebeneinander gestellt sind, ohne daß den einzelnen Grundmustern eine besondere Bedeutung zukommt.

Die Grundmuster werden auch häufig als Textone oder Texel (Texturelemente) bezeichnet.

Diese Definition erfaßt zwar recht gut eine Vielzahl von artifiziellen Texturen (z.B. textile Gewebe), für viele "natürliche" Texturen ist sie aber, besonders in Hinsicht auf einen Ansatz für die Texturanalyse, weniger geeignet. Von vielen Autoren wird deshalb, ohne näher auf eine Definition des Begriffs einzugehen, versucht, die Texturen durch Parameter zu charakterisieren [2]. Daraus läßt sich eine heuristische Texturdefinition ableiten, von der hier ausgegangen werden soll:

> Textur ist eine globale Eigenschaft eines Gebietes, die durch Zahlen - die Texturparameter - charakterisiert wird. Die Texturparameter erfassen Abhängigkeiten der einzelnen Pixel von den Pixeln ihrer jeweiligen Umgebung.

Einige Anwendungsgebiete der Texturanalyse sind

- Bildauswertung in der Medizin (Röntgen, CT, MR),
- Materialanalyse,
- Qualitätskontrolle von Oberflächen und Geweben,
- Analyse von Luft- und Satellitenbildern.

Dabei kann man drei grundlegende Aufgabenstellungen unterscheiden:

1. Texturerkennung
   Es ist zu untersuchen, ob eine gegebene Textur einem bestimmten Bezugsmuster
   entspricht.
2. Texturklassifikation
   Eine gegebene Textur soll einer Klasse aus einer Anzahl von bekannten Tex-
   turklassen zugeordnet werden.
3. Textursegmentierung
   Es sollen die Grenzen zwischen Bildregionen mit unterschiedlicher Textur
   gefunden werden.

Diese drei Aufgabenstellungen lassen sich nicht immer streng voneinander trennen. So
kann z.B. die Klassifikation einer gegebenen Bildregion Voraussetzung für die Segmentierung sein. Die Grundlage für die Textursegmentierung bilden hier Parameter, die aus
dem autoregressiven Modell bestimmt werden.

2   Lineares Texturmodell

Aus einer signaltheoretischen Betrachtungsweise ergibt sich ein Texturmodell, das
sowohl für die Texturanalyse als auch für die Textursynthese ein fruchtbringender
Ansatz ist. Die Textur wird hier als Ergebnis der zweidimensionalen Filterung eines
Bildes mit unabhängigen Grauwerten betrachtet (Abb. 1).

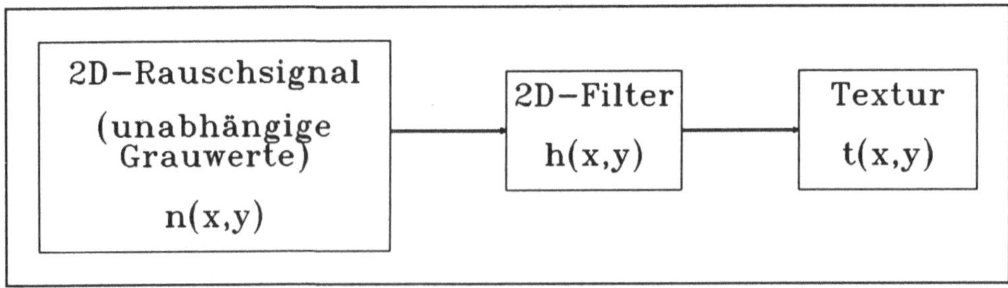

Abb. 1: Texturmodell

In der klassischen eindimensionalen Signaltheorie sind im Zusammenhang mit solchen
Modellen hauptsächlich lineare und zeit- bzw. verschiebungsinvariante Filter systema-

tisch untersucht worden, die den Vorzug einer relativ einfachen mathematischen Beschreibung besitzen.

Das Signal am Ausgang eines linearen und verschiebungsinvarianten Filters kann als Faltung des Eingangssignals mit der Gewichtsfunktion (Impulsantwort) des Filters $h(x,y)$ dargestellt werden:

$$t(x,y) = \sum_{(i,j)\in U} h(i,j)\cdot n(x-i,y-j) \;=\; (h*n)_{x,y} \quad . \tag{1}$$

Die Gewichtsfunktion $h(x,y)$ hat in einer Umgebung U des Aufpunktes, z.B.

$$U=\{(1,1),(0,1),(-1,1),(1,0),(-1,0),(1,-1),(0,-1),(-1,-1)\} \tag{2}$$

von Null verschiedene Werte.

Die Autokorrelationsfunktion A_t der Textur erhält man durch aufeinanderfolgende Faltung der Autokorrelationsfunktion A_n des Eingangssignals mit der Filterfunktion $h=h(x,y)$ und der gespiegelten Filterfunktion $h^{(S)}=h(-x,-y)$:

$$A_t=(h*n)*(h*n)^{(S)}=h*n*n^{(S)}*h^{(S)}=h*A_n*h^{(S)}=A_n*h*h^{(S)} \tag{3}$$

Da das Eingangssignal $n(x,y)$ laut Voraussetzung (s. Abb. 1) aus unabhängigen Grauwerten besteht, ist die Autokorrelationsfunktion A_n eine zweidimensionale Deltafunktion:

$$A_n(x,y)= \left\{ \begin{array}{ll} 1 & \textit{für} \;\; (x,y)=(0,0) \\ 0 & \textit{sonst} \end{array} \right. \tag{4}$$

so daß sich für die Autokorrelationsfunktion der Textur

$$A_t=h*h^{(S)} \tag{5}$$

ergibt. A_t hat also in Abhängigkeit von der Gewichtsfunktion $h(x,y)$ in einer mehr oder weniger großen Umgebung des Punktes $(0,0)$ von Null verschiedene Werte. Das entspricht der intuitiven Vorstellung, daß in Texturen der Grauwert eines Pixels von den Grauwerten benachbarter Pixel abhängt. Da die Autokorrelationsfunktion der Textur nur von der Gewichtsfunktion $h(x,y)$ des erzeugenden Filters abhängt, eignen sich die Parameter des Filters als Texturmerkmale.

3 Rekursive Filter

Man unterscheidet bei den linearen Filtern nichtrekursive Filter mit endlicher Impulsantwort (FIR-Filter) und rekursive Filter mit unendlicher Impulsantwort (IIR-Filter).

Bei FIR-Filtern stimmen die Werte der Gewichtsfunktion mit den Filterkoeffizienten überein. Die Beschreibung eines solchen Filters ist durch Formel (1) gegeben, wobei die $h(i,j)$ die Filterkoeffizienten sind. Um Abhängigkeiten zwischen weiter entfernten Bildpunkten zu erfassen, sind Filter mit größeren Reichweiten erforderlich. Für die Realisierung solcher langreichweitiger Filter als FIR-Filter wird jedoch eine große Anzahl von Filterkoeffizienten benötigt.

Langreichweitige Filter mit wenigen Koeffizienten können durch rekursive Filter realisiert werden. Solche Filter werden im einfachsten Fall durch die Gleichung (6) beschrieben:

$$t(x,y) = \sum_{(k,l) \in U} a(k,l)\, t(x-k,y-l) + n(x,y) \ . \tag{6}$$

Die Z-Transformierte der Impulsantwort eines solchen Filters ist

$$A(z_1,z_2) = \frac{1}{1 - \sum_{(k,l) \in U} a_{k,l} z_1^{-k} z_2^{-l}} \ . \tag{7}$$

Die Beträge der Polstellen dieser komplexen Funktion müssen kleiner als eins sein, um die Stabilität des Filters zu sichern [8].

Äquivalent zu diesem Modell ist die Beschreibung der Textur als Realisierung eines zweidimensionalen stochastischen Prozesses. Das FIR-Filter entspricht einem Gleitmittelprozeß (MA-Prozeß), das IIR-Filter einem autoregressiven (AR-) Prozeß.

Da die Textur bei dem gewählten Modell nur von den Filterkoeffizienten $a(k,l)$ des erzeugenden Filters abhängt, liegt es nahe, diese Koeffizienten als Texturparameter zu verwenden [4],[5],[6]. Dabei wird das AR-Modell bevorzugt, weil damit Abhängigkeiten zwischen Pixeln mit größeren Abständen besser erfaßt werdem können und eine relativ einfache Schätzung der Parameter möglich ist.

4   Texturgenerierung

Ziel der Texturgenerierung ist es, mit gegebenen Texturparametern eine bestimmte Textur zu erzeugen. Voraussetzung ist, daß vorher die Umgebung U festgelegt wird. Naheliegend wäre die Wahl einer symmetrischen Umgebung. Für eine sequentielle Bilderzeugung ist eine solche Umgebung aber ungeeignet, da die Pixel in der jeweiligen Umgebung des Aufpunktes schon bekannt sein müssen. Deshalb wird eine unsymmetrische Umgebung gewählt, so daß Formel (6) bei vorgegebenem $n(x,y)$ (s. Abb.1) direkt als Vorschrift für die Bilderzeugung verwendet werden kann. Mit vier Parametern ($U=\{(1,1),(0,1),(-1,1),(1,0)\}$) kann so bereits eine Vielzahl verschiedener Texturen generiert werden (s. Abb. 2).

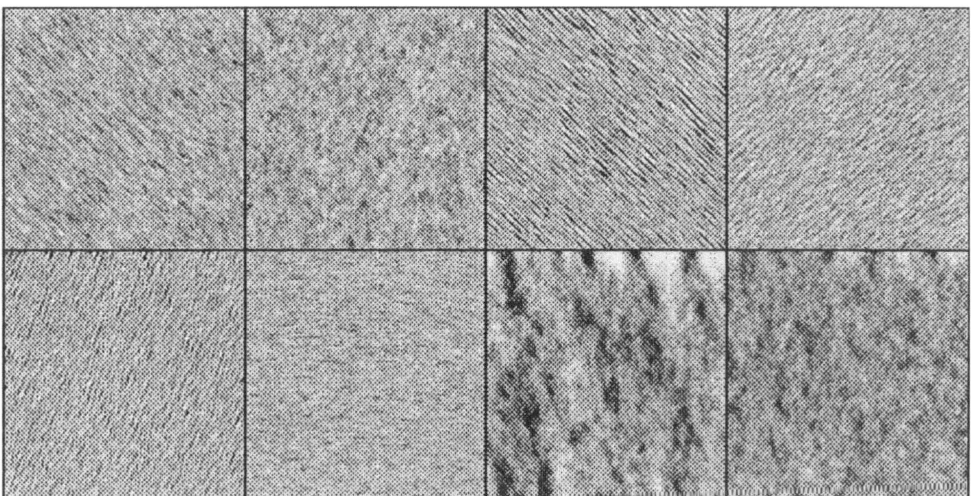

Abb. 2: Unterschiedliche mit dem AR-Modell erzeugte Texturen

5   Texturanalyse

Ziel der Texturanalyse ist es nun, aus einer gegebenen Textur die Filterkoeffizienten zu schätzen. Dazu wird die vorliegende Textur $t(x,y)$ als Realisierung eines stationären autoregressiven Prozesses mit

$$T(x,y) = \sum_{(k,l)\in U} a(k,l) \cdot T(x-k,y-l) + N(x,y) \qquad (8)$$

betrachtet. Es wird vorausgesetzt, daß die Erwartungswerte von $N(x,y)$ und $T(x,y)$ Null sind. Der Ausdruck

$$S = E[T(x,y) - \sum_{(k,l)\in U} a(k,l) \cdot T(x-k,y-l) + N(x,y)]^2 \qquad (9)$$

soll minimiert werden. Es wird vorausgesetzt, daß $a(k,l)$ nur die von Null verschiedenen Werte $a(1,1)$, $a(0,1)$, $a(-1,1)$ und $a(1,0)$ hat. Mit den Spaltenvektoren

$$\underline{a} = \{a(1,1), a(0,1), a(-1,1), a(1,0)\}^T$$
$$\underline{T}(x,y) = \{T(x-1,y-1), T(x,y-1), T(x+1,y-1), T(x-1,y)\}^T$$

kann man schreiben

$$S = E[T(x,y) - \underline{a}^T \, \underline{T}(x,y) - N(x,y)]^2 \quad . \tag{10}$$

Unter der Voraussetzung $E[N(x,y)\underline{T}(x,y)] = \underline{0}$, die bei dem hier verwendetetn kausalen Modell erfüllt ist, erhält man für $S = \text{Minimum}$

$$\underline{a} = (E[\underline{T}(x,y)\underline{T}(x,y)^T])^{-1} E[T(x,y)\underline{T}(x,y)]. \tag{11}$$

Wenn man die Erwartungswerte durch Schätzungen aus der vorliegenden Realisierung $t(x,y)$ ersetzt, erhält man mit $\underline{t}(x,y) = \{t(x\text{-}1,y\text{-}1), t(x,y\text{-}1), t(x\text{+}1,y\text{-}1), t(x\text{-}1,y)\}^T$ den geschätzten Parametervektor

$$\hat{\underline{a}} = \left[\sum_{(x,y)\in B'} \underline{t}(x,y)\underline{t}(x,y)^T \right]^{-1} \left[\sum_{(x,y)\in B'} t(x,y)\underline{t}(x,y) \right] \quad . \tag{12}$$

B' ist das "Innere" der zu analysierenden Bildregion, so daß für jeden Punkt $(x,y) \in B'$ die zugehörige Umgebung innerhalb der Bildregion liegt.

Für die Invertierbarkeit der Matrix in Formel (12) muß die Anzahl der Summanden mindestens so groß sein, wie die Dimension der Vektoren $\underline{t}(x,y)$. Für das hier gewählte Beispiel muß B' also mindestens vier Pixel enthalten.

Ein Problem besteht nun noch in der Festlegung der Umgebung und damit der Anzahl der Parameter. Eine Möglichkeit ist, die Umgebung schrittweise zu vergrößern, bis sich die Parameter nicht mehr ändern. Diese Vorgehensweise wäre dann angebracht, wenn die Textur möglichst vollständig beschrieben werden soll. Die Anzahl der Parameter und der Aufwand zu ihrer Berechnung kann dabei aber sehr groß werden. Häufig wird in der Texturanalyse nicht eine vollständige Beschreibung der Textur benötigt, sondern man muß nur verschiedene Texturen anhand ihrer Parameter unterscheiden können. Deshalb wird es oft ausreichend sein, mit einer festen Umgebung zu arbeiten. Als Alternative zur Vergrößerung der Parameterzahl zur Beschreibung von Abhängigkeiten entfernterer Pixel bietet sich ein Pyramidenkonzept an. Dabei werden die Texturparameter jeweils mit der gleichen Umgebung in verschiedenen Auflösungsstufen bestimmt.

6 Textursegmentierung

In Abb. 3 sind in den rechten vier Bildern die Texturparameter für die Umgebung $U = \{(1,1),(0,1),(-1,1),(0,1)\}$ in einem Multimerkmalsbild eingetragen, auf das verschiedene Verfahren zur Bildsegmentierung angewendet werden können. Dabei kann man Segmentierungsverfahren, die auf der Klassifikation von Bildpunkten beruhen und Gradientenverfahren, die an der lokalen Änderung der Texturmerkmale orientiert sind, unterscheiden. Ein generelles Problem bei der Segmentierung von Texturen besteht darin, Texturmerkmale und Ort gleichzeitig genau zu bestimmen. Die Texturmerkmale können umso genauer bestimmt werden, je größer die zugrunde liegende Bildregion ist.

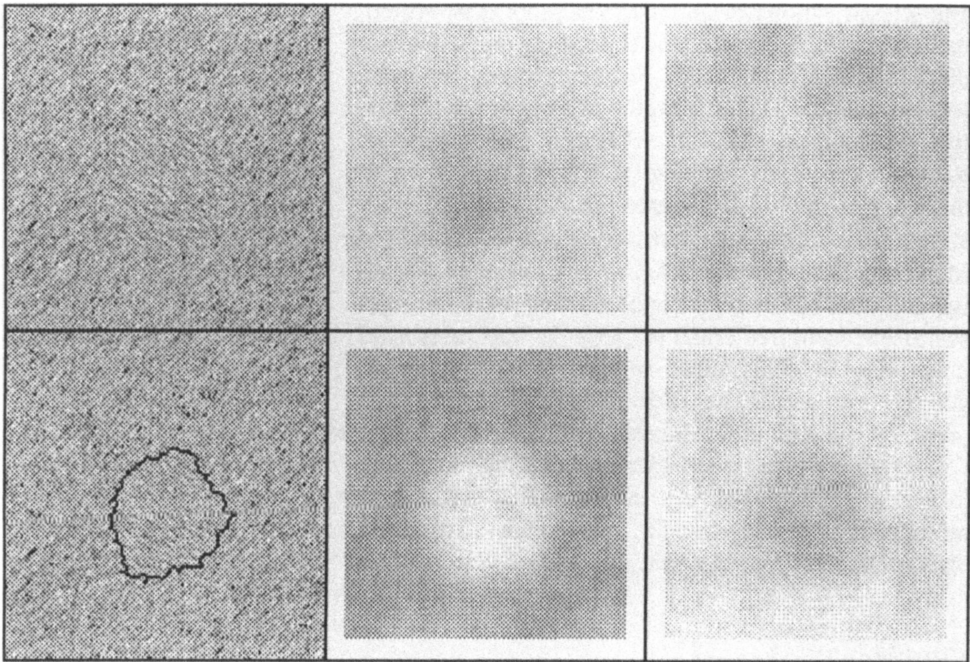

Abb. 3: Bild, das aus zwei unterschiedlich texturierten Segmenten zusammengesetzt ist mit Texturmerkmalen (rechts) und Ergebnis der Segmentierung

Andererseits wird vorausgesetzt, daß die Textur innerhalb dieser Bildregion homogen ist. Diese Voraussetzung ist aber gerade in dem für die Segmentierung interessanten Bildteil, in einem Streifen entlang der Texturkante, nicht erfüllt, weil sich hier innerhalb der untersuchten Region zwei unterschiedliche Texturen befinden (s. Abb. 4). Dieser Streifen, in dem die Merkmale nur ungenau bestimmt werden können, ist umso breiter, je größer die Bildregion zur Bestimmung der Merkmale ist. Eine gewisse Abhilfe kann hier dadurch geschaffen werden, daß jeweils für zwei benachbarte Bildfenster Texturmerkmale berechnet werden [7]. An der Stelle, an der sich die Texturmerkmale für die beiden Fenster maximal unterscheiden, stimmt die Grenze zwischen den Fenstern mit der Segmentgrenze überein (s. Abb. 5). Damit kann erreicht werden, daß die Fenster, in denen die Texturmerkmale bestimmt werden, wenigstens in den für die Kantendetektion relevanten Fällen innerhalb einer homogen texturierten Bildregion liegen.

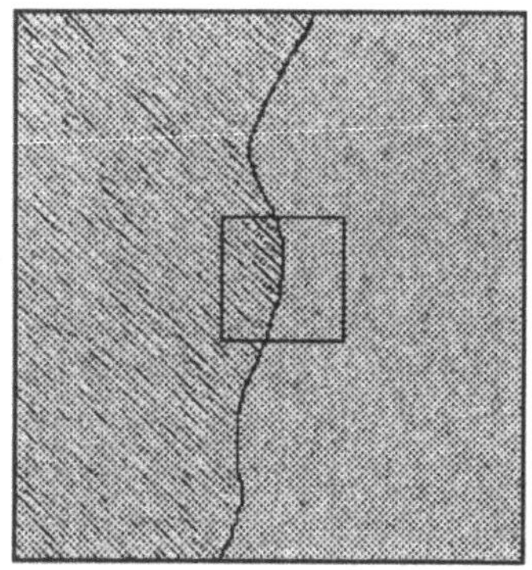

Abb. 4

Denkbar sind auch Kombinationen von Klassifikations- und Gradientenverfahren, indem die Lage der Texturkante mit einem Klassifikationsverfahren grob bestimmt wird und eine feinere Positionierung mit dem oben beschriebenen Gradientenverfahren erfolgt.

238

Die Klassifikationsverfahren haben dabei den Vorteil, daß sie sich für Konturfolgeverfahren eignen, wobei nur die Merkmale entlang der Segmentgrenzen bestimmt werden müssen. Dadurch ergibt sich bei der doch relativ aufwendigen Parameterschätzung eine erhebliche Rechenzeitersparnis. Bei dem Beispiel in Abb. 3 wurde die Kontur im Bild links unten in 1,5% der Zeit bestimmt, die allein zur Berechnung der vollständigen Merkmalsbilder erforderlich war. Ein weiterer Vorteil ist, daß man bei diesem Verfahren von vornherein geschlossene Konturen erhält [9],[10]. In Abb. 3 ist links unten das Ergebnis einer solchen Konturverfolgung gezeigt. Für die Suche nach einem geeigneten Startpunkt für die Konturverfolgung kann wiederum das Pyramidenkonzept eingesetzt werden. Dazu wird zuerst ein Merkmalsbild mit einer sehr geringen Auflösung berechnet, in dem die Startpunkte bestimmt werden. Die darunter liegenden Auflösungsebenen müssen dann immer nur für eine kleine Umgebung um den jeweils aktualisierten Startpunkt berechnet werden.

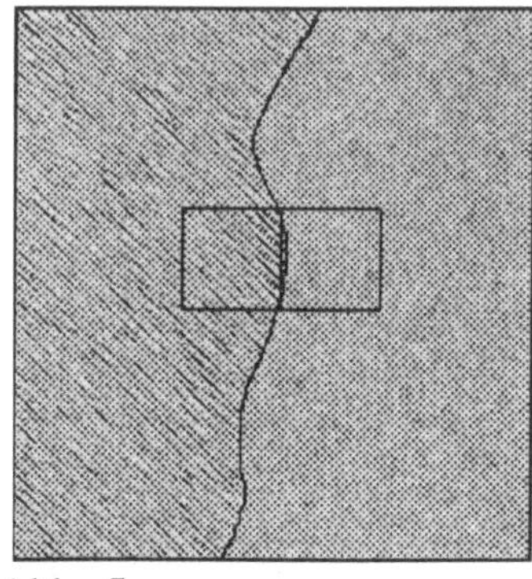

Abb. 5

Literatur

[1]   L. van Gool, P. Dewaele, A. Osterlinck: Texture analysis anno 1983. Computer Vision, Graphics and Image Processing, 29(1985) 336-357

[2]   R.M. Haralick, K. Shanmugam, I. Dinstein: Textural features for image classification. IEEE Trans. SMC-3, 6(1973)

[3]   P. Zamperoni: Methoden der digitalen Bildverarbeitung. Braunschweig, Wiesbaden: Vieweg 1989

[4]   R. Chellappa, R. L. Kashyap: Texture synthesis using 2D-noncausal autoregressive models. IEEE Trans. ASSP-33, 1(1985)

[5]   R. Kashyap, A. Khotanzad: A stochastic model based technique for texture segmentation. Proc. 7th Int. Conf. on Pattern Recognition, Montral, 1984

[6]   R. Kashyap, R. Chellapa, A. Khotanazad: Texture classification using features derived from random field models. Pattern Recogn. Lett. 1(1982) 43-50

[7]   P.W. Verbeck, D.J. de Jong: Edge preserving texture analysis. Pattern Recognition, Proc 7th Int. Conf on Pattern Recognition, Vol. 2, Montreal, 1984

[8]   G. Fritzsche: Theoretische Grundlagen der Nachrichtentechnik. 3. Auflage, VEB Verlag Technik Berlin

[9]   K. Voss: Automatische Bildverarbeitung in der Pathologie. II. Objektisolierung und Konturausgleich. Exp. Pathol. 2(1974) 131-139

[10]   K. Voss, H. Süße: Praktische Bildverarbeitung. Hanser Verlag München, 1991

Terrain Classification by Sequential Algorithms

Y.Huang, P.Zamperoni
Institut für Nachrichtentechnik, TU Braunschweig
Schleinitzstr. 23, D-3300 Braunschweig

Classification   **Sequential Algorithms**   **Remote Sensing Data**

Abstract

This paper presents several strategies developed for classification of terrain regions, based on the SPRT algorithm (Sequential Probability Ratio Test [1]). The SPRT algorithm is considered to be appropriate to two-class-classification and will be extended by the introduced strategies for resolution of multi-class-classification problems. A comparison between the classifiers is made and the classification scores are shown for statistic synthetic patterns as well as for remote sensing data taken from an aerial view over cultivated regions.

1. Introduction

A sequential decision procedure is advantageous if one must take account of the cost of taking feature measurements, because a trade-off between the error probability and the number of feature measurements can be obtained by taking feature measurements sequentially and terminating the sequential process when a desirable accuracy of classification has been achieved.

Application of sequential decision procedures to pattern classification was proposed by Fu [1]. The sequential probability ratio test (SPRT) is generally used if there are two classes to be classified. After the nth feature measurement $\mathbf{X}(n)$ is taken, the SPRT classifier computes the sequential probability ratio

$$\lambda_n = \frac{p_n(\mathbf{X}/\omega_1)}{p_n(\mathbf{X}/\omega_2)} \tag{1}$$

$p_n(\mathbf{X}/\omega_i)$; $i = 1, 2$: the conditional probability density function of $\mathbf{X}$ for pattern class ω_i.

The λ_n is then compared with two stopping boundaries A and B. The decision is

$$
\begin{array}{lll}
\text{for} & \lambda_n \geq A, & \mathbf{X} \in \omega_1; \\
\text{for} & \lambda_n \leq B, & \mathbf{X} \in \omega_2; \\
\text{for} & B < \lambda_n < A, & \text{an additional feature measurement to be taken.}
\end{array}
$$

The stopping boundaries are related to error probability as following

$$A = \frac{1 - e_{21}}{e_{12}} \; ; \; B = \frac{e_{21}}{1 - e_{12}}$$

with the probability e_{ij} of the decision $\mathbf{X} \in \omega_i$ when $\mathbf{X} \in \omega_j$ is true.

Our problem of terrain region classification is, because of various kinds (classes) of cultures in these regions, a multi-class-classification problem. Besides the general sequential probability ratio test (GSPRT) introduced in [1], two further SPRT-based strategies for a multi-class-classification are proposed in this paper. They are called MATRIX-SPRT and TREE-SPRT.

2. Sequential multi-class classifiers

GSPRT

At the nth stage, the general sequential probability ratio for m classes is as follows

$$\lambda_n = \frac{p_n(\mathbf{X}/\omega_i)}{\left[\prod_{j=1}^{m} p_n(\mathbf{X}/\omega_j)\right]^{1/m}} \; ; \; i = 1, 2, \cdots, m \tag{2}$$

The stopping boundary for each class can be computed as

$$A(\omega_i) = \frac{1 - e_{ii}}{\left[\prod_{j=1}^{m} (1 - e_{ij})\right]^{1/m}} \; ; \; i = 1, 2, \cdots, m \tag{3}$$

The principle of this algorithm is to reject the class ω_i from further consideration if

$$\lambda_n(\mathbf{X}/\omega_i) < A(\omega_i) \; ; \; i = 1, 2, \cdots, m \tag{4}$$

After rejecting class ω_i, the total class number is reduced by one and a new GSPRT starts for the classes left. The classes are rejected sequentially until only one is left which is then accepted as the recognized class.

A modified boundary A'_n at nth stage is suggested for reducing classification time

$$A'_n(\omega_i) = A(\omega_i)(1 - \frac{n}{N}) \; ; \; n = 1, 2, \cdots, N \tag{5}$$

MATRIX-SPRT

The MATRIX-SPRT based on SPRT is obtained by evaluating a matrix whose elements represent the results of SPRT for every pair of classes. The matrix has zero diagonal elements

$$\begin{pmatrix} 0 & a_{12} & \cdots & a_{1m} \\ a_{21} & 0 & \cdots & \vdots \\ \vdots & \vdots & \ddots & \\ a_{m1} & \cdots & & 0 \end{pmatrix}$$

If $a_{ij} > 0$, the decision of SPRT between ω_i and ω_j is ω_j and if $a_{ij} < 0$, the chosen class is ω_i. In an ideal case, the column elements of the recognized class are all positive in the matrix excepting the diagonal one. That means, this class is always left by the SPRT between a class pair including this one.

TREE-SPRT

The other sequential probability ratio test based on SPRT works in an oriented tree structure with all considered classes as the end nodes. The SPRT is done bottom up at every stage of the tree. The class left after the last decision is the recognized class. Figure 1 gives two possible graphs for such tree structure

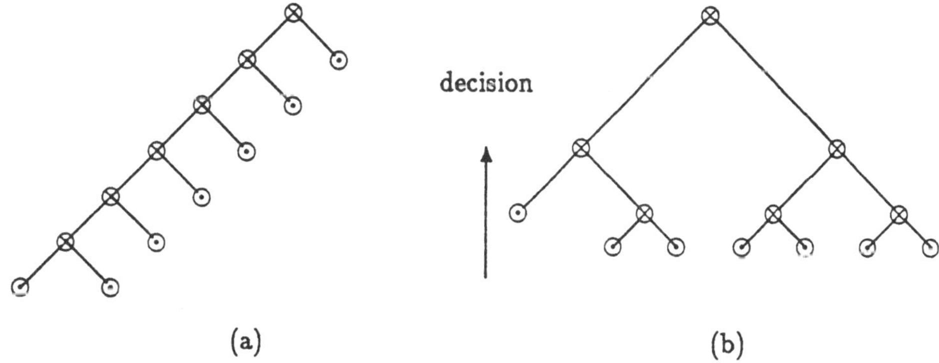

(a)   (b)

Figure 1 "$\odot$": end nodes as ω_i; $i = 1, \cdots, m$; "$\otimes$": SPRT; for $m = 7$

The desirable threshold of the error probability is distributed over all the SPRT stages. The sequence of testing classes is optimized to reduce the classification time.

These versions of SPRT have been used here for sythetic pattern classification as well as for terrain region classification. The system concept is shown in figure 2.

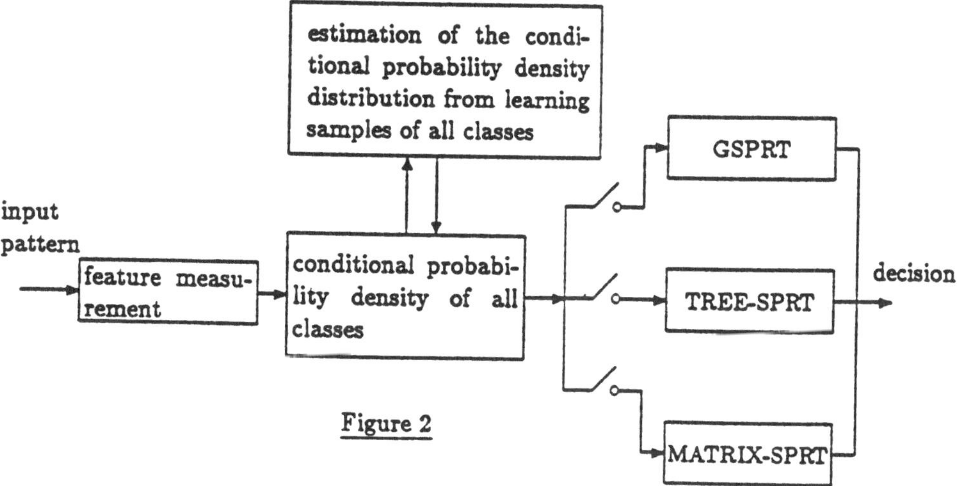

Figure 2

3. Experiments and results

Experiments on synthetic patterns

The proposed strategies have been used on synthetic noise patterns such as those of gaussian distribution and white noise patterns. The variable parameters for production of such patterns are the average grey value and its variance which can be variated arbitrarily and have been also selected as the components of the feature vector.

The feature histogram has been computed on the basis of features measured in a local window. Practically, the number of samples has been limited in order to truncate the classification process. An example of the classification results is reported in figure 3, showing the frequency distribution $f(\gamma)$ of the classification error rate γ under the constraint of an error probability $e = 0.05$. As shown in this figure, it is more probable for the MATRIX-SPRT than for the others to exceed the given error probability threshold e.

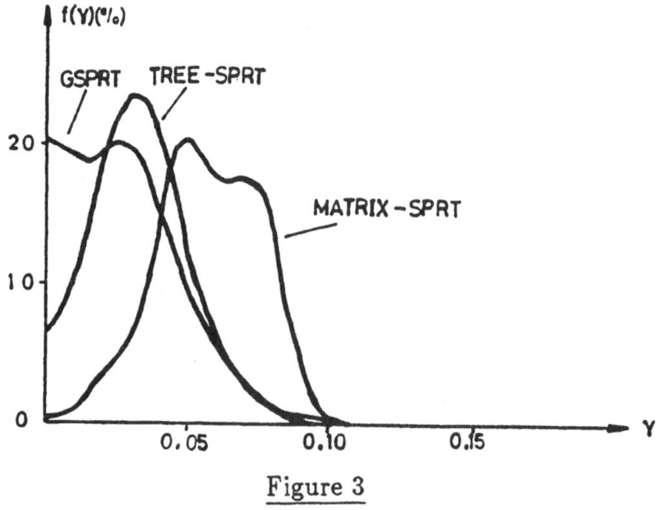

Figure 3

Experiments on natural patterns of terrain aerial views

The proposed strategies have been used also for pattern classification of the terrain aerial views described at the beginning of this paper. In this case however, a five-dimensional feature space has been considered. The components of the feature vector have been selected from a given set of features so that the Bayes risk is minimized in the learning process.

Fields of seven kinds of cultures such as potato, rye, spring barley, forest, wheat, meadow and sugar beet have been considered. These classes can be clustered generally in two categories – grain and no-grain categories. The scores of supervised and unsupervised classifications in the chosen feature space at $e = 0.2$ are given in table 1. These are overall mean scores in a seven-class case and all scores are obtained at a truncation boundary of 100 samples. The comparison between the average numbers of taken samples in the supervised classification is reported in the last row of table 1. Although the scores obtained by MATRIX-SPRT can be increased by selecting another feature space or by modifying the decision rule, MATRIX-SPRT converges very slowly. The shortest computing time has been measured with GSPRT and the smallest sample number with TREE-SPRT.

classification scores (%)	GSPRT	TREE-SPRT	MATRIX-SPRT
supervised (7 classes)	100	100	85.7
unsupervised (7 classes)	72	61.9	38.4
unsupervised (2 categories)	75.4 / 87.5	86.7 / 77.5	42.9 / 61.1
average sample number	4.3	1.3	32.8

<u>Table 1</u>   The scores in 2 categories mean those for grain / no-grain.

4. Conclusion

This work shows that the proposed strategies GSPRT, MATRIX-SPRT, TREE-SPRT can be used for multi-class-classification, for instance as done in this investigation, for terrain region classification purposes. According to the results above, satisfactory classification scores can be generally achieved by GSPRT and TREE-SPRT. TREE-SPRT has been preferred if a small amount of samples was available.

[1] K.S. Fu, *Sequential Methods in Pattern Recognition and Machine Learning*, Academic Press, New York, 1968.

Modifizierter A*–Algorithmus zur Erkennung fließend gesprochener Sätze

F. Schiel

TU München, Lehrst. für Datenverarbeitung,
Franz-Joseph-Str. 38, 8000 München 40

Zusammenfassung

In der automatischen Erkennung fließend gesprochener Sprache ist es wegen der typischen Verschleifungen der Sprachmuster an den Wortgrenzen nicht möglich, die Lage der Wörter im Sprachsignal verläßlich festzustellen. Um bei der Suche nach dem gesprochenen Satz die Anzahl der zu untersuchenden Wortkombinationen möglichst gering zu halten, wird eine effektive Modifikation des klassischen A-Algorithmus (MA*) verwendet, welche die auf Silbenzahl normierten Kosten zur Orientierung und optimistische Schätzkosten zur Lichtung des Suchbaums verwendet. Dieses Baumsuchverfahren erlaubt dynamisch sowohl akustische als auch syntaktische Eingrenzungen des Suchraums. Die Syntax-Kontrolle erfolgt anhand einer kontextabhängigen Grammatik, welche einen Teilbereich der deutschen Grammatik abdeckt, die akustische Begrenzung beruht auf einem Vergleich der akustische Kosten mit einer dynamischen Schwelle bei der Expansion eines Knotens.*

1 Einleitung

Die automatische Erkennung isoliert gesprochener Wörter, z.B. auf der Basis von Silbenteilen, stellt kein prinzipielles Problem mehr dar. Problematischer dagegen ist die korrekte Erkennung von ganzen, fließend gesprochenen Sätzen, da zwar die Lage und Anzahl der einzelnen Silben, nicht jedoch ihre Zugehörigkeit zu bestimmten Wörtern identifizierbar ist. Da auch die einzelnen Silben nur mit einer gewissen Wahrscheinlichkeit bestimmbar sind, ergeben sich Mehrdeutigkeiten über Art und Lage der Wörter in der erkannten Silbenfolge. Die Bestimmung der Wortkombination mit der insgesamt höchsten Verbundwahrscheinlichkeit ist z.B. mit dynamischer Programmierung möglich ([Rus88]). Allerdings werden dabei auch alle Wortkombinationen des beteiligten Aussprache-Lexikons berücksichtigt, die syntaktisch und semantisch keinen Sinn ergeben. Da diese die Menge der 'vernünftigen' Sätze an Anzahl weit überwiegen, ist die Wahrscheinlichkeit groß, daß sinnlose Sätze mit zahlreichen einsilbigen Wörtern die höchste Verbundwahrscheinlichkeit erlangen. Im zweiten Abschnitt wird daher ein Baumsuchverfahren vorgeschlagen, welches mit Hilfe einer kontextabhängigen Grammatik nur syntaktisch sinnvolle Wortkombinationen in die Suche einbezieht. Darüber hinaus ist ein dynamisches Eingrenzen des

Suchraums anhand akustischer Bewertungen möglich. Im dritten Abschnitt erfolgt eine kurze Vorstellung der erzielten Ergebnisse auf der Basis eines silbenorientierten Spracherkennungssystems (SILBOS).

2 Modifizierter A*–Algorithmus und Pruning

Ausgangspunkt der Satzsuche ist ein silbenorientiertes Erkennungssystem (SILBOS, [WEI90]), welches folgende Informationen bereitstellt:

- Anzahl der Silben des gesprochenen Satzes,

- Rückschlußwahrscheinlichkeiten aller möglichen beteiligten Wörter des Lexikons an jeder Silbenposition (word lattice).

Wurzel des Suchbaumes ist der leere Satz. Alle Knoten, die aus der Wurzel sprießen, bilden genau ein Wort, deren Nachfolger bestehen aus zwei Wörtern usw. Schließlich entstehen Knoten mit Wortkombinationen, deren Silbenzahl mit dem Output des Erkennungssystems übereinstimmt. Diese werden 'Blätter' genannt und sind mögliche Lösungen des Suchproblems. Jeder Zweig des Suchbaums stellt somit eine Worterweiterung um das Wort w_i dar und wird mit den damit verbundenenen Kosten dieses Wortes $k(w_i)$ belegt. $k(w_i)$ berechnet sich aus der Summe der an diesem Wort beteiligten Silbenkosten $k(s_j)$

$$k(w_i) = \sum_j k(s_j) \tag{1}$$

wobei diese durch Logarithmieren aus der Auftretenswahrscheinlichkeit $p(s_j)$ entstehen:

$$k(s_j) = -c \log(p(s_j)) \tag{2}$$

Mit $c = 500$ überstreichen die Kosten einer Silbe den Bereich von 0 ($p(s_j)_{max} = 1$) bis 1000 ($p(s_j)_{min} = 0.01$). Die Aufsummierung dieser Silbenkosten entspricht der Multiplikation der zugrunde liegenden Silbenwahrscheinlichkeiten, ist aber mit der Silbenzahl monoton steigend. $p(s_j)$ ist das Produkt der Rückschlußwahrscheinlichkeiten der beteiligten Silbeneinheiten bestehend aus Anfangskonsonantenfolge, Vokal und Endkonsonantenfolge:

$$p(s_j) = p(X_j|Y_j)_A \; p(X_j|Y_j)_V \; p(X_j|Y_j)_E \tag{3}$$

$p(X|Y)$ ist die Wahrscheinlichkeit, daß bei Klassifikation auf Y tatsächlich X gesprochen wurde. Diese Rückschlußwahrscheinlichkeiten sind dem Erkennungssystem für alle auftretenden Silbeneinheiten bekannt.

Eine zulässige Suchstrategie garantiert das Auffinden des Blattes, dessen eindeutiger Pfad von der Wurzel die geringsten Gesamtkosten $g(S)$ (= größte Verbundwahrscheinlichkeit) über alle Sätze S_j aufweist ([KAI89]).

$$g(S) = \min_{S_j} \sum_i k(w_i) \tag{4}$$

Die in diesem Blatt enthaltene Wortkombination wird als Lösung S der Suche nach dem gesprochenen Satz deklariert. Der Vorteil gegenüber z.B. der dynamischen Programmierung (ohne Syntax) besteht darin, daß bei jeder Expansion eines Knotens der Suchraum nach bestimmten Kriterien eingeschränkt werden kann. Dadurch wird automatisch das Verfolgen sinnloser, aber wahrscheinlicher Wortkombinationen (s.o.) vermieden.

Der Suchbaum kann in der Praxis selbst bei Verwendung kleiner Lexika gigantische Ausmaße annehmen. Eine vollständige Erzeugung des Baums, um alle möglichen Blätter zu finden, ist daher unmöglich. Eine zulässige Suchstrategie, die dies zu vermeiden sucht, ist bekanntlich der A*–Algorithmus (z.B. [NIL82]). Dieser geht davon aus, daß sich in jedem Knoten des Suchbaums eine Restschätzung angeben läßt, die besagt, wieviel ein Pfad von diesem Knoten bis zu einem möglichen Blatt noch mindestens kostet. Werden diese Restkosten zu den aufsummierten lokalen Kosten des Pfades von der Wurzel zum aktuellen Knoten addiert, so erhält man eine entsprechende Schätzung über die minimalen Gesamtkosten nachfolgender Blätter. Hat der Suchprozeß bereits ein Blatt gefunden und somit dessen echte Gesamtkosten berechnet, so können alle diejenigen noch offenen Knoten im Suchbaum eliminiert werden, deren Schätzkosten größer sind als die des gefundenen Blattes. Voraussetzung dabei sind mit der Knotenzahl monoton steigende Gesamtkosten. In der vorliegenden Anwendung läßt sich eine solche Restschätzung $k_R(i)$ eines Knotens i bis zu einem möglichen Blatt m relativ einfach aus den bekannten Rückschlußwahrscheinlichkeiten der erkannten Lautsymbole auf sich selber berechnen. D.h., man nimmt an, daß der Klassifikator bestenfalls auf allen möglichen Restpfaden keinen einzigen Fehler mehr machen wird. Die daraus berechneten Restkosten können die tatsächlichen Kosten in keinem Falle überschreiten (optimistische Restschätzung).

$$k_R(i) = \sum_{j=i+1}^{m} k(s'_j) \tag{5}$$

$$k(s'_j) = -c \log(p(X_j|X_j)_A \, p(X_j|X_j)_V \, p(X_j|X_j)_E) \tag{6}$$

Die Schätzkosten $k_S(i)$ des A* sind die Summe der tatsächlichen Kosten des bereits bekannten Teilsatzes und der Restschätzung über den noch unbekannten Teil des Satzes.

$$k_S(i) = g(i) + k_R(i) \tag{7}$$

Die Problematik des A*–Algorithmus ist jedoch, daß er seine Effektivität in der Praxis erst entfaltet, wenn bereits ein Blatt gefunden ist, denn erst dann setzt eine wirksame Begrenzung des Suchbaums ein. Der klassische A* orientiert sich an den Schätzkosten $k_S(i)$ der einzelnen Knoten, d.h. der offene Knoten mit den kleinsten Schätzkosten wird als nächster expandiert. Da in dieser Anwendung die Restschätzung sehr optimistisch ist, liegen die tatsächlichen Gesamtkosten vor allem nahe der Wurzel des Suchbaums weit darüber. Das hat zur Folge, daß lange Zweige gegenüber kurzen bei der Auswahl für die nächste Expansion benachteiligt sind, denn bei langen Zweigen hat $k_R(i)$ in Gleichung (7) einen geringeren Anteil als in kurzen Zweigen. Die Folge ist im Mittel eine *Breitensuche*, die sehr lange dauern kann, bis ein Blatt gefunden wird (s. Abb. 1).

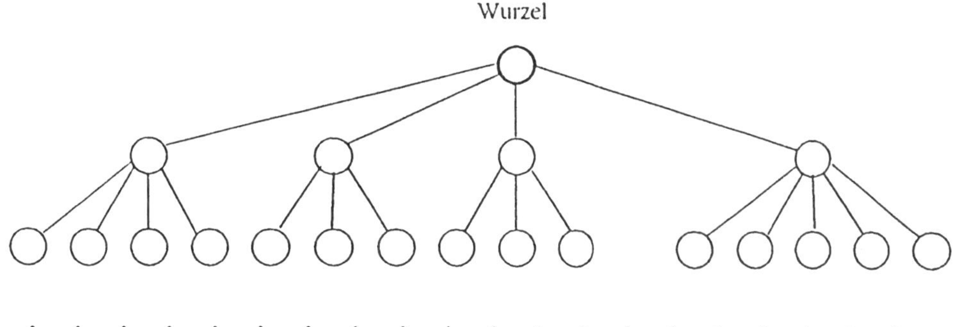

Abbildung 1: Suchbaum mit klassischem A*-Algorithmus führt zur Breitensuche

Um diesen Nachteil des A* zu umgehen, wurde eine Modifikation des A*-Algorith mus (MA*) entworfen, welche sich statt an den Schätzkosten an normierten Kosten $n(i)$ orientiert.

$$n(i) = g(i)/i \qquad (\text{i=Silbenzahl}) \tag{8}$$

Der Vorteil der normierten Kosten $n(i)$ besteht darin, daß lange Wortketten mit bereits gut passenden Wörtern im Suchprozeß bevorzugt werden. Mit anderen Worten: der Suchprozeß geht schnell in die Tiefe des Suchbaums (Depth-First-Verhalten) und findet dementsprechend rasch ein Blatt k (s. Abb. 2).

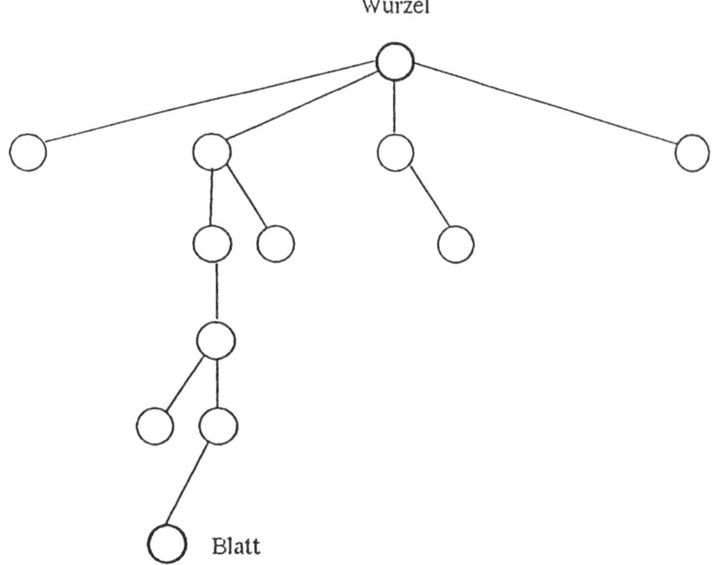

Abbildung 2: Suchbaum mit MA*-Algorithmus führt zur suboptimalen Tiefensuche

Dieses bildet eine erste, gute Schätzung, d.h. es kann sich bereits um das gesuchte Lösungsblatt handeln, zumindest aber ist es ein guter Vorschlag für eine Lösung. Die Gesamtkosten $g(k)$ dieses Blattes können nun entsprechend dem A* zum Pruning des Suchbaums verwendet werden. Die Suche anhand der normierten Kosten wird fortgesetzt, wobei allerdings nur noch Knoten betrachtet werden, deren Schätzkosten $k_S(i)$ besser sind als $g(k)$. Evt. werden bessere Blätter auftauchen als k und das zuerst gefundene ablösen, bis der Suchbaum keine expandierbaren Knoten mehr enthält. Das Suchverfahren MA* bedeutet also *Orientierung an den suboptimalen normierten Kosten $n(i)$ und gleichzeitige Beschneidung des Suchbaums anhand der Schätzkosten $k_S(i)$.*

Das Verfahren nach MA* ist genauso zulässig wie der klassische A*, benötigt jedoch in der konkreten Anwendung sehr viel weniger Rechenzeit. Außerdem läßt sich der Suchbaum von links nach rechts nach normierten Kosten und von oben nach unten nach Schätzkosten sortiert erzeugen. Dadurch sind sehr effiziente, rekursive Operatoren für die notwendigen Veränderungen am Suchbaum implementierbar ([GRA91]). Z.B. können ganze Teilbäume unbesehen aus dem Suchbaum entfernt werden, wenn lediglich die Wurzel dieses Teilbaums höhere Schätzkosten aufweist als ein bereits gefundenes Blatt (Monotonie der Schätzkosten). Abb. 3 zeigt den (vereinfachten) Suchbaum des hypothetischen Beispielsatzes *"Er tat es in dessen Namen".* Die Abfolge der Knotenexpansionen ist ist längs der nummerierten Pfeilfolge 1...10 zu sehen. Expandierte Knoten sind umrahmt, das einzige Blatt dunkel unterlegt dargestellt. Die Zahlenangaben in jedem Knoten sind *normierte Kosten / Schätzkosten.* Im Schritt 9 der Suche (Auffinden des Blattes) werden alle noch offenen Knoten, deren Schätzkosten höher sind als die Gesamtkosten des Blattes, aus dem Suchbaum entfernt (gestrichene Knoten). Als einziger offener Knoten verbleibt *"Wenn das..."*, der in zwei Nachfolgeknoten expandiert wird. Diese haben jedoch beide schlechtere Schätzkosten als das Blatt und werden daher ebenfalls gestrichen. Damit terminiert der Algorithmus in dem zuerst gefundenen Blatt.

In unserer Anwendung wird der Suchbaum zunächst durch konstante Parameter eingeschränkt (*konstantes akustisches Pruning*). Bei jeder Knotenexpansion werden die k_2 besten Folgewörter aus der 'word lattice' bestimmt und die daraus entstehenden Teilsätze durch die kontextabhängige Syntax gefiltert. Nach k_1 syntaktisch korrekten Folgewörtern wird abgebrochen, d.h. die maximale Anzahl von Nachfolge–Knoten einer Expansion ist k_1. Typischerweise ist $k_1 = 10$ und $k_2 = 20$, eine weitere Erhöhung der Parameter erbringt keine Verbesserung der Erkennungsraten.

Beim *dynamischen, akustischen Pruning* werden dagegen solange Nachfolge–Knoten erzeugt, bis die Kosten der Folgewörter normiert auf ihre Silbenzahl eine relative Schwelle r bezogen auf das akustisch beste Folgewort überschreiten. Mit $r = 260\%$ ergibt sich bei gleicher Erkennungsleistung eine Reduktion der angelegten Knoten um ca. 14% gegenüber dem konstanten, akustischen Pruning.

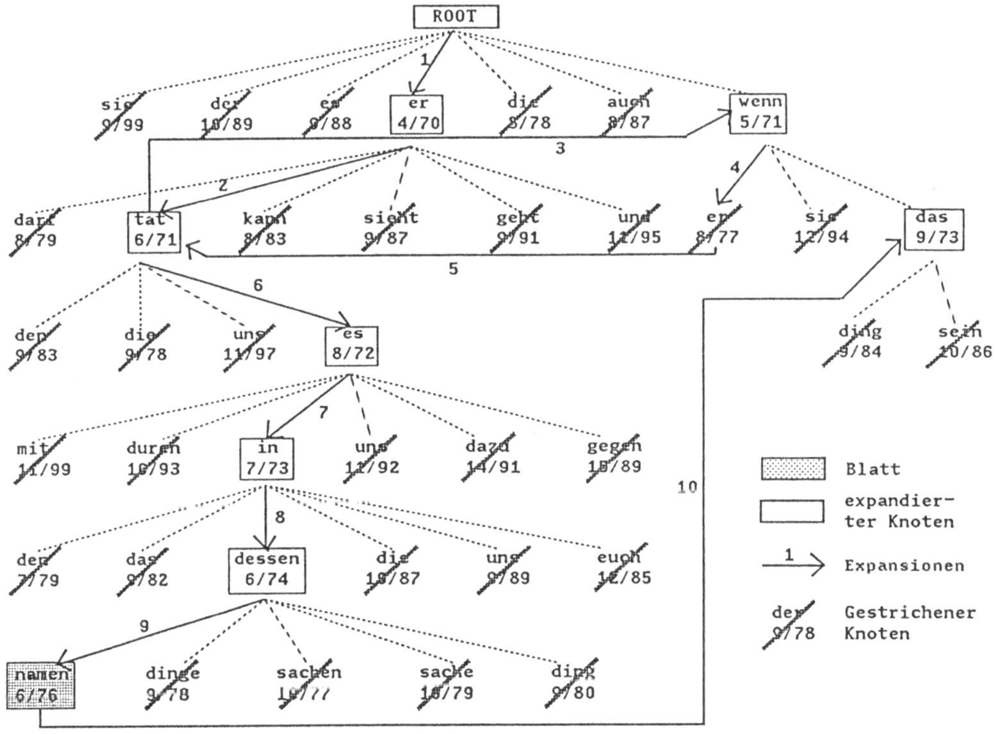

Abbildung 3: Suchbaum des Satzes "Er tat es in dessen Namen" (vereinfachtes Beispiel, siehe Text)

3 Ergebnisse und Beurteilung

Das oben beschriebene System zur automatischen Satzerkennung wurde implementiert und mit einem Erkennungssystem auf der Basis von Silbeneinheiten (SILBOS) getestet ([SCH90]). Das Lexikon enthält 132 Wörter. Der Test–Korpus besteht aus 23 verschiedenen Sätzen in zwei Versionen. Die verwendete DCG hat eine Testsatz–Perplexität von 26.6. Die folgende Tabelle zeigt die Satzerkennungsrate für verschiedene Verfahren unter gleichen Randbedingungen.

Verfahren	Satzerkennungsrate
1–stufige Dynamische Programmierung ohne Syntax–Kontrolle ([RUS88])	34.8 %
1–stufige Dynamische Programmierung mit Early–Algorithmus und kontext-unabhängiger Grammatik([RIL89])	45.7 %
MA* mit kontextabhängiger Grammatik	73.9 %

Das vorgestellte Baum–Suchverfahren MA* erlaubt eine effiziente Suche nach der Wortkombination mit der höchsten Verbundwahrscheinlichkeit des tatsächlich gesprochenen Satzes, ohne daß dabei der gesamte Suchbaum abgearbeitet werden muß. Die einleitende *Tiefensuche anhand der auf Silbenzahl normierten Kosten* erreicht bereits eine Satzerkennungsrate von über 50% und bildet daher einen guten Ausgangspunkt zur Begrenzung des Suchbaums nach A*. Der A* verwendet eine *optimistische Restkosten–Schätzung* in dem Sinne, daß der Klassifikator im bestmöglichen Fall für den noch unbekannten Teil des Satzes keine Fehler mehr macht. Bei einer Implementierung in PROLOG mit einem Erkennungssystem auf der Basis von Silbeneinheiten ergibt sich eine Verbesserung der Satzerkennungsrate von 34.8% auf 73.9% gegenüber der 1–stufigen dynamischen Programmierung ohne Syntax-Kontrolle. Das *dynamische, akustische Pruning* erbringt eine leichte Verminderung des Rechenaufwands bei gleichbleibender Erkennungsrate. Durch die *Suchstrategie MA** werden Teilsatzhypothesen stufenförmig aufgebaut, was eine effektive Implementation eines kontextabhängigen Syntax–Parsers ermöglicht ([SCH91]).

Literatur:

[GRA91] Gräbeldinger, W.: Optimierung eines Baumsuchverfahrens zur syntaxgesteuerten Erkennung fließend gesprochener Sprache. Diplomarbeit am Lehrstuhl für Datenverarbeitung, Technische Universität München, 1991.

[KAI89] Kaindl, Hermann: Problemlösen durch heuristische Suche in der artificial intelligence. Springer–Verlag, New York, 1989.

[NIL82] Nilson, N.J.: Principles of Artificial Intelligence. Springer–Verlag, Berlin Heidelberg New York, 1982.

[RIL89] Rilk, B.: Satzerkennung mit syntaxgesteuerter Dynamischer Programmierung. Diplomarbeit am Lehrstuhl für Datenverarbeitung, Technische Universität München, 1989.

[RUS88] Ruske, G.: Automatische Spracherkennung. R. Oldenbourg Verlag, München Wien, 1988.

[SCH90] Schiel, F.: Syntaxgesteuerte Erkennung von gesprochenen Sätzen mit Methoden der KI. Diplomarbeit am Lehrstuhl für Datenverarbeitung, Technische Universität München, 1990.

[SCH91] Schiel, F.: Effizienter Wort–Stufen–Parser auf der Basis einer kontextabhängigen DCG. Interner Bericht (unveröff.), Lehrstuhl für Datenverarbeitung,Technische Universität München, 1991.

[WEI90] Weigel, W.: Silbenorientierte Erkennung fließender Sprache mittels diskreter stochastischer Modellierung. Dissertation am Lehrstuhl für Datenverarbeitung, Technische Universität München, 1990.

Das ISADORA-System — ein akustisch-phonetisches Netzwerk zur automatischen Spracherkennung

E.G. Schukat-Talamazzini, H. Niemann

Uni Erlangen, Lehrstuhl für Informatik 5 (Mustererkennung)
E-mail: schukat@informatik.uni-erlangen.de

Zusammenfassung

Das ISADORA-System ist ein HMM-basiertes System zur Analyse von Sprachsignalen. Phonetische, morphologische und grammatische Spracheinheiten werden durch die Knoten eines hierarchischen Konstituentennetzes repräsentiert. Gewöhnliche Links-Rechts-Markovmodelle dienen der akustischen Modellierung minimaler Netzknoten, während die Modelle komplexerer Knoten durch geeignete Verknüpfungen (Hintereinander- und Parallelschaltung, Rückkopplung) kleinerer HMMs konstruiert werden.

Mit diesem Formalismus reduziert sich der Entwurf eines Spracherkennungsmoduls auf die Konstruktion eines geeigneten Netzes von Spracheinheiten. Durch den sukzessiven Aufbau neuer Netzknoten mithilfe obengenannter Verknüpfungen definieren wir etwa das Inventar der relevanten Wortuntereinheiten nebst der Struktur ihrer akustischen Modellierung, aber auch morphologische Strukturen, (reguläre) Satzgrammatiken und selbst das zu lösende Erkennungsproblem: verschiedene einschlägige Spracherkennungsaufgaben wie Einzel- und Verbundworterkennung, Phonemsegmentierung oder syntaxgesteuerte Satzerkennung sind im ISADORA-System nicht „fest verdrahtet", sondern geschehen durch die Anwendung des Viterbi-Algorithmus auf das Markovmodell geeignet strukturierter Netzknoten.

1   Einführung

Das ISADORA-Systemist ein automatisch lernendes System zur Analyse komplexer eindimensionaler Muster, das im folgenden allerdings nur in Bezug auf die Erkennung kontinuierlich gesprochener Sprache behandelt wird. Das System (Abb. 1) gliedert sich in einen deklarativen Teil, bestehend aus einem hierarchischen Konstituentennetz und den statistischen Parametern akustischer Sprachmodelle (HMMs, *hidden markov models*), und einem prozeduralen Teil, der Algorithmen zur Emissionsdichteberechnung, Optimalpfadsuche und Parameterschätzung im Rahmen der HMM-Methodologie sowie deren geeignete Verallgemeinerungen zur Verarbeitung beliebiger Netzkonzepte umfaßt. Die Netzstruktur wird durch ein i.a. umfangreiches Regelwerk vorgegeben, das aus Wissensquellen wie Aussprachewörterbüchern, Satzgrammatiken, Korpora, Wortlisten und phonologischen Zerlegungsregeln gespeist wird.

Die beiden Grundpfeiler, auf denen die Konzeption des ISADORA-Systems beruht, sind eine wirkungsvolle Nutzung der HMM-Technik und eine hierarchische Repräsentation phonetischer Spracheinheiten.

Die akustische Modellierung durch HMMs [Rab88] hat sich im Bereich der automatischen Spracherkennung aus zahlreichen Gründen gegenüber konkurrierenden Verfahren durchgesetzt. Für Markovmodelle gibt es effiziente Algorithmen zur optimalen akustisch-phonetischen Dekodierung (*Viterbi*-Algorithmus), die der Einzel-, aber auch der Verbundworterkennung [Ney84] dienlich sind, und beschleunigende Suchverfahren (*beam search*, [Low80]). Die Modellparameter werden automatisch aus (textüberwachten) Sprachproben nach dem *maximum-likelihood*-Prinzip [Bau72] oder entropiebasierten Gütekriterien [Bah88] gelernt, und es gibt robuste Verfahren [Jel80] für das Training mit Stichproben kritischen Umfangs. Wir kennen Algorithmen zur schnellen Adaption von HMMs an einen neuen Sprecher [Rig89], und die immer aufwendigere

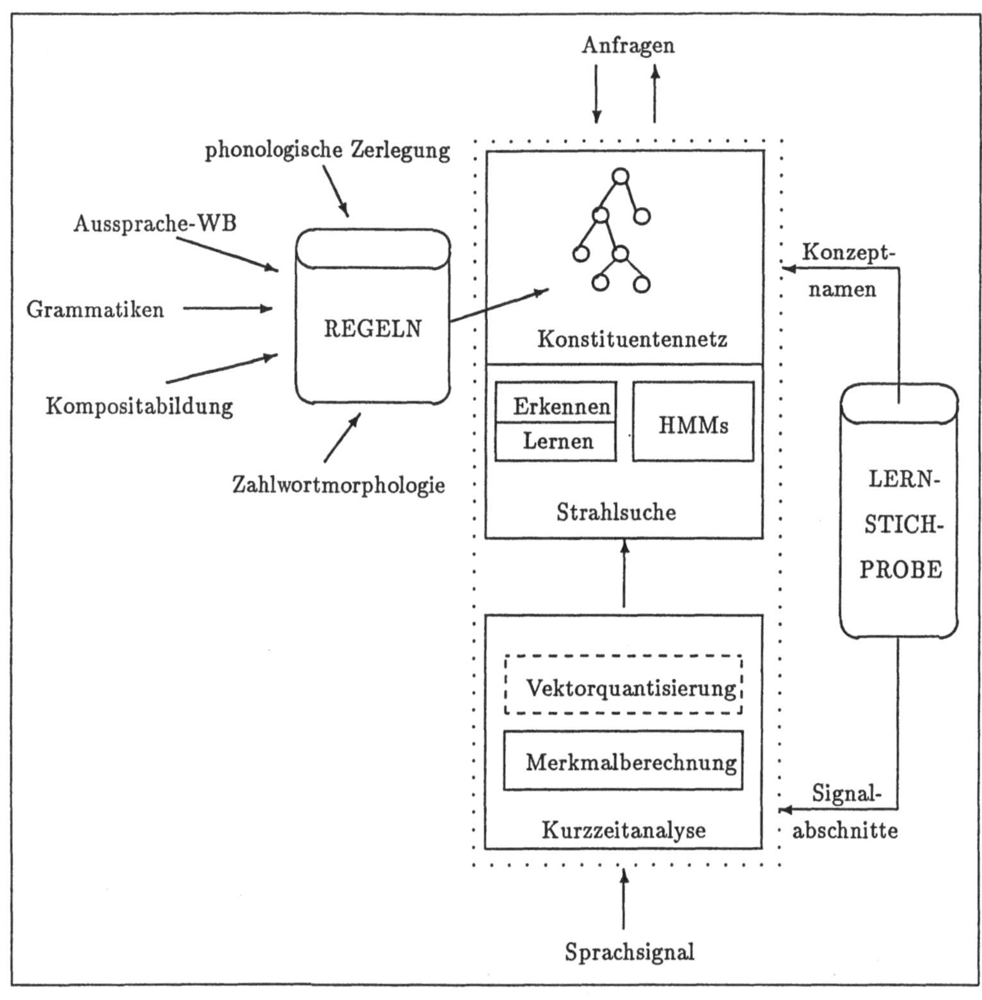

Abbildung 1: Architektur des ISADORA-Systems

statistische Modellierung der Zustandsemissionen [Jua85] gestattet auch den Aufbau sprecherunabhängiger Systeme. Zur Verarbeitung großer Wortschätze erlaubt es die *analysis-by-synthesis*-Strategie, sich von der wenig ökonomischen Ganzwortmodellierung zu lösen und geeignete phonetische Verarbeitungseinheiten unterhalb der Wortebene zu bemühen. Auch die Performanzsteigerungen durch Berücksichtigen der phonetischen Kontexte dieser Spracheinheiten [Lee89] wurde im Rahmen der HMM-Technik erzielt. Schließlich wurden Wortmodelle nach den Regeln einfacher Grammatikformalismen [Low80, Ney87] zu umfangreichen HMMs vernetzt, um linguistische Restriktionen bereits in der akustisch-phonetischen Dekodierung wirksam werden zu lassen.

Die Vereinigung eines Großteils der obengenannten Techniken finden wir in den Spracherkennern der Klasse *kompilierte Netzwerke* (HARPY [Low80], SPICOS [Pae89], SPHINX [Lee89]). Das ISADORA-System folgt hingegen der Architektur eines *nicht* kompilierten Netzwerks, in welchem die Bezüge zwischen den Spracheinheiten des Netzwerks und den Zuständen des resultierenden HMMs sichtbar bleiben. Die Verquickung von HMM-Technik und (phonetischer) Wissensdarstellung bedingt eine Reihe greifbarer Vorteile:

- Neue Erkennungsaufgaben erfordern keine neuen Suchalgorithmen, sondern lediglich eine Ergänzung des Netzwerks.

- Dasselbe gilt für neue oder veränderte Inventare von Wortuntereinheiten.

- Die Struktur des Netzwerks kann auch noch dynamisch zum Analysezeitpunkt modifiziert werden. Damit eröffnen sich Möglichkeiten- zur Behandlung dialogschrittabhängiger Grammatiken [You89], zur Erkennung „ungehörter" Wörter, wie z.B. Eigennamen, oder zur Exekution von Buchstabiermodi.

Der Beitrag skizziert zuerst generell den Netzformalismus (A.2), die akustische Modellierung (A.3) sowie die Lern- und Erkennungsalgorithmen (A.4). Im Anschluß (A.5) wird kurz die Implementation eines Verbundworterkenners auf Basis des ISADORA-Systems vorgestellt; experimentelle Ergebnisse dazu finden sich in A.6.

2 Netze, Knoten, Spracheinheiten und Markovmodelle

Die Grundmotivation zum Aufbau eines Netzwerkformalismus sprachlicher Einheiten bildet die Beobachtung, daß in zahlreichen HMM-Algorithmen zur Spracherkennung zunehmend *systematische Verknüpfungen* kleinerer HMMs zu größeren akustischen Modellen vorgenommen wird. Beispiele sind die *Hintereinanderschaltung*, die *Parallelschaltung*, die *Rückkopplung* oder genereller die Anordnung von Markovmodellen in Form eines *endlichen Zustandsnetzwerks*. Allen genannten Konstruktionen ist gemeinsam, daß ihr Resultat wiederum von der Form eines HMM ist. Die obenstehenden Verknüpfungsmechanismen, die erstmalig in Algorithmen zur Einzel- und Verbundworterkennung, zur Modellbildung mit Wortuntereinheiten und zur syntaxgesteuerten Spracherkennung auftauchten, werden im Netzwerkteil des ISADORA-Systems zu einem generellen Mechanismus der sukzessiven Konstruktion immer komplexerer akustischer, HMM-basierter Modelle systematisiert.

Das Netzwerk des ISADORA-Systems besteht aus einer Menge von *Knoten*. Jeder Knoten ist durch einen (eindeutigen) *Namen* identifiziert. Er besitzt ferner eine Folge von *Kanten* zu weiteren Netzwerkknoten. Diese nachfolgenden Knoten heißen *Konstituenten*. Schließlich besitzt er einen *Typ*, der die Art und Weise regelt, in der die Konstituenten modellmäßig verknüpft zu denken sind.

Um die Wohlfundiertheit der Modellkonstruktion zu gewährleisten, verbieten wir Zyklenformation der vorhandenen gerichteten Kanten und erhalten so ein *hierarchisches* Netzwerk. Die Strukturinformation zu einem Knoten besteht daher gerade in dem durch ihn aufgespannten *Unternetzwerk*. Die Darstellung einer Spracheinheit durch ein solches Unternetz bezeichnen wir als *Konzept* und verwenden den Knotennamen als Konzeptnamen.

Die textuelle Darstellung des Inhalts eines Netzwerks geschieht als zyklenfreie Menge typmarkierter, kontextfreier Phrasenstrukturregeln der folgenden Syntax:

```
TYP:    NAME   KONST_1 ... KONST_n   [< ATTR >]   ;
```

Neben Typmarkierung und Knotennamen finden sich zur Rechten die Namen der Konstituenten und, optional, ein Regelattribut. Wir unterscheiden zur Zeit 6 Verknüpfungsmechanismen akustischer Modelle. Den einfachsten Fall finden wir im

atomaren Knoten: der A-Knoten zerfällt nicht weiter in einfachere Konstituenten, sondern stellt die *minimalen* (oder *atomaren*) Konzepte der Hierarchie dar, aus deren bereits initial vorliegenden Modellen diejenigen der komplexeren Konzepte konstruiert werden.

Die beiden nächsten Verknüpfungen werden durch Parallelschaltung von HMMs realisiert. Sie führen auf identische Modelle, unterscheiden sich aber in der nach einer Musteranalyse generierten symbolischen Beschreibung der akustischen Eingabe.

disjunktive Spezialisierung: der D-Knoten beschreibt ein Konzept, das wahlweise im Sinne der Modelle seiner Konstituenten (*disjunktive* Spezialisierungen) realisiert werden kann. Die Analyse bzgl. eines disjunktiven Konzeptes abstrahiert jedoch bei der Erzeugung einer symbolischen Beschreibung der Eingabe davon, *welche* der angebotenen Realisierungsalternativen tatsächlich der Fall war.

paradigmatische Spezialisierung: der P-Knoten subsumiert nicht, wie oben, alternative Realisierungen zu *einer* symbolischen Beschreibungseinheit, sondern bietet eine Auswahl möglicher symbolischer Beschreibungen (*paradigmatischer* Spezialisierungen),, zwischen denen die Musteranalyse zu entscheiden hat.

Drei Verknüpfungen schließlich dienen der zeitlichen Aufspaltung phonetischer Konzepte in *Bestandteile* kürzerer Dauer:

syntagmatische Bestandteile: der S-Knoten beschreibt die lineare zeitliche Dekomposition einer Einheit in *syntagmatische* Bestandteile. Die Modellverknüpfung erfolgt durch Hintereinanderschaltung. Die Konstituentenreihenfolge ist essentiell.

repetitive Bestandteile: der R-Knoten erlaubt die beliebige (mindestens einmalige) Wiederholung seines einzigen *repetitiven* Bestandteils. Das akustische Modell wird aus dem Konstituentenmodell durch Rückkopplung aller End- auf alle Anfangszustände gewonnen.

FSNW-verknüpfte Bestandteile: der F-Knoten bettet die Modelle seiner Konstituenten in ein endliches Zustandsnetzwerk (*finite state network*, FSNW) ein. Eine als Regelattribut verankerte Adjazenzmatrix $(g_{ij})_{i,j=0,...,n}$ liefert die Menge erlaubter Modellübergänge (*Paargrammatik*), Anfangsmodelle (g_{i0}) und Endmodelle (g_{0j}).

Beispiele: Ausgehend von den akustischen Modellen der atomaren Konzepte und den typspezifischen Konstruktionsregeln sind wir nun in der Lage, sukzessive immer komplexere phonetische Konzepte bzw. Analyseaufgaben zu definieren. Einige Beispiele mögen dies verdeutlichen.

Eine Hierarchie phonetischer Einheiten unterhalb der Wortebene wird zweckmäßig mit den Mitteln der syntagmatischen Zerlegung beschrieben. Die Regeln

```
S:      /hamburg/       /ham/ /burg/ ;
S:      /ham/           /h/ /a/ /m/ ;
S:      /burg/          /b/ /u/ /@/ /k/ ;
```

dienen einer Wortzerlegung in Silben und anschließend in Phoneme. Unterschiedliche Realisierungen, die jedoch zu identischen Analyseergebnissen führen sollen, repräsentieren wir als disjunktive Spezialisierungen, wie das nachstehende Beispiel zeigt:

```
D:      zwei            /zwei/ /zwo/ ;
S:      /zwei/          /ts/ /v/ /aj/ ;
S:      /zwo/           /ts/ /v/ /0:/ ;
```

Oberhalb der Wortebene ist eine Darstellung rekursionsfreier Phrasenstruktur-Grammatiken mittels S/P-Schachtelungen erzielbar, was die nun folgende Zwergsyntax illustrieren soll.

```
S:      <S>             <NP> <VP> ;
S:      <VP>            <V> <NP> ;
P:      <NP>            Mary John Fury ;
P:      <V>             schlaegt kuesst liebt ;
```

Eine beliebige reguläre Grammatik G über einer Konzeptmenge wird als F-Knoten implementiert, dessen Adjazenzmatrix aus einem endlichen erkennenden Automaten für G hervorgeht. F-Knoten sind in beliebiger Tiefe schachtel- und mit S/P-Konstruktionen verschränkbar. Das führt in zahlreichen Fällen zu einer übersichtlicheren Darstellung und reduziert die Anzahl der HMM-Zustände und damit die Ausdehnung des Suchraumes.

Ist keine Grammatik bekannt, sondern nur der Erkennungswortschatz, so kann der *one-stage*-Algorithmus [Ney84] zur Verbundworterkennung mit wenigen Regeln verwirklicht werden:

```
P:      <LEX>        Aachen Abend abfahren ... Zugverbindung ;
R:      <SEQ>        <LEX> ;
S:      <CWR>        STILLE <SEQ> STILLE ;
```

Das Paradigma namens `<LEX>` ist ein Wortklassifikator für den rechtseitig definierten Wortschatz, die Repetition `<SEQ>` repräsentiert die Menge aller bildbaren Wortketten, und das Konzept `<CWR>` schließlich leistet eine Verbundworterkennung unter der Prämisse einbettender Stilleintervalle. Die Verfügbarkeit geeigneter Subnetze für die Wörter Aachen bis Zugverbindung und des Konzepts STILLE für die Sprachpausen am Satzanfang und -ende wird vorausgesetzt.

3 Akustische Modelle

Nachdem wir gesehen haben, auf welche Weise das akustische Modell eines Netzknotens aus denen seiner Bestandteile oder Spezialisierungen aufgebaut wird, bleibt zu klären, welchen Modelltypus wir zur Repräsentation der A-Knoten ansetzen. Generell verwenden wir Markovmodelle mit Parametern $\lambda = (\Pi, A, B)$ (zur Notation siehe z.B. [Rab88]).

Wir haben *linearen* Modellen den Vorzug gegeben. Lineare HMM sind Links-Rechts-Modelle, in welchen nur Übergänge der Art $s_i \longrightarrow s_i$ und $s_i \longrightarrow s_{i+1}$ gestattet sind. Ferner lassen wir die Identifikation beliebig vieler *aufeinanderfolgender* Zustände zu. Solcherart *verbundene* Zustände besitzen dann identische Übergangs- und Ausgabewahrscheinlichkeiten. Der Mechanismus dient einer impliziten Dauermodellierung. Der Ansatz einer simplen linearen Topologie rechtfertigt sich aus der Einsicht, daß die Modelle der A-Knoten lediglich als kleinste Bausteine unserer Netzkonstruktion dienen.

Die akustische Eingabe für das ISADORA-System kann je Zeitscheibe ein Merkmalvektor $x \in \Re^s$, der Prototypenindex i einer harten oder die Alternativenbewertung $\{p_i\}$ einer weichen Vektorquantisierung sein. Es existieren zur Zeit Modellierungen der Zustandsemissionen als *einfach kontinuierliche* Dichten

$$b_j(x) = \mathcal{N}(x, \mu_j, K_j)$$

mit diagonaler Kovarianzmatrix K_j, als *diskrete* Dichten

$$b_j(i) = c_{ji}$$

für die harte Vektorquantisierung und als *diskrete* Dichten

$$b_j(\{p_i\}) = \sum_{i=1}^{M} c_{ji} p_i$$

für die weiche Vektorquantisierung. Ferner gibt es eine *semi-kontinuierliche* Dichteform [Hua89]:

$$b_j(x) = \sum_{i=1}^{M} c_{ji} \mathcal{N}(x, \mu_i, K_i)$$

Die semi-kontinuierliche Modellierung entspricht dem weichen diskreten Ansatz, nur daß auch die Codebuchparameter der Vektorquantisierung trainierbarer Bestandteil des HMM werden. Eine Modellierung der Eingabevektoren vermöge Gaußscher Mischverteilungen [Jua85] ist gegenwärtig noch nicht realisiert.

4 Lernen und Erkennen

Die Erzeugung einer symbolischen Beschreibung (Erkennungsphase) und die überwachte Auffrischung der Markovmodellparameter (Lernphase) laufen im ISADORA-System in drei Schritten ab (gegeben sei das Analyse- bzw. Überwachungskonzept k und die Eingabefolge O):

1. Das zum Vorgabekonzept gehörende Modell λ_k wird erzeugt.

2. Das HMM λ_k wird hinsichtlich der akustischen Eingabe O ausgewertet. Dies geschieht durch den *Viterbi*-Algorithmus, der eine Zustandsfolge μ mit maximalem $P(\mu, O \mid \lambda_k)$ berechnet.

3. Die oben erzeugte Zustandsfolge wird dazu herangezogen, eine symbolische Beschreibung der Eingabe mit den Ausdrucksmitteln des Unternetzes von k zu generieren (Erkennen) oder aber die statistischen Parameter von λ_k aufgrund der vorangegangenen forcierten Erkennung aufzufrischen (Lernen).

Dem *Viterbi*-Algorithmus ist ein Strahlsuchverfahren [Low80] überlagert, das den zeitlichen Erkennungs- und Trainingsaufwand um etwa eine Größenordnung reduziert.

Erkennung: Die beschriebene Modellkonstruktion und der darauf operierende *Viterbi*-Algorithmus liefert uns eine wahrscheinlichste Zustandfolge μ durch λ_k. Diese Ergebnisdarstellung ist uns sicherlich zu detailliert. In den Beispielen des Abschnitts 2 ist offensichtlich, welche Resultate gewünscht werden:

- Es ist uns gleichgültig, ob die Variante /zwei/ oder /zwo/ gesprochen wurde — wir sind mit dem Resultat zwei vollauf zufrieden.

- Die Analyse hinsichtlich <S> sollte einen Ausdruck der Art [Mary [liebt John]] ergeben.

- Das Konzept <LEX> stellt offensichtlich das Problem einer Wortklassifikation dar. Eine Antwort wie Abend wird erwartet.

- Das Konzept <SEQ> fragt nach der bestpassenden Wortkette aus dem Paradigma <LEX>. Das Resultat am Abend ... abfahren ist eine angemessene Antwort.

Eine solche symbolische Beschreibung kann aus μ unter Rückgriff auf die Struktur von k gewonnen werden; hierbei ist natürlich wesentlich, daß in dem *nicht* kompilierten HMM-Netz des ISADORA-Systems noch die gesamte Strukturinformation enthalten ist.

Lernen: Das Parametertraining im ISADORA-System geschieht mit einem *Maximum-Likelihood*-Schätzer, der die Markovmodelle schrittweise an eine vorgelegte Lernstichprobe anpasst [Bau72]. Die Lernstichprobe ist eine Sequenz von Sprachsignalen, deren jedes mit den Ausdrucksmitteln des ISADORA-Systems beschrieben ist. Da das kennzeichnende Konzept beliebige Detaillierungsgrade von der Lautfolge bis zur Grammatikwurzel annehmen kann, schöpfen wir das ganze Kontinuum zwischen überwachtem und unüberwachtem Lernen aus.

Für die Parameterschätzung verwenden wir ein modifiziertes *Viterbi*-Training (VT, auch *segmental K-means* [Rab88]). Der Algorithmus ist induktiv über den Aufbau des Trainingskonzepts definiert und verhält sich außer bei den disjunktiven Spezialisierungen wie VT. Hier werden nämlich *alle* parallelgeschalteten Modelle als alternativ gültige Beschreibung des Signalausschnitts verwendet.

In der ursprünglichen Form zeigt das Lernverfahren eine quadratische Abhängigkeit des Rechen- und Speicheraufwandes von der Dauer der Trainingsbeispiele. Daher geschieht das Lernen jetzt in einer *entscheidungsüberwachten* Form. In einem strahlsuchgesteuerten, forcierten Erkennungsschritt wird die Eingabe in Segmente maßvoller Dauer (*hier:* Wörter) zerlegt, welche daraufhin mit ihrem zugewiesenen Deskriptionskonzept als Trainingsbeispiele dienen. Dieses Verfahren ermöglicht ein schnelles Lernen auch unter Vorgabe sehr langer Trainingsbeispiele.

5 Kontexteinfrierende Wortuntereinheiten

Die Steuerung der Detailliertheit akustischer Modellierung geschieht durch die A-Knoten. Setzt man nun A-Knoten lediglich für ein Inventar minimaler Lauteinheiten (z.B. Phonkomponenten, wie im nachstehenden Beispiel) an, resultiert eine rein *phonbasierte* Architektur (wie etwa die des HARPY-Systems):

```
S:      Entfernung    /e/ /n/ /t/ /f/ /e/ /r/ /n/ /u/ /N/ ;
```

Will man hingegen mehrsegmentige Einheiten direkt modellieren, um die auftretenden akustischen Ereignisse in ihrer spezifischen Umgebung parametrisch zu erfassen („*Einfrieren* des lautlichen Kontextes"), bietet sich eine sog. DAS-Konstruktion an:

```
D:      /ent/         /ent/^A /ent/^S ;
A:      /ent/^A       /e/ /n/ /t/ ;
S:      /ent/^S       /e/ /n/ /t/ ;
```

Im Beispiel wird die im Deutschen hochfrequente Präfixsilbe /ent/ einmal explizit durch das spezialisierte HMM für /ent/^A modelliert und einmal durch die syntagmatische Konstruktion des /ent/^S synthetisiert. Die Konstituenten des A-Knotens dienen der strukturellen und parametrischen Vorbesetzung des /ent/^A-Modells.

Wir führen nun eine regelhafte Dekomposition der phonetischen Spracheinheiten des Subwortbereichs auf sechs Schichten durch. Diese Zerlegungshierarchie enthält gegenwärtig 1308 (minimale) Wortformen, 1118 Silben, 692 Halbsilben, 194 Silbenteile (Vokalkerne und initiale oder finale Konsonantgruppen), 62 (Bi-)Phoneme und 43 Phonkomponenten. Die Phonkompo-

```
                      Hamburg
              |ham|                    |burk|
         ha_           _am        bu_           _urk
       |h_    _a_    _m|       b_    _ur_    _k|
       /h/   /a/   /m/     /b/   /u/    /@/    /k/
      [h]   [a]   [m]   [<]   [b]   [u]   [@]  [<]  [k]  [>]
```

Abbildung 2: Phonetische Zerlegung des Wortes *Hamburg*

nenten am unteren Ende der Hierarchie sind A-Knoten und damit durch ein HMM repräsentiert. Zu jeder der übrigen Spracheinheiten wird die Auftretenshäufigkeit in der Lernstichprobe bestimmt. Übertrifft diese eine vorgegebene untere Schranke σ, so wird für diese Einheit mit obiger DAS-Konstruktion ein akustisches Modell im Netz eingerichtet (und später trainiert).

6 Erkennungsleistung eines Verbundworterkenners

Mit diesen Wortuntereinheiten und dem Analysekonzept <CWR> (vgl. A.2) wurde ein sprecherabhängiger Verbundworterkenner mit einfach-kontinuierlichen Ausgabedichten realisiert. Die Lernstichprobe bestand aus 180, die Teststichprobe aus weiteren 20 Sätzen. Der Testwortschatz enthielt 44 Wörter, von denen nur einige (16) bereits in der Lernstichprobe auftauchten. Die Tabelle zeigt die Anzahl der trainierten HMMs und (für zwei verschiedene Sprecher/innen) die erzielte Wortakkuratheit in Abhängigkeit von unterschiedlichen Schranken für die Minimalhäufigkeit zu modellierender Spracheinheiten. In der 4-Sprecher-Anwendung (*2m+2f*) fällt die Leistung stark ab, zum einen, da 4 Sprecher sicherlich keine repräsentative Lernstichprobe darstellen, zum anderen, da die mit einfach-kontinuierlichen Ausgabedichten verbundene *Unimodalitätsannahme* für einen Mehrsprecher- oder gar sprecherunabhängigen Betrieb unangebracht ist. Auch das vierte Experiment geht von 4 Sprechern aus und einer Lernstichprobe, die disjunkt zur Teststichproben ist, jetzt hingegen auch Trainingsmuster für die Wörter des Erkennungswortschatzes enthält.

Schranke σ	*phonbasiert*	28	14	6	4
Anzahl WUE-Modelle	43	130	204	411	578
	Wortakkuratheit [%]:				
Sprecherin BR	91.2	94.1	96.1	98.0	96.1
Sprecher SM	96.1	94.1	96.1	96.1	99.0
4 Sprecher/innen	84.3	86.3	87.6	93.5	89.5
wie oben, aber $W_T \subseteq W_L$	83.0	91.5	94.1	99.3	98.7

Tabelle 1: Leistung des Verbundworterkenners

Die Ergebnisse belegen, daß das ISADORA-System eine akkurate sprecherabhängige Erkennung gewährleistet, und zwar unter wesentlichem Beitrag der von uns gewählten kontext-einfrierenden Wortuntereinheiten. Ferner deutet Experiment 4 auf die unbedingte Nützlichkeit einer applikationsabhängigen Lernstichprobe hin.

Weitergehende Untersuchungen werden klären müssen, ob der Performanzsprung zwischen sprecherabhängiger und -unabhängiger Erkennung mit dem Einsatz semi-kontinuierlicher Ausgabedichten spürbar verkürzt werden kann. Ferner wurden im ISADORA-System kürzlich auch generalisierte Triphone [Lee89] als Wortuntereinheiten implementiert, die mit den obengenannten Einheiten experimentell verglichen werden sollen.

Literatur

[Bah88] L. Bahl, P. Brown, P. deSouza, R. Mercer: *A New Algorithm for the Estimation of Hidden Markov Model Parameters.* In *Proc. Int. Conf. on Acoustics, Speech, and Signal Processing,* S. 493–496, 1988.

[Bau72] L. Baum: *An Inequality and Associated Maximization Technique in Statistical Estimation for Probabilistic Functions of Markov Processes.* Inequalities, 3: S. 1–8, 1972.

[Hua89] X. Huang, M. Jack: *Semi-Continuous Hidden Markov Models for Speech Signals.* Computer Speech & Language, 3(3): S. 239–251, 1989.

[Jel80] F. Jelinek, R. Mercer: *Interpolated Estimation of Markov Source Parameters from Sparse Data.* In E. Gelsema, L. Kanal (Editoren): *Pattern Recognition in Practice,* S. 381–397, North Holland, 1980.

[Jua85] B. Juang, L. Rabiner: *Mixture Autoregressive Hidden Markov Models for Speech Signals.* IEEE Trans. on Acoustics, Speech, and Signal Processing, 33(6): S. 1404–1413, 1985.

[Lee89] K. Lee: *Automatic Speech Recognition, The Development of the SPHINX System.* Kluwer Academic Publishers, Boston, Dordrecht, London, 1989.

[Low80] B. Lowerre, D. Reddy: *The Harpy Speech Understanding System.* In W. Lea (Editor): *Trends in Speech Recognition,* S. 340–360, Prentice-Hall Inc., Englewood Cliffs, New Jersey, 1980.

[Ney84] H. Ney: *The Use of a One-stage Dynamic Programming Algorithm for Connected Word Recognition.* IEEE Trans. on Acoustics, Speech, and Signal Processing, 32: S. 263–271, 1984.

[Ney87] H. Ney: *Spracherkennung mit stochastischen Grammatiken.* In E. Paulus (Editor): *Mustererkennung 87 (9. DAGM Symposium),* S. 118–122, Springer, 1987.

[Pae89] A. Paeseler, H. Ney: *Continuous Speech Recognition Using a Stochastic Language Model.* In *Proc. Int. Conf. on Acoustics, Speech, and Signal Processing,* S. 719–721, Glasgow, 1989.

[Rab88] L. Rabiner: *Mathematical Foundations of Hidden Markov Models.* In H. Niemann, M. Lang, G. Sagerer (Editoren): *Recent Advances in Speech Understanding and Dialog Systems,* S. 183–205, Springer, 1988.

[Rig89] G. Rigoll: *An Information Theory Approach to Speaker Adaptation.* In *Proc. European Conf. on Speech Technology,* S. 494–497, 1989.

[You89] S. Young, C. Proctor: *The Design and Implementation of Dialogue Control in Voice Operated Database Inquiry Systems.* Computer Speech & Language, 3(4): S. 329–353, 1989.

Nachhall- und Störunterdrückung durch Filterung der spektralen Einhüllenden

Martin F. Schlang

Siemens AG, Zentralabteilung Forschung und Entwicklung
ZFE IS INF 2, Otto-Hahn-Ring 6, 8000 München 83

Bei der ortsungebundenen Spracheingabe in Räumen müssen Nachhall und stationäre Störungen kompensiert werden. Hierfür wird ein derart gestörtes Sprachsignal zunächst mit einer gehörgerechten Spektraltransformation analysiert. Die daraus resultierenden spektralen Teilbänder werden anschließend mit einem Modell der invertierten Modulationsübertragungsfunktion des Raumes gefiltert, der den Nachhall verursacht. Diese Funktion, die nur einmal bestimmt werden muß und für alle Positionen im Raum gilt, kann mit einer Least-Squares-Abschätzung berechnet werden. Durch eine zusätzliche Hochpaßfilterung in den spektralen Teilbändern lassen sich auch stationäre Störungen unterdrücken. Die Wirksamkeit des Verfahrens wird anhand von Erkennungsraten eines automatischen Spracherkenners gezeigt: abhängig von der Störsituation, erhöht sich die Erkennungsrate um bis zu 30 %.

1 Einleitung

Bei der automatischen Spracherkennung, bei Videokonferenzen oder bei Freisprechtelefonen in Büroräumen muß ein möglichst großer Signal/Störabstand eingehalten werden. Diese Forderung wird bei ortsungebundener Spracheingabe nicht immer erfüllt: dem Direktschall, den der Sprecher zur Aufnahmevorrichtung sendet, werden bei Freisprechen zusätzliche unerwünschte Signalanteile überlagert. Deshalb wird der Signal/Störabstand an der Aufnahmevorrichtung durch die Schallübertragung im Raum deutlich verschlechtert.

Die unerwünschten Signalanteile bestehen aus Störungen durch *Hintergrundgeräusche* die sich dem Sprachsignal additiv überlagern. Reflexionen an den Raumbegrenzungen verursachen zusätzlich eine multiplikative Überlagerung des Sprachspektrums mit der Übertragungsfunktion des Raumes, den *Nachhall*.

Nachdem in /Sch 90a/ ein mehrkanaliges Verfahren zur Verbesserung des Signal/Störverhältnisses vorgestellt wurde, soll hier gezeigt werden, wie bei Freisprecheinrichtungen unerwünschte Signalanteile mit nur einem Signalempfänger kompensiert werden können. In manchen praktischen Anwendungen wird aus Gründen des Aufwands eine einkanalige Signalverarbeitung angestrebt.

Deshalb muß aufgrund von Vorwissen über die Spracherzeugung, Sprachübertragung und Art der Störungen das am Ort des Empfängers mit einem einzelnen Mikrofon aufgenommene Signalgemisch einer weiteren Verarbeitung unterzogen werden. Diese Verarbeitung soll möglichst unabhängig von der ihr nachgeschalteten Anwendung wie z.B. einer automatischen Spracherkennung arbeiten.

Es ist bekannt, daß aufgrund der großen Variabilität der Raumübertragungsfunktion eine Nachhallkompensation durch einfache Entfaltung im Zeitbereich nicht möglich ist. Auch der Mensch bedient sich einer anderen Methode. In Ahnlehnung an diese wird hier eine Spektralanalyse verwendet, die der menschlichen angepaßt ist.

Das aus dieser Analyse resultierende Audiospektrum eignet sich, wie gezeigt wird, zur Nachhallkompensation. In ihm werden die für das Gehör relevanten Informationen, die die Raumimpulsantwort trägt, wesentlich besser aufgeschlüsselt und auch anschaulicher repräsentiert als im zugehörigen Zeitsignal. Diese Erkenntnis findet auch in dem Konzept der Modulationsübertragungsfunktion Verwendung. Anhand dieses Konzeptes wird hier ein Verfahren zur Nachhallkompensation entwickelt.

Dieses Verfahren basiert auf der Filterung der spektralen Einhüllenden des gestörten Signals. Hierfür müssen zunächst die Eigenschaften des Raumes, in dem das Enthallungssystem verwendet werden soll, gemessen werden. Anhand dieser Messungen läßt sich eine den Raum beschreibende, sogenannte charakteristische Funktion bilden. Im Gegensatz zur Raumübertragungsfunktion ist die charakteristische Funktion gegenüber kleinen Veränderungen des Raumes bzw. seiner akustischen Eigenschaften relativ unempfindlich. Wird der charakteristischen Funktion noch eine weitere Hochpaßfunktion überlagert, so können zugleich auch Störgeräusche unterdrückt werden.

Die Wirksamkeit des vorgestellten Verfahrens wird anhand von experimentellen Untersuchungen mit einem automatischen Spracherkennungssystem belegt.

2 Gehörgerechte Spektralanalyse

Aufgrund der großen Variabilität der Raumübertragungsfunktion erfolgt die Nachhallkompensation und Unterdrückung von Störgeräuschen in spektralen Teilbändern. Zur Gewinnung dieser Teilbänder wird das gestörte Signal $s(t)$ einer gehörgerechten Spektralanalyse unterzogen. Hierfür bietet sich eine Fourier-Time-Transformation (FTT) /Ter 85/ mit einem Fenster zweiter Ordnung an /Sch 90b/. Das resultierende zeitvariante Audiospektrum $S(\omega,t)$ kann für eine feste Analysefrequenz ω_A anschaulich als Filterung des komplex modulierten Signals $s(t)$ mit einer Filterbank betrachtet werden. Dabei entspricht ω_A der Mittenfrequenz des jeweiligen Frequenzkanals und die in der FTT verwendete Fensterfunktion $w(t)$ der Impulsantwort der Filter /Sch 90c/.

$$S(\omega,t)\Big|_{\omega=\omega_A} = S(\omega_A,t) = (\,s(t)\,e^{-j\omega_A t}\,) * w(t) \ . \tag{1}$$

Die Qualität des Analysesystems läßt sich durch subjektive Hörtests bestimmen. Hierfür wurde ein Testsystem implementiert, das die Synthese des analysierten Signals mit Hilfe des Teiltonzeitmusters nach /Hei 88/ ermöglicht.

Der Vorteil des nach Gl. 1 ermittelten Audiospektrums besteht darin, daß ein mit dieser Audiotransformation ermitteltes zeitvariantes *Betrags*spektrum $|S(\omega_A,t)|$ auch ohne Berücksichtigung der Phaseninformation alle relevanten Informationen für das menschlichen Gehör enthält /Hei 88/. Dies ist eine wichtige Vorraussetzung für die Filterung der spektralen Einhüllenden.

3   Das Modulationsspektrum

Die Filterung in spektralen Teilbändern kann mit Hilfe des Modulationsspektrums veranschaulicht werden. Zur Ermittlung dieses Spektrums wird das Audiospektrums $|S(\omega_A,t)|$ einer weiteren Fouriertransformation unterzogen. Diese Transformation wird für jede Analysefrequenz ω_A durchgeführt. So erhält man die (nicht normierte) Modulationsübertragungsfunktion (MÜF) $S(\omega_A,\omega)$. Sie zeigt die spektrale Verteilung der einzelnen spektralen Teilbänder für die jeweilige Analysefrequenz ω_A. In Abb. 1a) ist eine typische mittlere Verteilung der normierten MÜF für menschliche Sprache nach /Hou 80/ dargestellt. Da Sprache keine stationären Anteile

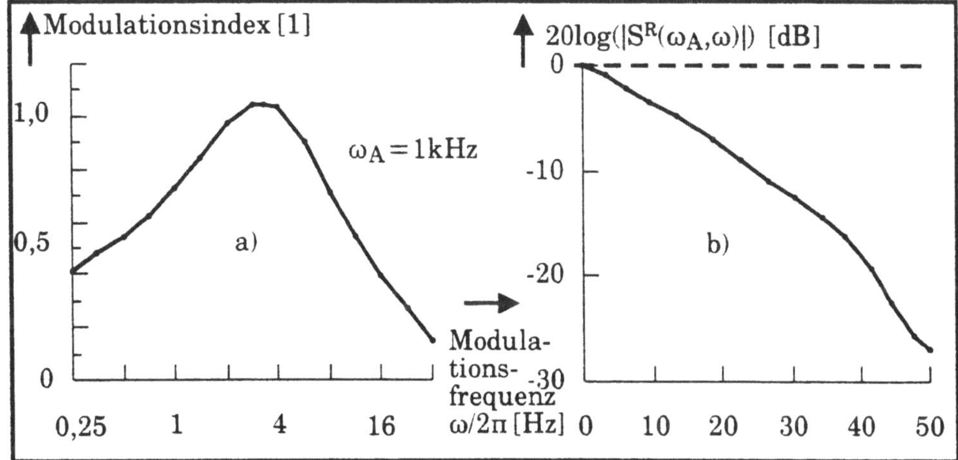

Abb. 1: a) Die mittlere Verteilung des Modulationsindex für Sprache.
b) MÜF eines Raumes.

enthält, nimmt die MÜF zu kleinen Frequenzen hin ab. Ihr Maximum liegt bei ca. 3,5 Hz; zu höheren Frequenzen hin nimmt sie auf Grund der Trägheit des menschlichen Sprachtrakts wieder ab. Einen anderen Verlauf zeigt die Modulatuionsübertragungsfunktion der Raumimpulsantwort.

4 Die Modulationsübertragungsfunktion der Raum-impulsantwort

Die Raumimpulsantwort (RIA) kann mit der Methode nach Schröder /Sch 79/ und einer schnellen Hadamard-Transformation sehr genau bestimmt werden. Die RIA zeigt eine sehr große Variabilität bei kleinsten Modifikationen des gemessenen Raumes bzw. Veränderungen der Sprecherposition. Deshalb ist eine direkte Entfaltung von verhallten Sprachsignalen mit der gemessenen und invertierten RIA nicht sinnvoll. Wird die RIA aber, wie oben beschrieben, durch zweimalige Fouriertransformation analysiert, so besitzt ihre MÜF $S^R(\omega_A,\omega)$ stabilere Eigenschaften /Sch 89/.

Ein Blick auf den Verlauf einer MÜF für einen Raum mit einer Nachhallzeit von 0,52 s (Abb. 1b) zeigt, daß diese ein typisches Tiefpaßverhalten aufweist. Dies resultiert aus der exponentiell abfallenden Hüllkurve der RIA. Wird das Tiefpaßverhalten der MÜF eines Raumes derart kompensiert, daß die resultierende MÜF für alle Modulationsfrequenzen ω konstant ist (Abb. 1b, gestrichelt), so kann damit eine Unterdrückung von Nachhall erzielt werden.

5 Kompensation von Nachhall und Störungen

Eine Kompensation von Nachhall durch Anhebung der hohen Modulationsfrequenzen kann im Frequenzbereich durch Multiplikation des verhallten Sprachspektrums $S^H(\omega_A,\omega)$ mit einer *charakteristischen Funktion* $X(\omega_A,\omega)$ erreicht werden /Sch 89/. Gleichwertig ist eine Filterung des Spektrums $S^H(\omega_A,t)$ für jede Analysefrequenz ω_A mit der Funktion $X(\omega_A,t)$ im Zeitbereich (Abb. 2), wie sie in diesem Beitrag vorgeschlagen wird.

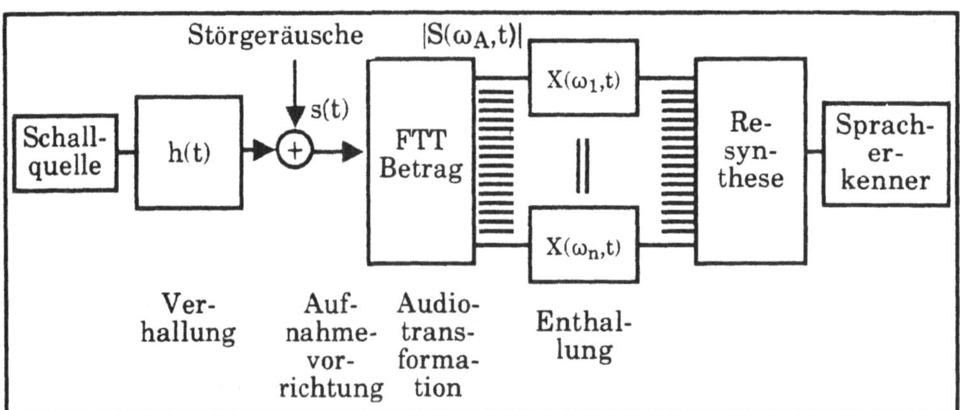

Abb. 2: Blockdiagramm der Modulationsfilterung. Die Audiotransformation liefert 400 diskrete Frequenzen ω_A, die mit der jeweiligen charakteristischen Funktion $X(\omega_A,t)$ gefaltet werden.

Aufgrund der relativ kleinen Streuung der MÜF der Raumübertragungsfunktion können die zur Enthallung benötigten charakteristischen Funktionen $X(\omega_A,t)$ durch einen Mittelungsprozeß gewonnen werden /Sch 89/. Zunächst werden für den Raum, in dem das Enthallungssystem angewandt werden soll, mehrere RIA für verschiedene Positionen i des Schallsenders gemessen. Für jede RIA wird mit Hilfe der FTT das Spektrum $S_i^R(\omega_A,t)$ berechnet. Die zeitvarianten Spektren aller Einzelmessungen i werden zum Spektrum $S^R(\omega_A,t)$ arithmetisch gemittelt, und zwar getrennt für jede Frequenz ω_A und jeden Zeitpunkt t. Aus diesem gemittelten Spektrum kann die charakteristische Funktion $X(\omega_A,t)$ für jede einzelne Analysefrequenz ω_A im Zeitbereich mit Hilfe eines "Least-Squares-Verfahren" /Sch 91/ modelliert werden. Durch die Verwendung eines FIR-Filters ist das modellierte System stabil.

Wird die charakteristische Funktion $X(\omega_A,t)$ dahingehend modifiziert, daß sie für sehr kleine Frequenzen eine hohe Dämpfung aufweist, so kann neben der Enthallung gleichzeitig der Anteil von stationären Störgeräuschen vermindert werden. Stationäre Störungen verursachen nämlich im zeitvarianten Spektrum eine starke Komponente bei einer Modulationsfrequenz von Null Herz. Die Qualität des gewünschten Nutzsignals (Sprache) wird durch diese Filterung nur unwesentlich verschlechtert, da ihr Anteil an niedrigen Modulationsfrequenzen nach Abb. 1 a) sehr klein ist.

6 Auswirkungen des Verfahrens auf die automatische Spracherkennung

Zur Untersuchung der Wirksamkeit des im den vorigen Abschnitt vorgestellten Algorithmus zur Nachhallkompensation und Störgeräuschunterdrückung soll hier ein automatisches Spracherkennungssystem Verwendung finden. Als Spracherkenner wird das Dialogsystem SPICOS II verwendet, das fließende Rede erkennen kann. Dieses System ist in /Hög 90/ und den dort angegebenen Referenzen beschrieben und soll hier als eine „*Black Box*" betrachtet werden. Es erreicht bei ungestörter Sprache eine durchschnittliche Erkennungsrate von 93,9% /Lit 90/.

Die Sprachdaten werden zunächst künstlich verhallt und zur Messung der Fehlerraten dem Spracherkenner zur Analyse angeboten. Dann wird eine *Nachhallkompensation* vorgenommen. Der geschätzten charakteristischen Funktion wurde zur Unterdrückung von Modulationsfrequenzen größer als 15 Hz eine Tiefpaßfunktion überlagert. Die mit Quadraten gekennzeichneten Meßpunkte in Abb. 3 zeigen eine Verbesserung der Spracherkennungsrate um bis zu 22 %.

Eine Erhöhung der Fehlerrate durch die Nachhallkompensation wurde nur bei einer Nachhallzeit von Null Sekunden beobachtet. Dies läßt sich zum einen dadurch erklären, daß das Analysesystem die Signalqualität verschlechtert. Zum anderen muß bei der Betrachtung der Fehlerraten, die sich nach der Nachhallkompensation einstellen, berücksichtigt werden, daß der Spracherkenner anhand von ungestörten Sprachsignalen auf eine

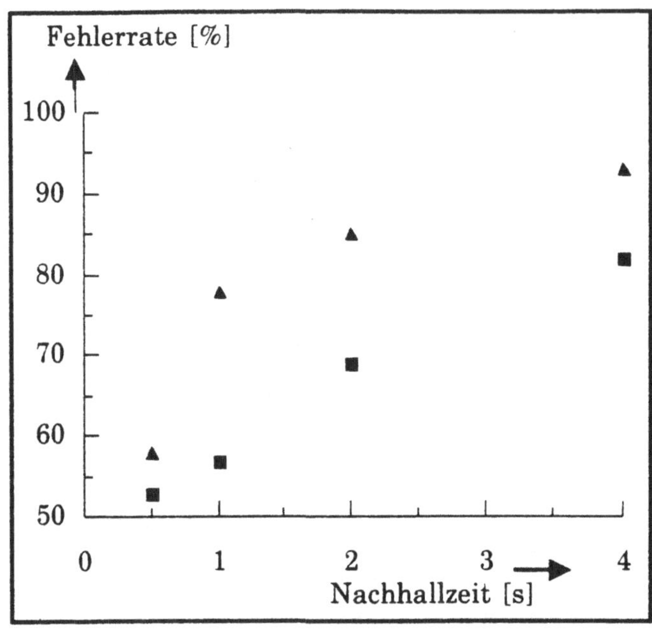

Abb. 3:
Gemessene Fehler-
raten des automa-
tischen Sprach-
erkenners in
Abhängigkeit von der
Nachhallzeit.
Dreiecke: Ohne
Nachhallkompensa-
tion.
Quadrate:
Kompensationsfilter
mit Least-Squares-
Abschätzung.

minimale Fehlerrate optimiert wurde. Jede noch so geringe Verzerrung dieser Signale bewirkt eine drastische Vergrößerung der Fehlerrate.

Dieses Problem könnte umgangen werden, wenn der Spracherkenner mit Hilfe von unverhallten Sprachdaten, die dem Analyse/Synthesesystem unterzogen worden sind, neu trainiert werden würde. Dadurch müßten sich nach /Hir 88/ auch die Fehlerraten für die enthallten Sprachproben noch weiter verringern.

Die Wirksamkeit der *Störgeräuschunterdrückung* zeigt sich an gemessenen Fehlerraten des automatischen Spracherkenners unter Störschalleinfluß. Hierfür wird den unverhallten Sprachdaten additiv ein Störgeräusch überlagert, das in Büroumgebung aufgezeichnet wurde. Es setzt sich zusammen aus dem Rauschen, das die Klimaanlage verursacht, und Störungen, die von Lüftern einiger Rechenanlagen hervorgerufen werden.

Das mit Störungen überlagerte Sprachsignal wird für verschiedene Störschallsituationen dem automatischen Spracherkenner zur akustisch-phonetischen Dekodierung vorgegeben. Zur Einstellung des gewünschten Signal/Störabstandes wird zunächst der *Active Speech Level* /CCI 88/ jeder einzelnen ungestörten Sprachprobe gemessen. Der Pegel des Störgeräusches ergibt sich aus seinem logarithmierten quadratischen Mittelwert. Nun werden die Pegel des Sprachsignals bzw. des Störgeräusches so abgeschwächt bzw. verstärkt, daß ihr Summenpegel demjenigen des ungestörten Sprachsignals gleich ist und der jeweilige Signal/Störabstand einem vorgegebenen Wert entspricht. Durch die Normierung des Summenpegels werden für interne Schwellen des Spracherkenners (und der soll hier als „*Black Box*" betrachtet werden) gleiche Voraussetzungen für alle Sprachdaten geschaffen.

Die gemessenen Fehlerraten des Erkennungssystems unter Störschall sind in Abb. 4 dargestellt. Wird auf eine Störgeräuschunterdrückung verzichtet, so steigt ab einem Signal/Störabstand von kleiner 5dB die Fehlerrate auf über 90%, von einer Spracherkennung kann keine Rede mehr sein. Dies läßt sich nicht nur durch die Verfälschung der spektralen Merkmale erklären, sondern auch dadurch, daß Phonem- bzw. Wortgrenzen vom Spracherkenner nicht mehr richtig detektiert werden können. Seine internen Schwellwerte und damit seine Erkennungsraten wurden nämlich nicht auf so starke Stör-einflüsse optimiert.

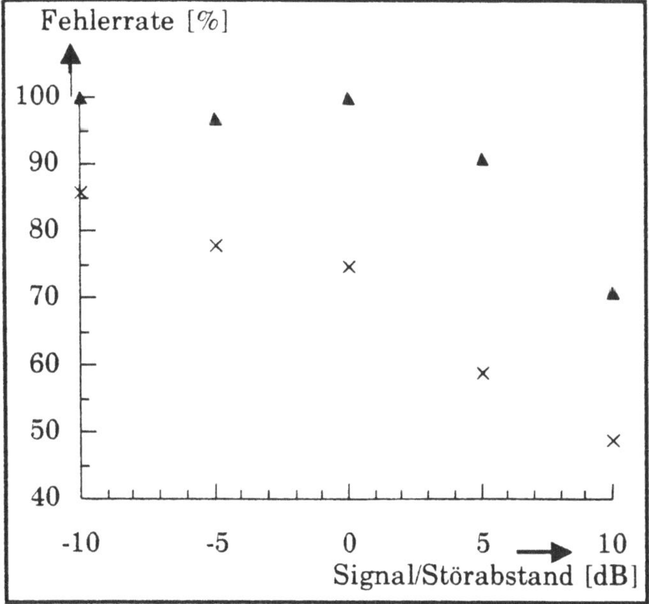

Abb. 4:
Gemessene Fehler-raten des automati-schen Spracher-kenners in Abhängig-keit von der Stör-schallsituation.
Die erzielten Fehler-raten ohne Störge-räuschunterdrückung sind durch Dreiecke, diejenigen mit dem vorgeschalteten System zur Stör-befreiung durch Kreuze gekenn-zeichnet.

Nun werden die Störgeräusche derselben Sprachproben durch das oben beschriebene System zur Unterdrückung von Störungen kompensiert, wobei als Entstörfilter eine anhand von Hörtests subjektiv optimierte Hochpaß-funktion nach /Sch 91/ verwendet wurde. Die Fehlerraten sinken nun je nach Störschallsituation um bis zu 30%. Obwohl für diese Untersuchungen nur eine sehr kleine Testdatenbasis verwendet wurde (Verwendung fanden die ersten zehn der „SPICOS Dialogsätze"), ist eine deutliche Tendenz hin zu kleineren Fehlerraten erkennbar, das Entstörfilter ist also gut wirksam.

7   Ausblick

In der vorliegenden Arbeit wird die charakteristische Funktion mit FIR-Filtern modelliert. Da die Impulsantworten dieser Filter relativ lang sind (sie liegen im Bereich von einigen Sekunden) muß bei der Abschätzung mit Hilfe des Least-Squares-Verfahrens eine entsprechend große Zeitreserve vorgesehen werden. Ansonsten würde das Prinzip der Kausalität verletzt. Durch diese Zeitverzögerung bedingt wird die Ordnung und die Gruppenlaufzeit der einzelnen Filter sehr groß. Die Ordnung könnte durch Verwendung von rekursiven Filtern verkleinert werden. Dabei muß dann aber besonderes Augenmerk auf die Stabilität der Filter gerichtet werden.

Zur Unterdrückung von Störungen könnten die Übertragungsfunktionen der Entstörfilter auch zeitvariant gemacht werden. Diese Funktionen müßten dann durch ein Least-Squares-Verfahren während Sprachpausen jeweils neu abgeschätzt werden. Dafür ist natürlich ein gut funktionierender Sprachpausendetektor notwendig.

Literatur

/CCI 88/   CCITT IXth Plenary Assembly - Document 7, Study Group XII, Report R 25, Document AP IX-7-E, Melbourne, 1988, S. 37 - 50.

/Hei 88/   Heinbach, W.: „Aurally Adequate Signal Representation: The Part-Tone-Time-Pattern." Acustica 67, 1988, S. 113 - 121.

/Hir 88/   Hirsch, H. G.; Finster, H.: „The Reduction of Reverberation to Improve Automatic Speech Recognition in Rooms", 7th FASE Symposium, Proc. Speech '88, Edinburgh, 1988, S. 913 - 919.

/Hög 90/   Höge, H.: „SPICOS II - A Speech Understanding Dialogue System", Proc. of the Internatinal Conference on Spoken Language Processing, Kobe, 1990, S. 1313 - 1316.

/Hou 80/   Houtgast, T.; Steeneken, H. J. M.; Plomp R.: „Predicting Speech Intelligibility in Rooms from the Modulation Transfer Function" Acustica 46, 1980, S. 60 - 72.

/Lit 90/   Littel, B.: „Ein sprachverstehendes Dialogsystem zur Datenbankabfrage", Informatik Fachberichte 254, Springer-Verlag, Heidelberg, 1990, S. 166 - 170.

/Sch 79/   Schröder, M. R.: „Integrated Impulse Method Measuring Sound Decay without Using Impulses", JASA 66 (2), 1979, S. 497 - 500.

/Sch 89/   Schlang, M. F.: „An Auditory Based Approach for Echo Compensation with Modulation Filtering", European Conference on Speech Communication and Technology, Proc. Eurospeech 2, Paris, 1989, S. 661 - 664.

/Sch 90a/   Schlang, M. F.: „Ein automatisch gesteuertes Mikrofonarray für Freisprecheinrichtungen", Informatik Fachberichte 254, Springer-Verlag, Heidelberg, 1990, S. 158 - 165.

/Sch 90b/   Schlang, M. F.: „Ein gehörbezogenes Verfahren zur Verminderung von Nachhall und stationären Störungen mit Hilfe einer Modulationsfilterung", Fortschritte der Akustik - DAGA '90, Bad Honnef: DPG-GmbH, 1990, S. 1063 - 1066.

/Sch 90c/   Schlang, M. F.; Mummert, M.: „Die Bedeutung der Fensterfunktion für die Fourier-t-Transformation als gehörgerechte Spektralanalyse", Fortschritte der Akustik - DAGA '90, Bad Honnef: DPG-GmbH, 1990, S. 1043 - 1046.

/Sch 91/   Schlang, M. F.: „Methoden zur Störschallunterdrückung bei ortsungebundener Spracheingabe", Dissertation, Techn. Univ. München, 1991, in Vorbereitung.

/Ter 85/   Terhardt, E.: „Fourier Transformation of Time Signals: Conceptual Revision", Acustica 57, 1985, S. 242 - 256.

Bandbegrenzte Funktionen als Hilfsmittel zur Sprachgrundfrequenzanalyse

Jörg Reinecke, Michael Lehning

Institut für Nachrichtentechnik, TU Braunschweig
Schleinitzstraße 23, 3300 Braunschweig

Das diesem Bericht zugrundeliegende Vorhaben wurde mit Mitteln des Bundesministers für Forschung und Technologie (Förderungskennzeichen 01IV10307) gefördert. Die Verantwortung für den Inhalt dieser Veröffentlichung liegt beim Autor.

Einleitung

Die automatische Erkennung fließend gesprochener Sprache basiert auf der Suche nach der sichersten Hypothese für den Wortlaut einer Äußerung aufgrund der Sprachsignalanalyse. Hierbei muß aus einer Flut von bewerteten Hypothesen über Wörter, Satzglieder und Sätze die sicherste ausgewählt werden. Da eine vollständige Suche extrem zeitaufwendig ist, wird Vorwissen über den Sprachaufbau in den Suchvorgang mit eingebaut. Hierbei kommt u.a. sowohl Vorwissen über grammatikalische und syntaktische Regeln als auch Vorwissen über prosodische Eigenschaften in Betracht /1/.

Im Rahmen der Prosodieanalyse muß sinnvollerweise zumindest zwischen Mikro-, Wort-, Phrasen- und Satzprosodie unterschieden werden, je nachdem, ob die prosodische Information an einzelne Laute, Wörter, prosodische Gruppen (Phrasen) oder ganze Sätze gebunden ist /2/. Träger prosodischer Information im Sprachsignal ist — neben dem Intensitätsverlauf und der Variation der Silbendauer — der Verlauf der Sprachgrundfrequenz F_0.

Problemstellung

Nach /3/ kann von einer hierarchischen Überlagerung der Auswirkungen der einzelnen prosodischen Größen auf den Grundfrequenzverlauf ausgegangen werden. Dies bedeutet, daß auf der oberen Ebene die Satzprosodie für den F_0-Verlauf verantwortlich ist. Ihr überlagert sind auf der nächst niedrigeren Ebene die Einflüsse der Phrasenprosodie, mit der ein Sprecher syntaktische Grenzen innerhalb einer Äußerung markieren kann. Die dritte Ebene bildet die Wortprosodie, die die Betonung innerhalb einzelner Wörter steuert. Die untere Ebene wird durch die Mikroprosodie bestimmt. Hier treten Effekte aufgrund der Lauterzeugung zutage. Die Aufgabe eines Prosodieanalysators besteht nun darin, aus einem gemessenen F_0-Verlauf die ihm zu Grunde liegenden prosodischen Parameter entweder vollständig oder zumindest teilweise zu extrahieren.

Ein weiteres Charakteristikum der Sprachgrundfrequenz ist die, durch die physikalische Struktur des Sprachsignals begründete, ausschließliche Präsenz im Bereich stimmhafter Sprachsegmente. Die resultierenden F_0-Verläufe weisen daher im Bereich stimmloser Laute und in Pausen Lücken auf. Im Gegensatz hierzu nimmt ein Zuhörer für eine gesprochene Äußerung einen kontinuierlichen Melodieverlauf wahr. Es scheint daher für die Auswertung von F_0-Verläufen angebracht zu sein, den gemessenen Verlauf so zu restaurieren, daß eine Annäherung an den psychoakustisch empfundenen Melodieverlauf erreicht wird. Hierzu müssen die Lücken im Grundfrequenzverlauf durch geeignete Maßnahmen geschlossen werden.

Das Verfahren

Das hier beschriebene Restaurationsverfahren basiert auf einer Approximation des gemessenen F_0-Verlaufs durch eine bandbegrenzte Funktion mit minimalem quadratischen Fehler. Die Welligkeit und die obere Bandgrenze der Funktion können durch Einstellen zweier Parameter vorbestimmt werden. Das Verfahren selbst beruht auf einer Fourierreihenentwicklung, die nach dem K-ten Glied abbricht. Die Koeffizienten der Fourierreihe werden so bestimmt, daß die resultierende Funktion $\hat{s}(t)$ die gegebenen F_0-Werte mit minimalem quadratischen Fehler *Err* annähert. Die Zahl der Oberwellen K und die Periodendauer der tiefsten Frequenz T beeinflussen sowohl die obere Grenzfrequenz als auch die Welligkeit der approximierenden Funktion.

Fourierreihenentwicklung bis zum K-ten Summanden:

$$\hat{s}(t) = A_0 + \sum_{n=1}^{K} [A_n \cos(2\pi \frac{n}{T} t) + B_n \sin(2\pi \frac{n}{T} t)]$$

Gesamtfehler zwischen interpolierten und gegebenen Werten:

$$Err = \sum_{i=1}^{L} (s_i - \hat{s}_i)^2 \to min$$

Die $2K + 1$ zu Null gesetzten partiellen Ableitungen des Gesamtfehlers nach den Koeffizienten bilden ein lineares Gleichungssystem zur Bestimmung eben dieser Koeffizienten. Auf die Darstellung der Lösung dieses, mitunter schlecht konditionierten, Gleichungssystems wird an dieser Stelle verzichtet und auf die Literaturstellen /4/ bis /7/ und /8/ verwiesen.

Der Einsatz dieses Verfahrens führt zur Lösung der oben beschriebenen Probleme, da die resultierende Funktion für beliebige Zeitpunkte definiert ist und somit die Lücken im ursprünglichen F_0-Verlauf geschlossen werden. Gleichzeitig erfolgt eine Glättung der gemessenen Werte. Die Trennung der prosodischen Größen kann durch geeignete Wahl der Parameter des Verfahrens erreicht werden. Bei hinreichend großer oberer Grenzfrequenz erfolgt eine sehr gute Annäherung an den gemessenen Verlauf. Hierbei werden lediglich die mikroprosodischen Effekte ausgeblendet, so daß die drei anderen genannten prosodischen Parameter weiterhin im F_0-Verlauf existent bleiben.Bei Verringerung der Bandgrenze nimmt auch die Welligkeit der interpolierenden Funktion ab. Wird zum Beispiel die Bandgrenze im Bereich der Phrasenfrequenz gewählt, beschreibt die resultierende Funktion nur noch den Phrasenverlauf und es lassen sich etwaige Phrasengrenzen besser als aus den unbehandelten F_0-Meßwerten bestimmen.

Beispiele

Die Güte des Verfahrens sowie die Auswirkungen der Parameter auf das Interpolationsergebnis werden im folgenden anhand einiger Beispiele aufgezeigt.
Bild 1 zeigt den gemessenen F_0-Verlauf einer Äußerung, an dem einige prosodische Effekte zu beobachten sind. Deutlich ist die Lücke im Bereich des stimmlosen

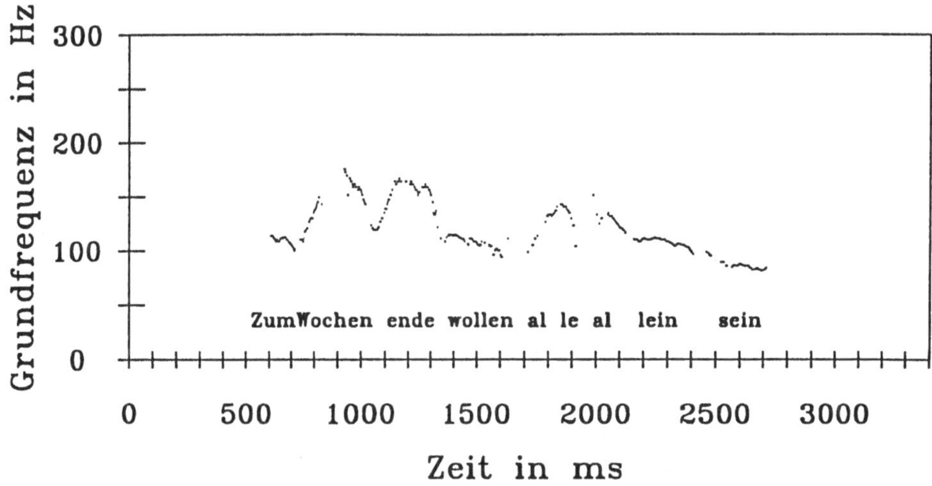

Bild 1: gemessener Grundfrequenzverlauf

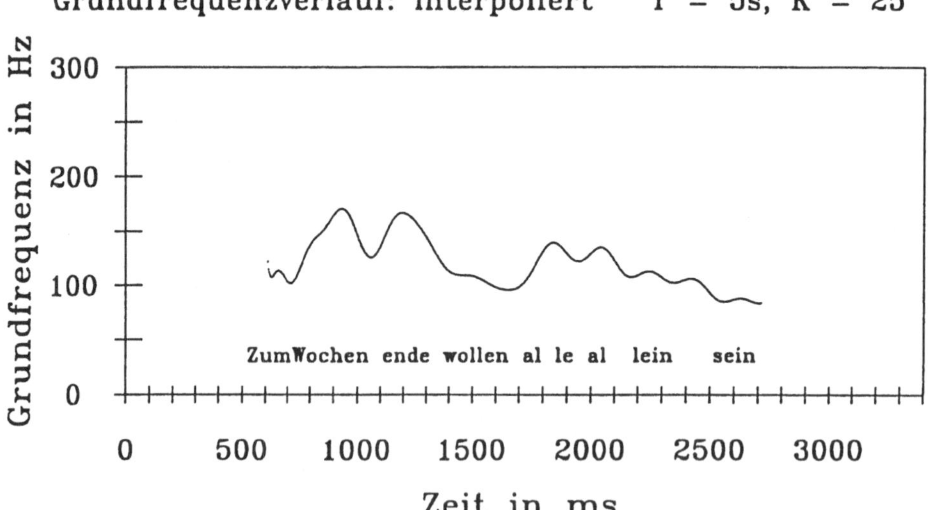

Bild 2: Interpolation mit $f_g = 5$ Hz

Segementes *ch* im Wort *Wochenende* zu erkennen. An den Lautübergängen sind Auswirkungen aufgrund der Mikroprosodie zu beobachten, wie zum Beispiel im Übergangsbereich der beiden Wörter *alle* und *allein*. Hier fällt die Grundfrequenz über dem *e* stark ab, um beim *a* nach einem Sprung auf einen relativ hohen F_0-Wert ebenfalls abzufallen.

Bild 2 zeigt das mit dem Verfahren erzielte Interpolationsergebnis für eine obere Grenzfrequenz von 5 Hz. Dieser Wert liegt im Bereich der Silbenfrequenz dieses Satzes. Der Funktionsverlauf stellt daher eine sehr gute Näherung der gemessenen Werte dar. Der relative Gesamtfehler beträgt für diese Interpolation 3.4%. Die im Originalsignal in Bild 1 vorhandenen Lücken sind geschlossen, ebenso wurden die mikroprosodischen Einflüsse beseitigt.

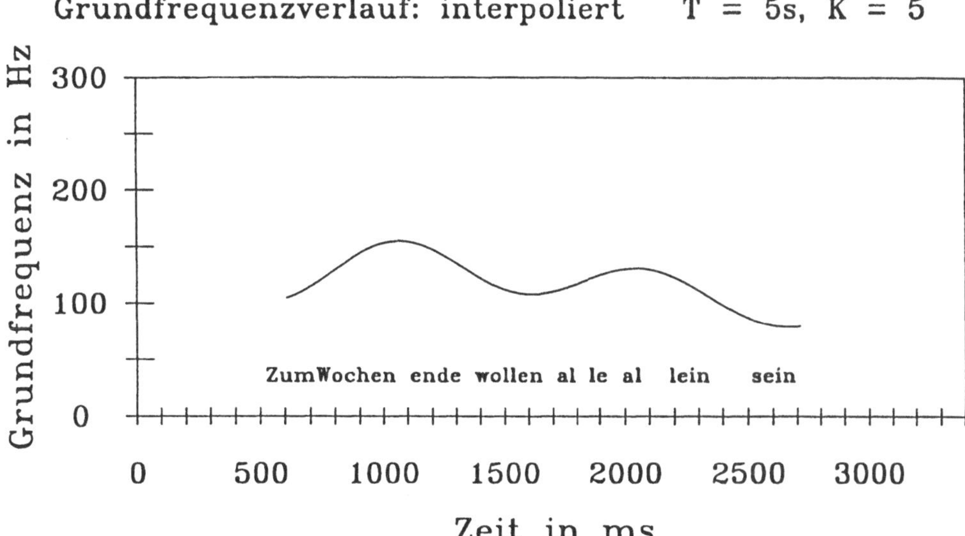

Bild 3: Interpolation mit $f_g = 1$ Hz

Bild 3 zeigt das Interpolationsergebnis für 1 Hz obere Grenzfrequenz. Dieser Wert entspricht in etwa der Phrasenfrequenz dieses Satzes. Es lassen sich zwei Bereiche erkennen, die den beiden Phrasen *"Zum Wochenende wollen"* und *"alle allein sein"* zugeordnet werden können.

Die Beispiele zeigen, daß es mit Hilfe des Verfahrens möglich ist, die dem Grundfrequenzverlauf zugrunde liegenden prosodischen Parameter zu extrahieren. Die eingangs erwähnte Trennung der prosodischen Größen kann zum Beispiel durch Subtraktion der verschiedenen, in Bild 2 und 3 dargestellten Interpolationsergebnisse erfolgen. Die experimentelle Untermauerung dieser Aussage durch umfangreiche Versuchsreihen steht allerdings noch aus. Die bisherigen Ergebnisse erweisen sich allerdings als recht vielversprechend.

Literatur

/1/ PAULUS E., MUDLER J.: *Entwicklung und Erprobung der erwartungsorientierten Analyse für die automatische Sprackerkennung, Sprache und Datenverarbeitung 8. Jahrgang 1984 Heft 1/2, 64-71*

/2/ PAULUS E. et al.: *Der Nutzwert prosodischer Merkmale für die automatische Spracherkennung, Proc. Elektronische Sprachsignalverarbeitung, Berlin, 71-78*

/3/ O'Shaughessy D., Allen J.:*Linguistic modality effects on fundamental frequency in speech, J. Acoust. Soc. Am. 74(4), October 1983, 1155-1171.*

/4/ WILKINSON J.H., REINSCH C.: *Handbook for Automatic Computation, Vol 2: Linear Algebra, Springer (1986)*

/5/ SULLIVAN B.J., LIU B.: *On the Use of Singular Value Decomposition and Decimation in Discrete-Time Band-Limited Signal Extrapolation. IEEE Trans. ASSP-32(1984), 1201-1212.*

/6/ VARAH J.M.: *On the Numerical Solution of Ill-conditioned Linear Systems with Applications to Ill-posed Problems. SIAM J. Numer. Anal. Vol. 10, No. 2, April 1973*

/7/ MELENTJEW P.W., GRABOWSKI H.: *Näherungsmethoden, VEB Fachbuchverlag Leipzig (1967)*

/8/ REINECKE J., LEHNING M.: *Interpolation und Glättung von Sprachgrundfrequenzverläufen durch bandbegrenzte Funktionen. Proceedings DAGA 91, Bochum*

Evidenzbasierte Interpretation von Satellitenbilddaten

Gabriele Lohmann

Deutsche Forschungsanstalt für Luft- und Raumfahrt
Deutsches Fernerkundungsdatenzentrum, 8031 Wessling

In diesem Beitrag wird ein neues Verfahren zur Klassifizierung von Satellitenbilddaten dargestellt. Dieses neue Verfahren basiert auf Konzepten des "evidential reasoning" und trägt daher den Namen EBIS (Evidenzbasierte Interpretation von Satellitenbilddaten). EBIS soll für ökologische Kartierungen mit Bilddaten von Fernerkundungssensoren – wie zum Beipiel der Sensoren Landsat/Thematic Mapper oder Spot/HRV – eingesetzt werden.

1. Einleitung

Seit langem werden Methoden der Mustererkennung zur Klassifizierung von Satellitenbilddaten eingesetzt. Besonders häufig wird die sogenannte Maximum–Likelihood–Mehode [5] verwendet. Es hat sich jedoch gezeigt, daß diese Methode in vielen Fällen unzureichend ist. Sie ist insbesondere schlecht geeignet, Informationen aus unterschiedlichen Quellen miteinander zu verknüpfen. Gerade dieser Aspekt gewinnt aber zunehmend an Bedeutung, da jetzt eine Fülle neuer Datenquellen – wie neue Fernerkundungssensoren und digitalisierte thematische Karten – zur Verfügung stehen.

Diese Tatsache gab den Anlaß für die Entwicklung des Systems EBIS (Evidenzbasierte Interpretation von Satellitenbilddaten). Die Ziel bei der Entwicklung von EBIS war es, die in den traditionellen Verfahren enthaltenen Restriktionen zu überwinden, und insbesondere die Integration von Informationen aus verschiedenen Quellen zu unterstützen.

2. Klassifizierung von Satellitenbilddaten

Digitale Satellitenbilder liegen als Matrix von Bildelementen vor. Sie werden von Fernerkundungssensoren aufgenommen, die auf verschiedenen Trägersystemen gegenwärtig im Orbit sind. Für die ökologische Kartierung ist besonders der Sensor Thematic Mapper (TM) von Interesse, der auf dem Trägersystem Landsat geflogen wird. TM hat sieben Spektralkanäle, die im sichtbaren und im infraroten Bereich des Spektrums liegen. Die Bodenauflösung beträgt ca. 30m x 30m.

Weitere Sensoren sind zum Beipiel der Mikrowellen–Sensor AMI auf dem Satelliten ERS–1, der im Juli 1991 gestartet werden soll oder der Sensor Spot/HRV, der in seinem panchromatischen Mode eine Bodenauflösung von 10m x 10m hat.

Unter einer Klassifizierung wird hier eine Abbildung verstanden, bei der jedem Pixel genau eine Objektklasse zugeordnet wird. Mögliche Objektklassen sind zum Beipiel "Laubwald", "Nadelwald" oder "Siedlung". Klassifizierungen bilden die Grundlage für die Erstellung von thematischen Karten. Es gibt bereits eine Reihe von Klassifizierungsverfahren, die seit langem operationell für Kartierungen eingesetzt werden.

Die weiteste Verbreitung hat dabei die oben erwähnte Maximum–Likelihood–Methode gefunden.

Die wesentliche Restriktion der Maximum–Likelihood–Methode liegt darin, daß vorausgesetzt wird, daß alle zu identifizierenden Objektklassen in nur einem Merkmalsraum beschrieben werden können, und daß die Grauwerte aller Objektklassen einer vorgegeben statistischen Verteilungsfunktion, nämlich einer Gauss'schen Normalverteilung, folgen. Offensichtlich sind diese Voraussetzungen nicht immer erfüllt, so daß dieses Verfahren nur bedingt einsetzbar ist. Insbesondere sind zum Beispiel die Grauwerte der Waldflächen in den tropischen Regenwaldgebieten Brasiliens tatsächlich nicht normalverteilt, so daß für die Kartierung dieser Gebiete andere Methoden gefunden werden müssen. Abbildung 1 zeigt eine schematische Darstellung des Maximum–Likelihood–Verfahrens.

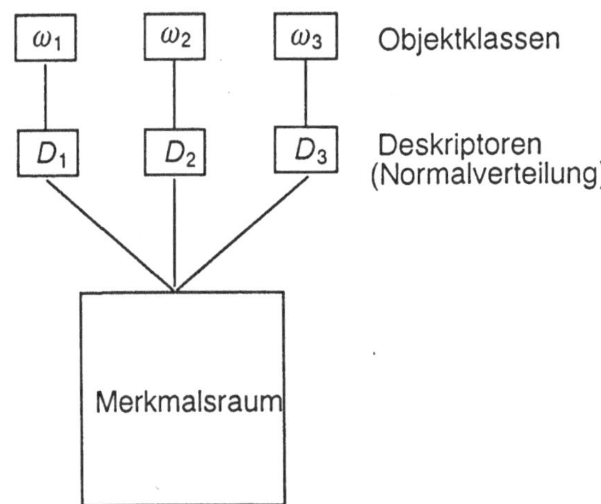

Abb. 1: Maximum–Likelihood–Methode – schematische Darstellung

3. Evidenzbasierte Klassifizierung

Das traditionelle Maximum–Likelihood–Verfahren läßt nur einen Merkmalsraum und eine Verteilungsfunktion für alle Klassen zu, wodurch seine Einsetzbarkeit erheblich beschränkt wird. Es liegt daher nahe, ein Verfahren zu entwickeln, das diese Einschränkungen aufhebt, und unterschiedliche Verteilungsfunktionen und mehrere unabhängige Merkmalsräume unterstützt. Dieser Ansatz wird in dem im folgenden beschriebenen EBIS–Verfahren verfolgt.

In EBIS kann jede Objektklasse durch mehrere Deskriptoren beschrieben werden. Jeder Deskriptor basiert auf genau einem Merkmalsraum. Er beschreibt die Grauwertverteilung der Klasse in diesem Merkmalsraum. Es werden mehrere Verteilungsfunktionen unterstützt, zum Beispiel neben der Gauss'schen Normalverteilung auch die Multinomialverteilung und Gibbs Random Fields. Die Merkmalsräume

werden dabei als "sources of evidence" im Sinne der Dempster–Shafer–Theorie [6]
betrachtet. Dieser Ansatz kann damit als "evidenzbasiert" bezeichnet werden. Er
ist insbesondere geeignet, Informationen aus verschiedenen Quellen – zum Beispiel
von mehreren Sensoren – zu verknüpfen. Eine schematische Darstellung von EBIS
ist in Abbildung 2 gegeben.

In EBIS werden Evidenzfunktionen verwendet, um den Grad der Konfidenz in eine
Klassifizierungshypothese zu messen. Wenn der Merkmalsvektor eines Pixels gut
mit dem Deskriptor einer bestimmten Klasse übereinstimmt, so wird dies als Indiz
für die Richtigkeit der entsprechenden Klassifizierungshypothese gewertet. Falls
umgekehrt der Merkmalsvektor nicht zu dem Deskriptor paßt, so wird die entsprechende Hypothese zurückgewiesen.

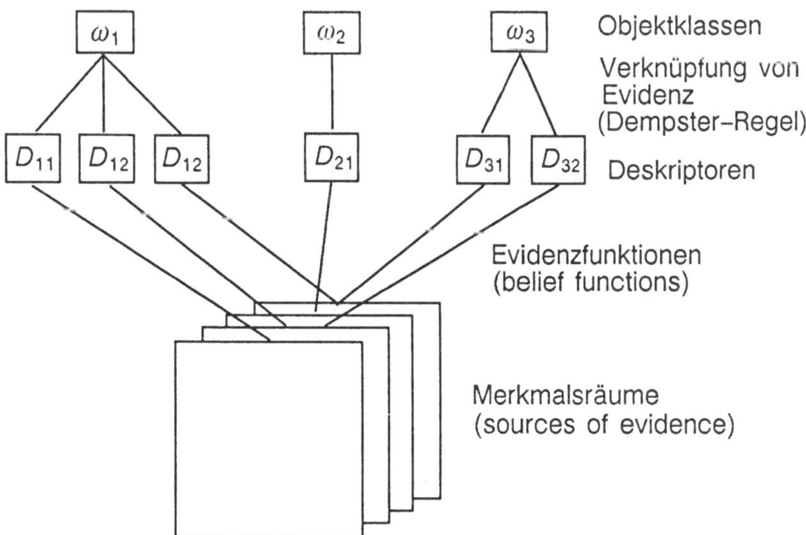

Abb. 2: EBIS – schematische Darstellung

Jeder Deskriptor liefert somit eine Bewertung der entsprechenden Klassifizierungshypothese. Die verschiedenen Evidenzen werden dann durch die Dempster–Regel
verknüpft. Diejenige Hypothese, die die größte Evidenz hat, wird gewählt. Falls
keine Hypothese ausreichend durch Indizien gestützt wird, bleibt das Pixel unklassi-
fiziert, bzw. erhält das NIL–Label.

4. Deskriptoren

Deskriptoren in EBIS sind im wesentlichen Spezifikationen parametrischer Modelle. Als parametrische Modelle sind zur Zeit in einer Testversion die folgenden
Verteilungsfunktionen implementiert:

    1. Gauss'sche Normalverteilung

2. Multinomialverteilung

3. Gibbs Random Fields.

Gibbs Random Fields sind besonders geeignet, Texturen zu modellieren. Die Multinomialverteilung eignet sich zur Modellierung von Mischsignaturen.

Die Parameter der Deskriptoren werden durch statistische Verfahren in einer Trainingsphase geschätzt. Dabei werden die Parameter einer Gauss–Verteilung mittels Maximum–Likelihood–Schätzung ermittelt. Die Parameter eines Gibbs Random Fields werden durch Besag's Coding-Methode geschätzt [2],[3].

5. Gewichtsfunktionen

In EBIS werden Gewichtsfunktionen benutzt, um die Stärke der Evidenz für bzw. gegen eine Klassifizierungshypothese zu messen. In EBIS sind zwei alternative Methoden zur Definition dieser Gewichtsfunktionen implementiert. Die erste Methode basiert auf dem informationstheoretischen Konzept von "mutual information" [1], die zweite Methode verwendet "likelihood–ratios". Im folgenden werden beide Methoden kurz erläutert.

Sei $\Omega = \{\omega_1, ..., \omega_n\}$ die Menge der Klassifizierungshypothesen, und Δ ein Merkmalsraum. Ein parametrisches Modell, das die Klasse ω im Merkmalsraum Δ beschreibt, ist durch eine Abbildung $p(\cdot \,|\, \omega) : \Delta \to R$ gegeben. Die zugehörige Gewichtsfunktion nach dem "mutual information" Ansatz ist definiert als :

$$I(x, \omega) = \log p(\omega|x)/p(\omega) = \log p(x|\omega)/p(x)$$

Dabei ist $p(\omega)$ die apriori Wahrscheinlichkeit der Klasse ω, und $p(x)$ die apriori Wahrscheinlichkeit des Markmalsvektors x. Nach dem "likelihood–ratio"–Ansatz ist die Gewichtsfunktion definiert als :

$$LR(x, \omega) = \gamma_{\omega,\Delta} \, \log p(x|\omega)/p_\Delta$$

Dabei sind $\gamma_{\omega\,\Delta}$ und p_Δ Normierungsfaktoren. In beiden Ansätzen ist das Gewicht positiv, falls der Merkmalsvektor x für die Hypothese ω spricht, und negativ, falls x dagegen spricht. Die beiden Ansätze unterscheiden sich jedoch in der semantischen Interpretation von Evidenz. Natürlich können die beiden Ansätze nicht gleichzeitig verwendet werden.

Beide Gewichtsfunktionen sind additiv, d.h. die Verknüpfung von zwei Gewichten geschieht durch Addition. Wie sich leicht zeigen läßt, sind beide Gewichtsfunktionen äquivalent zu speziellen "belief functions" im Sinne der Dempster–Shafer–Theorie, und ihre Verknüpfung durch Addition ist äquivalent zur Anwendung der Dempster Regel.

6. Tests

Die bisher durchgeführten Tests mit Bilddaten des Sensors Landsat/Thematic Mapper lieferten plausible Ergebnisse. In einigen Fällen konnten Objektklassen identifiziert werden, die mit traditionellen Verfahren nicht erkennbar waren. Besonders interessante Tests wurden bisher mit Bilddaten des Sensors Landsat/TM in einem Gebiet des tropischen Regenwaldes in Brasilien durchgeführt. Die hier im folgenden beschriebenen Tests wurden in Zusammenarbeit mit einem anderen Forschungsprojekt durchgeführt, das eine Kartierung dieser Gebiete zum Ziel hat [4].

Das Maximum–Likelihood–Verfahren hatte bislang bei Bilddaten dieses Typs große Schwierigkeiten bereitet, so daß bislang keine automatischen Klassifizierungen mit TM–Daten dieser Gebiete durchgeführt werden konnten. Der Grund für diese Probleme liegt in der besonderen Komplexität der dort auftretenden Objektklassen, die in der Regel durch Mischungen verschiedener Vegetationsformen charakterisiert sind. Diese Klassen sind nicht durch Gauss'sche Normalverteilungen beschreibbar.

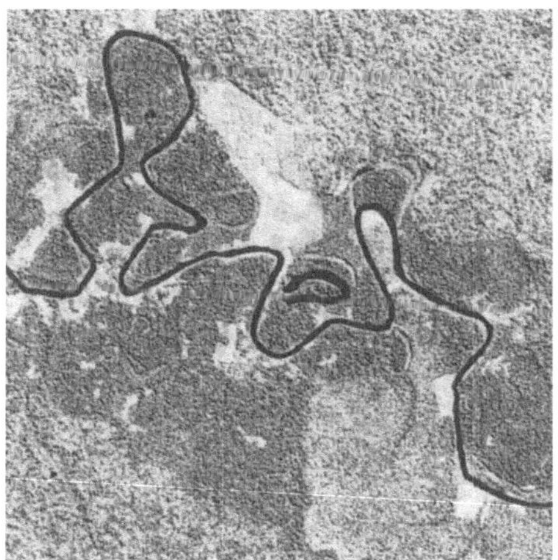

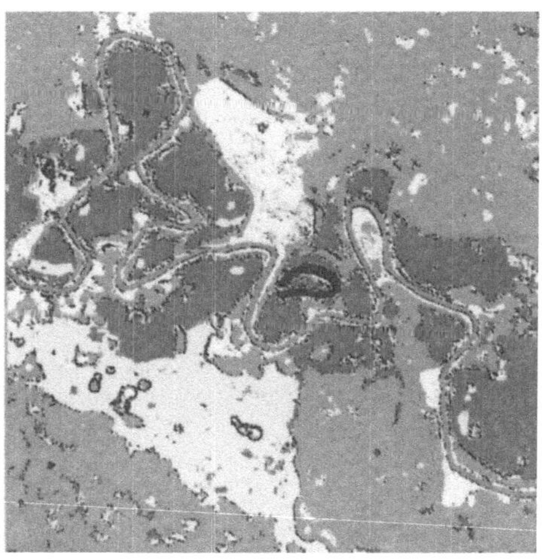

Abb. 3: Landsat/TM Bild vom 10.5.89 tropisches Regenwaldgebiet in Brasilien, Größe ca. 15km x 15km

Abb. 4: Klassifizierungsergebnis rot: alluviales Schwemmland, grün: erste Terrasse, gelb: Tiefland, blau: Fluß

Es hat sich aber herausgestellt, daß die Multinomialverteilung gut zur Modellierung dieser Klassen geeignet ist. Daher lieferten erste Tests mit einer prototypischen Implementierung des EBIS–Verfahrens plausible Ergebnisse. Das Testgebiet liegt im Bundesstaat Acre in Brasilien in der Nähe der Stadt Sena Madureira, und umfaßt etwa eine Fläche von 15km x 15km mit 512 x 512 Pixels. Die Objektklassen, die identifiziert wurden, sind:

- tropischer Regenwald im alluvialen Schwemmland
- tropischer Regenwald auf der ersten Terrasse
- tropischer Regenwald im Tiefland
- Fluß.

Die Abbildungen 3 und 4 zeigen die Landsat/TM–Daten des Testgebiets und das zugehörige Klassifizierungsergebnis. Eine genaue Verifizierung der Ergebnisse soll in dem oben erwähnten Projekt [4] erfolgen.

7. Zusammenfassung

In diesem Beitrag wurde ein neues, evidenzbasiertes Verfahren zur Interpretation von Satellitenbilddaten (EBIS) beschrieben. Im Gegensatz zu der traditionellen Maximum–Likelihood–Methode unterstützt EBIS mehrere unterschiedliche Merkmalsräume und diverse Verteilungsfunktionen. Die Merkmalsräume werden dabei als "sources of evidence" im Sinne der Dempster–Shafer–Theorie aufgefaßt. Es wurde eine Methode zur Definition von Gewichtsfunktionen beschrieben, die geeignet ist, die Stärke der Evidenz für die einzelnen Klassifizierungshypothesen zu messen.

Durch die Verwendung mehrerer Merkmalsräume wird insbesondere die Integration von Information aus verschiedenen Quellen unterstützt. Dieser Aspekt gewinnt immer mehr an Bedeutung, da jetzt zunehmend mehr Informationsquellen zur Verfügung stehen werden, etwa durch den Start neuer Satelliten, aber auch durch jetzt digital vorhandene Zusatzdaten, wie digitalisierte thematische Karten oder digitale Höhenmodelle.

Das EBIS–Verfahren ist bereits als Prototyp implementiert, und es wurden erste Tests mit Satellitenbilddaten durchgeführt. Zukünftige Arbeiten werden vor allem weitere Tests mit anderen Verteilungsfunktionen und anderen Merkmalsräumen zum Inhalt haben. Von besonderem Interesse werden dabei die Tests mit Daten des Sensors AMI auf dem Satelliten ERS–1 sein, dessen Start für Juli 1991 vorgesehen ist.

8. Literatur

[1] Norman Abramson. *Information Theory and Coding.* McGraw Hill, 1963

[2] Julian E. Besag. *Spatial Interaction and the Statistical Analysis of Lattice Systems.* Journal of the Royal Statistical Society, Ser. B, Vol. 36, 1974, pp. 192–236

[3] George R. Cross, Anil K. Jain. *Markov Random Field Texture Models.* IEEE Transactions on Pattern Analysis and Machine Intelligence, Vol. IEEE–PAMI–5, No. 1, Jan. 1983, pp. 25–39

[4] Helmut Hönsch. *Klassifizierung von Ökosystemen des tropischen Regenwaldes mit Hilfe multitemporaler und multisensoraler Satellitendaten im Staat Acre/Brasilien.* Promotionsvorhaben, Universität Trier, Fachbereich Geographie, 1991

[5] H.G. Gierloff-Emden. *Fernerkundungskartographie mit Satellitenaufnahmen.* Verlag Franz Deuticke, Wien, 1989

[6] Glenn Shafer. *A Mathematical Theory of Evidence.* Princeton University Press, 1976

Ein Konzept zur luftbildgestützten Navigation

H.-U. Döhler, E. Groll, P. Hecker

DLR, Institut für Flugführung, Flughafen, 3300 Braunschweig

Passive Navigationssysteme für Luftfahrzeuge weisen einen zufälligen Positionsfehler auf, der durch die Einbeziehung von Informationen zur Positionsstützung deutlich verkleinert werden kann. Es wird ein Konzept zur Extraktion von Stützinformation aus Luftbildern unter Zuhilfenahme eines digitalen Landschaftsmodells beschrieben. Die einzelnen Komponenten dieses Systemkonzepts werden vorgestellt und deren Arbeitsweise erläutert.

1. Einleitung

Mechanische und optische Kreisel in Verbindung mit Beschleunigungssensoren sind trotz der Verfügbarkeit und sinkender Kosten von Navigationsempfängern für weltweite Navigationssysteme (GPS, Global Positioning System) auch in Zukunft für eine vollständig bordautome Navigation von Luftfahrzeugen (LFZ) unverzichtbar. Allerdings weisen diese sogenannten Inertialnavigationssysteme (INS) zeitproportionale Driftfehler insbesondere in der Position auf, die sich nur durch die Einbeziehung unabhängig gewonnener Positionsinformation kompensieren lassen (Positionsstützung).

Eine Möglichkeit zur bordautonomen Gewinnung von Stützinformation stellt die Gelände-Höhenkorrelation dar, wobei die Stützinformation durch Korrelation eines längs der Flugbahn gemessenen Höhenprofils mit einem digitalen Geländemodell bestimmt wird (z.B. TERCOM, Terrain Contour Matching) [3]. In Geländebereichen mit sehr geringer Höhenmodulation leidet dieses Verfahren unter sehr flachen, breiten Korrelationsmaxima und besitzt in solchen Fällen nur eine geringe Positionsauflösung.

Eine andere Möglichkeit liegt in der Gewinnung von Positionsinformation durch die Analyse von Bord aus aufgenommener Bilder, wodurch der oben genannte Nachteil weitgehend vermieden werden kann. In diesem Fall besteht die Aufgabe darin, durch Methoden der automatischen digitalen Bildverarbeitung im aufgenommenen Luftbild einzelne Objekte eines an Bord befindlichen digitalen Landschaftsmodells wiederzuerkennen, wobei sich der Suchraum durch die Einbeziehung von INS-Daten für eine Vorhersage des erwarteten Luftbildes stark einschränken läßt.

2. Problemstellung und Randbedingungen

Inertialnavigationssysteme bestehen im allgemeinen aus drei Kreiseln und drei Beschleunigungsmessern und liefern durch Integration dieser Sensorsignale Informa-

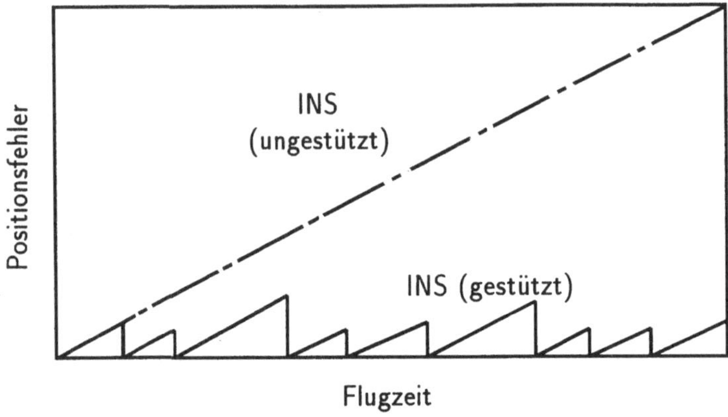

Bild 2.1: Fehler des Inertialnavigationssystems mit und ohne Stützung.

tionen über die Position des LFZ, dessen Eulerwinkel sowie eine Anzahl anderer zur Führung des Flugzeuges wichtiger Daten. Diese Navigationsinformationen sind systembedingt mit Fehlern behaftet, wobei der Positionsfehler von der Flugzeit abhängt und annähernd linear mit ca. 1 nautischen Meile pro Stunde wächst (Bild 2.1) [9].

Zur Verringerung des Navigationsfehlers kann ein INS-System in zeitlichen Intervallen durch ein anderes, unabhängig arbeitendes Navigationssystem höherer Genauigkeit gestützt werden. Ein solches bordautomes und passives Stützsystem stellt die Gewinnung von Navigationsinformation durch Analyse von Bord aus aufgenommener Luftbilder unter Einbeziehung von Vorwissen über das überflogene Gelände dar (luftbildgestützte Navigation). Dieses Vorwissen liegt an Bord des LFZ in Form eines 3-dimensionalen digitalen Geländemodells vor (3-D DLM), in dem in listenhafter objektorientierter Darstellung geographische, topologische und situationsbezogene Informationen enthalten sind. Unter Berücksichtigung der vom INS gemessenen Navigationsinformation, der maximalen INS-Positionsablage, der Orientierung und Position des Bildsensors (Kamera) innerhalb des LFZ sowie den inneren Kameraparametern wird ein Bildmodell generiert. Dieses Bildmodell stellt eine Beschreibung des erwarteten Bildinhaltes dar. Parallel dazu werden aus dem an Bord des LFZ vorliegenden Kamerabild mit Methoden der Mustererkennung Merkmale extrahiert und durch Zuordnung korrespondierende Objekte in Bild und Bildmodell gefunden. Damit kann die tatsächliche Position des LFZ bestimmt und zur Stützung des INS herangezogen werden.

Aufgrund der hohen Kurzzeitstabilität der INS-Positionsbestimmung ist eine mit dem Videotakt schritthaltende Stützung nicht notwendig. Dies erlaubt den Einsatz komplexerer Verfahren der Merkmalsextraktion und -zuordnung, wodurch eine größere Robustheit und Zuverlässigkeit erzielt werden kann. Die Länge der Stützintervalle sollte aber dennoch im Rahmen der Realisierungsmöglichkeiten dieser Verfahren möglichst klein gewählt werden, um die Zuordnungskomplexität einzuschränken. Erfolgversprechend und realisierbar scheint unter diesen Randbedingungen eine Stützung in Minutenintervallen zu sein.

3. Systemkonzept

Eine digitale Karte (digitales 3-D-Landschaftsmodell, DLM) enthält in listenhafter, objektorientierter Form topologische und kartographische Informationen des Geländes, über dem navigiert werden soll (Bild 3.2).

Anhand der vom Basisnavigationssystem (INS) gelieferten Positions- und Orientierungsinformation sowie unter Berücksichtigung von Vorwissen über den Fehler dieser Meßwerte werden aus dem DLM alle jene Objekte ausgewählt, die vom Bildsensor erfaßt werden können. Diese Objekte werden aus dem 3-D-Raum in die 2-D-Bildebene transformiert und unter Verwendung einer hierarchischen Datenstruktur abgelegt (Szenengenerierung, künstliche Szenenbeschreibung).

Parallel dazu wird das an Bord aufgenommene Luftbild in einer ersten Verarbeitungsstufe (Vorverarbeitung) von sensorbedingten Helligkeitsschwankungen und geometrischen Verzerrungen befreit. In einer zweiten Stufe werden Merkmale extrahiert und in der gleichen Form wie die transformierten Objekte des DLM abgelegt (Segmentierung). Die hierbei eingesetzten Verfahren der Mustererkennung werden abhängig vom erwarteten Bildinhalt aus einem Vorrat von bereitgestellten Algorithmen ausgewählt (BV-Wissen, Verfahrensauswahl). Unter Berücksichtigung der angewandten Verfahren der Segmentierung wird mittels einer Auswahlstufe (Szenenbewertung) eine Untermenge der in der Szenenbeschreibung enthaltenen Objekte und ihrer Merkmale erzeugt, von denen eine zuverlässige Erkennung im Luftbild

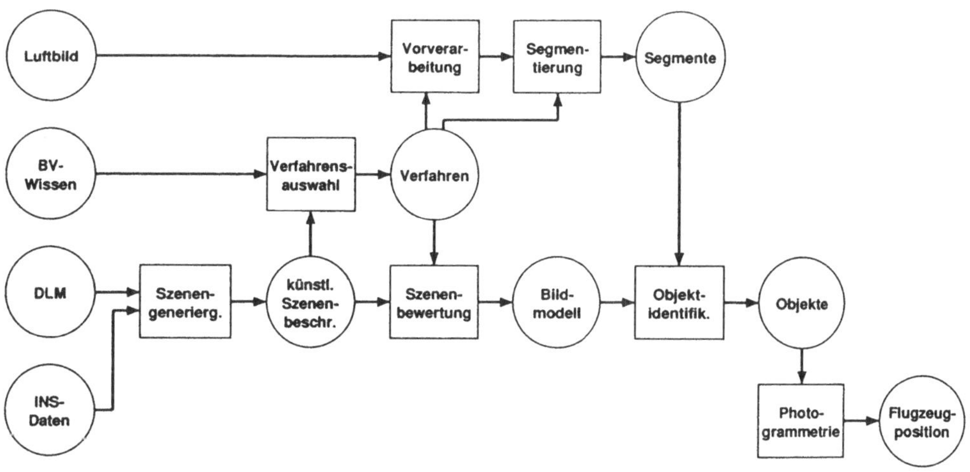

Bild 3.1: Blockdiagramm zur luftbildgestützten Navigation.

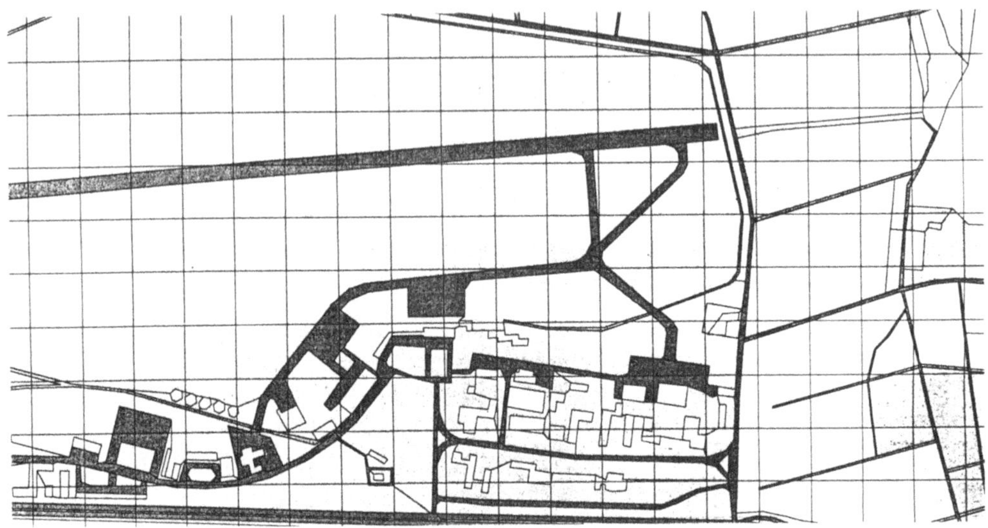

Bild 3.2: Ausschnitt des zu Experimentalzwecken verwendeten digitalen Landschaftsmodells der Umgebung des Flughafens Braunschweig.

erwartet werden kann (Bildmodell).

Nach Zuordnung der aus dem Luftbild extrahierten Merkmale (Objektidentifikation) wird die tatsächliche Position des LFZ berechnet (Photogrammetrie) und steht damit als Stützinformation für das INS zu Verfügung.

3.1 Digitales Landschaftsmodell, Bildmodell und Photogrammetrie

Eine an Bord befindliche digitale Karte (Digitales Landschaftsmodell, DLM) enthält Daten über die Struktur und den Aufbau von Landschaftsobjekten der überflogenen Erdoberfläche. Jedes Landschaftsobjekt wird durch Attribute sowie seine Geometrie beschrieben. Attribute sind z.B. Objektyp bzw. -klasse und Objektname. Die Geometrie der Objekte wird durch die Position der Eckpunkte von Umringspolygonen im Weltkoordinatensystem (Gauß-Krüger-Koordinaten sowie die Höhe über NN) durch $\vec{X}_w = (x_w, y_w, z_w)^T$ beschrieben. Für Experimentalzwecke wurde ein DLM als Auschnitt von 6 × 4 km der Umgebung des Flughafens Braunschweig auf Basis der Deutschen Grundkarte (M 1:5000) digitalisiert. Ein Teil dieses DLM ist im Bild 3.2 dargestellt. In Zukunft stehen hierfür Geographische Informationssysteme (GIS), wie zum Beispiel das Amtliche Topographische Kartographische Informationssystem (ATKIS) der Landesvermessungsämter zur Verfügung.

Bei der Generierung des Bildmodells aus den Daten des DLM werden die Landschaftsobjekte in das Bildkoordinatensystem $\vec{X}_b = (x_b, y_b, -c)^T$ transformiert. Dabei werden nur solche Objekte des DLM ausgewählt, die aufgrund von dabei einbezogenem Bildverarbeitungswissen auch eine ausreichend gute Erkennbarkeit im Luftbild aufweisen. Dieser Transformation liegt die vom INS bestimmte Orientierung (ψ, θ, ϕ) (Azimut-, Nick-, Rollwinkel) und Position des Luftfahrzeugs $\vec{X_l}' = (x_l', y_l', z_l')^T$ zugrunde. Für die Kamera wird ein einfaches Modell mit der Kammerkonstanten c und der Orientierung $(\kappa, -\alpha, \beta)$ (Kant-, Roll-, Nickwinkel) innerhalb des Luftfahrzeugs angesetzt. Damit ergeben sich die Koordinaten der Landschaftsobjekte im Bildkoordinatensystem durch

$$\vec{X_b} = \frac{1}{\lambda} \mathbf{R}^{-1} \vec{X_t} \tag{3.1}$$

wobei sich λ und $\vec{X_t}$ aus

$$\lambda = \frac{|\vec{X_t}|}{c} \quad \text{und} \quad \vec{X_t} = \vec{X_l}' - \vec{X_w} \tag{3.2}$$

ergeben. Die Matrix $\mathbf{R}$ ist das Produkt der zwei Drehmatizen

$$\mathbf{R} = \mathbf{R}_c \mathbf{R}_l \tag{3.3}$$

wobei für

$$\mathbf{R}_c = \begin{pmatrix} \cos\beta\cos\kappa + \sin\alpha\sin\beta\sin\kappa & -\cos\alpha\sin\kappa & \sin\beta\cos\kappa - \sin\alpha\cos\beta\sin\kappa \\ \cos\beta\sin\kappa - \sin\alpha\sin\beta\cos\kappa & \cos\alpha\cos\kappa & \sin\beta\sin\kappa + \sin\alpha\cos\beta\cos\kappa \\ -\cos\alpha\sin\beta & -\sin\alpha & \cos\alpha\cos\beta \end{pmatrix}$$

und

$$\mathbf{R}_l = \begin{pmatrix} \cos\theta\cos\psi & \sin\phi\sin\theta\cos\psi - \cos\phi\sin\psi & \cos\phi\sin\theta\cos\psi + \sin\phi\sin\psi \\ \cos\theta\sin\psi & \sin\phi\sin\theta\sin\psi + \cos\phi\sin\theta & \cos\phi\sin\theta\sin\psi - \sin\phi\cos\psi \\ -\sin\theta & \sin\phi\cos\theta & \cos\phi\cos\theta \end{pmatrix}$$

gilt. Die tatsächliche Position der Objekte im Bildkoordinatensytem wird durch hypothesengesteuerte Zuordnung der Objekte des Bildmodells zu den Merkmalen des verarbeiteten Luftbildes bestimmt (Kap. 3.3, Bild 3.3).

Mit den in der Photogrammetrie üblichen Verfahren [4], lassen sich über Punktkorrespondenzen der Objekte im Bild- und Weltkoordinatensystem die Parameter der tatsächlich vorliegenden Transformation als Elemente eines überbestimmten nichtlinearen Gleichungssystems bestimmen. Dieses Gleichungssystem läßt sich linearisieren und nach der Methode der kleinsten Fehlerquadrate iterativ auflösen. Damit steht die tatsächliche Position des Luftfahrzeugs $\vec{X_l} = (x_l, y_l, z_l)^T$ als Stützinformation für das INS zur Verfügung. Die gleiche Methode eignet sich ebenfalls zur Bestimmung der Orientierungswinkel des Luftfahrzeugs sowie zur Kamerakalibrierung.

3.2 Vorverarbeitung und Segmentierung

Zur Korrektur von unerwünschten Sensoreigenschaften werden in einer Vorverarbeitungsstufe verschiedenartige Filter- und Transformationsverfahren angewendet.

Dafür kommen neben globalen Grauwertoperationen wie z.B. Histogrammäqualisation auch lokale Operatoren in Betracht, die unter Berücksichtigung eines sensorspezifischen Modells eine ortsabhängige Empfindlichkeit oder bei CCD-Sensoren defekte Zellen ausgleichen. Darüber hinaus werden im Bedarfsfall geometrische Verzerrungen kompensiert.

In einer zweiten Stufe, der Segmentierung, wird das Bildfeld in signifikante Bereiche zerlegt und diese durch Merkmale verschiedener Art beschrieben. Zu diesem Zweck steht ein Vorrat unterschiedlicher Bildverarbeitungsoperationen zur Verfügung, aus dem abhängig vom erwarteten Bildinhalt geeignete Algorithmen und Parametersätze nach Maßgabe zugehöriger Regeln ausgewählt werden (BV-Expertenwissen).

Zur Extraktion linienhafter Merkmale werden neben Standardverfahren lokaler Art [2] (Bild 3.3) auch alternative Ansätze verfolgt. So können, beispielsweise zur Verkettung von Konturpunkten, Methoden aus dem Bereich der Graphensuche, wie dynamische Programmierung [1, 5] und heuristische Konturpunktverkettung [6] eingesetzt werden. Diese Verfahren erweisen sich auch deshalb als besonders vorteilhaft, da sie die Einbeziehung von Modellwissen bezüglich spezieller Bildstrukturen erlauben. Als Beispiel sei auf die Konturapproximation durch Geradenstücke verwiesen. Dabei kann sowohl direkt auf den Grauwerten des Originalbildes, als auch auf den daraus abgeleiteten Gradienten aufgesetzt werden. Weiterhin werden im Rahmen der Segmentierung neben linienhaften auch flächenhafte Merkmale extrahiert, wobei zusätzlich Methoden der Texturanalyse Anwendung finden.

Die mit solchen Verfahren gewonnenen Merkmale und Segmente werden unter Verwendung einer hierarchischen Datenstruktur zur weiteren Verarbeitung gespeichert. Zusätzlich werden die Verfahrensparameter sowie Gütemaße jedem Merkmal als Attribute beigefügt. Von besonderer Wichtigkeit ist bei diesem Konzept das große Maß an Flexibilität gegenüber neu hinzukommenden Verfahren und Merkmalen. Dieses drückt sich sowohl in der Art der jeweiligen Verfahrensauswahl unter Einsatz von BV-Expertenwissen aus, als auch durch die universelle hierarchische Datenstruktur zur Beschreibung der gefundenen Segmentierungsergebnisse.

3.3 Hypothesengesteuerte Objektidentifikation

Den Kern des Systems bildet schließlich die eigentliche Objektidentifizierung durch Zuordnung extrahierter Merkmale zu den Objekten des Bildmodells. Zur Lösung dieser Aufgabe existiert in der Literatur eine Vielzahl von Verfahren, wie sie vor allem für die Bereiche Werkstückerkennung, Robotersehen u.a. eingesetzt werden [8, 10].

Das hierfür ausgewählte Verfahren erlaubt eine fehlertolerante, translations- und rotationsinvariante 2-D-Merkmalszuordnung, wobei zusätzlich eine geringfügige Maßstabsanpassung erfolgt. Dieses Verfahren, ein modifizierter A^*-Algorithmus [7], baut während der Analyse nach Maßgabe des 2-D-Bildmodells (Kap. 3.1) aus den bei der Segmentierung gefundenen Merkmalen bewertete, konkurrierende Hypothesen für die im Bildmodell enthaltenen Objekte auf, von denen zunächst nur jeweils die

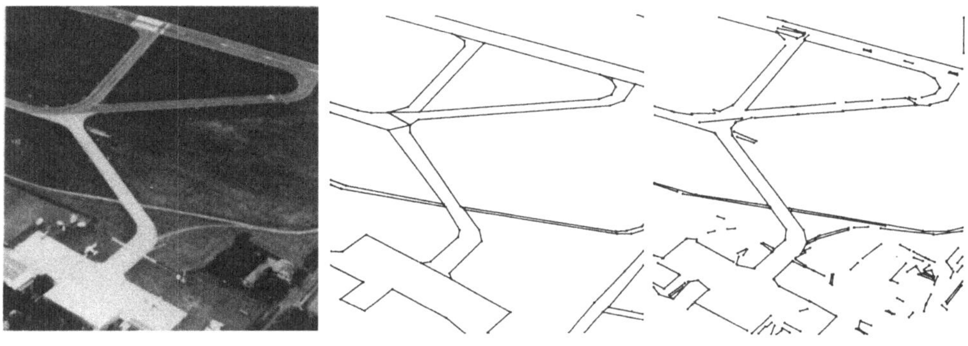

Bild 3.3: Beispiel: a) Luftbild, Landebahn und Hallenvorfeld des Flughafens Braunschweig, b) Bildmodell, c) Merkmalsbild.

besten weiter expandiert werden. Es entspricht damit im wesentlichen den in [10] angegebenen Verfahren der sogenannten Analyse-durch-Synthese. Zur Erzeugung der Starthypothesen wird ein Merkmal des Bildmodells benutzt (z.B. eine Ecke, d.h. der Schnittpunkt von benachbarten Geradensegmenten), mit dem sich sowohl die Translations- als auch Rotationsparameter für die Zuordnung schätzen lassen. Ausgehend von diesen Starthypothesen wird nach weiteren Merkmalen des Bildmodells gesucht. Die Bewertung der Hypothesen erfolgt aufgrund von gegebenen Toleranzschwellen für Position und Orientierung. Für jedes gefundene Merkmal werden die Parameter für Translation und Rotation so berechnet, daß der resultierende Lagefehler aller bis dahin gefundenen Merkmale eines Objektes minimal wird. Die Hypothesenverifikation gilt als abgeschlossen und damit das Modellobjekt als erkannt, wenn nach der Zuordnung aller Modellmerkmale die Gesamtbewertung noch größer ist als eine vorgegebene Objekterkennungsschwelle. Sobald ein Modellobjekt erkannt wurde, werden sämtliche dabei verwendeten Merkmale des Bildes in der Merkmalsliste als benutzt markiert. Alle Bewertungen der auf diesen Merkmalen aufgebauten Hypothesen werden neu berechnet und damit abgewertet. Hypothesen, deren Bewertung während der Verifikation unterhalb der Erkennungsschwelle sinken, werden verworfen.

Die Korrespondenzen zwischen den Bildkoordinaten der erkannten Objekte im Luftbild und ihrer Position im Weltkoordinatensystem werden schließlich zur Berechnung der Position der aufnehmenden Kamera ausgewertet (Kap. 3.1). Damit steht schließlich die eigentliche Stützinformation für das INS zur Verfügung.

4. Experimentalsystem zur bildgestützten Navigation

Die Entwicklung von Verfahren und Implementation von Algorithmen wird auf PC-Workstations (COMPAQ-AT-386) in der Sprache „C" vorgenommen. Für die

Bildaufnahme und -speicherung wird eine hochauflösende CCD-Kamera (KODAK-MEGAPLUS, 1280 × 1024 Bildpunkte, quadratisches Raster, digitales Interface) in Verbindung mit einer speziellen Bildspeicher-Karte verwendet. Auf einem solchen System, dessen Einbau in das Forschungsflugzeug der DLR (DO-228) geplant ist, scheint ein Verarbeitungszyklus im Minutenbereich (ohne spezielle BV-Prozessoren) realisierbar und damit den in Kap. 2. vorgestellten Anforderungen zu entsprechen.

Erste Ergebnisse werden in Bild 3.3 gezeigt.

Literatur

[1] BÄSSMANN, H.; BESSLICH, Ph.W.: Konturorientierte Verfahren in der digitalen Bildverarbeitung. Berlin Heidelberg New York: Springer, 1989.

[2] DUNHAM, J.G.: Optimum uniform piecewise linerar approximation of planar curves, IEEE Trans. Pattern Analysis and Machine Intelligence, Vol. PAMI-8, 1986, S. 67-75.

[3] KNABE, F.: Untersuchungen zum TERCOM-Navigationsverfahren anhand von Flugversuchen über den Testgebieten Deister und Harz, DFVLR-Forschungsbericht 88-37, Institut für Flugführung, 1988.

[4] KONECNY, G.; LEHMANN, G.: Photogrammetrie 4. Aufl.. Berlin New York: Walter de Gruyter, 1984.

[5] MARTELLI, A.: An application of heuristic search methods to edge and contour detection, Comm. ACM 19, 1976, S. 73-83.

[6] MONTANARI, U.: On the optimal detection of curves in noisy pictures, Comm. ACM 14, 1971, S. 335-345.

[7] NILSSON, N. J.: Principles of Artificial Intelligence. Berlin Heidelberg New York: Springer, 1982.

[8] SALZBRUNN, R.; BEHNKE, K.: Konturbasierte fehlertolerante Erkennung teilweise sichtbarer Objekte. In: GROSSKOPF, R.E., (Hrsg.): 12. DAGM-Symposium, Oberkochen-Aalen, 1990., Bd. 254. Berlin Heidelberg New York: Springer, 1990, S. 522- 529.

[9] STIELER, B.; WINTER, H.: Gyroscopic Instruments and their application to flight testing, AGARDograph No. 160, Vol. 15, 1982.

[10] TROPF, H.: Analysis-by-synthesis search for semantic segmentation - applied to workpiece recognition: Proc. 5th ICPR, Miami, USA, 1980., 1980, S. 241-244.

The robust recognition of traffic signs
from a moving car

P. Seitz*, G.K. Lang*, B. Gilliard† and J.C. Pandazis†

* Paul Scherrer Institut Zürich
Badenerstrasse 569, CH – 8048 Zürich

† Institut de Recherches Robert Bosch S.A.
Case postale 18, CH – 1027 Lonay

The robust and reliable recognition of traffic signs from a moving car is investigated as a specific example of the general ambitious goal of object recognition in natural surroundings. The newly proposed method of hierarchical spatial feature matching is employed, based on a pyramid representation of the scene and its local orientations. The worked example of designing a suitable template for "right-of-way" -signs (diamonds, rotated squares) illustrates some general principles of hierarchical feature matching. Hardware considerations indicate that the problem can be solved in real-time with a data-flow architecture using commercially available matching ICs. The performance with video imagery taken from a moving car (day and night, city and country scenes) is reported and some practical problems encountered are discussed. It is concluded that this non-AI based approach to traffic sign recognition is reliable, simple, fast and performs very well in real-life situations.

1. Introduction

Reliably recognizing objects in natural and significantly changing surroundings is one of the most ambitious goals of digital signal processing. This is particularly true if one would like a recognition performance that rivals that of human beings. In this work such a problem is investigated, albeit with a limited selection of simple objects, namely the traffic signs on European roads. The goal was to show the feasibility of a car driver's "computer companion" that monitors street scenes from a moving car and alerts the driver to the presence of particularly important traffic signs, e.g. stop signs, yield signs and speed limits. Recognition should be reliable, independent of the traffic sign's size, independent of lighting or background conditions (day and night scenes), tolerant against partial occlusions, and it should especially be tolerant against geometric distortions due to perspective and non-orthogonal views, as occurs regularly in practice.

An emphasis should be placed on the possibility of realizing the chosen algorithms in real-time (0.1 sec maximum response time) for a practical application in the automotive industry. In contrast to other published work, see for example [1], it was therefore considered appropriate to exclude artificial intelligence (AI) approaches from this investigation, and rather to concentrate on recent new tools in signal and image processing, possibly lending themselves to data-flow implementations.

An important source of information in traffic signs is their colour. Unfortunately there are a few practical problems which make it non-trivial reliably to acquire colour imagery of adequate and stable quality: (1) The white-balance (correction for apparent changes in colour due to varying illumination) in commercially available colour cameras is not perfect, usually slow and made globally. This can result in significant colour shifts, especially under extreme situations (e.g. backlit or night scenes). (2) The dynamic range of today's solid state colour cameras is not very high – typically 50 dB –, easily leading to problems with the extreme illumination level differences occuring in practice. Overexposure as well as low light levels make a camera lose colour information, such that only the luminance part of a scene can be evaluated. For these reasons it was decided to ignore colour information in this work, and to work purely with black-and-white imagery.

The topic of this paper, therefore, is to locate robustly and reliably symbols representing traffic signs of any size in monochrome video images taken from a moving car.

2. Object recognition with pyramids and hierarchical spatial feature matching

A first, coarse attempt at recognizing objects of any size is to represent the scenes as multi-resolution pyramids, see [2]. Such a pyramid, shown in Fig. 1, reduces the problem of size-invariance to the simpler problem of invariance against changes of size within a factor of two.

Fig.1 : Multi-resolution representation (pyramid) of images reduces the problem of finding traffic signs independently of their size to the simpler problem of recognizing traffic signs with an unknown scale factor of 1 to 2.

Most published non-AI methods of object recognition are not very tolerant of variations in object size or geometry. This has to do with that one tries to recognize objects as a whole. More recent work has shown the advantages of first trying to locate sub-parts of an object and then checking for the correct geometrical relationships between the sub-parts in order to become more tolerant against natural variations, see for example [3]. Since many of these approaches are based on direct gray-level matching or edge extraction, they are usually quite intolerant to changing background, partial occlusion or ill-defined object contours, an effect of particular importance in the present application because of motion blur.

A new, robust object recognition algorithm, lending itself especially well to the problem of traffic sign recognition with all its practical difficulties, is hierarchical spatial feature-matching (HSFM) based on local orientation [4]. The difficulties with HSFM lie in the design of the templates. As is shown below, however, if one is clear about which properties of the object to use for the search, the templates for reliable traffic sign recognition are readily constructed.

3. Template design example: "right-of-way" traffic sign

The geometrical shapes of the traffic signs are simple and well-defined: they are essentially triangles (yield signs), diamonds/rotated squares (right-of-way), octagons (stop signs), disks (speed limits or no access) and rectangles (location information). A universal trait of traffic signs seems to be the presence of a rim (a red annulus on speed limits, a white rim on stop-signs, etc.) There are two ways of exploiting this: the first is to include this rim in the recognition process, implying that the background problem has to be solved, because it is not known *a priori* (or in some scenes is even indeterminate) if the rim-to-background contrast is a dark-to-bright or bright-to-dark transition. The other approach, adopted here, is to assume that this rim predefines the type of transition to the inner part of the traffic sign. This means that for example finding a stop sign as in Fig. 1 could be realized by simply looking for a dark octagon, or finding a right-of-way sign could be accomplished by finding rotated squares (diamonds). It is this example, the right-of-way sign, that will now be inspected more closely to discuss the design of a good template for its search:

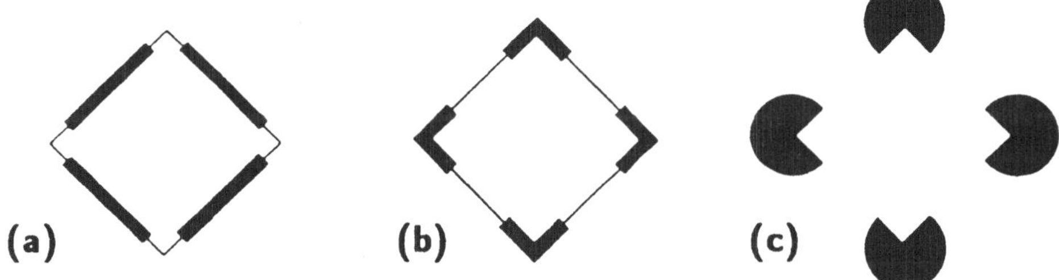

Fig. 2 : Three different rotated squares/diamonds (right-of-way symbols), stressing either the four sides (Fig. 2a), the four corners (Fig. 2b), or even consisting only of four corners in a Kanizsa-object (Fig. 2c) which gives rise to "subjective contours" of a square [6].

Which is the more important information about a square, the presence of four straight lines at 90^0 to each other or the presence of four right-angle corners at particular positions? Fig. 2a and 2b illustrate this question. An indication of how this question might be answered is given by the so-called Kanizsa-square [6] shown in Fig. 2c. In this figure a human being clearly recognizes a square, even to the extent of completing the partial corner information with "subjective contours". It is concluded, therefore, that the corners are the more important features for human recognition. This can easily be implemented in the framework of HSFM by defining four different corner features, as indicated in Fig. 3a-d. A corner feature consists of two line detectors, each six pixels long and summing the binary matches between the corresponding local orientation and a binary line template; if more than half of the pixels in the binary line template show the correct local orientation then the line is signalled as present. A corner is localized, if both of its constituent line segments are found present.

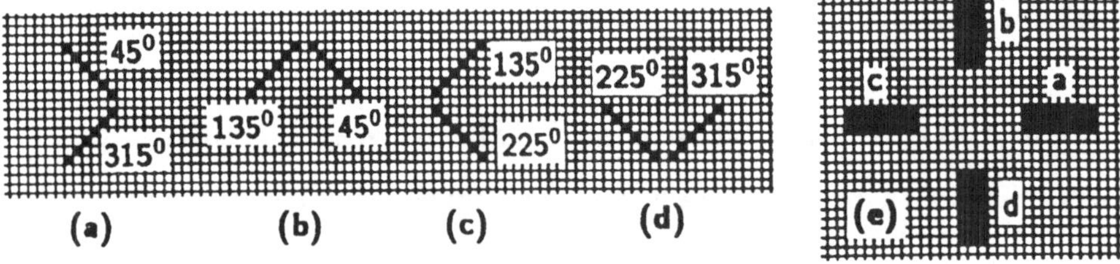

Fig. 3 : Dark diamond (inner part of right-of-way traffic sign) consisting of five feature detectors on two levels of the HSFM scheme.

(a)-(d) Four corner detectors on the lowest HSFM level.

(e) Second-level feature detector, checking the correct geometrical relationship of the four corners, and then indicating the presence of a diamond.

On a second level of the HSFM scheme the correct geometrical arrangement of the four corner features is checked. As discussed above this should happen such that size differences of a factor of two do not matter. Fig. 3e shows the second-level template accomplishing this: it checks for the presence of the four corner features in four elongated areas. By choosing areas rather than lines, the diamond detector obtains additional robustness against geometrical distortions or right-of-way traffic signs not standing upright.

In this example the lowest level feature detectors used a threshold of the binary template match of *half* of the pixels in the line templates. In our experience such a threshold of 50%-70% is appropriate in almost all cases of low-level feature detectors. This choice achieves, at the same time, tolerance against natural variations or partial occlusions, and is strict enough to result in only a few "falsely" signalled features.

4. Real-world performance and practical problems

To establish the performance of the proposed traffic sign recognition method in the real world a CCD camera was mounted in a car, and traffic scenes under diverse conditions (day, night, sunlight, rain) were recorded with a consumer VHS recorder. Almost 400 discrete images were then digitized and processed. Our experience with the algorithm's performance using this data was excellent:

Fig.4 : Examples of successfully located traffic signs and illustrations of real-world problems; for explanations see the text. The traffic scenes, taken by a CCD camera in a moving car, were recorded with a consumer VHS recorder and then digitized in a series of discrete images.

With very few exceptions (less than 1%), all the traffic signs present in the scenes were localized correctly, despite the problems encountered in practice, as illustrated with the few examples of Fig. 4: As demanded, the algorithm proved to be robust against geometrical distortion, large variations in contrast, dirt or partial occlusion, motion blur, unpredictable background, etc. The few cases in which the traffic signs were not recognized by the computer (but can be identified by human observers), were restricted to scenes with substantial occlusion by foliage, cars, buildings, etc. and to unusually low contrast in night or backlit scenes.

What occured more often, though, was the "recognition" of spurious traffic signs; about one out of fifty reported traffic signs must be considered spurious. This effect has several causes: In some of the night-time scenes it happened that the bright headlights of oncoming cars had a circular enough shape that they were marked as possible candidates for circular traffic signs (i.e. no access or speed limits). Sometimes a traffic sign was recognized as such although it was viewed from behind; this situation is illustrated by the yield-sign example in Fig. 4 (the yield-sign to the left is seen from behind), showing that even for human observers it can be difficult to resolve this ambiguity. Finally there are the few rare cases in which a company or product logo is mistaken for a traffic sign, or the geometrical coincidence of edges (for example in the form of tree branches) actually take the form of a traffic sign. The algorithm's tolerance required careful design of templates for similar shapes (i.e. disks and octagons), otherwise discrimination between the two shapes is not reliable.

The described situation with spurious traffic signs reported ("false alarms") is preferred to a situation in which the presence of vital traffic signs would not be detected ("missed alarms"). One has the chance, therefore, to make the recognition process more reliable by adding information that could rule out the presence of a traffic sign: From the above examples it becomes clear that most of the difficulties could be resolved by taking into account the colour of the surroundings. In these cases, a rough idea of the hue would probably have already been good enough to renounce most of the spurious traffic signs. It is felt, therefore, that even a cheap single-chip CCD colour camera and the inclusion of colour in the recognition process could improve the presented algorithm's performance.

The preceding discussion shows clearly that there are some real-world problems not addressable with the presented algorithm, for example to determine who is concerned by a particular traffic sign. These cases obviously need image understanding capabilities beyond the scope of mere traffic sign recognition.

5. Real-time hardware considerations

The traffic sign recognition algorithm described above took about five minutes to search a 256×256 image for the presence of one type of traffic sign, using a DEC microVAX II. This can be improved by a factor of three to five if the search strategy is enhanced: E.g. only search for other sub-templates in the vicinity of a localized sub-template; do not carry out an exhaustive search, but give up as soon as it is realized that not enough evidence for the presence of a template can be found. This improved strategy is essentially the same as described in [7] and [8].

Even when considering one of today's modern workstations with a speed improvement of 50 over a microVAX, the processing time would still be a few seconds for one type of traffic sign. An actual "live" demonstration in a moving car, however, would make a faster recognition time necessary. Since the essential operation is a two-dimensional binary template matching, as described in [4], and such template matchers are available commercially as VLSI chips, it would not seem difficult to implement the traffic sign recognition in hardware. Two devices lending themselves well to this application would be the IRIS chip [9] by Silicon & Software Systems or LSI Logic's L64230 [10]. Both offer 1024 individual comparators, for example for 32×32 templates. The IRIS chip additionally has all necessary video delay lines integrated so that it represents the full functionality of a complete binary channel feature matcher. With available clock speeds of at least 20 MHz, both chips offer frame-rate (25 Hz) processing or – if one works with lower resolution images of a high pyramid level – a multiple of four times frame rate. With these chips no intermediate memory is needed and a simple data-flow architecture can be realized.

It seems quite feasible therefore to implement a complete traffic sign recognition system, working in real time (frame rate or higher), by using several of the VLSI binary matching ICs mentioned above.

6. Discussion

A practical method for the robust and reliable recognition of traffic signs was developed. Experience gained with almost 400 traffic scene images taken from a moving car indicates that the practical recognition performance is very good. Although the algorithm's recognition performance is still surpassed by a human observer's, the algorithm showed remarkable robustness, especially against large contrast variations (day/night/sun/rain imagery), geometrical distortions (non-perpendicular viewing), motion blur (fuzzy outlines, partly also caused by the VHS recorder's line jitter) non-uniform illumination and dirt, partial occlusion (tree branches, cars, buildings, etc.), and variations in size. This algorithm also lends itself well to fast hardware implementations. It is concluded that a practical application in a moving car is feasible now, a conclusion that cannot easily be gained for other published approaches, e.g. [1].

It is expected that the inclusion of colour information will enhance the algorithm's performance by reducing the number of spurious, wrongly reported traffic signs. It is obvious that this is easily possible within the framework of HSFM as presented in [4]: It should be sufficient to ask for the coexistance (logical AND) of a black-and-white traffic sign candidate and enough evidence of the correct colour in its vicinity. This could be accomplished by introducing several additional (binary) hue channels, matched to the expected colours of traffic signs with some tolerance. These hue channels would complement the local orientation channels feeding into the lowest level of the HSFM-hierarchy.

Another, major improvement over what has been shown in this work would be the inclusion of finer detail in the recognition of traffic signs: Starting with the coloured rim that should be present, and going on to the text or digits within the traffic signs: The word "STOP" distinguishes a red octagon from a real stop sign, the digits "100" on a red-rimmed white plate could distinguish a round company logo from a real speed limit, etc. This would also enhance the usefulness of a traffic sign recognition system by supplying more necessary information to the driver such as the value of a speed limit or the kind of danger ahead. The examples shown in [4] indicate that the same basic algorithm, the same real-time hardware with appropriate templates could be used for this additional task, provided that the resolution of the video images is high enough for the recognition of digits and text.

It is concluded that HSFM offers indeed a universal and robust recognition method suited well to the practical problems of real-time traffic sign recognition from a moving car. We have shown that traffic signs can be reliably recognized by the method described, i.e. working only with their general shape. Using the same techniques plus an interpretation procedure to decide whether a traffic sign concerns the driver or not, could soon make it possible to develop a useful "computer companion" to a car driver, and in this way provide another means of making car driving safer.

7. Acknowledgments

Helpful discussions with J.M. Raynor regarding the possibilities of real-time hardware implementations are gratefully acknowledged.

This work was supported in part by the Swiss foundation KWF (Kommission zur Förderung der Wissenschaftlichen Forschung), contract number 1992.1 .

8. References

[1] R.E. Gämlich and W. Ritter, "A knowledge based system for traffic sign recognition", *Informatik-Fachberichte*, Vol. 254, pp. 82-89, Springer, 1990.

[2] E.H. Adelson, C.H. Anderson, J.R. Bergen, P.J. Burt and J.M. Ogden, "Pyramid methods in image processing", *RCA Engineer*, Vol. 29, pp. 33-41, Nov./Dec. 1984.

[3] P.J. Burt, "Smart Sensing with a Pyramid Vision Machine", *Proc. IEEE*, Vol. 76, pp. 1006-1015, 1988.

[4] P. Seitz and G.K. Lang, "Using local orientation and hierarchical spatial feature-matching for the robust recognition of object", *Proc. SPIE*, Vol. 1606, *in print*, 1991.

[5] P. Seitz, "The robust recognition of object primitives using local axes of symmetry", *Signal Processing*, Vol. 18, pp. 89-108, 1989.

[6] G. Kanizsa, "Subjective contours", *Scientific American*, April 1976, pp. 82.

[7] E.C. Freuder, "A Computer Vision System for Visual Recognition Using Active Knowledge", M.I.T. A.I. Lab. Technical Report 345, 1975.

[8] M. Bichsel, "Strategies of Robust Object Recognition for the Automatic Identification of Human Faces", Dissertation No. 9467, ETH Zürich, 1991.

[9] Silicon & Software Systems Ltd., Ballymoss Road, Sandyford Ind. Est., Dublin 18, Ireland.

[10] LSI Logic Corp., 1551 McCarthy Blvd., Milpitas CA 95035, USA.

Automatische 3D-Segmentierung und Klassifikation von Gewebe in der medizinischen Diagnostik

Heinz Handels, Arno Hiestermann, Rainer Herpers, Thomas Tolxdorff

RWTH Aachen, Institut für Medizinische Statistik und Dokumentation
Pauwelsstr. 30, 5100 Aachen

In der Magnetresonanztomographie (MRT) hat die Messung und Analyse von Relaxationsprozessen vollkommen neuartige Möglichkeiten zur Gewebedifferenzierung und zur Beurteilung pathologischer Prozesse in der medizinischen Diagnostik eröffnet. Zur automatischen Differenzierung verschiedener Gewebestrukturen auf der Basis der mehrdimensionalen Relaxationsparameterbilddaten wurden pyramidale Histogrammanalysealgorithmen entwickelt und implementiert. Die pyramidale Analyse mehrdimensionaler MR-Parameterhistogramme führt zu einer automatischen, vollständigen Segmentierung eines Schichtbilddatensatzes. Die Algorithmen zur histogrammbasierten Gewebesegmentierung werden ergänzt durch einen Verschmelzungsalgorithmus, der die algorithmische Nachverarbeitung und Stabilisierung der Analyseergebnisse zum Ziel hat. Die simultane Segmentierung von Gewebestrukturen in verschiedenen Schichtaufnahmen ermöglicht die Visualisierung der räumlichen Verteilung von Gewebestrukturen, die zur Interpretation und Analyse insbesondere pathologischer Gewebestrukturen von besonderem medizinischem Interesse ist. Über den konkreten Anwendungskontext hinaus sind die entwickelten Segmentierungsalgorithmen universell zur Analyse mehrdimensionaler Bilddaten verwendbar, da sie rein datengetrieben und ohne a priori Wissen arbeiten. Die für jedes Gewebesegment extrahierten Relaxationsparameterkenngrößen können in einer Gewebedatenbank gespeichert werden, die die Verwaltung der in großem Umfang anfallenden Relaxationsparameterdaten übernimmt. Die Gewebedatenbank bildet zugleich die Ausgangsbasis für die automatische Identifikation gesunder und pathologischer Gewebestrukturen. Durch datenbankgestützte Klassifikationsalgorithmen werden a priori unbekannte Gewebesegmente einer Gewebeklasse zugeordnet und Diagnosevorschläge generiert. Zur Diagnoseunterstützung sind die Segmentierungs- und Klassifikationsalgorithmen in dem interaktiv benutzbaren Programmsystem SAMSON ('System zur automatischen Segmentierung und Klassifikation von Gewebe in der MR-Tomographie') integriert.

1 Einleitung

Die in der klinischen Routine verwendeten MR-Bilder visualisieren die in jedem Volumenelement einer Körperschicht zu einem bestimmten Zeitpunkt gemessene Magnetisierung, die durch mehrere, sich überlagernde Relaxationsprozesse beeinflußt werden. Die Messung und Analyse der im Gewebe auftretenden Relaxationsprozesse bildet die Grundlage für eine Charakterisierung von Gewebe in der MR-Tomographie [2]. Unter Vernachlässigung von Diffusions- und Perfusionseffekten sind die in jedem Volumenelement einer Körperschicht abgetasteten Relaxationsprozesse durch die Relaxationszeiten T_1, T_2 und die Spindichte ρ charakterisiert. Während die Relaxationszeiten T_1 und T_2 das Relaxationsverhalten der longitudinalen und transversalen Relaxationsprozesse beschreiben, gibt die Spindichte ρ die Dichte der in jedem Volumenelement vorhandenen Kernspins der Wasserstoffatome an. Zur Differenzierung und Klassifikation verschiedener Gewebe in der MR-Tomograhie ist es notwendig, Kombinationen der T_1-, T_2- und ρ-Werte zu berücksichtigen [5].

2 Histogrammbasierte Clusteranalyse und Gewebesegmentierung

Histogrammbasierte Clusteranalyseverfahren wurden in verschiedenen Varianten bisher vorrangig zur Analyse mehrkanaliger Satellitenaufnahmen (LANDSAT) angewendet [4, 7, 10, 11]. Sie ermöglichen die effiziente Strukturierung umfangreicher Datenmengen ohne a priori Wissen über die Anzahl der auftretenden Bildstrukturen. Bei der datengetriebenen Analyse wird die im Histogramm enthaltene Strukturinformation über die den Merkmalsausprägungen zugrundeliegende Verteilungsdichte als Basis für die algorithmische Differenzierung verschiedener Cluster verwendet, die in der Anwendung zu gleichartig relaxierenden Gewebestrukturen korrespondieren. Ein *Cluster* wird im Histogramm durch einen unimodalen Histogrammberg repräsentiert. Verschiedene Cluster grenzen sich durch Histogrammtäler voneinander ab.

In der vorliegenden medizinischen Anwendung werden Histogrammanalysealgorithmen zur schichtübergreifenden 3D-Segmentierung von Gewebebstrukturen in multiparametrischen Bilddatensätzen verwendet, wobei in jeder Schicht bis zu 256x256=65536 zu analysierenden Pixelinformationen auftreten. Die automatische Bestimmung der Clusteranzahl unterstützt die flexible Anpassung der Analyse an unterschiedliche Datenlagen, die in medizinischen Schichtbilddatensätzen in Abhängigkeit von den auftretenden pathologischen, d. h. krankhaft veränderten Gewebestrukturen oder der betrachteten Körperregion im allgemeinen stark variieren.

Durch die Analyse *mehrdimensionaler* MR-Parameterhistogramme werden die Korrelationen zwischen den analysierten Merkmalen automatisch berücksichtigt und somit im Vergleich zur sukzessiven Analyse eindimensionaler Histogramme eine spezifischere Abgrenzung der Cluster erzielt. Histogrammbasierte Clusteranalyseverfahren ermöglichen die Detektion beliebig geformter, unimodaler Cluster ohne Verwendung einer Verteilungsannahme.

Zu Beginn des Verfahrens wird ein d-dimensionales Histogramm ($d \leq 3$) auf der Basis der im Schichbilddatensatz ermittelten T_1, T_2 und ρ-Werte erstellt. Durch die implementierten Histogrammanalysealgorithmen werden die Cluster ausgehend von dem zugehörigen Peak bzw. dem Clusterzentrum 'top-down' abgearbeitet und die zugehörigen Histogrammtäler algorithmisch ermittelt (Fig. 1).

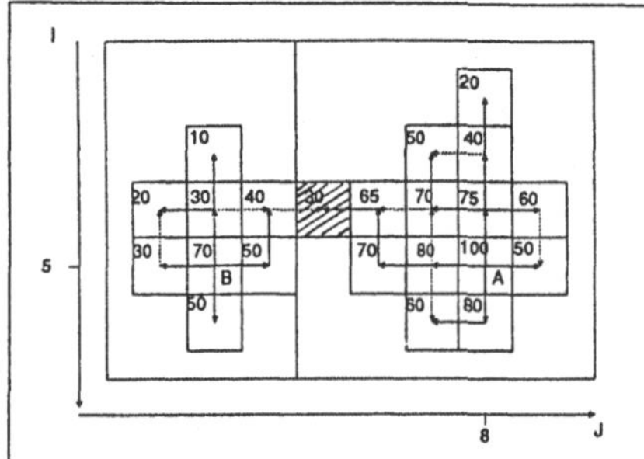

Fig. 1: Zweidimensionales Histogramm mit Clustern und einer schraffiert gekennzeichneten Konfliktzelle. Die Konfliktzelle zeichnet sich dadurch aus, daß sie sowohl vom Cluster mit Zentrum A als auch vom Cluster mit Zentrum B erreichbar ist und somit keinem der beiden Konfliktcluster eindeutig zugeordnet werden kann. Die durchgezogenen Linien repräsentieren Vergleiche, nach denen eine Zelle zum aktuellen Cluster hinzugenommen wird. Die gestrichelten Linien veranschaulichen Zugriffe auf Nachbarzellen, die nicht zum Cluster hinzugenommen werden, da sie entweder bereits einem Cluster angehören oder aber das Gradientenkriterium nicht erfüllt ist.

Bei der Abarbeitung eines Histogrammberges (Fig. 1) werden zunächst das Clusterzentrum und dessen direkte Nachbarzellen zum aktuellen Cluster zusammengefaßt. Anschließend werden ausgehend von den Clusterrandzellen alle direkten Nachbarzellen sukzessive betrachtet, durch die das Cluster noch erweiterbar ist. Eine Nachbarzelle wird zum Cluster hinzugenommen, falls das Gradientenkriterium erfüllt ist, d. h. falls die Häufigkeit in dieser Zelle kleiner oder gleich groß als die Häufigkeit der direkt benachbarten Clusterrandzelle ist. Die Durchlaufstrategie ist in Fig. 1 anhand der Pfeile erkennbar.

Vor der Abarbeitung eines Clusters wird eine geordnete Liste aller Maxima erzeugt, in der insbesondere alle Clusterzentren enthalten sind. Maxima sind alle diejenigen Histogrammzellen, bei denen die Häufigkeit in allen 2n direkten Nachbarzellen kleiner oder gleich groß ist. Nach der Abarbeitung des aktuell betrachteten Clusters werden alle Maximumzellen, die dem abgearbeiteten Cluster zugeordnet sind, aus der Liste der Maxima entfernt. Vor dem Beginn der Abarbeitung des nächsten Clusters mit dem aktuell größten Maximum wird getestet, ob die betrachtete Maximumzelle bereits abgearbeitete Histogrammzellen als indirekte Nachbarn besitzt. Falls dies nicht der Fall ist, bildet die Maximumzelle ein Clusterzentrum eines neuen Clusters, das nachfolgend abgearbeitet wird (Fig. 1). Andernfalls wird ausgehend von der Maximumzelle das Cluster expandiert, zu dem die bereits abgearbeitete indirekte Nachbarzelle zugeordnet wurde.

Der implementierte Algorithmus zur histogrammbasierten Clusteranalyse ist zur Analyse ein- zwei- und dreidimensionaler Histogramme geeignet. Als elementare Histogrammoperation wird ein Gradiententest verwendet, in dem die 2d (d=Dimension des Histogramms) direkten Nachbarzellen, nicht jedoch alle $3^d - 1$ Nachbarzellen betrachtet werden, und somit der Basisalgorithmus zur Histogrammanalyse beschleunigt.

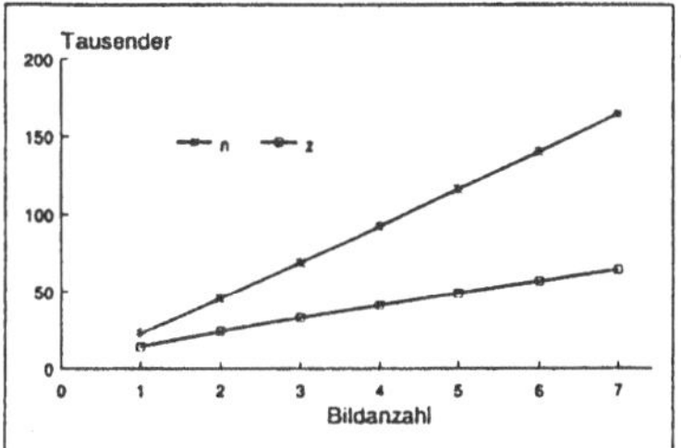

Fig. 2 : Veränderung der Anzahl der belegten Histogrammzellen z sowie der Pixel n in Abhängigkeit von der Anzahl der analysierten multiparametrischen Schichtbilder.

Die Anzahl der durchzuführenden Vergleiche ist linear abhängig von der Dimension d des Histogramms und der Anzahl der belegten Histogrammzellen z. Da in benachbarten Schichtbildern häufig gleichartige Gewebestrukturen repräsentiert sind, steigt bei der Analyse mehrerer Schichtbilder die Anzahl belegter Histogrammzellen z wesentlich geringer als die Anzahl der Pixel n (Fig. 2). In dieser Situation arbeiten histogrammbasierte Clusteranalysealgorithmen im Vergleich zu pixelorientierten Clusteranalyseverfahren [6] besonders effizient.

2.1 Konfliktzellenverarbeitung

Während der Histogrammanalyse werden in den Randbereichen der Cluster *Konfliktzellen* detektiert, die aufgrund der Histogrammstruktur zu mehreren Clustern, den *Konfliktclustern*, zugeordnet werden können (Fig. 1). Da in den Randbereichen der Cluster vermehrt Überlappungen der gewebespezifischen Verteilungsdichten auftreten, beinhalten Konfliktzellen im allgemeinen eine Mischung von Merkmalsvektoren unterschiedlicher Gewebestrukturen. In dieser Situation wird eine pixelorientierte Nachverarbeitung der den Konfliktzellen zugeordneten *Konfliktpixel* sinnvoll.

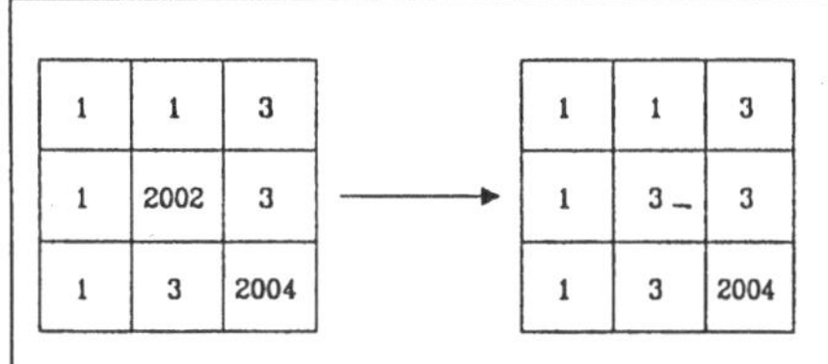

Fig. 3: Darstellung der 3x3-Umgebung eines Konfliktpixels (Index 2002) in der Clustermatrix (Ortsraum), dessen Merkmalsvektor in einer Konfliktzelle mit zugehörigen Konfliktclustern 2, 3 und 6 auftritt. Das Konfliktpixel wird dem Cluster mit Index 3 zugeordnet, da der in der 3x3-Umgebung am häufigsten auftretende Clusterindex 1 nicht in der Menge der Konfliktclusterindizes enthalten ist.

Die Zuordnung der Konfliktpixel zu einem der Konfliktcluster erfolgt unter Ausnutzung von Umgebungsinformationen im Bild bzw. in der Clustermatrix. Hierbei wird die Zuordnung eines

Konfliktpixels auf die während der Histogrammanalyse ermittelten Konfliktcluster beschränkt, wodurch eine Vorauswahl der in Frage kommenden Cluster getroffen wird. Dem Konfliktpixel wird derjenige Clusterindex zugeordnet, der in der 3x3-Umgebung des Konfliktpixels am häufigsten auftritt und zugleich ein Konfliktclusterindex ist (Fig. 3).

2.2 Datenstrukturen

Bei der rechnerinternen Darstellung d-dimensionaler Histogramme durch d-dimensionale Felder steigt die Speicherkomplexität exponentiell mit der Dimension d des Merkmalsraumes. So werden in der konkreten Anwendung zur Repräsentation ein- und zweidimensionaler MR-Parameterhistogramme durch ein- bzw. zweidimensionale Felder ca. 0.5 KB bzw. 128 KB Speicherplatz benötigt, während für eine analoge Repräsentation dreidimensionaler Histogramme ein Speicherbedarf von ca. 32 MB erforderlich ist. Zugleich ist der größte Teil der Histogrammzellen im dreidimensionalen Histogramm mit dem Histogrammwert 0 belegt, da wesentlich mehr Zellen als Merkmalsvektoren bzw. Pixel auftreten. Dieser Effekt wird durch die Clusterbildung in den Daten noch verstärkt.

Zur Reduzierung des Speicherplatzbedarfes auf eine der Anzahl der belegten Histogrammzellen entsprechende Größenordnung wird eine dreistufige, dynamische Datenstruktur verwendet, die die selektive, dynamische Erzeugung von Histogrammzellen in den mit Merkmalsvektoren belegten Merkmalsregionen erlaubt. Diese ist wie folgt deklariert (PASCAL-Notation):

```
TYPE   Histogramm = ARRAY [0..15,0..15,0..15] OF Substrukturfeldpointer;
       Substrukturfeldpointer = ↑Substrukturfeld;
       Substrukturfeld = ARRAY [0..7,0..7,0..7] OF Histogrammzellenblockpointer;
       Histogrammzellenblockpointer = ↑Histogrammzellenblock;
       Histogrammzellenblock = ARRAY [0..1,0..1,0..1] OF INTEGER;
```

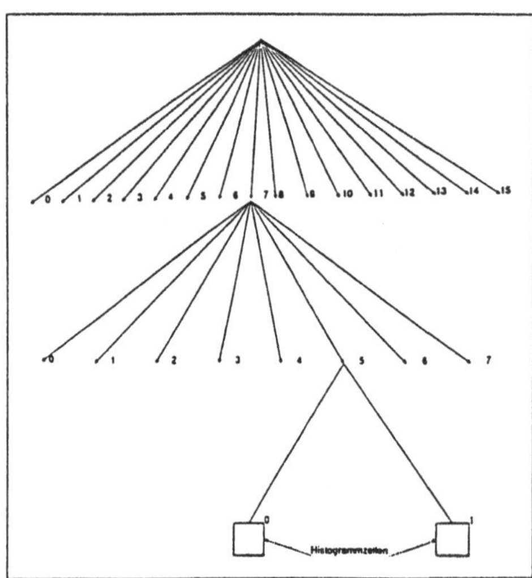

Fig. 4: Eindimensionales Beispiel zur Adressierung einer Histogrammzelle in der dreistufigen, dynamischen Datenstruktur. Sei i_1=122 der dezimale Feldindex der Histogrammzelle in einer Dimension, so wird die zugehörige Binärdarstellung 0111 101 0_2 wie folgt zur Adressierung in der dreistufigen Baumstruktur interpretiert. Durch die oberen 4 Bit $0111_2=7_{10}$ wird auf der obersten Ebene der dreistufigen Datenstruktur das zugehörige Substrukturfeld selektiert. $101_2=5_{10}$ gibt den Index des Histogrammzellenblocks im Substrukturfeld an. Durch das unterste Bit mit dem Wert $0_2=0_{10}$ wird die in Fig. 4 dargestellte linke Histogrammzelle angesprochen. Die Adressierung der übrigen Komponenten der Histogrammzelle erfolgt analog. In der in PASCAL vorliegenden Implementierung wird die Adressierung der Histogrammzellen über einen varianten Record [12] realisiert, wodurch ohne zusätzliche arithmetische Operationen und Zuweisungen eine direkte Umsetzung der dezimalen Feldindizes in die binären Adressen der dreistufigen Datenstruktur erzielt wird.

In der Datenstruktur werden die untersten Einheiten durch jeweils 2^3=8 benachbarte Histogrammzellen gebildet, die in einem 3-dimensionalen Feld vom Typ 'Histogrammzellenblock' gespeichert sind (Fig. 4). In der 2. Ebene werden in 'Substrukturfeldern' 8^3=512 Pointer auf diese Histogrammzellenblöcke zusammengefaßt. In der 3. Ebene sind 16^3=4096 Pointer, die auf

Substrukturfelder verweisen, repräsentiert (Fig.4). Histogrammzellenblöcke werden nur dann generiert, falls mindestens eine Histogrammzelle im betrachteten Block einen Histogrammwert größer als 0 aufweist. Tritt in allen Histogrammzellenblöcken eines Substrukturfeldes keine belegte Histogrammzelle auf, so wird auf eine Generierung des gesamten Substrukturfeldes und der zugehörigen Histogrammzellenblöcke verzichtet.

Die Adressierung einer Histogrammzelle in der dreistufigen, dynamischen Datenstruktur kann, wie in Fig. 4 illustriert wird, analog zur Adressierung in einem Feld vorgenommen werden, wobei die dezimalen Feldindizes als dreistufige Binärcodes interpretiert werden. Die Verwendung der dreistufigen, dynamischen Datenstruktur zur Histogrammrepräsentation führt zu einer erheblichen Speicherbedarfsreduktion unter gleichzeitiger Erhaltung der Nachbarschaftsbeziehungen zwischen den Histogrammzellen. Im 'worst case' werden aufgrund der (2x2x2)-Dimensionierung der elementaren Histogrammzellenblöcke $8 \cdot z$ Histogrammzellen generiert, wobei z die Anzahl der belegten Histogrammzellen ist. Bei Verwendung der dreistufigen Datenstruktur zur Repräsentation dreidimensionaler MR-Parameterhistogramme werden im Mittel bei z belegten Histogrammzellen $4{,}3 \cdot z$ Histogrammzellen erzeugt. In der Anwendung wird der Speicherplatzbedarf im Vergleich zur Darstellung der Histogramme durch 3-dimensionale Felder auf ca. 0,2 % bis 0,4 % reduziert.

2.3 Histogrammpyramide

In MR-Parameterhistogrammen sind verschiedene Gewebe durch stark unterschiedlich ausgeprägte Histogrammberge bzw. Cluster repräsentiert. Dies ist zum einen darauf zurückzuführen, daß die verschiedenen Gewebe in einem Schnittbild naturgemäß durch eine unterschiedliche Anzahl von Pixeln repräsentiert sind. Zum anderen werden bei den zu analysierenden MR-Parameterwerten in verschiedenen Geweben stark unterschiedliche Standardabweichungen beobachtet. Dies ist auf Rauscheinflüsse bei der relaxometrischen Auswertung, unterschiedliche biologische Variabilitäten innerhalb eines Gewebes sowie auf experimentelle Störungen wie Magnetfeldinhomogenitäten in den Bildrandbereichen oder Bewegungs- und Flußartefakte zurückzuführen.

Zur dynamischen Anpassung der Histogrammzellenvolumina an die in verschiedenen Histogrammbereichen unterschiedliche Datendichte wird das Verfahren der Histogrammanalyse durch eine *selektiv vorgenommene Histogrammvergröberung* zu einer *Histogrammpyramide* erweitert. Hierbei werden die Histogrammanalysealgorithmen auf mehrere, stufenweise vergröberte Histogramme angewendet. Auf der ersten Stufe werden nur diejenigen Cluster im Histogramm analysiert, deren Histogrammwerte in den Clusterzentren größer als ein vorgegebener Schwellenwert S sind. Nach der Analyse und Extraktion dieser Cluster aus dem Histogramm werden die Histogrammklassen vergröbert und ein neues Histogramm auf der Basis der restlich verbliebenen Pixel generiert. In der Praxis hat sich eine Verdopplung der Histogrammklassenbreite als vorteilhaft erwiesen. Durch diese Vorgehensweise reduziert sich zugleich die Rechenzeit für die Neuauszählung des Histogramms, da die neuen Histogrammwerte direkt aus den vorhergehenden Histogrammwerten berechnet werden können. Bei der entwickelten Histogrammpyramide wird der Prozeß der Histogrammvergröberung mehrfach iteriert, wodurch sich eine Histogrammpyramide ausbildet (Fig.5).

In Anlehnung an die Konvergenzeigenschaften der relativen Histogrammzellendichte an die Wahrscheinlichkeitsdichte [1,8] wird der Schwellenwert S proportional zur Wurzel der Anzahl n der an der Clusterbildung beteiligten Merkmalsvektoren bzw. Pixel gesetzt, wobei 0,1 als Proportionalitätsfaktor gewählt wird. Der Schwellenwert S wird auf jeder Stufe der Histogrammpyramide neu berechnet und somit auf die im aktuellen Histogramm vorhandene Datenlage abgestimmt. Die

Histogrammpyramide ermöglicht angepaßt an die Dichte der Daten im Merkmalsraum bzw. in den Histogrammzellen die Verwendung unterschiedlicher Zellenvolumina bei der Abarbeitung verschiedener Cluster in einer Analyse. Durch die sukzessive Extraktion der auf den ersten Pyramidenstufen analysierten Cluster wird das Histogramm ausgedünnt und die nachfolgende Analyse im vergröberten Resthistogramm stabilisiert (Fig.5).

3 Verschmelzungsalgorithmus

Durch die schichtübergreifende, pyramidale Histogrammanalyse der multiparametrischen MR-Bilddaten werden die in den untersuchten Körperschichten auftretenden Gewebestrukturen zum weitaus größten Teil segmentiert (Fig. 5). Die algorithmische Nachverarbeitung der Segmentierungsergebnisse wird dadurch motiviert, daß in einzelnen Geweben eine Zersplitterung in verschiedene Teilstrukturen bzw. Cluster beobachtet wird. Diese können z. B. durch experimentelle Meßstörungen und Artefakte oder durch Schwankungen der Dichteschätzer im Histogramm hervorgerufen werden. Durch den Verschmelzungsalgorithmus wird die Verschmelzung verschiedener Gewebeteilstrukturen zu einem Gewebe und eine Stabilisierung der Segmentierungsergebnisse angestrebt (Fig. 6). Zur Steuerung des Verschmelzungsprozesses wird eine Kombination merkmals- und bildorientierter Ähnlichkeitskriterien verwendet, die die Selektion von Gewebeteilstrukturen in den vorsegmentierten Bilddaten ermöglichen.

Zur merkmalsorientierten Beurteilung der Ähnlichkeit zweier Cluster wird die euklidische Distanz zwischen den Clustermittelwertvektoren verwendet. Desweiteren wird durch die mittlere Berührungshäufigkeit zweier Cluster der Zusammenhang bzw. die Nähe der zugehörigen Gewebestrukturen im Bild charakterisiert. Hierbei unterstützt die zur Repräsentation der Gewebestrukturen verwendete Runlängencodierung [9] die Berechnung der mittleren Berührungshäufigkeit, die wie folgt definiert wird:

Sei ein *Run* R eine nicht erweiterbare Folge von Pixeln eines Clusters, die in einer Bildzeile direkt aufeinander folgen. Ein Run $R=(s,i,j,l)$ ist eindeutig durch die Angabe des Startpunktes (i,j) in der s-ten Bildmatrix und der Länge des Runs $l \in N$ beschrieben. Der Run $R_1 = (s,i,j_1,l_1)$ des Clusters C_1 hat mit dem Run $R_2 = (s,i,j_2,l_2)$ des Cluster C_2 einen *Berührungspunkt*, falls $j_1+l_1 = j_2 \lor j_2+l_2 = j_1$ ist.

Sei $b_{C1,C2} \in N$ die Anzahl der Berührungspunkte zwischen Runs des Clusters C_1 mit den Runs des Clusters C_2 und $r_{Ci} \in N$ $(i=1,2)$ die Anzahl der Runs im Cluster C_i. Dann bildet die

$$B_{C1,C2} = \frac{b_{C1,C2}}{\min(r_{C1,} r_{C2})} \in [0,2]$$

die *mittlere Berührungshäufigkeit* zwischen den Cluster C_1 und C_2.

Zwei Cluster C_1 und C_2 mit Mittelwertvektoren $\mathbf{m}_1, \mathbf{m}_2 \in \Re^d$ erfüllen die Verschmelzungskriterien, wenn

$$d(\mathbf{m}_1,\mathbf{m}_2) \le d_{max} \quad \text{und} \quad B_{C1,C2} \ge B_{min}$$

Während des *Verschmelzungsprozesses* werden alle Cluster paarweise betrachtet und diejenigen mit der geringsten Distanz $d \le d_{max}$ zwischen den Clustermittelwertvektoren verschmolzen, die zugleich eine mittlere Berührungshäufigkeit aufweisen, die größer als B_{min} ist. Der Verschmelzungsprozeß verläuft in zwei Phasen, wobei in Phase I: $d_{max}=0,2$ und $B_{min}=0,1$, in Phase II: $d_{max}=1$ und $B_{min}=0,9$ gesetzt wird. Die Kombination merkmals- und bildorientierter Ähnlichkeitskriterien unterstützt die

Selektion von Gewebeteilstrukturen innerhalb des betrachteten Bilddatensatzes und verhindert insbesondere die Verschmelzung unterschiedlicher Gewebe. Nach der Verschmelzung werden die einzelnen, verschmolzenen Cluster zur visuellen Kontrolle in den Bildraum zurücktransformiert und durch verschiedene Farben repräsentiert auf dem Bildschirm ausgegeben (Fig. 6).

4 Datenbankgestützte Gewebeklassifikation

Die Segmentierungsalgorithmen ermöglichen eine datengetriebene Differenzierung verschiedener Gewebe auf der Basis multiparametrischer MR-Bilddaten. Die jedem Gewebesegment zugeordneten Relaxationsparametermittelwerte bilden gewebespezifische Kenngrößen, die das Relaxationsverhalten des Gewebes charakterisieren. Nach der Segmentierung können die gewebespezifischen Kenngrößen unter Zuordnung zu einer Gewebeklasse in einer Gewebedatenbank gespeichert und nachfolgend zur Diagnoseunterstützung bei der Interpretation a priori unbekannter Gewebestrukturen verwendet werden. Medizinisch ist hier insbesondere die Identifikation pathologischer, d.h. krankhaft veränderter Gewebe von Bedeutung. Der Aufbau und die Erweiterung der Gewebedatenbank sowie die zur automatischen Gewebeidentifikation notwendigen Systemfunktionen werden durch ein *Klassifikationsmanagementsystem* gesteuert.

Zur Gewebeklassifikation stehen in dem Programmsystem SAMSON alternativ der Maximum-Likelihood-Klassifikator (ML) und k-Nächste-Nachbar-Klassifikator (k-NN) zur Verfügung [vgl. 1,3,8]. Durch die automatische Klassifikation wird den extrahierten Gewebestrukturen ein Gewebename sowie ein Farbcode zugeordnet. Die gewebespezifischen Farbcodes werden zur Einfärbung der identifizierten Gewebestrukturen verwendet. Zugleich wird auf dem Bildschirm eine Tabelle ausgegeben, in der jeder Farbe der zugehörige Gewebename zugeordnet ist (Fig. 8).

Zur Durchführung der ML-Klassifikation ist eine Schätzung der klassenspezifischen Erwartungswerte und der inversen Kovarianzmatrizen für jede Gewebeklasse auf der Basis der in der Gewebedatenbank gespeicherten Gewebesegmente notwendig. Eine Gewebeklasse kann erst dann bei der ML-Klassifikation berücksichtigt werden, wenn die zugehörige empirische Kovarianzmatrix S nicht singulär ist und invertiert werden kann. Demgegenüber ist der k-NN-Klassifikator jederzeit unter Berücksichtigung der gesamten, zum aktuellen Zeitpunkt verfügbaren Datenbankinformation über bereits klassierte Gewebestrukturen zur Gewebeklassifikation verwendbar. In der Anwendung ermöglicht der k-NN-Klassifikationsalgorithmus insbesondere die frühzeitige Berücksichtigung selten auftretender pathologischer Gewebestrukturen bei der datenbankgestützten Gewebeklassifikation und bildet in der Aufbauphase der Gewebedatenbank das Standardverfahren zur Gewebeklassifikation.

In der medizinischen Diagnostik ist die quantitative Beurteilung der Güte und Sicherheit einer automatisch durchgeführten Gewebeidentifikation von besonderer Bedeutung. Ein Maß für die Güte einer Klassifikationsregel ist durch die Gesamtfehlerwahrscheinlichkeit gegeben, die die Wahrscheinlichkeit für das Auftreten einer Fehlklassifikation bei Verwendung einer Klassifikationsregel angibt. Ein geeignetes Verfahren zur robusten Schätzung der Gesamtfehlerwahrscheinlichkeit in der konkreten Anwendungssituation bildet die *leaving-one-out-Methode* [3]. Unter Verwendung der Ergebnisse der Fehlerratenschätzung wird bei der k-NN-Klassifikation die Anzahl k der betrachteten nächsten Nachbarn ($1 \leq k \leq n^{1/2}$) durch das Klassifikationsmanagementsystem so gewählt, daß die geschätzten Klassifikationsfehlerwahrscheinlichkeiten minimiert werden. Falls sowohl durch den k-NN-Klassifikator als auch durch den ML-Klassifikator alle medizinisch relevanten Gewebeklassen berücksichtigt werden können, wird von dem Klassifikationsmanagementsystem der Klassifikator mit der geringsten geschätzten Gesamtfehlerwahrscheinlichkeit verwendet.

5 Ergebnisse

Das pyramidale, histogrammbasierte Clusteranalyseverfahren ermöglicht in Verbindung mit dem Verschmelzungsalgorithmus die Segmentierung gesunder und pathologischer Gewebestrukturen wie z. B. die weiße und graue Gehirnmasse, Fett und Liquor sowie Astrozytome, Glioblastome, Meningeome und Metastasen verschiedener Tumore simultan in mehreren Schichtbildern (Fig. 5, 7, 8). Zur Diagnoseunterstützung bei der Interpretation der segmentierten Gewebestrukturen wird mit Hilfe von Klassifikationsalgorithmen eine automatische Auswertung und Aufbereitung der in der Gewebedatenbank gespeicherten Gewebeinformationen vorgenommen und deren direkte und unkomplizierte Verwendung in der radiologischen Routine möglich. Integriert in dem Programmsystem SAMSON, das bei der Analyse von über 300 Schichtbildern aus verschiedenen Körperbereichen in der klinischen Routine verwendet wurde, bilden die implementierten Algorithmen zur Segmentierung und Klassifikation von Gewebe effiziente Werkzeuge zur Erweiterung der Möglichkeiten der medizinischen Diagnostik in der MR-Tomographie.

Danksagung: Wir danken Herrn Prof. Dr. med. Armin Thron, Leiter der Abteilung Neuroradiologie der Klinik für Radiologische Diagnostik der RWTH Aachen und Herrn Privatdozenten Dr. med. Klaus Bohndorf, Oberarzt der Klinik für Radiologische Diagnostik der RWTH Aachen (Vorstand: Prof. Dr. med. Rolf Günther) für die intensive Zusammenarbeit und Bereitstellung des Bildmaterials.

Literatur

[1] Duda, R.O., Hart, P.E. (1973). Pattern Classification and Scene Analysis. Wiley, New York.

[2] Eis, M., Handels, H., Bohndorf, K., Drobnitzky, M., Tolxdorff, T., Stargardt, A. (1989). A New Method For Combined T_1-Measurement and Multi-exponential T_2-Analysis in Tissue Characterizing MRI. Proceedings of the 8'th Annual Meeting of the Society of Magnetic Resonance in Medicine , Amsterdam, 770.

[3] Fahrmeir, L., Hamerle, A. (1984). Multivariate statistische Verfahren. de Gruyter, Berlin.

[4] Goldberg, M., Shlien,S. (1978). A Clustering Scheme for Multispectral Images. IEEE, Trans. on Syst. Man Cybernet., 8, 86-92.

[5] Handels, H., Tolxdorff, T. (1989). A New Segmentation Algorithm for Knowledge Acquistion in Tissue Characterizing NMR-Imaging. In: Lembke, H., U., Rhodes, M. L., Jaffe, C. C., Felix, R., (eds.), Computer Assisted Radiology (CAR), Springer, Berlin, 46-50.

[6] Jain, A. K., Dubes, R.C. (1988). Algorithms for Clustering Data. Prentice Hall, Englewood Cliffs.

[7] Narenda, P.N., Goldberg, M. (1977). A Non-Parametric Clustering Scheme For LANDSAT. Pattern Recognition, 9, 207-215.

[8] Niemann, H. (1983). Klassifikation von Mustern. Springer, Berlin.

[9] Rosenfeld, A., Kak, A.C. (1982). Digital Image Processing. Academic Press, New York.

[10] Wharton, S. (1983). A Generalized Histogram Clustering Scheme For Multidimensional Image Data. Pattern Recognition, 16, 193-199.

[11] Wharton, S. (1984). An Analysis of the Effects of Sample Size on Classification Performance of a Histogram Based Cluster Analysis Procedure. Pattern Recognition, 17, 239-244.

[12] Wirth, N. (1979). Algorithmen und Datenstrukturen. Teubner, Stuttgart.

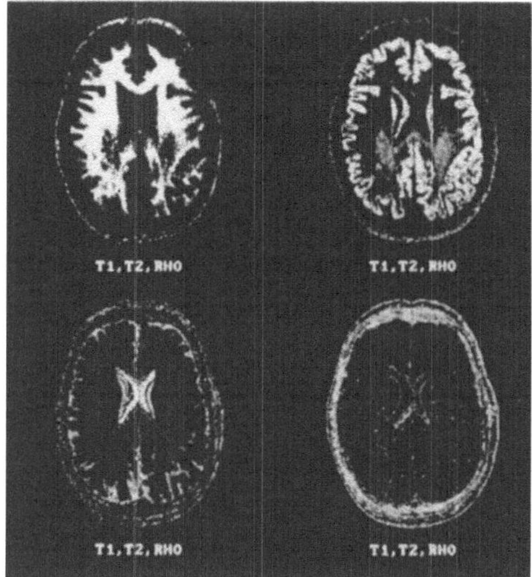

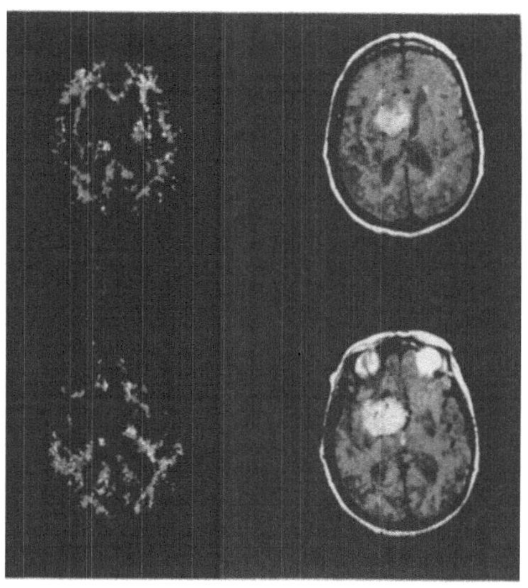

Fig 5.: Ergebnis der 4-stufigen Histogrammpyramide in einem gesunden axialen Kopfschnitt. Die auf den einzelnen Stufen extrahierten Gewebe sind durch verschiedene Farben gekennzeichnet.

Fig. 6: Verschmelzung von zwei Teilstrukturen der weißen Gehirnmasse in zwei Schichtaufnahmen mit einem Meningeom.

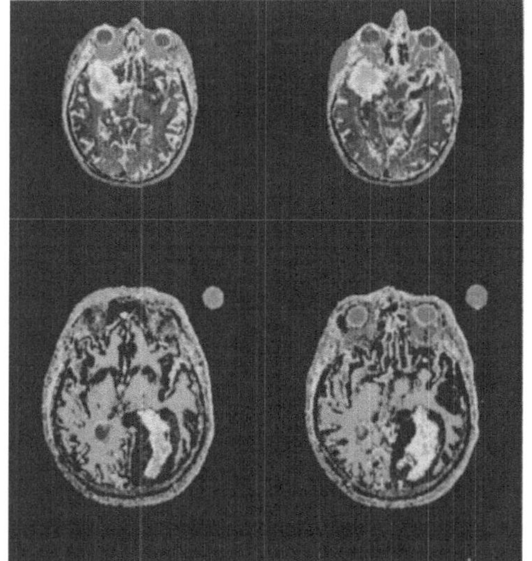

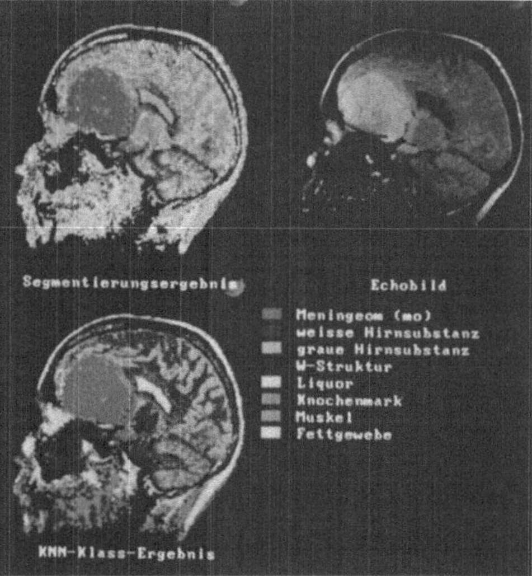

Fig. 7: Segmentierungsergebnisse von zwei Schichten mit einem Astrozytom (oben) und einem Glioblastom (unten).

Fig. 8: Klassifikationsergebnis eines Kopfschnittes mit einem Meningeom (unten). Jedes klassifizierte Gewebesegment ist mit einer gewebecharakteristischen Farbe eingefärbt. Ergänzend ist das Segmentierungsergebnis (oben links) und zur anatomischen Orientierung ein Echobild (oben rechts) ausgegeben.

3-D Verdünnung zur symbolischen Beschreibung von verästelten, räumlichen Strukturen

Guido Gerig, Christian Brechbühler,
Patrick Droz und Olaf Kübler

Institut für Kommunikationstechnik, Fachgruppe Bildwissenschaft,
ETH-Zentrum, Gloriastrasse 35, CH-8092 Zürich

Die Analyse von 3-D Strukturen erfordert Segmentierung und objektzentrierte Beschreibung. Während bei der Segmentierung von 3-D Bilddaten Erfolge erzielt wurden, stehen Beschreibungsmethoden, die Zugriff auf geometrische Formkriterien erlauben, immer noch weitgehend aus.

Die vorliegende Arbeit behandelt die Verdünnung 3-D binärer Objekte. In Erweiterung der 2-D Methoden wird ein lokales Tilgbarkeitskriterium zur 3-D Verdünnung hergeleitet. Die sequentielle Implementierung führt wie in 2-D zu topologisch korrekten, geometrisch aber nur unvollständig beschriebenen Skeletten. Zur Realisierung der geometrietreueren parallelen Verdünnung wird ein iteratives Schema richtungsorientierter, nichtmaximaler Tilgungen vorgestellt. Dieses Vorgehen resultiert in einer stark verbesserten Isotropie und somit einem Skelett, das näherungsweise der Objektmittelachse entspricht. Die geometrischen Eigenschaften des Objektes werden näherungsweise durch die Zahl von Iterationszyklen, die zum Skelett führen, erfasst.

Die Anwendung des Verdünnungsalgorithmus auf künstliche Daten demonstriert die Erhaltung der korrekten Topologie sowie die gute Näherung an ein Mittelachsen- respektive Mittelflächenskelett. Von besonderem Nutzen ist die 3-D Verdünnung von verzweigten, baumartigen Objektstrukturen, wie sie z.B. das cerebrale Blutgefässsystem darstellt. Die Verdünnung stellt einen wesentlichen Schritt zur symbolischen Beschreibung dar. Anzuschliessen ist die Kompilation in einen 3-D Bildgraphen.

1 Einführung

Form-Beschreibung und -Repräsentation gewinnen als Fragestellungen der *intermediate-level vision* zunehmende Bedeutung für die Zukunft des rechnergestützten Bildverstehens. Ähnlichkeit, Symmetrie und Lokalisierung von wichtigen Merkmalen sind grundsätzliche Kriterien in der Objektanalyse.

Durch die Verfügbarkeit von echten 3-D Daten wird es notwendig, die Methoden der Segmentierung, Objektbeschreibung und modellbasierten Analyse von zwei auch auf höhere Dimensionszahlen zu erweitern. Speziell in der medizinischen Diagnostik sind bildgebende Verfahren zur Erzeugung von 3-D Bilddaten (CT: Computer Tomographie, MRI: Magnetresonanzabbildung) längst etabliert.

Während die Segmentierung von medizinischen Bilddaten in anatomische Objekte und funktionelle Einheiten schon beachtliche Erfolge aufweisen kann, scheint die Repräsentation von Bildstrukturen sowie auch die Beschreibung von 3-D Objekten noch in den Anfängen zu stehen.

Eine objektorientierte, invariante Beschreibung soll den Informationsgehalt der ursprünglichen Voxeldarstellung vollständig wahren (Rekonstruierbarkeit), darüber hinaus aber auch einen wirksamen Zugriff auf vornehmlich geometrische Merkmale der Gesamtstruktur und ihrer Untereinheiten gewährleisten. Blum's [1] Mittelachsendarstellung (Medial Axis Transform, MAT) ist eine derartige komplette, geometrisch ausgerichtete Darstellungsform, die ursprünglich nur für 2-D Strukturen vorgeschlagen wurde. Gegenüber Verfahren, die auf Kongruenzgeometrie beruhen, bietet die Mittelachsendarstellung den Vorteil höherer Flexibilität.

Während die MAT in der kontinuierlichen Ebene die metrischen und topologischen Eigenschaften binärer Objekte korrekt repräsentiert, hat sich das Übertragen des Konzeptes in die diskrete Ebene als sehr schwierig erwiesen, wobei inzwischen eine vollständige Lösung für den 2-D Fall vorliegt [3]. Eine einfache Möglichkeit, topologisch korrekte Skelette für filamentöse verästelte Strukturen mit guter Näherung an die exakte Geometrie zu erhalten, ist bereits durch die Methode der binären *Verdünnung* gegeben. In Anlehnung an den 2-D Fall bietet sich an, zunächst 3-D Verdünnungsverfahren zu entwickeln – besonders, da es in vielen Anwendungen primär auf die Erhaltung des Zusammenhanges ankommt. Während Verdünnungs-Operationen in 2-D sich weitgehend fehlerfrei nach heuristischen Gesichtspunkten entwickeln liessen, benötigt spätestens die 3-D Situation eine systematische Behandlung. Ein derartiger, besonders konziser Zugang wurde für 2-D von P.T. Speck [2] gegeben, dem wir uns bei der folgenden Behandlung der 3-D Verdünnung anschliessen. In diesem Zusammenhang ist auch auf die frühen Ansätze zur 3-D Verdünnung [4][5] hinzuweisen. Die Eigenheiten der digitalen Topologie in 2-D und 3-D sind kürzlich in [6] zusammengefasst worden.

2 3-D Verdünnung

Verdünnen kann definiert werden als das sukzessive Abtragen (Erodieren) der äussersten Schichten (Zwiebelschalen) einer Figur, bis nur noch ein *topologisches Skelett* mit durchweg ein Voxel Dicke und dem ursprünglichen Zusammenhang übrig bleibt.

2.1 Tilgbarkeit im 3-D Raum

Abkürzungen und Definitionen

Die natürliche Erweiterung des Zusammenhangs-Begriffs von 2-D auf 3-D führt zu den (6)- bzw. (26)-Nachbarn. Bei den (6)-Nachbarn hat jedes Nachbar-Voxel eine Fläche mit dem Zentral-Voxel gemeinsam. Die Anzahl der Zusammenhangskomponenten im (6)- bzw. (26)-Sinn wird im folgenden als c_6 bzw. c_{26} bezeichnet. Für eine Objektkomponente wird der Buchstabe S verwendet. Ein einzelnes Voxel des Objektes wird bezeichnet durch s, d.h. $s \in S$.

Genus und Genuskonstanz

Analog zum 2D-Fall lautet die Definition für die Charakteristik χ:
$$\chi \equiv \text{Genus} \equiv \text{Anzahl Objektkomponenten - Anzahl Komplement–Komponenten}$$

Satz (Genuskonstanz) Ein Voxel s ist genau dann *tilgbar*, wenn sich das Genus beim Übergang von s aus dem Objekt in den Hintergrund nicht ändert: $\chi(S) = \chi(S \setminus s)$.

Diskrete Geometrie und Bildgraph

Wählt man für den Hintergrund die (6)-Nachbarschaft, so erhält man für jede Hintergrundkomponente einen 3D-Adjazenz-Graphen, bei dem sich keine zwei Kanten in einer Ebene überkreuzen. Für das Genus erhält man:

$$\chi_{26}(S) = c_{26}(S) - c_6(\overline{S}) \tag{1}$$

Für Adjazenz-Graphen (G) dieser Art gilt die Euler-Relation:

$$\sum_{k=-1}^{d} (-1)^k \deg_k(G) = 0$$

wobei: d   Anzahl Dimensionen

           $\deg_k$ k-dimensionale Hyperfläche, wobei per Definition $\deg_{-1} = 1$ ist

Ausgeschrieben für den 3D-Fall:

$$-\underbrace{\deg_{-1}(G)}_{1} + \underbrace{\deg_0(G)}_{\text{Knoten v}} - \underbrace{\deg_1(G)}_{\text{Kanten e}} + \underbrace{\deg_2(G)}_{\text{Flächen f}} - \underbrace{\deg_3(G)}_{\text{Volumina q}} = 0$$

abgekürzt: $v(G) - e(G) + f(G) - q(G) = 1$

Für mehrkomponentige Graphen gilt: $v(G) - e(G) + f(G) - q(G) = c(G)$, wobei c der Anzahl Zusammenhangskomponenten (c_6) entspricht. Für die durch den Adjazenz-Graphen eingeschlossenen Volumina q gilt die einfache Beziehung:

$$q(G) = u(G) + c(\overline{G})$$

wobei: u(G)   =   Anzahl Elementarwürfel (2x2x2 Voxel)

           $c(\overline{G})$ =   Anzahl Löcher, in denen Objektkomponenten

                   liegen (d.h. $c_{26}(\overline{G})$)

Nach $c_{26}(\overline{G})$ aufgelöst: $c_{26}(\overline{G}) = q(G) - u(G)$

Setzt man nun $G := \overline{S}$ und $\overline{G} := S$ (S Objekt; $\overline{S}$ Hintergrund) so lauten die Gleichungen:

$$v(\overline{S}) - e(\overline{S}) + f(\overline{S}) - q(\overline{S}) \;=\; c_6(\overline{S}) \tag{2}$$

$$q(\overline{S}) - u(\overline{S}) \;=\; c_{26}(S) \tag{3}$$

Die Gleichungen 2 und 3 werden nun in 1 (Genus) eingesetzt:

$$\begin{aligned}
\chi_{26}(S) \;&=\; c_{26}(S) - c_6(\overline{S}) \;=\; q(\overline{S}) - u(\overline{S}) - c_6(\overline{S}) \\
&=\; v(\overline{S}) - e(\overline{S}) + f(\overline{S}) - c_6(\overline{S}) - u(\overline{S}) - c_6(\overline{S}) \\
&=\; v(\overline{S}) - e(\overline{S}) + f(\overline{S}) - u(\overline{S}) - 2c_6(\overline{S})
\end{aligned}$$

Somit erhält man für die Tilgbarkeitsbedingung:

$$\chi_{26}(S) - \chi_{26}(S \setminus s) \;\equiv\; 0$$

$$\Delta v(\overline{S}) - \Delta e(\overline{S}) + \Delta f(\overline{S}) - \Delta u(\overline{S}) \;\equiv\; 2\underbrace{\Delta c_6(\overline{S})}_{0}$$

$$\Delta v - \Delta e + \Delta f - \Delta u \;\equiv\; 0$$

Die Tilgbarkeit kann lokal in einer $3 \times 3 \times 3$ - Umgebung geprüft werden. Da bei der Tilgung des Zentralvoxels $\Delta v \equiv 1$ ist, kommt man zur endgültigen Tilgbarkeitsbedingung:

$$s \textbf{ tilgbar } \Leftrightarrow \Delta e - \Delta f + \Delta u \equiv 1$$

3 Sequentielle Tilgung

Nach dem lokalen Tilgbarkeitskriterium genügt es, alle 3x3x3-Nachbarschaften zu konstruieren, für die gilt $\Delta e - \Delta f + \Delta u \equiv 1$. Ein Konstruktionsverfahren, das auch für die Implementierung besondere Bedeutung hat, geht vom Nachbarschaftscode (NC) aus, in welchem alle möglichen Konfigurationen von Voxeln in der (6)- oder (26)-Umgebung des zentralen Voxels als 26 bits in einer 32-bit Zahl codiert werden. Durch die Tilgbarkeitsbedingung hat man die Möglichkeit, alle tilgenden Nachbarschaften automatisch über einen Algorithmus aufzusuchen, indem Δe durch Betrachten der (6)-Nachbarn, Δf durch Betrachten der 12 möglichen Flächen und Δu durch Betrachten der 8 möglichen Elementarwürfel (2x2x2 Voxel) in der 3x3x3 Umgebung bestimmt werden (Abbildung 1).

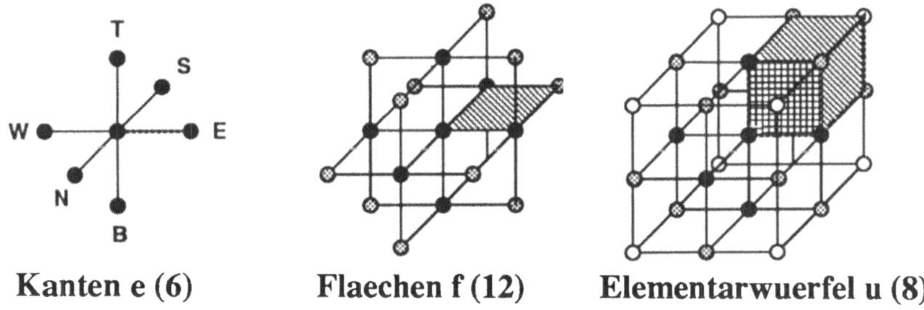

Abbildung 1: Elementarelemente der 3x3x3 Nachbarschaft

Während bei der 2-D Verdünnung die 256 möglichen Konfigurationen sowie deren vorausberechnete Tilgbarkeit als "look-up-table" verwendet werden kann, ist dies im dreidimensionalen Fall wegen der Tabellengrösse nicht direkt möglich.

Zwei Lösungen wurden getestet:

a Der NC jeder Voxelumgebung wird mit 26 bits in einer 32 bit Zahl codiert. Die einzelnen Deltas werden mit Hilfe von Bitmasken und Bitoperationen bestimmt, daraus leitet sich die Tilgbarkeit bezüglich des zentralen Voxels ab.

b Die 3x3x3 Umgebung wird in acht 2x2x2 Umgebungen zerlegt, die jede durch einen 7-bit tiefen NC Vektor beschrieben werden (das Zentralvoxel ist immer gesetzt). Die Tabellen enthalten 127 Einträge, wobei je Eintrag jeweils die Anteile an Δe, Δf und Δu vorausberechnet und als 32-Bit Zahlen codiert sind. Die Tilgbarkeit bestimmt sich durch die Summe der Einträge zu den 8 2x2x2 NC-Tabellen, wobei durch Redundanz die Anteile Δe 4fach und Δf doppelt gezählt sind.

Trotz Verwendung von Tabellen erwies sich die Lösung **b** nur als unwesentlich schneller als Lösung **a**. Der Zeitvorteil durch Verwendung von Tabellen im Gegensatz zu Bitmasken und Bitoperationen scheint durch den Aufbau 8 verschiedener NC's und Elimination der Redundanzen wieder wettgemacht zu werden.

Die Anwendung des sequentiellen Verdünnungsschemas unter Verwendung der maximalen Tilgbarkeit führt zwar zu einer korrekten Repräsentation der Topologie, die geometrischen Eigenschaften werden aber nur unvollständig wiedergeben. Linienenden bleiben nicht erhalten, so dass einfach zusammenhängende Körper auf einzelne Voxel reduziert werden. Die entstehende geometrische Figur hängt überdies stark davon ab, nach welchem Schema die Voxel des Bildes sequentiell traversiert werden.

4 Abfolge von nichtmaximalen Tilgungen

Eine bessere Erhaltung der Geometrie wird durch isotrope Erosion erreicht, d.h. durch Erodieren im Rhythmus Nord, Süd, West, Ost, Oben, Unten (N,S,W,E,T,B) [2]. Bei jedem Teilschritt werden anstatt einer maximalen Tilgung nur gegen die jeweilige Abtragungsrichtung *freie* Voxel (an der Oberfläche liegend) entfernt. Eine Tilgungsoperation wird in sechs Subzyklen unterteilt, in denen jeweils N-,S-,W-,E-,T-, oder B-freie Voxel abgearbeitet werden.

Zusatzkriterien

Bei der Abarbeitung in sechs Subzyklen kann das Problem der wechselseitigen Tilgung oder der topologisch inkorrekten Tilgung (Abbildung 2) auftreten. Ein weiteres Problem ist die Erhaltung von Linienenden, die erst zur Extraktion eines Mittelachsenskelettes führt (eine andere Art von Skelett wäre ein Mittelflächenskelett). Beide Probleme können durch die Formulierung von Zusatzkriterien angegangen werden.

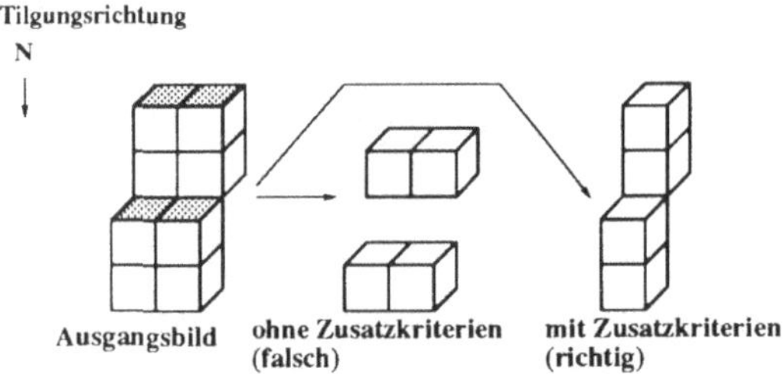

Abbildung 2: Auswirkungen ohne Zusatzkriterien

Um eine gegenseitige Tilgung zu verhindern, muss die 3x3x3-Umgebung zusätzlich noch in zwei Ebenen untersucht werden [5]. Die beiden Ebenen sind so orientiert, dass sie den jeweiligen Tilgungsrichtungsvektor enthalten (z.B. bei Tilgung aus N-Richtung Ebenen NS/WE und NS/TB). Auf den einzelnen Ebenen wird die Tilgbarkeit wie im 2D-Fall getestet (d.h. $\Delta Kanten - \Delta\,Quads = 1$, wobei für das Objekt der (8)-Zusammenhang und für den Hintergrund der (4)-Zusammenhang gewählt wird). Um Linienenden zu erhalten, darf bei grundsätzlicher Tilgbarkeit das Zentralvoxel nur entfernt werden, wenn ausser ihm selbst mindestens noch zwei weitere Voxel gesetzt sind. Für die beiden Ebenen gilt dies ebenfalls, wobei die Bedingung etwas gelockert wird. Auf jeder Ebene müssen entweder nebst dem Zentralvoxel noch mindestens zwei Voxel gesetzt sein, oder es ist lediglich das der Tilgungsrichtung gegenüberliegende Voxel gesetzt. Mit dieser zweiten Bedingung wird gewährleistet, dass man eine minimale (d.h. ein Voxel dicke) Achse erhält.

Tilgbarkeitsschema: Tilgung im Zyklus N- (S-,W-,E-,T-,B-): N- (resp. S-,W-,E-,T-,B-)-freie Voxel werden getilgt, falls folgende Kriterien erfüllt sind:

1. (Tilgbarkeit $3 \times 3 \times 3$ - Umgebung) $\wedge$ (> 1 zusätzliche Voxel gesetzt)

2. In zwei Ebenen in Koordinatenrichtungen (Tilgungsrichtungsvektor enthalten): (Tilgbarkeit in 3×3 - Ebene) $\wedge$ ((> 1 zusätzliche Voxel gesetzt) $\vee$ (das im Süden liegende Voxel gesetzt))

Der Beweis für die Zusatzkriterien wird in [5] ausführlich beschrieben, er kann ohne Einschränkung der Allgemeinheit für nur eine Tilgungsrichtung geführt werden. Das Kriterium für Linienenden ist wie im 2-D Fall als Heuristik einzustufen. Es wäre zwar denkbar, alle NC's, die Linienenden charakterisieren, explizit zu charakterisieren. Das Problem liegt aber darin, dass die Mannigfaltigkeit der Anzahl Klassen sowie der möglichen Konfigurationen in 3-D sehr gross wird.

Für jeden Tilgungs-Subzyklus wird nach obigem Schema ein Scan über das ganze 3-D Bild notwendig. Die Rechenzeit kann wesentlich reduziert werden, indem mit einer Liste aller Oberflächenvoxel gearbeitet wird: in jedem Subzyklus wird die Liste der Oberflächenvoxel durchlaufen, die tilgbaren Voxel werden in eine zweite Liste aufgenommen. Danach erfolgt die Tilgung der Voxel im 3-D Bild sowie die Aktualisierung der Oberflächenliste.

Als Zusatzoption ist es möglich, die Iterationsnummer als lokalen Parameter eines jeden zu tilgenden Voxels mitzuführen. Es entsteht eine Art Distanzkarte, die über die Iterationsnummer Auskunft gibt über die "Distanz" eines jeden Voxels zur Oberfläche. Die "Distanz" an den Skelettpunkten beschreibt die Dimension der grössten einbeschreibbaren Würfel und ergibt näherungsweise die Dickeninformation.

5   Anwendungen

Quader mit zwei Querbohrungen   Der Ausgangsquader besitzt zwei Bohrungen der Stärke 1 Voxel. Die linke Bohrung ist vertikal in T-B- und die rechte Bohrung horizontal in N-S-Richtung (Abbildung 3). Der etwas "ausgefranste" Teil in der Mitte entsteht, weil einzelne Voxel als Linienenden detektiert werden.

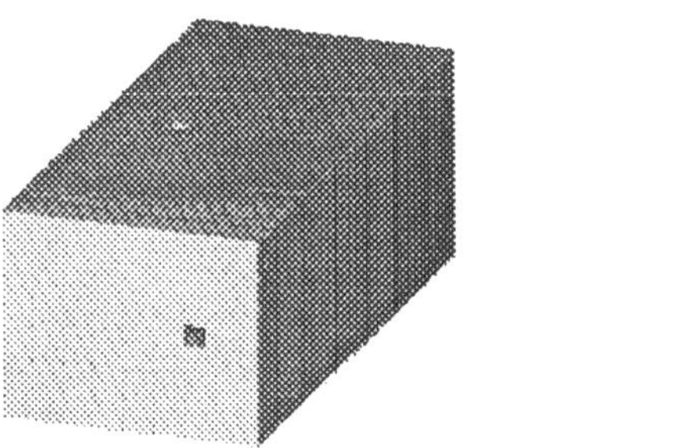
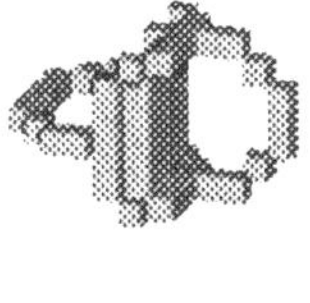

Abbildung 3: Quader mit zwei Bohrungen: Ausgangsbild und verdünntes Bild

Magnetresonanz-Angiogram (MRA)   Eine spezielle Magnetresonanztechnik erlaubt die dreidimensionale Akquisition des Gefässsystems durch das Hervorheben bewegter Substanz (fliessendes Blut) und Unterdrückung statischer Substanz (Gewebe). Die Segmentierung kann in erster Näherung durch die Anwendung eines geeigneten Datenfensters sowie eines dreidimensionalen *connected component labeling* Algorithmus durchgeführt werden. In den Figuren 4 und 5 sind Oberflächendisplays des segmentierten Gefässbaumes sowie des Verdünnungsresultates abgebildet.

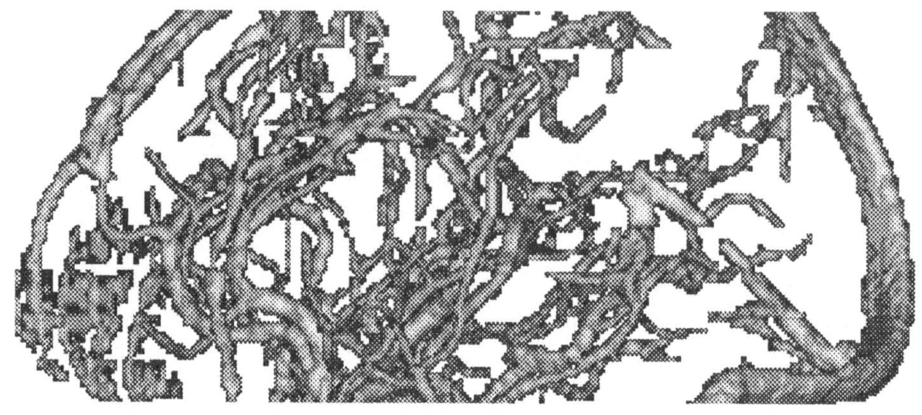

Abbildung 4: Original MRA: 3-D Oberflächendisplay, sagittale Projektion

6 Diskussion und Ausblick

Für Analyse und Vergleich von Bildinformation ist wesentlich, die Bilder nicht nur zu segmentieren, d.h. in Regionen einheitlicher Bedeutung zu zerlegen, sondern die segmentierten Bildstrukturen in eine symbolische Beschreibung überzuführen.

Diese Repräsentation muss invariant gegenüber Standardtransformationen, also objektzentriert sein, sie muss geometrische und topologische Merkmale der Gesamtstruktur und ihrer Untereinheiten codieren und wirksam Zugriff darauf gestatten, und sie sollte eine kontrollierte Approximation der Strukturen erlauben. Solche Formbeschreibungen ermöglichen erst den Vergleich von Objekten mithilfe von Ähnlichkeitskriterien. Als eine Möglichkeit der Objektbeschreibung wird die Repräsentation von räumlichen verästelten Objekten in 3-D Skelettstrukturen vorgestellt.

Die vorliegende Arbeit beschreibt die Methode der 3-D Verdünnung von beliebig komplexen, binären Objekten. Die Herleitung eines lokalen Tilgbarkeitskriteriums (3x3x3-Umgebung) erlaubt die Durchführung einer maximalen Verdünnung unter Wahrung der korrekten Topologie. Durch sukzessives Abtragen der Objektoberflächen aus komplementären Richtungen entlang der Koordinatenachsen wird die Objektstruktur auf ein *Mittelachsenskelett* reduziert. Die Anzahl Iterationsschritte codiert die geometrischen Eigenschaften; die lokale Objekausdehnung wird dabei durch maximal einbeschriebene Würfel erfasst.

Die vollständige Erhaltung der Topologie (Zusammenhang, Verzweigungen, Endpunkte) sowie die hinreichende Repräsentation der geometrischen Eigenschaften machen das Verfahren speziell geeignet zur Verdünnung und symbolischen Beschreibung von filamentösen verästelten Strukturen. Die Abstrahierung auf linienhafte Bildstrukturen sowie die Kompilation in einen Bildgraphen ermöglichen eine systematische strukturelle Bildanalyse unter Einbezug der Werkzeuge der Graphentheorie. Damit eröffnet sich der Zugang zu höheren Stufen der Bildanalyse, welche Bildstrukturen mithilfe von Modellwissen in Bedeutungsstrukturen umsetzen und interpretieren.

Der aus 3-D MRA Datensätzen segmentierte cerebrale Gefässbaum kann nach unserer Erfahrung gut durch sein topologisches Skelett beschrieben werden. Zur weiterführenden

Abbildung 5: Verdünnung: 3-D Oberflächendisplay, sagittale Projektion

Analyse werden zurzeit Verfahren zur 3-D Bildkompilation entwickelt.

Für die Repräsentation allgemeinerer 3-D Objekte, wie z.B. in aktuellen medizinischen Anwendungen (Beschreibung von Corpus Callosum, Ventrikelsystem, Tumor etc.), genügen die hier vorgestellten Verfahren noch nicht. Es wird dann die Verdünnung von Objekten in *Mittelflächenskelette* erforderlich. Zu deren Berechnung kommt nicht nur eine Generalisierung der hier beschriebenen Methoden in Frage. Zurzeit wird eine vollständige Lösung unter Erhaltung von Topologie und Geometrie als Erweiterung des 2-D Voronoi Diagramms [3] angestrebt.

Danksagung: Die MRA Bilddaten wurden uns freundlicherweise von Dr. F. Jolesz und Dr. R. Kikinis, Brigham and Women's Hospital, Boston, zur Verfügung gestellt.

Bibliographie

[1] Blum, H. *A transformation for extracting new descriptors of shape*, from: Models for the Perception of Speech and Visual Form, W. Wathen-Dunn (ed.) MIT Press Cambridge MA, 1967

[2] Speck, P.T. *Übersetzung von Linien und Flächenstrukturen in kombinatorisch-relationale Datenstrukturen zur automatischen Mustererkennung in Digitalbildern*, Dissertation ETH Zürich Nr. 7508, 1984

[3] Klein, F. *Vollständige Mittelachsenbeschreibung binärer Objekte mit euklidischer Metrik und korrekter Topologie*, Dissertation ETH Zürich Nr. 8411, 1987

[4] Lobregt, S. Verbeek, P.W. and Groen, F.C.A., *Three-Dimensional Skeletonization. Priziple and Algorithm*, IEEE Trans: PAMI 2, 1980 p. 75–77

[5] Tsao, Y.F. and Fu, K.S.: A Parallel Thinning Algorithm for 3D Pictures. Computer Graphics and Image Processing 17, p. 315–331, 1981

[6] Kong, T.Y. and Rosenfeld, A., *Digital Topology: Introduction and Survey*, CVGIP 48, pp. 357–393, 1989

Extraktion paralleler Linienstrukturen am Beispiel topographischer Karten

N. Ebi und Ph. Besslich

Institut für Theoretische Elektrotechnik und Digitale Systeme
Universität Bremen, FB 1, Postfach 330440, D-2800 Bremen 33

Zusammenfassung

Für das Tracking und die Extraktion paralleler Linienstrukturen in komplexen graphischen Vorlagen wird ein neues Verfahren vorgestellt. Das Prinzip basiert auf der Verfolgung der zwischen den parallelen Linien liegenden Fläche. Hierzu wird ein Kreis benutzt, der auf einer dieser beiden Linien rollt und dessen Durchmesser kontinuierlich dem Linienabstand (Flächenbreite) senkrecht zur Rollrichtung angepaßt wird. Ermittelt wird eine Zykloide, welche die Mittelachse der Fläche näherungsweise repräsentiert. Ein übergeordneter Kontrollmechanismus ermöglicht darüber hinaus die automatische Erfassung der Topologie von Liniennetzen sowie die Extraktion der korrespondierenden Linienstrukturen, wobei eventuell vorhandene Verschmelzungen mit anderen Bildelementen aufgetrennt werden.

0 Einleitung und Motivation

In den letzten Jahren ist ein zunehmender Einsatz von EDV-gestützten Geographischen Informationssystemen als Instrument im Planungs- und Umweltbereich erkennbar. Allerdings sind wegen des immensen Aufwands bei der manuellen oder teilautomatischen Digitalisierung von kartographischen Vorlagen der breiten Systemnutzung enge Grenzen gesetzt. Für die Automatisierung der Datenakquisition aus vorliegendem Kartenmaterial sind deshalb in Zukunft verstärkt wissensbasierte Methoden zu untersuchen, die i.a. auf einer Strukturierung des Bildinhalts mittels attributierter Primitiven basieren. Um das genannte Ziel zu erreichen, sind deshalb zunächst effektive Methoden zur Extraktion der attributierten Strukturprimitiven erforderlich. Vor diesem Hintergrund steht das nachfolgend beschriebene Verfahren zur Extraktion paralleler Linienstrukturen, die in topographischen Karten z.B. Straßennetze repräsentieren. Für diese Anwendung finden sich in der Literatur nur wenige Lösungsansätze. Diese beruhen i.a. auf der direkten Verfolgung einer oder beider der parallelen Linien, wobei der Nachweis der Parallelität anschließend geführt wird (z.B. [KiSu84]). Im Gegensatz dazu wird bei dem neuen Verfahren die von einem menschlichen Betrachter angewandte Strategie benutzt, nämlich das Verfolgen der von den parallelen Linien begrenzten Fläche. Zusätzlich wird die menschliche Fähigkeit berücksichtigt, lokale Abweichungen vom parallelen Linienverlauf zu tolerieren. Verglichen mit anderen Verfahren resultiert daraus eine weitgehende Invarianz der Analyseergebnisse gegenüber Verschmelzungen mit anderen Bildelementen an den von der eingeschlossenen Fläche abgewandten Linienkonturen.

1 Systemüberblick

Als Datengrundlage dienen bisher Binärbilddarstellungen von Ausschnitten topographischer Karten im Maßstab 1:25.000 (TK25). Für die Zukunft ist mit der Entwicklung einer Methode zur Multilevel-Quantization (Transformation eines 24-Bit-RGB-Bildes in ein Bild mit max. 12 relevanten Farben) die Verwendung einzelner Farb-Layer vorgesehen. Aufgrund dieser Vorlagenart sind für eine robuste Bildanalyse Abtastauflösungen von 1200 bis 1800 dpi erforderlich.

Die Erfassung von ganzen Liniennetzen basiert auf der Überlegung, das Netz in einzelne Segmente zu unterteilen, die verschiedenen Klassen angehören, z.B. *Crossing* oder *Parallel Line*. Abzweigungen werden dabei als Sonderfall von Kreuzungen betrachtet. Die Netztopologie ist dadurch als Graph repräsentierbar. Die Segmente spiegeln sich in den Knoten und die entsprechenden Verknüpfungen in den Kanten wieder.

Nach Vorgabe eines interaktiv definierten Startpunkts innerhalb der Fläche zwischen den parallelen Linien beginnt von diesem ausgehend das Tracking des ersten Linienabschnitts. Der Tracking-Vorgang wird vorläufig beendet, wenn eine Sackgasse, der Bildrand, das Fehlen einer parallelen Linienfortsetzung oder das Ende eines Kreuzungsbereichs erkannt wird. Anschließend wird die bis dahin ermittelte Zykloide einer Analyse unterzogen. Ziel ist die Unterteilung des verfolgten Abschnitts in ein Segment der Klasse *Parallel Line* und/oder ein Segment der Klasse *Crossing*. Mit dem jeweiligen Ergebnis erfolgt ein Updating der bis dato vorliegenden Netztopologie. Mit dem nächsten Schritt wird unter Zuhilfenahme der gespeicherten Topologie ein neuer Startpunkt für das Tracking ermittelt. Dieser Vorgang setzt sich fort bis das gesamte Netz erschlossen ist, bzw. kein weiterer Startpunkt bestimmbar ist. Am Schluß des Verfahrens besteht die Möglichkeit, die extrahierte Topologie zu speichern und ggf. die zugehörigen Linienstrukturen zu löschen oder zu extrahieren.

2 Tracking-Prinzip

Das eigentliche Tracking zweier zueinander paralleler Linien bzw. der dazwischen liegenden Fläche beruht auf dem Rollvorgang eines Kreises. Als Leitkurve dient dabei eine der beiden der Fläche zugewandten Linienkonturen. Bild 1 verdeutlicht das Prinzip.

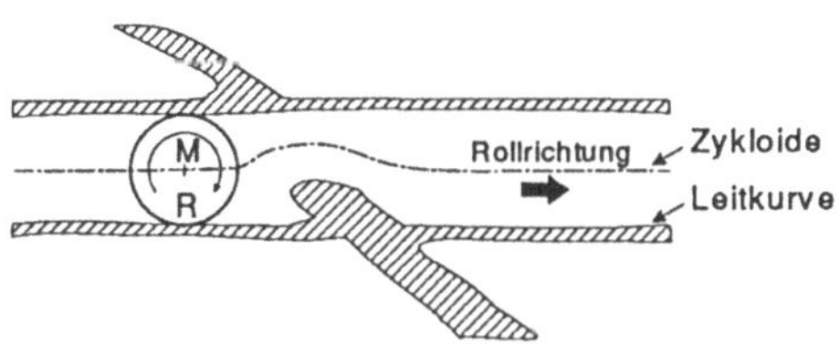

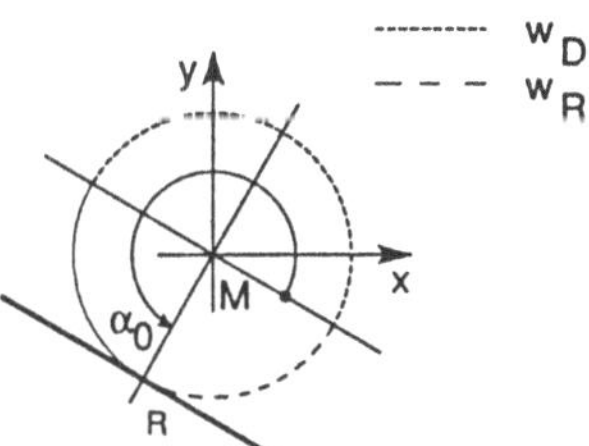

Bild 1: Parameter des Tracking-Prinzips   *Bild 2: Definition der Winkelbereiche*

Während des Rollvorgangs wird der Kreisdurchmesser kontinuierlich den aktuellen Bedingungen angepaßt. Angestrebt wird ein Kreis maximalen Durchmessers, der vollständig in der von den Linien begrenzten Fläche liegt, ohne diese mit Ausnahme des Rollauflagepunkts R zu berühren. Für die Steuerung von Rollvorgang und Durchmesseradaption werden zwei Winkelbereiche w_R und w_D (vgl. Bild 2) definiert, die einen Rollsektor und einen Analysesektor beschreiben. Der Ursprung des zugehörigen Koordinatensystems liegt dabei im Kreismittelpunkt M. Den Bezugswinkel α_0 für die Bereichsdefinition bildet der Richtungswinkel der orientierten Strecke $\overline{MR}$.

$$w_R = [\alpha_0; \alpha_0 + 90°]; \qquad w_D = (\alpha_0 + 90°; \alpha_0 - 90°]; \qquad \alpha_0: \text{Richtungswinkel von } \overline{MR}$$

Ferner wird festgelegt, daß der Rollvorgang stets im Uhrzeigersinn auf der Leitkurve zu erfolgen hat. Durch Ausschluß des Winkelbereichs $(\alpha_0 - 90°; \alpha_0)$ wird ein *Rückrollen* des Kreises verhindert. Eine Berücksichtigung dieses Bereichs bei der Durchmesserbestimmung bleibt (wie praktische Untersuchungen zeigten) ohne signifikanten Einfluß, so daß in Hinblick auf kürzere Rechenzeiten der entsprechende Peripheriebereich unberücksichtigt bleibt. An dieser Stelle ist anzumerken, daß für den Rollvorgang und die zugehörigen Bildoperationen das vorhandene quadratische Abtastraster mit einer horizontalen und vertikalen Schrittweite von einem Pel unzureichend ist: Eine auch nur angenäherte Simulation eines rollenden Kreises ist wegen der mangelnden Genauigkeit damit unmöglich. Aus diesem Grund wird ein virtuelles Bild eingeführt, das auf einer bilinearen Interpolation (z.B. [Ri86]) der Bildpunkte des Originalbildes basiert. Dadurch wird der Zugriff auf positive reellwertige Bildkoordinaten möglich. Aus der bilinearen Interpolation resultieren trotz des binären Originals (Werte: 0, 1) Quasi-Grauwerte (0.0, ..., 1.0), die mit einer globalen Schwellwertoperation für die vorliegende Anwendung auf die Werte 0 und 1 abgebildet werden. Die Wahl des Schwellwerts ist dabei unkritisch, empirisch wurde er auf 0.9 festgelegt. Alle Bildoperationen basieren auf dem virtuellen Bild. Der Rollvorgang selbst läuft in den nachfolgend erläuterten Schritten ab.

1) Ausgehend von einem interaktiv definierten Startpunkt S zwischen den parallelen Linien wird der

nächstgelegene gesetzte Bildpunkt R gesucht.

2) Mittels S und R werden α_0 sowie die Winkelbereiche w_R und w_D bestimmt. Der Kreismittelpunkt M wird nun auf der durch S und R definierten Geraden dahingehend variiert, daß der durch w_D beschriebene Kreisperipheriebereich gerade die gegenüberliegende parallele Linie berührt. Der dieser Situation entsprechende Radius wird im folgenden als r_R bezeichnet. Iteriert der Kreis gegen einen *a priori* festgesetzten Minimaldurchmesser (gewählt: 6 Pel), deutet dies auf das Vorhandensein einer Sackgasse hin und es wird mit Schritt 6) fortgefahren. Falls die Kreisperipherie bei der Analyse die Bildgrenzen erreicht, wird ebenfalls zu Schritt 6) übergegangen.

3) Für den in Schritt 2) bestimmten Kreis wird eine Datenstruktur gemäß dem in Bild 3 gezeigten Schema des sogenannten CenterPoint-Deskriptors initialisiert und in einer Liste abgelegt. Die Liste bestehend aus einer Vielzahl von diesen Deskriptoren dient zur Charakterisierung des Mittelachsenverlaufs und wird für spätere Bezugnahmen kontinuierlich erweitert.

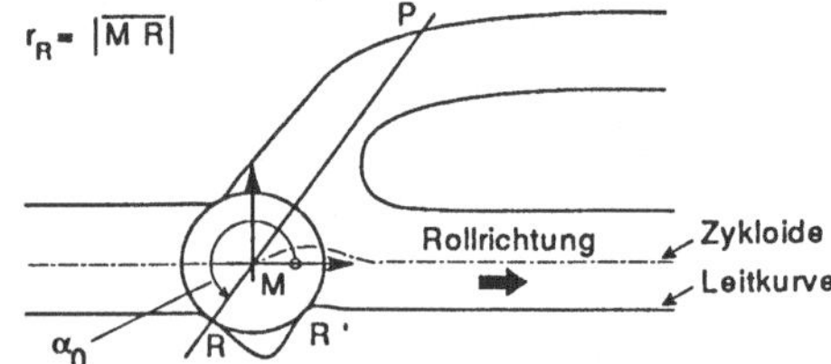

Bild 3: CenterPoint-Deskriptor:
  a) Datenschema,   *b) korrespondierende Bildszene*

4) Der durch w_R bestimmte Kreisperipheriebereich wird in Hinblick auf einen Berührpunkt R' mit der Leitkurve untersucht, wobei R' ungleich R vorausgesetzt wird. Wenn ein R' existiert, wird verifiziert ob a) eine Abzweigung oder b) eine Sackgasse vorliegt. Voraussetzung für a) ist ein genügend großer Winkelbereich, der durch die Winkel der orientierten Strecken $\overline{MR}$ und $\overline{MR'}$ beschrieben wird, sowie das Fehlen einer hinreichend kurzen Konturlänge zwischen R und R'. Die Entscheidungsgrenze für die Konturlänge beruht auf der Beobachtung, daß eine Abzweigung sich durch deren geometrische Ausdehnung von einer lokalen Einbuchtung unterscheidet. Praktische Versuche zeigten, daß eine Abzweigung vorliegt, wenn diese in der Lage ist, einen Kreis näherungsweise einzuschließen. Daraus folgt empirisch ein Schwellwert in Größe des Kreisumfangs $2\pi r_R$. Eine Sackgasse existiert, falls eine Kontur zwischen R und P nachgewiesen werden kann. Mit der Existenz einer Sackgasse wird der aktuelle Tracking-Vorgang beendet, d.h. es wird mit Schritt 6) fortgefahren.

5) Die Vorbereitung des nächsten Rollvorgangs erfolgt in Abhängigkeit der Resultate aus Schritt 4).

a) Mit Schritt 4) wurde kein R' ermittelt:
Der nächste Rollvorgang wird mit dem bisherigen Rollauflagepunkt R fortgesetzt. Für die Bestimmung des Radius wird ausgehend von der Richtung α_0 eine Gerade durch R mit der Steigung ($\alpha_0 - \Delta\alpha$) bestimmt. Je kleiner $\Delta\alpha$ gewählt wird, desto genauer wird die Zykloide mit entsprechend hohem Datenaufwand beschrieben. Als effektive Werte für $\Delta\alpha$ bei vertretbarem Datenaufwand haben sich 2° bis 5° erwiesen. Auf der Geraden wird der R gegenüberliegende gesetzte Bildpunkt P (s. Bild 3) bestimmt. Der Radius wird anschließend aus der Länge der Strecke $\overline{RP}$ berechnet ($r = |\overline{RP}|/2$). Die zugehörige Mittelpunktkoordinate dient als neuer Startpunkt S. Sollte der Punkt P nicht bestimmbar sein, z.B. an den Bildrändern, wird als Radius der unter Schritt 3) berechnete Radius r_R benutzt.

b) Mit Schritt 4) wurde ein R' bestimmt, wobei weder eine Abzweigung noch eine Sackgasse vorliegt:
Der Ablauf erfolgt analog zu a), mit dem Unterschied, daß anstelle von R, R' in die Berechnung Eingang findet.

c) Mit Schritt 4) wurde ein R' bestimmt, wobei eine Abzweigung nicht aber eine Sackgasse erkannt wurde:
Der Ablauf erfolgt ebenfalls analog zu a). Allerdings entfällt die Bestimmung des Radius, stattdessen wird unmittelbar der in Schritt 3) ermittelte Radius r_R verwendet. Mit dieser Vorgehensweise ist gewährleistet, daß der Kreis der Abzweigung folgt und diese nicht *überspringt*.

Mit den ermittelten Werten für S und R wird das Verfahren mit Schritt 2) fortgesetzt.

6) Abschluß des aktuellen Tracking-Vorgangs.

3 Netztopologie

Die Ermittlung der für die Erschließung der Netztopologie erforderlichen Segmente beruht auf der in Abs. 4 erläuterten Methodik zum Tracking von Linienabschnitten. Hierbei wird eine Liste L mit CenterPoint-Deskriptoren generiert. Als zusätzliche Information stellt das Tracking-Verfahren die Ursache für den vorläufigen Abbruch des Rollvorgangs zur Verfügung. Für die Zuordnung der Segmente zu den Klassen *Crossing* und *Parallel Line* erfolgt eine Analyse der in der Liste L enthaltenen Elemente. Als Kriterium hierfür ist das Verhältnis vom Kreisradius r_R zur Länge der Strecke $\overline{PM}$ geeignet. Wie mit einer Vielzahl von Versuchen ermittelt wurde, zeigt ein Verhältnis $|\overline{PM}|/r_R > 2$ das Vorhandensein einer signifikanten Abweichung der Linienkontur an, wie sie für Kreuzungsbereiche typisch ist. Zum Beispiel markiert der in Bild 3b gezeigte Deskriptor einen Kreuzungsbereich. Mit der Suche aufeinanderfolgender CenterPoint-Deskriptoren identischer Markierung in der Liste L erfolgt die Generierung von Unterlisten L'_{Pi} und/oder L'_{Ci}, die Segmente der Klasse *Crossing* bzw. *Parallel Line* repräsentieren. Mit dem genannten Kriterium wird zwar die Existenz einer Kreuzung sicher angezeigt, aber die zugehörigen CenterPoint-Deskriptoren beschreiben die tatsächliche Ausdehnung nur unzureichend. Deshalb wird eine Erweiterung der Kreuzungsbereiche sowohl an deren Beginn als auch an deren Ende um die empirisch festgelegte Anzahl N CenterPoint-Deskriptoren (gewählt N = 20 bei $\Delta\alpha = 5°$) eingeführt. Mit dieser Erweiterung wird ggf. gleichzeitig die Vereinigung zweier Listen L'_{Cj} und L'_{Ck} zu einer Liste herbeigeführt, wenn zwischen den korrespondierenden CenterPoint-Deskriptoren eine Liste L'_{Pl} mit weniger als N Elementen vorliegt. Aus der Erweiterung resultiert eine Liste L_{Px} und/oder eine Liste L_{Cy}, die ein Segment der Klasse *Parallel Line* und/oder ein Segment der Klasse *Crossing* charakterisiert. Für die Repräsentation der einzelnen Segmente dienen die in Bild 4 dargestellten Datenstrukturen.

```
ParallelLine                          Crossing
    centerLine                            centerLine
    startContinuation                     startContinuation
    stopContinuation                      stopContinuation
    status                                status
    trackedlineWidth                      trackedLineWidth
    parallelLineWidth                     parallelLineWidth
                                          startPoint
                                          stopPoint
                                          crossStartContinuation
                                          crossStopContinuation
```

Bild 4: Datenstrukturen für die Repräsentation von Segmenten der Klasse "Parallel Line" und "Crossing"

Für die Erfassung der Netztopologie werden Instanzen beider Datenklassen in zwei separaten Listen P und C geführt. Die Liste L_{Px} bzw. L_{Cy} wird dabei als *centerLine* abgelegt. Der erste bzw. letzte CenterPoint der Liste L_{Cy}, der den entsprechenden Kreuzungsbereich markiert, wird als *startPoint* bzw. *stopPoint* gesondert gespeichert. Bild 5 verdeutlicht die Zusammenhänge. In den Facetten *startContinuation* und *stopContinuation* der Segmentdeskriptoren wird mit dem Verweis auf andere Elemente der Listen P und C die Verknüpfung untereinander wiedergegeben. Ein außergewöhnliches Ende, wie z.B. eine Sackgasse, wird in der Rubrik *stopContinuation* vermerkt.

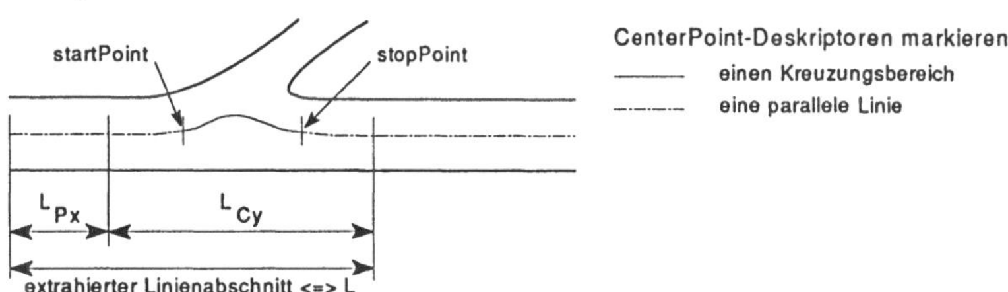

Bild 5: Schematisierte Kreuzungserweiterung

Bei ersten Versuchen mit realen Kartenszenen zeigte sich, daß infolge von Konturstörungen der Leitkurve bzw. der gegenüberliegenden Kontur, Kreuzungsbereiche erkannt wurden, die zwar dem o.g. Kriterium genügen, vom menschlichen Betrachter aber als solche ignoriert würden. Für die Differenzierung zwischen *echten* Kreuzungsbereichen und solchen die von lokalen Konturstörungen herrühren, erfolgt eine

Überprüfung der Klassenzugehörigkeit von Segmenten c_i der Klasse *Crossing*. Hierfür relevant sind die *parallelPoints* P' und P'' des entsprechenden *startPoints* bzw. *stopPoints* von c_i. Existiert zwischen diesen Punkten eine Kontur, deren Länge einen Grenzwert überschreitet, handelt es sich um einen *echten* Kreuzungsbereich. Andernfalls liegt eine lokale Konturstörung vor und die Revision der Klasse wird in der Rubrik *status* vermerkt. Die diesem Vorgehen zugrundeliegenden Überlegungen zeigt Bild 6. Die Wahl des Grenzwerts ($2\pi r_R$) erfolgt aus den in Abs. 2 in Schritt 4) genannten Gründen, da sich eine *echte* Kreuzung von einer Störung durch deren geometrische Ausdehnung unterscheidet.

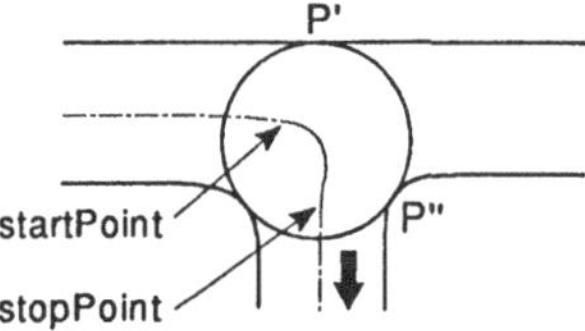

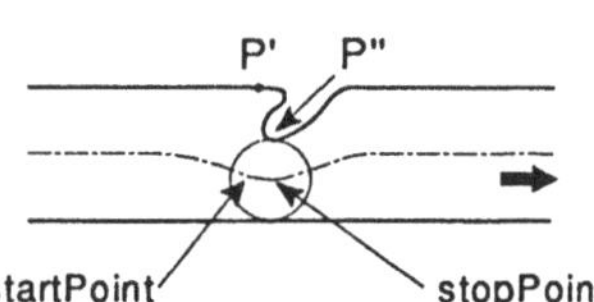

Bild 6: Beispiele für Kreuzungsbereiche:
a) "echter" Kreuzungsbereich,   *b) durch Konturstörung entstandener Kreuzungsbereich*

Für die in Abs. 5 beschriebene Extraktion von Liniensegmenten wird in der Bildmatrix für jedes Segment die mittlere Breite *trackedLineWidth* der als Leitkurve dienenden Linie ermittelt. Analog hierzu erfolgt die Bestimmung der mittleren Breite *parallelLineWidth* der korrespondierenden gegenüberliegenden Kurve für Segmente, die Konturstörungen und parallele Linien beschreiben. Für Segmente, die Kreuzungsbereiche repräsentieren, wäre dieser Wert ohne Aussagekraft. Die Bestimmung erfolgt durch Auswertung eines Profils, das für jeden CenterPoint-Deskriptor senkrecht zur Rollrichtung aufgenommen wird.

Für das Erschließen vollständiger Netze muß die in Abs. 4 vorgestellte Methodik zum Tracking von Linienabschnitten in einen Kontrollmechanismus eingebettet werden, mit dessen Hilfe weitere Tracking-Möglichkeiten automatisch erkannt werden und der verhindert, daß bereits vorliegende Liniensegmente erneut Gegenstand eines Tracking-Vorgangs werden. Für diesen Zweck dient der folgende, vereinfacht dargestellte Kontrollmechanismus.

1) Wird ein Tracking mit einem Kreuzungssegment c_i abgeschlossen, so wird geprüft, ob die letzten Elemente der zugehörigen *centerLine* den gleichen Flächenabschnitt beschreiben wie Elemente von *centerLines* der bereits vorliegenden Kreuzungssegmente ($c_1...c_{i-1}$). Falls ja, wird die entsprechende Korrespondenz unter *crossStartContinuation* bzw. *crossStopContinuation* vermerkt. Berücksichtigt werden bei dieser Analyse nur Segmente $c_1...c_{i-1}$, deren entsprechende *crossStartContinuation* bzw. *crossStopContinuation* noch keinen Eintrag aufweisen.

2) Für den Fall, daß ein Tracking mit einem Kreuzungssegment c_i endet, ohne daß die Bedingung unter 1) erfüllt ist, und ohne daß ein spezieller Abbruchgrund vorliegt (z.B. Sackgasse), beginnt der nächste Tracking-Vorgang mit identischer Leitkurve mit dem letzten CenterPoint-Deskriptor aus der unter *centerLine* abgelegten Liste von c_i.

3) Kommt 2) nicht zur Anwendung, so wird ein Kreuzungssegment c_x aus der Liste C selektiert, das keinen Eintrag in der Rubrik *crossStartContinuation* besitzt bzw. das bisher noch nicht Prämisse für die Anwendung von 3) war. Ausgehend vom *stopPoint* von c_x, wird ein Startpunkt S bestimmt. S wird dabei so gewählt, daß der nächste Rollvorgang auf der durch *parallelPoint* (Komponente von *stopPoint*) spezifizierten Kontur beginnt. Damit erfolgt ein Wechsel der bei der Ermittlung von c_x relevanten Leitkurve. Mit dieser Vorgehensweise ist sichergestellt, daß das nächste Liniensegment der Klasse *Crossing* angehört. Als dessen *crossStartContinuation* wird entsprechend c_x vermerkt. Dadurch wird ein sequentielles Erfassen einer Kreuzung erreicht, bis sie vollständig geschlossen vorliegt.

Bezogen auf das in Bild 7a dargestellte Beispiel veranlaßt dieser Mechanismus, daß nach der Verfolgung von p_1 und c_1 in Folge von 2), p_2 verfolgt wird. Da p_2 mit einer Sackgasse endet, kann anschließend nur 3) zur Anwendung kommen, was zum Tracking von c_2 führt. Nun wiederum ist die Prämisse von 2) erfüllt, so daß p_3 resultiert. Als nächstes folgt mit 3) Segment c_3. An dieser Stelle kommt zum ersten Mal 1) zum Tragen und verhindert ein erneutes Tracking der bereits durch p_1 beschriebenen Fläche. Bild 7b zeigt die korrespondierenden Elemente der Listen P und C in vereinfachter Form.

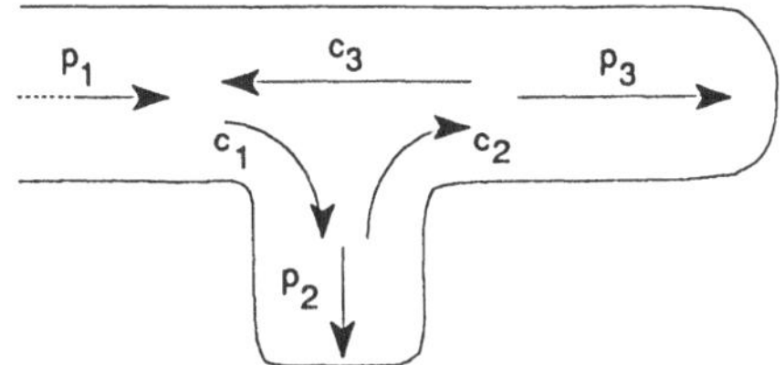

Segment	start-Continuation	stop-Continuation	crossStart-Continuation	crossStop-Continuation
p_1	...	c_1	-	-
p_2	c_1	#DeadEnd	-	-
p_3	c_2	#DeadEnd	-	-
c_1	p_1	p_2	c_3	c_2
c_2	nil	p_3	c_1	c_3
c_3	nil	nil	c_2	c_1

Bild 7: Beispiel für die Erschließung der Netztopologie:
a) Kreuzung mit Segmenten,   b) zugehörige Elemente der Listen P und C (vereinfacht)

Das realisierte Verfahren zur Erschließung der Netztopologie beinhaltet neben den beschriebenen Funktionen weitere für praktische Anwendungen zwingend erforderliche Kontrollmechanismen. Diese koordinieren das Systemverhalten u.a. bei Vorhandensein von zirkularen Strukturen sowie bei einem evtl. notwendigen Neustart am interaktiv definierten ersten Startpunkt (jedoch in entgegengesetzter Richtung).

4 Tracking von Linienabschnitten

Für die effektive Analyse vollständiger Netze bedarf es der Erweiterung des in Abs. 2 beschriebenen Tracking-Prinzips gemäß den in Abs. 3 erläuterten Überlegungen. Der grundlegende Ablauf bleibt hierbei unverändert. Zusätzlich berücksichtigt werden weitere Kriterien zum Abschluß eines Tracking-Vorgangs. Hierbei lassen sich im wesentlichen zwei Fälle unterscheiden:

1) Damit die Voraussetzung für die Netzanalyse aus Abs. 3 erfüllt ist, muß das Ende eines Kreuzungssegments erkannt werden. Dazu erfolgt gleichzeitig mit dem Rollvorgang eine dynamische Analyse der Liste von CenterPoint-Deskriptoren, die das Prinzip zur Kreuzungserweiterung berücksichtigt.

2) Mit dem Erkennen eines CenterPoint-Deskriptors, der einen Kreuzungsbereich markiert, wird der Rollvorgang vorübergehend unterbrochen und zunächst eine detaillierte Analyse des bevorstehenden Rollwegs vorgenommen. Zu diesem Zweck wird ein kleiner Kreis mit konstantem Durchmesser (gleich dem a priori definierten minimalen Linienabstand) als Sonde auf der Leitkurve vorausgeschickt. Ziel hierbei ist die Detektion von Sackgassen, einer Linienfortsetzung mit parallelem Charakter sowie das Erkennen von Öffnungen in einer oder in beiden der parallelen Linien. Der Rollvorgang des Sondenkreises basiert ebenfalls auf dem in Abs. 2 erläuterten Prinzip. Als Grundlage für die Analyse dient im wesentlichen ein senkrecht zur Rollrichtung aufgenommenes Profil und ggf. ein Profil, das ausgehend vom Kreismittelpunkt M die in Rollrichtung vorliegende Umgebung beschreibt. Der aktuelle Tracking-Prozeß wird abgebrochen, falls einer der genannten Fälle vorliegt.

5 Extraktion der parallelen Linienstrukturen

Auf der Basis der in den Elementen c_i bzw. p_j der Listen C bzw. P vorliegenden Segmentinformation ist eine näherungsweise Rekonstruktion der mit den einzelnen Segmenten korrespondierenden parallelen Linien möglich. Für die Rekonstruktion der zur Leitkurve gehörenden Linie wird zunächst eine innere Kontur generiert, die näherungsweise der Leitkurve entspricht. Dazu werden die in den CenterPoint-Deskriptoren der *centerLine* abgelegten *trackedPoints* durch Geradenstücke verbunden. Ausgehend von den als Stützstellen dienenden *trackedPoints* wird im Abstand d in der jeweiligen Richtung α_0 ein neuer Punkt generiert. Die Verbindung dieser Punkte führt zur äußeren Linienkontur. Anschließend werden der Anfangs- und der Endpunkt der inneren Kontur mit dem korrespondierenden Anfangs- und Endpunkt der äußeren Kontur verbunden. Der Abstand d entspricht der beim Tracking ermittelten mittleren Linienbreite *trackedLineWidth* multipliziert mit einem Korrekturfaktor. Der Korrekturfaktor wird über die mittlere Abweichung der einzelnen zu den CenterPoint-Deskriptoren gehörenden Linienbreiten bezogen auf die mittlere Linienbreite *trackedLineWidth* berechnet. Dabei ergeben sich Werte zwischen 0.8 und 1.2. Große mittlere Abweichungen weisen auf Verschmelzungen der Linien mit anderen Bildstrukturen hin und führen zu kleinen Korrekturfaktoren, da die mittlere Breite i.a. einen zu hohen Wert aufweist. Bei kleinen mittleren Abweichungen wird entsprechend ein größerer Korrekturfaktor gewählt, um an jeder Stützstelle eine Breite zu gewährleisten, die größer als die tatsächliche ist. Mit dieser Vorgehensweise wird eine Outline der jeweiligen Linie erzeugt. Durch Verwendung der mittleren Linienbreite bleiben lokale Linienbreitenänderungen (bedingt durch Verschmelzungen mit anderen Bildelementen) ohne Einfluß auf die Outline-Ausprägung. Das Auffüllen der von der Outline eingeschlossenen Fläche mit dem Grauwert des Bildhintergrunds ermöglicht ein *Löschen* der Linie in der Bildvorlage (s. Bild 11). Bei Segmenten, die parallele Linien oder Konturstörungen beschreiben, erlaubt diese Methode auch die Rekonstruktion bzw. das Löschen der Linie, die der Leitkurve gegenüberliegt. Diese Linie wird dabei durch die zugehörigen *parallelPoints* repräsentiert. Für reale Kartenszenen wurde das vorgestellte Prinzip für den weitestgehenden Ausschluß von lokalen Störeinflüssen dahingehend erweitert, daß in die Berechnung des Abstands d auch benachbarte Segmente und evtl. vorhandene globale Informationen über die Linienbreite einfließen. Hierdurch wird zudem die Extraktion der zu Sackgassen gehörenden Linien möglich.

6 Praktische Ergebnisse

Die Bilder 8 bis 11 zeigen Ergebnisse des vorgestellten Tracking-Verfahrens. Ausgangspunkt stellt ein ca. 15x15 mm² großer Ausschnitt einer topographischen Karte (TK25, Blatt Schwanewede) dar, der mit einer Abtastauflösung von 1650 dpi digitalisiert wurde. Die ermittelten Segmente der einzelnen Klassen werden mit den Rollkreismittelpunkten repräsentiert, die in den jeweiligen *centerLines* abgelegt sind. Für das vorliegende Beispiel wurden insgesamt 32 Segmente, die parallele Linien darstellen, 47 Segmente, die *echte* Kreuzungsbereiche markieren sowie 8 Segmente die Konturstörungen anzeigen, extrahiert. Bei der Analyse erfolgte zudem die Erfassung der Netztopologie (vgl. a. Bild 7b), so daß auf der Basis der ermittelten Information ein Löschen bzw. eine Rekonstruktion des Straßennetzes möglich ist. Beim Tracking selbst traten bei der Segmentklassifikation im Vergleich zur Interpretation durch einen menschlichen Betrachter zwei Unterschiede auf. Zum einen wurde ein Kreuzungsbereich (rechter oberer Bildbereich) nicht als solcher erkannt und stattdessen als Konturstörung (Bild 9 bzw. 10) abgelegt. Der Grund hierfür liegt in der zu geringen Ausdehnung der Abzweigung. Zum anderen erfolgte ein Tracking eines Segments, das keine Straße sondern ein Grundstück darstellt (rechter mittlerer Bildbereich, Bild 8 bzw. 10). Für die Erkennung und Revision solcher *Fehlinterpretationen* ist ein übergeordnetes System erforderlich, das im Gegensatz zum vorgestellten lokal arbeitenden Verfahren über umfangreiches globales Wissen verfügen muß.

Bild 8: Ausschnitt einer topographischen Karte mit Segmenten der Klasse "ParallelLine" (dargestellt sind die zugehörigen "center-Lines"), Ausschnittgröße im Original ca. 15x15 mm² bzw. 972x949 pel

Bild 9: Segmente der Klasse "Crossing", die als Störung erkannt wurden (dargestellt sind die zugehörigen "centerLines")

 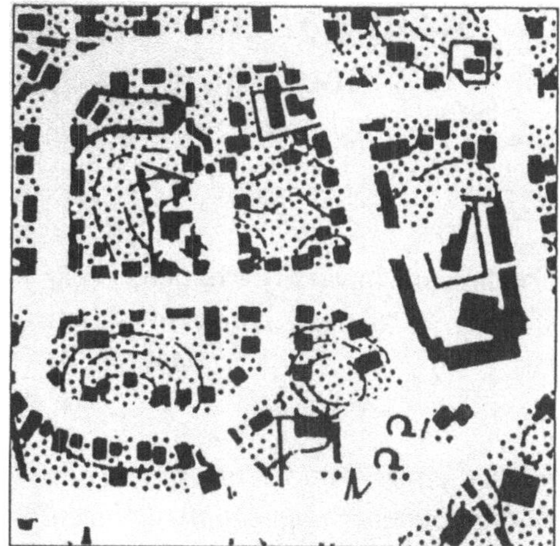

Bild 10: Segmente der Klasse "Crossing", die ech-
te Kreuzungsbereiche repräsentieren
(dargestellt sind die zugehörigen "cen-
terLines")

Bild 11: Ausschnitt nach dem Löschen der zu den
"centerLines" aus den Bildern 8 bis 10
korrespondierenden Linien

Bild 11 zeigt den Kartenausschnitt nach dem Löschen des Straßennetzes mit gleichzeitiger Abtrennung der mit den Linien verschmolzenen Kartenelemente. Mit dieser Abtrennung ist der Vorteil verbunden, daß die verbleibenden isolierten Kartenbestandteile einer vereinfachten Analyse zur Extraktion weiterer Primitiven zugeführt werden können.

7 Realisation und Ausblick

Die Methoden des vorgestellten Tracking-Systems wurden in der objektorientierten Programmiersprache und Entwicklungsumgebung Smalltalk-80 [GoRo89] implementiert. Durch Berücksichtigung des Model-View-Controller Paradigmas [KrPo88] bei der Entwicklung komplexer graphikorientierter Anwendungen wurde das Verfahren zum Line-Tracking gleichzeitig in ein entstehendes Systems zur Analyse kartographischer Vorlagen integriert. Bei der Erstellung des Prototyps waren die mit der objektorientierten Programmierung verbundenen Eigenschaften und der vorliegende inkrementell arbeitende Compiler von Vorteil. Nachteilig wirkt sich das für praktische Anwendungen unzureichende Laufzeitverhalten aus. Dies beruht im wesentlichen auf der bei Smalltalk verwendeten virtuellen Maschine und kann auch nicht durch die vom Compiler vorgenommene Erzeugung von *threated* Code kompensiert werden. Für die Zukunft ist deshalb die Umsetzung einiger zeitintensiver Operationen (z.B. Bestimmung des Rollkreisdurchmessers) in C-Code vorgesehen, der selbst wiederum als *user primitive* in Smalltalk-80 einsetzbar ist. Neben diesen programmtechnischen Verbesserungen sind Erweiterungen hinsichtlich der Anwendbarkeit zum Tracking einfacher Linien, der blattschnittfreien Darstellung sowie hinsichtlich der Einbindung in ein wissensbasiertes System zur Analyse kartographischer Vorlagen vorgesehen.

Literatur

[GoRo89] Goldberg, A. & Robson, D.: Smalltalk-80: The Language.
          Addison-Wesley Publishing Company, Menlo Park, 1989
[KiSu84] Kindelan, M. & Suarez de Lezo, J.: Artery detection and tracking in coronary angiography.
          In Digital Image Analysis, ed. S. Levialdi, Pitman, London, 1984, pp. 283-294
[KrPo88] Krasner, G. E. & Pope, S. T.: A Cookbook for Using the Model-View-Controller User Interface Paradigm in Smalltalk-80. ParkPlace Systems, Palo Alto, 1988
[Ri86]   Richards, J. A.: Remote Sensing Digital Image Analysis - An Introduction.
          Springer-Verlag, Berlin, Heidelberg, 1986, pp. 52-54

Accuracy Potential of a Digital CCD Camera
for Photogrammetric Applications

C. Heipke[1], M. Stephani[1], G. Strunz[1], R. Lenz[2]

[1] Technical University Munich, Chair for Photogrammetry and Remote Sensing,
[2] Technical University Munich, Chair for Telecommunications,
Arcisstr. 21, 8000 München 2

In this paper the geometric accuracy potential of a digital CCD camera for photogrammetric applications is investigated.

First, the photogrammetric camera calibration methods are mentioned and CCD camera calibration experiments in photogrammetry are reviewed. Then, the geometric testfield calibration of the digital CCD camera ProgRes 3000 is described and the results are presented. Finally, examples for the photogrammetric evaluation of three-dimensional objects using this camera are given.

1.   Introduction

In close range photogrammetry a distinction is made between metric, semi-metric and non-metric cameras. A metric camera possesses special fiducial marks for the definition of the image coordinate system, and a constant interior orientation, which is determined in a laboratory calibration procedure. Lens distortion can normally be neglected and the camera cannot be focused. Different distances between camera and object are realized using specially calibrated adapters. Furthermore the camera has a large field of view and is mechanically very stable. Semi-metric cameras, which are usually equipped with a réseau in the image plane, have the advantage that deviations from the assumed central perspective geometry can be compensated mathematically. Non-metric cameras do not possess any of these characteristics and are therefore only of limited use in photogrammetry.

Charge-Coupled-Device (CCD) cameras are increasingly being used in photogrammetry for direct image acquisition and for digitisation of hardcopy film due to the high inherent stability of the sensor chip. The interior orientation in general is not known, it changes, when the focusing is changed, and lens distortion has to be taken into account. Therefore the camera must be calibrated to meet photogrammetric accuracy requirements. Since digital imagery is evaluated in an automated way, a complete calibration must include radiometric aspects (e.g. the compensation of different sensitivity of CCD sensor cells) as well as geometric ones.

In this paper the geometric accuracy potential of a digital CCD camera, the ProgRes 3000 (Lenz, 1989), for photogrammetric applications is investigated. The investigation covers the geometric calibration of the camera using a three-dimensional testfield with known point coordinates and multiple images. First, the photogrammetric camera calibration methods are mentioned and CCD camera calibration experiments in photogrammetry are reviewed. Then, the geometric testfield calibration of the digital CCD camera ProgRes 3000 is described and the results are presented. Finally, examples for the photogrammetric evaluation of three-dimensional objects using this camera are given.

2. Camera calibration in photogrammetry

2.1 Methods of camera calibration

Two basic approaches for camera calibration can be distinguished in photogrammetry, namely laboratory and field methods, which can further be divided into testfield calibration, simultaneous self calibration and system calibration. Metric cameras are usually calibrated under laboratory conditions. The results are image coordinates of the fiducial marks, of the principal point, the principal distance, and, if any, parameters for lens distortion. Testfield calibration is carried out for non- and semi-metric cameras prior to image acquisition. The interior orientation is derived from known object coordinates in a photogrammetric block adjustment. Care has to be taken on the geometric arrangement of the camera stations in order achieve precise estimates of the calibration parameters. In simultaneous self calibration (Ebner, 1976) the interior orientation parameters are determined simultaneously with the desired object space information in a least squares adjustment. The combination of testfield and simultaneous self calibration is the system calibration. In this case images of a properly designed testfield and of the actual object are acquired and evaluated in one step (Kupfer, 1987).

2.2 Calibration of CCD cameras for photogrammetric applications

Calibrations of video cameras in photogrammetric literature are reported from a number of authors. Gülch (1984), Dähler (1987), and Luhmann, Wester-Ebbinghaus (1987) investigated the video image quality (line jitter, blooming etc.). Beyer (1987) treated various aspects of the geometric calibration using a three-dimensional testfield. Lenz (1987a) presented a fast multi-step calibration procedure for applications at video field rate. However, major problems were observed in conjunction with the necessary A/D conversion of the video signal. Dähler concludes, that "it is ... strongly recommended to transfer the information from CCD cameras digitally" (Dähler, 1987, p. 59). To the knowledge of the authors, such digital cameras have been investigated in a rigorous photogrammetric calibration by Bösemann et al. (1990) and Edmundson et al. (1991).

3.   Testfield calibration of the ProgRes 3000

3.1   The ProgRes 3000 camera

The ProgRes 3000 camera (Lenz, 1989) is a digital camera equipped with a CCD sensor. For each partial image the CCD sensor is moved a fraction of the distance between two pixel centres using a piezo-controlled aperture displacement (PAD). The displacement can be performed with a root mean square error of about 0.2 μm (Lenz, Lenz, 1990). This microscanning procedure results in a resolution of about 3000 * 2300 pixels at a pixel size of 2.83 μm * 2.75 μm. Additionally, colour imagery can be captured. Thus, digital images of static objects can be acquired with the same image quality as hardcopy diapositives.

3.2   The mathematical model for the testfield calibration

The testfield calibration is performed based on the principle of photogrammetric point determination by bundle block adjustment. Multiple images of the three-dimensional testfield with clearly signalized points are taken and the image coordinates x_{ij}, y_{ij} of these points P_i projected in the images I_j are measured. Then so called collinearity equations can be formulated:

$$x_{ij} = x_o - c \frac{r_{11,j}(X_i-X_{0,j}) + r_{21,j}(Y_i-Y_{0,j}) + r_{31,j}(Z_i-Z_{0,j})}{r_{13,j}(X_i-X_{0,j}) + r_{23,j}(Y_i-Y_{0,j}) + r_{33,j}(Z_i-Z_{0,j})} + dx_{ij}$$

$$y_{ij} = y_o - c \frac{r_{12,j}(X_i-X_{0,j}) + r_{22,j}(Y_i-Y_{0,j}) + r_{32,j}(Z_i-Z_{0,j})}{r_{13,j}(X_i-X_{0,j}) + r_{23,j}(Y_i-Y_{0,j}) + r_{33,j}(Z_i-Z_{0,j})} + dy_{ij}$$

$$(1)$$

with:

x_{ij}, y_{ij}	image coordinates of point P_i in image I_j
X_i, Y_i, Z_i	object coordinates of point P_i
$X_{0,j}, Y_{0,j}, Z_{0,j}$	object coordinates of the projection centre of image I_j
$r_{11,j}, ... r_{33,j}$	elements of the orientation matrix represented by three independent angles, e.g. ω_j, φ_j, κ_j
x_o, y_o	coordinates of principal point
c	principal distance
dx_{ij}, dy_{ij}	corrections for lens distortion

If parameters for radial and tangential lens distortion are to be determined, dx_{ij} and dy_{ij} can be expressed as follows:

$$dx_{ij} = A_1 (r_{ij}^2 - r_o^2) x_{ij} + A_2 (r_{ij}^4 - r_o^4) x_{ij} + B_1 (y_{ij}^2 + 3x_{ij}^2) + 2B_2 x_{ij} y_{ij}$$

$$dy_{ij} = A_1 (r_{ij}^2 - r_o^2) y_{ij} + A_2 (r_{ij}^4 - r_o^4) y_{ij} + 2B_1 x_{ij} y_{ij} + B_2 (x_{ij}^2 + 3y_{ij}^2)$$

$$(2)$$

with:

A_1, A_2, r_o parameters describing radial lens distortion
B_1, B_2 parameters describing tangential lens distortion
r_{ij}^2 $= (x_{ij}-x_o)^2 + (y_{ij}-y_o)^2$

Control information (normally control points) is introduced in addition to the image coordinates in order to at least define the elements of the object coordinate datum (3 translations, 3 rotations and scale). The stochastic properties of the observations are modelled and the estimation of the unknown parameters is performed according to the least squares principle.

3.3   Image acquisition and point measurement

For the geometric calibration of the ProgRes 3000 a three-dimensional testfield with 29 equally spaced control points of precisely measured coordinates was used. The size of the testfield is approximately 0.60 m * 0.60 m, the maximum height difference is 0.23 m. The coordinates of the 29 points were determined photo-grammetrically using a Wild P31 metric camera and a Rollei Réseau Scanner. The resulting standard deviations of the object coordinates are about 12 μm in X, Y, and 25 μm in Z.

Eight images were taken with the ProgRes 3000 equipped with a standard 16 mm lens at a distance of about 1.6 m, yielding an image scale of about 1:100. Four of the eight images were oblique views taken from an angle of about 50 degrees. The geometric configuration of the image acquisition is shown in figure 1.

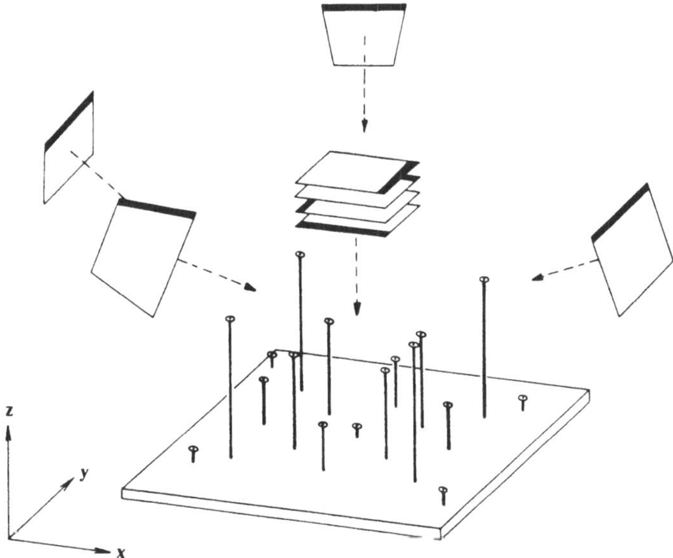

Fig. 1: *Geometric configuration of image acquisition*

For the determination of the image coordinates of the signalized points the following algorithm was used. At first, for each image point a surrounding box is drawn interactively. By means of histogram analysis within this window, a greyvalue threshold is automatically determined, discriminating pixels belonging to the image point from those belonging to the background. This yields a closed boundary line passing between image point pixels and background pixels. In the next step, a more precise boundary line is determined separately for the x- and y-axis by means of linear greyvalue interpolation. For the determination of the x-coordinate of the image point only the vertical boundary line elements are shifted, and vice versa. From the two refined boundary lines, the centre coordinates of the enclosed image point are determined by calculating the 0th and 1st order moments from the line integrals. A more detailed description of the algorithm can be found in Lenz (1987b).

4.   Results

4.1   Results of calibration

The two questions to be investigated here were the accuracy of the determination of the calibration parameters of the ProgRes 3000 and their stability over time. For all computations the bundle adjustment programme CLIC developed at the Chair for Photogrammetry and Remote Sensing, Technical University Munich (Müller, Stephani, 1984) was used.

In order to impose little constraint on the solution, only five control points were introduced, one in each corner of the testfield and one in the middle. The calibrations were carried out in three different epochs over three weeks. The results are presented in table 1. For each epoch the values and theoretical standard deviations of the principal distance, the location of the principal point, and the maximum effect of distortion (radial and tangential) are given. Also the estimated standard deviation of the image coordinates σ_o is included. Figure 2 graphically shows the corrections resulting from the calibration parameters for an assumed regular distribution of points in image space. The following conclusions can be drawn from the results:

- A calibration of the parameters of interior orientation and lens distortion is necessary, if precise three-dimensional object point coordinates are to be determined. The location of the principal point differs by more than 40 pixels from the centre of the chip, the distortion amounts to a maximum of approximately 25 pixels.
- The results show a very stable behaviour over time. Therefore, a calibration has to be carried out in extended time intervals only.
- σ_o lies at about 0.4 μm or 0.15 pixels. This confirms that the measurement of well signalized points can be performed with very high subpixel accuracy.
- The predominant effects visible in figure 2 are the y shift of the principal point and radial components (principal distance and radial distortion). Additional

experiments confirmed, however, that the inclusion of parameters for tangential distortion significantly improved the results.

	epoch 1		epoch 2		epoch 3	
	value [mm]	σ [mm]	value [mm]	σ [mm]	value [mm]	σ [mm]
principal distance	16.067	0.005	16.067	0.005	16.064	0.005
x_0	0.021	0.006	0.019	0.006	0.019	0.006
y_0	0.119	0.006	0.119	0.006	0.126	0.006
dx_{max}	0.059	0.002	0.059	0.001	0.059	0.002
dy_{max}	0.047	0.001	0.047	0.001	0.047	0.002
σ_0	0.39 μm		0.39 μm		0.37 μm	

Tab. 1: *Results of calibration*

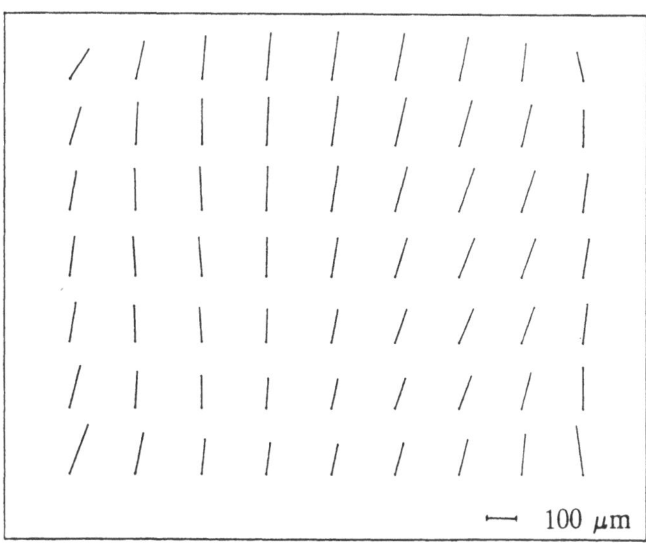

Fig. 2: *Corrections resulting from calibration parameters*

4.2 Photogrammetric application example

As an example for the attainable accuracy in object space two conventional photogrammetric evaluations were performed. Images of the testfield at a scale of approximately 1:100 were acquired using
- 2 images with parallel optical axes and a distance between the projection centres (baselength) of 0.4 m and
- 2 convergent images with a baselength of 3 m.

Image coordinates of the signalized points were measured as described above, and each pair of images was processed separately, once including the calibrated interior orientation parameters, and once without them. Table 2 shows the results. Empirical standard deviations are given for each coordinate in object space, which were derived from a comparison with the known testfield coordinates. The following can be concluded:
- The attainable accuracy in object space lies at 0.02 mm - 0.04 mm in each coordinate for the convergent case. This confirms that digital photogrammetry can compete very successfully with other techniques in high precision measurement tasks.
- The accuracy for the parallel case is worse, especially in the direction of the optical axis (Z coordinate). This is due to the small field of view of the camera. A parallel setup, however, is only necessary, if stereo viewing of the images is of interest. A convergent setup is superior in terms of accuracy.
- The comparison between the results with and without calibrated parameters of interior orientation clearly demonstrates the effectiveness of calibration.

	2 images, parallel setup			2 images, convergent setup		
	s_X [mm]	s_Y [mm]	s_Z [mm]	s_X [mm]	s_Y [mm]	s_Z [mm]
uncalibrated version	3.0	2.8	33.5	1.2	1.0	0.5
calibrated version	0.05	0.11	0.52	0.02	0.02	0.04

Tab. 2: *Results of photogrammetric evaluation*

5. Outlook

This investigation covered a geometric testfield calibration of the ProgRes 3000 camera and an example for a photogrammetric evaluation. It could be shown that the parameters of interior orientation and lens distortion can be determined precisely by the calibration procedure and they were found to be stable over time. Accurate object point coordinates can be obtained, if a rigorous mathematical model including the calibration parameters is used for the evaluation. Thus, the results show the applicability of the camera for photogrammetric tasks. Further research will be conducted in order to

- determine calibration parameters for different focusing of the camera,
- introduce more sophisticated algorithms for the measurement of signalized points involving robust estimation.

If the first promising results are confirmed in these investigations, a digital photogrammetric close range measurement and evaluation system may be designed around the ProgRes 3000, in which images can be acquired, stored, and evaluated in a totally digital data flow using rigorous photogrammetric procedures.

References

IntArchPhRS International Archives for Photogrammetry and Remote Sensing
Interlaken   Proceedings of the Intercommission Conference on Fast Processing of Photogrammetric Data, Interlaken, June 1987

Beyer H., 1987: Some aspects of the geometric calibration of CCD-Cameras, Interlaken, 68-81.

Bösemann W., Godding R., Riechmann W., 1990: Photogrammetric investigation of CCD cameras, IntArchPhRS (28) 5/1, 119-126.

Dähler J., 1987: Problems in digital image acquisition with CCD cameras, Interlaken, 48-59.

Ebner H., 1976: Self calibrating block adjustment, IntArchPhRS (21) 3.

Edmundson K., Novak K., He G., 1991: Analytical calibration of a stereo-vision system, Technical Papers ACSM-ASPRS Annual Convention, Vol. 5, 86-92.

Gülch E., 1984: Geometric calibration of two CCD-cameras used for digital image correlation on the PLANICOMP C 100, IntArchPhRS (25) A3a, 363-372.

Kupfer G., 1987: Volle geometrische Systemkalibrierung metrischer Luftbildkammern - Das Testfeld Brecherspitze, Bildmessung und Luftbildwesen (55), 151-154.

Lenz R., 1987a: High accuracy feature extraction using chain-code in greyvalue images, IBM Research Report RC 56811.

Lenz R., 1987b: Lens distortion corrected CCD-camera calibration with co-planar calibration points for real-time 3D measurements, Interlaken, 60-67.

Lenz R., 1989: Digitale Kamera mit CCD-Flächensensoren und programmierbarer Auflösung bis zu 2994 * 2320 Bildpunkten pro Farbkanal, DAGM (11), 411-415.

Lenz R., Lenz U., 1990: Messung der Übertragungseigenschaften einer hochauflösenden Farbkamera mit CCD-Flächensensor, DAGM (12), 29-35.

Luhmann T., Wester-Ebbinghaus W., 1987: On the geometric calibration of digitized video images of CCD arrays, Interlaken, 35-47.

Müller F., Stephani M., 1984: Effiziente Berücksichtigung geodätischer Beobachtungen und Objektinformationen in der Bündelblockausgleichung, IntArchPhRS (25) A3a, 558-569.

Untersuchungen zur geometrischen Qualität der Datenübertragung bei der Bildaufnahme mit CCD-Kameras

Horst A. Beyer

Institut für Geodäsie und Photogrammetrie

ETH-Hönggerberg, CH-8093 Zürich, Schweiz

e-mail: horst@p.igp.ethz.ch

Zusammenfassung

Testverfahren zur Analyse der geometrischen Eigenschaften der Bildübertragung von CCD-Kameras zu Framegrabbern wird vorgestellt. Die Eigenschaften von Phase-Locked-Loop Zeilen-synchronisation, pixelsynchroner Bildaufnahme und digitaler Übertragung werden dargelegt und verglichen. Zwei typische CCD-Kameras werden für die Untersuchungen verwendet. Bisher unbekannte Fehler der meist verwendeten Phase-Locked-Loop Zeilen-synchronisation werden aufgedeckt und beschrieben. Es wird gezeigt dass eine innere Genauigkeit der zweidimensionalen Positionsbestimmung von Punkten im Bildraum von 0.004 Pixeln erreichbar ist.

1 Einleitung

Der Extraktion präziser dreidimensionaler Informationen aus digitalen Bildern kommt eine immer grössere Bedeutung zu. Wichtige Anwendungsgebiete sind u.a. Robotik, Maschinelles Sehen, industrielle Messtechnik, Biomechanik und Digitale Photogrammetrie. Eine hohe radiometrische und geometrische Qualität der mit CCD-Kameras erfassten Bilder ist eine der Voraussetzungen, um aus diesen präsize Objektinformationen ableiten zu können. In zahlreichen Untersuchungen (*Beyer, 1991*) hat sich gezeigt, dass die Bildgüte in einem entscheidenden Mass von mit der Übertragung der Bilder von Kamera zu Framegrabber zusammenhängenden Faktoren bestimmt wird.

Die Bilddaten der CCD-Kamera können entweder mit einem analogen, meist auf einer Videonorm basierenden Signal zu einem Framegrabber übertragen und dort analog-digital gewandelt werden, oder aber bereits in der Kamera digitalisiert (Digitale Kamera) und mit digitaler Datenübertragung übermittelt werden (vergleiche Abbildung 1). Bei der Verwendung analoger Signale spielt das vom Famegrabber verwendete Synchronisationsverfahren eine entscheidende Rolle (*Baltsavias et al, 1990; Beyer, 1990b*). Von wenigen Ausnahmen abgesehen, sind die heute verfügbaren Digitalen Kameras nur für Sensoren mit grosser Sensorelementzahl und/oder zu vergleichsweise hohen Preisen erhältlich. Die Herstellerangaben für Kameras und Framegrabber genügen nicht, um präzise Aussagen über die radiometrische und geometrische Qualität der erfassten Bilder machen zu können. Methoden zur Bestimmung der radiometrischen und geometrischen Charakteristika sind aus diesem und anderen Gründen von grosser Relevanz.

Bei ersten Untersuchungen der geometrischen Eigenschaften von CCD-Kameras wurden bereits Probleme erkannt, die mit einer ungenügenden Genauigkeit von vielen Synchronisationsmethoden zusammenhängen (*Büchli et al, 1985; Gruen und Beyer, 1987*). Eine Bestimmung der Aufwärmeffekte wurde von *Gülch, 1984; Dähler, 1987;* und *Wieting, 1990* durchgeführt. Die Wiederholbarkeit wurde von *Gülch, 1984; Curry und Baumrind, 1986;* und *Heikkilä, 1988* untersucht. Methoden zur Bestimmung von Linejitter wurden in *Beyer, 1987; Lenz, 1987* und *1988* als auch *Luhmann und Wester-Ebbinghaus, 1987* und *Luhmann, 1988* vorgestellt. Eine Analyse der Signale und Synchronisationsmethoden, mit den jeweils zu erwartenden Effekten sowie der zu treffenden Gegenmassnahmen, wurde in *Beyer, 1990b* gegeben.

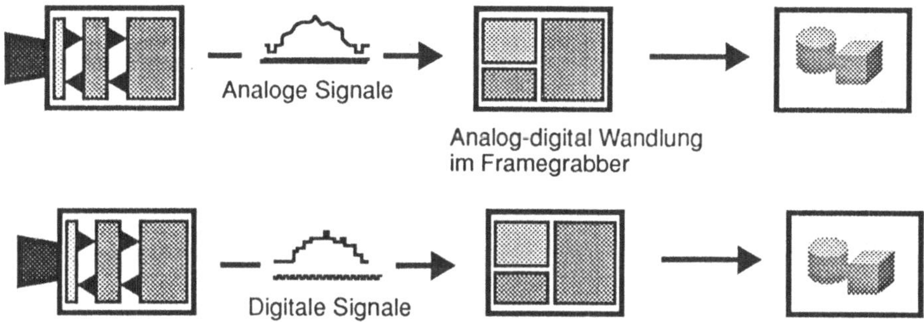

Abbildung 1   Analoge und digitale Datenübertragung bei der Bildaufnahme.

Im Rahmen der vom Autor in den letzten Jahren durchgeführten Untersuchungen der radiometrischen und geometrischen Charakteristika von CCD-Kameras und Bildaufnahmensystemen wurde eine Reihe von Methoden entwickelt, anhand derer sich der Einfluss der verschiedenen Datenübertragungsmethoden und Synchronisations-verfahren analysieren lässt (*Beyer, 1991*). In diesem Artikel werden Verfahren und Resultate zur Analyse der geometrischen Eigenschaften von Übertragungsarten und Synchronisationsverfahren vorgestellt.

2 Testverfahren

Die Untersuchungen wurden mit modifizierten SONY-XC77CE Kameras und einer VIDEK MEGAPLUS Kamera unter Einsatz eines MAX-SCAN (Datacube) Framegrabbers durchgeführt. Dieser kann sowohl analoge als auch digitale Daten mit Frequenzen bis zu 20 MHz erfassen. Die Abtastfrequenz für die Digitalisierung von analogen Daten mit dem 8-bit A/D-Wandler kann von einer Clock (intern oder extern), einer Phase-Locked-Loop (PLL) Zeilen-synchronisation, oder einem von der Kamera übertragenen Pixelclocksignal bestimmt werden. Die Kameras wurden einige Meter vor einem Testfeld positioniert (vergleiche Abbildung 2). Die gesamte Einrichtung, die zur Bildaufnahme benötigt wurde (Kameras, Beleuchtung, Bildaufnahmesystem), ist bereits eine Woche vor dem Test aufgestellt und angeschaltet worden, um mögliche, sowohl durch das Aufwärmen nach der Inbetriebnahme als auch durch Setzungen hervorgerufene Änderungen zu eliminieren. Für den Test wurde mit jeder zu untersuchenden Synchronisationsart eine Serie von 5 Bildern aufgenommen.

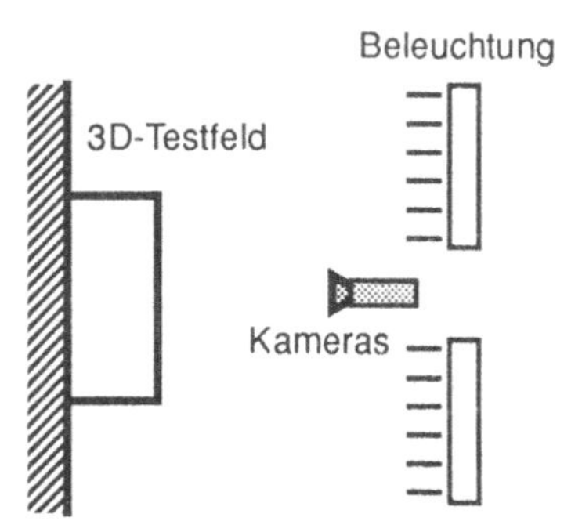

a) Übersichtsaufnahme des Testfeldes.   b) Schema der Aufnahmekonfiguration.

Abbildung 2   Testfeld und Aufnahmekonfiguration des Tests.

Eines der Testverfahren basiert auf der Analyse der Position einer Anzahl von Punkten in einer Serie von Bildern. Die Koordinaten der Punkte werden in allen Bildern gemessen und die mittlere quadratische Abweichung der Koordinaten zu Referenzwerten gemäss Formel (1) berechnet.

$$\text{RMS}_x = \sqrt{\frac{\sum_i \sum_j (\overline{x}_i - x_{ij})^2}{m \times n}}, \quad \text{RMS}_y = \sqrt{\frac{\sum_i \sum_j (\overline{y}_i - y_{ij})^2}{m \times n}} \tag{1}$$

mit:

$\overline{x}_i, \overline{y}_i$	Referenzwerte der Koordinaten.
x_{ij}, y_{ij}	Pixel- oder Bildkoordinaten der Punkte
i	Index für Punkte
j	Index der Bilder
m	Anzahl der Punkte
n	Anzahl der Bilder

Als Referenzwerte können entweder der Mittelwert der Koordinaten eines Punktes in einer zu untersuchenden Serie oder aus anderen Messungen erhaltene Werte verwendet. Die im ersten Fall erhaltenen Werte stellen ein Mass für die **"Wiederholbarkeit"** dar. Sie beschreiben die innere geometrische Stabilität der Bildaufnahme. Wenn die Referenzwerte aus einer anderen Serie (welche als genauer angenommen wird) stammen, können damit auch geometrische Verzerrungen im Bildraum aufgedeckt werden. Eine graphische Darstellung der Differenzvektoren bietet eine gute Visualisierungshilfe.

3 Wiederholbarkeit bei Analoger Signalübertragung

Diese Tests wurden mit einer SONY-XC77CE Kamera durchgeführt. Einige Charakteristika der für die Bildaufnahme mit der SONY-XC77CE verwendeten Konfigurationen, sind in Tabelle 1 zusammengefasst. Alle Konfigurationen verwenden ein Videosignal nach CCIR-Norm. Konfiguration 3 benützt darüber hinaus ein zusätzlich übertragenes Pixelclock-Signal. In den Konfigurationen 1 und 2 wird die Frequenz zur A/D-Wandlung aus den Horizontal-Synchronisationsimpulsen und einer zu spezifizierenden Bildpunktzahl pro Zeile mit einer Phase-Locked-Loop (PLL) Zeilen-synchronisation generiert. In der Konfiguration 1 werden 660 Bildpunkte pro Zeile verwendet, was einer Abtastfrequenz von etwa 10.4 MHz entspricht. Die Frequenz der A/D-Wandlung in Konfiguration 2 ist der Pixelclockfrequenz der Kamera bestmöglich angepasst. Dies bedeutet, dass der Framegrabber die Zeit von einem Horizontal-Synchonisationsimpuls zum nächsten in exakt gleich viele Teile wie die Kamera teilt.

Konfiguration	Synchronisation	Digitalisierfrequenz
1 "xc77_ccir"	PLL	~10.4 MHz
2 "xc77_cv"	PLL	~14.1875 MHz
3 "xc77_cvp"	pixelsynchron	14.1875 MHz

Tabelle 1   Charakteristika der mit der SONY-XC77CE verwendeten Konfigurationen.

Die aus der unterschiedlichen Abtastrate resultierende Skalierung der Bilder zeigt sich deutlich in den Bildern der Konfiguration 1 und 2, wie sie in Abbildung 3 dargestellt sind. Sie ist charakteristisch für Framegrabber, die keine Möglichkeit zur Anpassung der Abtastfrequenz an die Pixelclockfrequenz der Kamera besitzen. Das Bildformat für Konfiguration 1 wurde, wie bei vielen Systemen, auf 512 x 512 Bildpunkte beschränkt. Der damit verbundene Informationsverlust ist offensichtlich. In Konfiguration 3 wird die Pixelclock der Kamera als Referenz verwendet. Dieses Verfahren wird als "pixelsynchrone Bildaufnahme" bezeichnet. Linejitter und Skalierungsfehler werden damit eliminiert (*Büchli et al, 1985; Beyer, 1990b; Raynor und Seitz, 1990; Raynor et al 1990*). Auf eine Darstellung eines Bildes dieser Konfiguration wird verzichtet, da visuell kein Unterschied zu jenen der Konfiguration 2 besteht.

Die Pixelkoordinaten von 18 Punkten wurden in je fünf Bildern mit "Least Squares Matching" (LSM, *Gruen, 1985*) gemessen und anschliessend die in Tabelle 2 zusammengestellten Werte gemäss den Formeln (1) berechnet. Alle Messungen mit dem LSM wurden mit identischen Kontrollparametern durchgeführt. Diese sind im digitalen Bild in Pixel und auf dem Sensor in Micrometern angegeben. Für die x-Richtung wurden sie zusätzlich in Nanosekunden als eine zeitliche Synchronisationsgenauigkeit umgewandelt.

Beide eine PLL Zeilen-synchronisation verwendenden Konfigurationen weisen eine sehr unterschiedliche Wiederholbarkeit in der x und y-Richtung (x ist in Richtung der Videozeilen, y in Kolonnenrichtung) auf. Die Werte für die x-Richtung der Konfiguration 2 erscheinen in Pixel eine deutlich schlechtere Wiederholbarkeit als jene der Konfiguration 1 auszudrücken. Betrachtet man diese Werte jedoch in Micrometern auf dem Sensor oder in Nanosekunden, so zeigt sich, dass sich die beiden Konfigurationen in bezug auf die Wiederholbarkeit entsprechen. Dies war im übrigen auch zu erwarten.

In der Konfiguration 3 ist die Wiederholbarkeit in beiden Richtungen fast identisch. Die Wiederholbarkeit in der x-Richtung wird, verglichen zu Version 2, um einen Faktor 6 verbessert. Die Wiederholbarkeit in y-Richtung ist bei allen Verfahren, innerhalb der Messgenauigkeit, als praktisch gleichwertig zu betrachten.

Version/Konfiguration	RMSx	RMSy	RMSx	RMSy	RMSx
	[Pixel]	[Pixel]	[µm]	[µm]	[nsec]
1	0.016	0.004	0.21	0.04	1.5
2	0.027	0.004	0.29	0.05	1.9
3	0.005	0.004	0.05	0.04	0.3
Verhältnis 2/3	5.9	1.1			

Tabelle 2   Wiederholbarkeit einiger Synchronisationsmethoden bei analogen Signalen.

Der grosse Unterschied in den beiden Richtungen bei PLL Zeilen-synchronisation ist auf den Einfluss von Linejitter zurückzuführen. Die Reduktion der Wiederholbarkeit auf 0.03 Pixel ist sehr gross. Insbesonders da dies bereits eine durch das Messverfahren bedingte Mittelung über 13 mal 13 Pixel beinhaltet. Die Wiederholbarkeit der Position einer einzelnen Zeile is wesentlich schlechter (siehe Abbildung 5). Die Werte der pixelsynchronen Bildaufnahme können als Nachweis betrachtet werden, dass bei diesem Verfahren Linejitter und Synchronisationsungenauigkeiten eliminiert werden.

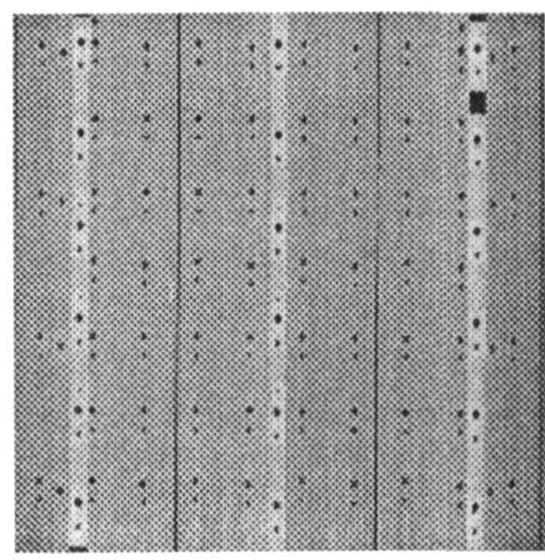
a) Konfiguration 1 "xc77_ccir"

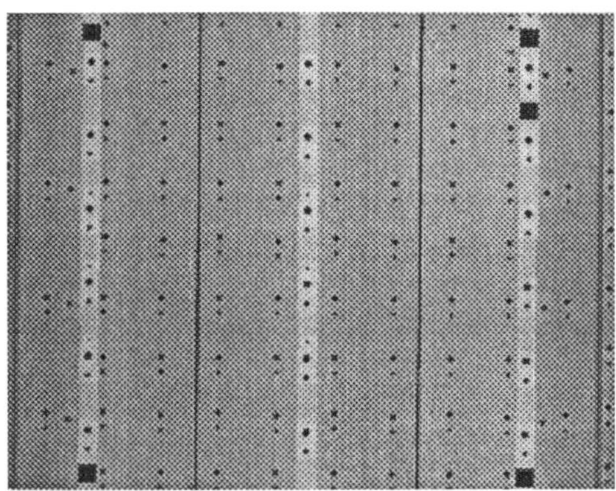
b) Konfiguration 2 "xc77_cv"

Abbildung 3   Beispiele von Aufnahmen der Konfigurationen 1 und 2.

4 Vergleich der Wiederholbarkeit bei analoger und digitaler Übertragung

In einem zweiten Versuch wird die Wiederholbarkeit von pixelsynchroner Bildaufnahme und von digitaler Datenübertragung der VIDEK MEGAPLUS Kamera verglichen. Letztere verfügt sowohl über einen analogen Ausgang als auch über einen internen 8-bit A/D-Wandler mit digitalem Ausgang. Das Testverfahren ist identisch mit dem oben angewendeten. Die Resultate der Analyse sind in Tabelle 3 zusammengefasst. Die erhaltenen Werte in Pixel entsprechen denen der pixelsysnchronen Bildaufnahme (Konfiguration 3) mit der SONY-XC77CE. Die Wiederholbarkeit auf dem Sensor ist infolge des wesentlich kleineren Pixelabstandes der MEGAPLUS gegenüber der SONY-XC77CE (6.8 μm gegen 11 μm) etwas besser. Im Rahmen der Messgenauigkeit ist kein Unterschied zwischen pixelsynchroner Bildaufnahme und digitaler Übertragung festzustellen.

Version	Konfiguration	RMSx	RMSy	RMSx	RMSy
		[Pixel]	[Pixel]	[μm]	[μm]
21	Analog (pixelsynchron)	0.005	0.006	0.03	0.04
22	Digital	0.006	0.004	0.04	0.03

Tabelle 3   Wiederholbarkeit von pixelsynchoner Bildaufnahme und digitaler Datenübertragung einer MEGAPLUS Kamera.

Die dargestellte Analyse für die MEGAPLUS Kamera bezieht sich auf einen Zeitraum von etwa 5 Minuten. Die Bilder der SONY-XC77CE wurden direkt aufeinanderfolgend aufgenommen, d.h. die Bilder einer Serie umfassen eine Zeitraum von 0.2 Sekunden. In anderen Versuchen konnte mit beiden Kameras auch über längere Zeiträume ähnliche Werte erreicht werden.

5 Geometrische Deformationen

Neben der inneren Genauigkeit (Wiederholbarkeit) sind mögliche, geometrische Verzerrungen von Interesse. Um diese zu bestimmen, werden die verschiedenen Übertragungsarten verglichen. Bei der SONY Kamera werden die Mittelwerte der Punktkoordinaten aus Konfiguration 3 als Referenz für eine Analyse der geometrischen Deformation der Konfiguration 2 herangezogen (Version 31 in Tabelle 4). Bei der MEGAPLUS wird sinngemäss die analoge mit der digitalen Übertragung verglichen (Version 32 in Tabelle 4).

Version	Konfiguration	RMSx	RMSy	RMSx	RMSy
		Pixel]	[Pixel]	[μm]	[μm]
31	analog Version 2 mit 3	0.089	0.006	0.98	0.07
32	analog mit digital	0.008	0.009	0.05	0.06

Tabelle 4   Vergleich der Geometrie.

Die Resultate zeigen, dass im Falle des Vergleichs analog/digital nur eine geringe Verschlechterung der Werte eintritt. Diese ist auf den längeren Zeitraum der Datenaufnahme zurückzuführen. Daraus ist zu schliessen, dass die Geometrie einer pixelsynchronen Bildaufnahme mit der einer digitalen Übertragung identisch ist. Im Falle des Vergleichs der Konfiguration 2 mit 3 tritt eine sehr markante Verschlechterung der Werte in x-Richtung ein, während die Werte für die y-Richtung nur unwesentlich verschlechtert werden. Abbildung 4 zeigt einen Plot der Punktkoordinatendifferenzen in den Bildern der Konfiguration 2. Als Referenz wurden die Resultate der Konfiguration 3 herangezogen. Die Richtung der Differenzen kann als Scherung und Skalierung des Bildes in x-Richtung interpretiert werden.

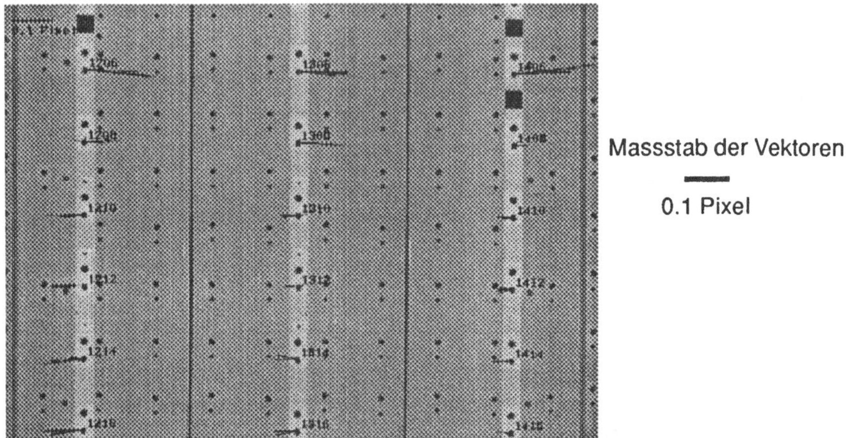

Abbildung 4   Plot der Differenzen einer Analyse der Konfiguration 2 mit der Resultate der Version 3 als Referenz.

Die Scherung kann sehr anschaulich aus den Positionen einer vertikalen Struktur, wie einer "Plumbline" (vertikal gespannter Draht), bestimmt werden. Dafür wurde die Position der in Abbildung 2 links liegenden dunklen "Plumbline" mit LSM in jeder Zeile je eines mit Konfigurationen 2 und 3 aufgenommenen Bildes gemessen. Abbildung 5 zeigt einen Plot der Positionen für jede Bildzeile. Die bei der PLL Zeilensynchronisation auftretende Scherung von etwa 0.3 Pixel ist deutlich erkennbar. Die wesentlich grössere Variation der Positionen in der Konfiguration 2 ist eine Folge von Linejitter. Der Ursprung dieses Effektes ist in einer Störung des PLLs während der vertikalen Austastlücke zu suchen.

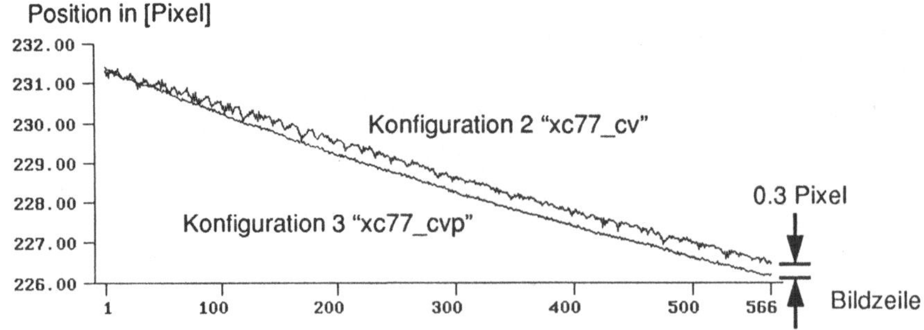

Abbildung 5   Position einer "Plumbline" in zwei mit unterschiedlicher Konfiguration des Framegrabbers aufgenommenen Bildern.

6 Schlussfolgerungen

Verfahren zur Bestimmung der Wiederholbarkeit und geometrischer Deformationen bei der Bildaufnahme mit CCD-Kameras wurden vorgestellt. Nachgewiesen wurde, dass die PLL Zeilen-synchronisation zu einer signifikanten Verringerung der Wiederholbarkeit und einer markanten Scherung des Bildes führt. Eine pixelsynchrone Bildaufnahme bietet eine identische Wiederholbarkeit und Geometrie wie eine A/D-Wandlung in der Kamera mit digitaler Datenübertragung. Eine innere Genauigkeit von 4 bis 6-tausendstel Pixel wurde mit 8-bit A/D-Wandlern in beiden Verfahren erreicht.

In Anwendungen, die hohe Genauigkeiten erfordern, sollte eine pixelsynchrone Bildaufnahme oder Digitale Kameras eingesetzt werden. Da eine pixelsynchrone Bildaufnahme keine geometrischen Deformationen der Bildinformation verursacht, kann problemlos auf diese, nur geringe Modifikationen erfordernde Synchronisationsart zurückgegriffen werden.

7 Dank

Der Autor möchte der Volkswagen AG für die Überlassung der in diesem Test verwendeten MEGAPLUS Kamera danken. Den Herren J. Raynor und P. Seitz des Paul Scherrer Institutes sei für die vielen anregenden Diskussionen und die Unterstützung bei einer Modifikation der SONY-Kameras gedankt.

8 Bibliographie

Baltsavias, E.P., Beyer, H.A., Fritsch, D., Lenz, R.K., 1990. Fundamentals of Real-Time Photogrammetry. Tutorial notes, ISPRS Commission V Symposium, Zurich, Switzerland, September 3 1990.

Beyer, H.A., 1987. Some Aspects of the Geometric Calibration of CCD-Cameras. Proceedings of the Intercommission Conference on Fast Processing of Photogrammetric Data, Interlaken, Switzerland, pp. 68 - 81.

Beyer, H.A., 1990a. Calibration of CCD-Cameras for Machine Vision and Robotics. SPIE Vol. 1197, Automated Inspection and High Speed Architectures III (1990), pp. 88-98.

Beyer, H.A., 1990b. Linejitter and Geometric Calibration of CCD-Cameras. ISPRS Journal of Photogrammetry and Remote Sensing, Vol. 45, 1990, pp. 17-32.

Beyer, H.A., 1991. High-Precision Real-Time Photogrammetrie. Dissertation, In Vorbereitung.

Büchli, R., Heeb, E., Knop, K., 1985. Low cost smart camera. SPIE, Vol. 595, Computer Vision for Robots, pp. 278-283.

Curry, S., Baumrind, S., 1986. Calibration of an Array Camera. Photogrammetric Engineering and Remote Sensing, Vol. 52, No. 5, pp. 627-636.

Dähler, J., 1987. Problems in Digital Image Acquisition with CCD-Cameras. Proceedings of the Intercommission Conference on Fast Processing of Photogrammetric Data, Interlaken, Switzerland, pp.48-59.

Gruen, A., 1985. Adaptive least squares correlation - a powerful image matching technique. South African Journal of Photogrammetry, Remote Sensing and Cartography, 14 (3), pp. 175-187.

Gruen, A.W., Beyer, H.A., 1987. Real-Time Photogrammetry at the Digital Photogrammetric Station (DIPS) of ETH Zurich. The Canadian Surveyor, Vol. 41., No. 2, Summer 1987, pp. 181-199.

Gülch, E., 1984. Geometric Calibration of two CCD-Cameras used for Ditial Image Correlation on the Planicomp C100. International Archives of Photogrammetry and Remote Sensing, Vol. XXV, Part A3a, pp. 159-168.

Heikkilä, J., 1988. Some Tests on the Stability of the Digitization of Analog Video Signal. Photogrammetric Journal of Finland, Vol. 11, No. 1, 1988, pp. 12-19.

Lenz, R. 1987. Lens Distortion Corrected CCD-Camera Calibration with Co-Planar Calibration Points for Real-Time 3D Measurements. Proceedings of the Intercommission Conference on Fast Processing of Photogrammetric Data, Interlaken, Switzerland, pp. 60-67.

Lenz, R. 1988. Videometrie mit CCD-Sensoren und ihre Anwendung in der Robotik. Habilitationsschrift, Technische Universität München, München.

Luhmann, T., Wester-Ebbinghaus, W., 1987. On Geometric Calibration of Digitized Video Images of CCD Arrays. Proceedings of the ISPRS Intercommission Conference, Interlaken, pp. 35-47.

Luhmann, T., 1988. Ein hochauflösendes automatisches Bildmesssystem. Wissenschaftliche Arbeiten der Fachrichtung Vermessungswesen der Universität Hannover, Nr. 154.

Raynor, J., Seitz, P., 1990. The Technology and Practical Problems of Pixel-Synchronous CCD Data Acquisition for Optical Metrology Applications. SPIE, Vol. 1395, pp. 96-103.

Raynor, J., Seitz, P., Wanner, D., 1990. A Universal Pixel-Synchronous Data Acquisition System for High-Resolution CCD Image Sensors. SPIE, Vol. 1265, pp. 151-156.

Wieting, A., 1990. Untersuchung von CCD-Kameras für die Anwendung in der Industriephotogrammetrie. Diplomarbeit, Universität Hannover.

Über den Vorteil eines linearen Sensors bei der HSI-Farbverarbeitung

Herbert Frey

Fachhochschule Ulm
Fachbereich Technische Informatik
Prittwitzstr. 10, 7900 Ulm

Zusammenfassung

Die Transformation von Farbbilder aus dem RGB-Farbraum in den Farbraum „Helligkeit, Sättigung, Farbton" (HSI) bietet neben anderen Vorteilen eine helligkeitsunabhängige Beschreibung von Objekten durch die Sättigung und den Farbton. Diese beiden Merkmale sind aber nur dann helligkeitsnormiert, wenn der Sensor eine lineare Kennlinie besitzt. Dies ist insbesondere bei general-purpose-Videokameras nicht der Fall. Es wird gezeigt, welche Auswirkungen ein nichtlinearer Sensor auf Bilder im HSI-Raum hat, und wie die daraus entstehenden Nachteile durch eine Kennlinien-Linearisierung mit Unbuntabgleich vermieden werden können.

1 Einleitung

Farbinformation wird in zunehmendem Maße in der digitalen Bildverarbeitung genutzt. Der HSI-Farbraum ist dabei von besonderem Interesse [3,4], da er neben anderen Vorteilen eine helligkeitsunabhängige Beschreibung von Bildern liefert [4,5].

Die Helligkeit von Auflicht- und Durchlichtobjekten hängt nicht allein von deren Remissions- bzw. Transmissionsgrad ab, sondern auch von der örtlichen Verteilung der Strahlungsleistung der Beleuchtungsquelle und von ortsvarianten Empfindlichkeitsänderungen des Sensors. Die Helligkeit der Beleuchtung etwa eines Mikroskops über größere Zeiträume konstant zu halten ist wesentlich schwieriger, als eine Konstanz der Farbtemperatur zu gewährleisten. Gerade beim Mikroskop ändert sich die Beleuchtungsfunktion durch Abgleich der optischen Komponenten und durch den Wechsel von Objektiven ständig.

Für die Bildverarbeitung und Mustererkennung ist ein Farbraum, der helligkeitsunabhängige Merkmale zur Verfügung stellt, von besonderem Interesse. Der HSI-Farbraum erfüllt diese Bedingung — Sättigung und Farbton sind auf die Helligkeit normiert [2,5]. Während sich bei einer Änderung der Helligkeit im RGB-Raum alle Farbwertsignale ändern, bleiben im HSI-Farbraum die Sättigung und der Farbton konstant, es tritt nur eine Änderung in der Helligkeit auf.

Diese Eigenschaft des HSI-Farbraumes tritt aber nur auf, wenn der Farbsensor in allen drei Farbkanälen eine lineare Kennlinie aufweist. Da dies in der Regel nicht der Fall ist, muß eine Kennlinien-Linearisierung durchgeführt werden, bei der gleichzeitig ein Unbuntabgleich (Weiß-, Schwarzabgleich) vorgenommen werden kann.

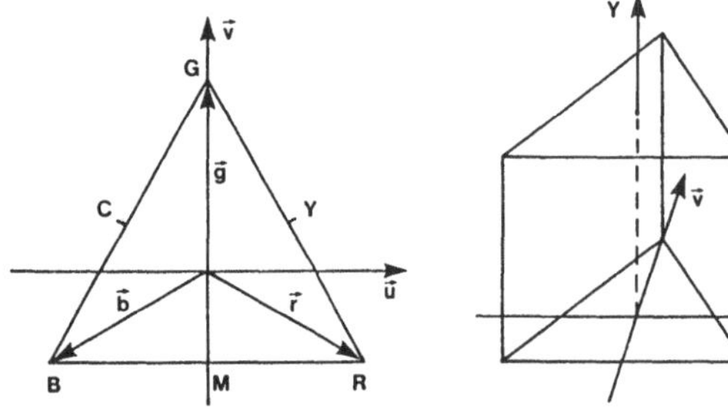

Bild 1:
Zur Berechnung eines Farbhistogramms in Form eines gleichseitigen Dreiecks. Links die Farbtafel mit den Farbwertanteilen r, g, b und den Farbdifferenzanteilen u, v. Rechts der entstandene Farbraum.

2 Farbbild-Histogramme

Die Auswirkung der Kennlinien-Linearisierung soll anhand eines Farb-Histogrammes in Form einer Farbtafel gezeigt werden. Durch eine lineare Transformation des RGB-Farbraumes mit anschließender Normierung auf die Helligkeit, kann eine Histogrammdarstellung als gleichseitiges Dreieck erreicht werden, die als HSI-Farbraum interpretiert werden kann, ohne daß tatsächlich in diesen Farbraum transformiert werden muß. Diese Transformation ist schneller als die Transformation in den HSI-Farbraum.

Dazu wird der RGB-Farbraum in die Helligkeit Y und zwei Farbdifferenzsignale U und V transformiert. U entspricht der Farbdifferenz Rot–Blau, V der Farbdifferenz Grün–Magenta. Bild 1 zeigt links den Übergang vom System der Farbwertanteile r, g, b auf die Farbwertdifferenzanteile u, v und die Helligkeit Y, die durch folgende Matrixoperation beschrieben wird:

$$\begin{pmatrix} Y \\ U \\ V \end{pmatrix} = \begin{pmatrix} \frac{1}{3} & \frac{1}{3} & \frac{1}{3} \\ \frac{1}{2} & 0 & \frac{-1}{2} \\ \frac{-1}{2\sqrt{3}} & \frac{1}{\sqrt{3}} & \frac{-1}{2\sqrt{3}} \end{pmatrix} \cdot \begin{pmatrix} R \\ G \\ B \end{pmatrix} \tag{1}$$

$$u = \frac{U}{(R+G+B)} = \frac{U}{3Y} \quad ; \quad v = \frac{V}{(R+G+B)} = \frac{V}{3Y} \tag{2}$$

Haben R, G, B den Wertebereich $[0,1]$, so hat Y ebenfalls den Wertebereich $[0,1]$, u den Bereich $[-1/2, +1/2]$ und v den Wertebereich $[-1/2\sqrt{3}, +1/\sqrt{3}]$, was einem gleichseitigen Dreieck entspricht, wobei der Nullpunkt des Systems (Unbuntpunkt) im Schwerpunkt des Dreiecks liegt. Bild 1 zeigt rechts den durch diese Transformation entstandenen Farbraum. Es handelt sich um ein reguläres, dreiseitiges Prisma, die Grundfläche bildet die Farbtafel, die vertikale Ausdehnung entspricht der Helligkeit.

Die Farbdifferenzanteile können nun direkt als Spalten- und Zeilenkoordinaten des Histogrammbildes verwendet werden. Dazu wird die relative Häufigkeit $p(u,v)$ der Bildpunkte mit den Farbdifferenzanteilen u, v als Grauwert $g(x,y)$ des Histogrammbildes dargestellt. Um die Darstellung geringer Häufigkeiten zu verbessern, werden diese logarithmisch auf die Grauwerte transformiert.

3 Kennlinien-Linearisierung

Zur Kennlinien-Linearisierung wird die Kennlinie des Farbsensors in einigen Punkten vermessen. Aus diesen Kalibrierungspunkten können Transformationstabellen berechnet werden, mit denen die eingezogenen Bilder vor dem Ablegen im Bildspeicher transformiert werden (z.B. mit Look-Up-Tables). Zum Vermessen der Kennlinie wurden Neutraldichtefilter verwendet, die in äquidistanten Abständen optischer Dichte erhältlich sind. Die optische Dichte $d(\lambda)$ ist definiert durch :

$$d(\lambda) = \log_{10}\left(\frac{1}{\tau(\lambda)}\right) = \log_{10}\left(\frac{\Phi_0(\lambda)}{\Phi_T(\lambda)}\right) \tag{3}$$

Mit $\tau(\lambda)$ spektraler Transmissionsgrad

      $\Phi_0(\lambda)$ spektrale Strahlungsleistung vor dem Filter

      $\Phi_T(\lambda)$ spektrale Strahlungsleistung nach dem Filter

Für Neutraldichtefilter ist der spektrale Transmissionsgrad $\tau(\lambda)$ für das sichtbare Spektrum eine Konstante. Für die Kennlinien-Linearisierung und den Unbuntabgleich wird mit weißem Licht beleuchtet und nacheinander Neutraldichtefilter mit gleichmäßig ansteigender optischer Dichte in den Strahlengang gebracht. Da weißes Licht eine konstante spektrale Strahlungsleistung besitzt, ergibt sich für den Farbwert E_R, wenn der Sensor nichtlinear arbeitet (analog für den Grün- und Blaukanal):

$$E_R = V_R \cdot \left[\Phi_0 \cdot 10^{(-d)}\right]^{\gamma} \cdot S_{R_0} \tag{4}$$

Mit V_R Verstärkung $\left[\frac{1}{A}\right]$

      Φ_0 Strahlungsleistung der verwendeten Lichtquelle $[W]$

      d optische Dichte des Neutraldichtefilters

      S_{R_0} Empfindlichkeit des Sensors im Rotkanal $\left[\frac{A}{W}\right]$

      γ Kennlinien-Gamma des Sensors

Technische Sensoren liefern auch einen Photostrom, wenn sie nicht beleuchtet werden. Dieser Wert wird als Schwarzwert bezeichnet, er kann bei der Kennlinien-Linearisierung mit eliminiert werden. Damit ergibt sich folgender Zusammenhang für die Linearisierung der Kennlinie bei Bestimmung des Farbwertes E_R :

$$E_R = E_{R_0} \cdot 10^{(-d \cdot \gamma)} + E_S \tag{5}$$

Mit E_{R_0} Farbwert ohne Filter

      d optische Dichte des Neutraldichtefilters

      γ Kennlinien-Gamma des Sensors

      E_S Schwarzwert

Bild 2 zeigt die gemessenen Kalibrierungspunkte   für eine 3-Chip-Farbkamera. Ganz links ist der Farbwert ohne Neutraldichtefilter ($d = 0$, $E_R = E_{R_0} + E_S$), ganz rechts der Schwarzwert ($d \rightarrow \infty$, $E_R = E_S$) dargestellt. Die durchgezogene Linie ist ein idealer Exponentialabfall, gemittelt aus den gemessenen Werten. Die Transformationstabellen wurden so berechnet, daß die gemessenen Werte auf die Exponentialfunktion transformiert werden, dazwischen wurde linear interpoliert. Gleichzeitig wird der Schwarzwert abgezogen.

Zur Demonstration dieser Methode wurde Bild 3 digitalisiert: Farbfolien, deren Helligkeit mit Neutraldichtefiltern stufenweise herabgesetzt wurden. Bild 4 zeigt die Farbörter der Farbfolien in der oben besprochenen Histogrammdarstellung. Dargestellt sind die Häufigkeiten der Bildpunkte gleicher Farbörter in einer Farbtafel. Links das Histogramm ohne Kennlinien-Linearisierung: Obwohl es sich in jeder Spalte des Bildes um dieselbe Folie handelt, die stufenweise abgedunkelt wurde, haben die Bereiche unterschiedlicher Helligkeit verschiedene Farbörter. Wegen des Schwarzwertes des Farbsensors sind die Farben nur wenig gesättigt. Rechts das Histogramm nachdem eine Kennlinien-Linearisierung mit

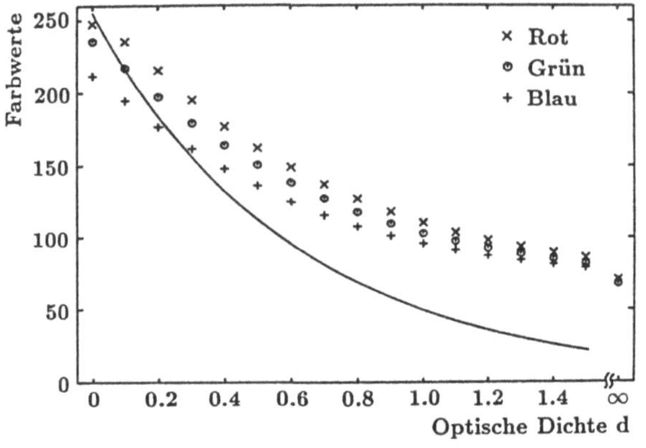

Bild 2:
Kamerakennlinien der 3-Chip-Farbkamera

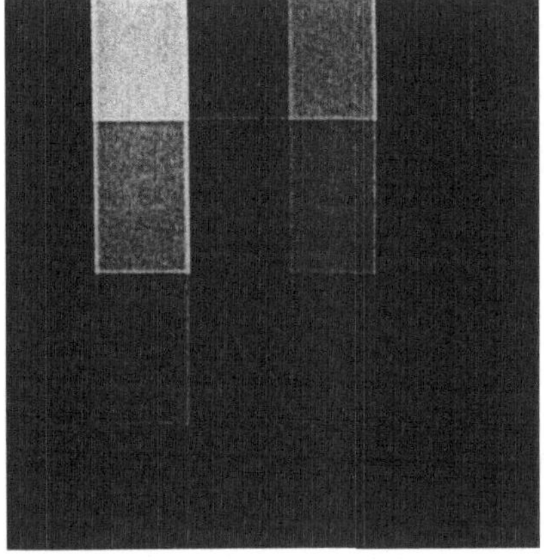

Bild 3:
Farbfolien, mit Neutraldichtefilter abgedunkelt.

Unbuntabgleich und Abzug des Schwarzwertes durchgeführt wurde: Die unterschiedlich hellen Bereiche gleicher Farbfolie haben gleiche Farbörter. Die Farbörter der roten und blauen Folie streuen nach der Transformation stark. Dies kommt daher, daß nach Abzug des Schwarzwertes die Helligkeit der Farbvalenzen geringer wird, der HSI-Farbraum für geringe Helligkeiten aber instabiler wird. So führt die gleiche Änderung der RGB-Werte bei kleineren Helligkeiten zu einer größeren Änderung im HSI-Farbraum [4].

4 Ein Beispiel

Als Beispiel wurde ein histologischer Schnitt vom Mikroskop bei zwei verschiedenen Helligkeiten eingezogen und jeweils eine Kennlinien-Linearisierung durchgeführt. Bild 5 zeigt links eine Hälfte des digitalisierten Bildes, rechts dieselbe Hälfte, nachdem ein Neutraldichtefilter der optischen Dichte 0.2 in den Strahlengang des Mikroskopes eingebracht wurde. Bild 6 zeigt die Histogramme zu diesen beiden Farbbildern. Links für hohe, rechts für geringe Helligkeit. Oben ist jeweils das Histogramm der Buntheit, unten das eindimensionale Helligkeitshistogramm dargestellt.

Obwohl sich die Helligkeit des Bildes stark geändert hat, zeigen die Farbhistogramme, daß es zu keiner Veränderung der Sättigung und des Farbtones gekommen ist.

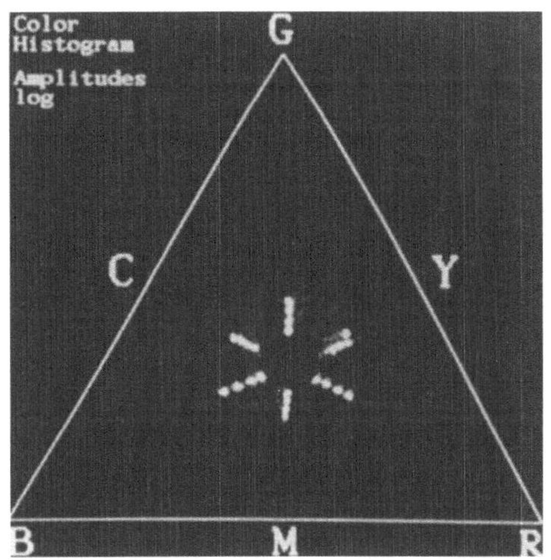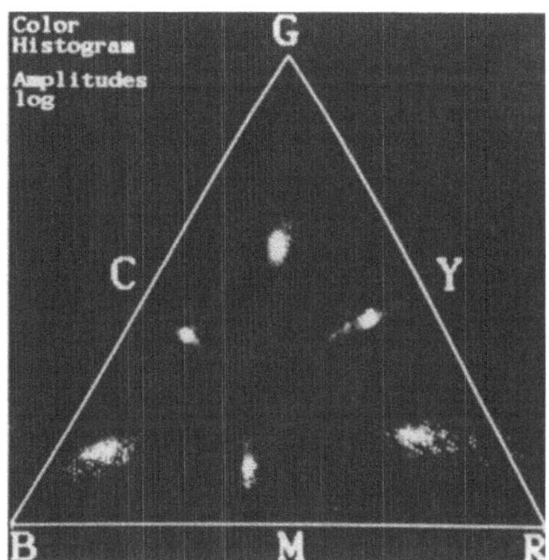

Bild 4: Farbhistogramme zur Kennlinien-Linearisierung. Links vor, rechts nach Kennlinien-Linearisierung.

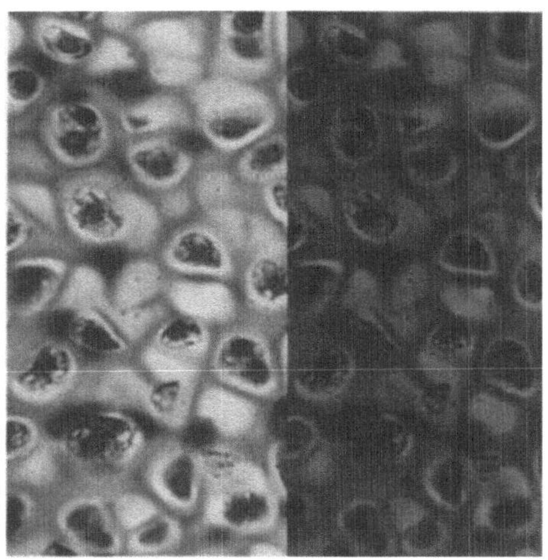

Bild 5:
Histologischer Schnitt bei verschiedenen Helligkeiten.

Literatur

[1] **Lang** H. *Farbmetrik und Farbfernsehen*. München, Wien: Oldenburg 1978.

[2] **Kender** J. R. *Saturation, Hue, and Normalized Color: Calculation, Digitization Effects, and Use*. TR, Dep. of Computer Science, Carnegie-Mellon University, 1976.

[3] **Massen** R., et. al. *Trainable Look-Up-Tables versus Neural Networks for Real-time Colour Classification*. Mustererkennung 1990: 12. DAGM-Symposium, 377–384, Springer: 1990.

[4] **Frey** H. *Die Verarbeitung von Farbbildern nach Helligkeit, Sättigung und Buntton*. Mustererkennung 1990: 12. DAGM-Symposium, 324–331, Springer: 1990.

[5] **Frey** H. *Digitale Bildverarbeitung in Farbräumen*. Dissertation am Lehrstuhl für Nachrichtentechnik der Technischen Universität München, 1988.

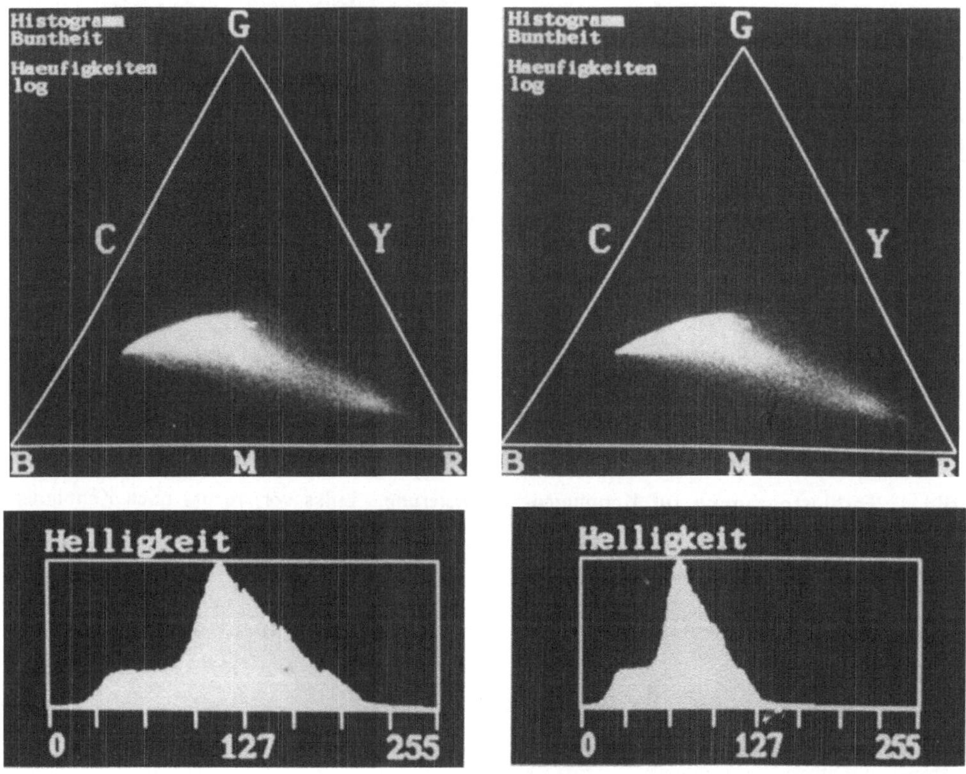

Bild 6: Histogramme zum Farbbild 5. Links: Buntheit hohe Helligkeit, rechts: Buntheit geringe Helligkeit. Unten jeweils die eindimensionalen Helligkeitshistogramme.

MODEL BASED FAST RECOGNITION OF THE STRUCTURE OF INDUSTRIAL WORKPIECES

Wang, Y.,   Jacobsen, K.

University of Hannover

Institute of Photogrammetry and Engineering Surveying

Nienburger Str. 1, D-3000 Hannover 1

Abstract

The paper taking an example of recognizing a triangular structure from the images of a kind of industrial workpieces, introduces some procedures for edge detection, line extraction, model matching and object recognition. The results are used for image correlation, scene analysis and automatic quality control of industrial products.

1   Introduction

The automatic extraction of features and recognition of objects is one of the main interests in Computer Vision and Pattern Recognition, and also an important research area in Digital Photogrammetry. The basic features in a digital image can be divided into two types, namely point feature and line feature. It is well developed and applied to use distinct points in photogrammetric stereo image matching. Some operators extracting distinct points from the image as Förstner operator[3], Moravec operator etc. have become well-known and widely applied. But for the industrial applications there are more valuable distinct lines due to the geometry of the objects. The most line features in the image are edges. Edge extraction is one of the bases for area segmentation and surface isolation in Computer Vision. There are also quite a few operators and methods for edge detection, e.g. Laplace operator, Roberts operator, Sobel template, Kirsch template etc. The most of them need a large amount of computation. Our problem is to recognize the object inside the whole image without any pre-positions information in the near-real-time mode. So the speed plays a great role.

This paper describes the procedures to recognize an object from the image based on the known model. The methods for fast edge detection and extraction, straight line extraction, model matching and object recognition are discussed. The example is recognizing a triangular structure of a precision industrial workpiece. The research work is asked to undertake from a machine industry.

2 Object Model Description

Fig. 1 shows an image taken by a CCD camera with image scale about 1:2. It is a part of a complicated industrial workpiece. The image is 512×512 pixels in size, and the grayvalues are from 0 to 255. The extra large scale of the image is used in order to meet the demand of the very high accuracy. It is called Macro Photogrammetry, which is discussed by Jacobsen [4]. From fig. 1 we can see a large triangular structure among the various figures. There are several kinds of these triangles in the workpiece and each exists in the different direction, in addition the cameras are also in the movement. Our aim is to

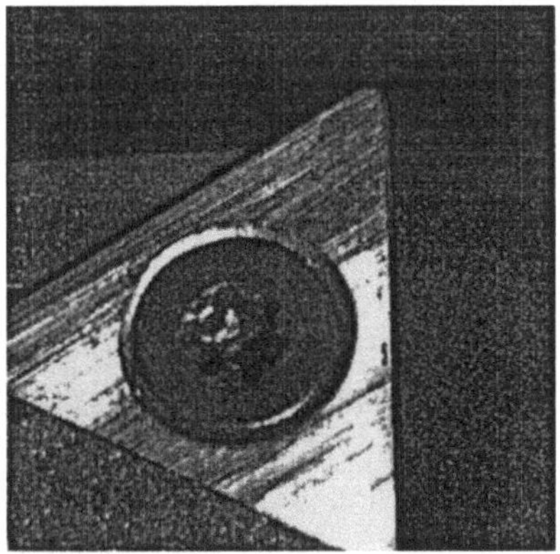

Fig. 1: the digital image

find this large triangle and locate it in the image fast and automatically on the assembly line. In order to reach this aim, we can at first set up a model for the triangular structure. It may be described as the followings:

- it is a triangle;
- it is approximate to an equilateral triangle in the object space;
- inside the triangle there is no other triangles;
- it is not possible that the triangle is very small;

The recognition work can be divided into three steps, firstly edge detection, secondly straight lines extraction, thirdly triangles reconstruction and recognition. The procedures are described below.

3 Edge extraction

In a digital image an edge means the boundary of two areas with distinctly different grayvalues. It is usually also the boundary of two objects. The point on the edge is called edge element, abbreviated as edgel. An edgel appears with the greatest change of the grayvalues. That means at the edgel the first order derivative is maximal and the second order derivative is zero. There are quite a few operators for edge detection, basically as Laplace operator, Robert operator, Sobel operator, Kirsch operator etc.. But they are not very suitable for our application, as their processing needs a large amount of computation, thus the speed is relatively slow, besides the threshold is not easy to determine in the different cases and the position of the edgels may have displacement. Therefore it is valuable to develop more simple and more accurate operators for the practical applications.

From the viewpoint of imformation an image can be divided into two areas, one with features and one without features. The area with features is usually much smaller than the non-feature area. If the non-feature area can be eliminated from the image at first, the processing of edge extraction can be accelerated. In addition we know from the above discussion that we can find the edgel by means of the first order or second order derivative. The second order derivative needs more computation than the first one. Thus a procedure to find the edgels based on the principles of the first order derivative and information area division has been developed. It can be described in the following steps:

- to calculate the first order difference of grayvalues for each pixel;
- to eliminate the non-feature area using a threshold;
- to search for the maximum of the differences in a dynamic window;

In the programme the three steps are integrated high efficiently. It is only the one dimensional processing. The image is processed in x and y direction respectively with the same procedure and programme. Then all the edgels are achieved and constitute a binary image.

Experiments show that both forward difference and backward difference should be considered for chosing the suitable difference operator in order to avoid the displacement and the omission of the edgels. The form of the applied operator is [-1 0 1] in x and y direction. In general the above-described procedure for edge detection and extraction has the following characteristics:

- simple in computation, fast in speed;
- edge detection and extraction are integrated;
- no need for chosing the window size;
- high efficient as it deals only with the feature area;
- the threshold is easier to determine and stable;
- almost no loss of edgels;
- accurate for positioning the edgels;

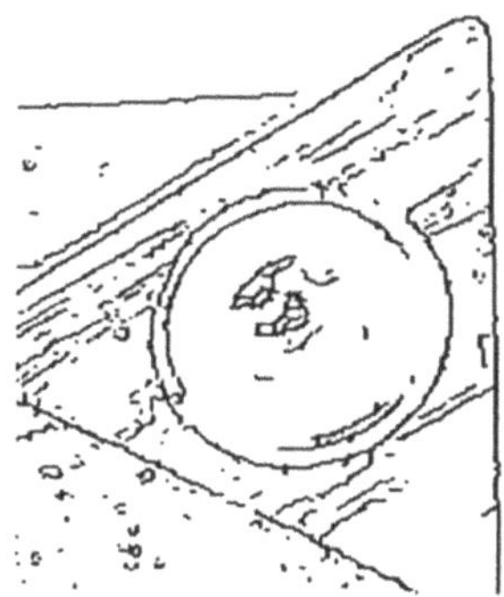

Fig. 2: the edgels

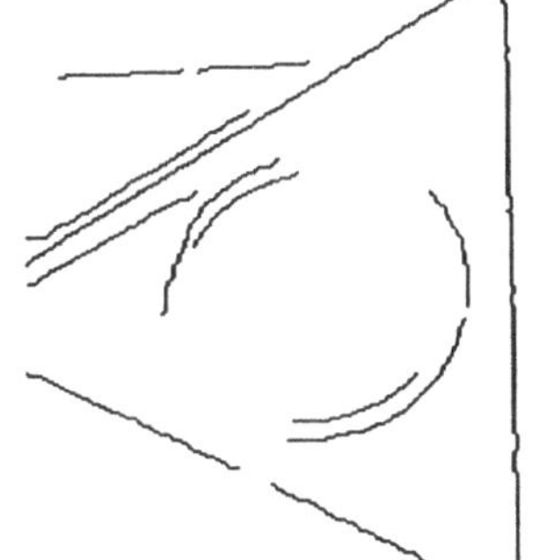

Fig. 3: the lines

As the other edge detection procedures, there is also a problem to select the threshold. But in theory it is much more simple here. The intention of the threshold here is only to eliminate the non-feature area from the image in order to accelerate the processing. It depends on the noise level and the detailed textures, which are not needed. The noise has indeed influence to the results. Thus the noise reduction processing should be employed at first. After the image smoothing the threshold is usually easy to determine and keeps stable.

The procedure is well applied in our recognition work. One example is Fig. 2. All the edgels extracted by the procedure from the image shown in Fig. 1 are illustrated there.

4 Straight Edges Extraction

The straight edges (here also called straight lines) are very useful for reconstruction of objects with straight boundaries. It can be used to recognize figures (e.g. triangle, polygon, polyhedron etc.), houses, plumb lines, grids and other straight patterns. The Hough transformation is well-known to extract the straight lines and the other parameterized features from edgels. But it needs very much computation and enormous computer memory. So it is not very suitable for the application here and another procedure has been developed.

4.1 Straight Edges From Edgels

If an edgel is not isolated, it may connect the neighbouring edgel in 8 directions. These directions can be represented with Freeman chain codes. An ideal straight line should mostly have 2 directions of the 8 Freeman chain codes. Due to the influence of noise and the accuracy of the found edgels a straight line has sometimes 3 or more directions. In order to extract the straight lines we set up at first the line-tree. Each node of the tree represents an edgel, and all the edgels, which connect with each other, constitute the tree. A criteria function is used to limit the tree toward straight lines. This criteria function includes three variables, i.e. the number of directions, the change of directions and the discontinuities.

After the tree has been built, another criteria function is applied to adjust whether a straight line exist. This function has two variables, namely the length of the branches and the change rate of the branches in directions. The best-fit branches of the tree will be picked out as the possible straight line. Fig. 3 is an example showing the results after this step.

4.2 Elimination of Unstraight Lines

The above extracted possible straight lines include not only the straight lines, sometimes also arcs. Even the true straight line has occasionally also some wrong pixels (see the upper-left tilted line in Fig. 3). These must be eliminated. For the further recognition work the parameters of the straight lines should also be calculated. Here the mean-square estimation technique is adopted. In order to avoid the errors caused by the vertical lines (i.e. $tg90°$), both the equations $y = ax + b$ and $x = ay + b$ are employed. By means of the Data-Snooping method the wrong pixels of the line can be elimenated and the curves will be deleted. As Fig. 4 shows, there are only straight lines remaining after the processing of this step.

5 Object Recognition

5.1 Triangles Reconstruction

The reconstruction of the triangles is quite simple here, as it needs only to be conducted in the image space. After the above discussed line computation we have achieved the parameters for each straight line. Then all the possible triangles can be obtained using the simple addition and subtraction of the slope angles. But only the triangles with the conformal shape to the model will be chosen as the candidates.

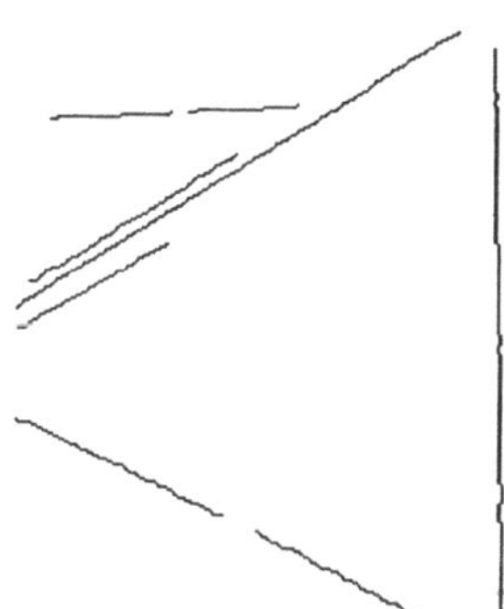

Fig. 4: straight lines

Fig. 5: image with the recognized triangle

5.2 Model Matching and Recognition

The candidates will be matched to the model, which is described in the section 2. The best-fit candidate will be recognized as the target triangle. Then the three vertexes of the triangle will be calculated, and all the pixels on the sides of the triangle will be recalculated. This reconstructed triangle is illustrated in the Fig. 5 together with the original image. It can be seen the reconstructed sides of the triangle are coinsiding with the image quite accurately.

6 Practical Strategies

6.1 Image Reduction

In order to accelarate the recognition work the experiments with different image sizes (so-called image pyramid) have been carried out. The image is reduced from 512×512 pixels to 256×256, 128×128, 64×64 pixels respectively. The resolution of 64×64 is sometimes not enough to distinguish the parallel edges of the two triangular structures in Fig. 1. In all the other cases the target triangle is successfully recognized. It is much faster with the smaller image, e.g. the whole processing takes only about 2 seconds with image size 128×128 by a *80386* personal computer, but about 12 seconds with the 256×256. The size reduction of the image can be accomplished by the frame grabber (i.e. hardware). So we take the size of the 128×128 as the most reasonable one. Every pixel on the sides of the reconstructed triangle will be then scaled to the original image, and taken as the appoximate values to the fine image correlation in order to get the exact 3D model of the triangle for the quality control of the workpiece. But the correlation and the further work will be not discussed here.

6.2 Feed-Back Processing

In this kind of Macro Photogrammetry the undesirable details of the object and the noise have quite a strong influence to the desirable edges. Therefore the image must be smoothed before the edge detection. The image smoothing can be carried out by the hardware. There are also the other influences for the recognition of the triangle, e.g. the contrast between two sides of an edge. The recognition is successful under the suitable lighting. But the desireable triangle may not be recognized if the lights are very wrongly placed. In this case the computer will receive a feed-back information and will take the image enhancement and/or image smoothing (dependent on the feed-back messages) once more, then carry on the processing from edge detection up to the recognition again. Usually the recognition can succeed in the further processing. So with the feed-back processing the adaptability to the environment can be increased.

7   Conclusion

The approaches for edge detection, line extraction, model based recognition etc. described in the paper are successfully applied to recognize and locate a triangular structure from the digital images taken by CCD cameras. By means of the efficient approaches and the size reduction of the image the time of the recognition is strongly reduced. but at present the most experiments are carried out for the marco image to recognize a triangle, so the approaches and the strategies may be complemented and perfected by the further applications.

References

[1] Boyle, R.D., Thomas, R.C., Computer Vision, Blackwell Scientific Publications LTD, 1988.

[2] Brown, C., Advances in Computer Vision, Lawrence Erlbaum Associates, Inc., 1988.

[3] Förstner, W., A Fast Operator for Detection and Precise Location of Distinct Points, Corners and Centres of Circular Features, Intercommission Workshop of ISPRS (International Society of Photogrammetry and Remote Sensing), Interlaken, 1987.

[4] Jacobsen, K., Off-Line and On-Line Applications of Macro Photogrammetry, ISPRS Commission II, Dresden, 1990.

[5] Sanz, J.L.C., Advances in Machine Vision, Springer-Verlag, 1989.

Automatische Evaluation von Segmentierungsergebnissen zur Qualitätsverbesserung der automatischen linksventrikulären Konturberechnung auf Herzsequenzszintigrammen

K. Kotzke, O. Wolthausen
Institut für Medizinische Informatik
Universität Hildesheim
Marienburger Platz 22, D-3200 Hildesheim

1. Einleitung

Die Automatisierung der Bildverarbeitung ist ein wesentlicher Aspekt für den praktischen Einsatz bildanalytischer Verfahren. Mit Hilfe seines visuellen Systems und seiner interpretativen durch die Erfahrung gewonnenen Fähigkeiten scheint es dem Menschen relativ leicht zu fallen, Objekte, ihre Beziehungen und ihre Bedeutung in Bildern zu erfassen. Der für den Menschen einfache Schritt, ein Objekt auf dem Bild zu erkennen, ist mit einem computergestützten Verfahren deutlich langwieriger zu absolvieren und führt wesentlich häufiger zu fehlerhaften Ergebnissen, als beim Menschen. Dies wird im Bereich der nuklearmedizinischen Bildverarbeitung dadurch deutlich, daß im günstigsten Fall semiautomatische Verfahren zur Bildsegmentierung sinnvoll in der klinischen Routine einsetzbar sind. Im Bereich der Auswertung von Herzsequenzszintigrammen gibt es sehr unterschiedliche Ansätze zur automatischen Segmentierung des linken Ventrikels von denen hier nur [BUN 85], [DUN 87] und [JOU 90] genannt werden sollen. In der Regel wird keine explizite Aussage über die Erfolgsquote beim routinemäßigen Einsatz der Verfahren getroffen. In diesem Beitrag wird ein Ansatz zur Qualitätsverbesserung eines Segmentierungsverfahrens vorgestellt. Hierbei werden nach einer automatischen Fehlerklassifikation, durch Rückschlüsse auf Fehlerursachen, automatisch Verfahrensänderungen vorgenommen, die zu einer erfolgreichen Segmentierung führen.

2. Grundlagen

Für die Diagnose kardialer Motilitätsstörungen können in der Nuklearmedizin mit Hilfe EKG-getriggerter Herzbinnenraumszintigramme wesentliche Informationen gewonnen werden. Nach der Verteilung eines i.v. injizierten radioaktiven Tracers im Blut wird die Aktivität über der Herzgegend während mehrerer hundert Herzzyklen durch eine Gammakamera registriert. Das Ergebnis der Akquisition ist eine Bildsequenz, die einen aus mehreren hundert Herzschlägen zusammengesetzten repräsentativen Herzschlag darstellt. Das EKG dient hierbei als Synchronisator. Für die Motilitätsanalyse besitzt der linke Ventrikel eine besondere Bedeutung. Durch die Aufnahme bei linksschräger Ansicht (LAO 40°-50°) erscheint er in der Bildsequenz ohne störende Überlagerungen durch andere Herzbereiche. Den Auswertungsverfahren ist eine Segmentierung des relevanten Bildbereichs vorangestellt (Abb. 1). In der klinischen Routine erfolgt dies manuell (durch interaktives Markieren) oder semiautomatisch (durch interaktive Voreinstellungen) in jedem Bild der Sequenz. Aus dem segmentierten Bildbereich, der idealerweise der Projektionsfläche des linken Ventrikels entspricht, wird eine volumenäquivalente Zeitaktivitätskurve (Abb. 2) abgeleitet. Sie bildet neben lokalen Parametern, die sich auf Sektoren des Ventrikels beziehen, die Grundlage für die Befundung.

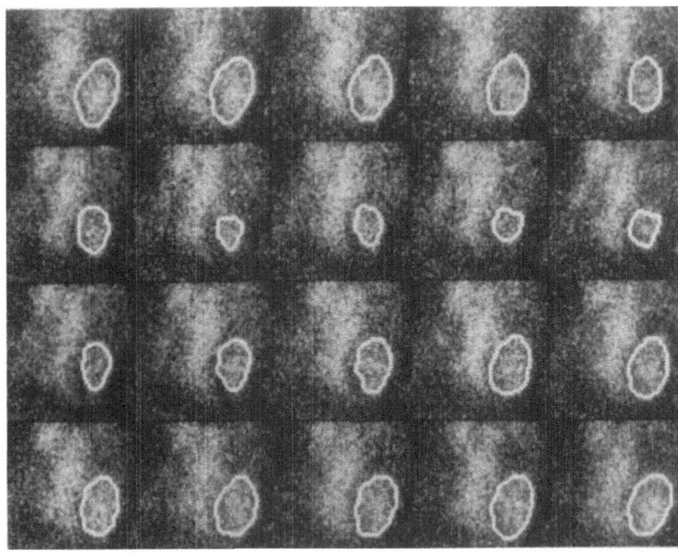

Abb. 1: Original-Herzsequenzszintigramm, das einen repräsentativen Herzschlag darstellt (1. Bild: Enddiastole). Der Bereich des linken Ventrikels ist durch die Kontur markiert.

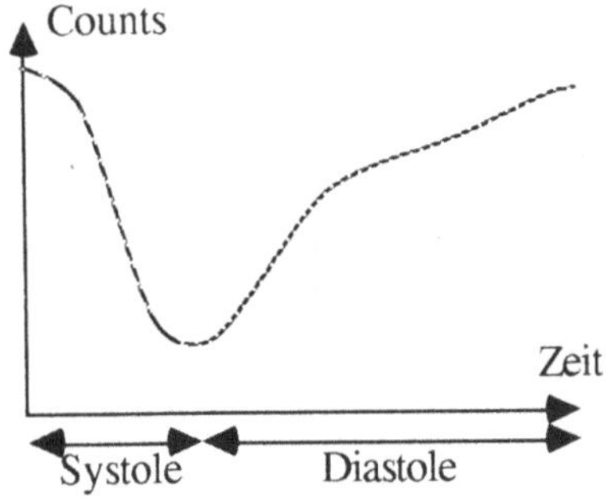

Abb. 2: Linksventrikuläre volumenäquivalente Zeit-Aktivitäts-Kurve. Auf die Kontraktionsphase (Systole), während der das Blutvolumen zum großen Teil ausgetrieben wird, folgt eine Expansionsphase (Diastole), in der sich die Kammer wieder füllt.

3. Problembeschreibung

Im Rahmen eines Projekts zur Entwicklung eines vollautomatischen Auswertungssystems von Herzsequenzszintigrammen, das aus den Bilddaten Befunde ableitet [KOT 90], besitzt die Automatisierung der Konturberechnung, die in einem vorverarbeitenden Modul der wissensbasierten Auswertung vorangestellt ist, eine besondere Bedeutung. Ziel der Entwicklung ist es, neben der Entscheidungsunterstützung für den Mediziner, den Ablauf von der Datenakquisition bis zur Befundgenerierung zu automatisieren, um mit dem Einsatz des Systems eine zusätzliche Arbeitsbelastung zu vermeiden.

Zu den Zielvorgaben für das Segmentierungsverfahren gehören eine hohe Erfolgsquote und geringe Laufzeit. Mit den Vorgaben wurde auf der Basis der Arbeiten von Bunke [BUN 85] ein Konturberechnungsverfahren entwickelt und optimiert. Die Optimierungen betrafen Schwellwertdefinitionen, Filterauswahl, Plausibilitätskontrollen u.a.. Das Programm wurde zunächst mit 99 Studien à 20 Bilder getestet. Eine Sequenz galt als "nicht korrekt segmentiert", sobald mindestens ein Bild nach subjektiver visueller Beurteilung nicht korrekt segmentiert war. Die Quote korrekt segmentierter Studien lag beim Test bei ca. 50%. Lokale Änderungen im Verfahren z.B. durch eine veränderte Filterauswahl führten nicht zu entscheidenden Verbesserungen der globalen Erfolgsquote, jedoch wurden Sequenzen nach Verfahrensänderungen erfolgreich segmentiert, bei denen das vorherige Verfahren versagt hatte.

Als Lösungsansätze ergaben sich folgende Möglichkeiten:
      1. Studienabhängige Auswahl der partiell erfolgreichen Methoden
      2. Wissensbasierte Bildsegmentierung
      3. Einsatz der optimalen Methode durch lokale Adaption
Für die Umsetzung des 1. Ansatzes ließen sich keine Bildeigenschaften ermitteln, die eine eindeutige Methodenauswahl erlaubten. Für den 2. Ansatz wäre zu der numerischen Verarbeitung die Verwaltung wissensbasierter Strukturen (z.B. Abarbeitung von Repräsentationsformalismen, heuristische Suchverfahren, u.a.) hinzugekommen, die der Zielvorgabe "geringe Laufzeit" im vorliegenden Fall nicht genügen können.

4. Segmentierungsverfahren mit lokaler Adaption

Der Ablauf des Segmentierungsverfahrens folgt in der Regel starren Vorgaben wie z.B. feste Filterauswahl oder Schwellwerte. Eine dynamische Anpassung während eines Durchlaufs ist nicht effizient, da partiell nur aufwendige Bewertungen von Teilverfahren Erfolg gewährleisten würden. Spätestens mit der Beurteilung der Endergebnisse wird deutlich, ob ein Fehler vorliegt oder nicht. Das Segmentierungsergebnis repräsentiert die Auswirkungen sämtlicher Operationen und damit auch in Teilverfahren aufgetretener Fehler. Während der Testphase wurde deutlich, daß der Typ des Fehlers Hinweise auf den Verfahrensbereich liefert, der zu seiner Generierung führte. In der Regel führte nur ein Teilverfahren zum fehlerhaften Ergebnis, sodaß Kombinationen von fehlerproduzierenden Teilverfahren hier nicht weiter behandelt werden sollen.

Das erweiterte Segmentierungsverfahren nutzt die Beziehungen zur Qualitätsverbesserung. Es besteht im Kern aus numerischen Bildverarbeitungsmethoden, die teilweise durch semantische Information (s.I.) ergänzt werden. Die Korrektheit dieser Information besitzt für die Qualität der Ergebnisse eine besondere Bedeutung. Das Verfahren setzt sich zusammen aus:
- Hintergrundkorrektur (s.I.: Hintergrundfenster liegen links oben und rechts unten im enddiastolischen Bild)
- Glättungsoperation
- Startpunktbestimmung für die Polarkoordinatentransformation (s.I.: Die Punkte innerhalb der Ringstruktur des Differenzenbildes von enddiastolischem und endsystolischem Bild gehören zum Bereich des linken Ventrikels)
- Polarkoordinatentransformation
  - Gradientenoperation
  - Kostenpfadsuche zur Konturberechnung (s.I.: Konturpunkte sind Nulldurchgänge, Grenzpunkte zwischen unterschiedlichen Phasen, liegen unter einem Schwellwert)
- Rücktransformation

Als Ergebnis liegen Konturen vor, die den Bereich des linken Ventrikels in jedem Bild der Sequenz beschreiben sollen. Ihre Qualität ist zufriedenstellend, wenn die Kontur den linksventrikulären Objektrand repräsentiert. Im anderen Fall liegen qualitativ unzureichende bzw. absolut fehlerhafte Konturen auf Einzelbildern oder über die gesamte Sequenz vor. Beide Typen werden im folgenden als Fehler bezeichnet. Der Ansatz zur lokalen Adaption des Verfahrens basiert auf der Erkennung und Klassifikation der Fehler und dem Zusammenhang von Fehlertyp und lokaler Verfahrensdefinition. In Anlehnung an die visuelle Qualitätsbeurteilung registriert das Verfahren Erscheinungen wie "zu weit", "zu eng", usw. als Entscheidungskriterien für eine Wiederholung der Berechnung. Durch die Referenz "Fehlertyp->fehlerverursachender Verfahrensbereich" kann durch geeignete Verfahrensadaption bei Wiederholung der Berechnung ein befriedigendes Resultat erzielt werden. Der Vorteil des Ansatzes, die Überprüfung auf Korrektheit erst bei den Endergebnissen anzusetzen, liegt im bezogen auf die Laufzeit optimalen Verfahrenskern, der bereits zu einem hohen Prozentsatz erfolgreich arbeitet. Schnelle numerische Klassifikationsverfahren, die die Ergebnisqualität beurteilen, erhöhen den Zeitaufwand nur unwesentlich. Erst im Fall der unkorrekten Segmentierung ergibt sich ein relevanter zeitlicher Mehraufwand.

4.1 Fehlertypen

Die auftretenden Fehler können in drei Hauptklassen (A,B,C) eingeteilt werden. Sie treten in Einzelbildern oder in der gesamten Sequenz auf. Voraussetzung für die Klassifikation ist, daß die Bildsequenz keine Störungen enthält und daß das Herz im Bild zentriert dargestellt ist.
Aufteilung:
A. Die gefundene Kontur ist größer als das Objekt
   1. Objekte außerhalb des gesuchten Objekts (z.B. Vorhof) werden in die Kontur mit eingeschlossen.
   2. Hintergrundpunkte nahe dem Randbereich des gesuchten Objekts werden von der Kontur umschlossen.
   3. Die Kontur stößt an den Rand des Sequenzbildes.
B. Die gefundene Kontur ist kleiner als das Objekt
   1. Objektteile sind nicht erfaßt (z.B. Herzspitze)
   2. Objektpunkte des Randbereichs liegen außerhalb der Kontur
C. Die gefundene Kontur ist vollständig fehlerhaft.
   1. Die Kontur besteht aus langen Geraden.
   2. Die Kontur weist konkave Bereiche auf.
   3. Die Kontur ist nicht ansatzweise als Kontur des Objekts zu erkennen
   4. Die Kontur ist uneinheitlich, d.h. sie verläuft nicht parallel zum Objektrand.

4.2 Referenz von Fehlertyp auf Verfahrensabschnitte

Fehlerart A1 wird durch kontrastarme Übergänge zwischen gesuchtem und anderen Objekten verursacht. Die Fehlerkorrektur erfolgt durch höher gewichtete Markierungen der Nullstellen für die Kostenpfadsuche und durch die Glättung mit Median- statt Mittelwertfilter. Fehlerart A2/A3 tritt bei zu niedriger Schwellwertdefinition für die Hintergrundsubtraktion auf. Die Fehlerkorrektur erfolgt durch Schwellwertinkrementierung, höher gewichtete Markierungen der Nullstellen für die Kostenpfadsuche und Glättung mit Median- statt Mittelwertfilter. Fehlerart B1 wird durch den Startpunkt der Polarkoordinatentransformation verursacht, sofern er nicht im inneren Bereich des Objektes liegt. Eine Lage außerhalb oder in den Randbereichen des Objekts führt zu Segmentierungsfehlern. Die Fehlerkorrektur erfolgt durch Startpunktverschiebung. Fehlerart B2/C4 tritt bei zu hoher Schwellwertdefinition für die Hintergrundsubtraktion auf. Die Fehlerkorrektur erfolgt durch Schwellwertdekrementierung und Glättung mit Mittelwert- statt Medianfilter. Die Fehlerarten C1 bis C3 treten sehr selten auf. Direkte Ursachen waren zunächst nicht zu bestimmen. Die Fehlerkorrektur wird durch Austausch des Glättungsfilters oder Änderung des Schwellwerts zur Hintergrundkorrektur in Abhängigkeit von der Größe der detektierten Fläche versucht.

4.3 Verfahren zur Fehlererkennung und -klassifikation

Das Verfahren zur Fehlererkennung benötigt semantische Information, die den Erwartungsbereich der Ergebnisse beschreibt. Der Erwartungsbereich wird durch die Problembeschreibung festgelegt. Hier handelt es sich um die Segmentierung des linken Ventrikels zur Ableitung einer volumenäquivalenten Zeit-Aktivitäts-Kurve. Das Wissen über Form, Lage und zeitliches Verhalten des Objekts wird zur Fehlererkennung eingesetzt. Fehler, die nur in nicht zusammenhängenden Einzelbildern oder sehr kleinen Gruppen auftreten, sind durch Einsatz des Wissens über das zeitliche ventrikuläre Verhalten erfaßbar. Fehler, die in einer sehr großen Bildgruppe oder gar in der gesamten Sequenz auftauchen, sind nur durch Form- oder Lagebeurteilung zu erkennen.

Für die Erkennung auf Einzelbildern auftretender Fehler bietet sich die Zeit-Aktivitäts-Kurve als Basis für einen Bewertungsmaßstab an. Ihr typischer Verlauf ist durch die physiologische Herzzyklusbeschreibung festgelegt. Die Grundlage für ihre Berechnung bilden die segmentierten Bereiche, in denen die Gesamtintensität pro Einzelbild ermittelt wird. Der diskrete Verlauf der pro Bild errechneten Zeitaktivität ist äquivalent der Volumenverlaufskurve. Abweichungen vom typischen Verlauf, die sich z.B. als Oszillationen darstellen, sind untypisch für die reale normale oder pathologische Herzbewegung und können als Hinweise auf Segmentierungsfehler interpretiert werden. Der typische Verlauf ist eine Folge von kontrahierenden Ventrikelbewegungen auf die expandierende Bewegungen folgen. Der Unterschied zwischen normalen und pathologischen Verläufen liegt in der mehr oder minder starken Ausprägung des typischen Verlaufs, z.B. schwache Kontraktionsphase (Systole) bei hypokinetischem Verhalten. Oszillation, d.h. das Auftreten lokaler Extremwerte, ist unnatürlich, da es sich hier um einen aus mehreren hundert Herzschlägen zusammengesetzten repräsentativen Herzschlag handelt.

Als Voraussetzung für die numerische Bewertung gilt:
1. Die Zeit-Aktivitäts-Kurve ist zyklisch ohne Oszillationen.
2. Die Counts (= Summe der Intensitätswerte im segmentierten Bereich) zum Zeitpunkt der Endsystole (ES) liegen nicht unter x % der Counts zum Zeitpunkt der Enddiastole (ED), da das Blutvolumen während eines Herzschlags nicht vollständig ausgetrieben wird:

$$Counts[ES] >= (x * Counts[ED])/100$$

3. Expansion:

$$Counts[(i+1) \bmod N] - Counts[i \bmod N] > 0,$$

Kontraktion:

$$Counts[(i+1) \bmod N] - Counts[i \bmod N] < 0,$$

$$N := \text{Anzahl Bilder in der Sequenz;}$$
$$i = 0,1,2,...,N-1$$

Daraus folgt im idealen Fall:

$$| \textstyle\sum \text{Kontraktionen} | = | \textstyle\sum \text{Expansionen} | = Counts[ED] - Counts[ES] = D$$

Falls

$$|\, | \textstyle\sum \text{Kontraktionen} | - D| > \text{Schwellwert} \quad \text{bzw.}$$

$$|\, | \textstyle\sum \text{Expansionen} | - D| > \text{Schwellwert}$$

gilt, ist das ein Hinweis auf Segmentierungsfehler (Abb. 3).

Durch die Analyse der Kurve können die Nummern der falsch segmentierten Bilder ermittelt werden. Die Untersuchung der Umgebung der gefundenen Kontur liefert die Klassifikationsmerkmale, die in 4.1 definiert wurden. Liefert das Bewertungsverfahren keine Hinweise, existiert noch die Möglichkeit für einen Fehler, der sich in der gesamten Sequenz auswirkt. Durch die Überprüfung der Umgebung der gefundenen Kontur in einem einzelnen Bild kann dieser Fehler erkannt werden. Liefert auch diese Untersuchung keine Hinweise auf Fehler, wird die Sequenz als "korrekt segmentiert" eingeordnet.

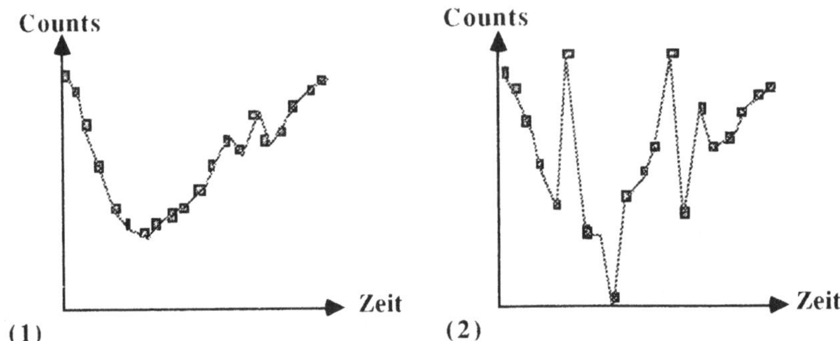

Abb. 3: Zeit-Aktivitäts-Kurven über dem segmentierten Bereich des linken Ventrikels. Kurve 1 enthält keine Hinweise auf Segmentierungsfehler. Kurve 2 zeigt Oszillationen, die auf eine fehlerhafte Segmentierung hindeuten.

5. Diskussion

Es wurde ein Verfahren vorgestellt, das durch schnelle Fehlerklassifikation und bei Bedarf Verfahrensadaption qualitativ verbesserte Segmentierungsergebnisse liefert. Der Vorteil des Verfahrens liegt in der bedarfsabhängigen Wiederholung des adaptierten Verfahrens, d.h. erst wenn die Qualität einer bestimmten Erwartung nicht genügt, wird ein relevanter Mehraufwand zur Qualtitätsverbesserung betrieben. Durch die Hinweise, die Fehler aufgrund ihres Typs auf Verfahrensabschnitte liefern, können diese Bereiche in geeigneter Weise modifiziert werden. Hinweise zur Aktivierung des Adaptionsverfahrens ergaben sich in 53% der 99 Fälle. Bei 11 den Fehlerklassen zugeordneten Studien konnte auch nach 4 Durchläufen keine Verbesserung erzielt werden. Die als fehlerhaft erkannten Ergebnisse von 6 Studien konnten keiner Fehlerklasse zugeordnet werden. Insgesamt ergab sich eine Verbesserung der Erfolgsquote auf 83%.

Literatur

[BUN 85] Bunke, H., Modellgesteuerte Bildanalyse, B.G. Teubner, Stuttgart, 1985

[DUN 87] Duncan, J.S., Knowledge Directed Left Ventricular Boundary Detection in Equilibrium Radionuclide Angiocardiography, IEEE Transactions on Medical Imaging, Vol. 6, No. 4, 1987:325-336

[JOU 90] Jouan, A., Verdenet, J., Cardot, J.C., Baud, M., Duvernoy, J., Automated Detection of the Left Ventricular Region of Interest by Means of the Extraction of Typical Behaviors in Cardiac Radionuclide Angiographies, IEEE Transactions on Medical Imaging, Vol. 9, No. 1, March 1990:5-10

[KOT 90] Kotzke, K., Müller, P.C., Knowledge based interpretation of cardiac motility , in: Pretschner, D.P. (ed.),Proceedings, 1st Workshop Knowledge-based systems, COST B2: Quality Assurance in Nuclear Medicine, Commission of the European Communities, 1990:53-59

SYMPLEX
Ein System zur Interpretation von Handskizzen

Tim Lüth, Andreas Rösch, Marcus Steinmann

TH Darmstadt, Institut für Datentechnik, Merckstr. 25, 6100 Darmstadt

Vorgestellt wird ein Verfahren, das innerhalb eines Analysesystems für handgeschriebene (wissenschaftliche) Dokumente in der Lage ist, handskizzierte Zeichnungen kontextabhängig zu analysieren und auf Wunsch in ein beliebiges Format für eine maschinelle Verarbeitung umzusetzen. Das Verfahren zielt besonders auf die schwierige Verarbeitung manuell erstellter Zeichnungen und auf die freie Gestaltung der Analysemöglichkeiten ab. Die vorgestellten Methoden wurden Implementiert und zusammen mit einem Text-Analysesystem erfolgreich eingesetzt.

Einleitung

Während inzwischen die Verarbeitung sauberer maschinengeschriebenen Textvorlagen mit Methoden der Mustererkennung ausgiebig untersucht worden ist und leistungsfähige kommerzielle Dokumentenanalysesysteme existieren, findet die Verarbeitung von Bildern und Skizzen innerhalb dieser Dokumente, wenn überhaupt, immer noch auf der untersten möglichen Stufe statt. Nach der Umsetzung von Texten in ein wiederverarbeitbares Format für ein Textsystem sind Korrekturen der eventuell aufgetretenen Klassifikationsfehler möglich. Im Gegensatz dazu fehlen derartige Nachbearbeitungsmöglichkeiten der maschinell eingelesenen Zeichnungen.
An der TH Darmstadt wurde am Institut für Datentechnik ein Dokumentenanalysesystem SAwD (<u>S</u>ystem für die <u>A</u>nalyse <u>w</u>issenschaftlicher <u>D</u>okumente) entwickelt, das speziell für die Analyse von handgeschriebenen wissenschaftlichen Texten geeignet sein sollte. Innerhalb des Systems werden nach einer Vorverarbeitung der von einem Scanner eingelesenen Dokumente, diejenigen Teile des Dokuments, die als Zeichnung klassifiziert wurden, der Bildanalyse SYMPLEX zugeführt. SYMPLEX hat die Aufgabe manuell erstellte Skizzen und kleinere technische Zeichnungen zu verarbeiten. Dies schließt neben der Bildaufnahme eine oft notwendige Idealisierung sowie eine Analyse (Interpretation) und die Umsetzung in verschiedene CAD-Formate ein. SYMPLEX selbst besteht aus zwei von einander unabhängigen Modulen. Das erste glättet die Linienzüge der Skizzen, segmentiert und ordnet die Segmente in verschiedene Grundsymbole ein (SYMbolgenerierung). Ein zweites Modul

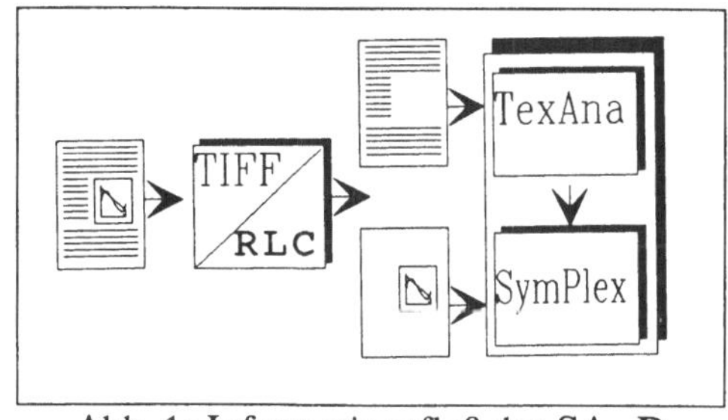

Abb. 1: Informationsfluß des SAwD

erlaubt es, die Skizzen anschließend mit Hilfe von Bildgrammatiken zu untersuchen. Die Bildgrammatiken (kontextfreie attributierte PLEXus-Grammatiken) können individuell für die inhaltlich differierenden Dokumente erstellt/eingesetzt werden und auch von Skizze zu Skizze wechseln. Um eine kurze Analysezeit zu erreichen, wurde ein Bildgrammatikcompilerkonzept verwendet. Der Compiler erzeugt für jede Bildgrammatik ein eigenes Analyseprogramm. SYMPLEX ist in den Programmiersprachen PASCAL und C für den Rechnertyp IBM/DOS und möglichst geringem Speicheraufwand entwickelt und implementiert worden.

Generierung der Symbole

Zunächst erfolgt die Erfassung der Vorlage durch einen Raster-Scanner. Das eingelesene Dokument wird in einem Standard-Format (TIFF) gehalten. Diese Daten werden anschließend durch Konturverfolgungsverfahren [8] in ein Randlinien-Kontur-Format (RLC) [1] gewandelt, wobei ähnliche Ziele (geringer Speicherbedarf und hohe Verarbeitungsgeschwindigkeit) wie bei [5] im Vordergrund stehen. Beinhaltet die Vorlage neben Grafik auch Text, so trennt man diesen vor der weiteren Verarbeitung ab und analysiert die Schrift separat. Ein Algorithmus für die Trennung von Schrift und Grafiken ist in [3] gegeben.

Glättung der Konturverläufe

Im folgenden Prozeßschritt wird eine Konturglättung der vorliegenden Objekte durchgeführt. Im Vordergrund steht die Absicht, die nachfolgende Segmentierung unempfindlich gegen Störungen zu

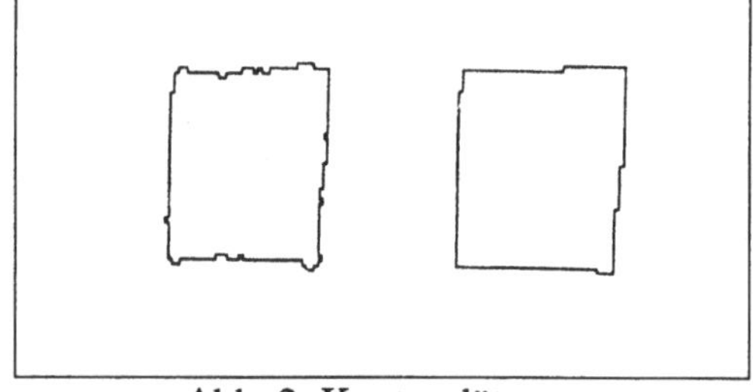

Abb. 2: Konturglättung

machen. Bei Skizzen werden an dieser Stelle nicht nur Quantisierungsfehler des Abtastsystems, sondern auch Kontrastschwankungen der Vorlage (z.B. aufgrund einer Kopie) ausgeglichen. Auf Bildpunktebene findet man ein derartiges Verfahren in [4]. Da die Grafik in randlinien-codierter Form vorliegt, war es naheliegend, einen auf diese Datenstruktur angepaßten Algorithmus zu entwickeln. Der implementierte Algorithmus verhindert die Zerlegung der Kontur in unnötig viele Teilsegmente. Der Schwellwert bei der Konturglättung richtet sich nach der Strichdicke des Zeichengerätes.

Segmentierung von Konturverläufen

Im Anschluß an die Vorverarbeitung erfolgt die Segmentierung der Kontur in Teilkonturen, die sogenannten Segmente. Dies bedeutet, daß komplexe Vektorketten durch Auftrennung an geeigneten Punkten in elementare Vektorketten zerlegt werden. Ein bekannter Ansatz zur Segmentierung und gleichzeitigen Approximation durch Geradenstücke findet sich in [6]. In Hinblick auf eine differenzierte Auswertung verschiedener geometrischer Grundsymbole wurde bei SYMPLEX jedoch ein anderer Weg beschritten.

Die Ermittlung der geometrischen Grundsymbole aus den Konturdaten ist nur dann möglich, wenn geeignete Teilsegmente zu finden sind, die mit entsprechenden Erkennungsverfahren klassifiziert werden können. Das bedeutet, daß komplexe Konturverläufe durch Auftrennen an bestimmten Punkten in elementare Teilstücke zu zerlegen sind. Die Partitionierung einer handgezogenen Kurve ist keineswegs trivial und einige interessante Betrachtungen zu diesem Problem sind in [2] erörtert worden. Selbst im Hinblick auf die Erkennung der oben genannten geometrischen Grundsymbole ist das Segmentierungsproblem nicht eindeutig lösbar.

Aufgrund der gewählten grafischen Primitive, muß das Segmentierungsverfahren folgende Konturpunkte auffinden:
-       Kreuzungs- und Verzweigungspunkte
-       Knickpunkte
-       Wende- und Tangentialpunkte

Die Winkeländerung bzw. *Krümmung* der Kurve spielt eine große Rolle beim Auffinden der möglichen Segmentierungspunkte. Die Krümmung einer Funktion in der euklidischen Ebene ist zwar definiert, kann jedoch nicht bei digitalisierten Konturen verwendet werden. In [7] wurde daher ein Verfahren entwickelt, das die Krümmung einer Kurve aus gemittelten diskreten

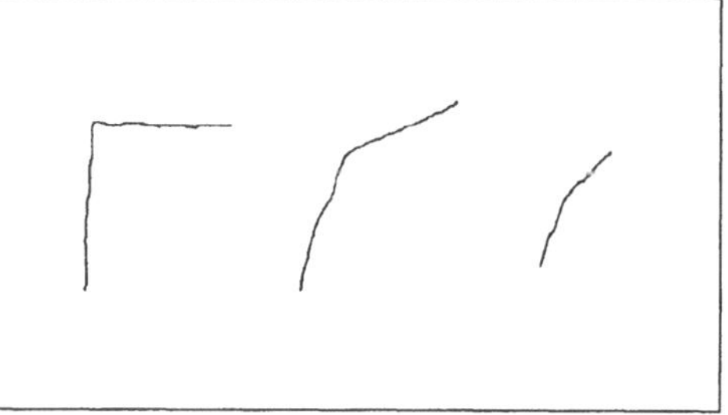

Abb. 3: Kontinuitätssprünge bei Ecken

Winkeländerungen definiert, die über Entfernungen gemessen werden, die über der Zeichenungenauigkeit einer Handskizze liegen. Ebenfalls aus [7] stammt ein Verfahren für die Bestimmung starker Kontinuitätssprünge der Winkeländerung innerhalb einer Kontur (wie in Abb. 4). Das implementierte Verfahren berücksichtigt hierbei unterschiedliche Schwellwerte in Abhängigkeit der vermuteten Konturpunkte.

Dies führt zu der Detektion scharfer Ecken in der Kontur und andererseits werden Störstellen, die durch die Glättung nicht beseitigt werden konnten, weiter unterdrückt. Bei Handskizzen spielt dieser Aspekt, im Gegensatz zu Maschinenzeichnungen, eine wichtige Rolle. Die Liste mit den gefundenen Segmentierungspunkten wird anschließend durchlaufen und durch schrittweises Herabsetzen der Signifikanzschwelle ausgewertet. Die gefundenen Segmente werden durch Schablonen identifiziert. Ist eine Identifikation nicht möglich, dann wird das betreffende Teilstück durch Herabsetzen der Signifikanzschwelle weiter zerlegt.

Identifizierung geometrischer Grundsymbole

Identifiziert werden die geometrischen Grundsymbole Punkt, Linie und Kreis. Zur Klassifizierung dient ein Schablonenvergleichsverfahren, in dem eine zuvor ermittelte Referenzschablone zur Prüfung herangezogen wird. An dieser Stelle erreicht man unter anderem eine entscheidende Komprimierung der Bilddaten. Aus der zu Anfang vorhandenen großen lauflängenkodierten Form entsteht eine um mehrere Größenordnungen kleinere Datenmenge an Grundsymbolen, die die Vorlage hinreichend genau beschreiben. Vorraussetzung ist jedoch eine Vorlage, die in geeigneter Weise in die Grundsymbole zerlegbar ist. Das ist bei Handskizzen jedoch fast immer gegeben. Die

Skizze wird dann durch die gefundenen Grundsymbole zusammen mit den Parametern in einem weiteren symbolischen Zwischenformat (SYM) [7] beschrieben.

Für die Schablonenvergleichsverfahren werden Referenzsegmente benötigt, die als geometrische Schablonen für den Erkennungsvorgang herangezogen werden. Jede Schablone wird aus grund-

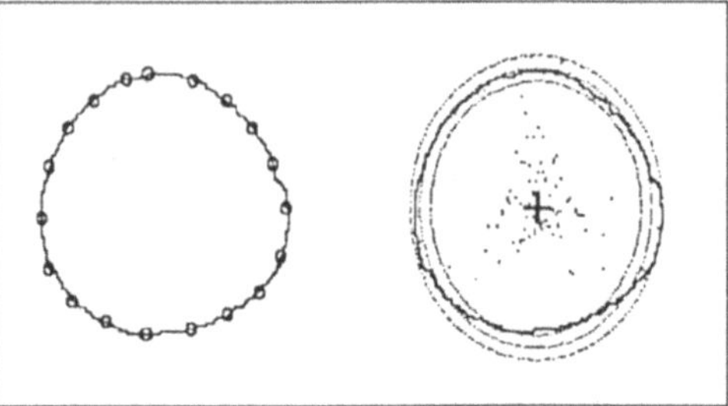

Abb. 4: Kreisschablone

elementspezifischen Daten des zu untersuchenden Segmentes berechnet. Dazu werden aus den Koordinaten, der zu prüfenden Vektorkette, charakteristische Parameter für eine Schablone ermittelt. Auf diese Weise können Teilsegmente erkannt werden, sofern ihre Formen annähernd den angelegten Prüfschablonenen entsprechen. Zur Stabilisierung dieses Verfahrens sind die Schablonen mit Toleranzbereichen versehen, die Ungenauigkeiten auffangen.

Kann ein Objekt nicht als *Kreis* erkannt werden, wird es in kleinere Teile segmentiert und erneut einer Prüfung unterzogen.

Wurden bei der Zerlegung der Kontur mindestens zwei Segmentierungspunkte entdeckt, dann erfolgt eine Prüfung mit der Vergleichsschablone *Linie*. Obwohl ein Mensch kaum in der Lage ist eine Linie einigermaßen 'gerade' zu zeichnen, so decken sich der Anfangs- und Endpunkt in der Regel recht genau mit den gewünschten Stellen. Darum sind die charakteristischen Punkte für die Erstellung einer Schablone die beiden Segmentierungspunkte. Ist die Übereinstimmung hinreichend groß dann ist das Segment erkannt, ansonsten erfolgt auch hier eine weitere Segmentierung in kleinere Teilstücke und die nochmalige Prüfung mit den genannten Verfahren.

Eine Alternative zu dem oben genannten Schablonenvergleichsverfahren ist die Hough-Transformation. Im Vorfeld wurde die Hough-Transformation jedoch aufgrund von Problemen bei verrauschten Daten bzw. Handskizzen zugunsten des Schablonenvergleichsverfahren verworfen.

Kontextabhängige Skizzen-Interpretation

Die Zielsetzung, die Skizzen als segmentierte Linien bzw. klassifizierte Grundsymbole (Punkt, Linie, Kreissegment) kontextabhängig (Funktionen-Plots, Blockdiagramme, elekt. Schaltkreise, technische Zeichnungen etc.) mit hoher Geschwindigkeit zu interpretieren legte den Einsatz von frei programmierbaren Analyseverfahren nahe. Für die Verarbeitung komplizierterer Muster, wie beispielsweise Handskizzen, sind numerische Klassifikationsverfahren wie Polynomklassifikatoren oder Neuronale Netze in der Regel nicht geeignet, da sich hierbei allein durch die unterschiedliche Anordnung einzelner Objekte schon derart viele Konfigurationen ergeben, daß eine Einordnung in Klassen nicht mehr sinnvoll ist. Daher wurde für SYMPLEX ein Compiler implementiert, der Bildgrammatiken in C-Programme umsetzen kann. Die im Rahmen von SYMPLEX eingesetzten syntaktische Analyseverfahren liefern im Unterschied zu numerischen Klassifikationsverfahren neben der Klassenbezeichnung auch noch eine Strukturbeschreibung der Muster, sowie die Beziehungen zwischen einfacheren Bestandteilen dieser Muster. Mit Hilfe von gefundenen Stichworten in den Textteilen der Dokumente können unterschiedliche Bildgrammatiken zur Analyse eines Bildes angewendet werden.

Von dem implementierten Compiler übersetzbare Grammatiken sind attributierte, kontext-freie Plexus-Grammatiken. Kontextfreie Plexus-Grammatiken sind die allgemeinsten Sprach- und Bildgrammatiken, die sich für derartige Anwendungen anbieten. Die Syntax und der komplette Funktionenumfang können hier nicht beschrieben werden, sind aber ausführlich in [9] dargelegt.

Die Grundsymbole sind bisher wie folgt definiert:

```
- point (x:integer; y:integer)
- line (a, b: point)
- arc (start: point; stop: point; m: point)
```

Die vordefinierten booleschen Funktionen sind: *connected, equal, greater, less, inside, leftof, rightof, upperthan, lowerthan, not* und *or*. Die Funktionen connected und equal erlauben die optionale Angabe von Toleranzwerten. Die vordefinierten ganzzahligen Funktionen lauten: *angle, inclination, distance, plus, minus, times, div, mod*. Darüber hinaus wurden noch Funktionen zur Definition weiterer Punkte und Linien vorgesehen.

Ein Beispiel für eine Bildgrammatik mit nur einer Produktion zur rekursiven Rekonstruktion langer Linien innerhalb von Handskizzen ist:

```
DEFAULT
  connected(,,1);
longest_line (a, b: point)
  ! "linie((%d,%d),(%d,%d))",a.x,a.y,b.x,b.y !
  ::= HIDE 1: line
        DESCRIPTION
          a:= 1.a
          b:= 1.b
  |   HIDE 11, HIDE 12: longest_line
        CONDITIONS
          connected(11.b, 12.a)
          equal(inclination(11.a, 11.b),
                inclination(12.a, 12.b),10)
        DESCRIPTION
          a:= 11.a
          b:= 12.b;
```

Mit Hilfe des Schlüsselwortes *DEFAULT* und läßt sich der Toleranzbereich der Funktion connected global ändern. Die Produktion *longest_line* sucht entweder ein einzelnes Grundsymbol line oder setzt ein neues Symbol *longest_line* aus zwei bereits gefundenen *longest_line* Zwischensymbolen zusammen, wobei jeweils die Zwischensymbole der Produktion von einem weiteren Einsatz bei der Symbolbildung durch das Schlüsselwort *HIDE* ausgeschlossen werden. Der dritte Parameter der Funktion equal erlaubt eine Abweichung der Lage-Winkel (*inclination*) der Zwischensymbole untereinander um 10°. Das Ergebnis der Skizzenanalyse kann durch eine optionale Formatbeschreibung dem verwendeten CAD-Programm angepasst werden. In dem Beispiel wird die Linie (von zwei '!'-Zeichen eingeschlossen) als Liste zweier Punkte beschrieben.

Diskussion

Die hier beschriebenen Verfahren zur Analyse von manuell erstellten Handskizzen sind in der Lage alle an sie gestellten Anforderungen zu erfüllen. Im praktischen Einsatz hat sich jedoch gezeigt, daß es sich auf Grund fester Symbole innerhalb der Zeichnungen (Bspw. Beschriftungen) eine Erweiterung der Plexus-Grammatiken empfiehlt. Die Leistungen der numerischen Klassifikatoren und Neuronalen Netze legen nahe, die Anzahl der Grundsymbole innerhalb der Plexus-Grammatiken variabel zu gestalten und es so zu ermöglichen, innerhalb von Produktionen bestimmte Skizzenbereiche mit Klassifikatoren zu untersuchen. Da diese jedoch sinnvollerweise direkt auf den RLC-Daten aufsetzen, wird ein hybrides Datenformat für die Handskizzen notwendig. Bei einer Erweiterung der symbolischen Bildanalyse sind dann auch die unterschiedlichen Leistungen der Klassifikatoren (rotations-, translations- und größeninvariant bzw. -variant.) zu berücksichtigen.

Danksagung

Die Autoren möchten Prof. Dr.-Ing. W. Hilberg an dieser Stelle dafür danken, daß er diese Arbeiten an der TH Darmstadt unterstützte und die Beschaffung der notwendigen Geräte ermöglichte.

Literatur

[1]   N. Bartneck, Ein Verfahren zur Umwandlung der ikonischen Bildinformation digitalisierter Bilder in Datenstrukturen zur Bildauswertung, Dissertation, Braunschweig 1987

[2]   M. A. Fischler, R. C. Bolles, Perceptual Organisation and Curve Partioning, IEEE Trans. on PAMI, January 1986

[3]   L. A. Fletcher, R. Kasturi, A Robust Algorithm for Text String Separation from Mixed Text/Graphics Image, IEEE Transactions on PAMI Nov. 1988

[4]   J. Hilditch, Linear Skeletons from Square Cupboards, Machine Intelligence 4, IEEE 1969

[5]   E. Mandler, M. F. Oberländer, Ein single-pass Algorithmus für die schnelle Konturcodierung von Binärbildern, Proceedings 12. DAGM Symposium, Springer 1990

[6]   T. Pavlidis, S. L. Horowitz, Segmentation of Plane Curves, IEEE Trans. on Computers, IEEE August 1974

[7]   A. Rösch, Analyse von Konturverläufen in symbolischen Bilddaten, Diplomarbeit, TH Darmstadt 1990

[8]   T. Schindewolf, Umwandlung komprimierter pixelorientierter Binärbilder in symbolische Bilddaten und Implementierung eines Polynomklassifikators zur maschinellen Schrifterkennung, Diplomarbeit, TH Darmstadt 1990

[9]   F. M. Steinmann, Entwicklung eines Compilers für die syntaktische Bildanalyse sowie Implementierung spezieller Bildgrammatiken, Diplomarbeit, TH Darmstadt 1990

Toward the Automatic Digitization
of Map Text

Liqiu Meng

Institut für Kartographie, Universität Hannover

Appelstr. 9A, 3000 Hannover 1, Federal Republic of Germany

Abstract

The working procedures on the automatic digitization of map text are described with the emphasis on the context information supplied by the cartographic words. The principles how to establish a knowledge base representing context information are explained through examples, and the final recognition results are demonstrated on a test map with a brief discussion about the recognition efficiency.

1   Introduction

The development of text recognition systems during the last decade has greatly stimulated the research activities on the automatic digitization of map text. Text symbols on maps could be regarded as a set of cartographic words consisting of the basic elements like letters in alphabetical languages, numerals, punctuation marks etc. The vast majority of them serves the main purpose - to give unique identity to features representing visible objects or invisible phenomena in the mapping reality.

So far as the variations like size, weight, case, set, style, and stance are taken into consideration, the methodology of text recognition on maps shares some similarities with that focused on the normal paper document, but following pecularities of the map text make its recognition more complicated:

1. Cartographic words often coexist with other map features. Their placement is influenced by the shape, scope as well as the distribution density of the associated map features, e.g. the spacing between the neighboring letters is not constant; reading of the words does not rigidly adhere to a left-to-right scanning.

2. Cartographic words with different size and style interwieve each other within the the compact map space under the condition that they should interfere as little as possible with other contents. Although such condition belongs to the firmly established cartographic principles, they could not be easily expressed with concise mathematical functions.

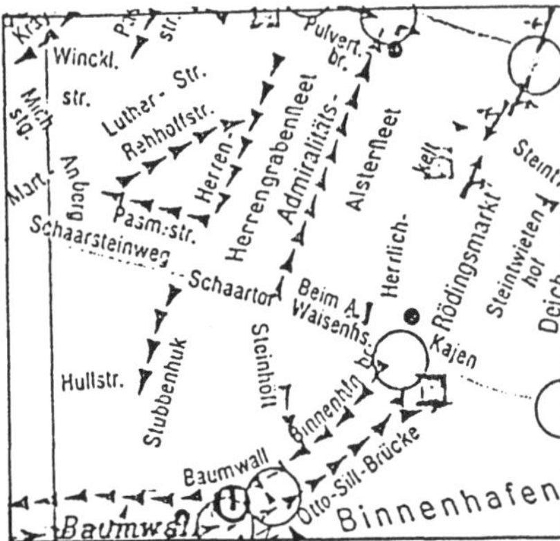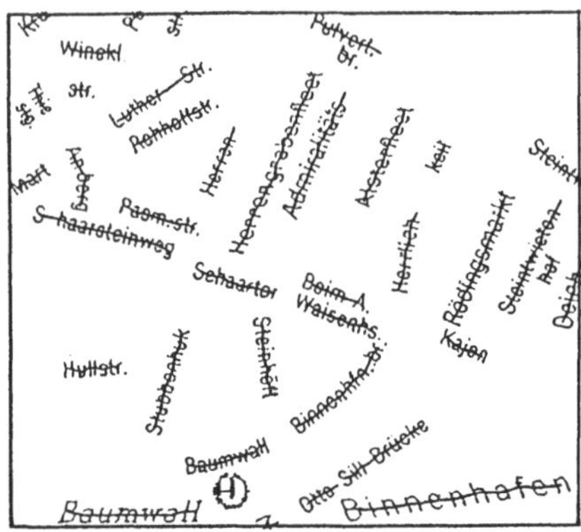

Figure 1: (a) A section of the test map (b) Results of word building

With these characteristics in mind, we should admit that it is almost impossible to segment the text symbols from their circumstances in raster mode. In addition, the context-free manipulation of individual basic elements may generate a great number of ambiguous results.

As one of the reasonable solutions to recognise map text is to treat it word by word in vector mode, because the word, being taken as a whole, could provide the necessary information for the normalization of its components and also carry the association messages about the most probable occurence of certain component in the certain neighborhood relation. However, on account of the difficulties to extract context information and partly also owing to the limitation of procedural computer languages to describe the declarative information, such investigations sound more extensive than a pure classification procedure, and they are at the moment not wide spread.

2 A test system on the recognition of map text

2.1 Acquisition of data

The "Straßenverkehrskarte Hamburg-Innenstadt 1:7500" was selected as the test material (Fig. 1a shows us a section of it) and its text foil was scanned by the large-format-scanner Hell CTX 330. Running the available software RAVEL (Lichtner, Illert, Yang) the raster data were transformed into an unstructured vector data base containing the primary files of arcs, nodes and pointers linking them together. After a reorganization of this data base, some additional information was derived, above all, the independent networks as well as their primitive numerical attributes were extracted which build the foundation of subsequent working steps. Since the basic elements of cartographic words are exclusively enclosed in the imaginary boxes with limited stretches in both x and y directions, they can be easily separated from their background so long as they do not seriously overlap it.

2.2 Linking of neighboring components into word

The segmented contents are topologically independent networks with each corresponding to a basic element or a major part of a basic element. It is apparent to see that the average gap between adjacent networks belonging to the same word is generally smaller than that between adjacent words with the only exception of extremely sparsely placed words, moreover, there is no abrupt variation of orientation among the networks within a word, although the orientation does not naturally lead to the next network, similarly the size (either in height or in width) and the stroke thickness of the networks in the same word keep a relativ homogeneity. By means of these clues most networks were iteratively linked together into words under a multiple threshold of distance, orientation and size. Fig. 1b illustrates the result of word building, about 2-3% mistakes were interactively corrected.

2.3 Recognition of normalised basic element

The orientation information derived from each word delivered us an important reference. On one hand, the networks could be easily normalized, on the other hand, some tangly elements could be automatically separated from each other. The popular technical tools dealing with the recognition of individual symbols are numerical classification relying on statistical features and structural classification based on syntax description of topology, both approaches were detailly discussed and the former more intensively practised than the latter in the last two decades (Niemann, Schürmann). Making use of their different advantages, a hybrid approach was prefered in the present test system. The normalized independent networks underwent a preclassification through syntax comparison, that is, after filtering the remaining noise caused by vectorization or possible serifs, the topological structures of networks with associate attributes were expressed in terms of sentences following the predefined syntax in Prolog so that the isomorphism matching between two oriented-edge-weighed networks could be transformed to a comparison between two sentences(Meng). The preclassification produced groups, each of them corresponds to a unique sentence which in turn represents a unique pattern. In order to subdivide the elements in the same group, additional numerical features as well as orientation information were applied.

2.4 Processing of isolated points

There are three typical kinds of isolated points in map text which should be handled:

1. Points as part of a basic element like 'i', 'j' and points belonging to the mutated vowels ä, ö, ü and Ä, Ö, Ü.

2. Points identifying the abbriviated words like 'br.' or 'str.'.

3. Dirty points on the original map sheet.

Due to their small size and their special relative position to the neighboring networks, they may disturb the correct building of word, therefore, they were not considered in the preceding stages. Instead, they were treated in an extra procedure where the first kind of points acted as identifiers to pick out 'i', 'j' or to distinguish the mutated vowels from their corresponding normal vowels, while the second kind was inserted next to the nearest networks, if it was attached to the end of a word, it could serve as the checker to see weather the word had a correct reading direction, and the isolated points were thought to be dirty points and excluded from the text contents.

It should be noticed, that the quality of the results from above process relies on the quality of maps and every preceding working step. Typical mistakes(8-10%) occured where the basic elements which were already rejected by preclassification because of broken strokes or unsystematical noises. Ambiguities happened among the symbols which are so similar to each other that the most deliberatively selected classifiers could not help much.

On such occasions, only association implied by the neighbourhood relation in special languages may make valuable contribution to the improvement of recognition results.

2.5   Conception of a knowledge base for the word recognition

Since cartographic words are part of language, they must obey the rules of language. There are two major sorts of knowledge according to their sources: generic knowledge and local knowledge.

Generic knowledge stems from the natural language adopted on the map. It is closely related with morphology and orthography characterising this language. Having some acquaintance with the language, for instance, the reader will not be surprised by the fact why some subchains like 'sch' and 'ck' exist so frequently that they can be accepted as fixed combinations, and why the vowel 'O' is more probably followed by a consonant than by another vowel, while the consonant 'D' more likely proceeds a vowel than another consonant with few exceptions. As such kind of knowledge is independent of maps, it is also defined as static knowledge. Theoretically, with help of adictionary a huge static knowledge base can be established. For cartographic purpose, however, just only a very small part of it is needed.

By local knowledge means the regularities summarized from the statistical analysis taking place on concerned maps. In Fig. 1a, for example, the subchains like 'br.' or 'str.' occur repeatedly. This kind of knowledge may vary from map to map, and it should be modified when necessary, therefore, it is also called dynamic knowledge.

The above discussed declarative knowledge can be expressed with predicates of the computer language Quintus Prolog. Some examples are shown as follows:

```
generic(_s?_ch_, _sch_).
generic(+Oie_, +Die_).
assert(local(_b?_r.,_br.)).
retract(local(_pla?_tz_, _platz_)).
```

Here: _ — an arbitrary string,

?_ — a symbol in the rejected class C_0 or a symbol in the S_*, the similarity set of symbol $*$, i.e. $?_* \in C_o \cup S_*$

\+ — a nonempty string.

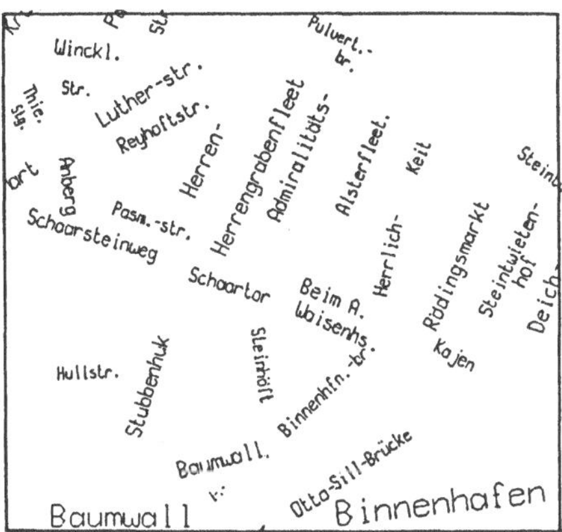

Figure 2: Results of recognition

2.6 Rule-driven modification of recognition results

By linking up the recognised individuals, the word obtained its temporary meaning. It was put into an inference maschine performing the task of recursively checking the illogical or incomplete combinations, replacing them with the correct ones in the knowledge base until no further substitution could be found, and pouring out the restored meanings. Fig. 2 demonstrates a part of the final results. Improved successful rate lies between 95-97%.

3 Conclusion

The foregoing process works entirely in the vector mode, taking the word as starting point and terminating again in word. The series of working steps of the present test system summarised in Fig. 3 has revealed following major advantages:

1. Recognition word by word can avoid unnecessary ambiguities among the components which have the same topological structures.

2. With the help of the association function some badly damaged components or their combination may be restored where even additional patterns are useless.

However, the performing speed lags behind the normal classification procedure. Since every basic element should undergo all of the processing steps one after another, 0.3 - 0.5 second is required after vectorization to get its ultimate meaning on a Micro Vax II.

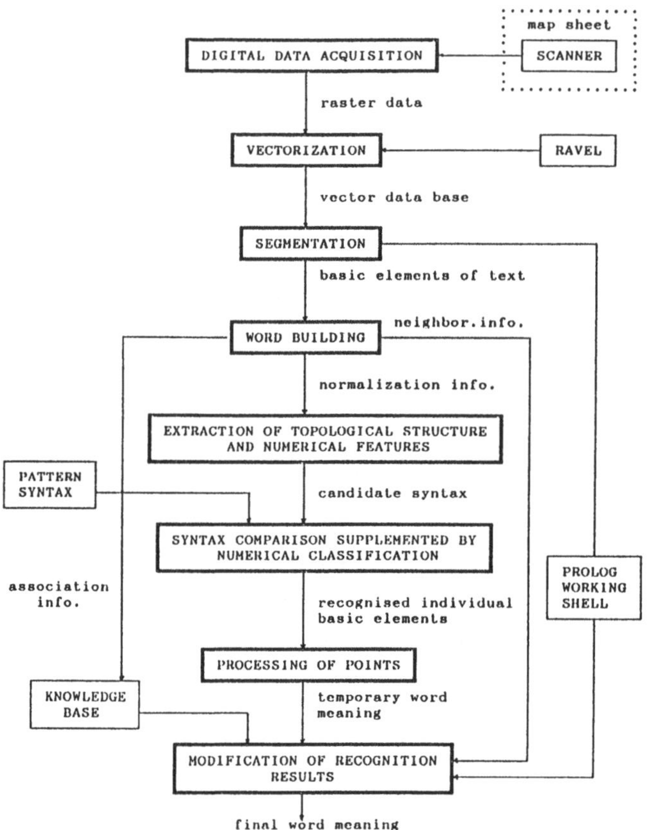

Figure 3: Flow diagram of the test system

References

[1] Illert,A. (1990) Automatische Erfassung von Kartenschrift, Symbolen und Grundrißobjekten aus der Deutschen Grundkarte 1:5000, Wissenschaftliche Arbeiten der Fachrichtung Vermessungswesen der Universität Hannover, Nr. 166, 1990.

[2] Lichtner,W. (1987) RAVEL - ein Programm zur Raster-vektor-Transformation, Kartographische Nachrichten, Heft 2/1987, Seiten 63-68.

[3] Meng,L. (1990) Potentialities of Quintus Prolog in Cartographic Pattern Recognition, Proceedings Eurocarto VIII, Mallorca, 1990.

[4] Niemann,H. (1983) Klassifikation von Mustern, Springer-Verlag Berlin Heidelberg New-york Tokyo 1983.

[5] Schürmann,J. (1977) Polynomklassifikatoren für die Zeichenerkennung, R.Oldenbourg Verlag, München Wien 1977.

[6] Yang,J. (1989) automatische Digitalisierung von Deckfolien der Deutschen Grundkarte 1:5000 - Bodenkarte, Wissenschaftliche Arbeiten der Fachrichtung Vermessungswesen der Universität Hannover, Nr. 161, 1989.

Autofokus zur schnellen Verarbeitung mikroskopischer Präparate

J. E. Fischer[1], R. H. Dörrer[2]

[1]Institut für Physikalische Elektronik, Prof. Dr.-Ing. W. H. Bloss
Universität Stuttgart, Pfaffenwaldring 47, 7000 Stuttgart 80

[2]Kontron Elektronik
Breslauer Str. 2, 8057 Eching

Zusammenfassung

Zur vollautomatischen Verarbeitung mikroskopischer Bilder ist eine schnelle und genaue Fokussierung der relevanten Objekte unabdingbar. Der hier vorgestellte Autofokus kann in automatischen Mikroskopen, gekoppelt mit leistungsfähigen Bildaufnahme- und Verarbeitungssystemen eingesetzt werden. Er vereinigt den Vorgang des Fokussierens mit dem der Datenakquisition und erlaubt dadurch in kurzer Zeit, mehrere Objekte aus verschiedenen Fokusebenen einer Szene zu extrahieren und der weiteren Verarbeitung zuzuführen.

1 Einleitung

Die Aufgabe mikroskopische Objekte möglichst schnell und exakt zu fokussieren stößt in der Praxis auf technologische Grenzen durch die Konstruktion des Mikroskops und durch die Bindung an die gängige europäische Videonorm (CCIR). Die zur Fokussierung zu bewegenden Massen sind bei handelsüblichen Mikroskopen oft recht hoch, die Reibung in den Stellgliedern ebenfalls, was einer schnellen Einstellung entgegenwirkt. Der zeitliche Abstand zweier Videobilder beträgt $40ms$, was bewirkt, daß nur in diesem Zeitraster Fokuskriterien aus Fernsehbildern ermittelt werden können. Wenn also zur Bestimmung der optimalen Schärfe eines einzelnen Objekts in einer Szene mit mehreren Objekten in leicht unterschiedlichen Ebenen mehrfache Bildserien aufgenommen werden müssen, so vergeht durch die geschilderten Einschränkungen sehr viel Zeit. Da neuerdings, bedingt durch die stürmische Entwicklung auf dem Mikroprozessor- und Halbleiterspeichersektor, kostengünstige Bildverarbeitungssysteme mit hoher Rechenleistung und großem Speicher verfügbar sind, liegt der Gedanke nahe, alle für die Fokussierung und spätere Auswertung wichtigen Daten in einem einzigen Durchlauf zu gewinnen. Die vorliegende Arbeit stellt ein solches Verfahren vor.

2 Verfahren

Die Forderung nach Schnelligkeit schließt von vorneherein Verfahren aus, die zweidimensionale Auswertefenster, Bildfolgen oder komplexe Transformationen wie die Fouriertransformation verwenden [Häusler82], [Lightart82], [Pieper83], [Sugimoto95], [Krotkov86].

Das hier eingesetzte eindimensionale Fokuskriterium benutzt im wesentlichen das bekannte Differenzenquadrat gepaart mit zwei wesentlichen Erweiterungen:

1. Das Bild wird zur Rauschunterdrückung bandpaßgefiltert
2. eine Grauwertschwelle beschränkt die Auswertung auf relevante Objekte.

Die Bandpaßfilterung wird realisiert durch eine 3-Punkt-Glättung mit anschließender Differenzenbildung angewandt auf jede Bildzeile $b_y(x)$:

$$h_{BP}(x) = [\frac{1}{4}b_y(x) + \frac{1}{2}b_y(x+1) + \frac{1}{4}b_y(x+2)]$$
$$- [\frac{1}{4}b_y(x+1) + \frac{1}{2}b_y(x+2) + \frac{1}{4}b_y(x+3)]$$

$$= \frac{1}{4}[b_y(x) + b_y(x+1) - b_y(x+2) - b_y(x+3)]$$

Der Bandpaß reduziert hochfrequente (Rausch-)Signalanteile in den Bildern und niederfrequente Anteile, insbesondere den Gleichanteil. Grauwertkanten, die sich über mehrere Bildpunkte erstrecken bleiben durch diese Filterung erhalten. Die Übertragungsfunktion zeigt Bild 1.

Da sich der Grad der Fokussierung mehr in der Steilheit einer Grauwertkante als in ihrer absoluten Höhe niederschlägt, werden die Werte des gefilterten Bilds quadriert und damit höhere Differenzen gegenüber niedrigen nichtlinear verstärkt.

Eine auf das Datenmaterial angepaßte Grauwertschwelle, unterhalb (oder oberhalb) derer die Auswertung des Bildsignals ausschließlich stattfindet verbessert die Resultate der Fokussierung. Ohne diese Schwelle würden Strukturen in nicht relevanten Grauwertbereichen das Fokuskriterium verfälschen. Das Fokuskriterium setzt sich damit wie folgt zusammen:

$$f = \sum_{y=1}^{ymax} \sum_{x=1}^{xmax-3} [b_y(x) + b_y(x+1) - b_y(x+2) - b_y(x+3)]^2$$

$$\text{für } b_y(x) \in T \quad \vee \quad b_y(x+1) \in T \quad \vee \quad b_y(x+2) \in T \quad \vee \quad b_y(x+3) \in T$$

wobei T der relevante Objektgrauwertbereich ist.

Nach einer geeigneten Objektfindung (z.B. in der global am besten fokussierten, gespeicherten Bildebene) werden nun die Objekte aus der Ebene, die das bestmögliche Fokuskriterium für das jeweilige Objekt liefert ausgeschnitten und der gewünschten weiteren Verarbeitung zugeführt.

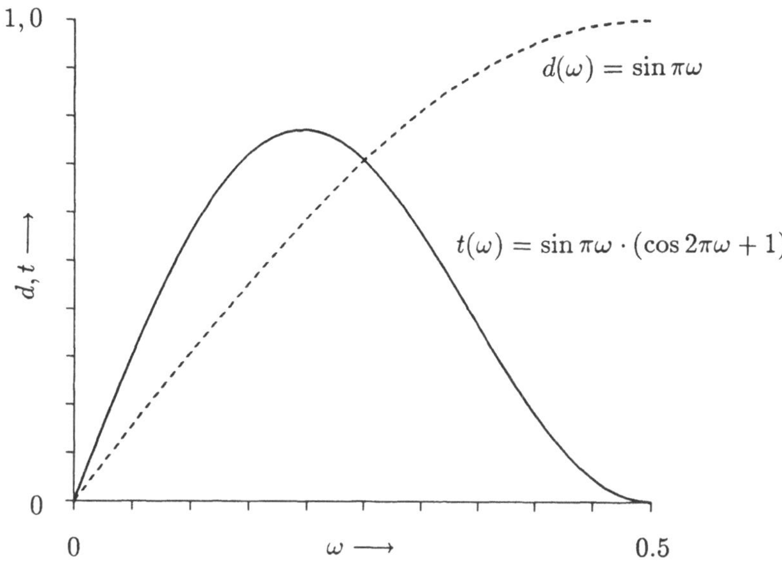

Bild 1: Frequenzgang des eingesetzten Bandpasses zur Anhebung der relevanten Spektralbereiche im Bild. Gestrichelt dargestellt ist das Spektrum der Differenzbildung ohne Tiefpaß. $\omega = 1$ entspricht hierbei der Abtastfrequenz.

Da die Oberfläche der Objektträger lokal relativ eben ist, können gewisse Annahmen über die zu erwartende Fokusebene im nächsten Abtastfeld gemacht werden. In erster Näherung kann als Schätzung die Fokusebene des vorhergegangenen Gesichtsfeld genommen werden. Die Auswertung mehrerer Vorgänger erlaubt eine robustere Schätzung. Dies ist wichtig für dünn besetzte Objektträger, die zum Teil "leere" Szenen ohne jeglichen fokussierbaren Inhalt enthalten.

3 Experimente

Alle Experimente wurden an biologischen Zellpräparaten durchgeführt. Die relevanten Objekte sind hier dunkle Zellkerne umgeben von hellerem Zytoplasma und nahezu weißem Hintergrund.

Die Fokussierung einer typischen Zellbildszene, wie sie in Bild 2 gezeigt ist wurde zunächst mit einem sehr feinen Raster durchgeführt. Bild 3 zeigt den Verlauf des oben beschriebenen Fokuskriteriums für verschiedene Grauwertschwellen.

Wie deutlich zu sehen ist, sind die Kurven mit kleinerer Schwelle besser ausgeprägt, die Breite der Kurve nimmt ab und störende Nebenmaxima, wie sie Plasmafalten verursachen, werden abgeschwächt. Die eingesetzte

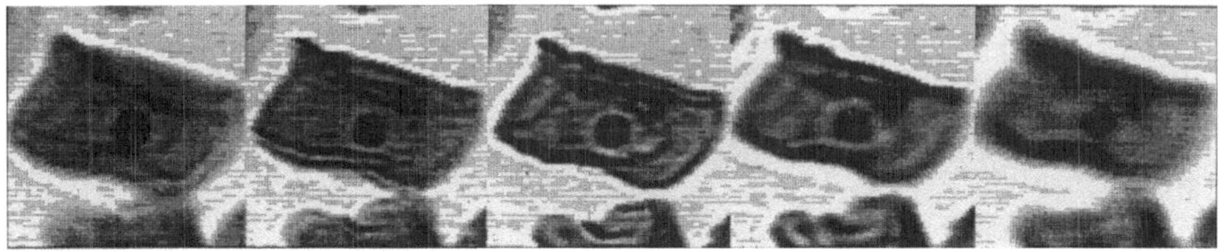

Bild 2: Fokusserie einer Zelle von $z = -30\mu m$ bis $z = 30\mu m$ mit den entsprechenden Werten f der Fokusauswertung.

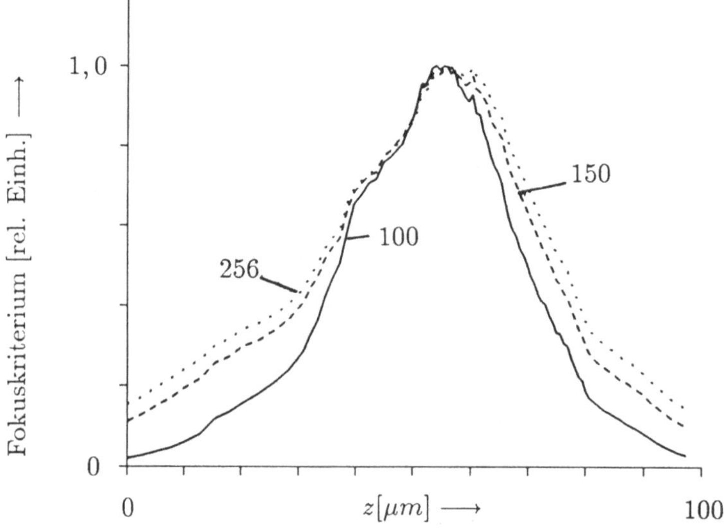

Bild 3: Verlauf des Fokuskriteriums in Abhängigkeit der eingesetzten Grauwertschwellen 100 und 150, sowie ohne Grauwertschwelle (256).

Grauwertschwelle wirkt hierbei als grobe Segmentation für die Zellkerne und beschränkt die Auswertung auf die interessierenden Bildteile.

Die Auswertung des Fokuskriteriums für die drei RGB-Farbkanäle zeigt, daß Abweichungen von rot und blau gegenüber grün mit $4\mu m$ bzw. $2\mu m$ noch innerhalb des Schärfentiefenbereichs (hier $5\mu m$) liegen, so daß für die Auswertung des Fokuskriteriums nur der Grünkanal gebraucht wird.

Die Abweichung der einzeln fokussierten Objekte vom global fokussierten

Gesichtsfeld ist exemplarisch in Bild 4 anhand einer Szene mit drei ausgewählten Zellen dargestellt. Die Auswertung aller Zellen eines Präparates ergibt mittlere Abweichungen von $\pm 5\mu m$, maximal $\pm 10\mu m$.

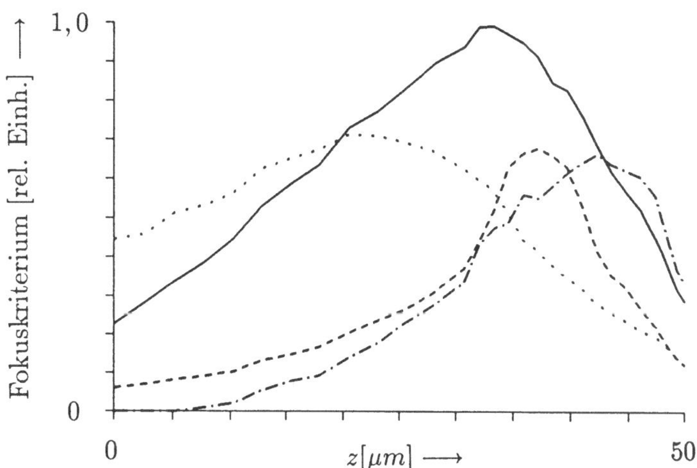

Bild 4: Gegenüberstellung der Fokuswerte dreier einzeln fokussierter Zellen und des dazugehörenden global fokussierten Gesichtsfelds (durchgezogene Linie).

Das Fokussierverfahren mit Bandpaßfilterung hat sich gegenüber dem mit ungefiltertem Differenzenquadratkriterium bei der Abtastung kompletter Präparate als sehr robust erwiesen. Der Verlauf der z-Komponente über ein ganzes Präparat, bei dem jeweils auf die gesamte Szene fokussiert wurde, ist in Bild 5 dargestellt. Klar erkennbar ist die Welligkeit der Glasoberfläche und die geringe Variation der z-Positionen von Gesichtsfeld zu Gesichtsfeld.

4 Ergebnisse

Die Experimente zeigen, daß eine z-Auflösung von ca. $4\mu m$ (etwa gleich der Schärfentiefe) für die Auswertung der Zellbilder ausreichend ist. Mit der Verteilung der Kerne in z-Richtung von bis zu $\pm 10\mu m$ und dem Versatz zwischen zwei Gesichtsfeldern wurde ein Verfahren implementiert, das 7 verschiedene Fokusebenen – die geschätzte mittlere Ebene und jeweils 3 Ebenen oberhalb und unterhalb – in jedem Auswertefenster aufnimmt und daraus jedes Objekt in der individuell schärfsten Ebene lokalisiert.

Das Verfahren ist sehr stabil und eignet sich prinzipiell für nahezu alle Bereiche der Mikroskopie.

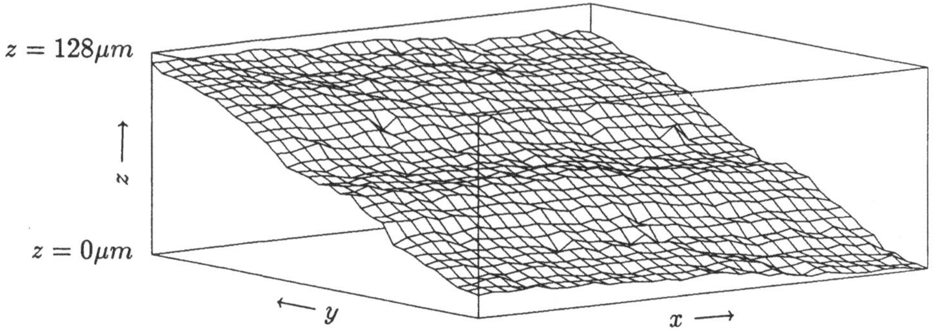

Bild 5: Verlauf der berechneten Fokusebenen eines Präparats. Die Schrittweite beträgt jeweils $370\mu m$ in x- und in y-Richtung. Der Abtastbereich ist $11,5 \times 11,5mm$ groß.

Literatur

[Dörrer87] R. Dörrer. *Automatische Auffindung von Zellkernen in mikroskopischen Zellbildszenen.* 9. DAGM-Symposium, Braunschweig 1987

[Dörrer89] R. Dörrer, J. Fischer, W. Greiner, W. Schlipf, P. Schwarzmann. *Ein lernendes System zur Zellbildanalyse.* 11. DAGM-Symposium, Hamburg 1989

[Häusler82] G. Häusler, E. Körner. *Expansion of depth of focus by "image de-puzzling".* Proc 6th Int Conf of Pattern Recognition, München 1982

[Krotkov86] E. Krotkov, J. Summers, F. Fuma. *Computing Range with an Active Camera System.* Proc 8th Int Conf of Pattern Recognition, Paris 1986

[Lightart82] G. Lightart, F. C. A. Groen. *A Comparison of Different Autofocus Algorithms.* Proc 6th Int Conf of Pattern Recognition, München 1982

[Pieper83] R. J. Pieper, A. Korpel. *Image processing for extended depth of field.* Applied Optics, Vol. 22, No. 10, 1983

[Sugimoto85] S. A. Sugimoto, Y. Ichioka. *Digital composition of images with increased depth of focus considering depth information.* Applied Optics, Vol. 24, No. 14, 1985

[Wu90] X. Wu, D. Jördens. *Erhöhung der Schärfentiefe eines optischen Systems.* 12. DAGM-Symposium, Oberkochen-Aalen 1990

Evidenzbasierte Bildinterpretation zur qualitativen Selbstorientierung autonomer, mobiler Roboter [*]

O. Munkelt, R. Sattler

Technische Universität München
Institut für Informatik IX
D-8000 München 80, Orleansstr. 34
sattler@lan.informatik.tu-muenchen.dbp.de

Im vorliegenden Artikel wird ein Evidenzkalkül für die Bestimmung, Verknüpfung und Propagierung von Zuordnungssicherheiten beim Vergleich von Bild- mit Modellstrukturen vorgestellt. Dabei wird kein symbolisches Vergleichsverfahren eingesetzt, sondern es werden Zuordnungen zwischen Bild- und Modellmerkmalen aufgrund geometrischer und topologischer Eigenschaften bestimmt. Der verwendete Formalismus basiert auf der Dempster-Shafer-Theorie.

In einem effizienten, mehrstufigen Verfahren werden Evidenzen für die Zuordnung von Bild- und Modellstrukturen bestimmt und propagiert. Ergebnis des Verfahrens ist eine Sicherheitsbewertung aller möglichen Zuordnungen. Das Verfahren ist robust bezüglich Änderungen der Aufnahmebedingungen (Rauschen, Beleuchtungsänderungen, optische Verzerrungen).

Der vorgestellte Formalismus wird zur Selbstorientierung eines autonomen, mobilen Systems in einer experimentellen Fabrikumgebung eingesetzt, wobei keine optischen Landmarken verwendet werden. Für die Bildverarbeitung geeignete Modelle liegen in Form von off-line automatisch transformierten CAD-Modellen der Objekte der Umgebung vor, die unterschiedliche Objektansichten umfassen. Durch den evidenzbasierten Vergleich der im Bild detektierten Kanten und Flächen mit diesen Modellen erfolgt die qualitative Positionsbestimmung.

1. Einleitung

Das Ziel der vorgestellten Arbeit ist es, die Selbstorientierung eines autonomen, mobilen Systems in einer Fabrikumgebung anhand eines Bildinterpretationssystems zu ermöglichen.

Die Positions- und Orientierungsbestimmung mobiler Roboter erfolgt üblicherweise mit Hilfe von Eichverfahren, bei denen die Position und Orientierung bezüglich opti-

---

[*] Diese Arbeit wurde von der Deutschen Forschungsgemeinschaft im Rahmen des Sonderforschungsbereichs 331 "Informationsverarbeitung in autonomen, mobilen Systemen" gefördert.

scher Landmarken (z.B. Laserdioden) bestimmt wird. Daneben gibt es auch Ansätze, bei denen mehrere Kameras gegeneinander kallibriert werden.

Beide Verfahren erlauben es, die Positionsbestimmung millimetergenau durchzuführen. Eine solche Genauigkeit ist insbesondere zur Steuerung von Andockmanövern, von Greifvorgängen und von Bestückungsaufgaben erforderlich.

Das Ziel unserer Arbeiten ist eine qualitative Positions- und Orientierungsbestimmung des mobilen Roboters ohne die Verwendung optischer Landmarken. Hierunter verstehen wir die Angabe der relativen Position zu diesem Objekt in der Form "schräg links hinten", "vorne", etc. Eine solche qualitative Positionsbestimmung kann dazu benutzt werden, um eine Lageplanüberprüfung durchzuführen oder um zu überprüfen, ob Fahraufträge des Roboters korrekt ausgeführt wurden. Ferner ist es möglich, Aktionsmöglichkeiten des Roboters beim Eintreten unerwarteter Situationen abzuleiten.

Zur Lösung der gestellten Aufgabe stehen zur Verfügung:
  - CAD-Modelle aller Objekte in der Umgebung des mobilen Roboters,
  - ein Lageplan der Umgebung,
  - Odometriedaten, die den ungefähren Standort des mobilen Roboters angeben,
  - allgemeines Wissen über die Anwendbarkeit von Bildverarbeitungsoperationen und
  - ein Kameramodell.

Zur Positions- und Orientierungsbestimmung müssen zunächst aufgrund im Bild detektierter Merkmale Objekthypothesen generiert werden. Anschließend ist ein Vergleich der Bildmerkmale mit unterschiedlichen 2-D-Ansichten der 3-D-Modelle dieser Hypothesen durchzuführen. Das eingesetzte Vergleichsverfahren basiert auf der Zuordnung von Bildkanten und -regionen zu Modellkanten und -flächen. Der vorliegende Artikel beschreibt das eingesetzte evidenzbasierte Verfahren zur Bestimmung von diesen Zuordnungen. Die Systemarchitektur und die eingesetzten Bildanalyseverfahren zur Generierung von Objekthypothesen werden an anderer Stelle beschrieben [3].

2. Evidenzbasierte Zuordnung von Kanten

Der evidenzbasierte Vergleich von Bild- und Modellstrukturen beruht auf der Dempster-Shafer-Theorie [4]. Ausgangspunkt ist die Menge θ, die alle Modellkanten umfaßt, die zum Vergleich mit einer Bildkante herangezogen werden und aus Modellkanten der aktuell zu überprüfenden Objekthypothese in einer speziellen Ansicht besteht.

Die Potenzmenge von θ heißt Entscheidungsrahmen (frame of discernment FOD) und wird mit Θ bezeichnet. Auf Θ werden Wahrscheinlichkeitsfunktionen (basic probability assignments, bpa) definiert, für die gilt:

Zwei Wahrscheinlichkeitsfunktionen m_1 und m_2 werden mit Hilfe der Dempster-Regel verknüpft:

$$\sum_{A \,\varepsilon\, \Theta} bpa(A) = 1$$

$$m_1 \oplus m_2(A) = k * \sum_{X \cap Y = A} m_1(X) * m_2(Y) \qquad A, X, Y \,\varepsilon\, \Theta$$

$$k^{-1} = 1 - \sum_{X \cap Y = \emptyset} m_1(X) * m_2(Y) \qquad X, Y \,\varepsilon\, \Theta$$

Die Bestimmung der Zuordnungen von Bild- und Modellkanten erfolgt in 4 Schritten:
1. Im ersten Schritt werden für jede im Bild detektierte Kante die Modellkanten bestimmt, die für die Zuordung in Frage kommen. Dabei wird davon ausgegangen, daß sich der Schwerpunkt des Kantenmodells der Objekthypothese im Bildmittelpunkt befindet. Die Bildkanten können bezüglich des Modells verschoben sein. Um dennoch Kantenzuordnungen durchführen zu können, wird zu jeder Bildkante eine rechteckige Umgebung definiert. Deren Größe hängt von der Kantenlänge ab und bestimmt die vom System maximal tolerierbare Verschiebung einer Bildkante gegenüber der Modellkante. Alle in dieser Umgebung liegenden Modellkanten kommen für die Zuordnung in Frage und werden in die Menge θ aufgenommen.

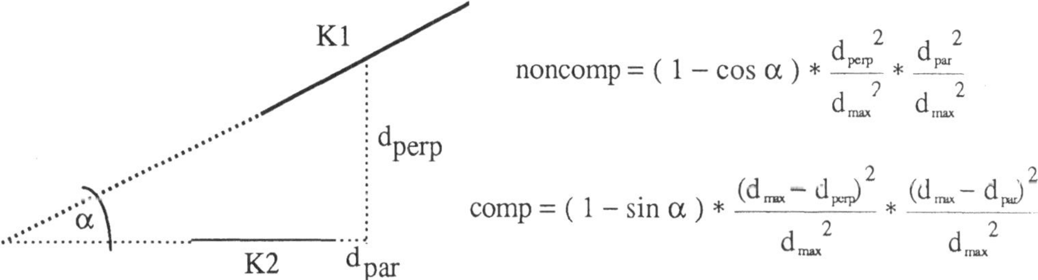

$$noncomp = (1 - \cos \alpha) * \frac{d_{perp}^2}{d_{max}^2} * \frac{d_{par}^2}{d_{max}^2}$$

$$comp = (1 - \sin \alpha) * \frac{(d_{max} - d_{perp})^2}{d_{max}^2} * \frac{(d_{max} - d_{par})^2}{d_{max}^2}$$

Anschließend werden die Kompatibilitäten und die Nicht-Kompatibilitäten der Bildkante zu allen Modellkanten ihrer Menge θ bestimmt. Zwei Kanten haben den Kompatibilitätswert 1, wenn sie in Lage, Länge und Richtung übereinstimmen. Der konstante Schwellenwert d_{max} gibt an, wie weit die zu vergleichenden Kanten maximal entfernt sein dürfen, um als kompatibel angesehen zu werden. Negative Kompatibilitäten werden nicht zugelassen. Alle Werte werden auf das Intervall [0,1] normiert.

Mit Hilfe dieser Maße werden sogenannte simple-evidence-Funktionen für die Evidenzbestimmung der Zuordnung einer Bildkante x zu einer Modellkante A definiert:

$$sef_x (A) = comp (x , A) \text{ mit } A \varepsilon \Theta \text{ und } |A| = 1$$
$$sef_x (\neg A) = noncomp (x , A)$$
$$sef_x (\Theta) = 1 - comp (x , A) - noncomp (x, A)$$

Unter Verwendung von Barnetts-Formel [2] werden diese Funktionen verknüpft. Als initiale Kantenzuordnungen werden die Zuordnungen mit den maximalen Evidenzwerten gewählt.

2. Im zweiten Schritt werden die berechneten initialen Evidenzen bezüglich ihrer Konsistenz überprüft. Zwei Zuordnungen sind konsistent, wenn die Bildkanten zueinander in derselben geometrischen Lagerelation stehen, wie die Modellkanten, denen diese Bildkanten zugeordnet wurden. Wenn dies der Fall ist, wird der Evidenzwert für beide Zuordnungen erhöht andernfalls verringert.

Hierzu wird zunächst bestimmt, durch welche Transformation (Translation und Rotation) die Modellkanten des betreffenden Zuordnungspaares aufeinander abgebildet werden. Anschließend wird die eine Bildkante entsprechend transformiert und die Kollinearität und Nicht-Kollinearität der beider Bildkanten bestimmt.

$$col = (d_{max} - d_{perp}) / d_{max} * \cos \alpha$$
$$noncol = d_{perp} / d_{max} * \sin \alpha$$

Analog zum Vorgehen bei der Bestimmung initialer Evidenzen, werden mit diesen Maßen neue simple-evidence-Funktionen für alle Zuordnungen definiert und diese unter Verwendung der Dempster-Regel miteinander verknüpft. Als Ergebnis erhält man für jede Zuordnung eine simple-evidence-Funktion, die als update-Funktion bezeichnet wird.

Durch die Verknüpfung der initialen Evidenzfunktionen mit den update-Funktionen werden neue Evidenzen für die Zuordnungen bestimmt, wobei als aktuell gültige Zuordnungen diejenigen mit maximalen Evidenzwert gewählt werden.

Die bisher beschriebenen Schritte des Verfahrens werden iteriert. Die Berechnung wird abgebrochen, wenn keine Bildkante durch die update-Funktionen einer anderen Modellkante zugeordnet wurde oder wenn eine bereits in vorigen Schritten berechnete Zuordnung erneut gefunden wurde.

3. Zur weiteren Verbesserung der erhaltenen Zuordnungen werden anschließend Bildkanten, die der gleichen Modellkante zugeordnet wurden, zusammengefaßt, wobei allerdings nur solche Bildkanten gruppiert werden, die sich teilweise oder ganz überdecken oder deren Kollinearität einen Schwellwert übersteigen. Für die neu entstandenen Kanten werden die Schritte 1 und 2 des Verfahrens wiederholt.

4. Anschließend wird in einem letzten Schritt versucht, die Evidenzen dadurch zu verbessern, daß Kanten geteilt werden. Potentiell teilbare Kanten sind Bildkanten, die wesentlich kürzeren Modellkanten zugeordnet wurden. Eine Teilung einer Kante wird allerdings nur vorgenommen, wenn die verbleibenden Teile eine Mindestgröße nicht unterschreiten. Wie auch bei der Gruppierung von Kanten, werden beim Entstehen neuer Kanten durch Teilungen die Schritte 1 und 2 für die neu entstandenen Kanten nochmals ausgeführt.

3. Evidenzbasierte Zuordnung von Flächen

Das prinzipielle Vorgehen bei der Bestimmung von Zuordnungen von Bildregionen zu Modellflächen entspricht dem der Kantenzuordnungen. Der wesentliche Unterschied besteht in dem verwendeten Ähnlichkeitsmaß zur Bestimmung von Kompatibilitäten von Regionen. Wir verwenden das Maß:

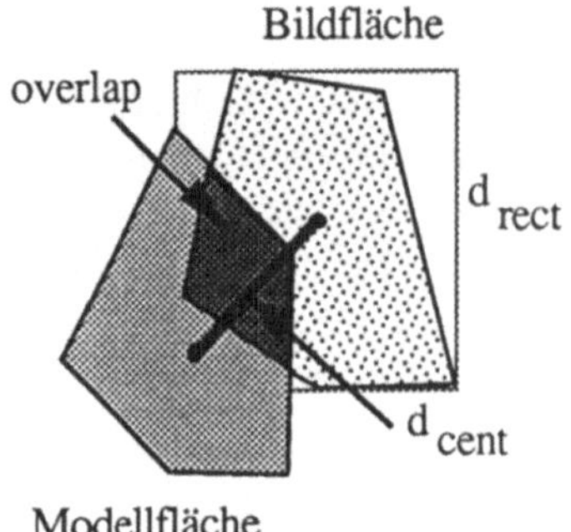

$$comp = overlap * (1 - d_{cent} / d_{max})^2$$
$$noncomp = (1 - overlap) * (d_{cent} / d_{max})^2$$

Zur Bestimmung der update-Funktionen für die Zuordnungsevidenzen von Flächen wird das folgende Komplanaritätmaß verwendet:

$$compl = (2 * d_{rect} - d_{cent}) / 2 * d_{rect}$$
$$noncompl = d_{cent} / d_{rect}$$

Bei der Bestimmung von Flächenzuordnungen wird anders als bei den Kantenzuordnungen zunächst die Teilungsoperation und dann die Vereinigung von Flächen durchgeführt. Bei Experimenten hat sich diese Reihenfolge als geeignet herausgestellt.

Flächen werden geteilt, wenn die Bildregionen wesentlich größer als die zugeordneten Modellflächen sind. Eine Vereinigung einzelner Flächen wird durchgeführt, wenn mehrere Bildregionen einer Modellfläche mit einer großen Sicherheit zugeordnet wurden.

Wenn durch Teilungen oder Gruppierungen neue Flächen entstanden sind, werden analog dem Vorgehen bei Bestimmung von Kantenzuordnungen die Schritte 1 und 2 zur Bestimmung der Evidenzwerte erneut ausgeführt.

4. Ergebnisse

Mit dem im Abschnitt 3 und 4 beschriebenen Verfahren wurde eine Reihe von Experimenten durchgeführt. Im folgenden wird ein Beispiel für die evidenzbasierte Kantenbewertung gezeigt. Abb. 1 (a) zeigt eine Aufnahme eines typischen Hindernisses (Werkstattwagen) in der gewählten Fabrikumgebung.

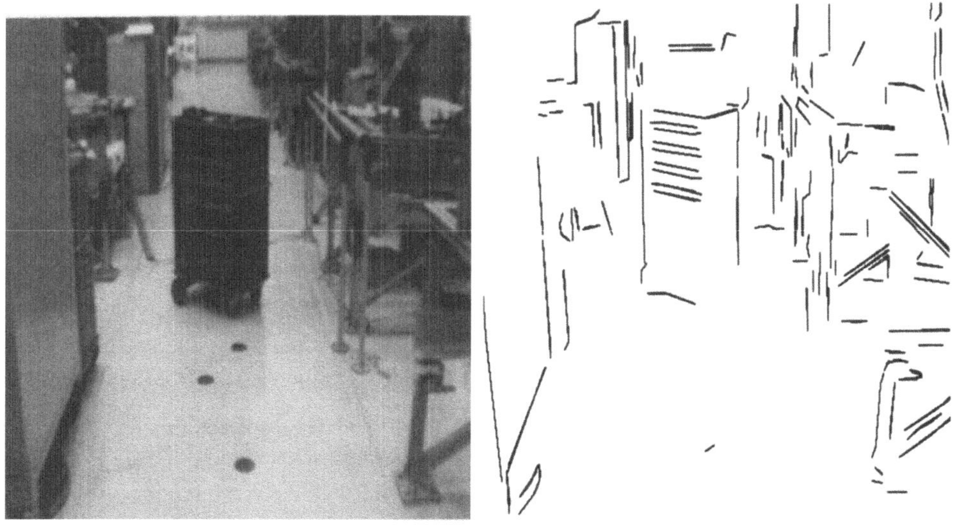

Abb. 1 (a): Ausgangsbild   (b) detektierte Kanten

Das Ziel des Bildinterpretationsprozesses ist die qualitative Bestimmung der Position der Kamera bezüglich dieses Objekts. Nacheinander wurden einigen Objekthypothesen bestimmt. Der Vergleich der in Abb. 1 (b) gezeigten detektierten Bildkanten mit dem Kantenmodell (Abb. 1 (c)) des vermuteten Objekts führte zur Verifizierung der Objekthypothese.

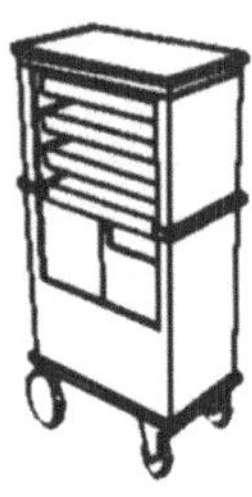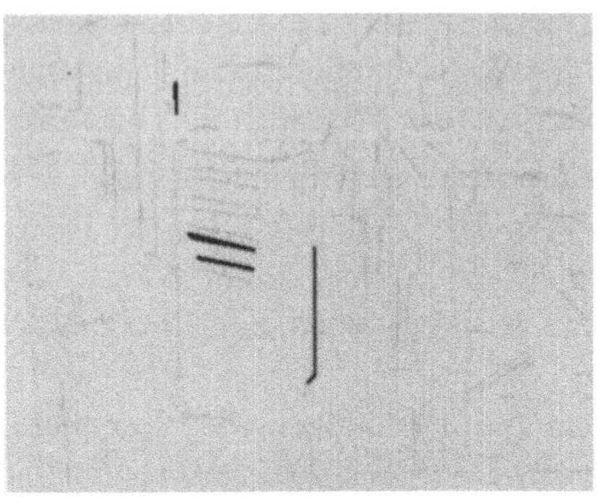

Abb. 1 (c) Kantenmodell der Objekthypothese

(d) Korrekt zugeordnete Bildkanten nach der initilen Evidenzbestimmung

Abb. 1 (d) zeigt, daß nur 8 z.T. sehr dicht beieinander liegende Kanten der 42 ausgewählten Kanten bereits durch die initiale Unsicherheitsbewertung von Schritt 1 mit einer Evidenz größer als 0.7 korrekt zugeordnet werden konnten. Die grauen Kanten wurden nicht zugeordnet.

Durch die Überprüfung der Konsistenzen, die Anpassung der Evidenzwerte (Schritte 2-4) sowie der Gruppierungs- und Teilungsoperationen konnte die Bestimmung der korrekten Zuordnungen erheblich verbessert werden, wie Abb. 1 (e) zeigt. Es wurden 37 der 42 Kanten mit einer Evidenz größer als 0.7 korrekt zugeordnet. Abb. 1 (f) zeigt das Ergebnis der Zuordnungsbestimmung der Bildflächen.

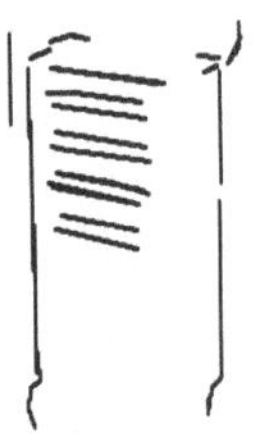

Abb. 1 (e): Ergebnis der evidenzbasierten Kantenzuordnung

(f) Ergebnis der evidenzbasierten Flächenzuordnung

Das Laufzeitverhalten der Berechnung der Zuordnungsevidenzen hängt in erster Linie von der Anzahl n der Bildkanten ab. Die Komplexität beträgt im 1. und 2. Schritt $O(n^2)$. Im dritten und vierten Schritt hängt sie ebenfalls quadratisch von den noch zu betrachtenden Kanten ab. Diese reduzierte sich bei unseren Experimenten erheblich, da nur noch Kanten betrachtete werden, die mit hoher Evidenz einer Modellkante zugeordnet wurden. Dadurch ist ein akzeptables Laufzeitverhalten sichergestellt. Die Experimente wurden auf einer HP 9000/840 durchgeführt. Bei ca. 300 Modellkanten und 500 detektierten Bildkanten liegt die Rechenzeit zur Bestimmung der Zuordnungen bei ca. 1s.

Die Güte der gewonnenen Zuordnungen hängt von den gewählten Maßen entscheidend ab. Sie wurden heuristisch bestimmt. Es wurde von den in [1] vorgeschlagenen Maßen ausgegangen, die im gewählten Anwendungsbereich keine zufriedenstellenden Ergebnisse lieferten. Durch die Modifizierung der Maßfunktionen konnte eine erheblich größere Anzahl von Zuordnungen korrekt bestimmt werden.

5. Ausblick

Es wurde ein Evidenzkalkül für die Bestimmung, Verknüpfung und Propagierung von Zuordnungssicherheiten im Vergleich von Bild- mit Modellstrukturen vorgestellt. Dabei hat sich gezeigt, daß das System experimentell in Teilpunkten weiterzuentwickeln ist. Bei den Kantenzuordnungen ist zu klären, inwieweit die Größe und Form der gewählten Umgebung die Zuordnungen beeinflussen. Bei Flächenzuordnungen ist experimentell festzustellen, wie stark das vorgeschlagene Verfahren zur Teilung und Vereinigung von Flächen der Schritte 3 und 4 das Ergebnis qualitativ verbessert.

Zur Zeit wird die Gesamtsicherheit, mit der das zum Vergleich herangezogene Objektmodell erkannt wurde, durch die Berechnung eines gewichteten Mittelwerts der gefundenen Evidenzen der Kanten- und Flächenzuordungen bestimmt. Es ist zu überprüfen, wie dieses einfache Vorgehen noch verbessert werden kann.

Es ist geplant, das hier vorgestellte Verfahren mit einem symbolischen Strukturvergleichsverfahren zu verbinden, da zur Erkennung komplexer Objekte ein Vergleich auf geometrischer Basis nicht ausreicht. Dabei werden dann nur noch diejenigen Bildstrukturen betrachtet, deren Zuordnungsevidenzen einen Schwellwert überschreiten. Dadurch kann die effiziente Durchführung des symbolischen Vergleichs trotz exponentieller Komplexität dieser Verfahren sichergestellt werden.

Danksagung

Wir danken unseren Mitarbeitern Martin Schinharl und Christoph Zierl für die Implementierung und das Testen des vorgestellten Verfahrens.

Literatur

[1] Andress, K.M.; Kak, A.C., "Evidence Accumulation and Flow of Control in a Hierarchical Spatial Reasoning System", AI Magazine, Summer 1988, 75-94

[2] Barnett, J.A., Computational methods for a matematical Theory of evidence", Proc. of the 7th International Joint Conference on Artificial Intelligence, Vancouver, 1981

[3] Munkelt, O.; Sattler, R., "An Image Interpretation Software Architecture for Self-Orientation of Robots", Proc. of 5th International Conference on Advanced Robotics 1991, IEEE, New York, 1991

[4] Shafer, G.,"A Mathematical Theory of Evidence", Princeton University Press, Princeton, 1976

Segmentation of Microcalcifications in Mammograms

Joachim Dengler, Sabine Behrens, Johann Friedrich Desaga

Deutsches Krebsforschungszentrum, Institut für Radiologie
Im Neuenheimer Feld 280, 6900 Heidelberg

An algorithm is introduced for segmentation of microcalcifications in mammograms. For further analysis and diagnosis it is important to preserve size and shape of the individual calcifications as exactly as possible. For a reliable diagnosis both rates of false positives as well as false negatives have to be extremely low.

The proposed approach uses a two stage algorithm for spot detection and shape extraction. The first stage applies a weighted difference of Gaussians filter for the noise invariant and size specific detection of spots. A morphological filter reproduces the shape of the spots. The results of both filters are combined by a conditional thickening operation, so that the topology and the number of the spots is determined by the first filter, and the shape by the second.

1   Introduction

Microcalcifications are an early sign of breast cancer, which is the most frequent cancer in women. The mortality and incidence rate are still increasing, whereas the prognose is at a standstill since many years. Only an earlier detection can increase the chance of survival for patients with breast cancer. The cancer should be found before the appearance of metastases.

To find these clinically occult tumors mammography is currently the best method. In six studies in the USA, Sweden and Holland it was found that regular screening of women over the age of 40 for breast cancer can reduce the mortality by about 40 percent [7]. An accurate diagnosis, however, often depends on the visibility of microcalcifications. The efficiency and effectiveness of this screening could be increased if the calcifications were detected automatically by an image analysis system that is capable of finding, enhancing, and segmenting them.

Given a mammogram there are three major problems in analyzing mircocalcifications.

- The objects of interest are very small. They are visible as small light spots in the mammogram, the average diameter of which is only about 0.3 mm.

- These small objects are in an inhomogenous background showing the structure of the breast tissue. It is possible that the background structure in some parts of the image is lighter than the calcifications are in other parts.

- Another problem is the low contrast to the background which sometimes is close to the noise caused by the film granularity.

Digitization has to be done with the appropriate spatial and greyvalue resolution. To represent objects with a minimum diameter of 0.1 mm the spatial resolution must be at least 0.05 mm. For the quantization of the greyvalues 8 bit (256 greyvalues) seem to be enough.

Each of the individual calcifications has to be detected in the original size and shape as these features are very important for the diagnostic process. Calcifications which seem to touch each other aren't allowed to flow together, they have to be separated to get the right size and shape. Especially the shape of each calcification has a great influence on the diagnosis.

There has already be done some work in studying microcalcifications in mammograms (e.g. [3, 4, 6, 8]). None of these papers, however, described a method of segmentation that fulfils all the stated requirements (See [1] for a detailled discussion).

2 A Theory of noisy spot detection

The detection and segmentation of clustered microcalcifications is essentially a task of detecting arbitrarily shaped spots of a limited range of sizes. The main difficulties for the reliable detection are the strong variations of the background and the noise level which also varies and which is often hardly exceeded by the signal level.

2.1 The detection process

Obviously there are principle limitations to any detection process, but a good spot detector should have the following properties:

- It should be insensitive to background intensity variations. These are characterized by rather low spatial frequencies.

- It should be adaptive to the noise level within a neighbourhood. Spots with high contrast should be detected even within an area of a high noise level, whereas in areas of low noise spots of very low contrast should be found.

- As the shape and also the size of the individual spots are approximately known but may vary, the detector should be adapted to an expected size but should not be too specific.

These criteria are used as guidelines to construct a spot detector. It is related to the neurobiological concept of the on-center cells [10]. The first step is to make the detection process independent of the gray level of the background. This is done by a broad-band high pass filter, or, equivalently by subtracting from the original image $I(x,y)$ its convolution with a Gaussian filter mask G_σ with width σ.

$$I_1(x,y) = I(x,y) - G_\sigma * I(x,y) \tag{1}$$

The size σ is chosen to be larger than the expected size of the spots. Here $\sigma = 4$ was chosen.

The observation that the spots have a polarity relative to the background—they are always lighter—leads to the necessary consequence of a nonlinear operation, because linear filters are blind with respect to the sign of a signal. It seems appropriate to discard the negative part of the filtered image $I_1(x,y)$ already at this early stage, because by definition it doesn't contain any information about spots:

$$I_2(x,y) = max\{0, I_1(x,y)\} \tag{2}$$

2.1.1 Weighted Difference of Gaussians

The next step makes use of the knowledge of the approximate size of the spots. It also requires an idea of the inter-spot distance. The basic idea is that the gray-value average within a spot should be significantly larger than the average around a spot. A simple way to measure the difference of these averages is a difference of Gaussian operation with a positive kernel of width σ_+ reflecting the expected spot size, and a negative kernel of width σ_- reflecting the expected distance to neighbouring spots:

$$I_3(x,y) = (w \cdot G_{\sigma_+} - G_{\sigma_-}) * I_2 \tag{3}$$

The positive kernel is assigned a weight w smaller than 1: A similar strategy has been proposed as a computational model for biological edge detection [10]. The decision criterion for a spot is:

$$I_3 > T \tag{4}$$

This procedure has two free parameters, the weight w and the threshold T. In order to be independent of the absolut contrast of the image, the threshold is k times the standard deviation of the noise of I_3. It is determined by a two-step estimation process. First the standard deviation of the whole image I_3 is taken, and T is chosen to be the 2.5 times its standard deviation. The resulting binary image is used as a mask, and only the parts below the threshold are used to recalculate the standard deviation. This is a simplified way of a robust estimation of the standard deviation. The final threshold is determined in such a way that by human judgement no spot is missed. This is the case when $k = 3$.

The parameter w decides the minimal contrast level regarding the final decision for a spot. w is chosen according to human judgement, with the emphasis to avoid missing a spot. This leads to a choice of $w = 0.8$.

2.2 Reconstructing the shape of the spots

The above procedure is very reliable in detecting any spots. Due to the Gaussian filtering, however, the shape of the spots is distored: The boundary of the individual spots is smoothed. For the further analysis, however, the original shape should be preserved, in particular when the spots have a bizzare boundary. This is done with a morphological filter operation [2].

In order to recover the positive peaks the residual of the opening in combination with a small threshold is applied. This has become known as the "top-hat" transformation [9]. Here the threshold is again linked to the standard deviation of the noise. The shape of the spots determined this way is better preserved than after the filtering by a DOG operator, but there are a lot more false positive occurances of spots and isolated spots appear merged. In order to reconstruct the spots optimally, both methods are combined. With the filter described first the spots are detected and their topology is determined. The idea is to expand the detected spots but let them not merge or grcw beyond the size given by the result of the morphological filter operation.

For this purpose a morphological conditional thickening is applied [1, 5]: The spots detected with the first method are iteratively extended by topological unimportant pixels and the result is intersected with the spots detected with the morphological method. Figure 1 shows a typical region of a mammogram and the final segmentation result as a binary image.

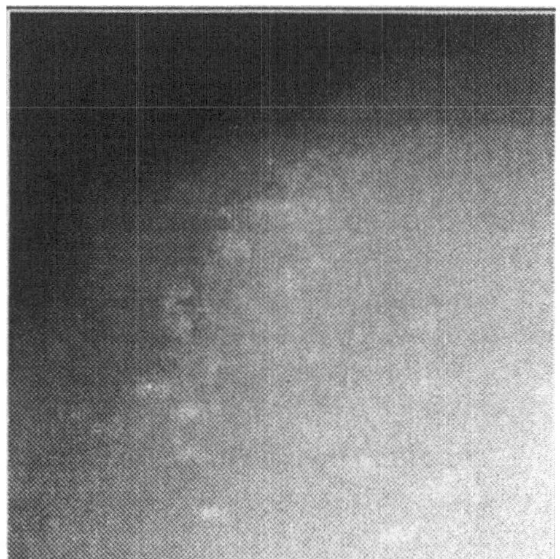

Figure 1: Original image and final segmentation result

3 Evaluation

Evaluation is done in two ways. First a visual evaluation by different radiologists gives a qualitative description, and second a statistical test gives a quantitative one. Visual evaluation means comparing the segmentation result with the original mammogram. The examined properties were existence of spots as well as their size and shape. This means we looked for false positive spots and each calcification in the mammogram is searched in the segmented image. Size and shape of each segmented calcification are qualitatively judged.

The statistical evaluation is made with Student's T-test which tests for significant greyvalue differences of two sets with possibly different standard deviations.

The null-hypothese is that the two sets are representing a single population. The two sets are the pixels of the segmented spot and the surrounding pixels. The neighbourhood is determined by dilating the spot by one pixel in all directions, then taking the pixels marked by the difference set of the dilated spot and the spot itself. Due to the fact that the spots are relatively small and often have a rough boundary, the number of pixels of both sets is quite similar.

With a significance level of 1% the T-test leaves only few spots which are not significant.

4 Discussion

The algorithm has been tested with numerous mammograms [1], with the result that the described segmentation method fulfills the important constraints to preserve size and shape of the individual calcifications and that it achieves nearly hundred percent sensitivity. The preservation of the shape is less important for the description of round shaped calcifications but very important for the elongated, ramified and angular calcifications characterizing a malignant process. Visually separable calcifications are separated after the segmentation.

The algorithm tends to divide individual calcification which are larger than 0.8 mm in size. The reason for this are the convolution masks which are designed to find calcifications up to 0.5 mm that are weakly visible in the mammogram. Large spots of one or several millimeter in diameter can easily be seen visually and often don't belong to a group but rather represent an isolated calcification as for example a calcified cyst. If needed for a completely automatic sreening process, a separate detection of the larger spots can be performed.

The fact that some spots are detected which are unlikely to be microcalcifications is regarded as rather positive by the radiologists because this causes them to look more closely at the corresponding locations of the image. We made the experience that radiologists sometimes change their opinion after looking at the automatically detected microcalcifications. This is a further indication that the transition from noise to data is a gradual one.

Acknowledgement

We are very grateful to Dr. Dr. Lanyi from the Röntgeninstitut Gummersbach for giving us all the mammograms used in this project.

References

[1] Sabine Behrens. *Diagnostik gruppierter Mikroverkalkungen mit Mammographien und Methoden der Bildanalyse.* Disseration, Universit"at Heidelberg, 1990.

[2] S. Behrens and J. Dengler. Analysing the structure of medical images with morphological size distributions. In *Proc. 10th International Conference on Pattern Recognition*, pages 886–890, Atlantic City, New Jersey, USA, 1990. IEEE.

[3] H.-P. Chan, K. Doi, S. Galhotra, C.J. Vyborny, H. MacMahon, and P.M. Jokich. Image feature analysis and computer-aided diagnosis in digital radiography. I: automated detection of microcalcifications in mammography. *Medical Physics*, 14(4):538–548, 1987.

[4] D.H. Davies and D.R. Dance. Automatic detection of clusters of calcifictions in digital mammograms. In H.U. Lemke, Rhodes. M.L., C.C. Jaffe, and R. Felix, editors, *Computer Assisted Radiology. Proc. of the Int. Symp. CAR*, pages 180–184. Springer, Berlin Heidelberg New York London Paris Tokyo Hong Kong, 1989.

[5] J. Dengler, S. Behrens, and J.F. Desaga. Segmentation of microcalcifications in mammograms, 1991. eingereicht bei IEEE Medical Imaging.

[6] A.P. Dhawan, G. Buelloni, and R. Gordon. Enhancement of mammographic features by optimal adaptive neighborhood image processing. *IEEE Transactions on Medical Imaging*, 5(1):8–15, 1986.

[7] S.A. Feig. Decreased breast cancer mortality through mammographic screening: Results of clinical trial. *Radiology*, 167:659–665, 1988.

[8] E. Kahn, A. Gavoille, J. Masselot, F. Bertin, and J. Genin. Computer analysis of breast calcifications in mammographic images. In H.U. Lemke, Rhodes. M.L., C.C. Jaffe, and R. Felix, editors, *Computer Assisted Radiology. Proc. of the Int. Symp. CAR*, pages 729–733. Springer, Berlin Heidelberg New York London Paris Tokyo Hong Kong, 1987.

[9] F. Meyer. Automatic screening of cytological specimens. *Computer Vision, Graphics, and Image Processing*, 35:356–369, 1986.

[10] W. Richards, H.K. Nishihara, and B Dawson. Cartoon: A biologically motivated edge detection algorithm. A.I. Memo 668, Massachusetts Institute of Technology, 1982.

Optoelektronische Vermessung von Crashfahrzeugen
- Erste Resultate eines Pilotversuches -

Horst A. Beyer

Institut für Geodäsie und Photogrammetrie

ETH-Hönggerberg, CH-8093 Zürich, Schweiz

e-mail: horst@p.igp.ethz.ch

Zusammenfassung

Erste Resultate eines unter industriellen Bedingungen durchgeführten Pilotversuches zur optoelektronischen Formvermessung von Crashfahrzeugen werden vorgestellt. Der Messaufbau, die Systemkonfiguration und die eingesetzte Software werden beschrieben. Die angewandte Auswertemethodik wird dargelegt.Eine Genauigkeit von 1 mm in einem $5 \times 2 \times 2 \; m^3$ grossem Messvolumen wird nachgewiesen. Der Messaufwand der Fahrzeugvermessung, und vieler anderer Inspektionsaufgaben, kann durch die Automatisierung und eine grosse Reduktion der Messzeit verringert werden. Mit diesem Pilotversuch wird die Leistungsfähigkeit von CCD-Kameras und photogrammetrischer Verfahren für dreidimensionale Inspektionsaufagen demonstriert.

1 Einleitung

In der Automobilindustrie werden enorme Anstrengungen zur Verbesserung des Insassenschutzes bei Kollisionen unternommen. In zahlreichen Crashversuchen unterzieht man Fahrzeuge spezifischen Tests. Eine automatisierbare elektrooptische Vermessung dieser Fahrzeuge mit CCD-Kameras unter Anwendung der Verfahren und Algorithmen der Digitalen Photogrammetrie bietet diverse Möglichkeiten, die Vermessungskosten zu senken, die Vermessung zu beschleunigen und detailliertere Aussagen über die bei einem Aufprall entstehenden Deformationen zu treffen.

Im folgenden werden erste Resultate eines Pilotversuches beschrieben, welcher vom Institut für Geodäsie und Photogrammetrie der ETH-Zürich in Kooperation mit der Abteilung "Konzernforschung-Vermessungstechnik" der Volkswagen AG, Wolfsburg, durchgeführt wurde. Das Ziel war die Überprüfung eines an der ETH-Zürich entwickelten Messverfahrens unter praktischen Bedingungen. Die Aufgabe bestand in der Vermessung eines für einen Crashtest präparierten Fahrzeuges. Die Art der Punktsignalisierung, der Kameratyp und die Genauigkeitsanforderungen wurden von der Volkswagen AG spezifiziert. Die Genauigkeit wurde anhand unabhängiger Messungen mit einem Theodolitsystem überprüft.

Anschliessend an eine Einführung in die Problemstellung folgt eine kurze Beschreibung des Verfahrens und der eingesetzten Hard- und Software. Des weiteren wird der Ansatz zur Auswertung dargelegt und abschliessend werden Aspekte der Genauigkeit behandelt.

2 Problemstellung

Für die Typifizierung eines Fahrzeuges verlangt der Gesetzgeber von den Herstellern den Nachweis des Deformationsverhaltens bei verschiedenartigen Zusammenstössen. Zur Erbringung des Sicherheitsnachweises und zur Erhöhung der Fahrzeugsicherheit führen die Automobilhersteller eine grosse Anzahl von Crashversuchen durch. In diesen Versuchen wird neben vielen anderen Parametern die Deformation an vorher definierten Punkten des Fahrzeuges bestimmt. Richtung und Grösse dieser Veränderungen ermöglichen Rückschlüsse auf die Stabilität der Fahrzeugstruktur und somit letztendlich auf den Schutz der Personen im Fahrzeuginneren. Mit den bisher eingesetzten Methoden werden ca. 50-100 Punkte pro Fahrzeug sowohl vor als auch nach dem Crash vermessen. Die Punkte befinden sich auf der Karosserie, im Motorraum, in der Fahrgastzelle (Bodenbereich, Spritzwand, Armaturenbrett, etc.) sowie an der Unterseite des Fahrzeuges.

Für den Pilotversuch stand ein für einen Crashtest präparierter Volkswagen Passat zur Verfügung. An diesem Fahrzeug waren 49 Punkte zu vermessen, wobei 30 an den von aussen sichtbaren Karosserieteilen sowie im Türbereich lagen und 19 im Fahrgastraum angeordnet waren. Die Vermessung der Punkte im Fahrzeuginneren ist infolge von Verdeckungen wesentlich schwieriger als die Vermessung der Punkte auf der Aussenseite des Fahrzeuges. Auf eine Vermessung der Punkte unter dem Fahrzeug wurde verzichtet. Im Rahmen dieses Versuches war u.a. nachzuweisen, dass CCD-Kameras mit einer im CCTV (Closed Circuit Television) Bereich üblichen Bildpunktzahl für diese Aufgabe ausreichen. Die zu erreichende Messgenauigkeit wurde mit 1 mm pro Koordinatenachse in einem $5 \times 2 \times 2$ m^3 umfassenden Messvolumen festgelegt.

3 Verfahren

Das Fahrzeug wird zur Vermessung auf einer Drehbühne plaziert. Mit dieser wird es um bestimmte Inkremente (in diesem Test 30 Grad) gedreht, so dass mit stationären Kameras das gesamte Fahrzeug aufgenommen werden kann. Die Kameras sind, wie in Abbildung 1a/b schematisch dargestellt, angeordnet. Kamera 1 und 2 dienen der Punktvermessung an der Aussenhaut, im Türbereich und im Motorraum. Sie genügen auch der Vermessung einiger Punkte im Innenraum und stellen somit einen Teil der Verknüpfung zwischen den Punkten an der Aussenhaut und denjenigen im Innenraum her. Kamera 3 ist speziell für die Vermessung im Innenraum positioniert. Das Koordinatensystem ist fahrzeugfest. Dies bedeutet, dass sich die Kameras konzeptionell um das Fahrzeug bewegen, obwohl sie physikalisch ruhen. Das eingesetzte Modell verlangt dabei keine hochpräzise Drehbühne. Jegliche Abweichungen des Fahrzeuges von seiner Sollposition (Taumelfehler etc.) haben keinen Einfluss auf die Genauigkeit.

Die zu vermessenden Punkte werden mit retroreflektierenden Signalen markiert. Diese Signale sind für eine Vermessung sowohl mit Theodoliten als auch mit CCD-Kameras ausgelegt. Bei einer geeigneten Beleuchtung erscheinen diese Punkte im Bild sehr hell gegenüber einem sonst nahezu schwarzen Hintergrund. Damit wird der Einfluss von Reflektionen der Beleuchtung und/oder anderer Lichtquellen auf die Fahrzeugoberfläche minimiert. Abbildung 1c zeigt einen Ausschnitt eines mit Kamera 1 aufgenommenen Bildes. Es wurde radiometrisch verändert, um überhaupt die Struktur des Fahrzeuges sichtbar zu machen.

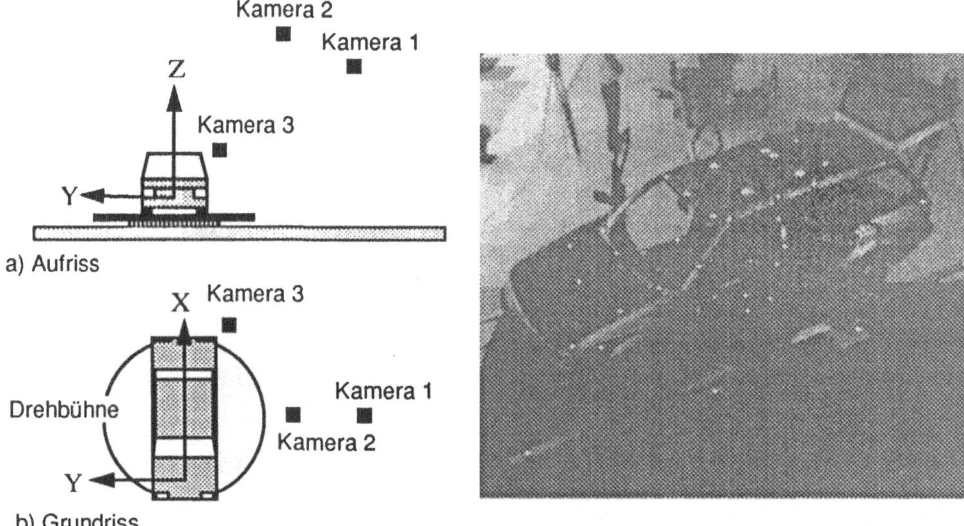

Abbildung 1   a) und b) Schema von Drehbühne, Fahrzeug und Kameraanordnung.

c) Ausschnitt einer Aufnahme von Kamera 1.

4 Systembeschreibung

Das im Pilotversuch eingesetzte System basiert auf einem Prototypsystem für Echtzeitphotogrammetrie, das im Rahmen einer Dissertation and der ETH-Zürich entwickelt wird (*Beyer, 1991*).

4.1 Hardware

Die Hardware dieses Systems besteht, wie in Abbildung 2 gezeigt, aus einer in einem VME-Bus Chassis integrierten Sun-3E Workstation mit Framegrabbern und Bildspeichern (MAX-SCAN und ROI-STORE von Datacube). Die Datenauswertung wurde auf einer SPARCstation 1 von Sun-Microsystems durchgeführt. Um den Nachweis zu führen, dass auch mit preisgünstigen Kameras die Anforderungen des Tests erfüllt werden, wurden modifizierte SONY-XC77CE Kameras verwendet (728 x 568 Pixel). Eine hohe radiometrische und geometrische Stabilität sowie die Elimination von durch Linejitter verursachten geometrischen Störungen wird mit einer pixelsynchronen Bildaufnahme erreicht (*Beyer, 1987; 1990a; 1990b*). Auf den Bildspeicher kann direkt von der Workstation aus zugegriffen werden. Dies ermöglicht eine on-line Darstellung von etwa 5 Bildern pro Sekunde auf dem hochauflösenden Bildschirm der Workstation. Des weiteren können Analysen durchgeführt werden ohne dass ein Transfer der Bilder vom Bildspeicher in den Speicher des Hostrechners notwendig ist. Zur Beleuchtung der retroreflektierenden Marken wurde sowohl eine faseroptische Beleuchtungseinheit als auch Fluoreszenz-Ringleuchten verwendet. Die faseroptische Beleuchtung und die zugehörige Halterung wurde speziell für diesen Test zusammen mit der Volpi AG (Zürich) konstruiert und von dieser gefertigt. Diese Beleuchtung verhindert, dass die Kameras durch sie erwärmt werden. Bei einer

Temperaturerhöhung von 8-10°C führt dies bei CCD-Kameras zu einer Verdoppelung des thermischen Sensorrauschens.

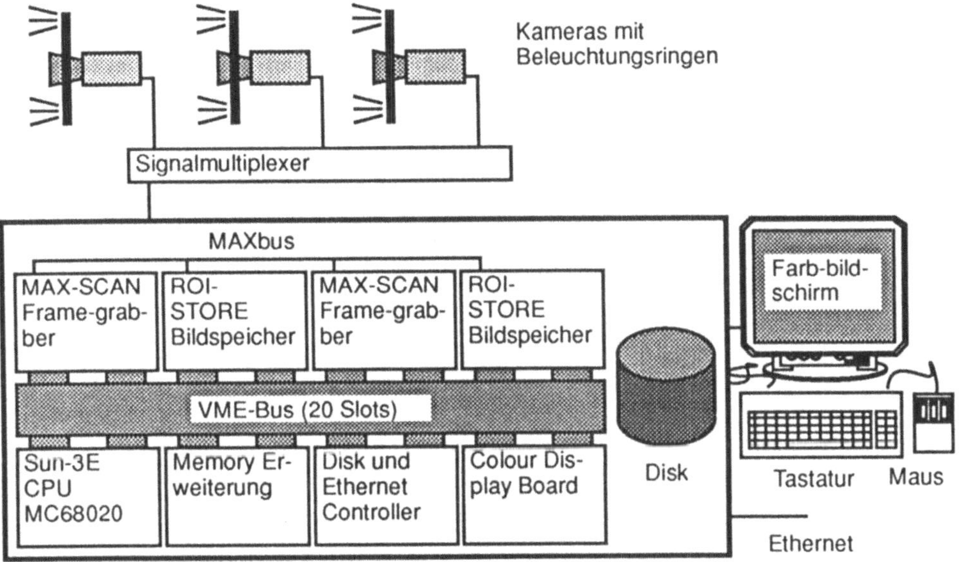

Abbildung 2   Hardwarekonfiguration des Prototypsystems.

4.2 Software

Das gesamte Projekt wurde vollständig mit dem Programm **DEDIP** (Development Environment for **Di**gital **P**hotogrammetry; *Beyer, 1987*; *Grün und Beyer, 1991*) durchgeführt. Einige für industrielle Messtechnik, Computer Vision, Robotik und Digitale Photogrammetrie relevante Module von DEDIP sind:

- Bildaufnahme mit einer Vielzahl von Synchronisationsarten, von verschiedensten Kameras und mit analoger und/oder digitaler Signalübertragung
- Bildverarbeitung
- Radiometrische Analyseverfahren und Kalibrierungsmethoden
- Bestimmung der Modulations- und/oder Kontrasttransferfunktion
- Bestimmung geometrischer Eigenschaften der Bildübertragung
- Interaktive (manuelle, halbautomatische und vollautomatische) Messung in digitalen Bildern. Es können sowohl Punkte als auch Linien gemessen werden.
- GAP (General Analytical Positioning). Ein für verschiedenste Aufgaben konzipierter Geometriemodul mit einem auf die Bedürfnisse der Digitalen Photogrammetrie zugeschnittenen Bündelprogramm.
- Unterschiedliche Visualisierungsmöglichkeiten zur Analyse von Bilddaten, von radiometrischen Kalibriermethoden und von geometrischen Resultaten.

Die Verwendung einer einheitlichen Benutzerschnittstelle vereinfacht die Handhabung des sehr umfangreichen und komplexen Programmsystems. Eine Reihe von neuen Ansätzen wurde für die vollständige Integration von Bildverarbeitungs- mit Ausgleichsalgorithmen zur Bestimmung von dreidimensionalen Objektinformationen gefunden. Der forcierte Einsatz von Visualisierungsmöglichkeiten für die radiometrische und geometrische Analyse von Bilddaten und von geometrischen Resultaten verbessert die Analysemöglichkeiten. Das Programm stellt eine innovative Lösung für Aufgaben in einem Forschungslabor sowie einen Prototyp für industrielle Systeme dar.

5 Fahrzeugvermessung

Die Bildaufnahme und -auswertung wurde in diesem Versuch nicht vollautomatisch durchgeführt, da das primäre Ziel die Überprüfung des Messverfahrens war. Die Bilddaten wurden mit DEDIP und dem Sun-3E basierten Bildaufnahmesystem erfasst und zur Verarbeitung an eine SPARCstation 1GX übergeben. Bei der Auswertung mit DEDIP wird eine Vielzahl von Algorithmen eingesetzt, welche zu beschreiben den Rahmen dieses Artikels sprengen würde. Es wird daher lediglich das Konzept der Auswertung und das in diesem Test angewandte Verfahren dargelegt.

5.1 Modelle

Grundsätzlich, sollten alle zu Verfügung stehenden Möglichkeiten ausgeschöpft werden, um a priori Wissen und Informationen gezielt einzusetzen. In DEDIP ist eine Reihe solcher Möglichkeiten implementiert. Einige dieser greifen auf spezielle Datenstrukturen zurück, die im weiteren als Modelle bezeichnet werden. Im Zusammenhang mit diesem Projekt sind drei Modelle von besonderer Bedeutung:

- **Objektraummodell**: Es enthält Informationen über die zu vermessenden Punkte und/oder Objekte.
- **Modell der Kamerastationen**: Es beinhaltet die Elemente der Äusseren Orientierung der Kameras in bezug auf das Fahrzeugkoordinatensystem und in Abhängigkeit von einem bestimmten Fahrzeugtyp.
- **Kameramodell**: Es definiert die Art und Weise der Bildaufnahme (Kameratyp, Synchronisation, analoge und/oder digitale Datenübertragung), die Transformationsparameter zwischen Pixel- und Bildkoordinatensystem (in Abhängigkeit von der Bildaufnahmeart), die Innere Orientierung der Kamera, und zusätzliche Parameter, die die Abweichungen des aus Optik, CCD-Kamera und Frame Grabber bestehenden Bildaufnahmesystems von einer Idealgeometrie modellieren.

Die Verwendung dieser Modelle unterstützt eine manuelle und/oder halbautomatische Auswertung bei interaktiven Verfahren und macht eine vollautomatische Auswertung erst möglich. Das für die Vermessung des Crashfahrzeuges angewandte Verfahren macht den Einsatz dieser Modelle sinvoll. Da lediglich das Fahrzeug auf der Drehbühne bewegt wird, können die bekannten Kamerastationen und Kameramodelle zusammen mit dem Objektraummodell zu einer robusten, automatischen Vermessung eingesetzt werden.

5.2 Generierung und Einsatz der Modelle

In Abhängigkeit vom Umfang der verfügbaren Modellinformationen können drei Messmodi unterschieden werden.

Bei einer "Systeminstallation" sind keine oder nur sehr ungenaue Informationen in den Modellen enthalten. Hier gilt es zunächst, ein wenige Punkte umfassendes Objektraummodell und ein Modell der Kamerastationen aufzubauen. Ein Kameramodell kann dabei eventuell von einer vorhergegangenen Testfeldkalibrierung übernommen werden.

Beim "**Teach-In**" kann mit Hilfe der in der "Systeminstallation" erstellten Modelle ein verfeinertes Objektraummodell aller bei einem bestimmten Fahrzeugtyp zu vermessenden Punkte zusammen mit einem zugehörigen Modell der Kamerastationen generiert werden. Dieses kann spezielle Positionen der Drehbühne und zusätzliche Kamerapositionen beinhalten.

Im "**Messmodus**" wird auf die bestehenden Modelle zurückgegriffen, um die Aufnahme der Bilddaten und ihre Auswertung zu automatisieren. Dabei können bei der Aufnahme und der Auswertung durchgreifende Kontrollen ausgeführt werden.

5.3 Auswerteverfahren beim Pilotversuch

Beim Pilotversuch musste aus Zeitgründen auf die Durchführung einer "Systeminstallation" im oben beschriebenen Sinn verzichtet werden. Die Auswertung erfolgte daher mit Hilfe einer Kombination von "Systeminstallation" und "Teach-In". Es wurde ein iteratives Verfahren angewendet. Die Kameras wurden bereits an der ETH-Zürich mit einem Testfeld kalibriert. Damit konnte im Pilotversuch auf die bestehenden Kameramodelle zurückgegriffen werden. Des weiteren wurden acht Passpunkte (vier am Drehgestell und vier am Fahrzeug) von den Theodolitmessungen übernommen, um eine sofortige Genauigkeitsüberprüfung zu gewährleisten.

Ein grob genähertes Modell der Kamerastationen konnte unter Verwendung der Drehpositionen und Kamerastationen in der Nullposition der Drehbühne generiert werden. Ausgehend von zwei Bildern wurde ein erstes Objektraummodell und ein bereits verfeinertes Modell der Kamerastationen erstellt, die weiter zur Auswertung verwendet und iterativ verbessert wurden. Mit jedem weiteren Bild können sowohl das Objektraummodell als auch die Kamerastationen und Kameramodelle durch eine Bündelausgleichung mit Selbstkalibrierung verbessert werden. Die Bedeutung dieses modellgestützten Verfahrens zeigte sich auch bei der Auswertung des Innenraumes, wo ohne die Verwendung von Modellen auch von einem geübten Operateur eine Punktidentifikation nur mit hohem Aufwand und vielen Fehlern durchführbar ist. Nach der Auswertung aller Bilder bestehen die endgültigen Versionen der Modelle und somit auch die gesuchten Objektkoordinaten der zu vermessenden Punkte.

5.4 Genauigkeitsanalyse

In einem ersten Schritt wurden nur die Punkte an der Aussenseite des Fahrzeuges in die Auswertung einbezogen. Die so erhaltenen Resultate der Bündelausgleichung und des Vergleichs mit den Referenzkoordinaten sind in Tabelle 1 als Version 1 bezeichnet. Unter Verwendung aller bereits bestehenden Modelle wurde anschliessend die Auswertung auf die Punkte im Fahrzeuginneren ausgedehnt. Dies führt zu den Resultaten der Version 2. In dieser Version wurden 770 Punktmessungen in 31 Bildern durchgeführt. Die grosse Zahl dieser Messungen unterstreicht ein weiteres Mal die Notwendigkeit eines modellgestützten Verfahrens, um eine schnelle und robuste Auswertung zu ermöglichen.

Bei den Versionen 1 und 2 wurde das Verfahren der Selbstkalibrierung angewendet. Systematische Fehler des Bildaufnahmesystems werden zusammen mit den Objektkoordinaten der Punkte und den Elementen der Äusseren Orientierung der Kameras in einer gemeinsamen Ausgleichung nach der Methode der kleinsten Quadrate bestimmt (Bündelausgleichung mit Selbstkalibrierung). Pro Kamera wurde ein Satz von 10 zusätzlichen Parametern verwendet.

Version	AP	Co	Ch	r	$\hat{\sigma}_0$ [μm]	σ_X [mm]	σ_Y [mm]	σ_Z [mm]	μ_X [mm]	μ_Y [mm]	μ_Z [mm]	μ_x [μm]	μ_y [μm]
1	20	8	30	762	0.93	0.36	0.32	0.46	0.55	0.51	0.93	0.9	1.0
2	30	8	36	1144	1.01	0.38	0.35	0.46	0.64	0.53	1.12	1.1	1.8
3	0	8	36	1144	4.28	1.60	1.48	1.94	5.51	4.19	11.1	10.3	19.1
Verbesserungsfaktor 3/2					*4.2*	*4.2*	*4.2*	*4.2*	*8.3*	*7.9*	*9.6*	*9.4*	*10.6*

AP	Anzahl zusätzlicher Parameter
Co	Anzahl Passpunkte
Ch	Anzahl Kontrollpunkte
r	Redundanz
$\hat{\sigma}_0$	Mittlerer Fehler der Gewichtseinheit a posteriori
$\sigma_X, \sigma_Y, \sigma_Z$	Theoretische Genauigkeit der Kontrollpunkte im Objektraum
μ_X, μ_Y, μ_Z	Quadratisches Mittel der Abweichungen der Kontrollpunkte im Objektraum
μ_x, μ_y	Quadratisches Mittel der Abweichungen der Kontrollpunkte im Bildraum

Tabelle 1   Resultate der Bündelausgleichung

Die Resultate der Versionen 1 und 2 zeigen, dass die gesteckten Ziele bezüglich Genauigkeit und Robustheit erreicht wurden. Die empirischen Genauigkeitsmasse entsprechen bei einer Projektion in den Bildraum (μ_x, μ_y) etwa 1/10 des Pixelabstandes. Eine Analyse der theoretischen Genauigkeitsmasse (σ_X, σ_Y, σ_Z) mit den aus dem Vergleich mit den Referenzkoordinaten (mit Theodoliten bestimmt) erhaltenen Werten (μ_X, μ_Y, μ_Z) deutet darauf hin, dass Verbesserungen möglich sind. Bis auf die Korrektur von einigen Fehlidentifikationen wurde bewusst auf jegliche Bereinigung der Daten verzichtet, um den Nachweis zu führen, dass das Verfahren konzeptionell sehr robust ist. Es taten sich eine Reihe von kleineren Problemen auf, die in der Natur eines Pilotversuches liegen. Einige davon sind:

- Die Anordnung der Kameras musste den praktischen Gegebenheiten angepasst werden und ist aus photogrammetrischer Sicht nicht ganz ideal.

- Eine Reihe von Signalen befindet sich auf einer unebenen Unterlage.

- Einige Punkte sind teilweise verdeckt.

- Die Abbildungen vieler Punkte sind aufgrund des beginnenden Bloomings asymmetrisch verzerrt.

- Die Verknüpfung des Innenraumes mit dem Aussenraum kann durch den Einsatz einiger weiterer Punkte verbessert werden (dies wurde in einem weiteren Test nachgewiesen).

Abbildung 3a zeigt die mit der Bündelausgleichung bestimmten Bildkoordinaten-Verbesserungen eines Bildes, das mit Kamera 1 aufgenommen wurde (Das Bild ist zur besseren Darstellung invertiert worden). Abbildung 3b beinhaltet die in den Bildraum projizierten Differenzvektoren zu den Referenzkoordinaten (im gleichen Masstab wie die Verbesserungen) und eine Darstellung des Einflusses der zusätzlichen Parameter. Der Unterschied zwischen dem ursprünglichen und dem deformierten Gitter entspricht dem Einfluss der Parameter an diesen Positionen. Der Masstab dieser Vektoren ist um einen Faktor 100 kleiner als jener der Verbesserungen. Die maximalen Werte für den Einfluss der zusätzlichen Parameter im Bereich des Gitters, das nicht den gesamten Bildraum umfasst, betragen 100 μm und sind um einen Faktor 50 grösser als die maximalen, in den Bildraum projizierten Differenzen zu den Referenzkoordinaten. Dies unterstreicht die Bedeutung, die einer guten Modellierung der geometrischen Fehler des Bildaufnahmesystems zukommt. Die Resultate der Version 3, die auf identischem Datenmaterial wie Version 2 basiert, bei der aber keine zusätzlichen Parameter zur Modellierung der systematischen Fehler eingesetzt wurden, unterstreichen dies zusätzlich. Ein Vergleich der empirischen Genauigkeitsmasse von Version 2 und 3 zeigt, dass der Einsatz zusätzlicher Parameter die Genauigkeit um den Faktor 8 bis 11 steigert.

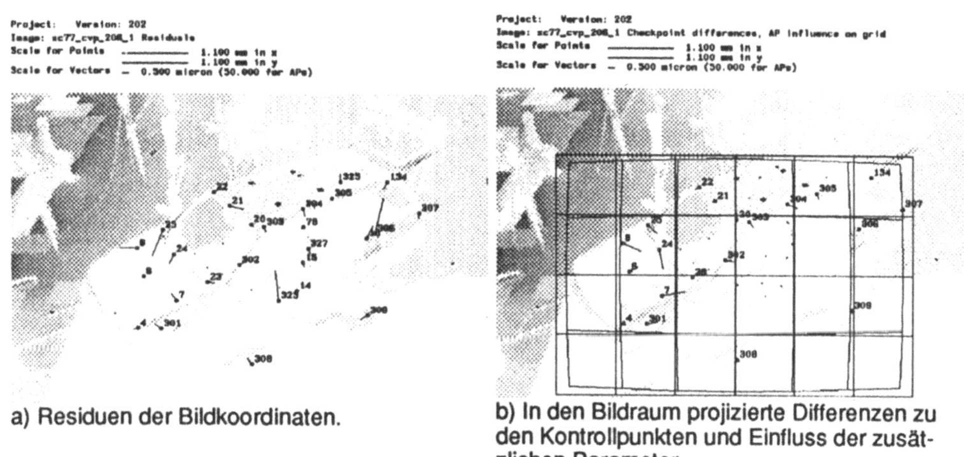

a) Residuen der Bildkoordinaten.

b) In den Bildraum projizierte Differenzen zu den Kontrollpunkten und Einfluss der zusätzlichen Parameter.

Abbildung 3   Residuen, Differenzen zu Kontrollpunkten und Einfluss der zusätzlichen Parameter in einem Bild der Kamera 1.

5.5 Auswertegeschwindigkeit

Der gesamte Pilotversuch wurde innerhalb von drei Tagen durchgeführt. Dies beinhaltet das Ausladen des Materials über die Einrichtung des Testaufbaus bis zum Vorliegen der Resultate. An zwei zusätzlichen Tagen wurden Demonstrationen durchgeführt, weitere Bilder aufgenommen und das System abgebaut. Eine automatisierte Auswertung erfordert in der derzeitigen Systemkonfiguration weniger als 10 Minuten Rechenzeit. Dies zeigt die grosse Leistungsfähigkeit des Systems und der angewandten Methoden.

6 Schlussfolgerungen

Der Pilotversuch zeigt die Leistungsfähigkeit moderner, elektrooptischer Messtechnik unter Verwendung von Verfahren und Algorithmen der Digitalen Photogrammetrie. Es wurde nachgewiesen, dass Kameras mit relativ geringer Bildpunktzahl, aber gut abgestimmtem pixelsynchronen Bildeinzug eine für derartige industrielle Messaufgaben ausreichende Auflösung und Genauigkeit bieten. Der Einsatz von hochauflösenden Kameras kann sowohl zu einer Reduzierung der Signalgrösse als auch zu einer weiteren Genauigkeitssteigerung dienen. Die inhärente hohe geometrische Stabilität von CCD-Sensoren kann mit Hilfe des Einsatzes hochgenauer Messalgorithmen zur Ableitung sehr genauer dreidimensionaler Informationen benutzt werden. Die für den industriellen Einsatz notwendige Robustheit wird durch einen hierarchischen Einsatz von Kontrollen innerhalb der Messalgorithmen und durch die Verwendung von in Modellen integriertem a priori Wissen erreicht. Die Vorteile und

Möglichkeiten eines vollintegrierten Systems wurden durch die kurze Auswertezeit und die sehr guten Resultate nachgewiesen.

Der Pilotversuch ist ein guter Nachweis der vielfältigen Einsatzmöglichkeiten des allgemein konzipierten Prototyps. Wie gezeigt bietet das System einen Ansatz, durch Automatisierung die Kosten für Messaufgaben drastisch zu senken. Der für die Vermessung benötigte Zeitaufwand kann auf wenige Stunden pro Fahrzeug reduziert werden. Zusätzlich bietet das System die Möglichkeit, eine wesentlich grössere Punktmenge zu vermessen, ohne den Aufwand in gleicher Weise wie bei Tastsystemen steigern zu müssen. Eine Erhöhung der Punktdichte würde wesentlich detailliertere Analysen erlauben. Dadurch kann die Aussagekraft und der Nutzen von Crashversuchen wesentlich verbessert werden.

7 Dank

Der Autor möchte allen Mitarbeitern der Abteilung "Konzernforschung - Vermessungstechnik" der Volkswagen AG, Wolfsburg, für die gute Zusammenarbeit und Unterstützung danken. Den Mitarbeitern des Institutes für Geodäsie und Photogrammetrie gebührt mein Dank für die Anfertigung von mechanischen Spezialkonstruktionen welche für dieses Projekt unerlässlich waren. Mein spezieller Dank gilt Herrn Prof. Dr. A. Grün für die mir gegebene Freiheit zur unabhängigen Entwicklung des Prototyps und zur selbstständigen Durchführung des Pilotversuches.

8 Bibliographie

Baltsavias, E., 1988. Hierarchical multiphoto matching and DTM generation. International Archives of Photogrammetry and Remote Sensing, Kyoto, Vol. 27-B11, pp. 476-487.

Beyer, H.A., 1987a. Some Aspects of the Geometric Calibration of CCD-Cameras. Proceedings of the Intercommission Conference on Fast Processing of Photogrammetric Data, Interlaken, Switzerland, pp. 68 - 81.

Beyer, H.A., 1987b. Einige grundlegende Designfragen für die Entwicklungsumgebung für Digitale Photogrammetrie auf den Sun Workstations. (DEDIP Development Environment for Digital Photogrammetry). Interner Bericht.

Beyer, H.A., 1990a. Calibration of CCD-Cameras for Machine Vision and Robotics. SPIE Vol. 1197, Automated Inspection and High Speed Architectures III (1990), pp. 88-98.

Beyer, H.A., 1990b. Linejitter and Geometric Calibration of CCD-Cameras. ISPRS Journal of Photogrammetry and Remote Sensing, 45, 1990, pp. 17-32.

Gruen, A., 1985. Adaptive least squares correlation - a powerful image matching technique. South African Journal of Photogrammetry, Remote Sensing and Cartography, 14 (3), pp. 175-187.

Gruen, A.W., Beyer, H.A., 1987. Real-Time Photogrammetry at the Digital Photogrammetric Station (DIPS) of ETH Zurich. The Canadian Surveyor, Vol. 41., No. 2, Summer 1987, pp. 181-199.

Grün, A., Beyer, H., 1988. Echtzeitphotogrammetrie in der industriellen Messtechnik. In: Ingenieurvermessung 88, Beiträge zum X. Internationalen Kurs für Ingenieurvermessung, Ferd. Dümmler Verlag, Bonn, pp. B2/1 B2/14.

Grün, A., Beyer, H., 1991. DIPS II - Turning a Standard Computer Workstation into a Digital Photogrammetric Station. ZPF - Zeitschrift für Photogrammetrie und Fernerkundung, 1/1991, pp. 2-10.

Konturbasierte Segmentierung und Erkennung arabischer Druckschrift

Volker Märgner

TU Braunschweig, Institut für Nachrichtentechnik, Schleinitzstr. 23, 3300 Braunschweig

Zusammenfassung

Es wird ein konturbasierter Ansatz zur Segmentierung und Erkennung arabischer Druckschrift vorgestellt. Die Segmentierung wird, ebenso wie die Erkennung, nur anhand der oberen Kontur des Wortes durchgeführt. Durch eine Konturglättung wird eine relativ sichere Segmentierung der Wortkontur in Teile gleicher Krümmung erreicht. Die Zusammenfassung der Konturteile in Buchstaben wird anschließend erkennungsabhängig erreicht, indem diejenigen Konturteile zusammengefaßt werden, die als Teil eines Buchstaben erkannt worden sind. Sind alle Konturteile Buchstaben zugeordnet worden, so ist das Wort erkannt. Dieser Ansatz konnte bisher vor allem an Basiszeichen (Zeichen ohne Hilfszeichen) mit Erfolg erprobt werden. An der Anpassung an beliebige Druckzeichen wird zur Zeit gearbeitet.

1 Einleitung

Die automatische Texterfassung stößt überall dort auf Probleme, wo Schriftzeichen verwendet werden, die nicht aus dem üblichen Zeichensatz der lateinischen Schriftzeichen stammen. Neben den chinesichen Schriftzeichen, die insbesondere wegen des sehr großen Zeichenvorrates (mehrere tausend verschiedene Zeichen) Schwierigkeiten bereiten, stellen die arabischen Schriftzeichen eine weit verbreitete Schrift dar, die wegen ihrer Schreibweise, die unserer Schreibschrift ähnlich ist, einige Probleme aufwerfen. In dem Bild 1 sind einige

I04		E04		M04		A04	
I05		E05		M05		A05	
I06		E06		M06		A06	

Bild 1: Einige Buchstaben der arabischen Schrift, mit ihrem Erscheinungsbild als: I-isolierte Zeichen, A-Anfangszeichen, M-Mittelzeichen, E-Endezeichen.

Buchstaben der arabischen Schrift dargestellt. Die wesentlichen Merkmale dieser Schrift sind:

Schreibrichtung von rechts nach links

- kursive Schrift (Buchstaben eines Wortes sind in der Regel miteinander verbunden)
- jeder Buchstabe kann maximal vier Erscheinungsformen aufweisen, je nach seiner Stellung im Wort (isoliert, am Anfang, in der Mitte, am Ende)
- sechs Buchstaben können nicht nach links verbunden werden, deshalb kann ein Wort auch in Teilworte zerfallen
- Hilfszeichen, vor allem Punkte, können über oder unter einigen Buchstaben auftreten
- einige Buchstabenpaare können zu völlig neuen Formen verschmelzen (Ligatur)

Diese kurze Aufzählung soll verdeutlichen, daß der Schriftaufbau sich in wesentlichen Teilen von unserer Druckschrift unterscheidet (Schreibrichtung, ein bis drei Punkte über oder unter Zeichen) aber auch über gewisse Ähnlichkeiten mit unserer Schreibschrift verfügt (Buchstaben sind im Wort verbunden).

In den letzten Jahren sind vermehrt Arbeiten bekannt geworden, die sich mit der Problematik der Erkennung gedruckter arabischer Schriftzeichen beschäftigt haben /1-5/. Dabei wurden verschiedene Ansätze erprobt, aber in den meisten Fällen wurde das Problem der Segmentierung in Einzelzeichen umgangen, indem von bereits segmentierten Zeichen ausgegangen wurde. Auch die erzielten Erkennungsraten stellten noch kein befriedigendes Ergebnis dar.

Vor diesem Hintergrund haben wir uns mit der Frage der Segmentierung und der Erkennung von gedruckten arabischen Texten beschäftigt. Bei diesen Arbeiten werden wir zeitweise von Mitarbeitern unterstützt, die die arabische Schrift verstehen. Das wird besonders dann wichtig, wenn durch Wissen über die Schrift das Erkennungsergebnis verbessert werden kann.

Im folgenden Beitrag werden kurz die grundlegenden Überlegungen dargestellt, die zu dem realisierten Ansatz geführt haben. Daran anschließend werden die einzelnen Stufen des Systems und die erzielten Erkennungsergebnisse dargestellt.

2 Warum ein konturbasierter Ansatz?

Eine Analyse arabischer Druckschriften zeigt, daß ein mehr oder weniger ausgeprägtes Merkmal dieser Schrift eine horizontale Linie ist, mit der Zeichen in einem Wort untereinander verbunden sind. Außerdem weist die arabische Schrift vorwiegend senkrechte Striche unterschiedlicher Länge und Bögen auf, die sich ausgehend von der Basislinie nach oben erstrecken. Hilfszeichen, wie z.B. Punkte treten oberhalb und unterhalb der Basislinie auf.

Diese Schriftmerkmale lassen einen konturbasierten Segmentierungs- und Erkennungsansatz als geeignet erscheinen, da alle wesentlichen Informationen in der oberen Zeichenkontur liegen. Der Hauptgedanke liegt nun darin, daß, ähnlich wie bei der Erkennung sich teilweise überdeckender Objekte, auch hier nur jeweils die zu einem Buchstaben gehörende Kontur als Teil der Kontur eines gesamten Wortes erkannt werden muß. Ein Wort ist dann erkannt, wenn alle in ihm enthaltenen Buchstabenkonturen erkannt sind.

3 Segmentierung

Die Schriftproben werden mit einem Scanner erfaßt und als Binärbild abgelegt. Nach einer Zeilensegmentierung werden die Konturen zusammenhängender Objekte und dazugehörender Hilfszeichen erfaßt. Die Konturen werden dann in einem erweiterten, gemittelten Konturcode abgelegt. Das wesentliche Merkmal dieser Konturbeschreibung ist, daß jeder Konturpunkt durch eine Summe der vier benachbarten Konturrichtungswerte repräsentiert wird und außerdem ausgehend von der Richtung 0 bei einem vollständigen Umlauf nicht wieder auf 0 gesprungen wird, sondern mit 8 weitergezählt wird. Diese Maßnahmen wurden zur Vereinfachung der Berechnungen getroffen.

Auf dem so berechneten Konturcode des zu untersuchenden Wortes wird anschließend ein Start- und ein Endpunkt der oberen Konturhälfte berechnet. Dazu wird, ausgehend vom äußeren rechten bzw. linken Punkt der Kontur ein Punkt rechts bzw. links unten bestimmt. Der Grund dafür liegt darin, daß so auch senkrechte Linien am Anfang bzw. Ende des Wortes richtig, d.h. nahe der Basislinie segmentiert werden.

Beginnend mit dem Startpunkt wird nun die obere Kontur bis zum Endpunkt in Segmente mit jeweils gleicher Krümmungsrichtung zerlegt. Aufgrund der gewählten Konturcodierung ist ein konvexes Liniensegment durch einen monoton steigenden Konturcode, ein konkaves durch einen monoton fallenden Konturcode gekennzeichnet. Gerade Konturstücke mit konstantem Konturcode werden dem jeweils voranliegenden Segment zugeordnet. Da in vielen Fällen, abhängig von der jeweiligen Buchstabenkombination und auch vom Druckformat, die einzelne Buchstaben verbindende horizontale Basislinie sehr unterschiedlich lang sein kann, werden diese Geradensegmente, wenn ihre Länge einen Schwellwert überschreitet, detektiert und als "unwichtiges Segment" für die Erkennung nicht weiter verwendet. Die so bestimmten Kontursegmente stellen zusammen mit den Konturen der darüber oder darunter befindlichen Hilfszeichen die Basis für die nachfolgende Merkmalsextraktion und die Erkennung dar.

4 Merkmalsextraktion

Für jedes Liniensegment wird ein Satz von vier Merkmalen m_1 bis m_4 berechnet. In <u>Bild 2</u> ist deren Berechnungsvorschrift dargestellt. Der Vorteil einer derartigen Auswahl einer festen Zahl von Merkmalen für jedes Liniensegment liegt darin, daß gleiche Zeichen über gleichgroße Merkmalssätze verfügen, unabhängig von der Länge der einzelnen Liniensegmente.

Die Merkmale selbst sind verschiebungsinvariant, jedoch nicht rotations- und nicht größeninvariant. Normierungen könnten hier zu Invarianzen führen, dies wurde aber zunächst außer Betracht gelassen.

$$m_1 = x = x(l_{end}) - x(l_{anf}),$$

$$m_2 = y = y(l_{end}) - y(l_{anf}),$$

$$m_3 = l = l_{end} - l_{anf},$$

$$m_4 = F = F(l_{end}) - F(l_{anf})$$

mit

$x(l_{anf}), x(l_{end}), y(l_{anf}), y(l_{end})$ - Anfangs- bzw. Endkoordinaten

l_{anf}, l_{end} - Anfangs- bzw. Endwert des Laufparameters

$F(l_{anf}), F(l_{end})$ - Anfangs- bzw. Endwert des Konturcodes.

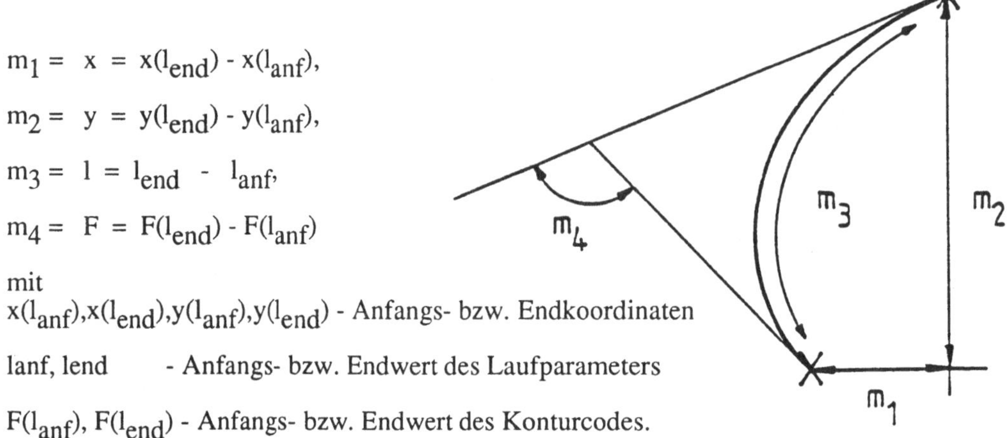

<u>Bild 2</u>: Berechnungsvorschrift für die Merkmale m_1 bis m_4.

Für das realisierte System bedeutet das, daß nur Aussagen über die Erkennung eines Fonts gemacht werden können.

5 Klassifikation

Die Klassifikation wird hier mit einem Abstandsklassifikator realisiert. Die dabei verwendete Entscheidungsfunktion (siehe <u>Bild 3</u>) beschreibt einen Abstand im n_k-dimensionalen Merkmalsraum, wobei die

$$D_k(\vec{v}) = \vec{A}_k^T (\vec{v} - \vec{\mu}_k)^2$$

mit

$$\vec{A}_k = \frac{1}{n_k \bar{\sigma}_k^2} = \left(\frac{1}{n_k \sigma_{1k}^2}, \frac{1}{n_k \sigma_{2k}^2}, \ldots, \frac{1}{n_k \sigma_{n_k k}^2} \right)^T$$

v   - Merkmalsvektor

$D_k(v)$ - Abstand des Merkmalsvektors v zur Klasse k

u_k - Mittelwertvektor der Klasse k

n_k - Anzahl der Merkmale in Klasse k

<u>Bild 3</u>: Berechnugsvorschrift für den verwendeten Abstandsklassifikator.

Dimension n_k der Klasse k anders sein kann als die Dimension n_i der Klasse i. Für einen unbekannten Merkmalsvektor werden die Distanzen zum Mittelwert jeder Klasse gleicher Dimension bestimmt und der entsprechende gewichtete Abstand bestimmt. Die Zuordnung erfolgt dann zu der Klasse mit dem geringsten Abstand. Liegt allerdings diese Distanz über einer Schwelle, so wird eine Zurückweisung durchgeführt.

Die hier beschriebene Klassifikation würde allerdings eine vorher durchgeführte Segmentierung des Wortes in Einzelzeichen voraussetzen. Hier wurde dagegen eine Segmentierung durch Erkennung realisiert. Dazu wird erst dann segmentiert, wenn ein Zeichen erkannt worden ist. Ein derartiges Verfahren ist allerdings nur dann sinnvoll, wenn Teile von Buchstaben nicht anderen Buchstaben ähnlich sind und wenn nicht erst nach zu vielen Teilungsversuchen mit den erforderlichen Klassifikationen ein Ergebnis erzielt werden kann. In Experimenten konnte gezeigt werden, daß diese Voraussetzungen hier erfüllt sind, deshalb wurde in folgender Weise vorgegangen:

1. Kann ein isoliertes Zeichen oder ein Hilfszeichen erkannt werden? Wenn ja, Ausgabe des Zeichens und ENDE.
2. Erkenne Anfangs- und Endezeichen und gib sie aus.
3. Beginne beim Ende des Anfangszeichens.
4. Wenn der Anfang des Endezeichens erreicht wurde, ENDE.
5. Kann ein Mittezeichen erkannt werden? Wenn ja, Ausgabe des Mittezeichens und weiter am Ende des Zeichens mit 4. Wenn nicht, weiter bei der nächsten Teilung mit 4.

Diese Art der Segmentierung durch Erkennung setzt voraus, daß in einer Lernphase für jeden Buchstaben in jeder seiner möglichen Erscheinungsformen im Wort eine gewisse Anzahl an Exemplaren eingelernt wurde. Für jede solcher Klassen muß dabei der Koeffizientensatz und die Mittelwerte der einzelnen Komponenten bestimmt werden. Allerdings ist dabei dafür Sorge zu tragen, daß alle Merkmalsvektoren innerhalb einer Klasse die gleiche Anzahl von Komponenten aufweisen. Sollte das nicht der Fall sein, so können nur die mit gleicher Anzahl von Komponenten weiter verwendet werden. Das kann dadurch erreicht werden, daß ein Teil nicht weiter betrachtet wird, oder daß ein Zeichen durch mehr als eine Klasse repräsentiert wird.

6 Testergebnisse

Der bisher beschriebene Ansatz zur Erkennung arabischer Texte wurde an einer größeren Zahl von Textproben getestet. Dafür steht ein Programm zur Verfügung, mit dessen Hilfe arabische Texte auf einem Laserdrucker ausgegeben werden können. <u>Bild 4</u> zeigt einen kleinen Ausschnitt aus einer derartigen Schriftprobe.

<u>Bild   4</u>:   Ausschnitt   aus   einer   Schriftprobe   mit Buchstabenkombinationen mit immer gleichem Mittelbuchstaben.

Da in Tests festgestellt wurde, daß die Auflösung von 300x300 dpi, die der am Institut verfügbare Scanner liefert, nicht ausreichend für die so erzeugten Texte ist, wurden die Vorlagen mit Hilfe eines Kopierers um 33% vergrößert. Die Atastung der so erzeugten Vorlagen mit 300 dpi entspricht ungefähr einer Abtastung der Originalvorlage mit 400 dpi. Außerdem wird auf diese Weise etwas Rauschen eingeführt. Dadurch entsprechen die Vorlagen eher realen Bedingungen, als reine Laserdruckervorlagen.

Zum Erzeugen der Lernstichprobe wurden Texte mit allen möglichen Zeichenkombinationen erzeugt, ohne unmögliche Kombinationen auszuschließen. Diese Zeichen (im folgenden Basiszeichen genannt) enthalten nach Möglichkeit keine Hilfszeichen, um mögliche Störeffekte auszuschließen. Die Zeichen, die nur mit Hilfszeichen existieren, werden allerdings mit diesen eingelernt. Pro Zeichen wurden dann ca. 20-50 Merkmalsvektoren erzeugt. Falls erforderlich, wurde der Merkmalssatz eines Zeichens geteilt. In dem abschließenden Test sind daher insgesamt 211 Klassen von Basiszeichen eingelernt worden. Das Ergebnis dieses Tests bei Verwendung eines Testdatensatzes, der insgesamt 4110 Basiszeichen umfaßte, war mit 99% erkannten Zeichen (0,6 % Zurückweisungen, 0,4 % Fehler) sehr erfreulich. Da sich diese Erkennungsrate nur auf die Basiszeichen bezieht, muß noch untersucht werden, welche Ergebnisse in einem vollständigen Texterkennungssystem erreicht werden können.

Das Erkennungssystem wurde auf einem PC-AT (16 MHz) in der Programmiersprache C realisiert. In der ersten Testversion wurde eine Geschwindigkeit von ca. 7 Zeichen pro Sekunde erreicht. Diese Zeit beginnt mit dem Einlesen der Bilddaten aus einer TIFF Datei und endet mit der Ausgabe des erkannten Zeichens. Diese Geschwindigkeit ist nicht überragend, läßt aber einige Hoffnung zu, daß eine akzeptable Geschwindigkeit (30-70 Zeichen/sec) erreicht werden kann.

Zur Zeit wird an der Vervollständigung des Systems zur Erfassung arabischer Texte gearbeitet. Teil dieser Arbeiten sind die Verbesserung der Erkennung der Basiszeichen und vor allem die Einbeziehung von Grundregeln der arabischen Schrift, um das Texterkennungssystem für beliebige Zeichen zu optimieren.

7 Literatur

/1/ M.F.Tolba, S.A.Wahab, A.Salem:"A Recognition Algorithm for Arabic Printed Characters",Proc. of the IASTED Symposium, Applied Informatics '87,pp. 128-131

/2/ A.Amin, G.Masini:"Machine Recognition of Multi Font Printed Arabic Texts",8th Int. Joint Conference on Pattern Recognition, '86,pp. 392-395

/3/ A.Amin, G.Masini:"Machine Recognition of Cursive Arabic Words",Proc. of the SPIE, Vol.359, Applications of DigitalImage Processing IV, August 1982, pp. 286-292

/4/ A.Nouh, A.Sultan, R.Tolba:"An Approach for Arabic Character Recognition",Journal of Engineering Science, Vol.6, Riyadh Univ. 1980,pp.185-191

/5/ H.Abdelazim, M.Hashish: "Interactive Font Learning for Arabic OCR",Conference Proc. of First Kuwait Computer Conference,Kuwait 1989, pp. 486-463

Färbevarianzen und ihr Einfluß auf Texturmerkmale in der biomedizinischen Mikroskopbildanalyse

Karsten Rodenacker, Michaela Aubele, Uta Jütting,
Peter Gais, Georg Burger

GSF-Institut für Strahlenschutz
Ingolstädter Landstraße 1, D-8042 Neuherberg

*Texturmerkmale spielen in der biomedizinischen Mikroskopbild-
verarbeitung eine wichtige Rolle. Die Abhängigkeit verschiedener
Texturmerkmale an Zellkernen in zytologischen Päparaten vom
jeweiligen Grad der Färbung wird an einigen Beispielen gezeigt.
Für verschiedene Texturmerkmale werden Parameter in den
merkmalsdefinierenden Algorithmen variiert um passende zu
empfehlen. Optimalitätskriterien können nicht angewendet werden, da diese von der jeweiligen medizinischen Fragestellung
abhängen.*

Einleitung

Eine wichtige Aufgabe in der biomedizinischen Mikroskopbildanalyse ist die Vermessung von Zellen und Zellverbänden (Zytometrie und Histometrie). Hierbei
spielen neben den morphometrischen und densitometrischen Merkmalen sogenannte Texturmerkmale eine große Rolle zur Erkennung problemrelevanter
Eigenschaften.

An Hand eines digitalisierten Transmissionsbildes und des daraus durch bildpunktweise Umrechnung gewonnenen Extinktionsbildes werden verschiedene
Merkmale extrahiert, die Aussagen über die Grauwertstrukturierung oder allgemein 'Textur' eines Zellkernes machen sollen. Zu nennen sind hier statistisch,
strukturell, systemtheoretisch und die sonstwie heuristisch basierte Verfahren zur
Texturquantifizierung.

Die Texturanalyse setzt beim Bildanalytiker eine gewisse Vorstellung über Texturen voraus. Insbesondere das erwartete Verhalten von Texturen bei einfachen
Bildtransformationen, wie Vergrößerungen, Verkleinerungen, funktionellen Veränderungen der Pixelwerte in punktueller, lokaler und globaler Hinsicht sind
modellprägend.Entscheidend ist dabei die Frage ob Textur unter solchen Änderungen invariant bleibt. So sollte beispielsweise eine lineare Veränderung der
Pixelgrauwerte nicht zu einer texturellen Veränderung führen, auch wenn sich der
visuelle Eindruck ändert. Generell widerspiegeln die angewendeten Verfahren zur
Texturquantifizierung, der Merkmalsextraktion das angewendete Texturmodell.

Zellen und Zellverbände in zyto- oder histologischen Präparaten stellen sich
unter dem Mikroskop in Durchlicht nur als Präparations- und Färbeartefakte dar.
Ein besonderes Problem für Messungen der optischen Dichte sind also die Stabilität und Reproduzierbarkeit von Färbemethoden bzw. die Anwendung von Stan-
dardisierungsverfahren, um verschiedene Präparate miteinander vergleichbar zu
machen. Dies gilt ebenfalls für viele zur Texturquantifizierung abgeleiteten Merkmale. Im folgenden sei der Versuchsansatz zur Bestimmung des Einflusses von
Färbevarianzen an Zellen auf verschiedene Texturmerkmale (siehe Anhang)

beschrieben und erste Ergebnisse dargestellt. Aus Platzgründen können die Extraktionsverfahren nur andeutungsweise angegeben werden. Es sei auf die zitierte Literatur verwiesen.

Veränderungen der Anfärbung von Zellen können durch verschiedene Einflüsse hervorgerufen werden. Als wichtigste sind zu nennen:
1. Unterschiedliche Anfärbung des Zellmaterials:
   - aus zellbiologischen Gründen (z.B. Chromatinpackungsdichte)
   - durch Varianzen in der Präparation (Zellauftrag, Fixierung)
   - durch Färbevarianzen (Targetreaktion, Ligandenkonzentr., Temperatur)
   - Alterungsprozesse im Zellmaterial
2. Ausbleichen der gefärbten Zellen

In dieser Arbeit werden nur die durch gezieltes, kontrolliertes, physikalisches sowie digital simuliertes Ausbleichen an Zellen hervorgerufenen Einflüsse auf Texturmerkmale untersucht. Hierbei werden die Merkmalsextraktionsverfahren noch durch Variation von Parametern verändert.

Ausgangsmaterial

Zellen einer permanenten Zellinie (Mäusefibroblasten) sowie Lympho- und Granulozyten werden nach der Feulgen Reaktion gefärbt (Hydrolyse 5N HCl, 22^0C, 30 min, Schiff Reagenz 1 h). Diese Zellen wurden mit einer TV-Kamera mit einem 100x Objektiv (Öl-Immersion) digitalisiert. Jeder Bildpunkt hat eine Kantenlänge von etwa 0.25 Mikrometern.

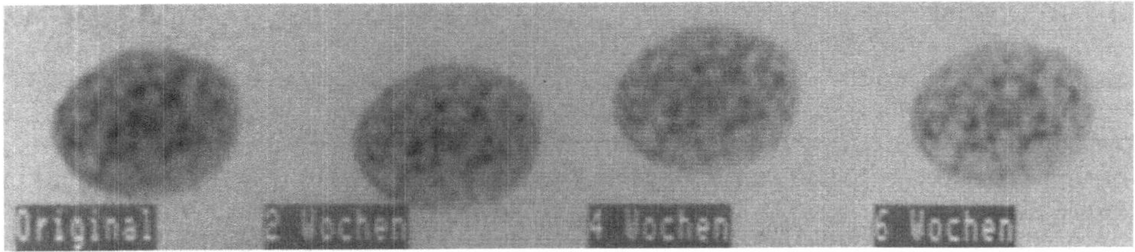

Fig.1 Ausgeblichene Zellen

1. Ausbleichen

100 Zellen von einem Objektträger wurden siebenmal innerhalb von 7 Wochen digitalisert. Dabei wurde der Objektträger in der Zwischenzeit (jeweils eine Woche) dem Tageslicht ausgesetzt. Dies ist keine normale Behandlung von Präparaten. Um jedoch eine deutliche Veränderung durch Ausbleichen zu erhalten wurde diese Vorgehensweise gewählt (Fig. 1).

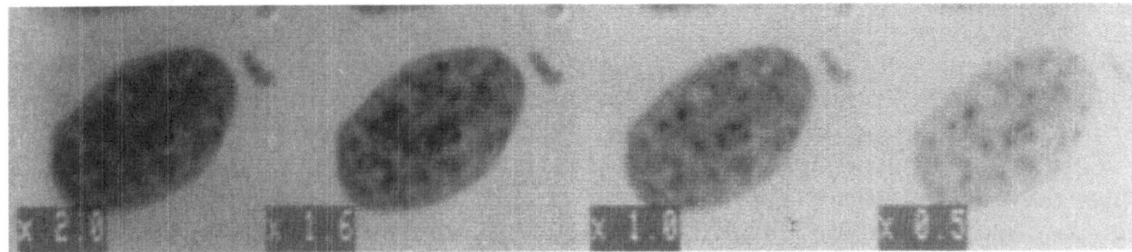

Fig.2 Rechnerisch veränderte Zellen

2. Simulierte Extinktionsveränderung

Zusätzlich wurden zehn dieser Zellen mit unterschiedlichen Zellkernstrukturen rechnerisch in Transmission so verändert, daß sich ihre gemessenen mittleren *Extinktions*werte um die Faktoren 0.5, 0.6, 0.7, 0.8, 1.2, 1.4, 1.6, 1.8, 2.0 veränderten (Fig. 2). In diesem Bereich liegen bei densitometrischen Messungen die Korrekturfaktoren, wenn ein zellulärer Extinktionsstandard angewendet wird. Bei letzterem handelt es sich im allgemeinen um Zelltypen mit bekannter Targetkonzentration (z.B. zellulärer DNS-Menge).

Bildverarbeitung

Segmentation

Mit einem automatischen, die Zellkernform beachtenden Schwellfindungsalgorithmus[4] wurden für jede Zelle eine Binärmaske, die Objektmaske, berechnet und abgespeichert. Zur Texturmerkmalsextraktion wurden nur Bildpunkte innerhalb dieser Objektmaske verwendet.

Merkmalsextraktion

Jedes digitalisierte Bild wurde in Extinktionswerte umgerechnet (logarithmiert). Zusätzlich wurde die Differenz zwischen dem Original-Extinktionsbild und dem Median (15x15) gefilterten Bild, das ebene Texturbild (F) berechnet.

Die im Anhang aufgelisteten Merkmale wurden für jede Zelle bestimmt. Für die Merkmalsgruppe 1.1 (CoOccurrence) und 1.2 (RunLength) wurden zusätzlich Berechnungsparameter variiert. Für erstere die Auflösung der Extinktionsgrauwerte und der betrachtete Punktepaarabstand, für letztere nur die Auflösung der Extinktionsgrauwerte.

Merkmale von Extinktionsverteilungen des Zellkernes (1.4) sind an und für sich keine Texturmerkmale. Es hat sich jedoch gezeigt, das die Standardabweichung und Schiefe (..M2, ..M3) in gewisser Weise texturelle Eigenschaften widerspiegeln.

Die Bilder mit den simulierten (gerechneten) Extinktionsveränderungen wurden mit allen im Anhang angegebenen Merkmalen und Parametern gerechnet. Die Bilder der im Licht real ausgebleichten Zellen wurden nur mit xx=32 und zz=6 für CO und NC sowie für RL und NR mit xx=32 gerechnet (Erklärungen siehe Anhang). Die Merkmalsnamen wurden für CO/NC und RL/NR verkürzt angegeben.

Ergebnisse

1. Ausbleichen

Das natürliche Ausbleichen eines gefärbten Präparates folgt, wie zu erwarten war, annähernd einem Exponentialgesetz. Nach 6 Wochen Lichteinwirkung verminderte sich die mittlere Extinktion (M1) um Faktoren zwischen 0.4 und 0.8 abhängig vom Zelltyp (Fig. 3).

Alle Merkmale, die direkt von der Extinktion abhängen, also ..M1, ..M2. ..MD usw. zeigen diese Abhängigkeit deutlich. Annähernd unabhängig davon sind die Schiefen (..M3), die Variationskoeffizienten (..CV=..M2/..M1) und die folgenden Textur beschreibenden Merkmale: HM3 HA HNO DM3 DA DNO CO4 CO6 CO7 CO12 CO14 NC1-NC15 RL3 RL4 hetero clump marg IM6 TIM1-TIM7 TNM1-TNM7. Fig. 4 zeigt z.B. das Merkmal CO12 mit dem Mittelwert für jeden

Zelltyp über der Ausbleichzeit aufgetragen. Die durchgezogene Linie repräsentiert die Fibroblasten, gestrichelt die Lympho- und Granulozyten

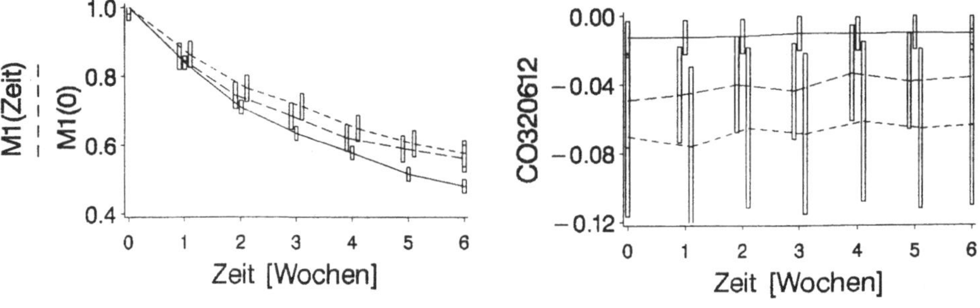

Fig.3 Relatives Ausbleichen

Fig.4 Merkmal COxxzz12

2. Simulierte Extinktionsveränderung

Zur Illustration sind in Fig. 2 eine Zelle mit den Extinktionsfaktoren 0.5, 1.0, 1.6, 2.0 in Transmission dargestellt. Die Graphen in Fig. 5 sollen beispielshaft die wesentlichen Veränderungen von zwei Texturmerkmalen COxxzz1 und NCxxzz3 über dem Faktor der berechneten Extinktionsveränderung unter verschiedenen Grauwertauflösungen zeigen. Von oben nach unten verdoppelt sich jeweils die Anzahl der Grauwerte beginnend mit xx=08. Jede Linie stellt eine Zelle dar. Der Punktepaarabstand beträgt zz=06

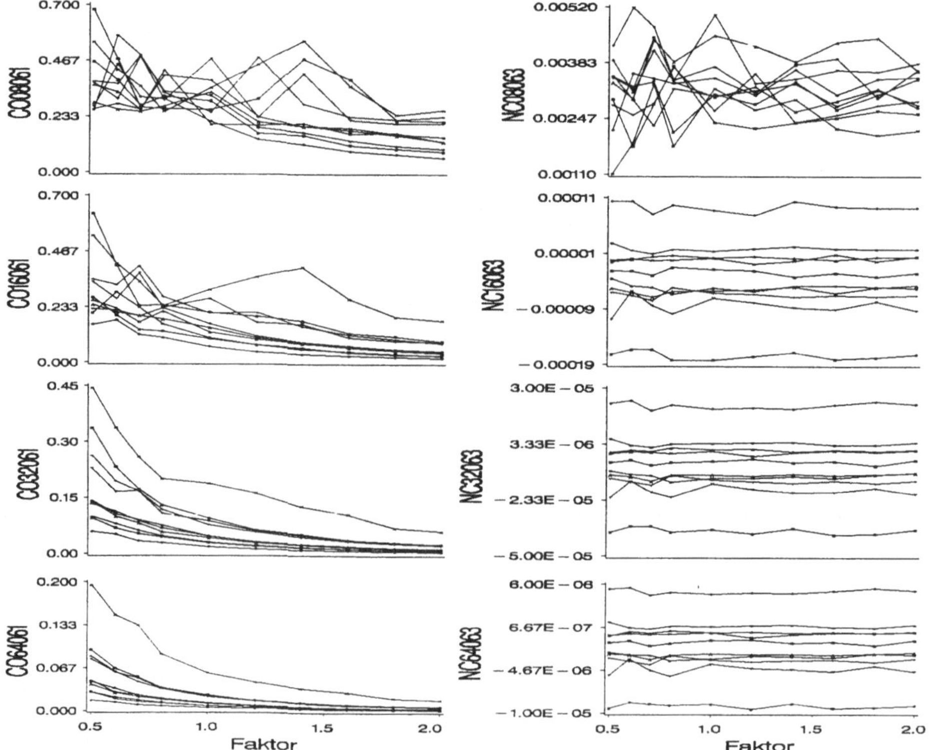

Fig.5 Merkmale COxx061 und NCxx063 für 10 Zellen

Spezifisch für CoOccurrence Merkmale ist zu erkennen, das eine Grauwertauflösung mit Werten unter 16 zu gering ist, und mit zunehmender Auflösung zwar Verläufe sich stabilisieren, jedoch dabei auch mögliche Unterschiede zwischen den Zellen sich verwischen (siehe CO08161 und CO64061). An dem Merkmal NCxx063 ist zu erkennen, daß einen höhere Grauwertauflösung als 16 nur noch geringe Veränderungen zeigt. Zusätzlich zeigt sich für das hier verwendete Material, dass ein Punktepaarabstand größer oder gleich 3 für CO und 6 Bildpunkten für NR in x- und y-Richtung gewählt werden muß. Dies entspricht einem realen Abstand von etwa 1 bzw. 2 Micrometern

Diskussion

Die Berechnungen an ausbleichenden Zellkernen und rechnerisch in ihrer Extinktion veränderten Zellkernen ergeben für eine überraschend hohe Zahl von Merkmalen eine nicht zu vernachlässigende Abhängigkeit von der mittleren Extinktion und damit den je nach Qualität der Präparations- und Färbebedingungen zufällig auftretenden Färbeschwankungen. Dies ist, insbesondere bei Texturmerkmalen, natürlich nicht wünschenswert. Zusätzlich zeigen alle Merkmale, die auf der Basis einer Statistik 2. Ordnung gewonnen werden (CoOccurrence, RunLength) auffallende Abhängigkeit von den Berechnungsparametern, insbesondere der Größe der 2-dim. Verteilungsmatrix, d.h. der Anzahl der Grauwerte, obwohl zwei eingreifende Normierungen angewendet wurden. Haralick [3] schlug eine Histogramm-Equalization vor, die wir, da es sich bei den Bildpunktwerten um Massen handelt, als nicht adäquat betrachten. Es zeigt sich, daß die Art der Normierung nicht alle Merkmale in gleichem Maße beeinflußt, sodaß in jedem Fall herangezogene Merkmale sehr kritisch betrachtet werden müssen.

Hinsichtlich der Unabhängigkeit der Merkmale ist diese an Hand der nur bis ca. 50 % erfolgten Ausbleichung bestimmt worden. Es kann sehr wohl eine Abhängigkeit vorhanden sein, diese jedoch im betrachteten Bereich der Extinktionsveränderungen nicht sichtbar sind.

Die Merkmale, bestimmt an den rechnerisch veränderten Zellen, zeigen in viel höherer Genauigkeit, in wie weit diese etwas mit Textur zu tun haben, die als unabhängig von der Extinktion betrachtet werden muß. Besonders zeigt sich die Unstetigkeit und Inkonsistenz von Merkmalen bei kleinen Grauwertanzahlen (kleine CoOccurrence Matrizen).

Zusammenfassung

Die Grauwertbilder Feulgen-gefärbter Zellkerne wurden rechnerisch linear transformiert. Ebenso wurden Kerne physikalisch durch andauernde Belichtung entfärbt. Aus den entsprechenden Zellbildern wurden verschieden Texturmerkmale bestimmt und die Abhängigkeit von den Grauwert-Veränderungen ermittelt. Insbesondere bei Merkmalen ermittelt aus der Grauwertabhängigkeitsmatrix ließ sich erkennen, das die Grauwertnormalisierung und Grauwertauflösung von entscheidem Einfluß sind, wobei nicht einfach eine Erhöhung der Grauwertauflösung zu korrekten bzw. konsistenten Merkmalen führt.

Literatur

[1] H. Christen, M. Oberholzer, M. Buser, R. Loetscher, R. Gschwind, F. Roesel, R. Ettlin, A. Feess, P. Dalquen. Digital image analysis in cytological diagnosis: a morphometric analysis on pleural mesotheliomas. Anal. Cell. Path. 105-122, 1989.
[2] M.M. Galloway. Texture Analysis Using Gray Level Run Lengths. Comp. Graph. And Image Proc. 4:172-179,1975.

[3] R.M. Haralick, K. Shanmugdu, J. Dinstein. Textural Features For Image Classification, IEEE Trans. Syst. , Man. And Cyber, 6:610-622, 1973.

[4] K.D. Kunze, G. Haroske, V. Dimmer, W. Meyer, F. Theissig. Grading and prognosis of invasive ductal mammary carcinoma by nuclear image analysis in tissue sections. Path. Res. Pract. 689-693, 1989.

[5] W.K. Pratt. Digital Image Processing. Wiley, New York, 1978.

[6] K. Rodenacker, P. Bischoff. Quantification of tissue sections: Graph theory and topology as modelling tools. PRL 275-284, 1990.

[7] K. Rodenacker, P. Gais, U. Jütting. Segmentation and measurement of the texture in digitized images. Stereol Iugosl, Ljubljana 165-174, 1981.

[8] Y. Tanaka. SPIDER User's Manual. Joint System Develeopment Corp., Tokyo, 1983.

[9] K. Voss. Theoretische Grundlagen der digitalen Bildverarbeitung, Berlin, 1988.

[10] I.T. Young, P.W. Verbeek, B.H. Mayall. Charcterization of chromatin distribution in cell nuclei. Cytometry, 467-474, 1986.

Anhang A: Merkmalsbezeichnungen

1. Statistische Texturbeschreibung 2. Ordnung

1.1 CoOccurence[3, 8]

YYxxzzi mit YY=CO CoOccurence am Extinktionsbild mit linear normiertem Mittelwert

YY=NC CoOccurence am *ebenen Texturbild*

xx =8, 16, 32, 64 Graustufen

zz =1, 3, 6, 10, 15 Punktabstand in x- und y-Richtung

i =1, ..., 15 Merkmalsnummern

YYxxzz1	Ang. 2. moment	YYxxzz6 Sum average	YYxxzz11 Diff. entropy
YYxxzz2	Contrast	YYxxzz7 Sum variance	YYxxzz12 Measure corr. 1
YYxxzz3	Correlation	YYxxzz8 Sum entropy	YYxxzz13 Measure corr. 2
YYxxzz4	Sum squares: Var	YYxxzz9 Entropy	YYxxzz14 Local mean
YYxxzz5	Inv. diff. moment	YYxxzz10 Diff. variance	YYxxzz15 Inertia

1.2 RunLength[2, 8]

YYxxi mit YY=RL RunLength am Extinktionsbild mit linear normierten Mittelwert

YY=NR " am *ebenen Texturbild*

xx=8, 16, 32, 64 Graustufen

i =1, .. 5 Merkmalsnummern

YYxx1	Short run emphasis	YYxx3 Grey level dist.	YYxx5 RunLength percent.
YYxx2	Long run emphasis	YYxx4 Run length dist.	

1.3 Mosaike, Punktprozesse, Skelette[9]

1.4 Histogrammerkmale (Stat. Texturbeschr. 1. Ord.)[5]

1.4.1 Extinktionsverteilungsmerkmale des gesamten Objektes

M1	Mittelwert	MIN	Minimum	MD	Mode
M2	Standardabw.	MAX	Maximum	MED	Median
M3	Schiefe	MIN7	Minimum	ENT	Entropy
		MAX7	Maximum		

Dieser Satz von statistischen Merkmalen wird immer bei Vorliegen einer 1-dim. Häufigkeitsverteilung berechnet.

1.4.2 Extinktionsverteilungsmerkmale von Unterbereichen

Unterbereiche bekommen unterscheidende Prefixe wie z.B. D für: dunkle Partikel

Innerer Zellkernrand	BIM1 .. BIENT
Helle Partikel	HA HNO HM1 .. HENT
Dunkle Partikel	DA DNO DM1 .. DENT

HA und DA stellen die Fläche der Partikel sowie HNO und DNO die der Anzahl dar.

2. Systemtheoretisch basierte Merkmale[5]

2.1 Laplacetransformation	LM1 .. LENT
2.2 Gradiententransformation	GM1 .. GENT

3. Heuristische sonstige Verfahren

3.1 Verteilung der Pixel im ebenen Texturbild[7]   FM1 .. FENT

3.3 Invariante Momente[1]

am Extinktionsbild	IM1 IM2 IM3 IM4 IM5 IM6 IM7
IMi*M1**i	TIM1 TIM2 TIM3 TIM4 TIM5 TIM6 TIM7
am ebenen Texturbild	NM1 NM2 NM3 NM4 NM5 NM6 NM7
NMi*FM1**i	TNM1 TNM2 TNM3 TNM4 TNM5 TNM6 TNM7

3.4 Chromatin Merkmale nach Young und Mayall[10]

hetero, homogen, clump, condens, marg

Schraffurerkennung in graphischen Vorlagen

W. Shen [1], *N. Ebi* [2] *und Ph. Besslich* [2]

[1] Friemann & Wolf Gerätebau GmbH, Entwicklungsabteilung, 4412 Ostbevern
[2] Universität Bremen, FB-1, 2800 Bremen 33

Zusammenfassung

Die automatische Dokumentenverarbeitung bedarf der Schraffurerkennung und -analyse in graphischen Bildvorlagen. Mit dem hier vorgestellten neu entwickelten Verfahren können schraffierte Regionen in graphischen Vorlagen erkannt und separiert werden, wobei mit der Schraffur verschmolzene Störungen (wie z.B. Linien, Symbole, Schriftzeichen) unterdrückt werden. Für die Aufgabe der eigentlichen Schraffurerkennung wurden zwei alternativ anwendbare Algorithmen entworfen, ein pixelorientiertes und ein bereichsorientiertes Verfahren. In weiteren Verarbeitungsschritten folgt die Unterdrückung von mit den Schraffurgebieten verschmolzenen Störungen sowie eine weitergehende Analyse der bisher extrahierten Schraffurgebiete. Mit dieser Analyse werden weitere Schraffureigenschaften bestimmt. Stehen diese in Widerspruch zu idealen Schraffurmerkmalen erfolgt eine Revision der bisherigen Klassifikation als Schraffurgebiet.

1 Einleitung und Systemüberblick

Viele graphische Vorlagen enthalten Schraffurflächen, denen eine bestimmte Bedeutung zukommt, z.B. Gebäude, Siedlungsgebiete, Schnittflächen. Einen Landkartenausschnitt mit Schraffurgebieten zeigt Abb. 1. Ein menschlicher Betrachter hat keine Probleme, parallele Linien (wie z.B. Straßen) von schraffierten Flächen zu unterscheiden. Ziel der nachfolgend vorgestellten Algorithmen ist die Lösung dieser bisher in der Literatur nur wenig betrachteten Problematik, nämlich der automatischen Erkennung von schraffierten Gebieten in graphischen Bildvorlagen. Abb. 2 vermittelt einen Überblick des gesamten Systems.

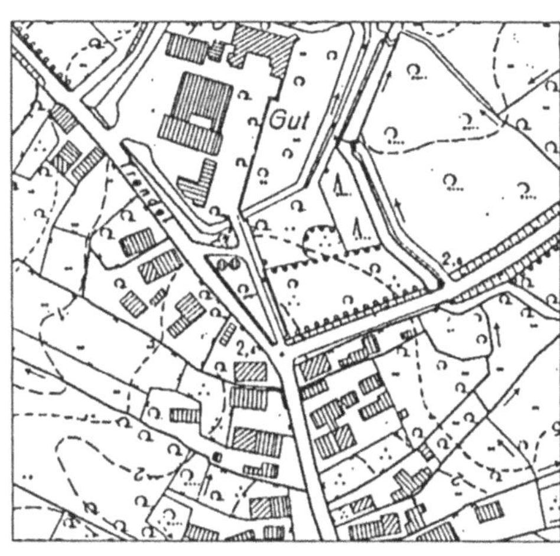

Abbildung 1: Landkartenausschnitt

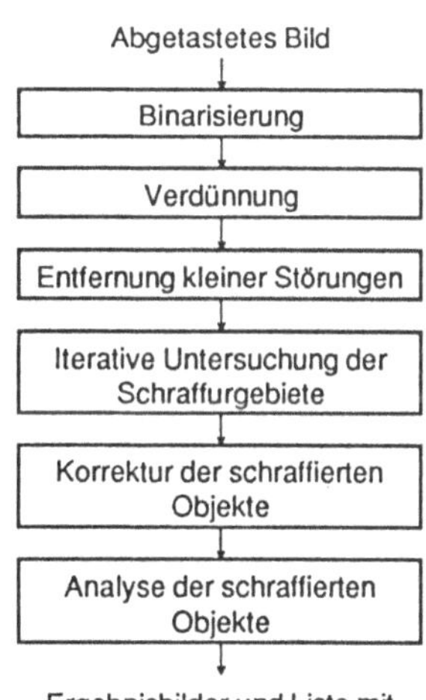

Abbildung 2: Systemüberblick

Nach Abtastung der Vorlage, durch die ein Grauwertbild mit 256 Graustufen erzeugt wird, folgen zunächst eine Binarisierung (wobei der Grauwert "255" als Vordergrund und "0" als Hintergrund definiert wird), eine Verdünnung sowie die Unterdrückung kleiner Störungen (als "Störungen" werden hier kleine isolierte Objekte bezeichnet, die keine Schraffurgebiete darstellen). Bei unserem System kommen aus der Literatur bekannte Entropie-Verfahren für die Binarisierung ([1], [2]) und Parallel-Verfahren für die Verdünnung ([3], [4]) zum Einsatz. Dieser Vorverarbeitung schließt sich die eigentliche Schraffurerkennung an. Die dabei erkannten Schraffurgebiete werden im folgenden als schraffierte Objekte bezeichnet.

Mit den weiteren Verfahrensschritten wird ggf. eine Korrektur von mit den Schraffurobjekten verbundenen Störungen und die Analyse der Schraffurobjekte zur Ermittlung von Schraffureigenschaften vorgenommen. Entsprechen diese Eigenschaften jedoch nicht der idealisierten Vorstellung von einer Schraffur, so erfolgt eine Revision der bisherigen Entscheidung, nämlich daß es sich um ein Schraffurgebiet handelt. Zuletzt wird eine Liste mit den Positionen und den jeweiligen Größen der einzelnen Schraffurgebiete ausgegeben.

2 Verfahren zur Schraffurerkennung

2.1 Pixelorientiertes Verfahren

Beim pixelorientierten Verfahren wird eine Vektormaske definiert, mit deren Hilfe die Umgebung jedes Pixels im Bild untersucht wird. Auf der Basis der hierbei extrahierten Information entscheidet der Algorithmus, ob das Pixel einem Schraffurgebiet zugehört oder nicht. Abb. 3 stellt eine 8-Richtungs-Vektormaske mit der Vektorlänge 10 dar. Die Vektorlänge und die Anzahl der Richtungen der Vektormaske sind beliebig definierbar. Sie hängen von der Dichte der Schraffur im zu untersuchenden Bild ab. Für dichte Schraffuren kann eine kurze Vektorlänge gewählt werden. Im Gegensatz hierzu muß für eine grobe Schraffur die Vektorlänge groß sein.

Die Vektormaske wird als $V[v_{ij}]$ definiert, wobei

v_{ij} - Vektorelemente,

i - Richtung,

j - Index der Elemente einer Richtung.

Hat z.B. eine Vektormaske 8 Richtungen und die Vektorlänge 10 (s.a. Abb. 3), d.h. $i = 0, 1, 2, ..., 7$ und $j = 0, 1, 2, ..., 9$ so gibt es 8 Vektoren:

$\{v_{00}, v_{01}, v_{02}, ..., v_{09}\}$

$\{v_{10}, v_{11}, v_{12}, ..., v_{19}\}$

$\vdots$

$\{v_{70}, v_{71}, v_{72}, ..., v_{79}\}$

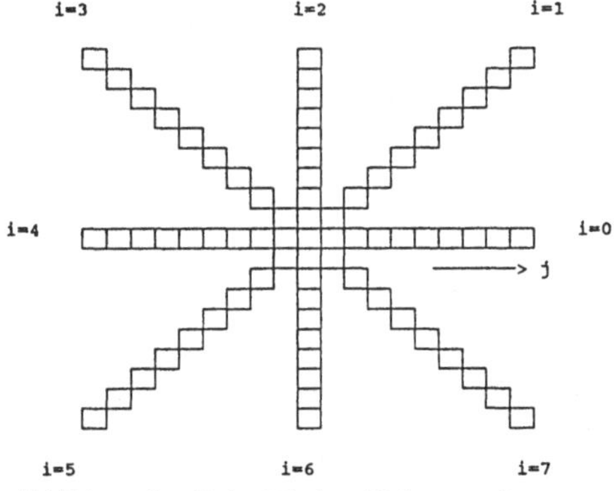

Abbildung 3: Beispiel einer Vektormaske

Für die Schraffurerkennung wird die Vektormaske bildpunktweise über das Bild geschoben. Dabei wird die Umgebung des Pixels im Zentrum der Vektormaske analysiert und es wird entschieden, ob das betrachtete Pixel zu einem Schraffurgebiet gehört oder nicht. Während dieser Überprüfung werden alle nicht zu einem Schraffurgebiet gehörenden Pixel entfernt (d.h. sie erhalten den Grauwert des Hintergrunds).

Die Analyse der Umgebung des Pixels im Zentrum der Vektormaske basiert auf der Berechnung der Anzahl der Elementwertänderungen (AEW) für jeden Vektor. Für jedes Pixel werden die AEW aller Vektoren bestimmt und mit einer Schwelle S verglichen. Wenn dabei mindestens eine AEW aller Vektoren der Vektormaske einen Wert größer als S hat, bleibt das Pixel in der Mitte der Maske unverändert. Wenn aber keine AEW einen Wert größer als S besitzt, wird das Pixel in der Mitte der Maske im Ergebnisbild zu Null (Hintergrund) gesetzt. Für die Schwelle wurde ein Wert von 5 empirisch ermittelt, d.h., daß mindestens 5 Grauwertänderungen im Vektor auftreten müssen, damit das Pixel als zu einem Schraffurgebiet gehörig betrachtet wird. Hat ein Vektor z.B. die Elementfolge [255, 0, 0, 0, 255, 0, 255, 255, 0, 255], so ist AEW gleich 6, d.h. größer als die Schwelle S. Für den Vektor [255, 0, 0, 0, 0 255, 0, 0, 0, 0] ist AEW gleich 3, also kleiner als S. Damit wird die Hypothese verworfen, daß das Pixel zu einem Schraffurgebiet gehört, während sie im ersten Fall aufrechterhalten bleibt.

Die Anzahl der Strahlen der Vektormaske beeinflußt die Genauigkeit mit der die Schraffur erkannt werden kann. In Hinblick auf die mit einer großen Anzahl verbundene Redundanz im Abtastraster (nahe dem Maskenzentrum werden Pixel von mehreren "Richtungsvektoren" gleichzeitig berücksichtigt) und dem damit verbundenen großen Rechenaufwand wurde empirisch eine Vektormaske mit 16 Richtungen gewählt. Wie mit einer Vielzahl von Versuchen nachgewiesen wurde, resultiert aus dieser Einschränkung keine Beeinträchtigung der Analyseergebnisse. Die Vektorlänge muß mindestens den zweifachen Wert des kleinsten im Bild auftretenden Schraffurabstands aufweisen und ist vom Benutzer im voraus interaktiv festzulegen.

2.2 Bereichsorientiertes Verfahren

Beim bereichsorientierten Verfahren wird bildpunktweise ein nxn-Analysefenster über das gesamte Bild von links oben nach rechts unten bewegt. Aus den Werten der Bildpunkte im jeweiligen Fenster werden zwei 2x2-Matrizen H und V berechnet, welche die Schraffurmerkmale eines Bereichs charakterisieren. Die Fenstergröße nxn muß so gewählt werden, daß n mindestens 2 mal größer als der kleinste auftretende Schraffurabstand ist. Das Verfahren ermittelt aus den Pixel-Werten innerhalb des Fensters die Elemente der beiden Matrizen.

Es sei $[F_{i,j}]$ die Fenstermatrix. Die Fenstergröße sei nxn. Die Matrizen H und V seien

$$H = \begin{vmatrix} h_{00} & h_{01} \\ h_{10} & h_{11} \end{vmatrix} \quad \text{und} \quad V = \begin{vmatrix} v_{00} & v_{01} \\ v_{10} & v_{11} \end{vmatrix}.$$

Die Matrix H repräsentiert die Anzahl der Grauwertänderungen im Fenster in horizontaler Richtung und Matrix V die der in vertikaler Richtung. Die Elemente beider Matrizen werden wie folgt berechnet:

$$h_{00} = \sum_{i=0}^{n-1} \sum_{j=0}^{n-2} \left[\left(f_{i,j} = 0 \right) \& \left(f_{i,j+1} = 0 \right) \right] \qquad v_{00} = \sum_{i=0}^{n-2} \sum_{j=0}^{n-1} \left[\left(f_{i,j} = 0 \right) \& \left(f_{i+1,j} = 0 \right) \right]$$

$$h_{01} = \sum_{i=0}^{n-1} \sum_{j=0}^{n-2} \left[\left(f_{i,j} = 0 \right) \& \left(f_{i,j+1} = 255 \right) \right] \qquad v_{01} = \sum_{i=0}^{n-2} \sum_{j=0}^{n-1} \left[\left(f_{i,j} = 0 \right) \& \left(f_{i+1,j} = 255 \right) \right]$$

$$h_{10} = \sum_{i=0}^{n-1} \sum_{j=0}^{n-2} \left[\left(f_{i,j} = 255 \right) \& \left(f_{i,j+1} = 0 \right) \right] \qquad v_{10} = \sum_{i=0}^{n-2} \sum_{j=0}^{n-1} \left[\left(f_{i,j} = 255 \right) \& \left(f_{i+1,j} = 0 \right) \right]$$

$$h_{11} = \sum_{i=0}^{n-1} \sum_{j=0}^{n-2} \left[\left(f_{i,j} = 255 \right) \& \left(f_{i,j+1} = 255 \right) \right] \qquad v_{11} = \sum_{i=0}^{n-2} \sum_{j=0}^{n-1} \left[\left(f_{i,j} = 255 \right) \& \left(f_{i+1,j} = 255 \right) \right]$$

Darin bedeuten & - Logisches UND,
$f_{i,j}$ - Wert des Pixels an der Position (i, j) sowie
Matrixelemente - Anzahl der Grauwertübergänge in i- bzw. j- Richtung
horizontal: h_{00} - 0-0, h_{01} - 0-255, h_{10} - 255-0, h_{11} - 255-255
vertikal: v_{00} - 0-0, v_{01} - 0-255, v_{10} - 255-0, v_{11} - 255-255.

Um eine Entscheidung zu treffen, ob die von einem Fenster überdeckte Bildregion eine Schraffur beinhaltet, wird ein Schwellwert SW eingeführt. Empirisch wurde SW = 2xn als geeignet gefunden. Eine vorläufige Klassifikation wird damit gemäß der folgenden Regel durchgeführt: Die Matrixelemente h_{01}, h_{10}, v_{01} und v_{10} werden mit SW verglichen. Wenn eines dieser Elemente größer als SW ist, dann wird die momentane Fensterregion hypothetisch als ein Schraffurgebiet gedeutet. Anderenfalls wird im Ergebnisbild das Pixel links oben im Fenster zu Null gesetzt.

Da die Matrixelemente h_{00}, h_{11}, v_{00} und v_{11} für die vorliegende Anwendung keine relevante Information beinhalten, werden sie nicht benutzt und nicht berechnet.

3 Suche, Korrektur und Analyse von schraffierten Objekten

Nach der Schraffurerkennung können in den bisher extrahierten schraffierten Regionen noch störende Bildfragmente vorhanden sein, die nicht zu den schraffierten Bereichen gehören. Mit der nachfolgend erläuterten Methode werden solche Störungen eliminiert. Anschließend werden schraffierte Regionen, die eine geschlossene Umrandung aufweisen, detektiert und separiert. Für diese Vorgehensweise werden zunächst folgende Definitionen eingeführt:
1) Pixel-Konfigurationen, deren einzelne Pixel durch 8er-Nachbarschaften miteinander verbunden sind, bilden ein Objekt.
2) Ein Objekt, das eine oder mehrere Schraffuren beinhaltet und von einer Umrandung umgeben ist, heißt schraffiertes Objekt.

3.1 Objektsuche

Zunächst müssen die einzelnen Objekte im Bild detektiert und separiert werden. Anschließend wird jedes einzelne Objekt analysiert. Dabei wird verifiziert, ob es sich um ein schraffiertes Objekt handelt.

Die Suche und Separierung einzelner Objekte wird durch Beobachtung der 8er-Nachbarschaften der Pixel realisiert. Der hierfür entwickelte Algorithmus beruht im Prinzip auf einem "Labeling", das für die vorliegende Anwendung im Hinblick auf die Rechenzeit sehr einfach gehalten wurde. Das Bild wird zunächst zeilenweise untersucht bis ein Pixel mit dem Wert 255 gefunden wird. Dann werden die 8 Nachbarn dieses Pixel daraufhin überprüft, ob mindestens eines von ihnen den Grauwert 255 besitzt. Die Positionen aller Nachbarn mit dem Grauwert 255 werden dabei in einer Tabelle vermerkt. Anschließend werden die in der Tabelle eingetragenen Elemente selbst daraufhin überprüft, ob sie noch weitere mit 255 bewertete Nachbarn haben. Wenn solche gefunden werden, werden sie ebenfalls in die Tabelle eingetragen. Dieser Vorgang wird wiederholt, bis kein Element der Tabelle weitere mit 255 bewertete Nachbarn hat.

3.2 Objektkorrektur

Nach der Objektsuche können die einzelnen Objekte separat analysiert und ggf. korrigiert werden. Die Objektkorrektur entfernt dabei Störungen wie z.B. die Verbindungen zwischen einzelnen Objekten oder redundante Objektfragmente. Abb. 4 und Abb. 5 zeigen ein Beispiel für diese Objektkorrektur.

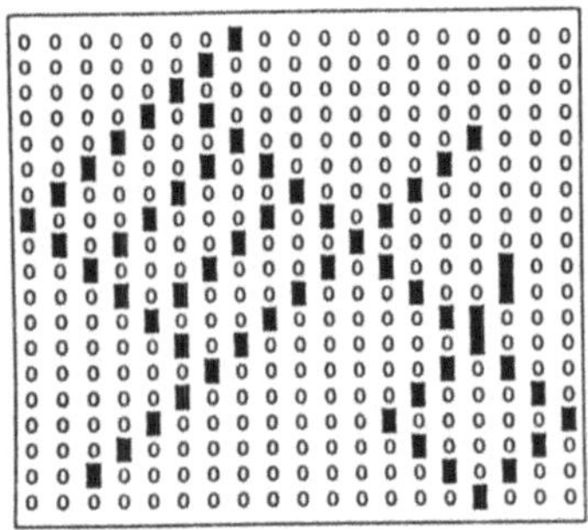

Abbildung 4: Objekte mit störenden Linien

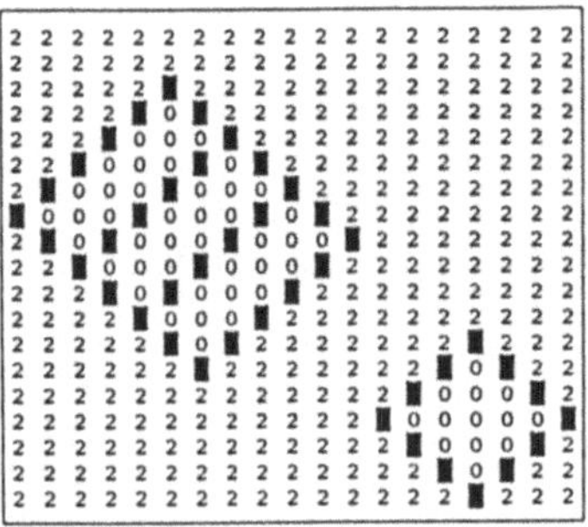

Abbildung 5: Korrigierter Bildausschnitt

Für die Störungsbeseitigung wird ein Bereichswachstumsverfahren angewendet, das speziell für diesen Zweck entwickelt wurde. Es wird in 2 Schritten realisiert. Zunächst werden alle Pixel mit den Grauwerten 0 außerhalb des Objekts auf einen unbenutzten Grauwert gesetzt, z.B. 2. Dann werden alle Pixel mit dem Wert 255 durch Beobachtung ihrer Nachbar-Pixel A bis D (vgl. Abb. 6) in Hinblick auf eine Störung überprüft. Pixel, die zu einer Störung gehören, erhalten dabei ebenfalls den zuvor definierten Grauwert (hier "2"). Dieser Schritt wird wiederholt, bis keine Änderungen mehr auftreten. Das zugehörige Kriterium lautet:

Wenn $T = 255$ *und* $[(A \neq 0)$ *und* $(B \neq 0)$ *und* $(C \neq 0)$ *und* $(D \neq 0)]$
dann $T = 2$ (d.h. T gehört nicht zum Schraffurobjekt)
sonst $T = 255$ (d.h. T gehört zum Schraffurobjekt).

-	A	-
B	T	D
-	C	-

Abbildung 6: 4er-Nachbarn von T

3.3 Objektanalyse

Durch die vorherige Objektkorrektur werden Störungen außerhalb der Objekte entfernt (Störungen innerhalb der Objekte werden hier nicht betrachtet). Mit der nun folgenden Analyse soll bestimmt werden, ob die Objekte im ausreichenden Maße schraffiert sind oder nicht. Als wesentliche Merkmale dienen die Anzahl der Schraffurlinien und die der Schraffurzwischenräume innerhalb der Objektumrandung. Für die Bestimmung dieser Merkmale ist zunächst die Objektumrandung von der eigentlichen Schraffur zu trennen. Dazu werden, ausgehend von gesetzten Pixeln der Schraffurobjekte, die Pixel der jeweiligen 4er-Nachbarschaft betrachtet (vgl. Abb. 6). Zur Umrandung gehörende Pixel werden hierbei durch Änderung ihres Grauwerts (bisher "255") auf "1" markiert. Das Kriterium lautet hier:

Wenn $T = 255$ *und* $[(A = 2)$ *oder* $(B = 2)$ *oder* $(C = 2)$ *oder* $(D = 2)]$
dann $T = 1$ (Grauwert für detektierte Umrandung)
sonst $T = 255$ (d.h. der Grauwert von T bleibt unverändert)

Jetzt kann die Anzahl der Bereiche mit dem Grauwert 255 und der Bereiche mit dem Grauwert 0 für das Objekt ermittelt werden. Die Bestimmung dieser Bereiche wird analog dem Vorgehen bei der Objektsuche durchgeführt, wobei 0-Bereiche bzw. 255-Bereiche als Objekte gekennzeichnet werden. Wenn ein Schraffurobjekt mindestens zwei 255-Bereiche und drei 0-Bereiche enthält, dann wird es als ein schraffiertes Objekt betrachtet. Anderenfalls wird es entfernt, was einer Revision der bisherigen Klassifikation als Schraffurobjekt entspricht.

Zur Veranschaulichung dient wiederum das in Abb. 4 gezeigte Beispiel. Nach der Objektkorrektur liegen nun, wie Abb. 5 zeigt, zwei Objekte vor. Abb. 7 zeigt das Ergebnis der Objektanalyse, dabei ist (a) nicht aber (b) ein schraffiertes Objekt.

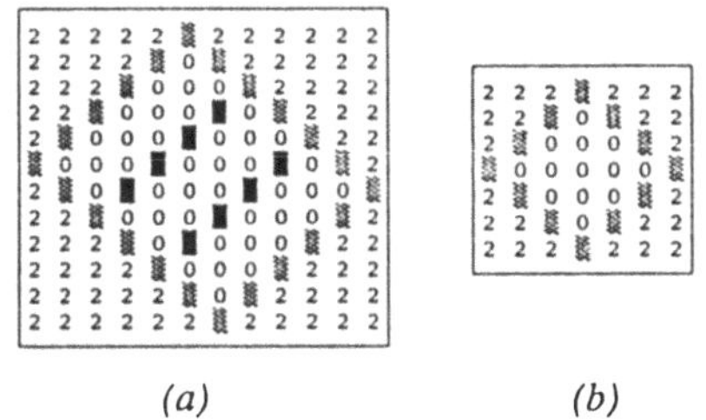

(a)   (b)

Abbildung 7: Beispiel für die Objektanalyse

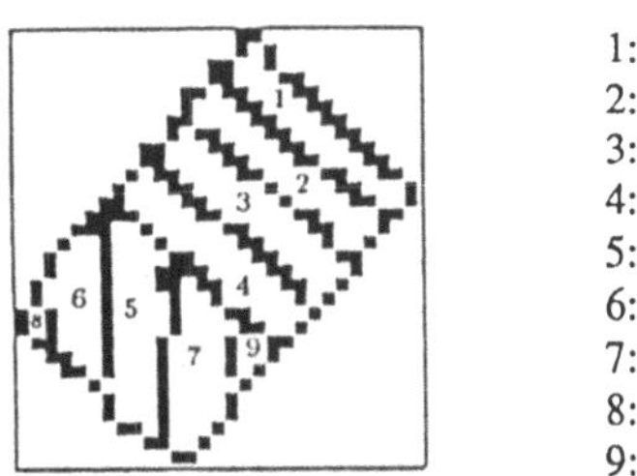

Abbildung 8: Beispiel für die Extraktion von Richtungs-
information

Nach der Objektanalyse liegen für jedes Schraffurobjekt 255-Bereiche, 0-Bereiche und 1-Bereiche vor. Die 0-Bereiche werden noch zur Extraktion von Richtungsinformation der Schraffur herangezogen. Jeder 0-Bereich des Objekts wird selektiert und extrahiert (mit dem gleichen Verfahren wie für die Objektsuche). Dann werden die Richtungen aller 0-Bereiche im Objekt bestimmt und in eine Tabelle eingetragen. Wenn Schraffuren mit verschiedenen Richtungen in einem schraffierten Objekt enthalten sind, können mit diesem Verfahren die unterschiedlichen Schraffuren getrennt werden. Abb. 8 zeigt ein Beispiel für eine praktische Analyse. Zur Verdünnung der 0-Bereiche wird entweder der Mittelpunkt der horizontalen 0-Bereichlauflänge für jede Zeile oder der Mittelpunkt der vertikalen 0-Bereichlauflänge für jede Spalte ermittelt. Die Entscheidung ob horizontale oder vertikale Objektlauflängen relevant sind, wird anhand eines Vergleichs der Höhe des 0-Bereichs mit dessen Breite getroffen. Wenn die Höhe größer als die Breite des 0-Bereichs ist, wird die Suchrichtung horizontal gewählt, andernfalls vertikal. Anschließend wird die durchschnittliche Steigung zwischen den Pixeln des verdünnten 0-Bereichs berechnet.

4 Ergebnisse

Die Abbildungen 9 und 10 stellen die Resultate der einzelne Verfahrensschritte für das Beispiel aus Abb. 1 (Bildgröße: 512×480 Pixel) dar. Für die Schraffurerkennung kam das pixelorientierte Verfahren zum Einsatz. Die Verwendung des bereichsorientierten Verfahrens hätte jedoch zum gleichen Endresultat geführt, da die Unterschiede beider Verfahren lediglich aus verschiedenen störenden Bildfragmenten im Zwischenergebnis bestehen, die mit der nachfolgenden Objektkorrektur gelöscht werden.

Im Vergleich zum bereichsorientierten Verfahren ist das pixelorientierte Verfahren schneller. Dagegen besitzt die bereichsorientierte Methode den Vorteil, daß sie aufgrund ihres mittelnden Charakters auch für die Anwendung zur Texturanalyse und nicht nur zur reinen Schraffurerkennung geeignet ist.

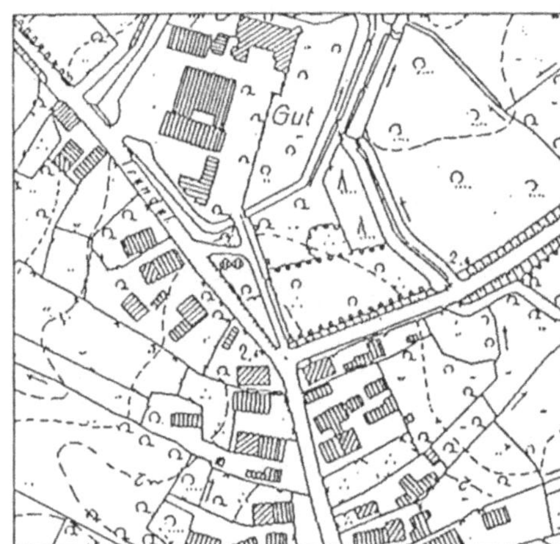

Abbildung 9: Verdünntes Bild (vgl. Abb. 1)   *Abbildung 10: Ergebnisbild*

Als Schraffurinformation wird derzeit die Position und die Größe eines Schraffurobjekts abgelegt. Die Position entspricht dem Schwerpunkt eines das Schraffurobjekt umschreibenden Rechtecks. Die Größe wird durch die Anzahl der zum Schraffurobjekt gehörenden Vordergrund-Pixel angegeben.

Die dargestellten Ergebnisse dokumentieren die Leistungsfähigkeit des vorgestellten Systems zur Schraffurerkennung in graphischen Bildvorlagen. Die einzelnen Programm-Module für die verschiedenen Algorithmen sind in C programmiert und auf einem IBM-AT-kompatiblen PC realisiert.

Mit weiterführenden Arbeiten wird das Erkennen und die Unterdrückung von im Schraffurobjekt vorliegenden Störungen angestrebt. Aufgrund der Vielfalt möglicher Störungen ist dabei die Miteinbeziehung weiterer Schraffurmerkmale angezeigt.

Literatur

[1] A. Abutaleb and A. Eloteifi: Automatic Thresholding of Gray-Level Pictures Using 2-D Entropy.
SPIE Vol. 829, Applications of Digital Image Processing X, 1987 (pp. 29-35)

[2] P. K. Sahoo, S. Soltani and A. K. C. Wong: A Survey of Thresholding Techniques.
Computer Vision, Graphics and Image Processing, No. 41, 1988 (pp. 233-260)

[3] Nikolaos G. Bourbakis: A Parallel-Symmetric Thinning Algorithm.
Pattern Recognition, Vol. 22, No. 4, 1989 (pp. 387-396)

[4] C. M. Holt et al.: An Improved Parallel Thinning Algorithm.
Commun. ACM 30, 1987 (pp. 156-160)

Konfigurieren und Trainieren
von mehrschichtigen Perzeptron-Netzen

U. Schramm, W. Braun

Fraunhofer-Institut für Integrierte Schaltungen
Wetterkreuz 13, 8520 Erlangen

Zusammenfassung

Im vorliegenden Beitrag werden die Klassifikationsleistung und die Lernfähigkeit bei einfachen Netzwerkmodellen, den mehrschichtigen Perzeptron-Netzen mit dem Backpropagation-Algorithmus als Lernverfahren, betrachtet. Es wird untersucht, wie sich Modifikationen der Eingangsdaten, des Lernverfahrens und der Netztopologie auf das Konvergenzverhalten beim Einlernen und auf die erreichte Fehlerrate auswirken. Vergleiche zu einem Nächsten-Nachbar-Klassifikator bezüglich Klassifikationsleistung und Rechenaufwand werden durchgeführt. Den praktischen Hintergrund bilden Applikationen aus dem Bereich der automatischen Sichtprüfung, speziell die Klassifikation von Oberflächendefekten.

1 Mehrschichtige Perzeptron-Netze als Klassifikatoren

Das zur Zeit am häufigsten verwendete Netzwerk-Modell ist das Mehrschichten-Perzeptron. Zwischen der Ein- und der Ausgabeschicht liegen eine oder mehrere versteckte Schichten. Abb. 1 zeigt ein Perzeptron-Netz mit einer versteckten Schicht. Die Netztopologie wird im folgenden durch die Anzahl der Einheiten pro Schicht angegeben. Eine 17-8-3-Topologie entspricht einem Netz mit 17 Eingangsknoten, 8 Knoten in der versteckten Schicht und 3 Ausgangsknoten. Die Übertragungsfunktion für eine Verarbeitungseinheit berechnet die gewichtete Summe der Eingänge. Die Aktivierungsfunktion ist die Identität. Als Ausgabefunktion wird eine nichtlineare Sigmoid-Funktion gewählt.

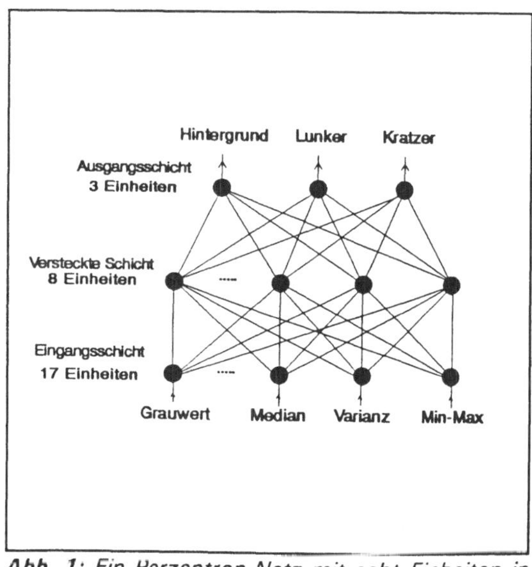

Abb. 1: Ein Perzeptron-Netz mit acht Einheiten in der versteckten Schicht, wie es zur Klassifikation von Oberflächendefekten eingesetzt wurde.

2 Konfigurieren und Trainieren

Bei Klassifikationsaufgaben wird die Dimension der Eingangsschicht durch die Dimension des Merkmalvektors, die Dimension der Ausgangsschicht durch die Anzahl der Klassen bestimmt. Aufgabe des Entwicklers bei der *Konfiguration* des Netzes ist es, die Anzahl der versteckten Schichten und die Zahl der Einheiten in diesen Schichten für die vorliegenden Eingangsdaten geeignet zu wählen.

Die Anzahl der versteckten Schichten zusammen mit den darin enthaltenen Einheiten bestimmt die Fähigkeit zur Ausprägung verschieden komplexer Entscheidungsregionen im Merkmalsraum. Untersuchungen in [Wieland87] und [Baba89] zeigen, daß bereits eine versteckte Schicht ausreicht, um beliebige Klassenbereiche zu bilden, falls die Zahl der versteckten Einheiten genügend groß ist. Zu wenige versteckte Einheiten verhindern ein gutes Lernen der wesentlichen Eigenschaften der Lernstichprobe, eine zu große Zahl verschlechtert die Generalisierungsfähigkeit des Netzes, d.h. neue Elemente, mit denen nicht eingelernt wurde, werden in höherem Maße falsch klassifiziert [Wieland87].

Mit dem Backpropagation-Algorithmus nach [Rumelhart86] wurde ein Einlernen von mehrschichtigen Perzeptrons ermöglicht. Da die Verarbeitungselemente und die Netztopologie in einer Konfigurationsphase vorab festgelegt werden, beschränkt sich das *Trainieren oder Einlernen* des Netzes auf eine Anpassung der Gewichte. Backpropagation ist ein überwachtes Lernverfahren, bei dem die Gewichte in einem iterativen Gradientenabstieg verändert werden, um den mittleren quadratischen Fehler zwischen den vom Netz berechneten und den gewünschten Ausgangswerten zu minimieren. Die Größe der Gewichtsänderung ist proportional zum Gradienten der Fehlerfunktion; die Proportionalitätskonstante ist die Lernrate η.

3 Automatische Sichtprüfung von Oberflächen

Den praktischen Hintergrund für unsere Untersuchungen bilden automatische Sichtprüfungen, speziell die Klassifikation von Defekten bei Oberflächenprüfungen. Eine konkrete Anwendung ist beispielsweise die Prüfung von Oberflächen in Bohrungen [Bauer90]. Den Ausgangspunkt für eine Automatisierung der Defektklassifikation bilden Bilder von fehlerfreien und fehlerhaften Oberflächen. Hierzu wurden 20 typische Bilder von Bohrungsoberflächen gesammelt. Es handelt sich dabei um Bilder mit 512x512 Bildpunkten und 256 Graustufen (Abb.2).

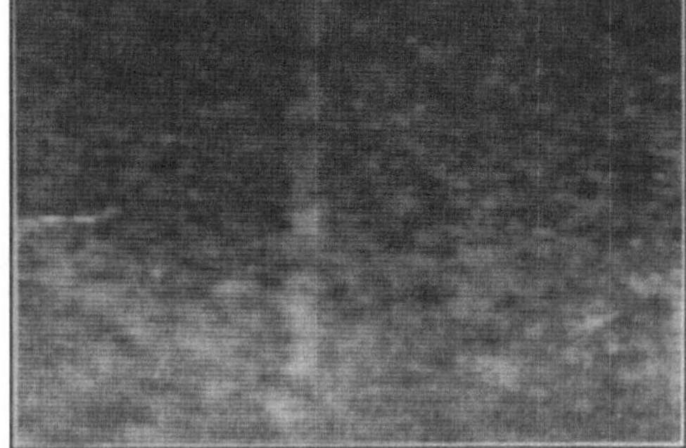

Abb. 2: Bei der Oberflächenprüfung sollen Defekte verschiedenen Klassen zugeordnet werden. Hier wird ein Kratzer gezeigt, der durch unsaubere Oberflächenbearbeitung zustande kommt.

Die Klassifikation wurde zunächst auf dem Ansatz der Pixelklassifikation nach [Straub86] aufgebaut. Dabei wird ein Bildpunkt nicht nur durch seinen Grauwert, sondern durch eine Reihe von Merkmalen beschrieben. Es wurden 17 lokale Merkmale verwendet, die in einem Fenster um den aktuellen Bildpunkt berechnet wurden (Tab.1). Aus den Fehlerbildern wurden repräsentative Bildpunkte für die Klassen "Hintergrund", "Lunker" und "Kratzer" ausgewählt. Die gesamte Stichprobe wird in eine Lern- und eine Teststichprobe unterteilt. Merkmalberechnung und Stichprobenerstellung erfolgten auf einer VAX785 [Kesper90].

Grauwert	Mittelwert	Median	Grauwert-Mittelwert-Kombination
Varianz	Max-Min-Diff.	Fensterdiff.	Grauwert-Varianz-Komb.
X-Ableitung	Y-Ableitung	XY-Ableitung	YX-Ableitung
Sobel	Kirsch		
Grauwert-Mittelwert-Vergleich I, II, III			

Tab.1: Bei der Pixelklassifikation wird jeder Bildpunkt durch einen Merkmalvektor beschrieben. Die verwendeten Merkmale werden mit Hilfe von lokalen Operatoren berechnet.

4 Experimente

4.1 Entwicklungsumgebung

Die Simulationen von mehrschichtigen Perzeptron-Netzen erfolgten auf einem LISP-Rechner des Typs Symbolics 3640. Für die Erstellung der neuronalen Netze wurde der Simulator PLEXI eingesetzt. Erweiterungen, wie beispielsweise die Implementierung neuer Lernalgorithmen, wurden in der objektorientierten Sprache Symbolics Common Lisp programmiert und in den Simulator integriert.

4.2 Bisheriger Stand

In [Schramm90] wurden erste Untersuchungen zur Eignung von mehrschichtigen Perzeptron-Netzen bei der oben beschriebenen Klassifikationsaufgabe vorgestellt. Es wurden 17 lokale Merkmale verwendet, deren Fenstergrößen sich von 7x7 bis 11x11 Bildpunkten erstreckten. Zunächst wurde mit Stichprobe II gearbeitet (Tab.2). Diese teilt sich in drei klassenspezifische Stichproben für die Klassen "Lunker", "Kratzer" und "Hintergrund" auf. Pro Klassenstichprobe bildeten jeweils 1000 zufällig ausgewählte Vektoren die Lernstichprobe, der Rest wurde als Teststichprobe verwendet. Eingangs- und Ausgangsdimension des Perzeptron-Netzes waren mit 17 (Dimension des Merkmalsvektors) und 3 (Anzahl der Klassen) vorgegeben. Vorversuche zur Topologie des Perzeptron-Netzes ergaben, daß ein zweischichtiges Netz mit acht versteckten Einheiten für diese Klassifikationsaufgabe adäquat war [Hoch90]. Damit wurden Fehlerraten von 10% auf den Lerndaten und 12% auf den Testdaten erzielt. Erste Klassifikationen von Bildausschnitten mit diesem zweischichtigen Perzeptron-Netz lieferten zufriedenstellende Ergebnisse für die Klassen "Lunker" und "Kratzer", allerdings wurden viele Punkte aus der Klasse "Hintergrund" falsch klassifiziert. Deshalb wurden weitere Experimente zur Verbesserung des Klassifikationssystems durchgeführt, die im folgenden näher beschrieben werden sollen.

Stichprobe	Hintergr.	Lunker	Kratzer	Bemerkung
II	1791	1549	1816	-
III	6000	1549	1816	mehr Hintergrund
IV	6000	1549	1816	größere Fenster

Tab.2: Im Laufe der Untersuchungen wurden drei verschiedene Stichproben generiert, die sich im Stichprobenumfang bzw. in den Merkmalen unterschieden.

4.3 Modifikation der Eingangsdaten

In Stichprobe II war die Klasse "Hintergrund" bisher unterrepräsentiert. Deshalb wurde eine neue Stichprobe, Stichprobe III, generiert, in der die Anzahl der Hintergrundvektoren von 1791 auf 6000 vergrößert wurde (Tab. 2). 4000 Vektoren der Hintergrundklasse wurden zum Training verwendet. Die vierfache Gewichtung der Hintergrundklasse führte dazu, daß sich der Bereich für diese Klasse im Merkmalsraum stark ausweitete. Dies geschah auf Kosten der Kratzerklasse, so daß ein Anstieg des Kratzerfehlers in Kauf genommen werden mußte. So konnte zwar der Hintergrundfehler von 7% auf 1% und damit der Gesamtfehler von 12% auf 7% reduziert werden, allerdings wuchs der Kratzerfehler von etwa 19% auf 29% an (alle Fehlerraten beziehen sich auf die Lernstichprobe).

Um den Kratzerfehler wieder zu senken, wurde in die Merkmalsgewinnung eingegriffen. Dazu wurden zunächst die für die Kratzerklassifikation wichtigen Merkmale bestimmt. Zu diesem Zweck wurden zwei Gruppen von Merkmalen gebildet. Die eine enthielt alle Grauwertmerkmale, also den Grauwert, den Median, den Mittelwert und eine Grauwert-Mittelwert-Kombination. Die zweite Gruppe wurde von den Gradientenmerkmalen Streuung, partielle X- und Y-Ableitung, sowie der Maximum-Minimum-Differenz gebildet. Für beide Merkmalsgruppen wurden Perzeptron-Netze der Topologie 4-4-3 mit Stichpobe III eingelernt.

Der Fehler der Kratzerklasse lag mit den Gradientenmerkmalen nur 1.3-mal höher als mit allen 17 Merkmalen. Mit den Grauwertmerkmalen war dieser Fehler mehr als doppelt so hoch. Daraus schlossen wir, daß die Gradientenmerkmale besonders wichtig für die Detektion von Kratzern sind. Folglich sollte eine Verbesserung der Kratzererkennung bei diesen Merkmalen ansetzen. Mit einer Vergrößerung der Fenstergrößen für die Gradientenmerkmale auf 21x21 Bildpunkte konnten deutlich mehr Kratzerpunkte detektiert werden als bei den vorher verwendeten 9x9-Fenstern [Braun91]. Aufgrund dieser Untersuchungen wurde eine neue Stichprobe (Stichprobe IV) erzeugt, die die gleichen Bildausschnitte wie Stichprobe III verwendete, aber bei den Gradientenmerkmalen größere Fenster benutzte (Tab.2).

Die Klassifikationsergebnisse mit der neuen Stichprobe sind in Tab.3 aufgelistet. Während der Fehler der Hintergrundklasse etwa gleich blieb, konnte die Fehlerrate für Lunker reduziert werden. Eine wesentliche Verbesserung ergab sich in der Kratzer-klasse; dort verringerte sich der Fehler in den Trainings- bzw. Testdaten von ca. 30% auf unter 10%.

	Lernfehler				Testfehler			
	Ges.	H	L	K	Ges.	H	L	K
Stichprobe III	7.0%	1.3%	11.0%	29.7%	8.5%	1.6%	11.2%	32.2%
Stichprobe IV	3.1%	1.2%	5.7%	8.3%	3.8%	1.4%	8.1%	9.3%

Tab.3: Es werden die Klassifikationsergebnisse mit 17-8-3 Netzen für die drei Klassen Hintergrund (H), Lunker (L) und Kratzer (K) aufgeführt. Mit einer Verbesserung der Merkmale durch Optimierung der Fenstergrößen (Stichprobe IV) konnten vor allem die Fehlerraten für Kratzer stark verringert werden.

4.4 Modifikation des Lernalgorithmus

Bereits bei der Untersuchung des Einflusses der Eingangsdaten auf die Klassifikations-leistung des Perzeptrons wurde ein Nachteil des Backpropagation deutlich: Das Ein-lernen erfordert erheblichen Rechen- und damit Zeitaufwand. Deshalb stellte sich die Frage: Wie kann der ursprüngliche Backpropagation-Algorithmus beschleunigt werden?

Im originalen Backpropagation wird die Lernrate während der gesamten Lernphase nicht verändert. In unseren ersten Experimenten wurde mit $\eta=0.25$ gearbeitet. Mit dieser Lernrate konvergierte einerseits die Fehlerkurve nur langsam; aus diesem Grund sollte man die Lernrate erhöhen. Andererseits traten zum Teil am Ende der Lernphase Oszillationen in der Fehlerkurve auf, weshalb die Lernrate verkleinert werden sollte. In der Literatur werden verschiedene Ansätze zur Beschleunigung des Backpropagation-Algorithmus vorgestellt, die für jedes Gewicht eine eigene Lernrate und eine zeitliche Anpassung dieser Lernraten vorschlagen [Jacobs88]. Dies erfordert jedoch beträcht-lichen Rechenaufwand.

Deshalb modifizierten wir den Backpropagation-Algorithmus derart, daß zwar mit einer Lernrate für alle Gewichte gearbeitet wurde, daß diese Lernrate aber dynamisch, mittels einer exponentiellen Funktion, an die Steigung der Gesamtfehlerkurve angepaßt wurde [Braun91]. In Abb.3 sind die Lernkurven für das originale Backpropagation und Backpropagation mit dynamischer Anpassung der Lernrate dargestellt. Bei dynamischer Anpassung der Lernrate wurden die Oszillationen am Ende der Lernphase deutlich abgeschwächt. Darüber hinaus wurde die 4%-Fehlerschwelle bei 160 Zyklen unter-schritten, während dies bei konstanter Lernrate 0.25 erst bei 350 Zyklen geschah. Überraschenderweise wurde nicht nur das Konvergenzverhalten verbessert, sondern zusätzlich die Fehlerrate auf Lern- und Testdaten um etwa 1% gesenkt.

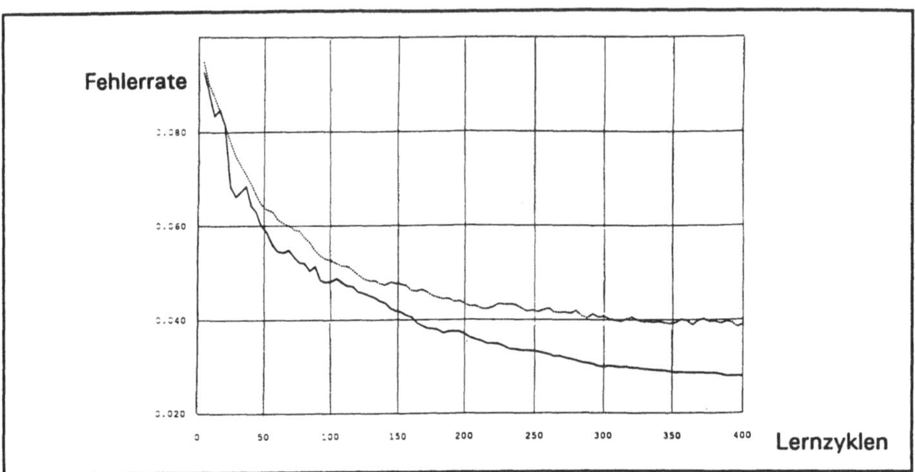

Abb. 3: Mit einer dynamischen Anpassung der Lernrate (durchgezogene Linie) konvergiert die Fehlerkurve schneller als bei konstanter Lernrate $\eta = 0.25$ (gepunktete Linie).

4.5 Modifikation der Netztopologie

Nachdem Modifikationen an den Eingangsdaten und am Lernalgorithmus vorgenommen worden waren, wurden erneut Simulationen zur Verifikation der gewählten Netztopologie durchgeführt. Zwei- und dreischichtige Perzeptron-Netze mit variierender Anzahl an versteckten Einheiten wurden mit Stichprobe IV trainiert. An dieser Stelle wird nur auf die wichtigsten Ergebnisse eingegangen, die genauen Einzelheiten sind in [Schramm91, Braun91] zu finden.

Bei zweischichtigen Netzen wurden Simulationen mit 6, 8 und 10 versteckten Einheiten durchgeführt. Die besten Ergebnisse wurden mit acht versteckten Einheiten erzielt. Die Fehlerraten auf Lern- bzw. Testdaten betrugen 2.8% bzw. 3.5%. Anschließend wurden dreischichtige Netze mit 10, 12 und 15 versteckten Einheiten untersucht. Eine Verbesserung gegenüber dem zweischichtigen Netz mit acht versteckten Einheiten ergab sich bei einer Topologie mit zehn Einheiten in der ersten versteckten Schicht und fünf Einheiten in der zweiten versteckten Schicht (17-10-5-3-Topologie). Der Lernfehler lag mit 1.9% deutlich unter dem des zweischichtigen Netzes, der Testfehler war mit 3.4% geringfügig besser. Zur Abschätzung der Leistungsfähigkeit der Perzeptron-Netze wurde ein Vergleich mit einem Nächsten-Nachbar-Klassifikator herangezogen. Wurden dem Nächsten-Nachbarn die gleichen Lernstichproben zur Verfügung gestellt wie den Perzeptron-Netzen (Stichprobe IV), so konnte für den Nächsten-Nachbar-Klassifikator mit 2.7% eine geringere Fehlerrate auf den Testdaten erzielt werden.

5 Diskussion

Im vorliegenden Beitrag wurden verschiedene Modifikationen an einem System zur Klassifikation von Oberflächendefekten vorgenommen, mit denen der Klassifikationsfehler von 10% auf den Lerndaten bzw. 12% auf den Testdaten auf 2% bzw. 3%

gesenkt werden konnte. Die Pixelklassifikation von Bildausschnitten (Abb.4) ergab, daß bei normal strukturiertem Hintergrund kaum Fehlklassifikationen auftreten. Schwierigkeiten bereitete in geringem Maße noch stark texturierter Hintergrund. Einzelne Fehlklassifikationen waren noch im Bereich von Kratzern mit sehr schwachem Kontrast zum Hintergrund zu beobachten.

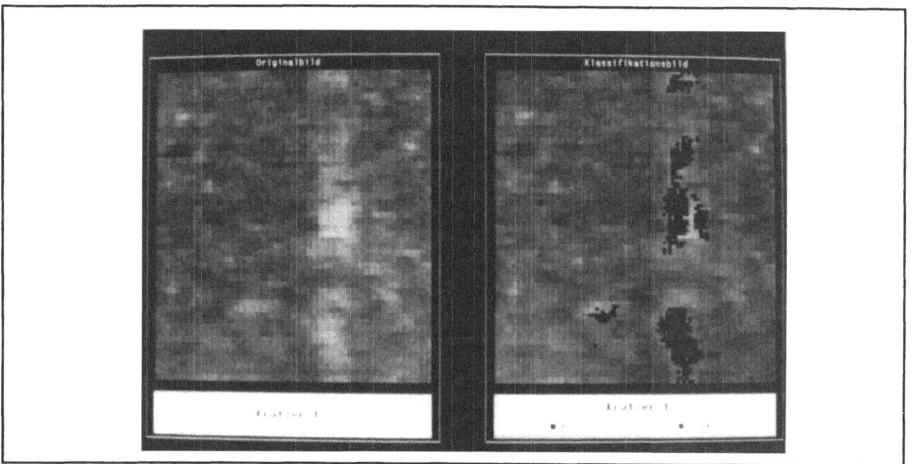

Abb. 4: Pixelklassifikation eines Bildausschnittes, nachdem Modifikationen der Eingangsdaten, des Lernverfahrens und der Netztopologie durchgeführt wurden (links:Original; rechts:klassifiziertes Bild)

Ein wesentlicher Anteil an den Verbesserungen ist den Modifikationen der Eingangsdaten zuzurechnen, vor allem der Erstellung einer repräsentativen Stichprobe und der Verbesserung der verwendeten Merkmale. Weitere Verbesserungen konnten durch eine Modifikation des Backpropagation-Algorithmus durch dynamische Anpassung der Lernrate und durch eine adäquate Wahl von versteckten Schichten erzielt werden. Allerdings erfordert das Konfigurieren und Trainieren der Perzeptron-Netze erheblichen Rechenaufwand. Zur Konfiguration eines Netzes sind umfangreiche Simulationen notwendig. Um eine geeignete Netztopologie zu bestimmen, wurden Simulationen mit zwei- und dreischichtigen Netzen bei unterschiedlicher Anzahl von versteckten Einheiten durchgeführt. Das Einlernen mit dem Backpropagation-Algorithmus erfolgt iterativ und konvergiert sehr langsam. Eine dynamische Anpassung der Lernrate war zwar erfolgreich, doch für den allgemeinen Fall eher unbefriedigend, da die Funktion zur Anpassung heuristisch bestimmt werden mußte und damit erheblichen experimentellen Aufwand erforderte. Der Aufwand für Konfiguration und Training entfällt beim Nächsten-Nachbar-Klassifikator. Ein Vergleich der Klassifikationsergebnisse ergibt, daß die Fehlerraten des Nächsten-Nachbar noch knapp unter denen der untersuchten Perzeptron-Netze liegen. Wo also liegt der Vorteil von Perzeptron-Netzen?

Beim Einlernen der Perzeptron-Netze mit dem Backpropagation-Algorithmus findet eine starke Datenreduktion statt, indem die Information der Stichprobe auf wenige Gewichtsfaktoren abgebildet wird. Dies bedingt einen relativ großen Rechenaufwand in der Einlernphase, während in der Klassifikationsphase nur wenige Rechenoperationen durchzuführen sind. Bei industriellen Anwendungen muß die Klassifikation schritt-haltend mit dem Fertigungsprozeß arbeiten, der in vielen Fällen im Sekundenbereich liegt, weswegen der Rechenaufwand in der Klassifikationsphase so gering wie möglich gehalten werden sollte. Während bei der vorliegenden Problemstellung mit 17 Merkma-len ein zweischichtiges Perzeptron-Netz mit acht versteckten Einheiten zur Klassifika-tion eines Vektors etwa 150 Additionen und 160 Multiplikationen benötigt, liegt beim Nächsten-Nachbar-Klassifikator aufgrund der Verwendung aller 6000 Stichproben-elemente die Zahl der Additionen bzw. Multiplikationen mit 198000 bzw. 102000 um Größenordnungen höher.

Insgesamt bleibt festzuhalten, daß die verwendeten mehrschichtigen Perzeptron-Netze bzgl. der erzielten Fehlerrate und des Rechenaufwands in der Klassifikationsphase in einem Bereich liegen, der sie für den praktischen Einsatz bei Klassifikationsaufgaben interessant macht. Allerdings muß der Zeitaufwand für Konfiguration und Einlernen noch deutlich verkürzt werden, sei es durch verbesserte Lernalgorithmen oder durch anwendungsspezifische Hardware.

Literatur

Baba,N. (1989). A new approach for finding the global minimum of error function of neural networks. Neural Networks, vol.2, 367-373

Bauer,N., Schramm,U. (1990). Automatisches Erkennen von Fehlern auf Oberflächen oder in Bohrungen mit dem System ZMEX. Technica, Nr.20.

Braun, W. (1991). Klassifikation von Oberflächenfehlern mit mehrschichtigen neurona-len Netzen. Diplomarbeit Univ. Erlangen, Lehrstuhl Technische Elektronik.

Hoch,M. (1990). Untersuchung eines neuronalen Netzes als Pixelklassifikator zur optischen Qualitätskontrolle. Studienarbeit Univ.Erlangen, Lehrstuhl Technische Elektronik.

Jacobs,R.A. (1988). Increased rates of convergence through learning rate adaption. Neural Networks, vol.1, 295-307.

Kesper,O. (1990). Texturbeschreibende Merkmale zur Detektion von Fehlstellen in Gußteilen. Studienarbeit Univ. Erlangen, Lehrstuhl Technische Elektronik.

Rumelhart,D.E., McClelland,J.L. (1986). Parallel distributed processing: exploration in the microstructure of cognition. MIT Press.

Schramm,U., Schramm,H. (1990). Automatische Sichtprüfung von Oberflächen mit neuronalen Netzen. In R.E.Großkopf (Ed.) Mustererkennung 1990, Informatik Fachberichte 254, 114-121.

Schramm,U. (1991). Multilayered perceptrons as classifiers for automatic inspection. (erscheint in Proc. SafeProcess'91, Baden-Baden Sept.1991).

Straub,B. (1986). Lernendes Verfahren zur Segmentierung industrieller Szenen. In G.Hartmann (Ed.) Mustererkennung 1986, Informatik Fachberichte 125, 24-28.

Wieland.,A., Leighton,R. (1987). Geometric Analysis of neural network capabilities. IEEE First Int. Conference on Neural Networks, vol.3, 385-392.

LERNEN IN EINEM ANTAGONISTISCHEN NEURONALEN NETZWERK

G. Hartmann[1]

FB 14 Elektrotechnik, Universität - GH - Paderborn

Pohlweg 47-49, 4790 Paderborn

Biologische Systeme unterscheiden sich von vielen künstlichen neuronalen Netzen in drei Eigenschaften. Sie erlauben schnelles Lernen ohne ausgedehnte Trainingssequenzen. Sie lernen neue Muster oder erkennen bereits gelernte Muster ohne Umschaltung zwischen einer Lern- und Kannphase. Schließlich können sie auf der Basis unüberwachter Lernvorgänge Muster wohldefinierten Klassen zuordnen. Ein von uns simuliertes Netzwerk, das aus unterschiedlichen Typen pulscodierter Modellneuronen aufgebaut ist, zeigt ebenfalls diese wichtigen Eigenschaften. Die adaptiven Neuronen sind in eine antagonistische Architektur eingebettet, und Wettbewerb entsteht über eingestreute inhibitorische Neuronen. Die antagonistische Repräsentation der Muster und die hohe Verstärkung der Gegenkopplung sind für das Verhalten des Netzwerkes verantwortlich.

1. EINFÜHRUNG

Die großen Erfolge, die in den letzten Jahren auf dem Gebiet neuronaler Netze erzielt wurden, sind zum Teil stark beeinflußt von Erkenntnissen über die Informationsverarbeitung in Gehirnen. Trotzdem sind einige Merkmale sehr erfolgreicher Modelle nicht wirklich kompatibel mit biologischen Fakten: Verschiedene Modelle erfordern lange und aufwendige Trainingssequenzen, während Gehirne Muster sehr schnell lernen können. Der häufig eingesetzte und in Simulationen recht erfolgreiche "Error Back Propagation"-Algorithmus [1] kann z. B. nicht auf einfache Weise durch ein biologisches System realisiert werden. Viele künstliche neuronale Netze müssen zwischen Lernphase und Kannphase umgeschaltet werden. Schließlich werden in vielen Modellen die dynamischen Eigenschaften nicht explizit durch die dynamischen Eigenschaften der Modell-Neuronen beschrieben, sondern ergeben sich aus der Update-Prozedur.

Wir haben deshalb ein Netzwerk aus miteinander wechselwirkenden pulscodierten

---

1. Diese Arbeit wurde vom BMFT (Az.: ITR 88000 D/0) gefördert.

Modellneuronen simuliert und ein dem biologischen Systemen sehr ähnliches schnelles Lernverhalten erzielt. Dieses "Closed Loop Antagonistic Network" (CLAN) lernt Muster unüberwacht und bildet wohldefinierte Klassen. Die Entscheidung, ob ein neues Muster gelernt oder ein bereits gelerntes wiedererkannt werden muß, beruht auf den dynamischen Eigenschaften des Netzwerks und erfordert keine Umschaltung der Betriebsart.

2. DIE CLAN-ARCHITEKTUR

Das "Closed Loop Antagonistic Network" (CLAN) besteht aus drei Schichten exzitatorischer Neuronen und aus ungefähr 20% eingestreuten inhibitorischen Neuronen. Ein Blockschaltbild mit den wechselseitigen Verbindungen zeigt Fig. 1. Schicht F ist die Eingangsschicht, die das Muster durch die Aktivitätsverteilung der Neuronen repräsentiert. Zusätzlich wird das Muster aber auch von der Schicht F' durch antagonistische Neuronen repräsentiert. Jedes Neuron F_i' wird von seinem Partner F_i inhibiert, d. h. F_i' ist inaktiv, wenn F_i mit hoher Rate feuert und umgekehrt.

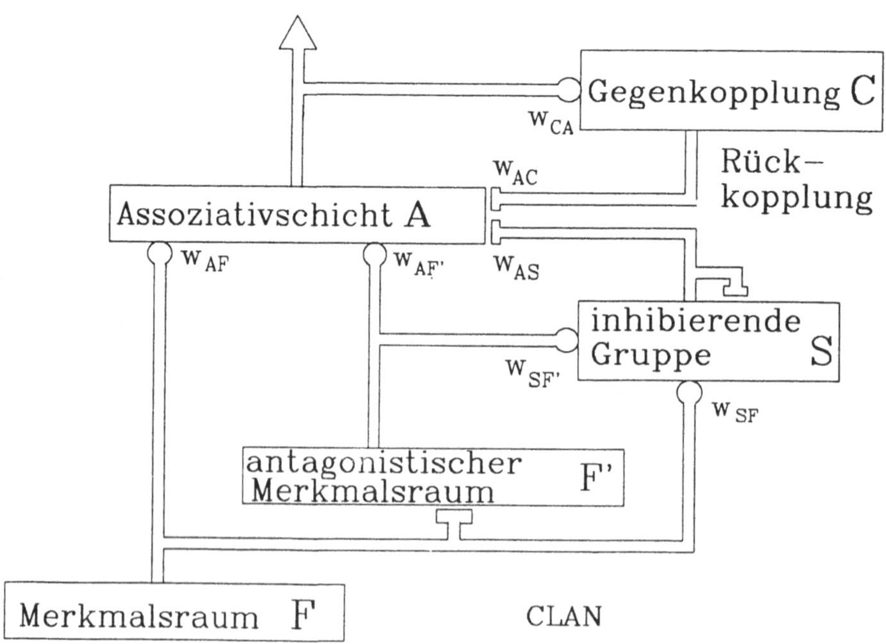

Fig. 1: Blockschaltbild des Closed Loop Antagonistic Network

Schicht A ist eine Schicht mit adaptiven Neuronen, die sowohl von Schicht F als auch F' Signale empfängt. Die Neuronen in Schicht A wirken exzitatorisch, haben einige tausend exzitatorische Eingänge sowie einige hundert inhibierende Eingänge. Die synaptischen Gewichte der A-Neuronen können sich nach einer einfachen Lernregel verändern und an die antagonistische Repräsentation des Musters in den Schichten F und F' anpassen. Wegen der antagonistischen Repräsentation ist unabhängig vom Muster stets ein Netto-Eingangssignal an den A-Neuronen vorhanden. Dieses wird durch die inhibierenden Signale der subtraktiv wirkenden S-Neuronen zum Teil kompensiert. Die S-Neuronen sammeln nämlich Eingangssignale von allen Neuronen der F und F'-Schicht und erzeugen deshalb ein der Gesamtaktivität proportionales hemmendes Signal. Die eingestreuten inhibierenden C-Neuronen (Kontrollneuronen) beziehen ihre Eingangssignale aus der A-Schicht und inhibieren diese. Sie bilden somit eine Gegenkopplungsschleife vom Ausgang zum Eingang der adaptiven Schicht.

Da Neuronen nur eine begrenzte Zahl von einigen tausend Synapsen besitzen, können nicht beliebig ausgedehnte Schichten voll verbunden werden. An einem System mit begrenzten Einzugsgebieten finden zur Zeit Untersuchungen statt. Die Simulationen, über die hier berichtet wird, beziehen sich jedoch auf ein modulares System, bei dem alle Module voll verbunden sind. Jedes Modul hat in der F, F' und A-Schicht je 1000 Neuronen und weiterhin je 250 S- und C-Neuronen. Zur Zeit wird mit einem System aus 16 solchen Modulen (Transputer-Basis) gearbeitet, das demnächst auf einige hundert erweitert werden soll.

Diese modulare Architektur ist theoretisch einfacher zu untersuchen und auch im dynamischen Verhalten besser zu überblicken, als eine homogene Architektur mit begrenzter axonaler Verzweigung. Die gewählte modulare Architektur steht aber auch nicht im Widerspruch zu biologischen Prinzipien. Dort kennt man columnare Architekturen, die ebenfalls als Aneinanderreihung abgeschlossener Funktionsblöcke gesehen werden können. So repräsentiert z. B. eine Columne des visuellen Cortex nur ein Teilmuster und das Gesamtmuster wird durch den Aktivitätszustand aller Columnen dargestellt. Ähnlich codiert ein CLAN-Modul nur ein Teilmuster und erst die Gesamtheit der in allen CLANs aktiven Neuronen beschreibt das Gesamtmuster.

Trotz der bereits mehrfach eingeflossenen biologischen Begründungen soll das CLAN nicht als Modell einer bestimmten Gehirnfunktion dienen, es soll nur versucht werden, offensichtliche Inkompatibilität zu biologischen Systemen zu vermeiden. An dieser Stelle soll schließlich erwähnt werden, daß einige Grundprinzipien der CLAN-Architektur bereits aus Vorarbeiten bekannt sind. So gibt es lernfähige Netzwerke, die keine externe Umschaltung zwischen Lern- und Kannphase erfordern, z. B. die ART-Architekturen von Grossberg [2]. Antagonistische Repräsentationen wurden von Willshaw et al. [3] benutzt und Repräsentationen mit positiven und negativen Komponenten wurden von Kohonen [4] beschrieben. Unüberwachtes

Lernen mit Gegenkopplung über eingestreute inhibierende Neuronen hat von der Malsburg [5] vorgeschlagen und Wettbewerb im geschlossenen Regelkreis ist von Palm [6] untersucht worden. Wir wollen nun zeigen, daß die vorteilhaften Eigenschaften unseres CLAN auf einer Kombination dieser wohlbekannten Eigenschaften beruhen.

3. DIE MODELL-NEURONEN DES CLAN

Als Modell-Neuronen verwenden wir eine Software-Simulation der von French und Stein [7] eingeführten Ersatzschaltbilder. Ein an einer Synapse mit Gewicht w_{ij} einlaufender Spike ändert das Membranpotential $V_j(t)$ um $\Delta V_j \sim w_{ij}$. Das Membranpotential wird also durch Spikes an exzitatorischen Synapsen um ΔV_j erhöht, durch Spikes an inhibierenden Synapsen um ΔV_j reduziert und davon unabhängig fällt es über die Zeit nach einer Exponentialfunktion ab. Das Neuron erzeugt selbst ein Aktionspotential, sobald das Membranpotential eine dynamische Schwelle $T(t)$ überschreitet. In diesem Moment springt die Schwellspannung auf einen Maximalwert und fällt nach einer 1/t-Funktion wieder auf ihren statischen Wert T_0 ab. Diesem Mechanismus zufolge ist die Ausgangsrate dem die statische Schwelle übersteigenden Teil (V_j-T_0) des Membranpotentials proportional. Das Membranpotential selbst ist eine Funktion $V(net_j, t, \tau)$ des Netto-Eingangssignals net_j, der Zeit t und der Zeitkonstante τ. Die Dynamik des CLAN, sein transientes Verhalten gegenüber sich ändernden Mustern und andere Eigenschaften hängen von der Wechselwirkung zwischen derartigen Modellneuronen ab und werden durch ein System nichtlinearer Differentialgleichungen beschrieben. In dieser Kurzfassung sollen die dynamischen Eigenschaften nur qualitativ beschrieben werden und wir können uns deshalb auf eine Diskussion des eingeschwungenen Zustandes beschränken. In diesem Fall kann man zeigen, daß das Membranpotential proportional zu net_j ist und daß die Ausgangsrate a_j des Neurons A_j beschrieben wird durch

$$a_j \sim (V_j-T_0) \text{ für } V_j > T_0 \text{ und andernfalls } a_j = 0, \text{ wobei } V_j \sim net_j. \tag{1}$$

Ersetzt man im eingeschwungenen Zustand das diskontinuierliche Nettoeingangssignal durch seinen zeitlichen Mittelwert, so kann man net_j auch bei pulscodierten Neuronen durch das Skalarprodukt zwischen Eingangs- und Gewichtsvektor beschreiben.

Das Eingangssignal eines Neurons A_j sei nun durch die Merkmalsneuronen f und f' aus der F und F'-Schicht sowie durch die Signalvektoren s und c der S- und C-Neuronen beschrieben. Die zugehörigen Gewichtsvektoren seien durch die über sie verbundenen Schichten bezeichnet, heißen also w_{AF} , $w'_{AF'}$, w_{AS} und w_{AC}. Mit einem expliziten Minuszeichen für negative Gewichte gilt dann

$$net_j = w_{AF} \cdot f + w'_{AF'} \cdot f' - w_{AS} \cdot s - w_{AC} \cdot c. \tag{2}$$

4. LERNEN UND WIEDERERKENNEN

Wird ein Muster in einem Satz von CLANs gelernt, so lernt jedes Modul sein Teilmuster und codiert es durch ein Neuron. Dieses Neuron ist allerdings nur eines aus einem Satz, der dann das Gesamtmuster repräsentiert. Wir konzentrieren uns im folgenden auf nur ein CLAN-Modul, nennen es kurz "CLAN" und das Teilmuster f, f' kurz "Muster".

Man kann zeigen, daß für die Bestimmung des Gewinners der eingeschwungene Zustand ausschlaggebend ist, daß also nach (1) das Neuron mit maximalem net_j gewinnt. Da alle Neuronen gleiche Gegenkopplung ($-w_{AC} \cdot c$) erhalten, spielt diese für die Ermittlung des Gewinners keine Rolle und es genügt, net_j^* im offenen Kreis zu bestimmen, also

$$net_j^* = w_{AF} \cdot f + w'_{AF'} \cdot f' - w_{AS} \cdot s. \tag{3}$$

Offensichtlich hängen f, f' vom momentan gezeigten Muster P ab. Ist Neuron A_j aber bereits an ein vorher gelerntes Muster L adaptiert, so sind die Gewichte w_{AF} , $w'_{AF'}$ und w_{AS} an L angepaßt und damit ist $net_j^* = net_j^*(P|L)$ sowohl eine Funktion von P als auch von L. Bei einem noch nicht adaptierten Neuron hängt dagegen $net_j^*(P|0)$ nur vom momentan gezeigten Muster P ab. In der antagonistischen Architektur berechnet also jedes Neuron A_j mit net_j^* ein spezielles Ähnlichkeitsmaß, das später genauer begründet wird:

$$net_j^*(P|L) < net_j^*(P|0) \text{ falls } P \notin \{\text{Klasse von L}\} \tag{4a}$$
$$net_j^*(P|L) > net_j^*(P|0) \text{ falls } P \in \{\text{Klasse von L}\}. \tag{4b}$$

Zu Beginn der Simulation sind noch keine Neuronen adaptiert und die Gewichte streuen um einen Mittelwert w. Wird Muster L angeboten, so berechnen alle Neuronen der A-Schicht ähnliche Nettoeingangssignale und Neuron A_j mit maximalem net_j^* wird Gewinner. Im geschlossenen Regelkreis (2) werden jedoch alle A-Neuronen von C-Neuronen proportional zur Gesamtaktivität inhibiert (Fig. 1). Das Gegenkopplungssignal ist umso größer, je mehr Neuronen in der A-Schicht überschwellig sind. Da die Modellneuronen wie Integrierglieder wirken, wird bei großen Gegenkopplungssignal sehr schnell der Zustand erreicht, in dem der Gewinner die Gegenkopplung allein über seine Aktivität treibt. Die hohe Verstärkung und die Schwelle der C-Neuronen erlauben, daß A_j deutlich aktiv, alle anderen A-Neuronen unterschwellig sind.

Unsere Lernregel erlaubt nur überschwelligen Neuronen mit $(V_j > T_0)$ ihre Gewichte zu ändern, d. h. nur der Gewinner adaptiert sich an Muster L. Mit wachsenden Gewichten wird aber auch net_j^* größer, eine daraus resultierende höhere Aktivität wird aber zum größten Teil durch die wachsende Gegenkopplung kompensiert. Alle anderen Neuronen werden mit wachsender Gegenkopplung immer stärker unterschwellig, während der Gewinner A_j mit hoher Rate aktiv bleibt.

Wird nun anstelle von Muster L ein neues Muster $P \notin \{$Klasse von L$\}$ angeboten, so berechnet das vorher aktive Neuron A_j ein Nettoeingangssignal $\text{net}_j^*(P|L)$, das nach (4a) kleiner ist als $\text{net}_j^*(P|0)$ eines nicht adaptierten Neurons. Das vorher adaptierte Neuron wird also definitiv von Wettbewerb ausgeschlossen. Ein nicht adaptiertes Neuron wird als Gewinner das neue Muster lernen und dieser Vorgang wiederholt sich mit jedem angebotenen neuen Muster. Wird hingegen ein vorher gelerntes Muster L oder ein zu dessen Klasse gehöriges Muster $P \in \{$Klasse von L$\}$ angeboten, so berechnet das daran adaptierte Neuron A_j jetzt nach (4b) einen Wert $\text{net}_j^*(P|L) > \text{net}_j^*(P|0)$. Damit erkennt A_j das Muster wieder und alle nicht adaptierten Neuronen werden vom Wettbewerb ausgeschlossen.

Unbekannte Muster werden also gelernt und bekannte wieder erkannt. Das CLAN unterscheidet dabei nicht zwischen Lernmodus und Kannmodus , d. h. es gibt keine interne oder externe Umschaltung. Die andere wichtige Eigenschaft des CLAN ist das schnelle Lernen ohne Trainingssequenzen. Diese Fähigkeit verdankt es der hohen Gegenkopplungsverstärkung durch zusätzliche C-Neuronen. Während A_j lernt, sind wegen der hohen Gegenkopplung alle anderen Neuronen deutlich unterschwellig und damit gegen Fehladaption geschützt, d. h. A_j kann sein Muster in einem Schritt lernen.

5. ÄHNLICHKEIT UND KLASSENBILDUNG

Um die dritte wichtige Eigenschaft des CLAN, die unüberwachte Bildung wohldefinierter Klassen zu verstehen, müssen wir das auf $\text{net}_j(P|L)$ beruhende Ähnlichkeitsmaß sorgfältig analysieren. Der Einfachheit halber beschränken wir hier die Diskussion auf binäre Muster $(\mathbf{f}, \mathbf{f}')$ mit f_i bzw. $f'_i \in \{0,1\}$. Genauer gesagt steht $f_i = 1$ für hohe Spikerate, $f_i = 0$ bedeutet unterschwelligen Zustand. Der Merkmalsvektor $\mathbf{f}$ und der antagonistische Merkmalsvektor $\mathbf{f}'$ möge eine Gesamtzahl f von Komponenten haben. Ein bestimmtes Muster L möge durch einen Merkmalsvektor $\mathbf{f}^{(L)}$ mit l von Null verschiedenen Komponenten und durch einen antagonistischen Merkmalsvektor $\mathbf{f}'^{(L)}$ mit $(f-l)$ von Null verschiedenen Komponenten beschrieben sein. Ähnlich möge $\mathbf{f}^{(P)}$ und $\mathbf{f}'^{(P)}$ mit p bzw. $(f-p)$ von Null verschiedenen Komponenten das aktuelle Muster P beschreiben.

Wenn das überschwellige Gewinner-Neuron A_j das Muster L lernt, wird mit jedem einlaufenden Spike das entsprechende synaptische Gewicht inkrementell erhöht, während gleichzeitig alle Gewichte zeitproportional kleiner werden. Diejenigen Gewichte, die mit aktiven Neuronen verbunden sind, erhöhen sich deshalb im Laufe der Zeit auf einen Sättigungswert, die mit inaktiven Neuronen verbundenen Gewichte zerfallen auf Null. Die Gewichte der Vektoren $\mathbf{w'}_{AF'}$ und $\mathbf{w}_{AS}$ werden mit einem Mittelwert w initialisiert und können auf einen Sättigungswert W anwachsen, der Gewichtsvektor $\mathbf{w}_{AF}$ enthält Gewichte doppelter Größe. Die Gewichtsvektoren können daher am Ende der Adaptionszeit als Funktion der gelernten Merkmalsvektoren $\mathbf{f}^{(L)}$ und $\mathbf{f'}^{(L)}$ ausgedrückt werden

$$\mathbf{w}_{AF}^{(L)} = 2\,W \cdot \mathbf{f}^{(L)} \quad (5a) \qquad\qquad \text{und} \qquad\qquad \mathbf{w'}_{AF'}^{(L)} = W \cdot \mathbf{f'}^{(L)} \quad (5b)$$

Ehe wir damit net_j^* in (3) berechnen können, müssen wir noch den Einfluß der S-Neuronen ermitteln. Wie bereits erwähnt kompensieren diese zum Teil die Aktivität der Schichten F und F'. Im Falle binärer Muster ist dieser subtraktive Beitrag konstant und kann über die Gewichtung der S-Neuronen auf $s \cdot w_{AS} = W \cdot f$ eingestellt werden. Nun können wird diese Ergebnisse in (3) einsetzen und $\mathrm{net}_j^*(P\,|\,L)$ ausdrücken als

$$\begin{aligned}
\mathrm{net}_j^*(P\,|\,L) &= \mathbf{w}_{AF}^{(L)} \cdot \mathbf{f}^{(P)} + \mathbf{w'}_{AF'}^{(L)} \cdot \mathbf{f'}^{(P)} - s \cdot w_{AS} = && (6a) \\
&= (2\mathbf{f}^{(L)} \cdot \mathbf{f}^{(P)} + \mathbf{f'}^{(L)} \cdot \mathbf{f'}^{(P)} - f) \cdot W = && (6b) \\
&= (2m + m' - f) \cdot W. && (6c)
\end{aligned}$$

In (6c) zählt $m = \mathbf{f}^{(L)} \cdot \mathbf{f}^{(P)}$ die Zahl der zwischen den Mustern L und P übereinstimmenden aktiven Komponenten. Ähnlich zählt $m' = \mathbf{f'}^{(L)} \cdot \mathbf{f'}^{(P)}$ die Zahl der übereinstimmenden aktiven Komponenten der antagonistischen Repräsentation und diese entspricht der Zahl der übereinstimmenden Nullen in $\mathbf{f}^{(L)}$ und $\mathbf{f}^{(P)}$. Somit kann $m' = (f-p-l-m)$ dadurch berechnet werden, daß die Zahl p und l der aktiven Komponenten von der Gesamtzahl f abgezogen wird und m übereinstimmende Komponenten addiert werden, weil diese doppelt abgezogen wurden. Jetzt kann m' in (6c) ersetzt werden und es ist

$$\begin{aligned}
\mathrm{net}_j^*(P\,|\,L) &= [m - (p-m) - (l-m)] \cdot W && (7a) \\
&= [\mathbf{f}^{(L)} \cdot \mathbf{f}^{(P)} - (\mathbf{f}^{(L)} - \mathbf{f}^{(P)})^2] \cdot W && (7b)
\end{aligned}$$

Damit berechnet aber jedes in eine antagonistische Architektur eingebettete A-Neuron ein sehr aussagekräftiges Ähnlichkeitsmaß. Es läßt sich beschreiben als "Inneres Produkt" minus "Hamming-Abstand" (7b) oder im binären Fall als "Übereinstimmung m" minus "Nichtübereinstimmung $(p-m)$ und $(l-m)$" (7a). Stimmt gelerntes Muster L und aktuelles Muster P überein, so ist $p = l = m$ und $\mathrm{net}_j^*(P\,|\,L) = p \cdot W$. Für alle nichtadaptierten Neuronen gilt trotz der statistischen Initialisierung recht gut $\mathrm{net}_j^*(P\,|\,0) = p \cdot w$.

Nach (4b) ist somit ein Muster P Element der Klasse eines vorher gelernten Musters L, wenn $net_j^*(P|L) > net_j^*(P|0) = p \cdot w$ ist. Mit dem Ergebnis von (7a) kann diese Beziehung auch als $[m - (p{-}m) - (l{-}m)] \cdot W > p \cdot w$ geschrieben werden oder in der Form

$$[m - (p{-}m) - (l{-}m)] \,/\, p > w/W \quad (= 0.5 \text{ in unserer Simulation}) \tag{8}$$

Diese Beziehung ist leicht interpretierbar: Wenn die Zahl m der übereinstimmenden Komponenten abzüglich der Zahl $(p{-}m)$ und $(l{-}m)$ der nichtübereinstimmenden Komponenten z. B. 50% (allgemein w/W) der Mustergröße p übersteigt, gehört P zur Klasse von L.

6. ERGEBNIS

Die Ergebnisse der Simulationen stimmen mit den hier vorgestellten theoretischen Überlegungen voll überein. Weitere Untersuchungen beschäftigen sich mit Verbesserungen der z. Z. sehr einfachen Lernregel, die es erlaubt, daß Gewichte sich beliebig oft zwischen Null und dem Sättigungswert ändern können. Hier ist vorgesehen, die Gewichte in einen Kurzzeitterm und einen sich stabilisierenden Langzeitterm aufzuspalten. Neben der hier beschriebenen modularen Version des CLAN ist die Version mit zweidimensionalen homogenen Schichten von Neuronen sehr interessant. Diese mehrschichtige Struktur aus exzitatorischen Neuronen und eingestreuten inhibierenden Neuronen ermöglicht interessante Vergleiche mit ähnlich strukturierten biologischen Systemen und ihrem Lernverhalten. Schließlich soll das dynamische Verhalten von CLAN Strukturen weiter untersucht werden, da auch dieses interessante Übereinstimmungen mit neurobiologischen Experimenten zeigt.

LITERATUR

[1] D. E. Rumelhart, G. E. Hinton, R. J. Williams, Learning internal representations by error propagation. In: Parallel Distributed Processing: Explorations in the Microstructures of Cognition, Vol. 1, Cambridge MA, MIT-Press, 318-362, (1986)

[2] S. Grossberg, Adaptive pattern classification and universal recoding, II: Feedback expectation, olfaction, and illusions. Biological Cybernetics 23, 187-202, (1976)

[3] D. Willshaw, H. C. Longuet-Higgins, P. Buneman, A simple network capable of inductive generalization. Proc. R. Soc. London B, 182, 233-247 (1972)

[4] T. Kohonen, Self-Organization and Associative Memory, Berlin, Springer-Verlag, (1984)

[5] C. von der Malsburg, Self-organization of orientation sensitive cells in the striate cortex, Kybernetik 14, 85-100, (1973)

[6] G. Palm, private communications

[7] A. S. French, R. B. Stein, A flexible neural analog using integrated circuits. IEEE Trans. Biomed. Eng., 17, 248-253 (1970)

Merkmalverknüpfung durch Synchronisation in einem sich selbstorganisierenden neuronalen Netzwerk

S. Drüe, G. Hartmann[1]
FB 14 Elektrotechnik, Universität - GH - Paderborn
Pohlweg 47-49, 4790 Paderborn

Wir konnten in einem zweidimensionalen Netzwerk aus Detektorneuronen mit orientierten rezeptiven Feldern zeigen, daß Neuronengruppen, die auf kontinuierliche Konturen ansprechen, ihre Aktionspotentiale synchronisieren. Ein verteilter Mechanismus erzeugt auf der Basis von lokalen Verbindungen Synchronität über große Abstände. Es konnte gezeigt werden, daß die Verbindungsstruktur sich bei Vorzeigen kontinuierlicher Konturen selbst organisiert.

1. Einführung

Zeitliche Codes wurden bereits vor längeren Zeit von Freeman im olfaktorischen System von Ratten und Kaninchen gefunden [1]. Neuerdings haben Eckhorn und Reitböck [2] sowie Gray und Singer [3] über gut synchronisierte Aktionspotentiale in Area 17 und 18 des visuellen Cortex von Katzen berichtet. Demnach werden bis zu 7 mm entfernte Neuronen synchronisiert, wenn sie durch einen kontinuierlichen Stimulus aktiviert werden. Synchronität kann deshalb als eine zeitliche Markierung interpretiert werden, die die Merkmale kontinuierlicher Stimuli verknüpft.

Merkmalverknüpfung durch zeitliche Codes hat von der Malsburg bereits vor längerer Zeit vorgeschlagen [4] und Modelle dafür sind von unterschiedlichen Autoren vorgeschlagen worden. Eckhorn benutzte in seinen Simulationen spezielle Neuronen; Mannion [5], Kammen [6] und Schillen [7] verwenden zur Modellierung gekoppelte Oszillatoren. Wir konnten zeigen, daß auch herkömmliche Modellneuronen durch einen verteilten Mechanismus synchronisiert werden können.

2. Synchronisationsmechanismen und Kontinuitätsprüfung

Für die Untersuchung von Synchronisationsprozessen war es notwendig, Impulscodierte Modellneuronen zu verwenden. Wir wählten dafür eine Software-Simulation des elektrischen Neuronen-Ersatzschaltbildes von French und Stein [8]. Die einlaufenden Impulse (Spikes) werden mit einem Gewichtsfaktor multipliziert an einem RC-Glied integriert (Fig. 1). Die Signale aller Integratoren werden zum Membran-

---

1.Diese Arbeit wurde vom BMFT (Az.: ITR 88000 D/0) gefördert.

potential aufsummiert, das mit einer dynamischen Schwelle verglichen wird. Sobald das Membranpotential diese Schwelle überschreitet, wird ein Spike erzeugt, und die Schwelle springt auf einen Maximalwert. Die Schwellspannung fällt anschließend mit einer wählbaren Zeitkonstante wieder auf das Ruhepotential ab. Auf diese Weise wird bei dem Modellneuron eine Refraktärzeit simuliert, während der es nicht vom Eingang her zur Erzeugung eines Aktionspotentials veranlaßt werden kann.

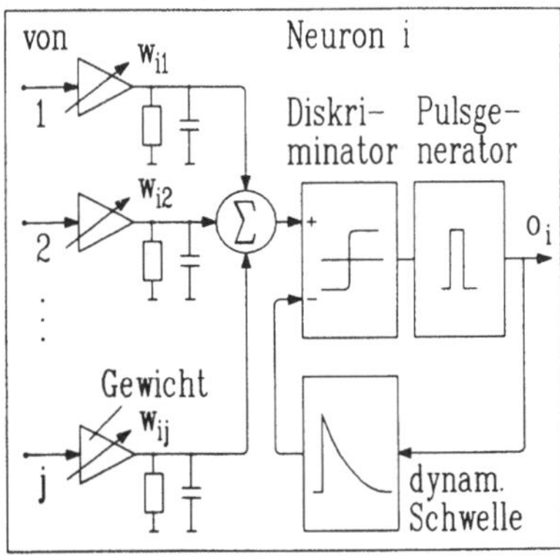

Fig. 1:
Neuronenmodell (French und Stein, 1970) Erklärung siehe Text

Um die Synchronisationsmechanismen in unserem Modell zu verstehen, beschränken wir das eigentlich zweidimensionale Problem der Kontinuitätsprüfung zunächst auf eine Kette von Neuronen (Fig. 2). Wir nehmen an, es handle sich um Detektorneuronen, deren rezeptive Felder eine zusammenhängende Sequenz bilden. Dann zeigt simultane Aktivität aller Neuronen dieser Kette Kontinuität einer durch die rezeptiven Felder verlaufenden Linie an. Zunächst soll nun erklärt werden, wie es durch zusätzliche Synchronisationsverbindungen zwischen direkt benachbarten Neuronen (Fig. 2) gelingt, die Aktionspotentiale der gesamten Kette zu synchronisieren und so das Kollektiv als zusammengehörig zu kennzeichnen.

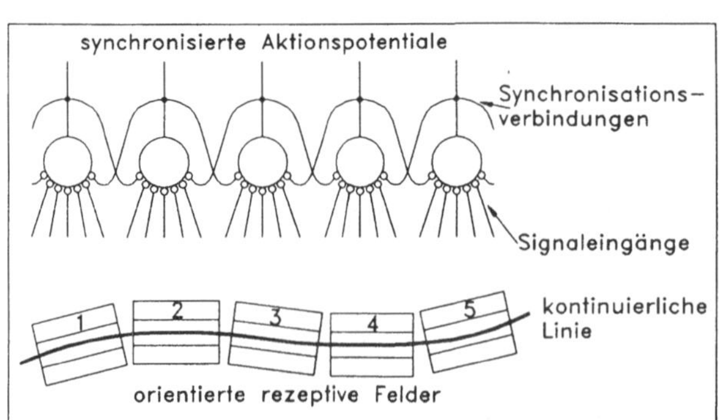

Fig. 2:
Die Detektorneurone werden über ihre Signaleingänge aktiviert, wenn eine Linie die orientierten rezeptiven Felder der Neurone durchläuft. Mit Verbindungen zwischen direkt benachbarten Neuronen wird eine Synchronisation ihrer Aktionspotentiale erreicht.

Die Detektorneuronen [9] werden über Signaleingänge von mehreren antagonistischen Neuronen aktiviert. Die synaptischen Gewichte dieser Eingänge sind verhältnismäßig klein und die Zeitkonstanten der Integratoren relativ groß. Ein einzelner

Spike an einem dieser Eingänge kann deshalb das Membranpotential nicht nennenswert ändern, und das Neuron kann nur durch hohe Raten an allen exzitatorischen Eingängen aktiviert werden. Demgegenüber sind die synaptischen Gewichte der Synchronisationseingänge deutlich höher und haben kürzere Zeitkonstanten. Ein einzelner Spike von einem Nachbarneuron kann deshalb das Membranpotential kurzzeitig deutlich erhöhen. Das Neuron zeigt ohne Signale an den Synchronisationseingängen das Verhalten eines völlig normalen Neurons: liegt das Membranpotential bei hohen Signalraten über dem Ruhepotential der Schwelle, so erzeugt es eine Spikerate, ansonsten ist es inaktiv. Liegt das Membranpotential über dem Ruhepotential der Schwelle und ist das Neuron nicht mehr in der Refraktärzeit, so kann ein einziger Spike an einem Synchronisationseingang das Neuron veranlassen, selbst ein Aktionspotential zu erzeugen. Ist hingegen keine Aktivität an den Signaleingängen vorhanden, so kann ein Spike an einem Synchronisationseingang kein Ausgangssignal bewirken, und das Neuron bleibt inaktiv.

Auf den ersten Blick scheint es zunächst unmöglich, eine längere Kette von Neuronen zu synchronisieren. Die Problematik resultiert aus einer, in unseren Simulationen mit einer Millisekunde angenommenen Verzögerung zwischen Eintreffen eines synchronisierenden Spikes und dem Aussenden eines Spikes. Wählt man eine Kette von nur 100 Neuronen, in der der Einfachheit halber zunächst das erste Neuron ein Aktionspotential erzeugt, so würde das zweite 1 ms später, das nächste 2 ms später und das letzte etwa 100 ms später aktiv werden. Da diese Verzögerung das Mehrfache des mittleren Spike-Abstands betragen würde, wäre Synchronisation nicht zu erreichen.

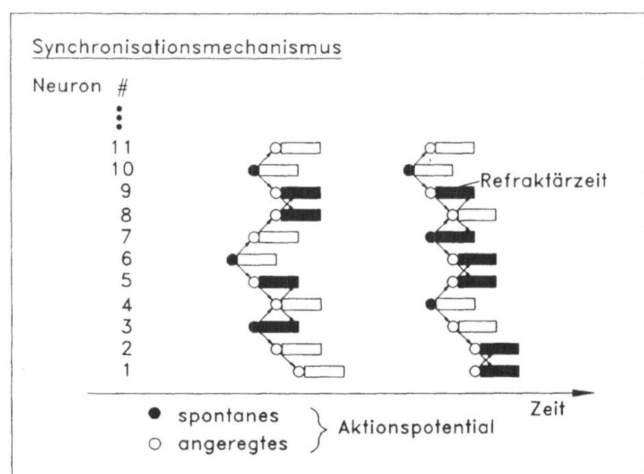

Fig. 3: Dargestellt ist der Synchronisationsmechanismus einer Neuronenkette mit Verbindungen zwischen direkt benachbarten Neuronen. Über diese Synchronisationsverbindungen können Nachbarneurone aktiviert werden, solange diese sich nicht in ihrer Refraktärzeit befinden.

Erfreulicherweise stellt sich diese Überlegung als Trugschluß dar, weil in dieser einfachen Betrachtung die Refraktärzeit der Modellneuronen außer Betracht gelassen wurde. Fig. 3 zeigt die wirkliche Funktionsweise, die sich in ausführlichen Simulationen bestätigt hat. Auf der waagerechten Achse sind die Zeitpunkte markiert, an denen ein Neuron ein Aktionspotential erzeugt. Auf der Ordinate sind in der Reihenfolge ihrer Nachbarschaft die Neuronen einer Kette (Fig. 3) eingetragen. Bei absoluter Synchronität müßten also die markierten Zeitpunkte genau senkrecht übereinanderliegen. Zum einfacheren Verständnis des Mechanismus nehmen wir an, daß zu einem bereits vergangenen Zeitpunkt, also außerhalb des linken Randes von Fig. 3, alle Neuronen der Kette ungefähr gleichzeitig gefeuert haben. Aufgrund der Raten an den Signaleingängen würden alle Neuronen auch ohne wechselseitige Verkopplung wieder feuern, allerdings mit einer zeitlichen Streuung. In unserem Beispiel (Fig. 3) seien die Neuronen 3, 6 und 10 am frühesten aktiv. Aufgrund der wechselseitigen Verkopplung (Fig. 2) stimuliert Neuron 3 um 1 ms verzögert seine Nachbarn 2 und 4. Eine weitere Millisekunde später triggert Neuron 2 seinen Nachbarn 1, und Neuron 4 möchte Neuron 5 stimulieren. Aber Neuron 5 war kurz vorher bereits von seinem anderen Nachbarn 6 aktiviert worden, ist deshalb in seiner absoluten Refraktärzeit und kann nicht von 4 erneut aktiviert werden.

Noch einfacher ist das Modell zu verstehen, wenn man sich vorstellt, daß von jedem signalgetriebenen aktivierten Neuron beginnend, Wellen ausgehen und nach beiden Richtungen die Kette entlanglaufen. Stoßen solche Wellenfronten zusammen, so erlöschen sie, weil ein bereits von einer Wellenfront aktiviertes Neuron in der Refraktärzeit ist und nicht von der anderen erneut aktivierbar ist. Mit diesem Bild läßt sich auch die Qualität der Synchronisation abschätzen. In einer Kette mit n Neuronen mögen i Neuronen signalgetrieben und (n-i) Neuronen stimulationsbedingt feuern. Im Mittel werden dann von einer Wellenfront n/2i Neuronen stimuliert, und es entsteht dabei eine Verzögerung $\Delta t = (n/2i)$ ms. Diese sehr grobe Abschätzung zeigt bereits, daß das Zeitintervall Δt, das die zeitliche Streuung der Spikes abschätzt, unabhängig von der Länge der Kette ist.

Auch die Simulationsergebnisse mit sehr langen Neuronenketten bestätigen diese Überlegung. Durch Variation der Neuronenparameter (synaptische Gewichte, Zeitkonstanten für Potential und Schwelle) konnte gezeigt werden, daß der Synchronisationsmechanismus stabil ist und nicht von einer eng begrenzten Parameterwahl abhängt.

3. Zweidimensionale Kontinuitätsprüfung und Synchronisation

Auf der Grundlage des oben vorgestellten Modells konnte auch für zweidimensionale Konturverläufe die Synchronisation der beteiligten Detektorneuronen simuliert werden. Das Bildfeld wurde in hexagonal angeordnete Teilbildfelder aufgeteilt und jedes dieser Teilbildfelder wird durch einen Satz von Detektorneuronen mit unterschiedlich orientierten rezeptiven Feldern beschrieben.

In Fig. 4 ist ein Ausschnitt aus dem in Inseln aufgeteilten Bildfeld dargestellt. Eine kontinuierliche Kontur, z. B. eine Linie wird dann durch die Detektorneuronen erfaßt, durch deren rezeptive Felder diese Linie verläuft. Zu diesen rezeptiven Feldern mögen die in Fig. 4 entsprechend numerierten Neuronen gehören, die dann durch ihre Aktivität diese Linie repräsentieren. In jedem Satz von Detektorneuronen, der zu einer von der Linie durchlaufenen Insel gehört, ist also ein entsprechendes Neuron aktiv, während die restlichen Neuronen (in Fig. 4 nur zum Teil dargestellt) unterschwellig bleiben.

Nach den Ergebnissen des letzten Kapitels ist es sehr einfach, diese Neuronen zu synchronisieren. Sie müssen nur über zusätzliche Synchronisationsverbindungen wechselseitig verbunden werden, also 1 mit 2, 2 mit 3 usw., bis sie über den Verlauf der Linie einer Kette bilden (vgl. Fig. 2). Diese wechselseitigen Verbindungen, also von 1 nach 2 und von 2 nach 1 sind, in Fig. 4 der Übersichtlichkeit halber nur durch eine einfache Verbindungslinie symbolisch dargestellt. Nach den Ergebnissen des vorhergehenden Kapitels besteht überhaupt kein Zweifel daran, daß sich die Aktionspotentiale dieser Neuronenkette synchronisieren, wenn die betrachtete Linie durch das Bildfeld verläuft.

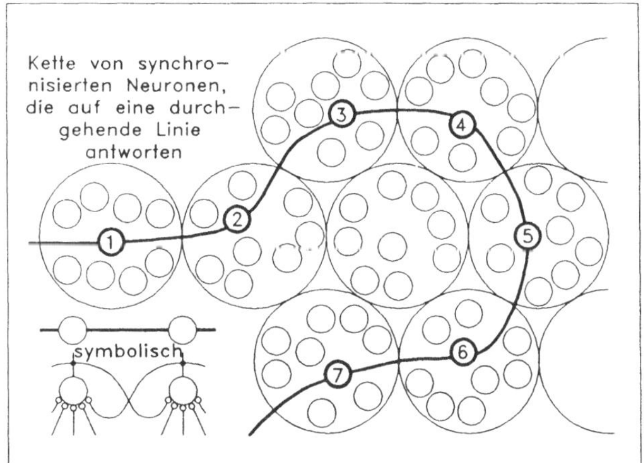

Fig. 4:
Ein Bildfeld ist unterteilt in hexagonal angeordnete Teilbildfelder. Für jedes Teilbildfeld existiert ein Satz von Detektorneuronen mit unterschiedlich orientierten rezeptiven Feldern. Eine Linie wird durch die Neurone erfaßt, durch deren rezeptive Felder sie verläuft.

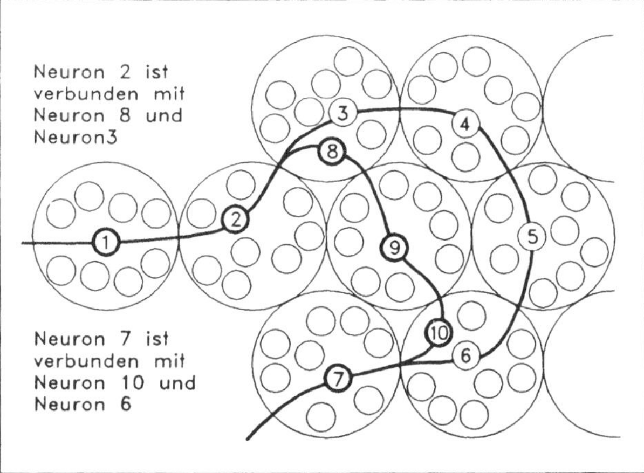

Fig. 5:
Teilweise unterschiedliche Linienverläufe werden auch zum Teil von verschiedenen Detektorneuronen erfaßt. Damit alle benachbarten Neurone mit zusammenpassenden rezeptiven Feldern ihre Aktionspotentiale synchronisieren können, werden mehrere Synchronisationsverbindungen benötigt.

Das eigentliche Problem besteht vielmehr darin, daß die wechselseitige Verbindungsstruktur spezifisch für diese eine Linie ist. Ändert sich diese Linie auch nur gerinfügig, werden nicht mehr alle Neuronen der Kette aktiviert. Die Linie verläuft jetzt teilweise durch andere rezeptive Felder, und es müßten nun z. B. die Neuronen 1, 2, 8, 9, 10, 7 zu einer Kette verschaltet werden (Fig. 5). Dabei dürfen aber die für die ursprüngliche Linie eingeführten Synchronisationsverbindungen nicht entfernt werden, da ja auch diese Linie wieder im Bildfeld erscheinen könnte. Es muß also gezeigt werden, daß die Synchronisation der neuen Kette durch das Verbleiben der zusätzlichen alten Verbindungen nicht gestört wird. Zwar empfangen die Neuronen der alten Kette an den Verzweigungspunkten weiterhin Synchronisationssignale, z. B. Neuron 3 von Neuron 2. Das rezeptive Feld von Neuron 3 wird aber bei Vorzeigen der neuen Linie nicht von einem Linienelement durchlaufen. Neuron 3 erhält folglich keine Aktivität an den Signaleingängen, kann also nicht von den Synchronisationsimpulsen allein aktiviert werden. Das gleiche gilt für Neuron 6 am unteren Verzweigungspunkt; selbstverständlich bleiben auch die Neuronen 4, 5 ohne Eingangssignal unterschwellig. Da nun aber alle an der neuen Linie unbeteiligten Neuronen inaktiv bleiben, senden sie auch keine Synchronisationsimpulse an die beiden Ketten gemeinsamen Neuronen 2, 7. Die neue Kette verhält sich deshalb so, als wären die verbliebenen Synchronisationsverbindungen nicht vorhanden, und die Aktionspotentiale der neuen Neuronenkette synchronisieren sich wie erwartet.

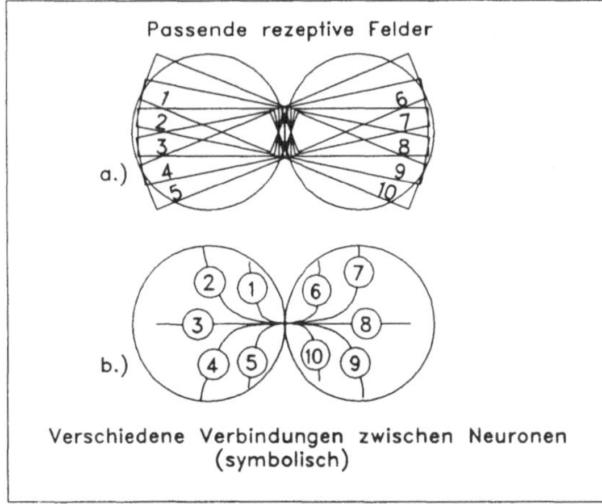

Fig. 6:
Dargestellt sind die Synchronisationsverbindungen einer zweidimensionalen Anordnung:
a.)
mehrere unterschiedlich orientierte rezeptive Felder passen aneinander,
b.)
symbolische Darstellung der Verbindungen zwischen den verschiedenen Detektorneuronen.

Durch diese Überlegungen ermutigt, lag es nun nahe, Synchronisationsverbindungnen zwischen allen Paaren von Neuronen mit zusammenpassenden rezeptiven Feldern vorzusehen. Fig. 6a zeigt (stilisiert), daß alle Linienelemente, die durch eines der rezeptiven Felder der linken Insel verlaufen, eine kontinuierliche Fortsetzung haben können, die durch jedes gezeigte rezeptive Feld der rechten Insel verläuft. Zwischen jedem der Neuronen in der linken Insel und jedem der Neuronen in der rechten Insel müssen deshalb wechselseitige Synchronisationsverbindungen vorgesehen werden. Diese Verbindungen wurden in Fig. 6b zu einem "doppelbaumförmigen" Symbol zusammengefaßt. Diese wechselseitige Verbindung von Neuronen benachbarter Teilbildfelder mit "passenden" rezeptiven Feldern wurde nun systematisch für alle Paare benachbarter Teilbildfelder vorgenommen (Fig. 7). Wir konnten nun mit beliebig im Bildfeld verlaufenden kontinuierlichen Konturen zeigen, daß alle Neuronen, durch deren rezeptive Felder diese Konturen verliefen, miteinander synchronisiert wurden. In den ersten Simulationen hatte das Bildfeld eine Größe, die die Untersuchung von Konturverläufen durch bis zu 137 Inseln ermöglichte [10]. In allen Fällen wurde Synchronisation erreicht.

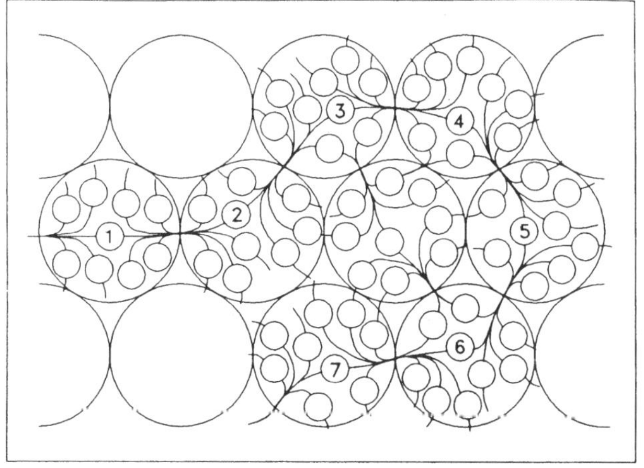

Fig. 7:
Wechselseitige Verbindungen von Neuronen benachbarter Teilbildfelder mit passenden rezeptiven Feldern.

4. Selbstorganisation der Synchronisationsverbindungen

Wie bereits erläutert, ist die Synchronisierung der Antwortsignale auf beliebige Konturen von der speziellen Verbindungstruktur abhängig, die nur Neuronen mit passenden rezeptiven Feldern verknüpft. Anstelle dieser spezifischen Verbindungsstruktur wählten wir eine vollständige Verbindungsstruktur, bei der nun alle Detektorneuronen einer Insel mit allen Neuronen aller benachbarten Inseln wechselseitig verbunden waren. Die gewünschte Verbindungsstruktur ist somit eine Untermenge der Ausgangsstruktur. Bei dieser Ausgangsstruktur waren jedoch die synaptischen Gewichte der Synchronisationsverbindungen zunächst auf Null gesetzt, so daß keine Synchronisation möglich war. Da hier nur das Prinzip untersucht werden sollte, nach welchem sich diese Verbindungen organisieren könnten, blieb das gewählte Bildfeld auf sieben Inseln (eine Rosette aus zentraler Insel und sechs Nachbarn) beschränkt.

Die synaptischen Gewichte der Synchronisationsverbindungnen waren bei diesen Untersuchungen veränderlich und konnten durch folgende Lernregel modifiziert werden.

$$\Delta w_{ij} \text{ (pro Spike von j nach i)} = \begin{cases} p \text{ wenn } w_{ij} \leq W \text{ und i überschwellig} \\[2mm] -q \text{ wenn } w_{ij} \geq q \text{ und i unterschwellig} \end{cases}$$

Diese dem Hebb'schen Lernen ähnliche Regel hat beim Vorzeigen von Trainingssequenzen mit unterschiedlichen kontinuierlichen Linienverläufen folgenden Effekt. Wegen der Kontinuität werden in benachbarten Inseln immer nur solche Paare von Neuronen aktiviert, deren rezeptive Felder zusammenpassen. Dabei sendet Neuron j Spikes an Neuron i. Weil das empfangende Neuron i überschwellig ist, vergrößert sich das Gewicht w_{ij} an Neuron i um $\Delta w_{ij} = p$. Entsprechend wächst auch w_{ji} an Neuron j wegen der wechselseitigen Symmetrie. Es bildet sich für ein Paar i, j von Neuronen mit zusammenpassenden rezeptiven Feldern die erforderliche Synchronisationsverbindung. Die Lerngeschwindigkeit hängt von der Wahl des Lernschrittes p ab, um den sich das Gewicht pro einlaufenden Spike vergrößert, solange das Sättigungsgewicht W noch nicht erreicht ist.

Werden Trainingssequenzen mit ausschließlich kontinuierlichen Konturen gezeigt, so können keine falschen Kombinationen gelernt werden. Geht man jedoch beim Training von Konturverläufen aus Bildern der natürlichen Umwelt aus (wie dies z. B. im biologischen System der Fall wäre), so könnten mit geringer Wahrscheinlichkeit auch Neuronenpaare verknüpft werden, deren rezeptive Felder nicht zusammenpassen. Diese statistisch unterrepräsentierten Kombinationen sollen nicht akkumulieren, deshalb enthält die Lernregel einen Zerfallsterm. Die Schrittgröße -q, mit der die Gewichte wieder zerfallen, ist jedoch wesentlich kleiner als die Zunahme p [11,12].

Literatur

[1] Freeman, W. J.: Mass action in the nervous system. Academic Press New York (1975)

[2] Eckhorn, R. et al.: Feature linking via stimulus-evoked oscil lations: Experimental results from cat visual cortex and funcional implications from a network model. Proc. IJCNN89, IEEE, 1.723-1.730 (1989)

[3] Gray, C. M., Singer, W.: Stimulus specific neuronal oscilla tions in the cat visual cortex: a cortical functional unit. Soc. Neurosc. abstr. 404.3 (1987)

[4] von der Malsburg, C.: The correlation theory of brainfunction. Internal report 81-2, Dpt. Neurobiology, Max Planck Institute for Biophysical Chemistry (1981)

[5] Mannion, C. L. T., Taylor, J. G.: Coupled excitable cells. NCM90: Developments in Neural Computing. Springer-Verlag (1990)

[6] Kammen, D. M., et al.: Collective oscillations in neural networks: functional architecture drives the dynamics. Proc. IJCNN90,LEA, 1.181-1.184 (1990)

[7] Schillen, T. B.: Simulation of delayed oscillators with the MENS general purpose modelling environment for network systems. In: Parallel Processing in Neural Systems and Computers, R. Eckmiller, G. Hartmann and G. Hauske (Editors), Elsevier Science Publishers B. B. (North-Holland), 135-138 (1990)

[8] French, A. S., Stein, R. B.: A flexible neuronal analog using integrated circuits. IEEE Trans. Biomed. Eng., 17, 248-253 (1970)

[9] Hartmann, G.: Processing of continuous lines and edges by the visual system. Biol. Cybern. 47, 43-50 (1983)

[10] G. Hartmann, S. Drüe, Feature Linking by synchronization in a two dimensional network, Proc. of the Internat. Joint Conf. on Neural Networks (IJCNN), 1, 247-250 (1990)

[11] G. Hartmann, S. Drüe, Self Organization of a Network Linking Features by Synchronization. In: Parallel Processing in Neural Systems and Computers, R. Eckmiller, G. Hartmann and G. Hauske (Editors), Elsevier Science Publishers B. B. (North-Holland), 361-364 (1990)

[12] G. Hartmann, S. Drüe, Verification of Continuity, Using Temporal Code, Proc. of the International Joint Conference on Neural Networks (IJCNN), San Diego, IEEE-Press, II, 459-464 (1990)

A Neural Architecture for 2-D and 3-D Vision

Volker Tresp

Siemens AG, Central Research and Development

ZFE IS INF2, Otto-Hahn-Ring 6, 8000 München 83, Germany

This paper presents a model-based neural vision system. Scenes are described in terms of shape primitives (line segments derived from edges in the scenes) and their relational structure. The neural network matches the primitives in the scene to the primitives in a model base by finding the best agreement between primitives and their relational structure under the constraint that at most one primitive in the model base should be assigned to a primitive in the scene. The quality of the solutions and the convergence speed were both improved by using mean field approximations. This approach was tested in 2-D and in 3-D object recognition. In the 2-D problem, the recognition is independent of position, orientation, size and small perspective distortions of the objects. In the 3-D problem, stereo images are used to generate a 3-D description of the scene which is then matched against objects in a model base.

1   Introduction

Many machine vision systems and, to a large extent, also the human visual system, are model based. The scenes are described in terms of shape primitives and their relational structure, and the vision system tries to find a match between the scene descriptions and 'familiar' objects in a model base. Although all objects are 3-D, often the problem can be reduced to 2-D. A recognition invariant to rotation, translation, scale and small perspective distortions can be achieved if only parameters invariant to those transformations are used in the recognition system. In the 2-D recognition described in this paper, shape primitives are line segments derived from the edges in the image, and scenes are described in terms of their spatial relations. A neuron is assigned to every possible match between primitives in the scene and the model base. The network is designed to find the best match between the scene description and the model base under the constraint that at most one primitive in the model base is assigned to a primitive in the scene description.

If the problem is intrinsically 3-D as in many robotics applications, the vision system should capture the true 3-D structure of the scene. Using the sensory information available, a 3-D description of the scene is generated which can then be compared to 3-D descriptions of models in the model base. If the information is gained from two stereo-images, as in this application, the correspondence problem

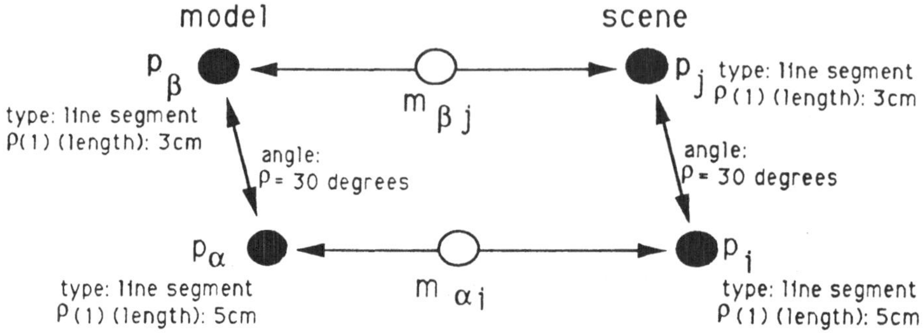

Figure 1: Match of primitive p_α to p_i.

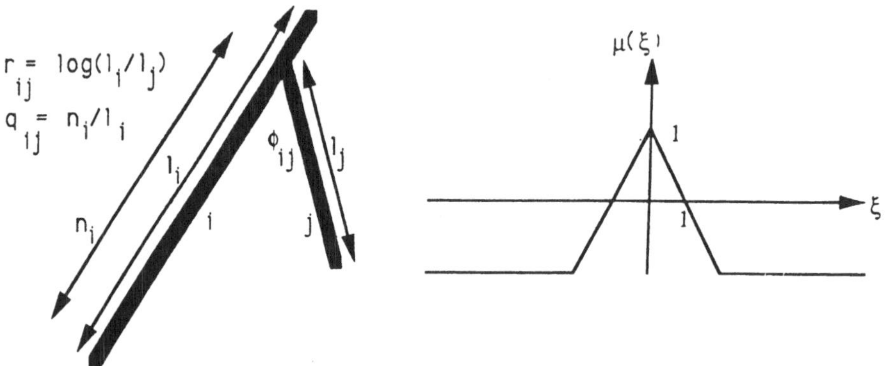

Figure 2: Definitions of r, q, and θ (left). The function $\mu()$ (right).

must be solved first. In this paper, we describe a neural network approach that offers an elegant method to handle the uncertainty in the 3-D scene description and solves both the correspondence problem and the model matching task.

2 The Network Architecture

The activity of a match neuron $m_{\alpha i}$ (Figure 1) represents the certainty of a match between a primitive p_α and in the model base and p_i in the scene description. The connectivity of the network is most easily described by the network's energy function where the fixed points of the network correspond to the minima of the energy function. The energy function in the system described here is the sum of several terms. The first term evaluates the match between the primitives

$$E_P = -1/2 \sum_{\alpha i} \kappa_{\alpha i} m_{\alpha i}. \tag{1}$$

The function $\kappa_{\alpha i}$ is zero if the type of primitive p_α is not equal to the type of primitive p_i. If both types are identical, $\kappa_{\alpha i}$ evaluates the agreement between parameters $\rho_\alpha^p(k)$ and $\rho_i^p(k)$ which describe properties of the primitives. Here, $\kappa_{\alpha i} = \mu(\sum_k |\rho_\alpha^p(k) - \rho_i^p(k)|/\sigma_k^p)$ is maximum if the parameters of p_α and p_i match (Figures 1 and 2).

A direct comparison of the primitives is not sufficient. The evaluation of the match between the relations of primitives in the scene and data base is performed by the energy term [2]

$$E_S = -1/2 \sum_{\alpha,\beta,i,j} \chi_{\alpha,\beta,i,j}\, m_{\alpha i} m_{\beta j}. \tag{2}$$

The function $\chi_{\alpha i} = \mu(\sum_k |\rho_{\alpha,\beta}^r(k) - \rho_{i,j}^r(k)|/\sigma_k^r)$ is maximum if the relation between p_α and p_β matches the relation between p_i and p_j.

The primitives can be interpreted as nodes in a graph and the relations between the primitives as labeled arcs. Seen in this way, the network solves a graph matching problem [1, 5, 7].

Depending on the application, uniqueness constraints may have to be satisfied. These can be incorporated as additional (penalty-) energy terms. For example, the constraint that a primitive in the scene should only match to one or no primitive in the model base (column constraint) can be implemented by

$$E_C = \sum_i [((\sum_\alpha m_{\alpha i}) - 1)^2 \sum_\alpha m_{\alpha i}]. \tag{3}$$

E_C is equal to zero only if in all columns, the sum over the activations of all neurons is equal to one or zero and positive otherwise.

If neurons are employed that can take on continuous values ($m_{\alpha i} \in (0,1)$), an additional term is helpful that encourages neurons to assume values close to zero or one

$$E_B = \sum_{\alpha i} m_{\alpha i}(1 - m_{\alpha i}). \tag{4}$$

2.1 Dynamic Equations and Mean Field Theory

2.1.1 MFA_1

The neural network should make binary decisions, match or no match, but binary recurrent networks get easily stuck in local minima. A higher probability of reaching a lower local minimum can be obtained by using the mean field approximation of statistical physics. Here, the network is interpreted as a system of interacting units in thermal contact with a heat reservoir of temperature T. Such a system minimizes the free energy $F = E - T\hat{S}$ where $\hat{S}$ is the entropy of the system. At $T = 0$ the energy E is minimized.

Bad local minima can be avoided by using an annealing strategy but annealing is time consuming when simulated on a digital computer. Using a mean field approximation, one can obtain deterministic equations by retaining some of the advantages of the annealing process [3]. The mean value $v_{\alpha i} = < m_{\alpha i} >$ of a neuron becomes $v_{\alpha i} = 1/(1 + e^{-u_{\alpha i}/T})$ with $u_{\alpha i} = -\partial E/\partial v_{\alpha i}$. These equations can be updated synchronously, asynchronously or solved iteratively by moving only a small distance from the old value of $u_{\alpha i}$ in the direction of the new mean field.

At high temperatures T, the system is in the trivial solution $v_{\alpha i} = 1/2$ $\forall \alpha, i$ and the activations of all neurons are in the linear region of the sigmoid function. The system can be described by linearized equations. The magnitudes of all eigenvalues of the corresponding transfer matrix are less than 1. At a critical temperature T_c the magnitude of at least one of the eigenvalues becomes greater than one and the trivial solution becomes unstable. T_c and favorable weights for the different terms in the energy function can be found by an eigenvalue analysis of the linearized equations [3]. MFA_1 is equivalent to the mean field theory of spin glasses [3].

2.1.2 MFA_2

It is also possible to obtain mean field equations which insure that at every temperature T, the column constraint is satisfied. One considers only states S in which exactly one neuron in every column is equal to one and all others are equal to zero or where all neurons in a column are equal to zero. Under the mean field assumption $v_{\alpha i} = 1 \times e^{u_{\alpha i}/T}/(1 + \sum_\beta e^{u_{\beta i}/T})$ with $u_{\alpha i} = -\partial E/\partial v_{\alpha i}$.

The column constraint term (Equation 3) drops out of the energy function. The high temperature fixed point corresponds to $v_{\alpha i} = 1/(N + 1)$ $\forall \alpha, i$ where N is the number of rows. MFA_2 is similar to the mean field theory of Potts glasses [3, 6].

3 Applications

3.1 2-D Object Recognition

Figure 3 shows the line segments extracted from a typical image in the preprocessing step. A single line segment can be described by position, orientation and length. Since none of these parameters is invariant under the transformations mentioned above, a direct comparison between the parameters of the primitives is not feasible and $E_P = 0$. The description of scene and models is therefore encoded in only the relations between line segments. Here, only relations of line segments within a local neighborhood are considered. $\chi_{\alpha,\beta,i,j}$ is equal to zero if not both a) p_α is attached to line segment p_β and b) line segment p_i is attached to line segment p_j. Otherwise, $\chi_{\alpha,\beta,i,j} = \mu(|\phi_{\alpha\beta} - \phi_{ij}|/\sigma_\phi^r + |r_{\alpha\beta} - r_{ij}|/\sigma_r^r)$ where ϕ is the angle between line segment and r the logarithm of the ratio of their lengths (Figure 2).

3.1.1 Experiments

The model base consisted of 6 different industrial objects which were typically described by 10 to 30 line segments each. The recognition was tested on scenes with objects in varying scale, position, illumination and orientation.

If the illumination allowed a clear separation between background and object, the preprocessing stage segmented the pieces into line segments in the same way as the corresponding pieces in the model base were segmented with variations on the extracted parameters ϕ and r. The recognition of the objects was always successful and all line segments matched correctly within about 20 time steps.

When the illumination became less uniform, the separation between background and object was not completely possible with simple thresholding. If the segmentation of a contour of an object was correct, that is the same as in the model base, the line segments were still matched correctly demonstrating the distortion insensitivity of the system. If portions of a contour were segmented incorrectly, the line segments in that portion were not matched, but the line segments in the correctly segmented portion of the contour were matched correctly allowing an object identification. However, if the model base consisted of all 6 pieces, the line segments in the incorrectly segmented part of the contour were sometimes matched to line segments in the wrong model. A remedy to this problem would be to include a term in the energy function of the form of Equation 1 that directly compares the lenghts of line segments. The scale invariance of the system would be decreased somewhat but in many applications only a small scale invariance is required (typically about 20%).

The recognition was tested on partially overlapping pieces. If a sufficient number of line segments in the contour of each piece could be segmented correctly, these line segments could be matched and object recognition was successful here as well (Figures 3).

3.2   3-D Object Recognition

3.2.1   The Correspondence Problem

As before, the two stereo images are segmented into line segments. In the scene in Figure 4, these lines correspond to the edges, structure and contours of the objects and shadow lines. To solve the correspondence problem, corresponding lines in left and right images have to be identified. A good assumption is that the appearance of an object in the left image is a distortion and shifted version of the appearance of the object in the other image with approximately the same scale and orientation. Therefore, the lengths l of line segments are compared, $\kappa_{\alpha i} = \mu(|l_\alpha - l_i|/\sigma_l^p)$ and the angles ϕ and attachment points q between adjacent line segments are compared, $\chi_{\alpha i} = \mu(|\phi_{\alpha\beta} - \phi_{ij}|/\sigma_\phi^r + |q_{\alpha\beta} - q_{ij}|/\sigma_q^r)$ (Figure 2).

Here, we have two uniqueness constraints: only at most one neuron should be active in each column or each row. The row constraint is enforced by an energy term equivalent to E_C: $E_R = \sum_\alpha [((\sum_i m_{\alpha i}) - 1)^2 \sum_i m_{\alpha i}]$.

Figure 4 shows the line segments and the matrix of match neurons after 10 iterations. All line segments that are present in both images could be matched. One of the legs of the wardrobe was only segmented in the right image and has no correspondence in the left image.

3.2.2   Description of the 3-D Object Structure

As result of the last section, we know which endpoints in the left image correspond to endpoints in the right image. In the experiments, the two cameras were mounted in parallel. If D is the separation of both cameras, f the focal lengths of the cameras, x_r, y_r, x_l, y_l the coordinates of a particular point in left and right images, the 3-D position of the point in camera coordinates x, y, z becomes $z = Df/x_r - x_l, y =$

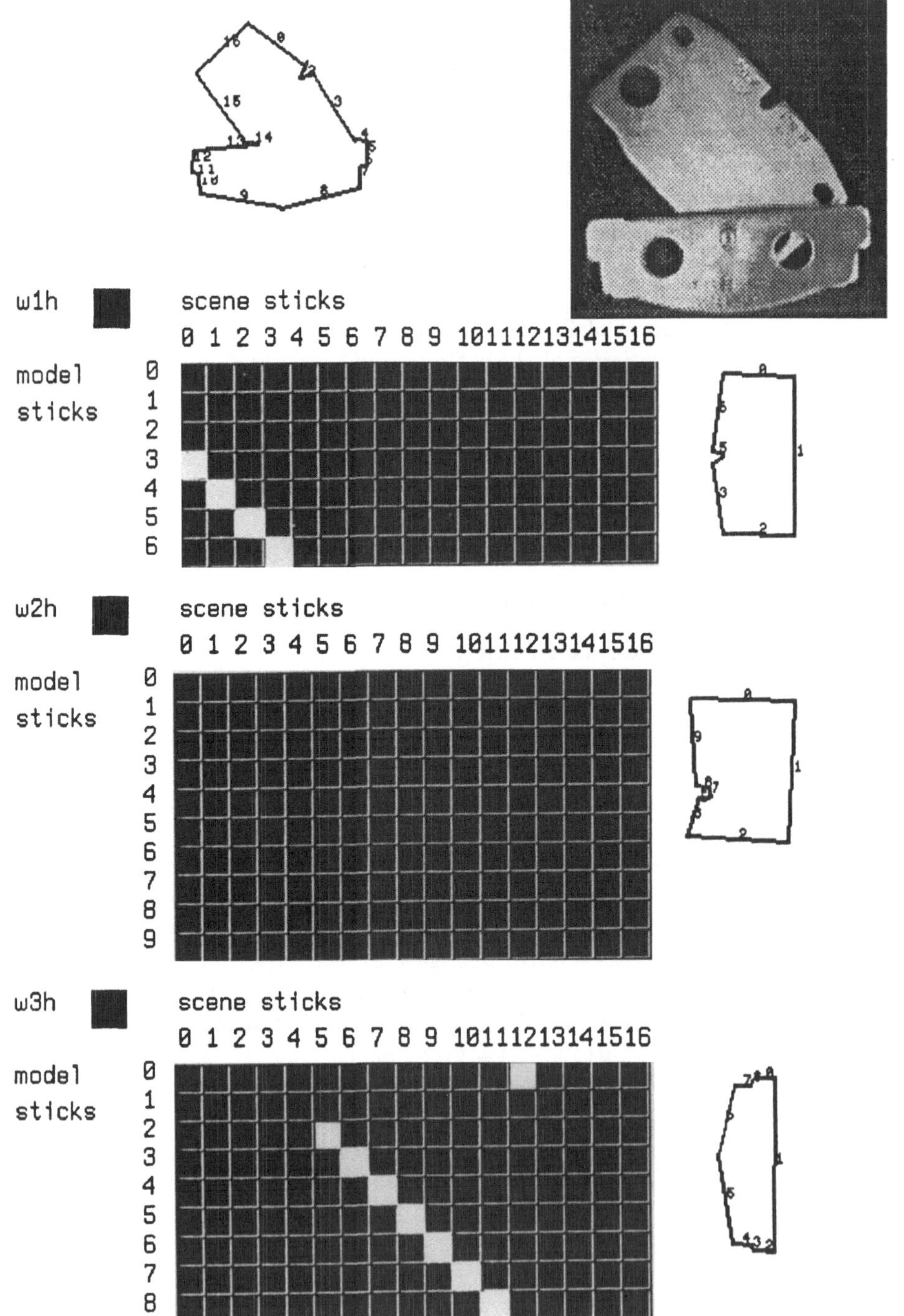

Figure 3: The network converges to a solution. Top right: scene. Top left: line segmentation.

zy_r/f, $x = zx_r/f + D/2$. This information is used to generate the 3-D description of the visible portion of the objects in the scene.

Knowing the true 3-D position of the endpoints of the line segments, the system concludes that the chair and the wardrobe are two distinct and spatially separated objects and that line segments 12 and 13 in the right image and 12 in the left image are not connected to either the chair or the wardrobe. On the other hand, it is not obvious that the shadow lines under the wardrobe are not part of the wardrobe.

3.2.3 Matching Objects and Models

The scene description now must be matched with stored models describing the complete 3-D structures of the models in the data base. The model description might be constructed by either explicitly measuring the dimensions of the models or by using several stereo views of the models.

Here, κ and χ are defined as in the correspondence problem. The knowledge about the 3-D structure allows a segmentation of the scene into different objects and the row constraint is only applied to neurons relating to the same object O in the scene $E_{R'} = \sum_O \sum_\alpha [((\sum_{i \in O} m_{\alpha i}) - 1)^2 \sum_{i \in O} v_{\alpha i}]$.

Figure 4 shows the network after 20 iterations. Except for the occluded leg, all line segments belonging to the chair could be matched correctly. All not occluded line segments of the wardrobe could be matched correctly except for its left front leg.

4 2-D and 3-D Position

In many applications, it is not sufficient to identify the objects in the scene. One is also interested in determining their position in camera coordinates. In general, the transformation between an object in a standard frame of reference $X_0 = (x_0, y_0, z_0)$ and the transformed frame of reference $X_S = (x_s, y_s, z_s)$ can be described by $X_s = RX_0$, where R is a 4×4 matrix (in 2-D: 3×3). R can be calculated using the coordinates of at least 4 points (in 2-D:3) using for example the pseudo inverse or an ADALINE [6]. In the 3-D case, R describes a translation followed by a shift and in 2-D scaling, rotation and shift. Using the coefficients of R, the object position can be calculated. If an ADALINE is used, the error after convergence is a measure for the consistency of the transformation. A large error can mean that either a wrong model was matched, or certain primitives were incorrectly classified.

5 Discussion

In the 2-D case, the experiments showed that the system recognizes objects robustly and reliably. The system relies on the correct identification of line segments and their relations in the scene in the preprocessing stage. More elaborate approaches must be used if the scenes become more complex and edges more ambiguous. Edge detection and reliable contour following can be increasingly difficult.

In the 3-D problem, only one scene was investigated. For more complex scenes, a hierarchical system can be considered. In the first step, simple objects such as

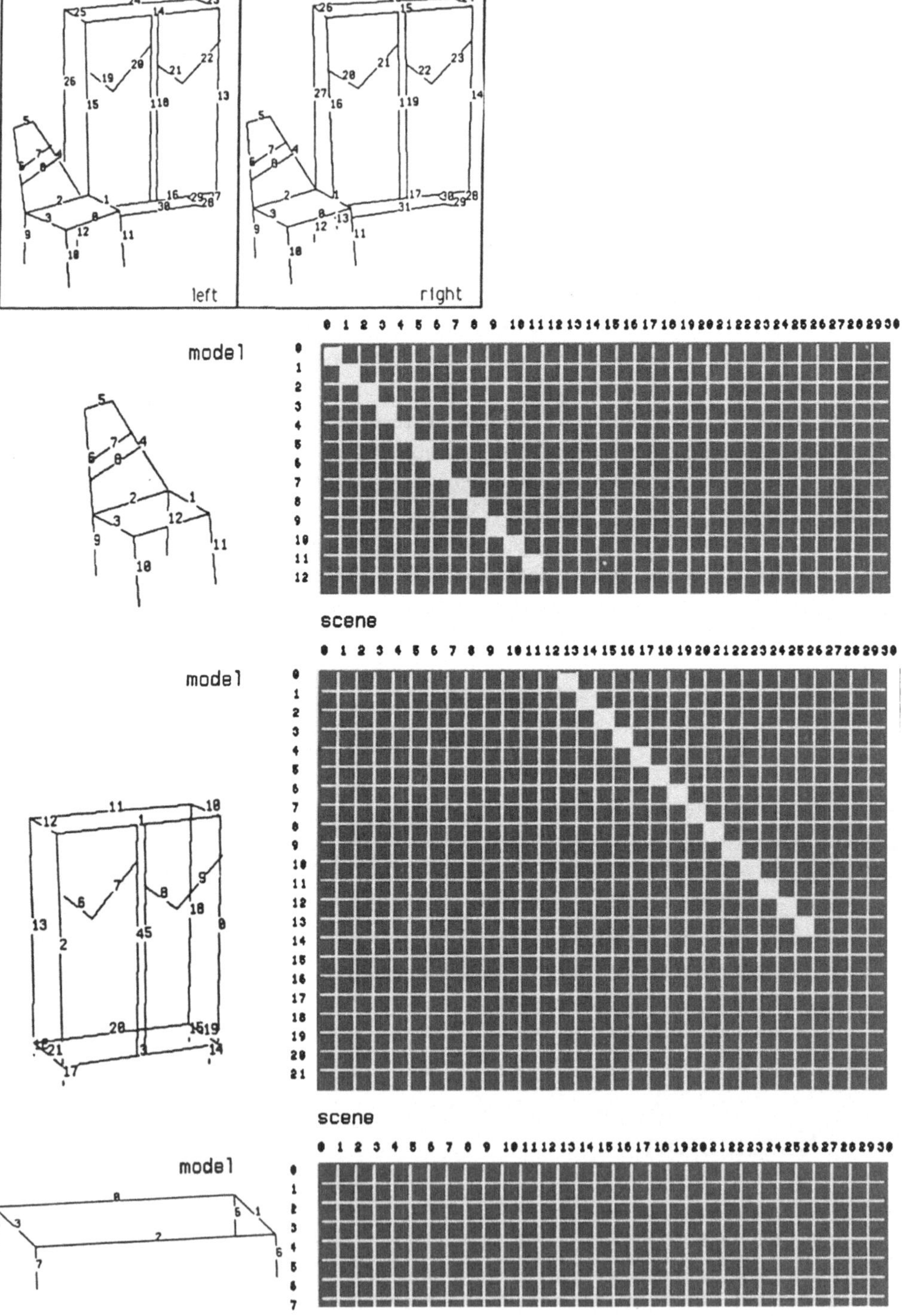

Figure 4: Top left: Stereo images segmented into line segments. Bottom: 3-D matching network.

squares, rectangles, and circles etc. would be identified and these form the primitives in a second stage to recognize complete objects. It might also possible to combine these two matching nets into one hierarchical net similar to the networks described in [2].

A comparison between MFA_1 and MFA_2 can be found in [6]. In general, both approaches find the same solutions, while MFA_2 allows greater time steps and therefore converges faster.

References

[1] E. Bienenstock, C. von der Malsburg. A Neural Network for Invariant Pattern Recognition. *Europhys. Lett.*, 4 (1), 121-126, 1987.

[2] Eric Mjolsness, Gene Gindi, P. Anadan. Neural Optimization in Model Matching and Perceptual Organization. *Neural Computation 1*, 218-209, 1989.

[3] Carsten Peterson, Bo Soederberg. A new method for mapping optimization problems onto neural networks. *International Journal of Neural Systems*, Vol. 1, No. 1, 1989.

[4] Grant Shumaker, Gene Gindi, Eric Mjolsness, P. Anadan. Stickville: A Neural Net for Object Recognition via Graph Matching. Tech. Report No. 8908, Yale University, 1989.

[5] Volker Tresp, Gene Gindi. Invariant Object Recognition by Inexact Subgraph Matching with Applications in Industrial Part Recognition. *International Neural Network Conference*, 1990, Paris, pages 95-98.

[6] Volker Tresp. A Neural Network Approach for Three-Dimensional Object Recognition in D. S. Touretzky, R. Lippman, (eds.) *Advances in Neural Information Processing Systems 3*, San Mateo, CA: Morgan Kaufman.

[7] Joachim Utans, Gene Gindi, Eric Mjolsness, P. Anadan. Neural Networks for Object Recognition within Compositional Hierarchies. Initial Experiments, Tech. Report No. 8903, Yale University, 1989.

Entwicklung eines lernfähigen Objekterkennungssystems

St. Vey[1], R. Bermbach[2]

[1]TH Darmstadt, Institut für Datentechnik, Merckstr. 25, 6100 Darmstadt
[2]Heimann GmbH, Weher Köppel 6, 6200 Wiesbaden

In diesem Bericht wird ein Erkennungssystem vorgestellt, dessen Ziel die automatisierte Auswertung von Röntgenbildern ist. Dabei liegt der Schwerpunkt auf der Erkennung spezieller Objekte, an die das System mittels einer Lernphase adaptiert wird. Ein besonders wichtiger Verarbeitungsschritt ist hier die Extraktion aussagekräftiger Merkmale, die kompakt den Inhalt eines Bildausschnittes beschreiben. Mit Hilfe dieser Kenngrößen kann eine anschließende Klassifikation die Zuordnung der detektierten Objekten zu bereits bekannten treffen. Die angeführten Resultate einiger untersuchter Erkennungsaufgaben bestätigen die zugrundeliegende Vorgehensweise.

Einführung

Die Aufgabenstellung, die diesem Bericht zugrundeliegt, ist in dem Bereich der Sicherungstechnik im Flugverkehr anzusiedeln. Den Ausgangspunkt stellen hierbei die Gepäckprüfanlagen (GPA) dar, die auf Flughäfen die Gepäckstücke der Reisenden mit Hilfe von Röntgenstrahlen durchleuchten. Der Inhalt der untersuchten Koffer wird in Form von Grauwertbildern auf einem zugehörigen Monitor zur Darstellung gebracht, wobei eine zusätzliche Materialinformation durch farbliches Kennzeichnen der einzelnen Regionen eingeblendet werden kann. Die anschließende Auswertung der Daten wird bislang ausschließlich durch menschliches Personal vorgenommen, das die Einstufung in sogenannte 'gefährliche' oder 'ungefährliche' Objekte vorzunehmen hat. Zur Entlastung dieses Bedienungspersonals soll nun die Analyse der Bilddaten möglichst weitgehend automatisiert werden. Der Recheneinheit, die die Auswertung vorzunehmen hat, steht dabei die gleiche Information und der gleiche zeitliche Rahmen wie dem menschlichen Personal zur Verfügung.

Die nach dem Durchdringen der Gepäckstücke aufgefangenen Signale werden elektronisch aufgearbeitet. Dabei entstehen für jeden untersuchten Koffer zwei verschiedene Arten von Bildern. Zum einen ist dies ein Lumineszenzbild (siehe Abb. 1), das eine Aussage über den Energieverlust des Röntgenstrahls beim Durchdringen der jeweiligen Region des Bildes macht. Dunkle Grauwerte repräsentieren hier ein hohes Absorptionsvermögen des durchleuchteten Objektes, helle hingegen eine große Durchlässigkeit. Zum anderen stellt die Anlage ein Materialbild (siehe Abb. 2) zur Verfügung, in dem die durchleuchteten Substanzen beurteilt werden. Hierbei findet eine Unterscheidung zwischen organischen (dunkler Grauwert) und anorganischen Stoffen (heller Grauwert) statt.

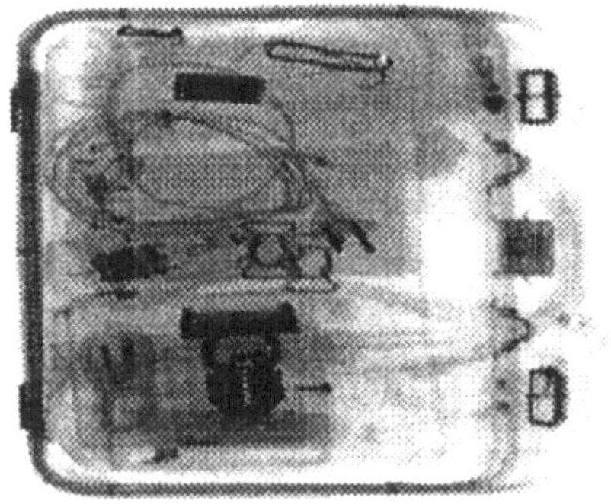

Abb. 1: Beispiel eines Lumineszenzbildes   **Abb. 2**: Beispiel eines Materialbildes

Mit Hilfe dieser beiden Bildinformationen soll nun ein angegliedertes System die 'Gefährlichkeit' der detektierten Gegenstände ermitteln, wobei die Suche nach Objekten mit fest definierten geometrischen Formen und Absorptionsvermögen im Vordergrund steht. Als ein typisches Beispiel läßt sich hier die Detektion von Waffen oder Waffenteilen anführen. Angestrebt wird dabei eine möglichst vollständige rechnerische Auswertung der Bilddaten. Diese Vorgabe wird jedoch nicht in allen Fällen zu erfüllen sein, da zum einen die Komplexität des Inhaltes der Gepäckstücke keinerlei Beschränkung unterliegt. Zum anderen können größere dunkle Bereiche innerhalb eines Bildes auftreten, über die sich aufgrund fehlenden Kontrastes keine näheren Aussagen machen lassen. In solchen Fällen muß menschliches Personal in den Entscheidungsprozeß miteinbezogen werden, wobei das System die betreffende Region des Bildes kennzeichnen und wenn möglich eine Beraterfunktion einnehmen soll.
Eine weitere Forderung an die Auswerteeinheit ist deren möglichst flexible Gestaltung. Die Anzahl und die Klassen der interessierenden Objekte kann je nach Anwendung differieren, bzw. es können nachträgliche Erweiterungen erforderlich sein. Daher wird auf eine einfache Adaptierung des Systems an eine neue Aufgabenstellung entscheidender Wert gelegt.

Aufbau des Systems

Der prinzipielle Aufbau des Gesamtsystems ist als Blockschaltbild in Abb. 3 dargestellt. Nach der Digitalisierung findet zunächst eine Vorverarbeitung der Bilddaten statt, bei der gängige Operationen zur Rauschunterdrückung oder Kontrastanhebung zum Einsatz kommen. Danach wird eine Segmentierung des Lumineszenzbildes mit dem Ziel durchgeführt, Objekte und Bildhintergrund zu separieren. Dadurch kann anschließend jedes Objekt einzeln der Merkmalsextraktion zugeführt werden, wobei der restliche Bildinhalt auszublenden ist. Mit Hilfe der Merkmalsextraktion wird versucht, mit möglichst wenigen charakteristischen Werten die Eigenschaften des untersuchten Gegenstandes zu beschreiben. Der Klassifikator nimmt dann schließlich die endgültige Zuordnung des Objektes anhand der extrahierten Merkmale vor. Aufgrund der Wichtigkeit der Module der Merkmalsextraktion und der Klassifikation wird diesen in dem vorliegenden Bericht besonderes Interesse gewidmet.

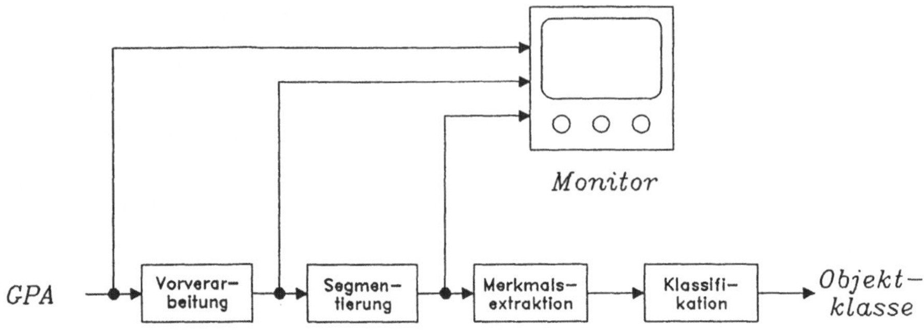

Abb. 3: Blockschaltbild des Gesamtsystems

Geeignete Wahl der Merkmale

Bei der Merkmalsextraktion steht zunächst die Entscheidung an, ob direkt mit den Grauwertbildern gearbeitet oder zur Verwendung von Binärbildern übergegangen werden soll. Durch eine Binarisierung der Bilddaten lassen sich z.B. die Konturen der Objekte sehr einfach beschreiben, die in kodierter Form als Merkmale eingesetzt werden können. Allerdings stellt die Binarisierung ein recht umfangreiches Problem dar, da hier Verfälschungen, gerade bei komplexen Strukturen oder bei Überlappungen der Gegenstände, auftreten. Dadurch werden existierende Unterschiede zwischen einzelnen Objekten verwischt oder ausgelöscht, wodurch eine Klassifikation zumindest erschwert, wenn nicht sogar unmöglich gemacht wird. Aus diesem Grund ist hier von einer Binarisierung abzusehen.

Ein wichtiges Kriterium zur Beurteilung eines Merkmalssatzes stellt die sinnvolle Wiedergabe der charakteristischen Größen eines Objektes dar. Gegenstände, zwischen denen keinerlei Gemeinsamkeiten existieren, müssen stark voneinander abweichende Merkmale hervorrufen. Hingegen dürfen die Merkmale bei sehr ähnlichen Objekten auch nur geringe Differenzen aufweisen. Auch die Anzahl der zu berechnenden Merkmale ist zu beachten. Je mehr Kenngrößen dem Klassifikator zugeführt werden müssen, desto größer ist der zur Auswertung erforderliche Aufwand. Andererseits bereitet dem Klassifikator die richtige Zuordnung bei einer sehr geringen Anzahl an Merkmalen Schwierigkeiten, da eine Entscheidung auf nur wenige Kriterien gestützt werden kann. Dies hat zur Folge, daß entweder die Fehlerrate steigt oder sich die Anzahl der Fälle erhöht, in denen eine Nachbearbeitung durch menschliches Bedienungspersonal erforderlich wird.

Eine andere wichtige Forderung ist die Invarianz der Merkmale gegenüber einer Rotation des Objektes im untersuchten Bild. Dies bedeutet eine erhebliche Erleichterung für die anschließende Klassifikation, da gewöhnlich alle Vektoren einer Klasse nur geringen Toleranzen unterliegen. Dadurch ist es möglich, eine optimale Cluster-Bildung im Merkmalsraum zu erreichen, bei der die einzelnen Bezirke klar abgesteckt werden können. Da die vorliegende Bildinformation nur das zweidimensionale Abbild einer dreidimensionalen Szene darstellt und daraus keinerlei Aussagen über die räumliche Anordnung gewonnen werden kann, können die Merkmale nur invariant gegen-

über Veränderungen in der x,y-Ebene sein. Drehungen, die die z-Ebene miteinschlie-
ßen und daher Änderungen in der geometrischen Form der Objekte bewirken, müssen
hingegen explizit berücksichtigt werden.

Bei der Realisierung einer geeigneten Methode zur Merkmalsextraktion können Erkenntnisse über den Aufbau des menschlichen visuellen Systems einfließen, welches die
Grundlage enormer kognitiver Leistungen darstellt. Aufgrund der ungeheuren Vielzahl
von Verarbeitungseinheiten im visuellen Cortex kann die Anwendung dieser Erkenntnisse jedoch nur sehr beschränkt möglich sein. Ein Ansatz, der sich mit einem vernünftigen Aufwand verwirklichen läßt, ist die Simulation der rezeptiven Felder der Ganglienzellen. Das Beispiel einer solchen Zelle ist in Abb. 4 dargestellt. Eine Ganglienzelle vergleicht die Lichtstärke in einem kleinen Gebiet der Netzhaut mit der durchschnittlichen Lichtstärke in dessen Umgebung. Sie reagiert dabei mit ihrer maximalen
Aktivität auf einen kreisförmigen Lichtreiz, der genau die Ausdehnung des Zentrums
besitzt. Diese rezeptiven Felder lassen sich sehr gut durch das Marr-Hildreth-Filter [1]
(siehe Abb. 5) annähern, welches seinerseits zur schnelleren Berechnung durch die
DoG (Difference of Gaussian) ersetzt werden kann.

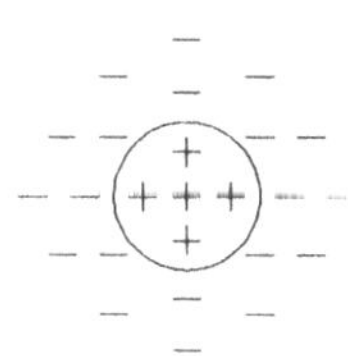

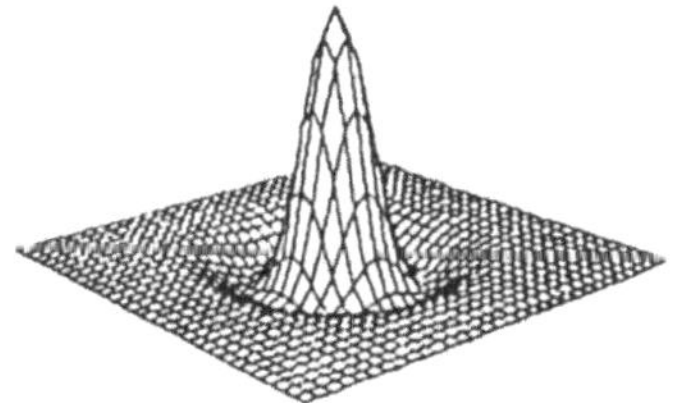

Abb. 4: Rezeptives Feld einer 'Ganglienzelle'

Abb. 5: 3D-Darstellung des Marr-Hildreth-Filters

Während das menschliche visuelle System
exakt das Aussehen des untersuchten Objektes und dessen genaue Orientierung ermittelt,
ist diese Art von Information für die zugrundeliegende Aufgabenstellung irrelevant. Daher
kann hier eine Datenreduktion durchgeführt
werden, indem nicht jedes einzelne rezeptive
Feld ausgewertet wird, sondern diese zu bestimmten Gruppen zusammengefaßt werden.
Um rotations- und translationsinvariante
Merkmale zu erzeugen, läßt sich das folgende
Verfahren verwenden. Zunächst wird von
dem detektierten Objekt der Schwerpunkt
ermittelt. Dieser gilt als Bezugspunkt, um den
anschließend konzentrische Ringe eingeteilt

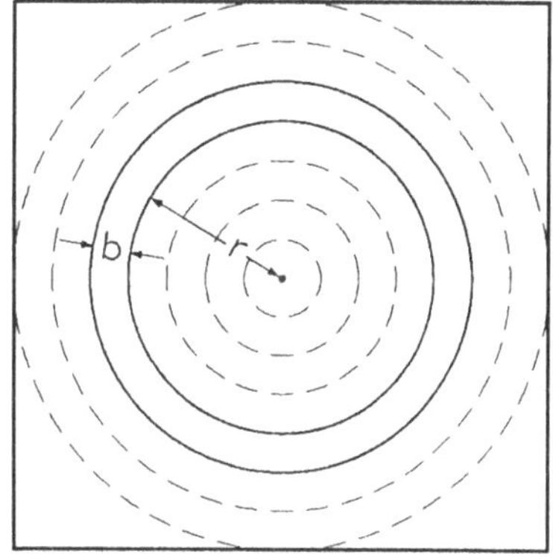

Abb. 6: Unterteilung des Segmentes in konzentrische Ringe

werden, die identische Breiten b bei unterschiedlichen Radien r besitzen (siehe
Abb. 6). Innerhalb dieser Ringe lassen sich nun einzelne rezeptive Felder anordnen,
deren resultierende Werte gemittelt werden. Für jeden dieser Ringe erhält man dann

ein Merkmal, das dessen 'Kantigkeit' angibt. Als weitere Anlehnung an das menschliche visuelle System kann auch noch zusätzlich die Berechnung des mittleren Grauwertes eines Ringes (Helligkeitsinformation) durchgeführt werden.

Weitere aussagekräftige Merkmale können mit Hilfe der zentralen Momente eines Objektes gewonnen werden. Aus diesen lassen sich Kenngrößen, die sogenannten *Moment Invariants* [2], herleiten, die ebenfalls invariant gegenüber einer Rotation des Objektes sind. Eine anschauliche Interpretation dieser Merkmale in Bezug auf das beschriebene Objekt ist zwar nur sehr begrenzt möglich, dennoch repräsentieren diese Größen im allgemeinen recht gut die geometrischen Ausmaße. Eine alleinige Benutzung dieser Merkmale ist jedoch nicht ratsam, da lokale Eigenschaften gerade bei komplexen Objekten nur durch die Berücksichtigung sehr vieler Momente zu beschreiben sind und die Werte der höheren Ordnung einen extremen Dynamikbereich aufweisen.

Im Anschluß an die eigentliche Merkmalsextraktion findet noch eine Transformation der Merkmale mit Hilfe der Karhunen-Loeve-Transformation statt. Dadurch wird zum einen eine Reduzierung der irrelevanten Information erreicht, durch die der Aufwand bei der nachfolgenden Klassifikation deutlich verringert werden kann. Andererseits wird jedoch auch die Repräsentation der relevanten Information verbessert, da die gewonnenen Koeffizienten unkorreliert sind. Für den Einsatz der Karhunen-Loeve-Transformation spricht dabei, daß diese unter allen linearen orthogonalen Transformationen die größtmögliche Leistungskonzentration auf wenige Koeffizienten bewirkt.

Anhand der durchgeführten Untersuchungen hat sich nun die folgende Anordnung zur Merkmalsextraktion bewährt. Ausgehend vom Schwerpunkt des Objektes werden 32 konzentrische Ringe erzeugt, die jeweils eine Breite von zwei Bildpunkten besitzen und nichtüberlappend angeordnet sind. Auf die weitere Verwendung der beiden innersten Ringe wird dabei jedoch verzichtet, da diese nur aus sehr wenigen rezeptiven Feldern aufgebaut sind und die resultierenden Werte daher leicht durch Störungen beeinflußt werden. Dadurch reduziert sich die Anzahl der benutzten Ringe auf insgesamt 30, wobei für jedes dieser Gebiete sowohl dessen 'Kantigkeit' als auch dessen mittlerer Grauwert ermittelt wird. Weiterhin kommen 17 *Moment Invariants* zum Einsatz, so daß insgesamt 77 Merkmale zur Beschreibung eines Objektes extrahiert werden (siehe Abb. 7). Mit Hilfe der Karhunen-Loeve-Transformation findet dann schließlich eine Reduktion auf 60 Koeffizienten statt.

m_1 m_2 $\cdots$ m_{30} m_{31} m_{32} $\cdots$ m_{60} m_{61} m_{62} $\cdots$ m_{77}

Kanten- information	Helligkeits- information	Moment Invariants

Abb. 7: Aufbau des Merkmalsvektors

Der Klassifikator

Als Klassifikator kommt ein Vertreter der Neuronalen Netze zum Einsatz. Hierbei handelt es sich um das Multilayer-Perzeptron [3], dessen Topologie in Abb. 8 dargestellt ist. Diese Art von Klassifikator findet in jüngster Zeit immer häufiger Verwendung, wohl auch aus dem Grund, daß sie weniger restriktive Anforderungen an die Beschaffenheit der Eingangssignale stellt als z.B. gängige statistische Klassifikatoren. Dadurch lassen sich auch Aufgaben mit sehr komplexen Zusammenhängen lösen.

Die optimale Größe des Netzes hängt dabei von der Komplexität der jeweiligen Anwendung ab. Es haben sich hierfür jedoch ideale Werte herauskristallisiert, mit deren Hilfe alle unter-

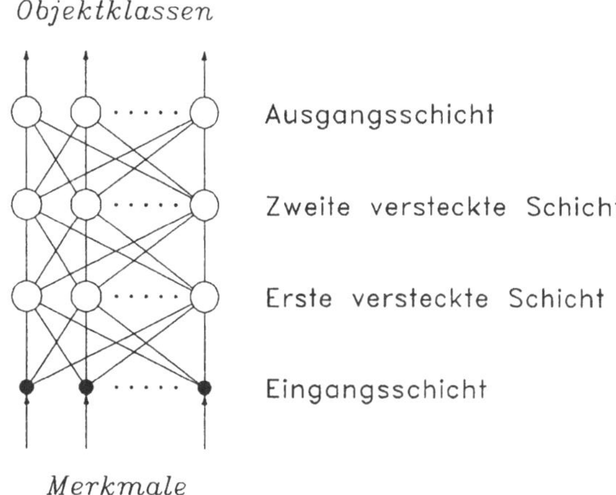

Abb. 8: Topologie eines dreilagigen Perzeptrons

suchten Aufgabenstellungen gelöst werden konnten. Hierbei handelt es sich um ein dreilagiges Perzeptron, das in der ersten versteckten Lage 50 Neuronen und in der zweiten 40 Neuronen besitzt. Die Anzahl der Neuronen in der Eingangsschicht wird von der Anzahl der Merkmale bestimmt (60) und die der Ausgangsschicht, je nach Aufgabenstellung, von der Anzahl der zu unterscheidenden Objektklassen.

Verwendete Hardware

Aufgrund der Forderung nach einer möglichst geringen Reaktionzeit des Systems kann die Auswertung der Röntgenbilder nur von einem Multi-Prozessor-System durchgeführt werden. Um zusätzlich die Rechenleistung an die jeweilige Aufgabenstellung anpassen zu können, wird eine flexibel zu konfigurierende Hardware benötigt, die sich sehr gut mit Hilfe von Transputern realisieren läßt. Hierbei handelt es sich um leistungsstarke RISC-Prozessoren, die über vier schnelle bitserielle Übertragungskanäle verfügen, über die die einzelnen Prozessoren miteinander kommunizieren können.

Mit Hilfe eines solchen Multi-Prozessor-Systems können zudem die zeitraubenden Trainingsphasen in akzeptablen Grenzen gehalten werden. Dabei lassen sich für den Geschwindigkeitsgewinn durchaus Faktoren erzielen, die in etwa der Anzahl an benutzten Prozessoren entsprechen. Dies fordert jedoch auch eine flexible Gestaltung der eingesetzten Software. So wird z.B. vor dem Beginn der Trainings- oder Klassifikationsphase zunächst die Anzahl an vorhandenen Prozessoren und deren exakte Verschaltung ermittelt. In Abhängigkeit dieser Faktoren findet anschließend die Verteilung des Neuronalen Netzes auf dem Prozessor-System statt, wobei die Forderung nach einer möglichst gleichmäßigen Auslastung der Prozessoren erfüllt wird.

Testergebnisse

Die durchgeführten Untersuchungen befaßten sich mit der Erkennung verschiedener Objekte unter dem Gesichtspunkt beliebiger Rotationen in der x,y-Ebene. In Abb. 9 sind einige der verwendeten Lumineszenzbilder dargestellt, wobei es sich hier lediglich um eine willkürliche Auswahl der zu unterscheidenden Gegenstände handelt. Zur Lösung der Aufgabe konnte der Aufwand innerhalb der Lernphase recht gering gehalten werden, da maximal 6 Darstellungen der Gegenstände in unterschiedlichen Orientierungen trainiert werden mußten, um später die exakte Zuordnung der Objekte in beliebigen Lagen garantieren zu können. Bei idealen Voraussetzungen genügt es schon, jedes Objekt durch eine einzige Darstellung im Lernumfang zu repräsentieren. Aufgrund der orientierungsspezifischen Verzerrungen, die durch das Aufnahmeverfahren bedingt sind, ist dies mit dem benutzten Bildmaterial jedoch nicht zu erreichen.

Um die Möglichkeiten des Klassifikationssystems besser ausloten zu können, wurden im weiteren auf optischem Wege gewonnene Darstellungen von Puzzleteilen benutzt, von denen eine Auswahl in Abb. 10 dargestellt ist. Durch die Verwendung dieses Bildmaterials kann sowohl die Fehlertoleranz des Systems als auch dessen Sensibilität bei der Zuordnung ermittelt werden. Das System war hier in der Lage, trotz der teilweise sehr großen Ähnlichkeit zwischen den verwendeten Puzzleteilen, alle Teile voneinander unterscheiden zu können. Während der Lernphase mußten nur maximal 5 Darstellungen pro Puzzleteil präsentiert werden, um die fehlerfreie Zuordnung aller Teile in beliebigen Lagen zu garantieren. Für den Einsatz bei der Detektion 'gefährlicher' Objekte steht jedoch eher das Abstraktionsvermögen des Systems im Blickpunkt, dessen Bestimmung ebenfalls erstaunliche Ergebnisse lieferte. So wurde z.B. gleichzeitig mit den Röntgenbildern auch eine repräsentative Untermenge der Puzzleteile gelernt, wobei die exakte Zuordnung der restlichen Teile zu dieser Klasse überprüft wurde. Dies konnte fehlerfrei durchgeführt werden, selbst in den Fällen, in denen nur ein einzelnes Puzzleteil während der Lernphase präsentiert wurde.

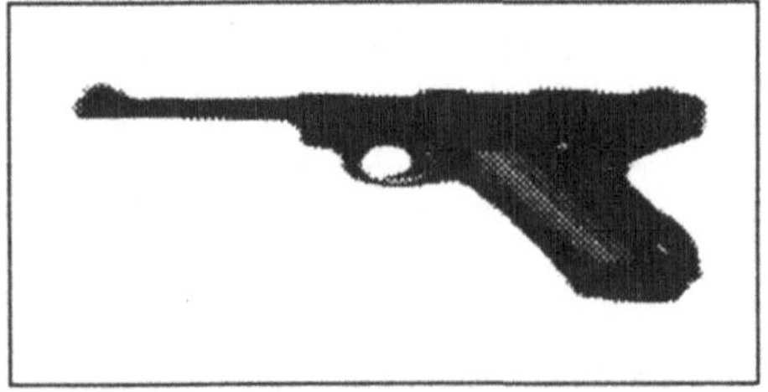

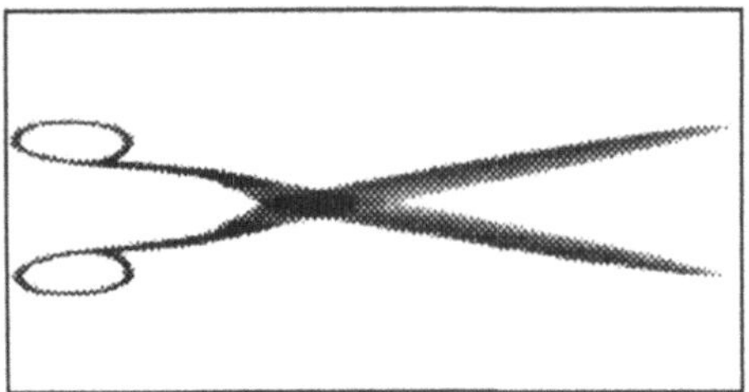

Abb. 9: Auswahl der zu unterscheidenden Gegenstände

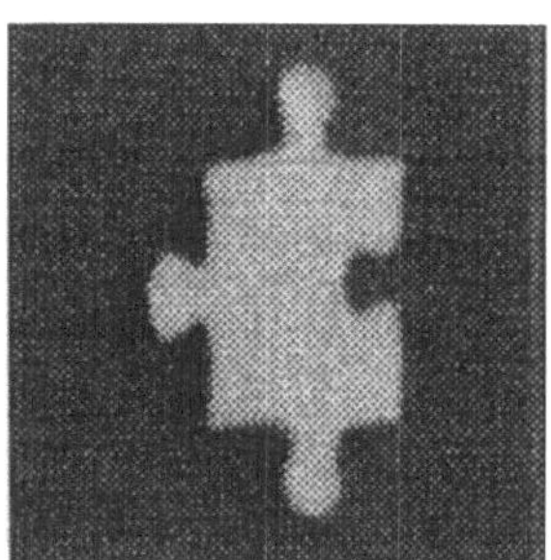

Abb. 10: Auswahl der verwendeten Puzzleteile

Bewertung und Ausblick

Zusammenfassend ist zu sagen, daß aufgrund der durchweg positiven Ergebnisse das implementierte Verfahren zur Merkmalsextraktion eine ausgezeichnete Methode zur Lösung dieser komplexen Aufgabenstellung darstellt. Hervorzuheben ist dabei, daß eine Adaptierung des Systems an eine neue Aufgabenstellung sehr leicht zu erreichen ist, da dem System die erforderliche Sensibilität der Auswertung alleine durch eine entsprechende Struktur der Lerndaten aufgeprägt wird. Bei der vorliegenden Aufgabe der Detektion 'gefährlicher' Gegenstände ist z.B. ein hohes Abstraktionsvermögen gefordert, damit alle betroffenen Objekte mit einem möglichst geringen Stichprobenumfang erfaßt werden. Dies kann dem System ebenso auferlegt werden wie die Differenzierung sehr ähnlicher Objekte. Gerade durch diese sensiblen Auswertemöglichkeiten eröffnen sich neue Anwendungsgebiete, die ebenfalls mit diesem Aufbau zu bewältigen sind. Beispielhaft soll hier die Qualitätskontrolle angeführt werden, bei der im industriellen Prozeß die Einhaltung der maximalen Herstellungstoleranzen überwacht wird. Dies läßt sich dadurch erreichen, daß dem Erkennungssystem während der Lernphase ein repräsentativer Umfang an fehlerbehafteten und fehlerfreien Werkstücken vorgeführt wird, anhand deren es die einzelnen Fehlerquellen lokalisieren kann.

Als ein Schwerpunkt zukünftiger Arbeiten läßt sich eine verbesserte Segmentierung der Röntgenbilder anführen. Bislang kann das Zuordnen der detektierten Objekte nur dann fehlerfrei durchgeführt werden, wenn diesen keine anderen metallischen Gegenstände überlagert sind. Für die Lösung des Problems bietet sich im folgenden eine intensivere Nutzung der Materialinformation an. Die Überlagerung durch organische Substanzen ist hingegen weniger kritisch, da hier im Normalfall lediglich mit einer geringen Helligkeitsreduktion zu rechnen ist.

Literatur

[1]   Marr, Hildreth: Theory of Edge Detection; Proc. R. Soc. London B 207; 1980; S.187-217

[2]   Hu: Visual Pattern Recognition by Moment Invariants; IRE Transactions on Information Theory; Vol.IT-8; Feb. 1962; S.179-187

[3]   Rumelhart, McClelland: Parallel Distributed Processing; MIT Press; 1986

The SNNS Neural Network Simulator

Andreas Zell, Niels Mache, Tilman Sommer, Thomas Korb

Universität Stuttgart,
Institut für Parallele und Verteilte Höchstleistungsrechner (IPVR),
Breitwiesenstr. 20-22, D-7000 Stuttgart 80,
E-mail: zell@informatik.uni-stuttgart.de

SNNS is a neural network simulator for Unix workstations developed at the Universität Stuttgart. It consists of a simulator kernel, a graphical user interface based on X-Windows to interactively construct and visualize neural networks, and a compiler to generate large neural networks from a high level network description language. Applications of SNNS currently include printed character recognition, handwritten character recognition, recognition of machine parts, stock prize prediction, noise reduction in a telecom environment and texture analysis, among others. We also give preliminary design decisions for a planned parallel version of SNNS on a massively parallel SIMD-computer with more than 16,000 processors (MasPar MP-1216) which has been installed at our research institute recently.

Keywords: connectionism, neural networks, network simulators

1. THE SNNS NEURAL NETWORK SIMULATOR

SNNS (Stuttgart Neural Network Simulator) is an efficient and portable neural network simulation environment for Unix workstations. It is a software tool to generate, train, test and visualize artificial neural networks. The simulator consists of three major components: a simulator kernel that operates on the internal representation of the neural networks, a graphical user interface to interactively construct and change small neural nets, and a compiler to generate large neural networks from a high level network description language. The whole simulator has been developed in C on Unix workstations. The graphical user interface was implemented under X-Windows X11 Release 4.0 with the MIT Athena widget set, for maximal portability.

The simulator kernel of SNNS operates on the internal representation of the neural networks and performs all operations of the learning and recall phase. It is loosely coupled with the network compiler by a network description file and closely with the graphical user interface via a function call interface. The simulator kernel is written in C for efficiency and portability and has already been ported to a number of architectures (Sun 3, Sun 4, DECStation 3100 / 5000 HP 9000, IBM PC 386 with Unix Sys. V and SCO Xenix V, IBM RISCSystem/6000). With more than 1.1 M CPS (connections per second) on a DECStation 3100 and more than 2.2 M CPS on an IBM R/6000 Model 520 it is a rather fast general purpose workstation simulator.

The graphical user interface, based on X-Windows, is a tool to construct the topology and to visualize and modify small to medium sized nets interactively with an integrated graphical editor. It can also be used to generate and save test patterns for small networks. To economize on screen space the display elements are kept in separate windows and can be arbitrarily arranged or hidden if desired. There are various ways to display or modify nodes and links or selected sets of them. An integrated help facility aids the novice with the interface. Networks can be modified through the user interface during simulation. Units and connections may be generated, deleted, or changed from the graphical interface. Contrary to most other simulators in SNNS these modifications can be done in a very simple point and click manner directly from the visual display of the network topology.

Our network description language Nessus is a high level procedural language designed for the descripton of neural network topologies. The Nessus compiler generates the internal representation of large neural networks from this high level language. The compiler was implemented in C with the aids of lex and yacc and can generate large networks very rapidly. We have successfully generated networks with more than 10.000 nodes and more than one million weights with the compiler but have not attempted to train these networks.

The structure of the whole simulator can be visualized as in Fig. 1.

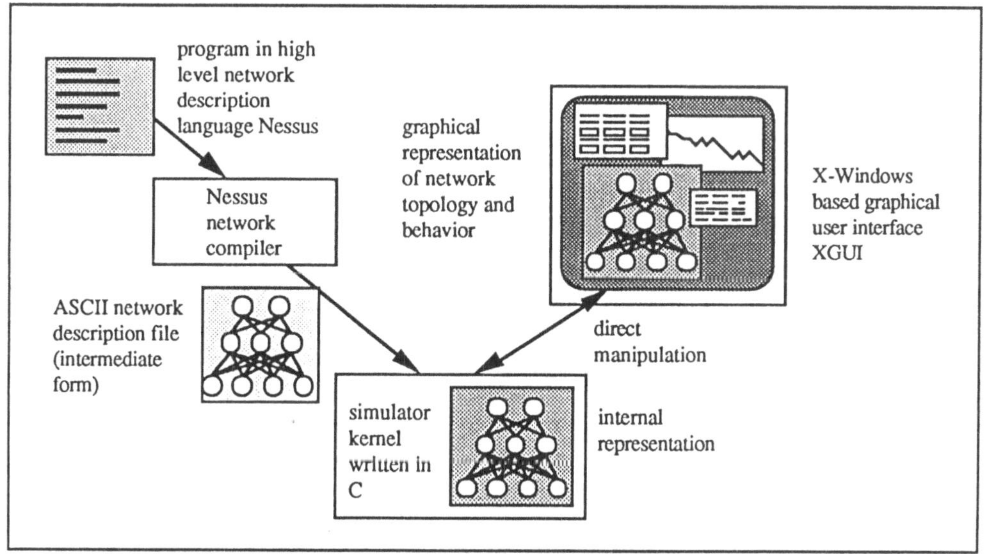

Fig. 1: Simulator kernel, graphical user interface and network compiler of SNNS

2. SIMULATOR KERNEL

The kernel performs activation propagation and learning. Learning can be supervised or not. Networks can be modified through the user interface during simulation. Units may be introduced, removed, or have their activation values changed. Connections among the units may be inserted, deleted, redirected, or have their strengths modified, if needed.

2.1. Simulator kernel layers

The simulator kernel is composed of four layers of increasing level of abstraction. The innermost layer are the memory management functions. They provide functions for the allocation and disallocation of data structures in large blocks of contiguous memory, thus enhancing the standard Unix memory management. The next layer comprises all functions that modify the network, including propagation and learning functions. The next layer consists of the functions that the kernel provides as interface between itself and the X graphical user interface. The fourth layer consists of the file I/O interface to the network compiler.

2.2. Internal data structures

A dynamic unit array was chosen for efficiency reasons to hold the contents of the units. If more units are requested than are available in the unit array, the SNNS memory management demands a new larger array from the operating system and efficiently copies all data and point-

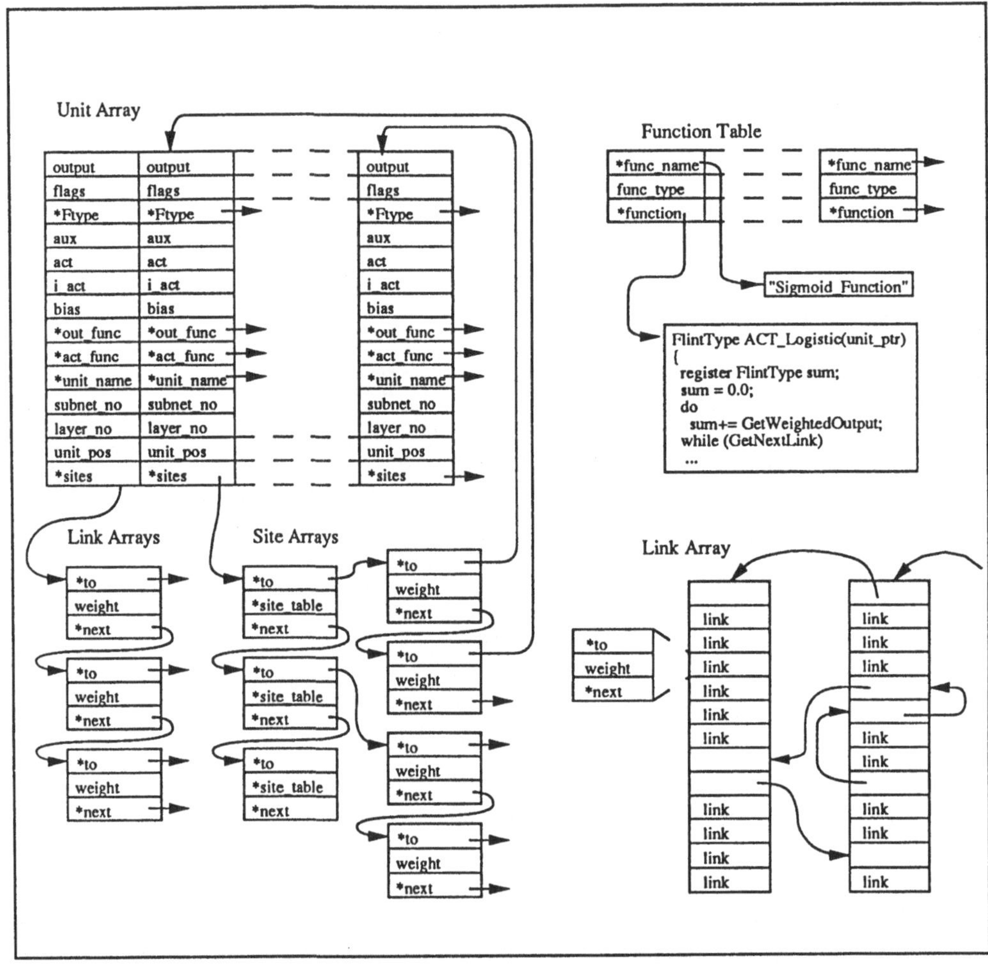

Fig. 2: SNNS simulator kernel internal data structures

ers to substructures to the new array, disallocating the old unit array. The main internal data structures are represented graphically in fig. 2.

Currently about a dozen activation and output functions are already supplied with the simulator, but it is very easy to write other transfer functions in C, then compile and link them to the simulator kernel. They then show up in the user interface and can be chosen from a menu.

Five different modes of forward activation spreading can be selected: synchronous firing, random order, random permutation, topologic order, and fixed order (by internal unit number). The simulator allows the generation of new links or units at run time. For testing purposes any property of a cell or connection may be inspected or changed between cycles at run time.

The kernel does not differentiate between feedforward and feedback networks since we wanted to allow experimentation with feedback networks as well. It is the task of the user to guarantee the feedforward property if he wants to work with learning rules like standard back-propagation. Also, the simulator kernel does not possess a layer concept, but regards the network as flat. A layer concept is imprinted on the network either by the user or by the network compiler.

3. GRAPHICAL USER INTERFACE

Even for small neural networks a text-based or a numerical representation of the network and its activities is usually inadequate. A graphical representation of the network is necessary to display the dynamics of the simulation. But for larger networks with many units and connections even a graphical display can be rather confusing. Therefore, a graphical user interface must contain appropriate tools to efficiently constrain the number of objects and the amount of information displayed.

3.1. Network visualization

The graphical user interface consists of the following windows which can be positioned and controlled independently:

* a *manager panel* with info panel (above), below the menu button GUI, with which other windows may be opened, a message line and a status information line
* several *graphical displays* of the network
* a *remote panel* to control the activity of the simulator (like with a TV remote control)
* a *control panel* which is used to control learning and to test the network
* several *help windows* for context sensitive help

A number of popup windows (transient shells) are only visible on request and block all other windows of SNNS. These are

* a *file panel* to load and store networks and patterns
* a *setup panel* to control the graphical appearance of the networks
* a *confirmer* to demand user confirmations and to display important messages
* a *list panel* to choose several alternatives from a list
* a *layer panel* to select the layers of units that are displayed. Our display layers do not necessarily correspond to layers of the network topology. They are similar to overhead transparencies on the visual display. Several layers may be displayed in a window.

Fig. 3 shows a version of the current graphical user interface. Not visible here are a help panel with context sensitive help, a text panel to record a session with the simulator which can be loaded and replayed and a setup panel to control the display of units and links.

Units are usually displayed as growing boxes or growing bars in a raster of positions. The user can control the raster size of the graphic window, the visual representation of units (activation values, output values, number, name) and the display of links (directed, undirected, weight). Connections and units can be displayed selectively, i.e. the user may choose to display only those units whose activations or outputs exceed a given display threshold or only those links whose weights are in a certain range. This allows watching the growth of units and the establishing or deterioration of strong links during learning.

Our simulator now can utilize color displays (8 Bit color). It then gives a color coded display of the units activations or outputs and uses color to indicate weight sign and strength. This is not only an improvement of looks but can convey more information in the same area.

3.2. Network editing

The graphical interface is not only used to display a neural network but to generate and manipulate it as well. Therefore, the user has a powerful set of operations (insertion, deletion, copying, moving) at his use. These operations may be applied to individual units or to selected groups of units and may affect links as well, like 'copy all selected units with their input links' or 'delete all links into the selected units'. These operations allow a quick and convenient generation of networks. For networks which fit on a display screen it is is often more

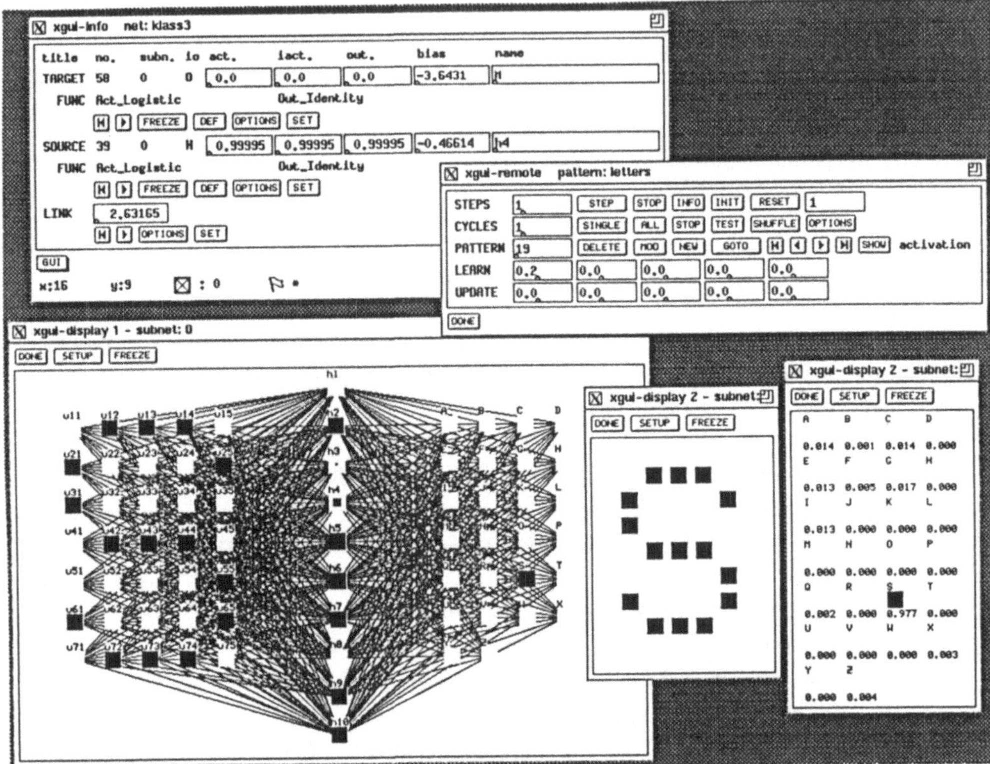

Fig. 3: Graphical user interface: manager panel, remote panel and two graphical network displays

convenient to use the graphical interface of the simulator to generate the networks than to use the network compiler The powerful network editing facilities are especially useful for networks with simple or repetitive but not completely regular topologies.

4. NEURAL NETWORK DESCRIPTION LANGUAGE NESSUS

4.1. The Language

Nessus is a procedural language especially suited to describe the topology of neural networks. A Nessus program is divided into five parts: program header, constant definition part, type definition part, structure definition part, variable declaration part and topology modification part. The interesting and unusual parts are the structure definition part and the topology modification part. The idea here is to define regular topologic structures in the structure definition part which can be later combined, extended and modified in the topology modification part.

4.2. The Compiler

Our compiler performs the following tasks: 1) translation of a network definition into an input file for the simulator kernel, 2) combining of source files and intermediate representation files to networks, and 3) computing the layout of the generated networks for the graphical interface. The programmer can define output and activation functions or learning rules as C functions which are included in a library. These functions are linked to the simulator kernel by the compiler. The compiler supports debugging of Nessus programs indicating the positions of detected errors in the source file. The format of error messages is compatible with the EMACS editor. If compilation is initiated from within EMACS, the editor automatically positions on the line in which the first error occurred, even for files that are linked in.

The program in fig. 4 describes the simple letter recognition network seen in fig. 3.

```
network recogLetter();        {network recognizes a capital letter displayed by a 5*7 input matrix}
const  Letters = ["A".."Z"];  {output units are named "A", "B", .. "Z"}
typedef                       {unit type without sites - same for all units}
    unit with actfunct Act_Logistic, outfunc OutThreshold05, act random: stdUnit;
structure
    cluster[35] of stdUnit with iotype input matrix (5,7) at (2,7): inLayer;
                              {5x7 matrix to display letters}
    cluster[10] of stdUnit plane | at (8,7): hidLayer;
                              {hidden layer, ten units, vertically displayed, center (8,7), default type}
    clique[26] of stdUnit with iotype output  get name from Letters
                              matrix (4,7) at (13,7) by -1.0: outLayer
                              {output layer: 26 char units in a wta-network, 4x7 matrix, center (13,7)}
var     unit: x, y;
begin                         {define connectins between layers}
    foreach x in inLayer do
        foreach y in hidLayer do
            x-> y : 1.0       {fully connect input to hidden layer}
        end
    end;
    foreach x in hidLayer do
        foreach y in outLayer do
            x-> y : 1.0       {fully connect hidden to output layer}
        end
    end
end.
```

Fig. 4: Nessus program to generate simple letter recognition network

5. RECENT MODIFICATIONS

Since the simulator kernel and graphical user interface are now efficient enough in our view, the inclusion of other popular network paradigms other than the numerous variations of back propagation is given priority now. We already have implemented Hopfield networks, ART 1, Quickprop and Counterpropagation. We continue to implement further network paradigms. At the same time we are trying to facilitate installation and porting SNNS to other Unix workstation platforms that we can access in our department and that support X11 R4.

It is planned to distribute SNNS via anonymous ftp free of charge under a liberal license agreement, including source code. We only charge a nominal fee for the printed user manuals. So far the whole documentation is in German, but we hope to have an English version of the documentation by the time this article appears.

6. APPLICATIONS

SNNS is used by a number of co-workers and students in our department as well as some cooperating research institutions. Some applications so far include

- *printed character recognition:*. recognition of segmented printed characters of a variety of fonts in different sizes scanned by an OCR scanner. The characters are rotated only slightly. The neural net models examined are variants of backpropagation and quickprop.

- *handwritten character recognition*: scale and position invariant recognition of single handwritten characters. The same models as above are used plus more specialized models similar to the neocognitron.

- *recognition of machine parts*: two dimensional binary and gray scale images of flat machine parts are recognized with a neural net classifier system. The machine parts may be rotated by any degree. Part of the image preprocessing is done with conventional technology.

- *stock prize prediction*: based on the previous time behaviour of selected stock and economic indices. Short term prediction of selected stock values and direction of movement. Here, adaline, madaline and backpropagation models will be compared for this task.

- *recognition and classification of exogenic and endogenic components of event correlated brain potentials*: this research is done in collaboration with a medical psychology research group in Tübingen who is in charge of the experiment and the choice of network model.

- *noise reduction in natural language communication in a telecom environment*: together with an industry partner specializing in telefone and mobile phone equipment, the application of neural networks for noise reduction used for the recognition of a limited subset of spoken language in a noisy telecom environment is being investigated.

- *texture analysis*. This joint project with another federal research institution and an industry partner will use SNNS for research on texture recognition for real world vision problems, like materials inspection and object recognition of objects differentiated by textures. Here SNNS will be used mainly in the evaluation stage for various neural network models which will then be trained on a massively parallel SIMD system (see below).

The first four of these applications are student projects, the last three are cooperation projects. It is expected that the range of applications of SNNS will further increase considerably.

7. A PARALLEL NEURAL NETWORK SIMULATION ENVIRONMENT

In a successor project a massively parallel simulation system for neural networks on a SIMD-computer with more than 16.000 processors (MasPar MP-1216) is being developed. The goal is to enable the simulation of large neural networks for the tasks of image processing, feature extraction, pattern and object recognition.

The MasPar MP-1216 delivers a peak performance of 30,000 MIPS (32 bit addition) and 1,500 MFLOPS (32 bit). Communication bandwidth is up to 1.5 GB/s peak global router and up to 24 GB/s peak X-net communication. It can be programmed with parallel versions of C (MPL) and Fortran. MPPE (MasPar parallel programming environment), an integrated graphical tool set based on X-Windows, facilitates program development and debugging.

The sequential neural network simulator SNNS will be the starting point for the parallel simulator to be implemented. The parallel simulator will consist of a parallel simulator kernel running on the MasPar, an X-Windows based graphical user interface to visualize the networks on graphic workstations, and a modified description language. Tools for the analysis of network performance, for measurements of learning behaviour and for tests about scalability of the models will be developed and integrated into the system. The implementation of the parallel simulator will either be done in MPL, a version of C with parallel extensions.

We are currently investigating the benefits of different approaches to parallelization of the kernel, as given in [Singer 90], [Grajski et al. 90], [Chinn et al. 90] and [Zhang et al. 89]. The studies of [Grajski et al. 90] showed that 9.8 M CUPS (connection updates per second) for learning and 18.4 M CUPS during recall can be obtained with "vanilla" backpropagation benchmarks on a 16K PE MasPar MP-1. These studies suggest that for networks with regular topology, between a tenfold and a hundredfold increase in performance of a massively parallel SIMD system against a workstation simulator can be obtained.

8. ACKNOWLEDGEMENTS

Some ideas in the simulator were inspired by the Rochester Connectionist Simulator RCS, [Goddard et al. 89], some also by the Esprit II Research Project 2059 Pygmalion Neurocomputing Simulator [Pygmalion 90 a-c].

REFERENCES

[Carpenter, Grossberg 88] Carpenter, G.A., Grossberg, S.: The ART of Adaptive Pattern Recognition by a Self-Organizing Neural Network, IEEE Computer, March 1988, pp. 77-88

[Chinn et al. 90] G. Chinn, K.A. Grajski, C. Chen, C. Kuszmaul, S. Tomboulian: Systolic Array Implementations of Neural Nets on the MasPar MP-1 Massively Parallel Processor, MasPar Corp. Int. Report

[Eckmiller 90] R. Eckmiller (Ed.): Advanced Neural Computers, North Holland, 1990

[Eckmiller et al. 90] R. Eckmiller, G. Hartmann, G. Hauske (Ed.): Parallel Processing in Neural Systems and Computers, North Holland, 1990

[Goddard et al. 89] Goddard, N.H., Lynne, K.J., Mintz, T., Bukys, L.: The Rochester Connectionist Simulator: User Manual, Tech Report 233 (revised), Univ. of Rochester, NY, 1989

[Grajski et al. 90] K.A. Grajski, G. Chinn, C. Chen, C. Kuszmaul, S. Tomboulian: Neural Network Simulation on the MasPar MP-1 Massively Parallel Processor, INNC, Paris, France, 1990

[Hecht-Nielsen 88] Hecht-Nielsen, R.: Neurocomputing, Addison-Wesley, 1990

[Hinton 89] Hinton, G.E.: Connectionist Learning Proceedures, Artificial Intelligence 40 (1989), p. 185-234

[Pygmalion 90a] M. Hewetson: Pygmalion Neurocomputing, Graphic Monitor Tutorial v 1.1 & Graphic Monitor Manual, Dept. Comp. Science, University College, London

[Pygmalion 90b] J. Taylor: Pygmalion Neurocomputing, Algorithm Library v 1.0, ditto

[Pygmalion 90c] M. B. R. Vellasco: Pygmalion Neurocomputing, nC Tutorial & nC Manual v 1.02, ditto

[Rumelhart, McClelland 86] Rumelhart, D.E., McClelland, J.A., the PDP Research Group: Parallel Distributed Processing, Vol. 1, 2, MIT Press, Cambridge MA, 1986

[Singer 90] A. Singer: Implementations of Artificial Neural Networks on the Connection Machine, Thinking Machines Corp. Tech. Rep. RL 90-2, Jan. 1990 (also in Parallel Computing, summer 1990)

[SNNS 91a] A. Zell, Th. Korb, N. Mache, T. Sommer: SNNS, Stuttgarter Neuronale Netze Simulator, Benutzerhandbuch, Universität Stuttgart, Fakultät Informatik, Bericht Nr. 1/91, (in German)

[SNNS 91b] A. Zell, Th. Korb, N. Mache, T. Sommer: SNNS, Stuttgarter Neuronale Netze Simulator, Nessus-Handbuch, Universität Stuttgart, Fakultät Informatik, Bericht Nr. 3/91, (in German)

[Touretzky 89] Touretzky, D.: Advances in Neural Information Processing Systems 1, Morgan Kaufmann, 1989

[Touretzky et al. 88] Touretzky, D., Hinton, G., Sejnowski, T.: Proc. of the 1988 Connectonist Models Summer School, June 17-26, Carnegie Mellon University, Morgan Kaufmann, 1988

[Zhang et al. 89] X. Zhang, M. Mckenna, J.P. Mesirov, D. L. Waltz: An efficient implementation of the Backpropagation algorithm on the Connection Machine CM-2, Thinking Machines Corp. TR

[Zell et al. 89] A. Zell, Th. Korb, T. Sommer, R. Bayer: NetSim, ein Simulator für Neuronale Netze, Informatik Fachberichte 216, D. Metzing (Hrsgb.) GWAI-89, 13th German Workshop on Artificial Intelligence, Eringerfeld, Sept. 89, Springer, pp. 134-143 (in German)

[Zell et al. 90] A. Zell, Th. Korb, T. Sommer, R. Bayer: A Neural Network Simulation Environment, Proc. Applications of Neural Networks Conf., SPIE Vol. 1294, pp. 535-544

[Zell et al. 91] A. Zell, Th. Korb, N. Mache, T. Sommer: Recent Developments of the SNNS Neural Network Simulator, Proc. Applications of Neural Networks Conf., SPIE Vol. 1294, 1991

Untersuchungen zur Belehrung des Zwei-Lagen-Perceptrons anhand eines Zeichenerkennungsproblems

N. Klenner   K. Meier

CGK Computer Gesellschaft Konstanz mbH
Max-Stromeyer-Str. 116, D-7750 Konstanz

Das Zwei-Lagen-Perceptron hat sich in unseren Untersuchungen als leistungsfähige neuronale Struktur für die Handschriftziffernerkennung erwiesen. Die Randomstart-BEP-Belehrung liefert trotz sehr hohem Rechenaufwand ein unbefriedigendes Ergebnis. Dieses entspricht einem lokalen Nebenminimum der zu optimierenden Funktion. Wir geben ein Verfahren zur Berechnung von Startgewichten für den BEP-Algorithmus an, mit dem eine signifikant bessere Belehrung des Zwei-Lagen-Perceptrons gelingt. Außerdem konnte der Rechenaufwand für die Belehrung durch die Benutzung dieser Startgewichte wesentlich reduziert werden. Trotz zahlreicher Versuche wurde die Erkennungsleistung des konventionellen statistischen Verfahrens, das bei der CGK eingesetzt wird [5], von dem Zwei-Lagen-Perceptron nicht übertroffen.

1   Einleitung

In diesem Beitrag wird die Eignung eines neuronalen Netzwerkes für die Zeichenerkennung an dem nichttrivialen Problem der Handschriftziffernerkennung diskutiert. Das hierbei benutzte Live-Daten-Material enthält 25000 binarisierte und segmentierte Ziffern für die Belehrung (2500 pro Klasse) und 20000 davon unabhängige binarisierte und segmentierte Ziffern (2000 pro Klasse) für die Messung der Erkennungsleistung. Als Referenz für die Erkennungsleistung haben wir das von der CGK industriell eingesetzte konventionelle Verfahren herangezogen. Die hierbei benutzten Algorithmen sind detailiert in [5] beschrieben.

Das Mehr-Lagen-Perceptron (MLP) als Feed-Forward-Netz hat eine gewisse Verwandtschaft mit konventionellen statistischen Verfahren [2,3]. Bei der konkreten Anwendung des MLP auf ein Erkennungsproblem tauchen sofort die folgenden Probleme auf :

Wie muß das MLP dimensioniert werden ?
(Zahl der Lagen, Zahl der Neuronen pro Lage)

Wie werden die Verbindungsgewichte bestimmt ?
(Belehrung)

Zur Lösung des ersten Problems gibt es in der Literatur nach unserer Kenntnis noch keine brauchbaren Ansätze. In der Regel wird die Netzstruktur für ein gegebenes Problem heuristisch festgelegt. Hierbei muß bedacht werden, daß die Netzstruktur einerseits zur Realisierung von Trennflächen der benötigten Komplexität ausreichen soll. Andererseits darf die Anzahl der zu schätzenden Gewichte aufgrund möglicher Überadaption des Netzes nicht zu groß werden. Der Umfang der zur Belehrung zur Verfügung stehenden Datenmenge spielt hierbei eine erhebliche Rolle. Nach unserer Erfahrung sollten für jedes zu adaptierende Gewicht einige Vertreter zur Belehrung verfügbar sein. Diese Überlegungen haben uns veranlaßt, unsere Untersuchungen auf das Zwei-Lagen-Perceptron zu beschränken.

Das zentrale Problem bei der Anwendung des MLP auf Erkennungsaufgaben ist die Belehrung. Der Backward-Error-Propagation (BEP) Algorithmus [4] hat sich als Standardverfahren etabliert. Es handelt sich um ein sehr rechenaufwendiges iteratives Optimierungsverfahren, welches von zufällig gewählten Startgewichten ausgehend die Summe der quadrierten euklidischen Abstände der tatsächlichen Outputvektoren des MLP's zu klassenspezifischen Sollvektoren minimiert. Der Schrittvektor in dem Raum der Gewichte wird durch den Gradienten der Fehlerfunktion bestimmt. Besitzt die Fehlerfunktion mehrere lokale Minima, so können in Abhängigkeit von den Startgewichten Lösungen mit unterschiedlicher Erkennungsleistung angenommen werden. Wir werden zeigen, daß dieser Sachverhalt für unser Zeichenerkennungsproblem tatsächlich vorliegt und ein Verfahren für die Berechnung von sinnvollen Startgewichten angeben.

2 Zwei-Lagen-Perceptron

Netzstruktur und Notation :

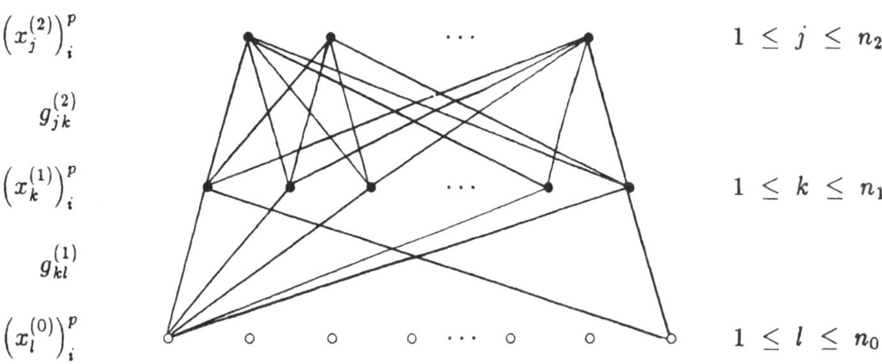

Bezeichnungen :

n_0	:	Zahl der Input-Knoten
n_1	:	Neuronenanzahl in der ersten Lage
n_2	:	Neuronenanzahl in der zweiten Lage (Klassenanzahl)
m_p	:	Vertreteranzahl der Klasse p $(1 \leq p \leq n_2)$
$(x_l^{(0)})_i^p$	:	l-te Komponente des Input-Vektors (0-te Lage) des i-ten Vertreters der Klasse p
$(x_k^{(1)})_i^p$	:	Output des k-ten Neurons in der ersten Lage bei der Verarbeitung des i-ten Vertreters der Klasse p
$(x_j^{(2)})_i^p$	:	Output des j-ten Neurons in der zweiten Lage bei der Verarbeitung des i-ten Vertreters der Klasse p
$(\delta_j)^p$	:	Soll-Output des j-ten Neurons in der zweiten Lage bei der Verarbeitung eines Vertreters der Klasse p
$g_{kl}^{(1)}$	:	Verbindungsgewicht des k-ten Neurons der ersten Lage mit dem l-ten Input-Knoten
$g_{jk}^{(2)}$	:	Verbindungsgewicht des j-ten Neurons der zweiten mit dem k-ten Neuron der ersten Lage

2.1 Dimensionierung

Die Zahl der Inputknoten n_0 wird durch die Dimension des Inputvektors $(x_l^{(0)})_i^p$ bestimmt. In unseren Untersuchungen ist der Inputvektor für das Zwei-Lagen-Perceptron ein gemäß der in [5] näher beschriebenen Algorithmen aus den Raster-bildern extrahierter Merkmalvektor mit $n_0 = 232$ Komponenten. Die Anzahl der Ausgabeneuronen n_2 wird durch die Klassenanzahl (für die Ziffernerkennung: $n_2 = 10$) bestimmt, während die Anzahl der Neuronen in der Zwischenlage frei wählbar bleibt. Für den weiter unten dargelegten Algorithmus zur Berechnung der Startgewichte werden $n_1 = n_2 \cdot (n_2 - 1)/2$ (für die Ziffernerkennung: $n_1 = 45$) Neuronen in der Zwischenschicht benötigt.

2.2 Belehrung

Das Ziel der Belehrung ist die Bestimmung der Gewichte $\hat{g}^{(1)}$, $\hat{g}^{(2)}$, so daß die Merkmalvektoren der Klasse p möglichst nahe zum p-ten Einheitsvektor $(\delta_j)^p$ abgebildet werden. Dies wird durch die Minimierung der Fehlerfunktion

$$E^{(1,2)}\left(\hat{g}^{(1)}, \hat{g}^{(2)}\right) = \sum_{p=1}^{n_2} \sum_{i=1}^{m_p} \sum_{j=1}^{n_2} \left[\left(x_j^{(2)}\right)_i^p - (\delta_j)^p\right]^2$$

$$\left(x_j^{(2)}\right)_i^p = f\left(\sum_{k=0}^{n_1} g_{jk}^{(2)} \left(x_k^{(1)}\right)_i^p\right) \qquad j = 1, \ldots, n_2$$

$$\left(x_k^{(1)}\right)_i^p = f\left(\sum_{l=0}^{n_0} g_{kl}^{(1)} \left(x_l^{(0)}\right)_i^p\right) \qquad k = 1, \ldots, n_1$$

bezüglich der Gewichte $\hat{g}^{(1)}$, $\hat{g}^{(2)}$ erreicht. Wird für f die differenzierbare Sigmoid-Funktion $f(\alpha) = (1 + exp(-\kappa\alpha))^{-1}$ eingesetzt, so liefert das Gradientenverfahren den BEP-Algorithmus. Als Startgewichte werden normalerweise 'Small Random Numbers' gewählt.

2.3   Berechnung der Startgewichte

Das folgende Verfahren zur Berechnung von Startgewichten hat gegenüber dem Start mit 'Small Random Numbers' gewichtige Vorteile:

Die Startgewichte selbst lösen das Erkennungsproblem mit hinreichender Qualität. Damit können schlechtere Lösungen die mit den entsprechenden lokalen Minima der Zielfunktion korrespondieren von vornherein ausgeschlossen werden.

Der Rechenaufwand zur Berechnung einer Lösung vorgegebener Qualität (falls überhaupt erreichbar) wird drastisch reduziert.

Die Startgewichte der ersten Lage werden so festgelegt, daß jedes Neuron in der Zwischenschicht auf die Behandlung von einem der $n_2 \cdot (n_2 - 1)/2$ vorliegenden Zwei-Klassen-Probleme optimiert ist. Dies kann durch Minimierung der Summe der Streuungen des Outputs des i-ten Neurons in der Zwischenschicht um die Sollwerte -1 für die Klasse p_1 bzw. 1 für die Klasse p_2 erreicht werden:

$$E^{(1)}\left(\hat{g}^{(1)}\right) = \sum_{s=1}^{m_{p_1}} \left(1 + \left(x_i^{(1)}\right)_s^{p_1}\right)^2 + \sum_{s=1}^{m_{p_2}} \left(1 - \left(x_i^{(1)}\right)_s^{p_2}\right)^2$$

Gradientenbildung und Taylorreihenentwicklung der Sigmoid-Funktion bis zu Termen erster Ordnung führt auf n_1 lineare Gleichungssysteme zur Berechnung der Startgewichte der ersten Lage:

$$\sum_{j=1}^{n_0} g_{ij}^{(1)} A_{jk} = a_k \qquad k = 1, \ldots, n_0$$

$$A_{jk} = \frac{\kappa}{4} \sum_{s=1}^{m_{p_1}} \left(x_j^{(0)}\right)_s^{p_1} \left(x_k^{(0)}\right)_s^{p_1} + \frac{\kappa}{4} \sum_{s=1}^{m_{p_2}} \left(x_j^{(0)}\right)_s^{p_2} \left(x_k^{(0)}\right)_s^{p_2}$$

$$a_k = \frac{3}{2} \sum_{t=1}^{m_{p_2}} \left(x_k^{(0)}\right)_t^{p_2} - \frac{1}{2} \sum_{t=1}^{m_{p_1}} \left(x_k^{(0)}\right)_t^{p_1}$$

Die Startgewichte der zweiten Lage bilden die in der Zwischenschicht erzeugte und zur Diskriminierung geeignete Information auf die klassenspezifischen Sollvektoren ab. Dazu wird die Fehlerfunktion

$$E^{(2)}(\hat{g}^{(2)}) = \sum_{p=1}^{n_2} \sum_{i-1}^{m_p} \sum_{l-1}^{n_2} \left(\left(x_l^{(2)}\right)_i^p - (\delta_l)^p\right)^2$$

$$\left(x_l^{(2)}\right)_i^p = f\left(\sum_{k=0}^{n_1} g_{lk}^{(2)}(x_k^{(1)})_i^p\right)$$

bzgl. der Gewichte $\hat{g}^{(2)}$ minimiert. Hierbei werden zur Berechnung des Outputs der Neuronen der Zwischenschicht $(x_k^{(1)})_i^p$ die durch die obigen Gleichungen bestimmten Startgewichte der ersten Lage benutzt.

Wiederum führt Gradientenbildung und Taylorreihenentwicklung der Sigmoid-Funktion bis zu Termen erster Ordnung auf lineare Gleichungssysteme, diesmal zur Berechnung der Startgewichte der zweiten Lage:

$$\sum_{k=0}^{n_1} g_{lk}^{(2)} B_{km} = b_{lm}$$

$$B_{km} = \sum_{p=1}^{n_2} \sum_{i=1}^{m_p} (x_k^{(1)})_i^p (x_m^{(1)})_i^p$$

$$b_{lm} = (4/\kappa) \Big[\sum_{i=1}^{m_l} (x_m^{(1)})_i^l - 1/2 \sum_{p=1}^{n_2} \sum_{i=1}^{m_p} (x_m^{(1)})_i^p \Big]$$

Damit sind die Startgewichte des Zwei-Lagen-Perceptrons für die BEP-Iteration festgelegt.

3 Ergebnisse

Alle Vermessungsergebnisse beziehen sich auf die von der Belehrstichprobe unabhängige Teststichprobe. Das bei der CGK eingesetzte konventionelle Verfahren legt mit dem folgenden Vermessungsergebnis den Bezugspunkt für den Vergleich mit den neuronalen Verfahren fest:

Diskriminiert	20000	100.00 %
richtig erkannt	19873	99.36 %
Substitutionen	127	0.64 %

Versuch 1 : BEP mit Randomstart
Der BEP-Algorithmus mit Randomstartgewichten konvergierte nach wochenlanger Iteration auf einer VAX 6400 gegen eine Lösung mit schwachem Vermessungsergebnis.

Versuch 2 : Startgewichte nach angegebenem Verfahren
Die Belehrung mit den nach Abschnitt 2.3 berechneten Startgewichten liefert gegenüber dem Randomstart-BEP-Endergebnis ein erheblich besseres Ergebnis.

Versuch 3 : BEP mit Startgewichten von Versuch 3
Eine weitere Verbesserung wird durch eine von den berechneten Startgewichten ausgehende BEP-Iteration erzielt.

	Vers. 1		Vers. 2		Vers. 3	
Diskriminiert	20000	100.00 %	20000	100.00 %	20000	100.00 %
richtig erkannt	18910	94.55 %	19608	98.04 %	19828	99.14 %
Substitutionen	1090	5.45 %	392	1.96 %	172	0.86 %

4   Zusammenfassung

Die Ergebnisse von Versuch 1 und Versuch 3 zeigen, daß die Qualität der BEP-Belehrung signifikant von den Startgewichten abhängen kann. Der Randomstart-BEP-Algorithmus bleibt in einem lokalen Minimum der Funktion $E^{(1,2)}$ stecken, welches mit einer relativ schlechten Lösung des Problems korrespondiert. Ein anderer Randomstart-BEP-Versuch hätte prinzipiell zu einem besseren Ergebnis führen können. Im Rahmen unserer Untersuchungen ist dies jedoch nicht gelungen. Das in diesem Beitrag angegebene Verfahren zur Berechnung von Startgewichten für das Zwei-Lagen-Perceptron stellt sich als sehr vorteilhaft heraus. Die Erkennungsleistung des berechneten Startpunktes (Versuch 2) wird von unseren Randomstart-BEP-Versuchen trotz wesentlich höherem Rechenaufwand bei weitem nicht erreicht. Von diesem Startpunkt aus kann der BEP-Algorithmus die Erkennungsleistung weiter deutlich steigern (Versuch 3).

Das von uns untersuchte neuronale Verfahren ist bei der Anwendung auf ein nicht-triviales Erkennungsproblem (unter Benutzung von ausreichend vorhandenem realistischen Datenmaterial) dem über Jahre gewachsenen CGK-Verfahren in der Erkennungsleistung unterlegen . Obwohl wir gezeigt haben, daß das Zwei-Lagen-Perceptron als neuronale Struktur durchaus leistungfähig ist (Versuch 3), dürfte es unserer Einschätzung nach sehr schwierig sein, einen Belehrungsalgorithmus zu finden, mit dem die Erkennungsleistung guter konventioneller Verfahren signifikant übertroffen wird.

Literaturverzeichnis

[1] P. Kuner Siemens AG ZFE F2 INF 1 Bericht Nr. 18/89, 1989.

[2] U. Kreßel, J. Franke, J. Schürmann Daimler-Benz AG, *Polynomklassifikator versus Multi-Layer-Perceptron*, Forschungsinstitut ULM, Proceedings 12. DAGM-Symposium S.75

[3] R.P. Lippmann: *An Introduction to Computing with Neural Nets*, IEEE ASSP Magazine April 1987.

[4] D.E. Rumelhart, G.E. Hinton, and R.J. Williams, *Learning Internal Representations by Error Propagation* in D.E. Rumelhart & J.L. McClelland (Eds.), *Parallel Distributed Processing: Explorations in the Microstructure of Cognition. Vol. 1:Foundations* MIT Press (1986).

[5] L.Bernhardt, *Three Classical Character Recognition Problems, Three New Solutions, Siemens Forsch.- u. Entwickl-Ber. Bd. 13 (1984) Nr.3*

Ein Künstliches Neurales System zur Bildanalyse

Martin Schürer

Deutsche Klinik für Diagnostik, Arbeitsgruppe Kernspintomographie,
Aukammallee 33, W-6200 Wiesbaden 1

Der Modul für die Aufmerksamkeitssteuerung in visuellen Prozessen (MOSAS) wurde zur Vorverarbeitung von Binärbildern und zur Unterstützung der symbolischen Bildverarbeitung mit Neuronalen Systemen entworfen und simuliert.

Das biologische Vorbild des Moduls sind Projektionskolumnen des Corpus geniculatum laterale (CGL d), denen hypothetisch Bildverarbeitungsoperationen zugeordnet wurden. Lokale Linienelemente erzeugen bei ihrer Abbildung durch den Modul Hypothesen über längere Linien in der Szene. Die Aufmerksamkeit der übergeordneten Struktur (z.B. Area 17 des Kortex) wird dabei immer zuerst auf die längsten Linien bzw. Konturen gelenkt.

1 Einleitung

Viele visuelle Beobachtungsaufgaben, wie z.B. die Erkennung gestörter Linienmuster oder die Wahrnehmung verdeckter Körperkanten, erfordern das Zusammenfügen von über große Bereiche des visuellen Feldes verteilten Bildinformationen. Nach Barlow [2], Gilbert [4] et al. existieren die dafür nötigen Verschaltungen im Gehirn weder in der erforderlichen Anzahl noch Länge. Deshalb bestand die Aufgabe, ein Künstliches Neuronales System (KNS) so zu strukturieren, daß für diese Bildverarbeitungsaufgaben ausschließlich lokale Verbindungen zu den unmittelbaren Nachbarneuronen genügen.

Es wird ein Modul für die syntaktische Aufmerksamkeitssteuerung (MOSAS) in visuellen Prozessen auf Basis genikulärer Projektionskolumnen vorgeschlagen, der

- hypothetisch gestörte Linienmuster ergänzt bzw. verdeckte lange Linien zusammenfügt,

- verschiedene Linienorientierungen separat verarbeitet [5],

- die Szene durch lokale Hypothesen über den Bildinhalt für die nachfolgende Analyse ergänzt,

- die Aufmerksamkeit der übergeordneten Struktur (z.B. Area 17 des Kortex) immer zuerst auf die längsten Linien lenkt.

Für die Simulation des Moduls wurde die Analyseaufgabe zunächst auf die Merkmalsextraktion in Binärbildern mit einer Dimension von 15 x 15 Pixel beschränkt.

2   Modell der Aufmerksamkeitssteuerung

Die einfache Merkmalsextraktion, wie sie heute in technischen Erkennungssystemen zur Detektierung relevanter Bildinformationen verwendet wird, erreicht rasch ihre methodisch bedingten Leistungsgrenzen: Die Vielfalt der Eingangsinformation wird immer weiter eingeschränkt, damit nur das gesuchte charakteristische Merkmal im Klassifikator eine Entscheidung auslösen kann. Dabei muß das gesamte a priori Wissen über die möglichen zu verarbeitenden Szenen in die Dimensionierung von Merkmalsfilter und Klassifikator investiert werden.

Die Aufmerksamkeitssteuerung ist ein Steuersystem zur Merkmalsextraktion, das sich iterativ an die geforderte Verarbeitungs- bzw. Erkennungsaufgabe anpassen kann. Dabei optimiert das System Entscheidungen durch Hypothesen-Test-Zyklen. Für das System der Aufmerksamkeitssteuerung ist Erkennung nicht nur Filterung im Sinne einer Informationsreduktion, sondern kontextgesteuerte Informationsauswahl. Wird ein bestimmtes Merkmal in der Szene gesucht, stellt die Erwartung aus der Zielfunktion eine grobe Filterkonfiguration (Struktur und Parameter) ein. Es entstehen Hypothesen über die gesuchten Bildmerkmale. Spezifisch für die geforderte Verarbeitungsleistung wird die Filterkonfiguration im Verarbeitungsprozeß optimiert.

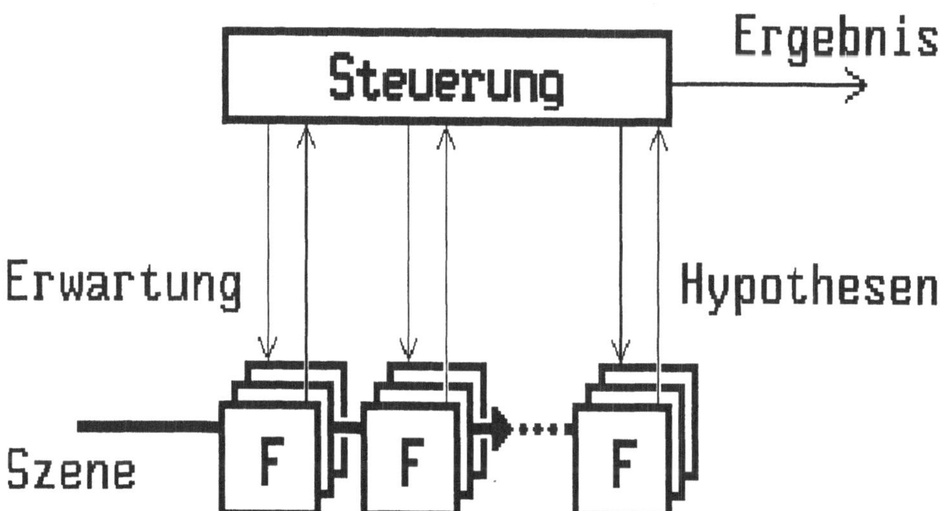

Bild 1: Die Merkmalsfilterung (F) in der ersten Stufe der Aufmerksamkeitssteuerung.

Die Aufmerksamkeit des Systems wird in Abhängigkeit von der Erkennungsaufgabe und dem internen Interpretationszustand durch gezielte Beeinflussung der Informationsaufnahme und -verarbeitung so gesteuert, daß mehrere konkurrierende Hypothesen im System gehalten werden, bis die am besten passende Hypothese sich letztlich durchsetzt.

Die einfache Merkmalsfilterung (F) wird entsprechend ihrer Leistungsfähigkeit in die erste Stufe des Systems zur Aufmerksamkeitssteuerung integriert (Bild 1).

3.1 Filtermodul

Voraussetzung für das Steuersystem zur Merkmalsextraktion sind steuerbare Merkmalsfilter. Neural gesehen ist die Distanz zwischen der Retina und den kortikalen Projektionsgebieten relativ groß. Für die Übertragung und Abbildung sind unzählige Neuronen erforderlich. Das offenbar sehr effektiv organisierte Arbeiten des visuellen Systems macht es nicht wahrscheinlich, daß diese Neuronen ausschließlich zur Übertragung dienen. Der Modul für die syntaktische Aufmerksamkeitssteuerung in visuellen Prozessen zeigt, wie mit wenigen, zweckmäßig angeordneten lateralen Verschaltungen bereits einfache Hypothesen über den Bildinhalt bei der Übertragung gewonnen werden können.

3.2 Projektionskolumnen

Die neurale Basis des Modellkonzeptes sind genikuläre Projektionskolumnen, die sich im dorsalen Anteil des seitlichen Kniehöckers (CGL d, Corpus Geniculatum Laterale) befinden [6]. In jeder Säule enden die Axone mehrerer retinaler Ganglienzellen. Es herrscht eine feste Ort-zu-Ort-Beziehung zwischen der Retina (Fläche) und dem CGL (dreidimensionaler "Projektionskörper").
MOSAS geht davon aus, daß jedes Ganglienzellaxon in einer Projektionskolumne und in deren unmittelbaren Nachbarkolumnen endet. Die Funktionen der synaptischen Triaden (auch Glomeruli genannt) innerhalb der genikulären Projektionskolumne sind hinsichtlich der Reizverarbeitung aus Anatomie und Wirkungsweise der Synapsen allein nicht erklärbar, deshalb wurden ihnen hypothetisch temporäre Bildverarbeitungsfunktionen zugeordnet, die mit solchen lokalen Verschaltungen prinzipiell realisierbar sind. Da für das visuelle System eine eindeutige Zuordnung von Teilstruktur und Teilaufgabe noch nicht bekannt ist, wurde die visuelle Verarbeitungsaufgabe durch funktionelle Überlegungen zur Szenenanalyse unter neuralen Aspekten strukturiert.

Die Grundbausteine der Projektionskolumnen sind vier gleichartig aufgebaute Orientierungskolumnen (für jede im 3 x 3 Raster mögliche Orientierung genau eine). Jede dieser Orientierungskolumnen besteht aus sogenannten lokalen Transferprozessoren zur Leitung und Verteilung der Bildinformation, die durch wenige, zweckmäßig verschaltete Neuronen und einfache synaptische Triaden gebildet werden. Benachbarte Projektionskolumnen sind über ihre Eingänge und die lokalen Transferprozessoren lateral so vernetzt, daß die Wirkung globaler Verschaltungen über die gesamte Bildebene entsteht. Die Nutzung von Verbindungen zu allen unmittelbaren Nachbarn im Raum ermöglicht lokale Rekursionen, Regelungen, Oszillationen etc. lateral, aber auch zwischen einzelnen Schichten (siehe auch [7]). Auf diese Weise können sich Hypothesen über mögliche Bildinhalte in einander benachbarten oder überlappenden Bildausschnitten unterstützen oder korrigieren.

3.3 Lokale Transferprozessoren

Die Leistungsfähigkeit aller Transferprozessoren beruht auf der Funktionsvielfalt der synaptischen Glomeruli. Die Verarbeitungsmöglichkeiten der Neuronen wurden auf Verstärkung, Schwellenverhalten und Entkopplung beschränkt.

Um die Transparenz der Funktionsweise zu erhalten, fanden in den Darstellungen der
neuralen Strukturmodelle (Bild 2) ausschließlich präsynaptische Hemmung (Triaden),
exzitatorische (Kreise) und inhibitorische (Punkte) Interneuronen Verwendung.

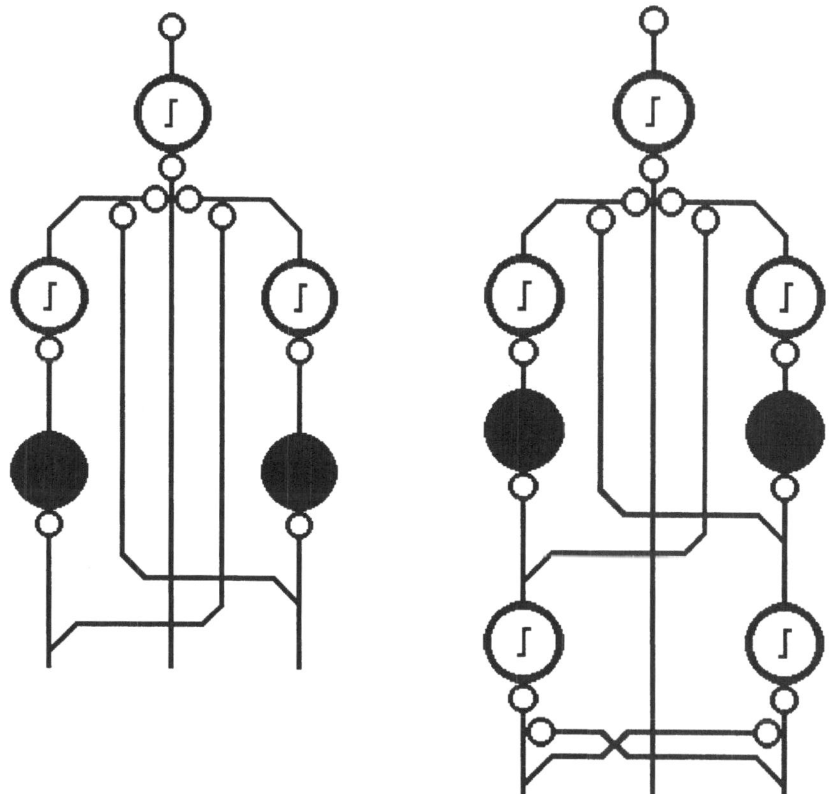

Bild 2: Neurale Strukturmodelle für lokale Transferprozessoren zur Diskrimination
orientierter Linienelemente (linke Abb.) und orientierter Linienenden (rechte Abb.).

Das innere Modell für das jeweilige syntaktische Merkmal ist in Anordnung und Verschaltung der Neuronen und Synapsen verteilt repräsentiert. Das heißt für die Linien-
elementerkennung: Die Synapsen blockieren einander so, daß nur dann ein Ausgangssignal entsteht, wenn zwei benachbarte oder alle drei Punkte im Binärbild aktiv
sind.

Der Transferprozessor zur Linienendenerkennung (Bild 2 rechts) sieht ähnlich aus, lediglich eine kleine, beispielsweise durch steuernde Synapsen freigeschaltete Modifikation in der Eingangsverschaltung (mit nachfolgender Entkopplung durch zwei Neuronen) bewirkt die veränderte Bedeutung des Ausgangssignals.
So kann das System über Steuersignale an den freien Synapsen die lokalen Transferprozessoren in ihrer Funktion modulieren.

4 Simulationsergebnisse

Die Simulation des Moduls zeigt eine inhaltlich systematisierte Abbildung der Szene durch die lokalen Transferprozessoren (Bild 3).

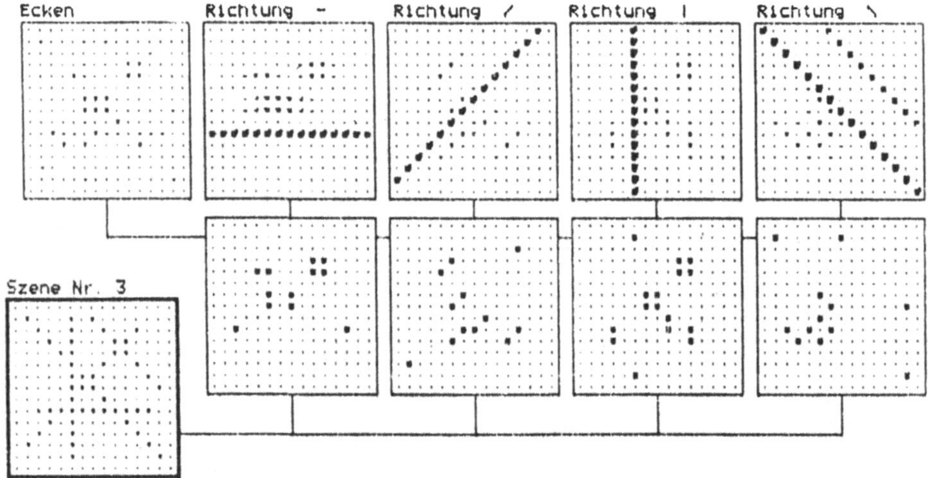

Bild 3: Trennung eines komplexen Linienmusters.

In der unteren Reihe sind rechts neben der Szene die Orte wahrscheinlicher Linienenden dargestellt. Wo mehr als eine Linie in einem Punkt enden, könnten sich Ecken oder Knoten befinden (oben links). Die Transferprozessoren zur Linienlängenkodierung liefern proportional zur Länge der Linien, denen ein untersuchtes Pixel wahrscheinlich angehört, unterschiedliche Ausgangsaktivitäten (obere Reihe). Lange Linien werden mit höherer Aktivität in den Kortex weitergeleitet als kurze. Es entsteht eine inhaltliche Wichtung bei der Übertragung (Bahnung).

Durch die Unterstützung einander benachbarter Hypothesen über lokale Linienelemente wurde das unvollständige Eingangsbild dem aktuellen (stationären) internen Modell (lange Linien) entsprechend ergänzt (Bild 4). Dabei entstanden Hypothesen über unterschiedlich lange Linien. Das Aktivitätsniveau (dargestellt durch die Pixelfläche) der Hypothese bleibt aber immer unter dem des in der Szene aktiven Pixels.
Durch einfache Schwellenoperationen können so die Hypothesen angenommen oder abgelehnt werden.

Die Aktivitäten eines Szenenpunktes in den vier Längenbildern lassen sich auch als Wahrscheinlichkeiten für dessen Zugehörigkeit zu Linien der verschiedenen Orientierungen interpretieren (Orientierungskodierung). Durch Verkopplung der Hypothesenbildung in unterschiedlichen Orientierungen ist schließlich die Erkennung beliebiger Konturen möglich. Dabei erhalten geschlossene Konturen schon auf diesem Verarbeitungsniveau die höchste Priorität für die weitere Bildanalyse.

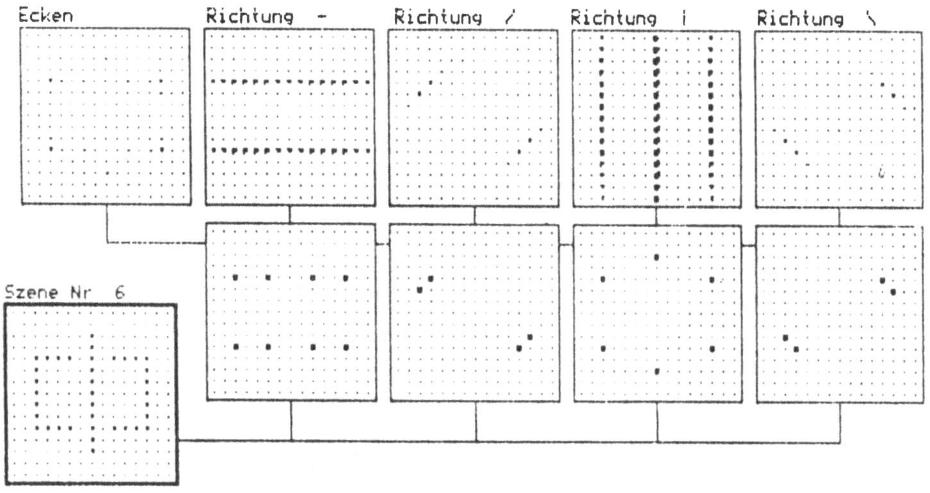

Bild 4: Vervollständigung eines gestörten Musters.

Literatur

[1]   Barlow, H. B.: Critical limiting factors in the design of the eye and visual cortex. -
In: Proc. R. Soc. Lond. B212, 1 - 34 (1981)

[2]   Barlow, H. B.: Why have multiple cortical areas ?. -
In: Vision Res. Vol.26(1986), No.1, S. 81 - 90

[3]   Benninghoff, A.: Makroskopische Anatomie des Menschen. - Bd.3. Nervensystem,
Haut und Sinnesorgane / hrsg. von Zenker, W. - 13., 14. völlig neubearb. Aufl. -
München, Wien, Baltimore : Urban & Schwarzenberg, 1985

[4]   Gilbert, Ch. D.; Wiesel, T. N.: Intrinsic Connectivity and Receptive Field Properties
in Visual Cortex. - In: Vision Res. Vol. 25, No. 3, S. 365 - 374

[5]   Hubel, D. H.; Wiesel, T. N.: Die Verarbeitung visueller Information. - In: Wahrnehmung und visuelles System. - 2. Aufl. - Heidelberg : Spektrum-der-Wissenschaft-
Verlagsgesellschaft, 1986, S. 36 - 47

[6]   Rüdiger, W.: Der Gesichtssinn. - 1. Aufl. - Leipzig: Thieme, 1982

[7]   Schürer, M.: Modellierung und Simulation einer neuralen Prozessorarchitektur zur
syntaktischen Aufmerksamkeitssteuerung. - Diplomarbeit, TH Ilmenau

Geordnete Hauptkomponentenanalyse durch ein Netzwerk mit inverser Deltaregel

Herbert Müller

UniBW HH, Allg. Nachrichtentechnik, Holstenhofweg 85, 2000 Hamburg 70
jetzt: DMT Marinetechnik, Behringstr. 120, 2000 Hamburg 50

1 Zusammenfassung

Ein bekanntes Verfahren, um aus mehrdimensionalen, miteinander korrelierten Daten einen Satz statistisch unabhängiger und möglichst relevanter Merkmale zu gewinnen, ist die Bestimmung der M Eigenvektoren der Korrelationsmatrix mit den M größten Eigenwerten bzw. die Karhunen-Loeve-Transformation [1]. Neuere Arbeiten [2, 3, 4] zeigen, daß auch bestimmte auto- und heteroassoziative Netzwerke implizit eine Hauptachsentransformation beinhalten. Hier werden zunächst kurz zwei aus der Literatur bekannte Netzwerke zur Eigenvektorapproximation beschrieben. Aus deren Gegenüberstellung wird ein vereinfachtes Netzwerk zur geordneten Hauptkomponentenanalyse abgeleitet und dessen Anwendung demonstriert.

2 Einfacher Hauptkomponenten-Analysator

In [5] wird eine Lernregel vorgestellt, mit der durch eine einzelnes, lineares Neuron der dominante Eigenvektor der Eingangsdaten approximiert werden kann. Die n normierten Eingangsvektoren $\mathbf{x} = (x_i)$ der Dimension N werden mit dem Gewichtsvektor $\mathbf{w}$ gewichtet und summiert:

$$(1a) \qquad y = \sum_i w_i\, x_i$$

Die Lernregel zur Modifikation der Gewichte w_i wird gegenüber der Hebb-Regel um einen zusätzlichen "Zerfallsterm" erweitert:

$$(1b) \qquad \Delta w_i = a\, y\, (x_i - y\, w_i) \qquad (a\text{: Lernfaktor})$$

Der Zerfallsterm bewirkt eine Normierung des Gewichtsvektors $\mathbf{w}$ auf Einheitslänge [5] und zugleich die Konvergenz von $\mathbf{w}$ zum dominanten Eigenvektor $\mathbf{c}_1$ der Eingangs-Korrelationsmatrix $\mathbf{C}$ mit dem Eigenwert [7]:

$$(2) \qquad e_1 = \sum_{i,k} w_i\, C_{ik}\, w_k$$

Verwendet man als Eingangsdaten einen konstanten Vektor $\mathbf{k}$, der von symmetrischem, mittelwertfreiem Rauschen $\mathbf{n}(t)$ überlagert ist, läßt sich das Neuron als "matched filter" interpretieren, das nach Abschluß der Lernphase den Gewichtsvektor $\mathbf{w} = \mathbf{k}$ liefert.

3 Learning-Subspace-Netzwerk

Die Verkopplung von M solchen Neuronen zu einem Single-Layer-Netzwerk mit dem Vektor $\mathbf{y} = (y_i)$ der Ausgangswerte und den Gewichtsvektoren $\mathbf{w}_i = (w_{ik})$ ermöglicht die gleichzeitige Bestimmung von M Eigenvektoren $\mathbf{c}_i$ bei Verwendung der Lernregel ([6]):

$$(3a) \qquad \Delta w_{ij} = a\, y_i \left(x_i - \sum_k y_k w_{kj} \right) \quad \text{und somit:}$$

$$(3b) \qquad \Delta y_i = a \sum_j x_j y_i \left(x_j - \sum_k y_k w_{kj} \right).$$

Die Gewichtsvektoren konvergieren zu den M größten Hauptkomponenten $\mathbf{c}_i$ (d.h. den Eigenvektoren mit den M größten Eigenwerten), die die orthonormale Basis eines Unterraumes V_0 ("Subspace") bilden ([7]).

Gleichung (3) kann als inverse Deltaregel interpretiert werden: gegenüber der Deltaregel ist die Bedeutung von Ein- und Ausgangsgrößen vertauscht. Mit den Spaltenvektoren $\mathbf{x}$ und $\mathbf{y}$ läßt sich (3) schreiben als:

$$(4a) \qquad \Delta \mathbf{W} = a\, (\mathbf{x} - \mathbf{W}\mathbf{W}^T \mathbf{x})\, \mathbf{y}^T$$

Hieraus wird offensichtlich, daß durch die Lernregel die mittlere Differenz zwischen den Eingangsvektoren $\mathbf{x}$ und der durch den Operator $\mathbf{W}\mathbf{W}^T$ beschriebenen Projektion auf den Unterraum V_0 minimiert wird, weshalb dieses Netzwerk als "Learning Subspace Network" (**LSN**) bezeichnet wird [6].

Für eine stationäre Eingangsverteilung mit zugehöriger Korrelationsmatrix $\mathbf{C}$ führt die Mittelung von (4a) auf den Ausdruck

$$(4b) \qquad \Delta \overline{\mathbf{W}} = a\, [\mathbf{C}\mathbf{W} - \mathbf{W}(\mathbf{W}^T \mathbf{C}\mathbf{W})]$$

Sofern die Spalten von $\mathbf{W}$ (näherungsweise) die Eigenvektoren von $\mathbf{C}$ enthalten, ist der Klammerausdruck eine Matrixdarstellung für die linken Seiten der Eigenwertgleichungen $\mathbf{C}\mathbf{c}_i - e_i\mathbf{c}_i = 0$, d.h. es wird $\Delta\mathbf{W} = 0$. Allerdings ist gemäß (4a) die Matrix $\mathbf{W}$ bereits stationär, sobald das durch $\mathbf{W}$ repräsentierte Basisvektor-System orthonormal und vollständig ist. Daher kann im Falle M=N das Erreichen des gewünschten Konvergenzpunktes "blockiert" werden.

4 Geordnete Hauptkomponentenanalyse

Zur Bestimmung der Eigenvektoren, geordnet nach fallenden Eigenwerten, wird in [8] und [9] ein Netzwerk vorgestellt, bei dem der Ausgangslayer zusätzlich hierarchisch geordnete laterale Verbindungen aufweist, so daß die (linearen) Neuronen dieses Layers die Ausgangsaktivität:

(5)
$$y_i = \sum_j w_{ij} x_j + \sum_{k<i} u_{ik} y_k$$

aufweisen. Während für die Gewichte w_{ij} die Hebb-Regel

(6a)
$$\Delta w_{ij} = a\, y_i x_j$$

angewendet wird, erfolgt die Modifikation der lateralen Gewichte nach der "Anti- Hebb"-Regel:

(6b)
$$\Delta u_{ik} = - b\, y_i\, y_k \, .$$

Die Gewichtsvektoren $\mathbf{w}_i$ sind nach jeder Iteration neu zu normieren. Das Netzwerk wird nachfolgend als Anti-Hebb-Netzwerk (AHN) bezeichnet. In [8] wird gezeigt, daß die Lernregel (6) im Falle einer multivariaten Gaußverteilung der Wahrscheinlichkeitsdichte der Eingangsdaten gerade die "mutual information" minimiert.

Aufgrund der Linearität der Neuronen läßt sich aus (6) direkt die Gesamtänderung der Ausgangsaktivität durch die Modifikation der Gewichte berechnen:

(7)
$$\Delta y_i = \sum_j a\, y_i x_j x_j - \sum_{k<i} b\, y_i y_k \sum w_{kj}\, x_j$$

Für gleiche Lerngeschwindigkeiten (a = b) erhält man folglich:

(8)
$$\Delta y_i = a \sum_j y_i\, x_j [x_j - \sum_{k<i} y_k w_{kj}]$$

Gleichung (8) entspricht gerade (3b), jedoch wird im "Zerfallsterm" nur über die vorhergehenden Ausgangsneuronen summiert. Modifiziert man daher die Lernregel (3a) entsprechend, wird das LSN zu einem "Ordered Principal Component Analyser" (OPCA), der folgende Vorteile aufweist:

(a) es entfallen die M (M-1)/2 lateralen Verbindungen u_{ik} des AHN,
(b) es wird einheitlich die inverse Deltaregel als Lernregel angewendet,
(c) gegenüber dem LSN verringert sich der Berechnungsaufwand.

Im Unterschied zum LSN nach (3) müssen jedoch auch beim OPCA wie beim AHN die Gewichtsvektoren nach jeder Iteration neu normiert werden.

5 Anwendung des Netzwerkes zur Hauptachsentransformation

Als Anwendungsbeispiel wurde als Lernstichprobe ein Datensatz von 100 stochastisch selektierten, zweidimensionalen Merkmalvektoren gewählt, die alle auf einer Ellipse mit einem Achsenverhältnis 5:1 lagen. Die große Halbachse dieser Ellipse wies einen Winkel von 30 Grad gegenüber der x-Achse auf; ferner wurden die Eingangsvektoren auf Einheitslänge normiert . Hiermit wurde ein OPCA-Netzwerk mit zwei Neuronen trainiert, d.h. die beiden zu approximierenden Eigenvektoren bilden in diesem Fall den **vollständigen** Raum der Merkmalvektoren und liegen in Richtung der großen und kleinen Halbachse der Ellipse (das LSN-Netzwerk läßt sich hierfür nicht einsetzen).

Iteration	Winkel(1)	Winkel(2)
1	38.4	-24.8
2	34.9	-34.5
5	33.2	-50.4
10	33.1	-56.1
20	33.1	-56.9

Tabelle 1: Winkel der Gewichtsvektoren zur x-Achse

Tabelle 1 zeigt die Winkel der Gewichtsvektoren zur x-Achse nach den entsprechenden Iterationen. Nach Abschluß der Lernphase arbeitet das Netzwerk als Hauptachsentransformator, d.h. die Ausgangswerte y_i sind invariant gegenüber einer Rotation des Eingangsdatensatzes, sofern man die Endpunkte dor Gewichtsvektoren vor der Lernphase jeweils in einer vorgegebenen Halbebene initialisiert (da die Eigenvektoren selbst keine ausgezeichnete Richtung aufweisen).

6 Literatur

[1] K. Fukanawa: Introduction To Statistical Pattern Recognition, Academic Press, New York, 1972

[2] P. Baldi, K. Hornik: Neural Networks And Principal Component Analysis: Learning From Examples Without Local Minima, *Neural Networks*, Vol. 2, 1989, 53-58

[3] H. Boulard, Y. Kamp: Autoassociation By Multilayer Perceptrons And Singular Value Decomposition. *Biol. Cyb. 59*, 1988, 291-294

[4] P. Gallinari, S. Thiria, F. Fougelman Soulie: Multilayer Perceptrons And Data Analysis, *Int. Conf. for Neural Networks*, San Diego, 1988, 391-399

[5] E. Oja: A Simplified Neuron Model As A Principal Component Analyzer, *Journ. Math. Biology 15*, 1982, 267-273

[6] E. Oja: Neural Networks, Principal Components, And Subspaces, *Int. Journal of Neural Systems*, Vol. 1, No. 1, 1989, 61-68

[7] A. Krogh, J.A. Hertz: Hebbian Learning Of Principal Components, in: Eckmiller et al.: *Parallel Processing in Neural Systems and Computers*, Elsevier, Amsterdam, 1990, 183-187

[8] K. Kühnel, P. Tavan: The Anti-Hebb-Rule Derived From Information Theory, in: Eckmiller et al.: *Parallel Processing in Neural Systems and Computers*, Elsevier, Amsterdam, 1990, 187-190

[9] J. Rubner, K. Schulten, P. Tavan: A Self-Organizing Network For Complete Feature Extraction, in: Eckmiller et al: *Parallel Processing in Neural Systems ans Computers*, Elsevier, Amsterdam, 1990, 365-368

Geschlossene Berechnung der Gewichtsmatrix eines neuronalen Netzes als „nächster Nachbar"-Klassifikator

C. Politt
Institut für Nachrichtentechnik
Technische Universität Braunschweig

1 Kurzfassung

Der folgende Beitrag stellt ein Verfahren vor, das sich für die Bestimmung der synaptischen Gewichte eines rückführungsfreien dreischichtigen neuronalen Netzes zur Musterklassifikation eignet. Die Kopplungen werden derart bestimmt, daß sich ein „nächster Nachbar" Klassifikator ergibt. Bei der Bestimmung der Gewichte wird das iterative Lernen vermieden.

2 Einführung

Die Bestimmung der Gewichtsmatrizen für neuronale Netze − auch für solche, die anschließend als Klassifikatoren eingesetzt werden sollen − erfolgt häufig nach der Methode des adaptiven Lernens. Hierbei werden die synaptischen Verbindungen im allgemeinen nach einem iterativen Verfahren „trainiert". Dies ist meistens ein recht langsam verlaufender Vorgang, der z.B. eine vorher festgelegte Fehlerfunktion minimiert. Für den Fall des Einsatzes eines neuronalen Netzes als Klassifikator weiß man bei den so generierten Netzen jedoch nicht, nach welchen Kriterien sie entscheiden, d.h. wo die Trennfunktionen der fertig trainierten Netze liegen. Da es bei mehrschichtigen Netzen außer dem absoluten Minimum für die Fehlerfunktion meistens noch zahlreiche Nebenminima gibt, läßt sich für den allgemeinen Fall kaum feststellen, ob die Fehlerfunktion in das absolute oder eventuell nur in ein relatives Minimum gelaufen ist.

Des weiteren ist für die meisten lernenden Verfahren die genaue benötigte Größe des Netzes (die Anzahl der Neuronen pro Schicht) unbekannt. Bei manchen Modellen gibt es recht brauchbare Faustformeln, mit denen man die Mindestgröße bestimmen kann. Je deutlicher man die erforderliche Mindestgröße überschreitet, desto besser ist die Funktionsfähigkeit beim Ausfall einzelner Synapsen oder Neuronen. Kann man die erforderliche Größe jedoch nicht sinnvoll abschätzen, so ist man auf Versuche mit verschiedenen Netzgrößen angewiesen. Da dies wiederum einen iterativen Vorgang darstellt, kann es recht lange dauern, bis man ein brauchbares neuronales Netz trainiert hat, das die gestellte Klassifikationsaufgabe mit zufriedenstellender Fehlerrate bewältigt.

Der hier vorgestellte Algorithmus klassifiziert die Eingangsmuster nach der „nächsten Nachbar" Regel. Er erfordert keinerlei Vorgabe über die Netzgröße, sondern bestimmt die Anzahl der benötigten Neuronen für jede Schicht selbst. Dabei wird versucht, mit einer vom Verfahren vorgegebenen minimalen Anzahl von Neuronen auszukommen.

3 Beschreibung des Algorithmus

In Lit. /3/ wird anschaulich dargestellt, daß für ein neuronales Netz zum Zweck der Musterklassifikation drei Schichten für ein vorwärtsverkoppeltes Netz ausreichen. Der mathematische Beweis dafür findet sich in Lit. /1/. Man kann sich die Funktionsweise eines dreischichtigen neuronalen Netzes folgendermaßen vorstellen:

- Die Neuronen der ersten Schicht (Eingangsschicht) spannen im n-dimensionalen Merkmalraum Ebenen der Dimension n-1 auf. Abhängig von den Seiten der Trennebenen, auf der das aktuelle Eingangsmuster im Merkmalraum liegt, liefern die Neuronen der ersten Schicht positive oder negative Ausgangswerte.

- Die Neuronen in der zweiten (verdeckten) Schicht bilden durch die Zusammenfassung der Ausgangswerte der Neuronen der ersten Schicht abgeschlossene Gebiete im Merkmalraum.

- Die Neuronen der dritten Schicht (Ausgangsschicht) produzieren für jedes dieser Gebiete den erforderlichen Ausgangscode als Antwort des neuronalen Netzes auf den am Eingang liegenden Wert.

Bei einem neuronalen Netz, das streng nach dieser Vorstellung arbeitet, besitzen alle Neuronen außer einer Summenbildung über alle einlaufenden Eingangssignale lediglich eine Schwellwertfunktion („hard limiter") als Übergangsfunktion. Für eine angestrebte Hardwareverwirklichung ist dies sicherlich vorteilhaft, da sich solche Komparatorfunktionen einfacher verwirklichen lassen als z.B. Exponentialfunktionen. Mit in der Natur vorkommenden Neuronen hat dieser Klassifikator jedoch nichts gemeinsam. Werden statt dieser Schwellwertfunktionen prinzipiell ähnliche, jedoch „weicher" veraufende, differenzierbare Funktionen benutzt, so ändert sich grundsätzlich nichts an der oben beschriebenen Funktion; die Trennungen im Merkmalraum verlaufen dann auch nur etwas „weicher" und die Ecken der getrennten Gebiete werden gerundet.

Die im folgenden beschriebene Berechnungsvorschrift lehnt sich eng an diese Vorstellung an; auch hierbei werden nur Schwellwertfunktionen eingesetzt. Im Gegensatz zu Lit. /4/ soll der nach diesem Algorithmus bestimmte Klassifikator allerdings nach dem Kriterium des "nächsten Nachbarn" entscheiden.

Ein durch ebene Trennflächen begrenztes abgeschlossenes Gebiet im Merkmalraum um einen Prototypen herum, das so begrenzt ist, daß der zentral liegende Prototyp für alle innerhalb dieses Gebiets liegenden Punkte der „nächste Nachbar" ist, wird nach dem russischen Mathematiker auch als „Voronoi" bezeichent. (Siehe Lit. /2/.) Liegt ein zu klassifizierendes Muster in einem solchen Gebiet, so nimmt das zu diesem Voronoi gehörende Neuron in der zweiten Schicht den aktiven Zustand an und veranlaßt damit die Neuronen der dritten Schicht, den zugehörigen Ausgangscode zu liefern.

Das beschriebene Verfahren bildet im Merkmalraum Voronois und produziert mit Hilfe der dritten neuronalen Schicht den erforderlichen Ausgangscode.

Zunächst werden die Prototypen bestimmt, die für den Vergleich mit den Eingangsmustern benutzt werden sollen. Dies kann – abhängig von der Art der gewünschten Klassifikationsaufgabe und von dem Umfang der vorliegenden Lerndaten – auf unterschiedliche Weise geschehen. So können bei wenigen zur Verfügung stehenden Exemplaren alle vorliegenden Lernmuster als Prototypen genutzt werden. Ist die Datei dagegen umfangreicher, so können wenige typische Repräsentanten ihrer Klasse ausgewählt werden. Auch eine Mittelwertbildung über alle oder ausgesuchte Lerndaten pro Klasse ist üblich. Falls sich nicht alle Muster einer Klasse im Merkmalraum um einen Mittelpunktswert scharen, (und damit eine multimodale Verteilung vorliegt,) ist eventuell vor der Bestimmung der Prototypen eine Clusteranalyse der Lerndaten nötig, um sinnvolle Prototypen für die Klassifikation herauszufinden. Da es zu diesem Themenbereich jedoch zahlreiche Veröffentlichungen gibt, soll an dieser Stelle auf die Auswahl der Prototypen nicht näher eingegangen werden.

Mit den Prototypen als Lerndatensatz werden zunächst die Trennebenen gebildet und die synaptischen Gewichte der Eingangsschicht belegt. Dabei bildet jedes Neuron eine Ebene nach. Die Trennebenen werden so eingerichtet, daß zwischen jeweils zwei Prototypen in der Mitte senkrecht auf der Verbindungslinie dieser beiden Muster eine Trennebene gebildet wird.

Die Neuronen der verdeckten Schicht bilden für jeden Prototyp ein eigenes Voronoi. Dies geschieht, indem der Reihe nach der jeweils aktuelle Prototyp als Eingangsmuster angelegt wird und die Ausgangswerte der ersten Schicht berechnet werden. Das für diesen Prototyp zuständige Neuron in der zweiten Schicht wird jetzt durch ein positives Gewicht mit den Ausgängen der Trennebenenneuronen verbunden, die bei diesem Muster einen positiven Wert liefern und mit einem negativen, falls die Trennebenenneuronen einen negativen Wert liefern. Dabei ist der Betrag aller dieser Gewichte gleich und es werden lediglich die Trennebenen berücksichtigt, die für die Abgrenzung des aktuellen Musters von allen anderen eingerichtet worden sind. Die Gewichte von den Ausgängen aller anderer Neuronen der ersten Schicht sind Null. Abschließend werden die Schwellen der Neuronen in der zweiten Schicht so gesetzt, daß sie als logische UND-Gatter wirken.

Die Gewichte der Neuronen in der dritten Schicht werden so belegt, daß sie als logische ODER-Gatter arbeiten und die entsprechenden Ausgänge immer dann einen aktiven Wert liefern, wenn die Codierung dies für den anliegenden Prototyp erfordert.

Nach Abschluß der Gewichtsbestimmung gemäß den erläuterten Vorschriften ist das Netzwerk in der Lage, die zum Aufbau der Trennebenen benutzten Prototypen richtig zu klassifizieren. Alle unbekannten Muster werden nach den Kriterien des „nächsten Nachbarn" bestimmt, d.h. sie werden der Klasse zugeordnet, zu der auch der zentral im Voronoi liegende Prototyp gehört, in dessen abgeschlossenes Gebiet sie fallen. Dabei gilt im n-dimensionalen Merkmalraum der tatsächliche euklidische Abstand als Kriterium. Bei P Prototypen ergeben sich dabei

$$N_1 = P * (P - 1)/2 \tag{1}$$

Neuronen in der ersten Schicht des neuronalen Netzes. Durch die UND-Verbindungen der synaptischen Kopplungen der zweiten Schicht werden in der zweiten Schicht

$$N_2 = P \tag{2}$$

Neuronen benötigt. Die Zahl der Neuronen in der dritten Schicht hängt davon ab, welche Ausgangscodierung gewünscht wird. Sie bestimmt sich für K Klassen zu :

$$N_3 = K, \tag{3}$$

falls – wie oft gewünscht – ein 1-aus-K Code benutzt werden soll, oder zu

$$N_3 = ld < K >, \tag{4}$$

falls der Ausgang eine binär codierte Information über die Klassen geben soll, das heißt die Anzahl der Neuronen in der dritten Schicht ist gleich dem dyadischen Logarithmus aller vorkommenden Klassen, aufgerundet auf die nächste größere ganze Zahl. Je nach Klassifikationsaufgabe ist aber auch vorstellbar, daß eine andere Anzahl von Ausgangsneuronen erforderlich ist, wenn ein anderer Code gewünscht wird. Auch dieser kann natürlich von dem beschriebenen Netz geliefert werden.

Trotz der bekannt guten Ergebnisse, die der „nächste Nachbar"- Klassifikator erzielt und die deshalb auch mit diesem Verfahren erreicht werden, stört für eine beabsichtigte Hardware-Verwirklichung die sehr hohe Zahl der benötigten Neuronen. Dies trifft insbesondere für die Neuronen in der Eingangsschicht (N_1) zu. Auch für eine Softwaresimulation wäre natürlich eine kleinere Zahl von Neuronen wünschenswert, da sich damit die Zeit für die Klassifikation verkürzt.

4   Verkleinerung des neuronalen Netzes

Es soll darum im folgenden versucht werden, die Zahl der benutzten Neuronen zu verringern. Die guten Ergebnisse des „nächste Nachbar"- Klassifikators sollen dabei nicht verschlechtert werden. Bei der Verkleinerung der Gewichtsmatrizen wäre für die Hardwarerealisation eines voll verkoppelten Netzes natürlich besonders zu wünschen, daß mindestens eine der Dimensionen der synaptischen Kopplungsmatrix in der ersten Schicht verringert wird. Bei der Simulation der Netze in Software wäre dagegen außerdem noch das „Löschen" von einzelnen synaptischen Kopplungen (d.h. eine Null als Gewicht) sinnvoll, da dies in der Berechnung auf eine Multiplikation mit Null herausliefe. Je nach Implementierung der Software läuft dies bedeutend schneller ab als mit einem anderen Wert.

Betrachtet man das nach der obigen Vorschrift gebildete Netz genauer, so fällt auf, daß viele der als Mittelsenkrechte zwischen den Prototypen liegenden Ebenen für ein korrektes Klassifizierungsverfahren nicht benötigt werden.

Ein Kriterium, die „überflüssigen" Ebenen zu finden, ist folgendes: Wenn eine Trennebene keine unmittelbare Wand des Voronois darstellt, ist sie entbehrlich. In diesem Fall existiert auch kein Raum auf der anderen Seite dieser Ebene und auf allen gleichen Seiten aller anderen Trennebenen.

Mathematisch läßt sich das Problem folgendermaßen bearbeiten: alle Trennebenen, die zur Entscheidung des aktuellen Voronois herangezogen werden, bilden ein System von Ungleichungen. Für dieses System existiert eine Lösung. Im folgenden muß für jede der beteiligten Trennebenen untersucht werden, ob das System auch dann noch eine Lösung aufweist, wenn man jeweils das Relationszeichen einer Ungleichung „umdreht", d.h. wenn man verlangt, daß auch auf der anderen Seite einer Trennebene und allen gleichen Seiten aller anderen Trennebenen ein Lösungsgebiet existieren soll. Falls dies zutrifft, nimmt diese Ebene unmittelbar an der Bildung des Voronois teil und muß zur korrekten Klassifikation beibehalten werden. Ist das System von Ungleichungen dagegen unlösbar, so gibt es keinen entsprechenden Lösungsraum und die aktuelle Trennebene ist für die Bildung dieses abgeschlossenen Gebiets entbehrlich. Sie kann daher ersatzlos entfernt werden. Ein mathematisches Verfahren, mit dem sich feststellen läßt, ob ein System von Ungleichungen eine Lösung besitzt, ist die sogenannte „lineare Programmierung".

4.1 Lineare Programmierung

Die lineare Programmierung befaßt sich mit der Aufgabe, eine lineare Funktion mehrerer Variablen minimal (oder maximal) zu machen, wobei Nebenbedingungen mit ebenfalls linearem Charakter gegeben sind. (Siehe Lit. /5/.) Sie wird in dem hier beschriebenen Algorithmus ausschließlich dazu verwendet, die Lösbarkeit von Ungleichungssystemen zu bestimmen. Dies geschieht nach folgender Methode:

Für die Unbekannten $x_1, x_2, \ldots, x_n$ sei folgendes System linearer Ungleichungen gegeben:

$$\sum_{k=1}^{n} a_{ik} * x_k + c_i \geq 0 \tag{5}$$

Zunächst wird das System erweitert auf

$$\sum_{k=1}^{n} a_{ik} * x_k + x_{k+1} + c_i \geq 0 \tag{6}$$

Nun ist es einfach, eine Lösung anzugeben; man muß dazu nur x_{n+1} hinreichend groß wählen. Mit Hilfe der linearen Programmierung wird nun versucht, die Variable x_{n+1} minimal zu machen. Wird dabei eine Lösung mit

$$x_{n+1} \leq 0 \tag{7}$$

gefunden, so hat man eine Lösung des ursprünglichen Systems gefunden, d.h. das System von Ungleichungen ist widerspruchsfrei lösbar. Ist dagegen

$$x_{n+1} > 0, \tag{8}$$

so sind nicht alle Ungleichungen des Systems gleichzeitig erfüllbar. Für den beschriebenen Algorithmus bedeutet das, die zur Zeit „umgedrehte" Trennebene ist für die Bildung des aktuellen Voronois entbehrlich, da sie keine „Wand" dieses Voronois bildet.

5   Ergebnisse

Am Institut für Nachrichtentechnik wurde nach dem oben beschriebenen Verfahren ein neuronales Netz für die Zeichenerkennung von Schreibmaschinenschrift entwickelt. Die bisher durchgeführten Versuche beschränkten sich auf Buchstaben. Durch die im Kapitel 4 beschriebene Methode ließ sich eine Verringerung der Neuronenzahl in der Eingangsschicht – abhängig von der Schriftart – um ca. 60% erreichen.

6   Literatur

Lit. 1: G. G. Lorenz: „The 13-th Problem of Hilbert", Proceedings of Symposia in Pure Mathematics, Vol. 28, 1976.

Lit. 2: N. Ahuja: „Dot Pattern Processing Using Voronoi Neighborhoods", IEEE Transaction on Pattern Analysis and Machine Intelligence, Vol. PAMI-4, No. 3, May 1982, 336-343

Lit. 3: R. P. Lippmann: „An Introduction with Neural Nets", IEEE ASSP-Magazine, Vol. 4, April 1987.

Lit. 4: C. Politt: „Verfahren zur Bestimmung von Gewichtsmatrizen bei neuronalen Netzen", Mustererkennung 1990, Springer-Verlag

Lit. 5: K. G. Murty, „Linear Programming", John Wiley & Sons, New York 1983

Optimalität und Robustheit der Neuronenbelehrung bei verschiedenen Fehlerbewertungsfunktionen für nicht separierbare und separierbare Verteilungen am Beispiel des linearen Klassifikators für zwei Klassen

Siegfried Unger

Frauenhofer-Institut für Produktionsanlagen und Konstruktionstechnik (IPK), Bereich Prozeßtechnik, Pascalstraße 8-9, W-1000 Berlin 10

Kurzfassung

In diesem Beitrag werden Besonderheiten des theoretischen Lösungsverhaltens von vier Fehlerbewertungsfunktionen aufgezeigt:

- der linearen Regression (v_1)

- der linearen Regression einer tanh-sigmoidalen Transferfunktion (v_2)

- der auf einer PARZEN-Dichteapproximation am Ort der Trennebene basierenden Fehlerbewertungsfunktion (v_3) sowie

- einer Klasse von Fehlerbewertungsfunktionen (v_4) (enthaltend die sog. Fehlerkorrektur- alsauch die WIDROW-Belehrungsregel für das ADALINE) Kriterien sind u.a. die Grenzoptimalität, die Robustheit (Bestimmtheit) bei geringen Mächtigkeiten der Lernstichprobe und die Konvergenz eines iterativen Lernprozesses.

1. Eigenschaften verschiedener Fehlerbewertungsfunktionen

1.1 Modelle

Für eine bezügl. der Klassen symmetrische Fehlerbewertungsfunktion gilt offenbar

$v(u,y)=-1)=f(-u)$ (die Notation siehe am Schluß unter 5.) sowie per def. $v(u,y=1)=f(u)$. Damit lautet das Fehlerfunktional

$$F(w) = p_1 E_1 [f(u)] + p_2 E_2 [f(-u)].$$

Tabelle 1 zeigt die hier betrachteten Modelle normativer Fehlerbewertungen f (o.B.d.A. ist $\kappa=1$ gesetzt).

f_1 bis f_4 sind für die rechte Halbachse als Entscheidungsraum in Bild 1, a) bis d) dargestellt. Das Wirkungsintervall der f-Funktionen - in dem . die Ableitung von f nach u eine Betragsschwelle unterschreitet - betreffend, fällt f_1 heraus, deren Wirkungsintervall die gesamte reelle Achse ist.

Modell	Fehlerbewertung	$f\,'(u):==\partial f/\,\partial u$	Tabelle 1

1. Lineare Regression

  von d nach y $f_1(u) = (1 - u)^2$ $- 2(y - u)$

2. Regression von s(d)

  nach y $f_2(u)= (y - s(u))$ $- 2(y - s(u))\,(1-s(u)^2)$

3. Dichteapproximation

  am Ort u=0 $f_3(u)= s(-y\,u)$ $- (1-s(u)^2)$

4. Fehlerkorrekturbe-

  lehrung $(g'(\lambda)=\lambda)$ $f_4(u)= \Theta\,((1 - y\,u\,)\,)$ $-T(1 - y\,u)\,g'(1-yu)$

bzw. WIDROW-Belehrung $(g'(\lambda)=\lambda^2)$ /12/.

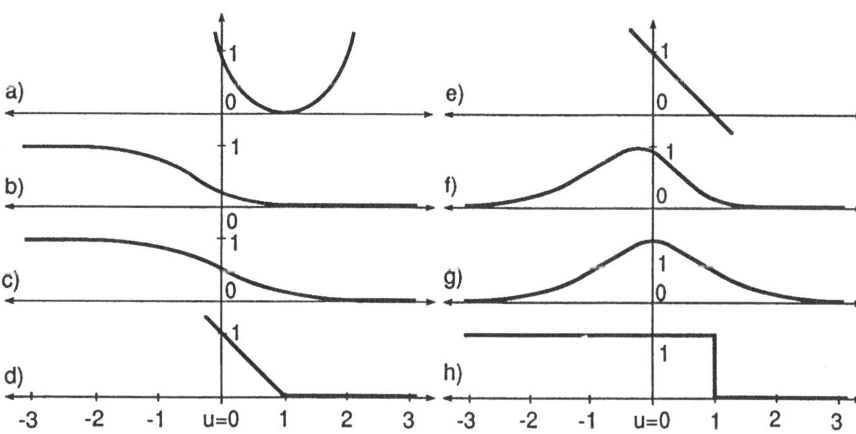

Bild 1: Graphik der Fehlerbewertungsmodelle

1.2 Bedingungen und Existenz stationärer Punkte einer Minimierung von F nach steilstem Abstieg

Die Stationarität der Iteration von F(w) verlangt das Verschwinden des durch die beiden Gleichungen (für die Ableitung nach dem konstanten Glied w_0 und den Komponenten von **w***)

$$\partial F(w)\,/\partial w_0 = p_1\,M_1(w) - p_2\,M_2(w) = 0 \qquad (1)$$

$$\partial F(w)\,/\partial w^* = p_1\,H_1(w) - p_2\,H_2(w) = 0 \qquad (2)$$

mit $M_i(w) = E_i\,[f_k'((-1)^i\,u(x,w))\,]$,   k=1,..,4, i=1,2.

        $H_i(w) = E_i\,[x\,f_k'(-1)^i\,u(x,w))]$,   k=1,..,4, i=1,2.

Im Falle, daß die Lösung von (1) auf $M_i\#0$, i=1,2 führt, läßt sich (2) auch in der Form

$$h_1(w) = h_2(w) \qquad (3)$$

schreiben.

Gl. (1) fordert die Gleichheit der mittleren 'Fehler'bewertungen der beiden Klassen, Gl. (3) das Zusammenfallen der 'Fehler'schwerpunkte der Klassen (Die Bezeichnung 'Fehler' wurde wegen der entsprechenden Interpretierbarkeit von f' im Falle von f_4 mit g linear gewählt).

Die iterative Minimierung von F bei batching des Gradienten geht damit für w_0 und w^* nach den Gleichungen.

$$w_0(t+1)=w_0(t) - \gamma (M_1(w) - M_2(w)) \qquad (4)$$

$$w^*(t+1)=w^*(t) - \gamma (M_1(w) h_1(w)$$
$$- M_2(w) h_2(w)) \qquad (5)$$

vor sich. Gl.(4) bewirkt nur eine Verschiebung des Trennpunktes auf der der Diskriminanzfunktion u entsprechenden Achse in Normalenrichtung der Trennebene, Gl. (3) eine Drehung der Normalenrichtung (vgl. Bild 2, b). Zur Lösbarkeit der Gl.en (1) und (2) gilt Folgendes:

f_1: In diesem Falle gibt es bekanntlich eine geschlossene Lösung [2]. Hier sind

für $v=0$ $M_i=-2(1-(-1)^i w_0)$

und $H_i=-2(-1)^i w^{*T} m_i$, $i=1,2$.   (6)

nur von den 1. und 2. Momenten der Klassen abhängig.

f_2 bis f_4:

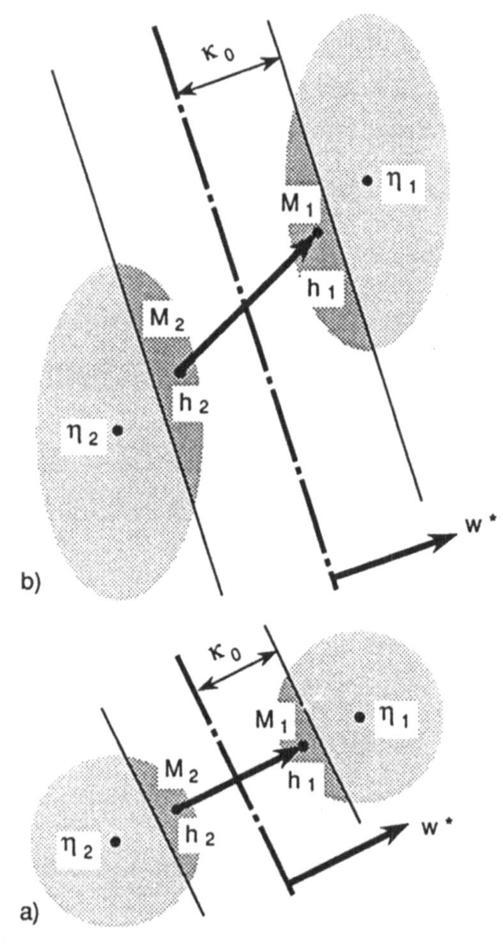

Bild 2 Fehler-Flächen M_1, M_2, und deren Schwerpunkte h_1, h_2 für f_4

Der Schwerpunkt von f_2' (für Klasse 1) liegt auf der negativen Halbachse, der von $-f_2'$ (für_Klasse 2) in dessen positivem Spiegelbild. Folglich wird bei einer innerhalb der Reichweite von f_2' bzw. $-f_2'$ im Bereich der Trennebene nach rechts bzw. links wachsenden Dichte von Klasse1 bzw.Klasse2 der Fehlerschwerpunkt von Klasse1 nach rechts verschoben, entsprechend der von Klasse 2 nach links, so daß diese Punkte bei einem bestimmten Quotienten aus κ_0 und der Mahalanobisdistanz D der Klassen zusammenfallen /13/.Besonders einfach sind die Verhältnisse im Falle f_4, g linear /10/: Hier ist der Fehlerschwerpunkt der Klasse 1 durch den Schwerpunkt der links von einer gedachten Hyperebene lokalisierten Wahrscheinlichkeitsmasse der Klasse 1 gegeben, wobei die gedachte Hyperebene gegenüber der Trennebene um κ_0 in Richtung ihrer Normalen verschoben ist (vgl. Bild 2 a) oder b)); M_i ist diese Masse selbst - entsprechend ist der

Fehlerschwerpunkt für Klasse 2 der Schwerpunkt der rechts von der, entgegen der Normalenrichtung um $-\kappa_0$ verschobenen, Trennebene gelegenen Masse. Bei Vergößerung von $|w^*|$ wandern diese Punkte aufeinander zu, analog verhalten sich die nichtlinearen g-Funktionen der Klasse f_4 [13].

Die Verlustfunktion f_3 dagegen erlaubt keine Lösung der Gleichung (3): Da f_3' nach Bild 1, g) eine gerade Funktion von u und somit gegen Spiegelung invariant ist, tritt: in den ob.gen., für die Lösung interessanten Bereichen des Merkmalsraumes eine Verschiebung des Schwerpunktes des Produktes (h) von f_3' mit der Dichte von Klasse 1 stets nach positiven u, für Klasse 2 nach negativen u ein, so daß diese Punkte nicht zusammenfallen können.

1.3 Stabilität der eigentlichen Lösungen

Die Stabilität (und damit auch Erreichbarkeit) stationärer Punkte ist gegeben, wenn die Matrizen der zweiten Fehlermomente bzw. deren Schätzungen über Stichproben positiv definit sind (vgl. hierzu die Betrachtungen zu f_4 für g linear in /10/ - die Beweise verlaufen in den anderen Fällen analog /13/). Im Falle f_4 ist bei nicht nach oben konvexer g-Funktion (wie der linearen, quadratischen ...) das Funktional F sogar konvex /11/.

1.4 Invarianz der Iteration nach 2.2 gegen lineare Transformationen des Merkmalsraumes

Da sich offenbar alle durch Minimierung eines Funktionals - das nur von einer linearen Funktion des Merkmalsvektors abhängt - definierten linearen Trenn-Hyperebenen mit den Punkten des Raumes mittransformieren, nicht jedoch die dazu senkrechten Normalen-richtungen, wird diese Invarianz von der Iterationsgleichung (5) bei nicht verschwindenden Inkrementen allgemein veletzt (vgl. die beiden Konfigurationen nach Bild 2, wobei jede durch Dehnung/Stauchung in y-Richtung um den Faktor 2 aus der anderen hervorgeht). Daraus folgt, daß das Bestehen der Gleichgewichtsbedingungen (1) und (2) bzw. (3) für die Invarianz der Lösung notwendig ist.

2. Optimalität und Robustheit der Lösungen

2.1 Optimalität der eigentlichen Lösungen

Daß f_1 und f_4 (für g linear) nicht allgemein Bayes-optimale Lösungen liefern, folgt aus der Betrachtung eines eindimensionalen Klassifizierungsproblems mit normalverteilten Klassen im Falle $p_1 = p_2$, $\sigma_1 = \sigma_2 = \sigma$ sowie o.B.d.A. $v_1 = 1$, $v_2 = -1$.

Für f_1 folgt aus den Gl.en (1) und (6) $w_0 = 0$ und damit $t = 0$, unabhängig von Verteilungsannahmen.

Demgegenüber findet man für die Wanderung des Bayesschen (Dichtegleichheits-) Trennpunktes t_B bei

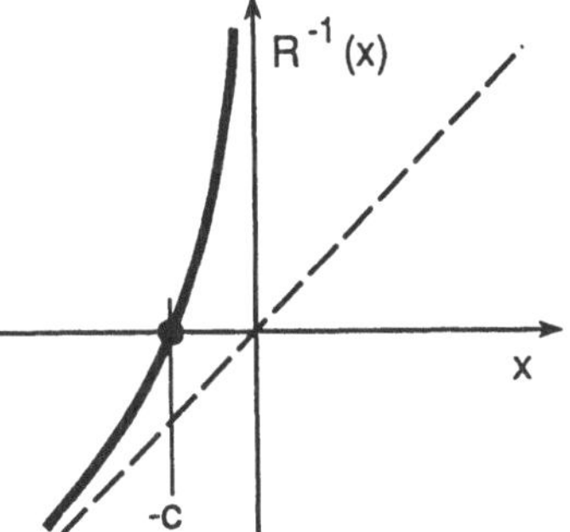

Bild 3. Graphik von $R^{-1}(x)$ (c=0,794)

Vegrößerung von σ_2 den Ausdruck $\partial t_B/\partial \sigma_2 = (D-4)/(2\sqrt{D})$, wo $D = (v_1 - v_2)^2/\sigma^2$ ist.

Für f_4 mit g linear, sind entsprechend $M_i = - \Phi(\xi_i)$, $h_i = v_i -(-1)^i \sigma_i R(\xi_i)$ [11], woraus für diese Verteilung $t = v + [(\sigma_1 - \sigma_2) R^{-1}(-(v_1 -v_2) /(\sigma_1 +\sigma_2))] / 2$ folgt. Dies führt auf $\partial t/\partial \sigma_2 = - R^{-1}(- \sqrt{D}/2) /2$. Wegen $R^{-1}(-\lambda) > 0$ für $\lambda < c$ und $R^{-1}(- \lambda) < 0$ für $\lambda < c$ und $c \neq 4$ ist auch in diesem Falle die Suboptimalität gezeigt (vgl. Bild 3)

Die Festlegung des Lösungsvektors stützt sich offenbar auf die in der Wirkungszone der Bwertungsfunktion gelegenen Objekte. Als Maß für die dadurch gegebene Robustheit bzw. Stützung durch Belehrungsobjekte kann näherungsweise die Fehlermasse M_i angesehen werden, da sie unmittelbar die Festlegung des Lösungsvektors nach den Iterationsgleichungen (4) und (5) bestimmt. Es wird deshalb vorgeschlagen, die Iteration unter der Nebenbedingung (im Lagrangeschen Sinne)

$$\min (M_1 , M_2) = a (N) /L \qquad (7)$$

vorzunehmen, wobei a einen in Abhängigkeit von N festzulegenden Grenzwert bedeutet. Eine solche Begrenzung der Stichprobenverdünnung im Wirkungsgebiet der Fehlerbewertungsfunktionen ist vor allem für f_3 aber auch für f_2 und f_4 zu beachten.

2.2 Lösungsverhalten bei linearer Separierbarkeit

Mit f_1 findet Stützung praktisch durch die gesamte Stichprobe statt - entsprechend ist die Robustheit der Lösung hoch. Diese wird jedoch durch mangelnde Anpassung an Trennflächen erkauft, vgl. Bild 3 a) und b). Die ersten und zweiten Momente dieser Verteilung sind gegen Rotation der Quadrate um ihren Schwerpunkt invariant, so wird nur im Falle b) eine gut konditionierte Trenneben gefunden.

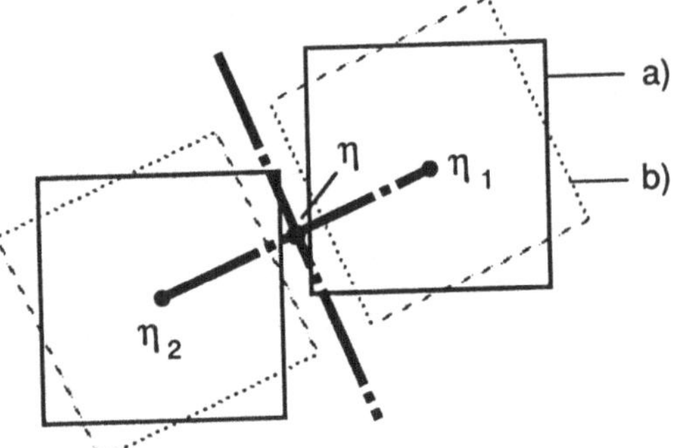

Bild 4. Beispiel für Trennebenen mit linearer Regression (f1)

Bei linear separierbaren Verteilungen (Stichproben) ist auch für f_4 (vgl. Bild 4) offensichtlich, daß die spezielle Gleichgewichtsbedingung (3) nicht erfüllt werden kann, und folglich die Iterationsgleichung (5) zur Vergrößerung des Betrages von **w*** bis zum Verschwinden der Massen M_i führt. Bei einer genügend kleinen Schrittweite wird das durch die h-Differenz bewirkte Moment zum Eindrehen der Trennebene in die senkrechte Mittellage führen.

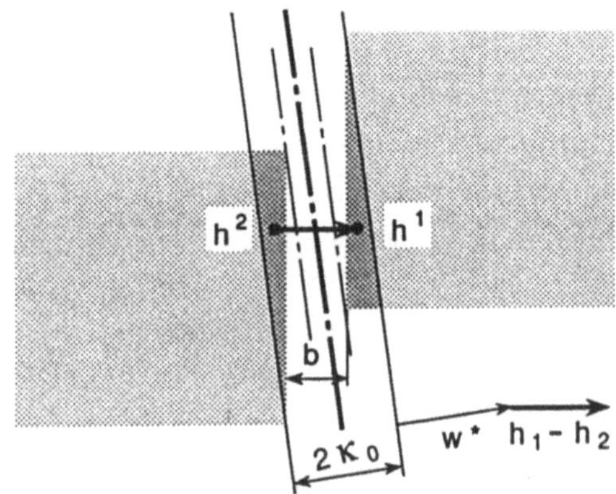

Bild 5 Lösungsbeispiel mit f4

Würde jedoch vorzeitig eine Lage entsprechend den dünnen strichpunktierten Linien erreicht, so würde damit ein suboptimales Ende des Iterationsprozesses (M_i =0, i=1,2, H_i= **0**, i=1,2) herbeigeführt, das ebenfalls durch Wahrung der Nebenbedingung (7) vermieden werden könnte.

4.Zusammenfassung

Das Erreichen einer Bayes-optimalen Trennebene erfordert im verteilungsfreien Falle eine Dichteschätzung (im Sinne von PARZEN [6]) am Ort der Trennebene. Von den betrachteten Fehlerbewertungsfunktionen ist dazu nur f_3 in der Lage.

Von den übrigen Bewertungsfunktionen ist f_2 (quadratische Anpassung einer Sigmoid-Funktion) hierzu am besten geeignet, löst aber die Aufgabe nicht im strengen Sinne , dae es einen stationären Punkt der Iteration mit $|w*|<\infty$ gibt.

Die bei der Iteration eintretende Stichprobenverdünnung kann durch die Nebenbedingung (7) (analog der PARZENschen Bestimmung der Breite des Schätzwindows) begrenzt werden.

Zum Erreichen einer gut konditionierten Trennebene bei linear separierbaren Verteilungen (Stichproben) sind f_2 bis f_4 geeignet; die Wahrung der Bedingung (7) schützt dabei vor dem Verfangen in einem suboptimalen trivialen Ende der Iteration (Bild 4).

Die lineare Regression (f_1) besitzt eine hohe Robustheit, liefert jedoch i.a. weniger gute Anpassungen an Trennflächen (Bild 4).

5.Notation:

L : Umfang der Lernstichprobe

N : Dimension des Merkmalsraumes

y : Klassenzugehörigkeit der Repräsentanten: =1 für Klasse 1, = -1 für Klasse 2

E_i : Operator des bedingten Erwartungswertes, unter der Bedingung, daß Klasse i vorliegt, bzw. entsprechende Mittelwertoperatoren über Stichproben

p_i : A-priori-Wahrscheinlichkeit von Klasse i, bzw. entspr. Mittelwerte

$w^T = (w*^T \mid w_0)$: Parametervektor der Trennhyperebene $\in R^{N+1}$

$w*=$: Normalenrichtung der Trennhyperebene $\in R^N$, w_0: konstantes Glied

x: Mustervektor $\in R^N$

$u:==w*^T x+ w_0$: Diskriminanzfunktion des linearen Klassifikators

v(u,y) : Fehlerbewertung eines Musters x, das der durch y bezeichneten Klasse angehört (o.b.d.A. sei der Halbraum u>0 der Klasse 1 zugeordnet)

f(u):== v(u,y=1) : normative Fehlerbewertung

F(w) : Fehlerfunktional

s(u) = tanh(u): Sigmoidale Transferfunktion

κ : Reichweite-Parameter (Reichweite auf u-Achse)

$\kappa_0 :== \kappa / |w*|$ (Reichweite im Merkmalsraum)

$T(\lambda)$: Einheitssprung-Funktion ($T(\lambda)$=1 für λ >0, $T(\lambda)$=0 für λ > 0)

$\Theta(\lambda):== g(\lambda)T(\lambda)$, $g(\lambda)$ im Intervall $(-\infty,0)$ monoton abnehmend

$\delta(\lambda)$: Diracsche Delta-Funktion

D : Mahalanobis-Distanz (Definition siehe im Text)

σ_i : Standarabweichung der Klasse i

v_i : Mittelvektor der Klasse i

v : Gesamtmittelvektor

$\Phi(\lambda)$: Vf. der normierten Gaußverteilung

$$R(\lambda):==\int_{-\infty}^{\lambda} y \ d\Phi(y): < 0$$

t: Für eine Fehlerbewertungsfunktion optimaler Trennpunkt eines eindimensionalen Klassifizierungsproblems = - w_0 / |w*|

$$\xi_i:== (\kappa_0 - (-1)^i (t - v_i)) / \sigma_i$$

$$m_i:== E_i [xx^T]: \text{Matrix der bedingten 2. Momente der Klasse i}$$

$$m :== E [xx^T]$$

Literatur

[1] K. Hornik, M. Sincombe, and H. White: Multilayer feedforward networks are universal approximators. Neural Networks, 1989

[2] U. Kreßel, J. Franke und J. Schürmann: Polynomklassifikator versus Multilayer-Perzeptron. 12. DAGM-Symposium Oberkochen- Aalen, September 1990

[3] H. Niemann: Pattern Analysis and Understanding. Springer 1989

[4]. Niemann: Klassifikation von Mustern Springer 1983

[5] N. Nilsson: Learning macines. Mc Graw-Hill, 1965

[6] E. Parzen: On Estimation of a Probability Density Function and Mode. Ann. Math. Stat. 33 (1962), 1065-1076

[7] D. Rumelhart and J. McClelland: Parallel distributed processing. MIT Press,1986

[8] J. Schürmann: Polynomklassifikatoren für die Zeichenerkennung. Oldenbourg, 1977

[9]J. Sklansky, and N. Wassel: Pattern Classifiers and trainable machines. Springer 1981

[10]S. Unger, und F. Wysotzki: Lernfähige Klassifizierungsverfahren, Akademie-Verlag Berlin 1981

[11] S. Unger Neuronale Netze, Mustererkennung, Assoziativspeicher. Aus der Arbeit von Plenum und Klassen der AdW der DDR 12/1989, 36-74.

[12] W.N. Wapnik u. A.J. Tscherwonenkis: Theorie der Zeichenerkennung. Akademie-Verlag Berlin 1979

[13] S. Unger (in Vorbereitung)

Ein Extrapolationsverfahren zur Verfolgung von Segmenten in Bildsequenzen

Markus Preißler

Tilo Messer

Bayerisches Forschungszentrum für Wissensbasierte Systeme

Orleansstr. 34

8000 München 80

E-mail: messer@forwiss.tu-muenchen.de

Zusammenfassung

Bei der merkmalsbasierten Bildfolgenanalyse werden zunächst markante Merkmale der Einzelbilder detektiert. Im nächsten Schritt sind dann Korrespondenzen zwischen den Merkmalen der einzelnen Bilder festzustellen. Bisherige Ansätze verzichten entweder auf die Verwendung von Bewegungsinformation oder setzen voraus, daß alle Merkmale einer Bewegung unterliegen. Das hier vorgestellte Verfahren nützt durch die Verwendung der Kalman-Filter-Technik die Möglichkeit der Extrapolation bei bewegten Segmenten, ohne daß bei unbewegten Segmenten, die nur auf Grund von Rauscheffekten ihre Position und Größe ändern, dieses Rauschen verstärkt wird.

1   Einleitung

Bei der Interpretation von Bildfolgen gilt es, zwei Aufgaben zu lösen: die Erkennung von Objekten in der beobachteten Szene und die Verfolgung ihrer Bewegung. Zwei verschiedene Ansätze sind in der Forschung bisher verfolgt worden: der Ansatz über den optischen Fluß und der merkmalsbasierte Ansatz. Beim *optischen Fluß* wird versucht, für jedes Pixel festzustellen, wohin es sich zwischen zwei Folgebildern bewegt hat. Es liegt folgende Annahme zugrunde: wenn $g(x, y, t)$ der Grauwert des Punktes (x, y) zum Zeitpunkt t ist, gibt es zum Zeitpunkt $t + \Delta t$ einen Punkt $(x + \Delta x, y + \Delta y)$, wobei die folgende Gleichung erfüllt sein soll: $g(x, y, t) = g(x + \Delta x, y + \Delta y, t + \Delta t)$. Verschiedene Verfahren wurden entwickelt, die unter Verwendung weiterer Annahmen ein Vektorfeld berechnen, bei dem jedem Bildpunkt ein Bewegungsvektor zugewiesen wird ([AN88]). Bereiche mit homogenen Bewegungsvektoren lassen auf die Bewegung eines einzelnen Objekts schließen.

Beim *merkmalsbasierten Ansatz* wird im ersten Schritt eine Menge von charakteristischen Bildmerkmalen der Objekte aus der Szene ermittelt, z.B. Punkte, die Ecken darstellen könnten, Linien, die Objektkanten entsprechen oder Flächen (Regionen). Im zweiten Schritt wird dann versucht, den Merkmalen, die im Bild $I(t)$ zum Zeitpunkt t gefunden wurden, die entsprechenden Merkmale aus Bild $I(t + \Delta t)$ zum Zeitpunkt $t + \Delta t$ zuzuordnen. Diese Aufgabe wird als das *Korrespondenzproblem* bezeichnet.

Eine umfangreiche Analyse dieses Prozesses im menschlichen Sehsystem wurde durch Ullman vorgenommen ([Ull79]). Seinen Ansatz zur Berechnung der Zuordnungen formulierte er als *minimal deckende Abbildung (minimal mapping)*. Allerdings fordert das Verfahren, daß jedem Punkt aus beiden Bildern mindestens ein Punkt des anderen Bildes zugeordnet wird. In realen Szenen treten jedoch neue Merkmale in Erscheinung, die keine Entsprechung im vorhergehenden Bild finden, und es verschwinden Merkmale vorübergehend oder für immer. Ursache dafür können die teilweise oder völlige Verdeckung von Objekten sein, äußere Einflüsse (wechselnde Beleuchtung) oder Unregelmäßigkeiten in der Bildvorverarbeitung. Zudem berücksichtigt Ullman keine Bewegungsinformation aus vorhergehenden Korrespondenzanalysen.

Einen Ansatz unter Verwendung von Bewegungsinformation stellten Sethi und Jain ([SJ85]), vor. Zu Grunde liegendes Kriterium ist die *Glattheit der Bewegung (smoothness of motion)*, also die Annahme, daß die Bewegung fester Körper aus Trägheitsgründen keinen plötzlichen Änderungen unterliegt. Die Weiterentwicklung des Verfahrens durch Salari und Sethi, ([SS87]), berücksichtigt auch die Möglichkeit, daß nicht jeder Punkt in jedem Bild einen Zuordnungspartner finden muß. Das Verfahren liefert gute Ergebnisse, wenn sich alle Punkte tatsächlich über die Bildfolge bewegen. In realen Szenen existieren oft aber auch Punkte, die sich relativ zur Kamera nicht wirklich bewegen. Deren Positionsänderungen stellen ein Rauschen dar, für das die Glattheitsforderung natürlich nicht erfüllt ist. Andere Ansätze, die ohne Bewegungsinformation auskommen, verwenden Kriterien wie Positionsdaten, Größe, Texturmerkmale, ([Gam84],[BEE85]). Ein weiterer Ansatz untersucht geometrische Beziehungen zwischen den Merkmalen bei Bildsequenzen, in denen sich nur die Kamera bewegt, aber nicht die beobachteten Objekte ([LL90]).

Im von uns entwickelten und realisierten Verfahren ([Pre91]) wird ein Ansatz verfolgt, der die *Möglichkeit der Extrapolation der Position und der Größe* nutzt, um einen Trend lokalisieren zu können, und der rauschunempfindlich ist. Wir nehmen dabei an, daß das Glattheitskriterium der Bewegung erfüllt ist, sofern eine Bewegung vorliegt. Wir gehen aber nicht davon aus, daß alle Segmente in der Bildfolge einer Bewegung unterliegen.

Die verwendeten Zuordnungskriterien zur Lösung des Korrespondenzproblems sind:

- der euklidische Abstand zwischen den Schwerpunkten

- der relative Größenunterschied

- der mittlere Grauwert

2 Bewegung

Im folgenden betrachten wir die verschiedenen Arten von Bewegung in unserem Bildmaterial und die Möglichkeit diese im Zuordnungsprozeß zu nutzen. Als Bewegung verstehen wir hier nur Positionsänderungen der Schwerpunkte von Segmenten, nicht jedoch Bewegungsarten wie Rotationen. Das Verfahren von [SJ85] und [SS87] verlangt, daß jedes Segment sich über die Bildfolge hinweg bewegt. Das ist aber bei uns nicht der Fall. Die Arten von Bewegung der Segmente, oder besser gesagt Positionsänderungen, die in den betrachteten Bildfolgen auftreten, sind sehr unterschiedlich, da sich sowohl die beobachteten Objekte als auch die Kamera bewegen. Es erscheinen solche Segmente im Bild bewegt, die zu kompakten, sich relativ zur Kamera bewegenden Objekten gehören.

Unter kompakten Objekten verstehen wir solche, deren Begrenzungen erkennbar sind, also z.B. Mittelstreifen oder Fahrzeuge, bzw. Teile davon. Ein Mittelstreifen, der sich selbst nicht bewegt, wird in der Bildfolge immer in Bewegung sein (natürlich nur solange die Kamera in Bewegung ist). Ein fahrendes Auto dagegen erscheint in der Projektion unbewegt, wenn es mit etwa derselben Geschwindigkeit, mit der sich die Kamera bewegt, genau vorausfährt. In der vorliegenden Anwendung ist eine Kamera fest in einem Fahrzeug installiert, nach vorne gerichtet und hat eine konstante Brennweite.

Segmente, die zu Objekten gehören, deren Begrenzungen nicht erkennbar sind, können selbst dann unbewegt erscheinen, wenn sich die Kamera relativ zu ihnen bewegt. Auffälligstes Beispiel dafür ist das Segment, das der Straße entsprechen soll; aber auch Randstreifen oder Böschung weisen dieses Phänomen auf. Obwohl eine echte Bewegung in der Bildebene nicht stattfindet, ist der Schwerpunkt solcher Segmente nicht stationär. Diese Positionsschwankungen kann man als Rauschen interpretieren.

Die Überlegungen zur Bewegung lassen sich auch auf die Größe der Segmente übertragen. Da ein Objekt umso größer erscheint, je näher es der Kamera kommt, ist es auch möglich, Voraussagen über die Flächenänderung zu machen. Ein Wachsen der Fläche entspricht also einer Bewegung in Richtung der Kamera und ein Schrumpfen einer Bewegung von der Kamera weg. Wegen Ungenauigkeiten bei der Segmentierung ist die Flächenänderung jedoch wesentlich weniger glatt als die Positionsänderung. Außerdem ist zu berücksichtigen, daß ein Objekt, das sich der Kamera nähert, auch detaillierter gesehen wird und deshalb beim Segmentieren in mehrere Teile zerfallen kann.

Daraus folgt, daß eine Methode benötigt wird, die Bewegungsinformation dann ermittelt, wenn eine echte Bewegung stattfindet. Oben angesprochenes Rauschen soll jedoch nicht verstärkt werden, weil dadurch das Vorliegen von Bewegungsinformation fälschlich vorgespiegelt würde, und die Extrapolation unter Verwendung dieser Pseudobewegung zu einer Verschlechterung der Zuordnungssicherheit führen würde.

Als *Lösung* bietet sich an, zur *Extrapolation* ein *Kalman-Filter* zu verwenden. Dadurch wird der Effekt erzielt, daß Bewegung erkannt wird und dadurch die Position und die Fläche von bewegten Segmenten geeignet extrapoliert werden kann. Andererseits findet eine Glättung der Eingabedaten statt, so daß der Effekt des Rauschens gemildert wird.

3 Extrapolation mit Kalman-Filter-Technik

Um eine Extrapolation der Attribute vornehmen zu können, müssen wir zu den gemessenen Attributwerten die Änderungsgeschwindigkeit berechnen. Die Extrapolation wird für die Koordinaten des Schwertpunkts und für die Fläche vorgenommen. Zur Anwendung der Kalman-Filter-Technik ist es erforderlich, das zu modellierende System in Form von linearen Gleichungen zu formulieren. Das soll am Beispiel der Bewegung in x-Richtung exemplarisch vorgeführt werden:

Zunächst nehmen wir an, daß sich das betrachtete Segment zum Zeitpunkt t_i an der Position $x(t_i)$ befindet. Ferner wird angenommen, daß es sich mit der Geschwindigkeit $v_x(t_i)$ bewegt. Da die Geschwindigkeit nicht als konstant angenomen werden kann, wird eine Störbeschleunigung $a(t_i)$ berücksichtigt. Das Intervall zwischen t_i und t_{i+1} betrage Δt. Es ergeben sich also die folgenden Gleichungen, die die Bewegung beschreiben:

$$x(t_{i+1}) = x(t_i) + v_x(t_i) \cdot \Delta t + \frac{1}{2} \cdot a(t) \cdot \Delta t^2 \tag{1}$$

$$v_x(t_{i+1}) = v_x(t_i) + a(t_i) \cdot \Delta t \tag{2}$$

Der Wert von x und v_x wird im *Zustandsvektor* $z_x = \begin{pmatrix} x \\ v_x \end{pmatrix}$ zusammengefaßt. Dabei wird zu jedem Zeitpunkt zwischen den beiden Zustandsvektoren $\overset{*}{z}_x(t_i)$ und $\hat{z}_x(t_i)$ unterschieden. $\overset{*}{z}_x(t_i)$ gibt die Schätzung des Systemzustands *vor* dem Eintreffen des Meßwerts $x_m(t)$ an, also die *Extrapolation*. $\hat{z}_x(t_i)$ gibt die Schätzung des Systemzustands *nach* dem Eintreffen des neuen Meßwerts an.

Die Extrapolation des Zustandsvektors $\overset{*}{z}_x(t_{i+1})$ erhalten wir durch Multiplikation des aktuellen geschätzten Zustandsvektor $\hat{z}_x(t)$ mit der Zustandsübergangsmatrix $A(t_i)$:

$$\overset{*}{z}_x(t_{i+1}) = A(t_i) \cdot \hat{z}_x(t) \tag{3}$$

Dabei ist
$A(t_i) = \begin{pmatrix} 1 & \Delta t \\ 0 & 1 \end{pmatrix}$ die *Zustandsübergangsmatrix*

Bei der Berechnung des neuen Schätzwert $\hat{z}_x(t_i)$ gehen sowohl der neue Meßwert $x_m(t)$ als auch die Extrapolation $\overset{*}{z}_x(t_i)$ ein. Die Gewichtung, die dabei der extrapolierte Wert und der Meßwert erhalten wird durch das *Kalman-Gain K(t)* festgelegt:

$$\hat{z}_x(t_i) = \overset{*}{z}_x(t_i) + K(t_i)[x_m(t_i) - \overset{*}{x}(t_i)] \tag{4}$$

Der Wert von K hängt von den statistischen Eigenschaften der Störbeschleunigung und des Meßrauschens ab. Dabei ist man auf Schätzungen angewiesen. Bei uns erwies sich $K = \begin{pmatrix} 0.75 \\ 0.5 \end{pmatrix}$ als angemessen. Das bedeutet, daß der extrapolierte Wert nach dem

Eintreffen des neuen Meßwerts mit 0.25, der neue Meßwert mit 0.75 gewichtet wird, um die aktuelle Position abzuschätzen. Die Geschwindigkeit wird um die Hälfte der Differenz zwischen extrapolierter und gemessener Position korrigiert.

Im Falle der vorübergehenden Unterbrechung einer Zuordnung ist die Extrapolation unsicherer geworden. Für die Berechnung der neuen Schätzung $\hat{z}$ des Zustandsvektors wird daher eine andere Gewichtung von extrapolierter Position und gemessener Position vorgenommen. Berechnungen ergaben, daß es geeignet ist, nach der ersten erfolgreichen Wiederzuordnung $K = \begin{pmatrix} 0.9 \\ 0.5 \end{pmatrix}$ festzulegen.

4 Das Verfahren

Die Segmente des ersten betrachteten Bildes werden in eine Menge S aufgenommen. Die Attributwerte für die Schwerpunktkoordinaten, die Fläche und den mittleren Grauwert werden mit den Attributen der Segmente im Bild initialisiert. Die Änderungsgeschwindigkeiten für Position und Fläche werden mit 0 initialisiert, für den Grauwert wird keine Änderungsgeschwindigkeit angenommen, da er nicht extrapoliert werden soll.

Nach Eintreffen des zweiten Bilds wird versucht, möglichst vielen Segmenten aus S je ein Segment des neuen Bilds zuzuordnen. Bei Segmenten, bei denen keine befriedigenden 1:1-Zuordnungen gelingen, wird versucht, sie gruppenweise zuzuordnen. Nach Beendigung des Zuordnungsprozesses werden die Attributwerte der erfolgreich zugeordneten Segmente aus S entsprechend Gleichung (4) aktualisiert. Die nicht zugeordneten Segmente des zweiten Bildes werden in S aufgenommen.

Bei Eintreffen eines jeden neuen Bildes mit Segmentmenge F erfolgen folgende Schritte:

1. Extrapolation der Attributwerte aller Elemente von S;

2. Suche von 1:1-Zuordnungen zwischen Elementen aus S und F;

3. Suche nach Gruppenzuordnungen für Segmente, die in Schritt 2 nicht zugeordnet werden konnten;

4. Aktualisierung der Attributwerte der Elemente von S;

5. Neuaufnahme von nicht zugeordneten Elementen von F in die Menge S;

6. Löschen von Elementen aus S, die über eine bestimmte Anzahl von Bildern nicht zugeordnet werden konnten.

5 Ergebnisse

In den Abbildungen 1 und 2 ist zu erkennen, daß sich die Extrapolation bei einem eindeutig bewegten Segment, wie dem Mittelstreifen, den gemessenen Werten sehr gut annähert. Andererseits weist die Kurve der extrapolierten Positionen des unbewegten Straßensegments keine stärkeren Schwankungen auf, als die Kurve der gemessenen Positionen, so daß durch die Verwendung der Extrapolationen die Zuordnungssicherheit nicht verschlechtert wird.

Die Abbildung 3 zeigt ein segmentiertes Bild einer der verwendeten Bildfolgen. In Abbildung 4 sind Ausschnitte aus den vier Folgebildern zu sehen. In unserer Anwendung liegen uns 25 Bilder pro Sekunde vor. Durchgehende Zuordnungen liegen für das Straßensegment und die Segmente der Straßenmarkierungen vor. Im Bereich des Fahrzeugs werden die Segmente für die Heckscheibe und den Unterbau über einen längeren Zeitraum zugeordnet. Die Segmente im Bereich der Rücklichter und des Nummernschild verschmelzen teilweise mit Segmenten der Umgebung, so daß hier die Zuordnung öfter unterbrochen wird.

Das Verfahren wurde auf einer DECstation 3100 unter Ultrix implementiert. Die verwendete Programmiersprache war C.

6 Zusammenfassung

Das Verfahren ist geeignet, auch Segmente zu verfolgen, die hohe Geschwindigkeiten erreichen. Da die Änderungsgeschwindigkeiten nur mit 0 initialisiert werden können, darf die *Anfangsgeschwindigkeit* eines Segments nicht zu hoch sein, sonst mißlingt die initiale Zuordnung. Voraussetzung für gute Resultate des Verfahrens ist also, daß neu auftretende Segmente zunächst relativ wenig bewegt sind und erst dann beschleunigen. Diese Bedingung ist bei Aufnahmen aus fahrenden Autos in der Regel erfüllt, da neue Objekte meist aus dem Hintergrund kommen, wo sie durch die Projektion weniger bewegt erscheinen und erst mit dem Näherkommen schneller werden. Schwieriger wäre es, Objekte zu verfolgen, die mit hoher Geschwindigkeit seitlich ins Bild kommen.

Wir bedanken uns bei der BMW AG für die Bereitstellung des Bildmaterials.

Literatur

[AN88] J.K. Aggarwaal und N. Nandhakumar: On the computation of motion from sequences of images - a review; in: *Proceedings of the IEEE*, 76(8):917–935, 1988.

[BEE85] B. Bargel, A. Ebert und D. Ernst: Symbolische Bildfolgenbeschreibung zur Objektverfolgung; in: H. Niemann, (Hrsg.), *Mustererkennung 1985, 7. DAGM-Symposium*, S. 87–92, Erlangen, 24.-26.Sept. 1985. Springer-Verlag.

[BS89] Karl Brammer und Gerhard Siffling: *Kalman-Bucy-Filter: deterministische Betrachtung und stochastische Filterung*, R.Oldenburg Verlag, München, 1989.

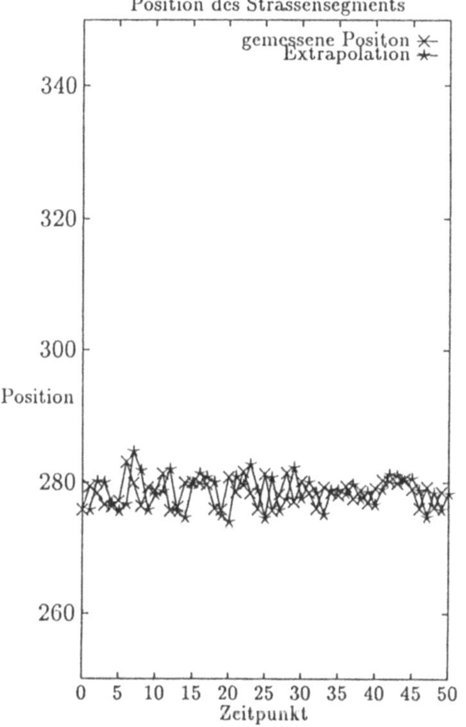

Abb. 1: x-Koordinate des Schwerpunkts des Straßensegments und Extrapolation mit Kalman-Filter

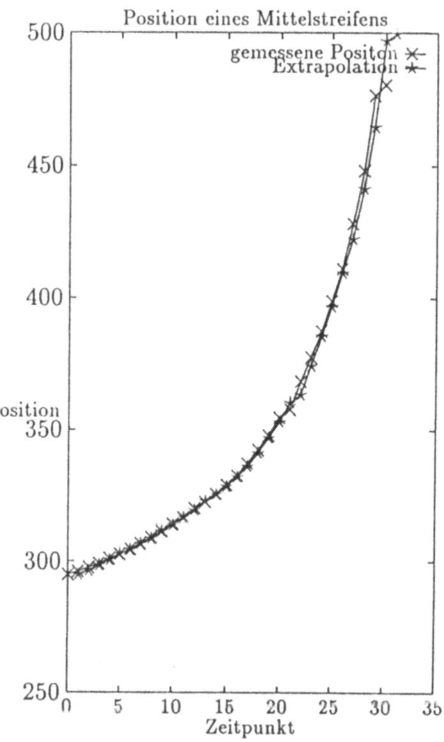

Abb. 2: x-Koordinate des Schwerpunkts eines Mittelstreifens und Extrapolation mit Kalman-Filter

Abb. 3: Segmentiertes Bild

Abb. 4: Ausschnitte der vier Folgebilder

[BS90]   Karl Brammer und Gerhard Siffling: *Stochastische Grundlagen des Kalman-Bucy-Filters: Wahrscheinlichkeitsrechnug und Zufallsprozesse*, R.Oldenburg Verlag, München, 1990.

[Gam84] J.P. Gambotto. Correspondence analysis for target tracking in infrared images; in: International Conference On Pattern Recognition, S. 526–530, Montreal,Canada, 30.Juli-2.August 1984. North-Holland.

[LL90]   Hsi-Jian Lee und Wen-Ling Lei: Region matching and depth finding for 3D objects in stereo aerial photographs; in: *Pattern Recognition*, 23(1/2):81–94, 1990.

[Pre91] Markus Preißler: Verfolgung von Segmenten und Segmentgruppen in Bildfolgen; Diplomarbeit, Forschungs- und Lehreinheit Informatik IX, Technische Universität München, 1991.

[SJ85]   I.K. Sethi und R. Jain: Finding trajectories of feature points in a monocular image sequence; in: IEEE(Hrsg.): *The Engineering Of Knowledge-Based Systems Systems*, S. 106–114, Miami Beach,Florida, 11.-13.Dez. 1985.

[SS87]   V. Salari und I.K. Sethi: Correspondence in presence of occlusion; in: IEEE (Hrsg.): *Workshop on Computer Vision*, S. 327–330, Miami Beach,Florida, 30.Nov.-2.Dez. 1987.

[Ull79] Shimon Ullman: *The Interpretation of Visual Motion*, MIT Press, 1979.

Entwicklung einer segmentbasierten Beschreibung von Ereignissen in Bildfolgen

U. Thönnessen, D. Ernst, H. Groß

Forschungsinstitut für Informationsverarbeitung
und Mustererkennung (FIM/FGAN)
Eisenstockstr. 12, 7505 Ettlingen 6

Es wird ein Verfahren zur Bildanalyse vorgestellt, das aus Bildfolgen Objekte (Teilobjekte) extrahiert, bewegungsspezifisch attributierte Spuren (Orts-/Zeitverlauf) ermittelt und eine Bewegungshierarchie ableitet. Als Basis dienen objektcharakterisierende Segmente, die durch ein Mehrfachschwellenverfahren ermittelt werden. Dieses liefert Merkmalbeschreibungen zu den Segmenten. Basierend auf den Beschreibungen wird eine Zuordnung der Segmente von Bild zu Bild vorgenommen. Die daraus resultierenden Bewegungsvektoren werden gekettet. Es werden jeweils solche Teilbereiche zusammengefaßt, die zwischen signifikanten Änderungen der Attribute der Segmente und daraus abgeleiteter spurspezifischer Eigenschaften liegen. Die Begrenzung ergibt sich aus der Monotonie bzw. Diskontinuität der Attribute und ermöglicht damit eine an den Bewegungsabläufen orientierte zeitliche Unterteilung der Spuren. Im nachfolgenden Schritt wird eine Analyse bewegungsspezifischer Relationen zwischen den Spuren vorgenommen. Aus der Attributierung der Spuren und den Relationen der Spuren zueinander sollen dann die Ereignishypothesen anhand von Ereignismodellen verifiziert werden.

1. Einleitung

Die Auswertung von Bildszenen erfordert es, daß die Bewegungsabläufe der interessierenden Objekte erfaßt und im Rahmen von Bewegungskonzepten hierarchisch beschrieben werden. Unter dem Aspekt einer Einordnung des Beschreibungsniveaus [1] ist als höchste Abstraktion das Ereignis vorgesehen. Bezüglich der spezifischen Anwendung ist die Anzahl der Ereignisse stark eingeschränkt. Ein Ereignis wird als objektbezogene Teilmenge einer Szene definiert und kann verbalisiert werden [2]. Das Verb dient in diesem Zusammenhang vorrangig als Bezeichner der Abstraktion. Das zugrundeliegende Konzept jedes Ereignisses wird in Form eines Ereignismodells repräsentiert. Elemente der Modelle sind die bewegungsspezifisch attributierten Spuren der Objekte (dies schließt auch ortsfeste Objekte ein). Zur Ermittelung der Spur der Objekte über der Zeit müssen die Bildinhalte verglichen, korrespondierende Teile erkannt und die Unterschiede registriert werden. Die korrespondierenden Bildinhalte werden im vorgestellten

Verfahren durch Vergleich der Merkmalbeschreibungen von Segmenten, die die Objekte repräsentieren, aufgefunden. Die Attributierung bezieht sich auf Merkmale, deren Werte spezifisch auf eine durch Bewegung veränderte Bildinformation reagieren (Geschwindigkeit, Richtung, Größe, Gestalt). Aus einer möglichst exakten Beobachtung des Verlaufs der Attribute über der Zeit kann man Diskontinuitäten der Attribute erkennen. Hieraus ergibt sich eine zeitliche Unterteilung der Objektspuren, die mit ereignisrelevanten Änderungen in der Szene korrespondiert [3]. Die Attribute werden anhand der Segmentmerkmale und des Bewegungsverlaufs prozedural ermittelt und zeigen auf den Spurstücken (Strekken) folgende Gemeinsamkeiten:

- sie sind in jedem Teilintervall ihres Gültigkeitsbereiches ebenfalls gültig,

- sie sind qualitative/quantitative Beschreibungen wahrnehmbarer Größen.

Bei der Ereigniserkennung wird zusätzlich zu den attributierten Spuren auf die Relationen der Spuren untereinander zurückgegriffen. Diese werden im Orts-/Zeitraum bestimmt. Jede Ereignishypothese soll entsprechend einem Ereignismodell verifiziert werden. Für die Lösung der Aufgabe wird ein bewertungsgesteuertes Blackboardsystem [4] eingesetzt.

2. Ereignisse

Ereignissen liegen in der konkreten Anwendung Bewegungskonzepte zugrunde, die in Form von Ereignismodellen beschrieben werden. Diese resultieren aus der zeitlichen Unterteilung der Szene, der Zustandsbeschreibung der zugehörigen Spuren und den Relationen der Spuren zueinander. Mit den Ereignissen lassen sich Verben assoziieren. Die für eine Erkennung der Ereignisse notwendige Strukturierung der Modelle basiert primär auf sogenannten charakteristischen Übergängen [5] der Spurattribute und den räumlichen Relationen der Spuren zueinander. Sensitiv in der konkreten Anwendung sind die charakteristischen Übergänge von Flächengröße, Geschwindigkeit, Gestalt und Richtung sowie die Relationen 'auf zu', 'von weg', 'parallel', 'kollinear' und 'schneiden'. Im untenstehenden Beispiel Abb. 2-1 wird versucht, dies am Ereignis 'Überholen' zweier Fahrzeuge zu verdeutlichen. Zur Darstellung im Orts-/Zeitraum, dessen drei Dimensionen die Lagekoordinaten und die Zeit sind, wird ein Kubus verwendet. Die zeitlich aufeinanderfolgenden Einzelbilder einer Folge werden entlang der Zeitachse angeordnet. Die Spuren der stilisierten Objekte sind in die Zeitebene projiziert. Das Ereignis kann zeitlich in Spuren ohne Attributänderung (A,B,E,F) und mit monotoner Attributänderung (C,D) eingeteilt werden. Bei den Spuren C,D wird nach Verschmelzung der Objektkonturen eine abnehmende bzw. zunehmende Flächengröße festgestellt. Weiterhin lassen sich zwischen den Spuren die Relationen 'auf zu', 'von weg' und 'kollinear' verifizieren, die das Ereignismodell weiter strukturieren.

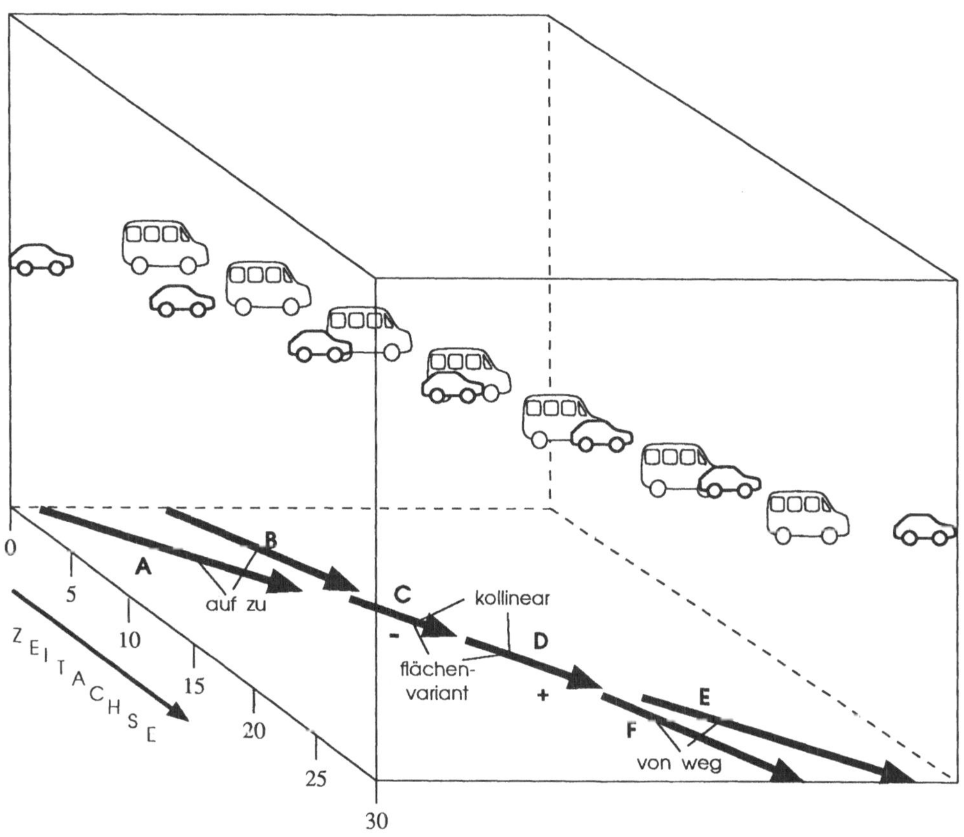

<u>Abb. 2-1:</u> Spuren und Relationen zum Ereignis 'Überholen'

3. Segmentation

Der Analyse liegt ein bedeutungsgesteuertes Bildsegmentierungsverfahren zugrunde [6], das für Bilddaten entwickelt wurde, bei denen sich die interessierenden Objekte durch eine höhere oder geringere Grauwertintensität vom Bildhintergrund abheben. Unter dieser Annahme wird das Bild systematisch mit einer größeren Anzahl von Grauwertschwellen binarisiert. Die extrahierten Flächen werden mit einer umfangreichen Merkmalbeschreibung versehen und vorklassifiziert. Ähnliche Flächen, die verfahrensbedingt anfallen können, werden zu einem Repräsentanten zusammengefaßt (Datenreduktion).

4. Hierarchisch strukturierte Spurbildung

Die einzelnen Phasen der Spurbildung werden hierarchisch strukturiert und basieren auf einem merkmalorientierten Ansatz (vgl. demgegenüber Ansätze über den optischen Fluß [7] und Bewegungsschätzung unter Einsatz des Kalman-Filters [8]). Jede Phase repräsentiert eine höhere Abstraktionsstufe im Erkennungsprozeß. Die Ausgangsebene umfaßt als Basiselemente die objektcharakterisierenden Segmente eines Bildes. Sie werden durch Merkmale beschrieben, die die eindeutige Kennung, Fläche, Lage, Gestalt usw. umfassen. Zunächst werden je zwei korrespondierende Segmente aufeinanderfolgender Frames ermittelt und zwischen ihnen ein Bewegungsvektor mit Bewertung generiert (Abb. 4-1). Der Erwartungsbereich für eine Korrespondenz basiert auf physikalischen Randbedingungen. Verglichen werden die Merkmalbeschreibungen der Segmente. Die Bewertung der Korrespondenz orientiert sich am Maß der Übereinstimmung der Merkmale der beiden Segmente. Existieren mehrere mögliche Kandidaten, so werden hierfür ebenfalls Bewegungsvektoren generiert. Dadurch bleiben Lösungsalternativen erhalten. Bei fehlender Korrespondenz von Segmenten zwischen aufeinanderfolgenden Frames wird versucht, diese Lücke durch Ermittlung einer Korrespondenz im nächsten oder übernächsten Frame zu schließen.

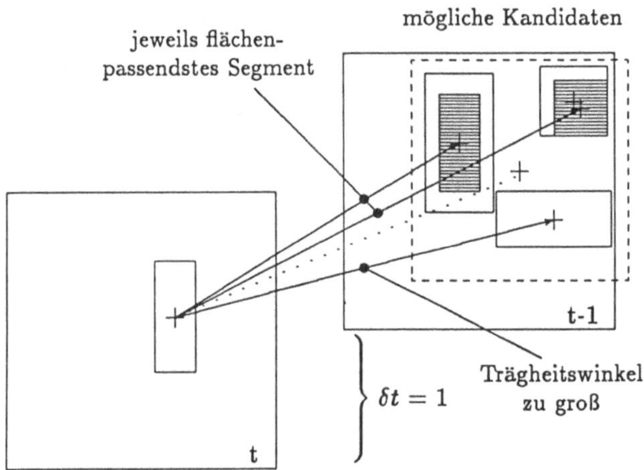

Abb. 4-1: Generierung der Bewegungsvektoren

In der nächsten Phase werden jeweils zwei solcher Bewegungsvektoren, die direkt aufeinanderfolgen und somit ein gemeinsames Segment besitzen, zu Basisstreckenprimitiven zusammengesetzt. Als Anschlußkandidaten kommen nur Bewegungsvektoren in Frage, deren Geschwindigkeitskomponenten, Flächen-, Gestalts- und Flächenänderungsmittelwert segmentspezifische Grenzwerte nicht übersteigen. Die mittleren Geschwindigkeitskomponenten/Frame ergeben sich durch Division der Differenzen der Lagekoordinaten durch die Anzahl der überstrichenen Frames. Kann an einen Bewegungsvektor kein weiterer angeschlossen werden, so gilt das Basisstreckenprimitiv als abgeschlossen. Erste Erkenntnisse bzgl. des Bewegungsverhaltens (variantes Attribut, stabiles Attribut) werden quantifiziert.

Es schließt sich die Phase der Verlängerung zu Streckenprimitiven an. Ziel ist es, längere Strecken zu generieren, in denen die Kontinuität bzgl. des Bewegungsverhaltens gesichert ist. Die Strecke endet jeweils dann, wenn im Bewegungsverhalten eine Änderung festgestellt werden kann, d.h. in den Attributen eine Diskontinuität auftritt. Dazu werden, ausgehend von den Basisstreckenprimitiven, jeweils zwei Streckenprimitive miteinander zu einem neuen Streckenprimitiv verkettet:

- die einen Bewegungsvektor am Übergangsbereich gemeinsam haben,

- die an den Enden noch verlängerbar sind,

- deren gewichtete Mittelwerte der Attribute an den Enden und in der Mitte innerhalb vorgebbarer Toleranzen liegen, die von der zeitlichen Länge des Elementes abhängig sind,

- deren gewichtete Attributmittelwerte des hypothetischen Ergebniselementes ebenfalls innerhalb erlaubter Toleranzen liegen.

Ein Streckenprimitiv, das nicht mehr verlängerbar ist, wird auf das Abstraktionsniveau einer Spur angehoben. Diese ist durch Bewertung, Identifikation, Lage, Fläche, Gestalt am Spuranfang und -ende sowie Geschwindigkeit, Fläche, Gestalt und daraus abgeleiteter Änderungsattribute beschrieben.

5. Relationen

Die Relationen beschreiben die Beziehungen, die zwischen Spuren in Bezug auf die gesamte Spur, den Spuranfang oder das Spurende bestehen. Als relevant für die Aufgabe werden die Relationen 'parallel', 'kollinear', 'auf zu', 'von weg' und 'schneiden' betrachtet.

Die Relationen der Spuren werden im Orts-/Zeitraum interpretiert. Dadurch können sowohl die örtlichen als auch die zeitlichen Beziehungen von Spuren untereinander für die Bestimmung der Relationen berücksichtigt werden. Dabei ist jedoch zu beachten, daß sich die Bezeichnungen für die Relationen auf den Orts-/Zeitraum beziehen und deshalb in der 2-D-Bildebene eine andere Bedeutung haben können. Beispielsweise bedeutet 'parallel' in der Bildebene, daß die beiden Spuren die geometrische Definition von Parallelität erfüllen, während im Orts-/Zeitraum nur dann 'parallele' Spuren entstehen, wenn die zugehörigen Objekte den gleichen Schwerpunktversatz pro Bild aufweisen, also die gleiche Geschwindigkeit besitzen.

Abb. 5-1 zeigt Beispiele für die Relationen in der Orts-/Zeitdarstellung. Mit t_anf ist das erste Bild, mit t_end das letzte Bild der Folge bezeichnet. Spuren stationärer Objekte (Spur A in Abb. 5-1 a)) haben die gleiche Ausrichtung wie die Kubuskanten. Spuren bewegter Objekte (Spur B in Abb. 5-1 a)) haben in Abhängigkeit von ihrer Geschwindigkeit eine zu den Kubuskanten unterschiedliche Ausrichtung. Spuren von Objekten, die sich mit gleicher Geschwindigkeit bewegen, erfüllen die Relation 'parallel' (Spur B und C).

Spuren von Objekten mit unterschiedlicher Geschwindigkeit ergeben die in Abb. 5-1 b) dargestellten Relationen. In der oberen Kubushälfte sind die Spuren eines Überholvorgangs (D überholt E) skizziert, bei dem die Objekte während des Überholens miteinander verschmelzen (die Phase der Verschmelzung ist nicht berücksichtigt). In der Phase, in der sich Objekt D dem Objekt E nähert, erfüllen die durchgezogenen Spurstücke die Relation 'auf zu', wenn sich Objekt D von Objekt E wieder entfernt erfüllen die gestrichelt gezeichneten Spurstücke die Relation 'von weg'. Die Spuren F und G ergeben sich, wenn ein bewegtes Objekt (F) an einem stationären Objekt (G) vorbeifährt und dabei das stationäre Objekt vollständig verdeckt. Die Spur von Objekt F 'schneidet' die Spur von Objekt G, während die beiden Spurstücke von Objekt G in 'kollinearer' Beziehung zueinander stehen. Mit der Relation 'schneiden' werden eine unterbrochene Spur und die unterbrechende Spur zueinander in Beziehung gesetzt, mit 'kollinear' wird die Beziehung einer unterbrochenen Spur zu ihrer Vorgänger- oder Nachfolgerspur hergestellt.

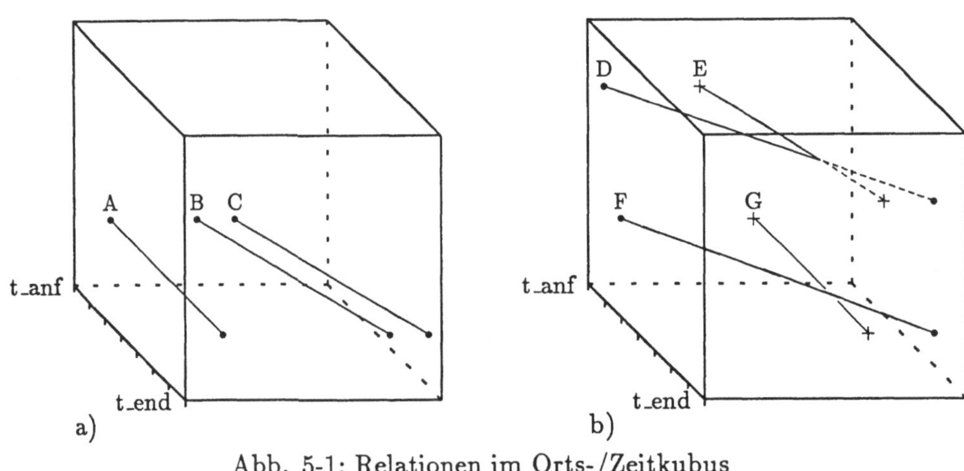

Abb. 5-1: Relationen im Orts-/Zeitkubus
a) 'parallel' (Spur B und C)
b) 'auf zu' bzw. 'von weg' (Spur D und E),
'schneiden' bzw. 'kollinear' (Spur F und G)

Abb. 5-2 zeigt die Relation 'auf zu' anhand eines realen Beispiels, bei dem ein Pkw vor einem stehenden VW-Bus vorbeifährt. In weiß dargestellt sind die beiden Spuren (Spur des VW-Bus und Spur des Pkw-Unterteils), die diese Relation erfüllen. Als schwarzer Quader ist der Suchbereich gezeichnet, in dem Spurenden liegen müssen, um in diesem Fall die Relation 'auf zu' zu erfüllen.

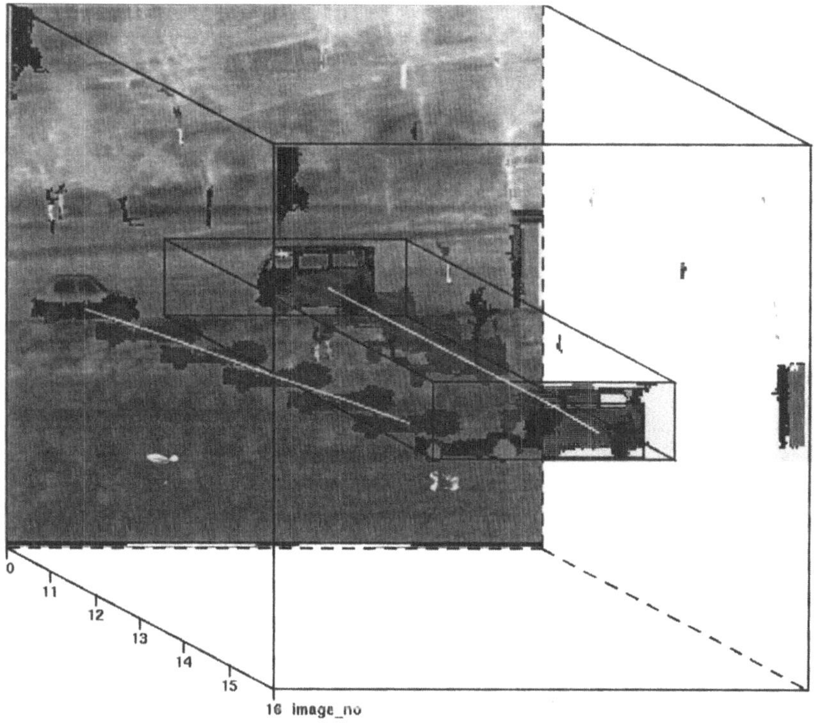

Abb. 5-2: Die Relation 'auf zu' für Spuren realer Szenen

6. Implementierung

Für die Realisierung wird ein blackboardbasiertes Produktionssystem verwendet. Bewertungs- und Auswahlverfahren bestimmen die jeweils erfolgversprechendsten Teilstrukturen und veranlassen die Überprüfung. Alle generierten Teilstrukturen werden im Blackboardspeicher abgelegt. Die im Orts-/Zeitraum notwendigen Analyseschritte in Flächen und Volumina sind durch entsprechende Mechanismen effektiv gestaltet. Das Verfahren ist für eine Parallelisierung konzipiert. Zur detaillierten Analyse der Zwischenergebnisse steht eine leistungsfähige Erklärungskomponente bereit.

7. Ergebnisse, Ausblick

Mit dem geschilderten Verfahren lassen sich retrospektiv die Spuren von bewegten und nicht bewegten Objekten in einer Bildszene ermitteln und deren Bewegungsverhalten beschreiben. Das Verfahren wurde an realen Bildszenen getestet und liefert gute Ergebnisse. Die sich ergebende zeitliche Einteilung der Spuren beschreibt ereignisrelevante Änderungen in der Szene. Durch die Parallelisierbarkeit des Verfahrens ist die Basis für eine Realisierung in Echtzeitanwendungen geschaffen. Die für eine zielgerichtete Analyse von Ereignissen notwendige Strukturierung und die Eignung eines Schema-Konzeptes [9] für die Ereigniserkennung wird derzeit untersucht.

Literaturverzeichnis

[1] H.H.Nagel: *From image sequences towards conceptual descriptions.* Image and Vision Computing 6, 1988, 59-74

[2] B.Neumann, H.J.Novak: *NAOS: Ein System zur natürlichsprachigen Beschreibung zeitveränderlicher Szenen.* Informatik Forschung und Entwicklung 1, 1986, 83-91

[3] J.K.Tsotsos, J.Mylopoulos, H.D.Covvey, S.W.Zucker: *A Framework for Visual Understanding.* IEEE Trans.Pattern Analysis and Machine Intelligence PAMI-2, 1980, 563-573.

[4] K.Lütjen: *BPI: Ein Blackboardbasiertes Produktionssystem für die automatische Bildauswertung.* Informatik-Fachbericht 125, G.Hartmann (Hrsg), Springer Verlag, Berlin, Heidelberg 1986, 164-168

[5] N.Heinze, W.Krüger, H.H.Nagel: *Zuordnung von Bewegungsverben zu Trajektorien in Bildfolgen von Straßenverkehrsszenen.* 11. DAGM-Symposium Mustererkennung 2.-4.Oktober 1989, Hamburg, Informatik-Fachbericht 219, K.Burkhardt, K.H.Höhne, B.Neumann (Hrsg.), Springer Verlag, Berlin, Heidelberg 1989, 310-317

[6] C.Anderer, U.Thönnessen, M.F.Carlsohn, A.Klonz: *Ein Bildsegmentierer für die echtzeitnahe Verarbeitung.* 11. DAGM-Symposium Mustererkennung 2.-4.Oktober 1989, Hamburg, Informatik-Fachbericht 219, K.Burkhardt, K.H.Höhne, B.Neumann (Hrsg.), Springer Verlag, Berlin, Heidelberg 1989, 380-384

[7] B.K.P.Horn, B.G.Schunk: *Determining Optical Flow.* Artificial Intelligence 17, 1981, 185-204

[8] A.v.Brandt: *Object tracking and motion estimation with a moving camera.* Proc. ASST 1990, Aachen, 12-14.Sept.1990, 186-191

[9] B.A.Draper, R.T.Collins, J.Brolio, J.Griffith, A.H. Hanson, E.M.Riseman: *The Schema System.* International Journal of Computer Vision, Vol.2, No.3, January, 1989

Ein videobasiertes System zur Erfassung von Verkehrsdaten

W. Feiten, A. v. Brandt, G. Lawitzky, I. Leuthäusser

Siemens AG, Zentrale Forschung und Entwicklung
Otto-Hahn-Ring 6, D-8000 München 83

*Es wird ein videobasiertes System zur Erfassung von Verkehrsda-
ten vorgestellt, bei dem besonderes Augenmerk auf kostengünstige
Realisierbarkeit gelegt wird. Für die einzelnen Verfahrensschritte
(Detektion von Bewegtobjekten, Tracking, Klassifikation) werden
verschieden aufwendige Varianten vorgesehen, unter denen je nach
Situation diejenige ausgewählt wird, die ein optimales Verhältnis
von Aufwand und Ergebnis verspricht.*

1 Einleitung

Laufende Erfassung von Verkehrsdaten ist eine Voraussetzung für eine flexible, situationsangepaßte Verkehrssteuerung. Typische Anforderungen für
ein an einer Kreuzung installiertes System sind:
- Es sollten etwa 100 Meter vor der Kreuzung überblickt werden.
- Die Geschwindigkeit und Bahn der Verkehrsteilnehmer sollten dort ausreichend genau bestimmt werden.
- Die Verkehrsteilnehmer sollten als PKW, Bus, LKW, Motorrad, Fahrrad,
  Sonderfahrzeug (Polizei, Feuerwehr etc.) oder als Fußgänger klassifiziert
  werden.

Dies ist erheblich mehr, als die heute üblichen Induktionsschleifen (bei ver-
tretbarem Aufwand) liefern können. Hier wird statt dessen ein videobasiertes System vorgeschlagen.

Ein wesentlicher Aspekt ist dabei die kostengünstige Realisierbarkeit. Die
eingesetzten Verfahren sind daher in vielem speziell auf die Anwendung zu-
geschnitten:
- Es kann vorausgesetzt werden, daß die relevanten Objekte (Verkehrsteilnehmer) zumindest zeitweilig bewegt sind. Die Bewegung der Fahrzeuge
  kann durch nicht zu komplexe physikalische Gesetze ausreichend genau
  beschrieben werden.
- Das Aussehen der Fahrzeuge läßt sich bereits durch grobe geometrische
  Modelle (z. B. bei Tag: quaderförmiges Erscheinungsbild mit vielen Kanten und rechteckigen Flächen; bei Nacht: ein Scheinwerfer bzw. ein Paar
  von Scheinwerfern) gut erfassen.
- Nur gewisse Regionen des Bildes, entsprechend den Verkehrsflächen,
  sind relevant.

- Da viel Information in dem zeitlichen Ablauf der Bilder enthalten ist, ist es sinnvoll, nicht isolierte Einzelbilder zu verarbeiten, sondern den Zusammenhang in der Sequenz auszunutzen.
- Für die Teilschritte des Verfahrens - Detektion bewegter Objekte, Trakking und Klassifikation - werden verschiedene Verfahren bereitgestellt. Je nach der speziellen Situation wird dasjenige Verfahren eingesetzt, das ein optimales Verhältnis von Aufwand und Ergebnis verspricht (**Fig. 1**).

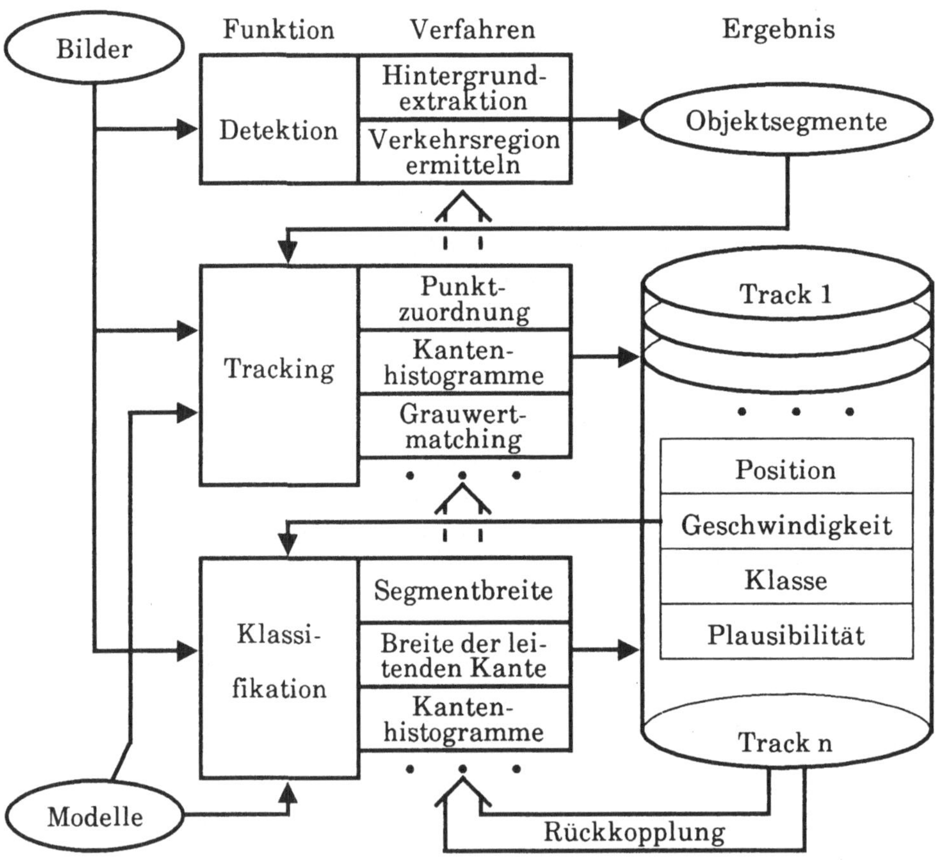

Fig. 1: Systemüberblick

2 Detektion bewegter Objekte

Die Detektion der Fahrzeuge kann sehr zuverlässig durch Vergleich der eintreffenden Bilder mit einem aktuellen Bild des Hintergrundes durchgeführt werden, wie in mehreren Aufsätzen ([DoHA88], [GuMG88], [KaBr90]) gezeigt wurde. Für die Adaption des Hintergrundbildes an langsame bzw. bleibende Veränderungen wurden dabei verschiedene Varianten vorgeschlagen, von einfacher rekursiver Filterung mit konstanten Koeffizienten bis hin zu

Kalman-Filterung. Der Algorithmus durchläuft in allen Fällen folgende vier Verfahrensschritte für jedes Bild der Sequenz:
- Vorhersage des Hintergrundbildes
- Berechnung der Differenz zwischen aktuellem Bild und Hintergrundbild
- Berechnung der binären Bewegtobjektmaske
- Korrektur des Hintergrundbildes

Zur Weiterverarbeitung kann somit je nach Art der Objektverfolgungsverfahren entweder das Differenzbild zwischen Original und Hintergrund oder bereits die binarisierte Objektmaske verwendet werden.

Für die Berechnung des Hintergrundbildes setzen wir ein neues Verfahren ein. Es erlaubt, bei der Strategie zur Hintergrundadaption klar zwischen folgenden Arten von Veränderungen zu unterscheiden:
(1)   Langsame Helligkeitsänderungen, z. B. durch Wolkenbewegungen
(2)   Plötzlich eintretende, aber bleibende Veränderungen, z. B. verursacht durch anfahrende oder anhaltende (einparkende) Fahrzeuge.

Der Fall (2) bereitet üblicherweise Probleme, da die schnelle Veränderung als das Ergebnis einer Bewegung interpretiert und evtl. auf Dauer von der Hintergrundadaption ausgeklammert wird. Dies ist besonders störend bei freigewordenem Hintergrund. Daher sollte die Adaption auf jeden Fall nach einiger Zeit wieder fortgesetzt werden. In [KaBr90] wird dies durch eine varianzabhängige Kalman-Verstärkung erzielt, wobei jedoch die Fälle (1) und (2) nicht deutlich getrennt werden.

Die Besonderheit des neuen Verfahrens ist, daß man für den unter (2) genannten Fall eine definierte Wartezeit vorgeben kann, nach deren Ablauf der neue Bildinhalt in das Hintergrundbild übernommen wird. Dies ist weniger aufwendig und dabei transparenter handhabbar als die signalabhängige Steuerung des Kalman-Gain wie in unserem früheren Vorschlag [KaBr90].

Das Verfahren arbeitet - außer bei der Bestimmung der Objektmasken - ausschließlich in Zeitrichtung ohne Wechselwirkung zwischen benachbarten Bildpunkten. Die Folge der Bildpunkte $\{I_k(i,j), k = 1, 2, ...\}$ für beliebige Bildpunktkoordinaten (i,j) wird daher im folgenden als Zeitreihe $\{I_k, k = 1, 2, ...\}$ abgekürzt, aus welcher das Hintergrund-Bildsignal $\{B_k\}$ sowie das Differenzbildsignal $\{E_k\}$, dessen Varianz $\{V_k\}$ und das binäre Objektmaskenbildsignal $\{M_k\}$ errechnet wird. $\{T_k\}$ ist die Zeit seit der letzten Adaption des betreffenden Hintergrundbild-Bildpunkts. Sei $B_0 = I_0$, $V_0 = 1.0$ und $T_0 = 0$. Für alle Zeiten $k \geq 1$ und alle Bildpunkte erfolgt folgende Rekursion (Gl. 2.1 - 2.2):

$$B_k = B_{k-1} \,;\, V_k = V_{k-1} + Q/R \,;\, T_k = T_{k-1} + 1 \,;\, E_k = I_k - B_k \qquad (2.1)$$

$$\text{if } |E_k| \leq h \cdot \sqrt{V_k} \text{ then } M_k = 0 \text{ else } M_k = 1 \qquad (2.2)$$

$$\text{if } T_k = T_{max} \text{ then } B_k = I_k \,;\, V_k = 1.0 \,;\, T_k = 0$$

$$\text{else if } M_k = 0 \text{ then} \qquad g_k = V_k / (V_k + 1) \,;\, B_k = B_k + g_k\, E_k \,;$$

$$V_k = (1 - g_k)\, V_k \,;\, T_k = 0$$

Gl. 2.1 ist die Prädiktionsphase, Gl. 2.2 die Hintergrund-Korrekturphase. Die freien Parameter Q/R, T_{max} und h bedeuten die "Adaptivität", die maximale Wartezeit und die Detektionsschwelle (bezogen auf die Hintergrundvarianz).

Dieses Verfahren trennt sehr gut die Bewegtobjekte vom Hintergrund. Ein Beispiel für das resultierende Objektmaskenbild zeigt **Fig. 2.**

Fig. 2: Bewegtobjektdetektion mit Hintergrundbild: Original und Objektmaske

3   Tracking

Aufgabe des Trackingalgorithmus ist es, aus den detektierten Kandidaten für relevante Bewegtobjekte die Tracks dieser Bewegtobjekte aufzubauen. Folgende Teilaufgaben sind darin enthalten:
- Trackerzeugung,
- Zuordnung von Bewegtobjekten zu einem bekannten Track,
- Beendung von Tracks,
- Zusammenfassung von mehreren Tracks.

Trackerzeugung:
Ein neuer Track wird immer dann erzeugt, wenn ein relevantes Objekt keinem vorhandenen Track zugeordnet werden kann. Es ist durchaus möglich, daß auf diese Art ein Track zunächst einer Ansammlung von Fahrzeugen entspricht, die sich im Bild gegenseitig überdecken. Dies zu erkennen ist eine der Aufgaben der Klassifikation.

Zuordnung von Bewegtobjekten zu einem bekannten Track:
Die Zuordnung von Bewegtobjekten zu einem bekannten Track geschieht aufgrund verschiedener Merkmale eines Bewegtobjekts. Welche Merkmale verwendet werden, hängt von der Situation ab:
- Bei nicht sehr dichtem Verkehr und diffuser Beleuchtung genügt die Position, gemessen als Mitte der Vorderkante des umschreibenden Rechtecks.
- Bewegt sich ein Fahrzeug quer zur Kamera, oder wirft es einen starken Schatten, dann wird als Position die Mitte der leitenden Kante des Fahrzeugs verwendet und das Bewegtobjekt dadurch einem Track zugeordnet.

Für die Zuordnung im dichten Verkehr und bei teilweiser Verdeckung können Kantenhistogramme von Bild zu Bild miteinander korreliert werden. Dazu wird mit dem Sobel-Operator das Kantenbild e(i,j) berechnet, woraus sich das horizontale Histogramm $H(j) = \Sigma_i\, e(i,j)$ und das vertikale Histogramm $V(i) = \Sigma_j\, e(i,j)$ ergeben. In Experimenten wurden die Bewegtobjekte bei gleichem Segmentierungsergebnis eindeutig zugeordnet, und auch bei verschiedenen Segmentierungsergebnissen war die Korrelation für das gleiche Bewegtobjekt signifikant hoch (**Fig. 3**).
Verdecken sich Fahrzeuge gegenseitig und sind ihre Kanten schlecht erkennbar, dann kann die Zuordnung aufgrund von Grauwertmatching durchgeführt werden (vgl. [KaBr90]).

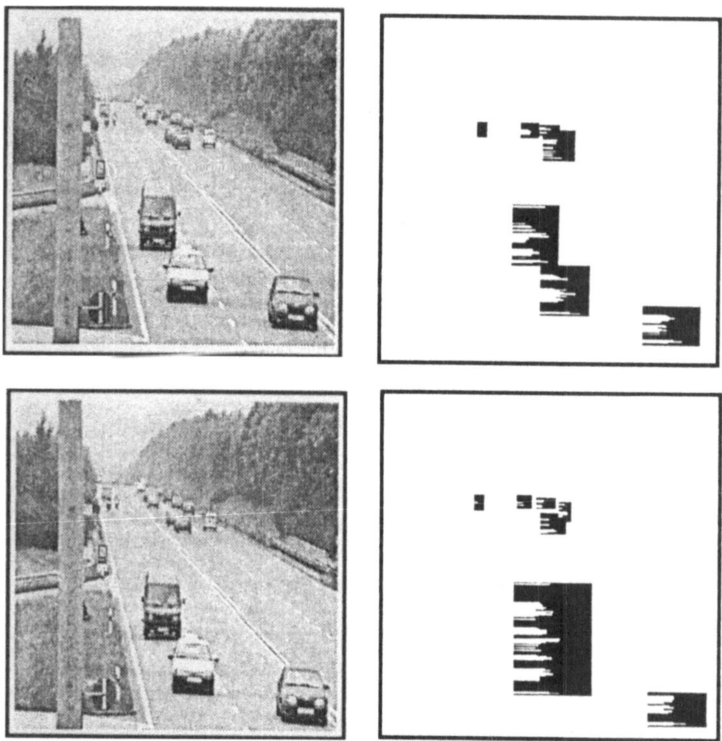

Fig. 3: Kantenhistogramme zum Wiedererkennen von Fahrzeugen

Zum Zweck der leichteren Zuordnung und der Schätzung der Geschwindigkeit prädizieren wir die Position eines Merkmals im nächsten Bild (vgl. [DeFa89], [Dick89], [Crow89]). Durch Kalman-Filterung des Prozesses in Weltkoordinaten bekommt man zugleich eine Schätzung der Geschwindigkeit. Dabei hat sich das Modell der unbeschleunigten linearen Bewegung, verbunden mit einem konstanten Kalman-Gain, für den Normalfall einer Bewegung auf die Kamera zu oder von ihr weg als ausreichend erwiesen. Für abbiegenden Verkehr kann man auf komplexere Modelle umschalten.

Im Hinblick auf ein solches Umschalten wurde ein Experiment durchgeführt, den Kalman-Gain an die Klasse des Fahrzeugs anzupassen. Dazu wurden die Positionen für einen Track gespeichert, der Kalman-Gain als Variable aufgefaßt und die Prädiktionsfehler minimiert. Für einen Bus und einen PKW ergaben sich dabei deutlich verschiedene Kovarianzmatrizen. In der Praxis war die Zuordnung aber auch bei einem fest gewählten Kalman-Gain robust.

Zum Tracking bei diffusem Licht und in nicht sehr dichtem Verkehr genügen die beiden ersten Verfahrensvarianten. Bei dichtem Verkehr verspricht die Zuordnung aufgrund der Kantenhistogramme oder aufgrund des Grauwertmatching eine Lösung. Dies ist Gegenstand laufender Untersuchungen.

Beendung von Tracks:
Kann einem bestehenden Track keine Messung zugeordnet werden, wird aufgrund der Prädiktion die nächste Position extrapoliert und als Messung verwendet; es wird aber vermerkt, daß damit die Plausibilität des Tracks sinkt. Ein Track wird beendet, wenn das entsprechende Objekt definitiv das Bild verlassen hat oder wenn die Wahrscheinlichkeit sehr gering ist, daß ihm ein Verkehrsteilnehmer entspricht. Die Plausibilität, daß einem Track ein Verkehrsteilnehmer entspricht, ergibt sich daraus, wie regelmäßig der Track durch neue Messungen bestätigt wird, und wie gut er dem geometrischen Modell entspricht.

Zusammenfassung von mehreren Tracks:
Mehrere Tracks werden zu einem zusammengefaßt, wenn ihnen ein und derselbe Verkehrsteilnehmer entspricht. Dies tritt vor allem bei Nacht auf. Hier werden die Bahnen einzelner Scheinwerfer verfolgt (mehr kann der Sensor nicht unterscheiden). Wenn zwei dieser Bahnen sich über eine gewisse Zeit parallel zueinander bewegen und einen Abstand haben, der mit dem geometrischen Modell eines Fahrzeugs verträglich ist, dann werden die entsprechenden Tracks zu einem Track zusammengefaßt.

Probleme treten auf, wenn sich mehrere Fahrzeuge gegenseitig überdecken und in der Segmentierung nicht getrennt werden können. Hier hat man grundsätzlich zwei Möglichkeiten: man kann die Segmentierung aufgrund von Bewegungsschätzung verbessern [KoNa90], oder man verbessert die Klassifikation so, daß einzelne Fahrzeuge in einem Cluster erkannt werden. Danach kann man dann versuchen, die entsprechenden Klassifikationsmerkmale zu verfolgen (ausgezeichnete Kanten oder Flächen wie Dach oder Motorhaube, vgl. [BeBl87]). Wir verfolgen die zweite Alternative.

4 Klassifikation

Die Wahl des Klassifikationsmerkmals hängt ab von der Situation, unter anderem von der Bewegung des Objekts, die aus dem Tracking-Algorithmus bekannt ist. Wenn ein Objekt sich auf die Kamera zu bewegt, kann man aus der Breite und Position im Bild des umschreibenden Rechtecks seine Breite schätzen und damit eine grobe Klassifikation vornehmen. Wenn sich aus dem Track eine Drehung des Fahrzeugs relativ zur Kamera ergibt, vermessen wir die leitende Kante, deren Lage und Position im Bild sich aus der perspektivischen Abbildung ergibt. Diese leitende Kante wird im Trackingalgorithmus von Bild zu Bild verfolgt. Dadurch kann man die Breite über mehrere Bilder mitteln und so die Schätzung verbessern. Dieses Verfahren funktioniert auch für das erste Fahrzeug in einem Cluster und für abbiegende Fahrzeuge.

Weitere Kandidaten zur Klassifikation wären wie angedeutet das Kantenhistogramm oder die Kontur der Segmente. Die Kantenhistogramme gestatten eine Zuordnung der Bewegtobjekte von einem Bild zum nächsten. Ob sie allerdings so charakteristisch sind, daß sie auch eine Klassifikation anhand von Templates gestattet, soll in einer weiteren Arbeit untersucht werden.

Die Klassifikation nach der leitenden Kante läßt sich weiterentwickeln in eine verfeinerte Klassifikation nach weiteren Kanten (Seiten, Dach, Motorhaube etc.) Ziel dieser Analyse ist es, Fahrzeug-Cluster aufzulösen, indem das jeweils vordere Fahrzeug vollständig erkannt wird. Dadurch kann man ein Segment für das nachfolgende Fahrzeug bestimmen, das dann ebenso klassifiziert wird. Welche Kanten wo im Bild zu erwarten sind, kann aus einem Draht-Modell des vermuteten geometrischen Modells abgeleitet werden. Zu einer solchen Klassifikation können außer Kanten auch andere Bildmerkmale wie helle oder dunkle Rechtecke verwendet werden (vgl. [BeBL87]). Verfahren zur Bahnverfolgung, die auf Bewegungsvektoren beruhen, funktionieren bei Fahrzeugclustern ohne Relativbewegung der einzelnen Fahrzeuge nicht.

Weiteres mögliches Merkmal ist die Kontur der Objekte. Auch hier wird versucht, die Algorithmen an die Situation anzupassen. Als Einstieg wurde ein Verfahren implementiert, mit dem erkannt wird, ob es sich bei einem Bewegtobjekt um ein einzelnes Fahrzeug oder um mehrere Fahrzeuge handelt. Wenn das Objekt sich auf die Kamera zu bewegt, kann man leicht feststellen, ob die linke oder rechte vordere Ecke des Segments frei bleibt. Dann handelt es sich um gegeneinander versetzte Fahrzeuge, und man bekommt einen Hinweis auf die Fahrzeuggrenzen. Das ist für einen einfachen, wenn auch nicht seltenen Fall, ein geeigneter Algorithmus.

5 Ergebnisse und weitere Arbeiten

Das hier beschriebene System wurde auf einer SUN Sparcstation 1 implementiert und anhand verschiedener Szenen (Sonnenschein, bedeckter Himmel, Schneefall, Nebel) getestet. Bei nicht sehr dichtem Verkehr (keine gegenseitige Verdeckung) wurde eine gute Auflösung erreicht; die Erkennung war teilweise besser als mit bloßem Auge. Die Fehler bei der Schätzung des Ortes und der Geschwindigkeit sind kleiner als 3%. Die Verfahren für Nachtszenen, die sich im Detail deutlich von denen für Tagszenen unterscheiden, wurden noch nicht implementiert.

Die Bearbeitung eines 260x276 Graubildes erfordert ohne alle Code-Optimierung ca. 4 Sekunden, inklusive der graphischen Darstellung von Zwischenschritten (Vollbild, Hintergrund, segmentiertes Binärbild, Messungen in Weltkoordinaten und geglättete Trajektorien in Weltkoordinaten). Eine Abschätzung des Rechenzeit- und Speicherbedarfs der Algorithmen hat ergeben, daß auf einem kleinen Mehrprozessorsystem (ein Signalprozessor und ein General-Purpose-Mikroprozessor) etwa zehn Bilder pro Sekunde bearbeitet werden können.

Die weiteren Arbeiten werden sich auf eine Verbesserung der Klassifikation und des Merkmalstrackings richten. Dabei liegt das Hauptaugenmerk auf den Fragen der Modellrepräsentation für die Verkehrsteilnehmer und auf der Modellierung und Berücksichtigung von Witterungsverhältnissen.

Literatur

[BeBL87]   S. Beucher, J. M. Blosseville, F. Lenoir,: Traffic Spatial Measurements Using Video Image Processing. SPIE Vol. 848 Intelligent Robots and Computer Vision: Sixth in a Series (1987) S. 648 - 655

[Crow89]   J. L. Crowley, S. Mely, M. Kurek, K. Sarachik: Mobile Robot Perception Using Vertical Line Stereo. Proc. of IAS 2, 11. - 14. Dec. 1989, Amsterdam. S. 597 - 607.

[DeFa90]   R. Deriche, O. Faugeras: Tracking Line Segments. Proceedings ECCV 90, Antibes, Frankreich, April 1990. S. 259 - 268

[Dick89]   E. D. Dickmanns, Th. Christians: Relative 3D-State Estimation for Autonomous Visual Guidance of Road Vehicles. Proc. of IAS 2, 11. - 14. Dec. 1989, Amsterdam. S. 683 - 693

[DoHA88]   G. W. Donohoe, D. R. Hush, N. Ahmed: Change detection for target detection and classification in video sequences. Proc. ICASSP 1988, S. 1084-1087

[GuMG88]   A. Gunzinger, S. Mathis, W. Guggenbühl: Datenflußrechner zur Echtzeitbildverarbeitung. Proc. 10. DAGM-Symposium, Zürich 1988, S. 76-82

[KaBr90]   K. P. Karmann, A. v. Brandt: Moving object segmentation based on adaptive reference images. Proc. of EUSIPCO 1990, 18. - 21. 9. 1990, Barcelona.

[KoNa90]   D. Koller, H.-H. Nagel: Ein robustes Verfahren zur Detektion und Verfolgung bewegter Objekte in Bildfolgen. DAGM 1990, S. 625 - 633

Verfolgung des Straßenverlaufes in einer Farbbildfolge

Heiko Münkel, Kornelia Welz

Universität Hannover, Institut für Theoretische Nachrichtentechnik und Informationsverarbeitung, Appelstraße 9a, 3000 Hannover

Im Rahmen der Entwicklung von Architekturen und Verfahren zur echtzeitfähigen Bildfolgenverarbeitung werden Mechanismen zur automatischen Aufgabenverteilung und Kooperation erstellt. Als hinreichend komplexe Aufgabenstellung zur Erprobung der entwickelten Mechanismen wurde die Erkennung von Verkehrszeichen aus einem bewegten Fahrzeug gewählt (s. [1]). In diesem Beitrag werden dafür benötigte Verfahren zur Detektion und Verfolgung des Straßenverlaufes in einer Farbbildfolge vorgestellt, die hinsichtlich einer möglichst guten Parallelisierbarkeit (auf einem Transputernetz) ausgewählt wurden.

1. Einleitung

Bild 1: Straßenszene mit ermittelter Straßenkante und Beobachtungsfenster

Das hier behandelte Anwendungsbeispiel für eine komplexere Parallelverarbeitungsaufgabe auf einem Multiprozessorsystem besteht in der Erkennung und Interpretation von Verkehrszeichen. Geht man von der Annahme aus, daß Verkehrszeichen nur am rechten Straßenrand auftreten, läßt sich die Suche nach neuen Kandidaten für Verkehrszeichen auf einen kleinen Bildbereich einschränken. Sofern der Verlauf der rechten Straßenkante bekannt ist, kann ein Beobachtungsfenster positioniert werden, in dem nach neuen Kandidaten für Verkehrszeichen gesucht wird. Im <u>Bild 1</u> ist eine Straßenszene mit Verkehrszeichen dargestellt. Der Verlauf der ermittelten rechten Straßenkante und der Rahmen eines daran orientierten Beobachtungsfensters sind im Bild schwarz markiert.

Aufgrund ihrer geringen Größe sind die im Beobachtungsfenster gefundenen weit entfernten Kandidaten für Verkehrszeichen in der Regel nicht eindeutig identifizierbar. Für jeden Kandidaten werden deshalb Hypothesen über die Art des Verkehrszeichens aufgestellt und in jedem neuen Bild der Sequenz verifiziert. Je geringer die Distanz eines Verkehrszeichens zum Fahrzeug ist, desto mehr Informationen über das Verkehrszeichen sind vorhanden, so daß die Hypothesen immer spezieller werden.

Bei der Verifikation wird auch die Relativbewegung eines Kandidaten zum ermittelten Verlauf der rechten Straßenkante herangezogen. Ein Kandidat kann nur dann ein Verkehrszeichen sein, wenn keine derartige Bewegung existiert.

Desweiteren werden die extrahierten Straßenkanten benötigt um mit Hilfe einer symbolischen Verarbeitung Straßenkreuzungen zu erkennen.

2. Verfahren zur Detektion und Verfolgung des Straßenverlaufes

Die Verfolgung des Straßenverlaufes ist ein Teilproblem bei der Erkennung von Verkehrszeichen aus einem bewegten Fahrzeug. Bewegt sich ein Fahrzeug, so muß die Straßenfläche innerhalb einer zeitlichen geordneten Bildfolge verfolgt werden. Das Ziel ist dabei der Aufbau eines Straßenmodells, d.h. einer symbolischen Beschreibung der Straße. Das Modell enthält eine Lagebeschreibung der Straßenfläche, beschrieben durch den Verlauf ihrer linken und rechten Kante, aber auch Wissen über die Straße, wie Straßenart, Richtung usw.

Die Straßenszenen liegen in Form von zeitlich geordneten Sequenzen von digitalen Farbbildern vor. Ein Farbbild setzt sich dabei aus den Grauwertbildern der drei Farbauszüge Rot, Grün und Blau (RGB– Farbmodell) zusammen.

In den letzten Jahren gab es eine Reihe von Veröffentlichungen (Übersicht in [2]), die die Erkennung und Verfolgung des Straßenverlaufes innerhalb eines anderen Problemkreises behandeln. Das Ziel der dort beschriebenen Projekte ist die automatische Führung eines Fahrzeuges entlang einer Straße.

2.1   Übersicht über den Verfahrensablauf

Der Verfahrensablauf, der in <u>Bild 2</u> dargestellt ist, gliedert sich in die beiden Teilaufgaben Anfangsanalyse und Verfolgung des Straßenverlaufes. Während der

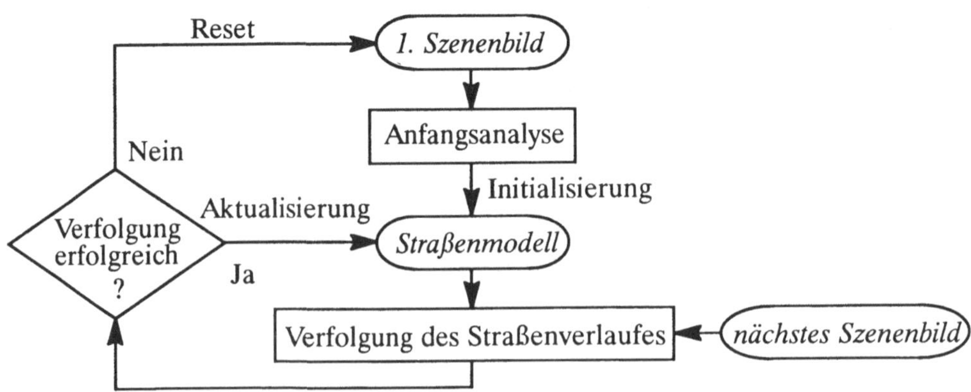

Bild 2: Verfahrensablauf für die Verfolgung des Straßenverlaufes

Anfangsanalyse wird die Straßenfläche mit Hilfe eines regionenorientierten Segmentierungsverfahrens, das die gesamte Farbinformation eines Bildes ausnutzt, extrahiert. Mit den daraus ermittelten Straßenkanten wird das Straßenmodell initialisiert. In den anschließenden Bildern der Sequenz wird dann nur noch der Verlauf der Straßenkanten verfolgt. Im Gegensatz zur Anfangsanalyse kann hierbei auf die Daten des zuvor berechneten Straßenmodells zurückgegriffen werden. Falls die Straßenkanten zufriedenstellend ermittelt wurden, wird das Straßenmodell aktualisiert und die Verfolgung im nächsten Bild fortgesetzt. Ansonsten wird das Straßenmodell verworfen und eine erneute Anfangsanalyse für das aktuelle Farbbild durchgeführt.

Die zeitaufwendigere Anfangsanalyse muß in der Regel nur dann durchgeführt werden, wenn sich die Straßenszene wesentlich geändert hat (z.B. in einer stark gekrümmten Kurve oder beim Überfahren einer Kreuzung).

2.2 Verfahrensschritte der Anfangsanalyse

Da die Straßenkanten innerhalb des gesamten Bildbereiches liegen können, wird zu ihrer Ermittlung auch der gesamte Bildbereich ausgewertet. Die einzelnen Verarbeitungsschritte zwischen Bilderfassung und Interpretation werden in Bild 3 dargestellt. Nach der Bilderfassung durch eine Farbbildkamera werden die digitalisierten RGB–Farbauszüge tiefpaßgefiltert um das Rauschen zu reduzieren. Die Merkmale der Bildpunkte werden durch ihre Rot,– Grün– und Blau– Werte beschrieben. Durch eine Farb– bzw. Merkmalstransformation werden die Merkmale orthogonalisiert und so die Klassifikation erleichtert.

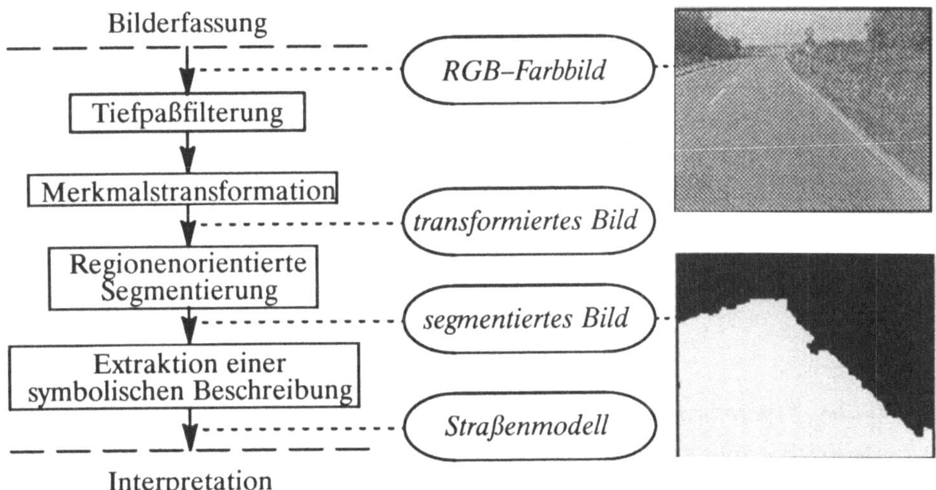

Bild 3: Verarbeitungsschritte und Zwischenrepräsentationsformen des Bildinhaltes bei der Anfangsanalyse

Für das hier gewählte Klassifikationsverfahren (s.u.) wurden die Karhunen–Loeve–Transformation (beschrieben in [3], [4]) sowie die Transformationen in die Farbmodelle XYZ, YIQ, HSV, HSI und Lab untersucht (s. z.B. [5] und [6]). Gute Segmentierungsergebnisse werden mit der Karhunen–Loeve–, der HSV– und der HSI–Transformation erzielt. Allerdings liefert eine Merkmalsreduktion auf ein oder zwei Merkmale in allen Fällen nur ungenügende Segmentierungsergebnisse, so daß auf eine Reduktion verzichtet wird. Die Karhunen–Loeve–Transformation wird allgemein nach Gleichung 1 berechnet. Die Transformationsmatrix (T) muß im Normalfall für jedes Bild neu berechnet werden (s. z.B. [3]). Eigene statistische Untersuchungen am verwendeten Bildmaterial zeigten, daß eine Approximation von T durch die feste Matrix in Gl. 1 möglich ist. Aufgrund der kürzeren Rechenzeiten ist die Karhunen–Loeve–Transformation (mit fester Matrix T) die günstigste für das verwendete Bildmaterial.

$$y = [T] * x \qquad T = \begin{bmatrix} 1/3 & 1/3 & 1/3 \\ -1/4 & -1/4 & 1/2 \\ 1/2 & -1/2 & 0 \end{bmatrix} \tag{1}$$

$x = Eingangsvektor, \quad y = Ausgangsvektor, \quad T = Transformationsmatrix$

Für die regionenorientierte Segmentierung der Straße wird die statistische Klassifikation mit einem Bayes–Klassifikator eingesetzt. Die Klassifikation wird dabei für alle drei Merkmale (Farbauszüge) getrennt durchgeführt und das segmentierte Bild durch eine UND–Verknüpfung der Einzelergebnisse erzeugt. Bei der Anfangsanalyse wurde die regionenorientierte Segmentierung der konturorientierten vorgezogen, da die Szenen sehr komplex sind und bei einer konturorientierten Segmentierung deshalb sehr viele Kandidaten für Straßenkanten gefunden werden.
Die klassenbedingte Wahrscheinlichkeit wird nach dem in [7] erprobten nichtparametrischen Verfahren bestimmt, bei dem unbekannte Wahrscheinlichkeitsdichten geschätzt werden können. Das Verfahren wird in zwei Iterationsschritten durchgeführt:
Zunächst werden alle Bildpunkte innerhalb eines dreieckigen Fensters (siehe schraf-

a) Farbauszug mit   b) 1. Iterationsschritt   c) 2. Iterationsschritt   d) Nachbearbeitung
   Straßenfenster

Bild 4: Ergebnisse der Iterationsschritte für die Straßensegmentierung

fierten Bereich in <u>Bild 4a</u>) der Straße zugeordnet. Die dadurch erhaltene klassifizierte Stichprobe von Mustern wird für die 1. Schätzung der Wahrscheinlichkeitsdichten (nach [4]) verwendet. Das nach dem 1. Iterationsschritt erzielte Segmentierungsergebnis ist im <u>Bild 4b</u> dargestellt (Bildpunkte die zur Straßenklasse gehören sind hier weiß markiert). Beim 2. Iterationsschritt wird das vorhergehende Segmentierungsergebnis für die erneute Schätzung der Wahrscheinlichkeitsdichten herangezogen. Im <u>Bild 4c</u> ist das segmentierte Bild nach dem 2. Schritt dargestellt. Durch anschließende morphologische Shrink- und Blow- Operationen wird das Segmentierungsergebnis noch homogenisiert (s. <u>Bild 4d</u>).
Nach der Ermittlung der Straßenkontur erfolgt die Extraktion einer symbolischen Beschreibung des Straßenverlaufes, mit der das Straßenmodell initialisiert wird.

2.3   Die Verfolgung des Straßenverlaufes

Wenn sich bei der Verfolgung des Straßenverlaufes die Lage der Straßenkanten zwischen aufeinanderfolgenden Bildern nur geringfügig ändert, kann die Suche nach Straßenkanten auf kleinere Bildausschnitte beschränkt werden (lokale Segmentierung). Die Suche nach den aktuellen Kanten kann sich dabei an den alten Kantenverläufen orientieren (s. [8]). Dazu werden entlang der im vorherigen Bild ermittelten rechten Straßenkante mehrere rechteckige Bildfenster gesetzt (s. die in Bild 5a eingezeichneten schwarzen Rechtecke). In diesen Fenstern wird nach der aktuellen Lage der Straßenkante gesucht. Die Aufteilung der Suche nach den Straßenkanten eignet sich besonders für die Parallelverarbeitung auf einem Multiprozessorsystem. Jedem Prozessor wird dabei ein Bildfenster zugeordnet.

a) Grauwertbild mit Suchfenstern

b) Fenster mit ermittelten Konturen

Bild 5: Beispiel für die lokale Bildanalyse

Die möglichen Kanten werden mit Hilfe eines konturorientierten Segmentierungsverfahren ermittelt. Zu diesem Zweck wird als erstes ein Grauwertbild aus den einzelnen Farbauszügen durch Mittelung gewonnen. Anschließend wird mit Hilfe des Sobel–Operators und einer Schwellwertoperation ein Binärbild des jeweiligen Fensters gebildet (im Originalgrauwertbild 5b eingeblendet). Wie man anhand von Bild 5b erkennen kann, werden meist mehrere Kandidaten für Straßenkanten (schwarze Punkte in den Fenstern von Bild 5b) in den einzelnen Fenstern gefunden. Zur Extraktion der Straßenkanten werden daher die Konturen in den jeweiligen Fenstern ausgewählt, die am besten mit dem bisher ermittelten Straßenverlauf übereinstimmen (dadurch z.B. Ausschluß des Begrenzungspfahles im Bild 5 als Kontur).

3.   Ergebnisse

Die drei Grauwertbilder in Bild 6 zeigen Ergebnisse bei der Verfolgung der rechten Straßenkante innerhalb einer Farbbildsequenz nach dem in Kapitel 3 beschriebenen Verfahren. In die Bilder sind die Suchfenster und die ermittelte Straßenkante schwarz eingezeichnet. Die Straßenkante kann hier einwandfrei verfolgt werden.

Bild 6: Beispiele für die Extraktion und Verfolgung der rechten Straßenkante

Die Anfangsanalyse und die Verfolgung der Straßenkanten wurden an verschiedenen Bildfolgen erfolgreich erprobt. Darunter befanden sich Szenen auf Autobahnen, Land- und Dorfstraßen.
Während das Verfahren zur Verfolgung des Straßenverlaufes sehr einfach parallelisiert werden kann (für jedes Fenster ein anderer Prozessor) ist dies bei der regionenorientierten Anfangsanalyse nicht der Fall. Hier können lediglich die Tiefpaßfilterung und die Merkmalstransformation durch Datenparallelisierung auf unterschiedliche Prozessoren verteilt werden.

Ich danke der DFG für die Förderung des Forschungsvorhabens "Kooperierende numerische und symbolische Verfahren der Bildfolgenauswertung auf einem Multi-Mikro-Rechnersystem" und Herrn Dipl.-Ing. B. Heise für seine Unterstützung bei der Implementierung der Verfahren.

Literatur

[1] K. Welz. Beobachtung von Verkehrszeichen aus einem bewegten Fahrzeug. ASST '90, 7. Aachener Symposium für Signaltheorie, S. 252–257, Aachen: Springer, 1990.

[2] K. Kluge, C. Thorpe. Explicit Models for Robot Road Following. IEEE Int. Conf. on Robotics and Automation, Scoyysdale, 1989.

[3] C.-E. Liedtke, M. Ender. Wissensbasierte Bildverarbeitung. Berlin: Springer, 1989.

[4] H. Niemann. Klassifikation von Mustern. Berlin: Springer, 1983.

[5] H. Lang. Farbmetrik und Farbsehen. R. Oldenbourg, München Wien, 1978.

[6] A.R. Smith. Color Gamut Transform Pairs. Computer Graphics, vol. 12 (1978), pp. 12–19.

[7] D. Kuan, G. Phipps, A.-C. Hsueh. Autonomous Robotic Vehicle Road Following. IEEE Trans. on PAMI, vol. 10, no. 5 (Sept. 1988), pp. 648–658.

[8] E.D. Dickmanns, V. Graefe. Dynamic Monocular Machine Vision and Applications of Dynamic Monocular Machine Vision. Int. Journal of Machine Vision & Application, Vol. 1, Springer-Internat., N.Y, 1988, pp 223–261.

[9] R.O. Duda, P.E. Hart. Pattern Classification and Scene Analysis. New York: Wiley, 1973.

[10] D.H. Foley, J.W. Sammon. An Optimal Set of Discriminant Vector. IEEE Trans. Comput., vol. C-24 (Mar. 1975), pp.281–289.

Steuerung von Segmentierungsverfahren in Bildfolgen menschlicher Bewegungen

Franz Nitzl[1] und Josef Pauli[2]

[1]SIGNUM Computer , Westendstraße 193, 8000 München 21
[2]TU München, Institut für Informatik, Orleanstraße 34, 8000 München 80

Zusammenfassung

Bei der Analyse von Bildfolgen menschlicher Bewegungen müssen starre und bewegte Körperteile extrahiert werden. Hierzu ist eine kombinierte Anwendung statischer und dynamischer Segmentierungsverfahren sinnvoll. In dieser Arbeit beschreiben wir, wie Wissen über die geometrische Form von Körperteilen und deren Bewegung ausgenützt werden kann, um statische und dynamische Segmentierung ausschnittsbezogen zu steuern.

1. Einführung

Zur Beurteilung der Bewegung eines Menschen, etwa für eine sportwissenschaftliche Analyse, müssen die Positionen der Körperteile in den einzelnen Folgenbildern bestimmt werden. Üblicherweise selektiert man hierzu, häufig noch interaktiv, markante Punkte, ermittelt Korrespondenzen zwischen den Folgenbildern und erhält dadurch Verläufe, die von Sportwissenschaftlern ausgewertet werden.

Im folgenden beschreiben wir einen Ansatz [Nitzl 90], um interessierende Körperteile entlang der Bildfolge automatisch zu extrahieren. Durch Korrespondenzberechnungen zwischen Regionen, anstatt Punkten, erreichen wir eine größere Robustheit gegenüber unerwünschten Störungen. Bei menschlichen Bewegungen gibt es meist bewegte und unbewegte Körperteile. Deshalb kombinieren wir in unserer Arbeit statische Schwellwert- und dynamische Differenzbildverfahren. Unterstützt durch ein deklaratives Körper- und Bewegungsmodell [Akita 82] wird die Segmentierung ausschnittsbezogen durch Regeln gesteuert.

Für die Realisierung des Ansatzes wurden als Randbedingungen eine statische Kamera, eine einzelne Person in der Szene, ein deutlicher Kontrast zwischen Hintergrund und Person sowie unterschiedliche Farben für die Bekleidung der einzelnen Körperteile gewählt. Abbildung 1 zeigt einen Abschnitt der den Experimenten zugrundeliegenden Bildfolge.

Abbildung 1: **Gymnastikübung eines Sportlers**

2. Symbolische Beschreibung einer menschlichen Bewegung

2.1 Körpermodell

Unter einem Modell verstehen wir die programmiersprachliche Beschreibung von Eigenschaften einfacher, geometrischer Gebilde (wie Kreis, Dreieck oder Rechteck) und deren Nachbarschaftsbeziehungen.
Somit wird die anatomische Struktur des Menschen durch das sogenannte Körpermodell repräsentiert. Dieses besteht aus sechs Rechtecken, welche die einzelnen Körperteile (Kopf, zwei Arme, Rumpf, zwei Beine) beschreiben (siehe Abbildung 2). Durch die Verwendung des einheitlichen Primitivs Rechteck ist es leicht möglich, eine hierarchisch verfeinerte Strukturierung der Körperteile bei komplexen Bewegungen durchzuführen. Zusätzlich werden die einzelnen Körperteile in Beziehung gesetzt (siehe Abbildung 3).

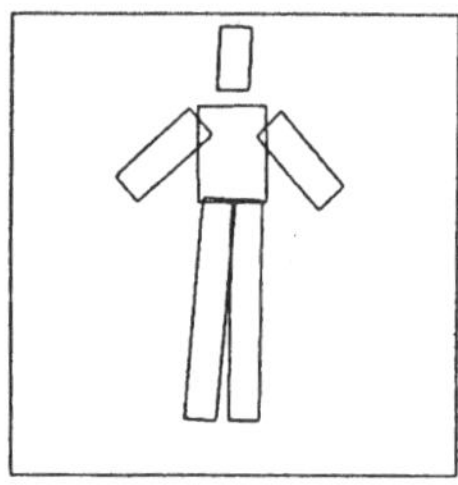

Abbildung 2:
Rechtecke des Körpermodells

Abbildung 3: **Beziehung der Körperteilregionen**

Dieses grobe Körpermodell wird durch eine interaktive Koordinatenangabe der Körperteile im ersten Folgenbild präzisiert. Die Initialisierung ist erforderlich, um Wissen über den jeweils betrachteten Menschen vorzugeben. Zur Repräsentation des Körpermodells verwenden wir Relationengebilde [Pauli 90]. Diese erlauben es, verschiedenartige Merkmale, wie beispielsweise Position, Größe, Verbindungspunkte und Nachbarschaftsbeziehungen der Körperteile, Grauwerte, Polygonstruktur etc., einheitlich zu repräsentieren. Die Informationen können damit gemeinsam für die Steuerung der Segmentierung [vgl. Kapitel 4] verwendet werden.

Wird etwa für ein bestimmtes Folgenbild die Polygonstruktur eines Armes abgelegt, so enthält das zugehörige Relationstupel die Bildnummer, die Nummer des Körperteils und zwei Merkmalslisten, welche die Spalten- und Zeilenkoordinaten von den Eckpunkten der Polygonstruktur der Armregion enthalten. Die Menge aller Relationen bezeichnen wir als symbolische Beschreibung der Bilder der Folge.

2.2 Bewegungsmodell

Zusätzlich zu diesem Körpermodell werden Informationen über die durchgeführte Bewegung als Bewegungsmodell vorgegeben. Dieses besteht aus einer Folge von Schlüsselstellungen der bewegten Körperteile im Verlauf der Gesamtbewegung (siehe Abbildung 4). Es gibt also nicht zu jedem Bild der Realweltbildfolge ein zugehöriges Bild des Bewegungsmodells. Vielmehr werden nur die Extremstellungen der Bewegung durch das Modell beschrieben. Dadurch wird es unter anderem ermöglicht, schwer zu analysierende abrupte Bewegungsänderungen zu verarbeiten. Es ist somit auch nicht erforderlich, daß die zu verarbeitenden Bilder in äquidistanten Zeitintervallen vorliegen.

Um eine menschliche Bewegung durch ein derartiges Modell zu beschreiben, muß die Folge der Schlüsselstellungen bekannt sein. Diese Information erfragen wir vom Benutzer und repräsentieren sie ebenfalls durch Relationengebilde. Die Vorgaben über die Bewegung beschränken sich dabei auf eine grobe Angabe von Position, Orientierung und Verdeckungszustand der Körperteile.

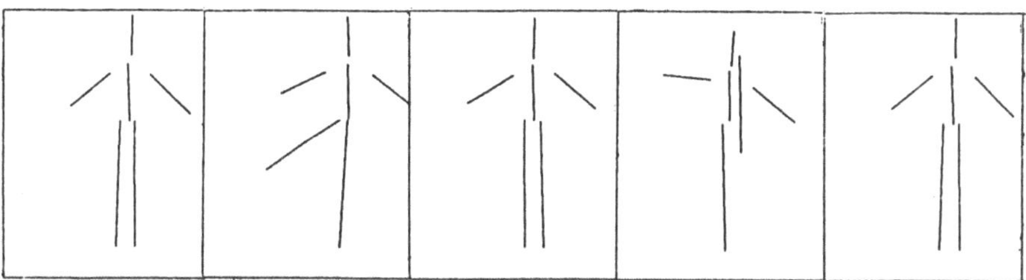

<u>Abbildung 4</u>: **Bewegungsmodell als Strichfiguren dargestellt**

3. Segmentierungsverfahren und Ausschnittsbestimmung

3.1 Statische und dynamische Segmentierung

Erfolgt die Segmentierung unter Berücksichtigung der Grauwerte eines einzelnen Bildes, so sprechen wir von einem statischen Verfahren. Um ein Körperteil statisch mit Hilfe eines Schwellwertverfahrens zu segmentieren, müssen der minimale und maximale Grauwert der Körperteilregion bekannt sein. Das notwendige Wissen wird in Form von Modellinformationen bereitgestellt. Nach der Segmentierung eines Körperteils werden dessen Grauwerteigenschaften ermittelt und abgelegt. Sie werden für die Schwellwertsegmentierung des Körperteils im nächsten Bild verwendet. Durch diese ständige Aktualisierung der Grauwerteigenschaften können Grauwertschwankungen berücksichtigt werden. Für ein gutes Segmentierungsergebnis sind aber auch die Grauwerte der Umgebung des betrachteten Objekts wichtig. Neben der Angabe der Schwellwertgrenzen ist eine geeignete Eingrenzung des Suchbereiches für das zu segmentierende Körperteil eine wichtige Komponente für eine erfolgreiche Segmentierung [vgl. Kapitel 3.2].

Bei dynamischer Segmentierung werden die Grauwerte mehrerer Bilder verarbeitet. Sie erlauben zum einen, eine Bewegung festzustellen und zum anderen eine Segmentierung durch die Bewegung [Jain et al. 79] durchzuführen. Zur dynamischen Segmentierung verwenden wir positive und negative akkumulative Differenzbilder. Herbei werden Grauwertunterschiede einzelner Pixel zweier aufeinanderfolgender Bilder, die über einem bestimmten Toleranzwert liegen, ermittelt. Davon ausgehend sind bewegte Körperteile sehr gut zu segmentieren. Oft werden bewegte Körperteile bei einfachen Differenzbildern nicht vollständig angezeigt, da zwischen den beiden zur Analyse herangezogenen Bildern keine Bewegung um den gesamten Umfang stattgefunden hat.

<u>Abbildung 5</u>: **Negatives akkumulatives Differenzbild des ersten Folgenbildes**

Um diesem Manko abzuhelfen, wird die akkumulative Differenzbildtechnik verwendet. Diese beruht auf dem Prinzip, die Regionen aus mehreren Differenzbildern - von verschiedenen Folgenbildern bezüglich eines Referenzbildes - in einem Bild zu vereinen.

Ausgehend von dem aktuellen Bild als Referenzbild wird etwa bei einer Bewegung eines dunklen Objekts vor einem hellen Hintergrund eine negative Grauwertdifferenz erzielt. Sammelt man die Punkte, die bei Betrachtung mehrerer Folgenbilder in Bezug auf das Referenzbild eine negative Gauwertdifferenz aufweisen, so enthält das Ergebnisbild alle Punkte des bewegten Objekts. Abbildung 5 zeigt das negative akkumulative Differenzbild der ersten 5

Folgenbilder aus Abbildung 1, wobei das erste Folgenbild das Referenzbild ist. Unvollständig angezeigte Körperteile werden durch Verfahren wie etwa die Bildung einer konvexen Hülle ergänzt. Die vorhandenen Informationen über die Bewegung und Grauwertdifferenz eines Körperteiles relativ zum Hintergrund beeinflussen die Entscheidung über die Verwendung dieses dynamischen Segmentierungsverfahrens.

3.2 Extraktion der Körperteile

Zur Extraktion von Köperteilen werden Positions- und Formmerkmale der extrahierten Körperteile aus dem vorangegangenen Bild verarbeitet. Hinzu kommen Informationen aus dem Bewegungsmodell zur Eingrenzung des Suchbereichs. Ein Suchbereich dessen Form an der des gesuchten Körperteils angenähert ist, ist dafür am geeignetsten. Mit Hilfe eines adaptiven Verfahrens (hier 'morphologische Adaption' genannt, siehe Abbildung 6) wird schrittweise der Suchbereich eingegrenzt. Zunächst geht man von der bekannten Polygonstruktur des interessierenden Körperteils aus dem vorhergehenden Bild aus und bestimmt einen ersten rechteckigen Suchbereich. Je nachdem ob das Bewegungsmodell eine Bewegung dieses Körperteils im aktuellen Bild anzeigt oder nicht, wird durch eine geeignete Vergrößerung der alten Struktur dann ein präziserer Suchbereich definiert. Dieser Suchbereich wird mit den Regionen der statischen bzw. dynamischen Segmentierung geschnitten und man erhält eine erste grobe Ergebnisregion. Von dieser Region wird nun der Schwerpunkt und die Orientierung bestimmt und die alte vergrößerte Struktur wird wieder etwas verkleinert und entsprechend den Differenzen zu Schwerpunkt und Orientierung des betrachteten Körperteils im vorhergehenden Bild gedreht und verschoben. Somit entsteht ein neuer Suchbereich, der nun schon etwas besser dem gesuchten Körperteil entspricht. Wiederholt man diese Vorgehensweise, so kann das gesuchte Körperteil immer präziser eingegrenzt werden. Man arbeitet also mit einer flexiblen Schablone. Am Ende wird die erhaltene Region aufgefüllt.

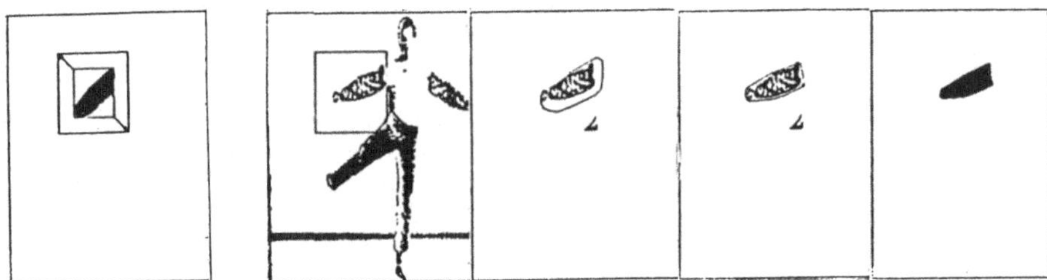

Abbildung 6: Ausschnittsbestimmung durch morphologische Adaption

Auf Grund der besonderen Schwierigkeiten den Rumpf zu segmentieren, erhält dieser eine Sonderstellung unter den Körperteilen. Er wird über die Verbindungspunkte der an ihn angrenzenden Extremitäten bestimmt (hier 'Eckpunktverfahren' genannt).

4. Steuerung der Verfahren durch Regeln

Das prozedurale Wissen besteht aus Regeln, die jeweils aus Kontext-, Bedingungs- und Aktionsteil aufgebaut sind. Der Kontextteil besteht aus einem Identifikator der Regel. Im Bedingungsteil der Regel wird eine Liste von Bedingungen überprüft. Falls der gesamte Bedingungsteil erfüllt ist, können wir die Aktion (des Aktionsteils) der Regel durchführen.

Bei der Überprüfung einer Bedingung wird auf Informationen des Körper- und/oder des Bewegungsmodells und auf Segmentierungsergebnisse des vorhergehenden Bildes (in der Realweltbildfolge) zugegriffen. Auf dieser Grundlage wird entschieden, welches Segmentierungsverfahren eingesetzt werden soll und wie die Eingrenzung des Suchbereichs auf das Gebiet des gesuchten Körperteils erfolgen soll.

Beispiel einer Regeln:
"Falls durch das Bewegungsmodell die Bewegung eines Körperteils angezeigt ist, und
   wenn sich die Grauwerte dieses Körperteils von den Grauwerten des Hintergrundes
   unterscheiden, und wenn das Körperteil dunkler als sein Hintergrund ist,
dann ermittle das negative akkumulative Differenzbild bezüglich des aktuellen Bildes."

Das Körpermodell stellt für die Steuerung die Informationen über Grauwertstruktur und -differenzen der Objekte der Szene, sowie deren Form- und Positionsmerkmale zur Verfügung. Somit wird die Entscheidung über die Verwendung eines statischen oder dynamischen Segmentierungsverfahrens unterstützt und eine Extraktion der Körperteile ermöglicht.
Auch das Bewegungsmodell kann in vielerlei Hinsicht zur Steuerung der Segmentierungsverfahren herangezogen werden. Zeigt es die Bewegung eines Körperteils an, so ist dies ein Hinweis auf die bevorzugte Verwendung eines dynamischen Segmentierungsverfahrens. Durch die Positionsinformationen kann der Segmentierungsbereich gezielt eingegrenzt werden. Wissen über die zu erwartenden Verdeckungssituationen helfen, bewegungs- und verdeckungsbedingte Formveränderungen der Körperteile zu unterscheiden.
Die Entscheidung, welches Bild des Bewegungsmodells zur Analyse eines Realweltbildes einzusetzen ist, wird durch einen Vergleich des zuletzt segmentierten Bildes (bzw. dessen symbolischer Beschreibung) mit dem nächsten Bild des Bewegungsmodells getroffen. Liegt ein ausreichend großes Maß an Übereinstimmung vor, wird zur Analyse der folgenden Realweltbilder dieses so lange herangezogen, bis wieder eine entsprechende Übereinstimmung mit dem folgenden Bild des Bewegungsmodells festgestellt werden kann.
Neben den Informationen über den menschlichen Körper und dessen Bewegung wird zusätzlich die Grauwertstruktur des Hintergrundes verarbeitet. Sie ist wichtig, um Aussagen über Grauwertdifferenzen zwischen Körperteilen und ihrem Hintergrund, sowie Körperteilen und ihrer Umgebung treffen zu können.
Somit werden zur Segmentierung und Objektextraktion folgende Informationen herangezogen:
- Grauwertstruktur der Körperteile, des Hintergrundes und der Umgebung,
- Grauwertunterschiede Körperteil-Hintergrund und Körperteil-Umgebung,
- Form und Position der Körperteile und deren Beziehungen,
- zu erwartende Bewegung und Verdeckungszustände.
Diese Informationen werden in der Wissensbasis abgelegt und einheitlich durch Regeln verarbeitet. Abbildung 7 verdeutlicht, welche Informationen für den Einsatz der Verfahren relevant sind.

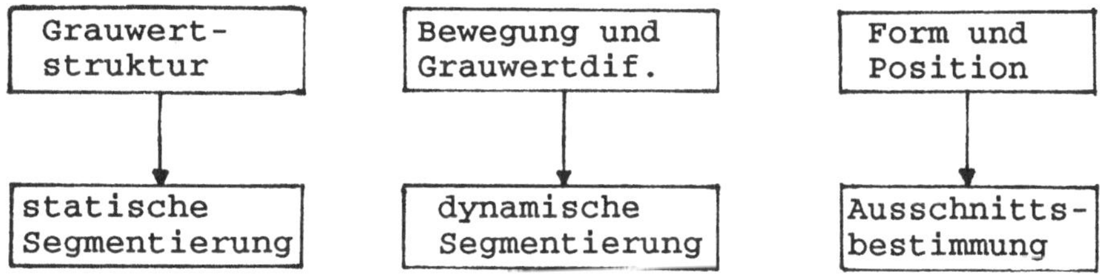

Abbildung 7: **Regelbasierte Auswahl von Segmentierungsverfahren**

In Anlehnung an die Strukturierung der Informationen können wir etwa folgende, intuitiv einleuchtende, Regeln formulieren:

Falls Körperteil wird bewegt,
    dann dynamisches Verfahren anwenden.
Falls Körperteil nicht bewegt wird,
    dann statisches Schwellwertverfahren anwenden.
Falls Körperteil in mehreren Bildern um den ganzen Umfang bewegt wird,
    dann akkumulatives Differenzbildverfahren anwenden.
Falls Körperteil bewegt wird und dunkler als der Hintergrund ist,
    dann negatives Differenzbildverfahren anwenden.
Falls Körperteil bewegt wird und heller als der Hintergrund ist,
    dann positives Differenzbildverfahren anwenden.
Falls Körperteil bewegt wird und ein Grauwertunterschied zum Hintergrund vorliegt,
    dann dynamisches Verfahren anwenden.
Falls Form, Position, Bewegung und Zeitabstand zum vorhergehenden Bild bekannt,
    dann Ausschnittsbestimmung mit morphologischer Adaption.

5. Experimentelle Ergebnisse

In der vorgestellten Bildfolge führt jedes Körperteil, mit Ausnahme des Rumpfes, eine ausreichende Bewegung durch, um dynamisch segmentiert werden zu können. Auf Grund der speziellen Grauwertstruktur liefert für die Arme das statische Schwellwertverfahren allerdings die besseren Ergebnisse. Die Beine und der Kopf werden mit dem dynamischen Verfahren segmentiert. Der Rumpf wird mit Hilfe des kurz angesprochenen 'Eckpunktverfahrens' ermittelt. Einige Ergebnisse, die mit dieser Bildfolge erzielt wurden sind in Abbildung 8 dargestellt:

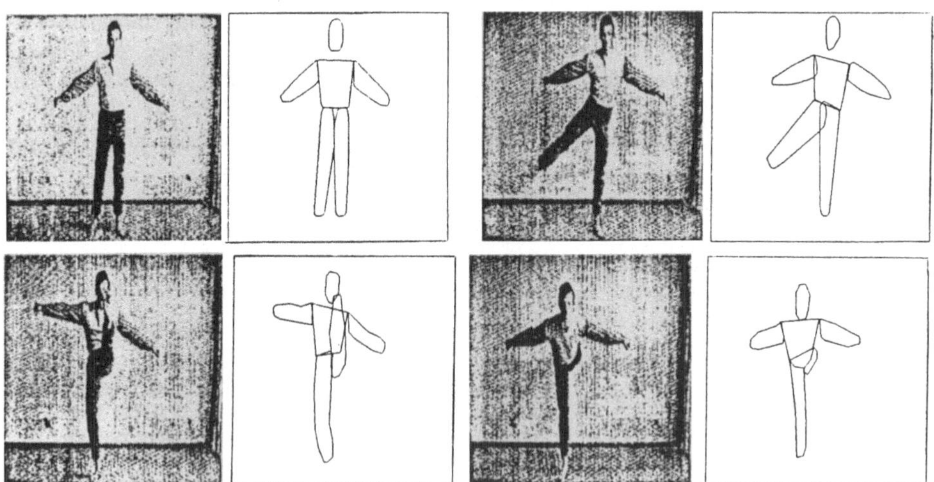

Abbildung 8: **Einige Segmentierungsergebnisse der Gymnastikübung**

6. Schlußbemerkung und Probleme

Die vorliegende Arbeit zeigt, daß die Bewegung in besonderer Weise zur Segmentierung geeignet ist. Selbst die einfache Differenzbildtechnik bietet ausgezeichnete Möglichkeiten, um bewegte Objekte zu erkennen, wenn sie mit anderen Verfahren kombiniert eingesetzt und modellbasiert gesteuert wird.

Werden die realen Farben der Szene in Grauwerte digitalisiert, so geht ein eventuell vorhandener Kontrast verloren. Bei den Experimenten haben lediglich einkanalige Bilder mit 256 Grauwertstufen zur Verfügung gestanden. Eine Farbdigitalisierung würde eine wesentliche Verbesserung der Segmentierung erlauben. Natürlich würde auch ein Übergang zu einer dreidimensionalen Szenenanalyse die Möglichkeiten des Einsatzes deutlich verbessern.

7. Implementierung und Anwendungsgebiete

Das System wurde in C und PROLOG auf einer VaxStation unter ULTRIX implementiert. Das Bildverarbeitungssystems HORUS/PRO stellte die Entwicklungsumgebung dar und ermöglichte somit u.a. die Berechnung der Merkmalswerte für die symbolische Bildbeschreibung. Die elementaren Bildoperationen wurden - so weit sie nicht bereits vorhanden waren - in C geschrieben. Die Repräsentierung von Körper- und Bewegungsmodellen, der symbolischen Beschreibungen der Bilder und der Regeln erfolgte in PROLOG.

Die Analyse menschlicher Bewegungsabläufe hat ein breites Anwendungsspektrum. Ein medizinischer Einsatz etwa in der Orthopädie oder die Leistungssteigerung von Spitzenathleten durch gezielte Bewegungsanalysen sind nur einige Beispiele. Das vorliegende System eignet sich in der aktuellen Fassung vor allem für die sportwissenschaftliche Bestimmung der in der Bewegungslehre wichtigen Bewegungsmerkmale.

8. Literatur

[Akita 82]   K. Akita: *Analysis of body motion image sequence*, IEEE Computer Systems Workshop, S. 320-325, 1982.

[Jain et al. 79]   R. Jain, W. N. Martin und J. K. Aggarwal: *Segmentation through the detection of changes due to motion*, Computer Vision, Graphics and Image Processing 11, S. 13-34, 1979.

[Nitzl 90]   F. Nitzl: *Steuerung statischer und dynamischer Segmentierungsverfahren in Bildfolgen sportlicher Bewegungen unter Verwendung von Modellwissen*, Diplomarbeit an der Technischen Universität München am Institut für Informatik, 1990.

[Pauli 90]   J. Pauli: *Recognizing 2D-image structures by automatically adjusting matching parameters*, Informatik Fachberichte 251, 14th. German Workshop on Artificial Intelligence, S. 292-296, 1990.

3D-Copies of Surface-Reconstructed 3D-Models

Abdelhakim Ghezal and Peter Stucki

University of Zurich
Department of Computer Science
Multimedia Laboratory
8057 Zürich-Irchel, Switzerland

Abstract

An automated surface-reconstruction procedure to build 3D-copies of 3D-objects has been developed. The 3D-reconstruction is derived from several adjacent Magnetic Resonance Imaging (MRI) slices where the object outer boundaries are first detected, thinned and finally vectorized using Freeman chain-encoding techniques. The so obtained vertices carrying definite control points are then triangulated to create the desired wire-frame model of the surface-reconstructed 3D-object. For scientific visualization, the 3D-object can then be shaded, animated in real-time and/or processed to obtain a 3D-copy. Such 3D-hardcopy replicas are produced using stereolithographic techniques.

Keywords: Magnetic Resonance Imaging, contour detection, skeletonization, Freeman chain-encoding, triangulation, modeling, shading, animation and stereolithography.

1. Introduction

The need in scientific and technical visualization has increased rapidly in the last decade in the field of Computer Aided Design (CAD), Computer Aided Instruction (CAI), Computer Integrated Manufacturing (CIM) and 3D-medical-imaging. Magnetic Resonance Imaging (MRI) is a powerful technique, which is used by clinicians to produce digital images of anatomic objects that help them in applications such as diagnosis and surgery planning. MRI-scanners can take images in all three, the sagital, the transversal and the coronal plane. The major disadvantage of any tomography technique and therefore also MRI is that the generated slices are two-dimensional in nature. However, it is the capability to reconstruct or model MRI data in three dimensions that provides new information with respect to the functional and spatial relationship of the object under investigation.

There exist many approaches to the computerized reconstruction of 3D-objects from tomography slice-data and it is common practice to classify them into volume-oriented and surface-oriented categories [1], [2].

The volume-oriented 3D-reconstruction is used whenever views representing inhomogeneous volume structure are required, in particular by medical professionals. This is the case for complex three dimensional, microscopic structures such as anatomic arterial systems and small tumors. The exact diagnosis of these structures is essential for planning surgery, radiation therapy or invasive procedures. The underlying processing principles in volume-oriented 3D-reconstruction are based on volume elements (voxel) that are handled according to procedures commonly used in digital image processing.

The surface-oriented 3D-reconstruction is used whenever views of homogeneous volume structure are required. In this case, the end-user community is not restricted to the medical professional but it may include scientists and engineers interested in a variety of different scientific visualization tasks. Such hull-based 3D-representations find their use in many applications such as Computer-Aided Instruction (CAI), model-based recognition and super data-compression. The underlying principles in surface-oriented 3D-reconstruction are based on procedures commonly used in both, image analysis and image synthesis.

The potential of surface-oriented 3D-object reconstruction is based on the following characteristics: 1) The underlying polygon meshes represent a compact data structure that can be interactively manipulated and visualized as wire-frame or photorealistic representation using standard graphics super-workstation platforms; 2) The compact data structures can be stored and transmitted at minimum cost [3]; and 3) Homogeneous physical 3D-objects can be built using stereolithographic techniques for example.

The stercolithography technique is based on a liquid polymer resin which hardens under the influence of a computer-controlled laser beam illumination process. An elevated platform submerged in the liquid accomplishes a layer-by-layer building up of the slices of a 3D-model. This technology represents a new milestone in 3D scientific and technical visualization.

Although the underlying principles to process MRI-slices and to derive surface-oriented 3D-reconstructions are known in theory, present implementations still have some serious shortcomings. Most of them can be traced back to the fact that the implemented procedures and algorithms lack in sophistication to cope with elaborate structures and shapes.

The first objective of the present work is to design and implement new and robust signal processing and triangulation mechanisms that will overcome the above mentioned shortcomings in order to achieve fully automatic and operatorless procedures to obtain surface-oriented 3D reconstructions. The second objective is then to fabricate the obtained 3D-models using stereolithographic techniques.

2. MRI-Data Acquisition

The development and implementation of the surface-oriented 3D-reconstruction procedure can be applied to any set of cross-sectional images $f(x,y)$, e.g. MRI-slices from an object. For the experiments reported in this paper, N=64 images obtained from a MRI scan of a human head are being used. For a total scanning displacement of L=8 inch, this corresponds to a transversal resolution Ts=N/L of approximately 8 MRI-slices/inch. Each of these N=64 images is digitized in space and amplitude with x=y=256 samples, corresponding to a physical sampling resolution of 25 lines/inch in x and y and a dynamic range of Q=4096 amplitude levels. This digitization therefore yields a data volume of 256x256x12 = 98.3 KByte per MRI-sclice or a total data volume of approximately 6.15 MByte per object. For the purpose of 3D surface reconstruction, the data volume has been transformed to a data volume of 512x512x8 bits. The geometric transformations have been computed using straight-forward linear amplitude-scaling and cubic-convolution techniques [4].

3. MRI-Slice Processing

This chapter describes the various techniques used for automatic edge detection as well as skeleton computation. The results obtained will be used to approximate the outline contour curve into a vector representation using Freeman chain-encoding techniques.

3.1 The Contour Detection Process

There exists a large number of publications in the open literature that are concerned with manyfold aspects of edge detection. In particular many approaches have been developed that approximate the gradient in a digital domain. They can be generally classified into linear and nonlinear filtering techniques. The most commonly encountered procedures are based on the Sobel-, the Laplace- and the compass-gradient algorithms [5] [6].

In a first phase of the present work, a modified Multiple Thresholding and Convolution (MTC) method for contour detection has been developed [8]. The MTC method is based on the concept of global thresholding as well as edge sharpening using convolution techniques. Example of a raw-data grey-level MRI-slice and its corresponding contour representation obtained with the MTC method is shown in Figure 1.

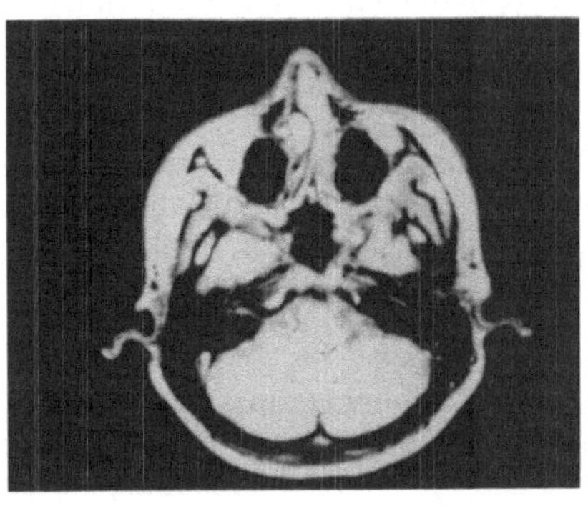 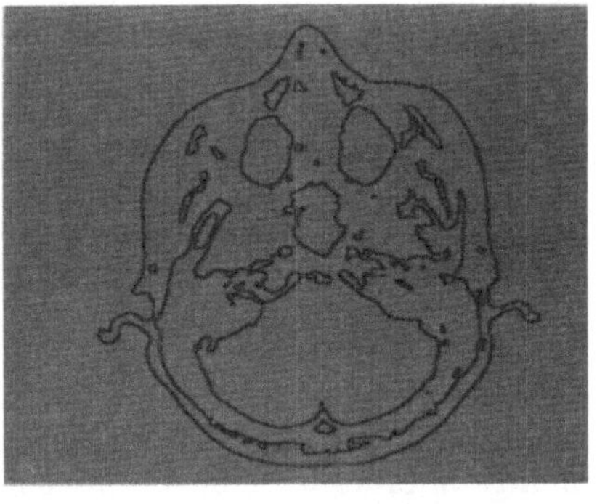

a)   b)

Figure 1:   Example of a raw-data grey-level MRI-slice of a human
head and its corresponding MTC-contour representation.
(a)   Raw-data MRI-slice #30
(b)   Inverted MTC-contour representation of #30

The major result of the MTC techniques is the fact, that, if the threshold values and the convolution point-operators are properly matched to the physical characteristics of the MR-scanner, the obtained object outline contour-plots are interrupt-free and in practice no computationally expensive connectivity procedures are necessary.

3.2 Thinning of MTC Processed Data

Thinning, also called skeletonization, is an important procedure used in computer vision for feature extraction. It plays a central role in a wide range of applications for automated recognition and inspection as it offers an elegant way of simplifying pictorial object forms. The main idea when analyzing the structure of an object in an image is to reduce a given shape of a plane region to a compact and approximate representation of a graph or skeleton.

The problem of finding efficient thinning algorithms has received the attention of many researchers. In the open literature the reader can find a large number of methods for obtaining the skeleton of binary images [7], [8], [9] and disappointingly, only a few publications of algorithms for grey-scale images [10], [11]. The latter group of algorithms still represents problems that have not yet been solved satisfactorily in pattern recognition. The known methods today are complicated and do not guarantee the global connectivity and the single pixel thickness of the extracted skeletons. These conditions, however, are of paramount importance for the execution of the remaining processes needed for surface reconstruction of 3D objects.

After an extended evaluation of the performance characteristics of the many skeletonizing algorithms enumerated above, the fast thinning algorithm developed by T. Y. Zhang and C. Y. Suen was used [12]. This algorithm performs in a efficient manner and yields good results without violating the set-out performance conditions. An example of the thinned MRI-slice obtained with the above described Zhang and Suen Algorithm is shown in Figure 2a.

In the present application, the thinning process is applied to MTC pre-processed images representing the raw-contours of the original MRI-slices. The skeleton images obtained are then used for further processing.

3.3 Freeman Chain-Encoding Technique

In the third phase of the MRI slice-processing procedure, the thinned boundary contour of each slice is encoded using the well-known Freeman chain-encoding technique for binary images [13].

In the present application, the extracted curves are closed and the result of the Freeman chain-encoding step is a polygon representation of the outline scans which is equivalent to a finite set of co-linear control points at any adjacent slices. An example of a Freeman chain-encoded MRI-slice contour outline is shown in Figure 2b.

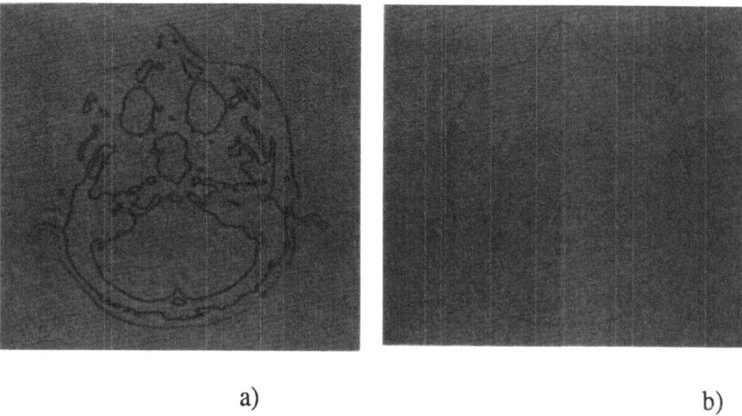

a)   b)

Figure 2:   (a)   Thinned MRI-slice #30.
                 (b)   Polygon representation of the extracted curve.

4. Synthetic 3D-Surface Processing

4.1 Triangulation

The technique of triangulation is used in a multitude of theoretical and practical applications such as finite element and numerical interpolation methods. It also plays a fundamental role in computer graphics for the generation of surface patches or facets of 2D- and 3D-models. These patches are then used for subsequent shading purposes. The general problem of triangulation can be stated as follows: Let n be a given number of points in the plane. The question then arises of how to join these points by non-intersecting straight-line segments so that every region internal to the convex hull is a triangle.

In practice there exists a triangulation procedure known as the greedy triangulation algorithm that solves the above problem in a straight-forward manner. In the present case, triangulation is applied to an adjacent set of slices with collinear control points. This ordered arrangement of the processed MRI slice-contours represents a unique situation. Therefore, a new procedure needs to be developed that basically consists of an algorithm that performs the triangulation by joining the different adjacent control points derived from the Freeman chain-encoding using polygon approximation. Because the successive adjacent slices may have different numbers of collinear control points, the following heuristics has been developed:
Let $P(k,i)$ and $P(k+1,j)$ denote respectively the start control point of the slice k and the slice k+1. The following condition states when and how a triangle should be drawn:

$$\text{IF} \quad |P(k,i), P(k+1,j+1)| \leq |P(k,i+1), P(k+1,j)|$$

THEN   Draw the triangle $\{P(k,i), P(k+1,j+1), P(k+1,j)\}$
           $P(k+1,j+1)$ is the actual point in the slice k+1;
ELSE   Draw the triangle $\{P(k,i), P(k,i+1), P(k+1,j)\}$
           $P(k,i+1)$ is the actual point in the slice k.

In summary, the entire process consists of a successive connection of the first slice with the second slice then the second slice with the third slice, and so on until all slices have been processed (Figure 3).

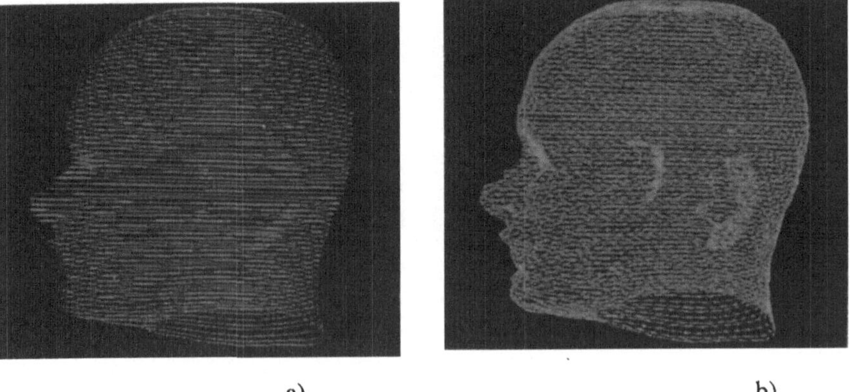

a)   b)

Figure 3:   Adjacent MRI slice-contour triangulation algorithm of the 64 MRI-slices
              (a) Situation before the triangulation.   (b) Situation after the triangulation.

4.2 Illumination and Shading

The result of the adjacent MRI slice-contour triangulation procedure applied to the vertex human head model, as shown in Figure 4a, is a wireframe representation composed of 3902 triangles. This representation can be illuminated by a defined light source, and Figure 4b shows the results obtained using Gouraud shading techniques. Finally, the shaded model can be interactively animated using the large processing power of the geometric engines incorporated in modern graphics super-workstations.

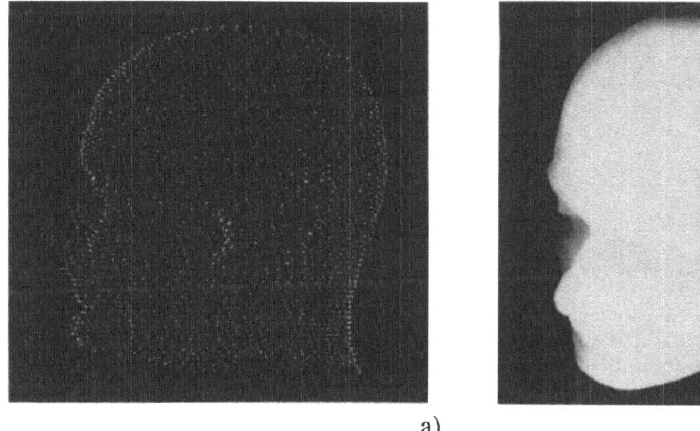
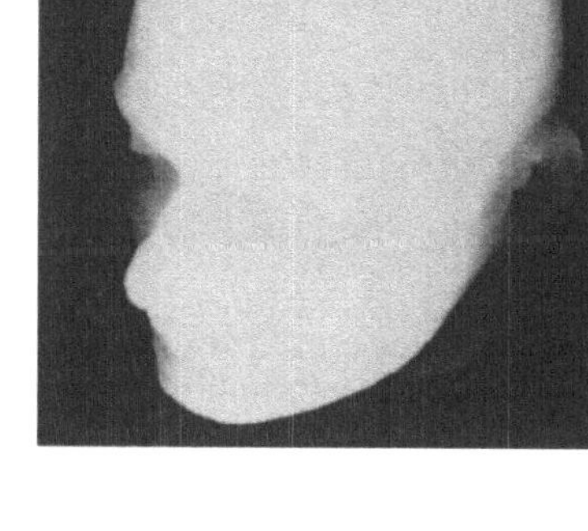

a)   b)

Figure 4:   (a)   Vertex model of the human head.
           (b)   Gouraud shading of the model.

5. Stereolithography

The technique of stereolithography represents a new milestone in the evolution of computer output device technology. Its operation is as follows: After the completion of a 3D-suface representation of the model under consideration, the latter is converted to a intermediate file-format containing a list of all the triangles and their corresponding surface normals that compose the model. This intermediate file-format is then transfered to the 3D Systems Inc. proprietary slicing software that controls the Stereo-Lithography Apparatus (SLA) [14]. The result of this slicing process is then stored and merged into files that are read by the SLA controller. Beginning with the bottom slice of the model, the laser beam illuminates and therefore hardens the corresponding surface of the ultraviolet-sensitive liquid polymer contained in an appropriate vat. Next, the elevator carrying the object under construction submerges a short distance, for example 0.2 mm in height, so that the laser can solidify the next slice. The process then continues layer-by-layer until the entire 3D-object is built. In order to unmount the created 3D-object, the latter is fixed on the elevator platform by a support construction that separates the model from the platform. This is necessary to prevent distortion during the 3D-object building and unmounting processes. Figure 5 shows the result of the hardcopy replica of the 3D human head.

The technique of stereolitography gives designers, scientists and engineers a unique opportunity to transmigrate complex 3D models and data structures out of the computer into real-world objects. This represents a challenging new perspective in scientific visualization.

Figure 5:   A stereolithograph of a human head.

6. Technical Specifications

The software package used to prepare MRI slices into 3D surface reconstructions is written in C and runs on a Silicon Graphics super-workstation under IRIX™. The execution time of the different image processing algorithms depends on the complexity of the slices to be processed. Typical average performance value for MRI-slices consisting of 512x512x8 pixel values are as follows: Step 1: 2s; step 2: 10s; step 3: 0.5s. Step 4 can be interactively animated. The time necessary for the stereolithography object reconstruction depends widely on the thickness of the individual slices and the size of the model. Typically, to build the size-reduced human head shown in Figure 5, having a height of approximately 100 mm, with a PC controlled 3D Systems Inc. SLA-250 machine requires roughly eight hours.

7. Remarks and Conclusions

A fully automated surface-reconstruction procedure to create 3D-objects from MRI-slices has been developed for execution on a state-of-the-art general-purpose graphics super-workstation. The proposed method, applied to a human head, uses a new Multiple Thresholding and Convolution (MTC) approach that provides, in conjunction with conventional skeletonization techniques, error-free and consistent contours. The results obtained are then used for subsequent vectorization and triangulation for wire-frame representation. Various shading techniques are also used to provide a photorealistic visualization of the processed 3D-object. Finally, the resulting model can be build with stereolithographic techniques allowing the user to get a 3D-object replica of the model. Potential applications of the technique described can be found in the general area of Computer-Aided Design (CAD), Computer-Aided Instruction (CAI) and in medicine.

Acknowledgments

The authors would like to thank Drs. Hunziker and Bernhard from the Ciba-Geigy Research Laboratory in Fribourg, for their support to build stereographs. They also would like to acknowledge the provision of MRI data by the Department of Radiology at the University of Zurich. Finally, the authors wish to thank U. Meyer, R. Sinkwitz, A. Ungerböck, Q. Wei and T.S. Huang, Visiting Professor at the Multimedia Laboratory of the University of Zurich, for the many discussions and suggestions. This work is partially supported by the Swiss Commission for the Promotion of Scientific Research.

References

[1] K. H. Höhne, M. Bomans, A. Pommert, M. Riemer, U. Tiede, "3D-segmentation and display of tomography imagery", 9th International Conference on Pattern Recognition, Computer Society Press 1988.

[2] H. Fuchs, M. Levoy, and S. M. Pizer, "Interactive visualization of 3D medical data", Computer, August 1989.

[3] T. S. Huang, "Modeling, analysis, and visualization of nonrigid object motion", proceedings 10th international conference on pattern recognition, 16-21 June 1990, Atlantic City, New Jersey, USA, Volume I, IEEE Computer Society Press Los Alamitos, California, Washington, Brussels, Tokyo 1990.

[4] P. Stucki, "Advances in digital image processing: Theory, applications and implementations", Plenum Press, New York and London 1979.

[5] R. C. Gonzales, P. Wintz, "Digital image processing", Addison-Wesley, Reading, MA, 1987.

[6] W. K, Pratt, "Digital image processing", John Wiley & Sons, New York 1978.

[7] A. Ghezal and P. Stucki, "Automated surface-reconstruction of 3D-objects from tomography-slices using a general-purpose graphics super-workstation", Institutsbericht Nr. 90.10, Institut für Informatik der Universität Zürich, 1990.

[8] R. T. Chin and H. Wan and D.L.Stover and R. D. Iverson, "A one pass thinning algorithm and its parallel implementation", Computer Vision, Graphics, and Image Processing 40, 1987.

[9] P.S.P. Wang and Y.Y. Zhang, "A fast and flexible thinning algorithm", IEEE Transactions on Computer, Vol. 38, No. 5, May 1989.

[10] C. R. Dyer and A. Rosenfeld, "Thinning algorithms for gray-scale pictures", IEEE Transactions on Pattern Analysis and Machine Intelligence, Vol. PAMI-1, NO. 1, January 1979.

[11] E. Salari and P. Siy, "The ridge-seeking method for obtaining the skeleton of digital images", IEEE Transactions on Systems, Man, and Cybernics, Vol. SMC-14, May/June 1984.

[12] T. Y. Zhang and C. Y. Suen, "A fast parallel algorithm for thinning digital patterns", Communications of the acm, Volume 27, Number 1, January 1984.

[13] H. Freeman, "Analysis of line drawings, in digital image processing and analysis", (J. C. Simon and A. Rosenfeld, Eds.), Noordhoff, Leyden, 1977.

[14] T. T. Wohlers, "Practical prototypes: Thanks to recent innovations, laser-based 3D output is no longer just an expensive, experimental technology", Computer Graphics World, March 1990.

Automatisierte 3D-Modellierung mit segmentierten Stereobildern

Jian Xu, H. Niemann
Lehrstuhl für Informatik 5 (Mustererkennung)
Universität Erlangen-Nürnberg
Martensstraße 3, D-8520 Erlangen

Kurzfassung — *In diesem Artikel wird ein Verfahren vorgestellt, welches das für die Szeneninterpretation notwendige Modell dreidimensionaler Objekte automatisch erzeugt. Als Eingangsdaten dienen segmentierte Tiefenbilder des zu modellierenden Objektes von verschiedenen Blickpunkten. Durch Vorverarbeitung, Eliminierung identischer Oberflächen, Verschmelzung selberverdeckender Oberflächen und Zylinderflächenintegration kann eine Beschreibung des Objektes unabhängig von der Blickposition erzielt werden. Auch die Nachbarschaftsbeziehung zwischen je zwei Modellflächen wird ermittelt. Die Leistungsfähigkeit des Verfahrens wurde sowohl durch Computersimulation als auch durch Testen mit realen Objekten bestätigt.*

1   Einleitung

In den vergangenen 20 Jahren wurden auf dem Gebiet der dreidimensionalen Bildverarbeitung viele Untersuchungen durchgeführt. Das damit zusammenhängende Thema, automatische 3D-Modellierung wurde jedoch kaum berücksichtigt. Es gab nur vereinzelte Berichte, wie bei Helmke [Hel90], wo ein Ansatz für die Erzeugung dreidimensionaler Kantenmodelle gezeigt wurde. Einen anderen Weg zur 3D-Modellierung bietet ein CAD-System (siehe [Sha88] und [Gmü88]). Das für die Objekterkennung geeignete 3D-Modell läßt sich aus dem entsprechenden CAD-Modell ableiten, wobei der Modellierungsvorgang nicht ganz automatisch ist. Von [Chi88] wurde ein Verfahren der Octbäume zur Erzeugung eines 3D-Modells mit Volumenelementen demonstriert. Dies Modell bietet jedoch keine Oberflächeneigenschaften.

In der vorliegenden Arbeit wird versucht, das 3D-Modell eines Objektes automatisch aufzubauen, das ausreichende Information für die Objekterkennung enthält. Die Grundidee ist, das zu modellierende Objekt von verschiedenen Blickpunkten aus zu betrachten. Mit Hilfe eines Stereosystems oder eines Laser-Abtasters kann man mehrere Tiefenbilder von unterschiedlichen Ansichten gewinnen. Durch Integrieren dieser Ansichtsbilder läßt sich dann das 3D-Modell aufbauen.

In diesem Betrag wird zunächst in Abschnitt 2 die Kamerageometrie und Vorgehensweise der Modellierung beschrieben. In Abschnitt 3 werden experimentelle Ergebnisse gezeigt und Abschnitt 4 schließt die Arbeit mit Zusammenfassung und Ausblick ab.

2   Integrieren der Tiefenbilder aus verschiedenen Ansichten

2.1   Kamerageometrie und mathematische Grundlagen

Ein Objekt wird von 8 Blickpunkten betrachtet (siehe Bild 1), wobei der Blickpunkt 0 (B_o) als Hauptblickpunkt bezeichnet ist. Das aufgebaute Modell soll unter B_o-Koordinatensystem repräsentiert werden. Für Blickpunkte B_i ($i = 1, \ldots, 7$) wird je eine Rotationsmatrix $\mathbf{R}_i$ bzgl. B_o definiert, von denen als Beispiele $\mathbf{R}_1$ und $\mathbf{R}_6$ angegeben werden:

$$\mathbf{R}_1 = \begin{pmatrix} 0 & \sin\theta & -\cos\theta \\ -\sin\theta & \cos^2\theta & \sin\theta\cos\theta \\ \cos\theta & \sin\theta\cos\theta & \sin^2\theta \end{pmatrix} \qquad \mathbf{R}_6 = \begin{pmatrix} 1 & 0 & 0 \\ 0 & -1 & 0 \\ 0 & 0 & -1 \end{pmatrix}$$

Hierbei bezeichnet θ den Kameraneigungswinkel, das heißt, den Winkel zwischen der optischen Achse und der Horizontale. Wenn die in Bild 1 gezeigten Objektdrehungen nicht genau um einen Punkt durchgeführt werden können, wird zusätzlich je ein Translationsvektor $\vec{T}_i$ bestimmt, damit zwischen den Repräsentationen eines Merkmals M_p unter dem B_o-Kamerakoordinatensystem M_p^o und unter dem B_i-Kamerakoordinatensystem M_p^i folgende Beziehung gilt:

$$M_p^i = \mathbf{R}_i \dot{M}_p^o + \vec{T}_i. \tag{1}$$

Beim Aufbau des Modells werden zunächst alle Flächen von B_i, $i = 1, \ldots, 7$, durch entsprechende Transformation mittels der Matrizen $\mathbf{R}_i^T$ und der Verschiebungsvektoren $\vec{T}_i$ in das einheitliche B_o-Koordinatensystem übergeführt. Danach werden Zuordnungen, Eliminierungen, Verschmelzungen, usw. durchgeführt. Aufgrund der Fehler von Tiefenbestimmung und Modellbildung befinden sich einzelne Oberflächen nach der Modellierung nicht in den erwünschten Positionen. Anschließend werden die Lagen der rekonstruierten Oberflächen des Modells durch eine Optimierungsprozedur verbessert.

2.2 Datenstruktur des Modells

Das Modellierungsergebnis wird in Form von geometrischen Objektmodellen dargestellt. In [Nie90] wurden wichtige Prinzipien zur Strukturierung eines Objektmodells erläutert. Das von uns implementierte Objektmodell kann Objekte mit max. 32 Oberflächen (z.Z. sind ebene und quadratische Oberflächen zugelassen) beschreiben. Für jede Oberfläche können max. 16 Konturlinien bzw. Kreisbögen repräsentiert werden. Die dreidimensionale Modellierung der Objekte ist hierarchisch in drei Ebenen unterteilt:

- Objektebene: Diese Ebene enthält Objektname, Sachnummer, Gesamtflächeninhalt des Objektes, Komplexität und die Anzahl der Oberflächen. Die Komplexität beschreibt die Bestandteile des Objektes. Die Angaben wie Gesamtflächeninhalt und Komplexität dienen zur Grob-Identifikation der Objekterkennung.

- Oberflächenebene: Allgemeine Beschreibungen der Oberflächen, aus denen ein Objekt besteht, werden hier untergebracht. Jede Fläche wird durch Typ, Normale, Flächeninhalt, Schwerpunkt und Anzahl der Konturlinien bzw. Kurven repräsentiert.

- Linienebene: Für jede Konturlinie werden Anfang- und Endpunkt gespeichert. Für einen Kreisbogen wird zusätzlich ein Mittelpunkt hinzugeführt.

Außer diesen drei Repräsentationshierarchien wird Information zur Beschreibung der Nachbarschaftsbeziehungen im Modell abgespeichert.

2.3 Vorverarbeitung

In der Vorverarbeitungsphase werden zwei Schritte durchgeführt. Erstens werden alle unzuverlässig beobachteten Oberflächen verworfen. Wenn wir die Blickrichtung als $\vec{W} = (0,0,1)^T$ definieren, sind alle Flächen, deren Normalen $\vec{N}_p$ mit $\vec{W}$ einen Winkel $\alpha_p(\vec{W}, \vec{N}_p)$

kleiner als 90° bilden, unsichtbar. Diejenigen Oberflächen, deren Normalen mit $\vec{W}$ einen Winkel aus dem Intervall $[90°,105°]$ bilden, werden als unzuverlässig beobachtet bezeichnet und bei weiterer Verarbeitung nicht mehr berücksichtigt.

Die Gleichung (1) ist nur dann gültig, wenn die Kamerasäule (Bild 1) absolut senkrecht zur Bodenebene eingerichtet ist. Da dies in der Praxis nicht möglich ist, müssen diese Abweichung und die Unebenheit des Bodens korrigiert werden. Dafür verwenden wir ein auf einer glatten Platte gezeichnetes 2D-Koordinatensystem XOZ' (siehe Bild 2), wobei OX möglichst parallel zur Stereobasis gerichtet ist. In idealem Fall gelten folgende Relationen (Kamerakoordinatensystem):

$$\vec{OZ'} = \begin{pmatrix} 0 \\ -\sin\theta \\ \cos\theta \end{pmatrix} \qquad \vec{OX} = \begin{pmatrix} 1 \\ 0 \\ 0 \end{pmatrix}$$

Wenn die Kamerasäule nicht absolut senkrecht zur Bodenebene ausgerichtet ist, kann durch die gemessenen Werte von OX und OZ' eine Matrix $\mathbf{R}_k$ eindeutig berechnet und alle Ansichten durch $\mathbf{R}_k$ korrigiert werden. Dieser Schritt bringt noch zwei Vorteile mit sich:

a) Nach der Korrektur fällt die Projektion der z-Achse des neuen Kamerakoordinatensystems in die Bodenebene mit OZ' zusammen. Damit wird gewährleistet, daß der in Bild 1 (e) bezeichnete Vorgang genau realisiert werden kann.

b) Da der Punkt O jetzt bekannt ist, können wir O als Referenzpunkt markieren, damit die in Bild 1 gezeigten Objektdrehungen in Bezug auf O durchgeführt werden können. Auf diese Weise kann der Verschiebungsvektor $\vec{T_i}$ in Gleichung (1) vernachlässigt werden.

2.4 Eliminierung der identischen Ebenen

Es ist häufig der Fall, daß eine Oberfläche von mehreren Blickpunkten aus sichtbar ist. Deswegen besteht die erste Aufgabe beim Integrieren darin, alle identischen Oberflächen zu identifizieren. Nur diejenige Oberfläche, die von der besten Position betrachtet wird, wird ins Modell eingetragen.

Ebenen A und A' von Blickpunkten B_i und B_j sind identisch, wenn folgende Bedingungen erfüllt sind,

(1) $Winkel(\vec{N_A}, \vec{N_{A'}}) \leq S_n$

(2) $\dfrac{|Größe(A) - Größe(A')|}{max(Größe(A), Größe(A'))} \leq S_g$

(3) $|Kontur\_Linien(A) - Kontur\_Linien(A')| \leq S_l$

(4) $\|Schwerpunkt(A) - Schwerpunkt(A')\| \leq S_p$

wobei S_n, S_g, S_l und S_p geeignete Schwellwerte bezeichnen. Nachdem festgestellt ist, daß A und A' identisch sind, wird A eliminiert, falls $\alpha_A(\vec{N_A}, \vec{W}) \leq \alpha_{A'}(\vec{N_{A'}}, \vec{W})$ gilt. Ansonst wird A' eliminiert. Hier wird stillschweigend angenommen, daß je größer der Winkel α einer Fläche ist, desto besser ist auch die Beobachtungsbedingung. Bei $\alpha = 180°$ erhält man die sog. orthogonale Betrachtung, bei der die ermittelte Beschreibung am genauesten ist.

2.5 Verschmelzung selberverdeckender Ebenen

In Bild 3 wird ein selberverdeckender Polyeder gezeigt. Wenn eine Fläche von einem Blickpunkt aus verdeckt und von einem anderen aus nicht verdeckt ist, wird die verdeckte Fläche verworfen. Zwei Ebenen A und A' werden verschmolzen, wenn folgende Bedingungen erfüllt sind:

(1) die beiden Flächen mit dem Typ:
$$Typ(A) = Typ(A') = Verdeckte\_Ebene,$$

(2) $Winkel(\vec{N_A}, \vec{N_{A'}}) \leq S_n$ und

(3) Ebenen A und A' besitzen mindestens eine gemainsame Kante.

Die Vorgehensweise zur Bestimmung der gemeinsamen Kanten wird in (2.7) erläutert. Nach der Verschmelzung werden die vom ungünstigen Blickpunkt beobachteten gemeinsamen Kanten verworfen, während die Konturlinien der verschmolzenen Fläche durch die übrig gebliebenen Kanten erweitert werden. Auch die Parameter wie die Normale und der Flächeninhalt werden modifiziert:

$$\vec{N} = \beta_1 \vec{N_A} + \beta_2 \vec{N_{A'}} \tag{2}$$

wobei $\beta_1 = \frac{Größe(A)}{Größe(A)+Größe(A')}$ und $\beta_2 = \frac{Größe(A')}{Größe(A)+Größe(A')}$ sind.

Der Flächeninhalt ist repräsentiert als ein Intervall

$$A_{min} \leq Größe(A \cup A') \leq A_{max} \tag{3}$$

wobei A_{min} die kleinste beobachtete Fläche bezeichnet und A_{max} die größte.

2.6 Zylinderintegration

Eine andere Art der Selberverdeckung stellt ein Zylinder dar. Von jeder Ansicht aus ist dieser nur zum Teil sichtbar. Für einen Zylinder werden beim Segmentieren folgende Daten geliefert (siehe Bild 4):

- Radius r

- Mittelpunkt $\vec{P_1}$, Mittelpunkt $\vec{P_2}$.

Da wir hauptsächlich mit einem Stereosystem arbeiten, das keine dichten Tiefenfelder liefern kann, haben wir noch keine Zylinder segmentiert. Aber nach [Osh83] soll das nicht besonders schwierig sein.
Zwei Zylinderflächen C_1 und C_2 werden verschmolzen, falls

(1) $|r_{c1} - r_{c2}| \leq S_r$

(2) $|Winkel(Achse(C_1), Achse(C_2))| \leq S_n$

(3) $||Achsenmittelpunkt(C_1) - Achsenmittelpunkt(C_2)|| \leq S_p$

(4) $|Achsenlänge(C_1) - Achsenlänge(C_2)| \leq S_L.$

Wie oben erwähnt, nach der Verschmelzung werden der Radius und die Mittelpunkte erneut berechnet:

$$r = \sum_{i=1}^{2} \beta_i r_{ci} \tag{4}$$

$$\vec{P_1} = \sum_{i=1}^{2} \beta_i \vec{P_{1ci}} \qquad \vec{P_2} = \sum_{i=1}^{2} \beta_i \vec{P_{2ci}} \tag{5}$$

2.7 Bestimmung der Relation zwischen je zwei Flächen des aufgebauten Modells

Im Rahmen dieser Arbeit werden nur Nachbarschaftsbeziehungen ermittelt. Diese Beziehungen werden durch eine $M \times M$ Matrix Rel beschrieben, wobei M die Anzahl der Modelloberflächen bezeichnet. Das Element der Matrix $Rel(i,j) = 1$ wenn die Oberflächen i und j benachbart sind; sonst $Rel(i,j) = 0$. Das Vorgehen bei der Bestimmung des Matrixelementes beruht auf der Analyse von Konturlinien angrenzender Flächen.
Betrachten wir Bild 5. Bei korrekter Rekonstruktion des Objektmodells wird es für jede Kante einer Oberfläche (z.B. L_a der Oberfläche A) eine entsprechende Kante einer benachbarten Oberfläche geben (L_b der Oberfläche B), die folgende Bedingungen erfüllt:

(1) $Typ(L_a) = Typ(L_b)$

(2) $|L\ddot{a}nge(L_a) - L\ddot{a}nge(L_b)| \leq S_L$

(3) $|Winkel(L_a, L_b)| \leq S_n$

(4) $||Mittelpunkt(L_a) - Mittelpunkt(L_b)|| \leq S_p$

Manchmal kann es vorkommen, daß mehr als eine Linie die obengenannten Bedingungen erfüllt. In diesem Fall wird diejenige Oberfläche, deren Kante am nahesten zu L_a liegt, als die benachbarte Oberfläche ausgewählt.

2.8 Optimierung der Lagen einzelner Modellflächen

Aufgrund der Ungenauigkeit von Tiefenbestimmung und Objektdrehung befinden sich einzelne Modellflächen nach der Rekonstrution nicht in den erwünschten Lagen, wie es aus Bild 5 ersichtlich ist. Hier wird eine Optimierungsprozedur eingesetzt, um diese Fehler zu verringern. Dabei werden die vorher gefundenen Nachbarschaftsrelationen ausgenutzt. Aus der Relationsmatrix ist zu erfahren, mit welchen Linien der angrenzenden Flächen die Konturlinien einer Fläche in Zusammenhang stehen. Diese Fläche wird dann so verschoben, daß die Distanzen zwischen solchen Linienpaaren minimal werden. Alle Modelloberflächen werden dadurch korrigiert. Dieser Optimierungsprozeß kann solange wiederholt werden, bis sich der gesamte Distanzfehler nicht mehr verbessert. Aus unseren Untersuchungen erwies sich eine Wahl von 5 Iterationen als hinreichend.

3 Experimentelle Untersuchungen

3.1 Computersimulation

Der vorgestellte Ansatz wurde sowohl mit simulierten Daten als auch mit realen Tiefenbildern aus einem Stereosystem erprobt. Bei der Computersimulation wurden ein selberverdeckender Polyeder (Bild 3), ein geschnittener Zylinder (Bild 4) und ein Sechskant als Testkörper gewählt. Da im normalen Fall Störungen in den Tiefenbildern unvermeidlich auftauchen, wurden bei Experimenten alle Merkmalattribute mit Rauschen überlagert. Unter den Bedingungen:

- Normalenabweichung $\leq 10°$,

- Abweichung des Flächeninhaltes $\leq 25\%$ des realen Flächeninhaltes, und

- Abweichung der Kantenlänge $\leq 20\%$ der realen Kantenlänge,

wird ein 3D-Modell mit geringen Abweichungen aufgebaut. Die Wahl der Schwellwerte ist weitgehend unkritisch.

3.2 Reale Objekte

3D-Modelle einiger realen Objekte wurden auch erfolgreich mit diesem Verfahren aufgebaut. Als Beispiel wird ein „L"förmigen Polyeders von fünf Ansichten aus betrachtet. Die entsprechenden Tiefenfelder werden mit einem Stereosystem berechnet [Pos90]. Bild 6 zeigt die Projektionen der detektierten 3D-Linien auf die Bildschirmebene. Die Segmentierung wird folgendermaßen durchgeführt: interaktiv wird beispielsweise Information eingegeben: aus Linien 1,2,5 und 6 besteht Oberfläche 1. Die Berechnung aller Attribute wie Flächeninhalt, Schwerpunkt, Normalenvektor und Anfang- bzw. Endpunkt einer Konturlinie übernimmt der Computer. Bei Segmentierung kann eine fehlende Konturlinie, wie in Bild 6 (unten links) zu finden ist, durch die Berechnung der entsprechenden Schnittpunkten ergänzt werden. Das Modellierungsergebnis: aus insgesamt 20 Oberflächen (nur eine selberverdeckende Fläche in Bild 6 wird segmentiert (oben rechts)) von 5 Ansichten werden 8 richtig herausgefunden und zusammengesetzt. Die Relationsmatrix wird korrekt bestimmt. Der Rechenaufwand beträgt für dieses Beispiel ca. 3,45 Sekunden (CADMUS 9931 mit 68030 Prozessor). In Tabelle 1 sind die Flächeninhalts- und Normalenabweichungen zwischen Sollwerten und Istwerten vor und nach der Modellierung angegeben.

	Fehler des Normalenvektors	Fehler des Flächeninhalts
Ansichtsbilder	$13,6°/5,236°$	$16\%/5,466\%$
Modell	$5,36°/2,447°$	$4,926\%/2,603\%$

Tabelle 1: Die maximale/mittlere Abweichung des Flächeninhalts und des Normalenvektors vor und nach der Modellierung

In Bild 7 wird das Modellierungsergebnis von fünf Ansichten visuell dargestellt.

4 Zusammenfassung und Ausblick

Ziel dieser Entwicklung ist es, die Konstrution von 3D-Modellen automatisch zu realisieren. Diese Modelle sollen ausreichende Information enthalten, die für die Objekterkennung notwendig ist. Mit der vorgestellten Methode wurden drei in der Werkstatt gefertigte Objekte und eine sechskantförmige Holzschachtel erfolgreich modelliert und die Objekterkennung mit den aufgebauten Modellen durchgeführt. Die Objektmodelle enthalten 25 Objekte. 21 Modellen wurden manuell erstellt. Bei der Untersuchung ergab sich, daß der Winkelfehler bei der Orientierungsbestimmung kleiner als $5°$ ist, was nochmal bestätigt, daß das Modell recht genau ist.

Bei Fortführung der Arbeiten soll das Verfahren um folgende Eigenschaften erweitert werden:

- Die Berechnung der Korrekturmatrix $\mathbf{R}_k$ und die Bestimmung des Referenzpunkt O (siehe **2.3**) sollen schon in Kalibrierensphase erledigt werden.

- automatische Zuordnung der Konturlinien zur Oberfläche.

- Die Aufnahmen von Ansichtsbildern sind z.Z. mit einfachen Methoden realisiert. Es wäre wünschenswert, daß durch die Verwendung eines Drehtellers eine bessere Aufnahmebedingung geschafft wird.

Dank
Herrn H. Kirchner danken wir für eine kritische Durchsicht dieses Beitrages.

Literatur

[Chi88] C. H. Chien, Y. Sim and J. K. Aggarwal: *Generation of Volume/Surface Octree from Range Data*, Proc. of CVPR, Ann Arbor, Michigan, June 1988, pp. 254-260.

[Gmü88] E. Gmür, H. Bunke: *PHI-1: Ein CAD-basiertes Roboter Sichtsystem*, Proceedings 10. DAGM-Symposium, Zürich, Sept. 1988. Hrsg. H. Bunke, O. Kübler, P. Stucki, Springer-Verlag Berlin Heidelberg, pp. 240-247.

[Hel90] H. Helmke, R. Janssen, G. Saur: *Automatische Erzeugung dreidimensionaler Kantenmodelle aus mehreren zweidimensionalen Objektansichten*, Proceedings 12. DAGM-Symposium Oberkochen-Aalen, Sept. 1990. Hrsg. R. E. Großkopf, Springer-Verlag Berlin Heidelberg, pp. 617-623.

[Nie90] H. Niemann: *Pattern Analysis and Understanding*, Springer Series in Information Sciences, Vol. 4, Springer-Verlag, Berlin 1990, pp. 182-186.

[Osh83] M. Oshima and Y. Shirai: *Object Recognition Using Three-Dimensional Information*, IEEE Trans. on Pattern Analysis and Machine Intelligence, PAMI-5(4), July 1983, pp. 353-361.

[Pos90] S. Posch: *Automatische Tiefenbestimmung aus Grauwertstereobildern*, Deutscher Universitätsverlag, Wiesbaden, 1990.

[Sha88] Linda G. Shapiro, Haiyuan Lu: *The Use of a Relational Pyramid Representation for View Classes in a CAD-to-Vision System*, 9th International Conference on Pattern Recognition, Rome, Italy, Nov. 1988, pp. 379-381.

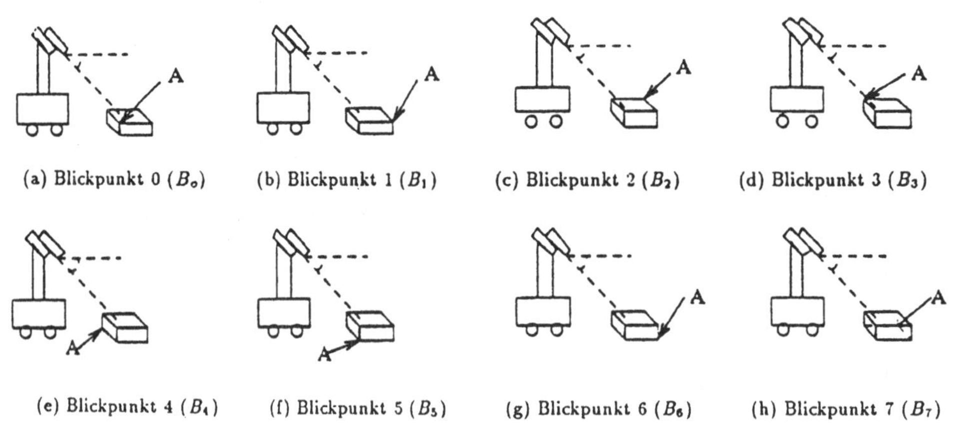

(a) Blickpunkt 0 (B_0)   (b) Blickpunkt 1 (B_1)   (c) Blickpunkt 2 (B_2)   (d) Blickpunkt 3 (B_3)

(e) Blickpunkt 4 (B_4)   (f) Blickpunkt 5 (B_5)   (g) Blickpunkt 6 (B_6)   (h) Blickpunkt 7 (B_7)

Bild 1 Kamerageometrie

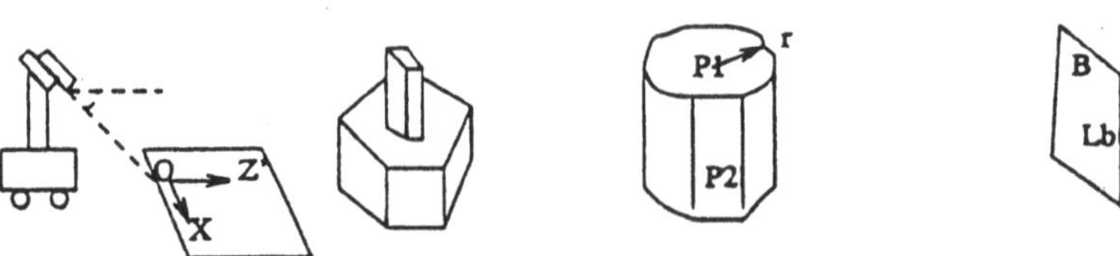

Bild 2 zur Korrektur der Unebenheit des Bodens   Bild 3 ein selberverdeckendes Objekt   Bild 4 ein geschnittener Zylinder   Bild 5 zur Bestimmung der Nachbarschaftsbeziehungen

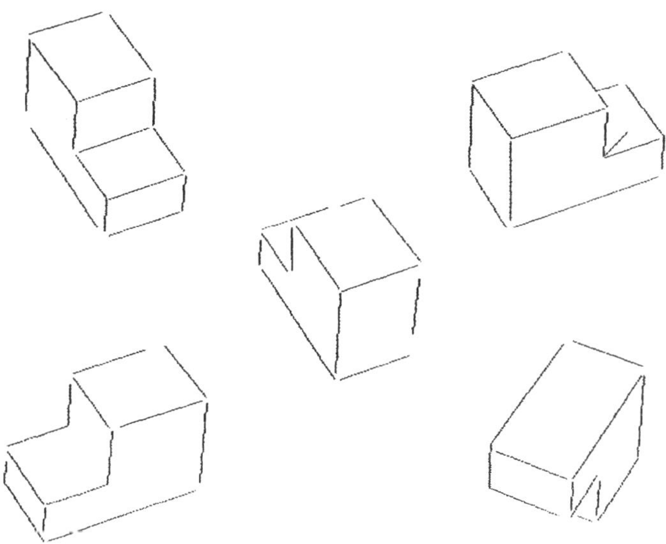

Bild 6: Fünf Ansichten des zu modellierenden Objektes

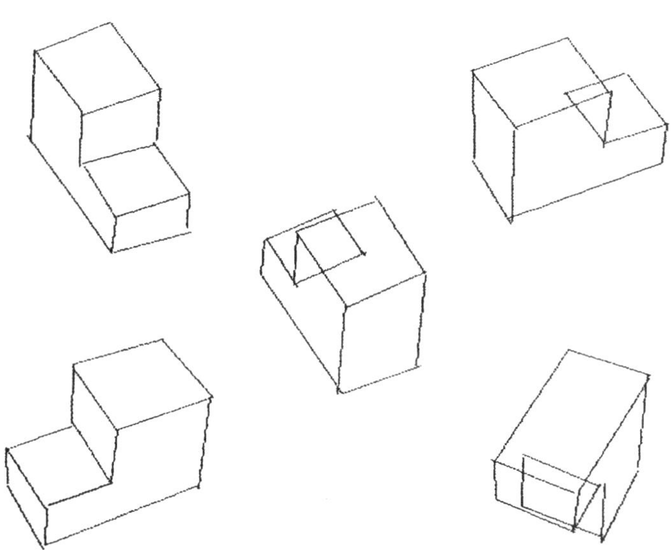

Bild 7: Fünf Ansichten des aufgebauten Modells

Lokale stereoskopische Tiefenschätzung

Kai-Oliver Ludwig, Bernd Neumann, Heiko Neumann

Universität Hamburg, FB Informatik, AB KOGS
Bodenstedtstr.16, W-2000 Hamburg 50

Zusammenfassung. Visuelle Informationen, die über das rechte bzw. linke Auge aufgenomen werden und nach mehreren Projektions- und Transformationsschritten zur primären Sehrinde gelangen, bilden in der Schicht 4B der Area 17 in Form alternierender Bänder mit rechter bzw. linker Augendominanz sog. okulare Dominanzstreifen. In jüngster Zeit wurde eine Reihe technischer Verfahren zur Disparitätsberechnung auf dieser Streifenarchitektur vorgestellt, von denen die Methode der Signalechobestimmung mit dem Cepstrumfilter für unsere Untersuchungen als Vorlage diente. Bei gegebener Stereoanordnung läßt sich mit dieser Technik sehr zuverlässig retinale Disparität berechnen, die dann zu lokaler Tiefeninformation umgerechnet werden kann. Im Vergleich mit anderen Stereoverfahren wird bei dieser Methode das Korrespondenzproblem umgangen. Basierend auf unserer Evaluierung dieses Verfahrens, beschreibt dieser Beitrag einige Problemfälle des ursprünglichen Verfahrens und stellt Verbesserungen vor.

Keywords - stereopsis, visual cortex, cepstrum, local depth estimation

1. Einleitung

Motivation. In der Literatur findet sich eine Vielzahl veröffentlichter Stereoverfahren zur 3D Tiefenbestimmung und der partiellen Rekonstruktion von Realweltobjekten (Übersichten sind z.B. in [5, 6, 7] zu finden). Die Mehrzahl bisher vorgestellter Ansätze wird in regionen- bzw. merkmalbasierte Verfahren unterschieden. Dabei läßt sich das Korrespondenzproblem - also die Zuordnung homologer Punkte - als das zentrale und für den allgemeingültigen Fall bisher ungelöste Teilproblem identifizieren. In der überwiegenden Mehrheit von Ansätzen wird das mathematisch schlecht gestellte *(ill-defined)* Problem der Korrespondenzfindung als Such- bzw. Optimierungsproblem formuliert. Die Ergebnisse der zumeist iterativen Lösungsverfahren liefern in Abhängigkeit von den zugrundeliegenden Ausgangsdaten ein dicht oder dünn besetztes Feld lokaler Schätzungen der Stereodisparität. Um die genannten Probleme zu vermeiden, wählen wir einen anderen Ansatz.

Problemstellung. Wir gehen dazu von einer Stereoanordnung aus, bei der ein Objektpunkt fixiert wird[1], um relative Tiefe lokal zu bestimmen (fixierende Stereoanordnung, Abb. 1). Bei einer solchen Anordnung haben die auf der linken bzw. rechten Netzhaut entstehenden Bildpunkte eines 3D Punktes aus der Umgebung des Fixationspunktes geringfügig voneinander abweichende retinale Koordinaten. Bereits J. Kepler (1571-1630) vermutete und C. Wheatstone verifizierte im Versuch (Stereoskop 1838), daß diese Verschiebung, Querdisparität *(retinal disparity)* genannt - neben anderen Tiefenhinweisen, die wir hier nicht betrachten wollen - eine wichtige Information zur Tiefenwahrnehmung darstellt. Punkte mit Nulldisparität liegen dabei auf einem Kreis[2] der durch den Fixationspunkt und die beiden Brennpunkte bestimmt ist (Abb. 1). Bei kreisförmiger Retina sind die anderen Isodisparitätslinien ebenfalls Kreise, für den Fall flacher Retinae (z.B. typische Kamerabilder) sind dies Kegelschnitte. In einer Umgebung[3] des Fixationspunktes läßt sich die relative Tiefe mit der Disparität einfach in Beziehung setzen.

Biologischer Hintergrund. Mit den von M. Livingstone durchgeführten Untersuchungen wurde die Arbeitshypothese begründet, daß für die frühe visuelle Informationsverarbeitung getrennte Verarbeitungs-

---

[1]Ein aktives bildverstehendes System benötigt natürlich sowohl eine Aufmerksamkeitssteuerung zur Auswahl solcher Fixationspunkte [15, 16, 18], als auch ein Steuerungssystem zur Fixation des ausgewählten Punktes [18, 20]. Diese beiden Fragestellungen wollen wir hier nicht weiter untersuchen. Wir betrachten feste Zeitpunkte t_0, in denen eine solche fixierende Stereoanordnung vorliegt.

[2]Vieth-Müller-Kreis; experimentell ergibt sich beim Menschen eine vom Vieth-Müller-Kreis leicht abweichende Kurve: der Horopter.

[3]Die Umgebung ergibt sich technisch aus etwa 2° Öffnungswinkel der aufnehmenden Kameras, die damit den fovealen Bereich biologischer Systeme nachbilden.

kanäle existieren [1]. Danach gibt es jeweils einen Kanal für die separate Verarbeitung von Farbinformation, hochauflösender Forminformation ruhender Objekte sowie Bewegung und stereoskopische Tiefe. Dieser dritte Kanal scheint farbenblind zu sein und auch im Vergleich zum zweiten Kanal eine eher grobe Ortsauflösung zu haben. Die lokale Topologie der retinalen Information dieses dritten Kanals ist in der Schicht 4B der Area 17 [4] zwar im Prinzip erhalten geblieben, aber die Informationen von rechtem und linkem Auge sind in etwa 0.4mm breiten, alternierenden Streifen, sog. okularen Dominanzstreifen (*ocular dominance columns*), nebeneinander angeordnet (z.B. [3, 4], vgl. [17]) (Abb. 2).

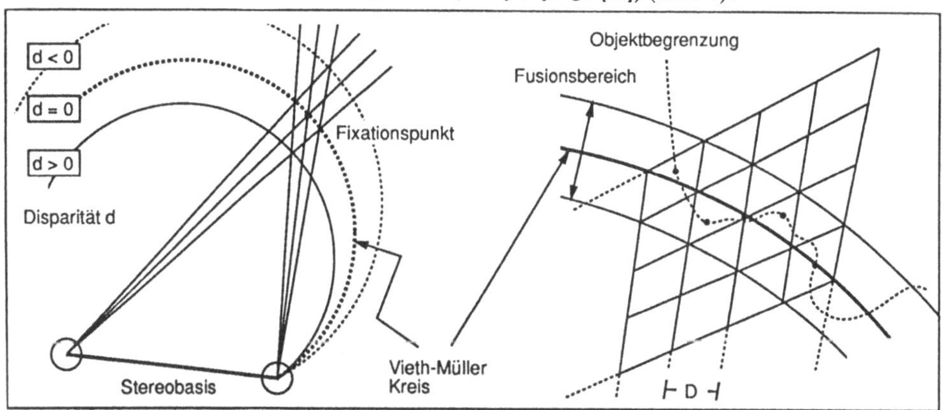

Abb. 1: Fixierende Stereoanordnung. Links: Teile des Zielobjektes liegen innerhalb des Fusionsbereiches (*panums fusional* area). Rechts: lokale Tiefenbestimmung bei gegebenen Disparitätsfeld, das durch die beschriebene Streifenarchitektur mit der Cepstrumfilterung berechnet wurde.

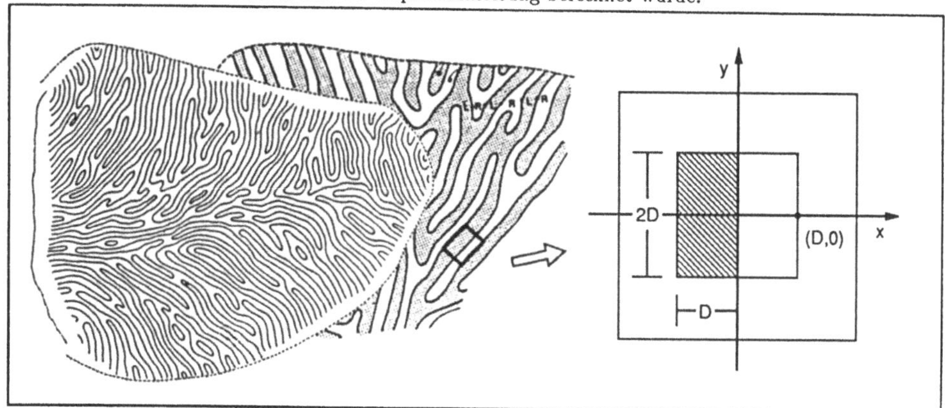

Abb. 2: Okulare Dominanzstreifen. Links: geometrische Anordnung der alternierenden okularen Dominanzstreifen in der primären Sehrinde (Area 17) bei Makaken (z.B.[5]). Rechts: lokale Modellierung zur Cepstrumfilterung.

Die Funktion dieser streifenförmigen Anordnung ist noch nicht geklärt. Y. Yeshurun und E. Schwartz [8] haben ein Verfahren vorgeschlagen, mit dem auf einer solchen Architektur[4] Disparitäten berechnet werden können. Dieses Verfahren besitzt eine eng begrenzte Disparitätsauflösung, die durch die Streifenbreite festgelegt ist. Damit korrespondiert die empirische Beobachtung, daß wir nur innerhalb eines schmalen Bandes (des sog. Panumbereiches [3]) parallel zum Horopter - trotz retinaler Verschiebung - ein einfaches Bild sehen und einen Tiefeneindruck erleben; außerhalb dieses Bereiches entstehen Doppelbilder.

---

[4] Hinweise zur biologisch plausiblen Wahl der Streifenbreite bei gegebener Stereoanordnung und Ortsauflösung werden von [8] ausführlich dargelegt, können aber auch z.B. mit [3] schnell selbst errechnet werden.

2. Das technische Verfahren

Mathematische Grundlage. Das *power cepstrum*[5] eines Signals ist das Amplitudenspektrum des Logarithmus des Amplitudenspektrums des Signals:

$$Cepstrum\{g(x)\} = \|\mathcal{F}\{log(\|\mathcal{F}\{g(x)\}\|^2)\}\|^2 \tag{1}$$

Durch die geometrische Anordnung lokaler Bildausschnitte des linken und rechten Bildes jeweils gleicher (retinaler) Koordinaten in eine gemeinsame Nachbarschaft wird - zumindest näherungsweise[6] - ein 2D Doppelsignal erzeugt (Abb. 3). Y. Yeshurun und E. Schwartz [8] berechnen auf solchen lokalen Doppelsignalen mit Hilfe des *power cepstrums* die als Echo kodierte Disparität[7]. Die folgende kurze Herleitung zeigt das mathematische Modell dieses Ansatzes:

$$\text{Sei} \quad f(x,y) \; ::= \; s(x,y) + s(x - x_0, y - y_0), \quad \text{dann folgt:}$$
$$\|F(u,v)\|^2 \;\; = \;\; \|S(u,v) \cdot (1 + e^{-i(x_0 u + y_0 v)})\|^2$$
$$= \;\; \|S(u,v)\|^2 \cdot 2 \cdot (1 + cos(x_0 u + y_0 v))$$
$$log(\|S(u,v)\|^2) \;\; = \;\; log(\|S(u,v)\|^2) + log(2 \cdot (1 + cos(x_0 u + y_0 v)))$$

Und mit der Reihenentwicklung für log (1+x) ergibt sich abschließend:

$$Cepstrum\{f(x,y)\} \;\; = \;\; Cepstrum\{s(x,y)\} + \sum_{n=-\infty}^{\infty} A_n \cdot \frac{\delta(x - n \cdot x_0, y - n \cdot y_0)}{n} \tag{2}$$

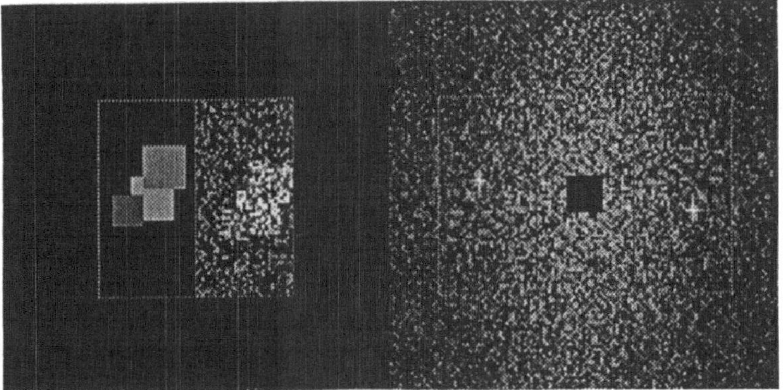

Abb. 3: Disparitätsberechnung mit der Cepstrumtechnik. Es wird beispielhaft die extreme Rauschinsensitivität demonstriert. Der rechte Streifen ist mit weißem Rauschen (150% Signalamplitude) versetzt. Links: Ausgangssignal. Rechts: berechnetes Cepstrum mit dem sich klar abzeichnenden Disparitätsmaximum. Zur besseren Visualisierung der relevanten Strukturen ist $log(1 + log(1 + cepstrum(f(x,y))))$ statt $cepstrum(f(x,y))$ abgebildet und ein Bereich um den Ursprung ausgespart worden.

Von Spezialfällen abgesehen verdeckt der Anteil $Cepstrum\{s(x,y)\}$ am Gesamtsignal in Formel (2) den zweiten Summanden nicht, so daß die Disparität durch Bestimmung der Koordinaten des stärksten Impulses, der schnell in der Amplitude abfallenden Folge, berechnet werden kann.

---

[5] Zur Bestimmung von Echos in eindimensionalen Signalen ist das *cepstrum* (ein Anagramm des Wortes *spectrum*) schon seit langem bekannt [11]. Das Einsatzgebiet reicht in der Folge von Anwendungen in der Seismologie [11], der Sprachsignalverarbeitung [12] bis hin zu zweidimensionalen Erweiterungen zur Lösung des Registrationsproblems in medizinischen Bildern [13]. Zu dieser Anwendungsbreite hat unter anderem die Einfacheit und Robustheit der Cepstrumtechnik beigetragen (siehe [9, 10, 20]). Einen zusammenfassenden Überblick über die Eigenschaften auch des komplexen Cepstrums gibt [10].

[6] Eine reine 2D Verschiebung und damit verbunden das Auftreten eines dem mathemetischen Modell entsprechenden Echos liegt idealerweise ausschließlich für eine frontoparallele Verschiebung eines Teststimulus vor. Bei der Projektion räumlicher Anordnungen treten, ausgehend von Geometrien verschiedener räumlicher Lagen und differentialgeometrischer Eigenschaften, bei der Transformation bzgl. der *geometrischen* Größen neben einer translatorischen Komponente auch Rotation und Scherung sowie hinsichtlich der *photometrischen* Größen möglicherweise auch Luminanzunterschiede auf.

[7] Im folgenden sei dieses Vorgehen mit Cepstrumtechnik benannt.

Die **Vorzüge** dieses Verfahrens können stichpunktartig wie folgt zusammengefaßt werden: Die Stereodisparitäten werden direkt in einem Einschrittverfahren berechnet. Damit ist das Verfahren sehr schnell[8] und aufgrund der ausschließlich lokalen Operationen einfach parallelisierbar. Weiterhin zeichnet es sich durch eine hohe Rauschinsensitivität aus (vgl. z.B. [9, 10]).

Als **Einschränkungen** können folgende Problemfälle identifiziert werden: Bei nur geringer Struktur der Bildinformation ergibt sich kein Echo im berechneten Cepstrum. Somit versagt das Verfahren an solchen Orten auch zur Disparitätsbestimmung, ähnlich wie bekannte konventionelle Techniken zur Stereotiefenbestimmung. Wie in Abb. 7 zu erkennen, können sich Fehlstellen in ansonsten gut strukturierter Umgebung ergeben. Das Verfahren besitzt eine durch die Streifenbreite begrenzte Disparitätsauflösung. Tiefeninformation kann daher nur innerhalb des durch die streifenförmige Organisation festgelegten Fusionsbereiches berechnet werden. Die Disparitätsschätzung hat einen *diskreten* Wertebereich mit der Auflösung des Bildrasters, wenn zur Berechnung des Cepstrums direkt Ausschnitte der Ausgangsbilder verwendet werden.

Die untersuchten Probleme. Neben den genannten Einschränkungen, haben wir einige weitere Probleme untersucht, die die Leistungsfähigkeit des bisherigen Verfahrens begrenzen. Zum Beispiel liegt der Verwendung der Cepstrumtechnik die (i.a. falsche) Annahme zugrunde, daß der linke und rechte Bildausschnitt sich nur durch eine Verschiebung unterscheiden (siehe Fußnote 6). Wir untersuchten dazu den Zusammenhang zwischen der lokalen Geometrie des fixierten Objektes und der daraus resultierenden retinalen Disparität. Neben dem Blendenproblem (*aperture problem*) (vgl. Abb. 8) treten bei der Verwendung des bisherigen Verfahrens weitere Probleme mit geraden Kantensegmenten auf. Wir haben diesen Fall mathematisch untersucht. Es können auch unter ungünstigen Bedingungen Strukturen entstehen, die keine Echoberechnung über die Cepstrumtechnik mehr erlauben (Abb. 6). Wir haben dazu eine biologisch inspirierte Lösung gefunden, die auch den Fall gerader Kantensegmente löst. Weiterhin können die unterschiedlichen Lichtverhältnisse des rechten und linken Bildes das Verfahren für kleine Disparitäten unbrauchbar machen. Im Gegensatz zu [8] haben wir zu diesem Zweck die Auswirkungen bei Verwendung bandpaßgefilterter Daten untersucht. Hierzu wurden die jeweiligen Rohdaten mit Hilfe eines parametrisierten LoG-Operators - als technische Approximation einer *center-surround*-Architektur retinaler Ganglienzellen - vorverarbeitet.

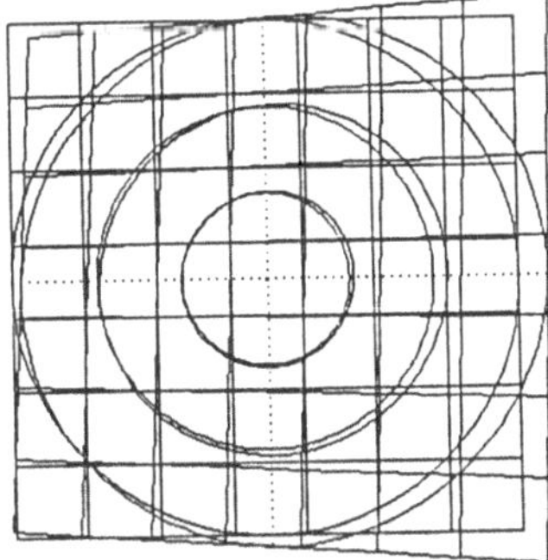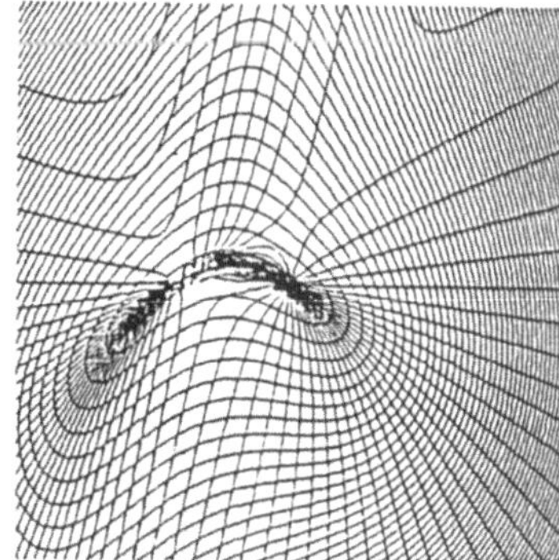

Abb. 4: Abbildungsgeometrie. Links: Verzerrung eines rechteckigen Gitters nach Transformation vom linken zum rechten Bild. Die Objektoberfläche wurde am Fixationspunkt durch ihre Schmiegeebene approximiert. Rechts: Darstellung der Disparitätsvektoren: Höhenlinien gleicher Richtung und gleichen Disparitätsbetrags. (Linkes und rechtes Bild mit ~ 100° Öffnungswinkel);

3. Erweiterungen und Ergebnisse

Geometrie. Wir können den mathematischen Zusammenhang zwischen den retinalen Orten und der Disparität in einer Umgebung des Fixationspunktes herstellen, wenn wir die Objektoberfläche an dieser

---

[8]An der Univ. in Rochester (NY, USA) [19] konnte die ursprüngliche Cepstrumtechnik bereits in einem aktiven System zur Blickrichtungssteuerung eingesetzt werden, weil eine Disparitätschätzung in 51ms erhalten werden konnte. Mit solchen Ausführungszeiten zur Disparitätsbestimmung werden auch für aktive Systeme gezielte Kamerabewegungen in Abhängigkeit lokaler Tiefenstruktur technisch möglich.

Stelle in eine Taylorreihe entwickeln. In erster Näherung ist dies eine Tangentialebene. Die Formel lautet[9]:

$$x_R = \frac{a_1 x_L + a_2 y_L}{b_1 x_L + b_2 y_L + b_3}$$
$$y_R = \frac{c y_L}{b_1 x_L + b_2 y_L + b_3} \tag{3}$$

Unsere Untersuchung von (3) machte deutlich, daß bei ebener Oberfläche zwei Randbedingungen zu berücksichtigen sind. Erstens wird die Disparität ab etwa 3° Öffnungswinkel i.a. so groß, daß sie aufgrund der festen Streifenbreite nicht mehr bestimmt werden kann. Zweitens ist bei Vergrößerung der Streifenbreite zu berücksichtigen, daß sich die Punkte zunehmend unterschiedlich transformieren, und das Echo damit u.U. nur noch einen Mittelwert einer Variation von Verschieberichtungen darstellt. Ergebnis: Die auf der Betrachtung der Abbildungsgeometrie basierenden Überlegungen legen eine auf die Umgebung des Fixationspunktes beschränkte Anwendung der Cepstrumtechnik nahe (vgl. Abb. 4).

Lokalisation des Echos. Die im folgenden benutzten Koordinaten beziehen sich auf die Skizze in Abb. 5. Das von [8] vorgeschlagene rechteckige Suchgebiet für das Maximum im Cepstrum kann verkleinert werden: Je geringer die Übereinstimmung des Signals zweier benachbarter Streifenabschnitte ist, desto schwächer wird das zu messende Echo. Der Disparitätsbereich für einen festen Mindestprozentsatz gemeinsamen Signals legt eine Raute um den Mittelpunkt (D, 0) fest. Ergebnis: Der Suchaufwand kann eingeschränkt werden. Die Streifenbreite kann aus gewünschtem Überlappungsgrad und Disparitätswertebereich bestimmt werden.

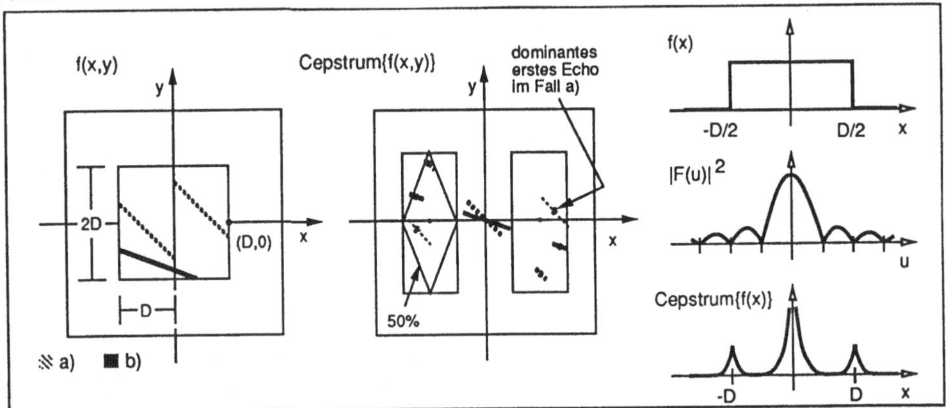

Abb. 5: Probleme mit geraden Kantensegmenten. Links: Ausgangssignale, mitte: Skizze der zugehörigen Cepstren zweier Modellbeispiele aus der analytischen Untersuchung. Rechts: Skizze des 1D Cepstrums eines Rechtecksignals.

Variante Beleuchtung. Eine kurze Vorbetrachtung zeigt, daß das Cepstrum eines eindimensionalen Rechtecksignals der Breite D zusätzlich zu dem Maximum im Ursprung jeweils ein Maximum bei $x = -D$ bzw. $x = D$ besitzt (rechte Skizze in Abb. 5). Übertragen auf den zweidimensionalen Fall entsteht - aufgrund der rechteckigen Streifenabschnitte - im Falle unterschiedlicher mittlerer Helligkeiten des linken und rechten Bildes im Cepstrum ein unerwünschtes Maximum[10] an der Stelle (D, 0), welches sich auch in die nähere Umgebung auswirkt. Damit können in diesem Fall Disparitäten von nur wenigen Pixeln nicht mehr sicher bestimmt werden. Unter Ausnutzung eines von V. Braitenberg [2] beschriebenen Befundes[11] kann die Position des Echos für Nulldisparität (Referenzpunkt) von dem Maximum bei (D, 0) entfernt und innerhalb von $Cepstrum\{s(x,y)\}$ frei verschoben werden. Ergebnis: Durch geeignete Verschiebung des

---

[9]Dabei bezeichnen a_i, b_j und c Konstanten in Abhängigkeit der gewählten Stereoanordnung. (x_R, y_R) ist der zu (x_L, y_L) korrespondierende rechte Bildpunkt. Die retinale Verschiebung ergibt sich als Differenz zu $s_x = x_R - x_L$ und $s_y = y_R - y_L$.

[10]Im folgenden als „Pseudoecho" referenziert.

[11]„... it seems that the cuts in one picture are halfway between the cuts in the other picture, so that each strip has overlapping information with the stripes on either side, belonging to the other eye ..." [2, p.386]

Referenzpunktes können jetzt auch kleine Verschiebungen sicher ermittelt werden. Im Falle einer Bandpaßfilterung entfällt dieses Problem ebenfalls.

Gerade Kantensegmente. Wir können diesen Fall vereinfacht als zwei versetzte lineare Rechtecksignale modellieren[12] (Abb. 5). Wir haben diesen Fall analytisch genauer untersucht, jedoch kann man auch nur aufgrund der o.g. Vorbetrachtung und Gleichung (2) sehen, daß im Cepstrum außer dem gewünschten Echomaximum durch den zweiten Summanden, ein weiteres deutliches Maximum durch den ersten Summanden innerhalb des Suchbereiches auftritt, wenn der Betrag der Steigung des geraden Kantensegmentes kleiner als 1 ist. Außerdem erhält man schließlich nur ein sehr schwaches oder im Extremfall kein Echo, falls die Kantensegmente eine Disparität haben, bei der das rechte Kantensegment fast oder vollständig an das linke Segment anschließt, oder umgekehrt (Abb. 5, Fall b).

„Künstliche" Strukturen. Die Suche nach einem Echo im Cepstrum ist i.a. nicht möglich, wenn Spezialfälle auftreten, wie sie z.B. in Abb. 6 skizziert werden. Es ist möglich, daß die okularen Dominanzstreifen durch einen schmalen Bereich getrennt sind. Die anatomischen Untersuchungen von S. LeVay, D. Hubel, and T.N. Wiesel [4] hinsichtlich der Feinstruktur benachbarter Dominanzstreifen geben Hinweise auf eine feinere Detaillierung der Streifenarchitektur, deren funktionale Bedeutung jedoch bisher ungeklärt ist[13]. Ausgehend von diesen Darstellungen haben wir die Zusammenstellung der in die Cepstrumsberechnung eingehenden Daten modifiziert, um die o.g. Defizite bei der Disparitätsberechnung zu beseitigen.

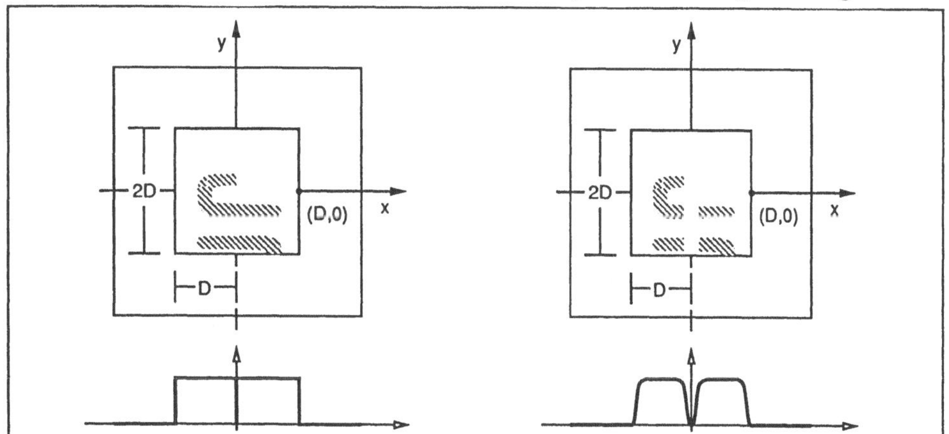

Abb. 6: Geometrie der Fensterfunktionen. Links: bisheriges Verfahren. Rechts: funktionale Deutung der blassen Streifen (*pale bands*) zur Beseitigung „künstlicher" Strukturen.

Für die Experimente mit der Cepstrumtechnik, die einen solchen Trennbereich berücksichtigt, haben wir mit etwa 1/6-1/8 [14] der Streifenbreite gearbeitet. Ergebnis: Wenn man statt der rechteckförmigen Fensterfunktionen orthogonal zur Richtung der Dominanzstreifen stetig begrenzte Funktionen verwendet, können die „Pseudoechos" beseitigt werden. Das Problem b) aus Abb.5 entfällt und bei einigen echolosen bzw. nahezu echolosen Strukturen kann jetzt Disparität berechnet werden (siehe Abb. 6).

Bandpaßfilterung. Eine zu starke Glättung der Bilder führt aus analogen Überlegungen wie unter dem Abschnitt „variante Beleuchtung" zu entsprechenden unerwünschten Maxima. Folgende generelle Überlegung reicht aus, um den Vorteil einer Bandpaßfilterung darzulegen. Lokale Oberflächenstrukturen, die ja

---

[12]Im Falle der Taylorapproximation 1. Ordnung sind die Strecken i.a. nicht nur parallel versetzt sondern auch gedreht. Mit Gleichung (3) haben wir die Drehung berechnet. Bei Approximationen höherer Ordnung korrespondiert eine Strecke im linken Cepstrumstreifen i.a. mit einer gekrümmten Linie im rechten Streifen.

[13]„...a system of dark-staining bands, each about 300 μm wide, alternating with pale bands that were much thinner, about 50 μm wide. The border between light and dark bands were not at all sharp, so that the apparent width of the light bands varied somewhat with different staining intensities and with different conditions of viewing the the sections." [4, p.562]

[14]Die genannten Größen lehnen sich an die in [4] beschiebenen Messungen an.

gerade die zur Cepstrumfilterung relevanten Daten darstellen, tragen nur zu mittleren bis hohen Frequenzen des Spektrums bei. Eine Verwendung des gesamten Spektrums erzeugt nach der Cepstrumfilterung teilweise ein erheblich „verschmiertes" Echo. Ergebnis: Bei geeigneter Wahl von σ^{15} können sowohl die störenden hohen Spektralanteile (Rauschen), als auch die ungewünschten niedrigen Frequenzanteile eliminiert werden.

4. Zusammenfassung und Ausblick

Die Ergebnisse des erweiterten Verfahrens sind in Abb. 7 und 8 dargestellt. Wir haben in diesem Beitrag eine Reihe von entscheidenden Fällen untersucht, die für den praktischen Einsatz des Verfahrens von Bedeutung sind. Probleme mit unstrukturierten, geraden Kantensegmenten wurden aufgezeigt und gelöst. Kleine Disparitäten können auch unter ungünstigen Bedingungen sicher gemessen und einige entartete Fälle mit echoloser Cepstrum-Transformation dennoch berechnet werden. Die Vorverarbeitung der Rohdaten durch Bandpaßfilterung wurde als vorteilhaft erkannt und herausgestellt.
Da wir die Cepstrumfilterung im Rahmen aktiver Kleinschrittbewegungen aufgegriffen haben, sind unsere nächsten Forschungsthemen z.B. die Kombination lokaler Tiefenschätzungen wie in Abb. 1 (rechts), Abb. 7,8 (rechts). Wir werden die Transformationsgleichung am Fixationspunkt durch Taylorentwicklungen höherer Ordnung erweitern und untersuchen derzeit andere oder kombinierte Anordnungen der Zusammenstellung der beiden Teilsignale vor der Cepstrumfilterung.

Literatur

[1] M.S. Livingstone: „Art, Illusion, and the Visual System", Scientific American, pp. 68-75, 1988.

[2] V. Braitenberg: „Charting the Visual Cortex" in: Cerebral Cortex, Vol. 3, Chapter 10, Ed. A.Peters and E.G. Jones, Plenum Press, New York and London, 1985.

[3] D. Hubel: „Eye, Brain and Vision", Scientific American Library, NY, 1988.

[4] S. LeVay, D. Hubel, and T.N. Wiesel: „The Pattern of Ocular Dominace Columns in Macaque Visual Cortex Revealed by a Reduced Silver Stain", Journ. Comp. Neur., Vol. 159, pp.559-576, 1975.

[5] H.H.Baker: „Stereo Vision Systems", Proc Int. Conf. on Cybernetics and Society, Seattle, WA, USA, pp. 322-326, October 28-30, 1982.

[6] S.T. Barnard, M.A.Fischler: „Computational Stereo", Computing Surveys, Vol. 14, No. 4, pp. 553-572, 1982.

[7] U.R. Dhond, J.K.Aggarwal: „Structure from Stereo - A Review", IEEE Trans. on Systems, Man, and Cybernetics, Vol. 19, No. 6, pp. 1489-1510, 1989.

[8] Y. Yeshurun and E.L. Schwartz: „Cepstral Filtering on a Columnar Image Architecture: A Fast Algorithm for Binocular Stereo Segmantation", IEEE Trans. PAMI, Vol. 11, No. 7, pp. 759-767, 1989.

[9] R.C.Kemerait and D.C.Childers: „Signal detection and extraction by cepstrum techniques", IEEE Trans. Inf. Theory, Vol. 18, pp. 745-759, 1972.

[10] D.G.Childers, D.P. Skinner, and R.C. Kemerait: „The Cepstrum: A Guide to Processing", Proc. IEEE, Vol. 65, No. 10, pp. 1428-1442, 1977.

[11] B.P. Bogert, M.J.R. Healy, and J.W.Tukey: „The quefrency alanysis of time series for echoes: cepstrum, cross-cepstrum, and saphe cracking", in Proc. Symposium on Time Series Analysis, pp. 209-243, 1963.

[12] A.M. Noll: „Short-time spectrum and cepstrum techniques for vocal-pitch detection", Journ. Acoust. Soc. Amer., Vol. 36, pp. 296-302, 1964.

[13] D.J. Lee, T.F. Krile, and S. Mitra: „Power cepstrum and spectrum techniques applied to image registration", Appl. Opt., Vol. 27, pp. 1099-1106, 1988.

[14] D.J. Lee, S. Mitra, and T.F. Krile: „Dense Depth Map from 2-D Cepstrum Matching of Image Sequences", Int. Workshop on Robust Computer Vision, Seattle, WA, USA, pp. 200-207, October 1-3, 1990.

[15] J. Aloimonos, I. Weiss, A. Bandopadhay: „Active Vision", Proc. First Int. Conf. on Comp. Vision, London, p. 34-54, 1987.

[16] A. Bandyopadhyay: „A computational study of rigid motion perception", Ph.D. Thesis, Dep. of Comp. Sci., Univ. of Rochester, 1986.

---

[15] Hier kann [3] Anregungen zu Auswahl plausibler Werte verhelfen.

[17] H.A. Mallot, W. von Seelen, and F. Giannakopoulos: „Neural Mapping and Space-Variant Image Processing", Neural Networks, Vol. 3, pp. 245-263, 1990.

[18] S.Tölg und H.A. Mallot: „Tracking: ein Verfahren zur Stabilisierung bewegter Objekte mit einer aktiven Kamera", DAGM 90, pp.642-649, 1990.

[19] D.J.Coombs, T.J.Olson, C.M.Brown: „Gaze Control and Segmentation" TR, Department of Computer Science, Rochester, NY, 1990.

[20] T.J.Olson, D.J. Coombs: „Real-Time Vergence Control for Binocular Robots" TR 348, Department of Computer Science, Rochester, NY, 1990.

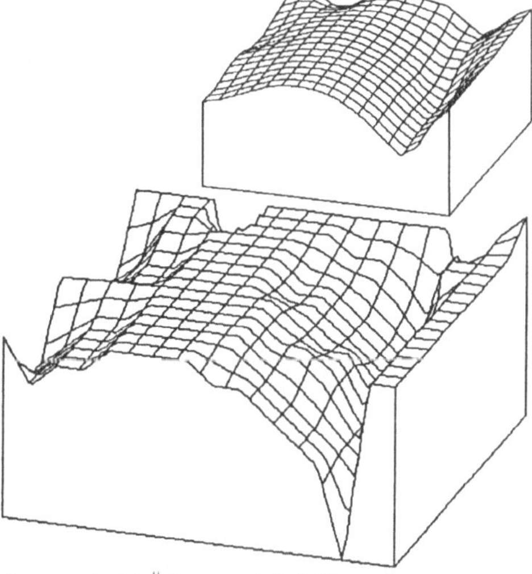

Abb. 7: Disparitätskarten für 512×512 Realweltaufnahmen mit $3°$ Öffnungswinkel (Stereobasis=7.00cm, Entfernung=2m, Brennweite= $\sim$130mm). <u>Oben</u>: Zylinder (Maisdose, $\sim$10cm Ausdehnung) Bandpaßfilterung $LoG_\sigma(x,y)$ mit $\sigma = 0.71$. Cepstrumfilterung mit 32×64-Pixel Rechtecken und modifizierten Trägerfunktionen. Die gezeigten Disparitätsvektoren sind um den Faktor 4 vergrößert dargestellt. <u>Unten</u>: Ebene (Buchseite), die links dem Betrachter zugewandt und rechts abgewandt ist (Rohdaten, d.h. Keine Bandpaßfilterung). Aufnahmebedingungen und Darstellung wie oben. Jeweils dazu sind die lokalen Tiefenkarten abgebildet (vgl. Abb.1 rechts): Rohdaten (großes Bild) und geglättete Werte (kleines Bild).

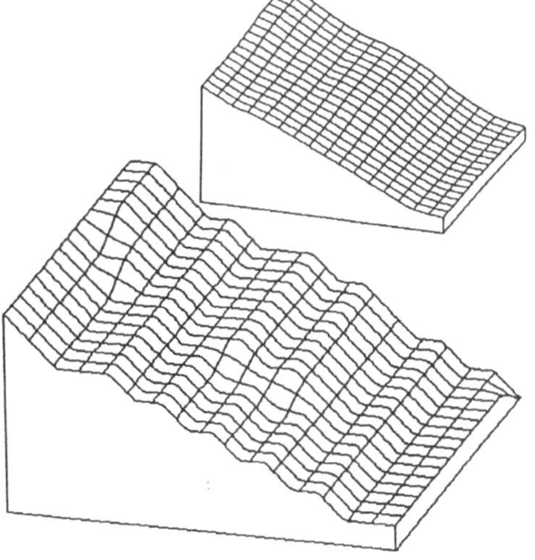

3-D Scene Acquisition by Motion Induced Stereo

P. Schaeren, B. Schneuwly, W. Guggenbühl

Electronics Laboratory ETH Zurich
Gloriastrasse 35, 8092 Zuerich
schaeren@st.ife.ethz.ch

Abstract

We describe a monocular 'eye in hand' approach to acquire 3–D information of a scene
in a robotic environment. By tracking points through an image sequence taken from a
moving camera, the correspondence and occlusion problem is solved. The problem of
dynamicly selecting points in real time is addressed. A method to define a qualitative
measure of the 'trackability' of points is introduced. To efficiently use the available multi
target tracking hardware a scheme of prediction and workload balancing is shown.

1   Introduction

Vision is an important way in which humans and other species acquire information from
their surroundings. It works in a variety of conditions (e.g. lighting) and is especially
powerful in a natural environment. In contrast to the sonar of bats which produces 3-D
information, the eye (like a camera) is disadvantaged due to the loss of depth by the
projection of the scene onto the two dimensional image plane. To overcome the loss of
depth perception nature uses stereo vision and the brain as a high performance computer
to reconstruct the 3-D information.

The principle of stereo vision is easily formulated if one considers two images taken
from different known viewing angles. If one can find the exact location of corresponding
points in both images it is easy to calculate their 3-D position. Doing this for every point
in the images gives a depth map of the entire scene. There have been many attempts
to solve the correspondence problem ([6, 2]), however, technical emulation of pure stereo
vision is computationaly very expensive an not well defined (occlusion).

Since classical stereo vision suffers from a variety of technical disadvantages (bulky,
fixed resolution) we try to emulate stereo vision by the following monocular approach.
Due to the difficulty solving the correspondence problem within two images taken from
cameras with a large baseline (necessary for good depth resolution) we produced a sequence
of images with a small image to image disparity by moving a camera with a robot. Our
approach solves the correspondence problem by tracking points through the sequence.
Ambiguity can be detected because points which cannot be seen in the first and the last
image are lost in the tracking process. The 3-D position of the tracked points is calculated
by intersection. A 3-D description of the objects in the scene is obtained by interpolation
of the 3-D points. If enough points are tracked, the 3-D resolution will be fine enough
for a robot to manipulate objects in the scene. The use of the 'eye in hand' approach
(called 'depth from motion' hereafter) has two main advantages. First, any object can be
analyzed (no geometrical constraints) from several sides, giving an almost complete 3-D
model of the object. Second, the resolution can be altered by controlling the distance to
the monitored object. Such a 3-D sensor can be used in an industrial environment or on an

autonomous vehicle operating in a hazardous environment thereby enabling an operator to get a 'close look' and a volume description of objects of interest.

2 The general concept

2.1 The Algorithm

The 'depth from motion' algorithm can be divided into the following tasks (Fig.: 1):

1. Acquisition of the *image sequence* and robot motion control.

2. *Selection of points to track* through the image sequence:
   - Find points of interest.
   - Guarantee an even distribution of points within the image.
   - Produce an estimation on the tracking quality of the selected points.

3. Multitarget *tracking* and *analysis of the tracking results*:
   - Track the selected points through the image sequence.
   - Analyze the correlation results to control the points.

4. *Prediction* and *load balancing*:
   - Calculate a prediction in order not to correlate every point in every frame.
   - Maintain a load balancing scheme to avoid loosing points due to congestion produced by the prediction scheme.

5. *Resection of control points, Intersection* and *Interpolation*:
   - Determine the exact exterior orientation of the camera from control points in the scene, calculate the 3-D coordinates of the tracked points by intersection and by interpolation produce a condensed description of the objects in the scene.

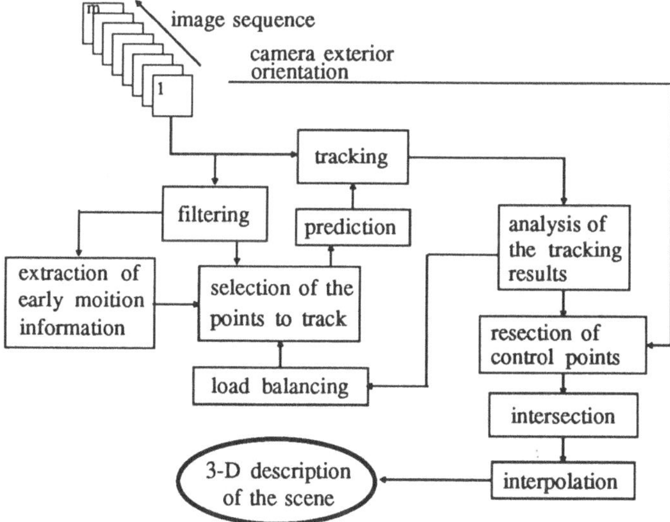

Figure 1: The depth from motion scheme

The algorithm was developed and tested on a SUN 3/260 and on Transputers. Image sequences were produced by a camera mounted on a robot. It was moved along a scene and the images were stored on a hard disk for later use. The algorithm was developed in a fashion to simplify a later real time implementation on the hardware described in the next section.

2.2 Hardware

We currently are developing an image processing hardware based on a systolic data flow machine tightly coupled with a transputer network: the SYDAMA 2 (SYstolic DAtaflow MAchine 2) (Fig.: 2). An in depth description of the hardware can be found in [7, 12] and will not be discussed here. The systolic part is based upon a configurable bus which can be routed to different processing elements. These processing elements can be a simple LUT, a multiframe delay line, various commercially available filters for image processing, a signal processor, a programmable gate array or a multitarget tracker. The systolic part allows low level image processing operations to be performed at a video frame rate of 50Hz. Every board has 5 processing elements and one transputer. In the initialization phase this transputer is used as a controller to load software and to configure the bus. During run time it performs simple calculations and transmits the results to the transputer network. The aim of the current work is a real time implementation of the depth from motion algorithm on this platform whereas the real time constraint is given by the length of a sequence (2-400 images: 4-8 seconds). We seek to implement as much of the depth from motion algorithm as possible in the systolic part of the SYDAMA 2, since it accomplishes all operations at video frame rate.

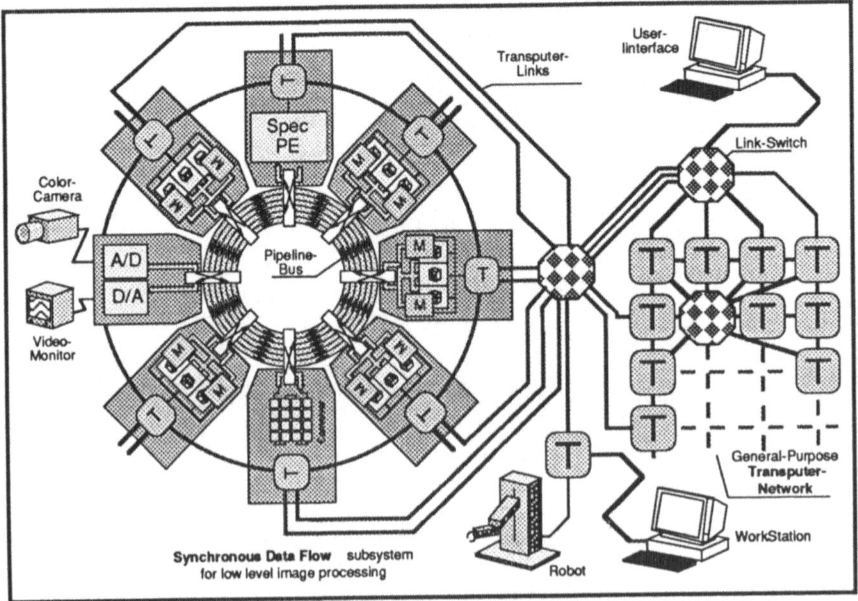

Figure 2: SYDAMA 2 hardware

3 Selection of points to track

Most previous work selected points in the image on a grid rather than a dynamic selection of points (exceptions: [9, 8]). The selection of the points to be tracked is the most critical part of the depth from motion algorithm. Much of computing power can be wasted just to discern background points from relevant points.

The correlation methods examined showed all one common and obvious property: if a point is selected on an edge of a homogeneously colored object, the correlation results are reliable perpendicular to the edge and unreliable along the edge. When selecting points a quality measure is needed to indicate whether a point will produce reasonable results. Since, in general, correlation methods are good when applied on textured surfaces one can use the textural information as a decision criterion.

The selection procedure must fulfill two further requirements: a) The points should be homogeneously distributed and b) the points should be concentrated in areas of the image where big changes between subsequent frames are observed (where motion is expected). To fulfill these requirements we developed the pyramid scheme and two ways to define the 'tracking quality'.

3.1 The pyramid scheme

To get early motion information two subsequent images are Kirsch Compass (called Kirsch hereafter) filtered [5] and the magnitude thresholded such that a lot of textural information remains in the images. Both images are then subtracted from each other and a local mean operator($7*7$) in conjunction with a threshold reduces the noise on the data. The resulting image shows those points which indicate motion being worth a further examination. By subsampling (factor 4 from level to level) this 'motion image' a 'pyramid of candidates' (PoC) is built (Fig.: 3). Since points are selected not only at the start of the sequence but at almost any possible frame (depending on the capacity of the hardware) a pyramid is built (with the same structure as the PoC) of those points which are successfully being tracked (PoT). The selection of a point functions as follows:

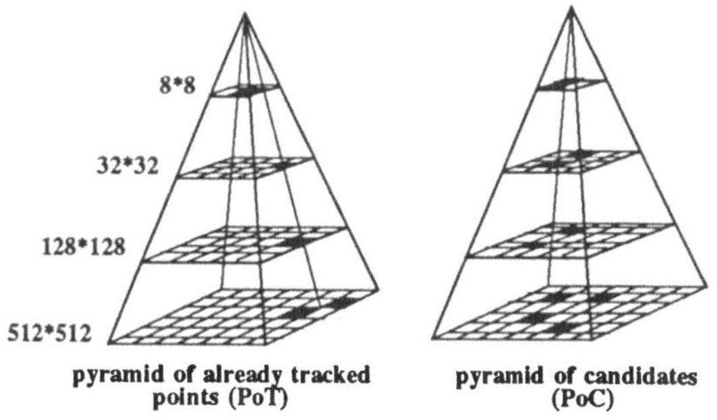

Figure 3: The pyramid scheme

First a point is chosen at the highest level of the PoC (lowest resolution). Then it is checked in the PoT to see whether there is already a point being tracked in the same area.

If not, the exact location of the chosen point is found by descending the levels of the PoC to the original 'motion image' and the point is added to the PoT if its 'estimated tracking quality' is above a given threshold. When the highest level of the PoC is completed the search continues one level lower thereby increasing the resolution. This selection is continued until the desired number of points are found. The method of subsampling the early motion information and using the pyramid scheme satisfies requirements a) and b) since points are only searched in interesting areas and at the same time are spread over the whole image.

When a point is selected its 'estimated tracking quality' must be defined before it is accepted into the list of points to track.

3.2 Definition of the 'estimated tracking quality'

When a point is selected its surrounding is analyzed to see whether the correlation will produce reasonable results. Since tracking by correlation works best on textured regions (the selection process is tuned to deliver such regions) the tracking quality is estimated by a measure for the degree of texture. Two different methods were analyzed.

3.2.1 Variance Analysis

A window of $17 * 17$ pixels around the point of interest is taken from a Kirsch filtered and thresholded (binary) image. The variance σ_x and σ_y is calculated within the window. A more textured area within the window results in a higher variance and is better suited for cross correlation. Edges and lines show significantly lower variance and therefore can be easily eliminated. The advantage of the variance analysis lies in how well lines and textured surfaces can be separated. When points are selected, the quality level can be adjusted depending on the threshold applied.The drawback is in the amount of calculations that have to be performed. To achieve real time behavior one would have to build it into hardware.

3.2.2 Edge subtraction technique

The edge subtraction technique is a very fast and simple method to define the 'estimated tracking quality' of a point. The method works as follows (Fig.: 4: a piece of wood in the scene).

As described in the pyramid scheme early motion information is gained from two consecutive images (A,B). The second Kirsch image is thresholded with a high threshold to remove texture (C). The remaining edges tend to be somewhat smaller than are the edges when thresholded with a low value (F). To remove the edges they are dilated once (D) and then subtracted from the image still containing the textural information. What results ideally is an image with just the textural information without the edges (E). An AND'ing operation performed on images B and E results in an image containing the candidates which show motion and are good to track (G).

This method is admittedly a heuristic one but worked well in our test and in conjunction with the pyramid scheme shows to be quite robust. Since only low level operations are used it can easily be implemented in the systolic part of SYDAMA 2 delivering the 'estimated tracking quality' of every image in the sequence in real time. Further the resulting image (G) will be used to build the PoC, so automaticly only points with a good tracking quality estimate will be selected.

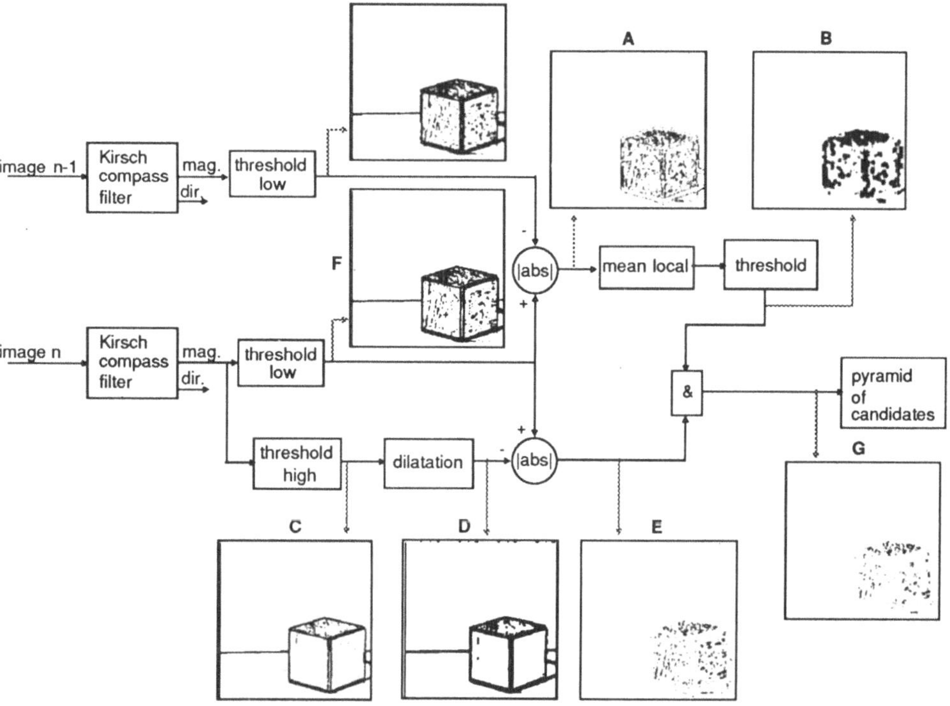

Figure 4: Selection of points by edge subtraction

4 Multitarget tracking

To solve the correspondence problem the selected points are tracked through large parts of the sequence. Since small disparity is achieved by high frame acquisition rate (50Hz) and a relatively slow motion of the camera, correspondence of the points is found by correlation in a small search area ($5 * 5$). Experiments have shown that a size of $15 * 15$ for the templates (reference windows) is sufficient.

The correlation methods tested are the normalized cross correlation (NCC) and the sum of squared differences (SSD) [10]. The lighting conditions of the scene remain unaltered while the sequence is captured. Therefore the results of the SSD are similar to the NCC which performs better in changing lighting conditions [1]. The SSD is far easier to implement in hardware than the NCC. Currently a hardware implementation of the SSD in the form of a multitarget tracker is under way. It will be able to correlate 50 points in a search area of $5 * 5$ with a reference window of $15 * 15$ within 20 mS. The size of the search area and the reference window is not fixed and can be changed to the given circumstances [4].

5 Prediction and load balancing

We will be able to track about 50 points in every frame. Given 50 points in a scene, the construction of a 3-D model is a very difficult task. Since we are able to control the camera motion and we know its form (linear, quadratic), a prediction of the trajectory of every tracked point can be made. This enables us to skip the correlation of points for up to 8 frames and allows us to track more points than the multitarget tracker is able to correlate in one frame. The prediction is done by fitting a curve to the already known points (trajectory) and then predicting where the point will be in subsequent frames. Moreover the standard deviation from the curve is calculated giving an indication of how well the trajectory of the tracked point behaves. In case the standard deviation rises, the point will be observed more closely (e.g. correlated every frame) or even rejected.

The scheme of dynamicly selecting points and skipping frames by means of prediction produces a constantly changing workload for the multitarget tracker. A load balancer has to be used to avoid congestion which would result in the loss of tracked points. The load balancer uses a list containing the amount of points that have to be correlated in the next 8 frames to come (Fig.: 5). This list is searched from frame 8 toward frame 1 and whenever a frame contains more points than the multitarget tracker can process the extra points are reassigned to the previous frame. If there still remain points exceeding the maximum capacity of the hardware those points with the shortest history are rejected. In order to be able to shift the points to earlier frames prediction is not calculated when the trajectory is calculated but in the frame the point will be correlated in (when the search area is selected)(see Fig.: 1). With such a scheme we will be able to simultaneously track up to 400 points with one multitarget tracker. Moreover, it permits dynamic reaction to problems that can arise (such as loss of points) during the tracking process.

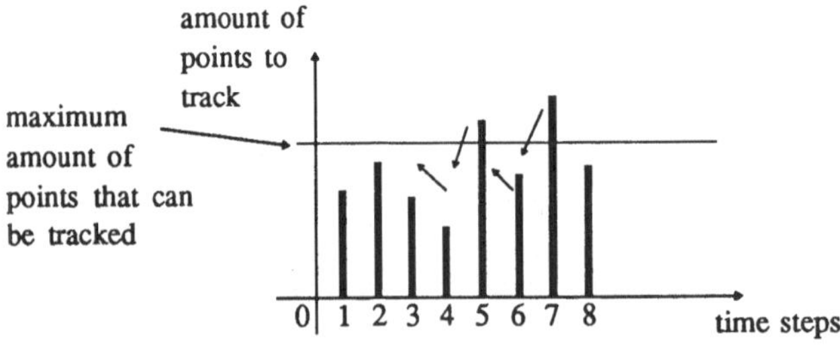

Figure 5: Load balancing

6 Resection and 3-D calculation

As previously mentioned, the exterior orientation of the camera, given by the robot position in the world coordinate system, is not accurate enough to make an intersection. The intersection is very sensitive to the rotational angles. Several control points are positioned in the scene so that when the camera is moved several control points are always within the field of view. The control points are identified, tracked and in every frame the exterior orientation is determined by resection ([3, 11]).

The intersection is made when a point has reached sufficient spatial disparity (intersection angle of about 20 degrees). If we track 300 points their intersection will produce a 'cloud' of 300 points in space. To get a reasonable 3-D model of the objects in the scene the cloud of 3-D points will be interpolated by a 'thin plate model' [6] or octree volume representation. We strive for a position accuracy of about 1% in an operating space of $1m^3$.

7 Conclusions

On a software level we can show that the 'depth from motion' algorithm works using simple algorithms which can be implemented on low level image processing hardware to achieve a real time behavior of the system. The analysis of the algorithm has initiated several projects to built hardware modules (multitarget tracker, hardware implementation of the Kirsch filter) for the SYDAMA 2. Further by using methods developed in photogrammetry we are able to get a reasonable accuracy using a low cost robot.

The research reported in this article is supported by a grant of the Swiss National Science Foundation in the project NFP23.

References

[1] P. Aschwanden. Real–time tracker with signal processor. In *Proceedings EUSIPCO88*, Grenoble France, September 1988.

[2] S.T. Barnard and Fischler M.A. Computational stereo. In *Computational Surveys*, volume 14(4), 1983.

[3] H. Beyer. Calibration of CCD–cameras for machine vision and robotics. *SPIE Automated Inspection and High Speed Architectures III*, 1989. SPIE 1989 Symposium on 'Advances in Intelligent Robotics Systems'.

[4] C. Bühler. Diplomarbeit: Schneller Korrelator. Technical report, Institut für Elektronik ETH Zürich, 1991.

[5] E Dougherty and C. Giardina. *Matrix Structured Image Processing*. Prentice Hall.

[6] P. Fua. A parallel stereo algorithm that produces dense depth maps and preserves image features. *submitted to the journal of Machine Vision and Applications*, 1990.

[7] A. Gunzinger. *Synchroner Datenflussrechner zur Echtzeitbildverarbeitung*. PhD thesis, Diss ETH Nr. 9147, Zürich, 1990.

[8] M.J. Hannah. Digital stereo image matching techniques. In *International Archives of Photogrammetry and Remote Sensing*, volume 27(III), 1988.

[9] H.P. Moravec. *Robot Rover Visual Naviagation*. UMI Research Press, Ann Arbor, Michigan, 1980.

[10] A Rosenfeld and A.C. Kak. *Digital Picture Processing*. Academic Press: New York, 1976.

[11] C. Slama. *Manual of Photogrammetry*. American Society of Photogrammetry, 1980.

[12] D. Stokar et al. Sydama 2 A heterogeneous multiprocessor system for real time image processing. *CONPAR 90 – VAPP IV*, 457:365–373, 1990.

Ermittlung von Eigenbewegung und Tiefeninformation aus monokularen Bildfolgen

Achim v. Brandt, Dietmar Zaig

Siemens AG, Zentralabteilung Forschung und Entwicklung
ZFE IS INF 11, Otto-Hahn-Ring 6
W-8000 München 83, Germany

Ein Verfahren zur Gewinnung von Entfernungs- und Geschwindig-keitsdaten aus einer monokularen Bildfolge wird dargestellt, das auf der Verfolgung punktförmiger Merkmale beruht, die durch einen Grauwertecken-Operator extrahiert werden. Für jeden dieser Punkte wird rekursiv mittels eines Kalman-Filters die Entfernung zur Kamera geschätzt. Zusätzlich erfolgt die Schätzung der Richtung und Geschwindigkeit der Kamera-Eigenbewegung. Das Verfahren wurde mit synthetischen und realen Videoszenen aus dem Bereich der Fahrzeugnavigation getestet .

1   Einleitung

Videogestützte autonome Systeme wie Fahrzeuge oder Roboter müssen in der Lage sein, aus Bildsequenzen sowohl Informationen über ihre Eigenbewegung als auch über die Struktur der Umgebung zu extrahieren. Hierfür werden Verfahren benötigt, die zu jedem Zeitpunkt eine aktuelle Schätzung der Position und der Geschwindigkeit des Kamerasystems und der Entfernungen zu den umgebenden Objekten liefern. Ein solches Verfahren wurde in der vorliegenden Arbeit realisiert und getestet. Die wesentlichen Verfahrensschritte sind:

- Filter zur Gewinnung markanter punktförmiger Merkmale aus Einzelbildern

- Tracking- und Matching-Verfahren zur Verfolgung der Merkmale über mehrere Bilder hinweg mit variablem Suchbereich

- Kalman-Filter zur Schätzung der 3D-Koordinaten der Merkmale

- Lineare Regression zur Ermittlung der Kamera-Translation und -Rotation

In der Verwendung punktförmiger Merkmale als Ausgangspunkt und in der Art des Grauwertecken-Operators stimmt das Verfahren überein mit dem DROID-System [BlCH88, HaSt88, SBCP89] von Plessey Research; wir haben jedoch für die Merkmalsverfolgung eine neuartige Suchbereichsbestimmung eingesetzt. Für die Eigenbewegungsschätzung wurden Prozeduren aus dem Projekt TEIRESIAS [Heel89] in geeigneter Weise adaptiert.

Im folgenden werden die Struktur des Gesamtsystems und die Verfahrensschritte zur Merkmalsgewinnung, zum Merkmals-Tracking, zur Entfernungsschätzung und zur Eigenbewegungsschätzung beschrieben. Weitere Details finden sich in der Diplomarbeit von Helko Breit [Breit90], der auch die Implementation und Simulation des Verfahrens durchführte.

2   Struktur des Gesamtsystems

Das System besteht aus den Hauptkomponenten Lokale Bewegungsschätzung, Entfernungsschätzung und Eigenbewegungsschätzung, s. **Fig. 1**.

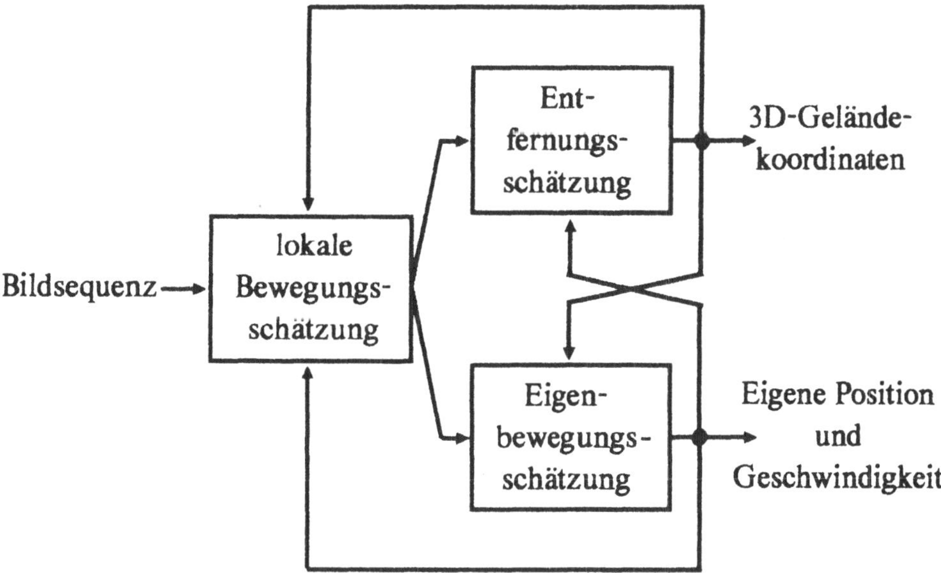

Fig. 1: Struktur des Gesamtsystems

Die lokale Bewegungsschätzung beinhaltet sowohl die Extraktion markanter Punkte als auch die Zuordnung dieser Punkte von einem Bild zum nächsten. Das Ergebnis dieser Zuordnung sind lokale, zweidimensionale "Verschiebungsvektoren". Für jeden dieser markanten Punkte liefert ein *Extended Kalman Filter* Schätzwerte für die Entfernung zur Kamera. Zusammen mit den Messungen der 2D-Koordinaten der einzelnen Punktabbildungen können somit Angaben über die Lage jedes Punktmerkmals im Raum gemacht werden. Schließlich liefert die Eigenbewegungsschätzung die von der Kamera von Bild zu Bild durchgeführten Translationen und die um das Linsenzentrum durchgeführten Rotationen.

Wie aus **Fig. 1** ersichtlich, besteht eine wechselseitige Abhängigkeit der beiden Komponenten Entfernungsschätzung und Eigenbewegungsschätzung sowie eine Rückkopplung zur lokalen Bewegungsschätzung, die der Vorhersage lokaler Verschiebungsvektoren und zur Suchbereichsbestimmung dient.

3 Lokale Bewegungsschätzung

3.1 Eckenextraktion

Die lokale Bewegungsschätzung umfaßt die Gewinnung punktförmiger Merkmale und das anschließende 2D-2D bzw. 3D-2D-Matching (s. u.). Als Kandidaten für solche Merkmale werden die lokalen Maxima der sog. Corner Response Funktion $R(x,y)$ [HaSt88] verwendet, die definiert ist durch

$$R(x,y) = A(x,y) \cdot B(x,y) - C^2(x,y) - k \cdot (A(x,y) + B(x,y))^2 \qquad (3.1)$$

$$\begin{aligned} A(x,y) &= W(u,v) * \left(\nabla_x I(x,y)\right)^2 \\ B(x,y) &= W(u,v) * \left(\nabla_y I(x,y)\right)^2 \\ C(x,y) &= W(u,v) * \left(\nabla_x I(x,y) \cdot \nabla_y I(x,y)\right) \end{aligned} \qquad (3.2)$$

wobei $I(x,y)$ das Grauwertbild, (x,y) die Bildpunktkoordinaten und $W(u,v)$ ein Gauß'scher 2D-Tiefpaß ist, der realisiert wird durch Filterung mit den Binomialkoeffizienten (1, 6, 15, 20, 15, 6, 1). Als Gradientenfilter für ∇_x bzw. ∇_y eignet sich das FIR-Filter (-1, 0, 1). Die Corner-Response-Funktion $R(x,y)$ ist invariant gegen Bildrotationen. Um eine günstige Abhängigkeit der Funktion $R(x,y)$ von den lokalen Gradienten zu erhalten, wird der freie Parameter k auf den Wert $k = 0{,}04$ gesetzt. Hiermit ergeben sich nur an Grauwertecken positive Werte von $R(x,y)$, während gerade Kanten negative Werte ergeben [HaSt88, Breit90].

Als Merkmale für das nachfolgende Tracking werden alle lokalen Maxima mit $R(x,y) > T_R$ verwendet, wobei die Schwelle so eingestellt wird, daß ca. 300 Tracking-Punkte pro Bild entstehen. Die hierdurch extrahierten Punkte sind über die Bildfolge hinweg sehr stabil.

3.2 Verschiebungsvektoren

Durch Zuordnung der Punktmerkmale zwischen je zwei Bildern erhält man lokale Verschiebungsvektoren, die den Input für Entfernungs- und Eigenbewegungsschätzung darstellen. Hierbei wird zunächst ein variabler Suchbereich bestimmt. Dabei wird immer das Vorhandensein einer Schätzung der Kamera-Eigenbewegung vorausgesetzt, jedoch wird unterschieden zwischen solchen Punkten, für die nur die 2D-Bildpunkt-Koordinaten bekannt sind (2D-2D-Matching), und solchen, für die bereits die räumliche Entfernung von der Kamera ermittelt wurde (3D-2D-Matching).

Seien $[x_f(k), y_f(k)]$ die Koordinaten eines extrahierten Bildpunktes in Bild k. Diesem soll ein Raumpunkt $[X(k), Y(k), Z(k)]$ entsprechen. Durch die Bewegung der Kamera um einen Translationsvektor $[t_x, t_y, t_z]$ und einen Rotationsvektor $[\omega_x, \omega_y, \omega_z]$ wird derselbe Raumpunkt im Bild $k+1$ an der Stelle $[x_f(k+1), y_f(k+1)]$ erscheinen.

Der Verschiebungsvektor $[\Delta x_f(k), \Delta y_f(k)] = [x_f(k+1), y_f(k+1)] - [x_f(k), y_f(k)]$ läßt sich bei Annahme der Zentralprojektion wie folgt aus den Bildpunktkoordinaten, der Kamerabewegung und der Tiefe $Z(k)$ vorhersagen (s. z.B. [Jähne89], [BrKa90]):

$$\Delta x_f(k) = \frac{1}{1+\frac{\Delta Z(k)}{Z(k)}}\left(\frac{-t_x+x_f(k)\cdot t_z}{Z(k)} + \omega_x\cdot x_f(k)\cdot y_f(k) - \omega_y\cdot\left(x_f^2(k)+1\right) + \omega_z\cdot y_f(k)\right) \quad (3.3)$$

$$\Delta y_f(k) = \frac{1}{1+\frac{\Delta Z(k)}{Z(k)}}\cdot\left(\frac{-t_y+y_f(k)\cdot t_z}{Z(k)} - \omega_y\cdot x_f(k)\cdot y_f(k) + \omega_x\cdot\left(y_f^2(k)+1\right) - \omega_z\cdot x_f(k)\right) \quad (3.4)$$

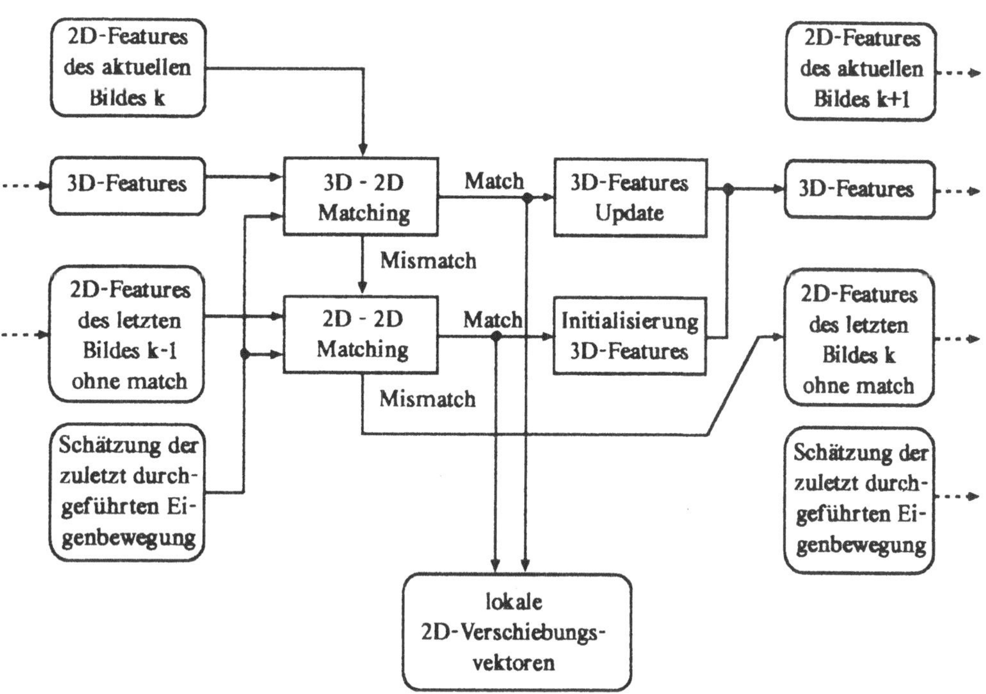

Fig. 2: Feature-Tracking durch 2D-2D-Matching und 3D-2D-Matching.

Diese Gleichung ermöglicht eine Vorhersage des Punktes $[x_f(k+1), y_f(k+1)]$, an dem ein 3D-Merkmal (d. h. eines, wofür die Tiefe $Z(k)$ bekannt ist), im Bild k+1 wiedergefunden werden sollte. Für die Suche nach einer passenden Grauwertecke wird nun ein Suchbereich in der Form eines Parallelogramms definiert, der als Zentrum den vorhergesagten Punkt $[x_f(k+1), y_f(k+1)]$ enthält und dessen Ausdehnungen proportional dem vorhergesagten Verschiebungsvektor $[\Delta x_f(k), \Delta y_f(k)]$ sind [Breit90].

Für den Fall, daß dem Punkt $[x_f(k), y_f(k)]$ noch keine Tiefe $Z(k)$ zugeordnet wurde (2D-Merkmal), z.B. weil er zum erstenmal aufgetaucht ist, nimmt jedoch der Suchbereich die Form einer Strecke im Bild k+1 an. Diese ergibt sich aus den beiden Extremwerten für $Z(k) = 0$ und $Z(k) = \infty$. Für beide Werte wird nach Glg. (3.3) und (3.4) ein Punkt $[x_f(k+1), y_f(k+1)]$ ermittelt; die Verbindungslinie zwischen beiden ist dann der zulässige Bereich, in dem sich der Punkt $[x_f(k+1), y_f(k+1)]$ befinden sollte.

Der Gesamtablauf des Merkmalstracking ergibt sich aus **Fig. 2**. Zunächst wird versucht, die Punkte ("Features", Merkmale) im Bild k+1 einem 3D-Feature im Bild k zuzuordnen (3D-2D-Matching); falls dies fehlschlägt, wird eine Zuordnung zu einem 2D-Punkt versucht; in diesen beiden Fällen wird der Punkt im Bild k+1 erstmalig oder durch Kalman-Filterung (s. u.) eine neue Tiefenschätzung $Z(k+1)$ erhalten. Die verbleibenden Punkte stellen die 2D-Features für den nächsten Durchlauf dar.

4 Entfernungsschätzung

Die Entfernungsschätzung geschieht mittels *Kalman-Filterung* und läuft dementsprechend in zwei Phasen ab: Prädiktions- und Korrekturphase. Die Prädiktionsphase liefert zum Zeitpunkt k für jedes 3D-Feature eine Vorhersage seiner Entfernung (Tiefe) $Z^-(k+1)$. In der nachfolgenden Korrekturphase wird $Z^-(k+1)$ mit Hilfe der gemessenen lokalen 2D-Verschiebungsvektoren zu $Z^+(k+1)$ korrigiert. Parallel dazu wird auch die jeweilige Fehlerkovarianz P ermittelt, die den in Z enthaltenen Schätzfehler zum Ausdruck bringt. Dabei handelt es sich für jedes 3D-Feature um ein separates Kalman-Filter mit einer skalaren Zustandsgröße $Z(k)$ und einem zweidimensionalen Meßvektor $[\Delta x_f(k), \Delta y_f(k)]$.

1. Prediction:

$$Z^-(k+1) = -t_z + (1 - (\omega_x \cdot y_f(k) - \omega_y \cdot x_f(k))) \cdot Z^+(k) \tag{4.1}$$

$$P^-(k+1) = (1 - (\omega_x \cdot y_f(k) - \omega_y \cdot x_f(k)))^2 \cdot P^+(k) \tag{4.2}$$

$$\begin{bmatrix} \Delta x_f^-(k+1) \\ \Delta y_f^-(k+1) \end{bmatrix} = h(Z^-(k+1)) \text{ nach Gl. (3.3), (3.4).}$$

2. Measurement Update:

$k := k+1$

$$K_{\Delta x}(k) = \frac{1}{\det(M(k))} \left[P^-(k) \cdot h_1(k) \left(P^-(k) \cdot h_2^2(k) + \sigma_{\Delta y}^2 \right) - \left(P^-(k) \cdot h_2^2(k) \right)^2 \cdot h_1(k) \right] \tag{4.3}$$

$$K_{\Delta y}(k) = \frac{1}{\det(M(k))} \left[P^-(k) \cdot h_2(k) \left(P^-(k) \cdot h_1^2(k) + \sigma_{\Delta x}^2 \right) - \left(P^-(k) \cdot h_1^2(k) \right)^2 \cdot h_2(k) \right] \tag{4.4}$$

$$Z^+(k) = Z^-(k) + [K_{\Delta y}(k), K_{\Delta y}(k)] \cdot \left(\begin{bmatrix} \Delta x_f(k) \\ \Delta y_f(k) \end{bmatrix} - \begin{bmatrix} \Delta x_f^-(k) \\ \Delta y_f^-(k) \end{bmatrix} \right) \tag{4.5}$$

$$P^+(k) = \left[1 - (K_{\Delta x}(k), K_{\Delta y}(k)) \cdot H(Z^-(k)) \right] \cdot P^-(k) \tag{4.6}$$

wobei

$$H(Z^-(k)) = [h_1(k),\ h_2(k)]^T = \begin{bmatrix} -\dfrac{-t_x + x_f(k)\cdot t_z}{(Z^-(k))^2} \\[2ex] -\dfrac{-t_y + y_f(k)\cdot t_z}{(Z^-(k))^2} \end{bmatrix} \tag{4.7}$$

und

$$M(k) = [h_1(k),\ h_2(k)]^T \cdot P^-(k) \cdot [h_1(k),\ h_2(k)] + R(k) \tag{4.8}$$

Die Initialisierung der Entfernung $Z(k)$ erfolgt unmittelbar nach dem 2D-2D-Matching aufgrund des dabei ermittelten Verschiebungsvektors $[\Delta x_f(k),\ \Delta y_f(k)]$ durch Inversion der Gl. (3.3) oder (3.4).

5 Eigenbewegungsschätzung

Die Gleichungen (3.3) und (3.4) stellen lineare Beziehungen zwischen den Kameraparametern $[t_x, t_y, t_z]$ sowie $[\omega_x, \omega_y, \omega_z]$ und den gemessenen Verschiebungsvektoren dar, wenn man für die Entfernungswerte $Z(k)$ die aus dem Kalmanfilter erhaltenen Werte einsetzt. Somit läßt sich bei mehr als drei gemessenen Verschiebungsvektoren bereits ein im allgemeinen überbestimmtes Gleichungssystem für die unbekannten Kameraparameter aufstellen, welches durch Ausgleichsrechnung zu lösen ist. Dies ist in [Breit90] durchgeführt worden.

Fig. 3: a) Original mit lokalen geschätzten Verschiebungsvektoren; b) Suchbereiche und vorhergesagte Verschiebungsvektoren.

Zeit	Schätzung		Startwerte	
k	t_z/cm	ω_y	t_z/cm	ω_y
1	89.5	-0.019^0	100.0	0.0^0
2	87.4	-0.048^0		
3	91.6	-0.083^0		
4	83.2	-0.092^0		
5	93.3	-0.031^0		
6	93.9	-0.094^0		

Fig. 4: Tabelle mit Schätzwerten für die Szene aus Fig. 3.

6 Ergebnisse

Fig. 3 zeigt ein Bild der Geländeszene, die von einem fahrenden Auto aus in Fahrtrichtung aufgenommen wurde. Eingeblendet sind die gemessenen Verschiebungsvektoren und daneben die Suchbereiche und die vorhergesagten Verschiebungsvektoren. **Fig. 4** zeigt in Tabellenform die für die ersten 6 Bilder dieser Szene geschätzten Eigenbewegungsparameter t_z (Weg pro Bild, d.h. pro 120 ms) und ω_y (Rotation um die senkrechte Achse). Die Werte stimmen qualitativ mit der Realität überein.

Zeit	Kamerafahrt		Schätzung		Startwerte	
k	t_z/cm	ω_y	t_z/cm	ω_y	t_z/cm	ω_y
1	80.0	0.00^0	75.8	-0.02^0	80.0	0.00^0
2	80.0	0.00^0	80.2	-0.01^0		
3	80.0	1.43^0	73.6	1.46^0		
4	80.0	1.43^0	80.8	1.79^0		
5	75.0	1.43^0	69.5	1.36^0		
6	75.0	1.43^0	72.0	1.37^0		
7	70.0	1.43^0	67.0	1.19^0		
8	70.0	1.43^0	74.7	1.34^0		
9	65.0	1.43^0	58.4	1.24^0		
10	65.0	1.43^0	63.1	1.51^0		
11	60.0	1.43^0	62.8	1.03^0		
12	60.0	1.43^0	57.0	1.34^0		

Fig. 5: Ergebnis der Anwendung auf eine synthetische Szene mit vorgegebenen Punktmerkmalen (Features). Links: Vorgabe; Mitte: Schätzung.

Fig. 5 zeigt für eine synthetische Szene, bei der die punktförmigen Merkmale vorgegeben wurden, die Ergebnisse der Schätzung. Hier erkennt man eine mittlere Abweichung der Schätzwerte von der Realität von ca. 5%.

7   Zusammenfassung

Das Verfahren zeigte gute Ergebnisse bei den verwendeten Testsequenzen, die viele geometrische Objekte (Gebäude) enthielten. Es setzt zur Schätzung der Eigenbewegung keine Apriori-Kenntnisse über das Gelände voraus. Statt zur Eigenbewegungsschätzung kann das Verfahren auch zur Verfolgung und Modellierung dreidimensionaler beweglicher Objekte mit stationärer oder bewegter Kamera verwendet werden, sofern alle extrahierten Punktmerkmale zu dem gleichen starren Körper gehören. Durch Hinzunahme einer geeigneten Segmentierung, z.B. durch hierarchische bewegungskompensierte Hintergrundextraktion (vgl. [KaBr90]) werden zukünftig auch Szenen mit mehreren unabhängigen Bewegtobjekten verarbeitet werden können.

Literatur

[BlCH88]   R. J. Blisset, D. Charnley, C. G. Harris, "Towards robot mobility through passive monocular vision", Proc. Int. Symp. on Teleoperation and Control, Bristol, July 1988, pp. 123-132

[Bran90]   A. v. Brandt, "Object tracking and background estimation with a moving camera", 7. Aachener Symposium für Signaltheorie (ASST), Aachen, 12.-14. Sept. 1990, pp. 186-191

[Breit90]   H. Breit, *Bestimmung der Kameraeigenbewegung und Gewinnung von Tiefendaten aus monokularen Bildfolgen.* Diplomarbeit am Lehrstuhl f. Nachrichtentechnik d. TU München, 30. Sept. 1990

[BrKa90]   A. v. Brandt, K.-P. Karmann, S. Lanser, "Recursive motion estimation based on a model of the camera dynamics," Proc. EUSIPCO-90, Barcelona, 1990, pp. 959-962

[HaSt88]   C. G. Harris, M. J. Stephens, "A combined corner and edge detector", Proc. of the 4th Alvey Vision Conference, August 1988, pp. 147-152

[Heel89]   J. Heel, "The TEIRESIAS Report", Siemens Research and Technology Laboratories, Princeton, NJ, Techn. Report, Jan. 14, 1989

[Jähne89]   B. Jähne, *Digitale Bildverarbeitung*, Springer Verlag, 1989

[KaBG90]   K.P. Karmann, A. v. Brandt, R. Gerl, "Moving object segmentation based on adaptive reference images", Proc. EUSIPCO-90, Barcelona, 1990, pp. 951-954

[SBCP89]   M. J. Stephens, R. J. Blisset, D. Charnley, E. P. Sparks, J. M. Pike, "Outdoor vehicle navigation using passive 3D vision", Proc. Int. Conf. on Computer Vision and Pattern Recognition, San Diego, June 1989, pp. 556-562

Segmentation medizinischer 3D-Bilddatensätze

Christof Krug[1], Wolfgang Eckstein[2]

[1]TomTec, Breslauer Str. 1-3, 8057 Eching
[2]TU München, Institut für Informatik, Lehrstuhl Prof. Radig

Die automatisierte Segmentation dreidimensionaler Bilddatensätze, die durch Kernspin- oder Computer-Tomographen und durch Ultraschall-Geräte erzeugt werden, ist im Hinblick auf eine weitere klinische Auswertung ein zentrales Problem der medizinischen Bildverarbeitung. Dieser Artikel stellt ein neues Verfahren vor, das nach Filterung der Bilder mit der 3D Anisotropen Diffusion lokale Extrema der geglätteten Bilder als Keimzellen für ein Regionenwachstum verwendet. Die Ergebnisse zeigen im Vergleich zum 3D-Mexican-Hat-Filter eine bessere Lokalisierung der realen Kanten und erlauben eine feinere anatomische Unterteilung der Bildobjekte.

1. Einleitung

Das Ziel geeigneter Segmentationsverfahren ist es, in den parallelen Schnittbildern einer 3D-Sequenz, die Trennung der Objekte nach anatomisch oder histologisch Gesichtspunkten durchführen.

Während sich Knochen aufgrund ihres starken Kontrastes aus CT-Bildern leicht mit Hilfe von Grauwertschwellen segmentieren lassen, ist die Segmentation in MR-Tomogrammen oder in Ultraschall-Aufnahmen ein sehr viel schwierigeres Problem. Segmentationskonzepte aus der konventionellen Bildverarbeitung liefern hier nur zum Teil brauchbare Ergebnisse.

Dieser Artikel bietet einen kurzen Überblick über bereits publizierte 3D-Segmentationsstrategien und stellt ein neues Segmentationskonzept vor, das qualitativ bessere Ergebnisse liefert.

2. "State of the Art"

Als Kantendetektoren werden der Mexican-Hat-Operator [6] und der an Canny's Design orientierte Operator von Deriche [7] verwendet.

Der 3D-Mexican-Hat-Filter [1] erzeugt geschlossene Konturlinien, die eine Unterteilung des Bildes in Regionen erleichtern. Leider entsprechen die gefundenen Konturen nicht immer den realen Kanten der Objekte und insbesondere bei der Segmentation des Gehirns aus MR-Bildern zeigt sich, daß eine manuelle Korrektur falscher Verbindungen unumgänglich ist.

Der 3D-Deriche-Filter zeichnet sich durch eine höhere Genauigkeit bei der Lokalisierung von realen Kanten aus, erzeugt aber nicht die für eine Segmentation notwendigen, geschlossene Konturen.

Klassifikationsverfahren [10] liefern nur in Verbindung mit Multiecho-MR-Bildern gute Ergebnisse. Diese mehrkanaligen Bilder entstehen durch Variation der Aufnahmeparameter, werden aber im klinischen Alltag wegen der unzumutbar langen Aufnahmezeiten für 3D-Sequenzen (> ½h) kaum erzeugt. Der Versuch, mit Hilfe von Textur- oder anderen geeigneten Merkmalen eine Klassifikation durchzuführen, scheitert, da keine genaue Segmentation der Objektkanten erreicht wird.

3. Der neuer Segmentationsansatz

Da die oben dargestellten Segmentationsverfahren keine befriedigenden Ergebnisse liefern, wurde von den Autor ein neuer Ansatz entwickelt, der aus zwei Teilen besteht. Zur Reduzierung des Rauschens in den Bildern wird ein iteratives kantenerhaltendes und kantenverschärfendes Glättungsverfahren eingesetzt, die Anisotrope Diffusion. Die lokalen Extrema dieser geglätteten Bilder werden als Keimpunkte für ein Regionenwachstum verwendet, das sich an der Grauwertoberfläche der Bilder orientiert. Die entstandenen Regionen bilden die Grundlage für eine anatomische Unterteilung des Bildes.

Im folgenden werden die beiden Teile dieses Segmentationskonzepts detaillierter vorgestellt.

3.1. Anisotrope Diffusion

Perona und Malik [8] veröffentlichten ein Verfahren zu kantenerhaltenden bzw. sogar kantenverschärfenden Glättung digitaler Bilder, das auf den mathematischen Grundlagen der physikalischen Diffusion beruht und deshalb als Anisotrope Diffusion bezeichnet wird. Die Autoren beziehen sich wiederum auf den Artikel "The Structure of Images" von Koendcrink [4].

Für die dargestellte eindimensionale lokale Nachbarschaft eines Pixels mit der Intensität I_{alt} läßt sich die Anisotrope Diffusion algorithmisch wie folgt formulieren [3]:

$$(1)\quad I_{neu} = I_{alt} + \Delta t * \sum_i \Phi_i \quad mit \quad \Phi_i = c(\nabla I_i) * \nabla I_i \quad und \quad \nabla I_i = I_i - I_{alt};$$

$$wobei \quad i \in \{l, r\}; \quad l \,\hat{=}\, linker\ Nachbarpunkt; \quad r \,\hat{=}\, rechter\ Nachbarpunkt.$$

Die Variable Φ_i wird als Fluß und die Variable ∇I_i als Gradient zwischen Bildpunkt I_{alt} und den Nachbarpunkten (I_l und I_r) bezeichnet. Bildlich gesprochen fließt ein Strom, dessen Stärke vom Gefälle abhängt, von den beiden Randpunkten zum Mittelpunkt oder von dort nach außen und verändert den Wert des Punktes entsprechend der Vorzeichen der Gradienten.

In der vorgestellten Implementierung wurde der Filter auf drei Dimensionen erweitert, wobei von 26 (3 * 3 * 3 - 1) Nachbarvoxeln ausgegangen wird. Für alle Bildpunkte berechnet sich der neue Grauwert I_{neu} entsprechend des Algorithmus (1) unter Berücksichtigung der Nachbarschaft.

Die Integrationskonstante Δt wird für n Nachbarelemente aus Gleichung (2) ermittelt [3]. Als Diffusionsfunktion mit dem Diffusionsparameter K wird ein der beiden Funktionen aus (3) ausgewählt.

$$(2)\quad \Delta t \leq \frac{1}{1+n} \qquad (3)\quad c_1(\nabla I) = \exp\left(-\left(\frac{|\nabla I|}{K}\right)^2\right) \qquad c_2(\nabla I) = \frac{1}{1+\left(\frac{\nabla I}{K}\right)^2}$$

Abb. 1 zeigt den Funktionsgraph des Flusses Φ für die beiden Diffusionsfunktionen in Abhängigkeit vom Gradienten. Der Gradient ist als Vielfaches vom Diffusionsparameter K angegeben. Da das Maximum des Flusses für beide Funktionen bei $1 * K$ liegt, erfolgt bei diesem Wert die stärkste Glättung.

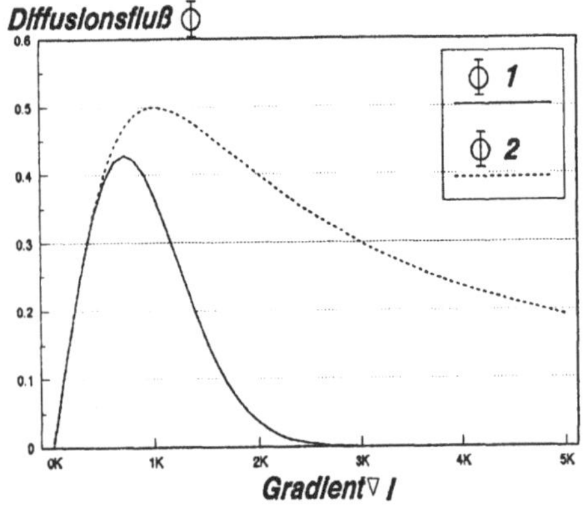

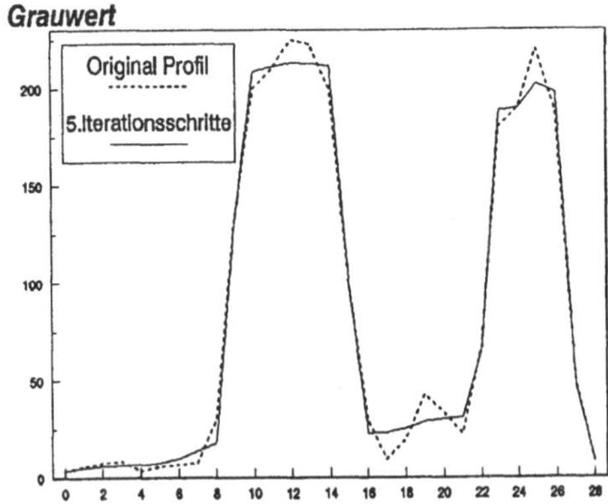

Abb. 1.: Die Graphen der beiden Funktionen des Flusses $\Phi_1(c1)$ und $\Phi_2(c2)$ in Abhängigkeit vom Gradienten.

Abb. 2.: Verschärfungseffekt an einem eindimensionalen verrauschten Grauwertprofil nach fünf Iterationsschritten.

Die Steigung einer Kanten wird verstärkt, wenn der Betrag des maximalen Gradienten (Wendepunkt) der Bildfunktion dieser Kante über dem Wert von K und der Betrag des mimimalen Gradienten (Fuß bzw. Gipfel) der Kante unterhalb von K liegt. Zwischen Wendepunkt und Tal bzw. Gipfel tritt dann ein Flußmaximum auf.

Die Darstellungen eines eindimensionalen Grauwertprofils in Abb. 2 zeigt die kantenverschärfende Wirkung der Anisotropen Diffusion und die gleichzeitige Glättung des Rauschens.

Durch iterative Anwendung dieses Algorithmus wird die Auflösung des Filters vergrößert, die Wirkungsbreite des Operators und damit die Wirkung der Glättung verstärkt. Zur Abschätzung des Diffusionsparameters K nach jedem Iterationsschritt wird ein von Canny [2] als "Noise Estimator" beschriebenes Verfahren verwendet.

3.2. Extrema-Region-Growing (ERG)

Die aus dem iterativen Filterverfahren der Anisotropen Diffusion entstandenen Bilder enthalten lokale Intensitätsextrema (Maxima und Minima), die von Isointensitätslinien oder -flächen umgeben sind. Das entstehende Muster ist mit den Höhenlinien einer Landkarte vergleichbar. Aus der Beobachtung dieses Effekts ergab sich die Idee, in einem Segmentationsalgorithmus diese Strukturen zu berücksichtigen.

Auch Koenderink beschreibt in seinem Artikel "Dynamic Shape" [5] eine Theorie, nach der die Hügel einer solchen Grauwert-"Landschaft" den Objekten und die Gräben zwischen den Hügeln den Objektübergängen entsprechen (Abb. 3). Auch das visuelle System des Menschen soll auf diese Art und Weise Objektgrenzen segmentieren.

Diese Theorie bildet die Grundlage für ein zweidimensionalen Extrema-Region-Growing (ERG). Dabei werden die lokalen Extrema als Keimpunkte des Wachstumsprozesses verwendet. Im implementierten Algorithmus gilt folgendes einfache Wachstumskriterium:

Von einem ausgewählten lokalen Maximum des Grauwertgebirges als Keimpunkt wächst die Region in alle Richtungen die Abhänge nach unten. Solange die einer Region benachbarten Pixel gleiche oder niedrigere Grauwerte aufweisen als die Randpixel der Region oder ein vorgegebenes Grauwertniveau noch nicht erreicht ist, werden sie mit der Region verschmolzen. Bildpunkte, die bereits mit einer Region verschmolzen sind, dürfen keiner weiteren Region zugeordnet werden. Für lokale Minima gilt entsprechend das Wachstumsgesetz in umgekehrter Richtung, d.h. die Region wächst nach allen Seiten die Anstiege nach oben.

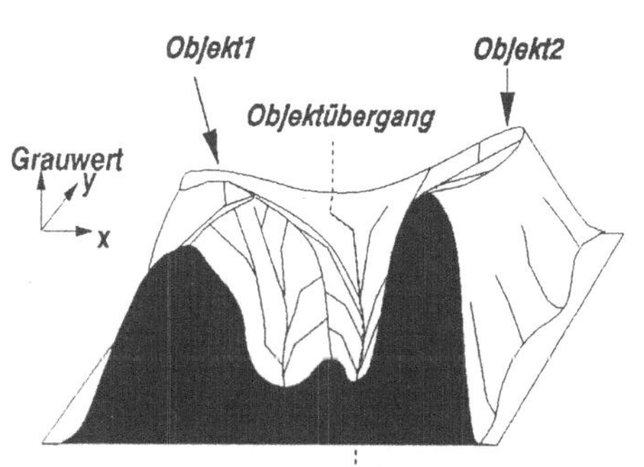

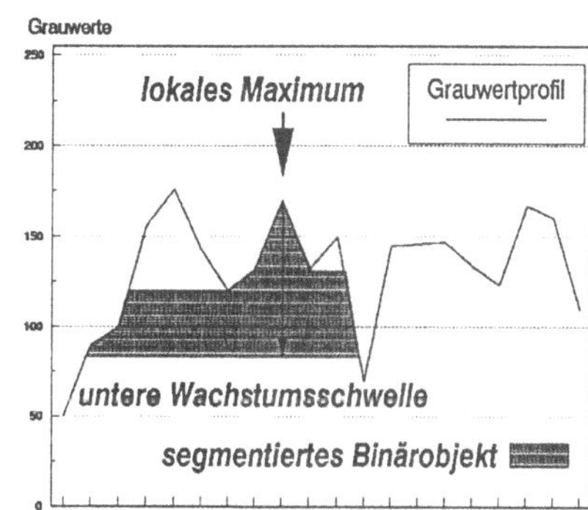

Abb. 3.: Grauwertgebirge mit 2 Objekten getrennt durch einen Graben.

Abb. 4.: Teilprojektion des zweidimensionalen Extrema-Region-Growing mit einem Maximum als Keimpunkt.

In Abb. 4 ist eine Teilprojektion des Wachstumsprozesses für eine zweidimensionale Bildfunktion dargestellt. Die untere Wachstumsschwelle wird als Parameter übergeben und kann für alle Schnittbilder einheitlich gewählt werden.

An der TU München wird gegenwärtig ein Verfahren implementiert, das eine vollständige Segmentierung der Bilder mit einem quasiparallelen Extrema-Region-Growing erlaubt. Das Regionenwachstum erfolgt von allen lokalen Maxima nach dem oben beschriebenen Wachstumsgesetz. Anstatt an einer Grauwertschwelle endet das Wachstum der Regionen, wenn das Bild vollständig partitioniert ist. Falls einzelne Pixel zwei oder mehreren verschiedenen Regionen zugeordnet werden können, so wird zuerst das Komplement der Schnittmenge der Regionen gebildet. Eine Dilatation der Regionen verkleinert die Schnittmenge solange, bis diese leer ist. Das Ergebnis entspricht einem parallelen Wachstumsprozeß.

Pizer [9] beschreibt einen zum ERG-Verfahren vergleichbaren parallelen Algorithmus, den er als "Reverse Gravity Watershed"-Algorithmus bezeichnet. Er stellt außerdem Überlegungen zur automatischen Objektgenerierung und einem 3D-"Reverse Gravity Watershed"-Verfahren an.

4. Ergebnisse

Die Anwendung der dreidimensionalen Anisotropen Diffusion auf MR-Bilder zeigt deutlich bessere Ergebnisse im Vergleich zur 2D-Variante. Nach fünf Iterationen entstand ein für das ERG-Verfahren geeignetes Grauwertgebirge. Bei Verwendung der Diffusionsfunktion c_1 wurden die besten Resultate erzielt.

Abb. 5 zeigt ein durch die Anisotrope Diffusion geglättetes MR-Bild, aus dem das Gehirn mit Hilfe des ERG-Verfahrens segmentiert wurde. Auch das Zwischenhirn oder das Ventrikelsystem lassen sich auf diese Weise extrahieren. Abb. 6 und Abb. 7 stellen die aus Abb. 5 gewonnenen Binärbilder des gesamten Gehirns und des Kleinhirns dar.

Auch auf Ultraschall-Aufnahmen des Herzens (Abb. 8) zeigt das ERG-Verfahren relativ gute Ergebnisse (Abb. 9). Dabei werden lokale Minima als Keimzellen des Regionenwachstums verwendet. Eine klare Trennung der Herzkammer und des Vorhofes von den übrigen Bildsignalen ist möglich.

Der 3D-Mexican-Hat-Filter dagegen ist bei vielen Schnittbildern nicht in der Lage, das Gehirn von den übrigen Strukturen des Kopfes, wie z.B. dem Auge, zu trennen. Eine manuelle Korrektur ist daher nach der Segmentation erforderlich. Abb. 10 zeigt das original MR-Bild und Abb. 11 ein binäres Regionenbild, das durch den Mexican-Hat-Filter bei einer Standardabweichung von $\sigma = 1.0$ erzeugt wird. Eine größere Standardabweichung bewirkt eine Vertiefung der Furchen der Hirnoberfläche.

Abb. 12 stellt die qualitativen Unterschiede zwischen dem 3D-Mexican-Hat-Filter und dem ERG-Verfahren anhand der 3D-Rekonstruktion des segmentierten Gehirns heraus. Das unter Gradienten-Schattierung projizierte Gehirn zeigt für das ERG-Verfahren eine plastischere Oberfläche, die den realen Gegebenheiten des Gehirns mehr entspricht.

5. Ausblick

Eine Verbesserung des ERG-Verfahrens ist durch folgende Änderungen denkbar:

* automatische vollständige Segmentation des gesamten Bildes (s.o.)

* Gruppierung der segmentierten Regionen zu Objekten durch z.B. Klassifikation

* Gleichzeitige Verwendung von Minima und Maxima als Keimpunkte für das ERG-Verfahren

* Entwicklung eines 3D Extrema-Volume-Growing

Danksagung

Die Implementierung eines Prototyps für diese Segmentationskonzept entstand in der Entwicklungsabteilung der Firma KONTRON Elektronik, Geschäftsbereich Bildanalyse, in Eching bei München. Als Entwicklungsumgebung diente das dort entwickelte Bildanalysesystem IBAS 2.0. Mein Dank für seine Unterstützung gilt insbesondere Herrn Dr. Marquart.

Literaturverzeichnis

[1] Bomans, M.,Höhne, K.H., Tiede, U., Riemer, M., 3D-Segmentation of MR-Images of the Head for 3D-Display. IEEE Transactions on Medical Imaging, V.9,(2), (1990) 177-183.

[2] Canny, J.F., A Computational Approach to Edge Detection. IEEE Transactions on Pattern Analysis and Machine Intelligence, V. 8,(6), (1986) 679-698.

[3] Gerig, G., Kikins, R., Kübler, O., Significant Improvement of MR Image Data Quality using Anistropic Diffusion Filtering. Institute for Communication Technology, Image Science Divison, ETH Zürich, BIWI-TR-112, 1990.

[4] Koenderink, J.J., The Structure of Images. Biological Cybernetics, V. 50, (1984) 363-370.

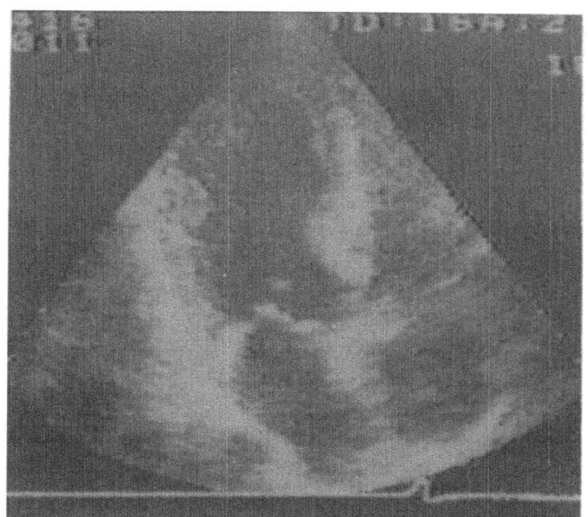

Abb. 8.: Original Aufnahme des menschlichen Herzens aus einer zeitlichen Sequenz von Ultraschall-Bildern.

Abb. 9.: Binärbild der segmentierten Herzkammer (oben) und des Vorhofes (unten).

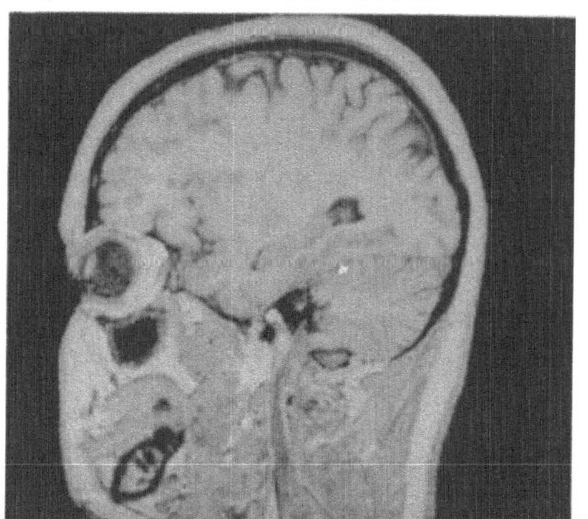

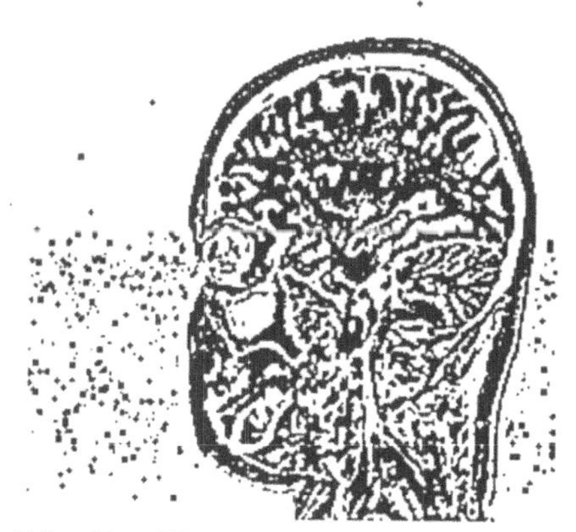

Abb. 10.: Original MR-Tomographie.

Abb. 11.: 3D Mexican-Hat-Filter: Binäres Regionenbild ($\sigma = 1.0$).

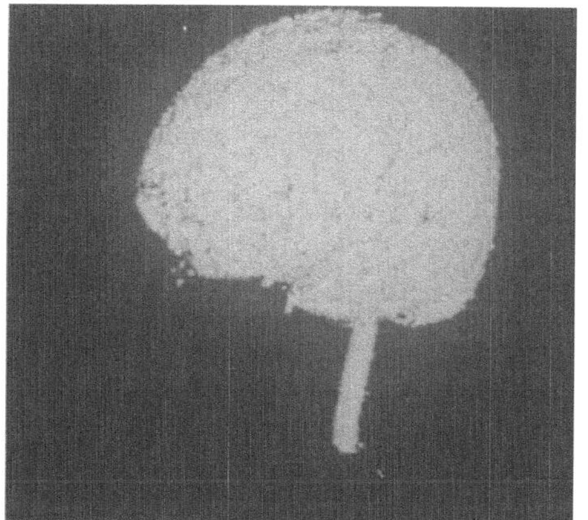

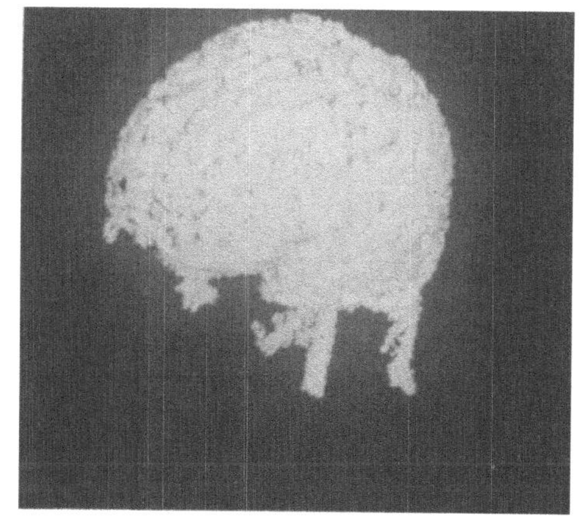

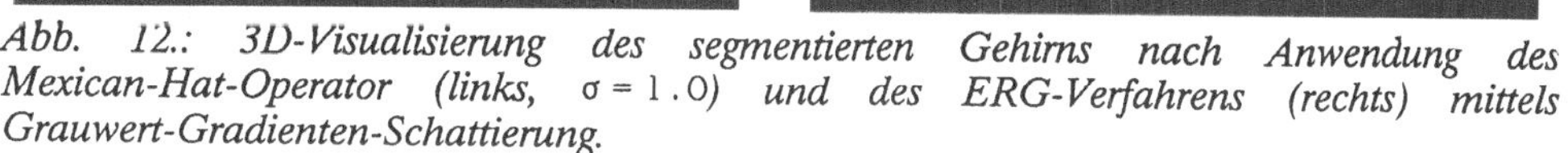

Abb. 12.: 3D-Visualisierung des segmentierten Gehirns nach Anwendung des Mexican-Hat-Operator (links, $\sigma = 1.0$) und des ERG-Verfahrens (rechts) mittels Grauwert-Gradienten-Schattierung.

[5] Koenderink, J.J., van Doorn A.J., Dynamic Shape. Biological Cybernetics, V. 53, (1986) 383-396.

[6] Marr, D. Hildreth, E.C., Theory of edge detection. In: Proceedings of the Royal Society London, B 207, (1980) 187-217

[7] Monga, O., Deriche, R., Malandain, G., Cocquerez, J.P., Recursive Filtering and Edge Closing: two primary tools for 3D edge detection. In: ECCV 90 First European Conference on Computer Vision, (1990) 56-65.

[8] Perona, P., Malik, J., Scale-Space and Edge Detection Using Anisotropic Diffusion. IEEE Transactions on Pattern Analysis and Machine Intelligence, V. 12,(7) (1990) 629-639.

[9] Pizer, S.M., Cullip, T.J., Fredericksen, R.E., Toward Interactive Object Definition in 3D Scalar Images. In: NATO ASI Series, Vol. F 60, NATO Advanced Research Workshop. 3D Imaging in Medicin, Algorithms, Systems, Applications. Berlin, Springer Verlag, (1990) 83-105.

[10] Sauerbier, F., Automatische Segmentierung aus CT- und MR-Bildern mit Hilfe der Topologischen Karte. Deutsches Kerbsforschungszentrum, Heidelberg, Technical Report 28/89, 1989.

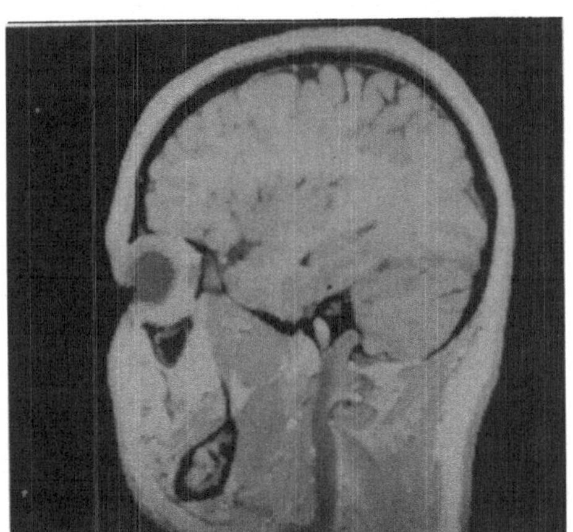

Abb. 5.: Geglättetes MR-Bild nach Anwendung der 3D Anisotropen Diffusion.

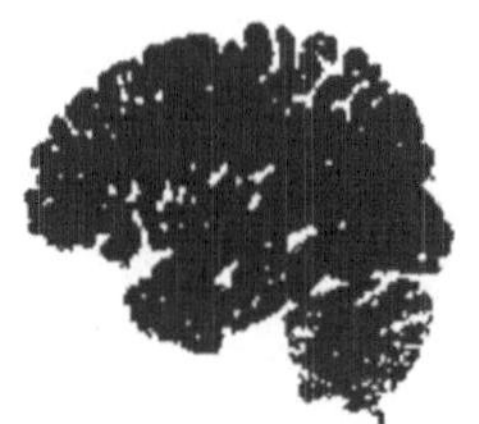

Abb. 6.: Binärbild des segmentierten Gehirns.   *Abb. 7.: Binärbild des segmentierten Kleinhirns.*

Zum Stand der Normung in der Bildverarbeitung -

Aktuelle Aktivitäten in der ISO/IEC JTC1/SC24/WG1 "Imaging"

Christof Blum, Georg Rainer Hofmann, Detlef Krömker

Fraunhofer-Arbeitsgruppe für Graphische Datenverarbeitung (FhG-AGD)
Wilhelminenstr. 7, D-6100 Darmstadt, Germany
Telex: 4 197 367 agd d   Telefax: +49 6151 155-199

1   Einleitung

Seit 1989 wird innerhalb des Standardsisierungsgremiums ISO/IEC JTC1/SC24/WG1 der "Image Processing and Interchange Standards (IPI)" entwickelt. Anfang 1991 wurde mit der Zustimmung zum New Work Item Proposal (NP) [9] innerhalb des JTC1 das Imaging-Vorhaben nach den Richtlinen der ISO offiziell dem SC24 zugeteilt. Zur Einordnung des "Imaging" in die nationale und internationale Standardisierung sowie weiteren Informationen zur Normungsarbeit siehe [1].

Gleichzeitig wurde mit der Etablierung von sogenannten *liaisons* zur Kooperation mit fachlich benachbarten Gremien begonnen. Hier sind die ODA-Aktivitäten (Open Document Architecture) im SC 18, die Verfahren zur Datenkompression von Fest- und Bewegtbildern im SC2/WG8, sowie die Standards des SC22 zur offenen Kommunikation zu nennen.

Im August 1991 soll eine konsolidierte Version (Committee Draft) des ersten Teils des dreiteiligen Standards, der die sogenannte "Common Imaging Architecture" definiert, fertiggestellt sein. Weiterhin wird der Standard die Beschreibung einer Schnittstelle für Anwendungsprogrammierer ("Application Programmer's Interface (API)") und eines Formats zum Austausch von Bilddaten ("Image Interchange Format (IIF)") umfassen. Der eng gesteckte Zeitplan bis hin zum fertigen Standard ist in Kapitel 6 erläutert.

Bis zur Sitzung des SC24/WG1 "Imaging" in Norwich im April 1991 war die Standardisierungsarbeit von einer gewissen Polarität zwischen eher allgemeinen Konzepten zur Modellierung von Datenstrukturen und Operationen (DIN) [3] und pragmatischen Ansätzen zur Definition eines umfangreichen Funktionskatalogs (ANSI) [7] geprägt. Jedoch konnten auf der in Norwich abgehaltenen Sitzung Parallelen identifiziert werden und die weitere Vorgehensweise derart abgestimmt werden, daß der Teil 1 des Standards sowohl für Datenstrukturen, als auch für die Definition von Bildverarbeitungs-Operatoren jeweils einen sogenannten "generischen" Teil, als auch einen davon abgeleiteten "speziellen" Teil enthält. Der generische Teil erlaubt die spätere Einführung erweiterer API's , die zum Basis-API des Standards abwärtskompatibel sind. Sowohl der generische als auch der spezifische Teil werden in den folgenden Kapiteln näher erläutert. Im Einzelnen wurden Inhaltsverzeichnisse und Editier-Richtlinien für alle Teile des Standards festgelegt, nach denen die Initial-Draft-Dokumente [4], [5] und [6] erstellt wurden.

2 Part I des IPI: "Common Imaging Architecture"

Im ersten Teil des Standards wird ein Bildverarbeitungs-Modell definiert, das die Beziehungen zwischen den einzelnen Teilen einer IPI-Implementierung verdeutlicht. Wie in Abbildung 1 zu sehen, sind das API und das IIF unabhängige Teile des IPI-Standards. Ein Anwendungsprogramm kann Bildverarbeitungsfunktionen des API aufrufen und Bilder mittels IIF-Parser und -Generatoren importieren bzw. exportieren. Das Anwendungsprogramm ist verantwortlich für die Steuerung der Benutzer-Interaktion und die Präsentation von Bildern.

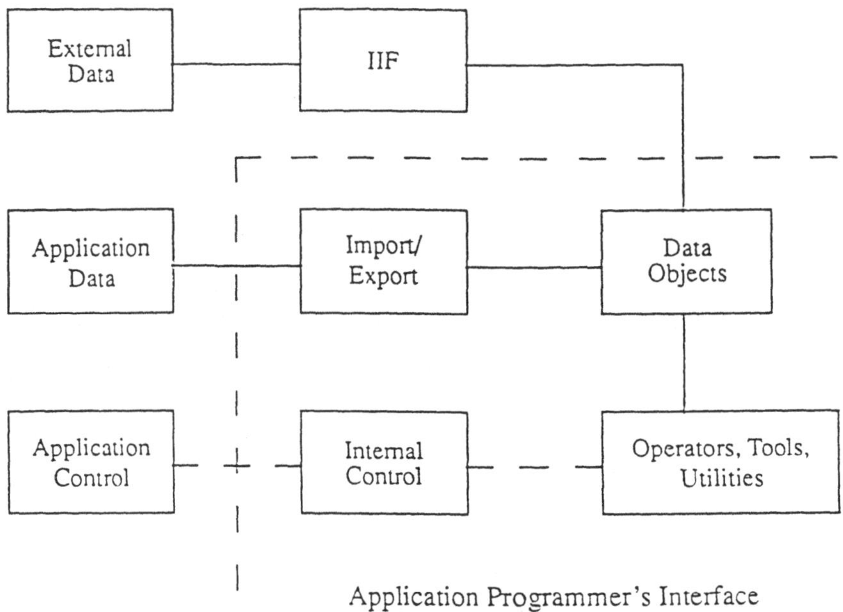

Abb. 1. Fundamental Imaging Model: aus [4].

2.1 Die generischen Datenstrukturen

Nach dem vom DIN erarbeiteten generischen Ansatz zur Datenmodellierung können beliebige, hierarchische Bilddatenstrukturen konstruiert werden. Es gibt zunächst keine Einschränkungen bezüglich Strukturierbarkeit von Pixeln, Dimensionalität von Pixel-Feldern und der Generierung von Bildverbunden. Somit sind neben einfachen Binär- und Grauwertbildern beispielsweise Volumenbilder, Zeitserien, Multispektralbilder und Stereobilder modellierbar. Weiterhin können die verschiedensten Farbmodelle, Geometrie- und Kanalbeschreibungen in Form von Attributen den Bildstrukturen zugeordnet werden. Zusätzlich ist es möglich, nicht-ikonische Daten wie Text, Graphik und Audio oder anwendungsspezifische Informationen als sogenannte Bild-Annotationen hinzuzufügen. Zur Modellierung wird zunächst ein Vorrat an Basis-Datentypen definiert. Ein solcher Basis-Datentyp kann "elementar" oder "zusammengesetzt" sein. Als elementare Datentypen (sog. *elementary data types*) stehen zur Verfügung: *bits, characters, enumerations, integer numbers, real numbers,* und *complex numbers.* Hierauf aufbauend können die folgenden zusammengesetzten Datentypen (sog. *compound data types*) konstruiert werden:

- n-dimensionale *arrays* zur Strukturierung von Daten gleichen Typs in n-dimensionalen Feldern,

- *sets* zur Generierung von Daten-Mengen,

- *lists* zur Strukturierung von Daten gleichen Typs in Listen mit entsprechenden Zugriffsoperationen und

- *records* zur Kombination von Daten unterschiedlichen Typs.

Innerhalb des Standardisierungsgremiums ISO/IEC JTC1/SC22 werden derzeit programmiersprachen-unabhängige Datentypen definiert [8]. Es ist beabsichtigt, zur Beschreibung des generischen Teils diese "Common Language-Independent Datatypes" zu referenzieren.

Auch die Bilddatentypen (sog. *image data types*) gliedern sich in "elementare" und "zusammengesetzte", wobei die elementaren Bilddatentypen (sog. *elementary image data types*) die folgenden drei Bestandteile aufweisen:

- n-dimensionale *arrays* aus Pixeln eines Basis-Datentyps,

- *non-image data types* zur Erfassung von bildbezogenen Informationen und

- *attributes* zur Zuordnung von Bildeigenschaften wie beispielsweise Farbe oder Bemaßung.

Für die zusammengesetzten Bilddatentypen (sog. *compound image data types*) können die bereits bei den Basis-Datentypen eingeführten Konstruktoren *array, set, list* und *record* verwendet werden. Die Definition von nicht-ikonischen Datentypen (sog. *non image data types*) unterscheidet zwischen Bildannotationen und bildbezogenen Daten. Unter Bildannotationen versteht man Informationen vom Typ "Text", "Graphik" oder "Audio", die einem Bild innerhalb eines bestimmten Anwendungsszenarios zugoordnet sind und eine gewissse Semantik dem Bild beigeben. Dies können beispielsweise Patientendaten sein, die einem MR-Bild zugeordnet sind. Die Verarbeitung von Bildannotationen bleibt der Anwendung überlassen, da die Bildverarbeitungsfunktionen des API keine Kenntnisse zur Auswertung deren Semantik besitzen. Unter bildbezogenen Daten (sog. *image-related non-image data types*) versteht man solche Daten, die als Ein- oder Ausgabe-Parameter einer Bildverarbeitungsfunktion auftreten. Dies sind:

- Look-up Tabellen,

- Histogramme,

- sog. Regions-of-Interest (ROI),

- Pixel-Nachbarschaften,

- Eigenschafts-Listen und

- Mathematische Ausdrücke.

Alle weiteren Informationen, die benötigt werden, um Bilder für Präsentationszwecke exakt zu beschreiben, werden Attribute genannt. Sie können, wie oben angegeben, elementaren und zusammengesetzten Bilddatentypen zugeordnet werden. Im Einzelnen existieren Attribute zur:

- metrischen Beschreibung,

- Kanal-Beschreibung,

- Farb-Beschreibung und

- Freiform-Beschreibung.

Innerhalb der metrischen Beschreibung werden ein Koordinatensystem und Abbildungen zu physikalischen Maßen (Raum, Zeit) für alle Dimensionen eines Bildes angegeben. Weiterhin können metrische Transformationen und Pixel-Aspect-Ratios spezifiziert werden. Die Kanalbeschreibung beinhaltet Primärvalenzen, Transfer-Funktionen, sowie Angaben zur Quantisierung und zur Transparenz des Signals. Zur Farbbeschreibung gehört die Angabe eines Farbmodells, eines Weißpunktes und beliebiger Testfarben in CIE-1931-Koordinaten. Unter der Freiform-Beschreibung werden alle anwendungs-spezifischen Bildattribute zusammengefaßt.

Mit Hilfe der API-Imaging-Funktionen können Anwendungsprogramme auf die Bild-Objekte zugreifen und typische Operationen wie Image-to-Image-Transformation, Image-Display und Image-Analysis ausführen.

2.2 Die spezifischen Datenstrukturen

Während der generische Teil zur Datenmodellierung auch im Hinblick auf das Austauschformat IIF konzipiert wurde, beschreibt der spezielle Teil zunächst nur jene Datenstrukturen, die im Basis-Funktionsumfang des API benötigt werden. Dies sind Pixelfelder, welche maximal fünf-dimensional sind. Hierunter fallen drei Orts-Dimensionen, eine Zeit-Dimension und eine "Dimension" zur Modellierung mehrkanäliger Bilddaten. Pixelwerte können vom Typ "Integer", "Real" oder "Complex" sein. Anhand dieser Datentypen werden die folgenden 12 konkreten Bildtypen spezifiziert:

- *Monochrome*, zwei-dimensional;

- *Colour, Volume, Spectral* und *Temporal,* jeweils drei-dimensional;

- *Volume-Colour, Volume-Spectral, Volume-Temporal, Temporal-Colour* und *Temporal-Spectral,* jeweils vier-dimensional;

- *Volume-Temporal-Colour* und *Volume-Temporal-Spectral,* fünf-dimensional.

Der Unterschied zwischen der Farb- und der Spektral-Dimension besteht darin, daß für Farbbilder in Abhängigkeit vom gewählten Farbmodell eine feste Semantik den drei (bzw. vier beim subtraktiven CMYK-Modell) Kanälen zugeordnet ist. Die Anzahl und Bedeutung der Kanäle ist beim Spektralbild hingegen frei wählbar.

2.3 Das fundamentale Operatormodell

Das fundamentale Operatormodell stellt eine Verallgemeinerung des DIN-Vorschlags eines sog. SIO (*structured image operation*) dar [11]. Wie in Abbildung 2 dargestellt, fungiert ein Bildverarbeitungs-Operator zur Konvertierung von:

- bildhaften Eingabedaten in bildhafte Ausgabedaten,

- bildhaften Eingabedaten in nicht-bildhafte Ausgabedaten, oder

- nicht-bildhaften Eingabedaten in nicht-bildhafte Ausgabedaten.

Der Operator wird von einem Nachbarschafts-Kontrollelement und einem allgemeinen Bild-Kontrollelement gesteuert. Das Nachbarschafts-Kontrollelement steuert die Selektion von Pixeln in der lokalen Umgebung eines aktuellen Pixels eines Eingabebildes. Das allgemeine Bild-Kontrollelement steuert die gesamte Region-of-Interest eines Eingabebildes und alle weiteren Verarbeitungs-Optionen.

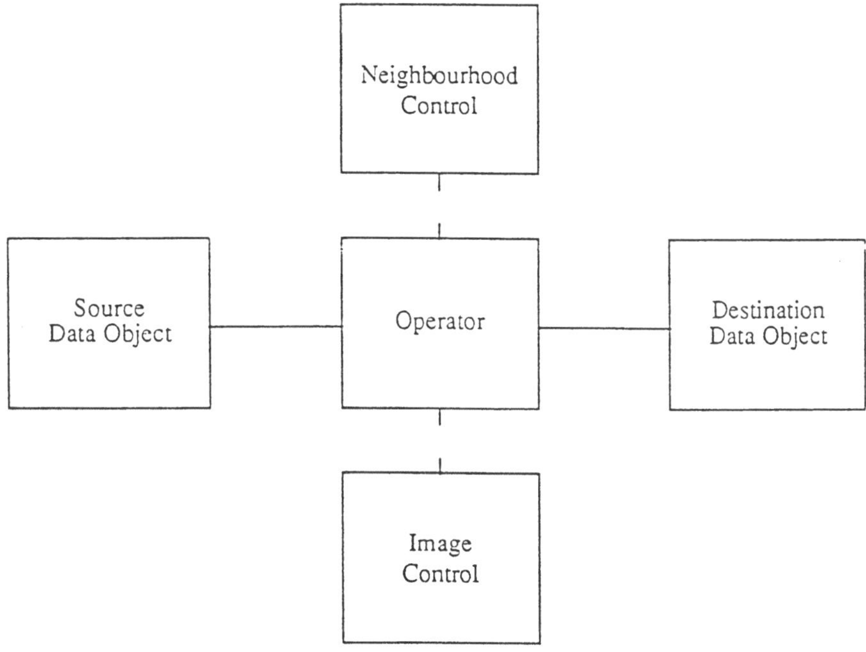

Abb. 2. Fundamental Operator Model; aus [4].

3 Part II des IPI: "Application Programmer's Interface"

Das API enthält in einem ersten Entwurf eine Liste von Funktionen, welche direkt vom Standard unterstützt werden. Diese Liste, welche durchaus erweiterbar ist - nicht zuletzt durch nationale Zuarbeit im DIN-Arbeitskreis "Imaging" - sieht in einer ersten Zusammenstellung so aus:

-      1 Arithmetic Image Operators
-      1.1 Unary arithmetic operations
-      1.2 Binary arithmetic operations
-      1.3 Boolean operations (only for b data)
-      1.4 Comparison operations
-      1.5 Assignment operations
-      1.6 Data type conversions
-      2 Common transfer functions (Look-up table manipulation)
-      3 Geometric Transformations
-      4 Convolution
-      5 Morphological Operations,
-      6 Orthogonal Image Transformations.

Jedwede applikations-spezifische Software muß von ihr gebrauchte, spezielle Funktionen aus den Basis-Funktionen des IPI-Funktionskatalogs zusammensetzen, z.B. über eine Art Macro- oder Modul-Funktionalität. Weiterhin wird innerhalb der Standardisierungsgremien daran gedacht, zusätzlich zu dem bisherigen API, der sich durch einen sehr eingeschränkten Funktionssatz auszeichnet, einen erweiterten Funktionsumfang in einem zum API abwärtskompatiblen "API+" anzubieten.

4   Part III des IPI: "Image Interchange Format (IIF)"

Betrachtet man die Menge existierender Austauschformate und die heute gängige Praxis beim Austausch digitaler Bilder zwischen unterschiedlichen Anwenderkreisen, so ist die Forderung nach einem verallgemeinerten Austauschformat direkt evident. Gefordert ist ein Austauschformat, welches eine derartige Flexibilität in der Strukturierung von Bilddaten aufweist, daß Anwenderformate mit nur sehr geringem Aufwand und ohne Informationsverlust in dieses Format konvertiert werden können. Hierzu ist weiterhin erforderlich, daß das Austauschformat die Spezifikation von Bildattributen (z.B. exakte Farbbeschreibungen) und bildbegleitenden (anwendungsspezifischen) Informationen erlaubt, sodaß der Sender nicht mehr darauf angewiesen ist, implizit vereinbarte Parameter dem Empfänger separat mitzuteilen.

Das Image Interchange Format (IIF) basiert auf dem gleichen Datenmodell wie das API [6]. Seine Syntax entspricht prinzipiell der Darstellung der API-Bildobjekte in sequentieller Form. Im ersten Teil der IIF-Syntax befindet sich die Beschreibung der Bild-Struktur (inclusive der Adressen zum Zugriff auf die Bilddaten), der Attribute und optional der sog. Non-Image-Data. Der zweite Teil besteht aus den eigentlichen Bilddaten. Abbildung 3 zeigt den Zusammenhang zwischen IPI-Datenstrukturen und dem IIF beim Generieren, Übertragen und Parsen der Bilddaten.

Das Kodieren der Bilddaten geschieht anhand des ISO/IEC-Standards "Abstract Syntax Notation One (ASN.1)" [10]. Auf diese Weise wird Hardware-Unabhängigkeit bei der Daten-Kodierung gewährleistet. Kompressionsalgorithmen wie Fax Gruppe 3 oder das innerhalb der ISO/IEC JTC1/SC2/WG8 entwickelte JPEG-Verfahren können optional auf Bilddaten (oder geeignete Untermengen) angewendet werden.

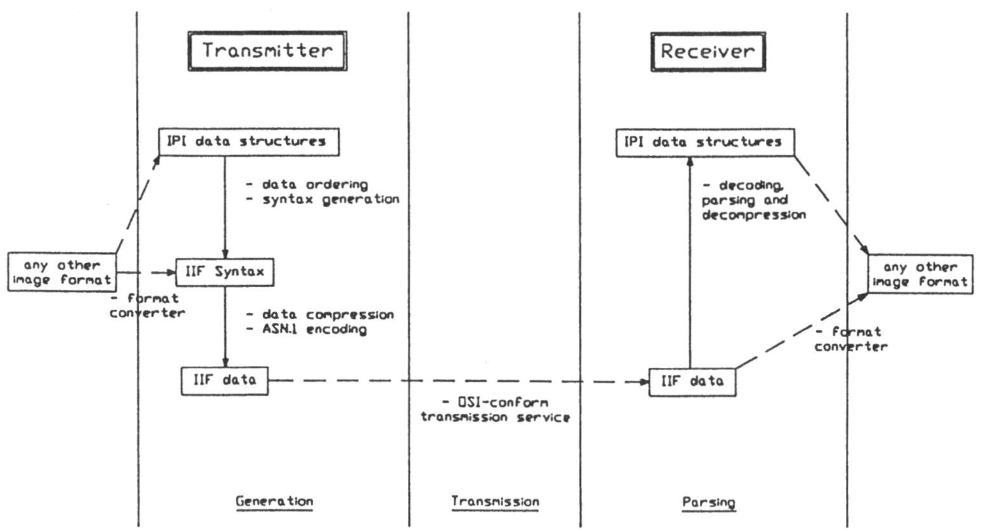

Abb. 3. Bilddatenaustausch mittels IIF aus [12].

5 Prototypenentwicklung

Begleitend zu den Standardisierungsaktivitäten entwickelt die FhG-AGD seit Jahresbeginn eine erste Pilot-Implementierung des neuen "Image Processing and Interchange" Standards (IPI). Dieser Prototyp wird im Zuge der fortschreitenden Definitionsarbeit der ISO/IEC ständig verfeinert und weiterentwickelt.

Auf der Hardware-Plattform einer SUN4-kompatiblen General-Purpose-Workstation [2] geschieht sowohl die Implementierung der Basis-Bausteine zur Bildverarbeitung und Verwaltung heterogener Bilddaten, als auch die Gestaltung von Applikationsprogrammen inclusive Benutzerschnittstelle. Letzteres basiert auf X-Windows und OSF/Motif. Die Entwicklung geeigneter Software für das Austauschformat IIF (Parser, Generator, Conversion Server) ist ebenfalls bei der FhG-AGD in Arbeit.

Ziel der IPI-Pilot-Implementierung ist es, die entwickelten Konzepte zu evaluieren und die praktische Verwendbarkeit des neuen Imaging-Standards unter Beweis zu stellen. Mit dem API wird es ein einheitliches Konzept zur Verarbeitung digitaler Bilder aus den verschiedensten Anwendungsbereichen geben. Darüber hinaus wird mit dem IIF zukünftig der freie Bildaustausch zwischen diesen Bereichen möglich werden.

6 Terminplan

Zum nächsten Meilenstein (September 1991) im Standardisierungsprozess des IPI wird der sog. *Working Draft* (WD) erstellt und innerhalb des gesamten SC24 zirkuliert. Im Februar 1992 soll dann der Status eines *Committee Darfts* (CD) erreicht sein. In der von März bis November 1992 laufenden *Trial Use Phase* werden anhand von Probe-Implementierungen die im CD dargelegten Konzepte überprüft. Etwaige Revisionen werden dann bis Januar 1993 erarbeitet und in den sog. *Draft International Standard* (DIS) aufgenommen. Der letzte Schritt zum *International Standard* (IS), der für Januar 1994 geplant ist, wird aller Voraussicht nach keine technischen Änderungen mehr beinhalten. Es ist daher damit zu rechnen, daß bereits Anfang 1993 IPI-konforme Software- bzw. Hardware-Komponenten auf den Markt erhältlich sein werden.

Literatur

[1] Detlef Krömker, Georg Rainer Hofmann, "Zum Stand der Normung in der Bildverarbeitung - Programmierschnittstelle und Bildaustauschformate", DAGM-Symposium Mustererkennung, Hamburg, 1989.

[2] C. Blum, G.R. Hofmann, D. Krömker, "Requirements for the First International Imaging Standard", IEEE Computer Graphics and Applications, Vol II, No. 2, March 1991.

[3] ISO/IEC JTC1/SC24/WG1 RG "Imaging", Document IM-55, "Common Imaging Architecture", DIN Contribution to the Baseline Document of Part 1 of the IPI, März 1991.

[4] ISO/IEC JTC1/SC24/WG1 RG "Imaging", Document IM-61, "Image Processing and Interchange (IPI), Part 1: Overview, Architecture, Profiles and Conformance" - Initial Draft, Juni 1991.

[5] ISO/IEC JTC1/SC24/WG1 RG "Imaging" Document IM-63, "Image Processing and Interchange (IPI), Part 2: Application Programmer's Interface (API)" - Initial Draft, Juni 1991.

[6] ISO/IEC JTC1/SC24/WG1 RG "Imaging" Document IM-65, "Image Processing and Interchange (IPI), Part 3: Image Interchange Format (IIF)" - Initial Draft, Juni 1991.

[7] ISO/IEC JTC1/SC24/WG1 Document IM-46, "Programmer's Imaging Kernel (PIK)", Version 8b, ANSI X3H3.8, Dezember 1990.

[8] ISO/IEC JTC1/SC22/WG11 Document N162, "Common Language-Independent Data Types", 1990.

[9] ISO/IEC JTC1/SC24/WG1 Document N138, "New Work Item Proposal on Imaging", 1990.

[10] "Abstract Syntax Notation One (ASN.1)", ISO Standards 8824 and 8825 and CCITT Recommendations Nos. X.208 and X.209 (Blue Book).

[11] "Empfehlung für ein Ikonisches Kernsystem (IKS)", ITG-Fachgruppe Mustererkennung, Ettlingen, 1989.

[12] G.R. Hofmann, C. Blum, "The Basic Concepts for ISO/IEC's Image Interchange Standard IIF", to be published in Computers & Graphics, Vol 15 (4) by Pergamon Press, 1991.

Autorenindex

Band 246: Th. Bräunl, Massiv parallele Programmierung mit dem Parallaxis-Modell. XII, 168 Seiten. 1990

Band 247: H. Krumm, Funktionelle Analyse von Kommunikationsprotokollen. IX, 122 Seiten. 1990.

Band 248: G. Moerkotte, Inkonsistenzen in deduktiven Datenbanken. VIII, 141 Seiten. 1990.

Band 249: P. A. Gloor, N. A. Streitz (Hrsg.), Hypertext und Hypermedia. IX, 302 Seiten. 1990.

Band 250: H. W. Meuer (Hrsg.), SUPERCOMPUTER '90. Mannheim, Juni 1990. Proceedings. VIII, 209 Seiten. 1990.

Band 251: H. Marburger (Hrsg.), GWAI-90. 14th German Workshop on Artificial Intelligence. Eringerfeld, September 1990. Proceedings. X, 333 Seiten. 1990.

Band 252: G. Dorffner (Hrsg.), Konnektionismus in Artificial Intelligence und Kognitionsforschung. 6. Österreichische Artificial-Intelligence-Tagung (KONNAI), Salzburg, September 1990. Proceedings. VIII, 246 Seiten. 1990.

Band 253: W. Ameling (Hrsg.), ASST '90. 7. Aachener Symposium für Signaltheorie. Aachen, September 1990. Proceedings. XI, 332 Seiten. 1990.

Band 254: R. E. Großkopf (Hrsg.), Mustererkennung 1990. 12. DAGM-Symposium, Oberkochen-Aalen, September 1990. Proceedings. XXI, 686 Seiten. 1990.

Band 255: B. Reusch, (Hrsg.), Rechnergestützter Entwurf und Architektur mikroelektronischer Systeme. GME/GI/ITG-Fachtagung, Dortmund, Oktober 1990. Proceedings. X, 298 Seiten. 1990.

Band 256: W. Pillmann, A. Jaeschke (Hrsg.), Informatik für den Umweltschutz. 5. Symposium, Wien, September 1990. Proceedings. XV, 864 Seiten. 1990.

Band 257: A. Reuter (Hrsg.), GI-20. Jahrestagung I. Stuttgart, Oktober 1990. Proceedings. XVIII, 602 Seiten. 1990.

Band 258: A. Reuter (Hrsg.), GI-20. Jahrestagung II. Stuttgart, Oktober 1990. Proceedings. XVIII, 602 Seiten. 1990.

Band 259: H.-J. Friemel, G. Müller-Schönberger, A. Schütt (Hrsg.), Forum '90 Wissenschaft und Technik. Trier, Oktober 1990. Proceedings. XI, 532 Seiten. 1990.

Band 260: B. J. Frommherz, Ein Roboteraktionsplanungssystem. XI, 134 Seiten. 1990.

Band 261: W. Zimmermann, Automatische Komplexitätsanalyse funktionaler Programme. VII, 194 Seiten. 1990.

Band 262: W. Gerth, P. Baacke (Hrsg.), PEARL 90 - Workshop über Realzeitsysteme. 11. Fachtagung, Boppard, November 1990. Proceedings. X, 187 Seiten. 1990.

Band 263: H. Eckhardt, Entwurfstransaktionen für modulare Objektsysteme. VIII, 144 Seiten. 1990.

Band 264: T. Härder, H. Wedekind, G. Zimmermann (Hrsg.), Entwurf und Betrieb verteilter Systeme. Fachtagung, Dagstuhl, September 1990. Proceedings. XII, 283 Seiten. 1990.

Band 265: U. Herrmann, Mehrbenutzerkontrolle in Nicht-Standard-Datenbanksystemen. VIII, 183 Seiten. 1991.

Band 266: R. Cunis, A. Günter, H. Strecker (Hrsg.), Das PLAKON-Buch. VIII, 279 Seiten. 1991

Band 267: W. Effelsberg, H. W. Meuer, G. Müller (Hrsg.), Kommunikation in verteilten Systemen. GI/ITG-Fachtagung, Mannheim, Februar 1991. Proceedings. X, 589 Seiten. 1991.

Band 268: J. Raczkowsky, Multisensordatenverarbeitung in der Robotik. X, 168 Seiten. 1991.

Band 269: G. Hommel (Hrsg.), Prozeßrechensysteme '91. Berlin, Februar 1991. Proceedings. XIV, 449 Seiten. 1991.

Band 270: H.-J. Appelrath (Hrsg.), Datenbanksysteme in Büro, Technik und Wissenschaft. GI-Fachtagung, Kaiserslautern, März 1991. Proceedings. XIII, 507 Seiten. 1991.

Band 271: A. Pfitzmann, E. Raubold (Hrsg.), VIS '91, Verläßliche Informationssysteme. GI-Fachtagung, Darmstadt, März 1991. Proceedings. VIII, 355 Seiten. 1991.

Band 272: R. Grebe, C. Ziemann, Parallele Datenverarbeitung mit dem Transputer. Aachen, September 1990. Proceedings. X, 300 Seiten 1991.

Band 273: M. Timm (Hrsg.), Requirements Engineering '91. VIII, 208 Seiten. 1991.

Band 274: R. Denzer, H. Hagen, K.-H. Kutschke (Hrsg.), Visualisierung von Umweltdaten. Workshop, Rostock, November 1990. Proceedings. VII, 97 Seiten. 1991.

Band 276: H. Maurer (Hrsg.), Hypertext / Hypermedia '91. Tagung der GI, SI und OCG, Graz, Mai 1991. Proceedings. VIII, 299 Seiten. 1991.

Band 277: U. Borgolte, Flexible, realzeitfähige Kollisionsvermeidung in Mehrroboter-Systemen. XIII, 105 Seiten. 1991.

Band 278: H. W. Meuer (Hrsg.), SUPERCOMPUTER '91. Proceedings. VIII, 266 Seiten. 1991.

Band 279: G. Schwichtenberg (Hrsg.), Organisation und Betrieb von Informationssystemen. 9. GI — Fachgespräch über Rechenzentren, Dortmund, März 1991. Proceedings. IX, 337 Seiten. 1991.

Band 280: B. Westfechtel, Revisions- und Konsistenzkontrolle in einer integrierten Softwareentwicklungsumgebung. X, 321 Seiten. 1991.

Band 281: W. Emde, Modellbildung, Wissensrevision und Wissensrepräsentation im Maschinellen Lernen. XI, 204 Seiten. 1991.

Band 282: P. Buchholz, Die strukturierte Analyse Markovscher Modelle. VII, 192 Seiten 1991.

Band 283: M. Dal Cin, W. Hohl (Hrsg.), Fault-Tolerant Computing Systems. 5th International GI/ITG/GMA Conference, Nürnberg, September 1991. Proceedings. XII, 425 Seiten. 1991.

Band 284: R. Stadler, Ausführbare Spezifikation von Directory-Systemen in einer logischen Sprache. X, 142 Seiten. 1991.

Band 285: T. Christaller (Hrsg.), GWAI-91. 15. Fachtagung für Künstliche Intelligenz, Bonn, September 1991. IX, 273 Seiten. 1991.

Band 286: A. Lehmann, F. Lehmann (Hrsg.), Messung, Modellierung und Bewertung von Rechensystemen. 6. GI/ITG-Fachtagung, Neubiberg, September 1991. Proceedings. VIII, 338 Seiten. 1991.

Band 287: H. Kaindl (Hrsg.), 7. Österreichische Artificial-Intelligence-Tagung, Wien, September 1991. Proceedings. VIII, 180 Seiten. 1991.

Band 288: G. Helm, Symbolische und konnektionistische Modelle der menschlichen Informationsverarbeitung. X, 161 Seiten. 1991.

Band 289: N. Fuhr (Hrsg.), Information Retrieval. GI/GMD-Workshop, Darmstadt, Juni 1991. Proceedings. VII, 162 Seiten. 1991.

Band 290: B. Radig (Hrsg.), Mustererkennung 1991. 13. DAGM-Symposium, München, Oktober 1991. Proceedings. XVIII, 584 Seiten. 1991.

Band 291: W. Brauer, D. Hernández (Hrsg.) Verteilte künstliche Intelligenz und kooperatives Arbeiten. 4. Internationaler GI-Kongreß, München, Oktober 1991. Proceedings. IX, 546 Seiten. 1991.

Band 292: P. Gorny (Hrsg.), Informatik und Schule 1991. GI-Fachtagung, Oldenburg, Oktober 1991. Proceedings. IX, 335 Seiten. 1991.

Band 293: J. Encarnação (Hrsg.) Telekommunikation und multimediale Anwendungen der Informatik. GI-21. Jahrestagung, Darmstadt, Oktober 1991. Proceedings. XII, 710 Seiten. 1991.